Studien zum ausländischen und internationalen Privatrecht

164

Herausgegeben vom

Max-Planck-Institut für ausländisches
und internationales Privatrecht

Direktoren:
Jürgen Basedow, Klaus J. Hopt und Reinhard Zimmermann

Marc Dernauer

# Verbraucherschutz und Vertragsfreiheit im japanischen Recht

Mohr Siebeck

*Marc Dernauer*, 1993–2000 Studium der Rechtswissenschaften und der Japanologie in Marburg, Freiburg und Hirosaki (Japan); 2000 Erstes juristisches Staatsexamen in Freiburg; 2000–2002 Magisterstudiengang Recht an der Tōhoku Universität in Sendai (Japan), Abschluß mit dem Titel LL.M. *(Hōgaku Shūshi)*; 2002–2005 Rechtsreferendar und wissenschaftlicher Assistent am Max-Planck-Institut für ausländisches und internationales Privatrecht in Hamburg; 2006 Zweites juristisches Staatsexamen; seit 2006 Rechtsanwalt in München.

Gedruckt mit Unterstützung des Fördervereins japanisch-deutscher Kulturbeziehungen e.V., Köln (JaDe)

ISBN 3-16-148822-9
ISBN-13 978-3-16-148822-1
ISSN 0720-1141 (Studien zum ausländischen und internationalen Privatrecht)

Die Deutsche Bibliothek verzeichnet diese Publikation in der Deutschen Nationalbibliographie; detaillierte bibliographische Daten sind im Internet über *http://dnb.ddb.de* abrufbar.

Zugleich Dissertation, Universität Freiburg, 2005.

© 2006 Mohr Siebeck Tübingen.

Das Werk einschließlich aller seiner Teile ist urheberrechtlich geschützt. Jede Verwertung außerhalb der engen Grenzen des Urheberrechtsgesetzes ist ohne Zustimmung des Verlags unzulässig und strafbar. Das gilt insbesondere für Vervielfältigungen, Übersetzungen, Mikroverfilmungen und die Einspeicherung und Verarbeitung in elektronischen Systemen.

Das Buch wurde von Gulde Druck in Tübingen auf alterungsbeständiges Werkdruckpapier gedruckt und von der Buchbinderei Held in Rottenburg gebunden.

# Vorwort

Die vorliegende Abhandlung wurde von der rechtswissenschaftlichen Fakultät der Albert-Ludwigs-Universität in Freiburg im Sommersemester 2005 als Dissertation angenommen. Die Vorarbeiten hierzu gehen zurück auf ein Studium an der Tōhoku Universität in Sendai (Japan) von April 2000 bis März 2002, das von der japanischen Regierung und vom Deutschen Akademischen Austausch Dienst (DAAD) gefördert wurde. Für diese Unterstützung bin ich sehr zu Dank verpflichtet. Zum Abschluß bringen konnte ich die Arbeit dann während meiner Zeit als wissenschaftlicher Assistent im Japan-Referat am Max-Planck-Institut für ausländisches und internationales Privatrecht in Hamburg (MPI) von 2002 bis 2005. Auch dem MPI schulde ich großen Dank, vor allem für die hervorragenden Arbeitsbedingungen.

Das Manuskript wurde im Mai 2004 abgeschlossen und zur Begutachtung eingereicht. Die mündliche Prüfung fand im Juli 2005 statt. Bei der Erstellung der Druckfassung konnten die wichtigsten Gesetzesreformen der Jahre 2004 und 2005 noch eingearbeitet werden. Jüngere Literatur und Rechtsprechung konnten noch zum Teil berücksichtigt werden.

Mein besonderer und herzlicher Dank gilt Herrn Professor Dr. Dres. h.c. Peter Schlechtriem, der die Arbeit in vorbildlicher Weise betreut und ihre Entstehung fortwährend gefördert hat. Danken möchte ich auch Herrn Professor Takashi Oka von der Gakushūin Universität in Tokyo, der die Mühe auf sich genommen hat, das Zweitgutachten zu fertigen.

An dieser Stelle danken möchte ich auch Herrn Priv.-Doz. Dr. Harald Baum, der mir als Leiter des Japan-Referats am MPI in jeder Phase der Erstellung des Manuskripts mit Rat und Tat zur Seite stand. Dank sagen möchte ich auch den zahlreichen Personen in Japan, die mir mit vielen Hinweisen und Ratschlägen bei der Manuskripterstellung sehr geholfen haben, die ich aber hier nicht alle einzeln erwähnen kann. Besonders erwähnen möchte ich aber Herrn Hiroshi Kushizaki, Chefredakteur der juristischen Fachzeitschrift *Hōritsu Jihō*, der mich seit vielen Jahren in vielfältiger Weise bei meinen Studien in Japan unterstützt.

Ich möchte diese Gelegenheit ferner nutzen, um einen ganz herzlichen Dank an Herrn Prof. Dr. Dres. h.c. Hans G. Leser zu richten, der mich seit meiner frühen Studienzeit in Marburg in vielerlei Hinsicht gefördert hat. Seine rechtsvergleichenden Seminare an der Universität Marburg in den 1990er Jahren waren es, die bei mir das nachhaltige Interesse am Studium des japanischen Rechts geweckt haben.

Für die Aufnahme dieser Arbeit in die Schriftenreihe des Instituts möchte ich mich herzlich bei Herrn Prof. Dr. Dr. h.c. Jürgen Basedow und den anderen Direktoren des MPI bedanken. Zu Dank verpflichtet bin ich ferner Frau Gundula Dau vom MPI, die mir bei der Formatierung der Arbeit sehr geholfen hat. Dem Förderverein japanisch-deutscher Kulturbeziehungen e.V., Köln (JaDe), danke ich zudem sehr herzlich für den gewährten Druckkostenzuschuß.

Zuletzt möchte ich auch noch ganz herzlich meinen Eltern danken, die mich während der vielen Jahre meines Studiums fortwährend unterstützt haben und ohne die diese Dissertation nicht entstanden wäre.

Hamburg, im März 2006                                              Marc Dernauer

# Inhaltsübersicht

*Abkürzungsverzeichnis und Hinweise* .................................................. IXX

*Erstes Kapitel*
*Einleitung, Problemkonstellation und Untersuchungsmethode* ...................... 1
A. Problemstellung und Ziel der Untersuchung .................................. 1
B. Definition und nähere Eingrenzung des Themas ............................... 2
C. Untersuchungsmethode ......................................................... 9

*Zweites Kapitel*
*Grundfragen des Verbraucherrechts und seine Entwicklung in Japan* ............... 11
A. Die Entwicklung des japanischen Verbraucherrechts ........................... 12
B. Strukturelles Ungleichgewicht, soziale Bedürfnisse
   und die Aufgaben des Verbraucherrechts in Japan ............................ 49
C. Maßstab und weltanschaulicher Hintergrund
   für den Eingriff in die Vertragsfreiheit .................................... 89
D. Ergebnisse des Zweiten Kapitels ............................................. 102

*Drittes Kapitel*
*Regulierung und Kontrolle von Verbraucherverträgen durch*
*privatrechtliche oder vorwiegend privatrechtliche Instrumente* .................. 105
A. Regelungen im Zivilgesetz und deren Anwendung
   zum Schutz von Verbrauchern ................................................. 105
B. Das Verbrauchervertragsgesetz ............................................... 245
C. Regulierte Verträge ......................................................... 269
D. Verbraucherschützende Widerrufsrechte ....................................... 327
E. Verbraucherschützende Kündigungs- und Anfechtungsrechte ..................... 383
F. Das Gesetz über den Handel mit Finanzprodukten
   (Finanzproduktehandelsgesetz) ............................................... 396
G. Regulierung und Kontrolle von Allgemeinen Geschäftsbedingungen ............. 409

*Viertes Kapitel*
*Regulierung und Kontrolle von Verbraucherverträgen durch*
*öffentlich-rechtliche Instrumente* .............................................. 433
A. Abschluß- und Inhaltskontrolle von Verträgen aufgrund
   wirtschaftsverwaltungsrechtlicher Gesetze ................................... 435
B. Regulierung durch Satzungen der regionalen öffentlichen
   Gebietskörperschaften (*jōrei*) .............................................. 473
C. Streitschlichtung durch Verbraucherbehörden ................................. 483
D. Evaluierende Zusammenfassung ................................................ 489

*Fünftes Kapitel : Fazit* ........................................................ 491
*Gesetzesliste* ................................................................. 495
*Literaturverzeichnis* .......................................................... 503
*Sachwortverzeichnis* ........................................................... 527

# Inhaltsverzeichnis

*Abkürzungsverzeichnis und Hinweise* ............................................................. IXX

*Erstes Kapitel*
*Einleitung, Problemkonstellation und Untersuchungsmethode* ........................... 1
A. Problemstellung und Ziel der Untersuchung ................................................ 1
B. Definition und nähere Eingrenzung des Themas .......................................... 2
    I. Regelungsmotiv Verbraucherschutz ....................................................... 2
    II. Privatrecht und öffentliches Recht ........................................................... 5
    III. Regulierung und Kontrolle des Abschlusses und des Inhalts von Verträgen ..... 6
C. Untersuchungsmethode ................................................................................ 9

*Zweites Kapitel*
*Grundfragen des Verbraucherrechts und seine Entwicklung in Japan* ............ 11
A. Die Entwicklung des japanischen Verbraucherrechts ................................ 12
    I. 1868 bis 1920: Der Aufbau eines modernen Verfassungs-
       und Rechtssystems: Vertragsfreiheit als Grundsatz des Privatrechts ........... 14
    II. Soziale Periode und Kriegswirtschaft (1920-1945):
       Die soziale Aufgabe des Rechts ............................................................... 18
    III. Unmittelbare Nachkriegszeit (1945-1955):
       Der Wiederaufbau der Wirtschaft ............................................................ 23
    IV. Konsumüberfluß und seine Begleiterscheinungen:
       Gefährliche und defekte Produkte, falsch ausgezeichnete Waren –
       Die Krise der Konsumgesellschaft (1955-1967) ...................................... 29
    V. Das Inkrafttreten des Grundgesetzes über den Verbraucherschutz
       und die Auswirkungen der Ölkrisen (1968-1979) ................................... 35
    VI. Verbraucherschutz im Zeitalter der Deregulierung
       (1980 bis zur Gegenwart) ......................................................................... 39
B. Strukturelles Ungleichgewicht, soziale Bedürfnisse und die Aufgaben des
    Verbraucherrechts in Japan .......................................................................... 49
    I. Gesetzliche Bestimmungen über den Verbraucher, den Unternehmer
       und das Problem bei Verbraucherverträgen ............................................. 49
    II. Das Problem von Verbraucherverträgen in der japanischen Literatur ....... 54
       1. Das Organisationsungleichgewicht ..................................................... 56
       2. Das Ungleichgewicht im Hinblick auf Informationen und
          Fachkenntnisse ................................................................................... 56
       3. Psychologisches und intellektuelles Ungleichgewicht ...................... 57
       4. Ungleichgewicht der Verhandlungsstärke .......................................... 58
       5. Ungleichgewicht im Hinblick auf die Fähigkeit zur rechtlichen
          Konfliktbewältigung .......................................................................... 59

        6. Folgerungen aus der Annahme einer Ungleichgewichtslage bei Verbraucherverträgen .................................................................... 60
        7. Probleme im Zusammenhang mit der Definition des Verbraucherproblems über das angenommene strukturelle Ungleichgewicht ............ 62
   III. Soziale Schutzmotive und das historisch gewachsene Bild des Verbrauchers ..................................................................................................... 64
        1. Das Konzept des Verbrauchers als Individuum ..................................... 65
           a) Verzicht auf das Merkmal des privaten „Verbrauchs" ...................... 65
           b) Korrektur einer Grundposition des Zivilgesetzes ............................. 65
           c) Überforderung des Verbrauchers und der Schutz vor sich selbst ...... 66
           d) Verbraucher als Person aus „Fleisch und Blut" ................................ 67
        2. Das Bild des Verbrauchers als sozial besonders schutzbedürftige Person ........................................................................................................ 67
        3. Das Bild des Verbrauchers als *„seikatsu-sha"* ..................................... 68
   IV. Aufgaben und Methoden des Verbraucherschutzes im Zusammenhang mit Verträgen .................................................................................................... 71
        1. Die Korrektur der Folgen einer Ungleichgewichtslage ........................ 71
           a) Informationsmangel und unzureichende Aufklärung des Verbrauchers ................................................................................. 72
           b) Unzulässige Beeinflussung I: falsche und irreführende Information des Verbrauchers ................... 72
           c) Unzulässige Beeinflussung II: physische oder psychische Einwirkung auf den Verbraucher .......... 73
           d) Der fehlende Verhandlungsspielraum .............................................. 74
        2. Sozialer Schutz des Verbrauchers ........................................................... 75
        3. Neue und alte Aufgaben des Verbraucherschutzes ................................. 76
   V. Umfang und Gebiete des Verbrauchervertragsrechts in Japan ..................... 76
        1. Unlautere Geschäftspraktiken und -formen ............................................ 78
           a) Problematische Verkaufs- und Vertriebsformen (1) ......................... 79
           b) Dienstleistungen mit langfristig bindenden Verträgen (2) ............... 80
           c) Unlautere und betrügerische Geschäfte *(akutoku shōhō)* (3) ........... 81
        2. Privat- bzw. Kleinanlegerschutz, Finanzgeschäfte von Privatkunden ..... 84
        3. Verbraucherkreditverträge ....................................................................... 85
        4. Staatliche Daseinsvorsorge und öffentliche Leistungen ........................ 86
        5. Mietverträge über Wohnraum .................................................................. 87
   VI. Fazit: Gemischte Motive der Regulierung bzw. Kontrolle von Verträgen im japanischen Verbrauchervertragsrecht .................................................... 88
C. Maßstab und weltanschaulicher Hintergrund für den Eingriff in die Vertragsfreiheit ........................................................................................................ 89
   I. Deregulierung und besondere Berücksichtigung marktwirtschaftlicher Grundsätze ........................................................................................................ 90
   II. Unselbständigkeit der Verbraucher und paternalistische Staatsvorstellungen .. 91
   III. Soziale Rechtstheorien .................................................................................... 95
   IV. Gerechtigkeit und Vertragsgerechtigkeit ....................................................... 98
   V. Marxistische Wirtschafts- und Rechtslehre .................................................... 99
   VI. Prinzip des Wohlfahrtsstaates als Grenze der wirtschaftlichen Freiheit ...... 100
   VII. Fazit ............................................................................................................ 101
D. Ergebnisse des zweiten Kapitels ........................................................................... 102

*Drittes Kapitel*
*Regulierung und Kontrolle von Verbraucherverträgen durch privatrechtliche oder vorwiegend privatrechtliche Instrumente* ........................................................................ 105

A. Regelungen im Zivilgesetz und deren Anwendung zum Schutz von Verbrauchern ..................................................................................... 105
   I. Die Regelungen über die Wirksamkeit von Willenserklärungen und über den Vertragsabschluß im Zivilrecht ............................. 105
      1. Erhöhte Anforderungen an den subjektiven Willen des Verbrauchers bei Willenserklärungen zum Abschluß eines Vertrages ................. 111
         a) Urteil des SumG Monji vom 18.10.1985 ....................... 111
         b) Urteil des SumG Honjō vom 25.3.1985 ....................... 112
         c) Urteil des DG Sapporo vom 28.8.1986 ....................... 113
         d) Fazit ............................................................. 114
      2. Die Irrtumsregelung (Art. 95 ZG) und der Schutz des Verbrauchers beim Vertragsabschluß ................................................... 114
         a) Die Interpretation des Irrtums durch die Rechtsprechung .......... 117
         b) Die Interpretation des Irrtums durch die Lehre ..................... 118
            aa) Der Inhalt der *ichi-gen-ron*-Theorie .......................... 119
            bb) Variationen der *ichi-gen-ron*-Lehre .......................... 120
         c) Relevante Urteile .................................................. 120
            aa) Urteil des OG Nagoya vom 26.9.1985 ....................... 121
            bb) Urteil des DG Ōsaka vom 21.9.1981 ......................... 121
            cc) Urteil des DG Tōkyō vom 30.4.1994 ......................... 122
            dd) Urteil des DG Tōkyō vom 29.6.1983 ......................... 122
         d) Fazit ............................................................. 123
      3. Der Anwendungsbereich der Regelung über die vorsätzliche Täuschung (*sagi*) nach Art. 96 ZG beim Vertragsschluß ............ 125
         a) Probleme der Regelung ........................................... 125
         b) Täuschung durch Hilfspersonen des Unternehmers ................ 127
         c) Relevante Urteile .................................................. 127
         d) Fazit und Bewertung ............................................... 128
      4. Der Anwendungsbereich der Regelung über die Drohung (Art. 96 ZG) im Zusammenhang mit dem Abschluß von Verbraucherverträgen ........ 130
         a) Probleme der Regelung ........................................... 130
         b) Fazit ............................................................. 131
      5. Das Rechtsinstitut der *culpa in contrahendo* und die Befreiung vom Vertrag wegen vorvertraglicher Pflichtverletzungen .............. 132
      6. Ergebnis ................................................................. 139
   II. Typisierende Regelungen zum Schutz von Minderjährigen, älteren Menschen und Menschen mit eingeschränkten Geisteskräften im Rechts- und Geschäftsverkehr ........................................... 140
      1. Geschäftsfähigkeit und Willensfähigkeit ............................. 143
      2. Der Schutz von Minderjährigen vor unerwünschter vertraglicher Bindung ................................................................. 145
      3. Der Schutz von erwachsenen Personen vor vertraglicher Bindung, für die ein Aufsichts- und Betreuungsverhältnis begründet worden ist ...... 146
         a) Schutz durch Bestellung der Vormundschaft für Erwachsene (*seinen kōken*) ................................................... 147

b) Schutz durch Bestellung der Pflegschaft *(hosa)* ................................ 149
c) Schutz durch Bestellung der Beistandschaft *(hojo)* ....................... 150
d) Beschränkung der Wirksamkeit von Verträgen und anderen Rechtsgeschäften ......................................................................... 151
4. Ergebnis ........................................................................................... 152
III. Der Schutz des Verbrauchers vor unerwünschten und inhaltlich nachteiligen Verträgen durch Art. 90 ZG ................................................. 153
  1. Grundlagen ..................................................................................... 153
  2. Der konkrete Anwendungsbereich der Norm ...................................... 156
    a) Die klassischen Fallgruppen des Art. 90 ZG .................................. 156
    b) Die Erweiterung der Wucherlehre zum Schutze des Verbrauchers durch die Rechtsprechung ............................ 160
      aa) Allgemeine Merkmale ......................................................... 160
      bb) Fallbeispiele ......................................................................... 163
        (i) Warentermingeschäfte ............................................... 164
        (ii) Der Toyota Shōji Fall ................................................ 165
        (iii) Schneeballgeschäfte ................................................. 165
        (iv) Unlautere Kettenabsatzgeschäfte ............................. 166
      cc) Fazit ..................................................................................... 167
  3. Verstoß gegen Rechtsnormen ........................................................... 167
    a) Privatrechtlich zwingende Normen *(kyōkō hōki)* ......................... 167
    b) Umgehung zwingender privatrechtlicher Normen ......................... 171
    c) Verstoß gegen öffentlich-rechtliche Normen ................................. 172
      aa) Den Vertragsabschluß regulierende Vorschriften .................. 173
      bb) Die Geschäftsausführung regulierende Vorschriften ............. 174
      cc) Erfordernis der Zulassung oder Erlaubnis zur Ausübung eines Gewerbes oder Berufs ............................................... 174
      dd) Gesetzliche Verbote bestimmter Rechtsgeschäfte ................. 175
      ee) Weitere Einzelfälle eines Verstoßes gegen öffentlich-rechtliche Bestimmungen ..................................................... 175
      ff) In der Literatur vertretene Theorien zu den Voraussetzungen der Nichtigkeit eines Vertrages bei einem Verstoß gegen öffentlich-rechtliche Vorschriften ................... 176
      gg) Berücksichtigung von Verstößen gegen öffentlich-rechtliche Rechtsnormen im Rahmen des Deliktsrechts und einer Gesamtbetrachtung nach Art. 90 ZG .................... 178
  4. Die Kontrolle von einzelnen Vertragsbedingungen und AGB-Klauseln in Verbraucherverträgen .................................................. 179
  5. Ergebnis ........................................................................................... 180
IV. Deliktsrechtlicher Schutz vor unerwünschten und nachteiligen Verträgen ..... 181
  1. Voraussetzungen und Rechtsfolgen eines deliktsrechtlichen Anspruchs ........................................................................................ 184
    a) Art. 709 ZG als zentrale Anspruchsgrundlage des Deliktsrechts: Wandel im Verständnis und in der Interpretation der Norm .......... 185
      aa) Von der Rechtsverletzung zur Interessenverletzung ............... 186
      bb) Die Bedeutung der Rechtswidrigkeit im Rahmen von Art. 709 ZG ................................................................. 187

cc) Rechtswidrigkeit und die Berücksichtigung
    verschiedener Pflichtverletzungen .................................................. 188
    (i) Unfaire Vertragsabschlußbedingungen 1:
        Aufklärungspflichtverletzungen im Stadium der
        Vertragsanbahnung ............................................................... 190
    (ii) Unfaire Vertragsabschlußbedingungen 2:
        Vorsätzliche Aufklärungspflichtverletzungen und
        „betrügerische Geschäfte".................................................... 191
    (iii) Unfaire Vertragsabschlußbedingungen 3:
        Unzulässiges Bedrängen des Vertragspartners
        beim Abschluß des Vertrages ............................................... 193
    (iv) Irreführende und übertreibende Werbung/
        Falsche Produktkennzeichnungen ........................................ 194
    (v) Verletzung von Rechtsnormen........................................... 195
    (vi) Vertragliche Pflichtverletzungen ...................................... 197
    (vii) Inhaltlich unangemessene und unfaire Verträge............... 199
dd) Die Vermischung des Merkmals „Verschulden" mit
    der Frage nach der Rechtswidrigkeit ....................................... 200
ee) Der Schaden (Vermögensschäden) und die Kausalität ............ 201
ff) Das strukturelle Ungleichgewicht zwischen
    Unternehmer und Verbraucher ................................................. 202
gg) Flexibilität der Rechtsfolge: Schadensersatz in
    Geld und Berücksichtigung eines Mitverschuldens................. 203
hh) Anspruchsgegner ..................................................................... 204
b) Anspruch auf Schadensersatz wegen immaterieller Schäden
    nach Art. 710 ZG ........................................................................... 205
c) Die Haftung des Geschäftsherrn für Gehilfen
    nach Art. 715 ZG ........................................................................... 207
d) Die Haftung von Mittätern und Beteiligten
    nach Art. 719 ZG ........................................................................... 209
e) Die Haftung von Gesellschaftsorganen und Funktionsträgern
    gegenüber Dritten nach Sondernormen des Handelsrechts ............ 211
f) Deliktsrecht und Zivilprozeß – Rechtsanwaltskosten als Schaden.... 212
g) Zusammenfassende Bewertung ...................................................... 214
2. Beispiele für die Anwendung des Deliktsrechts zum Schutz des
   Verbrauchers......................................................................................... 216
   a) Warentermingeschäfte..................................................................... 216
      aa) Urteil des DG Yokohama vom 18.12.1987 ............................. 219
      bb) Urteil des DG Sendai vom 9.12.1991 ..................................... 220
      cc) Urteil des DG Saga vom 18.7.1986 ........................................ 222
      dd) Urteil des DG Nagoya vom 15.8.1989 ................................... 224
      ee) Zusammenfassende Bewertung der Rechtsprechung
          zu Warentermingeschäften ...................................................... 225
   b) Der Toyota Shōji Fall *(Toyota Shōji jiken)* ................................... 229
      aa) Urteil des DG Akita vom 27.6.1985 ....................................... 233
      bb) Urteil des OG Sendai vom 27.5.1987 ..................................... 234
   c) Der Belgische Diamanten Fall *(Berugii Daiyamondo jiken)*........ 235

aa) Urteil des DG Tōkyō vom 29.8.1989
und Berufungsurteil des OG Tōkyō vom 29.3.1993 ................. 240
bb) Urteil des DG Ōsaka vom 11.3.1991
und Berufungsurteil des OG Ōsaka vom 29.6.1993 ................. 241
  3. Ergebnis ........................................................................................ 243
B. Das Verbrauchervertragsgesetz ............................................................................ 245
 I. Der Gesetzeszweck gemäß Art. 1 VerbrVG ............................................... 247
 II. Der Anwendungsbereich des Gesetzes (Art. 2 VerbrVG) .......................... 248
  1. Bestimmung eines Vertragspartners als Unternehmer ......................... 249
   a) Abschluß des Vertrags im Zusammenhang mit einer
    Geschäftstätigkeit ........................................................................ 249
    aa) Die Geschäftstätigkeit ........................................................... 249
    bb) Vertragsabschluß im Zusammenhang zur Geschäftstätigkeit.... 250
   b) Juristische Personen oder sonstige Vereinigungen ...................... 250
  2. Der Gegenstand „Verbrauchervertrag" ................................................ 251
 III. Die Regulierung des Vertragsabschlusses (Artt. 3 bis 5, 7 VerbrVG) ......... 252
  1. Bemühungspflicht zur Aufklärung des Verbrauchers ........................... 253
  2. Unzulässige Beeinflussung des Verbrauchers beim Vertragsabschluß.... 254
   a) Vertragsanfechtung wegen Hervorrufen eines Mißverständnisses..... 255
   b) Vertragsanfechtung wegen Bedrängen des Verbrauchers ............. 257
  3. Handlungssubjekte und Verhältnis zu Art. 96 ZG ............................... 258
  4. Einfluß des US-amerikanischen Rechts ............................................... 259
 IV. Regeln über unfaire Vertragsbedingungen ................................................. 259
  1. Nichtigkeit des Haftungsausschlusses nach Art. 8 VerbrVG ............... 260
  2. Begrenzung der Zulässigkeit von Schadensersatzpauschalen
   und Vertragsstrafen nach Art. 9 VerbrVG ........................................... 262
  3. Nichtigkeit von Vertragsklauseln nach Art. 10 VerbrVG .................... 263
  4. Wichtige Problempunkte der Regelungen zur Inhaltskontrolle ............ 264
 V. Zusammenfassende Bewertung des Gesetzes .............................................. 265
C. Regulierte Verträge ............................................................................................. 269
 I. Der Schutz des Wohnungsmieters .............................................................. 270
  1. Regelungen der Mindestmietdauer ...................................................... 273
  2. Beschränkungen der Kündigungsmöglichkeit bzw. der Möglichkeit
   der Beendigung befristeter Mietverträge durch den Vermieter ............. 274
   a) Bei Ablauf der regulären Vertragslaufzeit
    bzw. für den Fall der ordentlichen Kündigung ............................ 274
   b) Beschränkung der außerordentlichen Kündigung
    wegen Vertragsverletzungen ........................................................ 276
  3. Regelungen zum Mietzins ................................................................... 278
  4. Beschränkung der Veräußerungsmöglichkeiten des Vermieters .......... 279
   a) Regelungen im Normalfall .......................................................... 280
   b) Die Lage nach Naturkatastrophen im Anwendungsbereich
    des Mietrechtssondergesetzes (MietRSonderG) .......................... 282
  5. Befristete Immobilienmietverträge ...................................................... 284
  6. Besonderer Schutz von älteren Mietern ............................................... 286
  7. Fazit ..................................................................................................... 286
 II. Die Regulierung von Darlehensverträgen und finanzierten Geschäften ....... 288
  1. Regulierung der Darlehensverträge ..................................................... 290

a) Schutz vor Wucherzinsen ........................................................... 290
b) Schutz vor überhöhten Schadenspauschalen und Vertragsstrafen ..... 295
c) Schutz vor unangemessenen Bedingungen im Vorfeld
   und bei Abschluß des Vertrages ............................................... 296
d) Sonstige Schutzbestimmungen ................................................. 297
   2. Regulierung von finanzierten Geschäften ........................................... 298
   3. Fazit ................................................................................. 300
III. Der Schutz des Verbrauchers durch Regelungen im Handelsgeschäfte-
   gesetz .................................................................................. 301
   1. Die Regulierung von Haustür- und Vertretergeschäften
      (Artt. 2 I, 3 bis 10 HGG) ............................................................ 304
   2. Die Regulierung von Fernabsatzgeschäften
      (Artt. 2 II, 11 bis 15 HGG) .......................................................... 308
   3. Die Regulierung von Telefongeschäften
      (Artt. 2 III, 16 bis 32 HGG) ......................................................... 310
   4. Die Regulierung von Kettenabsatzgeschäften
      (Artt. 33 bis 40 HGG) ............................................................... 313
   5. Die Regulierung von spezifischen Dienstleistungen
      (Artt. 41 bis 50 HGG) ............................................................... 317
   6. Die Regulierung von Geschäften zur Verschaffung
      von Heim- und Gelegenheitsarbeit
      (Artt. 51 bis 58 HGG) ............................................................... 322
   7. Fazit ................................................................................. 325
D. Verbraucherschützende Widerrufsrechte ............................................... 327
   I. Einführung ............................................................................ 327
   II. Bezeichnung als „kūringu ofu" (*cooling-off*) ........................................ 329
   III. Typisierende Voraussetzungen .................................................... 329
   IV. Anwendungsbereich und Funktionen der einzelnen Widerrufsrechte
       in Japan ............................................................................. 332
       1. Überblick über die bestehenden Widerrufsrechte .......................... 332
          a) Widerrufsrechte nach dem Teilzahlungsgesetz .......................... 332
          b) Widerrufsrechte nach dem Handelsgeschäftegesetz (HGG) ........... 334
             aa) Haustür- und Vertretergeschäfte
                 (Vertragsanbahnung außerhalb von Geschäftsräumen) ............. 335
             bb) Telefongeschäfte (Vertragsanbahnung am Telefon,
                 *denwa kan'yū hanbai*) ....................................................... 337
             cc) Kettenabsatzgeschäfte *(rensa hanbai torihiki)* .................... 339
             dd) Spezifische Dienstleistungen (Dauerschuldverhältnisse) ......... 340
             ee) Verträge über Heim- und Gelegenheitsarbeit
                 und den Absatz von Produkten ......................................... 342
          c) Das Widerrufsrecht nach dem Immobiliengewerbegesetz und
             dem Immobilienspargewerbegesetz (ImmobGG, ImmobSGG) ....... 343
          d) Das Widerrufsrecht nach dem Gesetz über die Vermittlung
             von Termingeschäften an ausländischen Warenterminbörsen
             (AWarenterminGG) ............................................................ 344
          e) Das Widerrufsrecht im Gesetz über Verträge zur Anlage
             und zur Verwahrung von bestimmten Handelswaren
             (Verwahrungsgeschäftegesetz, VerwahrungsGG) ...................... 346

f) Das Widerrufsrecht im Gesetz zur Regulierung des Gewerbes der Wertpapieranlageberatung (Wertpapieranlageberatungsgesetz, WpABG) ................................ 347
g) Das Widerrufsrecht im Gesetz über die Regulierung des Gewerbes der Anlage in Handelswaren (Anlagefondsgesetz, FondsG) ........... 348
h) Das Widerrufsrecht im Gesetz zur Förderung angemessener Verträge über die Mitgliedschaft in Golfclubs und ähnlichen Freizeiteinrichtungen (GolfclubG) ............................................................. 349
i) Das Widerrufsrecht im Gesetz zur Regelung des gewerblichen Handels mit spezifischen Forderungen (Forderungshandelsgesetz, ForderungsHG) ................................................. 350
j) Das Widerrufsrecht im Gesetz zur Regelung der Verwaltung von Immobilienfonds (ImmobilienfondsG) .................................. 351
k) Das Widerrufsrecht im Versicherungsgewerbegesetz (VGG) ......... 351
2. Begründung für die Widerrufsrechte ................................................. 356
V. Gesetzestechnik: Voraussetzungen und Rechtsfolgen der Widerrufsrechte ... 360
1. Wirksamkeit des Vertrages vor Ablauf der Widerrufsfrist und Erfüllungsanspruch .......................................................................... 364
2. Widerrufsfrist und Aufklärung des Verbrauchers............................. 370
3. Ausübung des Widerrufsrechts ......................................................... 375
4. Einschränkung der Widerrufsrechte (Deprivilegierung des Verbrauchers)................................................ 376
5. Rechtsfolgen nach Ausübung des Widerrufsrechts........................... 377
VI. Ergebnis................................................................................................... 381
E. Verbraucherschützende Kündigungs- und Anfechtungsrechte ........................ 383
  I. Sonderkündigungsrechte bei spezifischen Dienstleistungen .................... 384
   1. Rechtsfolgen: Die besondere Kündigung als eine Art Rücktritt und Kündigung ................................................................................. 385
   2. Schadensersatzansprüche und Wertersatz ......................................... 386
  II. Sonderkündigungsrecht bei Kettenabsatzgeschäften ................................ 389
  III. Sonderkündigungsrecht bei bestimmten Verwahrungsverträgen............... 390
  IV. Verbraucherschützende besondere Anfechtungsrechte ............................. 391
   1. Voraussetzungen ............................................................................... 392
   2. Verhältnis zu anderen Anfechtungsrechten ....................................... 393
   3. Rechtsfolgen ..................................................................................... 393
  V. Ergebnis................................................................................................... 394
F. Das Gesetz über den Handel mit Finanzprodukten (Finanzproduktehandelsgesetz) .............................................................................. 396
  I. Zweckbestimmung und Anwendungsbereich des Gesetzes ...................... 397
  II. Schadensersatzpflicht bei ungenügender Aufklärung des Kunden (Art. 4 FpHG) .......................................................................................... 399
   1. Besondere deliktische Haftung ......................................................... 399
   2. Inhalt und Umfang der Aufklärungspflicht (Art. 3 I FpHG) ................ 401
   3. Ausnahmen von der Aufklärungspflicht ........................................... 402
   4. Form der Aufklärung......................................................................... 403
  III. Sonstige Maßnahmen zur Gewährleistung fairer Vertragsverhandlungen (Artt. 7 bis 9 FpHG) ................................................................................. 403
  IV. Verhältnis zum Zivilgesetz...................................................................... 405

|  |  | Inhaltsverzeichnis | XVII |
|---|---|---|---|

|       | V. Verhältnis zum Verbrauchervertragsgesetz | 407 |
|       | VI. Ergebnis | 407 |
| G.   | Regulierung und Kontrolle von Allgemeinen Geschäftsbedingungen | 409 |
|       | I. Regelungen durch den Gesetzgeber | 410 |
|       | II. Die Verwaltungskontrolle | 411 |
|       |     1. Genehmigungspflichten für AGB | 412 |
|       |     2. Erarbeitung von Muster-AGB durch Fachkommissionen | 418 |
|       |     3. Standardisierung von AGB durch Selbstkontrolle der Unternehmerverbände | 419 |
|       |     4. Einfluß auf den Inhalt der AGB von Unternehmern, die keinem Unternehmerverband angeschlossen sind | 420 |
|       |     5. Kontrolle von AGB durch Präfekturbehörden und kommunale Behörden | 420 |
|       |     6. Vermittlung der lokalen Verbraucherschutzbehörden bei einer Beschwerde über unbillige AGB | 422 |
|       | III. Die richterliche Kontrolle | 422 |
|       |     1. Einbeziehung von AGB in den Vertrag | 424 |
|       |     2. Verdeckte Inhaltskontrolle durch Auslegung | 427 |
|       |     3. Offene Inhaltskontrolle | 429 |
|       |     4. Ergebnis | 431 |

*Viertes Kapitel*
*Regulierung und Kontrolle von Verbraucherverträgen durch öffentlich-rechtliche Instrumente* ........................................................................................................ 433

| A. | Abschluß- und Inhaltskontrolle von Verträgen aufgrund wirtschaftsverwaltungsrechtlicher Gesetze | 435 |
|---|---|---|
|   | I. Abschlußkontrolle 1 (Schutz vor unerwünschten Verträgen) | 435 |
|   |     1. Zusammenstellung der Normentypen | 436 |
|   |       a) Verbote irreführender und übertreibender Werbung *(kodai kōkoku no kinshi)* | 436 |
|   |       b) Pflichten zur Angabe wichtiger Einzelheiten bei öffentlicher Werbung | 438 |
|   |       c) Schriftliche Aufklärungspflichten *(shomen kōfu gimu)* | 439 |
|   |       d) Allgemeine Pflichten zur angemessenen Aufklärung *(jōhō teikyō gimu, setsumei gimu)* | 442 |
|   |       e) Verbote der Mitteilung irreführender oder falscher Tatsachen *(fujitsu kokuchi no kinshi)* | 442 |
|   |       f) Verbote des vorsätzlichen Verschweigens wichtiger Tatsachen *(jijitsu fu-kokuchi no kinshi)* | 444 |
|   |       g) Verbote der Abgabe irreführender Urteile oder Prognosen *(danteiteki handan no teikyō no kinshi)* | 444 |
|   |       h) Verbote der irreführenden, unrealistischen oder sonst unbilligen Gewinnzusicherung *(rieki hoshō no kinshi)* | 447 |
|   |       i) Verbote des unzulässigen Bedrängens und In-Verlegenheit-Bringens *(ihaku no kinshi, konwaku wo saseru kinshi)* | 448 |
|   |       j) Verbot des Werbens von unerfahrenen und für das Geschäft ungeeigneten Anlegern | 448 |

XVIII  Inhaltsverzeichnis

    k) Verbote der Behinderung bei der Ausübung von Vertragslöse-
     rechten ................................................................................................. 449
  2. Verwaltungsrechtliche und strafrechtliche Folgen einer Norm-
   verletzung .................................................................................................. 451
    a) Verwaltungsrechtliche Maßnahmen und Sanktionen ..................... 451
    b) Strafrechtliche Sanktionen .............................................................. 453
  3. Zivilrechtliche Wirkung eines Normverstoßes ....................................... 455
 II. Abschlußkontrolle 2 (Vertragsabschlußzwang) ............................................... 455
 III. Kontrolle von Verbraucherpreisen ................................................................... 458
  1. Die gewöhnliche Preiskontrolle ............................................................... 459
    a) Präventive Verwaltungskontrolle von Verbraucherpreisen ............. 459
    b) Einzelne Wucherverbote .................................................................. 461
    c) Die Kontrolle von Preisen wichtiger landwirtschaftlicher
     Produkte (Reis, Weizen) ................................................................... 462
    d) Regulierung und Kontrolle von Preisen für andere land-
     wirtschaftliche Erzeugnisse .............................................................. 464
    e) Regulierung und Kontrolle des Mietzinses bei Immobilien-
     mietverträgen ................................................................................... 465
  2. Regulierung und Kontrolle von Preisen aufgrund von
   „Notstandsgesetzen" .................................................................................. 466
    a) Die Preiskontrollverordnung ............................................................ 466
    b) Das Maßnahmengesetz zur Sicherung des Volkslebens
     in Fällen von Krisen ......................................................................... 468
    c) Das Gesetz über die Förderung der Angemessenheit
     von Angebot und Nachfrage von Erdölprodukten .......................... 469
 IV. Sonstige Formen der Regulierung und Kontrolle des Vertragsinhalts ........... 470
B. Regulierung durch Satzungen der regionalen öffentlichen Gebietskörper-
 schaften *(jōrei)* ............................................................................................................ 473
 I. Die Verbraucherschutzsatzung der Stadtpräfektur Tōkyō ............................. 476
  1. Regelungen zur Verhinderung inflationärer und wucherischer Preise ..... 477
  2. Verbote unbilliger Handlungen der Unternehmer ................................. 479
  3. Kompetenzen im Ermittlungsverfahren .................................................. 481
 II. Zivilrechtliche Wirkung eines Verstoßes gegen Satzungsbestimmungen ...... 481
 III. Bedeutung der Satzungsregelungen für den Schutz des Verbrauchers ......... 481
C. Streitschlichtung durch Verbraucherbehörden ....................................................... 483
 I. Kompetenzen der Behörden und Ablauf des Streitschlichtungsverfahrens .... 485
 II. Bewertung des Verfahrens aus Verbrauchersicht ........................................... 487
 III. Ergebnis ............................................................................................................. 488
D. Evaluierende Zusammenfassung ............................................................................. 489

*Fünftes Kapitel*
*Fazit* ................................................................................................................................ 491

*Gesetzesliste* ................................................................................................................... 495

*Literaturverzeichnis* ....................................................................................................... 503

*Sachregister* .................................................................................................................... 527

## Abkürzungsverzeichnis [1]

| | |
|---|---|
| Abl. | Amtsblatt |
| a.E. | am Ende |
| a.F. | alte Fassung |
| AG | Aktiengesellschaft (dt. und jap. Rechts; letztere auch K.K.) |
| AGB | Allgemeine Geschäftsbedingungen |
| Art./Artt. | Artikel |
| bzw. | beziehungsweise |
| BGH | Bundesgerichtshof |
| DAVO | Durchführungsamtsverordnung (Ministerialamtsverordnungen zur Durchführung von Gesetzen) |
| DB | Durchführungsbestimmungen |
| DVO | Durchführungsverordnung (Regierungsverordnungen zur Durchführung von Gesetzen) |
| DG | Distriktgericht, *Chihō Saibansho* |
| d.h. | das heißt |
| dt. | deutsch |
| EG | Europäische Gemeinschaft |
| etc. | et cetera |
| EWG | Europäische Wirtschaftsgemeinschaft |
| f./ff. | folgende, fortfolgende |
| Fn. | Fußnote |
| GmbH | Gesellschaft mit beschränkter Haftung (dt. und jap. Rechts) |
| GVM | geschäftsführende(s, r) Verwaltungsratsmitglied(er) / Einzel verwaltungsrat |
| h.M. | herrschende Meinung |
| Hrsg. | Heraugeber |
| i.d.F. | in der Fassung |
| i.e. | id est, das heißt |
| i.V.m. | in Verbindung mit |
| jap. | japanisch |
| Keiroku | *Daishin'in Keiji Hanketsu-roku* (Sammlung von Entscheidungen des Reichsgerichtshofs in Strafsachen) 1895-1921 |
| KG | Kommanditgesellschaft (dt. und japanischen Rechts) |
| K.K. | *Kabushiki Kaisha* (Aktiengesellschaft japanischen Rechts) |
| LLC | Limited Liability Company (jap. Rechts), *gōdō kaisha* |
| LLP | Limited Liability Partnership (jap. Rechts), *yūgen sekinin jigyō kumiai* |

---

[1] Mit Ausnahme von Gesetzesabkürzungen. Bei der Zitierung von deutschen Gesetzen werden die üblichen Abkürzungen verwendet. Die Zuordnung der Abkürzung japanischer Gesetze läßt sich dem Verzeichnis japanischer Gesetze a.E. dieser Arbeit entnehmen.

| | |
|---|---|
| Minroku | *Daishin'in Minji Hanketsu-roku* (Sammlung von Entscheidungen des Reichsgerichtshofs in Zivilsachen) 1895-1921 |
| Minshū | *Daishin'in Minji Hanrei-shū* (Sammlung der Rechtsprechung des Reichsgerichtshofs in Zivilsachen) 1922-1946; *Saikō Saibansho Minji Hanrei-shū* (Sammlung der Rechtsprechung des Obersten Gerichtshofs in Zivilsachen) 1947 ff. |
| Mio. | Million(en) |
| m.w.N. | mit weiteren Nachweisen |
| Nr. | Nummer |
| OG | Obergericht, *Kōtō Saibansho* |
| OGH | Oberster Gerichtshof (Japans), *Saikō Saibansho* |
| OHG | Offene Handelsgesellschaft (dt. und japanischen Rechts) |
| OTC | over the counter (Markt) |
| p.a. | per annum |
| RGH | Reichsgerichtshof (Japans), *Daishin'in* |
| Rn. | Randnummer |
| S. | Seite |
| s.o. | siehe oben |
| SumG | Summarisches Gericht, *Kan'i Saibansho* |
| u.a. | und andere |
| u.U. | unter Umständen |
| vgl. | vergleiche |
| VSS | Verbraucherschutzsatzung |
| z.B. | zum Beispiel |

# Hinweise

1. Bei japanischen Personennamen steht entgegen der japanischen Gepflogenheit, aber hiesiger Übung, der Familienname zuletzt.

2. Hinsichtlich der im Text genannten Yen-Beträge:

    1.000 ¥ entsprechen ungefähr 7 € (Februar 2006)

3. Der Aufbau der japanischen Gerichte in absteigender Folge stellt sich wie folgt dar:

    Oberster Gerichtshof (OHG),
    Obergericht (OG),
    Distriktgericht (DG),
    Summarisches Gericht (SumG).

4. Japanische Vorschriften werden grundsätzlich mit Artikel (Art., Artt.) zitiert, Absätze mit großen lateinischen Ziffern (I, II etc.), Ziffern mit „Nr." oder einfach mit arabischen Zahlen.
   Durch eine spätere Gesetzesreform in ein Gesetz zwischen zwei Artikel eingefügte Normen werden durch Anhängen von arabischen Ziffern markiert (z.B. Art. 150-2, Art. 150-3 etc.)

# Erstes Kapitel

## Einleitung, Problemkonstellation und Untersuchungsmethode

### A. Problemstellung und Ziel der Untersuchung

Die Vertragsfreiheit – als eine Ausprägung der Privatautonomie – gilt als wesentlicher Grundsatz einer jeden freiheitlichen und marktwirtschaftlich orientierten Rechts- und Wirtschaftsordnung unserer Zeit. Zu dieser zählt auch diejenige Japans. Gewöhnlich wird die Vertragsfreiheit in vier Kategorien eingeteilt: die Vertragsabschlußfreiheit, die Freiheit der Wahl des Vertragspartners, die Inhaltsfreiheit und die Formfreiheit. Die Geltung dieses liberalistischen Vertragskonzepts war nicht zu allen Zeiten und ist nicht in allen Gesellschaften gleich stark ausgeprägt. Im 19. Jahrhundert, das von besonders großer Bedeutung für die Entwicklung des modernen Rechts in Europa wie auch in Japan gewesen ist, gelangte es zu einer zuvor nie da gewesenen Blüte. Trotzdem wurden der Vertragsfreiheit auch in jener Zeit in gewissem Umfang Grenzen gezogen, entweder, um den Abschluß angemessener und fairer Verträge zu gewährleisten, oder zum Schutze übergeordneter gesamtgesellschaftlicher Interessen. Im 20. Jahrhundert ist es in vielen Ländern zu einer wesentlich umfangreicheren Regulierung und Kontrolle des Vertragsabschlusses und des -inhalts zum Schutze des schwächeren Vertragspartners gekommen. Seit einigen Jahrzehnten wird auch der Verbraucher als die generell schwächere und daher schutzbedürftige Vertragspartei angesehen. Der Gesetzgeber und die Gerichte berufen sich auf eine vermeintlich gestörte Vertragsparität zwischen Verbrauchern und Unternehmern und versuchen, durch ihre Eingriffe eine Kompensation der Ungleichgewichtslage zwischen den Parteien herbeizuführen. Der Schutz des Verbrauchers ist damit in den Privatrechtsordnungen vieler Länder – und dazu gehört auch Japan – zu einem zentralen Motiv für die Beschränkung der Vertragsfreiheit geworden. In vielen Fällen bestimmen daher nicht mehr nur die Parteien, ob oder mit welchem Inhalt ein Verbrauchervertrag Bindungswirkung haben soll. Dies wird ganz erheblich auch durch staatliche Maßnahmen beeinflußt, wozu einerseits die Regulierung von Verbraucherverträgen durch den Gesetzgeber und andererseits die Kontrolle durch Gerichte und Verwaltungsbehörden gehört.

Ziel dieser Untersuchung ist es, die Struktur und die Eigenarten des japanischen Verbraucherrechts hinsichtlich der Regulierung und Kontrolle von Verbraucherverträgen herauszuarbeiten. Dabei stellt sich unweigerlich die Frage nach dem grundlegenden Verständnis der Vertragsfreiheit und ihrer Grenzen in Japan, die jedoch im Rahmen dieser Arbeit nicht umfassend behandelt werden kann, da hierzu umfangreiche kulturvergleichende und rechtstheoretisch-philosophische Ausführungen erforderlich wären. In dieser Untersuchung werden vielmehr in erster Linie die praxisrelevanten Aspekte des japanischen Verbraucherrechts dargestellt. Durch die Analyse der einzelnen Regelungen in diesem Bereich soll versucht werden, einen Beitrag zum besseren Verständnis des japanischen Rechts und seiner Mechanismen zur Lösung konkreter Probleme zu leisten, die zwar hier vor allem Fragen des Verbraucherschutzes betreffen, sich aber nicht allein darin erschöpfen.

## B. Definition und nähere Eingrenzung des Themas

### I. Regelungsmotiv Verbraucherschutz

Gegenstand dieser Untersuchung sind die einzelnen Instrumente der Regulierung und Kontrolle von Verträgen im japanischen Recht unter dem Aspekt des Verbraucherschutzes. Ein solcher Ansatz ist nicht unproblematisch, da dieser primär personalen Betrachtungsweise nicht nur, aber besonders in der deutschen Rechtslehre große Skepsis entgegengebracht wird. Das liegt vor allem an der inhaltlichen Unbestimmtheit des *Verbraucherbegriffs* und des immer wieder zitierten *strukturellen Kräfteungleichgewichts* bei Verbraucherverträgen.[1] Zur Klärung der Bedeutung dieser unscharfen Begriffe werden weder die neugeschaffenen gesetzlichen Definitionen des Verbrauchers, des Unternehmers und des Verbrauchervertrags im japanischen Recht (Art. 2 VerbrVG[2]) noch die im deutschen Recht (§§ 13, 14 BGB) viel beitragen, denn diese legen nur formale oder typisierende Kriterien fest und nennen keine allgemeingültigen sachlichen Gründe für eine besondere Behandlung von Verbrauchern und Verbraucherverträgen. Der Verbraucher wird erneut ähnlich nebelhaft umschrieben wie schon früher in den meisten Sondergesetzen zum Schutze des Verbrauchers. Es ist daher nicht zu erwarten, daß die Kritik an einer Anknüpfung an rechtlich derart unklare Begriffe[3] künftig verstummen wird. Häufig wird gesagt, daß der Verbraucherschutzgedanke letztlich auf ein rechtspolitisches Schlagwort begrenzt sei und keinen einheitlichen sachlichen Schutzgrund aufweise,[4] denn es gebe keinen schlechthin oder auch nur typischerweise unterlegenen Verbraucher ohne Rücksicht auf die jeweilige vertragliche Situa-

---

[1] S. LORENZ (1997) 4 ff., 8.
[2] Verbrauchervertragsgesetz (*Shōhisha keiyaku-hō*).
[3] Vgl. nur D. MEDICUS (1992).
[4] S. LORENZ (1997) 6.

tion.⁵ Rechtliche Regelungen sollten daher konkret situationsbezogen ausgestaltet werden, und nicht pauschal an eine Rolle wie die des Verbrauchers anknüpfen.⁶

Typisierende Regelungen für Verbraucherverträge zu schaffen ist mithin insgesamt problematisch, denn „der Verbraucher" ist in der Rechtswirklichkeit keine einheitlich schutzbedürftige Person, und auch „der Unternehmer" ist tatsächlich nicht automatisch in einer überlegenen Position. Es besteht bei Einführung einer typisierenden Regelung zum Schutze des Verbrauchers immer die Gefahr, hierdurch zugleich ein systembedingtes Schutzüber- oder Schutzuntermaß zu schaffen, was in keiner Weise wünschenswert ist. Dieses Problem existiert nicht nur bei der gesetzlichen Regulierung von Verträgen, sondern auch bei der Kontrolle von Vertragsverhältnissen durch die Gerichte. Hier tritt das Problem allerdings nicht ganz so stark hervor wie bei gesetzgeberischen Maßnahmen, da der Richter immer den konkreten Einzelfall insgesamt würdigen kann. Er braucht sich also bei seiner Entscheidung nicht allein an die abstrakten Begriffe *Verbraucher* und *Unternehmer* zu halten. Dennoch kann es vorkommen, daß die Rechtsprechung sich vom typischen Bild des Verbrauchers oder von der vermeintlich typischen Konstellation des Verbrauchervertrages leiten läßt und hierdurch nicht hinreichend dem konkreten Einzelfall Rechnung trägt. Dies kann dazu führen, daß letztlich ungleiche Sachverhalte nach einer gleichen Formel entschieden oder vergleichbare Konstellationen mit ähnlichem Schutzbedürfnis anders behandelt werden, nur weil diesen formal kein Verbrauchervertrag zugrunde liegt. Derartige Kritik läßt sich in Deutschland besonders an der Rechtsprechung des BGH zum „wucherähnlichen Verbraucherkredit" üben.⁷ Möglich sind aber auch andere Fehlentwicklungen. So kann der Aufbau besonderer Schutzpositionen durch rechtliche Regelungen den Markt in einer Weise verändern, die keineswegs mehr als sozial qualifiziert werden kann, und denjenigen, die dadurch geschützt werden sollten, letztlich mehr schaden als nützen. Dies ist in Deutschland etwa beim Wohnungsmietrecht der Fall.⁸

Nur dem Verbraucherschutzgedanken allein sprechen in Deutschland daher viele Beobachter die rechtfertigende Kraft besonderer Regelungen ab. Zahlreiche Autoren kritisieren zudem heftig den Umfang der Beschränkung der Vertragsfreiheit zum Schutze des Verbrauchers. In einigen Untersuchungen wird deswegen versucht, bei ähnlichen Untersuchungsansätzen den Gesichtspunkt *Verbraucherschutz* soweit wie möglich auszublenden und statt dessen eine von vornherein allgemeinere Fragestellung behandelt.⁹

Gleichwohl kam es in den letzten Jahrzehnten in vielen Ländern Europas und im übrigen auch in Japan zu einer immer stärkeren Regulierung des Ab-

---

[5] G. Hönn (1982) 307.
[6] D. Medicus (1992) 486.
[7] C.-W. Canaris (2000) 300-302; H. Koziol (1988) 198 ff.
[8] So auch D. Medicus (1994) 22 f., 33.
[9] So z.B. S. Lorenz (1997) in seiner Habilitationsschrift „Der Schutz vor dem unerwünschten Vertrag" oder G. Hönn (1982).

schlusses und des Inhalts gerade von Verbraucherverträgen, weshalb besonders in Deutschland seit den 1970er Jahren immer wieder von einer Krise der Privatautonomie im Schuldrecht gesprochen und bisweilen gar der Abschied von ihr beklagt wird.[10]

Trotz der genannten Probleme soll hier das Regelungs- und Kontrollmotiv des *Verbraucherschutzes* bei der Untersuchung des japanischen Rechts im Mittelpunkt stehen. Dafür gibt es mehrere Gründe. Zum einen knüpfen viele Gesetze in Japan explizit an den Verbraucher, den Verbrauchervertrag oder den Gedanken des Verbraucherschutzes an. Ähnliches gilt für die Rechtsprechung, auch wenn dies dort manchmal nicht so deutlich zum Ausdruck kommt. In der Literatur findet die Konstellation des Verbrauchervertrages ebenfalls besondere Berücksichtigung. Es ist daher nicht zu leugnen, daß in den modernen Rechtsordnungen unserer Zeit dieses Regelungsmotiv *tatsächlich* eine zunehmend bedeutendere Rolle spielt. Das Verbraucherrecht überlagert dabei immer mehr die Grundprinzipien des allgemeinen Vertragsrechts, die vielen Privatrechtskodifikationen des 19. und beginnenden 20. Jahrhunderts zugrundeliegen, wozu ebenso das Bürgerliche Gesetzbuch in Deutschland wie das Zivilgesetz (ZG) in Japan zu zählen sind. Der Begriff Verbraucher verdrängt im ausgehenden 20. Jahrhundert und beginnenden 21. Jahrhundert zunehmend den des eigenverantwortlichen Bürgers, den der Gesetzgeber des 19. Jahrhunderts im Zivilrecht mit „natürliche Person" bezeichnet hat.

In Deutschland sind in den vergangenen Jahren vor allem aufgrund der vielen EG-Richtlinien zum Verbraucherschutz zunächst immer neue Sondergesetze entstanden. Mittlerweile hat der deutsche Gesetzgeber viele dieser Regelungen durch das Gesetz zur Modernisierung des Schuldrechts in das BGB integriert und hierdurch praktisch bewirkt, daß diese „Sonderregeln" für einzelne Geschäfte eher die Grundregeln darstellen. Das Nicht-Verbrauchergeschäft scheint dagegen in einigen Bereichen mehr und mehr zum Sonderfall des Zivilrechts zu werden.

In Japan hat man den Schritt zu einer so umfangreichen Reform des Zivilgesetzes und die Integration des Verbraucherrechts bislang nicht vollzogen. Trotzdem ist dort das Verbraucherrecht seit der zweiten Hälfte des 20. Jahrhunderts ebenso eines der beherrschenden Themen im Zivilrecht, und es bestehen heutzutage zahlreiche Sondergesetze zum Schutz des Verbrauchers, die das ZG in einzelnen Bereichen ergänzen oder an dessen Stelle treten. Eine großangelegte Reform zur grundsätzlichen Ausrichtung des Zivilgesetzes auf den Verbraucher wird ebenfalls diskutiert.[11] Es gibt außerdem eine kaum überschaubare Fülle an Literatur zu diesem Thema, und die zivilrechtliche Rechtsprechung steht ebenfalls unter dem Einfluß des Verbraucherschutzgedankens.

---

[10] So D. MEDICUS, Abschied von der Privatautonomie im Schuldrecht? Schriftenreihe der Kölner Juristischen Gesellschaft, Band 17 (1994).

[11] So geht dieser Vorschlag schon aus dem Titel mancher Werke hervor, vgl. z.B. K. ISHIDA, *Shōhisha minpō no susume* [Vorschlag eines Verbraucher-Zivilgesetzes] (1998).

Darüber hinaus ist das *Verbraucherrecht* an vielen Universitäten des Landes mittlerweile als besonderes „Rechtsgebiet" zum festen Bestandteil des Vorlesungsplanes geworden.[12] Auf einen letzten Gesichtspunkt sollte schließlich hingewiesen werden. In der japanischen Rechtslehre hat es bislang keine so heftige Kritik wie in Deutschland an der weitgehenden Beschränkung der Vertragsfreiheit zugunsten des Verbraucherschutzes gegeben, und eine solche Diskussion ist in Zukunft auch kaum zu erwarten.[13] Im Gegenteil, es scheint vielmehr ein allgemeiner Konsens über die Notwendigkeit einer Regulierung und Kontrolle von individuellen Verbraucherverträgen zu bestehen, ohne hinreichend zu problematisieren, ob die Unbestimmtheit des Regelungsmotivs dem entgegenstehen könnte.[14]

In dieser Arbeit wird die in Japan bestehende tatsächliche Regulierung und Kontrolle aus Gründen des Verbraucherschutzes untersucht und geordnet. Gleichwohl muß aufgrund der zahlreichen mit diesem Regelungsmotiv verbundenen Probleme grundsätzlicher und rechtstheoretischer Natur berücksichtigt werden, daß eine systematische Darstellung der Struktur des japanischen Verbraucherrechts schwierig ist.

## II. Privatrecht und öffentliches Recht

Neben einem Eingriff in die Vertragsfreiheit durch oder aufgrund *privatrechtlicher Normen* kommt auch eine Regulierung und Kontrolle von Verbraucherverträgen aufgrund von Normen *des öffentlichen Rechts* (Verwaltungsrecht und Strafrecht) in Betracht. Von besonderer Bedeutung ist zudem das Zusammenspiel des öffentlichen Rechts mit dem Zivilrecht, so daß etwa die Frage der Wirkung eines Verstoßes gegen individuell verbraucherschützende öffentlich-rechtliche Bestimmungen oder Anordnungen der Behörden zu erörtern ist. Eine Beschränkung der Untersuchung auf das Privatrecht würde daher zu kurz grei-

---

[12] Vgl. zum Beispiel die Daten in SHŌHISHA KYŌIKU SHIEN SENTĀ (1996). Umstritten ist allerdings, wie man den Charakter dieser besonderen Thematik einordnen soll. Es als „Rechtsgebiet" im herkömmlichen Sinne zu bezeichnen ist problematisch und wird daher auch häufig abgelehnt (Vgl. K. SATŌ (1996) 2), oftmals allerdings ohne einen Vorschlag für eine bessere Klassifizierung zu unterbreiten.

[13] Auch unabhängig von der Verbraucherproblematik wird die Einschränkung oder Korrektur der Vertragsfreiheit in Japan heute allgemein als notwendig erachtet. Nur in der älteren Literatur, die aus der Zeit vor dem Zweiten Weltkrieg stammt, wird die umfassende Vertragsfreiheit als unverzichtbare Ausprägung einer liberalen Weltanschauung verstanden und daher besonders betont; so z.B. Y. HIROHAMA (1926) 120.

[14] Wenn in diesem Zusammenhang einmal von einer „Krise der Privatautonomie" in der japanischen Literatur die Rede ist, dann ist damit nicht die gleiche Sichtweise wie in Deutschland angesprochen. Häufig wird zwar der gleiche Befund einer weitgehenden Beschränkung der Vertragsfreiheit auch im japanischen Recht festgestellt, die Schlußfolgerungen, die daraus gezogen werden, sind aber häufig verschieden. So wird häufig behauptet, daß das Konzept des Zivilgesetzes grundsätzlich und von Anfang mißlungen sei. So z.B. T. UCHIDA (2000a) 16-40, 133-161, 201.

fen, selbst wenn dieses vorliegend im Mittelpunkt steht. Öffentlich-rechtliche Regelungs- und Kontrollmechanismen sind nämlich gerade in Japan von jeher besonders stark ausgeprägt, und das gilt auch für das Verbraucherrecht. Auch deshalb wird Japan häufig als „Beamtenstaat" (*kanryō kokka*) bezeichnet. Dabei besteht ferner die Besonderheit, daß japanische Behörden nicht nur formell aufgrund von einschlägigen Ermächtigungsgrundlagen handeln, sondern außerdem besonders häufig auf Formen informellen Verwaltungshandelns zurückgreifen, also ohne daß eine Eingriffsgrundlage oder obwohl eine Eingriffsgrundlage für formelles Verwaltungshandeln existiert. Diese Praxis wird in Japan als informelle Verwaltungslenkung oder Verwaltungsanleitung (*gyōsei shidō*) bezeichnet. Die öffentlich-rechtliche Regulierung und Kontrolle von Verbraucherverträgen wird in Kapitel 4 gesondert behandelt.

### III. Regulierung und Kontrolle des Abschlusses und des Inhalts von Verträgen

Die vorliegende Untersuchung behandelt Mechanismen der Regulierung bzw. Kontrolle sowohl des Vertragsabschlusses als auch des Vertragsinhaltes. Dabei geht es um all diejenigen Maßnahmen, mit denen die japanische Rechtsordnung versucht, die *prozedurale* und *inhaltliche* Fairneß, Angemessenheit und Billigkeit[15] von Verbraucherverträgen zu fördern, und dabei gleichzeitig die Vertragsfreiheit beschränkt.

Ein für eine Vertragspartei – den Verbraucher – inhaltlich nachteiliger und daher meist zugleich unfairer bzw. unbilliger Vertrag beruht regelmäßig auf einer spezifischen Beeinträchtigung der Entscheidungsfreiheit, weil nicht anzunehmen ist, daß eine Person mit der Möglichkeit zu einer überlegten und vernünftigen Entscheidung einen für sie nachteiligen Vertrag abschließt. Anders ausgedrückt, kann gewöhnlich davon ausgegangen werden, daß Verträge inhalt-

---

[15] Die Begriffe Fairneß, Billigkeit oder ähnliche Begriffe wie z.B. Angemessenheit sowie deren jeweilige Antonyme werden in dieser Untersuchung bewußt synonym und in einem eher weiten Sinne verwendet. „Prozedural" bezieht sich hier auf das Vertragsabschlußverfahren und die diesbezüglichen Regelungen und Kontrollmaßnahmen; „inhaltlich" dagegen auf den Vertragsinhalt und die diesbezüglichen Regelungen und Kontrollmaßnahmen zur Förderung der Fairneß, Billigkeit und Angemessenheit von Verträgen. In der Literatur kursieren verschiedene Konzepte, in denen einzelne, spezifische Begriffe für eine besondere Klassifizierung verwendet werden; so z.B. die Differenzierung von *Kötz* und *Zweigert / Kötz* (H. KÖTZ (1996) 189 ff.; K. ZWEIGERT / H. KÖTZ (1996) 318 ff.) zwischen der „prozeduralen Fairneß (*procedural fairness*)" und der „inhaltlichen Fairneß (*substantive fairness*)", die ursprünglich aus dem *common law* stammt (vgl. z.B. P.S. ATTIYAH, (1985) 1 ff. Weitere Nachweise auch bei K. ZWEIGERT / H. KÖTZ (1996) 319). Nicht immer ganz eindeutig ist das Verhältnis dieses Konzeptes zu der in der deutschen Literatur verbreiteten Diskussion um die „Vertragsgerechtigkeit" und dessen Zusammenspiel mit dem Grundsatz der „Vertragsfreiheit", vor allem weil dabei im einzelnen erhebliche Differenzierungen in der jeweiligen Begrifflichkeit zwischen den Autoren gemacht werden (vgl. z.B. die spezifische Einteilung bei C.-W. CANARIS (2000) 276-292).

lich angemessen sind, wenn nur der tatsächliche Wille beider Vertragsparteien bei Vertragsabschluß hinreichend zur Geltung kommt. Insofern ist es grundsätzlich wünschenswert, wenn eine Rechtsordnung der Förderung *fairer bzw. angemessener Vertragsabschlußbedingungen* Priorität einräumt.[16]

Trotzdem werden auch der Bestimmung des *Vertragsinhaltes* durch die Parteien in den meisten Rechtsordnungen zumindest dadurch Grenzen gezogen, daß dieser nicht gegen die guten Sitten oder die öffentliche Ordnung verstoßen darf.[17] Richtet man ferner den Blick etwa auf das Arbeits- oder Mietrecht, so scheint es, daß nicht alle Probleme unbilliger Verträge allein mit prozeduralen Mitteln zu bewältigen sind, denn diese Vertragsarten sind in vielen Ländern inhaltlich strikt reguliert.[18] Außerdem sind auch der Wirksamkeit der Regulierung und Kontrolle allein des Vertragsabschlusses im Geschäftsverkehr dort Grenzen gesetzt, wo AGB verwendet werden; und das ist bei vielen Massenverträgen der heutigen Zeit der Fall.[19] Das eben Gesagte betrifft vor allem vertragliche Nebenbedingungen. Seltener dagegen finden sich in den modernen Rechtsordnungen direkte Preiskontrollen oder Fälle, in denen ein Vertrag allein wegen des Mißverhältnisses von Leistung und Gegenleistung für ungültig befunden wird. Dagegen ist aber eine Vermischung von Gesichtspunkten der prozeduralen und inhaltlichen Fairneß bei der Beurteilung der Wirksamkeit eines Vertrages in vielen Ländern wiederum weit verbreitet.[20] Die allermeisten Rechtsordnungen dürften daher heute gewisse Maßnahmen der Regulierung und Kontrolle des Vertragsinhaltes zum Zwecke der Angemessenheit von Ver-

---

[16] So S. LORENZ (1997) 4, der von einer Priorität der Abschlußkontrolle vor der Inhaltskontrolle spricht. Ähnlich auch schon F. BYDLINSKI (1967) 174. Auch für *Flume* ist wichtigster Gesichtspunkt beim Vertrag der Wille der Parteien beim Vertragsschluß und nicht die Vernünftigkeit des Vertragsinhalts (W. FLUME (1979) § 1, 5, 6a). Im Ergebnis ebenso, aber stärker differenzierend, betont auch *Canaris* die besondere Bedeutung der Gewährleistung der Willensentscheidung der Vertragspartner für einen gerechten Vertragsinhalt (C.-W. CANARIS (2000) 283-285). Ähnliche Grundpositionen werden auch in anderen Ländern Europas und darüber hinaus vertreten (H. KÖTZ (1996) 189-192; K. ZWEIGERT / H. KÖTZ (1996) 314 ff.).
[17] K. ZWEIGERT / H. KÖTZ (1996) 319, 374 ff.; H. KÖTZ (1996) 235 ff.
[18] Auch ein Vertreter der eher „liberalen" Vertragskonzeption wie *Canaris* räumt ein, daß die Probleme der Vertragsgerechtigkeit sich nicht allein mit prozeduralen Mitteln vollständig bewältigen lassen (C.-W. CANARIS (2000) 285).
[19] Bei der Verwendung von AGB durch einen Vertragspartner bleibt dem anderen Teil in vielen Fällen kaum eine andere Möglichkeit als den Vertrag zu diesen Bedingungen einzugehen. Dies läßt sich entweder auf ein Kräfteungleichgewicht zwischen den Vertragspartnern zurückführen oder auf ökonomische Gesichtspunkte, weil es zu aufwendig wäre, einen anderen Anbieter der spezifischen Leistung mit günstigeren AGB zu finden (Vgl. H. KÖTZ (1996) 209 ff.). Häufig sind auch die AGB von Unternehmern der gleichen Branche vollständig oder nahezu identisch, so daß der Kunde schon in diesem Punkte keine Wahlmöglichkeiten hat. Aus Sicht des Verbrauchers treffen bei einem Vertragsabschluß mit einem Unternehmer häufig alle drei Argumente gleichzeitig zu, so daß auch die Möglichkeit der partiellen Inhaltskontrolle von AGB zumindest bei Verbraucherverträgen gerechtfertigt erscheint.
[20] P.S. ATIYAH (1985) 5-6; H. KÖTZ (1996) 191, 206 ff.

tragen anerkennen, wenngleich deren tatsächlicher Umfang unterschiedlich sein mag.[21]

Da prozedurale und inhaltliche Maßnahmen zur Verhinderung unfairer, *i.e.* unerwünschter oder inhaltlich nachteiliger Verträge in einer Rechtsordnung somit nicht ohne weiteres von einander zu trennen sind, behandelt diese Untersuchung die beiden Aspekte der Vertragsregulierung bzw. -kontrolle gemeinsam.

Im Zusammenhang mit dem Vertragsabschluß ist Gegenstand der Untersuchung im engeren Sinne, wie der Verbraucher im japanischen Recht vor einem „*unerwünschten Vertrag*" geschützt wird (zugleich rechtliche Vertragsabschlußkontrolle zum Zwecke der Förderung der prozeduralen Fairneß und Billigkeit). Als ein solcher Vertrag ist ein Vertrag zu verstehen, der wegen Defekten der Willensbildung oder der Willenserklärung für den Verbraucher insgesamt als subjektiv oder objektiv lästig anzusehen ist.[22] Andererseits kann ein Vertragsschluß unter bestimmten Bedingungen aus Sicht des Verbrauchers auch gerade erwünscht sein („erwünschter Vertrag"). Daher ist auch die Verwendung des Instruments des Vertragszwangs zu berücksichtigen.

Hinsichtlich des Vertragsinhalts ist im engeren Sinne von Bedeutung, wie der Verbraucher vor einem „*inhaltlich nachteiligen Vertrag*" geschützt wird (zugleich rechtliche Inhaltskontrolle zum Zwecke der Förderung der inhaltlichen Fairneß und Billigkeit), der in den meisten Fällen auch *zugleich unerwünscht* sein dürfte. Unter diesen Aspekt fallen zum einen Probleme im Zusammenhang mit dem Äquivalenzverhältnis von Leistung und Gegenleistung, insbesondere direkte und indirekte Methoden zur Verhinderung überhöhter Preise. Zum anderen fallen hierunter Maßnahmen zum Schutz vor sonstigen vermeintlich unangemessenen Vertragsbedingungen sowie vor Verträgen, die in der Gesamtheit aller Umstände als unbillig und unfair angesehen werden.

Gewährleistungsrechtliche Probleme oder Probleme im Zusammenhang mit Vertragsverletzungen sind in diese Untersuchung nur insoweit einbezogen, als sie mit den Problemen unfairer Vertragsabschlußbedingungen bzw. Vertragsinhalte vermischt werden oder zu diesen einen sehr engen Bezug aufweisen.

---

[21] Einen großen Einfluß auf den Umfang der Regulierung hat das dominierende Verständnis von Prinzipien wie Vertragsfreiheit und Vertragsgerechtigkeit in einem Land. Während die Vertreter einer eher „liberalen" Auffassung einer Regulierung und Kontrolle des Vertragsinhaltes verhalten gegenüberstehen (in Deutschland z.B. *Lorenz, Canaris, Flume*), betonen Vertreter einer eher „sozialen" Strömung in Rechtstheorie und -praxis häufig vor allem das Prinzip der „materiellen Vertragsgerechtigkeit" und sehen auf dieser Grundlage auch eine Förderung inhaltlich gerechter Verträge als soziale Aufgabe des Rechts an (z.B. wohl *Raiser, Zweigert*). Im einzelnen sind die Lager aber häufig nicht so leicht auszumachen und viele Details umstritten und unklar. Auch die verwendete Terminologie ist nicht immer einheitlich.

[22] Nach S. LORENZ (1997) 2.

## C. Untersuchungsmethode

Eingriffe in die Vertragsfreiheit dürfen, gleich aus welchem Schutzzweck heraus, immer nur punktueller Natur sein, um nicht die Grundprinzipien einer freiheitlichen Rechtsordnung zu zerstören. Das Recht muß dabei immer auch die berechtigten Belange des Unternehmers als Vertragspartner und andere grundsätzliche Rechtsprinzipien hinreichend berücksichtigen. Das heißt, prinzipiell sind die Grundsätze der Parteiautonomie und der Vertragsbindung (*pacta sunt servanda*) schon aus Gründen der *Rechtssicherheit* und *Vorhersehbarkeit* zu wahren. Daher sind unzweckmäßige, willkürliche und unverhältnismäßige Eingriffe *zu vermeiden*. Kompensatorische Eingriffe des Gesetzgebers, der Rechtsprechung oder der Verwaltung dürfen *nicht* dazu führen, daß die Vertragsparität letztlich zu Lasten des Unternehmers in eine Schieflage gerät. Schließlich ist trotz aller guten Absichten des Staates die *Gesetzlichkeit* und *Verfassungsmäßigkeit* des Handelns zu beachten. All dies sind wichtige Kriterien, an denen sich eine moderne Rechtsordnung messen lassen muß, wenn sie zum Zwecke des Verbraucherschutzes regulierend und kontrollierend eingreift, und diese sollen hier zugleich Maßstab sein für die Bewertung der einzelnen Maßnahmen des japanischen Rechts.

# ZWEITES KAPITEL

## Grundfragen des Verbraucherrechts und seine Entwicklung in Japan

Angesichts der allgemeinen Unbestimmtheit der Begriffe Verbraucher und Unternehmer und der aus der Gegenüberstellung dieser Figuren resultierenden Problematik stellen sich zunächst einige bedeutsame Fragen: Was wird in Japan genau unter „Verbraucherrecht" (*shōhisha-hō*) oder „Verbrauchervertragsrecht" verstanden und welche Gegenstände werden konkret dazu gezählt? Wie ist dieses Recht strukturiert? Welche besonderen Probleme werden aus japanischer Perspektive bei Verbraucherverträgen gesehen? Welches sind im japanischen Recht die Gründe, den Verbraucher besonders zu schützen? Wie umfassend ist er geschützt? Diesen allgemeinen und grundsätzlichen Fragen ist Kapitel 2 gewidmet, um so einen ersten Gesamtüberblick über die komplexe Thematik zu verschaffen.

Der Versuch der Ordnung des japanischen Verbraucher- bzw. Verbrauchervertragsrechts und der Beantwortung der aufgeworfenen Fragen bedarf zunächst eines Rückgriffs auf die historische Entwicklung. Die Zuordnung vieler Erscheinungsformen des japanischen Rechts zum Bereich des Verbraucherrechts läßt sich oftmals nur aus dem jeweiligen historischen Kontext heraus erklären.

Es folgt ein Abriß der wesentlichen Probleme, der Regelungsmotive, der Aufgaben und der Methoden des Verbrauchervertragsrechts als Ausgangspunkt für die daran anschließende Bestimmung der Geschäfts- bzw. Vertragsarten und der rechtlichen Regelungen, die in Japan zum Verbraucherrecht gehören.

Als drittes sind die politisch-weltanschaulichen Strömungen vorzustellen, die einen grundlegenden Einfluß auf Art und Umfang der Regulierung und Kontrolle von Verträgen haben. Auf diese Weise läßt sich ein allgemeiner Einblick in das Vertragsbewußtsein, Rechtsdenken und die Rechtstraditionen in Japan geben.

## A. Die Entwicklung des japanischen Verbraucherrechts

Soweit die japanische Literatur die Entwicklung des japanischen Verbraucherrechts skizziert, beschränkt sich die Darstellung zumeist auf den Zeitraum nach 1945.[1] Dies ist einerseits richtig, da sich das Problembewußtsein im Hinblick auf den Verbraucherschutz in seiner vollständigen soziologischen und rechtlichen Dimension erst in der Nachkriegszeit entwickelte. Maßgeblichen Anteil daran hatte die Entwicklung der Verbraucherschutzbewegung in den USA in den 1950er und 1960er Jahren.[2] Im Jahre 1962 proklamierte der amerikanische Präsident *John F. Kennedy* in seiner Botschaft an den Kongreß über den Schutz der Verbraucherinteressen mehrere grundsätzliche „Rechte" des Verbrauchers: das Recht auf Produktsicherheit, das Recht auf die Auswahl von Produkten zu kompetitiven Preisen, das Recht auf ausreichende und richtige Informationen und das Recht darauf, vom Staat bei der Bewältigung der Probleme unterstützt zu werden.[3] Diese Äußerung Kennedys trug in Japan zu einer intensiven öffentlichen Diskussion über die Notwendigkeit besonderer Maßnahmen zum Schutze der Verbraucher bei. Das Land erlebte in den 1960er Jahren eine wirtschaftliche Hochwachstumsphase, die auch die konkreten Probleme einer Massenkonsumgesellschaft in vollem Umfang sichtbar werden ließ. Daher trafen die Ideen Kennedys auf fruchtbaren Boden. Die Liste der von ihm angeführten Verbraucherrechte reflektiert sicherlich nicht alle einzelnen Verbraucherprobleme im juristischen Sinne, vermochte aber als politisches Programm nachhaltig die Verbreitung eines Problembewußtseins auch in Japan zu fördern.

Andererseits korrespondieren zahlreiche gesetzliche Regelungen aus der Zeit vor dem Zweiten Weltkrieg, der Kriegs- und unmittelbaren Nachkriegszeit schon mit einem frühen und besonders weiten Bild des Verbrauchers als sogenanntem *seikatsu-sha*.[4] Viele der Probleme, die daher heute in Japan in einem weiteren Sinne als Verbraucherprobleme wahrgenommen werden, traten in Ansätzen bereits vor dem Zweiten Weltkrieg in der *Taishō*-Zeit (1912-1926) und zu Beginn der *Shōwa*-Zeit (1926-1989) auf, vor allem in den japanischen Großstädten. Teilweise wird der Beginn der Verbraucherschutzbewegung sogar schon auf das Ende des 19. Jahrhunderts datiert, als sich die japanischen Konsumgenossenschaften (*shōhisha kumiai, shōhi seikatsu kumiai*; später dann

---

[1] Vgl. zum Beispiel S. Itō / K. Kimoto / C. Mura (2000) 17-27; A. Ōmura (1998) 2-14.

[2] Auch andere politische Strömungen und gesellschaftliche Entwicklungen in den USA üben einen außergewöhnlich starken Einfluß auf die Entwicklung in Japan aus. Dies ist in erster Linie auf die Niederlage Japans gegen die USA im Zweiten Weltkrieg zurückzuführen, die einerseits eine Ausrichtung des politischen Systems auf das amerikanische und andererseits die aktive Einflußnahme der USA auf politische, gesellschaftliche und wirtschaftliche Fragen in Japan mit sich gebracht hat. Dieser Einfluß konnte sich noch deutlich stärker ausbilden als im Falle von Deutschland.

[3] Abdruck der *„Special Message to the Congress on Protecting the Consumer Interest"* vom 15. März 1962, in: E. v. Hippel (1986) 281-290. Zum Konzept der „Rechte" des Verbrauchers nach japanischer Vorstellung vgl. A. Shōda (1972).

[4] Im einzelnen dazu unten B III 3.

allgemein als „*shōhi seikatsu kyōdō kumiai*" bezeichnet) zu formieren begannen,⁵ die bis in die Nachkriegszeit hinein auch unter der Bezeichnung Kaufvereinigungen (*kōbai kumiai*) auftraten. Der Begriff „Verbraucher" (*shōhisha*) wurde bereits seit der *Taishō*-Zeit vor allem im Zusammenhang mit den Aktivitäten dieser Vereinigungen verwendet,⁶ wenn auch nicht in völlig identischer Weise, also mit den gleichen Implikationen wie später in der Nachkriegszeit. Die Genossenschaftsbewegung, die den Terminus Verbraucher auf ihrem Banner trug, war Sammelbecken für zahlreiche unterschiedliche bürgerrechtliche, soziale und gesellschaftskritische Strömungen⁷ und keine reine Verbraucherbewegung in einem engeren Sinne.

Das Problem der Datierung der Verbraucherschutzbewegung hängt vor allem mit der bereits angesprochenen Unbestimmtheit des „Verbraucherproblems"⁸ selbst und der langsamen Ausbildung eines Bewußtseins hierfür zusammen. Die Umrisse dieses Gesamtproblems und der damit verbundenen einzelnen rechtlichen Aspekte ergeben sich nur aus dem Gesamtkontext der wirtschaftlichen, gesellschaftlichen, politischen und rechtlichen Entwicklung; dies gilt für Probleme im Zusammenhang mit Verbraucherverträgen ebenso wie für alle anderen Arten von Verbraucherproblemen. Der Verbraucherschutz ist ein Motiv, das mit zunehmender Wahrnehmung seiner Gestalt und Bedeutung nur schleichend in die Rechtsordnung Eingang fand und von ihr absorbiert wurde. Ein wichtiges Datum für die Verbreitung des Verbraucherschutzkonzepts in Japan ist ungefähr das Jahr 1920. Seit jener Zeit gilt Japan als Industrieland.⁹ In den 1920er Jahren setzten Massenproduktion und ein ausgeprägtes Konsumleben, zumindest in Teilen der Bevölkerung, ein, was überhaupt erst eine Grundlage für die Bildung eines Bewußtseins für zahlreiche Verbraucherprobleme schuf. In dieser Zeit begann auch die verstärkte Wahrnehmung und Berücksichtigung zahlreicher allgemeiner sozialer Probleme, die eng mit der Entwicklung der Gesellschaft zu einer modernen Konsumgesellschaft verbun-

---

⁵ S. KOBAYASHI (1978) 31; B.D. PIOCH (1980) 18, m.w.N. aus der japanischen Literatur. Als erste Konsumgenossenschaft wird die *Kyōritsu Shōsha* angesehen, die sich 1879 gründete und die die Versorgung ihrer Mitglieder und der Verbraucher im allgemeinen vor allem mit Reis, Sojabohnenpaste (*miso*) und Brennstoffen zu günstigen Preisen bezweckte.
⁶ P.L. MACLACHLAN (2002) 67-71, 78-79.
⁷ P.L. MACLACHLAN (2002) 67-69. Es handelte sich daher mehr um eine Mischung verschiedener sozialer Bewegungen. Die Konsumgenossenschaften als Organisations- und Aktionsplattformen waren z.B. interessant für Aktivisten zur Förderung der Gleichberechtigung der Geschlechter und zahlreicher politisch meist linksgerichteter, sozialistischer Ziele.
⁸ Auf diese Unbestimmtheit und die daraus resultierende Konsequenz, daß in verschiedenen Ländern auch durchaus verschiedene Bereiche zum Verbraucherrecht gezählt werden können, weist schon *Kitagawa* (Z. KITAGAWA (1978) 6) hin. Dort behauptet er zudem, daß in Japan zum Teil auch ärztliche Kunstfehler und Verkehrsunfälle dazu gezählt werden, was aber zumindest heute wohl überwiegend nicht mehr so gesehen wird.
⁹ Vgl. E. PAUER (1986), 104-109, 104. Das bedeutet, daß Japan es geschafft hat, sich in einem Zeitraum von nur ungefähr 50 Jahren von einem Agrarstaat zu einem industrialisierten Land zu entwickeln.

den sind und die in Japan heute in einem weiteren Sinne auch als Verbraucherprobleme verstanden werden.

Ein Überblick über die Entwicklung des japanischen Verbraucherrechts und der einzelnen Regelungen, die noch heute Bedeutung für den Abschluß und den Inhalt von Verbraucherverträgen haben, muß diese frühen Stadien mit einbeziehen. Eine historische Darstellung hat daher die Änderungen infolge der *Meiji*-Restauration (1868), die in Japan die Neuzeit einleitete, an den Anfang zu stellen, um so die Stellung des Verbraucherrechts im Gefüge der japanischen Rechtsordnung zu verdeutlichen.[10]

## I. 1868 bis 1920
### Der Aufbau eines modernen Verfassungs- und Rechtssystems[11]:
### Vertragsfreiheit als Grundsatz des Privatrechts

Die Grundlagen der modernen japanischen Rechtsordnung wurden vor allem in der *Meiji*-Zeit (1868-1912) gelegt. Im Anschluß an die Öffnung des Landes, die nach zweihundert Jahren selbst gewählter Isolation gegenüber dem Ausland (*sakoku*) auf US-amerikanischen Druck hin in den Jahren 1853/1854 erfolgte, sah man die Notwendigkeit, möglichst rasch einen modernen Staat nach westlichem Vorbild zu errichten. Dies hatte nicht nur innenpolitische, sondern auch außenpolitische Motive. Man hoffte, auf diese Weise ebenbürtig gegenüber anderen, westlichen Ländern auftreten und die eigenen Interessen besser wahren zu können.[12] Hierzu war unter anderem auch der Aufbau eines modernen Rechtssystems erforderlich, der insbesondere nach der *Meiji*-Restauration forciert vorangetrieben wurde. Man orientierte sich dabei zunächst insbesondere an England, Frankreich und Deutschland. Allmählich begannen sich von den drei Modellen vor allem die deutsche Rechtslehre und das deutsche Rechtssystem als Leitmodell durchzusetzen.[13] Das Zivilgesetz (*Minpō*), in Kraft getreten

---

[10] Interessant in diesem Zusammenhang sind die folgenden zwei Abhandlungen, die versuchen, das langsame Einfließen des Verbraucherschutzmotivs in die Rechtsordnung nachzuzeichnen: A. ŌMURA (1999a und 1999b).

[11] Zum Ganzen ausführlich: G. RAHN (1990) 80-129; H.P. MARUTSCHKE (1999) 33-50; Z. KITAGAWA (1970) 27-53; Y. KAWAGUCHI (1998) insbesondere 132-340; N. KOKUBUN (1993); verschiedene Beiträge zur frühen Entwicklung des modernen japanischen Zivilrechts in: T. HIRONAKA / E. HOSHINO (1998); H. NAKAMURA (1971); P.-C. SCHENCK (1997); Y. YOSHIDA (1986).

[12] G. RAHN (1990) 58-79; Z. KITAGAWA (1970) 44-53.

[13] Nach langen Diskussionen konnte sich schließlich der Einfluß des deutschen Rechts jener Zeit in vielen Rechtsbereichen durchsetzen; so z.B. im Straf- und Strafprozeßrecht, im Verfassungs- und Staatsrecht, im Handelsrecht, im Zivilprozeßrecht und in der Gerichtsverfassung. Das Strafgesetz von 1907 und das Strafprozeßgesetz von 1890 beruhten auf dem Modell deutscher Gesetze jener Zeit; die sogenannte *Meiji*-Verfassung (Verfassung des Großjapanischen Kaiserreichs, *Dai Nippon Teikoku Kenpō*) von 1889 entstand unter Mitarbeit der in Japan tätigen deutschen Juristen *Hermann Roesler* und *Albert Mosse*; das Handelsgesetz aus dem Jahre 1899 wurde nach dem Vorbild des Allgemeinen Deutschen Handelsgesetzbuches

in zwei Stufen in den Jahren 1896 und 1898, beruhte zwar auf rechtsvergleichenden Studien der Kodifikationen von über dreißig ausländischen Zivilgesetzen und folgte in den Sektionen Familien- und Erbrecht in weiten Teilen traditionell japanischen Vorstellungen, im vermögensrechtlichen Teil aber ist der Einfluß des deutschen und französischen Rechts besonders stark ausgeprägt.[14] Nach Inkrafttreten des Zivilgesetzes folgte zudem während eines Zeitraums von ungefähr zwanzig Jahren eine Periode intensiver Rezeption deutscher Zivilrechtslehren.[15] Insgesamt war der deutsche Einfluß auf das neugeschaffene japanische Rechtssystem in der *Meiji-* und *Taishō-*Zeit unverkennbar. Dieser fortwährende Einfluß sollte bis ungefähr 1920 anhalten. Danach wurde der amerikanische Einfluß größer, und man begann, sich zunehmend auf eigene japanische Rechts- und Wertvorstellungen zu besinnen.

Mit der Kodifikation des Zivilgesetzes sind ähnliche Grundprinzipien des Vertragsrechts wie bei den westlichen Vorbildern statuiert worden. Dazu zählen die grundsätzliche Vertragsfreiheit und die Respektierung des Willens der Parteien als Quelle rechtlich anzuerkennender Regelungen (Art. 91 ZG), soweit eine Vereinbarung nicht gegen die öffentliche Ordnung oder die guten Sitten verstößt (Artt. 90, 91 ZG) bzw. keine zwingenden Vorschriften verletzt. Im schuldrechtlichen Teil des ZG sind die allermeisten Vorschriften allerdings dispositiv. Das ZG ist also sehr zurückhaltend gegenüber einer zwingenden inhaltlichen Regelung von Verträgen. Auch Formvorschriften als Schutz vor Übereilung oder zur Warnung der Parteien kennt das ZG im Vertragsrecht nicht.[16] Der Grundsatz der Privatautonomie ist somit im ZG in besonderem Maße ausgeprägt. Während die inhaltliche Gestaltung und die Form des Vertrages also weitgehend den Parteien überlassen bleiben, wird der Abschluß des Vertrages durch das ZG in gewissem Umfang reguliert. So führt der fehlende Wille einer Partei, insbesondere auch im Falle eines Irrtums (*sakugo*, Art. 95 ZG), zur Nichtigkeit des Vertrages. Eine unzulässige Beeinflussung der Willensbildung durch die andere Partei führt in den Fällen der vorsätzlichen Täuschung (*sagi*) und der widerrechtlichen Drohung (*kyōhaku*) zur Anfechtbarkeit des Vertrages (Art. 96 ZG). Hierdurch sollen ein fairer Vertragsabschluß und die hinreichende Berücksichtigung des Willens beider Vertragspartner gewährleistet werden. Grundsätzlich geht das ZG dabei von „gleichstarken" Parteien aus; ein Kräfteungleichgewicht wie im Falle typischer Verbraucherverträge wird also prinzipiell nicht berücksichtigt. In gewissem Umfang wird aber die individuelle Schutzwürdigkeit bestimmter Personen, die über nicht genügend Einsichtsfähigkeit verfügen, geschützt. So sind Minderjährige (*mi-seinen-sha*)

---

von *Hermann Roesler* zusammengestellt, und das japanische Gerichtsverfassungsgesetz sowie das Zivilprozeßgesetz aus dem Jahre 1890 schufen nach Vorlage der deutschen Reichsjustizgesetze von 1879 die deutschen Juristen *Otto Rudorf, Albert Mosse* und *Hermann Techow*.

[14] G. RAHN (1990) 106-113.
[15] Vgl. Z. KITAGAWA (1970) 67-86.
[16] H.P. MARUTSCHKE (1999) 114-115.

nur beschränkt handlungsfähig.[17] Ihre Willenserklärung ist grundsätzlich anfechtbar, es sei denn, sie bringt ihnen lediglich einen rechtlichen Vorteil oder der gesetzliche Vertreter hat zugestimmt (Artt. 4, 818, 838 ZG).[18] Ein ähnlicher Schutz war anfangs auch für wegen Geistesstörung Entmündigte (*kinchisan-sha*) und wegen Geistesschwäche oder Verschwendungssucht Quasi-Entmündigte (*jun-kinchisan-sha*) vorgesehen. Bei der Entmündigung konnten alle vorgenommenen Rechtsgeschäfte durch den Vormund angefochten werden (Artt. 7-9 ZG), bei der Quasi-Entmündigung wurde die Anfechtbarkeit als Schutzinstrument nur bei bestimmten, im Gesetz genannten bedeutenden Rechtsgeschäften angeordnet (Artt. 11, 12 ZG). Dieses zweistufige System wurde durch eine Gesetzesreform im Jahre 1999[19] und die Einführung des neuen Vormundschaftssystems für Erwachsene (*seinen kōken seido*) abgeschafft. Bis 1979 galt außerdem auch eine weitere, ähnliche Beschränkung der Handlungsfähigkeit zum Schutze von tauben, stummen oder blinden Personen.[20] Nicht ausdrücklich vom ZG bestimmt – aber als beinahe selbstverständlich von Rechtsprechung und Lehre seit langer Zeit anerkannt – ist, daß die Willenserklärung einer Person, der es am nötigen Urteilsvermögen überhaupt fehlt, nichtig ist. Dieser Zustand wird als Willensunfähigkeit (*ishi mu-nōryoku*) bezeichnet und entspricht der fehlenden Geschäftsfähigkeit nach deutscher Terminologie.[21]

Mit Ausnahme der genannten einleuchtenden Fälle, in denen eine besondere individuelle Schutzbedürftigkeit anerkannt ist, geht das ZG im übrigen grundsätzlich von rechtlich gleich zu behandelnden, selbstverantwortlichen Personen aus. Das Regelungsmotiv des Verbraucherschutzes ist dem ZG völlig fremd. Auch darüber hinaus finden sich keine besonderen zwingenden Vorschriften,

---

[17] Die Handlungsfähigkeit (*kōi nōryoku*) entspricht der Geschäftsfähigkeit im deutschen Zivilrecht. Als minderjährig gelten Personen bis zum zwanzigsten Lebensjahr (Art. 3 ZG).

[18] Weitere Ausnahmen enthalten ähnlich dem deutschen Recht Artt. 5 und 6 ZG. Danach kann der Minderjährige zum einen über Vermögen, das ihm von seinem gesetzlichen Vertreter für bestimmte Zwecke überlassen worden ist, im Rahmen dieser Zweckbestimmung frei verfügen, und zum anderen mit Erlaubnis seines gesetzlichen Vertreters ein Erwerbsgeschäft wie ein Volljähriger betreiben.

[19] Gesetz zur Änderung des Zivilgesetzes, Gesetz Nr. 149/1999; in Kraft seit 1. April 2000.

[20] Diese Beschränkung wurde abgeschafft, da sie zunehmend als diskriminierend angesehen wurde, weil die körperlichen Gebrechen nicht unbedingt ein vermindertes Einsichtsvermögen der Person bedeuteten; vgl. Y. SAGAMI (2001) 116; T. UCHIDA (2000b) 102. Bereits nach dem Zweiten Weltkrieg wurde die ursprünglich vom ZG vorgesehene Beschränkung der Handlungsfähigkeit der Ehefrau (Artt. 14-18 ZG), die freilich nicht den individuellen Schutz der Person bezweckte, wegen Verstsses gegen das Gebot der rechtlichen Gleichheit der Geschlechter abgeschafft (T. UCHIDA (2000b) 102).

[21] Dies entspricht im deutschen Recht in etwa der Geschäftsunfähigkeit nach §§ 104, 105 II BGB. Unbeachtlich ist, ob das Urteilsvermögen dauerhaft oder nur gerade zum Zeitpunkt der Abgabe der Willenserklärung nicht vorgelegen hat. Vgl. hierzu das Leiturteil des RGH vom 11.5.1905, Minroku 11, 706 und ferner H.P. MARUTSCHKE (1999) 107 sowie T. UCHIDA (2000b) 100-101.

die den Schutz bestimmter Personen in den Vordergrund stellen, weder hinsichtlich einer Kontrolle des Vertragsschlusses noch des Vertragsinhaltes. Auch für die Bewältigung fehlerhafter und gefährlicher Produkte stellt das ZG nur die allgemeinen Rechtsinstitute wie die Nicht- bzw. Schlechterfüllung (*saimu furikō*, Art. 415 ZG), die Sachmängelhaftung (*kashi tanpō sekinin*, Artt. 566, 570 ZG) und das Recht der unerlaubten Handlungen (vor allem Art. 709 ZG) zur Verfügung, also keine Sonderregeln zum Schutze von Verbrauchern. Erst in den 1970er Jahren beginnen japanische Gerichte damit, den Gedanken des Verbraucherschutzes gerade auch bei der Anwendung der allgemeinen Rechtsinstitute des Zivilgesetzes verstärkt zu berücksichtigen.

Darüber hinaus wurden bereits früh Gelddarlehensverträge und Wohnhausmietverträge durch Sondergesetze inhaltlich besonders reguliert, um den einen Vertragspartner vor der Ausbeutung durch den anderen zu schützen, oder – anders formuliert – zum Schutz der Partei, die als wirtschaftlich schwächer und hilfsbedürftig angesehen wurde. Durch das 1877 erlassene (alte) Gesetz über die Beschränkung von Zinsen ((*Kyū*) *Risoku seigen-hō*)[22] wurde eine starre Höchstgrenze für die Forderung von Zinsen und Schadensersatz im Zusammenhang mit Darlehensverträgen festgelegt. Durch das Gebäudeschutzgesetz (*Tatemono hogo-hō*)[23] aus dem Jahre 1909 sollten die Mieter eines Grundstückes, die dieses erkennbar von Anfang an zum Zwecke der Errichtung eines eigenen Gebäudes – meist ihres Wohnhauses – mieteten,[24] besser vor dem Verlust ihrer Wohnung durch Verkauf des Grundstücks geschützt werden. Für solche Mietverhältnisse wurde der Grundsatz „Kauf bricht Miete" modifiziert, den das ZG *de facto* aufstellt.[25] Dadurch konnte der Mieter nun sein Recht auch gegenüber einem Dritten geltend machen, der das Eigentum am Grundstück erworben hatte, sofern sein Gebäude auf dem Grundstück in das Gebäudebuch eingetragen war. Zur Eintragung des Gebäudes in das Gebäudebuch war, anders als nach dem ZG, die Zustimmung des Vermieters des Grundstückes nicht mehr erforderlich. Der Schutz des *wirtschaftlich und sozial Schwachen* durch die

---

[22] *Dajōkan-fukoku* [Regierungserlaß] Nr. 66/1877. Der Regierungserlaß wurde als Mittel der Gesetzgebung zu Anfang der *Meiji*-Zeit bis zum Jahr 1885 eingesetzt.

[23] Gesetz Nr. 40/1909.

[24] Das Eigentum an einem Grundstück und einem darauf stehendem Gebäude kann nach japanischem Recht auseinanderfallen. Dies steht zwar nicht unmittelbar im ZG, kann aber indirekt aus Art. 370 ZG geschlossen werden, wonach sich die Wirkung einer Hypothek an einem Grundstück nicht auf ein darauf befindliches Gebäude erstreckt; außerdem behandelt das Immobilienregistergesetz (*Fudōsan tōki-hō*) ein Grundstück und ein darauf stehendes Gebäude eigenständig (vgl. T. UCHIDA (2000b) 344-345, H.P. MARUTSCHKE (1999) 128). Entgegen anderer Erwartungen der Verfasser des ZG (vgl. I. SATŌ (1998) 232) entwickelte sich die Miete an einem Grundstück zum Zwecke der Errichtung eines Wohn- oder sonstigen Gebäudes zu einer verbreiteten Form des Mietverhältnisses. Ein solches Mietrecht nennt man *shakuchi-ken*.

[25] Einzelheiten zum Schutz des Mieters durch das ZG und dessen Defizite sowie der bestehenden sondergesetzlichen Regelungen unter Kapitel 3 C I.

beiden genannten Gesetze wurde in jener Zeit aber noch nicht mit dem Motiv des Verbraucherschutzes in Verbindung gebracht.

Für die *Meiji*-Zeit und die ersten Jahre der *Taishō*-Zeit kann man zusammenfassend feststellen, daß der Verbraucherschutz noch kein bewußtes Regelungsmotiv war. Die bereits erwähnte Konsumgenossenschaftsbewegung machte zwar in der Öffentlichkeit von sich reden, Einfluß auf die Gesetzgebung hatte sie aber nicht. Dies liegt zum einen sicherlich daran, daß die Gesellschaft in jener Zeit insgesamt noch keine Massenkonsumgesellschaft war. Allenfalls in großen Städten bildete sich bereits ein zahlenmäßig kleines Bürgertum heraus, das über größere Kaufkraft verfügte. Auf diese Käuferschicht abzielend wurde in Japan beispielsweise das erste große Warenhaus gegründet (Mitsukoshi, 1905).[26] Zum anderen waren die Ziele dieser Bewegung noch zu uneinheitlich und unscharf, um in der Bevölkerung eine konkrete Vorstellung vom Motiv des Verbraucherschutzes zu erzeugen. Das gesellschaftliche Bewußtsein für das Motiv des Verbraucherschutzes war somit noch kaum entwickelt.

## II. Soziale Periode und Kriegswirtschaft (1920-1945): Die soziale Aufgabe des Rechts

Die Zeit nach dem Ersten Weltkrieg in Japan war geprägt von sozialen und politischen Konflikten. Einerseits stieg Japan, befördert durch die hohe Nachfrage der Alliierten nach industriell gefertigten Gütern während des Krieges, zum Industriestaat auf und erlangte auch außenpolitisch eine führende Rolle in der Welt,[27] andererseits aber hatten sich die Lebensbedingungen großer Teile der Bevölkerung eher verschlechtert. Ausgelöst durch Nahrungsmittelknappheit infolge von Mißernten und Preisspekulation kam es 1918 zu großen Volksunruhen.[28] Hohe Steuern und das Pachtsystem sorgten zusätzlich für Unruhe unter vielen Bauern. Überproduktion und stockender Absatz von Industrieprodukten im Ausland führten in Japan 1920/21 zu einer allgemeinen Wirtschaftskrise. Schlechte Arbeitsbedingungen und geringe Löhne sorgten vor allem bei Industriearbeitern für Unmut, und die Landflucht verursachte in den Großstädten eine akute Wohnungsnot. Durch das große *Kantō*-Erdbeben im Jahre 1923 wurde die soziale Lage zusätzlich verschärft. Unter den Intellektuellen bildeten sich Diskussionszirkel, die die westlichen Vorstellungen von Liberalismus, Demokratie und vor allem Sozialismus verbreiteten. Es formierten sich eine Gewerkschaftsbewegung und eine Bauernbewegung, die durch lautstarke Demonstrationen und Protestkundgebungen auf sich aufmerksam machten; und es

---

[26] A. ŌMURA (1998) 2-4.
[27] Japan schloß im Jahre 1902 einen Bündnispakt mit England und im Jahre 1907 mit Frankreich und Rußland. Daher stand Japan im Ersten Weltkrieg auf Seiten der Alliierten. Es gehörte aus diesem Grund auch zu den Siegermächten bei der Friedenskonferenz von Versailles im Jahre 1919.
[28] Diese wurden unter der Bezeichnung „Reisunruhen" (*kome sōdō*) bekannt.

kam darüber hinaus zur Gründung verschiedener, zum Establishment in Opposition stehender Gruppen und Parteien. Die allgemeine Unzufriedenheit mit den wirtschaftlichen, sozialen und politischen Zuständen führte zu gravierenden sozialen Unruhen in der Bevölkerung. Die Regierung versuchte, die explosive Lage durch Schaffung einiger Sozialgesetze und durch demokratische Reformen zu entschärfen. So vollzog sich in der *Taishō*-Zeit eine gewisse Demokratisierung der Gesellschaft, die mit dem Schlagwort „*Taishō* Demokratie" (*Taishō Demokurashii*) übertitelt wurde. Zum Teil aber wurden von der Regierung auch immer wieder repressive Mittel eingesetzt.

Die zunehmende Berücksichtigung sozialer Belange durch den Gesetzgeber, die Rechtsprechung und die Rechtslehre brachten dieser Zeit auch die Bezeichnung „soziale Periode" in der Rechtswissenschaft ein.[29] Der Gesetzgeber erkannte beispielsweise die dringende Notwendigkeit eines besseren Mieterschutzes und erließ 1921 das Grundstücksmietgesetz (*Shakuchi-hō*)[30] und das Gebäudemietgesetz (*Shakuya-hō*[31]). Hierdurch wurden der Abschluß und der Inhalt von Mietverträgen über Gebäude[32] und über Grundstücke zum Zwecke der Errichtung eines darauf stehenden Gebäudes in weitem Umfang reguliert. Ein solches Ausmaß an Regulierung wurde vom Gesetzgeber noch bei Schaffung des Gebäudeschutzgesetzes im Jahre 1909 unter Berufung auf den Grundsatz der Vertragsfreiheit abgelehnt.[33] Der Mieter wurde auf diese Weise besser vor dem Abschluß nur kurzfristiger Mietverträge und einer kurzfristigen Kündigung geschützt. Ferner konnte nun auch der Mieter einer Mietwohnung oder eines Hauses das Mietrecht einem neuen Hauseigentümer entgegensetzen, ähnlich wie dies dem Grundstücksmieter schon durch das Gebäudeschutzgesetz gestattet worden war.[34] Die beiden neuen Mietgesetze galten aber zunächst nur in den fünf Großstädten Tōkyō, Ōsaka, Kyōto, Yokohama und Kōbe, später auch in Nagoya, und erst ab 1941 im ganzen Land. Ferner wurde 1922 das Mietgrundstücks-Miethaus-Schlichtungsgesetz (*Shakuchi shakuya chōtei-hō*)[35] erlassen, das dem Zweck dient, die einvernehmliche Beilegung von Streitigkeiten aus einem Mietverhältnis herbeizuführen.[36]

---

[29] G. RAHN (1990) 130.
[30] Gesetz Nr. 49/1921.
[31] Gesetz Nr. 50/1921.
[32] Dies umfaßt außer Wohnungen wie Einfamilienhäuser oder Gebäudeteile, *i.e.* Wohnungen in Miethäusern, grundsätzlich auch Gebäude zu anderen Nutzungszwecken. Insbesondere an Wohnungen in Miethäusern herrschte in jener Zeit ein großer Mangel, und so kam es im Zusammenhang mit der Kündigung, der (angedrohten) Mietzinserhöhung oder dem Verkauf des Gebäudes und der dadurch verursachten Beendigung des Mietvertrages zu zahlreichen Konflikten zwischen Mietern und Vermietern (vgl. I. SATŌ (1998) 238).
[33] Vgl. G. RAHN (1990) 133.
[34] Zu den Einzelheiten der Gesetzesreform siehe unten Kapitel 3 C I.
[35] Gesetz Nr. 41/1922.
[36] Vgl. zu diesem Gesetz G. RAHN (1990) 134-135.

Darüber hinaus begann die japanische Regierung durch Erlaß des Reisgesetzes (*Beikoku-hō*)[37] im Jahre 1921 verstärkt den Reispreis zu kontrollieren, um den Konsumenten künftig einen stabilen Preis des in Japan wichtigsten Grundnahrungsmittels zu gewährleisten und Volksunruhen wie im Jahre 1918 zu verhindern. Schließlich wurden zudem einige wichtige Maßnahmen der Sozialgesetzgebung auf dem Gebiet des Arbeits-, Arbeitsschutz- und Sozialversicherungsrechts ergriffen.[38]

In Rechtsprechung und Rechtslehre wurden soziale Belange in zunehmendem Maße unter Anwendung und Konkretisierung des Rechtsgrundsatzes von Treu und Glauben (*shingisoku*) berücksichtigt. Die Rechtsprechung tat sich diesbezüglich vor allem bei der Auslegung von Mietverträgen zugunsten des Mieters und bei der Bewältigung von Schäden durch giftige Abgase hervor.[39] Die Rechtslehre betonte nun sehr deutlich die Notwendigkeit der Berücksichtigung sozialer Gesichtspunkte durch Gesetzgebung und Rechtsprechung unter Hinweis auf in der japanischen Gesellschaft existierenden Wertvorstellungen. Die Freirechtslehre, die Rechtssoziologie und die soziale Rechtslehre bekamen als Methodenlehren starken Auftrieb.[40] Im Zuge dieser Entwicklung wurde auch das stark formalistische Modell der Vertragsfreiheit des ZG kritisiert und nach und nach abgewertet. Statt dessen wurde eine verstärkte rechtliche Kontrolle zur Förderung inhaltlich fairer und angemessener Vertragsbeziehungen unter Berücksichtigung der gesellschaftlichen Verhältnisse im jeweiligen Einzelfall befürwortet.

Der sogenannte „Zwischenfall in der Mandschurei" (*manshū jihen*) im Jahre 1931[41] markiert den Beginn einer Phase der nationalen Vorbereitung auf den bevorstehenden Krieg in China, der sich später auf ganz Südostasien und den Pazifik ausweiten sollte. Auf rechtlichem Gebiet bedeutete dies, daß Handel und Wirtschaft zur Verwirklichung nationaler außenpolitischer Interessen zunehmend durch besondere Gesetze zwangsreguliert wurden (sog. *keizai tōsei*

---

[37] Gesetz Nr. 36/1921. Vorläufer dieses Gesetzes war die Reispreisverordnung aus dem Jahre 1915 (Verordnung zur Regulierung und Kontrolle des Reispreises (*Beika chōsetsu-rei*), *Chokurei* Nr. 2/1915; deren Regelungen erwiesen sich aber als ineffizient.
[38] Vgl. G. RAHN (1990) 136, H.P. MARUTSCHKE (1999) 53-54.
[39] Vgl. G. RAHN (1990) 136-139.
[40] Im einzelnen vgl. G. RAHN (1990) 139-159. Als wohl einer der einflußreichsten Vertreter der sozialen Rechtswissenschaft jener Zeit gilt *Izutarō Suehiro*, der einerseits vor allem durch sein Studium in den USA und die dort praktizierte Fallrechtsmethode und andererseits durch die Schriften *Eugen Ehrlichs* beeinflußt worden war.
[41] Als „Zwischenfall in der Mandschurei" wird die eigenmächtige militärische Intervention und Okkupation eines Großteils der südlichen Mandschurei durch japanischen Truppen bezeichnet, die dort zum Schutz der Mandschurischen Eisenbahn und einiger Industriebetriebe stationiert waren, an denen Japan Konzessionen hielt. Zunächst gab es hierzu keinen Befehl durch die Heeresführung oder die Regierung in Tōkyō. Es entluden sich dabei jahrelange Spannungen zwischen Japan und China über die Vorherrschaft in der Region. Die Militäroffensive stellt den Beginn der Annexion der Mandschurei durch Japan dar.

## A. Die Entwicklung des japanischen Verbraucherrechts

*rippō*⁴²). Das führte unter anderem dazu, daß der innerjapanische Handel und die Verteilung vieler Konsumgüter, die Verfügbarkeit von Dienstleistungen und die Nutzung von Wohnraum in Japan zunehmend reguliert und kontrolliert wurden, was einen massiven Eingriff des Staates in die Vertragsfreiheit bedeutete. Hierdurch sollten zum einen die Versorgung der Bevölkerung mit lebensnotwendigen Gütern gesichert und zum anderen Wucher, Konflikte oder Unruhen in der Bevölkerung verhindert werden.

Durch die Reform des Reisgesetzes im Jahre 1931 wurde zunächst die gesetzliche Grundlage für den Aufkauf und Verkauf großer Mengen Reis durch die Regierung geschaffen, um so zum Schutz der Konsumenten die Reisversorgung und die Höhe des Reispreises effektiver kontrollieren zu können. Durch das Gesetz über die Regulierung des Reispreises (*Beikoku tōsei-hō*)⁴³ von 1933 wurde die Regierung sodann ermächtigt, den Preis für den Kauf oder Verkauf von Reis im Lande unmittelbar zu kontrollieren. Eine abermalige weitere Verschärfung der staatlichen Kontrolle des Reishandels wurde zwei Jahre nach Beginn des Krieges gegen China durch das im Jahre 1939 erlassene Gesetz über die Distribution von Reis (*Beikoku haikyū tōsei-hō*)⁴⁴ bewirkt, das der Regierung die vollständige Kontrolle über das gesamte Reis-Distributionssystem sicherte. Schließlich wurde der „freie" Handel aller wichtigen Grundnahrungsmittel nach Beginn des Krieges mit den USA durch das 1942 erlassene Nahrungsmittelmengen-Kontrollgesetz (*Shokuryō kanri-hō*)⁴⁵ vollständig beendet.

Über Nahrungsmittel hinaus wurden nach Ausbruch des Krieges gegen China auch die Distribution und die Preise für andere Waren und Dienstleistungen nach und nach strikter reguliert und kontrolliert. Dazu dienten einerseits „kaiserliche" Regierungsverordnungen (*chokurei*)⁴⁶ aufgrund des 1938 verkündeten Gesetzes über die nationale Generalmobilmachung (*Kokka sōdōin-hō*⁴⁷). Andererseits waren die einzelnen jeweils zuständigen Ministerien aufgrund des 1937 erlassenen Gesetzes über zeitweilige Maßnahmen zur Kontrolle der Ein- und Ausfuhr von Waren (*Yū-shutsu-nyū-hin-tō rinji sochi hō*)⁴⁸ befugt, einzelne

---

⁴² Die Zwangsregulierung wird üblicherweise in drei Gebiete eingeteilt; in die Regulierung auf dem Gebiet der Unternehmen und der Industrie (*kigyō tōsei rippō*), auf dem Gebiet der Warendistribution (*haikyū tōsei rippō*) und im Bereich der Miete bzw. Pacht von Grundstücken und Gebäuden (*shakuchi shakuya kankei no tōsei rippō*). Zu den Maßnahmen im einzelnen siehe Y. KAWAGUCHI (1998) 383-386, 393-402 sowie A. SHŌDA (1999) 55 ff.
⁴³ Gesetz Nr. 24/1933.
⁴⁴ Gesetz Nr. 81/1939.
⁴⁵ Gesetz Nr. 40/1942.
⁴⁶ Nach Art. 19 *Kokka sōdōin-hō* konnte die Regierung zum Beispiel Verordnungen zur Festlegung von (Höchst)Preisen erlassen. Auf dieser Grundlage sind u.a. die erste Verordnung über die Regulierung von Preisen (*Bukka tōsei-rei*) aus dem Jahre 1939 und die Verordnung über den Preis von Baugrundstücken und Gebäuden (*Takuchi tatemono-tō bukka tōsei-rei*) aus dem Jahre 1940 geschaffen worden.
⁴⁷ Gesetz Nr. 55/1938.
⁴⁸ In Langform „*Yū-shutsu-nyū-hin-tō ni kansuru rinji sochi ni kansuru hōritsu*" Gesetz Nr. 92/1937; dieses Gesetz enthielt entgegen der Bezeichnung eine Ermächtigungsgrundlage

Verordnungen (*shōrei*) nach Maßgabe des Ressourcen-Mobilisierungsplanes (*Busshi dōin keikaku*) der Regierung[49] zu erlassen, die die Verteilung, die Nutzung und den Handel mit Rohstoffen und Waren allgemein regelten und beschränkten.[50] Auch Mietverträge über Wohnraum wurden in der Kriegszeit streng reguliert. So wurde im Jahr 1939 die Verordnung über die Kontrolle der Höhe des Mietzinses bei Immobilien (*Jidai yachin tōsei-rei*)[51] erlassen, die nach bestimmten Kriterien einen zulässigen Höchstmietzins für Grundstücke, Gebäude und Gebäudeteile festlegte.[52] Außerdem wurde durch die Reform des Grundstücksmietgesetzes (*Shakuchi-hō*) und des Gebäudemietgesetzes (*Shakuya-hō*) im Jahre 1941[53] die Kündigung oder die Verweigerung der Verlängerung eines Mietvertrages durch den Vermieter nur noch bei Vorliegen eines „berechtigten Grundes" (*seitō na jiyū*), wie beispielsweise dem dringenden Eigenbedarf, zugelassen[54] – eine Regelung übrigens, die auch nach dem Krieg weiter Bestand haben sollte.

Zusammenfassend läßt sich für die Zeit von 1920-1945 sagen, daß zwar nunmehr zahlreiche soziale Motive, wie der Mieterschutz, der Schutz vor inflationären und wucherischen Preisen und die Versorgung der Bevölkerung mit lebenswichtigen Gütern, zu wichtigen rechtspolitischen Themen der Zeit wurden. All diese einzelnen Regelungsmotive können in einem weiteren Sinne als Themen des Verbraucherschutzes (*seikatsu-sha*-Schutz) und die ergriffenen Maßnahmen als Verbraucherschutzregulierung unter dem Aspekt der Daseinsvorsorge betrachtet werden – und werden es später auch. Die kriegsbedingte

---

nicht nur für die Regelung des Im- und Exports von Waren, sondern auch für die generelle Regelung des Verhältnisses von Angebot und Nachfrage in Bezug auf Waren aller Art. Die Details wurden durch Ministerialverordnungen bestimmt.

[49] Der Ressourcen-Mobilisierungsplan wurde zusammen mit dem Plan zur Erhöhung der Produktivität (1939, *Seisanryoku kakujū keikaku*) als Generalmobilmachungsplan (*Kokka sōdōin keikaku*) bezeichnet und auf Grundlage des Gesetzes über die Generalmobilmachung aufgestellt. Das Gesetz enthielt hierzu aber eigentlich keine ausdrückliche Ermächtigungsgrundlage; vgl. Y. KAWAGUCHI (1998) 395.

[50] So war der Handel mit bestimmten Gütern und Waren, sofern nicht zur Versorgung des Militärs mit Nachschub bestimmt, von einer besonderen Erlaubnis des Ministeriums abhängig. Andere alltägliche Waren durften nur noch auf Bezugsschein (*kippu*) an die Bevölkerung veräußert werden, soweit dies durch Ministerialverordnung bestimmt war. Angefangen bei einer Verordnung über die Beschränkung der Verwendung von Leder (*Hikaku shiyō seigen kisoku*) aus dem Jahre 1938 wurden nach und nach der Handel, die Verteilung und die Verwendung vieler Rohstoffe und Produkte beschränkt.

[51] *Chokurei* Nr. 704/1939.

[52] Diese Maßnahme wurde nötig, weil es erstens in den Städten durch die bevorzugte Befriedigung der Nachfrage des Militärs und durch den massenhaften Zuzug von Arbeitern in die Nähe der Produktionsstätten für Rüstungsgüter und Ausrüstung zu einer enormen Wohnraumknappheit und infolgedessen zu Mietwucher gekommen war; zweitens war die Höhe des Einkommens vieler Arbeiter und Angestellter durch die Verordnung zur Regulierung des Arbeitslohnes (*Chingin tōsei-rei*) aus dem Jahre 1939, die die Kosten für die Produktion militärischer Ausrüstung begrenzen sollte, zwangsreguliert worden (Vgl. Y. KAWAGUCHI (1998) 396-397).

[53] Gesetz Nr. 55/1941 und Nr. 65/1941.

[54] Y. KAWAGUCHI (1998) 396-399; I. SATŌ (1998) 240-243.

Regulierung stellt zwar einerseits einen gewissen Sonderfall dar; die damit verbundenen Probleme sind aber in vielen Fällen identisch mit denen, die in der Nachkriegszeit im Zusammenhang mit der Bewältigung von Krisen als Verbraucherprobleme angesehen werden sollten. Gleichwohl fehlte es in jener Zeit aber noch an einem ausgeprägten Verständnis und Bewußtsein für das Motiv des Verbraucherschutzes insgesamt.

### III. Unmittelbare Nachkriegszeit (1945-1955): Der Wiederaufbau der Wirtschaft

Die Jahre unmittelbar nach dem Zweiten Weltkrieg sind geprägt von der zerrütteten wirtschaftlichen Situation infolge des verlorenen Krieges. Die vorrangigen Verbraucherprobleme jener Zeit waren der *Mangel an Waren* – vor allem an Nahrungsmitteln –, die häufig *schlechte Qualität der Waren* und die *hohen, inflationären und wucherischen Preise*, die dafür verlangt wurden. Die Menschen hatten Schwierigkeiten, das Lebensnotwendigste für sich und ihre Familien herbeizuschaffen, und viele Dinge waren, wenn überhaupt, oft nur auf dem Schwarzmarkt zu kaum erschwinglichen Preisen zu bekommen. Vor allem Hausfrauen schlossen sich in dieser Lage zu Hausfrauenvereinigungen zusammen und drängten durch verschiedene Kampagnen die Zentralregierung, die regionalen und lokalen Regierungen und die Unternehmer zu wirksamen Maßnahmen. Die verschiedenen Kampagnen mit den jeweiligen Schwerpunkten für eine bessere Versorgung mit lebenswichtigen Gütern, gegen inflationäre Preise, den Schwarzmarkt und schlechte Produkte werden zusammengefaßt übertitelt mit „Bewegung zur Verteidigung des Lebens (*seikatsu bōei no undō*)".[55] Im einzelnen gehörten hierzu beispielsweise die Kampagne unter dem Motto „Her mit den Waren! (*busshi yokose!*)" für eine bessere Versorgung sowie die Aktion gegen schlechte Produkte (*furyō shōhin tsuihō*; zu übersetzen in etwa mit: „Weg mit den schlechten Waren!"). Einige der großen Einzelaktionen in Tōkyō richteten sich etwa gegen defekte Streichhölzer (*furyō matchi tsuihō taikai*) und gegen eine Erhöhung der Eintrittspreise von öffentlichen Badehäusern (*furodai neage hantai undō*).[56]

Zur Koordination der Aktionen gründeten sich lokale, regionale und landesweite Vereinigungen, deren bedeutendste die "Hausfrauenvereinigung der Kansai-Region (*Kansai Shufuren*)" (1949) und die „Vereinigung japanischer Hausfrauengruppen (*Nihon Shufu Rengō-kai*; kurz: *Shufuren*)" (1948) mit ihren Untergruppen waren. Außerdem wurde 1952 der „Nationale Dachverband zur Koordination der regionalen Hausfrauengruppen (*Zenkoku Chiiki Fujin Dantai Renraku Kyōgi-kai*; kurz: *Chifuren*)" gegründet, der sich zusammensetzt aus

---

[55] S. ITŌ / K. KINYA / C. MURA (2000) 17; P.L. MACLACHLAN (2002) 63.
[56] Darüber hinaus gab es noch zahlreiche andere Protestaktionen, wie z.B. solche gegen Preiserhöhungen bei Reis und zur Qualitätsverbesserung von Brot; vgl. B.D. PIOCH (1980) 20.

lokalen Hausfrauenorganisationen und den sie konstituierenden Hausfrauengruppen (*fujin-kai*). Der letztgenannte Verband und seine Untergruppen haben im Gegensatz zu den zuvor genannten eine längere Tradition, die bis ins 19. Jahrhundert zurückreicht.[57] In der Nachkriegszeit fand jedoch eine Neukonstituierung statt. Ein vierter Akteur schließlich, die „Vereinigung der japanischen Konsumgenossenschaften (*Nihon Seikatsu Kyōdō Kumiai Rengō-kai*; kurz: *Seikyōren*)" hat seine Wurzeln zwar in der Konsumgenossenschaftsbewegung der Vorkriegszeit, formierte sich aber gleichfalls in der Nachkriegszeit neu, als nationale Dachorganisation für einzelne regionale und lokale Konsumgenossenschaften (1952). Der Ursprung der heutigen japanischen Verbraucher- bzw. Verbraucherschutzverbände – wie auch der der japanischen Verbraucherschutzbewegung insgesamt – liegt in diesen sogenannten Hausfrauenverbänden und den Konsumgenossenschaften,. Zum Teil existieren die Organisationen bis heute. Die politische Arbeit aller dieser Verbände bzw. Organisationen und der ihnen angegliederten Gruppen erschöpfte sich in der frühen Nachkriegszeit aber nicht allein in dem Einsatz für „typische" Verbraucherinteressen. Es standen vielmehr auch verschiedene andere gesellschaftspolitische Ziele, wie etwa die Förderung der Gleichstellung von Männern und Frauen, auf ihren Agenden – wie dies bereits in der Vorkriegszeit bei den Konsumgenossenschaften der Fall gewesen war.

In den späten 1940er und frühen 1950er Jahre wurden gleichwohl die Ziele und Aufgaben der Verbraucherpolitik der folgenden zwei Jahrzehnte maßgeblich durch die Aktivitäten dieser Verbände und ihrer jeweiligen Untergruppen mitbestimmt. Diese bestanden vor allem in der Verbesserung der Sicherheit von Produkten, der Gesundheit von Nahrungsmitteln und schließlich auch der Richtigkeit und Vollständigkeit der Herstellerangaben auf den Warenetiketten. Das Problem inflationärer Preise verschwand dagegen relativ rasch zu Beginn der 1950er Jahre nach der Regeneration der japanischen Wirtschaft. Die Verbraucherverbände bekämpften dringende Verbraucherprobleme häufig deutlich früher als die jeweils zuständigen staatlichen Behörden, und oftmals zwangen sie die Behörden zum Handeln. Sie führten Produkttests durch und warnten öffentlich vor schlechten und gefährlichen Waren, organisierten Boykottaktionen gegen einzelne Geschäfte oder ganze Branchen, die als „Wucherer" ausgemacht worden waren, beklagten öffentlich die Falschauszeichnung von Waren und begannen mit einer systematischen Beratung und Aufklärung von Verbrauchern.

Der Staat versuchte in der Nachkriegszeit zunächst, die im Zusammenhang mit der Knappheit an Gütern stehende Preisinflation, den wucherischen Handel

---

[57] P.L. MACHLACHLAN (2002) 65-67. Die Besonderheit des *Chifuren* und seiner Untergruppen liegt darin, daß die hiermit praktisch identische Vorkriegsorganisation von den japanischen Behörden vor und während des Krieges zur Verfolgung staatlicher Ziele mobilisiert worden war. Sie haben außerdem bis heute im Vergleich zu den anderen Vereinigungen einen stärker konservativen Charakter.

und den Schwarzmarkt mit ähnlichen Mitteln wie in der Kriegszeit – also durch strenge Gesetze zur Regulierung der Wirtschaft – zu bekämpfen. Ein Hauptregelungsmotiv sowohl in der Kriegszeit als auch in der unmittelbaren Nachkriegszeit war also insbesondere die *staatliche Daseinsvorsorge* für die Bevölkerung. Dazu wurden verschiedene neue gesetzliche Regelungen erlassen oder schon bestehende weiter angewandt, teilweise auch novelliert. Die Regierung erließ 1946 eine neue Verordnung zur Kontrolle des Mietzinses bei Immobilien (*Jidai yachin tōsei-rei*).[58] Außerdem wurden durch die Verordnung über die Preiskontrolle (*Bukka tōsei-rei*)[59] zunächst weiterhin die Distribution und die Preise für viele wichtige alltägliche Verbrauchsgüter reguliert und kontrolliert, solange, bis sich die Lage stabilisierte. Diese Verordnung ist im Rang eines Gesetzes auch heute noch in Kraft. Die Regierung müßte sie aber zur Anwendung durch die Behörden erst durch besondere Anordnung in Vollzug setzen, was nur im Falle einer plötzlich eintretenden, besonders ausgeprägten Verknappung an Waren und einer inflationären Preisentwicklung geschehen darf. Für viele wichtige Grundnahrungsmittel bestand eine strikte Regulierung und Kontrolle der Distribution und des Preises unter Anwendung des Nahrungsmittelmengen-Kontrollgesetzes bis 1949 fort. Darüber hinaus wurden in den ersten Nachkriegsjahren besonders wichtige Industrie- und Wirtschaftszweige streng kontrolliert und die Güterverteilung staatlich beaufsichtigt, um den wirtschaftlichen Wiederaufbau und die Versorgung der Bevölkerung sicherzustellen.[60] Zur Beseitigung der Wirtschaftskrise und der Mangelversorgung der Bevölkerung infolge des verlorenen Krieges griff der Staat also auch erheblich in die Vertragsfreiheit ein.

Ein weiteres dringendes Problem in der unmittelbaren Nachkriegszeit war der *Schutz von Mietern* eines Gebäudes oder Baugrundstückes, deren Haus durch den Krieg zerstört worden war. Zu diesem Zwecke erließ der Gesetzgeber im Jahr 1946 das Gesetz über die Bewältigung von Problemen im Zusammenhang mit gemieteten Immobilien in den zerstörten Städten (*Risai toshi shakuchi shakuya rinji shori-hō*).[61] Dadurch erhielten die Altmieter trotz der Zerstörung des Hauses ein Mietanwartschaftsrecht auf das Grundstück zu angemessenen Vertragsbedingungen. Die Gerichte können aufgrund einer besonderen Ermächtigung bei Klagen über die Unangemessenheit der Vertragsbedingungen diese überprüfen und gegebenenfalls abändern.

---

[58] Regierungsverordnung (*chokurei*) Nr. 443/1946; einige Jahre später wurde sie in den Rang eines förmlichen Gesetzes erhoben und im Jahre 1986 schließlich vollständig abgeschafft.
[59] Regierungsverordnung (*chokurei*) Nr. 118/1946; seit der Änderung durch das Gesetz Nr. 88/1952 im Range eines Gesetzes stehend.
[60] Vgl. beispielsweise S. WAGATSUMA (1948) 62 ff.; dort wird auch von einer Art „Wiederaufleben der kriegsbedingten Zwangsregulierung und -kontrolle der Wirtschaft" (*senji keizai tosei rippō no „fukuin"*) gesprochen.
[61] Gesetz Nr. 13/1946.

Zu Beginn der 1950er Jahre stabilisierte sich die wirtschaftliche Lage in Japan allmählich. Der Korea-Krieg (1950-1953) führte zu einer großen Nachfrage nach Gütern durch die amerikanischen Streitkräfte und die USA förderten zudem gezielt den wirtschaftlichen Wiederaufbau durch nach Abschluß des Friedensvertrages von San Francisco (1951) und das Ende der offiziellen Alliierten Besatzung (1952). Dies verschob den Schwerpunkt der staatlichen Politik hin zum Aufbau einer Zivilwirtschaft, wodurch sich auch der Charakter der staatlichen Regulierung veränderte. Einerseits wurden Preisregulierung und Kontrolle zurückgefahren. Bei Reis als dem Grundnahrungsmittel ist die strikte Regulierung der Distribution und des Preises aber bis in die Gegenwart hinein bestehen geblieben, freilich allerdings nunmehr nicht allein aus Verbraucherschutzgründen – in deutlich geringerem Umfang auch bei Weizen. Außerdem besteht bis in die Gegenwart hinein aus Gründen der staatlichen Daseinsvorsorge eine gewisse Regulierung beim Abschluß des Vertrages (Vertragszwang) und des Entgeltes für zahlreiche sogenannte „öffentliche", d.h. besonders bedeutsame Versorgungsdienstleistungen.

Anfang der 1950er Jahre wurden wichtige Vorschriften zum Kreditrecht geschaffen. Zu nennen ist hier auf dem Gebiet des Privatrechts vor allem das Zinsbeschränkungsgesetz (*Risoku seigen hō*) aus dem Jahr 1954,[62] das bestimmte zivilrechtlich zulässige Höchstzinssätze für Gelddarlehensverträge festlegt. Obwohl dieses Gesetz später besondere Bedeutung vor allem im Zusammenhang mit Verbraucherkreditgeschäften erlangt, hatte der japanische Gesetzgeber bei Erlaß der Vorschriften noch nicht den Verbraucherschutz im engeren Sinne, sondern allgemein den Schutz des „wirtschaftlich schwächeren" Darlehensnehmers vor Augen. Das Gesetz normierte im übrigen fast nur die Entwicklungen in der Rechtsprechung der Vorkriegszeit zum alten Zinsbeschränkungsgesetz aus der *Meiji*-Zeit,[63] die den Begriff „Verbraucherschutz" noch nicht verwendet hatte. In diesem Zusammenhang steht auch das ebenfalls im Jahr 1954 in Kraft getretene Gesetz über die Kontrolle der Kapitaleinlage und der Zinsen (Kapitaleinlagengesetz)[64], das unter anderem das Überschreiten eines bestimmten Höchstzinssatzes bei Gelddarlehen unter Strafe stellt. Das Gesetz zur Regulierung und Kontrolle des Geldverleihgewerbes (*Kashi-kingyō-tō no torishimari ni kansuru hōritsu*) aus dem Jahr 1949[65] übertrug dem Finanzministerium allgemeine Kontrollbefugnisse über Unternehmer, die ein solches Gewerbe betreiben, und bestimmte eine Anmeldepflicht.

Ende der 1940er bzw. Anfang der 1950er Jahre sind zudem unter starkem Einfluß und Mitwirkung der von den USA dominierten alliierten Besatzungs-

---

[62] Gesetz Nr. 100/1954.
[63] Y. HIRAI (1994) 33.
[64] *Shusshi no ukeire, azukari-kin oyobi kinri-tō no torishimari ni kansuru hōritsu*, Gesetz Nr. 195/1954.
[65] Gesetz Nr. 170/1949.

A. Die Entwicklung des japanischen Verbraucherrechts 27

behörden[66] verschiedene wirtschaftsverwaltungsrechtliche Gesetze zur Regulierung und Kontrolle der japanischen Wirtschafts- und Finanzmärkte nach amerikanischem Modell grundlegend reformiert oder neu erlassen worden. Zu den neu erlassenen Regelungen zählen das Wertpapierbörsen- und Wertpapierhandelsgesetz (*Shōken torihiki-hō*)[67] und das Gesetz über die Warenbörsen (*Shōhin torihikijo-hō*).[68] Hierin sind auch einige öffentlich-rechtliche Vorschriften über den Vertragsschluß und die Bedingungen des Vertrages vorgesehen. Das Motiv für eine derartige Regulierung war damals aber noch nicht der Verbraucherschutz – hier im Sinne des Anlegerschutzes –, sondern vielmehr der lautere Handel mit Wertpapieren und Waren an den Börsen im allgemeinen. In jener Zeit richteten sich die Gesetze auch in erster Linie an Kaufleute bzw. Händler auf beiden Seiten, da die Zahl der Kleinanlegergeschäfte eher gering war. Zahlreiche andere Wirtschaftsverwaltungsgesetze, wie beispielsweise das Gesetz über den gewerblichen Handel mit Baugrundstücken und Gebäuden (Immobiliengewerbegesetz)[69] und das Reisegewerbegesetz (*Ryokō gyōhō*),[70] die der Gesetzgeber 1952 erlassen hat, regulieren ebenfalls zum Zwecke der lauteren Gewerbeausübung entweder den Abschluß und Inhalt von Verträgen oder zumindest die Ausübung des Gewerbes oder Berufes. Das Motiv des Verbraucherschutzes stand auch hierbei seinerzeit noch nicht ausdrücklich im Vordergrund. Mittlerweile werden viele dieser Gesetze aber *auch* als verbraucherschützend angesehen.

Hierneben entstanden einige Gesetze, die zwar nicht unmittelbar eine Regulierung von Verträgen bewirken, aber dennoch dazu bestimmt sind, auch dem Verbraucherschutz zu dienen, und daher hierfür von besonderer Bedeutung sind. Zunächst verabschiedete der Gesetzgeber 1947 das Antimonopolgesetz (AMG) nach amerikanischem Vorbild,[71] an dessen Ausarbeitung die alliierten Besatzungsbehörden beteiligt waren. Das AMG hat, wie sich aus Art. 1 *ausdrücklich* ergibt, auch den Verbraucherschutz zum Ziel. Freilich enthält es keine Individualrechte für Konsumenten, es sollen vielmehr durch die Gewährleistung des fairen und freien Wettbewerbs auf dem Markt indirekt die Verbraucher begünstigt werden. Darüber hinaus wurde zur Erhöhung der Sicherheit und Lauterkeit im Handel im Jahre 1951 das „Gesetz über das Wiegen und Messen (*Keiryō-hō*)" erlassen, das 1992 grundlegend reformiert wurde,[72] und außerdem im Jahre 1948 der rechtliche Rahmen für die wirtschaftliche Betäti-

---

[66] Die alliierten Besatzungsbehörden hatten ihr Hauptquartier (*General Headquarters*, GHQ) in Tōkyō. Oberster Leiter der Besatzungsbehörden war der *Supreme Commander for the Allied Forces* (SCAP).
[67] Gesetz Nr. 25/1948.
[68] Warenbörsengesetz, Gesetz Nr. 239/1950.
[69] *Takuchi tatemono torihiki gyōhō*, Gesetz Nr. 176/1952.
[70] Gesetz Nr. 239/1952.
[71] *Shiteki dokusen kinshi oyobi kōsei torihiki no kakuho ni kansuru hōritsu*, Gesetz Nr. 54/1947.
[72] Gesetz Nr. 51/1992.

gung der Konsumgenossenschaften durch das „Gesetz über die Konsumgenossenschaften (*Shōhi seikatsu kyōdō kumiai hō*)" festgelegt.

Schließlich erließ oder novellierte der Gesetzgeber in dieser Zeit auch eine Vielzahl wirtschaftsverwaltungsrechtlicher Gesetze, die die Sicherheit von Produkten oder die Ungefährlichkeit der Ausübung gewerblicher Tätigkeiten bezweckten; ferner Vorschriften, die Normen und Standards in Industrie und Landwirtschaft festlegten und die Warenkennzeichnung regelten.[73] Allerdings erwiesen sich die Anforderungen dieser Gesetze später als unzureichend, um Verbraucherschäden abzuwenden. Aus diesem Grund wurden sie nachfolgend mehrfach reformiert, und es kamen neue speziellere Gesetze für allgemeine Verbrauchsgüter hinzu. Zunächst hatte keines dieser Gesetze ausdrücklich den Verbraucherschutz zum Ziel erklärt. Vielmehr dienten sie nach damaligen Verständnis nur allgemein der Gefahrenabwehr und der lauteren wirtschaftlichen Betätigung; und zur Erreichung dieses Ziels fanden eine Regulierung der Produktionsverfahren, der Kennzeichnung der Waren und der Sicherheit und Qualität der Produkte statt. Wenig später jedoch sind gerade diese Themen zu einem wichtigen Bereich des Verbraucherschutzes geworden, so daß viele dieser Gesetze heute auch dem Verbraucherrecht zugerechnet werden.

In der Phase des Wiederaufbaus der Wirtschaft nach dem Krieg zeigten sich somit zahlreiche Probleme, die bei weitem Verständnis (auch) als Verbraucherprobleme anzusehen sind. So gehörten dazu in den ersten Jahren der Nachkriegszeit der *Mangel an Waren* und *Wohnraum* sowie die Probleme der *inflationären Preise* und des *Wuchers*. Nach Erholung der Wirtschaft verschob sich dann allmählich der Schwerpunkt der Verbraucherprobleme hin zu *defekten, gesundheitsschädlichen oder sonst gefährlichen Produkten und irreführenden Warenkennzeichnungen*. In dieser Zeit kann man zudem erste Ansätze des Entstehens einer Verbraucherbewegung im modernen Sinne erkennen. Die Wahrnehmung verschiedener gesellschaftlicher Probleme als Verbraucherprobleme war aber noch schwach ausgeprägt. Es hat sich auch noch kein klares Bild vom Verbraucherschutz herausgebildet. Vielmehr bestimmte einerseits noch das weite Bild des Verbrauchers als *seikatsu-sha* die allgemeine Vorstellung, das eine Vielzahl gesellschaftspolitischer Themen umfaßte, und andererseits wurden verschiedene wichtige Probleme noch nicht bewußt dem Motiv Verbraucherschutz zugerechnet.

---

[73] Als wichtige Gesetze seien hier vor allem das Nahrungsmittelhygienegesetz (*Shokuhin eisei-hō*, Gesetz Nr. 233/1947), das Gesetz über die Normen und Standards in der Industrie (*Kōgyō hyōjun-ka hō*, Gesetz Nr. 185/1949) – auch JIS-*hō* (JIS=*Japan Industrial Standard*) genannt –, das Gesetz über Standards und zur Verbesserung der Qualitätskennzeichnung land- und forstwirtschaftlicher Produkte (*Nōrin busshi no kikaku-ka oyobi hinshitsu hyōji no tekisei-ka ni kansuru hōritsu*, Gesetz Nr. 175/1950) – auch JAS-*hō* (JAS=*Japan Agricultural Standard*) genannt –, und das Gesetz über die Kontrolle des Einsatzes von Chemikalien in der Landwirtschaft (*Nōyaku torishimari-hō*, Gesetz Nr. 82/1948) zu nennen. Die Gesetze sind in der Folgezeit immer wieder geändert und in ihrer Regelung verschärft worden.

## IV. Konsumüberfluß und seine Begleiterscheinungen: Gefährliche und defekte Produkte, falsch ausgezeichnete Waren – Die Krise der Konsumgesellschaft (1955-1967)

Das Jahr 1955 wird häufig als ungefähres Datum für den weitgehenden Abschluß des wirtschaftlichen Wiederaufbaus in Japan genannt.[74] Es markiert zugleich auch den Beginn einer Phase des rapiden wirtschaftlichen Wachstums, welches in den 1960er Jahren seinen Höhepunkt erreichte. Damit hatten die vielen Jahre der Entbehrung für die Bevölkerung ein Ende. Wenn auch in der Vorkriegszeit bereits erste Ansätze zu sehen waren, so kann doch frühestens erst ab Mitte der 1950er Jahre von Massenproduktion und Massenkonsum, und damit von einer „Konsumgesellschaft" im modernen Sinne gesprochen werden.[75] Waren aller Art waren nun im Überfluß vorhanden, und dank der schnell wachsenden Kaufkraft steigerte sich die japanische Gesellschaft sehr bald schon in eine Art Konsumrausch hinein. Die japanische Regierung sprach im Jahr 1959 gar von einer „Verbraucherrevolution" (shōhisha kakumei).[76] Besonders gefragt bei den Verbrauchern waren in dieser Zeit vor allem die sogenannten „drei Heiligtümer" (sanshu no jingi): Fernsehgeräte, Kühlschränke und Waschmaschinen, die nun als Statussymbole des neu errungenen Wohlstands betrachtet wurden. Später kamen Motorräder, Autos und zahlreiche elektrische Haushaltsgeräte hinzu.

Auf der anderen Seite brachte diese Zeit neben bedeutenden gesellschaftlichen und wirtschaftlichen Entwicklungen auch eine Veränderung der Beziehung zwischen Verbrauchern und Unternehmern mit sich. Die Verbraucher fanden sich immer häufiger an dem Ende einer langen Kette von Produzenten, Großhändlern, Zwischenhändlern und Einzelhändlern wieder, deren einzelne Glieder aus zunehmend größeren, spezialisierteren und professioneller organisierten Unternehmern bestanden. Das Vertriebssystem wurde für den Verbraucher insgesamt immer weniger überschaubar und eine besondere Vertrauensbeziehung zwischen Verbraucher und Händler wurde mehr und mehr zur Ausnahme.[77] Mit der professionelleren Organisation der Unternehmer kam es auch zu einem wachsenden Ungleichgewicht in der Verhandlungsposition zwischen Unternehmern und Verbrauchern, einerseits wegen der zunehmenden wirtschaftlichen Macht der Unternehmer und andererseits auch, weil die Unternehmer im Verhältnis zu den Verbrauchern über zunehmend bessere Kenntnisse und Informationen über den Markt und die Produkte verfügten. Die Produkte wurden zudem komplizierter, so daß es dem Verbraucher zunehmend schwerer fiel, ihre Qualität und Tauglichkeit durch Vergleich selbst zu beurteilen. Ausserdem waren viele neue Waren mit bisher unbekannten neuen Gefahren ver-

---

[74] Y. KOSAI (1997) 170.
[75] J. NAGAO (1990) 69. Manche datieren das Entstehen einer Massenkonsumgesellschaft in Japan erst auf die 1960er Jahre (K. SATŌ (1996) 3).
[76] P.L. MACLACHLAN (2002) 86.
[77] P.L. MACLACHLAN (2002) 86.

bunden; die Verbraucher waren immer seltener in der Lage, die Sicherheit der Produkte bei ihrem Erwerb selbständig zu prüfen. Durch den zunehmenden Einsatz von Massenmedien zu Werbezwecken wurden die Verbraucher außerdem erstmals einer besonders großen Fülle von Informationen ausgesetzt, deren Richtigkeit sie nicht so ohne weiteres beurteilen konnten. Dieser Zustand hat sich aus Sicht der Verbraucher in den folgenden Jahrzehnten weiter intensiviert.

Zu den negativen Begleiterscheinungen der Massenkonsumgesellschaft gehörten zahlreiche Verbraucherprobleme, die in ähnlicher Weise auch andere Industrieländer in jener Zeit beschäftigten. Dabei handelte es sich zum einen um das Problem von Schäden durch *defekte und gefährliche Produkte*. In den späten 1950er und 1960er Jahren traten Schadensfälle in großer Zahl und mit vielen Opfern in Japan auf. Zu den bekannten vier großen Massenschädigungsfällen jener Zeit[78] gehört erstens der „*Morinaga* Arsenmilch-Fall" (*Morinaga hiso miruku jiken*) im Jahre 1955, bei dem es infolge einer Arsenvergiftung zu erheblichen Gesundheitsschäden bei über 12.000 Kleinkindern kam. Im Jahre 1962 ereignete sich dann ein erster schwerer Arzneimittelschadensfall, der sogenannte „Thalidomid-Fall" (*saridomaido jiken*), der in Deutschland als „Contergan-Fall" für Schlagzeilen sorgte. In Japan führte die Einnahme eines Schlafmittels durch werdende Mütter später zu schweren Mißbildungen der Gliedmaßen bei über 700 Kleinkindern. Ein dritter Fall, der „*Kanemi* Speiseölfall" (*Kanemi yushō jiken*) aus dem Jahre 1968, betraf eine Lebensmittelvergiftung, bei der annähernd 1.600 Menschen gravierende Gesundheitsschäden durch eine Substanz der chemischen Stoffgruppe PCB (Polychlorierte Biphenyle) erlitten, die bei der Herstellung unerwünscht in das Endprodukt gelangt war.[79] Einen weiteren großen Arzneimittelschadensfall stellte der S.M.O.N.-Fall dar,[80] bei dem mehr als 11.000 Personen durch die Einnahme Clioquinol enthaltender Präparate schwere Gesundheitsschäden davon trugen. Bereits Mitte der 1950er Jahre traten Krankheitsfälle in größerer Anzahl, aber noch scheinbar zusammenhangslos auf; erst im Jahre 1970 wurde der Fall insgesamt auch der breiten Öffentlichkeit bekannt. Einige der durch die Opfer im S.M.O.N-Fall angestrengten Schadenersatzprozesse zogen sich bis weit in die 1970er Jahre hinein. Es ließe sich über die genannten vier Fälle noch eine Vielzahl weiterer Produktschadensfälle nennen, die weniger aufsehenerregend waren und bei

---

[78] Vergleiche hierzu auch die Ausführungen bei L. NOTTAGE (2004) 40-48.

[79] Vgl. auch S. UEKI (1985) 176-177. Ausführlich über die Ergebnisse der von den Opfern angestrengten zivilgerichtlichen Verfahren in diesem Fall berichtet die Zeitschrift Hanrei Jihō Nr. 881 (1978); über die Strafverfahren die Zeitschrift Hanrei Jihō Nr. 885 (1978).

[80] *Subacute Myelo-Optico Neuropathy* (S.M.O.N.); auf japanisch auch als „*sumon jiken*" bezeichnet. Vgl. hierzu P. SAAME (2000) 64-67; Y. NOMI (1996); S. UEKI (1985) 172; Umfassend zu den verschiedenen zivilgerichtlichen Verfahren der Opfer im S.M.O.N.-Fall die Zeitschrift Harei Jihō Nr. 879 (1978) und Nr. 899 (1978); die englische Übersetzung (von S. *Yoshikawa*) eines gerichtlichen Vorschlags für einen Vergleich und die erzielte Vergleichsvereinbarung in einem Verfahren vor dem Distriktgericht Tōkyō in: Law in Japan 11 (1978) 76-90 und Law in Japan Nr. 12 (1979) 99-117.

denen weniger Menschen zu Schaden kamen, die aber dennoch das gleiche rechtliche Problem betrafen, nämlich das der Produkthaftung des Herstellers.

Ein weiteres vielbeachtetes Problem jener Zeit stellte die *irreführende oder falsche Kennzeichnung* von Waren dar. Das größte Aufsehen in diesem Zusammenhang erregte ein Fall im Jahre 1960, bei dem im ganzen Land ein Produkt in Dosen mit der Aufschrift „Rindfleisch" verkauft wurde, tatsächlich enthielten die Dosen aber Walfleisch (*nise gyūkan jiken*).[81]

Ein drittes großes Verbraucherproblem betraf hohe Preise, ausgelöst durch *kollusive Preiserhöhungen und Preiskartelle*. So kündigte im Jahre 1959 plötzlich ein Großteil der bedeutenden überregionalen und regionalen Zeitungen fast zeitgleich die Erhöhung ihrer Abonnementspreise um durchschnittlich 18 Prozent an. Die 1956 gegründete „Vereinigung zur Koordination zwischen den japanischen Verbrauchervereinigungen (*Nihon Shōhisha Dantai Renraku-kai*; kurz: *Shōdanren*), die als Verbindungsorgan verschiedener bedeutender Verbraucherorganisationen wie *Shufuren* und *Seikyōren*, kleiner Frauenvereinigungen und einiger Gewerkschaften wie z.B. der Dachgewerkschaft *Sōhyō*[82] fungierte, organisierte den Widerstand hiergegen; zunächst durch einen Aufruf an über eine Million Abonnenten zur Verweigerung der Zahlung der Preisdifferenz zwischen dem alten und neuen Preis, dem viele folgten. Sie stellte außerdem einen Antrag auf Untersuchung des Falles bei der japanischen Wettbewerbsbehörde (*Kōsei Torihiki I'in-kai*) und erhob später, nachdem diesem kein Erfolg beschieden war, hiergegen Klage beim Distriktgericht Tōkyō und anschließend Berufung beim Obergericht Tōkyō; von beiden Gerichten wurde die Entscheidung der Wettbewerbsbehörde jedoch bestätigt, so daß die Aktion schließlich zu einem Mißerfolg wurde.[83] *Shōdanren* und verschiedene Verbraucherschutzgruppen auf lokaler Ebene kämpften hiernach weiter gegen ähnliche Fälle kollusiver Preiserhöhungen von Badehausbetreibern, von Frisören und bei öffentlichen Versorgungsleistungen – allerdings mit bescheidenem Erfolg.[84] Einen großen Erfolg konnte *Shōdanren* erst im Jahre 1971 feiern, als der Verband durch Unterstützung von *Chifuren*, *Shufuren*, *Seikyōren* und anderen Vereinigungen – und später auch von den japanischen Behörden – einen Boykott

---

[81] Vgl. P.L. MACLACHLAN (2002) 104-105; S. ITŌ / K. KIMOTO / C. MURA (2000) 18. Aufgedeckt wurde der Fall erst bei der näheren Untersuchung des Doseninhaltes durch die zuständigen Behörden, nachdem eine Hausfrau beim Hygieneamt Tōkyō Anzeige erstattet hatte, daß sie in einer Dose dieses Produkts eine tote Fliege gefunden habe. Die Quellenangaben sind uneindeutig in bezug auf den Doseninhalt. Einer anderen Quelle zufolge handelte es sich bei dem Produkt angeblich um „*Corned Beef*", das bekanntlich aus Rindfleisch hergestellt wird; tatsächlich sei es aber aus Hammel- und Fischfleisch hergestellt worden (T. OKUMURA (1978) 25); einer weiteren Quelle nach um Dosenrindfleisch, das sich tatsächlich als Pferdefleisch herausgestellt habe (K. NAKATA (2005) 223). Einen weiteren bekannten Fall, bei dem es um die Falschkennzeichnung von Waren ging, stellt der „Zitronensaftkonzentratfall" (*Pokka remon jiken*) dar, der im Jahre 1967 für Schlagzeilen sorgte.
[82] *Nihon Rōdō Kumiai Sōhyōgi-kai*, gegr. 1950, aufgelöst 1989.
[83] Zum Zeitungsboykott siehe P.L. MACLACHLAN (2002) 105-106.
[84] P.L. MACLACHLAN (2002) 106.

gegen den Kauf von überteuerten japanischen Farbfernsehgeräten organisierte, die in den USA zur gleichen Zeit zu deutlich geringeren Preisen verkauft wurden.

Schließlich nahmen in dieser Zeit *Verbraucherkreditgeschäfte* zahlenmäßig zu, da viele private Haushalte mittlerweile in der Lage waren, Waren auf Kredit zu kaufen.[85] Dies brachte ebenfalls verschiedene Probleme mit sich.

Insgesamt erlebte die Verbraucherschutzbewegung in dieser Zeit, mit ausgelöst durch die oben genannten „Skandale", einen großen Aufschwung. Die Mitgliederzahl der verschiedenen Verbrauchervereinigungen und -gruppen auf lokaler, regionaler und nationaler Ebene nahm deutlich zu, und neue Vereinigungen entstanden.[86] Auch Politik und Verwaltung begannen schließlich, sich gegenüber dem Thema Verbraucherschutz zu öffnen. Dabei waren es vor allem die Regierungen und Verwaltungsbehörden auf Ebene der Präfekturen und Kommunen, die der Verbraucherschutzbewegung wichtige Impulse gaben. Die Zentralregierung und die Ministerien reagierten erst mit Verspätung auf diesen Trend. Diese Zweiteilung hat sich bis heute erhalten. Es sind daher in der Politik bis heute die regionalen Gebietskörperschaften, die auf staatlicher Ebene die Vorreiterrolle innehaben, – und darunter wiederum vor allem die Stadtpräfektur Tōkyō.[87] In der japanischen Hauptstadt sind auch alle nationalen Verbraucher- bzw. Verbraucherschutzvereinigungen ansässig, und das Verbraucherbewußtsein ist hier insgesamt besonders stark ausgeprägt. Auf nationaler Ebene dagegen wird das Engagement von Regierung, Regierungsparteien und Ministerien regelmäßig durch einflußreiche Lobbyisten der Wirtschaft gebremst.[88] Diese Tendenz in der nationalen Politik wird dadurch befördert, daß fast in der gesamten Nachkriegszeit vor allem eine Partei, die Liberal-Demokratische Partei (LDP, *Jiyū Minshūtō*),[89] die auch enge Beziehungen zur bürokratischen und wirtschaftlichen Elite des Landes pflegt, die nationale Politik bestimmt hat.

Im Jahre 1961 reagierte als erstes die Stadtpräfektur Tōkyō auf die Forderungen der Verbraucherschutzbewegung durch Einrichtung einer Unterabteilung für Verbrauchswirtschaft (*Shōhi Keizai-ka*) innerhalb des Wirtschaftsamtes (*Keizai-kyoku*), die 1964 den Status einer eigenständigen Abteilung (*bu*) erhielt. Zu den Aufgaben dieser Abteilung gehörten die Überwachung der Produktsicherheit und der Preisentwicklung sowie die Verbraucheraufklärung.

---

[85] C. RAPP (1996a) 11-12.

[86] Zu den bekanntesten im Text noch nicht genannten größeren Gruppen gehören z.B. die Vereinigung für Verbrauchswissenschaft (*Shōhi Kagaku Rengō-kai*), die Union japanischer Verbraucher (*Nihon Shōhisha Renmei*) und auch die Vereinigung japanischer Verbraucher (*Nihon Shōhisha Kyōkai*), letztere wird stark vom japanischen Wirtschaftsministerium und von Unternehmen unterstützt. Im einzelnen hierzu siehe P.L. MACLACHLAN (2002) 92-101.

[87] P.L. MACLACHLAN (2002) 88-92; 120-125. Daneben zeichnen sich auch insbesondere die Präfektur Hyōgo und deren Hauptstadt Kōbe durch ihre Fortschrittlichkeit im Sinne der Verbraucherschutzbewegung aus.

[88] P.L. MACLACHLAN (2002) 90-91; 121-122; 130-131.

[89] Vgl. zur Innenpolitik und zu den Parteien in Japan: M. POHL (1998a) 65-75; M. POHL (1998b) 76-98.

Hinzu kamen Gremien der Konsultation zwischen Politik, Verwaltung und Verbraucherschutzorganisationen. Zahlreiche Präfekturen und Kommunen folgten diesem Beispiel und richteten ähnliche Ämter und Konsultationsorgane ein. Auf nationaler Ebene griff als erstes das Ministerium für Land- und Forstwirtschaft (*Nōrin-shō*, 1963) das Thema Verbraucherschutz durch Bildung einer speziellen Abteilung auf; es folgten das Ministerium für Handel und Industrie (*Tsūshō Sangyō-shō*) im Jahre 1964 und das Amt für Wirtschaftsplanung (*Keizai Kikaku-chō*) im Jahre 1965. Die Verbraucherabteilung im Wirtschaftsplanungsamt nannte sich wörtlich „Abteilung für das Leben der (Staats)Bürger" (*Kokumin Seikatsu Kyoku*) und wurde nachfolgend zur Koordinierungsstelle der nationalen Verbraucherpolitik.[90] Das Amt für Wirtschaftsplanung unterstützt auch die 1965 eingerichtete Kommission für Verbraucherfragen (*Kokumin Seikatsu Shingi-kai*), ein beratendes Gremium der Regierung, das die Behandlung zahlreicher sozialer Probleme unter Einschluß des Verbraucherschutzes erörtert und konkrete Vorschläge zu deren Lösung erarbeitet. An dieser Kommission sind auch Vertreter von Verbraucherverbänden und der Wissenschaft beteiligt. Bis 1968 fanden die Vorschläge der für Verbraucherschutz zuständigen Verwaltungsorgane und beratenden Gremien auf nationaler Ebene jedoch wenig Beachtung.[91]

Auf die besonderen Verbraucherprobleme der Zeit, vor allem auf das Problem *defekter und gesundheitsgefährdender Produkte* – insbesondere im Falle von Nahrungsmitteln, Arzneimitteln und Haushaltswaren – und die *irreführende und falsche Kennzeichnung* von Waren reagierte auch der japanische Gesetzgeber. 1960 erließ er das Arzneimittelgesetz (*Yakuji-hō*),[92] 1961 das Gesetz über die Sicherheit von elektrischen Gebrauchsgütern (*Denki yōhin anzen-hō*)[93] und 1962 das Gesetz über die Qualitätskennzeichnung von Haushaltswaren (*Katei yōhin hinshitsu hyōji-hō*),[94] die alle der Verbesserung der Sicherheit und Qualität von Produkten oder deren Kennzeichnung dienen. Außerdem wurde 1961 das Teilzahlungsgesetz (TzG, *Kappu hanbai-hō*)[95] erlassen, das zunächst nur den einfachen Teilzahlungs- bzw. Abzahlungskauf (*kappu hanbai*) und den sogenannten „vorausfinanzierten Abzahlungskauf" (*maebarai-shiki kappu hanbai*) regelte. Privatrechtliche Bestimmungen hierin betrafen nur den bei diesen Geschäften üblichen Eigentumsvorbehalt an der Ware. Ansonsten ent-

---

[90] Die Verbraucherabteilung wurde ebenso wie die anderen Abteilungen des Wirtschaftsplanungsamtes im Januar 2001 durch eine Reform der Ministerialverwaltung in das Kabinettsamt (*Naikaku-fu*), das im Range eines leitenden Ministeriums steht, eingegliedert. Das Wirtschaftsplanungsamt als eigenständige Behörde existiert seither nicht mehr.
[91] P.L. MACLACHLAN (2002) 90.
[92] Gesetz Nr. 145/1960; die strengeren und teilweise auch spezielleren Bestimmungen des Arzneimittelgesetz ergänzen seither das Gesetz zur Kontrolle von giftigen Stoffen und Substanzen (*Dokubutsu oyobi gekibutsu torishimari-hō*, Gesetz Nr. 303/1950).
[93] Gesetz Nr. 234/1961.
[94] Gesetz Nr. 104/1962.
[95] Gesetz Nr. 159/1961.

hielt und enthält es vor allem verwaltungsrechtliche Ermächtigungsgrundlagen zur Kontrolle von Unternehmern, die Teilzahlungsgeschäfte betreiben, durch die zuständigen Verwaltungsbehörden. Außerdem kann das zuständige Ministerium nach diesem Gesetz seither auch, falls erforderlich, Vorgaben über die Höhe der ersten Zahlungsrate und die Laufzeit von Teilzahlungsgeschäften machen (Art. 9 TzG[96]). 1962 wurde sodann das Gesetz gegen unbillige Prämien und irreführende Angaben (UPAG, *Futō keihin-rui oyobi futō hyōji bōshi-hō*)[97] erlassen, daß vornehmlich der Gewährleistung des lauteren Handels, aber daneben mittelbar auch dem Schutz der Verbraucher dient. Auch bei den anderen genannten Gesetzen, die in diesem Zeitabschnitt erlassen worden sind, spielt zwar nicht ausschließlich, aber zum ersten Mal ganz bewußt auch der Verbraucherschutz als Regelungsmotiv eine wichtige Rolle.[98]

Der Zeitraum zwischen 1955 und 1967 markiert den Beginn der Ausbildung eines breiten Verbraucherbewußtseins in der Bevölkerung. Es entstand auch eine allgemeine Vorstellung über Verbraucherprobleme und das Motiv des Verbraucherschutzes. Allerdings wurde das allgemeine Problembewußtsein sehr selektiv durch die gerade in dieser Zeit auftretenden besonderen Probleme bestimmt; das sind vor allem *defekte und gefährliche Produkte*, *Preiskartelle* und Skandale im Zusammenhang mit *Falschkennzeichnungen*. Die Verbraucherschutzbewegung bekam insgesamt eine speziellere Ausrichtung, *i.e.* sie erhielt neben anderen sozialen Bewegungen und Bürgerrechtsbewegung einen eigenständigeren Charakter. Auch die Politik und Verwaltung begannen damit, sich der Aufgabe des Verbraucherschutzes anzunehmen. Verbraucherschutz, soweit er für erforderlich gehalten wurde, sollte vor allem *mit Hilfe des Verwaltungsrechts* verwirklicht werden, d.h. durch eine intensive Aufsicht über die Unternehmer, deren Gewerbe- oder Berufsausübung oder durch stärkere Kontrolle der Sicherheit und Qualität von Produkten. Verbraucherrecht wurde also vornehmlich als *polizei-* bzw. *ordnungsrechtliche Aufgabe* verstanden. Fast alle Gesetze, die in der Nachkriegszeit neu erlassen worden sind und bei denen das Motiv Verbraucherschutz eine Rolle spielt, sind wirtschaftsverwaltungsrechtliche Gesetze, in denen nur vereinzelt privatrechtliche Bestimmungen enthalten sind.

---

[96] *Kappu hanbai-hō* in der Fassung des Gesetzes Nr. 152/2002.
[97] Gesetz Nr. 134/1962.
[98] Weitere in dieser Zeit erlassene Gesetze, die im weiteren Sinne auch den Schutz des Verbrauchers betreffen, aber in erster Linie ordnungsrechtliche Ziele verfolgen, sind das 1957 erlassene Gesetz über die Kontrolle von unbilligen Verträgen im Zusammenhang mit Finanzeinlagen (*Yokin-tō ni kansuru futō keiyaku no torishimari ni kansuru hōritsu*, Gesetz Nr. 136/1957), das Gesetz über das Elektrizitätsgewerbe (*Denki jigyō-hō*, Gesetz Nr. 170/1964) aus dem Jahre 1964 und das Gesetz über den gewerblichen Handel mit Erdölprodukten (*Sekiyu gyōhō*, Gesetz Nr. 128/1962).

## V. Das Inkrafttreten des Grundgesetzes über den Verbraucherschutz und die Auswirkungen der Ölkrisen (1968-1979)

Das Jahr 1968 ist wegen des Inkrafttretens des „Grundgesetzes über den Verbraucherschutz" (Verbraucherschutzgrundgesetz, VerbrSGG)[99] ein besonders wichtiges Datum für die japanische Verbraucherschutzbewegung und das Verbraucherrecht. Der Verbraucherschutz wurde hierdurch formell zur Staatsaufgabe erklärt und der Aufbau einer japanischen Verbraucherverwaltung beschlossen. Zur Erreichung der Ziele verlangte das Gesetz den Erlaß oder Reform geeigneter Gesetze und Verordnungen sowie die Bereitstellung der erforderlichen Finanzmittel (Art. 6 VerbrSGG). Der Zentralstaat (Art. 2 VerbrSGG) und die einzelnen Gebietskörperschaften (Präfekturen, Kommunen) waren hierzu gleichermaßen verpflichtet (Art. 3 VerbrSGG). Im einzelnen benannte das Gesetz die folgenden Aufgaben des Verbraucherschutzes:

- die Verhütung von Gefahren und Schäden durch Waren oder Dienstleistungen
  (Art. 7 VerbrSGG),
- die Gewährleistung der Angemessenheit von Maßen und Gewichten
  (Art. 8 VerbrSGG),
- die Gewährleistung angemessener Normen und Standards
  (Art. 9 VerbrSGG),
- die Gewährleistung korrekter Angaben über Waren und Dienstleistungen
  (Art. 10 VerbrSGG),
- die Gewährleistung des fairen und freien Wettbewerbs
  (Art. 11 VerbrSGG),
- die Aufklärung des Verbrauchers
  (Art. 12 VerbrSGG),
- den Aufbau von staatlichen Einrichtungen, welche sich der Wünsche und Klagen der Verbraucher annehmen
  (Art. 13 VerbrSGG),
- die Durchführung von Produkttests und -untersuchungen
  (Art. 14 VerbrSGG),
- den Aufbau von Einrichtungen, die der Vermittlung zwischen Verbrauchern und Unternehmern im Falle von Beschwerden dienen
  (Art. 15 VerbrSGG).[100]

Auf nationaler Ebene wurde aufgrund von Artt. 18, 19 VerbrSGG eine Verbraucherschutzkonferenz (*Shōhisha Hogo Kaigi*) eingerichtet, die grundsätzliche Fragen der Verbraucherpolitik erörtern sollte. Außerdem berief die Regierung gemäß Art. 20 VerbrSGG die Kommission für Verbraucherfragen –

---

[99] *Shōhisha hogo kihon-hō*, Gesetz Nr. 78/1968 i.d.F. des Gesetzes. Nr. 102/1999.
[100] Ein anschauliches Schaubild über die Struktur des Gesetzes findet sich bei H. YOSHIOKA (1978) 69.

die bereits als Einrichtung des Wirtschaftsplanungsamtes existierte – als ständiges Konsultationsgremium ein, das seither die Verbraucherpolitik und -verwaltung mitprägt und konkrete Regierungsvorhaben plant und vorbereitet. Zudem sind gemäß Artt. 14 bis 16 VerbrSGG auf nationaler Ebene und auf Ebene der Präfekturen und Kommunen in den folgenden Jahren die einzelnen Behörden der Verbraucherverwaltung (nationale und lokale Verbraucherzentren) errichtet worden, deren Arbeit bis zum Jahr 2001 das Wirtschaftsplanungsamt koordinierte und unterstützte.[101]

Artt. 7 bis 11 VerbrSGG sprachen verschiedene konkrete Verbraucherprobleme an, zu deren Verhütung bzw. Bewältigung der Staat geeignete Vorsorge zu treffen habe. Dabei ist auffallend, daß es sich ausschließlich um Probleme handelte, die die Gesellschaft in den zwanzig vorangehenden Jahren besonders beschäftigt hatten. Das Gesetz blendete also die Vorkriegs-, Kriegs- und unmittelbare Nachkriegszeit weitgehend aus und beruhte daher auf einem engeren Verständnis von Verbraucherschutz. Es war vom Bild der Wahrnehmung der 1960er Jahre geprägt. Die Einbeziehung von Dienstleistungen war allerdings fortschrittlich, da dies bereits dem Umstand der Entwicklung Japans hin zu einer Dienstleistungsgesellschaft Rechnung trug. Die Verhütung von unfairen, *i.e.* unerwünschten und inhaltlich nachteiligen Verträgen, wurde im Gesetz allerdings noch nicht ausdrücklich als Aufgabe des Verbraucherschutzes benannt. Dieses Verbraucherproblem hatte bis zum Erlaß des Gesetzes noch keine so bedeutende Rolle gespielt, was sich erst in den 1970er und 1980er Jahren ändern sollte. Erst seit einer umfassenden Reform des VerbrSGG im Jahre 2004,[102] bei der das Gesetz in Verbrauchergrundgesetz (VerbrGG)[103] umbenannt worden ist, werden diese Aufgabenbereiche des Verbraucherschutzes als solche im Gesetz ausdrücklich erwähnt und anerkannt.

Der Erlaß des VerbrSGG hat unmittelbar zahlreiche Reformen wirtschaftsverwaltungsrechtlicher Gesetze angestoßen, denen nun als Regelungsziel neben ordnungsrechtlichen Zwecken auch der Verbraucherschutz hinzugefügt wurde. Dies gilt beispielsweise für das Teilzahlungsgesetz, das Immobiliengewerbegesetz, das Reisegewerbegesetz, das Arzneimittelgesetz und das Lebensmittelhygienegesetz.[104] Zudem verfolgen viele nach 1970 erlassene Verwaltungsgesetze häufig zugleich auch verbraucherschützende Ziele – mal unter ausdrücklichem Hinweis, mal weniger deutlich –, selbst wenn die Gesetze in erster Linie der Förderung der lauteren Geschäftstätigkeit dienen sollen. Hierdurch trat also eine Diversifizierung und Überlagerung der gesetzlichen Regelungsziele ein. Der Verbraucherschutz sollte vor allem durch eine effektive Verwaltungskontrolle von Unternehmern, ihrer Geschäftsausübung sowie der jeweili-

---

[101] Nach Auflösung und Eingliederung des Wirtschaftsplanungsamtes in das Kabinettsamt (vgl. Fn. 90) nimmt dieses seither die Aufgaben war.
[102] Gesetz Nr. 70/2004.
[103] *Shōhisha kihon-hō*.
[104] Vgl. A. ŌMURA (1998) 8.

gen Produkte verwirklicht werden.[105] Einige Gebietskörperschaften wie z.B. die Stadtpräfektur Tōkyō versuchten zudem in den 1970er Jahren, durch den Erlaß von Satzungen (*jōrei*) den Schutz des Verbrauchers in vielerlei Hinsicht über den Standard der nationalen Gesetze hinaus zu erhöhen.[106]

Ende der 1960er Jahre stellten zunächst weiterhin *defekte und gefährliche Produkte* die größten Verbraucherprobleme der Zeit dar. Im Jahre 1969 sorgten insbesondere zahlreiche defekte PKW (*kekkan-sha mondai*), defekte und gefährliche Mikrowellengeräte (*kekkan denshi renji jiken*) und künstliche Süßstoffe, die im Verdacht standen, Krebs hervorzurufen (*jinkō kanmiryō no chikuro mondai*) für besonderes Aufsehen. Die 1970er Jahre standen sodann unter dem Eindruck der Zivil- und Strafverfahren im Zusammenhang mit dem S.M.O.N.- und dem *Kanemi*-Speiseölfall.[107] Zum besseren Schutz vor gefährlichen Produkten erließ der Gesetzgeber im Jahre 1973 das Gesetz über die Sicherheit von Gebrauchsgütern des täglichen Lebens (*Shōhi seikatsu-yō seihin anzen-hō*),[108] das Gesetz zur Regelung und Kontrolle von schädliche Stoffe enthaltenden Haushaltswaren (*Yūgai busshitsu wo ganyū suru katei yōhin no kisei ni kansuru hōritsu*)[109] sowie das Gesetz zur Regelung der Herstellung und Untersuchung chemischer Stoffe (*Kagaku busshitsu no shinsa oyobi seizō-tō no kisei ni kansuru hōritsu*) und besserte bei mehreren bestehenden Gesetzen nach.[110] Hierdurch erhielten die zuständigen Verwaltungsbehörden erweiterte Kontrollbefugnisse. Im Jahre 1979 wurde ferner durch das Gesetz über die Stiftung zur Entschädigung der Opfer von Arzneimittelnebenwirkungen (*Iyakuhin fukusayō higai kyūsai kikin-hō*)[111] unter anderem ein entsprechender Opferentschädigungsfonds geschaffen. Zudem kam es zu einer Novelle des Arzneimittelgesetzes.

Ein weiteres gravierendes Verbraucherproblem wurde vor allem durch die erste Ölkrise im Jahre 1973 ausgelöst. Aus Angst vor dem drohenden Zusammenbruch der Märkte kam es zu *Hamsterkäufen* der Bevölkerung. Die Folgen

---

[105] Neu erlassen wurden z.B. das Immobilienspargewerbegesetz (*Tsumitate-shiki takuchi tatemono hanbai gyōhō*, Gesetz Nr. 111/1971), das Gesetz über die Versicherung von Finanzeinlagen (*Yokin hoken-hō*, Gesetz Nr. 34/1971), das Gesetz über die Gewährleistung der Qualität von Benzin und ähnlichen Stoffen (*Kihatsuyu-tō no hinshitsu no kakuho-tō ni kansuru hōritsu*, Gesetz Nr. 818/1976) und das Gesetz über die Überwachung der Installationsarbeiten an spezifischen Gasgeräten (*Tokutei gasu shōhi kiki no setchi kōji no kantoku ni kansuru hōritsu*, Gesetz Nr. 313/1979).
[106] 1975 wurde die erste Verbraucherschutzsatzung der Stadtpräfektur Tōkyō erlassen (*Tōkyō-to seikatsu busshi no kigai no bōshi, hyōji kōi-tō no jigyō-kōi no tekisei-ka oyobi shōhisha higai kyūsai ni kansuru jōrei*).
[107] Siehe oben unter IV.
[108] Gesetz Nr. 31/1973.
[109] Gesetz Nr. 112/1973.
[110] Gesetz Nr. 117/1973.
[111] Gesetz Nr. 55/1979; Der Anwendungsbereich des Gesetzes wurde später erweitert und das Gesetz umbenannt in Gesetz über die Organisation zur Entschädigung der Opfer von Arzneimittelnebenwirkungen und zur Förderung wissenschaftlicher Untersuchungen (*Iyakuhin fukusayō higai kyūsai, kenkyū shinkō chōsa kikō-hō*).

waren erstens ein *Mangel an wichtigen alltäglichen Verbrauchsgütern* wie Brennstoffen, Waschpulver, Seife, Toilettenpapier und Zucker, und zweitens eine gravierende *Inflation der Preise* sowie die schlagartige Zunahme von *wucherischen Geschäften*. Eine solche Situation hatte man seit der frühen Nachkriegszeit nicht mehr erlebt. Der Gesetzgeber erließ daraufhin das Maßnahmengesetz zur Sicherung des Volkslebens in Fällen von Krisen (*Kokumin seikatsu antei kinkyū sochi-hō*),[112] das Gesetz über krisenbedingte Maßnahmen zum Schutz vor Hamsterkäufen und Ausverkäufen von alltäglichen Verbrauchsgütern (*Seikatsu kanren busshi-tō no kaishime oyobi urishimi ni taisuru kinkyū sochi ni kansuru hōritsu*)[113] und das Gesetz über die Förderung der Angemessenheit von Angebot und Nachfrage von Erdölprodukten (*Sekiyu-tō jukyū tekisei-ka hō*)[114], wodurch die Behörden für einen kurzen Zeitraum weitreichende Befugnisse der Kontrolle über die Distribution von alltäglichen Verbrauchsgütern und indirekt auch über den entsprechenden Preis erhielten.[115] Die Auswirkungen der zweiten Ölkrise im Jahre 1978/79 waren nicht so gravierend wie die der ersten.

In den 1970er Jahren begann man auch damit, sich verstärkt mit dem Problem *unfairer Bedingungen beim Abschluß von Verbraucherverträgen* auseinanderzusetzen. Dabei stand zunächst die Verbesserung des Schutzes des Verbrauchers vor der Überrumpelung beim Vertragsabschluß im Vordergrund. Um dies zu verhindern, wurden beispielsweise spezielle Widerrufsrechte bei Geschäften geschaffen, bei denen es zum Vertragsabschluß außerhalb der Geschäftsräume des Unternehmers kommt – so etwa bei Teilzahlungsgeschäften sowie bei Haustür- bzw. Vertretergeschäften. Außerdem verschärfte der Gesetzgeber abermals die gewerberechtliche Kontrolle der Geschäftstätigkeit bestimmter Unternehmer, insbesondere hinsichtlich der Praxis der Geschäftsanbahnung in bestimmten Konstellationen. Dies geschah unter anderem durch eine Reform des Teilzahlungsgesetzes im Jahre 1972[116] und den Erlaß des

---

[112] Gesetz Nr. 121/1973.
[113] Gesetz Nr. 48/1973.
[114] Gesetz Nr. 122/1973.
[115] Mit ähnlichem Regelungsziel erließ 1974 auch die Stadtpräfektur Tōkyō eine Satzung zum Schutz des Lebens in Krisenzeiten (*Tōkyō-to kinkyū seikatsu bōei jōrei*). Die Knappheit an Brennstoffen, ausgelöst durch die Krise in den Förderländern von Erdöl und Erdgas, hat den Japanern in den 1970er Jahren ihre Verwundbarkeit demonstriert, da ihr Land selbst über kaum fossile Brennstoff-Ressourcen verfügt. Neben der verstärkten Nutzung der Kernkraft wird seither auch das Energiesparen zum politischen Ziel erklärt; dies betrifft insbesondere auch den Energieverbrauch von Haushaltsgeräten. Um hier Einsparungen zu erzielen, wurde 1979 das Gesetz über den vernünftigen Umgang mit Energie (*Enerugii no shiyō no gōri-ka ni kansuru hōritsu*, Gesetz Nr. 49/1979) erlassen.
[116] Erst durch die Reform im Jahre 1972 wurde der Verbraucherschutz ausdrücklich zum erklärten Ziel des Abzahlungsgesetzes (vgl. C. RAPP (1996a) 64-65). Ähnlich geschah dies auch bei anderen Gesetzen, die zuvor nur ganz allgemein dem Zwecke der lauteren Geschäftstätigkeit zu dienen bestimmt waren.

Haustür- und Vertretergeschäftegesetzes (*Hōmon hanbai-tō ni kansuru hōritsu*)[117] im Jahre 1976. Auch *unfaire allgemeine Geschäftsbedingungen* und *inhaltlich unlautere Geschäfte* wurden zunehmend als Problem empfunden. Die sogenannten „Schneeballgeschäfte", eine Sonderform betrügerischer Geschäfte, wurden durch das Gesetz zur Verhinderung von Schneeballgeschäften (Schneeballgeschäfte-Verbotsgesetz)[118] im Jahre 1978 vollständig verboten. Mitte der 1970er Jahre ließ sich zudem auch eine deutliche Zunahme betrügerischer Methoden beim *Abschluß von Finanzanlagegeschäften*, insbesondere bei Warentermingeschäften beobachten. Seit Ende der 1970er Jahre nimmt außerdem das Problem der zunehmenden *Verbraucherüberschuldung* gravierende Ausmaße an.

In den 1970er Jahren hat sich ein insgesamt starkes Bewußtsein für die Notwendigkeit eines besseren Verbraucherschutzes in der Gesellschaft gebildet. Wie bereits zuvor prägten allerdings vor allem die aktuellen Geschehnisse die allgemeine Vorstellung über Verbraucherprobleme und die Fälle, in denen ein besonderer rechtlicher Schutz für erforderlich gehalten wurde. Im Kern ließen sich nun zwar klarere Konturen als bisher erkennen, an den Grenzen aber blieb das Bild der Verbraucherproblematik unscharf. Verbraucherschutzprobleme wurden in einem sehr weiten Sinne als gesamtgesellschaftliche Probleme verstanden, so daß sich häufig die politischen Ziele der Verbraucherschutzbewegung mit denen der Umweltschutzbewegung, der Gewerkschaftsbewegung und zahlreicher Bürgerrechtsbewegungen überschnitten. Aus diesem Grunde gibt es auch heute noch viele Beziehungen zwischen den Aktivisten der verschiedenen Bewegungen. Bedeutsam ist, daß man seit den 1970er Jahren das Problem prozedural oder inhaltlich unfairer Verträge als ein Hauptproblem des Verbraucherschutzes wahrnimmt.

## VI. Verbraucherschutz im Zeitalter der Deregulierung (1980 bis zur Gegenwart)

In den folgenden zwei Jahrzehnten bis in die Gegenwart hinein blieb zwar nach wie vor die Förderung der *Sicherheit und Qualität von Produkten* ein wichtiger Gesichtspunkt in der Verbraucherschutzpolitik, jedoch rückten zunehmend Probleme im Zusammenhang mit dem *Abschluß und dem Inhalt von Verbraucherverträgen* in den Mittelpunkt der Aufmerksamkeit, befördert insbesondere durch den Anstieg der Bedeutung des Dienstleistungssektors in der japanischen Wirtschaft und die Zunahme der Kredit- und Finanzgeschäfte als Verbrauchergeschäfte. Seit Mitte der 1990er Jahre kommt außerdem die wach-

---

[117] Gesetz Nr. 57/1976; oftmals auch etwas verwirrend als „Haustürwiderrufsgesetz" bezeichnet, in Anlehnung an das deutsche Gesetz über den Widerruf von Haustürgeschäften und ähnlichen Geschäften.
[118] *Mugen rensa-kō no bōshi ni kansuru hōritsu*, Gesetz Nr. 101/1978 i.d.F. des Gesetzes Nr. 24/1988; wörtlich: „Gesetz zur Verhinderung von Organisationen mit unendlichen Ketten."

sende Branche der Internetgeschäfte hinzu. Neue Probleme gerade beim Abschluß von Verträgen sieht man ferner im Zusammenhang mit der zunehmenden Überalterung der japanischen Gesellschaft. Des weiteren erregten in den 1990ern *wettbewerbs- und kartellrechtliche Probleme* große Aufmerksamkeit, die auch den Bereich des Verbraucherschutzes tangierten, etwa auf dem Markt für Luxuskosmetika.[119]

Trotz des politischen Ziels der *Deregulierung der Wirtschaft*, das seit den 1980ern zunehmend Unterstützung findet, blieb in der Verbraucherschutzpolitik jedoch zunächst alles beim alten. Einen besseren Verbraucherschutz versprach man sich in erster Linie von der Verschärfung der gewerberechtlichen Kontrolle durch Verwaltungsbehörden. Dementsprechend sind die meisten in den 1980er Jahren erlassenen Gesetze wirtschaftsverwaltungsrechtlicher Natur. Zur Eindämmung des in dieser Zeit besonders gravierenden Problems der *Verbraucherüberschuldung* und der sich im Verbraucherkreditgewerbe tummelnden zahlreichen unseriösen Kredithaie (insgesamt „*sarakin mondai*" genannt, wörtlich etwa „Angestellten-Finanzproblem")[120] etwa erließ der Gesetzgeber Anfang der 1980er die zwei sogenannten „*sarakin*-Gesetze", die eine Reform des Kapitaleinlagengesetzes, das Inkrafttreten des Gesetzes zur Regulierung und Kontrolle des Geldverleihgewerbes (*Kashikin-gyō no kisei-tō ni kansuru hōritsu*)[121] im Jahre 1983 sowie eine Reform des Teilzahlungsgesetzes 1984 zur Folge hatten. Der Schwerpunkt dieser Maßnahmen lag auf einer Verschärfung der ordnungsrechtlichen Kontrolle von solchen Finanzierungsinstituten, die als Geldverleiher klassifiziert werden, sowie der strafrechtlichen Sanktionsgrenzen des Kreditwuchers. Dies brachte aber keinen besseren privatrechtlichen Schutz der Kreditnehmer mit sich.

Ähnliches geschah auch zur Bekämpfung *unlauterer und betrügerischer Geschäftspraktiken und -typen*. Viele der in den 1980er Jahren neu erlassenen oder novellierten Gesetze bezwecken, den Verbraucher durch eine intensivere ordnungsrechtliche Kontrolle der Unternehmer und deren Geschäftsausübung – insbesondere deren Verhaltens im Vorfeld eines Vertragsschlusses – besser zu schützen. Teilweise enthalten diese Gesetze auch verbraucherschützende Widerrufs- und Kündigungsrechte, die privatrechtlicher Natur sind. Viele der

---

[119] Große öffentliche Aufmerksamkeit erlangten hier die Verfahren verschiedener Vertreiber gegen Hersteller von Luxuskosmetikhersteller vor der Wettbewerbsbehörde und den Gerichten bis hin zum OGH, die sich über mehrere Jahre hinzogen. Die Hersteller versuchten sich durch Exklusivverträge einen hohen Verkaufspreis und ein exklusives Beratungskonzept beim Absatz zu bewahren und ließen den Vertriebspartnern kaum Raum für eigene Marketingstrategien, insbesondere die eigenständige Senkung der Preise; vgl. hierzu ausführlich W. VISSER 'T HOOFT (2002) 9-20. Allgemein zum Verbraucherschutz durch das Wettbewerbs- und Kartellrecht vgl. C. HEATH (1993).

[120] „*Sarakin*" ist eine gebräuchliche Abkürzung für „*sarariiman kin'yū*". Sarariiman ist ein japanischer Anglizismus des Wortes *salaryman*, was soviel bedeuten soll wie ein Angestellter, der ein regelmäßiges Einkommen bezieht. *Kin'yū* kann man mit Finanzen oder auch Kredit übersetzen.

[121] Gesetz Nr. 31/1983.

Gesetze betreffen den Schutz vor *betrügerischen oder sonst unlauteren Anlagegeschäften*, die nach den zahlreichen Skandalen vor allem im Zusammenhang mit Termingeschäften als Verbrauchergeschäften und den betrügerischen Anlagegeschäften des Unternehmens *Toyota Shōji* (sog. „*Toyota Shōji Fall*") besonders in Verruf gekommen sind. Zu den Gesetzen gehören im einzelnen:

- das Gesetz über die Vermittlung von Termingeschäften an ausländischen Warenterminbörsen (*Kaigai shōhin shijō ni okeru sakimono torihiki no jutaku-tō ni kansuru hōritsu*),[122]
- das Gesetz über Finanztermingeschäfte (*Kin'yū sakimono torihiki-hō*),[123]
- das Gesetz über Verträge zur Anlage und zur Verwahrung von bestimmten Handelswaren (*Tokutei shōhin-tō no yotaku-tō torihiki keiyaku ni kansuru hōritsu*),[124]
- das Gesetz zur Regulierung des Gewerbes der Wertpapieranlageberatung (*Yūka shōken ni kakaru tōshi komon-gyō no kisei-tō ni kansuru hōritsu*),[125]
- das Gesetz zur Regulierung des Gewerbes des Handels mit Hypothekenbriefen (*Teitō shōken-gyō no kisei-tō ni kansuru hōritsu*),[126]
- das Gesetz zur Regelung von *Prepaid-Cards* (*Maebarai-shiki shōhyō no kisei-tō ni kansuru hōritsu*).[127]

Über die Schaffung neuer Gesetze hinaus kam es abermals zur Novellierung verschiedener Gesetze wie z.B. des Warenbörsengesetzes und des Teilzahlungsgesetzes zum Zwecke der Verbesserung des Verbraucherschutzes. Reformen des Haustür- und Vertretergeschäftegesetzes weiteten dessen gesetzlichen Anwendungsbereich auf verschiedene bisher nicht regulierte Typen von Verbrauchergeschäften oder auf bestimmte besondere Situationen der Geschäftsanbahnung bzw. des Abschlusses von Verbraucherverträgen aus. Auch beim Erlaß oder der Reform von Gesetzen, die nicht in erster Linie dem Verbraucherschutz dienen, sondern hauptsächlich den Zweck der Förderung der lauteren Geschäftstätigkeit einer bestimmten Wirtschaftsbranche verfolgen, spielten häufig auch Verbraucherschutzbelange eine Rolle.[128]

Auch in den 1980er Jahren erließ der Gesetzgeber mehrere neue wirtschaftsverwaltungsrechtliche Gesetze und beschloß Reformen bestehender Regelungen

---

[122] Gesetz Nr. 65/1982.
[123] Gesetz Nr. 77/1988.
[124] Gesetz Nr. 62/1986; dieses Gesetz wurde nach dem Skandal im Zusammenhang mit dem *Toyota Shōji Fall* erlassen, um ähnliche Fälle künftig zu verhindern.
[125] Gesetz Nr. 74/1986.
[126] Gesetz Nr. 114/1987.
[127] Gesetz Nr. 92/1989.
[128] So auch z.B. bei der Abfassung des neuen Bankgesetz (*Ginkō-hō*, Gesetz Nr. 59/1981) und beim Telekommunikationsgewerbegesetz (*Denki tsūshin jigyō-hō*, Gesetz Nr. 86/1984), die in den 1980ern erlassen worden sind.

zur *Verbesserung der Sicherheits- und Qualitätsstandards*;[129] besonders bedeutsame Veränderungen sind aber nicht zu beobachten. Statt dessen nahm die Intensität der Diskussion über die Schaffung eines besonderen Gesetzes über die zivilrechtliche Produkthaftung zu. Diese hatte zwar schon Anfang der 1970er Jahre begonnen, bekam aber durch den Erlaß der EG-Richtlinie zur Angleichung des Rechts der Produzentenhaftung in der Europäischen Gemeinschaft aus dem Jahre 1985[130] neuen Auftrieb. Im Jahre 1994 wurde schließlich das Produkthaftungsgesetz (*Seizōbutsu sekinin-hō*)[131] erlassen, das die Regelungen der EG-Richtlinie aufgriff und daher letztlich dem deutschen Produkthaftungsgesetz aus dem Jahre 1989 ähnelt. Trotz der zahlreichen Maßnahmen zur Verbesserung der Standards bei der Qualität und Sicherheit von Produkten kam es jedoch auch in den 1980er und 1990er Jahren wieder zu Skandalen, die an der Effizienz der japanischen Verwaltungskontrolle insgesamt ernsthafte Zweifel aufkommen ließen. Mitte der 1980er Jahre wurde der HIV-Fall bekannt, der viele Opfer forderte.[132] In den Jahren 1996 und 1997 traten bei zahlreichen Menschen Krankheitssymptome durch eine Vergiftung von Lebensmitteln mit Kolibakterien O-157 auf.[133] Dabei starben 12 Menschen. Im Jahre 2000 wurde bekannt, daß der japanische Autokonzern Mitsubishi Motors über einen Zeitraum von ungefähr 30 Jahren die Beschwerden zehntausender Verbraucher systematisch verheimlicht hatte.[134] Im Jahre 2000 ereignete sich auch der schwerwiegendste Lebensmittelskandal seit über 30 Jahren, als 14.000 Menschen nach dem Verzehr von Milchprodukten der *Yukijirushi* Molkereigesellschaft (auch als „*Snow Brand*" bekannt) erkrankten. Durch Mißachtung von Hygienevorschriften bei der Produktion waren *Staphyloccus aureus* Bakterien in die Produkte gelangt, die für die Absonderung eines gesundheitsschädlichen Giftstoffes verantwortlich waren.[135] Schließlich verunsicherte die japanischen Verbraucher auch das Auftreten von an BSE (*Bovine Spongiforme Encephalopathie*) erkrankten Rindern in Japan.

---

[129] Neu erlassen wurde das Besondere Maßnahmengesetz zur Verhinderung des Einmischens etc. von Giftstoffen in zur Distribution bestimmter Lebensmittel (*Ryūtsū shokuhin he no dokubutsu no kon'nyū-tō no bōshi-tō ni kansuru tokubetsu sochi-hō*, Gesetz Nr. 103/1987).

[130] Richtlinie 85/374/EWG, Abl. EG, L 210/29 des Rates vom 25. Juli 1985 zur Angleichung der Rechts- und Verwaltungsvorschriften der Mitgliedstaaten über die Haftung für fehlerhafte Produkte.

[131] Gesetz Nr. 85/1994. Vgl. O. KLIESOW (1994/95) 35; zur politischen Auseinandersetzung um die Schaffung des Produkthaftungsgesetzes vgl. P.L. MACLACHLAN (2002) 201-227; zum Gesetz auch M. JANSSEN / S. V. ZITZEWITZ (1998) 780-786; N. YOUNG (1996).

[132] Dazu P. SAAME (2000) 67-74; Ende der 1980er Jahre wurden mehrere Zivilverfahren (Gruppenklagen) anhängig, die die Gerichte mehrere Jahre beschäftigten. Es ging um die Haftung im Zusammenhang mit HIV-verseuchten Blutkonserven. Es kam außerdem zu mehreren Strafverfahren.

[133] Japan aktuell (Oktober 1996) 532-533; Japan aktuell (Oktober 1997) 467.

[134] Japan aktuell (Oktober 2000) 441.

[135] Japan aktuell (Oktober 2000) 441-442; zum Fall aus strafrechtlicher Perspektive siehe K. YAMANAKA (2002) 191-195.

Trotz der genannten Fälle im Zusammenhang mit gefährlichen Produkten gaben in den 1990er Jahren vor allem Probleme bezüglich *prozedural oder inhaltlich unfairer individueller Verbraucherverträge* den Anlaß für den Großteil der Verbraucherbeschwerden, die bei den Behörden eingingen.[136] Ähnlich wie schon in den 1980er Jahren wurden vom Gesetzgeber in Reaktion hierauf zunächst verschiedene Gesetze größtenteils wirtschaftsverwaltungsrechtlicher Natur neu erlassen oder novelliert, die in erster Linie auf eine stärkere Kontrolle einzelner Geschäftsarten oder Geschäftsmethoden sowie der Unternehmer, die derartige Geschäfte betreiben, abzielen. Im Jahre 1991 entstand das Gesetz über die Regulierung des Gewerbes der Anlage in Handelswaren (*Shōhin tōshi ni kakaru jigyō no kisei ni kansuru hōritsu*), das kurz auch als „Fondsgesetz" (*Fando-hō*)[137] bezeichnet wird und das die Geschäftstätigkeit von Finanzdienstleistern betrifft, die Anteile an spezifischen Anlagefonds vertreiben.[138] Im Jahr 1992 trat das Gesetz über die Regelung des gewerblichen Handels mit spezifischen Forderungen (Forderungshandelsgesetz, *Tokutei saiken-tō ni kakaru jigyō no kisei ni kansuru hōritsu*)[139] in Kraft, das unter anderem den Vertrieb von Anteilen an bestimmten Investmentfonds[140] regelt. Im Jahre 1992 wurde auch das Gesetz zur Förderung angemessener Mitgliedschaftsverträge in Golfclubs und ähnlichen Freizeiteinrichtungen (*Gorufu-jō ni kakaru kai'in keiyaku no tekisei-ka ni kansuru hōritsu*)[141] erlassen, das seither die Grundlage für die Verwaltungskontrolle des Gewerbes im Zusammenhang mit dem Betrieb spezifischer Freizeiteinrichtungen und des Abschlusses diesbezüglicher Mitgliedschaftsverträge darstellt. Im Jahre 1994 entstand das Gesetz zur Regelung der Verwaltung von Immobilienfonds (Immobilienfondsgesetz, *Fudōsan tokutei kyōdō jigyō-hō*), das unter anderem den gewerblichen Handel mit Immobilienfondsanteilen und die gewerberechtliche Aufsicht über Immobilienfondsgesellschaften regelt.

Einer mittelbaren Förderung des Verbraucherschutzes dient auch das 1993 erlassene Gesetz über den unlauteren Wettbewerb (GUW), das die Eindämmung unlauterer Handelspraktiken bezweckt.[142] Dieses Gesetz ergänzt die Regelungen im fünften Abschnitt des Antimonopolgesetzes über unlautere Handelsmethoden. Einen ganz anderen Problembereich betrifft das 1994 geschaffene Gesetz über Angebot und Nachfrage wichtiger Nahrungsmittel und die Gewährleistung der Preisstabilität (*Shuyō shokuryō no jukyō oyobi kakaku*

---

[136] KEIZAI KIKAKU-CHŌ (2000a) 3 [siehe dort das Schaubild].
[137] Anlagefondsgesetz, FondsG, Gesetz Nr. 66/1991.
[138] Vermögensgegenstände des Fonds können Warenterminkontrakte, Warenoptionen und ähnliche Dinge sein.
[139] Gesetz Nr. 77/1992.
[140] Leasing- u. Kreditforderungen als Vermögensgegenstände. Das Gesetz stellt auch Regeln über die Verbriefung sowie Handelbarkeit von Kreditforderungen und ähnlichen Forderungen („Securitization") bereit.
[141] Gesetz Nr. 53/1992.
[142] *Fusei kyōsō bōshi-hō*, Gesetz Nr. 47/1993.

*no antei ni kansuru hōritsu*),[143] welches das Nahrungsmittelmengenkontrollgesetz aus dem Jahr 1942 ablöste und einige Veränderungen bei der staatlichen Aufsicht des Anbaus und des Vertriebs von wichtigen Grundnahrungsmitteln wie Reis und Weizen mit sich gebracht hat.

Eine grundlegende Reform des Versicherungsgewerbegesetzes (*Hoken gyōhō*)[144] im Jahre 1995 brachte einzelne Veränderungen auch zum besseren Schutz des Verbrauchers als Versicherungsnehmer mit sich. Schließlich wurde das Haustür- und Vertretergeschäftegesetz abermals novelliert und im Jahre 2000 umbenannt in Gesetz über besondere Handelsgeschäfte (Handelsgeschäftegesetz, *Tokutei shō-torihiki ni kansuru hōritsu*),[145] um so dem schrittweise über die Jahre erweiterten Anwendungsbereich des Gesetzes durch eine passendere Bezeichnung Rechnung zu tragen. Schließlich wurden in den 1990er Jahren auch zahlreiche Satzungen der Gebietskörperschaften reformiert, um unlautere Geschäftspraktiken, insbesondere betrügerisches oder aufdringliches Werben für den Abschluß von Verträgen, und unlautere AGB zu bekämpfen.

In den 1990er Jahren ist darüber hinaus eine Tendenz zu beobachten, Verbraucherverträge zunehmend auch durch zivilrechtliche Bestimmungen zu regulieren. Im Jahre 1991 tritt das Immobilienmietgesetz (*Shakuchi shakuya-hō*) in kraft, das das Mietrecht im Zusammenhang mit Grundstücken und Gebäuden neu ordnet.[146] Im Jahre 1999 erließ der Gesetzgeber wegen der sich häufenden Beschwerden über mangelhafte Bauleistungen – gerade bei der Errichtung von Eigenheimen – das Gesetz zur Förderung der Qualität von Wohnhäusern (BauMG, *Jūtaku no hinshitsu kakuho no sokushin-tō ni kansuru hōritsu*),[147] das unter anderem ein besonderes Gewährleistungsrecht für Bauleistungen enthält. Im Jahre 1999 kam es – wie oben bereits angesprochen – auch zu einer Reform des Vormundschafts- und Betreuungsrechts für Erwachsene. Ziel der Reform war vor allem die Verbesserung des Schutzes von älteren Personen im Rechts- und Geschäftsverkehr. Die Diskussion hierüber stand auch im Zusammenhang mit dem Verbraucherschutz; die Idee dabei war, daß es sich bei vielen älteren Personen um *besonders schutzbedürftige Verbraucher* handele.[148] Die Reform führte zu einer umfassenden Neuordnung des gesetzlichen Systems der Vormundschaft und zur Schaffung eines Gesetzes (*Nin'i kōken keiyaku ni kansuru hōritsu*)[149], das für den Betroffenen die Möglichkeit vorsieht, durch einen

---

[143] Gesetz Nr. 113/1992.
[144] Gesetz Nr. 105/1995. Das Gesetz löst das alte Versicherungsgewerbegesetz aus dem Jahre 1900 in der Neuverkündung durch das Gesetz Nr. 41/1939 und das Gesetz über die Regelung und Kontrolle des Werbens für den Abschluß von Versicherungsverträgen (*Hoken boshū no torishimari ni kansuru hōritsu*) aus dem Jahre 1948 (Gesetz Nr. 171) ab.
[145] Die Umbenennung erfolgte durch Gesetz Nr. 120/2000.
[146] Gesetz Nr. 90/1991. Es löst das Grundstücksmietgesetz (*Shakuchi-hō*) und das Gebäudemietgesetz (*Shakuya-hō*) ab. Zur Reform siehe J. HALEY (1992).
[147] Baumängelgesetz, Gesetz Nr. 81/1999.
[148] Daher wird das Vormundschafts- und Betreuungsrecht auch häufig in Lehrbüchern und Sammelwerken zum Verbraucherrecht behandelt; vgl. z.B. J. NAGAO (2001) 131-140.
[149] Gesetz Nr. 150/1999.

öffentlich beurkundeten Vertrag mit einer geeigneten Person die Bestellung eines gewillkürten Vormundschaftsverhältnis herbeizuführen und deren Einzelheiten festzulegen, selbst wenn der Betroffene zu diesem Zeitpunkt nicht mehr über die volle Geschäftsfähigkeit verfügt. In Zusammenhang mit der politischen Initiative zur Verbesserung des Schutzes älterer Menschen steht auch das 2001 erlassene Gesetz zur Sicherung der Wohnung von älteren Personen,[150] das unter anderem besondere mietrechtliche Regelungen enthält. Im April 2001 trat nach jahrelangen Debatten zudem das Gesetz über Verbraucherverträge (*Shōhisha keiyaku-hō*)[151] in kraft, welches seither den Abschluß und den Vertragsinhalt aller Verbraucherverträge in besonderer Form durch Anfechtungsrechte zugunsten des Verbrauchers und durch Bestimmung der Nichtigkeit unfairer Vertragsklauseln regelt. Zum gleichen Zeitpunkt tritt auch das Gesetz über den Handel mit Finanzprodukten (*Kin'yū shōhin no hanbai-tō ni kansuru hōritsu*)[152] in kraft, das den Abschluß von Verträgen im Zusammenhang mit einer Vielzahl von Finanz- und Finanzanlagegeschäften – insbesondere bei Beteiligung eines Verbrauchers und eines professionellen Finanzdienstleisters – regelt, indem es Informationspflichten des Finanzdienstleisters vor Vertragsabschluß statuiert und als Sanktion für etwaige Pflichtverstöße eine besondere Schadensersatzpflicht vorsieht.

Durch Erlaß des Gesetzes über elektronische Unterschriften und Beglaubigungen[153] und des Gesetzes zur Anpassung von Gesetzen zur Nutzung von Informationstechnologien im Zusammenhang mit der Erteilung schriftlicher Informationen[154] im Jahre 2000, sowie des Gesetzes über Sonderbestimmungen zum Zivilgesetz im Zusammenhang mit elektronischen Verbraucherverträgen und Annahmeerklärungen (Irrtumssondergesetz)[155] im Jahre 2001, sind wichtige Sonderregeln geschaffen und die notwendigen Ergänzungen und Änderungen in bestehenden Gesetzen vorgenommen worden, um den Verbraucher künftig auch bei Internetgeschäften hinreichend zu schützen.[156] Eine Änderung des Handelsgeschäftegesetzes und die Verabschiedung des E-Mail-Gesetzes im Jahre 2002 führten außerdem Regelungen zum Schutz vor unerwünschten Werbe-E-Mails (Schutz vor *Junk-Mail*, *Spam*) ein.[157]

---

[150] *Kōreisha no kyoju-hō*, Gesetz Nr. 236/2001 i.d.F. des Gesetzes Nr. 82/2005.
[151] Gesetz Nr. 61/2000.
[152] Gesetz Nr. 101/2000.
[153] *Denshi shomei oyobi ninshō gyōmu ni kansuru hōritsu*, Gesetz Nr. 102/2000.
[154] *Shomen no kōfu-tō ni kansuru jōhō tsūshin no gijutsu no riyō no tame no kankei hōritsu no seibi ni kansuru hōritsu*, Gesetz Nr. 126/2000.
[155] *Denshi shōhisha keiyaku oyobi denshi shōdaku tsūchi ni kansuru minpō no tokurei ni kansuru hōritsu*, Gesetz Nr. 95/2001. Dieses Gesetz enthält unter anderem eine Sonderregelung, die die zivilgesetzliche Irrtumsregelung (Art. 95 ZG) bei *online* geschlossenen Verbraucherverträgen modifiziert.
[156] Eine knappe Einführung in diese Gesetze findet sich bei M. YANAGA (2001a); M. YANAGA (2001b) und M. YANAGA (2002).
[157] Gesetz Nr. 28/2002 (*Tokutei denshi mēru no sōshin no tekiseika-tō ni kansuru hōritsu*).

Durch Änderungen des Nahrungsmittelhygienegesetzes[158] und durch Erlaß des Gesetzes über die Grundlagen zur Sicherheit von Nahrungsmitteln (*Shokuhin anzen kihon-hō*)[159] im Jahre 2003 soll künftig die Lebensmittelkontrolle durch die zuständigen Behörden verbessert werden.

Als eine neuere Entwicklung im Verbraucherrecht sind im Rahmen des Großprojekts zur Reform des Justizwesens und der Rechtspflege vor allem zivilverfahrensrechtliche Änderungen im Gespräch. Bereits vollzogen wurde die Einführung eines besonderen Verfahrens zur Sanierung der wirtschaftlichen Lage verschuldeter Verbraucher durch Schaffung des Zivilrechtlichen Sanierungsgesetzes (*Minji saisei-hō*).[160] Außerdem wurde durch die Neufassung des Zivilprozeßgesetzes im Jahre 1996 ein spezielles Verfahren für Zivilklagen mit geringem Streitwert (Art. 368 ff. ZPG) eingeführt,[161] das eine Vereinfachung und Verkürzung der Dauer von Zivilverfahren gerade auch in vielen Verbrauchersachen bewirken soll (z.B. ist das Rechtsmittel der Berufung ausgeschlossen; Art. 377 ZPG). Nun diskutiert man über weitere Schritte zur Beschleunigung von Zivilverfahren,[162] über die Ausgestaltung besonderer Verfahren zur außergerichtlichen Streitbeilegung in Verbrauchersachen und über die Einführung einer (Verbraucher-) Verbandsklage[163] in Gestalt einer Unterlassungsklage z.B. gegen die Verwendung unbilliger AGB oder den Einsatz unlauterer Geschäftsmethoden durch Unternehmer.

Im Jahre 2004 wurde, wie oben bereits erwähnt, das Verbraucherschutzgrundgesetz reformiert und in Verbrauchergrundgesetz umbenannt.[164] Seither wird dort die Verhinderung des Abschlusses von *unerwünschten und inhaltlich unangemessenen Verbraucherverträgen* als eine wichtige Aufgabe des Verbraucherrechts besonders hervorgehoben (Artt. 2, 5, 12, 15 VerbrGG). Das Gesetz betont nun unter anderem besonders die Verantwortung von Unternehmern für eine angemessene Aufklärung des Verbrauchers. Es unterstreicht aber zugleich auch die Eigenverantwortung von Verbrauchern stärker als bisher. Die

---

[158] Durch Gesetz Nr. 55/2003.

[159] Gesetz Nr. 27/2003.

[160] Gesetz Nr. 225/1999 und Nr. 128/2000; dort gelten für Privatpersonen zusätzlich die Sonderregeln der Artt. 221 ff., oft auch Einzelpersonen-Sanierungsverfahren (*kojin saisei tetsuzuki*) genannt. Vgl. dazu Y HONMA (2002), NIHON BENGOSHI RENGŌ-KAI (2001) und T. KROHE (2002), der letztgenannte Beitrag befaßt sich aber vor allem mit der Sanierung von Unternehmen nach diesem Gesetz.

[161] Dazu A. ISHIKAWA (1997).

[162] Eine weitere Beschleunigung von Gerichtsverfahren verspricht man sich unter anderem durch einige Änderungen des Zivilprozeßgesetzes im Jahre 2003 (durch Gesetz Nr. 108/2003), die beispielsweise eine Erhöhung der Grenze des Streitwertes, bei dem das besondere Verfahren für kleine Streitwerte genutzt werden kann, von 300.000 ¥ auf 600.000 ¥ mit sich gebracht hat; ferner auch durch die Regelungen des Gesetzes zur Beschleunigung von Gerichtsverfahren (Nr. 107/2003; Zivil- und Strafverfahren betreffend).

[163] Siehe dazu die Vorschläge der Kommission für Verbraucherfragen und die Stellungnahme der japanischen Rechtsanwaltsvereinigung hierzu (KOKUMIN SEIKATSU SHINGIKAI (2005), NIHON RENGŌ BENGOSHI-KAI (2005)).

[164] Dazu im einzelnen N. YOSHIDA (2004).

Gesetzesnovelle geht einher mit der seit einigen Jahren in Japan zu beobachtenden Diskussion um einen allgemeinen Wandel des Leitbildes in der Verbraucherschutzpolitik vom *Verbraucherschutzrecht* zum *Verbraucherrecht*.[165] Dementsprechend wird nun das ehemalige politische Gremium der Verbraucherschutzkonferenz in Art. 27 VerbRGG als Verbrauchermaßnahmenkonferenz (*Shōhisha Seisaku Kaigi*) bezeichnet. Konkrete Folgen dieses Anschauungswandels, über die Änderungen im allgemeinen Sprachgebrauch hinaus, sind derzeit jedoch nicht erkennbar. Die zivilrechtlichen und verwaltungsrechtlichen Sonderregeln des Verbraucherrechts sind nach wie vor allesamt als *verbraucherschützend* zu qualifizieren. In diesem Zusammenhang ist vor allem auch darauf hinzuweisen, daß die japanische Regierung seit den 1990er Jahren zwar zunehmend die Deregulierung als wichtiges politisches Ziel hervorhebt, im Verbraucherrecht aber zugleich an der Einführung vieler neuer Regelungen beteiligt ist. Dabei handelt es sich vor allem um Regelungen privatrechtlicher Natur. Im Gegenzug dafür sind bislang jedoch keine wirtschaftsverwaltungsrechtlichen Regelungen in spürbarem Umfang abgebaut worden. Auf dem Gebiet des Verbraucherrechts läßt sich in Japan daher derzeit zwar eine verstärkte Re-Reregulierung beobachten, keineswegs aber eine Deregulierung.

So hat denn auch eine weitere umfassende Reform des Handelsgeschäftegesetzes im Jahre 2004[166] vor allem die Einführung von fünf besonderen verbraucherschützenden Anfechtungsrechten und einem neuen Kündigungsrecht zugunsten von Verbrauchern mit sich gebracht. Außerdem wurden weitere strafbewehrte verwaltungsrechtliche Ge- und Verbotsnormen zum Schutz von Verbrauchern in das Gesetz aufgenommen und deren Durchsetzung erleichtert. Zudem wurden weitere Regelungen dieser Art zur Verbesserung des Schutzes des Verbrauchers in Form des Privatanlegers in verschiedene finanzmarktregulierende Gesetze aufgenommen, so z.B. in das Warenbörsengesetz und das Finanztermingeschäftegesetz.

Im Jahre 2004 wurde auch das Zivilgesetz reformiert. Wesentliche Änderungen auf dem Gebiet des Verbraucherrechts hatte dies allerdings nicht zur Folge. So wurden insbesondere keine Sondergesetze ins Zivilgesetz integriert. Die Reform hatte vor allem eine Modernisierung der Sprache zum Ziel. Bis dahin war das ZG in der Schriftsprache der *Meiji*-Zeit geschrieben, die für Japaner heute nur noch sehr mühsam lesbar ist.

Im selben Jahr wurde schließlich auch ein Gesetz zur Förderung des Einsatzes von alternativen Streitschlichtungsverfahren[167] verabschiedet, das jedoch voraussichtlich erst im Jahre 2007 in Kraft treten wird. Alternative Streitschlichtungsverfahren bei den Verbraucherbehörden der Präfekturen und Kommunen spielen in Verbrauchersachen bereits jetzt eine große Rolle. Durch

---

[165] K. NAKATA (2005) 221-222, 230 ff.
[166] Gesetz Nr. 44/2004.
[167] *Saibangai funsō kaiketsu tetsuzuki no riyō no sokushin ni kansuru hōritsu*, Gesetz Nr. 151/2004.

Schaffung gesetzlicher Rahmenbedingungen könnten die alternativen Streitschlichtungsverfahren auf dem Gebiet des Verbraucherrechts in Zukunft noch weiter an Bedeutung gewinnen.

## B. Strukturelles Ungleichgewicht, soziale Bedürfnisse und die Aufgaben des Verbraucherrechts in Japan

### I. Gesetzliche Bestimmungen über den Verbraucher, den Unternehmer und das Problem bei Verbraucherverträgen

Man kann davon ausgehen, daß die meisten Japaner zumindest eine ungefähre Vorstellung darüber haben, was ein „Verbraucher" oder ein „Verbrauchervertrag" ist. Trotzdem tut sich der japanische Gesetzgeber seit langem schwer damit, allgemeine rechtliche Definitionen dieser Begriffe festzulegen.

Das am 1. April 2001 in Kraft getretene Verbrauchervertragsgesetz (VerbrVG) definiert den Verbrauchervertrag in Art. 2 III als „Vertrag zwischen einem Verbraucher und einem Unternehmer". Bereits aus dieser allgemeinen Konstellation heraus ergibt sich nach Ansicht des japanischen Gesetzgebers das grundsätzliche rechtliche Problem bei Verbraucherverträgen, denn gemäß Art. 1 VerbrVG bestünde zwischen einem Verbraucher und einem Unternehmer als Vertragspartner ein *Informations- und Verhandlungsstärkeungleichgewicht*. Ein solches strukturelles Ungleichgewicht zwischen den Vertragspartnern erfordere es, besondere Regelungen aufzustellen, die einen fairen Vertragsabschluß und Vertragsinhalt gewährleisten. Das Informationsungleichgewicht betrifft nach Vorstellung des Gesetzgebers vor allem Kenntnisse und Informationen über den Vertragsgegenstand und -inhalt.[168] Der Gesetzeswortlaut ließe aber eine weitergehende Interpretation dieses Ungleichgewichtes auch im Hinblick auf Kenntnisse und Informationen über den Markt sowie solche rechtlicher Art (Hintergrundinformationen) zu. Häufig haben diese nämlich einen unmittelbaren Einfluß auf den Geschäfts- und Vertragsabschluß. Den zu schützenden „Verbraucher" (*shōhisha*) definiert das Gesetz sehr weit als „*kojin*" (Art. 2 I VerbrVG), was soviel bedeutet wie Privatperson, Individuum oder Einzelperson. Den „Unternehmer" (*jigyōsha*) definiert es gleichermaßen weit als alle juristischen Personen und sonstigen Vereinigungen, sowie ferner Einzelpersonen, die ein „Geschäft" (*jigyō*) betreiben. Der Einzelunternehmer muß zudem einen Vertrag zum Zwecke oder im Rahmen des jeweiligen Geschäfts abschließen, also auch als Unternehmer im Rechts- und Geschäftsverkehr auftreten, damit das Gesetz Anwendung findet. Das VerbrVG erhält durch die weitläufigen Definitionen zwar einen entsprechend weiten Anwendungsbereich. Diese sind andererseits aber ausschließlich für die Anwendung des VerbrVG verbindlich. Sie gelten also nicht übergreifend für die gesamte japanische Rechtsordnung, ja nicht einmal für das Privatrecht im allgemeinen. Dies unterscheidet die Regelungen von den Definitionen des Verbrauchers und des Unternehmers in §§ 13, 14 BGB, auf die auch andere deutsche Gesetze Bezug nehmen. Gleichwohl wird durch die Bestimmungen des VerbrVG das Grundproblem von Verbraucherverträgen im Ergebnis sehr allgemein umrissen.

---

[168] NIHON BENGOSHI RENGŌ-KAI (2001b) 13; KEIZAI KIKAKU-CHŌ (2000a) 36.

Grundlegende positive Definitionen des Verbrauchers, des Unternehmers oder des Verbrauchervertrags bzw. eine Aussage über die damit in Zusammenhang stehende besondere rechtliche Problemkonstellation finden sich in keinem weiteren nationalen japanischen Gesetz. Die Begriffe „Verbraucher" und „Unternehmer" werden in allgemeiner Form jedoch noch in einigen anderen Gesetzen zumindest genannt. Im Verbrauchergrundgesetz aus dem Jahre 1968 heißt es in Art. 1 beispielsweise, daß Ziel des Gesetzes „der Schutz und die Förderung der Interessen der Verbraucher"[169] sei. Im Antimonopolgesetz (AMG) und im Gesetz gegen unbillige Prämien und irreführende Angaben (UPAG) heißt es ganz allgemein, das Gesetz habe unter anderem den Zweck, die „Interessen der Verbraucher zu wahren".[170] Hieraus ergibt sich zwar der gesetzliche Auftrag des Verbraucherschutzes, eine nähere Bestimmung des Verbraucherbegriffs oder des Verbraucherproblems sucht man in diesen Gesetzen jedoch vergeblich. Es wird vielmehr an eine bereits *bestehende Vorstellung* hierüber angeknüpft. Auch das Wort Unternehmer (*jigyōsha* oder *gyōsha*) taucht im VerbrGG (z.B. Art. 5) und in einigen wirtschaftsverwaltungsrechtlichen Gesetzen auf, ohne dort allerdings einheitlich verwendet zu werden.

Konkrete Definitionen des Verbrauchers und des Unternehmers finden sich außerdem noch in den meisten Verbraucherschutzsatzungen der japanischen regionalen Gebietskörperschaften. Aus diesen Satzungen ergibt sich zudem aufgrund der dort angesprochenen konkreten Einzelprobleme ein ungefähres Bild des Verbraucherproblems insgesamt sowie des grundsätzlichen Problems bei Verbraucherverträgen. Als Beispiel soll hier ein Blick auf die Verbraucherschutzsatzung der Stadtpräfektur Tōkyō (VSS Tōkyō) genügen.[171] Dort heißt es in Art. 2 Nr. 1: „Ein Verbraucher ist eine Person, die Waren oder Dienstleistungen eines Unternehmers zu privaten Lebenszwecken (*shōhi seikatsu*)[172] verwendet bzw. in Anspruch nimmt." Gemeint ist hiermit der private Endverbraucher, eine natürliche Person. Diese Definition entspricht inhaltlich dem gewöhnlichen, in der japanischen Literatur weit verbreiteten Konzept des Verbrauchers,[173] und sie stimmt auch weitgehend mit dem üblichen Sprachgebrauch in Europa und Deutschland überein.[174] Gleiches gilt auch für den

---

[169] „...shōhisha no rieki no yōgo oyobi zōshin...".
[170] Art. 1 AMG, Art. 1 UPAG.
[171] *Tōkyō-to shōhi seikatsu jōrei*, Satzung Nr. 110/1994 in der Fassung nach Vornahme der letzten Änderung am 29.3.2002.
[172] Wörtlich: „Konsumleben".
[173] Statt vieler A. TAKEUCHI (1974) 14, der insbesondere die Gegensätzlichkeit zum Unternehmer betont. Ähnlichlautende Definitionen finden sich in allen japanischen Standardwerken zum Verbraucherrecht.
[174] Vgl. nur E. V. HIPPEL (1986) 3, m.w.N; vgl. ferner § 13 BGB, der aber vernünftigerweise nicht mehr direkt an das Merkmal „Verbrauch" bzw. „Konsum" anknüpft und damit eine geringfügig andere Akzentuierung setzt. Ähnlich lautet auch die aus einem Vergleich der verschiedenen EG-Richtlinien zu gewinnende grundsätzliche Definition des Verbrauchers als denjenigen, der nicht zu beruflichen oder gewerblichen Zwecken, sondern vielmehr zur Befriedigung seiner privaten Bedürfnisse Geschäfte abschließt (D. STAUDENMAYER (1999) 67;

Unternehmer. Der wird dort als Spiegelbild des Verbrauchers, *i.e.* als Person bezeichnet, die ein „Handelsgeschäft, ein Dienstleistungsgeschäft, ein produzierendes Gewerbe oder ein sonstiges Geschäft betreibt" (Art. 2 Nr. 2 VSS Tōkyō). Aus dem Kontext geht ferner hervor, daß er im Geschäftsverkehr zudem in seiner Eigenschaft als Unternehmer auftreten muß.[175] Das strukturelle Kräfteungleichgewicht, das im VerbrVG als Grund für die Schaffung besonderer vertraglicher Regelungen bezeichnet wird, ist in der Satzung nicht ausdrücklich genannt, allerdings werden einzelne Rechtsprobleme behandelt, die damit im Zusammenhang stehen. In Art. 1 Nr. 3 VSS Tōkyō ist z.B. von einem „Recht des Verbrauchers" (*shōhisha no kenri*) die Rede, „nicht zu unbilligen Geschäftsbedingungen gedrängt oder in unlautere Geschäfte verwickelt[176] zu werden". Darauf Bezug nehmend enthält die VSS Tōkyō in ihrem fünften Abschnitt in den Artt. 21 bis 27 konkrete Vorschriften, die die kommunalen Verwaltungsbehörden zum Schutze des Verbrauchers in einem bestimmten Umfang zur Abschluß- und Inhaltskontrolle von Verbraucherverträgen ermächtigen.

In vielen Gesetzen wird das Ziel des *Verbraucherschutzes* oft nur *indirekt* formuliert oder geht lediglich aus dem Gesamtkontext hervor. Im Teilzahlungsgesetz (TzG)[177], im Gesetz über besondere Handelsgeschäfte (HGG)[178] und in zahlreichen anderen Gesetzen tritt der Verbraucher regelmäßig als „Käufer" (*kōnyū-sha*), als „Kunde" (*kokyaku* bzw. *tokutei kokyaku*) oder in Form ähnlicher indirekter Formulierungen in Erscheinung. Die Anwendung der einzelnen Schutzbestimmungen setzen aber gewöhnlich voraus, daß der *Käufer* etc. als Privatperson auftritt, also „weder im Rahmen noch zum Zwecke seines Geschäftsbetriebes" den Vertrag abschließt (z.B. Artt. 8, 29-4, 30-4, 30-6 TzG; Artt. 26 I, 40 I, 50 I, 58 I HGG), und der *Unternehmer* bzw. *Verkäufer* in Ausübung seiner geschäftlichen Tätigkeit handelt, was inhaltlich dem Abschluß eines Verbrauchervertrages entspricht. Auch im Gesetz über den Handel mit Finanzprodukten (FpHG)[179] ist statt von einem Verbraucher von einem „Kunden" (*kokyaku*) die Rede; in diesem Falle ist der Schutzbereich des Gesetzes allerdings weiter ausgestaltet, denn hinter dieser Bezeichnung kann sich nicht nur ein Verbraucher verbergen, sondern auch ein Unternehmer, der zwar im Rahmen seines Geschäftes den Vertrag über den Erwerb eines Finanzproduktes mit einem Finanzdienstleister (*kin'yū shōhin hanbai gyōsha*) abschließt, aber selbst keine Finanzgeschäfte professionell betreibt. Mit anderen Worten, die meisten Bestimmungen des Gesetzes finden nur dann keine Anwendung, wenn

---

T. PFEIFFER (1999) 21 ff.). Allerdings wird der Verbraucherbegriff auch in den Richtlinien nicht völlig einheitlich verwendet (vgl. W.-H. ROTH 2001) 480.

[175] Ähnlich auch die japanische Literatur, vgl. z.B. K. KAMATA (1997) 9-10. Dies entspricht zudem der Definition in § 14 BGB.
[176] „... *futō na torihiki jōken wo kyōsei sarezu, futekisei na torihiki kōi wo okonawasenai kenri*".
[177] *Kappu hanbai-hō*.
[178] *Tokutei shō-torihiki ni kansuru hōritsu*.
[179] *Kin'yū shōhin no hanbai-tō ni kansuru hōritsu*.

beide Vertragspartner eines Finanzgeschäftes als Finanzdienstleister zu beurteilen sind (Art. 4 IV FpHG i.V.m. Art. 8 der Durchführungsverordnung zum FpHG[180]). Es ließen sich noch weitere Beispiele für Gesetze der einen oder anderen Art nennen, in denen sich hinter der indirekten Formulierung der Verbraucher als das eigentlich zu schützende Rechtssubjekt verbirgt oder dieser zumindest auch vom Schutzbereich des Gesetzes bewußt umfaßt wird.

Zudem wird der Unternehmer in vielen Gesetzen nur in einer spezifischen Ausprägung eines Unternehmers im Hinblick auf seine jeweilige konkrete Geschäftstätigkeit definiert (z.b. als Unternehmer, der Teilzahlungsgeschäfte betreibt (*kappu hanbai gyōsha*), Art. 3 TzG; als Finanzdienstleister (s.o.) etc.). Diese Definitionen gelten ausschließlich für das betreffende Gesetz, in dem sie enthalten sind, umfassen dabei aber immer zugleich die allgemeinen Merkmale eines Unternehmers.

Festhalten läßt sich somit, daß in den japanischen Gesetzen die Bezeichnungen *Verbraucher*, *Unternehmer* und *Verbrauchervertrag* nicht einheitlich verwendet werden; anders ausgedrückt, je nach Kontext finden unterschiedliche Begriffe Verwendung. Zwar liefern die Definitionen in der VSS Tōkyō und im Verbrauchervertragsgesetz gewisse ungefähre Anhaltspunkte für die Bestimmung der Begriffe im allgemeinen, bei Anwendung eines bestimmten Gesetzes ist aber jeweils gesondert zu prüfen, welche genaue Bedeutung die verwendeten Bezeichnungen und Begriffe dort haben. Dies gilt insbesondere für den Unternehmerbegriff. So werden teilweise auch Personen, die freie und selbständige Berufe (Rechtsanwalt, Arzt, Steuerberater) ausüben (z.B. VerbrVG), öffentlich-rechtliche und privatrechtliche Vereinigungen (z.B. VerbrVG; eingeschränkt z.B. auch im TzG, HGG etc.) und in einigen Fällen sogar einfache Gesellschaften des Zivilgesetzes ohne Gewinnerzielungsabsicht (z.B. VerbrVG) als Unternehmer angesehen bzw. diesen gleichgestellt. Ein Verbrauchervertrag setzt zudem regelmäßig voraus, daß der Unternehmer beim Abschluß des Geschäftes mit einem Verbraucher auch in seiner spezifischen Unternehmerrolle tätig geworden ist und nicht etwa selbst ebenfalls als Privatperson.

Im übrigen umfaßt die Bezeichnung *Unternehmer* in allen Gesetzen nicht nur Einzelunternehmer, sondern grundsätzlich auch *Unternehmen*, z.B. Handelsgesellschaften jeder Art. Zu den verschiedenen Formen von Handelsgesellschaften in Japan zählten bisher die Aktiengesellschaft (AG oder K.K., *kabushiki kaisha*), die Gesellschaft mit beschränkter Haftung (GmbH, *yūgen kaisha*), die Offene Handelsgesellschaft (OHG, *gōmei kaisha*) und die Kommanditgesellschaft (KG, *gōshi kaisha*) des japanischen Rechts, die allesamt gemäß Artt. 53, 54 I HG, Art. 1 II GGmbH volle Rechtsfähigkeit besitzen. Mit der anstehenden Reform des Gesellschaftsrechts, die im Frühjahr 2006 in kraft treten wird, ergeben sich diesbezüglich zahlreiche Änderungen.[181] So wird die Organisationsform der GmbH abgeschafft. Die Möglichkeiten bei der Ausge-

---

[180] *Kin'yū shōhin no hanbai-tō ni kansuru hōritsu shikō-rei, Seirei* Nr. 484/2000.
[181] Für die Einzelheiten zur Reform siehe M. DERNAUER (2005).

staltung der Binnenstruktur von Aktiengesellschaften werden dafür wesentlich vielseitiger. Es wird zudem ein neuer Typus einer Handelsgesellschaft, die LLC (*limited liablity company* bzw. auf japanisch *gōdō kaisha*) eingeführt, bei der es nur beschränkt haftende Gesellschafter geben wird. Bereits die gewöhnliche Verwendung einer englischsprachigen Bezeichnung neben der japanischen weist darauf hin, daß die gleichnamige amerikanische Gesellschaftsform als Modell gedient hat. LLC, OHG und KG werden in Abgrenzung zur Aktiengesellschaft künftig als Anteilsgesellschaften (*mochibun kaisha*) bezeichnet. Alle vier Handelsgesellschaften werden in einem neuen Gesellschaftsgesetz (GesG, *Kaisha-hō*)[182] geregelt und sind gemäß Art. 3 GesG juristische Personen. Daneben wird die Gründung einer LLP (*limited liability partnership*)[183] möglich. Dieser Gesellschaftstypus wurde ebenfalls im Zuge der nun anstehenden Gesellschaftsrechtsreform 2005/2006 neu geschaffen, ist aber als Sonderform der Gesellschaft des Zivilgesetzes in einem eigenen Gesetz geregelt.[184] Darüber hinaus sind zahlreiche weitere unternehmerische Organisationsformen möglich.[185] Im folgenden wird in dieser Untersuchung daher der Begriff *Unternehmer*, soweit nicht ausdrücklich eingeschränkt, prinzipiell als Grundbegriff verwendet, unabhängig davon, ob es sich bei dem Geschäftsherrn um einen Einzelunternehmer oder ein Unternehmen in Form einer Gesellschaft oder einer sonstigen Vereinigung, juristischen Person oder Personenmehrheit handelt. In einigen Fällen, so etwa regelmäßig in verwaltungsstrafrechtlichen Bestimmungen, erfaßt die Bezeichnung Unternehmer zudem nicht nur den Einzelunternehmer und die Handelsgesellschaft als Geschäftsherren, sondern zugleich auch deren Angestellte, Gesellschafter, Geschäftsleitungsorgane oder Funktionsträger (z.B. Artt. 6, 21, 34, 44, 52, 56 i.V.m. 70 bis 74 HGG).

Was den Verbraucher anbelangt, so findet zwar in den einzelnen Gesetzen und im jeweiligen rechtlichen Kontext ein jeweils geringfügig unterschiedlicher Begriff Verwendung, aus dem Gesamtzusammenhang heraus lassen sich aber zumindest immer einige allgemeine Merkmale erkennen. In allen Gesetzen wird als Verbraucher eine natürliche Person angesehen, die entweder aufgrund ihrer allgemein schwachen Stellung im Wirtschaftsgefüge oder im Verhältnis zum Unternehmer wegen eines vermeintlichen strukturellen Ungleichgewichtes im Hinblick auf Informationen, Fachkenntnisse oder Geschäftserfahrung schutzwürdig erscheint. Am Beispiel des FpHG etwa wird allerdings deutlich, daß der japanische Gesetzgeber erkannt hat, daß ein solches relevantes Ungleichge-

---

[182] *Kaisha-hō*, Gesetz Nr. 86/2005.
[183] *yūgen sekinin jigyō kumiai*.
[184] *Yūgen sekinin jigyō kumiai keiyaku ni kansuru hōritsu*, Gesetz Nr. 40/2005.
[185] Die größte Bedeutung kommt derzeit den Typen der GmbH und der AG zu, die die überwiegende Zahl von Handelsgesellschaften in Japan stellen. Im November 2002: AG (1.216.000), GmbH (1.803.000), KG (85.000), OHG (19.000) (ungefähre Zahlen); vgl. H. KANDA (2003) 7. Siehe im einzelnen zu diesen und anderen möglichen Unternehmensformen im japanischen Recht, I. KAWAMOTO / M. KISHIDA / A. MORITA / Y. KAWAGUCHI (2004) 255-263.

wicht nicht nur bei Verbraucherverträgen, sondern bei einigen Geschäftarten regelmäßig auch dann vorliegt, wenn zwei Unternehmer den Vertrag schließen. Der Gesetzgeber erweitert daher in solchen Fällen gelegentlich den geschützten Personenkreis. Dabei überschneidet sich dann häufig das Motiv des Verbraucherschutzes mit dem allgemeineren Schutzmotiv der Verhütung der Ausnutzung der Unerfahrenheit eines Vertragspartners durch den anderen Teil.

II. Das Problem von Verbraucherverträgen in der japanischen Literatur

In der japanischen Literatur wird das grundsätzliche und wesentliche Problem von Verbraucherverträgen in einem sich auf zahlreiche Einzelaspekte erstreckenden strukturellen Kräfteungleichgewicht zwischen den Vertragspartnern gesehen.

Der Gesetzgeber im 19. Jahrhundert habe bestehende Kräfteungleichgewichte im ZG weitgehend unberücksichtigt gelassen. Er sei vielmehr als Regelfall von annähernd gleichstarken Verhandlungspartnern ausgegangen, die bei Geltung des Prinzips der Vertragsfreiheit durch individuelle Verhandlung zu einem für beide Seiten akzeptablen Vertragsabschluß gelangen könnten. Dadurch sollte der Wille beider Vertragspartner gewöhnlich optimal zur Geltung kommen und gleichzeitig auch ein vernünftiger Interessenausgleich gewährleistet werden können. Der Gesetzgeber habe daher auch über die allgemeinen Regeln hinaus (Täuschung, Drohung, Irrtum) kein Bedürfnis für besondere Regeln zur Verhinderung unerwünschter und nachteiliger Verträge aus Sicht schwächerer Vertragspartner gesehen.

Demgegenüber geht man in der heutigen japanischen Rechtslehre überwiegend davon aus, daß dieses Bild insbesondere im Hinblick auf Verbraucherverträge nicht der Realität der gegenwärtigen Bedingungen im Rechts- und Geschäftsverkehr entspricht und aus dem bestehenden Kräfteungleichgewicht zwischen Verbrauchern und Unternehmern eine nachteilige Verhandlungsposition des Verbrauchers resultiere, die durch spezielle Regelungen zu kompensieren sei. Die uneingeschränkte Geltung des Prinzips der Vertragsfreiheit würde nämlich dazu führen, daß sich beim Vertragsschluß vor allem der Wille und die Interessen des Unternehmers durchsetzten, während die des Verbrauchers nicht hinreichend zur Geltung kämen.[186] Ein solcher Vertrag, bei dem sich der tat-

---

[186] Unberücksichtigt bleiben soll hier die Frage, ob in Japan zur Zeit der Kodifikation des Zivilgesetzes die darin enthaltenen Regelungen tatsächlich generell für angemessen gehalten wurden. Daran sind zumindest Zweifel angebracht, da bereits einige spezielle Schutzgesetze vor Inkrafttreten des Zivilgesetzes existiert haben oder kurz danach geschaffen wurden. Zudem gab es in der japanischen Gesellschaft des 19. Jh. auffällige „Klassenunterschiede". Möglicherweise hat man sich in Japan bei der Erstellung des Zivilgesetzes, das hinsichtlich der vermögensrechtlichen Teile im wesentlichen nur eine Rezeption verschiedener westlicher Zivilrechtsordnungen jener Zeit darstellt, über diesen Punkt einfach überhaupt keine tiefergehenden Gedanken gemacht. Das vielleicht wichtigste politische Ziel jener Zeit, auch im Zusammenhang mit der Schaffung des Zivilgesetzes, war kein innenpolitisches, sondern viel-

sächliche Wille des Verbrauchers (*shin no ishi*) schon nicht hinreichend in seiner Willenserklärung zum Abschluß des Vertrages widerspiegelt, wird in Japan als unbillig und unfair angesehen.[187]

Häufig finden sich in der japanischen Literatur beispielsweise Formulierungen wie die, daß der Verbraucher entweder über keine ausreichenden Kenntnisse bzw. Informationen über den Vertragsgegenstand verfüge und daher keine vernünftigen Entscheidungen treffen könne, oder daß er sich mangels Verhandlungsspielraum auf Vertragsbedingungen einlassen müsse, die ihm von der Unternehmerseite diktiert würden und ihn daher regelmäßig benachteiligten. Im wesentlichen entspricht die weitverbreitete Betrachtungsweise, daß ein strukturelles Kräfteungleichgewicht zwischen Unternehmern und Verbrauchern beim Vertragsschluß Ursache für vertragliche Probleme sei, dem Modell, das dem Verbrauchervertragsgesetz zugrunde liegt (vgl. Art. 1 VerbrVG). Im Gegensatz zu Art. 1 VerbrVG allerdings, der das Problem zumindest dem Wortlaut nach auf ein Ungleichgewicht im Hinblick auf die Verhandlungsstärke und vorhandene Informationen reduziert, werden in der japanischen Literatur weitere, darüber hinausgehende Asymmetrien zwischen Verbrauchern und Unternehmern ausgemacht. Insbesondere *Ōmura* hat die einzelnen Elemente in einem Aufsatz weitgehend vollständig zusammengefaßt und geordnet.[188] Danach lasse sich das strukturelle Kräfteungleichgewicht im wesentlichen in fünf Kategorien einteilen:[189]

– Ein Ungleichgewicht hinsichtlich der Organisation, Größe, Kapitalausstattung und der Verfügbarkeit verschiedener sonstiger Ressourcen,
– ein Ungleichgewicht im Hinblick auf Fachkenntnisse und Informationen über den Vertragsgegenstand und die Vertragsbedingungen,
– ein psychologisches und intellektuelles Ungleichgewicht,
– ein Ungleichgewicht in der Verhandlungsstärke, und
– ein Ungleichgewicht bzw. eine auffällige Schwäche des Verbrauchers im Hinblick auf die Fähigkeit zur rechtlichen Konfliktlösung.

---

mehr die Demonstration gegenüber dem Ausland, daß Japan ein moderner Staat geworden ist – wozu auch ein modernes Rechtssystem gehört –, um so außenpolitischen Spielraum in der Frage der Revision der sogenannten „ungleichen Verträge" zu erhalten, die Japan von westlichen Staaten in der Zeit zwischen 1850 und 1870 aufgedrängt worden waren. Die Frage muß jedoch dahingestellt bleiben, da eine Erörterung hier zu weit führen würde.
[187] Vgl. K. SATO (1996) 132.
[188] A. ŌMURA (1991). Vergleiche im Hinblick auf die folgenden Ausführungen aber auch z.B. K. KAMATA (1997) 4-8; A. TAKEUCHI (1995) 5 ff.; S. ITŌ / K. KIMOTO / C. MURA (2000) 5-6, 41-45; K. SATŌ (1996) 23-26, 129-130.
[189] A. ŌMURA (1991) (2) 43-44; (3) 36-40.

## 1. Das Organisationsungleichgewicht

Die erste Kategorie des Kräfteungleichgewichts ist von besonderer Bedeutung, weil sie auch Einfluß auf die vier anderen hat und hierzu enge Verbindungen aufweist. Sie betrifft die Unterschiedlichkeit der Vertragspartner in grundsätzlicher Hinsicht. Auf der einen Seite des Verbrauchervertrages stehe der Verbraucher, eine Einzelperson; auf der anderen Seite der Unternehmer, der für den Geschäftsbetrieb meist besonders organisiert sei. Dazu zählt, daß der Unternehmer im Gegensatz zum Verbraucher meist über besonders geschultes Personal, eine bessere Kapitalausstattung und über insgesamt mehr Geschäftserfahrung verfüge. Dieser Organisationsvorteil führe schließlich auch zu besseren Rechts- und Marktkenntnissen und Informationen sowie einer im Vergleich zum Verbraucher besseren Verhandlungsposition.[190]

## 2. Das Ungleichgewicht im Hinblick auf Informationen und Fachkenntnisse

Als ein besonders wichtiger Einzelaspekt des strukturellen Kräfteungleichgewichtes zwischen Unternehmern und Verbrauchern wird vor allem das Ungleichgewicht an (Fach-)Kenntnissen und Informationen angesehen. Dieses hebt auch Art. 1 VerbrVG ausdrücklich hervor.

Die ständig neuen und zunehmend moderneren Waren und Dienstleistungen, die auf dem Markt angeboten werden, seien für den Verbraucher heute qualitativ nur noch schwer zu beurteilen. Er könne meist weder die Qualität oder die Inhaltsstoffe einer Ware beurteilen noch die Risiken für seine Gesundheit und Sicherheit abschätzen, die mit dem Erwerb verbunden seien.[191] Bei den Dienstleistungen[192] werde das Produkt und der dazugehörige Vertrag zunehmend komplizierter, so daß der Verbraucher häufig nicht mehr beurteilen könne, ob das Angebot für ihn wirklich nützlich sei oder nicht. Er könne außerdem häufig den Vertragstext nicht hinreichend verstehen und sei daher über die einzelnen Vertragsmodalitäten nicht ausreichend informiert. Der Verbraucher stehe also in vielen Fällen insgesamt einer zunehmenden Komplexität von Vertragsgegenstand und Vertragsbedingungen gegenüber, die er selbst kaum noch vernünftig einschätzen könne.[193] Er sei daher häufig auf eine angemessene Aufklärung durch den Unternehmer angewiesen, um eine vernünftige Entscheidung über den Abschluß eines Vertrages treffen zu können.

Demgegenüber verfüge der Unternehmer über umfangreiche Kenntnisse und Informationen über den konkreten Vertrag und den jeweiligen Vertragsgegen-

---

[190] A. ŌMURA (1991) (2) 43-44.
[191] A. ŌMURA (1991) (3) 37; J. NAGAO (1990) 75-76.
[192] Gerade im Zusammenhang mit der Vielzahl von angebotenen Dienstleistungen, werden in den letzten Jahren die zunehmenden Verbraucherprobleme besonders intensiv diskutiert. Vgl hierzu S. KAWAKAMI (1998).
[193] A. ŌMURA (1991) (3) 37. K. KAMATA (1997) 7.

stand. Zudem besitze er aufgrund seiner Erfahrung im Wirtschaftsleben besondere Fachkenntnisse technischer und rechtlicher Art. In der Regel mache sich der Unternehmer gerade diesen Vorsprung auch zunutze, wenn er die Waren und Dienstleistungen und die damit verbundenen Verträge für den Absatz an eine Vielzahl von Kunden besonders vorbereite und vereinheitliche.[194] Selbst wenn der Unternehmer über bestimmte Informationen nicht verfüge, so könne er sie sich dennoch aufgrund seiner Organisation, d.h. durch seine Angestellten, aufgrund seiner Kapitalausstattung oder seiner Einbindung in den Vertriebsweg leichter besorgen als der Verbraucher.[195] Somit führten die Geschäftserfahrung, die besondere Organisation des Unternehmers und die schnelle Marktentwicklung auf Seiten des Unternehmers zusätzlich zu einem markanten Informationsvorsprung gegenüber dem Verbraucher.

Selbst wenn der Unternehmer den Verbraucher über das Produkt oder den Vertragsinhalt „aufkläre", so bestehe häufig das Problem, daß der Verbraucher keine für eine vernünftige Entscheidung angemessenen oder hinreichenden Informationen erhalte, weil die Erklärung zu kompliziert sei oder die darin enthaltenen Informationen zu unausgewogen oder unvollständig seien, oder aber weil der Verbraucher sie mangels Hintergrundwissen, *i.e.* vor allem mangels Erfahrung und wegen nur unzureichender Markt- und Fachkenntnisse, nicht verwerten könne. Es bestehe auf Seiten des Verbrauchers also auch ein Defizit im Hinblick auf seine Vergleichs- und Informationsverwertungsmöglichkeiten. Die Verbraucher seien somit heute nicht hinreichend in der Lage, die zahlreichen Angebote an Waren und Dienstleistungen im Hinblick auf ihre Qualität und sonstigen Eigenschaften sowie hinsichtlich der Vertragsbedingungen wie dem Preis und der Nebenbedingungen vernünftig zu vergleichen und zu beurteilen.[196] Der Unternehmer hingegen sei grundsätzlich in der Lage, den Verbraucher mit allen nötigen Informationen zu versorgen und so in den Stand zu versetzen, eine vernünftige Entscheidung zu treffen. Er könne aber statt dessen auch die Unerfahrenheit und Unwissenheit des Verbrauchers einfach und gezielt ausnutzen, um dessen Entscheidung zum Abschluß von Verträgen durch unvollständige oder falsche Informationen zu beeinflussen.

### 3. Psychologisches und intellektuelles Ungleichgewicht

Verbraucher seien außerdem durch geschickte Werbung und Produktanpreisungen der Unternehmer leicht beeinflußbar. Ihre Wünsche und Bedürfnisse seien nicht allein selbstbestimmt, sondern würden durch äußere Einflußnahme gerade erst geweckt. Diese Schwäche der Beeinflußbarkeit würden die Unternehmer in vielen Fällen ausnützen, indem sie ihre Produkte mit Hilfe gezielter Werbe-

---

[194] A. ŌMURA (1991) (2) 43-44.
[195] A. ŌMURA (1991) (2) 44; NIHON BENGOSHI RENGŌ-KAI (2001b) 13.
[196] A. ŌMURA (1991) (3) 37; K. SATŌ (1996) 20-21, 24.

konzepte und Verkaufsstrategien absetzten. Dabei bedienten sie sich auch moderner psychologischer Erkenntnisse und eines besonders geschulten und trainierten Verkaufspersonals. Auf die besonderen Verkaufs- und Werbemethoden seien die Verbraucher in der Regel nicht vorbereitet, was ein psychologisches und intellektuelles Ungleichgewicht hervorrufe.[197] Zahlreiche Verbraucher ließen sich so auf der Stelle zum Vertragsschluß hinreißen oder seien nicht in der Lage „nein zu sagen".[198] Zudem werde ein besonnenes Käuferverhalten, das einen vorherigen genauen Vergleich der verschiedenen auf dem Markt befindlichen Produkte voraussetzt, durch die Verkaufsstrategien der Unternehmer in Kombination mit den tatsächlich mangelnden Produkt- und Vergleichsinformationen oftmals be- oder verhindert.[199] Schließlich würden durch geschickt inszenierte Werbung oftmals auch nachhaltige Erwartungen an ein Produkt beim Verbraucher geweckt, die es tatsächlich gar nicht erfüllen kann.[200] Das intellektuelle und psychologische Ungleichgewicht zwischen Verbrauchern und Unternehmern führe also im Ergebnis dazu, daß der Unternehmer in der Lage sei, den Willen des Verbrauchers zum Abschluß eines Vertrages leicht zu beeinflussen.

*4. Ungleichgewicht der Verhandlungsstärke*

Als ein weiterer wichtiger Aspekt des strukturellen Ungleichgewichtes, den auch Art. 1 VerbrVG nennt, wird das Verhandlungsstärkeungleichgewicht zwischen Verbrauchern und Unternehmern angesehen. Nach weit verbreiteter Meinung in Japan seien Unternehmer heute in vielen Fällen in der Lage, den Preis und die sonstigen Vertragsbedingungen weitgehend einseitig festzulegen und dem Verbraucher zu diktieren.[201] Dem Verbraucher bleibe daher meist nur die Wahl, das Produkt (komplett) zu nehmen oder nicht.[202] Ein Verhandlungsspielraum bestehe nur selten.

Dies wird teilweise mit der Marktposition bzw. Marktmacht der Unternehmer begründet, die im Falle einer zunehmenden Unternehmenskonzentration und wettbewerbsbeschränkender Vereinbarungen bzw. Verhaltensweisen noch gesteigert werde. Im Ergebnis seien Unternehmer jedenfalls nur selten dazu bereit, die einzelnen Vertragsbedingungen zur Disposition zu stellen, weil die Vereinheitlichung von Verträgen für eine Vielzahl von Geschäften für den Unternehmer gerade den von ihm gewünschten Effekt der Senkung von Kosten habe. Ein hinreichender Wettbewerb, der diesem Problem abhelfen könnte,

---

[197] A. ŌMURA (1991) (2) 44; (3) 39.
[198] J. NAGAO (1990) 10.
[199] J. NAGAO (1990) 74.
[200] J. NAGAO (1990) 75-77.
[201] J. NAGAO (1990) 25, 26; A. ŌMURA (1991) 37-38; K. SATŌ (1996) 130-131; A. ŌMURA (1998) 90-109, 164-189.
[202] K. SATŌ (1996) 18, 130-131; J. NAGAO (1990) 25.

bestünde – wenn überhaupt – allenfalls hinsichtlich des Verkaufspreises, nicht aber hinsichtlich der übrigen Vertragsbedingungen. Im übrigen bestehe für den Verbraucher auch schon deshalb häufig keine Möglichkeit zu verhandeln, weil ihm die dafür notwendigen Informationen und Kenntnisse fehlten.[203]

Das Verhandlungsstärkeungleichgewicht zwischen Verbrauchern und Unternehmern führe also dazu, daß der Wille und die Interessen des Verbrauchers bei Verbraucherverträgen üblicherweise nur unzureichend Berücksichtigung fänden. Der Vertragsinhalt falle so meist sehr einseitig zugunsten des Unternehmers aus, weil der Verbraucher *de facto* hierauf keine Einflußmöglichkeit besitze.

## 5. Ungleichgewicht im Hinblick auf die Fähigkeit zur rechtlichen Konfliktbewältigung

Für die Frage der Abschluß- und Inhaltskontrolle ist dieser Aspekt des Ungleichgewichts zwischen Verbrauchern und Unternehmern nur von geringer Bedeutung, denn er betrifft vor allem Fragen des Zivilverfahrensrechts und die Frage, ob diesbezügliche Reformen zur besseren und einfacheren Durchsetzung der Rechte der Verbraucher nötig sind. Die im Vergleich zum Unternehmer nur unzureichende Fähigkeit des Verbrauchers, im Streitfalle seine rechtlichen Interessen effektiv wahrzunehmen, wird aber meist im Zusammenhang mit den vorstehenden Gesichtspunkten angeführt und soll daher hier nicht unerwähnt bleiben.[204]

Nach verbreiteter Auffassung verfüge der Verbraucher im Gegensatz zum Unternehmer, der teilweise sogar eine eigene Rechtsabteilung unterhalte, schon meist nicht über die erforderlichen Rechtskenntnisse.

Zudem sei die gerichtliche Auseinandersetzung in Japan oft zu langwierig und teuer. Der Unternehmer sei dabei aufgrund seiner höheren Kapitalausstattung und personellen Ausstattung eher in der Lage, eine längere, kostenträchtige rechtliche Auseinandersetzung zu bestreiten. Im Vergleich zum Verbraucher könne er ihm entstehende Kosten häufig auch auf Dritte abwälzen, nämlich auf seine Kunden.[205] Oftmals sind die Streitwerte bei Verbraucherverträgen auch so gering, daß sich eine gerichtliche Auseinandersetzung für den Verbraucher nicht lohnt. Dies gilt um so mehr, weil er im Regelfall jedenfalls seine eigenen Anwaltskosten tragen müßte, selbst im Falle des Obsiegens im Rechtsstreit.[206]

---

[203] A. ŌMURA (1991) (3) 37-38.
[204] A. ŌMURA (1991) (3) 39-40; K. KAMATA (1997) 18.
[205] K. SATŌ (1996) 20.
[206] Nach Art. 61 ZPG muß die im Prozeß unterlegene Partei die „Kosten des Rechtsstreits" tragen. Dazu werden aber nicht die entstandenen Anwaltskosten der gegnerischen Partei gezählt (H. KOBAYASHI (1997) 102 ff.; T. SATŌ (2001) 154; T KOBAYASHI (1997) 25-26) – grundsätzlich besteht aber in allen Instanzen bis zum OGH auch kein Anwaltszwang. Eine Reform dieser Regelung ist in Japan umstritten.

Ein System der öffentlichen Prozeßkosten- oder Rechtshilfe ist bislang nur unzureichend entwickelt. Schließlich hat es in Japan auch lange Zeit überhaupt keine Rechtsschutzversicherung gegeben, um die im Falle eines Rechtsstreits entstehenden Kosten aufzufangen. Gegenwärtig wird eine Rechtsschutzversicherung nur für die Rechtsverfolgung im Zusammenhang mit der Schädigung durch eine deliktische Handlung und damit nur in wenigen eng begrenzten Fällen angeboten.[207]

Seit einiger Zeit werden in Japan verfahrensrechtliche Reformen rege diskutiert, und einige wichtige Reformvorhaben wurden bereits in den 1990er Jahren in die Praxis umgesetzt.[208] So hat die Reform des ZPG im Jahre 1996 bereits zur Einführung eines besonders schnellen und kostengünstigen Verfahrens bei kleinen Streitwerten (*shōgaku soshō*) geführt, das insbesondere auch für Verbraucherrechtsstreitigkeiten gedacht ist. Von der Verfahrensart wird in der Praxis aber bisher weniger Gebrauch gemacht, als vom Gesetzgeber erhofft.[209] Sofern Verbraucher sich scheuen, die Kosten und Zeit zu investieren, die mit einem Gerichtsverfahren verbunden sind, bieten sich derzeit als Alternative vor allem die Streitvermittlungs- und Streitschlichtungsstellen der Verbraucherbehörden an.[210]

*6. Folgerungen aus der Annahme einer Ungleichgewichtslage bei Verbraucherverträgen*

Aufgrund der Annahme einer gestörten Vertragsparität bei Verbraucherverträgen wird in Japan im allgemeinen die Schlußfolgerung gezogen, daß der Grundsatz der Vertragsfreiheit gewisser Modifikationen bedürfe und zur Kompensation der nachteiligen Lage des Verbrauchers rechtliche Schutzmaßnahmen erforderlich seien, damit sich der wahre oder tatsächliche Wille des Verbrauchers hinreichend im Vertragsabschluß widerspiegele und aus Sicht des Verbrauchers unerwünschte bzw. nachteilige Verträge verhindert werden. Dazu

---

[207] Vor allem Unfälle etc. Die Einführung einer solchen Rechtsschutzversicherung ist vor allem auf Initiative der japanischen Rechtsanwaltsvereinigung im Jahre 2001 zustande gekommen.

[208] Vgl. z.B. S. OTA (2001). Zur Reform des ZPG im Jahre 1996 vgl. C. HEATH / A. PETERSEN (2002) 20-27. Welche weiteren Verbesserungen für Verbraucher die derzeit noch andauernde große Justizreform (*shihō kaikaku*) mit sich bringen wird, bleibt abzuwarten (Zur Justizreform insgesamt siehe G.P. MCALINN (2002)). Vor allem eine vereinfachte Konfliktlösung durch Verfahren zur außergerichtlichen Streitbeilegung und die Einführung der Verbandsklage für Verbraucherverbände werden diskutiert; vgl. H. TAKAHASHI (1998); S. IKEDA / Y. OKUDA (2002) 120-123.

[209] C. HEATH / A. PETERSEN (2002) 31.

[210] Deren Vorteilhaftigkeit aus Sicht des Verbrauchers ist allerdings nicht eindeutig belegbar; dazu unten in Kapitel 4 unter C.

seien besondere Maßnahmen vor allem *zur Förderung eines angemessenen und fairen Vertragsabschlußprozesses* erforderlich. Hierdurch solle dem Verbraucher theoretisch die Möglichkeit einer selbstbestimmten Entscheidung wiederverschafft werden (*jiko kettei no kanōsei no kaifuku*), oder anders formuliert, die tatsächliche, materielle Vertragsfreiheit (*jisshitsuteki keiyaku jiyū no kakuho*) des Verbrauchers gefördert bzw. gewährleistet werden.[211] Vor allem die folgenden Konstellationen werden als regelungsbedürftig angesehen:

Erstens, der Verbraucher besitzt bei Vertragsabschluß nur unzureichende *Informationen* über den Vertragsgegenstand und die Vertragsbedingungen. Diese Konstellation knüpft vor allem an das angenommene Ungleichgewicht an Informationen, Kenntnissen und Erfahrung zwischen Verbrauchern und Unternehmern an, aber auch an das Organisationsungleichgewicht. Es geht also um die *unzureichende positive Aufklärung bzw. Information* durch den Unternehmer.

Zweitens, der Verbraucher wird im Stadium der Vertragsanbahnung vom Unternehmer oder von dessen Hilfspersonen (Angestellte, Gesellschafter, Organe, Funktionsträger etc.: im folgenden einfach als „Hilfspersonen" bezeichnet) *unzulässig beeinflußt*; entweder durch Mitteilung falscher bzw. irreführender Informationen oder durch eine sonstige unbillige physische oder psychische Einflußnahme. Diese Situation knüpft vor allem an das angenommene psychologisch-intellektuelle Ungleichgewicht, das Informationsungleichgewicht und das Organisationsungleichgewicht an, woraus auch eine leichte Beeinflußbarkeit des Verbrauchers gefolgert wird. Die Situation der unbilligen Beeinflussung eines Vertragspartners im Stadium des Vertragsabschlusses unter diesen Bedingungen wird in der japanischen Rechtsterminologie gewöhnlich als „unbillige Werbung zum Abschluß eines Vertrages" (*futō kan'yū*) umschrieben. Das Ausnutzen der eigenen Überlegenheit im Hinblick auf eine unzulässige Beeinflussung wird häufig als eine Verletzung des „Selbstbestimmungs- bzw. Selbstentscheidungsrechts (*jiko kettei-ken*)" des Verbrauchers bezeichnet.[212] Man spricht zudem von der Behinderung oder von einem Eingriff in die Entscheidungsfreiheit, bzw. ganz allgemein, in die Freiheit des Verbrauchers (*jiyū na kettei no sōgai, shōhisha no jiyū no sōgai*).

Drittens, der Verbraucher hat aufgrund der mangelnden Verhandlungsstärke *keinen wirklichen Einfluß auf die Vertragsbedingungen*.

---

[211] A. ŌMURA (1991) (2) 44; (3) 36 ff.; (4) 53. Hier wird die Aufgabe des Rechts als „Wiederherstellung der materialen Vertragsfreiheit (*jisshitsuteki na keiyaku jiyū wo kaifuku suru (koto)*) formuliert.

[212] Ausführlich zur These der Verletzung des Selbstbestimmungsrechts, H. SASAKURA (1997); Y. KAWASUMI (1997). Im Zusammenhang mit deliktsrechtlichen Ansprüchen vgl. S. NISHIGORI (1996); im Zusammenhang mit Finanzgeschäften vgl. T. SAKURAI / T. UEYANAGI / Y. ISHITOYA (2002) 300-303.

## 7. Probleme im Zusammenhang mit der Definition des Verbraucherproblems über das angenommene strukturelle Ungleichgewicht

Nicht immer allerdings geht es bei den rechtlichen Maßnahmen allein um die Kompensation des strukturellen Ungleichgewichts durch Wiederherstellung der tatsächlichen Vertragsfreiheit. Gelegentlich werden die rechtspolitischen Forderungen des besseren Verbraucherschutzes auch mit inhaltlichen, „sozialen" Zielen der Verwirklichung der *materiellen Vertragsgerechtigkeit* bzw. der *inhaltlichen Angemessenheit und Fairneß von Verträgen* vermischt. Oder es steht dahinter gar noch umfassender das Konzept von der Verwirklichung des Ausgleichs der widerstreitenden gesamtgesellschaftlichen Interessen und der Förderung der „sozialen Gerechtigkeit". Dies wird in der Literatur zum Teil so umschrieben, daß der Zweck der Kompensationsmaßnahmen darin liege, die „tatsächliche Verwirklichung der rechtlichen Prinzipien des Zivilrechts bzw. des Zivilgesetzes"[213] herbeizuführen oder das „rechtliche Gleichgewicht zur Förderung der gesamtgesellschaftlichen Balance und Gerechtigkeit herzustellen".[214] Der Grund für diese offensichtliche Überschneidung der Ziele liegt in der Vermischung der Ungleichgewichtsproblematik (Ansatz 1) mit der Problematik des historisch gewachsenen Verbraucherbildes (Ansatz 2; dazu sogleich unter III).

Ein weiteres Problem ist, daß beim Abschluß eines Verbrauchervertrags im Einzelfall nicht unbedingt ein strukturelles Kräfteungleichgewicht vorliegen muß bzw. dieses nicht immer gleich stark ausgeprägt ist. Die allgemeine These, daß bei Verbraucherverträgen ein strukturelles Ungleichgewicht besteht, bezieht sich immer nur auf den *Regelfall*. Rechtliche Regelungen sollten daher flexibel genug sein, um Abweichungen im Einzelfall hinreichend Rechung tragen zu können. Denn je mehr im konkreten Fall der Kunde vom typischen Bild des Verbrauchers abweicht, desto weniger kann man eigentlich noch von einem Verbraucherproblem sprechen und um so entbehrlicher ist dann auch ein besonderer rechtlicher Schutz. Inwieweit dies im japanischen Recht der Fall ist, wird sich später zeigen

Das strukturelle Kräfteungleichgewicht ist zudem kein Kriterium, das ausschließlich für Verbraucherverträge gilt. Dies zeigt sich zum Beispiel am Arbeitsvertrag. Zwar wird der Schutz des Arbeitnehmers in Japan nicht mit dem Schutz des Verbrauchers vermischt, in anderen Fällen tritt jedoch häufig eine Überschneidung von verwandten Schutzmotiven mit dem des Verbraucherschutzes auf, so beispielsweise beim Schutz des Mieters und beim Schutz des Klein- oder Privatanlegers. Man kann Wohnraummietverträge oder Finanzanlageverträge gerade wegen des dabei bestehenden Ungleichgewichts zwischen den Vertragspartnern auch als Verbraucherverträge einordnen. Ein strukturelles Ungleichgewicht tritt im übrigen auch bei Verträgen zwischen Unternehmern in

---

[213] M. SHIMIZU (1993) 28-29.
[214] K. SATŌ (1996) 25-26, 142 ff.

Erscheinung. Daher wird auch die Ausdehnung des Schutzbereichs auf Kleinunternehmer diskutiert,[215] insbesondere dann, wenn sie sich in einem für sie fremden Geschäftsbereich betätigen oder wenn der Geschäftspartner über die weitaus größeren personellen und finanziellen Ressourcen verfügt. Darüber, wie diese Situation rechtlich zu behandeln ist, gibt es in Japan noch keine einheitliche Position. Bei Franchiseverträgen beispielsweise wird häufig ein ähnliches Schutzbedürfnis des Franchisenehmers gesehen wie das des Verbrauchers bei Verbraucherverträgen. Eine Einordnung als Verbraucherproblem wird dennoch überwiegend abgelehnt.[216] Auch das Verbrauchervertragsgesetz ist nicht anwendbar auf Franchiseverträge.[217] Im Handelsgeschäftegesetz, dem deutlich das Ziel des Verbraucherschutzes zugrunde liegt, sind Schutzbestimmungen zugunsten von Personen vorgesehen, die eine Tätigkeit als selbständige Kleinunternehmer beginnen (Absatzhelfer in einer Vertriebsorganisation und Personen, die in Heimarbeit bestimmte selbständige Tätigkeiten ausüben[218]), die aber zum Zeitpunkt des Vertragsschlusses noch als Verbraucher klassifiziert werden. Für Finanzgeschäfte schließlich wurde das schon erwähnte Finanzproduktehandelsgesetz geschaffen, das nicht nur Verbraucher schützt, sondern auch nicht auf Finanzgeschäfte spezialisierte Unternehmer. Auch in der Rechtsprechung läßt sich übrigens gelegentlich eine Erweiterung des Schutzbereichs auf Personen feststellen, die zwar eigentlich als Unternehmer zu klassifizieren sind, bei Tätigung des konkreten Geschäftes aber wie ein Verbraucher auftreten.

Eine Ungleichgewichtslage mag also im allgemeinen zwar ein Grund sein für eine Regulierung und Kontrolle von Verbraucherverträgen. Jedoch gibt es erstens viele unterschiedliche Typen von Verbraucherverträgen und zweitens muß in einem konkreten Einzelfall nicht unbedingt auch ein wesentliches Ungleichgewicht vorliegen. Ein strukturelles Ungleichgewicht ist außerdem kein spezifisches Kriterium nur für Verbraucherverträge, selbst bei weiter Fassung des Begriffs Verbrauchervertrag. Grundsätzlich scheint es daher wohl sinnvoller, soweit wie möglich rechtliche Regeln nicht an unbestimmte Termini wie „Verbraucher", „Unternehmer" oder „Verbrauchervertrag" anzuknüpfen, sondern diese eher konkret situationsbezogen auszugestalten.

---

[215] K. KAMATA (1997) 10. So auch K. SATŌ (1996) 11-12, der Kleinunternehmer in einigen Fällen als „Quasiverbraucher" (*jun-shōhisha*) bezeichnet.

[216] Von einigen Juristen werden Probleme im Zusammenhang mit Franchiseverträgen aber im weiteren Sinne auch dem Verbraucherschutzrecht zugerechnet. So wurden beispielsweise verschiedene Gerichtsentscheidungen zur Besprechung aufgenommen in Fallsammlungen zum Verbraucherrecht; vgl. A. MORISHIMA / S. ITŌ (1995) 172-175 sowie S. KIMURA / J. HONDA / H. CHIBA (2000) 318-328. Grund dafür ist, daß viele Franchisenehmer, die zum ersten Mal ein Unternehmen gründen, bisher keine Unternehmer gewesen sind.

[217] Vgl. KEIZAI KIKAKU-CHŌ (2000a) 49.

[218] Gemeint ist die Beteiligung an sogenannten „Kettenabsatzgeschäften" (*rensa hanbai torihiki*, Artt. 33 ff. HGG) und am Abschluß eines Vertrages über die Leistung von Heimarbeit bei gleichzeitigem Kauf von damit im Zusammenhang stehenden Produkten (*gyōmu teikyō yūin hanbai torihiki*, Artt. 51 ff. HGG).

## III. Soziale Schutzmotive und das historisch gewachsene Bild des Verbrauchers

Wie eben dargestellt, ist die Annahme eines strukturellen Ungleichgewicht bei Verbraucherverträgen ein wichtiger Grund für besondere verbraucherschützende Regelungen im japanischen Recht. Darüber hinaus stellt aber auch ein historisch gewachsenes, vielschichtiges Verbraucherbild einen wichtigen Grund hierfür dar. Beide Gründe überlagern sich im Verbrauchervertragsrecht. Bei diesem Verbraucherbild geht es um Vorstellungen darüber, inwieweit bestimmte Personen in einem bestimmten Zusammenhang aus *sozialen* Gründen als schutzwürdig anzusehen sind. Darauf aufbauend werden in Japan verschiedene einzelne Probleme – unabhängig davon, ob denen ein strukturelles Ungleichgewicht zwischen den Vertragspartnern zugrunde liegt – auch als Verbraucherprobleme wahrgenommen. Durch das historisch gewachsene Verbraucherbild in Japan kommt es also zu einer Erweiterung des Verbraucherrechts auf Bereiche, in denen es nicht nur um den Ausgleich eines strukturellen Ungleichgewichtes geht.

Das heutige Verbraucherbild in Japan wird überlagert von Konzepten vom einfachen Menschen und Bürger (*shimin, shomin, kokumin*), von der natürlichen Person (*shizenjin*), vom sogenannten *seikatsu-sha* (dazu unter 3.), vom Individuum (*kojin*) und darüber hinaus von verschiedenen sonstigen sozialen Rollen, in denen Personen als schutzbedürftig angesehen werden. Der Begriff des Verbrauchers wird daher in Japan im rechtlichen, im politischen und auch im soziologischen Kontext sehr verschieden verwendet. Dies führt letztlich zu einer sehr unsicheren Einordnung schutzbedürftiger Personen als Verbraucher und Zuordnung von Problemfeldern zum Verbraucherrecht.[219]

In rechtstheoretischer Hinsicht kommt es durch das historisch gewachsene Bild des Verbrauchers zu einer Diversifizierung der Ziele der einzelnen Verbraucherschutzmaßnahmen. Anstelle des Ziels der Bewahrung bzw. Förderung der tatsächlichen Vertragsfreiheit des Verbrauchers steht bei einigen Maßnahmen eher der Zweck im Vordergrund, im *inhaltlich materiellen Sinne* die Vertragsgerechtigkeit oder auch – weiter gefaßt – gesellschaftlich als erwünscht oder gerecht empfundene Zustände herbeizuführen. Dies wurde oben bereits angesprochen. Es kommt somit zu einer Vermischung der Prinzipien von *materieller Vertragsfreiheit, materieller Vertragsgerechtigkeit* und dem Ziel der *Verwirklichung von als sozial und gerecht empfundenen gesellschaftlichen Zuständen*. All diese Zielvorstellungen ergänzen sich im Verbraucherrecht.

---

[219] Ein Schaubild über die verschiedenen nebeneinander existierenden Verbraucherbilder in Japan findet sich bei K. SATŌ (1996) 10.

## 1. Das Konzept des Verbrauchers als Individuum

Weitverbreitet wird in der japanischen Fachliteratur und in einigen Verbraucherschutzsatzungen auf die auch in Europa allgemein übliche Definition des Verbrauchers als eine Person, der Waren oder Dienstleistungen zum privaten Verbrauch oder zur privaten Verwendung geliefert werden, Bezug genommen.[220]

Diese moderne, seit den 1970er Jahren geläufige Umschreibung des Verbrauchers, ist aber nicht immer weit genug, um tatsächlich alle Sachverhalte zu erfassen, die in Japan im allgemeinen in den Zusammenhang zum Verbraucherrecht bzw. – was hier von besonderem Interesse ist – zum Verbrauchervertragsrecht gestellt werden. Daher verwundert auch nicht, daß bei der gesetzlichen Definition des Verbrauchers in Art. 2 I des Verbrauchervertragsgesetzes statt dessen das weitläufigere Konzept des „Individuums (*kojin*)" aufgegriffen und zugrunde gelegt worden ist. Diese Definition erweitert den Problemhorizont auch auf Bereiche, die streng genommen nach der oben genannten engeren Verbraucherdefinition nicht zum Verbraucherrecht zu zählen wären. Sie ist zwar als gesetzlicher Fachterminus im rechtlichen Kontext neu, das Konzept des Verbrauchers als Individuum existiert aber schon wesentlich länger.

### a) Verzicht auf das Merkmal des privaten „Verbrauchs"

Die Definition des Verbrauchers als Individuum stellt in keiner Weise mehr auf das Element „Verbrauch" ab, wovon sich der Begriff eigentlich ableitet, und auch nicht im Falle von Dienstleistungen auf die „Verwendung" zu privaten Zwecken. Eine solche Voraussetzung wird auch nicht durch den Kontext der einzelnen Normen des Gesetzes aufgestellt. So mag insbesondere für die wirtschaftswissenschaftliche Definition des Verbrauchers das Kriterium des „Verbrauchs" von Bedeutung sein, für die rechtliche Definition des Verbrauchers, des Verbrauchervertrages und der damit zusammenhängenden Probleme ist es dagegen nach weit verbreiteter Anschauung eher unbedeutend.[221] Dies galt auch weithin schon vor der Einführung der Definition im Verbrauchervertragsgesetz.

### b) Korrektur einer Grundposition des Zivilgesetzes

Auch wenn die gesetzliche Definition des Verbrauchers als „Individuum" im Verbrauchervertragsgesetz nur im Hinblick auf die Anwendung dieses Gesetzes gilt, so korrigiert sie dennoch in tatsächlicher Hinsicht gewissermaßen auch das Zivilgesetz; denn dadurch, daß das VerbrVG sehr grundsätzliche vertragsrecht-

---

[220] Vgl. schon oben die Literaturhinweise in Fn. 173 und 174. Ähnlich auch die Formulierungen bei S. Itō (1998) 10-12, bei S. Itō / K. Kimoto / C. Mura (1995) 5, J. Nagao (1990) 8.
[221] Die Definition im Verbrauchervertragsgesetz gleicht insofern der Definition des Verbrauchers im deutschen Zivilrecht (§ 13 BGB), die auch nicht direkt auf den Verbrauch oder die Verwendung des Produkts abstellt, sondern lediglich auf das Tätigen eines Rechtsgeschäftes zu einem privaten Zweck.

liche Regelungen enthält, tritt der Verbraucher im Vertragsrecht in vielen Fällen an die Stelle der Grundeinheit im Zivilrecht, der „natürlichen Person (*shizenjin*)". Im übrigen hätte der japanische Gesetzgeber im VerbrVG auch ohne weiteres den Begriff „natürliche Person" anstelle den des „Individuums" verwenden können, ohne dadurch irgendeine inhaltliche Änderung herbeizuführen.[222] Durch die Betrachtung des Verbrauchers als Individuum soll verstärkt auf die im Gegensatz zum Unternehmer *fehlende Organisation* hingewiesen werden. Dabei fällt das Organisationsungleichgewicht besonders deutlich ins Gewicht, wenn der Unternehmer als juristische Person organisiert ist, was praktisch der Regelfall ist.[223] Der Organisationsunterschied wird zwar bereits im Zivilgesetz gewissermaßen durch die Unterscheidung von natürlichen und juristischen Personen berücksichtigt, allerdings nicht genügend betont.[224] Insbesondere enthält das Zivilgesetz keine vertragsrechtlichen Regelungen, die diesem Unterschied besonders Rechnung tragen.

c)  *Überforderung des Verbrauchers und der Schutz vor sich selbst*

Mit der Bezeichnung des Verbrauchers als Individuum wird auch ein Konzept des Verbrauchers aufgegriffen, das schon lange in aller Heimlichkeit und Stille gepflegt wird. Danach sei der Mensch, sofern er nicht eine spezialisierte Ausbildung erhalten oder besondere praktische Erfahrung gesammelt habe, vielen Anforderungen im heutigen Geschäfts- und Rechtsverkehr ohne zusätzliche Hilfe nicht mehr gewachsen. Die überkommenen Instrumente des Zivilgesetzes seien hierzu jedenfalls nicht hinreichend im Stande. Dieser Aspekt korrespondiert in vielerlei Hinsicht mit den nachfolgend erläuterten Konzepten des Verbrauchers als sozial schutzbedürftige Person und dem des „*seikatsu-sha*". Hieraus resultieren auch paternalistische Vorstellungen, daß der Verbraucher in einigen Fällen sogar vor sich selbst geschützt werden müsse, *i.e.*, es müsse verhindert werden, daß er wegen einer unüberlegten oder unvernünftigen Entscheidung an Verträge gebunden werde, die seine eigenen Interessen verletzten oder sogar seine Lebensgrundlagen gefährdeten.[225]

---

[222] In dem Alternativentwurf des Rechtswissenschaftlers *Masami Okino* für ein Verbrauchervertragsgesetz, den der Gesetzgeber allerdings nicht aufgegriffen hat, wird daher auch grundsätzlich der Begriff „natürliche Person" als Bezeichnung des Verbrauchers verwendet; vgl. M. OKINO (1999) 307 ff.

[223] In Japan sind Unternehmer besonders häufig juristische Personen, weil nach japanischem Handelsrecht alle Formen von Handelsgesellschaften juristische Personen sind und volle Rechtsfähigkeit besitzen.

[224] Den Aspekt der fehlenden Organisation als rechtlich besonders zu berücksichtigendes Merkmal des Verbrauchers betont besonders deutlich K. SATŌ (1996) 9-10.

[225] T. ISOMURA (1993) 35. Auf diesen Aspekt des Verbraucherschutzes weist auch der Titel eines Aufsatzes von S. KAWAKAMI („*Kūringu ofu*" *ni tsuite no ichi-kōsatsu* – „*jikan*" *to iu na no kōken-nin* [Überlegungen zum „cooling-off" – Ein Vormund namens „Zeit"] (1996)) hin.

## d) Verbraucher als Person aus „Fleisch und Blut"

Zur Beschreibung der Besonderheiten des Verbrauchers wird gelegentlich auch die Umschreibung eines „Menschen aus Fleisch und Blut (*namami no ningen*)" verwendet.[226] Dadurch wird offensichtlich die „Verletzlichkeit" von Menschen – also von natürlichen Personen bzw. Individuen – im Vergleich zu Unternehmern, die meist als juristische Personen in Erscheinung treten, als ein wichtiges Merkmal des Verbrauchers hervorgehoben, woraus dann ebenfalls ein besonderes Schutzbedürfnis abgeleitet wird. So wird in diesem Zusammenhang beispielsweise an die Gefährdung des Lebens und der Gesundheit von Verbrauchern durch gefährliche und defekte Waren oder auch durch den Mangel an Waren gedacht; ferner auch daran, daß Endverbraucher ihre finanziellen Schäden nicht in gleicher Weise wie Unternehmer abwälzen können.

## 2. Das Bild des Verbrauchers als sozial besonders schutzbedürftige Person

Das Konzept des Verbraucherschutzes in Japan ist einerseits eine spezifische Ausprägung des allgemeinen Konzepts vom *Schutz des Schwachen* durch das Recht, es wird andererseits aber auch umgekehrt dadurch beeinflußt und überlagert. In diesem Zusammenhang steht ein allgemeineres, mit diffusen und permeablen Grenzlinien ausgestaltetes Bild des Verbrauchers als sozial schwache und besonders schutzbedürftige Person; *i.e.*, der Begriff des Verbrauchers wird zum Teil auch als Synonym *für alle Arten* von schutzbedürftigen Personen verwendet.

Diese Überlagerung tritt vor allem deshalb zutage, weil die Entwicklung des Verbraucherrechts eine historische Entwicklung ist und die Wahrnehmung des Verbraucherproblems in diese eingebettet ist. Der Wahrnehmung des Verbraucherproblems geht zeitlich die Wahrnehmung anderer sozialer Probleme wie der schlechter Wohn- und Arbeitsbedingungen voraus. Bei Arbeits- und Mietverträgen ist die eine Vertragspartei häufig der anderen an Verhandlungsstärke unterlegen, und gleichzeitig – was an dieser Stelle noch wichtiger ist – entwikkelten sich als ungerecht empfundene gesellschaftliche Zustände. Dies führte bereits in den 1920er Jahren zur Entwicklung des Mieterschutzrechts und arbeitsrechtlicher Schutzgesetze. Rechtsgebiete, auf denen aus sozialen Gründen rechtliche Schutzbestimmungen geschaffen wurden, werden heute in Japan allgemein als „soziales Recht (*shakai-hō*)" bezeichnet, in Abgrenzung zum „Bürgerlichen Recht (*shimin-hō*)".[227] Das Verbraucherrecht wird heute als Teil des sozialen Rechts angesehen. Anderseits scheint das Konzept Verbraucherrecht zumindest teilweise auch in exakt gleicher Bedeutung wie das Konzept

---

[226] Vgl. beispielsweise S. ITŌ / K. KIMOTO / C. MURA (1995) 5.

[227] Allerdings ist diese Differenzierung wenig hilfreich, weil auch der Begriff des Bürgers im Zusammenhang mit den verschiedenen Bürgerbewegungen vielfach extrem weit interpretiert wird.

des sozialen Rechts verwendet zu werden. Die Zuordnung einer Maßnahme der Vertragsregulierung zum Verbraucherschutzrecht wird also in Japan auch vor dem Hintergrund eines ausgeprägt weiten Begriff des Verbrauchers als sozial schutzbedürftige Person vorgenommen. Auch in diesem Fall steht das „strukturelle Ungleichgewicht" nicht mehr im Vordergrund – oder ist sogar unbedeutend –, sondern vielmehr *allgemeinere soziale Vorstellungen oder Gerechtigkeitserwägungen.*

Auf der anderen Seite wird innerhalb eines engeren Verbraucherkonzepts weiter nach spezielleren Typen von Verbrauchern differenziert. So bezwecken verschiedene Maßnahmen nur den Schutz *besonders schutzbedürftiger Verbraucher* wie beispielsweise den von Minderjährigen oder älteren Menschen.[228] Auch insoweit tritt eine Überschneidung des Motivs Verbraucherschutz mit anderen, in diesem Falle spezielleren Schutzmotiven auf. Die Unterscheidung in diesen Fällen geht meist gleichzeitig auf ein besonders ausgeprägtes strukturelles Ungleichgewicht und eine *besondere soziale Schutzbedürftigkeit* zurück. Schutzbestimmungen für solche spezielleren Verbraucher finden gewöhnlich nicht nur auf Verträge der betreffenden Personen mit Unternehmern Anwendung, sondern auch auf solche *mit gewöhnlichen Privatleuten*.

*3. Das Bild des Verbrauchers als „seikatsu-sha"*

Das Bild des Verbrauchers als *seikatsu-sha* (wörtlich: „lebende Person") ist verbunden mit der Entwicklung eines gesellschaftlichen Bewußtseins für die zahlreichen Probleme, denen der einfache Mensch im alltäglichen Leben typischerweise begegnet und die für ihn und das Leben seiner Familie eine besondere Bedeutung haben.

In diesem Zusammenhang kommt es zu einer Überschneidung der Konzepte des Verbrauchers und des „einfachen Bürgers *(shimin, shomin, kokumin)*", bzw. des „kleinen Mannes". Damit sind Menschen im allgemeinen angesprochen, die ein natürliches Interesse an der Versorgung mit *lebensnotwendigen* Waren und Dienstleistungen haben. Hieran besitzt zugleich auch der Staat ein vitales Eigeninteresse, was dann zur Überschneidung mit dem Konzept der *öffentlichen Daseinsvorsorge* führt. Darüber hinaus wurden von diesem Konzept im Laufe der Zeit aber auch andere politische Fragen wie z.B. die Demokratisierung der Gesellschaft oder die Gleichberechtigung der Geschlechter aufgesogen und zu einem großen diffusen Konzept verschmolzen. Dieses Gesamtkonzept

---

[228] Gerade ältere Menschen werden seit den 1970er Jahre zunehmend häufiger Opfer betrügerischer Geschäftspraktiken. Zur Verringerung dieses Problems wurden in Japan zeitweilig besondere Anfechtungsrechte für ältere Menschen diskutiert (T. ISOMURA (1993) 39, in Fn. 6). Den Schutz von älteren Menschen im Geschäftsverkehr bezweckt auch das neue Vormundschafts- und Betreuungsrecht, das im Jahre 2000 (dazu unten in Kapitel 3 A II) eingeführt worden ist.

des *seikatsu-sha* wird auch gelegentlich als „frühes Bild" des Verbrauchers bezeichnet.[229] In das Bild des *seikatsu-sha* fließen also zahlreiche soziale Probleme ohne feste Zuordnung ein.

Die Entwicklung des Bildes vom *seikatsu-sha* hat seinen historischen Ursprung im ausgehenden 19. Jahrhundert in der Bewegung zur Gründung von Konsumgenossenschaften bzw. Verbraucherkooperativen ((*shōhi*) *seikatsu kyōdō kumiai*[230] oder *kōbai kumiai*[231]). Dabei handelte es sich um Zusammenschlüsse mit dem Ziel, die Versorgung ihrer Mitglieder und der einfachen Leute im allgemeinen mit wichtigen Alltagsgütern zu verbessern. Eng verbunden ist diese Bewegung auch mit der frühen Gewerkschaftsbewegung, den Aktivitäten der kommunistischen Partei und verschiedener gesellschaftskritischer Strömungen jener Zeit. Eine große Anzahl von Genossenschaften wurde in der Zeit zwischen 1900 und dem Beginn des 2. Weltkrieges von Gewerkschaften organisiert oder es bestanden zumindest personelle Verflechtungen. Aus diesem Grund ist das Bild des *seikatsu-sha* auch in gewissem Maße vom Bild des *Arbeiters* beeinflußt. Es gibt zudem zahlreiche Genossenschaften mit anderen Aktivitätsschwerpunkten, die aber häufig enge Beziehungen einerseits zu den Gewerkschaften und anderseits zu den Konsumgenossenschaften unterhalten. Die Struktur der japanischen Genossenschaften war und ist insgesamt sehr vielschichtig.[232] Nach Ausbruch der Feindseligkeiten mit China in den 1930er Jahren wurden viele Genossenschaften verboten und aufgelöst. In der frühen Nachkriegszeit traten zusätzlich zu den Konsumgenossenschaften die sogenannten *Hausfrauenvereinigungen* in Erscheinung, die zum Teil ähnliche Ziele verfolgten, insbesondere die Verbesserung der Versorgung mit lebenswichtigen Gütern und die Bekämpfung sonstiger dringender Alltagsprobleme der einfachen Menschen. Diese Entwicklung in den ersten Jahren nach dem Krieg prägte in besonderem Maße das Konzept des Verbrauchers als „*seikatsu-sha*".[233]

Außer durch die Aktivitäten der Konsumgenossenschaften und der Hausfrauenvereinigungen wurde das historisch gewachsene Bild des Verbrauchers als *seikatsu-sha* bereits seit Beginn des 20. Jahrhunderts durch Theorien über die Aufgaben des modernen Staates geprägt, mit Auswirkungen bis in die heutige Zeit. Für die Beschaffung und ausreichende Versorgung aller (Staats-)Bürger (*kokumin*), hieß es, müsse der Staat besondere Vorsorge treffen. Dies

---

[229] Vgl. P.L. MACLACHLAN (2002) 81.
[230] Wörtlich: „Lebensgenossenschaften".
[231] Wörtlich: „Käufergenossenschaften".
[232] So gab es in der Vorkriegszeit auch unmittelbar staatliche Einkaufsgenossenschaften; NIHON KEIZAI CHŌSA KYŌGI-KAI (1975) 512 ff. In Japan spielen bis heute verschiedenste Arten von Genossenschaften eine große Rolle im Wirtschaftsleben. Es gibt über die Konsumgenossenschaften hinaus beispielsweise auch Genossenschaften der Landwirte (*nōgyō kyōdō kumiai*), der Fischer (*gyogyō kyōdō kumiai*) sowie verschiedener Klein- und mittelständiger Unternehmer (*chūko kigyō kyōdō kumiai*).
[233] Zur frühen Entwicklung des Verbraucherbewußtseins vgl. P.L. MACLACHLAN (2002) 78-83. Vgl. auch bereits oben A III.

führte bereits in der Vorkriegszeit zu besonderen öffentlich-rechtlichen Vorschriften, die im öffentlichen Interesse das Wirtschaftsleben insgesamt und auch den Inhalt von individuellen Verträgen zur Sicherung der Lebensgrundlagen der Menschen regelten. Da die Staatsaufgabe der *öffentlichen Daseinsvorsorge* weithin mit dem Interesse der Bürger an der Sicherung ihrer Versorgung korrespondiert, muß auch dieser Aspekt als wichtiger Teil des Gesamtkonzeptes vom *seikatsu-sha* begriffen werden. Auch heute bestehen im Zusammenhang mit zahlreichen besonders bedeutsamen Versorgungsleistungen viele Regelungen, die der öffentlichen Daseinsvorsorge zuzurechnen sind und die unmittelbar den Abschluß und den Inhalt von individuellen Verbraucherverträgen beherrschen. Daran vermochte die Welle der Deregulierung und Privatisierung, die in den 1990er Jahren einsetzte, bisher nichts zu ändern.

Bei den Regelungen, denen das Konzept des Verbrauchers als *seikatsu-sha* zugrunde liegt, steht das Motiv der Kompensation eines strukturellen Ungleichgewichts gerade nicht im Vordergrund. Vielmehr ist hier der Gesichtspunkt des *Angewiesenseins der Bürger auf bestimmte essentielle Waren und Dienstleistungen* im täglichen Leben entscheidend.

Das Konzept des *seikatsu-sha* ist einerseits ein frühes Bild des Verbrauchers, andererseits ist es aber auch heute noch, bzw. heute wieder von großer Bedeutung und Aktualität. Es scheint nämlich als eine Art *umfassendes Verbraucherbild* gerade in der neueren Literatur wieder in zunehmendem Maße auf Zustimmung zu stoßen.[234] Dabei werden erneut verschiedene gesellschaftliche Probleme und gesellschaftspolitische Fragen, die das Leben der Menschen betreffen, mit Verbraucherfragen im engeren Sinne vermischt und als einheitliches Problem betrachtet.[235] So lassen sich hierzu beispielsweise auch Umweltschutzprobleme zählen. In einer solch weiten Bedeutung als *seikatsu-sha* wird der Begriff „Verbraucher" heute insbesondere von den Verbraucherverbänden verstanden, die sich ebenfalls nicht nur mit Verbraucherfragen, sondern überdies mit anderen sozial-politischen Themen und dem Umweltschutz befassen.[236]

---

[234] S. ITŌ / K. KIMOTO / C. MURA (1995) 7-8, 42.

[235] Auf diese Überschneidung weist besonders K. SATŌ (1996) auf S. 8 hin, der in diesem Zusammenhang von der Existenz eines Bildes des *seikatsu-sha* als "vollumfänglichen Verbraucher" (*tōtaru shōhisha*) spricht. In dem Lehrbuch zum Verbraucherrecht von S. ITŌ / K. KIMOTO / C. MURA (2000) heißt es auf Seite 9: „Die Verhütung und Bewältigung von Verbraucherschäden wird heute begriffen als *gesellschaftliches Problem*, das eine enge Verbindung aufweist zum Leben und zur Lebensführung der Bürger."

[236] K. SATŌ (1996) 44-45.

## IV. Aufgaben und Methoden des Verbraucherschutzes im Zusammenhang mit Verträgen

Betrachtet man die oben genannten Motive des Verbraucherschutzes und die verschiedenen bestehenden Definitionen, Konzepte und Vorstellungen über den Verbraucher in einer Gesamtschau, so lassen sich für den Bereich Verbrauchervertragsrecht in Japan zwei grundsätzliche Regelungsziele unterscheiden. Auf der einen Seite steht das Ziel der *Gewährleistung der tatsächlichen Vertragsfreiheit* des Verbrauchers, also der *Kompensation einer Ungleichgewichtslage* in der Phase des Vertragsabschlusses. Dies korrespondiert technisch vor allem mit einer besonderen Regelung und Kontrolle des *Vertragsabschlußverfahrens*, in gewissem Umfang zumindest aber auch mit einer Regelung und Kontrolle des Vertragsinhalts. Auf der anderen Seite geht es um den Schutz des Verbrauchers als verletzliches Wesen aus verschiedenen *sozialen Motiven*, verbunden mit dem Ziel der Verwirklichung der *materiellen Vertragsgerechtigkeit individueller Verträge und des Ausgleichs gesamtgesellschaftlicher Interessen*. Hiermit korrespondiert technisch vor allem eine Regelung und Kontrolle des *Vertragsinhalts*. Daraus resultieren die folgenden grundsätzlichen Aufgaben und Methoden des Schutzes von Verbrauchern im Zusammenhang mit Verträgen in Japan.[237]

### 1. Die Korrektur der Folgen einer Ungleichgewichtslage

Im allgemeinen scheint man in Japan der Auffassung zu sein, daß das Recht zur Gewährleistung der tatsächlichen Vertragsfreiheit Verbraucherverträge zu bekämpfen hat, die nicht wirklich dem Willen des Verbrauchers entsprechen, weil der Verbraucher in der Phase des Vertragsabschlusses – aufgrund des angenommenen strukturellen Ungleichgewichts – benachteiligt gewesen ist. Dabei geht es vor allem um die folgenden vier Aufgaben. Es sollen Verbraucherverträge verhindert, beseitigt oder korrigiert werden, die für den Verbraucher *unerwünscht* oder *nachteilig* sind, weil:

– der Verbraucher bei Vertragsabschluß selbst nur über unzureichende Informationen über den Geschäftsgegenstand bzw. den Vertragsinhalt verfügte und der Unternehmer oder seine Hilfspersonen ihn nur unzureichend darüber aufgeklärt haben;
– der Verbraucher bei Vertragsschluß durch den Unternehmer oder eine seiner Hilfspersonen unzulässig durch Mitteilung falscher oder irreführender Informationen beeinflußt worden ist (Falschaufklärung bzw. -information);

---

[237] Diese Zusammenstellung findet sich in dieser Form in keiner japanischen Abhandlung zum Verbraucherrecht. Es handelt sich dabei vielmehr um einen eigenen Versuch der Ordnung des japanischen Verbrauchervertragsrechts, basierend auf einer Gesamtschau der verschiedenen gesetzlichen Regelungen und der in der Fachliteratur und Rechtsprechung erörterten einzelnen Probleme und Problemfelder. Vgl. jeweils die Verweise in den Fußnoten.

– der Verbraucher bei Vertragsabschluß durch den Unternehmer oder eine seiner Hilfspersonen durch physische oder psychische Einwirkung unzulässig beeinflußt worden ist; oder
– der Verbraucher bei Vertragsabschluß keine ausreichende Gelegenheit erhielt, auf die Vertragsbedingungen Einfluß zu nehmen.

*a) Informationsmangel und unzureichende Aufklärung des Verbrauchers*

Aufgrund des Informationsmangels des Verbrauchers wird generell eine gewisse vorvertragliche Aufklärungspflicht des Unternehmers aus Treu und Glauben über solche Einzelheiten angenommen, die für eine Beurteilung des Vertragsschlusses von besonderer Bedeutung sind (*jūyō jikō*). Aufklärungspflichten dienen nach japanischer Vorstellung der Gewährleistung eines fairen und angemessenen Willensbildungsprozesses des Verbrauchers und damit der Verhinderung unerwünschter Verträge. Die Aufklärungspflicht kann je nach Geschäftstyp und je nach den Umständen des Einzelfalls unterschiedlich weitreichend sein.[238] Ein Verstoß gegen diese Pflicht zur Versorgung des Verbrauchers mit den nötigen Informationen beim Vertragsabschluß wird als ein Typ einer vorvertraglichen Aufklärungspflichtverletzung (*setsumei gimu ihan*) angesehen und verschiedenartig sanktioniert (Abschlußkontrolle).[239]

*b) Unzulässige Beeinflussung I:*
*falsche und irreführende Information des Verbrauchers*

Die Mitteilung falscher oder irreführender Informationen durch den Unternehmer oder seine Hilfspersonen wird in Japan gewöhnlich als eine Form der unzulässigen Beeinflussung des Verbrauchers beim Abschluß von Verträgen[240] verstanden, weil diese häufig zu einer unerwünschten Fehlvorstellung des Verbrauchers über den abzuschließenden Vertrag führt. Allerdings berücksichtigt man in jedem Einzelfall immer auch, inwieweit die eigenen Kenntnisse oder Informationen des Verbrauchers reichen. Eine Pflichtverletzung dieser Art wird zugleich als ein zweiter Typ einer vorvertraglichen Aufklärungspflichtverletzung angesehen.

Die Notwendigkeit der Regulierung und Kontrolle von Verträgen zur Verhinderung von Aufklärungspflichtverletzungen des Unternehmers oder seiner Hilfspersonen der einen (a) oder der anderen Art (b) bzw. zur Bekämpfung von

---

[238] Vgl. hierzu insbesondere die Ausführungen bei M. YOKOYAMA (1996).

[239] So zum Beispiel durch eine weitreichende Anerkennung der Deliktshaftung (vgl. unten Kapitel 3 A IV), eine spezialgesetzliche Schadensersatzpflicht bei Finanzgeschäften (vgl. unten Kapitel 3 F). Ferner gehören hierher auch die öffentlich-rechtlichen Sanktionen im Falle der Verletzung von schriftlichen Aufklärungspflichten (vgl. Kapitel 4 A I).

[240] Zur Regulierung und Kontrolle der verschiedenen Formen der unzulässigen Beeinflussung des Verbrauchers im Stadium der Vertragsanbahnung siehe z.B. S. YAMADA (1996); A. KUBOTA (2001); aus strafrechtlicher Perspektive T. SAITŌ (2001).

unerwünschten Verträgen, die Folge einer Aufklärungspflichtverletzung sind, wird vor allem im Bereich des Vertragsabschlusses (Abschlußkontrolle) gesehen. Maßnahmen zur Verhinderung solcher Pflichtverletzungen dienen im engeren Sinne der Gewährleistung eines angemessenen Willensbildungsprozesses sowie dem Schutz der Willensentschließungsfreiheit des Verbrauchers, und damit vor allem dem Schutz vor unerwünschten Verträgen.

Zur Verhinderung oder Sanktionierung von Aufklärungspflichtverletzungen dieser Art existieren im japanischen Recht mittlerweile zahlreiche Instrumente des Verwaltungs-, Straf-, und Zivilrechts, die später im einzelnen vorzustellen sind.[241]

c)  *Unzulässige Beeinflussung II:*
    *physische oder psychische Einwirkung auf den Verbraucher*

Als weiterer möglicher Grund für einen eigentlich unerwünschten Vertrag aus Sicht des Verbrauchers wird die unzulässige physische oder psychische Einflußnahme durch den Unternehmer oder seine Hilfspersonen im Stadium des Vertragsabschlusses angesehen.[242] Die Unerwünschtheit kann darin bestehen, daß die unangemessene, unbillige Handlung zu einem vorschnellen und unüberlegten, oder aber gar zu einem erzwungenen Vertragsabschluß des Verbrauchers führt. Als unzulässige Methoden der Beeinflussung des Willensbildungsprozesses des Verbrauchers werden in Japan häufig diskutiert:

- das hartnäckige und aufdringliche Werben und Drängen zum Vertragsschluß (*shitsuyō kan'yū*),
- das Ausüben eines erheblichen Drucks zum Abschluß des Vertrages unter unbilliger Ausnutzung der Umstände (unzulässiges Bedrängen (*ihaku*) bzw. In-Verlegenheit-Bringen (*konwaku wo saseru koto*)), und
- die widerrechtliche Drohung (*kyōhaku*) oder die Nötigung (*kyōhaku*).

Während die widerrechtliche Drohung und die Nötigung zum Vertragsschluß keine neuartigen Probleme darstellen und daher nicht ausschließlich als Verbraucherprobleme angesehen werden, wird erörtert, inwieweit bei Verbraucherverträgen auch eine graduell weniger intensive Einflußnahme des Unternehmers oder seiner Hilfspersonen bereits unzulässig sein soll. Auch hier gibt es mittlerweile zahlreiche Instrumente im japanischen Recht, die ein Verhalten des Unternehmers oder seiner Hilfspersonen sanktionieren – strafrechtlich,

---

[241] Siehe insbesondere im 3. Kapitel die Abschnitte A I (Wirksamkeit von Willenserklärungen, *culpa in contrahendo*), A III (Funktion von Art. 90 ZG), A IV (Deliktshaftung), B (Regelungen des VerbrVG), C III (Regelungen des HGG), D (Widerrufsrechte), E (Anfechtungsrechte) und im 4. Kapitel die Abschnitte A I (wirtschaftsverwaltungsrechtliche Regelungen) und B (Verbraucherschutzsatzungen).

[242] Vgl. die Nachweise in Fn. 240.

verwaltungsrechtlich oder zivilrechtlich –, um auf diese Weise unerwünschte Verträge zu verhindern.[243]

Die einzelnen Regelungen berücksichtigen häufig auch andere Gesichtspunkte, z.B. den Umfang der Pflichten und Lasten im Zusammenhang mit der Eingehung des Vertrages, die Komplexität des Geschäfts, eine mögliche Zwangslage des Verbrauchers oder auch einfach die Rahmenbedingungen, unter denen der Vertragsschluß erfolgt (z.B. Haustürgeschäfte).

Der Schwerpunkt der rechtlichen Regulierung und Kontrolle im Zusammenhang mit dem Problem der unzulässigen Beeinflussung durch physische oder psychische Einflußnahme ist nach allgemeiner Überzeugung beim Vertragsschluß anzusiedeln (Abschlußkontrolle). Dies soll im engeren Sinne dem Schutz der Willensentschließungsfreiheit des Verbrauchers und damit dem Schutz vor unerwünschten Verträgen dienen.

*d) Der fehlende Verhandlungsspielraum*

Als viertes wesentliches Problem wird der mangelnde Verhandlungsspielraum des Verbrauchers beim Abschluß eines Vertrages mit einem Unternehmer angesehen, der zu einem inhaltlich nachteiligen Vertrag aus Sicht des Verbrauchers führen kann. So kann der fehlende Verhandlungsspielraum bei einem Verbrauchervertrag Ursache für einen unangemessenen Preis für die Leistung oder unbillige vertragliche Nebenbedingungen (insbesondere AGB-Klauseln) sein.

Zum Ausgleich für den fehlenden Verhandlungsspielraum hält man im allgemeinen die Notwendigkeit einer gewissen präventiven und nachträglichen Kontrolle von Vertragsbedingungen, insbesondere von AGB für erforderlich.[244] Darüber hinaus werden in Japan – wie auch in vielen anderen Ländern – bestimmte Verbraucherverträge durch Aufstellen zwingender Rechtsnormen von vorne herein strikt inhaltlich reguliert (regulierte Verträge) – unabhängig davon, ob der Vertrag unter Verwendung von AGB geschlossen wird oder nicht –, da der Verbraucher wegen des Verhandlungsstärkeungleichgewichts in der Regel nicht in der Lage sei, für ihn bestimmte günstige Mindeststandards auszuhandeln. Dies korrespondiert mit einer gewissen Regulierung bzw. Kontrolle des Vertragsabschlusses (Abschlußkontrolle) und auch des Vertragsinhalts (Inhaltskontrolle) (z.B. bei Mietverträgen).[245] Dies dient einerseits dem Schutz der Willensentschließungsfreiheit und andererseits der Berücksichtigung des wirklichen Willens des Verbrauchers; und damit dem Schutz vor inhaltlich nachteiligen und gleichzeitig unerwünschten Verträgen.

---

[243] Siehe vor allem im 3. Kapitel die Abschnitte B (Regelungen des VerbrVG), C III (Regelungen des HGG), D (Widerrufsrechte) und im 4. Kapitel die Abschnitte A I (wirtschaftsverwaltungsrechtliche Regelungen) und B (Verbraucherschutzsatzungen).

[244] A. ŌMURA (1998) 90-93, 164-190; T. KOGAYŪ (2001) 590-591 m.w.N.; Vgl. unten auch Kapitel 3 G.

[245] Vgl. unten vor allem Kapitel 3 C I und II.

Demgegenüber wird die Notwendigkeit einer unmittelbaren Regelung des Preises von Waren und Dienstleistungen, also der unmittelbare Eingriff in das Äquivalenzverhältnis von Haupt- und Gegenleistung bei Verbraucherverträgen, üblicherweise nicht mit dem Verhandlungsstärkeungleichgewicht begründet. Dieses spielt nur in Ausnahmefällen eine Rolle, etwa zur Begründung der Nichtigkeit oder der Rechtswidrigkeit eines Vertrages im Einzelfall unter dem Aspekt der unbilligen Ausnutzung einer Zwangslage des Verbrauchers durch den Unternehmer.[246]

## 2. Sozialer Schutz des Verbrauchers

Wie oben bereits ausgeführt, dienen einige Regelungen im japanischen Recht weniger der Kompensation des strukturellen Kräfteungleichgewichts bzw. der Förderung der materiellen Vertragsfreiheit, sondern vielmehr dem *sozialen Schutz des Verbrauchers* mit dem Ziel der Förderung inhaltlich angemessener, *gerechter* Verträge.

Aufgabe des Rechts in diesem Zusammenhang ist einerseits, die gesellschaftlichen Lebensumstände von Verbrauchern zu verbessern. Insbesondere soll die Verfügbarkeit der lebensnotwendigen Waren und Dienstleistungen zu angemessenen Bedingungen gewährleistet werden. Dabei kommt dem Recht *nicht allein* die Aufgabe zu, *inhaltlich nachteilige Verträge zu verhindern*, sondern in einigen Fällen vielmehr auch die *Förderung eines Vertragsschlusses* und die *aktive Gestaltung angemessener bzw. gerechter Vertragsbedingungen*. Bei der Definition dieser Aufgaben kommt der Rolle des Unternehmers als Vertragspartner nur eine geringe Bedeutung zu. Der Fokus der Betrachtung liegt in erster Linie auf der Stellung des Verbrauchers in der Gesellschaft insgesamt.

Der Schwerpunkt der Maßnahmen zur Erreichung dieses Zieles liegt vor allem auf der *Regelung des Vertragsinhalts* und nicht des Vertragsabschlusses. Dabei wird auch die Notwendigkeit von Maßnahmen zur Wahrung eines angemessenen Preises für Waren und Dienstleistungen gesehen, also eine Regulierung und Kontrolle des Äquivalenzverhältnisses, und nicht nur der vertraglichen Nebenbedingungen.[247]

Die Maßnahmen zum sozialen Schutz des Verbrauchers reichen im einzelnen von einer Regulierung bestimmter Verträge durch zwingende Normen (z.B. Mietverträge), über den rechtlichen Zwang des Unternehmers zum Vertragsabschluß in bestimmten Fällen und die vorherige staatliche Kontrolle der Standardverträge verschiedener Dienstleistungsunternehmer, bis hin zur staatlichen Überwachung der Preise bestimmter besonders wichtiger oder gar lebensnotwendiger Waren und Dienstleistungen.[248]

---

[246] Vgl. unten Kapitel 3 A III.
[247] Siehe vor allem A. TANSŌ / T. WADA (1984) 191 ff.
[248] Vgl. insbesondere im 3. Kapitel die Abschnitte C I und II (regulierte Verträge), G I und II (AGB-Kontrolle); im 4. Kapitel die Abschnitte A II (Abschlußzwang) und III (Preiskontrolle).

## 3. Neue und alte Aufgaben des Verbraucherschutzes

Die angesprochenen Aufgaben des Rechts zum Ausgleich der Ungleichgewichtslage zwischen Verbrauchern und Unternehmern beim Vertragsschluß und zur Förderung der materiellen Vertragsfreiheit kann man als die *moderne* Problemstellung des japanischen Verbrauchervertragsrechts bezeichnen. Hierauf ist auch in der Regel der Hauptfokus der Diskussion in der neueren japanischen Literatur gerichtet.

Dagegen ist die Gewährleistung angemessener Lebensbedingungen der Verbraucher schon unter anderer Etikette lange vor dem Zweiten Weltkrieg als Aufgabe des Rechts angesehen worden (*soziales Recht, Daseinsvorsorge* etc.). Sowohl bei den neueren gesetzlichen Regelungen als auch in der Rechtsprechung und in der Diskussion in der Literatur kommt es allerdings gelegentlich zu Überschneidungen der Motive, Ziele und Aufgaben sowie Regelungsmethoden.

### V. Umfang und Gebiete des Verbrauchervertragsrechts in Japan

Als nächstes stellt sich die Frage, welche Vertragstypen oder Geschäftsarten bzw. Geschäftsformen in Japan zum Verbrauchervertragsrecht gehören. Bezug zum Verbrauchervertragsrecht haben natürlich alle japanischen Gesetze, Urteile und sonstigen staatlichen Maßnahmen, die zum Zwecke der oben angesprochenen Aufgaben des Verbraucherschutzes den Abschluß oder den Inhalt individueller Verbraucherverträge in Japan regulieren bzw. kontrollieren. Das kann also prinzipiell *alle* Arten von Verträgen zwischen einem Verbraucher und einem Unternehmer betreffen.

Bei dem Versuch, dem abstrakten Begriff „Verbrauchervertrag" konkrete Geschäftsarten oder Vertragstypen zuzuweisen oder andere inhaltliche Strukturen zu geben, stößt man auf vielfältige Probleme. Zum einen verursacht die bereits festgestellte Unbestimmtheit der Begriffe „Verbraucher", „Unternehmer" und „strukturelles Ungleichgewicht" Schwierigkeiten. Zum anderen ist das Problem zu berücksichtigen, daß auch die einzelnen Regelungen nicht immer auf einen „allgemeinen Verbrauchervertrag" Anwendung finden. So gibt es allgemeine Regelungen, die auch, aber nicht nur Verbraucherverträge betreffen, die aber bei Verbraucherverträgen oder nur bestimmten Typen von Verbraucherverträgen besonders angewandt werden. Zweitens gibt es Regelungen, die alle Verbraucherverträge ohne Ausnahme betreffen, und drittens Sonderregeln, die nur ganz bestimmte Typen von Verbraucherverträgen betreffen. Wo hier die Schwerpunkte im japanischen Recht gesetzt werden, *i.e.*, bei welchen Arten von Verträgen oder Geschäften besondere Probleme gesehen werden und welche dann zugleich als problematische Verbrauchergeschäfte angesehen und besonders geregelt werden, ist mit einer allgemeinen und dennoch inhaltlich konkreten Aussage kaum zu beschreiben.

Welche Art von Geschäften und Vertragstypen sowie Geschäftsformen in einem Land besonders geregelt werden, bestimmt sich vor allem erst durch die *konkret auftretenden Probleme und deren Wahrnehmung als Verbraucherprobleme.*[249] In Japan spielt hierbei auch die oben angesprochene Vielfalt der Aufgaben des Verbraucherschutzes eine bedeutende Rolle. Ferner, je größer die wirtschaftlichen Schäden und gesellschaftlichen Probleme sind, die bei einem bestimmten Geschäftstyp entstehen, desto selbstverständlicher wird dieser in einem Land als ein zentrales Problem des Verbraucherrechtes angesehen – so auch in Japan. Die gegenwärtige Struktur des Verbraucherrechts in Japan muß daher als *Ergebnis eines spezifisch historischen Prozesses* begriffen werden, auf den eine Vielzahl von gesellschaftlichen und rechtlichen Faktoren ihren Einfluß hatten. Deshalb sind einige Problembereiche bzw. Geschäftstypen des Verbraucherrechts in Japan identisch mit denen in Deutschland und anderen Ländern, andere aber werden nur oder besonders in Japan mit wichtigen Verbraucherproblemen in Zusammenhang gebracht, mit der Folge, daß diese besondere Aufmerksamkeit durch die Gerichte erfahren oder daß dafür eigens Gesetze geschaffen werden (z.B. Verträge über Mitgliedschaftsrechte in Golfclubs[250]).

Ein wichtiger Anknüpfungspunkt bei der Zuordnung einer Geschäftsart zum Verbraucherrecht kann zwar sein, daß bei diesem ein besonders stark ausgeprägtes strukturelles Ungleichgewicht zwischen den Vertragspartnern existiert. Das ist aber, wie bereits angesprochen, nicht nur ein Kriterium für einen Verbrauchervertrag. Es ist auch kein Kriterium dafür, daß diese Vertrags- oder Geschäftsart bzw. Geschäftsform damit automatisch zum besonderen Verbraucherproblem avanciert und entsprechende Aufmerksamkeit durch den Gesetzgeber oder die Gerichte erfährt. Eine Einordnung und Behandlung der einzelnen Geschäfts- und Vertragsarten, der gesetzlichen Regelungen und der zahlreichen Urteile als Teil des Verbraucherrechts bzw. Verbrauchervertragsrechts geschieht in Japan somit mitunter recht willkürlich bzw. gefühlsgeleitet.

Der Inhalt und Umfang des Verbrauchervertragsrechts kann daher nicht mit einer allgemeingültigen Definition erfaßt werden, nicht für ein einzelnes Land wie Japan und erst recht nicht universell. Der Versuch der abschließenden Festlegung der Grenzen des Verbrauchervertragsrechts wird deshalb hier auch nicht unternommen.[251] Bei der Auswahl der einzelnen besonders zu behandelnden Bereiche war es vielmehr erforderlich, sich grundsätzlich an der japanischen Literatur zu orientieren und zu versuchen, bei Zugrundelegen eines weiten

---

[249] S. IKEDA / Y. OKUDA (2003) 123 sprechen davon, daß der japanische Gesetzgeber sich immer nur dann zum Handeln veranlaßt sieht, wenn konkrete gesellschaftliche Probleme auftreten, für die das gegenwärtige Recht keine adäquate Lösung bereithält.

[250] Auch als Verbraucherproblem behandelt und dargestellt z.B. in K. SATŌ (1996) 335-337 und die Fälle mit Anmerkungen in S. KIMURA / J. HONDA / H. CHIBA (2000) 223 ff.

[251] Ausführlich zum Problem, ob es möglich oder überhaupt sinnvoll ist für das "Verbraucherrecht" oder den "Verbrauchervertrag" eine abstrakte Beschreibung zu finden vgl. T. MATSUMOTO (1991).

Konzeptes des Verbrauchers und des Verbrauchervertrags den gegenwärtigen Zustand des japanischen Verbrauchervertragsrechts zu beschreiben. Über allgemeine Regelungen hinaus, die zumindest in besonderem Maße auch Verbraucherverträge betreffen und solche, die für alle Arten von allgemeinen und spezifischen Verbraucherverträgen gelten, werden folgende Problemfelder und Geschäftstypen in Japan als besonders bedeutsam angesehen.

## 1. Unlautere Geschäftspraktiken und -formen

Als ein Hauptproblem im Zusammenhang mit Verbraucherverträgen betrachtet man in Japan insbesondere die seit den 1980er Jahren zunehmende Anzahl verschiedenartiger unlauterer oder betrügerischer Geschäftspraktiken und -formen bei Verbrauchergeschäften. Zum Teil handelt es sich hierbei um Geschäfte, bei denen nur die Art und Weise des Vertragsabschlusses als unlauter zu beurteilen ist, zum Teil ist aber zusätzlich auch der Inhalt des Geschäfts problematisch. Übergreifendes Kennzeichen der hierunter fallenden Geschäfte ist vor allem die hohe Anzahl an Verbraucherbeschwerden und die dadurch hervorgerufene breite öffentliche Aufmerksamkeit. Grundsätzlich kann man drei Kategorien unterscheiden, die alle mehr oder weniger deutliche Bezüge zum Problem des strukturellen Kräfteungleichgewichts bei Verbraucherverträgen aufweisen:

(1) Geschäfte mit problematischen Verkaufs- und Vertriebsformen (*hanbai hōhō*),
(2) Dienstleistungsgeschäfte, bei denen langfristig bindende Verträge üblich sind (*keizokuteki ekimu*), und
(3) besonders unlautere und betrügerische Geschäfte (*akutoku shōhō*[252], *sagiteki shōhō*[253]).

Mehrere Geschäftstypen der (1) und (2) Kategorie werden mittlerweile durch das Handelsgeschäftegesetz (HGG) oder ähnliche Sondergesetze zum Schutze des Verbrauchers besonders geregelt. Die dort enthaltenen Regelungen betreffen vor allem den Abschluß von Verträgen. Einige der unter (3) einzuordnenden Geschäftstypen werden ebenfalls durch das HGG reguliert, teilweise gibt es auch andere spezielle Gesetze. In vielen Fällen bestehen jedoch keine Sonderregelungen. Seit April 2001 wird die Rechtsposition des Verbrauchers zumindest auch durch das Verbrauchervertragsgesetz gestärkt.

---

[252] Wörtlich: „unmoralische Geschäfte".
[253] Wörtlich: „betrügerische Geschäfte"; eine weitere gängige Bezeichnung mit der gleichen Bedeutung lautet „*gimanteki shōhō*".

## a) Problematische Verkaufs- und Vertriebsformen (1)

Zu den Geschäften mit problematischen Verkaufs- und Vertriebsformen[254] zählen insbesondere solche, bei denen der Kunde Gefahr läuft, überrumpelt zu werden und unbesonnen einen Vertrag zu schließen. Dies wird dann angenommen, wenn er wegen der Umstände des Vertragsschlusses oder der Komplexität des Geschäftes den Geschäftsgegenstand im Hinblick auf seine Bedürfnisse nicht sogleich richtig einzuschätzen vermag. Auch wird hierbei in Rechnung gestellt, daß ein Verbraucher wegen bestimmter äußerer Umstände geneigt sein kann, sich zum Vertragsschluß leicht hinreißen zu lassen oder gedrängt zu fühlen – insbesondere im Falle der „aggressiven" Kundenwerbung des Unternehmers oder seiner Hilfspersonen.

Das Handelsgeschäftegesetz enthält besondere Regeln für den Abschluß von Verträgen nur bei den folgenden Geschäftstypen:[255]

- „Haustür- und Vertretergeschäfte (*hōmon hanbai*)" oder ähnliche Formen des Vertriebs von Produkten außerhalb der Verkaufsräume des Unternehmers (*mu-tenpo hanbai*);
- Fernabsatzgeschäfte (*tsūshin hanbai*);
- Telefongeschäfte, i.e. der Verkauf von Produkten am Telefon (*denwa kanyū hanbai*);
- Kettenabsatzgeschäfte, i.e. Geschäfte, bei denen Absatzhelfer in ein Vertriebssystem eingebunden werden zum Absatz von Produkten; i.e. der Verbraucher wird als „Berater" oder „Verkäufer" eingesetzt (*rensa hanbai torihiki*,[256] wörtlich „Kettenverkaufsgeschäfte", oder umgangssprachlich häufig auch *maruchi shōhō*[257] genannt);

---

[254] Als Problemfeld des Verbraucherrechts umfassend erörtert z.B. in S. Itō / K. Kimoto / C. Mura (2000) 85-105; K. Satō (1996) 345-378; A. Takeuchi (1977) 13-30; J. Nagao (2001) 93-107; S. Itō (1998) 55-123; ferner wurden entsprechende Gerichtsentscheidungen aufgenommen in mehreren Fallbüchern zum Verbraucherrecht, vgl. etwa S. Kimura / J. Hoda / H. Chiba (2000) 186-219 und T. Hiramatsu / Y. Inoue / T. Tanoue (1994) 164-175.

[255] Ausführlich unten Kapitel 3 C III.

[256] Die Aufnahme der Tätigkeit des Absatzhelfers in solchen Vertriebssystemen ist nicht in allen Fällen gesetzlich besonders reguliert. Kettenabsatzgeschäfte im Sinne des HGG müssen ferner noch einen bestimmten Anreiz zur Werbung weiterer Absatzhelfer setzen (im einzelnen vgl. Art. 33 I HGG und unten Kapitel 3 C III).

[257] Die Verwendung der Bezeichnung „*maruchi shōhō*" ist nicht eindeutig. Sie wurde schon vor Einführung der Regelung durch das Handelsgeschäftegesetz (damals noch: Gesetz über Haustür- und Vertretergeschäfte) verwendet. Der Begriff leitet sich ab von einer ursprünglich aus den USA stammenden Vertriebsstrategie und ist dort unter der Bezeichnung „*multilevel marketing plan* bzw. *system*" bekannt ist. Diese Geschäftsform existiert auch in Deutschland; z.B. bedient sich das Kosmetikunternehmen AVON dieser Absatzstrategie. Allerdings würde der AVON-Geschäftstypus nicht unter den Anwendungsbereich des HGG fallen. „*Maruchi shōhō*" wird heute teilweise als Synonym für Kettenabsatzgeschäfte (*rensa hanbai torihiki*) im Sinne des HGG gebraucht, teilweise aber auch nur für besonders betrügerische Formen solcher Vertriebssysteme, die „Schneeballgeschäften" gleichen. Vgl. zum Problem der Bezeichnung M. Saitō / S. Ikemoto / Y. Ishitoya (2001) 189.

– Geschäfte über die Vermittlung oder die Beschäftigung von Personen in Heimarbeit, bei denen solche Heimarbeitsverträge gekoppelt werden mit dem Verkauf von hierfür benötigten Hilfsmitteln (*gyōmu teikyō yūin hanbai torihiki*; auch *naishoku shōhō* genannt). In Japan ist eine Vielzahl von Fällen aufgetreten, bei denen die Beschäftigungsmöglichkeit nur ein Vorwand gewesen ist, um Waren verschiedenster Art, z.B. Computer etc., zu verkaufen. Häufig sind die mit der Arbeit verbundenen Verdienstaussichten geringer als es auf den ersten Blick erscheint.

Es ist zu erwarten, daß der japanische Gesetzgeber ähnliche Verbrauchergeschäfte dem HGG hinzufügen wird, sobald diese sich zu einem weitverbreiteten gesellschaftlichen Problem entwickeln. Das HGG war ursprünglich vor allem zur Behandlung der verschiedenen Formen der sogenannten Haustür- und Vertretergeschäfte konzipiert gewesen und hatte auch eine entsprechende Bezeichnung, nämlich „Gesetz über Haustür- und Vertretergeschäfte (*Hōmon hanbai-tō ni kansuru hōritsu*)[258]". Dies wurde vielfach im Deutschen mit „Gesetz über Haustürgeschäfte" oder ähnlich übersetzt.[259] Der Anwendungsbereich des Gesetzes ging aber schon immer über die „reinen Haustürgeschäfte" hinaus. Die meisten der anderen genannten Geschäftsarten wurden nach und nach ergänzt, und das Gesetz im Jahr 2000 schließlich umbenannt, um so den weiterreichenden Anwendungsbereich bereits durch den Namen hervorzuheben.

*b) Dienstleistungen mit langfristig bindenden Verträgen (2)*

In die zweite Kategorie fallen Dienstleistungen, bei denen der Kunde sich üblicherweise für eine längere Zeit vertraglich an den Unternehmer binden muß (Dauerschuldverhältnis), ohne daß er die Qualität der Leistung des Unternehmers oder seine eigenen Bedürfnisse bei Vertragsschluß vernünftig einzuschätzen vermag.[260]

Das Handelsgeschäftegesetz regelt derzeit nur den Abschluß und die besondere Kündigung von Verträgen über die Erbringung von sechs Arten von Dienstleistungen; dort als „spezifische (langfristige) Dienstleistungen" (*tokutei keizokuteki ekimu*) bezeichnet:[261]

– (Fremd)Sprachenunterricht (*gogaku kyōiku*);
– Schönheits- oder Schlankheitsbehandlungen (*esutetiku sābisu*);
– Nachhilfe-Privatunterricht, gewöhnlich zur Vorbereitung auf die Eintrittsprüfung an Universitäten oder höheren Schulen (*gakushū juku*), in speziellen Privatschulen;

---

[258] Wörtlich: "Gesetz über den Besuchs-Verkauf".
[259] Vgl. z.B. T. ISOMURA (1993) 37; B. GÖTZE (1994) 432.
[260] Besonders als Verbraucherproblem behandelt z.B. bei K. SATŌ (1996) 329-334, J. NAGAO (2001) 119-130; und sehr ausführlich durch NIHON BENGOSHI RENGŌ-KAI (1995).
[261] Im einzelnen unten Kapitel 3 C III und E.

- der durch Nachhilfelehrer (*katei kyōshi*) individuell erteilte professionelle Privatunterricht zu Hause oder an ähnlichen Orten;
- Ehevermittlung, Partnervermittlung (*kekkon aite shōkai sābisu*); und
- Schulungen am Computer, entweder individuell oder in der Gruppe (*pankon kyōshitsu*).

Somit sind nicht alle Formen von Verträgen über die fortgesetzte Erbringung von Dienstleistungen als Verbrauchergeschäft besonders geregelt. Weitere ähnliche Geschäftsformen können aber jederzeit durch Erlaß bzw. Reform einer Regierungsverordnung (*seirei*) zum HGG ergänzt und so der Abschluß von damit zusammenhängenden Verbraucherverträgen besonders reguliert werden. Einige weitere langfristige Verträge über bestimmte Dienstleistungen werden darüber hinaus durch andere spezielle Gesetze geregelt, wie z.B. die oben bereits erwähnten Verträge über die Mitgliedschaft in Golfclubs.[262] Auf die überwiegende Anzahl von Dienstleistungsverträgen, die demgegenüber spezialgesetzlich keine rechtliche Ausgestaltung gefunden haben, finden derzeit nur das Zivilgesetz und das Verbrauchervertragsgesetz Anwendung.

c) *Unlautere und betrügerische Geschäfte* (akutoku shōhō) *(3)*[263]

Die dritte Kategorie umfaßt alle Verträge im Zusammenhang mit besonders betrügerischen und unlauteren Geschäftsarten, -formen und -praktiken. Die Bezeichnung verrät bereits, daß in diese Kategorie nicht nur Geschäfte fallen, bei denen der Tatbestand des strafrechtlichen Betruges erfüllt ist – diese machen nur den kleineren Teil aus. Der Begriff *akutoku shōhō* umfaßt vielmehr alle Geschäfte, bei denen der Unternehmer (mehr oder weniger) bewußt seine gegenüber dem Verbraucher obliegenden Sorgfaltspflichten, insbesondere Aufklärungspflichten nicht erfüllt und offensichtlich die Absicht verfolgt, den Verbraucher zu übervorteilen.[264] Je nach Geschäftsform bestehen im einzelnen erhebliche Unterschiede hinsichtlich des spezifischen rechtlichen Problems. Häufig wird neben der spezifischen Form des Vertragsabschlusses das Geschäft auch insgesamt vom Inhalt her als unlauter oder betrügerisch angesehen, so daß

---

[262] Reguliert durch das Gesetz über die Förderung angemessener Mitgliedschaftsverträge in Golfclubs und ähnlichen Freizeiteinrichtungen (*Gorufujō-tō ni kakaru kai'in keiyaku no tekisei-ka ni kansuru hōritsu*) (Vgl. auch unten Kapitel 4 A). Die Golfclubs sind meist privat, als „Unternehmen", und nicht in Form eines gemeinnützigen Vereins organisiert. Es besteht gewöhnlich auch hier das Problem der langfristigen vertraglichen Bindung des Mitglieds und der fehlenden Möglichkeit der Einschätzung der Leistung bei Vertragsabschluß. Zudem ist die bei Vertragsabschluß zu entrichtende Aufnahmegebühr meist außerordentlich hoch, so daß sich die Problematik aus Sicht eines unzufriedenen Mitglieds mit der Einrichtung besonders verschärft. Reguliert wird vor allem der Vertragsabschluß.

[263] Einen umfangreichen Überblick über die verschiedenen Geschäftsformen, die hierzu gezählt werden, und deren typische Probleme findet man z.B. bei K. YAMAGAWA (1989); T. MARUKI (1989); ferner enthält die Novemberausgabe 1987 der Zeitschrift Hōgaku Seminā einen umfangreichen Sonderteil zum Thema *akutoku shōhō*.

[264] C. MURA (1989) 57.

dann ein Anlaß sowohl für eine Regulierung und Kontrolle des Vertragsabschlusses als auch des Vertragsinhalts gesehen wird. Manchmal ist aber das Geschäft an sich gar nicht problematisch, sondern nur die spezifische Art der Vertragswerbung oder der Durchführung durch unredliche Unternehmer, wodurch der Geschäftstyp dann insgesamt in die Kategorie der unredlichen Geschäfte eingeordnet wird. Die ständig zunehmende Anzahl unlauterer Geschäftsarten oder -methoden stellt den japanischen Gesetzgeber und die Rechtsprechung immer wieder vor neue Probleme. Einige dieser Geschäfte fallen bereits auch unter den Anwendungsbereich des Handelsgeschäftegesetzes oder anderer Sondergesetze. Für die meisten Formen allerdings bestehen (noch) keine besonderen gesetzlichen Regelungen; jedoch ist die *richterliche Kontrolle* besonders stark ausgeprägt, vor allem unter Anwendung des *Deliktsrechts*. Allen Geschäftformen ist gemeinsam, daß sie in Japan hohe Aufmerksamkeit erfahren, was sich vor allem an der großen Anzahl von Beschwerden und Klagen sowie der hohen Gesamtschadenssumme zeigt. Zu den wichtigsten Geschäftsformen bzw. -methoden gehören die Folgenden:

– Betrügerische Geschäfte mit wertlosen Grundstücken (*genya shōhō*, wörtlich: „Feld-Handel").[265]
– „Schneeballgeschäfte" (*nezumi-kō*, wörtlich: „Mäusenest"): Hier geht es um Personenvereinigungen, die in einer Art Pyramidenstruktur organisiert sind und bei denen meist eine Aufnahmegebühr von neuen Mitgliedern verlangt wird, die dem System nach teilweise demjenigen zugute kommt, der das neue Mitglied geworben hat, und teilweise denjenigen, die den Werber zuvor geworben haben. Das System ist in der Regel so konzipiert, daß das Werben neuer Mitglieder irgendwann unmöglich wird und dann zusammenbricht. Die letzten erfolglos werbenden Mitglieder bleiben dann auf ihrem finanziellen Schaden sitzen. Diese Art Geschäft ist mittlerweile durch das Schneeballgeschäfte-Verbotsgesetz verboten.[266]
– Besonders unlautere und betrügerische Formen von „Kettenabsatzgeschäften" (s.o.), die von der Konzeption her einem Schneeballgeschäft gleichen; d.h. es müssen Verbraucher als Absatzhelfer in einem pyramidenförmig strukturierten Vertriebssystem andere Verbraucher als Absatzhelfer verschiedener Waren anwerben, um selbst einen Gewinn zu erzielen oder um nicht zumindest selbst einen erheblichen Verlust zu erleiden – es ist aber von vornherein absehbar, daß dieses System zwangsläufig irgendwann zusammenbrechen wird und ein finanzieller Schaden bei den Beteiligten anfällt, die keine weiteren Verkäufer werben können. Häufig wird zwischen den Bezeichnungen „*maruchi shōhō*" und „*maruchi magai shōhō*" unterschieden; der erste Begriff bezeichnet dann eine Vertriebsmethode,

---

[265] Vgl. die Fälle mit Anmerkungen in S. KIMURA / J. HONDA / H. CHIBA (2000) 292-302. Dazu auch T. MURAMOTO (1987). Siehe auch den Fall unten Kapitel 3 I 2 c dd.
[266] Vgl. auch unten Kapitel 3 A III 2 b bb iii und IV 2 c sowie die Fälle mit Anmerkungen in S. KIMURA / J. HONDA / H. CHIBA (2000) 206-212. Gesetzesangaben bereits oben in Fn. 118.

B. *Ungleichgewicht, soziale Bedürfnisse und Aufgaben* 83

die vom Anwendungsbereich des Handelsgeschäftegesetzes umfaßt ist, der zweite eine Form, die das Gesetz (bewußt) umgeht.[267]
- Verschiedene Formen betrügerischer oder besonders riskanter Finanzanlagegeschäfte als Verbrauchergeschäfte („*rishoku shōhō*"[268] genannt, wörtlich: „Renditegeschäfte"). Teilweise liegt das unlautere Element in der Konzeption des Geschäfts selbst begründet, wie bei dem sogenannten „*Toyota-Shōji-Fall*".[269] Teilweise wird nur die Geschäftswerbung und Geschäftsdurchführung unlauter betrieben; berüchtigt sind diesbezüglich beispielsweise Warentermingeschäfte (*shōhin sakimono torihiki*)[270], Hypothekenbriefgeschäfte (*teitō shōken torihiki*), Anlageversicherungsgeschäfte, bei denen die Prämiensumme veränderlich ist (sogenannte „Wechselwertversicherungen" (*hengaku hoken*)[271]) und Geschäfte mit verbrieften Mitgliedschaftsrechten in bezug auf Freizeiteinrichtungen wie Golfclubs (*kai'in-ken shōhō*[272]).[273]
- Verschiedene Formen besonders problematischer Vertretergeschäfte – bei denen der Vertragsabschluß meist schon durch das HGG besonders geregelt ist – wie z.B. reißerische eintägige Verkaufsveranstaltungen (*saimin shōhō*, wörtlich: „hypnotisierende Geschäfte", manchmal auch „*SF shōhō*"[274] genannt), Werbung zum Absatz von Produkten in öffentlichen Verkehrsmitteln oder auf der Straße bzw. sonst öffentlich zugänglichen Verkehrsflächen (*kyatchi sērusu* [„catch sales"]), Verkauf von Waren anläßlich bestimmter, vom Unternehmer durchgeführter Freizeitveranstaltungen, wie z.B. „Kaffee- bzw. Butterfahrten" (*apointomento sērusu* [„appointment sales"][275]).
- Betrügerische (Verkaufs-) Geschäfte unter Ausnutzen der religiösen Gefühle oder des Aberglaubens der Menschen (*kaiun shōhō*[276] oder *reikan shōhō*[277]).
- *Naishoku shōhō* (s.o.).[278]

---

[267] Besonders viel Aufmerksamkeit erfuhr der sogenannte „Belgische Diamanten Fall"; dazu ausführlich unten Kapitel 3 A IV 2 c; vgl. auch die Fälle mit Anmerkungen in S. KIMURA / J. HONDA / H. CHIBA (2000) 213-219; T. HIRAMATSU / Y. INOUE / T. TANOUE (1994) 171-173.
[268] Dazu M. IWAMOTO (1987).
[269] Dazu ausführlich unten Kapitel 3 A IV 2 b.
[270] Dazu ausführlich unten Kapitel 3 A IV 2 a.
[271] Vgl. dazu unten den Fall unter Kapitel 3 I 2 c cc, sowie die Fälle bei S. KIMURA / J. HONDA / H. CHIBA (2000) 154-158.
[272] Dazu M. ASAOKA (1987).
[273] Vgl. auch die Fälle mit Anmerkungen in T. HIRAMATSU / Y. INOUE / T. TANOUE (1994) 174-178, 183-184 sowie S. KIMURA / J. HONDA / H. CHIBA (2000) 102-159, 221-261.
[274] „SF" sind die Anfangsbuchstaben des zusammengesetzten Begriffs „*shin-seihin fukyū-kai*" (Verkaufsveranstaltung für Neuwaren), vgl. KEIZAI KIKAKU-CHŌ (2000b) 41.
[275] Zu den letzten beiden Geschäftsformen K. TORII (1987).
[276] Wörtlich etwa zu übersetzen mit: „Geschäfte mit dem Glück".
[277] Wörtlich: „spirituelle Geschäfte"; umfassend zu dieser Art von Geschäften und den typischen Problemen M. TANAMURA (1995); T. KIMURA (1987).
[278] Dazu M. TAMAMOTO (1987).

## 2. Privat- bzw. Kleinanlegerschutz, Finanzgeschäfte von Privatkunden

Als besonders problematische Verbrauchergeschäfte werden in Japan auch Finanzanlagegeschäfte mit Privatanlegern angesehen, obwohl diese zumindest keine typischen Verbrauchergeschäfte darstellen, da hierbei weder der Verbrauch einer Ware noch die Verwendung einer Dienstleistung zu privaten Zwecken im Vordergrund steht, sondern das Erwirtschaften von Renditen. Gleichwohl besteht bei solchen Geschäften in der Regel ein ausgeprägtes Ungleichgewicht in bezug auf Kenntnisse und Informationen zwischen dem Vermittler oder Verkäufer von Finanzinstrumenten und dem Privatanleger, ähnlich wie dies bei vielen Verbrauchergeschäften der Fall ist.

Das führt dazu, daß der Privatkunde häufig die Risiken des Geschäfts nicht richtig einzuschätzen vermag und daher auf eine angemessene Aufklärung durch den Geschäftspartner angewiesen ist. Zahlreiche Unternehmer fallen in Japan dadurch auf, daß sie eine solche Aufklärung unterlassen, nur unzureichend aufklären oder durch insgesamt unseriöse Geschäftspraktiken eine große Anzahl von Verbrauchern schädigen. Aus diesem Grunde wird das Problem des Privat- und Kleinanlegerschutzes in Japan üblicherweise zu den Verbraucherschutzproblemen im weiteren Sinne gezählt.[279]

Zahlreiche Abhandlungen und Fallsammlungen zum Verbraucherschutzrecht verwenden scheinbar selbstverständlich Finanzanlagegeschäfte verschiedenster Arten und Anlageberatungsgeschäfte als Beispiele für Verbrauchergeschäfte und zur Darstellung der dabei typischerweise auftretenden Rechtsprobleme.[280] In der Rechtspraxis werden Privatanlegergeschäfte ebenfalls wie Verbrauchergeschäfte behandelt und die dabei auftretenden rechtlichen Probleme als Verbraucherrechtsprobleme wahrgenommen. Finanzanlagegeschäfte von Verbrauchern fallen schließlich auch unter den Anwendungsbereich des Verbrauchervertragsgesetzes.[281] Einige Formen der Finanzanlagegeschäfte werden – wie oben bereits aufgeführt – auch den betrügerischen Geschäften (*akutoku shōhō*)

---

[279] So z.B. ausdrücklich Y. YAMAGUCHI (1990b) 1-3, und auch S. ITŌ / K. KIMOTO / C. MURA (2000) 42. Darstellung der richterlichen Kontrolle anhand der Rechtsprechung zur Haftung bei Verlusten aus Warentermingeschäften unter Kapitel 3 A IV 2 a.

[280] Z.B. J. NAGAO (1992) 238-253 (Wertpapier-, Aktiengeschäfte), 298-307 (Termingeschäfte); NAGOYA WĀKOSHOPPU (1987) 277-377 (Termingeschäfte); A. MORISHIMA / S. ITŌ (1995) 24-53 (Termingeschäfte, vor allem Warentermingeschäfte), 142-143 (verbriefte Aktienbezugsrechte (*waranto*)), 144-155, (Wertpapier-, Aktiengeschäfte), 136-137 und 146-147 (Geschäfte mit Wechselwertversicherungen, (*hengaku hoken*)); T. HIRAMATSU / T. TANOUE (1994) 176-179 (Warentermingeschäfte) und 183-184 (Anlageberatung); NAGOYA SHŌHISHA MONDAI KENKYŪ-KAI (1992) 223-301 (Termingeschäfte) und 303-324 (Wertpapier-, Aktiengeschäfte); K. SATŌ (1996) 338-344 (Wertpapiergeschäfte, Wechselwertversicherungsgeschäfte, Warentermingeschäfte) etc.; J. NAGAO (2001) 151-160 (Finanzgeschäfte allgemein).

[281] KEIZAI KIKAKU-CHO (2000a) 53-54.

zugeordnet. Gesetzliche Regelungen bestehen insbesondere hinsichtlich des Vertragsabschlusses und sind vor allem öffentlich-rechtlicher Natur.[282]

Über die Finanzanlagegeschäfte hinausgehend werden auch zunehmend „Finanzgeschäfte" aller Art unter Beteiligung eines Privatkunden als besonders problematische Verbrauchergeschäfte betrachtet. Das Finanzproduktehandelsgesetz[283] regelt eine Vielzahl verschiedener Finanz- und Finanzanlagegeschäfte. Ein wichtiges Ziel des Gesetzgebers bei der Schaffung des Gesetzes war auch der Verbraucherschutz.[284]

3. *Verbraucherkreditverträge*

Als eines der zentralen Probleme des Verbraucherrechts wird in Japan auch das Recht der Verbraucherkredite angesehen. Zwar war das Problem wucherischer Darlehens- bzw. Kreditverträge schon wesentlich früher als allgemeineres Problem bekannt, jedoch führte erst die zunehmende Überschuldung von Verbrauchern seit den 1970er Jahren dazu, daß es auch als gravierendes soziales Problem und damit auch als Verbraucherproblem wahrgenommen wird.[285] Dies ist darauf zurückzuführen, daß wucherische Geldverleiher, sogenannte „*sarakin gyōsha*", die nicht selten über enge „geschäftliche" Kontakte zur japanischen Unterwelt, *i.e.* den verschiedenen Syndikaten der *yakuza* verfügen, gegen Ende der 1970er Jahre immer häufiger durch skrupellose Methoden der Eintreibung von Zinsen und fälligen Raten von sich Reden machten.[286] Das Verbraucherkreditproblem wird in der Öffentlichkeit also vor allem als Problem wucherischer Kreditverträge und unzulässiger Geschäftsmethoden einer beachtlichen Zahl von Kredithaien wahrgenommen, deren Opfer oft einfache Verbraucher

---

[282] Vgl. unten Kapitel 4 I, aber auch Kapitel 3 D die zahlreichen Widerrufsrechte, die gerade auch bei Finanzanlagegeschäften bestehen.

[283] Ausführlich unten Kapitel 3 F.

[284] S. AOKI / T. MIWA / Y. UCHIYAMA (2001) 3; T. SAKURAI / T. UEYANAGI / Y. ISHITOYA (2002) 4-7.

[285] Zu den Ursprüngen und zur geschichtlichen Entwicklung des Verbraucherkreditproblems in Japan sowie den Reaktionen des Gesetzgebers und der Rechtsprechung siehe C. RAPP (1996a) 9-27. Ausführlich als besonderes Verbraucherproblem behandelt z.B. auch in K. SATŌ (1996) 259-328; J. NAGAO (2001) 141-150; und von A. TAKEUCHI (1995a), vgl. auch die Urteile mit Anmerkungen in S. KIMURA / J. HONDA / H. CHIBA (2000) 47-64, 79-88.

[286] Vergleiche das aufsehenerregende Urteil des DG Ōsaka vom 17.2.1980, in: Sarakin Nyūsu Nr. 7, S. 11) und die kurze Darstellung bei C. RAPP (1996a) 14-15. In dem Fall, der dem Urteil des DG Ōsaka zugrunde lag, wurde der Ehemann der Kreditnehmerin durch rüde Eintreibungsmethoden zur Tilgung des Krediles gedrängt. Unter anderem erschienen an seinem Arbeitsplatz vom Kreditgeber gesandte Leute, die vor dem Eingang mit lauter Stimme riefen, er solle endlich das von seiner Frau geliehene Geld zurückzahlen. Zudem brachten diese ein „Mahnschreiben" an der Tür an, in dem er zur sofortigen Rückzahlung aufgefordert wurde. Das Gericht sah dieses Verhalten als rechtswidrige Handlung an und verurteilte den Kreditgeber zur Zahlung von Schmerzensgeld in Höhe von 500.000 ¥.

sind. Zur Eindämmung dieser Machenschaften erfolgten in den Jahren 1983 und 1984 oben bereits erwähnte umfangreiche Gesetzesinitiativen.[287]

Im Zusammenhang mit wucherischen Verbraucherkrediten überlagert sich das in der Entwicklungsgeschichte schon sehr früh diskutierte allgemeine Motiv des Schutzes vor wucherischen Geschäften (*bōri kōi*), vor allem – aber nicht ausschließlich – im Zusammenhang mit Darlehensverträgen, und das spezielle Motiv des Verbraucherschutzes, das erst später hinzutritt.[288] Die besondere Betrachtung der Verbraucherkreditverträge in diesem Zusammenhang resultiert wohl vor allem daraus, daß im Gegensatz zu Unternehmenskreditverträgen der Verbraucher beim Abschluß von Kreditverträgen unmittelbar seine zukünftige Lebensgrundlage und die seiner Familie – zumindest zum Teil – belastet und sich so ein besonderes *soziales Schutzbedürfnis* ergibt; zudem besteht auch häufig eine Zwangslage bei Verbrauchern. Im Zusammenhang mit Verbraucherkreditverträgen sieht das japanische Recht eine Kombination von Abschluß- und Inhaltskontrolle vor. Die wichtigsten rechtlichen Regelungen in Japan zu Kreditgeschäften gelten aber nicht nur für Verbraucherkreditgeschäfte.[289]

### 4. Staatliche Daseinsvorsorge und öffentliche Leistungen

Im weiteren Sinne zählt man in Japan auch Probleme der Verfügbarkeit von Leistungsgegenständen, die für das Leben aller Menschen von besonders großer Bedeutung sind, zu den Verbraucherproblemen. Diese werden daher in mehreren Abhandlungen zum Verbraucherrecht behandelt.[290] Die Sicherung der Verfügbarkeit bestimmter Waren und Dienstleistungen für jedermann sieht man als gesamtgesellschaftliche Aufgabe an, wofür der Staat besondere Vorsorge zu treffen hat. Dazu gehören z.B. Postdienstleistungen, der Transport durch öffentliche Verkehrsmittel, die Versorgung mit Gas, Wasser und Elektrizität, Telekommunikationsgeschäfte etc. Dabei ist es in der Regel unerheblich, ob die Leistung noch durch ein öffentliches Versorgungsunternehmen erbracht wird oder wegen der zunehmenden Privatisierung durch ein privates Unternehmen. Grundlage ist regelmäßig ein privatrechtlicher Vertrag, der intensiv gesetzlich geregelt und behördlich kontrolliert wird, und auf den auch das Verbrauchervertragsgesetz Anwendung findet.[291]

---

[287] Vgl. oben A VI.

[288] Aus diesem Grunde werden frühe gesetzliche Regelungen zum Schutz des Kredit- bzw. Darlehensnehmers – genauso wie übrigens auch Gesetze zum Schutz des Mieters – teilweise als zwischen Verbraucherrecht und allgemeinem Privatrecht stehend eingeordnet (vgl. K. SATŌ (1996) 33-34).

[289] Zu den rechtlichen Regelungen im einzelnen Kapitel 3 C II.

[290] T. HIRAMATSU / Y. INOUE / T. TANOUE (1994) 156-164, unter dem Stichwort „öffentliche Gebühren (*kōkyō ryōkin*)"; So z.B. auch A. TANSŌ / T. WADA (1984) 191 ff. und A. SHŌDA (1972) 24-25, 118-124; erwähnt auch als Verbraucherproblem von K. SATŌ (1996) 22.

[291] KEIZAI KIKAKU-CHO (2000a) 45-46.

Bei der Regulierung dieser Verträge geht es um Maßnahmen der direkten Preiskontrolle aufgrund öffentlichen Rechts zur Gewährleistung der Grundversorgung der Bürger und zum Schutz vor Wucher sowie auch um die Kontrolle der vertraglichen Nebenbedingungen; *i.e.* also eine umfassende Kontrolle des Vertragsinhaltes.[292] Hintergrund für diese Regulierung ist jeweils das Bild des Verbrauchers als *seikatsu-sha*.[293]

## 5. Mietverträge über Wohnraum

Auch das Wohnungsmietrecht wird in Japan in einem weiteren Sinne zum Verbraucherrecht gezählt.[294] Allerdings werden Mietverträge wahrscheinlich aufgrund der besonderen historischen Entwicklung meist noch als Sonderfall betrachtet. Das Motiv des Mieterschutzes überschneidet sich mit dem Motiv des Verbraucherschutzes größtenteils und kann daher sowohl als besonderes soziales Schutzmotiv als auch als spezielle Ausformung des Verbraucherschutzmotivs eingeordnet werden. Bei Wohnungsmietverträgen besteht normalerweise ein gewisses Ungleichgewicht in der Verhandlungsstärke zwischen den Vertragspartnern, da der Mieter zum einen auf die Wohnung zum Leben angewiesen ist, und zum anderen, weil geeigneter Wohnraum gerade in Ballungszentren häufig knapp ist.[295] Die meisten Mietverträge fallen in Japan sowohl unter den Anwendungsbereich von Spezialgesetzen als unter den des Verbrauchervertragsgesetzes. Da bei Mietverträgen sowohl das Ungleichgewicht zwischen den Vertragspartnern als auch die besondere Bedeutung des Leistungsgegenstandes für das Leben der Verbraucher – mithin ein sozialer Gesichtspunkt – Regelungsmotive darstellen, ist dabei nicht nur die Regulierung des Vertragsabschlusses, sondern auch des Vertragsinhalts von großer Bedeutung.[296]

---

[292] Im einzelnen unten unter Kapitel 4 A II; III.
[293] Im einzelnen dazu oben bereits unter B III 3.
[294] Dies ist allerdings umstritten: Vgl. K. KAMATA (1997) 18. Im Verbraucherhandbuch (KEIZAI KIKAKU-CHŌ (2000b) 78, 82-83) z.B. wird das Mietrecht als Teil des Verbraucherrechts behandelt; in vielen anderen Abhandlungen taucht es dagegen nicht auf. Als frühe verbraucherschützende Gesetze werden die mietrechtlichen Sondergesetze in Japan auch bei K. SATŌ (1996) 30 bezeichnet. Umstritten übrigens ist dies auch in Deutschland; vgl. E. V. HIPPEL (1986) 262, der das Wohnraummietrecht als ein „Thema" bezeichnet, „das man – zumindest im weiteren Sinne – ebenfalls dem Verbraucherrecht zurechnen kann".
[295] Inwieweit dies der Fall ist hängt aber vor allem auch von der konkreten Situation auf dem Wohnungsmarkt ab. Meiner Einschätzung nach ist das Problem der Wohnungsknappheit in Japan nicht so stark ausgeprägt wie in Deutschland.
[296] Im einzelnen unten unter Kapitel 3 C I.

## VI. Fazit: Gemischte Motive der Regulierung bzw. Kontrolle von Verträgen im japanischen Verbrauchervertragsrecht

Das japanische Verbrauchervertragsrecht weist also insgesamt eine relativ unbestimmte Ordnung auf. Zum Zwecke des Verbraucherschutzes wird zwar die Notwendigkeit der Regulierung und Kontrolle des Abschlusses sowie des Inhaltes von Verbraucherverträgen grundsätzlich anerkannt, die Unterschiedlichkeit der Motive für die einzelnen Regelungen bereitet jedoch Schwierigkeiten bei dem Versuch, ein einheitliches Bild zu zeichnen. Die Probleme fangen mit der Frage an, wer geschützt werden soll, *i.e.* wer als Verbraucher anzusehen ist. Hier gibt es keine einheitliche gesetzliche oder wissenschaftliche Definition. Es ist gezeigt worden, daß die Vorstellung vom Verbraucher in Japan je nach sozialer Rolle und dem jeweiligen Zusammenhang unterschiedlich ist. Außerdem spielen hier nicht nur das vielbeschworene strukturelle Ungleichgewicht, sondern auch andere, mehr an materiellen Gerechtigkeitserwägungen orientierte Gesichtspunkte hinein. Dies sind maßgebliche Gründe für die vielfältigen Regelungsmotive und Aufgaben des Verbraucherrechts in Japan.

Letztlich ist auch der Begriff „Verbrauchervertrag" nicht eindeutig, und die Grenzen des Verbrauchervertragsrechts sind nicht eindeutig und abschließend bestimmbar. Das Verbrauchervertragsrecht beinhaltet sowohl rechtliche Regelungs- bzw. Kontrollmechanismen, die auf alle Verbraucherverträge Anwendung finden, als auch solche, die nur besondere Geschäfts- bzw. Vertragsarten betreffen. Die Qualifikation einzelner Geschäftsarten und -formen als Verbrauchergeschäfte oder der Grund für deren besondere Behandlung in Japan ist nicht immer logisch-zwingend, sondern von der Wahrnehmung der Menschen und der besonderen Aufmerksamkeit geprägt, die diese in der Rechtspraxis und Rechtslehre jeweils erfahren.

## C. Maßstab und weltanschaulicher Hintergrund für den Eingriff in die Vertragsfreiheit

Auf welche Weise und wie intensiv am Ende eine Rechtsordnung in die Privatautonomie der einzelnen zum Ausgleich der Interessen bzw. im öffentlichen Interesse regulierend eingreift, hängt oft nicht nur von dem konkreten Grund der Regulierung ab, sondern auch von der in einem Land vorherrschenden weltanschaulich-politischen Anschauung über die Rolle und Funktion des Staates in der Gesellschaft. Gerade bei der Beurteilung, ob ein Eingriff verhältnismäßig ist oder nicht, spielt dies oftmals eine bestimmende Rolle, denn hierdurch wird der Vorgang des gegeneinander Abwägens der einzelnen rechtlichen Prinzipien und der konkret beteiligten Interessen wesentlich beeinflußt. Es existieren in einer Gesellschaft immer mehrere konkurrierende Grundanschauungen, die sich zum Teil auch überlagern und die dem zeitlichen Wandel unterworfen sind. Die nachfolgenden Ausführungen bezwecken keine Gesamtdarstellung der japanischen Situation. Es muß hier vielmehr ein Überblick genügen.[297]

Grundsätzlich lassen sich die verschiedenen auch dem Vertragsrecht zugrunde liegenden Anschauungen wohl in zwei Gruppen einteilen, von denen die eine als mehr „liberal" und die andere mehr als „sozial" orientiert bezeichnet werden kann. Überwiegenden Einfluß auf die Entwicklung in Japan haben bisher soziale Anschauungen gehabt, die dem Staat eine besonders hervorgehobene Bedeutung beim Ausgleich der verschiedenen gesellschaftlichen Interessen einräumen. Freilich umschreibt die Bezeichnung als „sozial" oder „liberal" nicht unbedingt dieselben dahinter stehenden Wertvorstellungen wie in westlichen Ländern. Im allgemeinen kann man vielleicht zumindest soviel sagen, daß in Japan eine Tendenz besteht, das Attribut „liberal" als eher negativ im Sinne von „selbstsüchtig" und „eigennützig" zu interpretieren; „sozial" dagegen als dem Gemeinwesen Priorität vor der individuellen Freiheit einräumend.

Eine weitere Differenzierung der Anschauungen ist möglich nach der Betrachtungsweise. So lassen sich wirtschaftswissenschaftliche Ansätze beobachten, die zwischen Dirigismus und Liberalismus unterscheiden, politologische Ansätze, die nach der Rolle des Staates als paternalistisch oder liberal differenzieren und soziologische Ansätze, die die Grundlage des staatlichen Eingriffs einmal mehr aus einer individualistischen und einmal mehr aus einer kollektivistischen Betrachtungsweise beurteilen.[298] Wenn man die eben genannten Begriffspaare jeweils als zwei gegensätzliche Pole betrachtet, erscheint mir grundsätzlich angemessen, die Denkweise in Japan als mehr vom Dirigismus

---

[297] Weiterführend hierzu z.B.: G. RAHN (1990); M. MARUYAMA, (1961); T. KAWASHIMA (1967); T. UCHIDA (2000a); Y. KAWASUMI (1994/1995); A. ŌMURA (1990) 90 ff.; H. NAKAO (1994) 165-207.
[298] Ähnliche Differenzierung auch bei A. ŌMURA (1991) (1) 30.

und Kollektivismus bestimmt zu sehen. Zudem scheint die Vorstellung über den Staat als mehr paternalistisch charakterisiert werden zu können.

## I. Deregulierung und besondere Berücksichtigung marktwirtschaftlicher Grundsätze

Beeinflußt von der Entwicklung in den USA und liberalen Anschauungen in Europa beginnt in den 1980er Jahren allerdings ein Umdenken in der politischen Diskussion in Japan. Es gewinnt zunehmend die Einstellung an Bedeutung, daß der Staat sich mit direkten Eingriffen in wirtschaftliche Prozesse möglichst zurückhalten sollte, weil ein Übermaß an staatlicher Regulierung zu unverhältnismäßigen gesellschaftlichen Kosten führe, im übrigen auch im Zusammenhang mit Verbrauchergeschäften.[299] Der Staat solle daher die Deregulierung (*kisei kanwa*) weiter vorantreiben und sich grundsätzlich auf die Gestaltung der wirtschaftlichen Rahmenbedingungen beschränken. Hierbei handelt es sich um den derzeit aktuellsten Trend in Japan; man spricht in diesem Zusammenhang auch vom beginnenden „Zeitalter der Deregulierung" (*kisei kanwa no jidai*). Es ist allerdings eher zweifelhaft, ob dieser Paradigmenwechsel tatsächlich bereits zu einer grundsätzlichen Änderung der Gesellschaft im allgemeinen und des Rechtssystems im besonderen geführt hat. Dominierend sind wohl noch immer vor allem die nachfolgend unter II., III. und IV. erläuterten Strömungen.

Die Notwendigkeit der staatlichen Regulierung wird von den Befürwortern der Deregulierungspolitik nur dort gesehen, wo sie der Förderung einer funktionierenden Marktwirtschaft dient. Dies sei zum einen beim Ausgleich besonders großer Ungleichgewichte zwischen den Marktteilnehmern und einem dadurch bedingten Versagen des Marktmechanismus (*shijō no shippai*) der Fall.[300] Zum anderen bedürfe es einer staatlichen Regulierung überall dort, wo bestimmte gesellschaftliche Aufgaben typischerweise nur vom Staat erledigt werden könnten, wie dies bei im engeren Sinne hoheitlichen Aufgaben wie der Unterhaltung eines funktionierenden Justizwesens, der Polizei etc. der Fall sei, oder dort, wo gewisse Vorgaben des Staates unerläßlich seien, wie beispielsweise in Fragen der Abfallbeseitigung und des Umweltschutzes.[301] Im Zusammenhang mit der Verbraucherproblematik wird häufig ebenfalls ein Versagen

---

[299] K. KAMATA (1997) 5; K. SATŌ (1996) 20, 23-26; hierzu vgl. auch T. MATSUMURA, (1998) 32 ff; A. SHŌDA (1994) 36-42; verhalten dagegen äußert sich *Akio Ebihara* zu den Möglichkeiten der Deregulierung im Verbraucherrecht, wenn er ausführt, daß man darüber nachdenke, die Regulierung dort beizubehalten, wo sie eine Art „soziale Regulierung" und nicht nur eine „wirtschaftliche Regulierung" darstelle; A. EBIHARA (2001) 292.

[300] Vgl. zum Beispiel K. IWAI (1987), vor allem S. 155 ff., der mit seinem Ansatz auf Theorien der Wirtschaftswissenschaftler *John Maynard Keynes* und *Josef Alois Schumpeter* zurückgreift. Siehe auch S. OCHIAI (2001a) 14-15.

[301] K. SATŌ (1996) 20-22.

der natürlichen Regelungsfunktion des Marktes diagnostiziert.[302] Der Staat habe daher die Aufgabe, dafür zu sorgen, daß der Verbraucher in die Lage versetzt werde, im Wirtschaftsleben vernünftige, selbstbestimmte Entscheidungen zu treffen und hierdurch letztlich auch zum Ziele der Entwicklung einer effizienten Markwirtschaft beizutragen. Der Eingriff des Staates müsse sich aber immer auf das unbedingt notwendige Maß beschränken. Eine solche Regulierung diene letztlich nicht nur der Förderung der Effizienz des markwirtschaftlichen Wirtschaftssystems, sondern sei auch ein Beitrag zur Entwicklung der Gesellschaft insgesamt.[303]

In rechtlicher Hinsicht bedeutet dieser Paradigmenwechsel auch ein zumindest teilweises Umdenken bei der Wahl der Mittel der Regulierung. Zum einen ist man in Japan heute mehr als früher der Auffassung, daß im Verbraucherrecht auf eine unmittelbare (in vielen Fällen *ex ante*) Kontrolle des Staates aufgrund öffentlichen Rechts so weit wie möglich verzichtet und statt dessen wirksame zivilrechtliche Regelungen geschaffen werden sollten, die eine angemessene (*ex post*) Konfliktlösung unmittelbar zwischen den Beteiligten vor den Gerichten oder außergerichtlichen Streitschlichtungsstellen ermöglichen. Dies sei die mildere Form des staatlichen Eingriffs. Zum anderen sollte sich der Staat – wo immer möglich – auf die Makroregulierung zur Förderung des freien und fairen Wettbewerbs und Handels konzentrieren, anstatt Unternehmer individuell zu beaufsichtigen.[304] Als Resultat dieser Diskussion läßt sich in den letzten Jahren tatsächlich eine gewisse Re-Regulierung in Japan beobachten.[305] Im Verbraucherrecht ist diesbezüglich besonders die Schaffung des Produkthaftungsgesetzes, des Verbrauchervertragsgesetzes und des Finanzproduktehandelsgesetzes von Bedeutung.[306] Das darf aber nicht darüber hinwegtäuschen, daß die öffentlich-rechtliche unmittelbare Kontrolle von Unternehmern und Verbrauchergeschäften durch die Bürokratie nach wie vor eine wichtige Rolle im japanischen Verbraucherrecht spielt.

II. Unselbständigkeit der Verbraucher und paternalistische Staatsvorstellungen

Ein besonders wichtiges Hintergrundmotiv für die Regulierung und Kontrolle von Verträgen und von Unternehmern ist aber auch die nach wie vor besonders stark ausgeprägte Erwartungshaltung der Japaner gegenüber dem Staat, daß dieser eine wichtige Rolle sowohl bei der Verhinderung als auch der Bewältigung von Interessenkonflikten in der Gesellschaft spielt. Zwar wird in Japan

---

[302] K. SATŌ (1996) 20-22.
[303] K. SATŌ (1996) 26, 31-33.
[304] S. OCHIAI (1998) 4 ff.
[305] Vgl. diesbezüglich auch die Beiträge, die sich in J. BASEDOW u.a. (2002) mit der Lage in Japan beschäftigen.
[306] Zur Veränderung der Aufgaben und Methoden des Verbraucherrechts im Zeitalter der Deregulierung vgl. S. OCHIAI (2001a) 2-16.

seit Mitte der 1980er Jahre zunehmend die Eigenverantwortung betont und die verstärkte selbständige Konfliktvermeidung oder Konfliktlösung zwischen den Beteiligten auf Grundlage des Privatrechts propagiert; es muß aber berücksichtigt werden, daß viele japanische Verbraucher in dieser Rolle noch unerfahren sind. Nicht selten kommen Vertragsabschlüsse vor, bei denen die Verbraucher sich beinahe schon naiv gutgläubig verhalten und übervorteilen lassen. Auch die Bewältigung der infolge dessen auftretenden rechtlichen Probleme scheint viele Menschen zu überfordern. Gegenüber der allgemein bestehenden Erwartungshaltung scheint sich auch die japanische Verwaltung und Politik nicht verschließen zu wollen. In den vergangenen zwanzig Jahren zeigen vor allem die Politiker und Behörden auf Ebene der Präfekturen und der Kommunen eine zunehmende Bereitschaft, im öffentlichen Interesse und in bester Absicht die Interessen der Verbraucher wahrzunehmen und die erwartete aktive Beschützerrolle zu spielen.

Viele Japaner scheinen nur unzureichend mit dem Gedanken vertraut zu sein, daß sie in erster Linie selbst für die Bewältigung von Konflikten und die Verfolgung ihrer individuellen Rechte verantwortlich sind. Diese Form der Selbstbehauptung ist vielen noch fremd. Ursache hierfür ist mitunter, daß in der japanischen Gesellschaft die offene Form der Auseinandersetzung traditionell „verpönt" ist. Die Rücksichtnahme auf die Gruppe insgesamt und die Aufrechterhaltung der Harmonie (*wa*) unter den Beteiligten, auch unter Zurückstellen der eigenen Bedürfnisse und Interessen, gelten seit jeher als oberste japanische Werte, die auf alten konfuzianistischen und buddhistischen Traditionen fußen. *Rahn* faßt dieses Merkmal der japanischen Denkart treffend unter der Überschrift „Bewußtsein der sozialen Verbundenheit statt persönlicher Autonomie" zusammen.[307] Der Ausbruch eines offenen direkten Konfliktes in einer Gemeinschaft wurde bereits im japanischen Mittelalter als Schande aller Beteiligten angesehen, auch desjenigen, der – objektiv betrachtet – eigentlich „Recht hatte".[308] Diese Denkweise zeigt auch heute noch Nachwirkungen. In der japanischen Kultur ist das Konzept vom individuellen Recht insgesamt nicht sehr tief verwurzelt und die Behauptung und Durchsetzung dessen ist nicht mit der Vorstellung verbunden, daß hiermit die Verwirklichung des „Richtigen" einhergeht. Ganz im Gegenteil, der Verzicht auf den Widerspruch wird als besonders

---

[307] G. RAHN (1990) 37-55.

[308] Dieser Rechtsgrundsatz, der unter der Bezeichnung „*Kenka ryōseibai-hō*" bekannt ist, hatte spätestens ab der frühen *Muromachi*-Zeit (1333-1600) weit verbreitet Geltung und war in zahlreichen Gesetzen der einzelnen Provinzen und der zu Anfang weite Teile Japans beherrschenden Zentralregierung, des *Muromachi-bakufu*, niedergeschrieben. Seine Wurzeln reichen historisch aber bis in das Altertum, in die Zeit des Prinzregenten *Shōtokutaishi* (Anfang des 7. Jahrhunderts) zurück. Eine besonders krasse Ausprägung fand sich in einem Gesetz, erlassen durch die Provinzfürsten *Imagawa* im „Zeitalter der Kriege" (*sengoku jidai*), in der zweiten Hälfte der *Muromachi*-Zeit. Dort hieß es: „Diejenigen, die an einem Streit beteiligt waren, sind ohne Erörterung darüber, wer Recht oder Unrecht hatte, gleichermaßen mit dem Tode zu bestrafen" (*Kenka ni oyobu tomogara, rihi wo ronzezu, ryōhō tomo ni shizai ni okonau beki nari*). Im einzelnen hierzu: S. ISHII (1986); R. HATAKEYAMA (2001) 74 ff.; N. UEDA (2004).

ehrenwert angesehen.³⁰⁹ Das Konzept und der Begriff vom „subjektiven Recht" wurde erst gegen Ende des 19. Jahrhunderts aus dem Ausland importiert, blieb den Japanern aber lange Zeit fremd. Durch die großen gesellschaftlichen, politischen und wirtschaftlichen Veränderungen in der *Meiji*-Zeit (1867-1912), die Japan zu einem Staat im modernen Sinne werden ließen, und später durch die umfangreiche Demokratisierung des Landes nach dem Zweiten Weltkrieg hat sich zwar die Denkweise der Menschen erheblich geändert, bestimmte Wertvorstellungen wie das starke Bewußtsein der sozialen Verbundenheit in einem Gemeinwesen und die Zurückstellung des Ego haben aber überdauert. Daher wird auch heute die Verteidigung der eigenen Rechte zur Konfliktbewältigung nur unzureichend im Rahmen der Erziehung vermittelt. Die selbständige Rechtsverfolgung unter Inanspruchnahme der Zivilgerichte ist in Japan vielen Menschen daher nicht sehr vertraut (zu den Defiziten auch im System der Rechtspflege unten).³¹⁰

Das heißt andererseits nicht, daß es Japanern an einem Bewußtsein für die eigenen Rechte und Interessen mangelte. Dieses äußert sich aber nur auf anderem, indirektem Wege. Weit verbreitet ist die Vorstellung von einer aktiven Rolle des Staates beim Schutz der Bürger und Verbraucher. Vom Staat, vor allem von der Verwaltung, wird auch in Verbraucherangelegenheiten erwartet, daß er aktiv zur Verhinderung und Bewältigung auftretender Konflikte beiträgt. Die Verwaltung wird in diesem Zusammenhang nämlich vielfach als besonders vertrauenswürdig und kompetent angesehen.³¹¹ Die Wahrung der persönlichen Interessen und Rechte der Verbraucher wird also eher der Verwaltung als den Gerichten anvertraut. So wird zugleich auch eine direkte und unmittelbare Konfrontation mit der Gegenpartei vermieden. Dies ist ein Kennzeichen für eine *paternalistische Staatsauffassung*.³¹²,³¹³ Hierdurch erklärt sich vielleicht auch,

---

³⁰⁹ Bereits Art. 1 der „Verfassung der 17 Artikel" (*Jūshichi-jō no kenpō*), proklamiert unter der Regentschaft des Prinzregenten *Shōtokutaishi* im Jahre 604, verkörperte diese Wertvorstellung und erklärte das Gebot der Harmonie zum Leitprinzip der japanischen Gesellschaft.

³¹⁰ Die traditionelle Abneigung vieler Japaner, Zivilprozesse zu führen und statt dessen andere, indirektere oder informellere Wege der Konfliktbewältigung zu wählen, wird vielfach mit der besonderen Denkweise und kulturellen Eigenschaften der Japaner begründet (vgl. T. KAWASHIMA (1963) 43-45; Y. NODA (1976) 159-160), neuerdings auch durch Schlußfolgerungen aus der Untersuchung umfassender statistischer Daten über Zivilverfahren in Japan im Vergleich zu Arizona, Schweden und Deutschland (Preußen) unterstrichen (vgl. C. WOLLSCHLÄGER (1997); diese Sichtweise wird andererseits auch heftig kritisiert (vgl. H. ODA (1999) 5-9; J.O. HALEY (1978) 359-378).

³¹¹ Vgl. die Ausführungen bei P.L. MACLACHLAN (2002) 103, 176-178.

³¹² So äußerte *Kōji Satō*, der Vorsitzende der von 1999-2001 tagenden Kommission zur Reform des Justizwesens in einem Interview über die Verhältnisse in seinem Land folgendes: *„... Ich habe seit meiner Zeit als Student der Rechtswissenschaft den Zweifel mit mir herumgetragen, ob die Herrschaft des Rechts und der Geist des Rechts uns Japanern wirklich in Fleisch und Blut übergegangen ist. Offen gesprochen, die Gestalt Japans ist im Zentrum ausgerichtet auf die einzelnen Behörden und Ministerien; demgegenüber muß man wohl sagen, daß das Fundament der Justiz und der Juristen nur sehr schwach ausgebildet gewesen ist. Die Hauptrolle haben immer die Verwaltungsbehörden gespielt, die Justiz hatte sich mit einer im*

warum gerade die wirtschaftsverwaltungsrechtliche Kontrolle der Unternehmer und ihrer Geschäftsausübung auch auf dem Gebiet des Verbraucherrechts eine so große Bedeutung hat, und dies kann auch ein Grund dafür sein, daß die außergerichtliche Streitschlichtung unter Beteiligung von Verwaltungsbehörden gerade im Verbraucherrecht eine besonders wichtige Rolle spielt, auch wenn deren tatsächliche Effizienz schwer zu beurteilen ist.[314]

Andererseits muß aber überdies berücksichtigt werden, daß bislang erhebliche Defizite im System der Rechtspflege dazu beigetragen haben, daß die japanischen Verbraucher oftmals auf die Geltendmachung ihre zivilrechtlichen Ansprüche vor den Gerichten verzichteten.[315] Um Vorschläge für die Beseitigung institutioneller Mängel zu erarbeiten, hat die japanische Regierung im Juli 1999 eine „Kommission zur Reform des Justizsystems (*Shihō seido kaikaku shingi-kai*)[316]" eingesetzt, die im November 2000 einen Zwischenbericht[317] und im Juni 2001 ihren Abschlußbericht[318] dem Parlament, der Regierung und der Öffentlichkeit vorgestellt hat.[319] Darin werden im Bereich der Zivilrechtspflege

---

*Schatten stehenden Nebenrolle zu begnügen. Wenn man es kraß formuliert: Waren nicht meist die führenden Gestalten, die (im Land) den Ton angaben, entweder eine feudal obrigkeitlich anmutende Regierung oder das Beamtensystem, das im Glauben der Unfehlbarkeit herrschte? Wenn man es etwas milder formuliert, so stellte sich die Struktur doch wohl so dar, daß die Verwaltung als eine in erzieherischer Mission übermotivierte Mutter (*kyōiku mama*) auftrat, die sich aller möglichen Sorgen und Probleme annahm und das Volk behütete, und das Volk seinerseits verließ sich immer voll und ganz auf sie. Jedenfalls war es bisher ein Land, dessen Gestalt und spezifischer Charakter sich darstellte als: die Verwaltung im Mittelpunkt und die Behörden im Mittelpunkt."*; K. SATŌ (2001) 1-2.

[313] Anders dagegen *Hiroshi Oda*, der die historischen japanischen Wurzeln und kulturellen japanischen Eigenheiten als weitgehend unbedeutend für das gegenwärtige japanische Recht ansieht und es deshalb heute als zur „römisch-germanischen Rechtsfamilie mit einigen Elementen US-amerikanischen Rechts" zählt. Das japanische Recht werde vor allem von Ausländern häufig unzutreffend mystifiziert: H. ODA (1992) 6, 4-10; H. ODA (1999) 9, 4-9. Zu dieser Problematik differenzierend H. BAUM (1995).

[314] Hierzu ausführlich unten Kapitel 4 A und C.

[315] Vor allem außerhalb Japans wird schon seit den 1970er Jahren immer wieder auch auf institutionelle Hindernisse („*institutional barriers*") im japanischen Justizwesen hingewiesen, die mit für die geringe Anzahl von gerichtlichen Verfahren in Japan im allgemeinen verantwortlich sind; vgl. nur J.O. HALEY (1978) 378-390; J.M. RAMSEYER / M. NAKAZATO (1989) 289-290.

[316] Die Aufgaben und der institutionelle Rahmen der Kommission wird festgelegt durch das Gesetz zur Errichtung der Kommission zur Reform des Justizsystems (*Shihō seido kaikaku shingi-kai setchi-hō*), Gesetz Nr. 68/1999.

[317] Abgedruckt in: HŌRITSU JIHŌ HŌGAKU SEMINĀ HENSHŪ-BU (2001a) 116-156.

[318] Abgedruckt z.B. in: HŌRITSU JIHŌ HŌGAKU SEMINĀ HENSHŪ-BU (2001b) 215-274. Zur Umsetzung der Reformvorschläge wurde im Jahr 2001 das Gesetz zur Förderung der Reform des Justizsystems (*Shihō seido kaikaku suishin-hō*), Gesetz Nr. 119/2001, erlassen, das die Pflicht der Regierung zur Ausarbeitung eines Reformplanes aufbauend auf den Reformvorschlägen der Kommission und – nach Billigung durch das Parlament – die Pflicht zur unverzüglichen Umsetzung des Konzeptes statuiert.

[319] Die japanische Zivilgerichtsbarkeit gilt danach allgemein als schwerfällig und bürgerfern und den Aufgaben einer modernen Zivilgesellschaft nicht mehr gewachsen. Die zu geringe Anzahl von Richtern sei heute schon kaum mehr in der Lage die anstehenden Verfahren in

umfangreiche Reformen zur Verbesserung und Beschleunigung des gerichtlichen und außergerichtlichen Rechtsschutzes und zur „einfacheren Nutzung des Justizwesens" (*riyō shiyasui shihō seido*) durch die Bürger angemahnt; ferner werden eine größere Bürgernähe der Justiz, eine qualitative Verbesserung der Juristenausbildung sowie eine Erhöhung der Zahl der Richter und Rechtsanwälte gefordert.[320]

Es bleibt abzuwarten, welche Reformen am Ende verwirklicht werden, und ob diese auch ein Umdenken im Hinblick auf die Rolle des Staates in der japanischen Gesellschaft insgesamt nach sich ziehen werden. Gegenwärtig jedoch erwarten die Verbraucher einen aktiven Beitrag der Verwaltungsbehörden bei der Verhütung und Bewältigung rechtlicher Konflikte. Diese Erwartungshaltung ist gepaart mit dem Vertrauen darauf, daß die Verwaltung zur Erfüllung dieser Aufgaben auch imstande ist. Die Möglichkeiten und Fähigkeiten der Verwaltung im Bereich des Verbraucherschutzes werden von den Bürgern aber wohl deutlich überschätzt.

### III. Soziale Rechtstheorien

Seit langem gibt es in Japan eine einflußreiche Strömung in der Rechtslehre, die vor allem die *soziale Aufgabe des Rechts* besonders betont und eine Regulierung und Kontrolle von Verträgen aus sozialethischen Gründen als gerechtfertigt ansieht. Zu ihr können eine Vielzahl von „sozialen Rechtstheorien" und Auffassungen gezählt werden, die sich zwar in einzelnen Details unterscheiden, aber grundsätzliche einheitliche Merkmale aufweisen. Teilweise werden diese

---

angemessener Zeit zu bearbeiten, obwohl die Zahl der Klagen insgesamt noch unter der in vergleichbaren Industrieländern liege. Zudem wird die zu geringe Zahl von Rechtsanwälten als Problem für die effektive Rechtsverfolgung angesehen Die nach wie vor geringe Zahl an Zivilklagen liege zum einen an der Schwerfälligkeit und Bürgerferne des Systems, der geringen Zahl an Juristen und der dadurch bedingten langen durchschnittlichen Verfahrensdauer, zum anderen aber auch an den hohen Kosten, die mit einem Zivilgerichtsverfahren verbunden sind. Insbesondere in Verbraucherangelegenheiten seine die Streitwerte meist so niedrig, daß ein teures Gerichtsverfahren sich nicht lohne. Die Gebühren der Anwälte sind zudem hoch und nicht genügend transparent, denn eine gesetzliche Gebührenregelung gibt es nicht. Eine Rechtsschutzversicherung ist nur für einige wenige Fälle vorgesehen. Das System der Prozeßkostenhilfe wird ebenfalls als verbesserungsbedürftig angesehen. Eine erste Verbesserung der Lage wurde bereits durch Einführung des besonderen Gerichtsverfahrens für geringe Streitwerte im Jahre 1996 erzielt. Als weiteres Problem wird auch das System der Zwangsvollstreckung als wenig effizient angesehen. Schließlich werden neben der Zahl auch die teilweise mangelhaften Fachkenntnisse der Juristen als Problem angesehen und eine Reform der Juristenausbildung gefordert, die 2004 mit der Einführung von „*Law Schools*" an den Universitäten begonnen hat.

[320] Zur Justizreform insgesamt siehe insbesondere K. ROKUMOTO (2005).

Vorstellungen auch unter dem Begriff „postmoderne Vertragslehre" zusammengefaßt.[321]

So werden dort meist die sozialen Aspekte einer menschlichen Beziehung und deren angemessene Gestaltung durch das Recht für bedeutender gehalten als die formale Vertragsbeziehung, *i.e.* die Willenserklärungen der Vertragspartner bei Vertragsabschluß. Mit anderen Worten, nicht so sehr die Verwirklichung der Vertragsfreiheit der Kontrahenten und der durch sie selbst bestimmten Rechte und Pflichten ist Aufgabe des Rechts, vielmehr soll das Recht dafür sorgen, daß die unter Berücksichtigung der besonderen sozialen Faktoren nach allgemeiner Überzeugung bestehenden Verantwortlichkeiten der Parteien füreinander gewahrt werden und die soziale Beziehung zwischen den Parteien insgesamt „angemessen" gestaltet wird. Zur Beurteilung der konkreten Angemessenheit (*gutaiteki datōsei*) wird verlangt, daß die tatsächlichen Werte und Rechtsanschauungen sowie das allgemeine Rechts- und Vertragsbewußtsein in der japanischen Gesellschaft besonders berücksichtigt werden müßten. Dabei wird besonders der Vorrang der gemeinschaftlichen Verbundenheit gegenüber dem Individualismus betont. Das liberale Vertragsmodell beruhend auf dem Grundsatz der Privatautonomie und der Willensdoktrin wird dabei nicht selten als Formalismus bezeichnet und grundsätzlich in Frage gestellt;[322] es wird mitunter auch als nicht allgemeingültiges Produkt der europäischen Geistesgeschichte angesehen.[323]

Die Entwicklung dieser sozialen Rechtslehren nimmt seinen Anfang vor allem in den 1920er Jahren und ist verbunden mit dem Zurückdrängen des Einflusses der herrschenden deutschen Rechtslehre jener Zeit. Die klassische deutsche Rechtslehre hat Japan in den ersten zwanzig Jahren des 20. Jahrhunderts in großem Umfang beeinflußt, wurde aber schließlich zunehmend als zu formalistisch gescholten. In der Wissenschaft stießen die Freirechtslehre, rechtssoziologische Lehren, wie die von *Eugen Ehrlich*, und die amerikanische (pragmatische) *case law* Methode auf großes Interesse. Verbunden mit dieser Entwicklung sind Namen wie *Izutarō Suehiro*,[324] *Hideo Hatoyama*[325] und *Sakae Wagatsuma*.[326] In engem Zusammenhang hiermit stand auch die in der Vorkriegszeit lange vorherrschende sozial-politische Theorie über die „Gemeinschaft (*kyōdōtai*)".[327] Trotz eines gewissen Bruchs mit der Vorkriegs- und

---

[321] Zur (post)modernen Vertragslehre und zur Bedeutung sozialer Strömungen im Recht der Gegenwart in Japan, unter besonderer Berücksichtigung der Theorie von *Takashi Uchida* siehe Y. KAWASUMI (1998); ausführlicher hierzu ebenfalls Y. KAWASUMI (1994/95).

[322] T. UCHIDA (2000a) 26-29, 201.

[323] Y. KAWASUMI (1998) 9; T. UCHIDA (2000a) 39.

[324] Zum ganzen allgemein G. RAHN (1990) 139-159; zu *Suehiros* Werk mit Literaturnachweisen ebenda S. 143-148.

[325] Z.B. H. HATOYAMA (1955) 233ff.

[326] Z.B. S. WAGATSUMA (1953) 305ff.

[327] M. MARUYAMA (1961) 44 ff. Auf diesem Fundament konnten sich in den 1930er Jahren immer radikalere nationalistische Staatstheorien entwickeln, die bekanntermaßen in den Vor-

Kriegszeit bleibt in der Nachkriegszeit diese Grundströmung weiter vorherrschend.[328] Es wird weiterhin die Verwirklichung angemessener sozialer Beziehungen für wichtiger gehalten als die Willensfreiheit der Vertragspartner. Auch wird die Notwendigkeit der Berücksichtigung der Eigentümlichkeiten des japanischen Vertrags- und Rechtsdenkens besonders betont, und die gemeinschafts- und gesellschaftsbezogenen Werte werden besonders hervorgehoben. Dem Richter wird bei der Durchsetzung dieser Werte eine besonders aktive und gestaltende Rolle zugestanden. Dies wird an den Ergebnissen der sogenannten Rechtsmethodendiskussion, die *Rahn* zufolge etwa von 1952-1972 andauerte und mit Namen wie *Saburō Kurusu, Takeyoshi Kawashima, Toshio Hironaka, Ichirō Katō* und *Eiichi Hoshino* verbunden ist,[329] genau so deutlich wie an der später in den 1990er Jahren aufgeworfenen japanischen Variante der Theorie vom „*relational contract*" (*kankeiteki keiyaku-ron*) von *Takashi Uchida*.[330] Die Besonderheit dieser Lehre ist, daß *Uchida* für die rechtliche Beurteilung eines Konfliktes nicht nur den formalen Vertrag, sondern die gesamte bisherige soziale Beziehung zwischen den Vertragspartnern zur Grundlage machen möchte, sowohl unter Einschluß des Zeitraums der Vertragsanbahnung (im weitesten Sinne) und gegebenenfalls auch des Zeitraums nach Vertragsbeendigung. Diese Spanne bezeichnet er insgesamt als „*Vertragsprozeß*" (*keiyaku purosesu*). Die japanische Rechtsprechung gerade auch zum Verbraucherrecht spiegelt nicht selten diese Betrachtungsweise exakt wider, indem sie dazu neigt, in *einer Gesamtschau aller Umstände in allen Phasen der (erweiterten) „Vertragsbeziehung" den Fall zu bewerten.*[331] Allerdings zeigen sich dabei auch rasch die Gefahren sehr deutlich, die mit einer Erweiterung und Flexibilisierung der Anknüpfungspunkte für die rechtliche Wertung einhergehen. Diese können nämlich in einem Verlust an Rechtssicherheit und in *reiner Beliebigkeit* bei der Begründung der Urteile enden.

---

stellungen über den japanischen Staat als Volks- oder Staatskörper (*kokutai*) und des von göttlichen Allmachtsphantasien durchsetzten Tennō-Systems (*tennō-sei*) mündeten.

[328] Gerade auch eine Rückbesinnung auf die Werte, die der Theorie der „Gemeinschaft" (*kyōdōtai*) wird in jüngerer Zeit wieder zur Legitimation eines neuen Vertragsdenkens und zur Ausbildung eines neuen Vertragsrechts gefordert, freilich unter Modifikationen zu den Theorien der Vorkriegszeit; siehe z.B. T. UCHIDA (2000a) 35-36; K. HASEGAWA (1991) 107-131, 214-229.

[329] Siehe hierzu G. RAHN (1990) 202-306. Meiner Ansicht nach vermischen sich in der japanischen Methodenlehre zwei Dinge, die nicht zwangsläufig zusammengehören, aber dennoch enge Beziehungen aufweisen, nämlich die Suche nach einer *geeigneten rechtssoziologischen Methode* der Rechtswissenschaft zur Unterstützung der praktischen Rechtsanwendung und eben auch eine *soziale Rechtsanschauung*.

[330] Vgl. hierzu T. UCHIDA (1993) 130 ff.; DERS. (2000a), vor allem S. 12-40; 69-169; DERS. (1990).

[331] Vgl. dazu unten die Beispiele aus der Rechtsprechung zur Anwendung des Deliktsrechts und die Darstellung der Anwendung der Generalklausel Art. 90 ZG in Verbraucherrechtsstreitigkeiten; Kapitel 3 A III. und IV.

Angesichts dieser Sozialisierung des Rechts wird in der Literatur teilweise auch die Meinung vertreten, daß sich in Japan von Anfang an, d.h. seit der Einführung des modernen Rechts in der *Meiji*-Zeit im ausgehenden 19. Jahrhunderts, trotz der europäischen Wurzeln unter Einschluß des liberalen Vertragsmodells ein Privatrechtsverständnis ausgebildet habe, das von den europäischen Vorbildern abweichend besondere soziale Prinzipien inkorporierte, die der gesellschaftlichen Ordnung insgesamt größere Bedeutung beimesse als der Vertragsfreiheit.[332]

## IV. Gerechtigkeit und Vertragsgerechtigkeit

Die Notwendigkeit eines Eingriffs in die Privatautonomie der Parteien durch den Staat wird auch zur Verwirklichung der *Vertragsgerechtigkeit* vielfach betont. Angeregt von der Literatur vor allem in Deutschland[333] und anderen europäischen Ländern hat sich in Japan in den 1970er und 80er Jahren eine Diskussion entwickelt, die bestimmt wurde von der Frage, ob ein Paradigmenwechsel im Vertragsrecht erforderlich sei, namentlich ein Wandel des Leitprinzips des Vertragsrechts von der Vertragsfreiheit (*keiyaku jiyū*) zur Vertragsgerechtigkeit (*keiyaku seigi*).[334] Dabei versteht man den Begriff Vertragsgerechtigkeit in Japan vor allem materiell, i.e. auf die *Verwirklichung eines fairen Vertragsinhalts* gerichtet. Die Verwirklichung der Vertragsgerechtigkeit als Aufgabe des Rechts und als Rechtfertigung für einen Eingriff des Staates in die Vertragsfreiheit wird insbesondere auch im Zusammenhang mit der Regulierung von Verbraucherverträgen diskutiert.[335]

---

[332] Zum ganzen siehe Y. KAWASUMI (1998) 7-16, 25-27. Die Betonung der *sozialen Rolle* des Rechts und die Kritik am liberalen Vertragsmodell sind freilich nicht nur in Japan verbreitet; ähnliche Stimmen gibt es schon seit langem auch in Deutschland und anderen Ländern Europas. Danach stelle die Willensfreiheit aller Menschen angesichts der gesellschaftlichen Ungleichheiten nur eine Fiktion dar und könne daher keine gerechten Vertragsverhältnisse herbeiführen. Bereits im 19. Jahrhundert wurden wegen der übermäßigen Betonung der Privatautonomie und der Vernachlässigung sozialer Belange auch die Entwürfe zum BGB kritisiert, insbesondere von *Otto von Gierke*. Dieser ist wohl als einer der bedeutendsten *deutschen Vertreter* einer *sozialen Rechtstheorie* im 19. Jahrhundert anzusehen (Vgl. O. V. GIERKE (1943). Auch andere berühmte deutsche Rechtswissenschaftler des 19. Jahrhunderts wie *Friedrich Carl von Savigny* und *Rudolf von Ihering*, die unbestritten einen bedeutenden Beitrag zur Entwicklung des Privatrechts in Deutschland leisteten, haben bei ihrer Auffassung von Recht und dessen Legitimation nicht in erster Linie an den Gedanken der Freiheit und Selbstbestimmung des Individuums angeknüpft (K.W. NÖRR (1991) 49-50).
[333] Dort z.B. von *Ludwig Raiser* und *Konrad Zweigert* vertreten (L. RAISER (1960) 101 ff., 129; K. ZWEIGERT / H. KÖTZ (1984) 6 ff.; K. ZWEIGERT (1969) 493 ff., 503 f.).
[334] So betont zum Beispiel E. HOSHINO (1983) (S. 3 ff., 47 ff., 226) die Herbeiführung der „Vertragsgerechtigkeit" als Aufgabe des Vertragsrechts; ähnlich auch M. ISHIBE (1984) 593 ff.
[335] K. SATŌ (1996) 142-149. *Satō* verwendet hier allerdings den Begriff der „materiellen Austauschgerechtigkeit" (*jisshitsuteki na kōkanteki-seigi*). Inhaltlich ist das aber identisch.

Freilich bestehen dabei *enge Bezüge* auch zu den oben angesprochenen *sozialen Rechtsanschauungen* und auch zu der folgenden *marxistischen Rechtslehre*. Es darf daher nur mit großer Vorsicht der Schluß gezogen werden, das Verständnis über Vertragsgerechtigkeit sei identisch mit dem in Deutschland. Der Unterschied des japanischen Vertragsdenkens im Verhältnis zu dem in westlichen Ländern mag zwar in der Vergangenheit im Anschluß an die Lehren von *Takeyoshi Kawashima*[336] oftmals überbetont worden zu sein, gewisse kulturelle Unterschiede müssen jedoch berücksichtigt werden.[337]

Bei der Diskussion um die Vertragsgerechtigkeit in Japan geht es einerseits um die Frage der relativen Angemessenheit der vertraglichen Regelungen im Verhältnis zum konkreten Vertragspartner, selten bleibt die Betrachtung in Japan aber auf diesen Rahmen beschränkt. Immer spielen auch gesamtgesellschaftliche Bezüge eine wichtige Rolle.[338] Aus diesem Grunde findet sich in der Literatur auch häufig eine allgemeinere Formulierung wie der Zweck der Verwirklichung der Gerechtigkeit (*kōsei-sei*)[339] oder der gesellschaftlichen Angemessenheit (*shakaiteki datōsei*)[340] als Grundlage und Rechtfertigung des staatlichen Eingriffs.

### V. Marxistische Wirtschafts- und Rechtslehre

Aus Sicht der Anhänger einer marxistischen Wirtschafts- oder Rechtslehre ist eine umfassende staatliche Regulierung erforderlich zum Ausgleich der grundsätzlichen Unzulänglichkeiten und Ungleichgewichte im marktwirtschaftlich-kapitalistischen System.[341] Die ursprünglich auf Marx zurückgehenden Lehren in Japan betreffen häufig aber nicht speziell das Vertragsrecht, sondern das Rechts- und Wirtschaftssystem insgesamt. Unter den Intellektuellen des Landes gibt es nach wie vor viele Anhänger. Marxistische Lehren in Japan sind häufig verknüpft mit einer spezifisch japanischen Tradition einer Gruppenideologie (*dantai shugi*), in der sie sich teilweise unterscheiden von ähnlichen Theorien in anderen Ländern. Ähnlich zu den sozialen Rechtstheorien und der Vertragsgerechtigkeit als Regulierungsgrund liegt diesem Modell ein kollektivistischer Ansatz zugrunde. Die sogenannte „marxistische Rechtswissenschaft", als deren Begründer *Yoshitarō Hirano* gilt,[342] scheint in den letzten Jahren jedoch an Einfluß zu verlieren.

---

[336] So insbesondere ausgeführt in T. KAWASHIMA (1967) 87-123.
[337] Interessant ist diesbezüglich auch der Beitrag von Y. NODA (1982) 11-28 bzw. 57-89.
[338] K. SATŌ (1996) 142-145.
[339] S. OCHIAI (2001a) 15-16.
[340] K. SATŌ (1996) 142, 145. An anderer Stelle (Seite 25) spricht *Satō* auch von der gesellschaftlichen Gerechtigkeit bzw. Fairneß (*shakaiteki kōsei* bzw. *kōhei*).
[341] Vgl. zum Beispiel T. YAMADA (1991), insbesondere S. 9-31.
[342] Vgl. G. RAHN (1990) 150, mit weiteren Nachweisen.

## VI. Prinzip des Wohlfahrtsstaates als Grenze der wirtschaftlichen Freiheit

Seit den 1960er Jahren wird unter Berufung auf das in der japanischen Verfassung niedergelegte Wohlfahrtsstaatsprinzip (*fukushi kokka no genri*, Art. 25 JV[343]) auch der Schutz des Verbrauchers als Staatsaufgabe angesehen.[344] Ein staatlicher Eingriff in die Vertragsfreiheit durch den Gesetzgeber, die Verwaltung oder den Richter sei auf der Grundlage der Verfassung zum Schutze des Verbrauchers grundsätzlich erlaubt, sofern dies erforderlich sei. Insbesondere durch die Diskussion in Deutschland angeregt, entwickelte sich später eine Lehrmeinung, die die japanische Verfassung zugleich als Maßstab für die Verhältnismäßigkeit eines solchen staatlichen Eingriffs heranziehen möchte.[345] Hierbei sei grundsätzlich abzuwägen zwischen dem öffentlichen Interesse am Schutz bestimmter Personengruppen – wie den Verbrauchern – und dem Recht auf Privatautonomie in Gestalt der Vertragsfreiheit. Insbesondere müsse ein Mißbrauch der Vertragsfreiheit verhindert werden.

Daß neben dem Wohlfahrtsstaatsgebot auch die Vertragsfreiheit von der japanischen Verfassung grundsätzlich geschützt wird, ist somit weitgehend anerkannt. Umstritten ist lediglich, ob dies nur im Rahmen der institutionellen Garantie der marktwirtschaftlichen Grundordnung der Fall ist[346] oder ob die Vertragsfreiheit sogar von einem ausdrücklich genannten Menschenrecht umfaßt wird und somit auch ein Individualrecht darstellt.[347]

---

[343] Das Prinzip des Wohlfahrtsstaates (*fukushi kokka*) entspricht im Grundsatz dem Sozialstaatsprinzip des deutschen Grundgesetzes. Neben seiner Erwähnung in Art. 25 JV enthalten zusätzlich die einzelnen Freiheitsrechte meist die ausdrückliche Schranke, daß die Ausübung der Freiheit nicht der „öffentlichen Wohlfahrt (*kōkyō no fukushi*)" zuwiderlaufen dürfe.

[344] A. ŌMURA (1998) 5.

[345] Vgl. z.B. K. YAMAMOTO (2000) 197-231; DERS. (1994) 44-51; H. NAKATA (1994) 29 ff., 31. Die Bemühungen in der japanischen Literatur, dieses (deutschrechtliche) Modell auch unter Geltung der japanischen Verfassung im Rahmen des Zivilrechts fruchtbar zu machen, sind aber weit davon entfernt, breite Anerkennung zu finden. Es ist sogar zweifelhaft, ob diese Lehren vom japanischen Gesetzgeber oder von der Rechtsprechung überhaupt wahrgenommen werden. Zur Diskussion in Deutschland siehe z.B. S. LORENZ (1997) 18-21 m.w.N. In der japanischen Lehre stieß dieser Ansatz zumindest aus wissenschaftlicher Sicht bereits in den 1970er Jahren auf einiges Interesse (vgl. z.B. den Beitrag von K. IGARASHI (1976) 55 ff. Im Jahre 1998 hielt der deutsche Jurist *Josef Isensee* auf Einladung der „Japanischen Gesellschaft zur Förderung der Wissenschaften" (*Nihon Gakujutsu Shinkō-kai*) einen Vortrag in Japan mit dem Titel „Vertragsfreiheit im Griff der Grundrechte – Inhaltskontrolle von Verträgen am Maßstab der Verfassung" (J. ISENSEE (2001); in japanischer Übersetzung), in der die deutsche Diskussion eingehend vorgestellt wurde.

[346] So z.B. N. ASHIBE (1994) 310.

[347] Teilweise wird die Vertragsfreiheit als von Art. 29 JV (Schutz der Vermögensrechte) umfaßt angesehen (dafür: HŌGAKU KYŌKAI (1953) 566; dagegen: E. HOSHINO (1972) 66), teilweise als vom Recht auf wirtschaftliche Freiheit (Artt. 22, 29 JV) geschützt (so in der Entscheidung des OGH vom 12. Dezember 1973, Minshū Band 27 Nr. 11, 1536; allerdings ausdrücklich nur für die Freiheit des Vertragsabschlusses festgestellt) und zum Teil auch als durch

## VII. Fazit

Es existieren in Japan also zahlreiche unterschiedliche weltanschauliche Vorstellungen über das *Verhältnis von Vertragsfreiheit und sozialer Verantwortung*. Unter das Motiv „soziale Verantwortung" kann auch das Gebot der Rücksichtnahme auf die Interessen des Verbrauchers eingeordnet werden. Im Laufe der Zeit hat es hier immer wieder Veränderungen in der Akzentuierung gegeben; gleich welche Anschauung man aber zugrunde legt, die Notwendigkeit einer gewissen Regulierung und Kontrolle von Verträgen wird hiernach überall grundsätzlich anerkannt.

Einen objektiven Maßstab, wie weit dies gehen soll und darf, vermag aber keine der Theorien aufzuzeigen. Welche Form einer Regulierung oder Kontrolle von Verträgen im Einzelfall verhältnismäßig oder angemessen ist, bleibt vielmehr eine Frage des konkreten Werturteils. Die oben dargestellten Sichtweisen können aber ein ungefähres Gefühl davon vermitteln, in welche Richtung dieses tendiert. Zwar mag die Vertragsfreiheit in Japan im Prinzip anerkannt sein, in der Realität wird man aber wohl nur selten Kritiker erleben, die einer umfangreichen Einschränkung aus Gründen einer grundsätzlich liberalen Weltanschauung widersprechen würden. Kollektivistische, soziale, paternalistische und dirigistische Vorstellungen über die Gesellschaft und die Aufgaben des Staates sind wohl vielmehr als grundsätzlich vorherrschend anzusehen.

---

das Recht auf die allgemeine Persönlichkeitsentfaltung (Art. 13 JV) geschützt angesehen: So z.B. in Form des Selbstbestimmungsrechts (*jiko kettei-ken*) (K. YAMAMOTO (1993)).

## D. Ergebnisse des zweiten Kapitels

Wie dargestellt gibt es in Japan kein einheitliches, deutlich abgrenzbares *Verbraucherbild*, das aus sich heraus die notwendigen Ordnungskriterien für das japanische Verbraucherschutzrecht liefert. Vielmehr sind bei dessen Ordnung das Problem des strukturellen Ungleichgewichts zwischen Verbrauchern und Unternehmern, die historische Entwicklung des Verbraucherbegriffs und die uneinheitliche Wahrnehmung der Aufgaben des Verbraucherschutzes vor dem jeweiligen politischen, wirtschaftlichen und gesellschaftlichen Hintergrund einzelner Zeitabschnitte zusammengenommen zu berücksichtigen. Dies führt streng genommen nicht zu einem, sondern zu einem Nebeneinander „mehrerer", mindestens zweier *Verbraucherschutzmotive*. Hieraus resultiert schließlich auch die besondere Weite des „Rechtsgebiets" Verbraucherrecht in Japan.

Die *Aufgaben des Verbraucherschutzes* in Japan sind vielfältig. Bedeutung für den Verbraucherschutz haben insbesondere die Förderung der Produktqualität und Produktsicherheit, die Regelung der Produktkennzeichnungspflichten, die Förderung des freien und fairen Wettbewerbs und schließlich auch Maßnahmen, die der Förderung eines fairen Abschlusses und Inhalts von individuellen Verbraucherverträgen dienen. Neben diese und weitere materielle Aufgaben des Verbraucherschutzes treten noch verfahrensrechtliche hinzu.

Die Regulierung und Kontrolle von individuellen Verbraucherverträgen erkannte man in Japan erst in den 1970er Jahren als eines der wichtigsten Problemfelder des Verbraucherrechts. Dies liegt zum einen daran, daß man in jener Zeit zunehmend ein *strukturelles Kräfteungleichgewicht* zwischen Verbrauchern und Unternehmern beim Vertragsabschluß als besonderes rechtliches Problem ausmachte. Zum anderen boten auch der enorme zahlenmäßige Anstieg betrügerischer und sonst unlauterer Geschäftspraktiken sowie der Fälle, in denen Verbraucher hohe finanzielle Verluste bei riskanten Finanzanlagegeschäften erlitten, besonderen Anlaß zur verstärkten Regulierung und Kontrolle von Verbraucherverträgen, was eng mit dem Ungleichgewicht verknüpft zu sein schien.

Das strukturelle Kräfteungleichgewicht steht gegenwärtig als das moderne Regelungsmotiv des japanischen Verbraucherrechts im Vordergrund. Einen Handlungsbedarf zur Verhinderung oder zur „Korrektur" der Folgen eines unerwünschten oder inhaltlich nachteiligen Verbrauchervertrags wird daher heute insbesondere dann gesehen, wenn dessen Entstehung mehr oder weniger kausal auf das Kräfteungleichgewicht zwischen Unternehmer und Verbraucher beim Vertragsabschluß zurückzuführen ist. Vor allem in diesen Fällen beurteilt man die Unerwünschtheit oder Nachteilhaftigkeit, und damit auch die Unbilligkeit des Vertrages als verbraucherspezifisch. Als besonders problematisch werden die Situationen der unzureichenden Aufklärung und der Falschaufklärung des Verbrauchers, der unbilligen physischen oder psychischen Beeinflussung des Verbrauchers durch den Unternehmer und ein bestehendes Verhandlungsstärkeungleichgewicht zwischen Verbraucher und Unternehmer in der Phase des Vertragsabschlusses angesehen.

Zu berücksichtigen ist aber zudem, daß eine gewisse Vertragsregulierung in Japan heute auch als Ausfluß eines älteren und besonders weiten Verbraucherschutzmotivs, und zwar der Wahrnehmung des Verbrauchers als *seikatsu-sha* bzw. als allgemein sozial schutzbedürftige Person existiert. Damit eng verbunden ist auch die Regulierung zum Zwecke der staatlichen Daseinsvorsorge. Die Verbraucherschutzmotive können sich ergänzen. Im Mietrecht etwa, das in Japan in einem weiteren Sinne zum Verbraucherrecht zu zählen ist, trifft einerseits das Problem eines typischerweise bestehenden Verhandlungsstärkeungleichgewichts zwischen den Vertragsparteien zusammen mit einem staatlichen Interesse an der Daseinsvorsorge der Bevölkerung mit dem essentiellen Gut „Wohnraum" bzw. einem allgemeinen Interesse am Schutz des „sozial Schwachen".

Im Kontext des Verbraucherrechtes kann man ferner die *Überlagerung des Regelungsziels Verbraucherschutz* mit anderen rechtlichen Regelungszielen beobachten. So dienen Regelungen zum Schutze des Privatanlegers gleichzeitig der Sicherung der Funktionstüchtigkeit des Wertpapier- und Finanzmarktes. Viele wirtschaftsverwaltungsrechtliche Gesetze dienen gleichzeitig dem Verbraucherschutz und der Förderung der lauteren Geschäftstätigkeit der Unternehmer. Im Falle des Problembereichs Qualität und Sicherheit von Produkten dienen die Regelungen allgemein der Sicherheit der Bürger und verfolgen damit gleichermaßen ordnungsrechtliche wie verbraucherschützende Ziele.

Die verschiedenen Regelungsziele unter Einschluß des Verbraucherschutzes werden in Japan im übrigen durch sehr *unterschiedliche Maßnahmen* verfolgt. Zivilrechtliche Regelungen werden ergänzt durch verwaltungsrechtliche und strafrechtliche – darüber hinaus auch durch „außerrechtliche" Mechanismen, die bislang nur am Rande Erwähnung fanden.

Schließlich kann der *weltanschauliche Hintergrund* darüber entscheiden, in welchen Fällen und in welchem Umfang eine staatliche Regelung und Kontrolle erfolgt. In Japan muß man grundsätzlich mehr von einem paternalistischen als liberalen Bild des Staates ausgehen, in dem vor allem die Regulierung durch öffentliches Recht und eine Kontrolle durch die Verwaltung eine wichtige Rolle spielen. Dieser Gesichtspunkt hat Einfluß auf die Art sowie auf das Schutzniveau bestehender verbraucherschützender Maßnahmen in Japan.

Die Darstellung des japanischen Verbraucherrechts ist also eine höchst komplexe und nur schwer unter abstrakten Kriterien zu ordnende Thematik. Dies gilt auch bei einer Beschränkung nur auf die Regulierung und Kontrolle von Verbraucherverträgen. Die konkrete Zuordnung einzelner Regelungs- und Kontrollmaßnahmen des japanischen Rechts zum Verbraucherrecht muß daher unter einem weiten Blickwinkel erfolgen; also das Gesamtmotiv des Verbraucherschutzes weit verstanden werden, um nicht auszugrenzen, was in Japan allgemein zum Verbraucherrecht zugerechnet wird. Anderseits muß eine

Beschränkung auf die Maßnahmen der Rechtsordnung erfolgen, bei denen der Verbraucherschutz zumindest ein wesentliches Motiv neben anderen darstellt.

# DRITTES KAPITEL

## Regulierung und Kontrolle von Verbraucherverträgen durch privatrechtliche oder vorwiegend privatrechtliche Instrumente

### A. Regelungen im Zivilgesetz und deren Anwendung zum Schutz von Verbrauchern

Das Motiv des Verbraucherschutzes war bei der Schaffung des japanischen Zivilgesetzes ebenso wie beim deutschen BGB, das, wie ausgeführt,[1] in vielen Regelungen Vorbildcharakter hatte, noch unbekannt und fand entsprechend bei dessen Ausarbeitung keine Berücksichtigung. Es hat bislang auch keine Reform des Zivilgesetzes in dieser Hinsicht stattgefunden. Trotzdem ist heute in Japan ein Einfluß der Verbraucherschutzdebatte bei der Interpretation und Anwendung des Zivilgesetzes zu beobachten. Das bedeutet, die verschiedenen Instrumente des Zivilgesetzes zum Zwecke der Regelung des Abschlusses und des Inhalts von Verträgen werden inzwischen teils bewußt – teils aber auch unbewußt – zum Schutze des Verbrauchers vor unerwünschten und inhaltlich nachteiligen Verträgen eingesetzt.

Im folgenden sind diese Instrumente insbesondere unter dem Aspekt des Verbraucherschutzes dargestellt. Instrumente, die zwar den Abschluß und den Inhalt von Verträgen regeln, aber nicht speziell den Zwecken des Verbraucherschutzes dienen, finden allenfalls knapp Beachtung. Das Motiv „Verbraucherschutz" wird dabei wegen seines unbestimmten Inhalts und seiner vielfältigen Implikationen allerdings grundsätzlich weit verstanden.

#### I. Die Regelungen über die Wirksamkeit von Willenserklärungen und über den Vertragsabschluß im Zivilrecht

Einen gewissen Schutz vor unerwünschten Verträgen, insbesondere wegen unzureichender Informationen über den Vertragsinhalt, wegen des Erteilens falscher oder irreführender Informationen oder wegen einer sonst unzulässigen Beeinflussung durch den Vertragspartner im Vorfeld eines Vertragsabschlusses, gewährt bereits das traditionelle Zivilrecht, vor allem durch Regelungen im Zivilgesetz in den Abschnitten über die Wirksamkeit von Willenserklärungen

---

[1] Vgl. oben Kapitel 2 A I.

(Artt. 93 bis 98-2 ZG) und über die Voraussetzungen der Entstehung eines Vertrages (Art. 521 ff. ZG). Diese sind durch Rechtsprechung und Lehre vielfach konkretisiert und ergänzt worden.[2] Unter den Regelungen über die Wirksamkeit von Willenserklärungen sind im Zusammenhang mit dieser Arbeit vor allem die Vorschriften über den Irrtum (Art. 95 ZG), die Täuschung und die Drohung (Art. 96 ZG) von Relevanz. Diese stimmen übrigens weitgehend mit Vorentwürfen zum BGB überein. Auch deshalb haben sich japanische Juristen zu ihrer Auslegung noch mehrere Jahrzehnte nach Inkrafttreten des ZG der deutschen Kommentare und Lehrbücher als Hilfsmittel bedient. Ebenso sind die allgemeine Rechtsgeschäftslehre sowie die Lehre über den Vertragsschluß in Japan in erheblichem Umfang von deutscher Zivilrechtstheorie beeinflußt worden. Vor allem nach dem Zweiten Weltkrieg hat dieser Einfluß allerdings deutlich abgenommen. Die Interpretation der Vorschriften und die zivilrechtlichen Konzepte weichen daher heute gelegentlich von denen in Deutschland ab, und es kann insgesamt nur von einem ähnlichen Grundmodell in Japan und Deutschland ausgegangen werden. Der folgende Überblick stellt zunächst vor allem das Grundkonzept des japanischen ZG über Willenserklärungen und den Vertragsschluß nach der Vorstellung des Gesetzgebers bei dessen Inkrafttreten und nach der Interpretation der Regelungen durch die traditionelle Lehre vor.

Der wichtigste Schutzmechanismus vor einem unerwünschten Vertrag als Ausdruck der Privatautonomie manifestiert sich in der Relevanz des Willens der Vertragsparteien für die Entstehung eines Vertrages. Ein Vertrag kommt auch nach japanischem Konzept durch zwei übereinstimmende Willenserklärungen der Vertragspartner zustande. Voraussetzung einer wirksamen Willenserklärung ist ein wirksamer, selbstbestimmter Wille der Parteien. Allerdings hat sich im klassischen japanischen Zivilrecht nicht die (reine) Willenstheorie (*ishi shugi*) durchsetzen können. Es werden aus Verkehrsschutzgründen und zum Schutz des Vertrauens des Erklärungsempfängers vielmehr wichtige Einschränkungen vorgenommen. So wird bei der Beurteilung, ob eine wirksame auf den Vertragsabschluß gerichtete Willenserklärung einer Vertragspartei vorliegt sowie bei der Auslegung deren Inhalts nicht in erster Linie auf den subjektiven, inneren Willen des Erklärenden abgestellt, sondern auf den objektiven Empfängerhorizont. Es kommt also vor allem darauf an, wie ein Empfänger die Handlung einer anderen Person verstehen durfte (Erklärungstheorie, *hyōji shugi*).[3] Ausfluß dieses Konzepts im Zivilgesetz ist beispielsweise die Regelung in Art. 93 ZG, die bestimmt, daß es der Wirksamkeit einer Willenserklärung nicht entgegensteht, wenn der Erklärende bei Abgabe der Willenserklärung wußte, daß sie nicht seinem wahren Willen entsprach; er sich also insgeheim vorbehält, das Erklärte nicht wirklich zu wollen (Geheimer Vorbehalt). Folglich ist letztlich nicht alleine der tatsächliche innere Wille der Beteiligten für die

---

[2] Nachfolgend unter 1 bis 5 im einzelnen dargestellt.
[3] Zum ganzen T. UCHIDA (2000b) 46-48; K. YAMAMOTO (2001) 109-114; K. IGARASHI (1990) 66; K. SHINOMIYA (1986) 156-159.

Wirksamkeit einer Willenserklärung bzw. für die Entstehung eines Vertrages entscheidend. Die Entscheidung über die Abgabe und den Inhalt einer Willenserklärung sowie das Vorliegen einer Einigung werden in gewissem Umfang auch nach formalen, objektiven Gesichtspunkten getroffen. Allerdings ist für eine wirksame Willenserklärung zumindest ein Handlungswille des Erklärenden erforderlich. Fehlt es dagegen lediglich am Erklärungsbewußtsein oder an einem auf Abschluß eines bestimmten Rechtsgeschäfts abzielenden Willen, dem Geschäftswillen, ist die Lage unklar und vom Einzelfall abhängig. In der japanischen Rechtslehre und Rechtsprechung wird die Unterscheidung zwischen dem Grad des erforderlichen Willensmomentes in der Regel aber nicht unter Verwendung der eben verwendeten, im deutschen Zivilrecht in diesem Zusammenhang üblichen Terminologie, vorgenommen.[4]

Die Freiheit der Willensbildung und des Willensentschlusses werden durch das traditionelle japanische Zivilrecht nicht umfassend, sondern nur partiell geschützt. So führt eine *vorsätzliche Täuschung* durch den Vertragspartner oder seine Hilfspersonen beispielsweise zur Anfechtbarkeit der Willenserklärung, und damit des Vertrages. Gleiches gilt für den Fall der *Drohung*.[5] Ein aufgrund *bestimmter Formen* der unbilligen und unzulässigen Beeinflussung der Willensbildung und der Entscheidung des Vertragspartners zustande gekommener Vertrag soll also langfristig keinen Bestand haben. Da diese Regelungen aber den Schutz des beeinträchtigten Vertragspartners bezwecken, sieht das Gesetz nicht die Nichtigkeit vor, sondern dieser soll schließlich über die Geltung der abgegebenen Willenserklärung und des Vertrages entscheiden dürfen. Anfechtbar sind außer Verträgen auch alle anderen Rechtsgeschäfte, wenn sie durch Täuschung oder Drohung zustande gekommen sind. Die Willenserklärungen werden in den eben genannten Fällen als fehlerhaft angesehen (*ishi hyōji no kashi*).[6]

Demgegenüber werden eigene Fehler des Erklärenden bei der Willensbildung durch das Zivilgesetz nicht geschützt. So obliegt es grundsätzlich den einzelnen selbst, sich die notwendigen Informationen über den Vertragsgegenstand und den Vertragsinhalt zu beschaffen und zu prüfen, ob der Vertrag für sie selbst vorteilhaft ist und ihren Interessen entspricht. Auch sonstige Motive für den Abschluß eines Vertrages, wie etwa die persönlichen Bedürfnisse des Erklärenden oder deren Wandel, sind für die Wirksamkeit von Willenserklä-

---

[4] In der Literatur taucht in diesem Zusammenhang gewöhnlich lediglich der Begriff „Erklärungsbewußtsein" (*hyōji ishiki*) auf, wobei grundsätzlich streitig ist, ob ein Erklärungsbewußtsein für die Wirksamkeit der Willenserklärung erforderlich ist oder nicht (Vgl. K. YAMAMOTO (2001) 113-114 m.w.N.). Desweiteren werden in diesem Zusammenhang häufig die Begriffe „Erklärungswille" (*hyōji ishi*), „Folgewille" (*kōka ishi*) und „Erklärungshandlung" (*hyōji kōi*) verwendet, wobei nur die Erklärungshandlung als unbedingt erforderlich für eine wirksame Willenserklärung angesehen wird; unter diesem Stichwort können wohl auch Probleme des fehlenden Handlungswillens erörtert werden (Vgl. nur K. YAMAMOTO (2001) 113-114 und eines der etwas älteren Standardwerke zum allgemeinen Teil des ZG: T. IKUYO (1984) 236-240).
[5] Im einzelnen nachfolgend unter 3 und 4.
[6] Vgl. T. UCHIDA (2000b) 76.

rungen grundsätzlich unbeachtlich. Den Vertragspartner trifft, von Ausnahmefällen abgesehen, grundsätzlich keine Pflicht zur Beschaffung und Erteilung von Informationen oder Ratschlägen gegenüber dem Vertragspartner beim Abschluß des Vertrages. Auch ist es nicht Aufgabe des einen Vertragspartners, sich Gedanken über die Zwecke oder Beweggründe des anderen Teils beim Abschluß des Vertrages zu machen. Warum also der eine Vertragspartner sich für die Abgabe der Willenerklärung auf Abschluß eines Vertrages entscheidet, kann und darf dem anderen Teil gleichgültig sein.

Geschützt wird durch das Zivilgesetz seit jeher nur ein sehr enger Bereich eigener Fehler des Erklärenden, und zwar nicht bei der Willensbildung, sondern *nur bei Abgabe* der Willenserklärung. Liegt ein Irrtum des Erklärenden in Bezug auf die abgegebene Willenserklärung vor, d.h. *unterscheidet sich die Erklärung unbewußt von dem, was er eigentlich erklären wollte*, so soll die Willenserklärung und damit das Rechtsgeschäft nichtig sein (Art. 95 ZG).[7] Man spricht insofern ähnlich wie im deutschen Recht auch im japanischen Zivilrecht von einem beachtlichen „Willensmangel" (*ishi no kenketsu*), wenn die Willenserklärung nicht mit dem Willen des Erklärenden bei Abgabe der Erklärung übereinstimmt.[8] Die Rechtsfolge des ZG unterscheidet sich in diesem Falle aber von der des BGB. Statt der Anfechtbarkeit (§ 119 I BGB) sieht das ZG die Nichtigkeit vor.

Motivirrtümer eines Vertragspartners sind nach der traditionellen Auslegung des Art. 95 ZG grundsätzlich unbeachtlich,[9] sei es daß diese auf mangelnde oder unzutreffende Informationen über den Vertragsgegenstand oder -inhalt oder andere Sachverhaltsumstände bei Abschluß des Vertrages zurückzuführen sind, oder sei es, daß diese von der Änderung der persönlichen Bedürfnisse oder der späteren Erkenntnis der tatsächlichen Bedürfnisse herrühren. Selbst der Eigenschaftsirrtum im Sinne des § 119 II BGB, der in Deutschland von vielen als ausnahmsweise beachtlicher Motivirrtum klassifiziert wird,[10] hat keinen entsprechenden Niederschlag im japanischen Zivilgesetz gefunden. Die Regelung über die Nichtigkeit von Willenserklärungen wegen Irrtums betrifft im übrigen natürlich nicht nur die Wirksamkeit von Verträgen, sondern auch die anderer Rechtsgeschäfte.

Im Ergebnis kann für diese Untersuchung festgehalten werden, daß der Bereich der Willensbildung und der Willensentschließung durch die Regelungen im japanischen Zivilgesetz nur in engen Grenzen geschützt wird; dies nämlich nur im Falle einer *bestimmten erheblichen Beeinflussung* des Erklärungsempfängers durch den Erklärenden oder dritte Personen. Auf Verträge bezogen heißt das, es wird die Freiheit der Willensbildung und der Entscheidung eines

---

[7] Im einzelnen unten unter 2.
[8] Vgl. T. UCHIDA (2000b) 76.
[9] K. YAMAMOTO (2001) 160; T. UCHIDA (2000b) 65. Zur Beachtlichkeit des Motivirrtums im japanischen Recht umfassend H. MORITA (1999).
[10] Die dogmatische Einordnung ist allerdings umstritten; ausführlich MÜNCHENER KOMMENTAR / Kramer, 4. Auflage (2001) § 119 Rn. 102 bis 113.

Vertragspartners zum Vertragsabschluß nur bei einer gravierenden Verletzung dieser Willensfreiheit geschützt. Nur in den wenigen oben angeführten Fällen ist die auf den Vertragsschluß gerichtete Willenserklärung, und damit der Vertrag anfechtbar und zu beseitigen. Liegt der Fehler dagegen im Verantwortungsbereich des Erklärenden selbst, ist die Willenerklärung in der Regel gültig. Nichtig ist sie nur, wenn dem Erklärenden überhaupt der Wille zur Handlung fehlte oder wenn er sich in bezug auf die Abgabe der Willenserklärung in einem Irrtum befand. Der Inhalt der wirksamen Willenserklärung wird nach dem objektiven Empfängerhorizont bestimmt. Ein Vertrag kann sodann nur noch an einem Dissens scheitern.

Die oben dargestellten Wertungen des Gesetzgebers und der überwiegenden Rechtslehre am Ende des 19. und zu Beginn des 20. Jahrhunderts, die für alle Personen in gleicher Weise gelten, beruhen auf der Wahrnehmung der Verhältnisse jener Zeit. Ein strukturelles Kräfteungleichgewicht zwischen den vertragsschließenden Parteien, insbesondere im Hinblick auf vorhandene Informationen, Verhandlungsstärke und psychologische Momente, wurde noch nicht als rechtlich erhebliches Problem angesehen. Dies änderte sich später allerdings allmählich; zunächst unter der allgemeinen Vorstellung der Notwendigkeit des Schutzes des „Schwachen" im Rechts- und Geschäftsverkehr, später auch unter dem Einfluß der Verbraucherschutzbewegung.

In Rechtsprechung und Rechtslehre ist in Folge der sich verändernden Wahrnehmung der Dinge auch eine gewisse Änderung der Interpretation der Regelungen über Willenserklärungen und der Einschätzung der rechtlichen Anforderungen an einen fairen und angemessenen Prozeß des Vertragsabschlusses zu beobachten.[11]

Besonders in der Rechtslehre bemüht man sich seit den 1970er Jahren darum, *durch Auslegung* den Anwendungsbereich der Regelungen des Irrtums, der Täuschung und der Drohung *zum Schutze des Verbrauchers* bzw. allgemein als schutzbedürftig angesehener Vertragsparteien *zu erweitern* und die verbleibenden Schutzlücken mit anderen Rechtsinstituten und Theorien, insbesondere durch Reaktivierung der Willenstheorie und Aufgreifen der deutschrechtlichen Theorie der *culpa in contrahendo*, zu stopfen.[12] In diesem Zusammenhang wird im Schrifttum zunehmend auf eine deutliche Unterscheidung zwischen den Regelungen über den Vertragsabschluß auf der einen Seite und den Regelungen über die Wirksamkeit von Willenserklärungen auf der anderen Seite verzichtet. Auch gibt man die strikte Unterscheidung zwischen der Regelung über den Irrtum, die eigentlich einseitig auf den Erklärenden abstellt, und der Vorschrift über die Täuschung, die auch das Verhalten des anderen Teils berücksichtigt, nach und nach auf. Dadurch hat die Differenzierung zwischen Willensmängeln und fehlerhaften Willenserklärungen an Bedeutung verloren.

---

[11] Im einzelnen nachfolgend unter 1 bis 5
[12] Dazu ausführlich etwa A. ŌMURA (1998) 81-89; Y. IMANISHI (1989); K. YAMAMOTO (1999) und H. MORITA (1991).

Die Rechtsprechung steht dieser Entwicklung allerdings etwas zurückhaltender gegenüber. Daher ist eine Erhöhung der Anforderungen an die Wirksamkeit von Willenserklärungen oder des Vertragsschlusses nur in begrenztem Ausmaße zu erkennen.[13] Die Rechtslehre kritisiert immer wieder diese Zurückhaltung der Gerichte und meint, daß diese noch viel zu oft einfach von der Wirksamkeit eines Verbrauchervertrages ausgingen.[14] Eine extensive Interpretation und Anwendung der Regelungen über den Irrtum, die Täuschung und die Drohung zum Schutze des Verbrauchers ist ebenfalls nur in Einzelfällen zu erkennen.[15] Auf der anderen Seite aber weicht die Rechtsprechung zur Lösung von Problemfällen unangemessener Umstände beim Vertragsabschluß sehr häufig auf das flexible Deliktsrecht aus und gewährt dem Verbraucher Schadensersatzansprüche (in Geld).[16] Dies wird wiederum von der Lehre als rechtsdogmatisch fragwürdig beurteilt und als „Wertungswiderspruch" (*hyōka mujun*) bezeichnet.[17] Es sei problematisch, den Vertragsabschluß bzw. das Verhalten des Unternehmers oder seiner Hilfspersonen auf der einen Seite als „rechtswidrig" zu bezeichnen, was die wesentliche Voraussetzung für einen deliktsrechtlichen Anspruch ist, auf der anderen Seite aber nicht die Wirksamkeit des Vertrages zu problematisieren.[18]

Die Debatte in der Rechtslehre über die vorstehenden Fragen wird gewöhnlich als „Diskussion über die ‚fehlerhafte Einigung'" („*gōi no kashi*" *ron*) bezeichnet.[19] Wenn auch der Einfluß der Rechtswissenschaft auf die Rechtsprechung bisher vielfach gering geblieben ist, so kann ihr aber zumindest ein wichtiger Erfolg zugeschrieben werden. Das beharrliche Drängen vieler Rechtswissenschaftler – in Einklang mit den Aktivisten der Verbraucherschutzbewegung – ist mitursächlich für die Schaffung des Verbrauchervertragsgesetzes im Jahr 2000.[20] Durch dieses Gesetz wurden die Regelungen über die Wirksamkeit von Willenserklärungen von Verbrauchern beim Abschluß von Verbraucherverträgen erheblich modifiziert.

Die traditionellen Regelungen im Zivilgesetz bleiben daneben aber weiterhin auf Verbraucherverträge anwendbar. Im folgenden ist deren gegenwärtige Interpretation durch Rechtsprechung und Lehre im einzelnen zu erläutern.

---

[13] Dazu nachfolgend unter 1.
[14] Vgl. beispielsweise Y. IMANISHI (1989) 171.
[15] Dazu nachfolgend unter 2 bis 4.
[16] Dazu unten unter 5 sowie unter IV.
[17] Siehe etwa K. YAMAMOTO (1999) 165; H. DŌGAUCHI (1996a); H. FUJITA (1997). Insbesondere die beiden letztgenannten Aufsätze erörtern zentral dieses Problem. Vergleiche zudem auch die Ausführungen unten unter IV.
[18] Vgl. nur H. DŌGAUCHI (1996a) 137 m.w.N.
[19] Einen ausführlichen Überblick über den Stand der Diskussion geben K. YAMAMOTO (1999) und H. MORITA (1991).
[20] Dazu unten B.

## 1. Erhöhte Anforderungen an den subjektiven Willen des Verbrauchers bei Willenserklärungen zum Abschluß eines Vertrages

Eine Möglichkeit zur Verhinderung von aus Sicht des Verbrauchers unerwünschten Verträgen ist die stärkere Berücksichtigung seines subjektiven, inneren Willens bei der Auslegung und bei der Beurteilung des Vorliegens einer Willenserklärung des Verbrauchers anstelle der bisher üblichen formalen, objektivierten Betrachtungsweise. Rechtstechnisch kann eine solche Betrachtung zur Verneinung einer auf den Vertragsschluß gerichteten Willenserklärung des Verbrauchers oder zur Feststellung eines Dissenses führen und damit zum Urteil, daß kein wirksamer Vertrag zwischen den Parteien zustande gekommen ist. Eine solche Forderung wird in der japanischen Literatur bereits seit vielen Jahren erhoben und unter dem Stichwort „Rehabilitierung der Willenstheorie" (*ishi shugi no fukken*) diskutiert.[21] Die stärkere Berücksichtigung des inneren Willens des Verbrauchers sei angesichts seiner Unterlegenheit gegenüber dem Unternehmer bzw. dessen Hilfspersonen im Hinblick auf ein bestehendes Ungleichgewicht an vorhandenen Informationen und Kenntnissen sowie der oftmals aufdringlichen oder irreführenden und verschleiernden Werbung zum Abschluß eines Vertrages gerechtfertigt. Der Unternehmer sei angesichts dessen weniger schutzwürdig als der Erklärungsempfänger bei Verträgen zwischen gleichstarken Vertragspartnern.

Wie sich an den folgenden Gerichtsentscheidungen zeigt, gibt es auch in der japanischen Rechtsprechung gewisse Tendenzen, dieser Betrachtungsweise zu folgen. Die dogmatische Einordnung der Urteile ist allerdings schwierig, da oftmals nur einfach vom fehlenden Willen des Verbrauchers oder von keinem wirksamen Vertragsabschluß die Rede ist. Die Bindung des Verbrauchers an den betreffenden Vertrag wird auf diese Weise verneint, freilich ohne weitere ausführliche Begründung. Es scheint daher in der Judikatur mitunter eine gewisse Verwirrung und Unklarheit über die Abgrenzung zwischen Dissens, fehlender Willenserklärung und Nichtigkeit der Willenserklärung wegen (Motiv-)Irrtums zu bestehen. Im Ergebnis macht es allerdings für den Verbraucher kaum je einen Unterschied, ob bereits die Existenz einer Willenerklärung verneint, die Nichtigkeit der Willenserklärung wegen Irrtums oder ein Dissens festgestellt wird. Er ist in keinem Fall an den Vertrag gebunden.

### a) Urteil des SumG Monji vom 18.10.1985[22]

Das SumG Monji hat in diesem Urteil die Abgabe einer wirksamen Willenserklärung durch den Verbraucher, gerichtet auf den Abschluß eines Kaufvertrages über Lehrmaterialien zur Erteilung von häuslichem Nachhilfeunterricht und eines Kreditvertrages zur Finanzierung des Kaufs, und damit dessen vertragliche Leistungspflicht verneint. Das Unternehmen A hatte öffentlich in der

---

[21] Siehe zum Beispiel J. NAGAO (1983); K. YAMAMOTO (1999) 155.
[22] Hanrei Taimuzu Nr. 576, 93; zusammengefaßt bei A. ŌMURA (1994) 4-5.

Zeitung um Personen geworben, die im Auftrage des Unternehmens in Nebenbeschäftigung häuslichen Privatunterricht zu einem Stundenlohn von 700 ¥ erbringen wollen. Bei der kurz darauf stattfindenden Werbe- und Informationsveranstaltung des Unternehmens, an der auch der Verbraucher B teilnahm, hatte ein Beauftragter des Unternehmens erklärt, daß die Unterrichts- bzw. Lehrmaterialien von der Firma gestellt würden. Es fand außerdem ein Test statt, der Aufschluß über die Eignung und Befähigung der Interessenten für diese Tätigkeit bringen sollte. Nach einigen Tagen erhielt B eine Nachricht von A, daß er den Test bestanden habe und ein Mitarbeiter ihn aufsuchen wolle, um den Vertragsabschluß zu tätigen. Der Mitarbeiter übergab dem B eine Reihe von Unterlagen zum Ausfüllen und zur Unterzeichung mit dem Hinweis, daß diese für die Einstellung vor allem im Hinblick auf firmeninterne Prozeduren notwendig seien. Die Unterlagen enthielten viele freie Spalten und Stellen, und B sah keine Veranlassung, die Unterlagen gründlich durchzuschauen oder das Ausfüllen der Vertragsunterlagen zu verweigern. Erst später wurde dem B klar, daß er hierdurch vielleicht auch einen Kaufvertrag über Lehrmaterialien und zudem einen Kreditvertrag zur Finanzierung des Kaufs abgeschlossen haben könnte, als nämlich das Kreditunternehmen C die Zahlung der ersten Rate verlangte. Da B nicht zahlte, erhob C gegen ihn Klage auf Erfüllung seiner Leistungspflichten aus dem Kreditvertrag. Das Gericht urteilte, daß B *die Vertragsunterlagen ohne den erforderlichen Willen ausgefüllt* und mit seinem Namenssiegel unterzeichnet habe und daher kein Vertrag zustande gekommen sei, weder ein Kaufvertrag noch der betreffende Kreditvertrag. Es betonte ausdrücklich, daß es dabei weder um die Frage einer durch Täuschung erwirkten Erklärung des B noch um die Frage einer nachträglichen Ergänzung und Manipulation der Unterlagen durch A ginge, und auch nicht um die Frage eines Irrtums des B. B habe vielmehr überhaupt keine gültige und bindende Erklärung abgegeben.

### b) Urteil des SumG Honjō vom 25.3.1985[23]

Auch das SumG Honjō verneinte in seiner Entscheidung einen hinreichenden Willen des Verbrauchers bei Abgabe der Erklärung und die Bindung an einen Vertrag. Ein Angestellter des Unternehmens A hatte beim Verbraucher B angerufen und ihm die Mitgliedschaft in einem „Reiseclub" angeboten. B zeigte sich interessiert und suchte am folgenden Tag die Niederlassung des Unternehmens zwecks näherer Erkundigungen auf. Dem B wurden dort verschiedene Werbebroschüren gezeigt, und ihm wurde erklärt, daß er bei einer Mitgliedschaft deutlich verbilligt zum Beispiel nach New York oder Hawaii reisen könne. Beiläufig wurde ihm gesagt, daß er für diese Reisen auch Kenntnisse in englischer Konversation benötige. B zeigte sich interessiert, füllte die Formulare aus, die ihm zur Stellung des Antrags auf Beitritt in den Club gegeben wurden, und unterzeichnete das Vertragsdokument mit seinem Namenssiegel. Dabei las er sich

---

[23] Seikatsu Gyōsei Jōhō Nr. 318, 109; zusammengefaßt bei A. ŌMURA (1994) 5-6.

den Text der Unterlagen nicht sehr gründlich durch. Einige Tage später wurde ihm eine größere Anzahl von Englisch-Lernkassetten mit der Post zugeschickt, die B an A zurückgab, weil er diese nicht bestellt habe. Er erfuhr aber dann, daß er angeblich mit Ausfüllen der Vertragsformulare die Kassetten gekauft und zur Finanzierung einen Kreditvertrag mit dem Kreditunternehmen C abgeschlossen habe. C klagte nach Ausbleiben der Ratenzahlung auf Erfüllung aus dem Kreditvertrag. Das Gericht urteilte, daß weder ein Kauf- noch ein Kreditvertrag zustande gekommen seien, weil B *bei Ausfüllen der Vertragsdokumente keinen entsprechenden Willen gehabt habe*. B habe lediglich einem Reiseclub beitreten wollen und habe durch die irreführenden Erläuterungen der Angestellten des A „irrtümlich" geglaubt,[24] er fülle die Formulare allein zum Abschluß des Vertrages über die Mitgliedschaft aus. Den B träfen daher keine Verpflichtungen aus dem Kreditvertrag.

### c) Urteil des DG Sapporo vom 28.8.1986[25]

In diesem Zusammenhang ist zudem die Entscheidung des DG Sapporo von Bedeutung. Auch in diesem Fall urteilte das Gericht, daß dem Verbraucher B keinerlei Verpflichtungen aus einem Kredit- oder Werkvertrag entstanden seien, weil er bei seinen Erklärungen *keinerlei Willen* zum Abschluß dieser Verträge gehabt habe. Angestellte des Bauunternehmens A waren an den betagten B mit dem Vorschlag der Errichtung eines Wintergartens herangetreten, der mit dem Wohnhaus des B verbunden werden könne. Das Grundstück des B grenzte aber an eine Fläche, die in wenigen Jahren für die Erweiterung der nahegelegenen Autobahn genutzt werden sollte. Dem B wurde bereits mitgeteilt, daß auch sein Grundstück von dem Bauvorhaben betroffen sei und sein Haus daher in naher Zukunft abgerissen werden müsse. Der B teilte dies dem Angestellten des A mit und sagte, daß er aus diesem Grunde derzeit kein Interesse daran habe. Der Angestellte des A entgegnete aber, daß der Wintergarten später mühelos abgebaut und dem neuen Haus des B hinzugefügt werden könne. Dabei erweckte der A zudem den Eindruck, daß der Wintergarten erst einmal als „Modellgebäude" des A errichtet werden und der B sich bei Umzug in sein neues Haus entscheiden könne, ob er den Wintergarten erwerben wolle oder nicht. Damit war der B einverstanden. Er füllte ohne genauere Durchsicht zahlreiche Formulare aus, die ihm von A zu diesem Zweck überreicht worden waren und unterzeichnete sie mit seinem Namenssiegel. Dabei befand er sich in dem Glauben, er erteile dem A lediglich die Erlaubnis, auf seinem Grundstück den „Modellwintergarten" errichten zu dürfen. Tatsächlich aber handelte es sich bei den Dokumenten um einen Bauauftrag zur Errichtung des Wintergartens auf Rechnung des B und einen Kreditvertrag mit dem Kreditgeber C zur Finanzierung des Vorhabens. Mitarbeiter des C riefen nach einigen Tagen bei B an, um sich

---

[24] Das Gericht stellte aber keinen Irrtum im technischen Sinne fest.
[25] Entscheidung unveröffentlicht aber wiedergegeben und kommentiert bei M. ISHIKAWA (1991) (1) 32-34.

routinemäßig zu vergewissern, ob der B wirklich den Kreditvertrag unterzeichnet habe. Dabei antwortete der B nur „Ja, ja...", dachte aber, daß es dabei nur um das Verlangen einer Bestätigung der Erlaubnis zur Errichtung des Wintergartens gehe. Später klagte das Kreditunternehmen C gegen den B auf Zahlung der monatlichen Raten, weil B diese nicht leistete. Das Gericht urteilte, daß der B unter dem Eindruck der irreführenden und falschen Erklärungen des Angestellten des A eine falsche Vorstellung über das geplante Geschäft erhalten habe und bei Unterzeichung der Vertragsdokumente *nicht den erforderlichen Willen zum Abschluß* eines Bau- und Kreditvertrages gehabt habe. Die Verträge seien mangels einer vom Willen des B getragenen Erklärung gar nicht entstanden, und der B sei daher auch nicht zur Leistung der monatlichen Kreditraten verpflichtet.

*d) Fazit*

In allen drei Entscheidungen scheinen die Gerichte erhöhte Anforderungen an den subjektiven Willen des Verbrauchers im Zusammenhang mit dem Vertragsschluß zu stellen. Eine formale Einigung, die sich aus den ausgefüllten und unterzeichneten Vertragsdokumenten ergab, reichte ihnen zur Entstehung eines Vertrages nicht aus. Sie entschieden, daß die Verbraucher gar keine Willenserklärung abgegeben hätten, und das, obwohl diese die Vertragsdokumente offensichtlich zumindest mit Erklärungsbewußtsein abgegeben haben. Unter Verwendung deutscher Rechtsterminologie läßt sich schlußfolgern, daß die Gerichte für die Existenz einer Willenserklärung einen konkreten „Geschäftswillen" des Verbrauchers verlangten. Dies stellt eine erhöhte Anforderung an die Voraussetzungen einer Willenserklärung dar.

Aus den oben vorgestellten drei Urteilen kann allerdings nicht der Schluß gezogen werden, daß japanische Gerichte bei Verbraucherverträgen immer so etwas wie einen konkreten Geschäftswillen des Verbrauchers für ein wirksames Angebot oder eine Annahme des Vertrages fordern würden. Dafür ist die Anzahl der bislang existierenden, in diesem Zusammenhang relevanten Gerichtsentscheidungen zu gering.

*2. Die Irrtumsregelung (Art. 95 ZG) und der Schutz des Verbrauchers beim Vertragsabschluß*

Nach Art. 95 ZG ist eine Willenserklärung nichtig, *wenn sich der Erklärende über den wesentlichen Inhalt des Rechtsgeschäftes irrt; hat der Erklärende sich dabei allerdings grob fahrlässig verhalten, kann er sich nicht auf die Nichtigkeit berufen.*[26] Die Regelung weicht vom Wortlaut her bereits nicht unwesent-

---

[26] Art. 95 ZG lautet vollständig: *Eine Willenserklärung, bei deren Abgabe sich der Erklärende über den wesentlichen Inhalt des Rechtsgeschäftes irrt, ist nichtig; hat der Erklärende sich dabei jedoch grob fahrlässig verhalten, kann er sich nicht auf die Nichtigkeit berufen.*

## A. Regelungen im Zivilgesetz

lich von der Irrtumsregelung in den §§ 119, 122 BGB im deutschen Recht ab. Gleichwohl hat die deutsche Rechtslehre die japanische bei der Auslegung der Vorschrift über einen langen Zeitraum hinweg stark beeinflußt. Dieser Einfluß ist bis heute spürbar. Wie im folgenden noch im einzelnen zu erläutern ist, bestehen in der japanischen Rechtsprechung und Lehre mittlerweile jedoch einige bedeutende Unterschiede bei der Interpretation der Irrtumsregelung im Vergleich zu Deutschland, die berücksichtigt werden müssen. Diese rühren einerseits daher, daß die aus der deutschen Rechtstheorie übernommene Unterscheidung zwischen dem beachtlichen erklärungsbezogenen Irrtum und dem unbeachtlichen Motivirrtum heute vielfach als nicht mehr besonders überzeugend angesehen wird. Zudem hat auch der Einfluß der Diskussion um eine Verbesserung des Verbraucherschutzes zu einem Umdenken und zu einer Aufweichung des herkömmlichen Irrtumskonzepts in Japan geführt. Dies hat im Ergebnis zur Folge, daß ein Großteil der Lehre heute eine Ausdehnung des Anwendungsbereichs des Art. 95 ZG vertritt. Die neueren Entwicklungen nehmen vor allem Bezug auf die Situation beim Abschluß von Verträgen.

Gleichwohl kann man nicht sagen, daß diese Entwicklungen schon eine völlige Änderung der tatsächlichen Rechtslage herbeigeführt hätten, denn die japanische Rechtsprechung hält noch in gewissem Umfang an dem klassischen Konzept des Irrtums fest.[27] Die Nichtigkeit nach Art. 95 ZG hat im einzelnen folgende Tatbestandsvoraussetzungen:[28]

1. Ein *Irrtum* über den *wesentlichen* Inhalt des Rechtsgeschäftes bei Abgabe der Willenserklärung.
2. Die Erheblichkeit und *Kausalität* des Irrtums für die Abgabe der Willenserklärung.
3. *Keine grobe Fahrlässigkeit* des Erklärenden.

In Japan besteht nach wie vor großer Streit darüber, was eigentlich unter einem Irrtum zu verstehen ist. In dieser Frage weichen die Interpretation der Rechtsprechung und die eines Großteils der Lehre erheblich voneinander ab. Die Lehre möchte größtenteils den Motivirrtum vollständig in den Schutzbereich der Norm aufnehmen.[29] Die Rechtsprechung lehnt dieses Ansinnen zwar grundsätzlich ab, beurteilt aber einen Motivirrtum zumindest in Ausnahmefällen als relevanten Irrtum.[30] In der Interpretation des Irrtums liegt daher der Kern des rechtlichen Problems, und eine Entscheidung in dieser Frage hat unmittelbare Auswirkungen auch im Hinblick darauf, wie weit der Erklärende vor einem subjektiven Fehler bei der Willensbildung geschützt wird bzw. werden soll.

Anders als im deutschen Recht ist auch die Rechtsfolge im japanischen Recht. Die Willenserklärung des Erklärenden ist nach japanischem Recht nich-

---

[27] Nachfolgend ausführlich unter 1 a.
[28] Zu den einzelnen Tatbestandsvoraussetzungen siehe etwa K. SHINOMIYA (1986) 173-184 m.w.N. sowie K. YAMAMOTO (2001) 175-190.
[29] Dazu im einzelnen nachfolgend unter 2 b.
[30] K. YAMAMOTO (2001) 160-162; siehe auch nachfolgend unter a.

tig, und nicht wie nach deutschem Recht anfechtbar. Dies entspricht der Formulierung noch in den Vorentwürfen zum BGB. Allerdings besteht in Japan insoweit nur formal ein Unterschied. Nach ganz herrschender Meinung in der japanischen Literatur und Rechtsprechung muß sich der Erklärende auf die Nichtigkeit zur Bewirkung der Rechtsfolge berufen; die Nichtigkeitsfolge tritt also weder automatisch ein, noch kann sie ein anderer als der Irrende geltend machen. Dies wird damit begründet, daß Art. 95 ZG ausschließlich den Schutz des Erklärenden bezwecke.[31]

Eine Erweiterung des Wortlauts – und damit zugleich des Anwendungsbereichs der Irrtumsregelung – wird durch die herrschende Lehre und Rechtsprechung bei der Auslegung des zweiten Halbsatzes der Vorschrift (Tatbestandsmerkmal Nr. 3) vorgenommen. Der Erklärende kann sich bei einem Irrtum *auch* im Falle eigener grober Fahrlässigkeit auf die Nichtigkeit berufen, falls der Erklärungsempfänger, also zum Beispiel der Vertragspartner, im Hinblick auf den Irrtum bösgläubig gewesen ist. In diesem Fall sei der Erklärungsempfänger nicht schutzwürdig.[32]

Die Regelung im zweiten Halbsatz gilt kraft gesetzlicher Sonderregelung *zum Schutze von Verbrauchern* zudem gar nicht im Falle bestimmter Irrtümer eines „*Verbrauchers*" *beim Vertragsschluß im Internet*. Folgende Fehler sind davon betroffen (Art. 3 Irrtumssondergesetz):[33]

– Der Verbraucher hat nur aus Versehen eine Mitteilung gesendet, die geeignet ist, vom Empfänger als Angebot oder Annahme eines Vertrages interpretiert zu werden; tatsächlich hatte er aber nicht den Willen hierzu.

– Der Verbraucher wollte mit seiner Mitteilung etwas anderes erklären als ein Angebot oder eine Annahme eines Vertrages; er irrte sich also über die Bedeutung seiner Erklärung.

Diese Sonderregelung gilt allerdings nur, sofern nicht der Anbieter, der die entsprechende Internetseite verwaltet, zusätzliche Sicherungsmaßnahmen getroffen hat, durch die der Verbraucher zur Bestätigung der konkret abgegebenen Willenserklärung veranlaßt wird, bevor die Mitteilung als wirksame Willenserklärung behandelt wird.[34] Der Verbraucher soll hierdurch vor einer vertraglichen Bindung im elektronischen Geschäftsverkehr geschützt werden, die er *eigentlich nicht wollte*. Dies trägt dem Umstand Rechnung, daß die Fehlermöglichkeit bei der Nutzung des Internets unter Berücksichtigung der technischen

---

[31] So die „Theorie von der relativen Nichtigkeit" (*sōtai mukō setsu*); vgl. insbesondere das Leiturteil des OGH vom 10.9.1965, Minshū 19, 1512. Nach anderer Ansicht kann jeder die Nichtigkeit behaupten; Rechtsfolge des Art. 95 ZG sei die absolute Nichtigkeit der Willenserklärung und damit auch des Rechtsgeschäftes (sog. „Theorie von der absoluten Nichtigkeit" (*zettai mukō setsu*). Vgl. K. YAMAMOTO (2001) 191-192.

[32] So bereits der RGH im Urteil vom 7.6.1921, Minroku 27, 1074.

[33] Das Gesetz wurde in Reaktion auf die Zunahme von Verbrauchergeschäften im Internet im Jahre 2001 erlassen, vgl. oben Kapitel 2 A VI.

[34] Vgl. auch M. YANAGA (2001) 256-258.

Rahmenbedingungen besonders groß ist. Dem Unternehmer soll aber andererseits auch die Möglichkeit gegeben werden, sich durch zusätzliche Sicherungsmaßnahmen, die eine fehlerhafte Abgabe von Willenserklärungen verhindern können, vor einer besonders strengen „Haftung" für Willensmängel des Verbrauchers zu schützen.

Handeln beim Abschluß eines Vertrages auf Seiten der Vertragspartner Vertreter, so wird im Hinblick auf Willensmängel, Kenntnisse (z.B. „Bösgläubigkeit") und Verschulden („grobe Fahrlässigkeit") auf die Umstände des Vertreters abgestellt (Art. 101 I ZG). Handelte der Vertreter aber nur auf Weisung des Geschäftsherrn, so kann sich der Geschäftsherr nicht auf die fehlende Kenntnis und das Verschulden des Vertreters berufen (Art. 101 II ZG). Diese Zurechnungsregelung ist besonders wichtig beim Abschluß von Verbraucherverträgen, weil hier häufig Angestellte, Gesellschafter oder Geschäftsleitungsorgane des Unternehmers als Vertreter auftreten. Deren Irrtümer, Kenntnisse und Verschulden muß sich der Unternehmer zurechnen lassen. Darüber hinaus können in einigen Fällen auch sein eigenes Verhalten und eigene Kenntnisse von Bedeutung sein.

*a) Die Interpretation des Irrtums durch die Rechtsprechung*

Die japanische Rechtsprechung hält, wie erwähnt, im Grundsatz noch an der Abgrenzung zwischen dem relevanten erklärungsbezogenen Irrtum (*hyōji sakugo*) und dem irrelevanten Motivirrtum (*dōki sakugo*) fest.[35] Die dieser Betrachtung zugrundeliegende Theorie wird als „ni-gen-ron"-Theorie (Zwei-Gründe-Theorie) bezeichnet, weil sie mögliche Irrtümer in zwei Kategorien einteilt, in beachtliche und unbeachtliche. Zu den erklärungsbezogenen relevanten Formen des Irrtums zählen der Erklärungsirrtum und der Inhaltsirrtum.[36] Diese Irrtumsformen entsprechen ungefähr dem, was auch in Deutschland hierunter verstanden wird.[37] Sie sind im Zusammenhang mit dem Verbraucherschutz nur von geringer Relevanz. Auf eine ausführliche Darstellung soll daher verzichtet werden. Bedeutend ist vielmehr, daß die Rechtsprechung in Ausnahmefällen auch den Motivirrtum für beachtlich hält, nämlich dann, *wenn das Motiv des Erklärenden zur Tätigung eines Rechtsgeschäftes auch Inhalt der daraufgerichteten Willenserklärung geworden* ist,[38] oder sogar noch weiterge-

---

[35] K. YAMAMOTO (2001) 157, 161-162 m.w.N. der Literatur und Rechtsprechung; T. UCHIDA (2000b) 65-68.
[36] Der Erklärungsirrtum wird „*hyōji-jō no sakugo*", der Inhaltsirrtum „*naiyō no sakugo*" genannt", vgl.T. UCHIDA (2000b) 65.
[37] Zu den entsprechenden Irrtumsformen im deutschen Recht: § 119 I 1. Alt. (Inhaltsirrtum) und § 119 I 2. Alt. (Erklärungsirrtum), vgl. zur Einteilung und zur Bedeutung nur MÜNCHENER KOMMENTAR / Kramer, 4.Auflage (2001) § 119 BGB Rn. 45 ff. m.w.N.
[38] So bereits der RGH in seiner Entscheidung vom 15.12.1914, Minroku 20, 1101. Diese Entscheidung wird allgemein als Leitentscheidung angesehen. Hiernach bestätigt durch RGH vom 24.2.1917, Minroku 23, 284; OGH vom 25.12.1962 (zitiert nach K. YAMAMOTO (2001) 162, Fußnote 14).

hend, *wenn das Motiv als subjektive Grundlage für das Rechtsgeschäft dem Erklärungsempfänger mitgeteilt oder für ihn zumindest erkennbar gewesen ist*.[39] Der Bewertungsmaßstab der Gerichte ist nicht immer einheitlich.[40] Besondere Bedeutung hat die neue Entwicklung vor allem für Verträge. Die Rechtslehre beurteilt diese Entwicklung zwar positiv, sie geht ihr aber nicht weit genug. Die Rechtsprechung solle Motivirrtümer zumindest auch dann ohne die gemachten Einschränkungen anerkennen, wenn der Irrtum des Erklärenden durch den Empfänger *schuldhaft veranlaßt worden* sei.[41] Im übrigen gründet ein Großteil der Lehre den Irrtum auf eine andere Theorie oder sieht zumindest das Erfordernis weiterer Modifikationen der *ni-gen-ron*-Theorie.[42] Nach dem Beurteilungsmaßstab der Rechtsprechung bestünde bei entsprechender Auslegung theoretisch die Möglichkeit, auch wichtige Hauptprobleme beim Abschluß von Verbraucherverträgen zugunsten eines besseren Schutzes des Verbrauchers zu lösen. Oftmals hat der Verbraucher mangels richtiger Informationen über den Vertragsgegenstand oder den Vertragsinhalt, so insbesondere in Fällen mangelnder Aufklärung durch den Unternehmer, in Fällen des Erteilens falscher oder irreführender Informationen oder im Falle eines schwer verständlichen Vertragstextes falsche Vorstellungen über den Inhalt des Vertrages. Ist eine solche Fehleinschätzung als Motiv des Verbrauchers beim Vertragsschluß für den Unternehmer bzw. seine Hilfsperson *erkennbar*, ist es denkbar, den Vertrag für nichtig zu erklären. Bisher gibt es allerdings für eine derart weitgehende Anwendung des Art. 95 ZG zum Schutze des Verbrauchers außerordentlich wenige Beispiele; einige davon aber werden nachfolgend unter c) vorgestellt.

*b) Die Interpretation des Irrtums durch die Lehre*

Ein großer Teil der Literatur möchte die Unterscheidung nach der *ni-gen-ron*-Theorie zwischen dem Motivirrtum und anderen Irrtümern aufgeben und grundsätzlich alle Irrtumsformen als im Rahmen von Art. 95 ZG relevante Irrtümer anerkennen. Diese Theorie wird als „*ichi-gen-ron*"-Theorie (Ein-Grund-Theorie) bezeichnet. Von dieser Lehre existieren mehrere modifizierende (Unter-) Formen.[43]

---

[39] OGH vom 26.3.1963, in: Hanrei Jihō Nr. 331, 21; OGH vom 14.9.1989, in: Hanrei Jihō Nr. 1336, 93.

[40] Vgl. K. YAMAMOTO (2001) 157-162; T. UCHIDA (2000b) 65-68.

[41] K. YAMAMOTO (2001) 202.

[42] Dazu zählen die in der Literatur vertretene nachfolgend im einzelnen erläuterte „*ichi-gen-ron*"-Theorie und ihre Variationen sowie die verschiedenen in der Literatur diskutierten Varianten der herkömmlichen „*ni-gen-ron*"-Theorie (vgl. dazu K. YAMAMOTO (2001) 166-172, m.w.N. auf S. 166, Fn. 20). Letztere sind zwar unter allgemein zivilrechtlichen Gesichtspunkten von Bedeutung, liefern aber keine neuen Impulse zur Lösung der üblicherweise im Zusammenhang mit Verbraucherverträgen bestehenden Probleme; auf diese braucht hier daher nicht weiter eingegangen zu werden.

[43] Ein Teil der Lehre möchte dagegen zwar grundsätzlich an der traditionellen Unterscheidung zwischen dem unbeachtlichen Motivirrtum und beachtlichen Irrtumsformen festhalten, aber einen neuen Maßstab zur Abgrenzung einführen (zu Nachweisen siehe oben Fn. 42).

Die Entwicklung der Irrtumstheorien in der Literatur wurde in den letzten fünfzehn Jahren vor allem durch die Problematik bei Verbraucherverträgen angeregt und daher von der Diskussion über die Notwendigkeit der Verbesserung des Verbraucherschutzes überlagert.[44]

aa) Der Inhalt der *ichi-gen-ron*-Theorie[45]

In Abweichung von der traditionellen Auffassung wird für die Vertreter der *ichi-gen-ron* Lehre grundsätzlich jeder Irrtum des Erklärenden von Art. 95 ZG umfaßt. Auch Motivirrtümer sollen also darunter fallen. Als Irrtum wird daher *jede subjektive fehlerhafte Einschätzung oder Annahme* im Hinblick auf das Rechtsgeschäft angesehen, mithin jedes *Abweichen der subjektiven Vorstellung des Erklärenden von gegebenen Tatsachen*. Dieses neue Konzept hat deshalb große Unterstützung in der Rechtslehre gefunden, weil man annimmt, daß die Unterscheidung zwischen dem Motivirrtum und anderen Formen des Irrtums oftmals kaum möglich sei. So wird etwa kritisiert, daß eine Abgrenzung zwischen einem beachtlichen Identitätsirrtum und einem bloßen Eigenschaftsirrtum häufig rein formalistisch und in der Praxis kaum möglich sei.[46] Eine Unterscheidung zwischen beachtlichen erklärungsbezogenen Irrtümern und unbeachtlichen Motivirrtümern sei auch nicht zur Lösung der sich in der Praxis stellenden Probleme geeignet. Auf diese Art der Unterscheidung komme es folglich nicht an. Es wird vielmehr eine Unterscheidung zwischen *beachtlichen und unbeachtlichen Irrtümern* nach materiellen Gesichtspunkten vorgenommen. Zunächst muß es sich um einen *Irrtum über einen wesentlichen Aspekt des Rechtsgeschäftes* handeln. Außerdem sei ein Ausgleich zwischen den Interessen des Erklärenden und denen des Empfängers unter *Beurteilung der Schutzwürdigkeit* herbeizuführen. Es ist nach dieser Theorie also eine Wertentscheidung darüber zu treffen, wer das Risiko bzw. die Verantwortung für den Irrtum zu tragen habe. Dabei werden dann nicht mehr nur die Umstände des Erklärenden, wie grundsätzlich nach der hergebrachten Theorie, sondern auch die des Empfängers berücksichtigt, so zum Beispiel die Frage, ob der Erklärungsempfänger den Irrtum (mit)verursacht und verschuldet hat.

Die weiteren Kriterien sind zwar im einzelnen umstritten. Eine Ansicht hält etwa die Erkennbarkeit des Irrtums für den Erklärungsempfänger für den entscheidenden Gesichtspunkt, eine andere die Erkennbarkeit der wesentlichen Tatsachen, die zu dem Irrtum geführt haben.[47] Gleichwohl werden die Meinungen wohl oftmals zum gleichen Ergebnis gelangen, denn von besonderer Bedeutung ist, daß hierbei auch der fahrlässig und vorsätzlich veranlaßte Irrtum

---

[44] Vgl. etwa H. MORITA (1991) (1) 30.
[45] Ausführlich dazu K. YAMAMOTO (2001) 162-166 (m.w.N. auf Seite 162, Fn. 15); T. UCHIDA (2000b) 68-70. Zur Behandlung des Motivirrtums im allgemeinen siehe E. NAKAMATSU (1984); H. MORITA (1998).
[46] H.P. MARUTSCHKE (1999) 120.
[47] Nachweise bei K. YAMAMOTO (2001) 164-165, Fn. 16 u. 17; H. MORITA (1991) (1) 30-31.

durch den Empfänger der Willenserklärung zur Schutzwürdigkeit des Erklärenden führen kann. Anders gewendet, hat der Erklärungsempfänger seinerseits durch irreführende Darstellungen und falsche Informationen den Irrtum des anderen Teils hervorgerufen, so ist er im Regelfall nicht schutzwürdig, und der Irrtum kann als beachtlicher Irrtum angesehen werden. Auch diese Lehre hat vor allem Bedeutung für den Abschluß von Verträgen.

Die neue Lehre ist Anknüpfungspunkt auch für die Befürworter der Notwendigkeit eines besseren Verbraucherschutzes.[48] Danach könnte zum Beispiel bei der Beurteilung der Beachtlichkeit eines Irrtums des Verbrauchers über den Inhalt oder den Gegenstand des Verbrauchervertrages der Informationsvorsprung, das überlegene Wissen oder eine unbillige Einflußnahme des Unternehmers bzw. seiner Hilfspersonen zugunsten des Verbrauchers berücksichtigt werden.[49] Die Regelung des Irrtums könnte daher bei extensiver Anwendung auch die Fälle auffangen, die Art. 96 I ZG (Täuschung) wegen seines engen Tatbestandes nicht erfaßt, namentlich fahrlässige Aufklärungspflichtverletzungen des Erklärungsempfängers, und so als Institut des Billigkeitsrechts und als Generalklausel für einen verbesserten Verbraucherschutz genutzt werden.

bb) Variationen der *ichi-gen-ron*-Lehre

Da der Motivirrtum vor allem bei Willenserklärungen zum Abschluß von Verträgen eine Rolle spielt, ist auch eine verbreitete Lehre, die als Modifikation der *ichi-gen-ron*-Lehre anzusehen ist, auf diese Art Rechtsgeschäft zugeschnitten. Danach sollten grundsätzlich alle Formen des Irrtums unter Art. 95 ZG gefaßt werden. Bei dem Irrtum einer Partei über den Inhalt des Vertrages sollte nach objektiven Gesichtspunkten unter Berücksichtigung der Umstände und Interessen beider Parteien eine Wertentscheidung darüber getroffen werden, *ob unter Billigkeitsgesichtspunkten eine vertragliche Einigung* und damit eine Bindung des Erklärenden an das Rechtsgeschäft zu bejahen ist.[50]

c) *Relevante Urteile*

Trotz der relativen Flexibilität der Irrtumsregelung und der daraus folgenden Möglichkeit, diese zur Lösung der beim Verbrauchervertrag auftretenden Probleme zugunsten des Verbrauchers fruchtbar zu machen – und zwar sowohl nach der heute vorherrschenden Interpretation durch die Rechtsprechung als auch nach der durch den Großteil der Lehre – lassen sich in der Rechtspraxis dennoch nicht so viele Beispielsfälle finden, wie man vielleicht erwarten könnte. Zwar besteht bei Teilen der Literatur die Bereitschaft, Art. 95 ZG quasi als eine Art Generalklausel zum Schutz des Verbrauchers einzusetzen,[51] die Rechtsprechung zeigt sich demgenüber aber zurückhaltend. In einigen Fällen

---

[48] A. ŌMURA (1998) 84; K. YAMAMOTO (1999) 155 m.w.N. in Fn. 9.
[49] Vgl. K. YAMAMOTO (1999) 154-155, 166-171 m.w.N.
[50] Vgl. die Darstellung bei K. YAMAMOTO (2001) 173-174; H. MORITA (1991) (1) 24-31.
[51] A. ŌMURA (1998) 84-85.

allerdings läßt sich die Anwendung der Irrtumsregelung zum Schutze des Verbrauchers durch die Gerichte beobachten.

aa) Urteil des OG Nagoya vom 26.9.1985[52]

Der Entscheidung des OG Nagoya liegt ein sehr ähnlicher Sachverhalt wie der des SumG Honjō vom 25.3.1985 zugrunde, die im vorhergehenden Abschnitt als Beispiel für die Verneinung des Vorliegens einer Willenserklärung angeführt wurde.[53] Hieran zeigt sich einmal mehr, daß sich die Frage nach dem Vorliegen einer Willenserklärung dogmatisch häufig mit der Frage nach der Wirksamkeit einer Willenserklärung überschneidet, wenn es um Probleme enttäuschter Erwartungen des Erklärenden geht. Im Fall des OG Nagoya ging es ebenfalls darum, daß der Verbraucher B von einem Angestellten des Unternehmens A für den Abschluß eines Vertrages über die Mitgliedschaft in einem Reiseclub geworben wurde, zunächst telefonisch, dann weiter im Verkaufsbüro des Unternehmens. Die Mitgliedschaft sollte die Vorteile günstiger Übernachtungsmöglichkeiten in ausländischen Hotels, deutlich verringerter Reisekosten und der Möglichkeit, im Ausland günstig Autos mieten zu können, beinhalten. Beiläufig wurde von dem Angestellten zwar erwähnt, daß damit allerdings auch die Abnahme von Englisch-Lernkassetten verbunden sei. Die einseitige Betonung der Mitgliedschaft im Reiseclub habe aber nach Meinung des Gerichts *fälschlich den Eindruck erweckt*, daß es sich dabei nur um einen unbedeutenden Nebenaspekt des Geschäftes gehandelt habe. Der B füllte die ihm von A ohne weitere Erläuterung übergebenen umfangreichen Vertragsunterlagen aus und unterzeichnete sie mit seinem Namenssiegel. Dabei handelte es sich unter anderem um einen Kaufvertrag über umfangreiche Englisch-Lernmaterialien inklusive Tonkassetten und einen Kreditvertrag zur Finanzierung des Kaufvertrages. Diese Lernmaterialien wurden dem B kurz darauf zugesandt, und C, der Kreditgeber, forderte die Zahlung der monatlichen Raten. Als B nicht zahlte, erhob C Klage. Das OG Nagoya als Berufungsgericht bestätigte die Entscheidung des erstinstanzlichen Urteils,[54] das annahm, B habe sich bei seiner Erklärung *über den Inhalt des Rechtsgeschäftes geirrt*. Motiv des B zum Abschluß des Vertrages sei es gewesen, günstig Reisen unternehmen zu können, nicht dagegen, umfangreiche Lernmaterialien zu erwerben. Den B träfen daher weder aus dem Kredit- noch aus dem Kaufvertrag irgendwelche Verpflichtungen.

bb) Urteil des DG Ōsaka vom 21.9.1981[55]

In dieser Entscheidung wurde der Irrtum des Käufers eines elektrischen Haarentfernungsgeräts anerkannt. Auch nach dreijähriger Anwendung des Gerätes konnte der Käufer keine wirklichen Erfolge erzielen. Das Gericht urteilte, daß

---

[52] Hanrei Jihō Nr. 1180, 64.
[53] Vgl. oben unter 1 b.
[54] DG Nagoya vom 14.11.1983, in: Hanrei Jihō Nr. 1114, 72.
[55] Hanrei Taimuzu Nr. 465, 153.

der Käufer sich *über die Eigenschaft des Gerätes geirrt* habe, damit nachhaltig Körperhaare entfernen zu können. Dies sei sein Motiv zum Abschluß des Kaufs gewesen. Tatsächlich sei das Gerät aber nicht zur Bewirkung dieses Erfolges in der Lage gewesen. Nach Ansicht des Gerichts habe es sich also um einen Fall eines relevanten Motivirrtums des Käufers gehandelt, denn das Motiv sei für den Verkäufer erkennbar gewesen. Im Gegensatz zum vorherigen Fall liegt hier eigentlich die Anwendung des speziellen Sachmängelrechts nahe, oder aber die Annahme der Nicht- bzw. Schlechterfüllung. Dies hätte allerdings zu Schwierigkeiten im Zusammenhang mit den Verjährungsvorschriften geführt. Infolge der Anwendung der Irrtumsregelung konnte der Käufer schließlich den Kaufpreis zurückfordern.

cc)  Urteil des DG Tōkyō vom 30.4.1994[56]

In diesem Urteil des DG Tōkyō wurde der Motivirrtum eines betagten Rentners als Grund für die Nichtigkeit eines Vertrages anerkannt. Dieser war von einem Mitarbeiter eines Versicherungsunternehmers durch *Vorspiegeln einer hohen Rendite* und *geringer Verlustrisiken* zum Abschluß einer sogenannten „Wechselwertversicherung" (*hengaku hoken*) überredet worden. Tatsächlich beurteilt sich der Wert dieses Finanzproduktes aber nach der Höhe des Aktienkurses von bestimmten Unternehmen und unterliegt somit großen Schwankungen. Folglich birgt das Geschäft hohe Verlustrisiken, und von einer sicheren Geldanlage, die der Rentner darin sah, kann keine Rede sein. Das Gericht befand, daß das Motiv des Erwerbs einer risikoarmen Geldanlage für den Mitarbeiter klar erkennbar gewesen sei. Trotzdem habe dieser den Rentner zum Abschluß des Vertrages verleitet. Da der Motivirrtum zudem für den Vertragsschluß ursächlich gewesen sei, ist der Vertrag vom Gericht schließlich wegen Irrtums des Rentners für nichtig erklärt und die Rückerstattung der Leistung angeordnet worden. Darüber hinaus wurde ein Schadensersatzanspruch des Rentners aus Delikt wegen vorvertraglicher Aufklärungspflichtverletzung anerkannt.

dd)  Urteil des DG Tōkyō vom 29.6.1983[57]

In dieser Entscheidung des DG Tōkyō ging es um den Kauf eines Grundstücks, welches der Käufer als Vermögensanlageobjekt erwarb. Er ging dabei davon aus, daß es sich hervorragend zur Errichtung eines Ferienhauses eignen würde und bedeutend unter dem tatsächlichen Wert zum Kauf angeboten werde. Tatsächlich aber entsprach dies nicht den Tatsachen. Zu dem Motivirrtum kam es, weil der Immobilienmakler unter Zuhilfenahme einer Karte der Region

---

[56] Hanrei Jihō Nr. 1493, 49; vgl. auch ein ähnliches Urteil des DG Tōkyō vom 30.7.1996, in: Hanrei Jihō Nr. 1576, 61 mit einer Anmerkung in S. KIMURA / J. HONDA / H. CHIBA (2000) 170-171.
[57] Hanrei Taimuzu Nr. 508, 128; siehe dazu auch die Besprechung von *Y. Matsumura* in A. MORISHIMA / S. ITŌ (1995) 70-71.

*irreführende bzw. unzutreffende Erklärungen* über die Lage des Grundstücks abgab. Er erklärte dem Käufer, daß es sich dabei angeblich um eine Art Notverkauf des Eigentümers handele, weil dieser dringend Bargeld benötige und deshalb bereit sei, das Grundstück zu einem Preis zu verkaufen, der dem halben Marktpreis entspreche. In der Nähe sei außerdem wegen der günstigen Lage der Bau mehrerer Ferienhäuser geplant. Das Grundstück sei erschlossen und leicht zu erreichen, denn in der Nähe gebe es einen Bahnhof und größere Überlandstraßen. Außerdem befänden sich in unmittelbarem Umfeld Siedlungen mit Geschäften, die auch Einkaufsmöglichkeiten böten. Tatsächlich täuschte der Eindruck auf der Karte. Der angesprochene Bahnhof lag ungefähr zehn Kilometer entfernt, und der Anschluß an Überlandstraßen befand sich ebenfalls in weiter Ferne. Zum Grundstück führten außerdem nur land- bzw. forstwirtschaftliche Wege, die im Winter gar nicht und sonst bei stärkerem Regen nur sehr eingeschränkt mit dem Auto zu befahren waren. Es gab auch keine Pläne zum Bau weiterer Ferienhäuser und nur vereinzelt weitere Wohnhäuser in der Umgebung. Im übrigen lag der Preis ungefähr um das sechsfache über dem tatsächlichen Marktwert des Grundstücks. Im Ergebnis eignete sich das Grundstück daher nicht zum Bau eines Ferienhauses und stellte als Anlageobjekt eine Fehlinvestition dar. Das Gericht urteilte, daß der Käufer einem *Motivirrtum beim Kauf des Grundstücks erlegen war und der Makler von diesem auch Kenntnis hatte.* Der Kaufvertrag wurde daher für nichtig erklärt, und der Verkäufer konnte die Rückerstattung des Kaufpreises verlangen. Bei diesem Fall handelt es sich um einen typischen Fall unlauterer Grundstücksgeschäfte, die in Japan in die Kategorie „Feldhandel" (*genya shōhō*) eingeordnet werden.

*d) Fazit*

Trotz der sehr weitgehenden Interpretation des Irrtums durch Lehre und Rechtsprechung und trotz der oben dargestellten Urteile darf keinesfalls der Eindruck entstehen, daß derjenige, der einem Motivirrtum erlegen ist, in Japan immer erfolgreich die Nichtigkeit des geschlossenen Vertrages behaupten kann. Insbesondere in Fällen, in denen der Irrtum allein von dem Erklärenden zu verantworten ist, kann man in der Regel nicht davon ausgehen, daß dieser durch die Gerichte anerkannt wird. Vor allem in Fällen, in denen es nicht um das Vorliegen fehlerhafter Informationen über Gegenstand und Inhalt des Vertrages geht, sondern lediglich um die bloße Änderung der subjektiven Bedürfnisse durch Ereignisse nach Vertragsschluß, ist dies sicherlich nicht der Fall. Demgegenüber wird ein eher unverschuldet wirkender Motivirrtum eines Vertragspartners bei der Abgabe seiner Willenserklärung, der sich auf seine informationelle Unterlegenheit bzw. die Überlegenheit des anderen Teils oder eine unbillige Beeinflussung durch irreführende Darstellungen zurückführen läßt, durch die Gerichte gelegentlich als rechtlich relevanter Irrtum anerkannt.

Insgesamt ist die Anzahl solcher Urteile allerdings nicht sehr groß. In vielen Fällen weicht die Rechtsprechung zum Schutze des Verbrauchers lieber auf das noch flexiblere Rechtsinstitut des Deliktsrechts aus.[58] Die Gerichte haben offenbar Schwierigkeiten, das Rechtsinstitut extensiv zum Zwecke des Schutzes von Verbrauchern anzuwenden, da sie dieses Schutzmotiv im Rahmen von Art. 95 ZG dogmatisch nicht zu verorten vermögen.

Der japanische Gesetzgeber hat daher versucht, durch Schaffung des Verbrauchervertragsgesetzes im Jahre 2000 den Problemen von Verbrauchern im Zusammenhang mit Irrtümern bzw. der unbilligen Beeinflussung der Willensbildung beim Vertragsabschluß durch den Unternehmer abzuhelfen. Darin werden nun ergänzend für bestimmte Fälle Anfechtungsrechte gewährt, in denen der Verbraucher wegen unzureichender Informationen oder irreführender Informationen von Seiten des Unternehmers oder seiner Hilfspersonen einem Irrtum über den Vertragsgegenstand oder den Vertragsinhalt erliegt. Die zivilrechtlichen Vorschriften des Irrtums und der Täuschung wurden dabei kombiniert, und dem Verbraucher wird hierdurch nun die Lösung vom Vertrag unter erleichterten Vorraussetzungen ermöglicht.[59] Ein ähnlicher, zusätzlicher Schutz besteht nun nach einer Reform des Handelsgeschäftegesetzes im Jahre 2004 durch besondere Anfechtungsrechte bei bestimmten, im HGG geregelten Verbrauchergeschäften.[60]

Einen gewissen Schutz des Verbrauchers über Art. 95 ZG hinaus gewähren ferner zahlreiche verbraucherschützende Widerrufsrechte[61] sowie die in verschiedenen Einzelgesetzen enthaltenen öffentlich-rechtlichen Aufklärungspflichten von Unternehmern, die allerdings meist nur als spezielle schriftliche Aufklärungspflichten ausgestaltet sind. Darüber hinaus bieten bestehende öffentlich-rechtliche Verbotsbestimmungen einen Schutz des Verbrauchers speziell vor unzulässiger Beeinflussung in Form des Erteilens falscher oder irreführender Informationen. Diese sind ebenfalls in Sondergesetzen enthalten. Sie haben allerdings einen engeren Bezug zur Täuschung als zum Irrtum. All diese Regelungen knüpfen immer nur an bestimmte Vertragstypen oder Geschäftsformen an, gelten also nicht generell beim Abschluß von Verbraucherverträgen im allgemeinen.[62]

---

[58] Siehe etwa K. YAMAMOTO (1999) 159-165 m.w.N. Vgl. auch unten die Ausführungen unter 5 zur *culpa in contrahendo* in Japan sowie den Abschnitt über die Funktion und Anwendung des Deliktsrechts bei Verbraucherverträgen unter IV.
[59] Dazu näher unten unter B.
[60] Dazu näher unter E II und C III.
[61] Ausführlich unter D.
[62] Zum ganzen ausführlich unten Kapitel 4 A I.

3. *Der Anwendungsbereich der Regelung über die vorsätzliche Täuschung (sagi) nach Art. 96 ZG beim Vertragsschluß*

Nach Art. 96 I ZG können Willenserklärungen angefochten werden, die auf einer vorsätzlichen Täuschung beruhen.[63] Die Anfechtung hat die Nichtigkeit der Willenserklärung und des betreffenden Rechtsgeschäftes, z.B. des Vertrages, von Anfang an zur Folge. Art. 96 I ZG schützt damit vor einer unzulässigen Beeinflussung der Willensbildung und einer Beeinträchtigung der Willensentschließungsfreiheit und gleicht insoweit der Regelung in § 123 BGB im deutschen Recht. Die Voraussetzungen für eine Anfechtung wegen Täuschung sind:[64]

1. eine *rechtswidrige Täuschungshandlung* des Erklärungsempfängers,
2. ein dadurch verursachter *Irrtum* (Kausalität) beim Erklärenden und die Abgabe einer *Willenserklärung*, die nicht seinem wirklichen freien Willen entspricht,
3. der *Vorsatz* des Täuschenden.

Die Täuschungshandlung muß demnach als rechtswidrig zu beurteilen sein. Dies ist wertungsabhängig und dann der Fall, wenn die Täuschung unter Zugrundelegen der gesellschaftlichen Anschauungen als unbillig und daher unzulässig anzusehen ist.[65] Für Art. 96 I ZG relevant sind alle Arten von Irrtümern auf Seiten des Erklärenden.

*a) Probleme der Regelung*

Bisher gibt es kaum Versuche, den Anwendungsbereich der Täuschung zum Schutze des Verbrauchers durch eine geeignete Auslegung zu erweitern. Dies liegt wohl daran, daß der Tatbestand und das Konzept der Täuschung zu eng und zu starr sind.[66] Von besonderer Bedeutung ist hier insbesondere die strenge Voraussetzung des Vorsatzes. Fahrlässige Aufklärungspflichtverletzungen fallen also nicht in den Anwendungsbereich der Norm. Der Vorsatz des Vertragspartners aber ist durch den Getäuschten oft nur schwer nachweisbar. Als weiteres psychologisches Kriterium dürfte in Japan eine Rolle spielen, daß die Behauptung der „Täuschung" nicht so einfach vom Gegenüber hingenommen

---

[63] Der Wortlaut von Art. 96 ZG lautet:
*(1) Eine aufgrund Täuschung oder Drohung abgegebene Willenserklärung kann angefochten werden.*
*(2) Hat ein Dritter eine Täuschung in bezug auf eine Erklärung verübt, die einem anderem gegenüber abzugeben war, so ist diese Erklärung nur dann anfechtbar, wenn der andere Teil die Tatsache kannte.*
*(3) Die Anfechtung einer Willenserklärung, die aufgrund einer Täuschung abgegben wurde, kann einem gutgläubigen Dritten nicht entgegengehalten werden.*
(Übersetzung von A. ISHIKAWA / I. LEETSCH (1985)).
[64] Vgl. etwa K. SHINOMIYA (1986) 184-189; T. IKUYO (1984) 279-284; K. YAMAMOTO (2001) 203.
[65] Vgl. etwa K. YAMAMOTO (2001) 197.
[66] A. ŌMURA (1998) 72-73, 85.

wird, da dies zugleich den „Betrugsvorwurf" im strafrechtlichen Sinne mitumfaßt, vor allem, da für den strafrechtlichen Betrug in Japan das gleiche Wort wie für die zivilrechtliche Täuschung verwandt wird, also „*sagi*". Ein weiteres Problem ist die Behandlung von Prognosen über zukünftige Entwicklungen, also zum Beispiel, ob das übertriebene Anpreisen und Inaussichtstellen unrealistischer Gewinnaussichten bei Kapitalanlagegeschäften als Täuschung gewertet werden kann, wenn sich im nachhinein ein Kapitalverlust oder bestenfalls ein sehr geringer Gewinn manifestiert. Denn unter Täuschung wird im herkömmlichen Sinne die „Täuschung über Tatsachen" verstanden, die zum Zeitpunkt der Täuschung nachprüfbar sein müssen. Zwar könnte eine falsche Risikobewertung durch einen Fachmann als Täuschung angesehen werden, wenn nach allgemeiner Einschätzung von Fachleuten der gleichen Branche einem bestimmten Finanzprodukt ein bestimmtes, der abgegebenen Prognose widersprechendes Risiko als Eigenschaft zugrunde liegt. Diese Interpretation ist aber eher unüblich; zumindest aber wird das Institut der Täuschung in den betreffenden Fällen im Japan kaum angewandt. Die Rechtspraxis weicht zur Lösung derartiger Probleme fast immer auf das wesentlich flexiblere Deliktsrecht aus.[67]

Diese Entwicklung hin zum Ausweichen auf das Deliktsrecht wird von einem Teil der Lehre als bedauerlich empfunden, da eigentlich Art. 96 I ZG vom Gesetzgeber für die Behandlung der unzulässigen Beeinflussung des Vertragspartners in Form des Erteilens irreführender und falscher Informationen beim Abschluß von Verträgen gedacht gewesen sei. Dogmatisch sei es daher vernünftiger, den Unzulänglichkeiten mit einer weiten Interpretation dieser Norm zu begegnen.[68] So sei der „Vorsatz" als subjektives Tatbestandsmerkmal zwar nach allgemeinem Sprachgebrauch in dem Wort „Täuschung" enthalten, ausdrücklich sei diese Voraussetzung aber nicht in Art. 96 I ZG genannt. In der Lehre und Rechtsprechung ist zudem seit langer Zeit anerkannt, daß nicht nur die Täuschung durch positives Tun, sondern auch durch Unterlassen vom Schutzbereich der Norm umfaßt ist. Daher könnte auch theoretisch die Pflichtverletzung der unzureichenden Aufklärung beim Abschluß von Verträgen bei gleichzeitiger Anerkennung von Aufklärungspflichten in bestimmten Konstellationen durch die Täuschungsregelung bewältigt werden. Insbesondere in Fällen eines ausgeprägten Ungleichgewichts an vorhandenen Informationen und Kenntnissen wie im Falle von typischen Verbraucherverträgen werden solche positiven Informationspflichten nach Treu und Glauben regelmäßig anerkannt.[69] Positive Aufklärungspflichten werden aber nicht allein zum Zwecke

---

[67] A. ŌMURA (1998) 75, 83, 85-88; K. YAMAMOTO (1999) 159 ff., jeweils mit Nachweisen aus Literatur und Rechtsprechung; vgl auch unten 5 und den Abschnitt über das Deliktsrecht unter IV.

[68] Im Schrifttum wird in der letzten Zeit zunehmend die Ansicht vertreten, daß eine extensive Auslegung der Vorschrift vor allem angesichts des Informationsungleichgewichts bei Verbraucherverträgen angemessen sei (vgl. z.B. K. YAMAMOTO (1999) 155-156; H. MORITA (1991) 58 ff.; A. ŌMURA (1998) 96, 98, jeweils m.w.N.).

[69] Vgl. insbesondere K. YAMAMOTO (2001) 200; M. YOKOYAMA (1996).

eines besseren Verbraucherschutzes anerkannt, sondern auch ganz allgemein in Konstellationen, in denen die Aufklärung durch den einen Teil wegen der Komplexität des Geschäfts unerläßlich erscheint, so z.B. die Aufklärung durch Ärzte, Anwälte und Banken. Die Regelung der Täuschung scheint gleichwohl zum Schutze des Kunden meist unzureichend zu sein, weil sie durch das allgemein anerkannte Erfordernis des Vorsatzes nicht sehr anwendungsfreundlich ist.

*b) Täuschung durch Hilfspersonen des Unternehmers*

Bedienen sich die Parteien beim Abschluß des Vertrages eines Vertreters, so ist bei der Beurteilung, ob eine Täuschung vorliegt, auf die Vertreter abzustellen (Art. 101 ZG). Bei Verbraucherverträgen kommt es aber auch häufig vor, daß auf Seiten des Unternehmers Angestellte oder sonstige Hilfspersonen an der Täuschung des Verbrauchers beteiligt sein, die nicht als Vertreter qualifiziert werden können. Fraglich ist, in wieweit der Unternehmer sich die Täuschung durch solche Personen zurechnen lassen muß. Art. 96 II ZG enthält für diesen Fall eine nicht ganz passende Regelung ähnlich dem § 123 II BGB. Danach ist die Erklärung von dem Getäuschten nur dann anfechtbar, wenn sein Vertragspartner, also in unserem Falle der Unternehmer, von der Täuschung positive Kenntnis hatte. Diese strenge Voraussetzung ist bei Hilfspersonen, die quasi „im Lager" des Erklärungsempfängers stehen und deren Verhalten daher nach Billigkeitsgesichtspunkten unter Berücksichtigung der Interessenlage dem Erklärenden zurechenbar sein müssen, unpassend. Eine intensive Diskussion über die einschränkende Interpretation des „Dritten" wie in Deutschland[70] ist in Japan jedoch nicht erkennbar. Daher ist die Lage nicht ganz eindeutig zu verifizieren. Nur vereinzelt stößt man in der Literatur allenfalls auf die Feststellung, daß jedenfalls ein „Vertreter des Erklärungsempfängers" nicht Dritter im Sinne des Art. 96 II ZG sein solle.[71] Ein Urteil, das sich mit diesem Problem beschäftigt, existiert – so weit ersichtlich – bisher nicht.

*c) Relevante Urteile*

Gerichtsentscheidungen, bei denen zur Bewältigung von vorvertraglichen Aufklärungspflichtverletzungen die Vorschrift der Täuschung angewendet wurde, sind äußerst rar. Ein Urteil im Zusammenhang mit der Vermittlung und Tätigung von Warentermingeschäften des DG Kōbe vom 5.11.1965[72] ist in diesem Zusammenhang allerdings interessant. In dem zugrundeliegenden Fall hatte ein Angestellter eines Finanzdienstleistungsunternehmens einen in Anlagegeschäften unerfahrenen Verbraucher zur Investition in Warentermingeschäfte überredet, ohne jedoch das Wesen der Termingeschäfte, deren inhärente Risiken und die näheren Einzelheiten des Geschäfts zu erläutern. Statt dessen warb er

---

[70] Ausführlich MÜNCHENER KOMMENTAR / Kramer, 4. Auflage (2001) § 123 Rn. 22-23 m.w.N.
[71] T. ISOMURA (1985) 166; K. SHINOMIYA (1986) 186.
[72] Hanrei Jihō Nr. 442, 50.

den Kunden *mit unrealistischen Gewinnversprechen* und der Aussicht, in keinem Falle einen Verlust zu erleiden. Daraufhin ließ sich der Kunde auf das Geschäft ein und erlitt einen hohen finanziellen Schaden – nicht zuletzt aber auch wegen zusätzlicher vertraglicher Pflichtverletzungen. Das Gericht hat weder hinreichend geprüft, über welche Tatsachen denn getäuscht worden ist, noch den Vorsatz erörtert. Vielmehr stellte es lediglich fest, daß das Risiko bei Warentermingeschäften sehr groß sei und daß diesbezüglich eine *positive Aufklärungspflicht bestanden habe, der in nicht hinreichendem Maße nachgekommen worden sei.* Auch seien beim Abschluß und bei der Durchführung des Vertrages die mangelnde geschäftliche Erfahrung und die unzureichenden Kenntnisse zum eigenen Vorteil unbillig ausgenutzt worden. Der Vertrag sei daher aufgrund von Anfechtung wegen „Täuschung" nichtig und die investierte Summe dem Anleger zurückzuerstatten. Die rechtliche Begründung der Täuschung in diesem Fall bleibt unklar. Es scheint vielmehr so zu sein, daß die Richter den Abschluß und die Durchführung des Geschäftes insgesamt betrachtet für unbillig hielten und dem geschädigten Anleger helfen *wollten*. Auf die juristisch saubere Konstruktion wurde dagegen kaum Mühe verwendet.

Der eben erörterte Fall muß allerdings als Sonderfall angesehen werden, denn in der Regel sind den Richtern und Rechtsanwälten die engen Grenzen der Anwendungsmöglichkeit des Art. 96 I ZG bewußt, weshalb die Vorschrift bei ähnlichen Problemen im Zusammenhang mit Anlagegeschäften im allgemeinen kaum zur Anwendung gelangt. Vielmehr hat sich hier zur Lösung der Rechtsprobleme beim Vertragsabschluß und auf der Erfüllungsebene die Anwendung des wesentlich flexibler einsetzbaren Deliktsrechts etabliert.[73] Auch bei Problemen der unzureichenden oder falschen Aufklärung im Zusammenhang mit anderen Geschäftstypen findet Art. 96 I ZG nur sehr selten Anwendung.

*d) Fazit und Bewertung*

Die Regelung der Täuschung ist wegen ihres starren Konzeptes und der strengen Voraussetzungen, insbesondere wegen des Erfordernisses des Vorsatzes, offensichtlich nicht hinreichend zur Bewältigung der beim Vertragsabschluß bei modernen Verbrauchergeschäften auftretenden Probleme geeignet. Die Rechtspraxis weicht daher auf andere Rechtsinstitute, vor allem auf das Deliktsrecht aus, mit dem auch fahrlässige Aufklärungspflichtverletzungen zu erfassen sind, wie unten im einzelnen noch darzustellen ist.[74] Insbesondere bei Kapitalanlagegeschäften ist das Deliktsrecht wegen der flexiblen Tatbestandsvoraussetzungen und Rechtsfolgen der starren Regelung des Art. 96 I ZG im Hinblick auf eine angemessene Würdigung der Interessenlage beider Vertragsparteien deutlich überlegen.

Der japanische Gesetzgeber hat im Jahre 2000 mit der Schaffung des Verbrauchervertragsgesetzes auch auf die Unzulänglichkeit der Täuschungsrege-

---

[73] Vgl. auch unter IV 2 a die Fallbeispiele im Zusammenhang mit Warentermingeschäften.
[74] Siehe unten 5 und IV a cc.

## A. Regelungen im Zivilgesetz

lung im Zivilgesetz reagiert. Mit Art. 4 I VerbrVG hat er eine Regelung getroffen, die dem Verbraucher bei einigen Typen von Aufklärungspflichtverletzungen des Unternehmers oder seiner Hilfspersonen im Vorfeld des Abschlusses eines Verbrauchervertrages ein Anfechtungsrecht einräumt, ohne daß von ihm ein Vorsatz nachgewiesen werden muß.[75] Dies gilt aber nur im Hinblick auf das Erteilen irreführender und falscher Informationen (Art. 4 I VerbrVG), nicht dagegen für das Verschweigen von aufklärungsbedürftigen Tatsachen; für diesen Fall existiert zwar ebenfalls eine Sonderregelung (Art. 4 II VerbrVG), ein Anfechtungsrecht in diesem Fall setzt aber nach wie vor den Vorsatz des Unternehmers bzw. seiner Hilfsperson voraus. Zusätzlich bestehen weitere ähnliche verbraucherschützende besondere Anfechtungsrechte seit 2004 im HGG, jedoch nur für bestimmte Geschäftstypen, worauf oben bereits hingewiesen wurde.[76]

Einen gewissen ergänzenden Schutz vor unerwünschten Verträgen wegen unzureichender oder unzutreffender Informationen über den Vertragsgegenstand und -inhalt bieten ferner die schon oben erwähnten zahlreichen verbraucherschützenden Widerrufsrechte. Gerade im Zusammenhang mit verschiedenen Arten von Kapitalanlagegeschäften existieren mittlerweile mehrere solcher Löserechte, die auch unabhängig von einer tatsächlichen Pflichtverletzung des Unternehmers Anwendung finden.

Von besonderer Bedeutung im Hinblick auf eine Ergänzung der Täuschungsregelung sind auch verschiedene in Gewerbegesetzen enthaltene öffentlichrechtliche Bestimmungen, die bestimmte Typen von Aufklärungspflichtverletzungen zwar nicht generell, aber zumindest bei bestimmten Geschäftsarten verhindern sollen. Dazu dienen spezielle Ge- und Verbotsnormen, die mit verwaltungs- und strafrechtlichen Sanktionen bewehrt sind.[77] Unmittelbare zivilrechtliche Wirkung hat ein Verstoß gegen diese Bestimmungen dagegen nur selten. So existieren zum Beispiel Verbote der Mitteilung falscher Tatsachen (*fujitsu kokuchi no kinshi*) und Verbote des vorsätzlichen Verschweigens wichtiger Tatsachen im Zusammenhang mit dem konkreten Geschäft (*fu-kokuchi no kinshi*), Verbote der Abgabe irreführender Urteile und Gewinnprognosen (*danteiteki handan no kinshi*) und Verbote irreführender Gewinnversprechen (*rieki hoshō no kinshi*). Auch hierdurch kann unter Umständen die Täuschung und Irreführung des Verbrauchers beim Abschluß von Verträgen verhindert werden. Von den teilweise nicht geringen Strafandrohungen, die bis zur Möglichkeit der Verhängung von Freiheitsstrafen reichen, geht eine gewisse abschreckende Wirkung aus. Bei all diesen Sondernormen stellt sich immer die Frage auch nach dem Verhältnis zum strafrechtlichen Betrug. Darüber hinaus sind auch Bestimmungen von Bedeutung, die die irreführende und übertreibende öffentliche Werbung von Unternehmern bei bestimmten Geschäftsarten verbieten (*kodai kōkoku no kinshi*).

---

[75] Im einzelnen unten B III 2 a.
[76] Im einzelnen nachfolgend behandelt unter E II und C III.
[77] Dazu näher unter Kapitel 4 A I.

## 4. Der Anwendungsbereich der Regelung über die Drohung (Art. 96 ZG) im Zusammenhang mit dem Abschluß von Verbraucherverträgen

Nach Art. 96 I ZG ist eine Willenserklärung auch dann anfechtbar, wenn sie durch Drohung zustande kam.[78] Die Anfechtung einer auf den Abschluß eines Vertrages oder eines sonstigen Rechtsgeschäfts gerichteten Willenserklärung hat wie bei der Anfechtung wegen Täuschung die Nichtigkeit der Willenserklärung und des Rechtsgeschäftes *ex tunc* zur Folge. Geschützt wird hierdurch die Willensfreiheit, vor allem die Willensentschließungsfreiheit. Anders als bei der Täuschung kommt es bei einer Drohung nicht darauf an, ob die Drohung von dem Erklärungsempfänger oder von einem Dritten ausging.[79] Beim Abschluß eines Verbrauchervertrages ist es daher gleichgültig, ob die Drohung vom Unternehmer selbst, einer seiner Hilfspersonen – bei juristischen Personen insbesondere auch von einem Gesellschafter, einer Organperson oder einem Funktionsträger –, oder aber von einer völlig unbeteiligten anderen Person ausging. Die Voraussetzungen für eine Anfechtung wegen Drohung sind:[80]

1. eine *rechtswidrige Drohung* (d.h. das Inaussichtstellen eines Übels),
2. die *Kausalität* zwischen Drohung und Abgabe einer Willenserklärung,
3. in subjektiver Hinsicht der *Vorsatz* desjenigen, der die Drohung begangen hat.

Die Drohung stellt eigentlich eine unbillige psychische Einflußnahme auf den Willen des Erklärenden dar, eine unterstützende physische Beeinflussung steht dem aber nicht entgegen. Bei Vorliegen von *vis absoluta* allerdings wird bereits das Vorliegen einer Willenserklärung verneint.[81] Einer Anfechtung bedarf es dann erst gar nicht.

*a) Probleme der Regelung*

Das Problem der Drohungsregelung besteht darin, daß der Tatbestand und das diesem zugrundeliegende Konzept zu eng und starr zur Bewältigung der bei Abschluß von Verbraucherverträgen üblichen Probleme der unbilligen Beeinflussung des Verbrauchers sind. Während die Drohung eine erhebliche rechtswidrige Einflußnahme auf den Verbraucher voraussetze, bestehe das typische Problem beim Abschluß von Verbraucherverträgen darin, daß der Verbraucher häufig durch subtilere und weniger beeinträchtigende Handlungen zum Ver-

---

[78] Zum Wortlaut der Norm oben Fn. 63.
[79] K. YAMAMOTO (2001) 207, der die allgemein anerkannte Begründung anführt, daß Art. 96 II ZG eine einschränkende Sonderregelung hinsichtlich der Beachtlichkeit einer Beeinflussung durch Dritte ausdrücklich nur für die Täuschung aufstellt. Im Umkehrschluß führe eine Drohung daher immer zur Anfechtbarkeit der durch sie veranlaßten Willenserklärung. Die gleiche Auslegung ist in Deutschland für die Parallelregelung in § 123 II BGB herrschend (Vgl. MÜNCHENER KOMMENTAR / Kramer, 4. Auflage (2001) § 123 Rn. 42, 53 m.w.N.).
[80] Zu den Voraussetzungen im einzelnen K. YAMAMOTO (2001) 203-205; K. SHINOMIYA (1986) 188-189; T. IKUYO (1984) 285-288.
[81] K. SHINOMIYA (1986) 189.

tragsabschluß gedrängt werde, bzw. sich durch den äußeren Einfluß dazu gedrängt fühle.[82] Damit sind Fälle der aufdringlichen Werbung zum Abschluß eines Vertrages in verschiedenen Intensitätsstufen oder Fälle der Überrumpelung des Verbrauchers durch den Ort und die Umstände der Vertragsanbahnung gemeint. Ob das Recht derartige Formen der Einflußnahme überhaupt schützen soll, ist eine Wertungsfrage und auch in Japan umstritten. Jedenfalls aber sind sie durch die Regelung der Drohung in Art. 96 I ZG nicht zu bewältigen.[83] Zum Teil wird im Schrifttum zwar eine erweiternde Auslegung der Bestimmung zur Bewältigung von Problemen der Einflußnahme durch andere Formen der physischen und psychischen Einflußnahme auf die Willensentscheidungsfreiheit des Verbrauchers in der Phase des Vertragsabschlusses gefordert,[84] Gerichtsurteile, die dieser Ansicht folgen, existieren aber, so weit ersichtlich, bisher nicht. Ein besonderes Problem der Regelung ist vor allem wieder die strenge Tatbestandsvoraussetzung des Vorsatzes. In der Rechtspraxis spielt die Vorschrift somit zum Schutze des Verbrauchers vor einem unerwünschten Vertrag so gut wie keine Rolle.

*b) Fazit*

Aufgrund der Starrheit der Regelung findet Art. 96 I ZG zum Schutz des Verbrauchers vor verschiedenen Formen der unbilligen Einflußnahme beim Vertragsabschluß kaum Anwendung. Anders allerdings als bei der Täuschung, wo der Tatbestand ähnlich starr ist, ist in der japanischen Rechtsprechung noch nicht einmal eine Tendenz zum Ausweichen auf andere, flexiblere rechtliche Instrumente wie das Deliktsrecht zu erkennen, mit dessen Hilfe auch diese Formen der Einflußnahme prinzipiell erfaßbar und sanktionierbar wären. Nur in Extremfällen, in denen zur aufdringlichen Werbung zum Vertragsabschluß oder zur Überrumpelung des Verbrauchers auch ein Ausnutzen der Willensschwäche und mangelnden Erfahrung des Verbrauchers oder die Unbilligkeit des Geschäftsinhaltes hinzutritt, kann man den Einsatz des Instruments der Nichtigkeit wegen Verstoßes gegen die öffentliche Ordnung und die guten Sitten (Art. 90 ZG), also einer Generalklausel des Zivilgesetzes, und zugleich den Einsatz des Deliktsrechts durch die Gerichte beobachten.[85]

Auch im Zusammenhang mit der Schaffung des Verbrauchervertragsgesetzes hielt es der japanische Gesetzgeber nicht für erforderlich, hier weitergehende Abhilfe zu schaffen. Neu geregelt wird dort nur ein spezifischer Fall einer drohungsähnlichen Handlung, die auch Elemente der Freiheitsberaubung und der Nötigung enthält (vgl. Art. 4 III VerbrVG). Bei einer derart massiven Beein-

---

[82] Vgl. K. YAMAMOTO (2001) 156-157.
[83] K. YAMAMOTO (1999) 173.
[84] K. YAMAMOTO (1999) 156-157 m.w.N.
[85] A. ŌMURA (1998) 96-99; vgl. auch unten III 2 aa (Art. 90 ZG und die Erweiterung der Wucherlehre) und IV (Deliktsrecht). Vgl. auch das Urteil des OGH vom 29.5.1986, in: Hanrei Jihō Nr. 1196, 102.

flussung soll dem Verbraucher ein Anfechtungsrecht zustehen. Dabei handelt es sich aber gleichermaßen wie bei der Drohung um eine Regelung, die nur einen sehr engen Anwendungsbereich hat.[86]

Darüber hinaus wird der Verbraucher vor der Situation der Überrumpelung zusätzlich durch zahlreiche verbraucherschützende Widerrufs- und Kündigungsrechte geschützt. Diese knüpfen allerdings nicht an eine konkrete Beeinflussungshandlung an, sondern bestehen auch dann, wenn lediglich die potentielle Gefahr einer unbilligen Einflußnahme gegeben scheint. Die einzelnen Regelungen beziehen sich nur auf bestimmte Geschäfts- bzw. Vertragsarten.[87] Von besonderer Bedeutung ist in diesem Zusammenhang das Widerrufsrecht bei Haustür- und Vertretergeschäften.

Schließlich bestehen wiederum in verschiedenen Sondergesetzen ergänzende öffentlich-rechtliche Vorschriften zur Verhinderung einiger Formen der unbilligen Beeinflussung des Vertragspartners durch den Unternehmer. Ein Verstoß gegen diese Verbotsnormen hat für den Unternehmer oder die Hilfsperson, die die Handlung unmittelbar begangen hat, erneut in erster Linie verwaltungsrechtliche und strafrechtliche Folgen. Zu nennen sind in diesem Zusammenhang vor allem Verbote des unzulässigen Bedrängens oder des In-Verlegenheit-Bringens des Kunden beim Abschluß von Verträgen.[88] Auch diese Normen gelten wieder nur für den Vertragsabschluß bei spezifischen Vertragstypen bzw. im Zusammenhang mit spezifischen Geschäftsformen, nicht dagegen generell bei allen Verbraucherverträgen.

## 5. Das Rechtsinstitut der culpa in contrahendo und die Befreiung vom Vertrag wegen vorvertraglicher Pflichtverletzungen

Eine gesetzliche Regelung für die *culpa in contrahendo* (*keiyaku teiketsu-jō no kashitsu*) gibt es in Japan nicht. Die *culpa in contrahendo* hat jedoch als deutschrechtliches Importprodukt bereits in den zwanziger Jahren des letzten Jahrhunderts Eingang in die japanische Rechtslehre gefunden. Die Theorie der *culpa in contrahendo* wird von den japanischen Rechtswissenschaftlern heute im Zusammenhang mit einer Vielzahl von Problemen im Vorfeld und im Zusammenhang mit dem Vertragsabschluß erörtert, für die es keine eindeutige Regelung im Zivilgesetz gibt, bei denen aber eine wie auch immer geartete vorvertragliche Pflichtverletzung zur Haftung gegenüber dem Geschädigten führen soll. Noch heute ist dabei der Einfluß der deutschen Rechtstheorie spürbar. Über die bisher erlangte rechtspraktische Bedeutung der Debatte läßt sich allerdings streiten. Mir scheint, daß sie in der Praxis der japanischen Zivilgerichte bisher nur wenige Früchte getragen hat. Daher ist die tatsächliche Be-

---

[86] Näher unten unter B.
[87] Ausführlich unter D.
[88] „*ihaku no kinshi, konwaku wo saseru kinshi*"; ausführlich unter Kapitel 4 A I.

deutung der *culpa in contrahendo* als Rechtsinstitut in Japan – anders als man vielleicht erwarten würde – als eher gering einzuschätzen. Im übrigen ist auch fraglich, ob man dieses Rechtsinstitut in Japan überhaupt als eigenständige Anspruchsgrundlage benötigt.[89] Diskutiert wird eine Haftung aus *culpa in contrahendo* vor allem in folgenden Fällen:[90]

1. Im Falle der Nichtigkeit des Vertrages wegen anfänglich objektiver Unmöglichkeit der Leistung (Haftung des Schuldners);
2. im Falle der Nichtigkeit des Vertrages wegen Irrtums (Haftung des Irrenden);
3. im Falle von vergeblichen Aufwendungen im Vertrauen auf den Abschluß eines Vertrags und abgebrochenen bzw. gescheiterten Vertragsverhandlungen (Haftung desjenigen, der für die Beendigung der Vertragsverhandlungen verantwortlich ist);
4. im Falle von Vermögensschäden, verursacht durch verschiedene Pflichtverletzungen eines Verhandlungspartners oder seines Gehilfen im Stadium der Vertragsanbahnung, unabhängig davon, ob der Vertrag zustande kommt oder nicht (Haftung des pflichtwidrig Handelnden).

Auch bei Betrachtung dieser in der Lehre gebildeten Fallgruppen ist der Einfluß der deutschen Rechtstheorie spürbar. Früher wurde außerdem die Haftung aus *culpa in contrahendo* in Ergänzung zur Gewährleistungshaftung diskutiert, die im Zivilgesetz nur sehr lückenhaft und schwer verständlich geregelt ist.[91] Es ist im übrigen streitig, ob die Haftung aus *culpa in contrahendo* als vertragsähnliche Haftung oder als deliktsrechtliche Haftung eingeordnet werden sollte. Insgesamt betrachtet ist sowohl hinsichtlich der relevanten Fallgruppen als auch der juristischen Konstruktion und der Rechtsfolgen kein einheitliches Konzept in Japan erkennbar; vielmehr herrscht als Resultat des Versuchs, dieses deutsche Rechtsinstitut in das japanische Zivilrecht einzupassen, ein ziemliches dogmatisches Durcheinander.[92]

In der Literatur wird heute gelegentlich auch ein *Vertragslöserecht* aus *culpa in contrahendo* vor allem zugunsten von Verbrauchern propagiert, und zwar für die Fälle, in denen es aufgrund eines unbilligen Verhaltens des Unternehmers oder seiner Gehilfen im Stadium der Vertragsanbahnung zum Abschluß eines aus Sicht des Verbrauchers nicht wirklich gewollten oder nachteiligen Vertrages gekommen ist; so vor allem in Fällen einer *Aufklärungspflichtverletzung* in Form der schuldhaften unzureichenden Aufklärung oder des Erteilens fehlerhafter Informationen über den Vertragsgegenstand oder -inhalt. Diese Sichtweise berücksichtigt in besonderer Weise ein beim Verbrauchervertrag bestehendes

---

[89] Zweifelnd auch T. TSUBURAYA (1996) 48; A. ŌMURA (1998) 82.
[90] Vgl. auch N. TANAKA (1998) 53.
[91] Dies hat zu zahlreichen komplexen Theorien auch über die Einordnung und Anwendung der Gewährleistungshaftung selbst geführt; siehe hierzu T. TSUBURAYA (1996) 40-42; T. ISOMURA (1992), jeweils m.w.N.
[92] Dies wird auch von einigen japanischen Rechtswissenschaftlern selbst eingestanden; vgl. T. TSUBURAYA (1996) 44.

Informationsungleichgewicht zwischen den Parteien. Das Löserecht soll dem Verbraucher aus den Artt. 415, 543 ZG (analog) zustehen, die eigentlich ein Rücktrittsrecht im Falle der Nicht- oder Schlechterfüllung von vertraglichen Pflichten vorsehen.[93] Als Verschuldensform soll bereits Fahrlässigkeit genügen. Ein solches Löserecht sei erforderlich, weil die herkömmlichen Institute des Zivilrechts (Nichtigkeit wegen Irrtums, Anfechtbarkeit wegen vorsätzlicher Täuschung oder Drohung; Artt. 95, 96 ZG) vom Tatbestand her zu eng seien und keinen ausreichenden Schutz des Verbrauchers böten. Sie seien nicht in der Lage, die Freiheit der Willensbildung und Willensentschließung des Verbrauchers hinreichend zu gewährleisten und seinem wirklichen und vernünftigen Willen in hinreichendem Umfang Geltung zu verschaffen. Eine vorvertragliche Aufklärungspflichtverletzung wird nach dieser Theorie als einer vertraglichen Pflichtverletzung ähnlich betrachtet. Diese Konstruktion ist jedoch weder in der Lehre noch in der Rechtsprechung allgemein anerkannt und wird vielfach kritisiert. Die Herleitung des Löserechts aus Artt. 415, 543 ZG sei insbesondere problematisch, weil dort erstens nur die Rechte im Falle der Nichterfüllung *vertraglicher* Pflichten geregelt seien, die man nicht so ohne weiteres mit der Verletzung vorvertraglicher Pflichten gleichsetzen könne, und zweitens sehe das japanische Schadensrecht hinsichtlich der Rechtsfolge als Grundprinzip nicht die Naturalrestitution – z.B. in Form der Vertragsaufhebung –, sondern die Restitution in Geld vor (vgl. Art. 417 ZG).[94] Andere erkennen daher im Falle einer derartigen Pflichtverletzung im Stadium der Vertragsverhandlungen nur einen möglichen Anspruch des Geschädigten auf Schadensersatz in Geld an, entweder unmittelbar aus *culpa in contrahendo* oder aus Delikt.[95]

Die japanischen Gerichte gestehen dem Geschädigten bei Feststellung einer vorvertraglichen Pflichtverletzung wie etwa der schuldhaft unzureichenden Aufklärung bzw. der irreführenden und fehlerhaften Information über den Vertragsinhalt nicht selten einen *unmittelbar deliktsrechtlich begründeten Schadensersatzanspruch* zu, wobei Fahrlässigkeit als Verschuldensform in der Regel genügt. Dieser Anspruch richtet sich häufig nicht nur allein gegen den Unternehmer, sondern auch gegen dessen Hilfspersonen, falls er sich deren bei den Vertragsverhandlungen bediente und diese die Pflichtverletzung unmittelbar begangen haben. Dies schließt auch die Organpersonen bei juristischen Personen mit ein. Bei der Beurteilung, ob eine vorvertragliche Aufklärungspflicht bestand und diese verletzt wurde, spielt vor allem eine bedeutende Rolle, inwieweit im konkreten Einzelfall ein Ungleichgewicht an Informationen, Geschäftserfahrung und besonderen Kenntnissen zwischen den Vertragsparteien bestanden hat. Liegt ein solches Ungleichgewicht vor, so wird eine besondere

---

[93] Bedeutendster Vertreter dieser Theorie ist *Honda Jun'ichi*; vgl. J. HONDA (1983) 207-208. Vgl. auch die Ausführungen bei M. TAKAHASHI (1996) 144 und bei N. TANAKA (1998) 52, sowie Y. IMANISHI (1989) 177-182.
[94] M. TAKAHASHI (1996) 144; N. TANAKA (1998) 53.
[95] M. TAKAHASHI (1996) 143, 144; T. TSUBURAYA (1996) 48.

positive Aufklärungspflicht über den Vertragsinhalt oder ein Verbot der irreführenden oder falschen Information im Stadium der Vertragsanbahnung aus dem allgemeinen Prinzip von Treu und Glauben abgeleitet (Art. 1 II ZG). Diese Pflichten werden technisch als deliktsrechtliche Sorgfaltspflichten qualifiziert. Im Rahmen ihrer Beurteilung berücksichtigen die Gerichte aber auch den Umstand der Anbahnung eines Vertrages als gesteigerten Sozialkontakt. Die Theorie der *culpa in contrahendo* wird von den Gerichten in diesem Zusammenhang jedoch eigentlich nie erwähnt.[96] Im Unterschied also zu Deutschland, wo die fahrlässige Aufklärungspflichtverletzung im Stadium der Vertragsanbahnung einen der Hauptanwendungsfälle der unmittelbaren Haftung aus *culpa in contrahendo* darstellt und wo deshalb eine Schadensersatzpflicht gegenüber dem Geschädigten anerkannt ist[97] – früher gewohnheitsrechtlich in Analogie zu den §§ 122, 179, 307, 463 S. 2, 663 BGB; heute, nach der Schuldrechtsreform zum 1. Januar 2002 aus den §§ 280 I, 311 II, 241 II BGB –, wird dieser Fall durch die japanische Rechtsprechung regelmäßig als unmittelbar deliktsrechtliche Pflichtverletzung klassifiziert. Die Verpflichtung zum Schadensersatz ergibt sich in Japan folglich regelmäßig aus einer Haftungsnorm des Deliktsrechts, in der Regel aus Art. 709 ZG, der allgemeinen deliktsrechtlichen Haftungsnorm. Ein weiterer Unterschied besteht darin, daß in Deutschland wegen des Grundsatzes der Naturalrestitution im Schadensersatzrecht in solchen Fällen in erster Linie ein Anspruch auf Vertragsaufhebung und Rückabwicklung folgt.[98] Dagegen kommt in Japan in einem solchen Fall wegen des Grundsatzes der Geldrestitution – auch im Deliktsrecht (Artt. 722 I, 417 ZG) – prinzipiell nur ein Anspruch auf Schadensersatz in Geld in Betracht. Die Lösungen in Deutschland und Japan unterscheiden sich vor allem dann, wenn die japanischen Gerichte nicht die gesamte geleistete Geldsumme als tatsächlichen finanziellen Schaden anerkennen. Soweit dies aber der Fall ist, wird bisweilen stillschweigend davon ausgegangen, daß dann zugleich der Vertrag nicht mehr existiert. Werden von den Gerichten darüber hinaus zu Lasten der Partei, die durch die Aufklärungspflichtverletzung geschädigt wurde, ein unlauterer Vertrags- bzw. Geschäftsin-

---

[96] M. TAKAHASHI (1996) 139, 141, Fn. 4, 142-143, meint demgegenüber, daß zwar die Rechtsprechung die Bezeichnung *culpa in contrahendo* nicht verwendet und bei vorvertraglichen Pflichtverletzungen Ansprüche aus Delikt zubilligt, dies aber nur die juristische Konstruktion der Theorie von der *culpa in contrahendo* unter den gegenwärtigen Regelungen des Zivilgesetzes darstelle.

[97] D. MEDICUS (2002) 64-65; PALANDT / Heinrichs (2004) § 241 Rn. 7, § 311 Rn. 11-21; MÜNCHENER KOMMENTAR / Emmerich, 4. Auflage (2003) § 311 Rn. 94 ff. mit umfangreichen Literaturnachweisen vor Rn. 94.

[98] Vgl. z.B. K. LARENZ, Schuldrecht AT (1987) 111-114; D. MEDICUS (2002) 64; dagegen allerdings M. LIEB (1988) 261-267, der nur einen Schadenersatz in Geld in Höhe des tatsächlichen Nachteils anerkennen will. Teilweise wird als Rechtsfolge auch eine Minderung der Gegenleistung vertreten (vgl. die Nachweise bei D. MEDICUS (2002) 64) und auch ein Wahlrecht des Geschädigten zwischen Vertragsaufhebung und der Minderung unter Anpassung seiner Leistung an den wirklichen Wert der Leistung (Vgl. MÜNCHENER KOMMENTAR / Emmerich, 4. Auflage (2003) § 311 Rn. 242 m.w.N.) anerkannt.

halt, das Ausnutzen der Willenschwäche beim Vertragsabschluß oder weitere vorvertragliche oder vertragliche Pflichtverletzungen festgestellt, so wird der Vertrag zudem gelegentlich in einer Gesamtschau wegen Verstoßes gegen die guten Sitten bzw. die öffentliche Ordnung (Art. 90 ZG) als nichtig angesehen. In diesen Fällen besteht im Ergebnis aus Sicht des geschädigten Verbrauchers kein wesentlicher Unterschied zum deutschen Recht.

Der Grundsatz des Schadensersatzes in Geld bereitet allerdings gewisse dogmatische und praktische Schwierigkeiten in Fällen, in denen kein eigenständiger Nichtigkeitsgrund gegeben ist und über das Schicksal der vertragstypischen Leistung zu entscheiden ist; *i.e.* insbesondere, wenn diese die Verschaffung einer Sache einschließt und bereits erbracht wurde sowie ferner im Hinblick auf bereits erbrachte Dienstleistungen.

Die Haftung für die Verletzung einer vorvertraglichen Aufklärungspflicht ergibt sich in Japan nach dem oben gesagten folglich regelmäßig unmittelbar aus dem Deliktsrecht. Die Voraussetzungen dafür sind jedoch bisher nicht abschließend und eindeutig geklärt. Es ist im übrigen auch möglich, bei anderen Arten vorvertraglicher Pflichtverletzungen einen unmittelbaren Anspruch aus Deliktsrecht anzunehmen. Jedenfalls sind der Rückgriff sowie die Berufung auf die deutschrechtliche Theorie der *culpa in contrahendo* in den Fällen einer vorvertraglichen Aufklärungspflichtverletzung nicht erforderlich. Die Rechtspraxis bedient sich dessen aus diesem Grunde auch nicht.[99]

Ansprüche *unmittelbar* aus „*culpa in contrahendo*" haben die japanischen Gerichte bisher nur in sehr wenigen Fällen vorvertraglicher Pflichtverletzungen gewährt. Die Gerichte berufen sich dann meist auf das Grundprinzip von Treu und Glauben (Art. 1 II ZG), aus dem zwischen den Verhandlungspartnern in gewissem Maße Treue- und Schutzpflichten füreinander folgten. Soweit ersichtlich, befindet sich darunter allerdings bislang *kein einziger Fall einer vorvertraglichen Aufklärungspflichtverletzung* der oben erörterten Art.[100] Überhaupt ist die Anzahl der Fälle so gering, daß daraus keine allgemeingültigen Regeln über die Voraussetzungen und Rechtsfolgen eines solchen Anspruchs abgeleitet werden können. In den bisherigen Urteilen wurde *als Rechtsfolge* zumeist ein Schadensersatzanspruch in Geld gewährt, der gewöhnlich nur den entstandenen *Vertrauensschaden* umfaßt und nicht das Erfüllungsinteresse berücksichtigt. In nur einem einzigen Fall wurde bisher ein Anspruch auf Auflösung des Vertrages aus *culpa in contrahendo* anerkannt.[101] Dieses Urteil wurde

---

[99] Ausführlich zur deliktsrechtlichen Haftung unter IV. Vgl. auch A. ŌMURA (1998) 82, 85-86, der sich skeptisch zur Notwendigkeit der mittelbaren Konstruktion eines Schadensersatzanspruches aus *c.i.c.* äußert. Ein Anspruch könne rechtsdogmatisch unmittelbar aus Delikt konstruiert werden. Allerdings hält er dies aus anderen, systematischen Gesichtspunkten für gleichfalls problematisch.

[100] So auch A. ŌMURA (1998) 82.

[101] SumG Kushiro vom 23.1.1992, in: NBL Nr. 494, 48; Urteilsanmerkungen in S. KIMURA / J. HONDA / H. CHIBA (2000) 24 ff.; vgl. zudem die Erläuterungen bei N. TANAKA (1998) 52-53. Das Gericht war in diesem Fall der Auffassung, ein Finanzierungsunternehmen

aber von einem Summarischen Gericht (*Kan'i Saibansho*) gefällt, also einem Untergericht, das im Aufbau der japanischen Gerichte ungefähr im Range eines deutschen Amtsgerichts steht, weshalb der Entscheidung kaum weitreichendere Bedeutung zugemessen werden kann. Da diese Rechtsfolge seither von keinem weiteren Gericht in einem vergleichbaren Fall bestätigt worden ist, läßt sich aus dieser einzelnen Entscheidung daher auch kein Prinzip ableiten.

In einem weiteren Urteil, das in der Literatur immer wieder als Grundsatzurteil des OGH zur *culpa in contrahendo* zitiert wird, wurde dem Kläger ein Schadensersatzanspruch aus Treu und Glauben (Art. 1 II ZG) für seine im Vertrauen auf den Abschluß eines Kaufvertrags und auf Bitte des Beklagten hin gemachten Aufwendungen auf den Kaufgegenstand zugebilligt. Der Beklagte hatte nach langwährenden Verhandlungen plötzlich ohne erkennbaren wichtigen Grund Abstand vom Kaufvertrag genommen, so daß schließlich kein Vertragsabschluß zustande gekommen war.[102] Ein solcher Fall würde wohl auch in Deutschland als ein Anwendungsfall der *culpa in contrahendo* angesehen werden (Fallgruppe: „Abbruch von Vertragsverhandlungen als Pflichtverletzung").[103] Der OGH verwendet in seiner Entscheidung zwar die Bezeichnung „*culpa in contrahendo*" nicht, doch wird allgemein angenommen, daß er sich implizit darauf beziehe.

Über diese Entscheidung hinaus existieren nur vereinzelte weitere Urteile, in denen dem Kläger unmittelbar aus *culpa in contrahendo* Schadensersatz in Höhe der Aufwendungen zugestanden wurde, die er in berechtigter Erwartung auf einen Vertragsabschluß getätigt hatte, der aber schließlich aus verschiedenen Gründen nicht zustande gekommen ist.[104] Die in diesen Urteilen disku-

---

(Beklagter) habe den tatsächlichen Willen eines Kunden (Kläger) zum Abschluß eines Kreditvertrages besonders prüfen müssen und die Möglichkeit und die Pflicht gehabt, die mißbräuchliche Nutzung eines (japanischen) Namensstempels (*hankō*) des Kunden zum Abschluß eines vom Kunden nichtgewollten Vertrages durch den Verkäufer der finanzierten Ware abzuwenden. Bei Benutzung eines Namenstempels der Parteien unter einen schriftlichen Vertrag ist in Japan üblicherweise von einem Vertragsschluß auszugehen, auch wenn dieser ohne Einwilligung des Inhabers benutzt wurde. Meist wird in diesen Fällen zumindest eine wirksame Rechtsscheinvollmacht angenommen.

[102] Urteil des OGH vom 18.9.1984, in: Hanrei Jihō Nr. 1137, 51. In dem Fall ging es um Verhandlungen über den Kauf einer Immobilie, die der Kaufinteressent zum Betrieb seiner Arztpraxis nutzen wollte. Hierfür wären aber besondere elektrische Anschlüsse und sonstige Vorrichtungen erforderlich gewesen, die der Verkäufer auf Bitte des Kaufinteressenten extra installieren ließ.

[103] Vgl. etwa D. MEDICUS (2002) 60-62 m.w.N.

[104] So das Urteil des DG Tōkyō vom 29.5.1978, in: Hanrei Jihō Nr. 925, 81: Hier hatte ein Filmproduzent in Vertrauen auf die Erteilung eines Auftrages bereits vorbereitende Handlungen zur Produktion eines Films getätigt, durch die ihm erhebliche Kosten entstanden waren. Eine Hilfsperson des vermeintlichen Auftragsgebers (eine staatliche Behörde) hatte beim Filmproduzenten schuldhaft den Irrtum erregt, daß es zu einem solchen Auftrag kommen werde. Sie hatte verschwiegen, daß die Auftragsvergabe erst nach Durchführung eines besonderen Ausschreibungsverfahrens erfolgen werde, obwohl sie davon Kenntnis hatte. Vgl. auch das Urteil des OG Fukuoka vom 17.1.1972, in: Hanrei Jihō Nr. 671, 49: Hier hatte der Verkäufer in Vertrauen auf den Verkauf eines Grundstücks und auf Bitte des Käufers das Grundstück

tierten vorvertraglichen Pflichtverletzungen betreffen aber, wie anfangs bereits erwähnt, keine Aufklärungspflichtverletzungen über den Vertragsinhalt und nicht den unerwünschten Vertrag als Ergebnis und Schaden, die in dieser Untersuchung vor allem von Interesse sind. Darüber hinaus haben die angeführten Gerichtsentscheidungen auch keinen besonderen verbraucherrechtlichen Bezug, so daß sie im Zusammenhang mit dieser Untersuchung nur eine geringe Bedeutung haben.

Aufgrund der geringen Anzahl an Gerichtsentscheidungen ist es – anders als in Deutschland – schwierig, die *culpa in contrahendo* als ein durch richterrechtliche Rechtsfortbildung geschaffenes und durch andauernde Übung gewohnheitsrechtlich anerkanntes Rechtsinstitut zu bezeichnen, selbst wenn dies in der Literatur gelegentlich so gesehen wird.[105] Die Voraussetzungen und Rechtsfolgen einer Haftung aus *culpa in contrahendo* in Japan sind zudem nicht abschließend geklärt und außerdem nicht unbedingt identisch mit denen in Deutschland;[106] auch kann nicht einfach davon ausgegangen werden, daß dieselben Fallgruppen wie in Deutschland von der japanischen Rechtsprechung anerkannt sind. Die geringe Zahl der Gerichtsentscheidungen läßt eine solche Fallgruppenbildung nicht zu. Auch wenn die *culpa in contrahendo* in der japanischen Literatur bisweilen wie eine gesetzliche Norm behandelt wird,[107] sollte man diesen Umstand mit Vorsicht behandeln. Die *culpa in contrahendo* kann in Japan keinesfalls so ohne weiteres bei den aus Deutschland bekannten Fallgruppen als unmittelbare materielle Anspruchsgrundlage für einen Schadensersatzanspruch herangezogen werden, und sie gewährt auch kein Recht zur Lösung vom Vertrag wie ein Anfechtungs- oder Rücktrittsrecht.

Folglich kann somit im Zusammenhang mit dem Problem unerwünschter Verträge nicht von einer unmittelbaren Haftung des Unternehmers aus *culpa in contrahendo* wegen vorvertraglicher fahrlässiger oder vorsätzlicher Aufklärungspflichtverletzungen ausgegangen werden. Allenfalls kann sich unter Berücksichtigung eines besonders ausgeprägten Informations- und Erfahrungsungleichgewichts eine solche Haftung aus dem Deliktsrecht ergeben. Eine mögliche weitergehende Haftung des Unternehmers wegen eines anderen Falles

---

gerodet. Der Kaufvertrag kam aber schließlich nicht wirksam zustande wegen öffentlich-rechtlicher Bestimmungen über landwirtschaftlich genutzte Flächen. Dieser Umstand wäre leicht im Vorhinein nachzuprüfen gewesen – nach Meinung des Gerichts aber von beiden Parteien, so daß es dem Grundstücksinhaber nur einen Anspruch auf Schadensersatz in Höhe der Hälfte der entstanden Kosten zusprach.

[105] So ist beispielsweise die Behauptung irreführend, daß „die *culpa in contrahendo* zwar im japanischen Zivilgesetz nicht geregelt sei, sich aber habe infolge der vor längeren Zeit erfolgten [deutschen] Theorienrezeption und der Entscheidungen der unteren Instanzen durchgesetzt habe und darüber hinaus auch praktisch vom OGH anerkannt sei." So z.B. N. TANAKA (1998) 51-52.

[106] Irreführend sind auch die Feststellungen von *Zentarō Kitagawa* und *Karl Heinz Pilny* zur *culpa in contrahendo* in Japan (Z. KITAGAWA / K.H. PILNY (1994) 320), die behaupten, daß „der Inhalt dieses Rechtsinstituts dem deutschen Recht entspreche".

[107] Kritisch hierzu auch T. TSUBURAYA (1996) 47.

der unzulässigen Beeinflussung des Verbrauchers beim Vertragsabschluß, namentlich wegen eines *unzulässigen Bedrängens*, wird in Japan weder aus *culpa in contrahendo* noch aus Delikt ernsthaft erörtert.

## 6. Ergebnis

Faßt man das oben gesagte zusammen, so sind gewissen Tendenzen in Rechtsprechung und Literatur zu beobachten, das allgemeine Recht der Willenserklärungen und des Vertragsschlusses besonders auch zum Schutz des Verbrauchers vor unerwünschten Verträgen anzuwenden und dabei den Anwendungsbereich der jeweiligen Normen auszudehnen. Allerdings sind dieser Möglichkeit deutliche Grenzen gesetzt. Als einzige Regelung, die flexibel genug wäre, die wichtigsten Probleme beim Abschluß von Verbraucherverträgen zu berücksichtigen, d.h. die unzureichende Aufklärung und das Erteilen falscher oder irreführender Informationen über den Vertragsgegenstand und -inhalt, bietet sich die Irrtumsregelung an. Die Regelung der Täuschung ist vom Tatbestand her zu eng geschnitten, da fahrlässige Aufklärungspflichtverletzungen nicht erfaßbar sind. Das Rechtsinstitut der *culpa in contrahendo*, das aus der deutschen Rechtslehre übernommen worden ist, wäre zwar dazu in der Lage. Dabei handelt es sich aber seit jeher um einen Fremdkörper im japanischen Zivilrecht. Die *culpa in contrahendo* ist auch nicht in dem Ausmaße durch die Rechtsprechung anerkannt wie in Deutschland. Das Rechtsinstitut ist zudem im japanischen Recht nicht erforderlich, da das Deliktsrecht flexibel genug ist, die meisten Fälle vorvertraglicher Pflichtverletzungen zu erfassen, sofern man diese für relevant hält. Die Rechtsprechung wendet daher auch in den Fällen fahrlässiger Aufklärungspflichtverletzungen des Unternehmers das Deliktsrecht meist unmittelbar an. Das Problem einer sonst psychischen oder physischen Beeinflussung des Verbrauchers beim Vertragsabschluß scheint dagegen über die Fälle der Drohung hinaus nicht als so gravierend empfunden zu werden. Eine Ausdehnung der Haftung in diesen Fällen, zum Beispiel durch Anwendung des Deliktsrechts, wird nicht befürwortet. Extremfälle können aber hinreichend durch die Anwendung der Generalklausel der Sittenwidrigkeit (Art. 90 ZG) bewältigt werden. Das neue Verbrauchervertragsgesetz sieht neue weitergehende Schutzvorschriften hauptsächlich für bestimmte Fälle von Aufklärungspflichtverletzungen vor. Schließlich bieten bei bestimmten Vertragstypen und Geschäftsformen besondere verbraucherschützende Widerrufsrechte, Anfechtungsrechte und öffentlich-rechtliche Vorschriften einen ergänzenden Schutz.

## II. Typisierende Regelungen zum Schutz von Minderjährigen, älteren Menschen und Menschen mit eingeschränkten Geisteskräften im Rechts- und Geschäftsverkehr

Der besondere Schutz von Minderjährigen und älteren Menschen im Rechts- und Geschäftsverkehr ist ein Anliegen, das man auch unter dem Aspekt des Verbraucherschutzes betrachten kann. Man kann diese Personen nämlich als *besonders schutzbedürftige Typen von Verbrauchern* einstufen, weil ihr Urteilsvermögen und ihre Einsichtsfähigkeit im Vergleich zu gewöhnlichen Verbrauchern häufig stärker eingeschränkt sind. Das gleiche gilt im übrigen auch für andere Personen – unabhängig von ihrem Alter –, deren Geisteskräfte zum Beispiel durch Krankheit deutlich vermindert sind. Die Notwendigkeit des besseren Schutzes solcher Personen *muß aber nicht unbedingt* als Aspekt des Verbraucherschutzes angesehen werden. Die Diskussion hierüber ist daher in Japan auch wesentlich älter als die Diskussion um die Verbesserung des Verbraucherschutzes. Auch nach Aufkommen der Verbraucherschutzdiskussion hat es lange Zeit keine Überschneidung der beiden Themen gegeben, oder sie wurde zumindest nicht besonders wahrgenommen. Seit einigen Jahren nun aber hat sich die Sichtweise etwas verändert. In der politischen und rechtlichen Debatte in Japan ist eine Überlappung der Motive Schutzbedürftigkeit von Minderjährigen und älteren Menschen und von Verbrauchern zu beobachten.[108] Unter diesem Blickwinkel sind daher auch die jüngsten Reformen im japanischen Recht zur Reform des Betreuungs- und Aufsichtsrechts und der damit einhergehenden Änderung der Regelungen über die Wirksamkeit von Rechtsgeschäften solcher Personen zu betrachten.

Für Minderjährige sieht das japanische Zivilgesetz bereits seit seinem Inkrafttreten am Ende des 19. Jahrhunderts besondere typisierte Schutzbestimmungen im Rechtsverkehr vor, die denen des BGB vergleichbar sind. Darüber hinaus bestand lange Zeit die Möglichkeit, „geistesgestörte" und „geistesschwache" Personen je nach Grad des geistigen Defekts durch das Familiengericht entweder entmündigen oder beschränkt entmündigen und ihnen zugleich einen Vormund bzw. einen Pfleger zur Seite stellen zu lassen. Beschränkt entmündigt werden konnte auch eine Person, die zur Verschwendung neigte. Entmündigte (*kinchisan-sha*) und beschränkt Entmündigte (*jun-kinchisan-sha*) wurden sodann grundsätzlich davor geschützt, daß sie Verpflichtungen im Rechtsverkehr eingingen, die sie selbst nicht zu beurteilen in der Lage waren, indem ihre Rechtsgeschäfte durch besondere gesetzliche Regelungen für nichtig oder nur für eingeschränkt wirksam erklärt wurden. Über diese Regelungen hinaus gab es für ältere Personen keine speziellen Regelungen. Sofern deren Urteilsvermögen in Folge ihres Alters oder durch Krankheit allerdings in einem

---

[108] Vgl. zum Beispiel S. KAWAKAMI (1993); KAWAKAMI (1999) 2. Auch wird das Vormundschaftssystem für Erwachsene in manchen Verbraucherrechtsbüchern als eigenständiges Kapitel behandelt; siehe etwa J. NAGAO (2001) 131-140.

besonders großen Maße eingeschränkt war, konnten auch sie gegebenenfalls nach den eben erwähnten Regelungen entweder entmündigt oder beschränkt entmündigt werden. Dabei bestand aber zumeist der Nachteil, daß zugleich die Möglichkeit der selbständigen Erledigung auch einfacher Alltagsgeschäfte eingeschränkt wurde; ferner hatten die Bezeichnungen „Entmündigter" und „beschränkt Entmündigter" eine so negative Wirkung auf andere Menschen, daß die Kinder der Betroffenen, die praktisch in der Mehrzahl der Fälle zur Stellung eines entsprechenden Antrag berufen sind, von diesen rechtlichen Schutzmöglichkeiten nur selten Gebrauch gemacht haben.

Das Problem der zunehmenden Überalterung der Gesellschaft war schließlich der entscheidende, wenngleich nicht einzige Grund, das Recht der zivilrechtlichen Geschäftsfähigkeit, die im Japanischen bei wortgenauer Übersetzung eigentlich als „(rechtliche) Handlungsfähigkeit" (kōi nōryoku) bezeichnet wird, in bestimmten Bereichen zu überarbeiten und zu reformieren. Technisch wurden diese Reformen im Jahre 1999 vor allem durch das Gesetz zur Änderung des Zivilgesetzes[109] und ein neues Gesetz über den Vertrag zur Bestellung einer gewillkürten Vormundschaft (VormundVG)[110] umgesetzt. Diese Gesetze sind am 1.4.2000 in Kraft getreten.[111] Daneben wurden verschiedene Verfahrensregelungen novelliert oder neu geschaffen. Die Regelungen über den typisierten Schutz von Minderjährigen wurden von der Reform nicht betroffen. Die Kernpunkte der Reform waren vielmehr die Schaffung eines flexibler einsetzbaren gesetzlich typisierten Systems zum Schutz von erwachsenen Personen mit eingeschränktem Urteilsvermögen, wofür neben den Regelungen über die Geschäftsfähigkeit auch das bisherige Betreuungsrecht reformiert wurde.[112] Zudem wurde die Möglichkeit der vertraglichen Bestellung eines Vormundschaftsverhältnisses zwischen der betroffenen Person und dem Betreuer ihrer Wahl eingeführt.[113] Die Reform des Betreuungsrechts und die Reform der Regelungen über die Geschäftsfähigkeit erfolgten wegen des engen Bezugs zueinander gleichzeitig. Die neuen Regelungen sehen nun ein feiner ausdifferenziertes Instrumentarium zum Schutz und zur Betreuung von Personen mit eingeschränkter Geisteskraft vor, denen hierdurch, soweit wie in jedem Einzelfall angemessen und erforderlich, die Fähigkeit zur Erledigung ihrer Geschäfte belassen und eine Betreuungsperson mit denjenigen Pflichten und Kompetenzen zur Seite gestellt wird, die die betroffene Person jeweils bedarf. Dieses System soll also gleichermaßen für schwere Fälle wie für leichte Fälle eingeschränkten Urteilsvermögens eine passende Lösung zum Schutz der betroffenen

---

[109] Gesetz Nr. 149/1999.
[110] Nin'i kōken keiyaku ni kansuru hōritsu, Gesetz Nr. 150/1999.
[111] Vgl. Y. SAGAMI (2001) 115. Der Beitrag enthält am Ende (S. 135 ff.) auch eine deutsche Übersetzung der wichtigsten neuen zivilgesetzlichen Regelungen.
[112] Ein komprimierter Überblick dazu findet sich bei T. UCHIDA (2000b) 103-118, dazu auch Y. SAGAMI (2001) 116-131 und K. YAMAMOTO (2001) 47-66.
[113] Für einen Überblick hierüber siehe T. UCHIDA (2000b) 149-154; K. YAMAMOTO (2001) 67-74.

Person bieten, ohne sie zu diskriminieren oder übermäßig in ihren Handlungsmöglichkeiten zu beschränken. Hierdurch wurde nun gerade auch für Personen mit nachlassenden Geisteskräften in Folge zunehmenden Alters die Möglichkeit geschaffen, einen angemessenen Schutz im Rechtsverkehr zu erhalten. Zudem sind die diskriminierenden Bezeichnungen des „Entmündigten" und „beschränkt Entmündigten" gestrichen und durch andere, neutralere ersetzt worden. Insgesamt sollte durch die Reform ein vernünftiger Kompromiß zwischen dem Recht auf Selbstbestimmung und dem notwendigen Schutz der betroffenen Personen erzielt werden.

Neben dieser Reform des Rechts der Geschäftsfähigkeit und des Betreuungsrechts ist noch eine andere Entwicklung im japanischen Recht für die vorliegende Untersuchung von Bedeutung, die an dieser Stelle kurz erwähnt werden soll. In der jüngeren Vergangenheit ist in Japan eine Tendenz zu beobachten, daß zunehmend Minderjährige und ältere Menschen Opfer von unlauteren und aufgedrängten Verbrauchergeschäften werden. Die gesetzlichen Regelungen über die Geschäftsfähigkeit zum Schutz von Minderjährigen und anderen Personen mit eingeschränktem Urteilsvermögen bieten hier nur teilweise Schutz. Die Rechtsprechung bemüht sich daher, diese Faktoren im Einzelfall auch bei der Anwendung allgemeiner Rechtsinstrumente zu berücksichtigen. So wird das Alter und der Geisteszustand des Verbrauchers durch die Gerichte häufig als ein Kriterium bei der Entscheidung über das Bestehen eines deliktsrechtlichen Anspruchs gegenüber einem Unternehmer – sowie dessen Hilfs- oder Organpersonen –, über die Sittenwidrigkeit eines Vertrages oder über die rechtliche Relevanz eines Irrtums etc. besonders berücksichtigt. Auch gibt es zahlreiche Gerichtsentscheidungen, in denen die Unwirksamkeit des Vertrages auf die fehlende Willensfähigkeit des Verbrauchers wegen fortgeschrittenen Alters bzw. wegen geistiger Defekte gestützt wird; die Willensfähigkeit ist eine Mindestvoraussetzung für natürliche Personen zur wirksamen Vornahme von Rechtsgeschäften[114] (dazu sogleich unter 1.). Wenn die Gerichte unter Berücksichtigung dieser Faktoren einen anderen Maßstab zur Beurteilung eines Vertragsabschlusses oder eines Vertragsinhaltes als unangemessen und unbillig anlegen, kann dies insgesamt zu einem stärker ausgeprägten individuellen Schutz von älteren Menschen, Kranken und Kindern vor unerwünschten und nachteiligen Verträgen führen.[115]

Im folgenden soll nun aber vor allem auf die typisierenden Regelungen zum Schutz beschränkt Geschäftsfähiger und Geschäftsunfähiger im japanischen

---

[114] Eine Zusammenstellung wichtiger Entscheidungen mit Anmerkungen findet sich bei E. YAMAMOTO (1991).

[115] Vgl. beispielsweise die Urteile des DG Tōkyō vom 25.8.1987, in: Hanrei Jihō Nr. 1276, 55 und des SumG Ibaraki vom 20.12.1985, in: Hanrei Jihō Nr. 1198, 143; siehe auch z.B. die Urteile zu den Warentermingeschäften unten unter IV 2 a – dort wird das Alter der Privatanleger von den Gerichten (neben anderen Faktoren) als Gradmesser für die geschäftliche Erfahrung und Urteilsfähigkeit, und damit auch für die Schutzbedürftigkeit der Verbraucher angesehen. Vgl. hierzu auch E. YAMAMOTO (1993).

Recht eingegangen werden. Diese schützen bestimmte Personengruppen im Rechtsverkehr grundsätzlich vor einer rechtsgeschäftlichen Bindung wegen ihrer typischerweise angenommenen unzureichenden Urteils- und Einsichtsfähigkeit, geistigen Reife und/oder geschäftlichen Erfahrung.

## 1. Geschäftsfähigkeit und Willensfähigkeit

Das japanische Recht unterscheidet heute prinzipiell zwischen der Geschäftsfähigkeit (*kōi nōryoku*) und der Willensfähigkeit (*ishi nōryoku*). Natürliche Personen, die das zwanzigste Lebensjahr vollendet haben, gelten als (voll) geschäftsfähig. Sie können also unbeschränkt Rechtsgeschäfte tätigen und beispielsweise Verträge abschließen. Das Vorhandensein der Geschäftsfähigkeit bei einer Person stellt gewissermaßen den Normalzustand dar. Wer die volle Geschäftsfähigkeit besitzt, der besitzt zugleich auch die nötige Willensfähigkeit. Die Willensfähigkeit bezeichnet die Untergrenze der geistigen Fähigkeiten, also ein Minimum an Urteilsvermögen und Verständnis, das vorhanden sein muß, um überhaupt irgendwie eine rechtlich erhebliche Handlung vornehmen zu können. Rechtsgeschäfte eines Willensunfähigen (*ishi mu-nōryoku-sha*) sind daher nichtig, ihre Willenserklärungen regelmäßig ohne rechtliche Bedeutung.[116] Hiermit besteht ein erster, grundlegender Schutzmechanismus im japanischen Zivilrecht auch vor der vertraglichen Bindung. Personen, die als willensunfähig eingestuft werden, können keinen Vertrag schließen. Als solche Personen gelten zum Beispiel kleine Kinder und erheblich Geistesgestörte. Ob eine Person allerdings willensunfähig ist, kann nicht abstrakt, sondern nur im Einzelfall beurteilt werden.

Alle Personen, die zwar die Willensfähigkeit, aber nicht die volle Geschäftsfähigkeit besitzen, werden nach neuer Terminologie in Folge der Gesetzesreform im Jahre 1999 als „beschränkt Geschäftsfähige (*seigen kōi nōryoku-sha*) bezeichnet.[117] Damit wurde die hierfür früher übliche Bezeichnung als „Geschäftsunfähige" (*kōi mu-nōryoku-sha*) aufgegeben. Zu den beschränkt Geschäftsfähigen zählen zum einen die Minderjährigen (*mi-seinen-sha*), also Personen bis zum zwanzigsten Lebensjahr (Art. 3 ZG), und zum anderen Erwachsene, für die wegen eingeschränkten Beurteilungsvermögens und mangelnder Geisteskräfte *ein Aufsichtsverhältnis* begründet worden ist, entweder durch Vertrag oder durch Anordnung des Familiengerichts und eine entsprechende Eintragung ins Register für Vormundschafts- und ähnliche Aufsichtsverhältnisse (*kōken tōki-tō fairu*).

---

[116] Urteil des RG vom 11.5.1905, Minroku 11, 706. Dies ist in Japan völlig unumstritten, eine gesetzliche Regelung gibt es hierfür allerdings nicht. Näher dazu T. UCHIDA (2000b) 100-101.
[117] Vgl. Art. 20 ZG. Bis zur sprachlichen Überarbeitung des ZG im Jahre 2004 wurden diese Personen als „*seigen nōryoku-sha*" bezeichnet.

*Vertraglich* kann nur ein Vormundschaftsverhältnis begründet werden. Der Vertrag bedarf einer besonderen Form. Er muß notariell beurkundet (*kōsei seishō*) werden nach den eigens hierfür erlassenen Formvorschriften des Justizministeriums (Art. 3 VormundVG). Der Betroffene braucht zum Abschluß eines Vertrages zur Begründung eines Vormundschaftsverhältnisses im Unterschied zu normalen Verträgen keine Geschäftsfähigkeit zu besitzen; es reicht die Willensfähigkeit aus. Diese besondere Regelung hat man geschaffen, damit der persönliche Wille des Betroffenen stärker als bisher Berücksichtigung findet.[118]

Als *gesetzliche Formen* eines Aufsichtsverhältnisses stehen seit der Gesetzesreform die *Vormundschaft*, die *Betreuung* und die *Beistandschaft* zur Auswahl. Im Gegensatz zur Vormundschaft für Minderjährige, die z.B. im Falle des Verscheidens der Eltern angeordnet werden kann, spricht man in anderen Fällen der Vormundschaft von der Vormundschaft für Volljährige (*seinen kōken*). Die Vormundschaft für Volljährige, die Betreuung und die Beistandschaft werden auf Antrag durch das Familiengericht angeordnet. Als Antragsteller kommen beispielsweise der Betroffene selbst, der Ehegatte, nahe Verwandte (bis zum vierten Grad) oder der Staatsanwalt in betracht. Der Betroffene eines Aufsichtsverhältnisses wird durch das Zivilgesetz als „unter Vormundschaft, als unter Betreuung oder als unter Beistandschaft stehende Person" (*hi-kōken-nin, hi-hosa-nin, hi-hojonin*) bezeichnet; die alten Bezeichnungen „Entmündigter" und „beschränkt Entmündigter" sind, wie bereits erwähnt, nunmehr weggefallen. Im folgenden wird im jeweiligen Zusammenhang einfach die Bezeichnung als Betroffener verwendet. Der Antrag bzw. der Gerichtsbeschluß auf Bestellung der Vormundschaft, der Betreuung oder der Beistandschaft hängt von dem jeweiligen Grad der Schutz- und Pflegebedürftigkeit des Betroffenen ab. Die Vormundschaft stellt die intensivste, die Beistandschaft die schwächste Form eines Aufsichtsverhältnisses dar. Nachfolgend werden nicht im einzelnen das Bestellungsverfahren oder die Rechte und Pflichten bei den verschiedenen Aufsichtsverhältnissen dargestellt, sondern lediglich die Regelungen, die einen Vertragsschluß und die Wirksamkeit sonstiger Rechtsgeschäfte zum Schutze des Betroffenen verhindern.[119]

Bei allen vier Formen der beschränkten Geschäftsfähigkeit bestimmt das Zivilgesetz, daß entweder alle oder aber bestimmte Arten von Rechtsgeschäften des Betroffenen nicht voll wirksam sind, da es diesen Personen nach Einschätzung des Gesetzgebers typischerweise an einem ausreichenden Urteilsvermögen oder an Erfahrung mangelt, um selbstverantwortlich (bestimmte) Rechtsgeschäfte zu tätigen. Hierdurch wird insbesondere auch die Fähigkeit dieser Personen zum Abschluß von Verträgen eingeschränkt.

---

[118] T. UCHIDA (2000b) 150, 152.
[119] Zum neuen „Betreuungsrecht" insgesamt siehe zum Beispiel Y. SAGAMI (2001); M. YASUNAGA (2000); M. ARAI (2000); A. KOBAYASHI / N. FUKUMOTO (2000). Über die praktischen Erfahrungen seit der Einführung des neuen Systems siehe die verschiedenen Beiträge in Jurisuto Nr. 1211 (2001).

## 2. Der Schutz von Minderjährigen vor unerwünschter vertraglicher Bindung

Minderjährige verfügen nach Ansicht des Gesetzgebers in der Regel über nicht ausreichend Geschäftserfahrung und Urteilsvermögen, um selbstverantwortlich und vernünftig Rechtsgeschäfte tätigen zu können. Rechtsgeschäfte von Minderjährigen bis zum zwanzigsten Lebensjahr ohne Einwilligung des gesetzlichen Vertreters sind daher nach Art. 4 I ZG grundsätzlich nur „schwebend" wirksam, sofern hierdurch nicht ausschließlich Rechte bzw. Ansprüche erworben werden oder Verbindlichkeiten erlischen. Ein schwebend wirksames Rechtsgeschäft eines Minderjährigen wird voll wirksam, wenn es der gesetzliche Vertreter (Art. 122 ZG) oder der Minderjährige nach Erreichen der Volljährigkeit (Art. 124 I ZG) nachträglich genehmigt, oder nach Ablauf von fünf Jahren ohne Erklärung der Anfechtung des Rechtsgeschäftes (Art. 126 ZG). Eine Genehmigung wirkt wie eine Bestätigung des Rechtsgeschäftes (Art. 122 ZG). Die Anfechtbarkeit eines einwilligungsbedürftigen Rechtsgeschäftes ergibt sich ausdrücklich aus Art. 4 II ZG. Anfechten können vor der Genehmigung des Rechtsgeschäftes sowohl der Minderjährige selbst als auch der gesetzliche Vertreter (Art. 120 ZG). Eine Ausnahme gilt bei kleinen Kindern, denen die Willensfähigkeit fehlt. Hier ist das Rechtsgeschäft nicht schwebend wirksam, sondern grundsätzlich unwirksam.[120]

Da bei einem Vertragsabschluß im Regelfall nicht nur Rechte des Minderjährigen, sondern auch Pflichten begründet werden, können Minderjährige in Japan ohne Zustimmung des gesetzlichen Vertreters normalerweise keine vertragliche Bindung eingehen. Gesetzliche Vertreter sind im Regelfall beide Eltern zusammen (Art. 818 I, III ZG), im Ausnahmefall der Minderjährigenvormund (Art. 838 Nr. 1 ZG). Im Regelfall müssen die Eltern daher zu einem wirksamen Vertragsschluß des Minderjährigen entweder vorher die Einwilligung erteilt haben oder anschließend genehmigen. Die Genehmigung kann nach herrschender Meinung auch durch das Kind selbst erteilt werden, wenn die Eltern dazu ihre Einwilligung erklären.[121]

Ausnahmsweise kann der Minderjährige nach Art. 5 ZG wirksam Rechtsgeschäfte tätigen und Verträge schließen, soweit er damit nur *über Vermögen verfügt,* das ihm von seinem *gesetzlichen Vertreter für bestimmte Zwecke überlassen* worden ist und das Rechtsgeschäft sich im Rahmen der Zweckbestimmung hält. Die Eltern können dem Kind also eine begrenzte Generalvollmacht für bestimmte Geschäfte erteilen.

Eine solche begrenzte Generalvollmacht kann dem Minderjährigen von den Eltern insbesondere im Rahmen *der Einwilligung zur Aufnahme einer gewerblichen Tätigkeit* erteilt werden (Art. 6 I ZG). Alle damit zusammenhängenden Rechtsgeschäfte des Minderjährigen sind von Anfang an voll wirksam. Auch in

---

[120] Zum Schutz von Minderjährigen siehe T. UCHIDA (2000b) 104-107; K. YAMAMOTO (2001) 75-80.
[121] T. UCHIDA (2000b) 106.

diesem Fall kann der Minderjährige also vertragliche Bindungen eingehen. Er ist in diesem Fall aber im übrigen kein Verbraucher mehr. Zur gewerblichen Tätigkeit im Sinne der Norm gehören nur selbständige Tätigkeiten, nicht dagegen Tätigkeiten als abhängig beschäftigter Arbeitnehmer. Für die Wirksamkeit von Rechtsgeschäften im Zusammenhang mit einer Berufstätigkeit als Arbeitnehmer enthält das Arbeitsstandardgesetz in den Artt. 56, 58 und 59[122] besondere Regelungen. Da dies in keiner Weise im Zusammenhang mit dem Abschluß von Verbraucherverträgen steht, soll auf diesen Punkt nicht näher eingegangen werden.

Eine Person unter zwanzig Jahren wird durch Heirat mit Einwilligung der Eltern qua gesetzlicher Anordnung volljährig (Artt. 753, 737 I ZG). Auch in diesen Fällen kann der eigentlich noch „Minderjährige" alle Arten von Rechtsgeschäften tätigen und unbegrenzt Verträge abschließen. Grund für diese Regelung ist, daß die verheiratete Person zur Führung und Versorgung des eigenen Haushaltes in der Lage sein soll, Rechtsgeschäfte unbegrenzt tätigen zu können.

Ein wirksames Rechtsgeschäft des Minderjährigen und eine vertragliche Bindung kann auch allein durch den gesetzlichen Vertreter des Minderjährigen herbeigeführt werden. Die Eltern und der Minderjährigenvormund haben in der Regel gesetzliche Vollmacht zur Vornahme von Rechtsgeschäften für den Minderjährigen (Art. 824 bzw. Art. 859 I ZG). Lediglich in Fällen, in denen bei einem Geschäft die Interessen des gesetzlichen Vertreters und des Minderjährigen entgegengerichtet sind, muß ein Sondervertreter zur Vornahme des Geschäfts beim Familiengericht beantragt und von diesem bestellt werden (Artt. 826, 860 ZG). Der Vormund bedarf darüber hinaus bei bestimmten besonders bedeutsamen Geschäften der Zustimmung durch das Familiengericht (Art. 859-3 ZG).

Aufgrund der vorgenannten Regelungen wird der Minderjährige bei der Vornahme von Rechtsgeschäften beschränkt. Mit Ausnahme der genannten Sonderfälle ist er ohne Zustimmung des gesetzlichen Vertreters – in der Regel der Eltern – grundsätzlich nicht in der Lage, Verträge vollwirksam abzuschließen. Die rechtliche Bindungswirkung von Verträgen, die ein Minderjähriger abschließt, wird daher zu seinem Schutz durch das Gesetz erheblich eingeschränkt.

*3. Der Schutz von erwachsenen Personen vor vertraglicher Bindung,*
  *für die ein Aufsichts- und Betreuungsverhältnis begründet worden ist*

Die rechtliche Handlungsfähigkeit von Personen, für die ein Aufsichtverhältnis besteht, wird in jeweils sehr unterschiedlichem Umfang eingeschränkt. Damit möchte man einerseits den unterschiedlichen Stufen der Schutzbedürftigkeit und andererseits dem Selbstbestimmungsrecht der betroffenen Personen Rechnung tragen. Die umfangreichen Differenzierungen, die hier je nach Fall vorge-

---

[122] *Rōdō kijun-hō*, Gesetz Nr. 49/1947 i.d.F. des Gesetzes Nr. 102/2002.

nommen werden, sind allerdings nicht unproblematisch aus der Sicht von Geschäftspartnern, die ein großes Interesse an Klarheit und Rechtssicherheit haben. Dieses Interesse bleibt zwar nicht völlig unberücksichtigt, steht aber in den einzelnen Fällen nicht im Vordergrund. Die neuen Regelungen durch die Reform im Jahre 1999 wurden vor allem geschaffen, um auch älteren Personen in einem angemessenen Maße Schutz zu gewähren, deren Geisteskräfte nur geringfügig eingeschränkt sind.

*a) Schutz durch Bestellung der Vormundschaft für Erwachsene (seinen kōken)*[123]

Mit der Bestellung einer Vormundschaft für Erwachsene wird einerseits das größte Schutzniveau erzielt, andererseits wird die davon betroffene Person aber auch weitgehend ihrer Möglichkeiten zur Teilnahme am Rechts- und Geschäftsverkehr beraubt. Eine erwachsene Person wird daher in der Regel nur dann unter gesetzliche Vormundschaft gestellt, wenn ihr Urteilsvermögen so weit eingeschränkt ist, daß es ihr bereits an der nötigen *Willensfähigkeit* mangelt, mit der Folge, daß ihre Rechtsgeschäfte eh als nichtig angesehen werden müßten. Diese Lösung im jeweiligen Einzelfall führt aber sowohl für den Geschäftspartner als auch für den Betroffenen zu einer mißlichen Lage. Einerseits besteht in diesen Fällen ein hoher Grad an Rechtsunsicherheit, und andererseits müßte der Betroffene die fehlende Willensfähigkeit beweisen, wollte er sich auf die Nichtigkeit des Rechtsgeschäftes berufen.[124]

Aus diesem Grunde ist es sowohl für die betroffenen Personen mit einer erheblichen geistigen Störung als auch für deren Geschäftspartner in der Regel vorteilhafter, wenn für diese Personen die Vormundschaft bestellt wird. Ein Vormundschaftsverhältnis führt zu klaren Regelungen über den rechtlichen Handlungsspielraum der Betroffenen, auf den sich jedermann verlassen kann.

Ein Antrag auf Bestellung (*kaishi no shinpan*) der gesetzlichen Vormundschaft für Volljährige durch das Familiengericht kann durch den Betroffenen selbst, seinen Ehegatten, Verwandte bis zum vierten Grade oder durch die Staatsanwaltschaft gestellt werden (Artt. 7, 8, 838 Nr. 2, 843 ZG). Bestand schon vorher ein Aufsichtsverhältnis, kann diesen Antrag auch der Beistand, der Pfleger, der Minderjährigenvormund oder deren jeweilige Aufsichtsperson (Gegenvormund etc.) stellen. Voraussetzung für die Anordnung der Vormundschaft für Volljährige ist eine schwere geistige oder seelische Störung, durch die es dem Betroffenen *an der Einsichtsfähigkeit und dem nötigen Urteilsvermögen* zur Vornahme von Rechtsgeschäften *völlig fehlt*.

Die Vormundschaft kann auch durch einen Vertrag des Betroffenen mit der als Vormund ausgewählten Person nach dem VormundVG begründet werden. In diesem Fall bedarf es aber unbedingt auch der Bestellung eines Gegenvor-

---

[123] Vgl. hierzu etwa K. YAMAMOTO (2001) 49-56; T. UCHIDA (2000b) 107-110; Y. SAGAMI (2001) 125-126.
[124] T. UCHIDA (2000b) 107.

mundes durch das Familiengericht (Art. 4 VormundVG, Art. 849-2 ZG) und der Einhaltung der durch das Gesetz vorgeschriebenen Form.

Die Vormundschaft für einen Erwachsenen wird in dem Register für Vormundschafts- und ähnliche Aufsichtsverhältnisse eingetragen. Beim Abschluß von Verträgen kann der eine Geschäftspartner von dem anderen in Zweifelsfällen die Beibringung eines Auszugs daraus fordern, der die Nichteintragung einer Vormundschaft dokumentiert. Eine unmittelbare Einsichtnahme anderer Personen als des Betroffenen selbst in dieses Register ohne besonderen Grund ist dagegen nicht möglich.[125]

Die Folgen für die rechtsgeschäftliche Handlungsfähigkeit sind in beiden Fällen der Bestellung grundsätzlich dieselben. Rechtsgeschäfte einer unter Vormundschaft für Erwachsene stehenden Person sind grundsätzlich schwebend wirksam und anfechtbar. Allerdings gilt dies nicht für Alltagsgeschäfte wie den Kauf von Gegenständen des täglichen Bedarfs (Art. 9 ZG). Der Betroffene kann also bis auf Alltagsgeschäfte keine Rechtsgeschäfte tätigen. Verträge kann er daher nur abschließen, soweit sie als Alltagsgeschäfte anzusehen sind. Alltagsgeschäfte des Betroffenen sind somit voll wirksam, alle anderen Rechtsgeschäfte dagegen nur schwebend wirksam. Die anfechtbaren Rechtsgeschäfte können sowohl vom Betroffenen als auch von seinem (Erwachsenen-) Vormund angefochten werden (Art. 120 ZG). Der Vormund kann sie aber auch genehmigen (Art. 122 ZG); dann werden die Rechtsgeschäfte als von Anfang an gültig betrachtet. Genehmigen kann sie auch der Betroffene, allerdings nur, falls zwischenzeitlich die Vormundschaft aufgehoben worden ist (Artt. 124 II, 122 ZG). Wird ein anfechtbares Rechtsgeschäft weder angefochten noch genehmigt, so erlangt es nach Ablauf von fünf Jahren volle Wirksamkeit, weil es dann nicht mehr anfechtbar ist (Art. 126 ZG).

Der Vormund kann den Betroffenen grundsätzlich bei Rechtsgeschäften vertreten. Er besitzt hierfür gesetzliche Vertretungsmacht (Art. 859 I ZG). Einige für den Betroffenen besonders bedeutsame Geschäfte darf er aber nur mit Zustimmung des Familiengerichts tätigen (Art. 859-3 ZG), so insbesondere den Abschluß oder die Kündigung von Wohnraummietverträgen[126], den Verkauf der Wohnung (Haus, Eigentumswohnung) des Betroffenen oder die Bestellung von Hypotheken an einem Grundstück des Betroffenen, auf dem dessen Wohnhaus steht, sowie darüber hinaus ähnlich bedeutsame Geschäfte. Im Falle eines Interessenkonflikts zwischen Vormund und dem Betroffenen ist zur Tätigung des betreffenden Geschäfts die Bestellung eines Sondervertreters durch das Familiengericht erforderlich (Artt. 860, 826 ZG). Für den Fall, daß ein Gegenvor-

---

[125] Vgl. T. UCHIDA (2000b) 121; das nähere regelt das Gesetz über die Eintragung der Vormundschaft und ähnlicher Aufsichtsverhältnisse (*Kōken tōki-tō ni kansuru hōritsu*), Gesetz Nr. 152/1999.

[126] Dies gilt sowohl für Mietverträge über Gebäude bzw. Gebäudeteile (*shakuya*) sowie über Grundstücke, die zum Zwecke der Errichtung eines Eigenheims angemietet werden (*shakuchi*).

mund bestellt worden ist, nimmt dieser regelmäßig die Aufgaben des Sondervertreters wahr (Art. 851 ZG).

*b) Schutz durch Bestellung der Pflegschaft* (hosa)[127]

Wegen *außerordentlich unzureichender Einsichts- und Urteilsfähigkeit* aufgrund einer geistigen oder seelischen Störung, kann beim Familiengericht ein Antrag auf Bestellung der Pflegschaft und Bestimmung eines Pflegers für den Betroffenen gestellt werden (Artt. 11, 11-2, 876, 876-2 I ZG). Die Möglichkeit der Bestellung der Pflegschaft ist grundsätzlich nur bei Erwachsenen vorgesehen. Antragsberechtigt sind in etwa die gleichen Personen wie bei der Vormundschaft für Erwachsene, insbesondere auch der Betroffene selbst. Die Pflegschaft ist im Vergleich zur Vormundschaft eine weniger intensive Form eines Aufsichtsverhältnisses, die dem Betroffenen einen größeren rechtsgeschäftlichen Handlungsspielraum beläßt und dem Pfleger geringere Kompetenzen zur Erledigung von Geschäften für den Betroffenen einräumt. Hiermit verbunden ist ein geringeres Ausmaß des Schutzes des Betroffenen, weil er eines vollumfänglichen Schutzes wie bei der Vormundschaft nicht bedarf. Auch die Pflegschaft wird in das Register für Vormundschafts- und ähnliche Aufsichtsverhältnisse eingetragen.

Bei Bestehen einer Pflegschaft bedürfen bestimmte bedeutende und gefährliche Rechtsgeschäfte des Betroffenen gemäß Art. 12 I ZG zu ihrer Wirksamkeit der Einwilligung des Pflegers. Dazu gehören zum Beispiel die Aufnahme eines Darlehens, die Übernahme einer Bürgschaft oder Rechtsgeschäfte, die den Verlust eines dinglichen Rechts zur Folge haben. Die Liste der betroffenen Rechtsgeschäfte in Art. 12 I ZG kann gemäß 12 II ZG durch Anordnung des Familiengerichts erweitert werden. Eine Erweiterung der Liste auch auf Geschäfte des täglichen Lebens ist allerdings unzulässig.[128] Die einwilligungsbedürftigen Rechtsgeschäfte sind, wenn sie ohne die erforderliche Einwilligung des Pflegers von dem Betroffenen getätigt wurden, nur schwebend wirksam und können gemäß Art. 12 IV ZG angefochten werden. Anfechtungsberechtigt sind ähnlich wie auch beim Minderjährigenschutz und beim Schutz desjenigen, der unter Vormundschaft für Erwachsene steht, sowohl der Betroffene als auch sein Pfleger (Art. 120 ZG). Der Pfleger kann die Rechtsgeschäfte auch im nachhinein genehmigen; in diesem Falle erlangen sie volle Wirksamkeit mit Wirkung von Beginn an (Art. 122 ZG). Genehmigen kann sie auch der Betroffene, allerdings nur, falls in der Zwischenzeit die Pflegschaft aufgehoben wurde (Artt. 120, 122, 124 III ZG). Wird ein anfechtbares Rechtsgeschäft weder angefochten noch genehmigt, so erlangt es nach Ablauf von fünf Jahren quasi volle Wirksamkeit, denn es kann dann nicht mehr angefochten werden (Art. 126 ZG).

---

[127] Dazu etwa T. UCHIDA (2000b) 110-113; K. YAMAMOTO (2001) 56-60; Y. SAGAMI (2001) 124-125.

[128] Die Beschränkung der rechtsgeschäftlichen Handlungsfähigkeit des Betroffenen darf bei der Pflegschaft also keinesfalls über den Umfang bei der Vormundschaft hinausgehen.

Der Pfleger hat im Gegensatz zum Vormund nicht automatisch gesetzliche Vertretungsmacht für den Betroffenen. Es besteht vielmehr nur die Möglichkeit, daß das Familiengericht auf Antrag gemäß Art. 876-4 I ZG einen Beschluß zur Erteilung der Vertretungsmacht *für bestimmte Rechtsgeschäfte* faßt. Auch dieser Umstand wird in das Register eingetragen. Zur Erteilung der Vertretungsmacht ist aber immer die Zustimmung des Betroffenen erforderlich (Art. 876-4 II ZG).

### c) Schutz durch Bestellung der Beistandschaft (hojo)[129]

Im Falle einer *geringfügig unzureichenden Einsichts- und Urteilsfähigkeit* wegen einer geistigen oder seelischen Störung, die nicht so gravierend ist, daß sie einen Schutz in dem Maße wie bei einer Vormundschaft oder einer Pflegschaft erfordert, kann beim Familiengericht für eine erwachsene Person die Bestellung der Beistandschaft und die Bestimmung eines Beistandes beantragt werden (Artt. 14, 15, 876-6, 876-7 I ZG). Antragsberechtigt sind auch hier wieder in etwa die gleichen Personen wie im Falle der Vormundschaft für Erwachsene und der Pflegschaft. Zur Bestellung der Beistandschaft ist aber im Gegensatz zur Vormundschaft und zur Pflegschaft *in jedem Fall die Einwilligung des Betroffenen* erforderlich. Die Beistandschaft beläßt dem Betroffenen weitreichende Handlungsmöglichkeiten und überträgt dem Beistand nur verhältnismäßig geringe rechtsgeschäftliche Kompetenzen. Auch die Beistandschaft in ihrer konkreten Ausgestaltung wird in das Register für Vormundschafts- und ähnliche Aufsichtsverhältnisse eingetragen.

Bei einer Beistandschaft kann das Gericht auf Antrag anordnen, daß zur wirksamen Vornahme einiger bedeutender Rechtsgeschäfte durch den Betroffenen die Einwilligung des Beistandes erforderlich ist (Art. 16 I ZG). Die einwilligungsbedürftigen Rechtsgeschäfte sollen nur einen Teil der in Art. 12 I ZG genannten umfassen (Art. 16 II ZG). Werden diese Rechtsgeschäfte vom Betroffenen ohne die notwendige Einwilligung vorgenommen, so sind sie zunächst nur schwebend wirksam und anfechtbar (Art. 16 IV ZG). Anfechtungsberechtigt sind auch in diesem Fall wieder sowohl der Beistand als auch der Betroffene (Art. 120 ZG). Der Beistand kann das Rechtsgeschäft auch im nachhinein genehmigen; in diesem Fall wird das Rechtsgeschäft als von Anfang an wirksam angesehen (Artt. 120, 122, 124 III ZG). Wird die Beistandschaft aufgehoben, kann auch der Betroffene die Genehmigung erteilen (Art. 124 I ZG). Auch das Anfechtungsrecht bei der Beistandschaft ist nach fünf Jahren präkludiert (Art. 126 ZG). Wird ein anfechtbares Rechtsgeschäft daher vor Ablauf von fünf Jahren nicht angefochten, wird es quasi auch ohne Genehmigung wirksam.

Bei einer Beistandschaft kann dem Beistand auf Antrag auch die *Vertretungsmacht für bestimmte Rechtsgeschäfte* durch das Familiengericht eingeräumt werden (Art. 876-9 I ZG). Der Umfang der Vertretungsmacht wird in das

---

[129] Dazu etwa T. UCHIDA (2000b) 113-116; K. YAMAMOTO (2001) 60-65; Y. SAGAMI (2001) 123-124.

Register eingetragen. Für die Bestellung der Vertretungsmacht ist eine *gesonderte Einwilligung des Betroffenen* erforderlich (Artt. 876-9 II, 876-4 II ZG). Es ist bei der Beistandschaft nicht erforderlich, daß Einwilligungsvorbehalt angeordnet und Vertretungsmacht eingeräumt werden. Es ist vielmehr auch möglich, nur eines der Instrumente zum Schutz des Betroffenen zu beantragen.[130] Hieran zeigt sich die extreme Flexibilität der Beistandschaft, die auch bei einer nur geringen Schutzbedürftigkeit des Betroffenen eine optimale Ausgestaltung zu dessen Wohle erfahren kann.

*d) Beschränkung der Wirksamkeit von Verträgen und anderen Rechtsgeschäften*

Es muß berücksichtigt werden, daß diese Instrumente zum Schutz des beschränkt Geschäftsfähigen auf der anderen Seite auch eine Einschränkung der Privatautonomie und der Bindungswirkung von Verträgen sowie der Wirksamkeit bestimmter rechtsgeschäftlicher Handlungen zum Nachteil des Vertragspartners oder anderer Beteiligter mit sich bringen. Um hier die Rechtssicherheit und die Interessen anderer, also beispielsweise des Vertragspartners, nicht allzu sehr zu beeinträchtigen, sieht das japanische Recht verschiedene ausgleichende Rechtsinstrumente vor. So kann der Vertragspartner einer beschränkt geschäftsfähigen Person, wenn diese den Vertrag ohne Einwilligung abgeschlossen hat, den zur Genehmigung Befugten auffordern, die Genehmigung zu erteilen (Art. 19 I, II ZG). Er muß dazu eine Frist von mindestens einem Monat setzen. Verstreicht diese Frist, ohne daß der Vertragspartner eine Antwort erhält, so gilt der Vertragsabschluß als genehmigt. Hat der beschränkt Geschäftsfähige zudem bei einem Rechtsgeschäft betrügerische Mittel angewandt, um vorzutäuschen, er sei unbeschränkt geschäftsfähig, so kann das Rechtsgeschäft nicht angefochten werden (Art. 20 ZG). Diese Bestimmung wird aber zum Schutz des beschränkt Geschäftsfähigen eng ausgelegt.[131] Schließlich bietet auch die Eintragung von Aufsichtsverhältnissen in ein dafür vorgesehenes Register einen gewissen Schutz des Vertragspartners. Allerdings ist dieses Register in bezug auf andere Personen aus Gründen des Datenschutzes nicht ohne weiteres einsehbar.[132] Der Vertragspartner hat in Zweifelsfällen also nur die Möglichkeit, die Beibringung eines solchen Registerauszugs von seinem Gegenüber zu verlangen. Diese Lösung scheint aus Gründen der Rechtssicherheit und der berechtigten Interessen des Vertragspartners allenfalls suboptimal. Wenigstens aber bei kleineren Alltagsgeschäften wird der Vertragspartner dadurch geschützt, daß solche Geschäfte bei allen beschränkt Geschäftsfähigen ohne Zustimmung

---

[130] T. UCHIDA (2000b) 114.
[131] Vgl. zum Beispiel das Urteil des SumG Ibaraki vom 20.12.1985, in: Hanrei Jihō Nr. 1198, 143 (dort zugunsten eines Minderjährigen); dazu eine Zusammenfassung und Anmerkung in S. KIMURA / J. HONDA / H. CHIBA (2000) 93.
[132] T. UCHIDA (2000b) 121. Siehe auch Art. 10 des Gesetzes über die Eintragung der Vormundschaft und ähnlicher Aufsichtsverhältnisse (Fn. 125), wonach die Einsichtnahme bzw. das Recht auf Ausstellung eines Dokuments über die Eintragungen in diesem Register grundsätzlich nur dem betroffenen beschränkt Geschäftsfähigen bzw. seiner Aufsichtsperson zusteht.

als wirksam betrachtet werden. In diesem Rahmen wird diesen Personen nämlich die Geschäftsfähigkeit belassen (Artt. 5, 9, 12 I, 16 I ZG).

Zum Schutz des Vertragspartners vor einer nicht oder nicht mehr bestehenden Vertretungsmacht eines gesetzlichen Vertreters des Minderjährigen oder einer anderen beschränkt geschäftsfähigen Person sind einige Rechtsscheintatbestände zu beachten. So kann das Erlöschen der Vertretungsmacht eines Vormunds, der zu dieser Funktion durch Vertrag bestimmt worden ist, nicht einem gutgläubig an die Vertretungsmacht glaubenden Dritten entgegengesetzt werden, sofern dieser Umstand nicht in das Register eingetragen worden ist (Art. 11 VormundVG). Außerdem sieht das japanische Recht in den Artt. 109, 110 und 112 ZG relativ weit gefaßte Tatbestände der Vertretungsmacht aufgrund Rechtsscheins vor. Selbstverständlich haftet auch der Vertreter ohne Vertretungsmacht selbst gegenüber dem Vertragspartner (Art. 117 ZG).

*4. Ergebnis*

Wie dargestellt, sieht das japanische Recht einen typisierenden Schutz vor unerwünschten und im Regelfall nicht ausreichend durch den Betroffenen einzuschätzenden rechtsgeschäftlichen Folgen für Minderjährige sowie Erwachsene vor, für die ein Aufsichtsverhältnis bestellt wurde. Die entsprechenden Regelungen können den Betroffenen vor unerwünschten vertraglichen Bindungen schützen. Jedoch kann auch trotz Mitwirkung der Eltern oder der zuständigen Aufsichtsperson ein unerwünschter Vertrag zustande kommen, wenn diese mit Wirkung für den Betroffenen eine unvernünftige Entscheidung fällen. Sie tragen daher eine große Verantwortung. In einigen Fällen überprüft zusätzlich noch das Familiengericht oder ein von diesem bestellter Sondervertreter das betreffende Rechtsgeschäft.

Die flexiblen Institute der Vormundschaft für Erwachsene, der Pflegschaft und der Beistandschaft berücksichtigen in angemessener Weise die unterschiedlichen Grade der Schutzbedürftigkeit von betroffenen Personen. So kann etwa durch die Beistandschaft auch einem leichten Fall mangelnden Urteilsvermögens Rechnung getragen werden, ohne daß die Person gleich grundsätzlich ihrer rechtsgeschäftlichen Handlungsmöglichkeiten beraubt würde. Auch für ältere Menschen, bei denen die Urteilsfähigkeit aufgrund ihres Alters nur geringfügig eingeschränkt ist, kann eine vernünftige Lösung zu ihrem Schutze und Wohle gefunden werden.

Die Verwirklichung des Schutzes vor unerwünschter vertraglicher Bindung und unerwünschten rechtsgeschäftlichen Wirkungen erfolgt grundsätzlich auf zweierlei Weise. Das Gesetz ordnet einerseits in jeweils bestimmten Fällen einen Zustimmungsvorbehalt und die Anfechtbarkeit von Rechtsgeschäften des Betroffenen an, andererseits sieht es eine gesetzliche Vertretungsmacht von Aufsichtspersonen des Betroffenen, bzw. die Möglichkeit zu deren Bestellung auf Antrag vor.

Ein gewisses Problem in allen Fällen des typisierten Schutzes von Personen stellt demgegenüber der nur geringe Schutz der berechtigten Interessen von Vertragspartnern und des Rechtsverkehrs im allgemeinen dar.

### III. Der Schutz des Verbrauchers vor unerwünschten und inhaltlich nachteiligen Verträgen durch Art. 90 ZG

*1. Grundlagen*

Ein Vertrag ist in Japan – wie auch andere Rechtsgeschäfte – nichtig, wenn er gemäß Art. 90 ZG *seinem Inhalt nach gegen die guten Sitten oder die öffentliche Ordnung verstößt,*[133] d.h. wenn er in nicht tolerierbarer Weise gegen *allgemeine gesellschaftliche Anschauungen* oder gegen die *gesetzliche Ordnung* gerichtet ist.[134]

Was darunter im einzelnen zu verstehen ist, läßt sich nur schwer mit wenigen Worten sagen. Art. 90 ZG ist eine Generalklausel, deren Inhalt und Anwendungsbereich nicht abschließend festgelegt und dem steten Wandel der gesellschaftlichen Anschauungen unterworfen ist. Es handelt sich also um ein Rechtsinstitut, das extrem flexibel und – bei entsprechender Interpretation – auch zum Schutze des Verbrauchers einsetzbar ist. Tatsächlich hat die Wahrnehmung und Berücksichtigung der ungleichen Verhandlungspositionen der Vertragspartner bei Verbraucherverträgen wesentlich zum Wandel der Interpretation der Norm in den vergangenen dreißig Jahren beigetragen.[135]

Art. 90 ZG erfüllt im japanischen Recht die gleiche Funktion wie § 138 BGB im deutschen Recht, auch wenn beide Normen sich in ihrem Wortlaut voneinander geringfügig unterscheiden. Insbesondere besitzt Art. 90 ZG keinen zweiten Absatz wie den § 138 II BGB, der einen besonderen Wuchertatbestand normiert.[136] Das Problem des Wuchers kann aber ebenso gut durch Anwendung der Generalklausel bewältigt werden – und wie die Rechtsentwicklung in Deutschland insbesondere zu den Verbraucherdarlehensverträgen zeigt, greift man auch in Deutschland in diesen Fällen ergänzend auf die allgemeine Norm

---

[133] Art. 90 ZG lautet:
*Ein Rechtsgeschäft, das gegen die öffentliche Ordnung oder die guten Sitten verstößt, ist nichtig.*

[134] Die Grobeinteilung wird in den Lehrbüchern häufig unter den Schlagwörtern „Gesetz- und Rechtmäßigkeit des Inhalts" (*naiyō no tekihōsei*) und „die gesellschaftliche Angemessenheit des Inhalts" (*naiyō no shakaiteki datōsei*) von Verträgen bzw. Rechtsgeschäften vorgenommen; vgl. A. ŌMURA (2001) 61-63; K. SHINOMIYA (1986) 194-205; T. UCHIDA (2000b) 268, 274. Art. 90 ZG wird in Lehrbüchern oft zusammen mit Art. 91 ZG behandelt und im Zusammenspiel mit dieser Norm interpretiert. Art. 91 ZG bestimmt, daß der Wille der Parteien eines Rechtsgeschäftes maßgeblich sein soll, solange das Rechtsgeschäft nicht gegen gesetzliche Bestimmungen zum Schutze der öffentlichen Ordnung (d.h. zwingende Normen) verstößt.

[135] Vgl. insbesondere Y. IMANISHI (1992), A. ŌMURA (1998) 109-118.

[136] Zur Entstehungsgeschichte des Art. 90 ZG und zu den Gründen für das Fehlen eines besonderen Wuchertatbestandes im Zivilgesetz siehe A. ŌMURA (1987) (1) 9 ff.

des § 138 I BGB zurück.[137] Darüber hinaus enthält § 138 I BGB nur das Tatbestandsmerkmal der „Sittenwidrigkeit" als Voraussetzung für die Nichtigkeit von Rechtsgeschäften, und nicht wie Art. 90 ZG zusätzlich das des „Verstoßes gegen die öffentliche Ordnung". In Japan wird allerdings heute zwischen dem Tatbestandsmerkmal der „Sittenwidrigkeit" und dem des „Verstoßes gegen die öffentliche Ordnung" kaum noch unterschieden; beide Merkmale sind vielmehr zu einem einheitlichen Wertmaßstab verschmolzen (nachfolgend meist nur mit „Sittenwidrigkeit" bezeichnet). Auch daher sind sich die beiden Normen im Ergebnis von ihrer Funktion und Stellung im Zivilrecht sehr ähnlich.

Unter Art. 90 ZG fallen heute nach allgemeiner Ansicht auch Fälle, in denen *ein Vertragspartner grob unbillig benachteiligt* wird. Die Norm schützt somit in Extremfällen einen Vertragspartner vor der Bindung an einen *inhaltlich nachteiligen* und daher auch meist unerwünschten Vertrag und schränkt dadurch zugleich auch die Vertragsfreiheit ein. Art. 90 ZG sanktioniert seinem Wortlaut gemäß eigentlich nur Rechtsgeschäfte, die ihrem Inhalt nach unbillig sind; bei der Beurteilung eines Vertrages aufgrund dieser Norm werden heute aber *sowohl sein Inhalt als auch die Umstände des Vertragsabschlusses* gleichermaßen einbezogen.[138] Ein Beispiel hierfür liefert die seit langer Zeit in Rechtsprechung und Literatur anerkannte *Wucherlehre*,[139] nach der sich ein wucherischer Vertrag unter Berücksichtigung beider Aspekte der Vertragsbeziehung beurteilt.[140] Diese umfassende Betrachtungsweise trägt dem Punkt Rechnung, daß ein unbilliger Vertragsinhalt häufig unmittelbar mit unbilligen Umständen der Anbahnung und des Abschlusses von Verträgen zusammenhängt. Art. 90 ZG schützt somit heute vor einem Mißbrauch der Vertragsfreiheit durch Personen, die sich in einer stärkeren Verhandlungsposition befinden und dies zu ihrem Vorteil unbillig ausnutzen.

Ein ähnliches Problem wie bei den klassischen wucherischen Verträgen wird heute in Japan ganz allgemein auch *bei Verbraucherverträgen* gesehen, *i.e.* die Möglichkeit des Unternehmers, seine überlegene Verhandlungsposition zur Erzielung unbilliger Vorteile auszunutzen. Hier spielt die Vorstellung eines strukturellen Ungleichgewichts zwischen Unternehmern und Verbrauchern hinein. Verbraucherverträge werden daher heute ebenso wie wucherische Verträge in einer besonderen Weise beurteilt und unter Anwendung von Art. 90 ZG weithin kontrolliert.[141] Es hat sich hierbei durch richterliche Rechtsfortbildung mit der Zeit eine eigenständige Fallgruppe mit besonderen Regeln herausgebildet.[142]

---

[137] Ausführlich dazu MÜNCHENER KOMMENTAR / Mayer-Mali / Armbrüster, 4. Auflage (2001) § 138 Rn. 117 ff.; weitere Nachweise dort in Fußnote 541.
[138] A. ŌMURA (1998) 106-107; A. ŌMURA (2001) 70, 73.
[139] Umfassend dazu A. ŌMURA (1987) (1) 18 ff.
[140] Zu den Voraussetzungen des wucherischen Vertrages im japanischen Recht unter 2 a.
[141] A. ŌMURA (2001), T. UCHIDA (2000b) 278; dazu umfassend auch Y. IMANISHI (1992) und A. ŌMURA (1998) 109-118; H. HIRANO (1995).
[142] Dazu umfassend unten 2 b.

Die umfassende Kontrollfunktion des Art. 90 ZG zum Schutz vor unbilligen Verträgen ist über Verbraucherverträge und wucherische Verträge hinaus mittlerweile gleichfalls bei anderen Verträgen *zum Schutze schwächerer Vertragspartner* anerkannt, so etwa bei Arbeitsverträgen zum Schutze des Arbeitnehmers.[143] Im Hintergrund dieser Entwicklung steht vor allem der allgemeine Wandel des Leitprinzips im japanischen Vertragsrecht von der Vertragsfreiheit zur *Vertragsgerechtigkeit*, sowie die zunehmende Betonung der Verantwortung des Staates zur *Wahrung grundlegender Rechte und Interessen* von Personen auch im Privatrechtsverhältnis zwischen den Vertragsparteien.[144] Dieser Schutzauftrag wird von manchen unmittelbar aus der Verfassung abgeleitet.[145]

Das japanische Zivilgesetz verfügt also mit Art. 90 ZG über ein flexibles Instrument, das auch zur Kontrolle in Fällen *verbraucherspezifisch* unangemessener Vertragsabschlußbedingungen und/oder eines unangemessenen Vertragsinhalts zur Anwendung gelangen kann. In jedem Fall bedarf es aber zur Anwendung der Generalklausel eines *grob unbilligen* Vertragsabschlusses oder -inhalts. Art. 90 ZG ist also *nur in Extremfällen* nachteiliger und unerwünschter Verträge anwendbar.

In den Anwendungsbereich von Art. 90 ZG fällt auch die Beurteilung eines Verstoßes gegen Rechtsnormen, was allerdings im einzelnen umstritten ist. Das japanische Zivilgesetz enthält keine dem § 134 BGB im deutschen Recht vergleichbare Sondernorm. Es stellt sich daher die bedeutende Frage, ob – und falls ja, unter welchen Voraussetzungen – ein Verstoß gegen Gesetze oder andere Vorschriften die zivilrechtliche Nichtigkeit des Rechtsgeschäftes zur Folge hat. Unumstritten ist, daß ein solcher Verstoß grundsätzlich zur Nichtigkeit führen kann. Einige berufen sich bei der Beurteilung dessen allerdings nicht auf Art. 90 ZG, sondern auf Art. 91 ZG.[146] Andere dagegen fassen das Problem des Verstoßes gegen Rechtsnormen und die Wirksamkeit von betreffenden Rechtsgeschäften einheitlich unter den Anwendungsbereich des Art. 90 ZG; dieser

---

[143] A. ŌMURA (2001) 68.
[144] A. ŌMURA (2001) 69 m.w.N. Siehe dazu bereits oben Kapitel 2 C III, IV.
[145] So insbesondere von *Keizō Yamamoto*, der diesem Problem bereits mehrere umfangreiche Studien gewidmet hat; siehe etwa K. YAMAMOTO (2000). Siehe ferner schon oben Kapitel 2 C VI.
[146] In der Literatur ist diese Betrachtungsweise noch stark vertreten. Zu dem Problem siehe K. YAMAMOTO (2001) 218-219 m.w.N. dort in Fn. 5.; M. GOTŌ (2002). Art. 91 ZG enthält eine Vorschrift über den Umgang mit *dispositiven* (privatrechtlichen) Gesetzesbestimmungen. Eine von *dispositiven Bestimmungen* – also solchen, die nicht dem Schutz der öffentlichen Ordnung dienen – abweichende Parteienvereinbarung soll wirksam sein. Dagegen werden *zwingende privatrechtliche Rechtsnormen* als Bestimmungen zum Schutz der öffentlichen Ordnung angesehen; davon abweichende Vereinbarungen der Vertragsparteien sollen unzulässig und daher nichtig sein. Bei Verortung des Problems unter Art. 91 ZG stellt sich aber die Frage und das Problem, ob mit dieser Norm auch ein Verstoß gegen *öffentlich-rechtliche Bestimmungen*, die nur eine bestimmte Handlung untersagen oder verlangen, also z.B. wirtschaftsverwaltungsrechtliche Ge- und Verbote, zu behandeln und zu erfassen ist.

Betrachtungsweise wird überwiegend in der Rechtsprechung gefolgt.[147] Die einzelnen Kriterien für die Bewertung eines solchen Verstoßes, insbesondere die Frage, wann ein Verstoß gegen eine Vorschrift zur Nichtigkeit eines Vertrages führt, sind darüber hinaus jedenfalls bei einer Verletzung öffentlich-rechtlicher Bestimmungen höchst umstritten.[148] Da zahlreiche öffentlich-rechtliche Ge- und Verbote den Abschluß von Verbraucherverträgen regulieren, kommt Art. 90 ZG auf diesem Wege mittelbar zur Anwendung *bei der Kontrolle des Abschlusses von Verbraucherverträgen.*

Als Rechtsfolge sieht Art. 90 ZG die Nichtigkeit des Rechtsgeschäftes vor. Ein Vertrag, der wegen grob unbilliger Abschlußbedingungen und/oder wegen eines grob unbilligen Vertragsinhaltes gegen die guten Sitten und die öffentliche Ordnung verstößt, soll also nichtig sein. Nichtigkeit kann allerdings vollständige oder teilweise Nichtigkeit bedeuten.

Im folgenden wird die Interpretation und Anwendung des Art. 90 ZG vor allem unter Berücksichtigung von Verbraucherverträgen dargestellt. Viele Einzelheiten gelten aber auch bei anderen Vertragsarten. Entscheidend ist jedoch, daß die japanische Rechtsprechung und Lehre bei der Anwendung des Rechtsinstituts auf Verbraucherverträge meist von einer *Unterlegenheit des Verbrauchers* im Hinblick auf die Verhandlungsstärke und auf vorhandene Kenntnisse und Informationen sowie *einer leichten Beeinflußbarkeit* des Verbrauchers ausgehen. Dies beeinflußt die Wertung der Juristen in entscheidender Weise. Bei der Übertragung der spezifischen Aussagen für Verbraucherverträge auf andere Vertragsbeziehungen muß daher zunächst jeweils die Vergleichbarkeit der Lage geprüft werden. Damit sind allgemeine Aussagen über die Anwendung des Art. 90 ZG von solchen über die Anwendung der Generalklausel vor allem auf Verbraucherverträge zu unterscheiden.

2. *Der konkrete Anwendungsbereich der Norm*

a) *Die klassischen Fallgruppen des Art. 90 ZG*

Lange bevor das Motiv des Verbraucherschutzes auf die Interpretation von zivilrechtlichen Bestimmungen einzuwirken begann, hatten sich in der Rechtspraxis bereits gewisse Fallgruppen herausgebildet, in denen Art. 90 ZG zur Anwendung berufen war.[149] Diese sind auch heute noch von Bedeutung, teilweise auch für Verbraucherverträge.

---

[147] K. YAMAMOTO (2001) 219.
[148] Dazu ausführlich unten 3 c.
[149] Siehe zu den Fallgruppen etwa S. WAGATSUMA (1955) 270-282; K. YAMAMOTO (2001) 232; T. UCHIDA (2000b) 273-280.

So sind beispielsweise Verträge und andere Rechtsgeschäfte in Japan nichtig, wenn sie grob gegen die in der Gesellschaft herrschende Vorstellung über die *Familienordnung und Sexualmoral* verstoßen. Dies gilt beispielsweise nach derzeit herrschender Meinung für Verträge zwischen Freiern und Prostituierten über die Erbringung von „Liebesdiensten", und zwar ganz unabhängig davon, ob die Prostituierte ihre Dienste im Rahmen einer unternehmerischen Tätigkeit erbringt. Nichtig sind auch Schenkungen und letztwillige Verfügungen zugunsten eines Liebhabers oder einer Geliebten, sofern diese in erheblicher Weise die Lebensverhältnisse der Familie oder des Ehepartners des Schenkenden bzw. Verfügenden negativ beeinträchtigen.[150]

Nichtig sind auch *Rechtsgeschäfte zur Förderung oder zur Belohnung rechtswidriger, insbesondere strafbarer Handlungen*, so beispielsweise Verträge mit dem Inhalt der Hehlerei[151] oder auch Kartellabsprachen.[152] Auch in dieser Fallgruppe kommt es bei der Wertung im Einzelfall nicht darauf an, ob ein Vertrag dieses Inhalts zugleich auch die Kriterien für einen Verbrauchervertrag erfüllt.

Ferner verstoßen Rechtsgeschäfte gegen Art. 90 ZG, die die *individuelle Freiheit* einer Person über Gebühr *einschränken*, so zum Beispiel Verträge über Kinderarbeit zur Abzahlung der Schulden bzw. eines Darlehens der Eltern.[153]

Nichtig wegen Verstoßes gegen Art. 90 ZG sind außerdem Rechtsgeschäfte, die die *wirtschaftliche Freiheit* einer Person unbillig *einschränken*. Dies ist unter anderem der Fall bei Knebelungsverträgen und bei einigen Fällen von Konkurrenzverboten.[154]

Als Verstoß gegen Art. 90 ZG wird auch ein Rechtsgeschäft angesehen, durch das sich jemand seines gesamten Vermögens entäußert und das deswegen die *Vernichtung* seiner *Existenzgrundlage* zur Folge hat,[155] sowie Verträge mit dem Inhalt von Glücksspielen.[156] Glücksspiele verstoßen im übrigen auch gegen Art. 185 StrG und können schon allein aus diesem Grunde als sittenwidrig bzw. als Verstoß gegen die öffentliche Ordnung angesehen werden.

Eine besonders wichtige Fallgruppe der Sittenwidrigkeit und des Verstoßes gegen die öffentliche Ordnung stellt der *Wucher* (*bōri kōi*) dar. Ein *wucherischer Vertrag* ist einerseits gekennzeichnet durch das auffällige Mißverhältnis von Leistung und Gegenleistung und andererseits durch das Ausbeuten der Willensschwäche, der fehlenden Erfahrung und der Kenntnisse oder der Zwangslage eines Vertragspartners durch den anderen Teil, zu dessen Vorteil

---

[150] Vgl. die bisher hierzu ergangene Rechtsprechung: RGH vom 23.10.1934, in: Hōritsu Shinbun Nr. 3784, 8; RGH vom 19.3.1943, Minshū 22, 185; OGH vom 20.11.1986, Minshū 40, 1167.
[151] RGH vom 19.11.1919, Keiroku 25, 1133.
[152] RGH vom 6.11.1939, Minshū 18, 1224.
[153] OGH vom 7.10.1955, Minshū 9, 1616.
[154] RGH vom 2.5.1899, Minroku 5, 4; RGH vom 29.10.1932, Minshū 11, 1947.
[155] RGH vom 18.5.1944, Minshū 23, 308.
[156] RGH vom 30.3.1938, Minshū 17, 578; OGH vom 4.9.1986, in: Hanrei Jihō Nr. 1215, 47.

die Vertragsbedingungen gereichen.[157] Auch ein Verbrauchervertrag kann im Einzelfall zugleich einen wucherischen Vertrag darstellen. Zu denken ist hier vor allem an die Fälle wucherischer Miet- oder Darlehensverträge. Diese stellen jeweils zugleich einen Problemkomplex im Zusammenhang mit Verbraucherverträgen und ein gravierendes Verbraucherproblem dar. Vor allem zur Verhinderung von wucherischen Verbraucherdarlehens- bzw. Kreditverträgen hat der japanische Gesetzgeber daher mittlerweile auch zahlreiche Einzelmaßnahmen ergriffen. Das Problem wucherischer Darlehens- bzw. Kreditverträge ist aber eben nicht allein ein Verbraucherproblem; auch zwischen einem Kaufmann und seiner Bank kann es zum Abschluß wucherischer Darlehensverträge kommen. Der Anwendungsbereich der wichtigsten sondergesetzlichen Regelung in Japan, das Gesetz über die Beschränkung von Zinsen (ZBG[158]), ist daher auch nicht nur auf Verbraucherverträge beschränkt. Es regelt explizit den maximal erlaubten Zinssatz bei der Vergabe von Darlehen unabhängig von der Art der Vertragspartner.[159] Wucherische Darlehens- und Kreditverträge als wichtigste Fälle wucherischer Geschäfte fallen also wegen der spezialgesetzlichen Sonderregelung, die *ipso iure* einen Fall des Kreditwuchers festlegt, gewöhnlich nicht unter den Anwendungsbereich der Generalklausel Art. 90 ZG. In Ausnahmefällen kann sie dennoch auch bei geringeren Zinssätzen einmal zur Anwendung gelangen.[160]

Auch wenn es wucherische Verträge nicht nur zwischen Verbrauchern und Unternehmern gibt, so bildet der Wucher gleichwohl im Rahmen des Art. 90 ZG eine besonders im Zusammenhang mit Verbraucherverträgen bedeutsame Fallgruppe. Wenn bei einem Verbrauchervertrag eine Störung des Äquivalenzverhältnisses vorliegt, ist es aufgrund der Annahme eines bestehenden Kräfteungleichgewichts zwischen Verbrauchern und Unternehmern besonders naheliegend, das Ausnutzen der geringeren Verhandlungsstärke, der geringeren Erfahrung und Kenntnisse, einer Zwangslage oder der Willensschwäche des Verbrauchers beim Vertragsabschluß anzunehmen und so die Existenz eines wucherischen Vertrages zu begründen. Die Fallgruppe des Wuchers im Rahmen von Art. 90 ZG ist also, wenn man so will, gleichzeitig eine Fallgruppe besonders zum Schutz des Verbrauchers.

Neben wucherischen Darlehens- und Mietverträgen wurden von der japanischen Rechtsprechung bisher insbesondere vertraglich vereinbarte, überhöhte Schadensersatzpauschalen für den Fall der Nichterfüllung oder des Rücktritts

---

[157] Vgl. T. IKUYO (1984) 213-215 m.w.N. Zum Problem des Wuchers sowie des Mißverhältnisses von Leistung und Gegenleistung bei Verträgen und der rechtlichen Behandlung in Japan im Vergleich zu Frankreich und Deutschland ausführlich A. ŌMURA (1987). Zum japanischen Recht siehe insbesondere Teil (1), 9-63; Teil (5), 713-768; Teil (6), 835-887.
[158] Zinsbeschränkungsgesetz, *Risoku seigen-hō*, Gesetz Nr. 100/1954 i.d.F. des Gesetzes Nr. 155/1999; dort in Art. 1 ZBG.
[159] Dazu ausführlich unten C II.
[160] Vergleiche dazu CHŪSHAKU MINPŌ 15 / Moriizumi (1996) Art. 1 ZBG, 68-69.

A. *Regelungen im Zivilgesetz*  159

vom Vertrag[161] als wucherisch und als Verstoß gegen Art. 90 bezeichnet. Dies führte allerdings regelmäßig nicht zur Gesamtnichtigkeit des Vertrages, sondern nur zur Nichtigkeit der entsprechenden Vertragsklausel; und zwar auch nur in dem Umfang, wie die Pauschale über ein vernünftiges Maß einer Schadenspauschale hinausging. Daß diese Rechtsprechung auch in besonderem Maße mit dem Bedürfnis des Verbraucherschutzes korrespondiert, zeigt der Umstand, daß der japanische Gesetzgeber mittlerweile zum Schutz des Verbrauchers in zahlreichen wirtschaftsverwaltungsrechtlichen Gesetzen für jeweils bestimmte Vertragstypen Höchstgrenzen der Zulässigkeit vertraglicher Schadensersatzpauschalen festgelegt hat.[162] Soweit keine gesetzliche Sonderregelung zur Zulässigkeit von Schadensersatzpauschalen besteht, ist für deren Beurteilung in Verbraucherverträgen seit kurzem Art. 9 VerbrVG maßgeblich; ein Rückgriff auf Art. 90 ZG bei Verbraucherverträgen mit unbilligen Schadensersatzpauschalen ist daher nun gewöhnlich nicht mehr erforderlich.

Nicht unmittelbar ein Verbraucherschutzproblem betrifft die Rechtsprechung zur Nichtigkeit von Klauseln in Kreditsicherheitsvereinbarungen, die Verwertungsrechte zugunsten des Kreditgebers in einem Maße festlegen, das weit über den Betrag der zu sichernden Forderung hinausgeht.[163] Diese Rechtsprechung kann aber auch einmal für Sicherungsvereinbarungen im Zusammenhang mit Verbraucherkreditverträgen von Bedeutung sein. In diesem Sinne können diese Fälle auch den Verbraucherschutz betreffen. Auch in diesen Fällen einer unbilligen Klausel wird gewöhnlich nicht der Sicherungsvertrag oder die Klausel insgesamt für nichtig erklärt, sondern lediglich die unbillige Vertragsklausel in ihrer Wirkung geltungserhaltend reduziert.

Natürlich kommt Art. 90 ZG als Generalklausel von jeher nicht nur bei diesen oben genannten Fallgruppen, sondern auch in verschiedenen anderen Fällen zur Anwendung. Die Norm dient dabei ganz allgemein sowohl der *Inhaltskontrolle* als auch der *Abschlußkontrolle* von Verträgen. Die traditionelle Fallgruppenbildung beruht vor allem auf einer Untersuchung der Rechtsprechung der Vorkriegs- und frühen Nachkriegszeit von *Sakae Wagatsuma* und anderen Gelehrten, die besonders von der deutschen Rechtslehre beeinflußt wurden; sie war aber nie dazu gedacht gewesen, den Anwendungsbereich der Norm abschießend festzulegen.

---

[161] Vgl. zum Beispiel die Entscheidung des RGH vom 14.3.1944, Minshū 23, 147.
[162] Für Nachweise siehe Fn. 198.
[163] So zum Beispiel die Entscheidungen des OGH vom 20.11.1952 (Minshū 6, 1015) und des OGH vom 16.11.1967 (Minshū 21, 2430), die die Vereinbarung der vollständigen Übertragung des Sicherungsmittels an den Sicherungsnehmer und die Verwertung des Sicherungsmittels vollständig zu seinen Gunsten bei Eintritt des Sicherungsfalles für nichtig erklärten und einen Anspruch des Sicherungsgebers auf Herausgabe des überschüssigen Betrages nach Verwertung des Sicherungsgutes und Befriedigung des Gläubigers zuerkannten. Mittlerweile sind viele dieser Fälle auch gesetzlich durch das Gesetz über die Eintragung der Vormerkung eines vertraglich bestellten Kreditsicherungsmittels (*Kari-tanpō-keiyaku ni kansuru hōritsu*), Gesetz Nr. 78/1978, geregelt.

*b) Die Erweiterung der Wucherlehre zum Schutze des Verbrauchers durch die Rechtsprechung*

aa) Allgemeine Merkmale

Seit ungefähr Mitte der 1970er Jahre läßt sich in der Rechtsprechung das Entstehen einer neuen Fallgruppe des Art. 90 ZG speziell zum Schutz von Verbrauchern vor unerwünschten und inhaltlich nachteiligen Verträgen beobachten.[164] Meist wird diese Fallgruppe als Erweiterung und Weiterentwicklung der Wucherrechtsprechung verstanden. Im Gegensatz dazu allerdings kommt es dabei in inhaltlicher Hinsicht nicht mehr so sehr darauf an, daß Leistung und Gegenleistung in einem Mißverhältnis stehen, sondern darauf, daß der Vertrag entweder auf einem *betrügerischen oder sonst unlauteren Geschäftskonzept beruht* oder daß das Geschäft *extrem risikoreich* ist und daher objektiv betrachtet allein der Gewinnerzielung des Unternehmers dient, für den Verbraucher dagegen kaum Vorteile bringt. Hinsichtlich des Vertragsabschlusses ist oftmals von besonderer Bedeutung, daß der Eindruck entsteht, daß der Vertrag nur deshalb zustande gekommen ist, weil der *Verbraucher geschäftlich sehr unerfahren* ist, es *ihm an den zum Verständnis des Vertragsinhalts notwendigen Kenntnissen und Informationen fehlte* bzw. weil er falsche Informationen vom Unternehmer erhalten hat oder aber, weil der Verbraucher *besonders willensschwach* ist und der Unternehmer die Schwäche des Verbrauchers bei seiner Werbung zum Abschluß des Vertrags unbillig ausgenutzt hat. Im jeweiligen Einzelfall werden von den Gerichten zudem weitere Gesichtspunkte *in die Gesamtbewertung* miteinbezogen. Art. 90 ZG wird somit als Generalklausel in Extremfällen eines unbilligen Abschlusses oder Inhalts von Verbraucherverträgen angewandt, in denen andere Instrumente nicht oder nicht ausreichend greifen, der Verbraucher aber unter Billigkeitsgesichtspunkten von den vertraglichen Pflichten befreit werden soll. Der Vertrag wird in diesen Fällen von den Gerichten als vollständig nichtig beurteilt. Hierbei handelt es sich mittlerweile um eine besonders wichtige Fallgruppe der Anwendung des Art. 90 ZG.[165] Umgekehrt hat diese Entwicklung auch einen bedeutenden Einfluß auf die allgemeine zivilrechtliche Interpretation und Anwendung der Generalklausel gehabt.

Art. 90 ZG ist nunmehr gerade bei Verbraucherverträgen und anderen Vertragskonstellationen, in denen zwischen den Vertragsparteien ein markantes strukturelles Kräfteungleichgewicht beim Vertragsabschluß besteht, ein *Institut des Billigkeitsrechts*, das in seiner Anwendung sehr dem Einsatz des Deliktsrechts in vergleichbaren Fällen gleicht.[166] Der Vertrag bzw. die Vertragsbeziehung wird von den Gerichten in seiner Gesamtheit beurteilt, angefangen von den Umständen des Vertragsabschlusses über den Vertragsinhalt bis hin zum Erfüllungsstadium. Unter Berücksichtigung des Kräfteungleichgewichts werden

---

[164] Beispiele aus der Rechtsprechung folgen unter bb.
[165] Vgl. vor allem T. UCHIDA (2000b) 278; K. YAMAMOTO (2001) 233, 240-241; H. NAKAYA (1992) 74-78; Y. IMANISHI (1992) 80-84; A. ŌMURA (1998) 105-118.
[166] Dazu unter IV.

bestimmte unbillige Handlungen oder Unterlassungen des Unternehmers oder seiner Hilfspersonen im Vorfeld des Vertragsabschlusses, wie zum Beispiel Aufklärungspflichtverletzungen hinsichtlich des Geschäftsinhalts oder das unbillig aufdringliche Werben zum Abschluß des Vertrages sowie eventuelle unbillige Handlungen während der Vertragserfüllung (z.B. Vertragsverletzungen) in einer Gesamtschau zusammen mit dem Vertragsinhalt beurteilt. Berücksichtigt wird in diesen Fällen häufig zudem der Verstoß gegen wirtschaftsverwaltungsrechtliche Vorschriften, die beispielsweise zur Gewährleistung eines angemessenen Vertragsschlusses oder einer angemessenen Durchführung des Geschäftes bestimmte Handlungen des Unternehmers verbieten oder dem Unternehmer bestimmte (verwaltungsrechtliche) Handlungspflichten auferlegen. Maßstab der Gesamtbeurteilung ist dabei die nach Treu und Glauben zu bestimmende „Angemessenheit" (*datōsei*) der Vertragsbeziehung. Dabei handelt es sich um einen Wertmaßstab, der mit ähnlich weichen und unscharfen Konturen versehen ist wie die „Rechtswidrigkeit" (*ihōsei*) im Rahmen des Deliktsrechts. Im konkreten Einzelfall ist daher oft nur schwer vorauszusehen, wie ein Gericht diesen schließlich beurteilen wird, insbesondere ob es den Vertrag im Ergebnis für nichtig erklärt oder nicht.[167]

Zwischen dem Einsatz des Deliktsrechts und der Anwendung des Art. 90 ZG zum Schutz von Verbrauchern bestehen viele Zusammenhänge und Ähnlichkeiten. Nicht selten wird von den Gerichten ein unbilliger Verbrauchervertrag sowohl nach Art. 90 ZG für nichtig erklärt als auch gleichzeitig dem Verbraucher ein deliktsrechtlicher Schadensersatzanspruch gegen den Unternehmer zuerkannt.[168] Dabei wird von den Gerichten in der Regel nur eine gemeinsame Prüfung vorgenommen, d.h. zwischen den Voraussetzungen für die Sittenwidrigkeit des Vertrages und denen für einen deliktsrechtlichen Anspruch wird kaum unterschieden. In beiden Fällen wird die Vertragsbeziehung in ihrer Gesamtheit unter Billigkeitsgesichtspunkten beurteilt. Dies läßt sich entweder so interpretieren, daß die *Sittenwidrigkeit als Voraussetzung für einen Deliktsanspruch*

---

[167] Die Begriffe „Angemessenheit" oder „Rechtswidrigkeit" im Rahmen eines Werturteils nach Art. 90 ZG oder bei Anwendung des Deliktsrechts stellen im Grunde nach nur andere Formulierungen und Ausprägungen des allgemeinen Rechtsprinzips „*jōri*" dar, das im japanischen Recht einerseits bei der Anwendung von gesetzlichen Regelungen und andererseits aber auch gerade bei dessen Fehlen zur Anwendung gelangt, und inhaltlich letztlich nichts anderes als die Forderung nach einer für die Parteien „billigen Entscheidung im Einzelfall" verkörpert. Zum Prinzip „*jōri*" im japanischen Recht siehe T. BÖLICKE (1996).

[168] Vgl. die nachfolgenden Fallbeispiele unter bb zu den (i) Warentermingeschäften (Nachweise in Fn. 178), (ii) zum Fall *Toyota Shōji* (Nachweise in Fn. 181; vgl. auch die unter IV 2 b aa und bb beim Deliktsrecht besprochenen Fälle (m.w.N.), (iii) zu den Schneeballgeschäften (Nachweis in Fn. 185) und zum *Belgische Diamanten Fall* (unter IV 2 c bb bei der Besprechung des Deliktsrechts); vgl. ferner: DG Tōkyō vom 10.11.1992, in: Hanrei Jihō Nr. 1479, 32; DG Ōsaka vom 28.2.1983, in: Hanrei Taimuzu Nr. 494, 116 (bestätigt durch OG Ōsaka vom 14.10.1983, in: Hanrei Taimuzu Nr. 515, 158 und OGH vom 29.5.1986, in: Hanrei Jihō Nr. 1196, 102, in der Berufung bzw. Revision); DG Kōbe vom 13.5.1983, in: Hanrei Taimuzu Nr. 503, 117; DG Ōsaka vom 30.5.1984, in: Sakimono Torihiki Saibanrei-shū IV, 73.

dient oder daß das Urteil der Sittenwidrigkeit und dasjenige über das Bestehen eines Anspruchs aufgrund Deliktsrechts aus den *gleichen Elementen besteht und die gleichen Voraussetzungen* hat.[169] Die letztgenannte Interpretationsmöglichkeit scheint die wahrscheinlichere der beiden zu sein. Die Voraussetzungen des Urteils der „Unangemessenheit" einer Vertragsbeziehung nach Art. 90 ZG und des „Rechtswidrigkeitsurteils" im Rahmen des Art. 709 ZG, der Grundnorm des Deliktsrechts, sind in der Praxis kaum voneinander zu unterscheiden. In beiden Fällen handelt es sich um ein verbraucherspezifisches *Billigkeitsurteil* unter Berücksichtigung der gesamten Vertragsbeziehung zwischen den Vertragsparteien.

Allerdings gibt es doch auch einige kleine Unterschiede: Das Urteil der Sittenwidrigkeit nach Art. 90 ZG scheint insgesamt ein *größeres Maß an Unbilligkeit* zu erfordern als die Feststellung eines einfachen deliktsrechtlichen Anspruchs. Dies hängt wohl auch damit zusammen, daß bei Feststellung der Sittenwidrigkeit dem Richter auf der Rechtsfolgenseite kaum mehr ein Spielraum für einen Interessenausgleich zwischen den Parteien bleibt. Der Verbraucher wird dann nämlich vollständig von den vertraglichen Pflichten befreit, weil der Vertrag vollständig nichtig ist. Bei der Haftung aufgrund Deliktsrechts hingegen besteht die Möglichkeit, durch Anerkennen eines Mitverschuldens des Verbrauchers einen Interessenausgleich auf der Rechtsfolgenseite herbeizuführen, was im Ergebnis dazu führt, daß der Verbraucher nur „teilweise" von dem Vertrag „befreit" wird.[170] Hat der Verbraucher zum Beispiel bei einem risikoreichen Anlagegeschäft das investierte Kapital vollständig verloren, so kann er bei Anerkennung *nur* eines Deliktsanspruchs häufig bloß einen Teil des Betrages zurückfordern.[171] Bei Feststellung der Nichtigkeit des Vertrages nach Art. 90 ZG hingegen kann er die Rückerstattung der gesamten Leistung aufgrund Bereicherungsrechts verlangen. Ein zweiter wichtiger Unterschied besteht darin, daß vorvertragliche Pflichtverletzungen unterschiedlich berücksichtigt werden. Aufklärungspflichtverletzungen über den Inhalt des Geschäftes werden in beiden Fällen als unbillige Handlung im Rahmen des Gesamturteils einbezogen. Dagegen werden andere Formen der unbilligen physischen oder psychischen Beeinflussung, wie z.B. der aufdringlichen Werbung zum Abschluß des Vertrages seitens des Unternehmers oder seiner Hilfspersonen im Rahmen des Deliktsrechts von den Gerichten regelmäßig nicht als einzelne relevante Pflichtverletzung gewertet. Erst wenn der Unternehmer in grob unbilliger Weise die Willensschwäche des Verbrauchers ausgenutzt hat und diesen beispielsweise durch langandauerndes beharrliches und aufdringliches Werben schließlich zum Vertragsabschluß überreden konnte, wird dieser Umstand

---

[169] Zum Verhältnis von Art. 90 und der Delikthaftung siehe auch ausführlich H. ORITA (1995).
[170] Dazu unten IV 1 a gg.
[171] Im einzelnen unten unter IV 2 a erläutert.

*überhaupt berücksichtigt*, und dann meist als bedeutende Voraussetzung für das Urteil der Sittenwidrigkeit des Vertrages nach Art. 90 ZG.[172]

Aber auch bei Feststellung der Nichtigkeit des Vertrages nach Art. 90 ZG ist es für den Verbraucher häufig vorteilhaft, gleichzeitig einen deliktsrechtlichen Anspruch zu haben, da dieser eine Reihe von Vorteilen für den Geschädigten mit sich bringt.[173] Rechtstechnisch gesehen bedeutet die gleichzeitige Feststellung der Sittenwidrigkeit des Vertrages und eines deliktsrechtlichen Anspruchs den *größtmöglichen Schutz* des Geschädigten im Zivilrecht. Aus diesem Grunde werden in Gerichtsverfahren vom Verbraucher in entsprechenden Fällen häufig beide Begehren gleichzeitig vorgetragen, und Gerichte erkennen auf der anderen Seite bei grober Unbilligkeit der Vertragsabschlußbedingungen und/oder des Vertragsinhalts nicht selten auch beide an, geben also einerseits einem deliktsrechtlichen Anspruch statt und stellen andererseits die Nichtigkeit des Vertrages fest.

bb) Fallbeispiele

Die japanischen Gerichte haben Verbraucherverträge in der oben beschrieben Weise bisher insbesondere bei *bestimmten Geschäftstypen* mit der Begründung des Verstoßes gegen Art. 90 ZG für nichtig erklärt. Zwar könnte diese Form der Billigkeitsrechtsprechung zugunsten von Verbrauchern auch auf andere Geschäftstypen übertragen werden, allerdings fällt es japanischen Gerichten häufig leichter, Art. 90 ZG anzuwenden, wenn dies zuvor bereits andere Gerichte, insbesondere Obergerichte, in ähnlichen Fallkonstellationen getan haben. Frühere Urteile sind zwar rechtlich in keiner Weise für Gerichte bindend – auch nicht solche von Obergerichten –, faktisch haben sie aber einen starken Einfluß. Die Nichtigkeit von Verträgen nach Art. 90 ZG wurde bisher beispielsweise im Zusammenhang mit äußerst risikoreichen Anlagegeschäften wie beispielsweise Warentermingeschäften,[174] betrügerischen Anlagegeschäften wie im Fall „*Toyota Shōji*"[175] und im Zusammenhang mit einer Beteiligung von Verbrauchern an unlauteren Schneeballgeschäften sowie besonders unlauteren Formen sogenannter Kettenabsatzgeschäfte,[176] deren Vertriebssystem zum Absatz von Waren und Dienstleistungen Elemente eines unbilligen Schneeballgeschäftes inkorporieren, anerkannt.

---

[172] So insbesondere im Urteil des OGH vom 29.5.1986, in: Hanrei Jihō Nr. 1196, 102. Die Vorinstanzen haben zudem neben der Sittenwidrigkeit des Vertrages auch eine deliktsrechtliche Schadensersatzpflicht des Unternehmers bejaht (Vgl. DG Ōsaka vom 28.2.1983, in: Hanrei Taimuzu Nr. 494, 116 (bestätigt durch OG Ōsaka vom 14.10.1983, in: Hanrei Taimuzu Nr. 515, 158 in der Berufungsinstanz). Die Frage des deliktsrechtlichen Schadensersatzanspruchs war nicht Gegenstand des Revisionsverfahrens.

[173] Dazu unter IV ausführlich.

[174] Ausführlich unter IV 2 a.

[175] Ausführlich nachfolgend unter IV 2 b.

[176] Genannt *maruchi shōhō, rensa torihiki hanbai*; ausführlich unten unter IV 2 c. Zur Regulierung von Kettenabsatzgeschäften durch das HGG unter C III 4.

164   3. Kapitel: Regulierung und Kontrolle durch privatrechtliche Instrumente

(i) Warentermingeschäfte

Bei Warentermingeschäften sind Verträge mit Finanzdienstleistern von Gerichten bisher ausschließlich in Fällen für sittenwidrig befunden worden, in denen es sich bei dem betreffenden Terminmarkt entweder um eine ausländische Börse bzw. börsenähnliche Einrichtung oder eine Privatbörse im Inland handelte. Die Feststellung eines Verstoßes gegen Art. 90 ZG bei Warentermingeschäften an japanischen, staatlich zugelassenen Terminbörsen oder börsenähnlichen Einrichtungen ist dagegen bisher nicht zu beobachten. Wesentliche Bedingungen für das Urteil der Sittenwidrigkeit in den bislang ergangenen Urteilen waren neben der Art des Terminmarktes, daß es sich bei dem Privatanleger um eine Person handelt, die in Anlagegeschäften oder im allgemeinen *geschäftlich sehr unerfahrenen* ist, und sie muß bei dem Geschäft zudem beträchtliche finanzielle Schäden erlitten haben. Besonders schwer ins Gewicht fällt, wenn das Finanzprodukt für den Anleger nach seinen persönlichen und finanziellen Verhältnissen objektiv ungeeignet erscheint, also insbesondere als zu risikoreich anzusehen ist, der Finanzdienstleister diese Person aber trotz Kenntnis der Umstände zur Investition in Warentermingeschäfte überredet hat. Als wesentlicher Umstand wird regelmäßig berücksichtigt, wenn der Finanzdienstleister den Anleger vor Vertragsabschluß unter Berücksichtigung seiner Kenntnisse und Erfahrungen nicht angemessen über den Inhalt und das Risiko bei Warentermingeschäften aufgeklärt hat. Darüber hinaus werden regelmäßig auch Verstöße gegen das Warenbörsengesetz oder die Börsenordnung von den Gerichten als bedeutende Punkte gewertet, insbesondere wenn der Unternehmer gegen Vorschriften verstößt, die nicht nur die Funktion des Marktes, sondern auch den Anleger schützen sollen. Ferner werden Vertragsverletzungen des Unternehmers bei Abwicklung der Geschäfte in ein Gesamturteil der Sittenwidrigkeit der Vertragsbeziehung mit einbezogen. In einigen Fällen kritisierten die Gerichte auch zusätzlich die Unverständlichkeit der dem Vertrag zugrundeliegenden AGB sowie die besonders aufdringliche, sich über mehrere Stunden hinziehende Werbung zum Abschluß des Vertrages; ein Umstand, der in einem Fall dem OGH sogar alleine zur Annahme der Sittenwidrigkeit und damit zur Nichtigkeit des Vertrages genügte.[177] In vielen Fällen wird von den Gerichten nicht nur die Sittenwidrigkeit des Vertrages festgestellt, sondern zusätzlich noch ein deliktsrechtlicher Anspruch des Anlegers gegen den Unternehmer anerkannt.[178] In den

---

[177] So in dem bereits oben erwähnten Urteil des OGH vom 29.5.1986, in: Hanrei Jihō Nr. 1196, 102 (Gold-Termingeschäft an Privatbörse). Im allgemeinen vgl. die folgenden Gerichtsentscheidungen, in denen Gerichte die Sittenwidrigkeit und Nichtigkeit des Vertrages mit dem Finanzdienstleister festgestellt haben: DG Ōtsu vom 30.10.1981, in: Hanrei Jihō Nr. 1046, 110 (Gold-Termingeschäft an Privatbörse); DG Nagoya vom 16.11.1984, in: Sakimono Torihiki Saibanrei-shū IV, 115 (Warentermingeschäft an ausländischer Terminbörse); DG Ōsaka vom 26.4.1985, in: Sakimono Torihiki Saibanrei-shū V, 61 (Warentermingeschäft an ausländischer Terminbörse).

[178] So beispielsweise in den folgenden Entscheidungen: Die Entscheidungen in der ersten und zweiten Instanz des oben in Fn. 177 genannten Urteils des OGH vom 29.5.1986, *i.e.* DG

allermeisten bisherigen Fällen allerdings, in denen der Unternehmer sich beim Vertragsabschluß oder bei der Erfüllung pflichtwidrig verhalten hat, wird von den Gerichten nur ein Deliktsanspruch des Anlegers anerkannt, der dann meist um einen Mitverschuldensanteil des Anlegers in unterschiedlicher Höhe gekürzt wird.[179]

(ii) Der Toyota Shōji Fall

Im Fall *Toyota Shōji* ging es um die Schädigung von Verbrauchern bzw. Privatanlegern durch ein gleichnamiges Unternehmen, das in den 1980er Jahren betrügerische Anlagegeschäfte betrieb. In erster Linie diente hier allerdings das Deliktsrecht als Mittel zur Bewältigung der daraus entstandenen Schäden, so daß eine ausführliche Darstellung der in diesem Fall ergangenen Gerichtsentscheidungen später im Zusammenhang mit der Darstellung des Deliktsrechts[180] erfolgen soll. Interessant ist hier nur die Tatsache, daß die Gerichte hierbei zumeist gleichzeitig auch die Sittenwidrigkeit des zugrundeliegenden Vertrages zwischen dem Anleger und dem Finanzdienstleistungsunternehmen festgestellt haben. Das wichtigste Kriterium für die Gerichte war dabei offensichtlich, daß das Geschäft insgesamt *auf einem betrügerischen Konzept* beruhte, wodurch sich das Unternehmen und dessen Hinterleute einen rechtswidrigen Vermögensvorteil zum Schaden der Anleger verschaffen wollten.[181]

(iii) Schneeballgeschäfte

Der dritte wichtige Geschäftstypus, bei dem Art. 90 ZG in der oben beschriebenen Weise über viele Jahre zur Anwendung kam, sind unbillige Schneeballgeschäfte. Heute sind sowohl die Veranstaltung solcher Geschäfte als auch die Teilnahme daran nach dem Schneeballgeschäfte-VerbotsG[182] ausdrücklich verboten, und ein entsprechender Vertrag über die Beteiligung hieran kann allein schon aus diesem Grunde nach Art. 90 ZG nichtig sein. Art. 2 i.V.m. Art. 3 Schneeballgeschäfte-VerbotsG verbietet bei Androhung von Freiheitsstrafe bis zu drei Jahren und/oder Geldstrafe die Errichtung und den Betrieb eines

---

Ōsaka vom 28.2.1983 (Hanrei Taimuzu Nr. 494, 116) und OG Ōsaka vom 14.10.1983 (Hanrei Taimuzu Nr. 515, 158); DG Kōbe vom 13.5.1983, in: Hanrei Taimuzu Nr. 503, 117 (Gold-Termingeschäft an Privatbörse); DG Ōsaka vom 30.1.1984, in: Hanrei Jihō Nr. 1121, 62 (Warentermingeschäft an ausländischer Börse); DG Ōsaka vom 22.2.1985, in: Hanrei Jihō Nr. 1163, 89 (Warentermingeschäft an ausländischer Börse); DG Ōsaka vom 18.3.1985, in: Hanrei Jihō Nr. 1163, 89 (Warentermingeschäft an Privatbörse); DG Ōsaka vom 9.4.1985, in: Hanrei Taimuzu Nr. 560, 177 (Warentermingeschäft an ausländischer Börse); DG Tōkyō vom 29.3.1990, in: Hanrei Jihō Nr. 1381, 56 (Paladium-Termingeschäft an Privatbörse).

[179] Vgl. die Fälle unten unter IV 2 a, m.w.N dort.
[180] Unter IV 2 b.
[181] Siehe zum Beispiel die Entscheidung des DG Akita vom 27.6.1985, in: Hanrei Jihō Nr. 1166, 148, sowie die Entscheidung des Berufungsgerichts in dem gleichen Verfahren des OG Sendai vom 27.5.1987, in: Hanrei Taimuzu Nr. 657, 141.
[182] Gesetz zur Verhinderung von Schneeballgeschäften (*Mugen rensa-kō no bōshi ni kansuru hōritsu*), Gesetz Nr. 101/1978 i.d.F. des Gesetzes Nr. 24/1988.

Schneeballgeschäftes (Art. 5) und bei Androhung von Freiheitsstrafe bis zu einem Jahr und/oder Freiheitsstrafe die Beteiligung an einem solchen Geschäft in Form der aktiven Werbung von Teilnehmern (Artt. 6 und 7).

Schneeballgeschäfte funktionieren wie Kettenbriefe und bringen nur Vermögensvorteile für diejenigen, die zu einem frühen Zeitpunkt und damit weiter oben in dem pyramidenförmig aufgebauten System beitreten; andere dagegen, die erst später geworben werden und an einer weiter unten befindlichen Stelle dem System beitreten und es nicht mehr schaffen, neue Mitglieder zu werben, erleiden zwangsläufig einen Vermögensschaden.[183] Die Gerichte haben bisher häufig Verträge über die Teilnahme an einem solchen Schneeballgeschäfts-System in einer Gesamtschau der Umstände als sittenwidrig und daher nichtig beurteilt. Eines der von den Gerichten in diesen Entscheidungen aufgestellten Kriterien nimmt Bezug auf die traditionelle Fallgruppe der *sittenwidrigen Glücksspiele*, bei denen seit jeher Art. 90 ZG zum Einsatz kommt. So verwiesen viele Gerichte darauf, daß es sich für die Teilnehmer um eine Art Glücksspiel handelte, weil sie nicht sicher gewesen sein könnten, einen Vermögensvorteil daraus zu ziehen oder aber einen Verlust zu erleiden. Zudem wurden gleichzeitig oftmals der zwangsläufige Zusammenbruch des Systems und das dadurch bedingte sichere Auftreten von Geschädigten, außerdem die irreführende und betrügerische Werbung der Teilnehmer zum Beitritt sowie die gesellschaftsschädigende Wirkung dieser Spiele als weitere Kriterien genannt, die zusammengenommen die Sittenwidrigkeit sowohl des Geschäftssystems insgesamt als auch aller Einzeltransaktionen begründeten.[184] Den geschädigten Teilnehmern an Schneeballsystemen wird daneben von den Gerichten häufig wegen der Sittenwidrigkeit der Organisation insgesamt und heute auch zusätzlich wegen des Verstoßes gegen das oben genannte Gesetz auch ein deliktsrechtlicher Anspruch gegen die Betreiber bzw. Organisatoren zugesprochen.[185] Seit Inkrafttreten des Schneeballgeschäfte-Verbotsgesetzes bestünde zwar theoretisch die Möglichkeit, ein Schneeballgeschäft allein wegen eines Verstoßes hiergegen für nichtig zu beurteilen. Tatsächlich aber neigen die Gerichte nach wie vor dazu, die Nichtigkeit immer auf mehrere Gründe gleichzeitig zu stützen.[186]

(iv) Unlautere Kettenabsatzgeschäfte

Auch bestimmte Vertriebssysteme, die vordergründig dem Absatz von Waren oder Dienstleistungen dienen, aber darüber hinaus auch den Charakter eines Schneeballgeschäftes aufweisen, werden von japanischen Gerichten häufig aus ähnlichen Erwägungen als sittenwidrig beurteilt, mit der Folge, daß alle einzelnen Vertragsbeziehungen nichtig sind. Im Regelfall dient in diesen Fällen zur

---

[183] Siehe auch unten IV 2 c und bereits oben in Kapitel 2 V 1 c.
[184] Vgl. die folgenden Entscheidungen: DG Nagano vom 30.3.1977, in: Hanrei Jihō Nr. 849, 33; OG Hiroshima vom 23.10.1986, in: Hanrei Jihō Nr. 1218, 83. Weitere Fallbeispiele finden sich bei M. SAITŌ / S. IKEMOTO / Y. ISHITOYA (2001) 246-247.
[185] DG Shizuoka vom 19.12.1978, in: Hanrei Jihō Nr. 934, 87.
[186] Vgl. A. ŌMURA (1998) 111.

Bewältigung der Rechtsprobleme und der entstandenen Schäden aber vor allem das Deliktsrecht, so daß die dazu bisher ergangene Rechtsprechung im Zusammenhang mit dem Schutz von Verbrauchern durch das Deliktsrecht dargestellt werden soll.[187]

cc) Fazit

Wie anfangs bereits festgestellt, wird Art. 90 ZG von den Gerichten im Rahmen von Verbrauchergeschäften sehr flexibel zum Schutz von Verbrauchern eingesetzt, wobei in der Regel eine *einheitliche Beurteilung* der Bedingungen des Vertragsabschlusses, des Vertragsinhaltes und des Verhaltens des Unternehmers bei der Vertragserfüllung *unter allgemeinen Billigkeitsgesichtpunkten* vorgenommen wird. Zwar ist Art. 90 ZG in dieser Art der Interpretation und Anwendung bisher vor allem bei spezifischen Geschäftstypen wie den vorgenannten zum Einsatz gekommen, dies ist aber auch grundsätzlich bei anderen insgesamt verbraucherspezifisch unbillig und unlauter erscheinenden Verbrauchergeschäften jederzeit möglich.

*3. Verstoß gegen Rechtsnormen*

Die Wirkung eines Verstoßes gegen Rechtsvorschriften im Zivilrecht wird, wie bereits erwähnt, heute in der Rechtspraxis überwiegend unter dem Blickwinkel eines Verstoßes gegen Art. 90 ZG beurteilt, da geschriebenes Recht insgesamt als ein Teil der „öffentlichen Ordnung" angesehen wird. Dabei ist aber zwischen privatrechtlichen und öffentlich-rechtlichen Rechtsnormen zu unterscheiden. Während die Rechtsfolge eines Verstoßes gegen zwingendes Privatrecht im wesentlichen unstreitig ist, ist die einer Verletzung öffentlich-rechtlicher Normen sehr umstritten.

*a) Privatrechtlich zwingende Normen* (kyōkō hōki)
Eine Vertragsbestimmung, die gegen zwingendes Privatrecht verstößt, ist regelmäßig nichtig.[188] Dies kann man nicht nur aus Art. 90 ZG ableiten. Dies ergibt sich auch bereits aus Art. 91 ZG, wonach der Wille der Parteien nur soweit maßgeblich ist, als keine zwingenden Normen entgegenstehen. Das ergibt sich in vielen Fällen zudem bereits offenkundig aus der entsprechenden zwingenden Rechtsvorschrift selbst, weil dort oftmals zugleich die Rechtsfolge des Verstoßes hiergegen ausdrücklich bestimmt wird. Soweit die betreffende Norm die Rechtsfolge selbst bestimmt, ist diese Regelung als *lex specialis* anzusehen. In den allermeisten Fällen führt ein Verstoß gegen zwingende Rechtsnormen

---

[187] Siehe dazu unten IV 2 c, dort vor allem dargestellt anhand des *Belgische Diamanten Falles*. Zu den Kettenabsatzgeschäften im allgemeinen siehe auch bereits oben unter Kapitel 2 B V a und c sowie unten C III 4.
[188] Dazu vgl. K. YAMAMOTO (2001) 220-223.

nur zur Nichtigkeit oder Teilnichtigkeit einer entgegenstehenden Vereinbarung; nur in Ausnahmefällen dagegen hat der Verstoß auch die Nichtigkeit des gesamten Vertrages zur Folge. Viele Normen zum Schutz von Verbrauchern sind nur einseitig zwingend, *i.e.*, sie entfalten nur dann Wirkung, wenn eine vertragliche Vereinbarung zu Ungunsten des Verbrauchers von der gesetzlichen Regelung abweicht. Die Folge der Nichtigkeit oder Teilnichtigkeit einer Vertragsbestimmung bei einem Verstoß gegen zwingendes Recht gilt unabhängig davon, ob es sich dabei um eine AGB-Klausel handelt oder um eine Individualvereinbarung zwischen den Parteien.

Privatrechtlich zwingende Normen existieren nicht nur zum Schutze des Verbrauchers. Bereits das Zivilgesetz enthält zahlreiche allgemein zwingende Bestimmungen, vor allem im allgemeinen Teil, in den Abschnitten über den Vertragsabschluß und die gesetzlichen Schuldverhältnisse sowie in den Abschnitten, in denen das Familien- und Erbrecht geregelt ist. Ob eine der Bestimmungen zwingend ist, muß regelmäßig durch Auslegung ermittelt werden. Im Vertragsrecht gibt es abgesehen von den Regelungen über den Vertragsabschluß nur vereinzelt zwingende Normen. Als eine solche Bestimmung wird etwa Art. 572 ZG angesehen,[189] der die Möglichkeit des vertraglichen Ausschlusses der Gewährleistungshaftung des Käufers begrenzt. Der Käufer haftet danach nach Gewährleistungsrecht auch bei entgegenstehender Vereinbarung zumindest für arglistig verschwiegene Tatsachen (Mängel) sowie für Rechte, die er zugunsten Dritter bestellt oder diesen übertragen hat. Gleiches gilt auch für Art. 640 ZG, der eine ähnliche Regelung für den Werkvertrag vorsieht.

Darüber hinaus bestehen in zahlreichen Sondergesetzen zwingende privatrechtliche Normen, insbesondere auch zum Schutze des Verbrauchers. Die verbraucherschützenden Bestimmungen sind entweder in privatrechtlichen Sondergesetzen wie beispielsweise dem Gesetz über die Beschränkung von Zinsen (ZBG) und dem Immobilienmietgesetz (ImmobMG[190]) enthalten oder vereinzelt verstreut in wirtschaftsverwaltungsrechtlichen bzw. gewerberechtlichen Gesetzen, die die Ausübung bestimmter Berufe oder Gewerbe regeln. In letzteren Gesetzen finden sich die relevanten zivilrechtlichen Bestimmungen meist innerhalb des Abschnitts mit dem Titel „Ausübung der Geschäftstätigkeit" (*gyōmu*).

Die *sonderprivatrechtlichen Gesetze* enthalten eine Vielzahl privatrechtlich zwingender Bestimmungen. Artt. 9, 16, 21, 30, 37 und 41 ImmobMG bestimmen etwa, daß vertragliche Vereinbarungen entgegen zahlreicher Bestimmungen des Immobilienmietgesetzes zum Schutze von Wohnungsmietern und anderen Mietern von Gebäuden und Grundstücken nichtig sind. In Art. 1 I ZBG sowie in Art. 42-2 GeldverleihGG i.V.m. Art. 5 I KEG werden die Höhe der Gegenleistung bei Gelddarlehen reguliert, *i.e.*, der maximal zulässige Zinssatz

---

[189] Vgl. Y. YAMAMOTO (1986) 73. Der zwingende Chrakter der Norm ergibt sich unmittelbar bereits aus dem Gesetzestext.

[190] *Shakuchi shakuya-hō*, Gesetz Nr. 90/1991 i.d.F. des Gesetzes Nr. 153/1999.

A. *Regelungen im Zivilgesetz*                                                            169

ausdrücklich festgelegt. Gelddarlehensverträge, die gegen Art. 1 I ZBG verstoßen, sind teilnichtig, d.h. der Vertrag bleibt zwar bestehen, der Zinssatz wird aber auf das gerade noch zulässige Maß *ipso iure* reduziert. Gelddarlehensverträge, die besonders wucherisch sind und gegen Art. 42-2 GeldverleihGG i.V.m. Art. 5 I KEG verstoßen sind sogar vollständig nichtig.[191] Auch Bestimmungen über Schadensersatzpauschalen oder Vertragsstrafen in Gelddarlehensverträgen für den Fall der Nichterfüllung des Darlehensschuldners sind teilnichtig. Sie sind nämlich nach gesetzlicher Regelung nur *in soweit nichtig*, als sie den nach Maßgabe von Art. 4 I, III ZBG für Schadensersatzpauschalen und Vertragsstrafen bestimmten zulässigen Höchstbetrag übersteigen. Insbesondere Darlehens- bzw. Kreditverträge und Wohnraummietverträge sind im japanischen Recht also stark durch privatrechtlich zwingende Bestimmungen und ergänzend, zumindest was die Kreditverträge und die hiermit oftmals verbundenen (finanzierten) Verträge betrifft, auch durch öffentlich-rechtliche Bestimmungen reguliert. In diesen Fällen kann man von regulierten Verträgen sprechen.[192] Zum Schutz von Bauherrn sieht das Gesetz zur Sicherung der Qualität von Wohngebäuden umfangreiche Gewährleistungspflichten der Bauunternehmer vor (BauMG[193]). Artt. 87 II, 88 II BauMG bestimmen, daß diese nicht durch vertragliche Vereinbarung abdingbar sind. Schließlich können als Beispiele für privatrechtlich zwingende Normen in sonderprivatrechtlichen Gesetzen auch die verschiedenen Regelungen im Verbrauchervertragsgesetz[194] und im Finanzproduktehandelsgesetz[195] angeführt werden. Vertragliche Vereinbarungen in Verbraucherverträgen entgegen den darin enthaltenen Regelungen sind entweder vollständig nichtig oder zumindest teilnichtig.

In den zahlreichen *wirtschaftsverwaltungsrechtlichen Gesetzen*, von denen viele eine große Bedeutung für einzelne Arten von Verbraucherverträgen haben, finden sich zum Schutz von Kunden immer wieder die gleichen Typen privatrechtlich zwingender Normen. Unmittelbarer Anknüpfungspunkt der Regelungen in diesen Gesetzen ist aber meist eine bestimmte Geschäftstätigkeit des Unternehmers. Welche Arten von (Verbraucher-)Verträgen im Zusammenhang mit dieser Geschäftstätigkeit geregelt werden, ist manchmal nicht auf den ersten Blick ersichtlich und muß daher durch genaue Analyse des Gesetzestextes ermittelt werden. Als erster wichtiger Typus der darin enthaltenen zwingenden Regelungen sind hier die Vorschriften über die Voraussetzungen und Folgen der zahlreichen besonderen verbraucherschützenden Widerrufs-, Anfechtungs-

---

[191] Zwar müssen das GeldverleihGG und das KEG insgesamt als wirtschaftsverwaltungsrechtliche Gesetze eingeordnet werden; die angeführten Regelungen sind jedoch vor allem im Zusammenhang zu Art. 1 I ZBG zu betrachten, ein Gesetz, das insgesamt einen zivilrechtlichen Charakter besitzt.
[192] Dazu unten C.
[193] Baumängelgesetz, *Jutaku no hinshitsu no kakuho no sokushin-tō ni kansuru hōritsu*, Gesetz Nr. 81/1999.
[194] *Shōhisha keiyaku-hō*, Gesetz Nr. 61/2000.
[195] *Kin'yū shōhin no hanbai-tō ni kansuru hōritsu*, Gesetz Nr. 101/2000.

und Kündigungsrechte zu nennen, die in allen betreffenden Gesetzen sehr ähnlich sind.[196] Sodann finden sich in einer Vielzahl von Gesetzen einander ähnliche Sonderbestimmungen für jeweils bestimmte Geschäfts- bzw. Vertragsarten über die zulässige Höhe von vertraglichen Schadensersatzpauschalen und Vertragsstrafen für die Fälle der Nichterfüllung durch den Kunden oder des Rücktritts vom Vertrag durch den Kunden oder Unternehmer, ähnlich der oben erwähnten Regelung für Gelddarlehensverträge in Art. 4 I, III ZBG.[197] Diese sind grundsätzlich *leges speciales* zu der allgemeinen Regelung über die maximal zulässige Höhe von Schadensersatzpauschalen und Vertragsstrafen in Verbraucherverträgen in Art. 9 VerbrVG. Vertragsbedingungen, die eine höhere Strafe oder Schadensersatzpauschale vorsehen als durch diese Vorschriften zugelassen, sind teilnichtig und werden *ipso iure* auf das gerade noch zulässige Maß reduziert. Oftmals werden diese Bestimmungen auch verbunden mit einer allgemeinen Begrenzung der Höhe des Anspruchs des Unternehmers auf Schadensersatz wegen Nichterfüllung, Verzugs oder für den Fall des Rücktritts wegen Nichterfüllung in Höhe und Umfang.[198] Wichtig für den Verbraucherschutz sind auch die Sonderbestimmungen über die Einschränkung bzw. Erschwerung der Möglichkeit eines Unternehmers, von Verträgen über Teilzahlungsgeschäfte[199] sowie von Kaufverträgen oder Dienstleistungsverträgen, die quasi eine Einheit mit einem der Finanzierung des Geschäftes dienenden Kreditvertrag bilden,[200] zurückzutreten. In diesem Zusammenhang ist auch von Bedeutung die zwingende Vorschrift über den *Einwendungsdurchgriff*[201] bei Teilzahlungsgeschäften und allen sonstigen kreditfinanzierten Geschäften, bei denen der Kreditvertrag mit einem anderen Vertrag, z.B. einem Kaufvertrag, eine Einheit bildet, weil das Kreditgeschäft der Finanzierung des anderen Geschäftes dient und zwischen Kreditgeber und Käufer eine besondere Geschäftsbeziehung besteht.[202] Wichtige zwingende Vorschriften finden sich auch im

---

[196] Vgl. die Abschnitte über die Widerrufsrechte, Anfechtungsrechte und Kündigungsrechte, unten D und E.

[197] So beispielsweise für den Fall des Rücktritts oder der Kündigung des Vertrages wegen Nichterfüllung (Nicht- und Schlechterfüllung): Art. 10 I HGG (Haustür- und Vertretergeschäfte), Art. 25 I HGG (Telefongeschäfte), 58-3 I HGG (Heimarbeit und Erwerb von Produkten), Art. 6 I TzG (Teilzahlungsgeschäfte), Art. 30-3 I TzG (kreditfinanzierte Geschäfte), Art. 38 ImmobGG (gewerbliche Immobiliengeschäfte), Art. 35 ImmobSGG (gewerbliche Immobiliengeschäfte, die mit einer besonderen Sparfinanzierung des Kunden verbunden sind). Für den Fall der „Nichterfüllung" (in Form des Verzugs) z.B. Art. 10 II HGG (Haustür- und Vertretergeschäfte), Art. 25 II HGG (Telefongeschäfte), 58-3 II HGG (Heimarbeit und Erwerb von Produkten), Art. 6 II TzG (Teilzahlungsgeschäfte), Art. 30-3 II (kreditfinanzierte Geschäfte).

[198] So z.B. in Artt. 10, 25, 58-3 HGG, Artt. 6, 30-3 TzG, Art. 35 ImmobSGG.

[199] So vorgesehen in Art. 42 ImmobGG und Artt. 36, 40 ImmobSGG bei gewerblichen Immobiliengeschäften, wenn die Immobilie auf Raten bezahlt wird, sowie bei anderen Teilzahlungsgeschäften gemäß Art. 5 TzG.

[200] Art. 30-2-4 TzG.

[201] Damit ist gemeint, daß Einwendungen oder Einreden gegen den Kauf- oder Dienstleistungsvertrag auch dem Kreditvertrag entgegengesetzt werden können.

[202] Artt. 29-4 II, 30-4 TzG.

Immobiliengewerbegesetz (ImmobGG).[203] Nach Art. 39 ImmobGG kann sich der Immobilienhändler bzw. -makler beim Verkauf von Immobilien nur eine Draufgabe (*tetsuke*) in einer bestimmten Höhe ausbedingen; außerdem wird dem Kunden (Käufer) zivilrechtlich zwingend das Rücktrittsrecht nach Art. 557 ZG gegen Verfall der Draufgabe gesichert.[204] Nach Art. 40 ImmobGG kann außerdem die gesetzliche Gewährleistungshaftung beim Verkauf von Immobilien durch Immobilienhändler ausdrücklich nicht vertraglich ausgeschlossen werden. Über privatrechtlich zwingende Normen hinaus enthalten die Gewerbegesetze im Abschnitt „Ausübung des Gewerbes oder Berufs" gewöhnlich auch zahlreiche öffentlich-rechtliche Vorschriften zur Regulierung und Kontrolle des Vertragsabschlusses und der Erfüllung durch den Unternehmer. Aus diesem Grunde kann man bei den in diesen Gesetzen geregelten Verträgen auch von *verwaltungsrechtlich regulierten* Verträgen sprechen.[205]

Eine Vielzahl von privatrechtlich zwingenden Bestimmungen findet sich auch in *privatrechtlichen Sondergesetzen*, die keinen besonderen Bezug zum Verbraucherschutz aufweisen und daher hier nicht besonders behandelt werden sollen. Hingewiesen werden soll in diesem Zusammenhang nur auf das Arbeitsstandardgesetz,[206] das in weitem Umfang den Inhalt von Arbeitsverträgen reguliert, und das Gesetz über persönliche Bürgschaften,[207] das eine besondere Form einer Bürgschaft regelt, die in Japan früher häufig vor allem bei der Einstellung vom jeweiligen Arbeitgeber verlangt wurde. Die Bedeutung dieser persönlichen Bürgschaft für einen Arbeitnehmer gegenüber dem Arbeitgeber nimmt in jüngerer Zeit allerdings deutlich ab.

*b) Umgehung zwingender privatrechtlicher Normen*

Ist eine Vereinbarung zwischen den Vertragsparteien in der Weise getroffen worden, daß hierdurch zwingendes Gesetzesrecht umgangen wird, ist die Behandlung umstritten. In einigen Fällen wurde vom Gesetzgeber eigens Vorsorge

---

[203] Gesetz über den gewerblichen Handel mit Baugrundstücken und Gebäuden (Immobilien), *Takuchi tatemono torihiki gyōhō*, Gesetz Nr. 176/1952 i.d.F. des Gesetzes Nr. 96/2003.

[204] Als gesetzlichen Regelfall sieht das Zivilgesetz in der Vereinbarung einer Draufgabe zwischen den Vertragsparteien die Vereinbarung einer vertraglich eingeräumten beiderseitigen Rücktrittsoption. Nach Art. 557 I ZG soll der Käufer durch Verzicht auf die Draufgabe und der Verkäufer durch Leistung eines Geldbetrages in Höhe der doppelten Draufgabe die Möglichkeit haben, vom Vertrag zurückzutreten, allerdings nur solange, bis nicht eine der Parteien mit der Vornahme der Leistungen begonnen hat. Im Unterschied zu § 336 BGB versteht Art. 557 ZG die Draufgabe im Regelfall also als Reugeld im Gegenzug für das Recht zum Rücktritt vom Vertrag. Die Vereinbarung der Draufgabe nach Art. 557 ZG spielt vor allem beim Abschluß von Grundstückskaufverträgen in Japan noch eine wichtige Rolle und wird dort oft als „Rücktrittsdraufgabe" mit der Funktion einer Art Vertragsstrafe interpretiert (z.B. OGH vom 24.11.1965, Minshū 19, 2019). Zur Draufgabe umfassend M. YOKOYAMA (1998).

[205] Dazu sogleich; siehe ferner hierzu den Abschnitt über „Regulierte Verträge" (C III) und den Abschnitt über die öffentlich-rechtliche Kontrolle von Verträgen (unten Kapitel 4 A I).

[206] *Rōdō kijun-hō*, Gesetz Nr. 49/1947 i.d.F. des Gesetzes Nr. 104/2003.

[207] *Mimoto hoshō ni kansuru hōritsu*, Gesetz Nr. 42/1933.

getroffen, so z.B. im Gesetz über die Beschränkung von Zinsen. Die dort in Art. 1 I ZBG getroffene Regelung über den maximal zulässigen Zinssatz bei Gelddarlehensverträgen soll nicht dadurch umgangen werden können, daß dem Schuldner zusätzlich „andere" Leistungspflichten auferlegt werden. So werden nach Art. 3 ZBG auch andere Geldforderungen im Zusammenhang mit dem Darlehensvertrag als Zinsen betrachtet. In anderen Fällen dagegen, in denen das betreffende Gesetz keine besondere Regelung enthält, ist die Behandlung erwartungsgemäß umstritten.[208] Während einige Juristen hier eine relativ enge Auslegung befürworten, nach der ein Fall jedenfalls noch vom Wortlaut der betreffenden Norm umfaßt sein muß, wenden andere in diesen Fällen großzügig die Methode der Gesetzesanalogie zur Verhinderung der Umgehung an.

*c) Verstoß gegen öffentlich-rechtliche Normen*

Seit langer Zeit umstritten ist die Behandlung eines Verstoßes gegen öffentlichrechtliche Vorschriften im japanischen Zivilrecht.[209] Dies ist im Zusammenhang mit Verbraucherverträgen von besonderer Bedeutung, da es in Japan im Gegensatz zu Deutschland viele wirtschaftsverwaltungsrechtliche bzw. gewerberechtliche Gesetze gibt, aufgrund derer auch der *Vertragsabschluß* und die Vertragserfüllung – bzw. allgemeiner formuliert, die *Geschäftsbesorgung* des Unternehmers – zum Schutze der Kunden verwaltungsrechtlich und strafrechtlich reguliert und kontrolliert werden. Entsprechende Rechtsvorschriften mit einerseits verwaltungsrechtlicher und andererseits strafrechtlicher Bedeutung werden als „verwaltungsstrafrechtliche Normen" (*gyōsei keibatsu hōki*) bezeichnet.[210] In den Gewerbegesetzen überschneidet sich häufig also die Regulierung von Verträgen mit der allgemeinen gewerberechtlichen Regulierung und Kontrolle der unternehmerischen Tätigkeit. Zweck dieser Regelungen ist zwar nicht ausschließlich, aber zumindest *auch* der Schutz des Verbrauchers. Solche Regelungen finden sich teilweise auch in Verordnungen, die in Ergänzung zu den jeweiligen Gesetzen erlassen worden sind. Ferner werden Vertragsabschluß und Erfüllung von Verträgen auch durch Verbraucherschutzsatzungen der öffentlichen Gebietskörperschaften reguliert,[211] und schließlich existieren Regelungen über den Vertragsabschluß und die Geschäftsbesorgung auch in Regelwerken, die von Unternehmerverbänden oder Einrichtungen wie den Börsen und börsenähnlichen Einrichtungen aufgestellt werden, teils auf ausdrücklich gesetzlicher Grundlage, teils aber auch ohne sie.

---

[208] Vgl. K. YAMAMOTO (2001) 229-230 m.w.N. Ausführlich hierzu A. ŌMURA (1999a) 129-162.

[209] Siehe dazu K. YAMAMOTO (2001) 223-228 m.w.N.; T. UCHIDA (2000b) 271 f.; K. YAMAMOTO (1996a); A. ŌMURA (1993). A. ŌMURA (1999a) 163-204; K. YAMAMOTO (2000) 75-86, 239-265 ff.

[210] Zu den verwaltungsrechtlichen und strafrechtlichen Rechtsfolgen eines solchen Normverstoßes siehe unten und Kapitel 4 A I 2.

[211] Dazu unten Kapitel 4 B.

A. *Regelungen im Zivilgesetz* 173

Vor allem ist in Rechtsprechung und Literatur umstritten, ob ein Verstoß gegen diese öffentlich-rechtlichen Bestimmungen auch *die Nichtigkeit* des betreffenden *Vertrages* zur Folge hat. Dieser Streit betrifft vor allem den Verstoß gegen *förmliche Gesetze und Verordnungen*. In der Literatur finden sich hier zahlreiche Stimmen, die fordern, daß ein Verstoß hiergegen unter gewissen Voraussetzungen die Nichtigkeit des Vertrages zur Folge haben sollte.[212] Die *Gerichte* allerdings beurteilen einen *Vertrag wegen des Verstoßes gegen nur eine einzelne Norm gewöhnlich noch nicht als nichtig.* Grundsätzlich kann daher davon ausgegangen werden, daß allenfalls in Ausnahmefällen ein Verstoß gegen einzelne Bestimmungen allein die Nichtigkeit des Vertrages zur Folge hat.

Demgegenüber kann bei einem Verstoß gegen Verbots- oder Gebotsnormen in *Satzungen* der öffentlichen Gebietskörperschaften und in einem der anderen, oben genannten Regelungswerke davon ausgegangen werden, daß ein solcher einzelner Verstoß grundsätzlich *nie* die Nichtigkeit eines betreffenden Vertrages zur Folge hat.[213] Es gibt kein einziges Urteil, das sich bisher mit dieser Frage beschäftigt hat.

aa) Den Vertragsabschluß regulierende Vorschriften

Von besonderer Bedeutung gerade zum Schutz des Verbrauchers vor unerwünschten Verträgen sind die öffentlich-rechtlichen Regelungen zur Sicherung eines fairen und angemessenen Vertragsabschlusses. Diese wurden bereits oben im Abschnitt über die Regelungen im Zusammenhang mit dem Vertragsabschluß und der Wirksamkeit von Willenserklärung im Zivilrecht als ergänzende Schutzmechanismen angesprochen. In zahlreichen Gewerbegesetzen finden sich hier an den Unternehmer und seine Hilfspersonen gerichtete Verbote der Mitteilung falscher oder irreführender oder des Unterlassens der Mitteilung wichtiger Tatsachen im Zusammenhang mit dem Geschäftsinhalt (*fujitsu kokuchi no kinchi, fu-kokuchi no kinshi*) und Gebote der Aufklärung über den Geschäftsinhalt (*setsumei gimu,*), die zumeist aber nur als schriftliche Aufklärungspflichten ausgestaltet sind (*shomen kōfu gimu*); ferner Verbote der Abgabe irreführender Urteile und Gewinnprognosen (*danteiteki handan no kinshi*) und Verbote irreführender und unrealistischer Gewinnversprechen (*rieki hoshō no kinshi*), meist im Zusammenhang mit Anlagegeschäften; Verbote der irreführenden und übertreibenden Werbung (*kodai kōkoku no kinshi*) und schließlich Verbote des unzulässigen Bedrängens und In-Verlegenheit-bringens des Kunden beim Abschluß von Verträgen (*ihaku no kinshi, konwaku wo saseru kinshi*).[214] Nach der Rechtsprechung und einem Großteil des Schrifttums führt

---

[212] Siehe die Literaturhinweise in Fn. 209, vgl. auch unten die Darstellung der im Schrifttum vertretenen Meinungen unter ff.

[213] Der Verstoß gegen Satzungsnormen der regionalen öffentlichen Gebietskörperschaften, insbesondere Bestimmungen in den Verbraucherschutzsatzungen, wird in der Literatur merkwürdigerweise überhaupt nicht einmal thematisiert.

[214] Im einzelnen unten Kapitel 4 A I.

ein Verstoß gegen eine einzelne dieser Normen durch den Unternehmer oder eine seiner Hilfspersonen gewöhnlich *nicht zur Nichtigkeit* des Vertrages.[215] Es gibt bisher kein einziges Urteil, das einen Vertrag allein wegen einer derartigen Normverletzung für nichtig erklärt hat. Ein Verstoß hat daher für die Verantwortlichen in erster Linie allenfalls verwaltungsrechtliche und/oder strafrechtliche Konsequenzen zur Folge.

bb) Die Geschäftsausführung regulierende Vorschriften

Gewerberechtliche Gesetze sehen neben Vorschriften zur Regulierung des Vertragsabschlusses auch Vorschriften zur Regulierung der Geschäftsdurchführung vor, was sich zivilrechtlich oft mit der Erfüllung von Verträgen überschneidet. Zu diesem Zweck werden dem Unternehmer und seinen Hilfspersonen entweder ein bestimmtes Verhalten verboten oder bestimmte Handlungspflichten bei Ausführung der Geschäfte auferlegt. Ein Verstoß gegen einzelne dieser Vorschriften hat ebenfalls regelmäßig nicht die Nichtigkeit des Vertrages zur Folge. Es gibt jedenfalls auch diesbezüglich kein einziges entsprechendes Gerichtsurteil. Auch hier drohen dem Unternehmer und seinen Hilfspersonen also unmittelbar nur verwaltungsrechtliche und/oder strafrechtliche Sanktionen.[216] Allerdings spiegeln die gesetzlichen Verbote oder Gebote häufig auch vertragliche Pflichten wider, so daß ein Verstoß gegen das Gesetz zwar nicht unmittelbar eine zivilrechtliche Folge hat, ein solches Verhalten kann aber zugleich *eine Vertragsverletzung* darstellen. In einem solchen Fall haftet der Unternehmer seinem Kunden unter Umständen aus Art. 415 ZG wegen Nicht- bzw. Schlechterfüllung, was auch die Verletzung vertraglicher Nebenpflichten einschließt, oder aus Artt. 709 (715) ZG wegen Delikts[217] auf Schadensersatz, oder der Kunde kann eventuell auch vom Vertrag nach Art. 541 ZG vom Vertrag zurücktreten bzw. diesen kündigen.

cc) Erfordernis der Zulassung
    oder Erlaubnis zur Ausübung eines Gewerbes oder Berufs

Die Ausübung eines bestimmten Gewerbes oder Berufs bedarf in Japan genau wie in Deutschland häufig einer besonderen Zulassung oder Erlaubnis aufgrund verwaltungsrechtlicher Gesetze. Im Regelfall hat aber das Fehlen einer solchen Erlaubnis oder Zulassung auf die zivilrechtliche Wirksamkeit von Verträgen, die im Rahmen des Geschäftes abgeschlossen wurden, keine unmittelbare Auswirkung, so etwa bei einer fehlenden Gewerbeerlaubnis zum Betrieb eines

---

[215] Vgl. A. ŌMURA (1998) 64, 76, der dies jedoch kritisiert und nach Zweck und Art der jeweiligen Normen, gegen die verstoßen wurde, differenziert über die Rechtsfolge der Nichtigkeit entscheiden möchte. Vgl. auch unten die Literaturauffassungen zur Behandlung eines Normverstoßes unter ff.

[216] Im einzelnen hierzu Kapitel 4 I und IV.

[217] Zur Deliktshaftung auch bei vertraglichen und vorvertraglichen Pflichtverletzungen, unten IV.

Taxiunternehmens, einer Gaststätte oder in ähnlichen Fällen.[218] Unter Umständen kommt lediglich ein Rücktritt des Kunden vom Vertrag wegen Nichterfüllung nach Artt. 415, 541 ZG in Betracht. Nur in Ausnahmefällen haben die japanischen Gerichte bisher einzelne Verträge für nichtig erklärt, so im Fall eines Verstoßes gegen Art. 72 Rechtsanwaltsgesetz.[219] Diese Bestimmung schreibt vor, daß nur nach dem Rechtsanwaltsgesetz zugelassene Rechtsanwälte die rechtsberatende Tätigkeit beruflich ausüben dürfen. Der OGH hat einen Rechtsberatungsvertrag mit einer Person, die weder über die Rechtsanwaltsqualifikation noch -zulassung verfügte, für nichtig erklärt.[220]

dd) Gesetzliche Verbote bestimmter Rechtsgeschäfte
In wenigen Fällen sind bestimmte Geschäfte ausdrücklich gesetzlich verboten. Dies gilt im Verbraucherrecht etwa für die bereits erwähnten Schneeballgeschäfte. Verboten sind auch Verträge, deren Inhalt zugleich einen Straftatbestand nach dem Strafgesetz[221] erfüllt.

Es ist aber in jedem Einzelfall anhand des Normzwecks zu prüfen, ob die Nichtigkeit des Rechtsgeschäfts auch erforderlich ist. Zudem ist zu beachten, daß, sofern der Inhalt des Vertrages nicht gegen Normen des Kernstrafrechts verstößt, die Gerichte auch in diesen Fällen nur zurückhaltend die Nichtigkeit eines Vertrages allein wegen eines einzelnen Gesetzesverstoßes bejahen.[222]

ee) Weitere Einzelfälle
   eines Verstoßes gegen öffentlich-rechtliche Bestimmungen
Nur in wenigen Einzelfällen hat die japanische Rechtsprechung bisher bei einem einzelnen Normverstoß die Nichtigkeit eines Vertrages bestimmt, ohne allerdings deutliche Kriterien für die Entscheidung aufzuzeigen. So wurde vom OGH beispielsweise ein Vertrag für nichtig erklärt, bei dem die Vertragsparteien gegen eine während der Kriegs- und unmittelbaren Nachkriegszeit bestandene Regelung über die Verteilung von wichtigen Wirtschaftsgütern verstoßen haben, die die gleichmäßige Versorgung der Bevölkerung bzw. der Wirtschaftsunternehmen zum Ziel hatte.[223]

In einer anderen Entscheidung hat der OGH den Vertrag eines Finanzdienstleisters mit einem Anleger für nichtig erklärt, bei dem der Finanzdienstleister sich beim Vertragsabschluß pflichtwidrig verhalten und gegen eine wichtige Bestimmung des Wertpapierbörsen- und Wertpapierhandelsgesetz (BWpHG)[224] verstoßen hat, die einerseits anlegerschützenden Charakter hat und andererseits aber vor allem das Vertrauen in die Funktionsfähigkeit der

---

[218] Vgl. T. UCHIDA (2000b) 270.
[219] *Bengoshi-hō*, Gesetz Nr. 205/1949 i.d.F. des Gesetzes Nr. 48/2002.
[220] OGH vom 30.9.1955, in: Minshū 9, 1498.
[221] *Keihō*, Gesetz Nr. 45/1907 i.d.F. des Gesetzes Nr. 138/2003.
[222] Vgl. oben die Ausführungen zum Beispiel der Schneeballgeschäfte unter 2 b bb iii.
[223] OGH vom 30.9.1955, Minshū 9, 1498.
[224] *Shōken torihiki-hō*, Gesetz Nr. 215/1948.

Kapital- und Finanzmärkte im allgemeinen sicherstellen soll. Im betreffenden Fall ging es um einen Verstoß gegen Art. 42-2 BWpHG, der Wertpapierunternehmen unter anderem verbietet, beim Abschluß von Verträgen über die Vermittlungstätigkeit beim Kauf von Wertpapieren dem Anleger zu „garantieren", daß ihm ein möglicherweise aus dem Wertpapiergeschäft entstehender Verlust erstattet wird.[225] Aus diesem Urteil kann allerdings nicht geschlossen werden, daß bei einem Verstoß gegen anlegerschützende gesetzliche Bestimmungen immer von der Nichtigkeit des Vertrages auszugehen ist. Dies stellt bislang eher die Ausnahme als die Regel dar.[226]

Sehr umstritten ist die Behandlung eines Verstoßes gegen wettbewerbsrechtliche Verbote im Zivilrecht, insbesondere wenn die Verbotsnormen zugleich auch den Schutz von Verbraucherinteressen bezwecken. Dies ist beispielsweise der Fall bei Artt. 2 IX, 19 AMG i.V.m. Nr. 14 (3) der allgemeinen Richtlinien über unlautere Handelsmethoden vom 18.6.1982, die den Mißbrauch wirtschaftlicher Macht (Verhandlungsstärke) zur Erzielung unbilliger Vorteile verbieten, was z.B. beim Aufdrängen von Vertragsbedingungen, die für den Vertragspartner auffällig nachteilig sind, der Fall ist. Im Hinblick auf Verbraucherverträge könnte man hier vielleicht auch an die Verwendung unangemessener AGB durch Unternehmer denken. Die Rechtsprechung berücksichtigt einen solchen wettbewerbsrechtlichen Verstoß im Zivilrecht bisher kaum; insbesondere führt er nach Meinung des OGH gewöhnlich nicht zur zivilrechtlichen Nichtigkeit des gesamten Vertrages.[227]

ff) In der Literatur vertretene Theorien zu den Voraussetzungen der Nichtigkeit eines Vertrages bei einem Verstoß gegen öffentlich-rechtliche Vorschriften

Während die Rechtsprechung Art. 90 ZG im allgemeinen sehr zurückhaltend auf die Fälle eines Verstoßes gegen einzelne verwaltungsrechtliche Vorschriften anwendet und nur selten einmal ein betreffendes Rechtsgeschäftes als insgesamt nichtig beurteilt, plädiert die neuere Literatur im allgemeinen dafür, einen Gesetzesverstoß deutlich stärker zu berücksichtigen. Es existieren in diesem Zusammenhang mittlerweile eine Vielzahl von komplexen Theorien zur Abgrenzung von Normen, bei denen ein Verstoß die Nichtigkeit eines betreffenden Rechtsgeschäftes zur Folge haben soll, und solchen Normen, bei denen

---

[225] OGH vom 4.9.1997, Minshū 51, 3619 (*rieki hoshō no kinshi*).

[226] Im Regelfall stellt ein Verstoß gegen anlegerschützende verwaltungsrechtliche Bestimmungen alleine nur eine deliktsrechtliche Pflichtverletzung dar, die wiederum ein Grund für eine Schadensersatzhaftung des Finanzdienstleisters sein kann; vgl. unten auch IV 1 a cc (v) und IV 2 a.

[227] OGH vom 20.6.1977, Minshū 31, 449; dort entschieden für den Fall des Aufdrängens unerwünschter Ware bei laufender Geschäftsverbindung (Nr. 14 (1) der allgemeinen Richtlinien über unlautere Handelsmethoden). Die Literatur beurteilt die Wirksamkeit von Rechtsgeschäften, bei denen gegen wettbewerbsrechtliche Verbotsnormen vorstoßen wurde, deutlich differenzierter. Vgl. hierzu beispielsweise O. MORITA (1998).

dies nicht der Fall sein soll.²²⁸ Die ersteren Normen werden im Schrifttum meist als „Wirksamkeitsvorschriften" (*kōryoku hōki*) oder einfach wie in der zivilrechtlichen Terminologie als „zwingende Normen" (*kyōkō hōki*) bezeichnet, die letzteren demgegenüber als einfache „Ordnungsvorschriften" (*torishimari hōki*). Auf eine umfassende Darstellung all dieser Theorien soll hier verzichtet werden. Dies würde einen zu großen Raum beanspruchen und außerdem bei der Darstellung der tatsächlichen Rechtslage nur wenig helfen. Die neueren progressiven Theorien spiegeln sich in der Rechtsprechung bisher nämlich kaum wider.

Die Rechtsprechung scheint grundsätzlich noch auf dem Standpunkt der früher in der Literatur häufig vertretenen „Trennungslehre" (*kōhō, shihō nibunron*)²²⁹ zu stehen, davon aber in wenigen Ausnahmefällen aus pragmatischen, häufig an der Lösung im Einzelfall orientierten Gesichtspunkten abzuweichen. Nach der Trennungslehre, die strikt zwischen öffentlichem Recht und Privatrecht unterscheidet, hat der Verstoß gegen öffentlich-rechtliche, insbesondere verwaltungsrechtliche Bestimmungen (auch bei gleichzeitiger Strafandrohung) zivilrechtlich keine Auswirkungen. Ausnahmen werden gelegentlich nur bei einem Verstoß gegen Strafvorschriften des Kernstrafrechts gemacht.

In der Lehre dagegen herrscht heute die „Theorie der Gesamtbetrachtung" (*sōgō handan setsu*) vor,²³⁰ die für keine so strikte Trennung zwischen Privatrecht und öffentlichem Recht plädiert. Allerdings handelt es sich dabei eigentlich nicht um eine einzelne Theorie mit festen Konturen. Vielmehr sind die Einzelheiten sehr umstritten. Dabei ist insbesondere streitig, nach welchen Kriterien bei öffentlich-rechtlichen Vorschriften zwischen *Wirksamkeitsvorschriften* und bloßen *Ordnungsvorschriften* zu unterscheiden ist. Dabei geht es sowohl um inhaltliche als auch um formale, dogmatische Kriterien.

So wird von manchen als ein wesentliches Kriterium für das Urteil der Nichtigkeit eines Vertrages angesehen, ob die verletzte Norm von ihrem Zweck her auch den *Schutz eines der Vertragspartner* bezweckt, und wenn dies der Fall ist, die Nichtigkeit gewöhnlich bejaht. Auch wird diskutiert, ob es eine Bedeutung haben kann, in welchem Maße die Norm auch den Zweck *des Schutzes der Wirtschaftsordnung* oder eines ihrer Teilbereiche in besonders bedeutsamen Punkten verfolgt. Schließlich wird von einigen als ein wesentliches Kriterium für die Befürwortung der Nichtigkeit eines Rechtsgeschäftes angesehen, ob die

---

[228] Ausführlich dazu K. YAMAMOTO (1996); K. YAMAMOTO (2000) 75 ff., 239 ff.; A. ŌMURA (1993); Y. YAMAGUCHI (1990), unter besonderer Berücksichtigung von Vorschriften zum Schutz von Verbraucherinteressen. Ein knapper Überblick findet sich auch in allen Lehrbüchern zum allgemeinen Teil des Zivilgesetzes, entweder unter der Darstellung des Art. 90 ZG oder in enger Anbindung daran. Siehe zum Beispiel K. YAMAMOTO (2001) 218-241, der aber dort auch eine sehr eigene Theorie zur Ordnung dieses Problemfeldes entwickelt. Siehe auch die weiteren Literaturangaben in Fn. 209.
[229] Zum Inhalt dieser Lehre vgl. K. YAMAMOTO (2000) 81 ff. m.w.N.
[230] Vgl. K. YAMAMOTO (2001) 224 m.w.N.

Nichtigkeit des Rechtsgeschäftes zur Erreichung des von der Norm verfolgten Zwecks *unbedingt erforderlich* ist.[231]

Einige berücksichtigen bei ihrer Beurteilung auch, ob der betreffende Vertrag schon *erfüllt wurde* oder nicht. Aber auch bei der Beantwortung der Frage, wie dieser Umstand einzubeziehen ist, gehen die Meinungen auseinander. Während einige meinen, daß der Vertrag nichtig sein sollte, wenn noch nicht erfüllt worden ist, und nach Erfüllung zumindest dann, wenn eine Rückabwicklung des Vertrages unter Berücksichtigung des Zwecks der Norm unbedingt erforderlich erscheint, spielt diese Überlegung für andere keine Rolle. Wieder andere meinen, daß der Vertrag nach seiner Erfüllung keinesfalls mehr als nichtig angesehen werden sollte. Aber auch vor Erfüllung wollen einige nicht die Nichtigkeit des Vertrages, sondern allenfalls demjenigen, der die Norm verletzt hat, einen Anspruch auf die Erfüllung versagen und seinem Vertragspartner ein Recht zum Rücktritt vom Vertrag nach Artt. 543, 545 I ZG wegen anfänglicher Unmöglichkeit einräumen.[232]

Eine im vordringen befindliche Theorie unterscheidet danach, ob die verletzte Rechtsnorm lediglich klassisch polizeirechtlichen Zwecken dient oder dem Schutz von Teilnehmern am Wirtschaftsverkehr und dem Vertrauen in die Funktionsfähigkeit der Märkte. Nach dieser „Theorie der öffentlich-rechtlichen Wirtschaftsordnung" (*keizaiteki kōjo-ron*) soll der Verstoß gegen allgemein nur polizeirechtliche Vorschriften nicht die Nichtigkeit des Vertrages zur Folge haben, je stärker aber wirtschaftliche Interessen, der Handel und schützenswerte Interessen von Vertragspartnern von der Rechtsverletzung berührt sind, um so eher soll die Nichtigkeit eines betroffenen Vertrages anzunehmen sein. Allerdings existieren auch hier verschiedene Ausformungen der Theorie.[233]

Interessant ist auch ein Ansatz, der die Nichtigkeit eines Rechtsgeschäftes für geboten hält, wenn die Rechtsnorm eine einfachgesetzliche Konkretisierung von Grund- bzw. Menschenrechten oder verfassungsrechtlichen Grundprinzipien und -werten darstellt und deren Schutz bezweckt, wozu auch der Schutz des Schwachen im Rechtsverkehr gezählt werden kann.[234]

gg) Berücksichtigung von Verstößen gegen öffentlich-rechtliche Rechtsnormen im Rahmen des Deliktsrechts und einer Gesamtbetrachtung nach Art. 90 ZG

Ein Verstoß gegen verwaltungsrechtliche Bestimmungen, insbesondere gegen die im Zusammenhang mit dieser Untersuchung besonders wichtigen Vorschriften zur öffentlich-rechtlichen Regulierung und Kontrolle des Vertragsabschlusses, führt nach den Darstellungen oben also gewöhnlich nicht ohne weiteres zur

---

[231] Knapp zusammengefasst bei T. UCHIDA (2000b) 269-272; K. YAMAMOTO (2001) 224-226 m.w.N. in Fn. 8.
[232] Zusammengefasst bei K. YAMAMTO (2001) 226-228.
[233] Zusammengefasst bei K. YAMAMOTO (2001) 228-229.
[234] K. YAMAMOTO (2001) 237-241; K. YAMAMOTO (2000) 63, 86 ff., 193 ff.

Nichtigkeit des betreffenden Vertrages. Die Gerichte berücksichtigen eine solche Rechtsverletzung jedoch zivilrechtlich häufig im Rahmen der Gesamtbeurteilung nach Art. 90 ZG – etwa im Rahmen der oben erläuterten erweiterten Wucherlehre –,[235] d.h. bei der Beurteilung der Sittenwidrigkeit der gesamten Vertragsbeziehung, als ein *Pflichtwidrigkeits-* bzw. *Unbilligkeitskriterium* zu Lasten des Unternehmers – vor allem, wenn den Vorschriften auch ein kunden- bzw. verbraucherschützender Zweck zugrunde liegt. Ferner wird ein solcher Verstoß auch im Rahmen des Deliktsrechts als eine *Pflichtverletzung* im Rahmen des *Rechtswidrigkeitsurteils* einbezogen, welches Grundlage für das Bestehen oder Nichtbestehen eines deliktsrechtlichen Anspruchs gegen einen Unternehmer ist.[236] Je weiter unten allerdings die Rechtsvorschrift innerhalb der Normenhierarchie steht, desto geringer wirkt sich ein Verstoß hiergegen im Rahmen der Beurteilung nach Art. 90 ZG oder im Deliktsrecht aus. Insbesondere ein Verstoß gegen Verbraucherschutzsatzungen der Gebietskörperschaften hat derzeit zivilrechtlich kaum eine Bedeutung.

*4. Die Kontrolle von einzelnen Vertragsbedingungen und AGB-Klauseln in Verbraucherverträgen*

Wie bereits oben dargestellt, können einzelne Vertragsklauseln nach Art. 90 ZG nichtig bzw. teilnichtig sein, wenn sie gegen *privatrechtlich zwingende Normen* verstoßen. Darüber hinaus kann Art. 90 ZG auch im allgemeinen bei der *richterlichen Kontrolle des Inhalts vertraglicher Nebenbedingungen* zur Anwendung kommen, und zwar in gleicher Weise bei AGB-Klauseln wie bei Klauseln in Individualverträgen, da die Rechtsprechung hierzwischen nur selten differenziert. Grob unangemessene Vertragsklauseln können daher grundsätzlich nach Art. 90 ZG nichtig sein.[237] Die Gerichte machen von der Möglichkeit der Anwendung dieser Norm aber nur selten Gebrauch. Die Einzelheiten hierzu werden gesondert im Abschnitt über die Kontrolle von AGB behandelt.[238]

Seit Inkrafttreten des Verbrauchervertragsgesetzes zum 1. April 2001 sind bei Verbraucherverträgen allerdings vorrangig die Artt. 8 bis 10 VerbVG zur Inhaltskontrolle vertraglicher Nebenbedingungen anzuwenden.[239] Daher wird Art. 90 ZG künftig im Zusammenhang mit der Kontrolle von unbilligen Klauseln in Verbraucherverträgen, – unter Einschluß von AGB-Klauseln – wahrscheinlich nur noch eine geringe Rolle spielen.

---

[235] Vgl. Oben 2 b.
[236] Unten IV.
[237] Vergleiche auch unten die Ausführungen zur Kontrolle von AGB. Ausführlich zur Kontrolle von unbilligen Vertragsklauseln im allgemeinen durch Art. 90 ZG, siehe T. KOGAYU (2001).
[238] Unter G III.
[239] Dazu unter B IV.

## 5. Ergebnis

Art. 90 ZG hat im Rahmen der richterlichen Kontrolle und zum Schutz vor unerwünschten und inhaltlich unbilligen Verbraucherverträgen im wesentlichen drei bedeutende Funktionen.

Erstens, ein Verbrauchervertrag kann nach dieser Vorschrift sittenwidrig und daher nichtig sein, wenn er sich bei einer Gesamtbeurteilung der Umstände des Abschlusses und des Inhalts als insgesamt *grob unbillig* zum Nachteil des Verbrauchers darstellt.

Zweitens, Art. 90 ZG spielt eine Rolle bei der Würdigung eines Verstoßes gegen privatrechtlich zwingende Normen und wirtschaftsverwaltungsrechtliche Vorschriften, von denen viele auch den Zweck des Verbraucherschutzes haben. Der Vertrag oder einzelne Vertragsbedingungen können wegen eines Verstoßes hiergegen teilweise oder vollständig nichtig sein.

Drittens, bis zum Inkrafttreten des VerbrVG im Jahre 2001 spielte Art. 90 ZG auch eine Rolle bei der allgemeinen richterlichen Kontrolle einzelner Vertragsbedingungen in Verbraucherverträgen auf ihre Billigkeit hin, selbst soweit keine ausdrücklich zwingende Norm bestanden hat. Das VerbrVG enthält für diesen Fall nun *quasi-speziellere Kontrollermächtigungen* bei Verbraucherverträgen.

Insbesondere der erste Anwendungsbereich, i.e. die Anwendung des Art. 90 ZG durch die Gerichte als allgemeines *Instrument der Billigkeitskontrolle des Gesamtgeschäftes*, ist aus Sicht des Verbraucherschutzes von großer Bedeutung. Andererseits begegnet diese Rechtsanwendung aber auch zivilrechtsdogmatischen Bedenken. Soweit es nur um den Einsatz zur Verhinderung bzw. Beseitigung wucherischer Verträge geht, bestehen keine größeren Probleme. Die Ausdehnung der Wucherrechtsprechung in der dargestellten Weise speziell zum Zwecke des Verbraucherschutzes aber läßt klare Strukturen der Anwendungsvoraussetzungen des Art. 90 ZG vermissen. Es werden vielmehr aus Sicht des Verbrauchers nachteilige Bedingungen beim Vertragsabschluß, wozu einerseits alle Arten zurechenbarer Aufklärungspflichtverletzungen des Unternehmers und andererseits Fälle grob unbilligen Bedrängens beim Vertragsabschluß gerechnet werden, in einer *Gesamtschau* zusammen mit dem Vertragsinhalt, mit unbilligen Handlungen des Unternehmers bei der Geschäftsdurchführung, also bei der Vertragerfüllung und mit etwaigen Verstößen des Unternehmers oder seiner Hilfspersonen gegen öffentlich-rechtliche Normen einheitlich *allein unter Billigkeitsgesichtspunkten* beurteilt. Diese Art der Anwendung des Art. 90 ZG ähnelt der unten ausführlich darzustellenden Anwendung des Deliktsrechts zum Schutze von Verbrauchern durch japanische Gerichte. Oftmals tritt in besonders krassen Fällen eines unbilligen Vertrages neben einen Deliktsanspruch des Verbrauchers auch das Urteil der Sittenwidrigkeit des Vertrages. Diese Kombination bietet dem Verbraucher den größtmöglichen zivilrechtlichen Schutz, den die Gerichte gewähren können.

Die Anwendung des Art. 90 ZG in dieser Form führt zu im Einzelfall nur schwer vorhersehbaren Entscheidungen und ist daher mit einer großen Rechtsunsicherheit verbunden. Dies ist der Preis für die von den japanischen Gerichten angestrebte Einzelfallgerechtigkeit und dem damit verbundenen Schutz des Verbrauchers. Es sind zwar bisher vor allem *zwei Typen* von Geschäften gewesen, bei denen Art. 90 ZG zum Schutz des Verbrauchers in dieser Form zur Anwendung kam, nämlich einerseits bei äußerst risikoreichen oder betrügerischen Finanzanlagegeschäften und andererseits bei unlauteren und unbilligen Schneeballgeschäften bzw. schneeballgeschäftsähnlichen Vertriebsgeschäften, jedoch ist die Ausdehnung der Anwendung des Art. 90 ZG auf alle Arten unbillig erscheinender Verbrauchergeschäfte möglich.

Allerdings muß man berücksichtigen, daß Art. 90 ZG schon von seiner klassischen zivilrechtlichen Funktion her eine Generalklausel darstellt. Insofern scheint die mangelnde Rechtssicherheit bei der Anwendung der Norm im Einzelfall zur Erzielung angemessener Ergebnisse verzeihlich. Insbesondere ist zu beachten, daß die Norm von den Gerichten *nur in Extremfällen inhaltlich oder vom Vertragsabschluß her unbilliger Verträge* angewendet wird.

Art. 90 ZG ermöglicht also den Gerichten, *den Verbraucher* in extremen Fällen grob unbilliger Abschlußbedingungen und/oder eines grob unbilligen Vertragsinhalts von dem aus diesen Gründen *unerwünschten bzw. inhaltlich nachteiligen Vertrag vollständig oder teilweise zu befreien.*

### IV. Deliktsrechtlicher Schutz vor unerwünschten und nachteiligen Verträgen

Das Deliktsrecht spielt im japanischen Recht eine besonders wichtige Rolle zum Schutz des Verbrauchers vor nachteiligen und unerwünschten Verbraucherverträgen. Es bietet vor allem einen individualisierten Schutz vor fehlerhafter und irreführender Information sowie unzureichender Aufklärung des Unternehmers im Vorfeld des Vertragsabschlusses. Nur in geringem Umfang schützt es dagegen vor anderen Formen unzulässiger Beeinflussung in diesem Stadium, also insbesondere vor aufgedrängten Verträgen. In gewissem Umfang schützt es auch vor inhaltlich nachteiligen Verbraucherverträgen.

Das Deliktsrecht sieht mit der Rechtsfolge eines Anspruchs auf Schadensersatz zwar grundsätzlich nicht die Möglichkeit vor, sich unmittelbar und vollständig vom Vertrag zu lösen, da anders als im deutschen Schadensersatzrecht nicht der Grundsatz der Naturalrestitution, sondern der des Geldersatzes (Artt. 722 I, 417 ZG) gilt.[240] Aber gerade diese Rechtsfolge erweist sich als äußerst flexibel und macht das Deliktsrecht zu einem sehr anwendungsfreundlichen Instrument zur Lösung der Probleme bei Verbraucherverträgen und zum individuellen Schutz des Verbrauchers. Durch die Gewährung eines Schadens-

---

[240] So auch bereits oben unter I 5.

ersatzes in Geld kann theoretisch ein ähnliches Ergebnis wie die vollständige Lösung vom Vertrag erzielt werden, wenn der Anspruch in der Höhe den *gesamten Geldbetrag als Schaden umfaßt*, den der Verbraucher aufgrund des Vertrages geleistet hat. Die Rechtsfolge des Anspruchs auf Schadensersatz hat darüber hinaus noch den Vorteil, daß nicht nur die quasi vollständige, sondern auch eine Art teilweise Lösung vom Vertrag gewährt werden kann, insbesondere durch Berücksichtigung eines sogenannten „Mitverschuldens" des Verbrauchers und einer dadurch bedingten Anspruchskürzung (Artt. 722 II, 418 ZG). Dies gibt dem Richter die Möglichkeit, eine Alles-oder-Nichts-Lösung zu vermeiden und der Situation des Einzelfalls besonders Rechnung zu tragen.[241]

Darüber hinaus ist auch der Anwendungsbereich des Deliktsrechts grundsätzlich sehr weit. Dies liegt einerseits daran, daß die Tatbestände der Normen des Deliktsrechts bereits verhältnismäßig weit gefaßt und dehnbar sind, andererseits aber auch daran, daß die Rechtsprechung diese sehr extensiv auslegt. Insgesamt kann das Deliktsrecht daher heute nicht nur auf verschiedene Rechtsprobleme im Zusammenhang mit dem Abschluß von Verträgen, sondern auch im Falle von unfairen und nachteiligen Vertragsinhalten und bei Vertragsverletzungen zur Anwendung gelangen. Das Deliktsrecht bietet somit einen besonders großen Spielraum, um die bei Verbraucherverträgen auftretenden Probleme im Einzelfall flexibel und angemessen unter Berücksichtigung eines bestehenden Ungleichgewichts zwischen Verbrauchern und Unternehmern bzw. deren Hilfspersonen zu lösen.

Schließlich liegt ein Vorteil der Anwendung des Deliktsrechts aus Sicht des geschädigten Verbrauchers darin, Ansprüche gegen mehrere Beteiligte gleichzeitig geltend machen zu können, was von den Gerichten mittlerweile weithin anerkannt wird. Auch aus diesem Grunde hat das Deliktsrecht eine besondere Bedeutung zum Schutz von Verbrauchern in Japan erlangt. Ansprüche können sich sowohl gegen einen Unternehmer als natürliche oder als juristische Person ergeben als auch gegen natürliche Personen, die auf Seiten des Unternehmers handeln, wie beispielsweise Angestellte, Gesellschafter, Geschäftsleitungsorgane oder Funktionsträger von Unternehmen (Hilfspersonen). Die Zurechung deren Verhaltens, Wissens oder Verschuldens als solches des Unternehmers oder auch umgekehrt erfolgt in Japan ohne größere Probleme. Ein Unternehmen wird so häufig als eine Einheit mit wechselseitigen Bezügen zwischen den Handelnden und dem Geschäftsinhaber betrachtet.

Die extensive Anwendung des Deliktsrechts zur Bewältigung von Rechtsproblemen vorvertraglicher und vertraglicher Art wirft zahlreiche Probleme rechtstheoretischer und rechtsdogmatischer Art auf, insbesondere auch Abgrenzungsschwierigkeiten zu spezielleren Rechtsinstituten. Insbesondere wird die Anwendung des Deliktsrechts in der Literatur heftig kritisiert, soweit es von den Gerichten auf Fälle angewandt wird, in denen es um Defekte der Willens-

---

[241] Zum Verhältnis von Naturalrestitution und Schadensersatz grundlegend H. MATSUOKA (1996) 86-95.

bildung und der Willenserklärung geht, wofür das ZG in engen Konstellationen, nämlich in Fällen der vorsätzlichen Täuschung oder Drohung (Art. 96) ein Anfechtungsrecht und im Falle des Irrtums (Art. 95 ZG) die Rechtsfolge der Nichtigkeit des Rechtsgeschäftes vorsieht. Diese Diskussion findet sich meist unter dem Stichwort „Problem des Wertungswiderspruchs" (*hyōka mujun no mondai*).[242] Die Kritik umfaßt zwei Kernaussagen: Zum einen würden durch den Einsatz des Deliktsrechts zur Lösung von Problemen im Zusammenhang mit Willensmängeln und fehlerhaften Willenserklärungen die dafür bestehenden engen Sonderregelungen im Zivilgesetz umgangen und dadurch die Wertentscheidungen des Zivilgesetzgebers mißachtet. Zum anderen sei es widersinnig, Ansprüche aus Deliktsrecht wegen Mängeln beim Vertragsabschluß zu gewähren, obgleich der Vertrag zivilrechtlich als wirksam betrachtet wird.[243] Probleme treten auch auf, soweit das Deliktsrecht auf gewöhnliche Vertragsverletzungen angewandt wird, wofür vor allem die spezielle Haftungsnorm des Art. 415 ZG vorgesehen ist. Diese dogmatischen Bedenken werden von der Rechtsprechung aber offenbar nicht geteilt.[244]

Die japanischen Gerichte wenden das Deliktsrecht mittlerweile sehr häufig als Grundlage für eine *allgemeine Billigkeitsrechtsprechung* an, wobei verschiedenartige Rechtsprobleme in einer Gesamtschau einheitlich beurteilt werden. Dabei kommt es vor, daß die gesamte „Beziehung" zwischen den Beteiligten von der Phase der Vertragsanbahnung bis zur Erfüllung als eine Einheit der Entscheidung zugrunde gelegt wird. Unter Berücksichtigung dieser Rechtsprechung werden unerlaubte Handlungen bei Begründung und im Rahmen von Schuldverhältnissen mittlerweile als neue besondere Fallgruppe des Deliktsrechts angesehen und mit „unerlaubte Handlungen im Geschäftsverkehr" (*torihikiteki fuhō kōi*) bezeichnet.[245] Die einzelnen Voraussetzungen eines deliktsrechtlichen Anspruchs und der Haftungsumfang in diesen Fällen sind jedoch in der japanischen Literatur und Rechtsprechung bisher noch nicht abschließend geklärt und lassen sich daher nur schwer systematisch darstellen.[246]

---

[242] Siehe bereits oben auch unter I sowie ferner H. MATSUOKA (1996) 89 ff. unter dem Blickwinkel des Unterschieds zwischen Schadensersatz und Rückabwicklung des Vertrages über das Bereicherungsrecht bei Anfechtung oder Nichtigkeit des Vertrages. Dazu auch T. ISOMURA (1996) 114.

[243] Vor allem wegen der Voraussetzung der „Rechtswidrigkeit" eines Deliktsanspruchs.

[244] Vgl. hierzu insbesondere H. DŌGAUCHI (1996a); H. FUJITA (1997); Y. SHIOMI, (1995); K. YAMAMOTO (1996b); K. YAMAMOTO (1999) 159-166.

[245] Auch „*torihiki kōi-teki fuhō kōi*" oder „*torihiki-gata fuhō kōi*" genannt; vgl. etwa S. YAMADA (1996) 98; NIHON BENGOSHI RENGŌ-KAI (2005b) 115.

[246] Die rechtswissenschaftliche Fachzeitschrift „Jurisuto" hat zwischen 1995 und 1996 eine Serie von Aufsätzen abgedruckt, die dieser Entwicklung des Deliktsrechts und den damit verbundenen Problemen gewidmet war und in denen der Versuch unternommen wird, diese unter unterschiedlichen Gesichtspunkten zu ordnen. Die Aufsätze wurden auch als Sammelband unter dem Titel „*Torihiki kankei ni okeru ihō kōi to sono hōteki shori* [Rechtswidrige Handlungen im Geschäftsverkehr und deren rechtliche Bewältigung]", M. OKUDA (Hrsg.) (1996) herausgegeben. Sie stellen die Forschungsergebnisse einer Gruppe bekannter japanischer Zivil-

Das Deliktsrecht findet in der Rechtsprechung somit mittlerweile Anwendung zur Lösung verschiedenartiger Rechtsprobleme im Zusammenhang mit Verträgen. Die größte Bedeutung hat diese Rechtsprechung im Zusammenhang mit *Verbraucherverträgen* erlangt. Der Grund hierfür ist, daß die Anwendung des Deliktsrechts auf unbillige und unzulässige Handlungen zwischen Vertragspartnern regelmäßig ein *besonderes Ungleichgewicht zwischen ihnen* voraussetzt, vor allem ein Informationsungleichgewicht. Daher finden sich besonders zahlreiche und anschauliche Beispiele für diese Judikatur vor allem im Zusammenhang mit Finanz- und Finanzanlagegeschäften, an denen Privatanleger beteiligt sind. Eine weitere wichtige Fallgruppe der Rechtsprechung bilden inhaltlich unlautere Geschäfte, bei denen die Unwissenheit und Unerfahrenheit von Verbrauchern in unbilliger Bereicherungsabsicht ausgenutzt wird. Diese Fallgruppe bezeichnet man in Japan entweder als „betrügerische Geschäfte" (*sagiteki shōhō*) oder als „unlautere Geschäfte" (*akutoku shōhō*). Es handelt sich dabei aber, wie oben bereits dargestellt,[247] um keine Bezeichnung bzw. Fallgruppe mit scharfen Konturen.

Im folgenden werden die allgemeinen dogmatischen Besonderheiten des japanischen Deliktsrechts und die Möglichkeiten seiner Anwendung im Rahmen von Verbrauchergeschäften dargestellt. Anschließend wird die Anwendung des Deliktsrechts durch die Gerichte anhand von Beispielen verdeutlicht.

*1. Voraussetzungen und Rechtsfolgen eines deliktsrechtlichen Anspruchs*

Die zentralen Anspruchsgrundlagen im japanischen Deliktsrecht sind die Artt. 709, 715, und 719 ZG. In Art. 709 ZG ist ein allgemeiner Deliktstatbestand, ähnlich dem in Art. 1382 des französischen *Code Civil,* normiert. Die französische Norm diente der Gesetzgebungskommission im Zusammenhang mit der Ausarbeitung des Zivilgesetzes im 19. Jahrhundert als Vorlage bei der Abfassung des Art. 709 ZG.[248] Dagegen sind die Art. 715 und Art. 719 ZG, auf den ersten Blick erkennbar, stark von den Entwürfen zum BGB beeinflußt worden. Art. 715 ZG enthält eine Vorschrift über die Haftung des Geschäftsherrn für den Verrichtungsgehilfen, und Art. 719 ZG bestimmt die Haftung von Mit-

---

rechtler dar, die sich zur Erörterung dieser Thematik in einer Forschungsgruppe zusammengefunden haben. Viele Teilnehmer waren zugleich Referenten auf der jährlichen Tagung der wissenschaftlichen Vereinigung japanischer Privatrechtler (*Shihō Gakkai*) im Jahre 1996, die in jenem Jahr ihren thematischen Schwerpunkt auf dieses Thema gelegt hat. Bisher gibt es aber noch keine umfassende anerkannte Ordnung der deliktsrechtlichen Dogmatik im Hinblick auf die Rechtspraxis in bezug auf diese Fallgruppe.

[247] Kapitel 2 B V 1 c.
[248] H.P. MARUTSCHKE (1999) 182; A. GRUBER (2000) 49. Sie stammt nämlich aus dem ersten Gesetzesentwurf zum ZG (vgl. N. SEGAWA (1998) 560), der federführend von *Gustave Emile Boissonade* ausgearbeitet, aber vom Gesetzgeber schließlich in weiten Teilen verworfen wurde. Dieser Entwurf wird als „ZG alter Fassung" (*kyū minpō*) bezeichnet; hierzu H.P. MARUTSCHKE. (1999) 89 ff.; G. RAHN (1990) 91 ff.

tätern, Anstiftern und Gehilfen bei der unerlaubten Handlung sowie die Haftung von Beteiligten bei Zweifeln über die Urheberschaft des entstandenen Schadens.[249]

Daneben spielen noch der besondere Anspruch aus Art. 710 ZG für den Ersatz von Nichtvermögensschäden und die speziellen Haftungsnormen für die Haftung von Geschäftsleitungsorganen (*kikan*) und Funktionsträgern (*yakuin* bzw. zusammengenommen *yakuin-tō*)[250] bei der Aktiengesellschaft und der GmbH[251] sowie von geschäftsführenden Gesellschaftern bei Anteilsgesellschaften[252,253] und bei der LLP (Art. 18 LLP-Gesetz) gegenüber Dritten eine gewisse Rolle.

*a) Art. 709 ZG als zentrale Anspruchsgrundlage des Deliktsrechts: Wandel im Verständnis und in der Interpretation der Norm*

Von besonderer Bedeutung im japanischen Deliktsrecht ist die Grundnorm Art. 709 ZG, die einen allgemeinen, weiten Haftungstatbestand vorsieht. Die Bejahung der Haftung nach Art. 709 ZG eines an einer unerlaubten Handlung Beteiligten ist zugleich Voraussetzung für eine Haftung auch aus Art. 710 ZG sowie für die Haftung weiterer beteiligter Personen nach den Artt. 715 und 719 ZG. Die Haftungsvoraussetzungen nach Art. 709 ZG bilden zudem einen wichtigen Maßstab für die deliktsrechtliche Haftung aus den oben erwähnten handelsrechtlichen Spezialtatbeständen. Art. 709 ZG lautet:

*Wer vorsätzlich oder fahrlässig das Recht oder das rechtlich geschützte Interesse eines anderen verletzt, ist zum Ersatz des daraus entstandenen Schadens verpflichtet.*

Die entscheidende Voraussetzung für einen Schadensersatzanspruch nach Art. 709 ZG ist das Vorliegen einer „Rechtsverletzung" (*kenri shingai*) oder einer „Interessenverletzung", wobei das Schutzgut des „rechtlich geschützten Interesses" (*hōritsu-jō hogo sareru rieki*) erst nachträglich durch Reform des Zivilgesetzes im Jahre 2004 dem Gesetzestext hinzugefügt wurde. Im Laufe eines Jahrhunderts nach Inkrafttreten des ZG hatte sich die Interpretation des Tatbestandsmerkmals „Rechtsverletzung" durch Rechtsprechung und Lehre

---

[249] Zu den Grundlagen des japanischen Deliktsrechts umfassend T. IKUYO / S. TOKUMOTO (1993); Y. HIRAI (1992); T. MAEDA (1980); T. UCHIDA (1997) 299-508; I. KATŌ (1974); Y. SHIOMI (1999b).

[250] Zum Begriff der Organe bei der AG nach der anstehenden Gesellschaftsrechtsreform siehe Artt. 326-328 GesG, wozu auch Gremien wie der Verwaltungsrat gehören, die bei der Betrachtung hier aber ausgeklammert werden müssen. Zum Begriff der Funktionsträger siehe Artt. 329 I, 423 I GesG.

[251] Artt. 266-3, 280 HG; Artt. 10, 11, 18-4, 21-22, 21-23 RePrüfG, Art. 30-3 GGmbH; ab Inkrafttreten des Gesellschaftsgesetzes im Jahre 2006 nach Art. 429 GesG.

[252] Die man wegen der Vollrechtsfähigkeit der Anteilsgesellschaften als juristische Personen auch als Organe bzw. Geschäftsleitungsorgane bezeichnen kann.

[253] OHG, KG, LLC: Art. 597 GesG (ab Inkrafttreten des GesG im Jahre 2006).

erheblich verändert. Dieser Entwicklung ist der Gesetzgeber durch Änderung des Gesetzeswortlauts gefolgt, wobei er lediglich das gewachsene und mittlerweile allgemein anerkannte weite Verständnis des Tatbestandsmerkmals „Rechtsverletzung" nachträglich billigte und angemessen in der Norm zum Ausdruck brachte. Während die „Rechtsverletzung" von Rechtsprechung und Lehre noch zu Beginn des zwanzigsten Jahrhunderts unter dem Einfluß von Vertretern der deutschen Rechtsschule dem Wortlaut nach sehr eng ausgelegt wurde,[254] hat sich das Verständnis seit Mitte der 1920er Jahre nach und nach gewandelt.[255]

Zweite Voraussetzung für einen Anspruch aus Art. 709 ZG ist das Verschulden des Schädigers, und drittens ist ein kausal durch die Rechtsverletzung entstandener Schaden des Anspruchstellers erforderlich.[256]

aa) Von der Rechtsverletzung zur Interessenverletzung

In einer bekannten Entscheidung des Reichsgerichtshofs aus dem Jahre 1914 wurde die Delikthaftung bei der Verletzung eines urheberrechtlichen Interesses noch mit der Begründung abgelehnt, daß es sich hierbei nicht um die Verletzung eines Rechts im Sinne von Art. 709 ZG handele.[257] Als geschützte Rechte wurden nur solche angesehen, die durch Gesetze als solche ausdrücklich bezeichnet werden, was hier bei enger Auslegung nicht der Fall war. Etwa zehn Jahre später allerdings wurde mit einer neuen Rechtsprechung des Reichsgerichtshofs im sogenannten „*Daigaku-Yu* Fall"[258] eine neue Entwicklung angestoßen, die zum Ergebnis hatte, daß seither zu den durch Art. 709 ZG geschützten „Rechten" über eindeutig anerkannte geschriebene Rechte hinaus auch alle „rechtlich schützenswerten Interessen einer Person" zu zählen sind. Diese Interpretation ist mittlerweile in Rechsprechung und Literatur weithin anerkannt.[259]

---

[254] T. UCHIDA (1997) 333.

[255] Zur Entwicklung und zum Wandel im Verständnis und in der Interpretation der Norm ausführlich N. SEGAWA (1998), zum Tatbestandsmerkmal „Rechtsverletzung" insbesondere 562-564, 585-590; vgl. auch T. UCHIDA (1997) 332 ff.; T. IKUYO / S. TOKUMOTO (1993) 59 ff.

[256] Daneben sind noch die Voraussetzungen der grundsätzlichen Verschuldensfähigkeit des Schädigers und das Fehlen von Rechtfertigungsgründen zu nennen, die aber in unserem Zusammenhang regelmäßig keine Rolle spielen. Die einzelnen Tatbestandsmerkmale sind aufgelistet bei T. UCHIDA (1997) 307.

[257] Entscheidung des RGH vom 4.7.1914, Keiroku 20, 1360; auch als „*Kumouemon*-Fall" bekannt. Der Fall betraf eine Art Urheberrechtsverletzung durch die nicht genehmigte Aufnahme und den Vertrieb eines Musikstücks auf einer Schallplatte, das einem bestimmten Künstler zugeschrieben wird. Vergleiche auch die Ausführungen und Nachweise bei P. EUBEL (1980) 68.

[258] Entscheidung des RGH vom 28.11.1925, Minshū 4, 706. Der zugrunde liegende Fall behandelte eine Schadensersatzklage eines ehemaligen Mieters gegen den Vermieter eines Gebäudes, das in der Nähe der staatlichen Universität Kyōto (*Kyōto Daigaku*) gelegen war und in dem der Mieter über viele Jahre ein öffentliches Bad betrieben hatte. Der Vermieter hatte ihm untersagt, den Namen des Geschäfts an einen Dritten zu veräußern.

[259] Vgl. E. HOSHINO (1987) 67-68 m.w.N.; T. UCHIDA (1997) 332; A. GRUBER (2000) 59.

Vor allem im Zusammenhang mit der Frage, inwieweit das japanische Deliktsrecht den Schutz der rechtsgeschäftlichen Entscheidungs- und der Willensfreiheit zu schützen vermag, ist von besonderer Bedeutung, daß als ein im Rahmen von Art. 709 ZG schützenswertes Interesse von einem Teil der Rechtsprechung und Literatur ausdrücklich ein *Interesse an einer freien und unbeeinflußten Entscheidung* (*jiyū na handan no rieki*) zum Abschluß eines Vertrages anerkannt wird. Dies wird mitunter als vom allgemeineren „Selbstbestimmungsrecht" (*jiko kettei-ken*)[260] oder als von dem Interesse der „berechtigten Erwartung" (*kitai-ken*)[261] umfaßt angesehen, teilweise aber wird ein solches Interesse auch ganz allgemein als Ausprägung des Rechts auf persönliche Freiheit verstanden.[262]

Daneben werden als geschützte Interessen von einigen auch einfach das „wirtschaftliche Interesse" (*keizaiteki rieki*) bzw. das „Geschäftsinteresse" (*torihiki rieki*) und das „Vermögensinteresse" angeführt.[263] Würde man diese Interessen in einem umfassenden Sinne als geschütze Interessen allgemein anerkennen, so ergäbe sich daraus ein sehr weiter Anwendungsbereich des japanischen Deliktsrechts, worunter auch verschiedene Pflichtverletzungen im Rahmen von Vertragsbeziehungen fallen können.

Der Umfang der vom allgemeinen Deliktsrecht nach allgemeiner Auffassung in Lehre und Rechtsprechung geschützten Rechte und Interessen hat sich somit über die Jahrzehnte hinweg erheblich ausgedehnt. Er ist aber nach wie vor nicht abschließend festgelegt.

bb) Die Bedeutung der Rechtswidrigkeit im Rahmen von Art. 709 ZG

Außer der Diskussion um die Auslegung des Tatbestandsmerkmals „Rechtsverletzung" ist eine zweite Entwicklungslinie für das gegenwärtige Verständnis des Deliktsrechts von großer Bedeutung. Neben der Rechtsverletzung ist heute die „Rechtswidrigkeit" (*ihōsei*) der Handlung des Schädigers eine wesentliche Voraussetzung für einen Anspruch des Geschädigten aus Art. 709 ZG. Dabei handelt es sich um ein ungeschriebenes Tatbestandsmerkmal. Die Diskussion um die Voraussetzung der Rechtswidrigkeit der Handlung wurde angestoßen durch den berühmten japanischen Rechtswissenschaftler *Hiroshi Suekawa* mit seiner im Jahre 1930 veröffentlichten Schrift „*Kenri shingai-ron*" (Die Lehre von der Rechtsverletzung), in der er dafür plädierte, das Tatbestandsmerkmal „Rechtsverletzung" im Sinne von „Rechtswidrigkeit" zu interpretieren.[264]

---

[260] S. NISHIGORI (1996) 88-91; H. DŌGAUCHI (1996a) 139; aus der Rechtsprechung vgl. zum Beispiel das Urteil des DG Yokohama vom 18.12.1987, in: Hanrei Jihō Nr. 1284, 118, 124-126; Urteil des DG Nagoya vom 15.8.1989, in: Hanrei Jihō Nr. 1345, 106, 113.
[261] M. TAKAHASHI (1996) 143.
[262] So T. MATSUMOTO (1993) 14-15 unter Hinweis auf die Entscheidung des DG Hiroshima („Belgische Diamanten-Fall") vom 25.3.1991, in: Hanrei Taimuzu Nr. 858, 202-217.
[263] Vgl. N. SEGAWA (1998) 602 ff; T. MATSUMOTO (1993) 12; genauer wird das Vermögensinteresse dort einfach mit „Geld" (*kinsen*) bezeichnet.
[264] T. UCHIDA (1997) 333; siehe hierzu ferner T. IKUYO / S. TOKUMOTO (1993) 62 f.

*Suekawa* ist sehr durch seine Studien des deutschen Zivilrechts beeinflußt gewesen.

Die Diskussion um die Rechtswidrigkeit wurde in der Folgezeit von vielen japanischen Juristen aufgegriffen und hat einen bedeutenden Einfluß auf den Wandel in der Interpretation des Art. 709 ZG gehabt.[265] Von besonderer Bedeutung ist insbesondere die von dem Zivilrechtler *Sakae Wagatsuma* entwickelte Lehre, daß sich das Vorliegen der Rechtswidrigkeit nach der Korrelation zwischen dem verletzten, geschützten Interesse und der Art und Weise der schädigenden Handlung zu beurteilen habe (*sōkan kankei setsu*), die er erstmals in der frühen Nachkriegszeit vorgestellt und die große Beachtung in Lehre und Rechtsprechung gefunden hat. Diese Rechtswidrigkeitslehre wird heute vielfach – obwohl umstritten – noch als herrschend bezeichnet.[266]

In der gegenwärtigen Rechtsprechung zum Deliktsrecht wird der Begriff „Rechtswidrigkeit" allerdings kaum noch im Sinne dieser Theorie verwendet.[267] Dies ist insbesondere in Fällen zu beobachten, die die Fallgruppe der unerlaubten Handlungen im Geschäftsverkehr betreffen.[268] In diesen Fällen ist der Maßstab der Rechtsprechung zur Beurteilung der Rechtswidrigkeit unklar.[269] Analysiert man die Rechtsprechung etwas genauer, wird die Rechtswidrigkeit in der überwiegenden Zahl solcher Fälle von den Gerichten im Sinne eines sehr allgemeinen, unbestimmten Bewertungsmaßstabs zur Beurteilung, *ob unter Billigkeitsgesichtspunkten eine Haftung aus Delikt anzuerkennen ist*, verwendet.[270]

Aber auch darüber hinaus wird die Rechtswidrigkeit in der Rechtsprechung auf zahlreichen Anwendungsfeldern des Deliktsrechts seit Ende der 1970er Jahre immer mehr zum bestimmenden Kriterium bei der Beurteilung, ob ein Schadensersatzanspruch aus Art. 709 ZG besteht oder nicht.[271]

cc) Rechtswidrigkeit
  und die Berücksichtigung verschiedener Pflichtverletzungen

Eine Analyse der Rechtsprechung zur Deliktshaftung im Geschäftsverkehr im Zusammenhang mit Verbrauchergeschäften ergibt zu den Voraussetzungen der Deliktshaftung folgendes Bild.[272] Ob eine Person wegen einer unerlaubten

---

[265] T. UCHIDA (1997) 333 ff.; ein Abriß der Entwicklung insbesondere bei T. IKUYO / S. TOKUMOTO (1993) 62 ff.; N. SEGAWA (1998) 585-598, 625-628.
[266] Vgl. T. UCHIDA (1997), 333-334; T. IKUYO / S. TOKUMOTO (1993) 62-63; P. EUBEL (1980) 69-70; H.-P. MARUTSCHKE (1999) 183-185.
[267] T. UCHIDA (1997) 334-335.
[268] Vgl. insbesondere die Ausführungen von N. SEGAWA (1998) 585-598, 625-628.
[269] N. SEGAWA (1998) 590.
[270] Siehe unten die Fallanalyse unter 2.
[271] E. HOSHINO (1987) 69-70; N. SEGAWA (1998) 576-584; 585 ff. 625-628.
[272] Vgl. nachfolgend die Fallanalyse unter 2. So auch bereits M. DERNAUER (2002/2003) (7) 659-667; (8) 807-815. Bei den folgenden Ausführungen handelt es sich um einen Versuch, die Anwendung des Deliktsrechts in der japanischen Rechtspraxis, ausgehend von der Fallanalyse unter 2 und bezogen auf die Fallgruppe der „unerlaubten Handlung im Geschäftsverkehr", zu ordnen. Der Bezug zwischen Rechtspraxis und der herkömmlichen Dogmatik des

Handlung im Geschäftsverkehr haftet, betrifft häufig nicht nur die Frage, ob eine einzelne deliktische Pflichtverletzung begangen worden ist, sondern auch, ob das *Gesamtverhalten als „rechtswidrig"* zu beurteilen ist. Es muß daher zwischen zwei Bewertungsebenen unterschieden werden; anders ausgedrückt, der Maßstab der „Rechtswidrigkeit" ist zweidimensional.

Die Rechtswidrigkeit wird erstens zur Beurteilung verschiedenartiger Einzelhandlungen als *relevante Pflichtverletzungen* verwendet, die in eine abschließende Gesamtbewertung einfließen. Ob eine einzelne Pflichtverletzung vorliegt, richtet sich nach den konkreten Umständen im Einzelfall, auch nach den Kenntnissen und Erfahrungen der Geschäftspartner. Hier existiert demnach ein erster Filter. Auch bei Bejahung einer einzelnen Pflichtverletzung führt das noch nicht unbedingt zur Haftung aus Art. 709 ZG.

Zusätzlich prüft der Richter in einem zweiten Schritt noch einmal in einer Art Gesamtschau aller Einzelumstände, ob die Anerkennung einer deliktsrechtlichen Haftung auch tatsächlich angemessen ist. Dabei werden nicht nur alle einzelnen Pflichtverletzungen in die Überlegung einbezogen, sondern auch die Kenntnisse, Erfahrungen, Umstände und das Verhalten des Geschädigten (Verbrauchers). Neben rechtlichen Wertungen fließen hier auch unbestimmte sittliche Wertentscheidungen in die Gesamtbeurteilung mit ein. Dies stellt einen zweiten Filter dar.[273]

Der Haftungsmaßstab der Rechtswidrigkeit im Rahmen von Art. 709 ZG ist folglich einerseits sehr flexibel, andererseits ist er aber auch äußerst unbestimmt. Ob somit eine Haftung aus dem allgemeinen Deliktsrecht besteht, beurteilt sich vielfach erst nach einer Gesamtschau aller Einzelumstände. Zahlreiche Typen von Pflichtverletzungen aber, die in der Regel einen maßgeblichen Einfluß darauf haben, ob ein Anspruch aus Art. 709 ZG von den Gerichten anerkannt wird, können identifiziert werden und werden im folgenden dargestellt. Der zweidimensionale Haftungsmaßstab der Rechtswidrigkeit gilt nicht nur für Geschäftsbeziehungen zwischen Verbrauchern und Unternehmern, findet aber in der Regel nur dann Anwendung, wenn zwischen den Vertragspartnern bzw.

---

Deliktsrechts in diesem Bereich wird in der japanischen Literatur bisher nur unzureichend zusammengefaßt und geordnet. Offenbar bestehen große Schwierigkeiten, die neue Entwicklung in der Rechtsprechung in Einklang mit der bisherigen Lehre des Deliktsrechts zu bringen und zu erklären. Auf eine Quelle im Schrifttum, die eine ähnliche Darstellung enthält, kann daher nicht verwiesen werden. Allenfalls Einzelaspekte dessen werden in der Literatur ausführlicher erörtert. Die japanische Rechtswissenschaft steht hier vor einem großen Problem der Diskrepanz zwischen Rechtspraxis und traditioneller Rechtslehre sowie Rechtsdogmatik. Der Versuch einer umfassenden Ordnung dieser Fallgruppe im Zusammenhang mit Verbrauchergeschäften findet sich jetzt auch bei NIHON BENGOSHI RENGŌ-KAI (2005b) 107 ff.

[273] Zur Rechtswidrigkeit insbesondere bei Finanz- und Finanzanlagegeschäften siehe T. SAKURAI / T. UEYANAGI / Y. ISHITOYA (2002) 140 ff; zur Rechtswidrigkeit, insbesondere im Zusammenhang mit Verbrauchergeschäften, jetzt auch NIHON BENGOSHI RENGŌ-KAI (2005b) 116-118.

den unmittelbar Handelnden ein *markantes Kräfte- und Informationsungleichgewicht* besteht.[274]

(i) Unfaire Vertragsabschlußbedingungen 1:
Aufklärungspflichtverletzungen im Stadium der Vertragsanbahnung

Aufklärungspflichtverletzungen im Stadium der Vertragsanbahnung können in Japan zu einer Haftung aus Art. 709 ZG führen.[275] Unter Aufklärungspflichtverletzungen sind auch hier sowohl die *unzureichende Aufklärung* als auch die *Mitteilung falscher oder irreführender Informationen* gegenüber dem Kontrahenten anzusehen, und zwar auch infolge von Fahrlässigkeit.[276]

Voraussetzung für die Anerkennung einer Aufklärungspflichtverletzung ist, daß zwischen den Vertragspartnern ein ausgeprägtes Ungleichgewicht an Informationen und Geschäftserfahrung und eine dadurch bedingte Aufklärungspflicht eines Vertragspartners besteht, gegen die verstoßen wurde. Das Ungleichgewicht ist besonders zur Begründung von ungeschriebenen positiven Aufklärungs- bzw. Informationspflichten aus Treu und Glauben von Bedeutung. Inwieweit solche individuellen Informationspflichten tatsächlich bestehen, hängt von der jeweiligen Situation im Einzelfall ab. Dieser Zusammenhang tritt nicht so deutlich für die Anerkennung einer Pflichtverletzung wegen irreführender oder falscher Information hervor, besteht aber auch in diesen Fällen.[277]

Vor allem bei Finanzanlagegeschäften wird von der Rechtsprechung mittlerweile häufig eine Schadensersatzpflicht aus Art. 709 ZG wegen unzulässiger Falschinformation oder wegen unzureichender Aufklärung des Vertragspartners im Vorfeld des Vertragsschlusses über die Art des Anlageinstruments, die Geschäftsabläufe und die mit dem Geschäft verbundenen Risiken anerkannt, auch ohne daß eine gesetzliche Konkretisierung der Aufklärungspflichten bestünde. Auch aus dem Bereich der Arzthaftung sind zahlreiche Fälle bekannt.[278]

Hingegen sind im Umfang gesetzlich konkretisierte, positive *zivilrechtliche* Aufklärungspflichten oder Verbote der irreführenden oder falschen Information

---

[274] Allgemein zur Anwendung des Deliktsrechts auf vertragliche Rechtsbeziehungen siehe insbesondere S. YAMADA (1996); M. IWAMOTO (1992); K. YAMAMOTO (1999) 159-166.

[275] A. KUBOTA (2001) 78; N. SEGAWA (1998) 585-588, 590.

[276] Zur Haftung von Unternehmern aus Delikt wegen Aufklärungspflichtverletzungen, insbesondere bei Finanz- und Finanzanlagegeschäften, vgl. T. SAKURAI / T. UEYANAGI / Y. ISHITOYA (2002) 149 ff., 242 ff, 254-291, 306-312, 318-330; zur Haftung wegen unzulässiger Beeinflussung im Stadium der Vertragsanbahnung im allgemeinen, ebenda, 140-148, 300-303.

[277] Vgl. dazu insgesamt insbesondere M. YOKOYAMA (1996); man kann dies etwa als Beeinträchtigung des Urteilsvermögens interpretieren; so formuliert bei N. SEGAWA (1998) 590.

[278] T. UCHIDA (1997) 27-29; Y. HASHIMOTO (1996) 148-149, 153-154. Zur Schadensersatzpflicht wegen fehlerhafter Aufklärung bei Finanzanlagegeschäften siehe vor allem T. SHIMIZU (1999) 1-42, 116-125, 187-363. Zu den Aufklärungs- und Informationspflichten bei Finanzgeschäften siehe S. YAMADA (1999). Zur zivilrechtlichen Haftung für Verluste bei Finanzanlagegeschäften allgemein, Y. SHIOMI (1998); T. SAKURAI / T. UEYANAGI / Y. ISHITOYA (2002), siehe Angaben in Fn. 276.

vor Vertragsabschluß selten. Als Beispiele hierfür können die Regelungen in Art. 3 FpHG, Art. 218 WarenbörsenG und (eventuell) in Artt. 3, 4 VerbrVG angesehen werden. Seit der Reform des HGG im Jahre 2004 haben auch die Verbote in den Artt. 6 I und II, 21 I und II, 34 I und II, 44 I und II sowie 52 I HGG einen zivilrechtlichen Charakter erhalten. Die genannten Gesetze sehen aber jeweils besondere eingeständige Rechtsfolgen im Falle eines Normverstoßes vor; eine darüber hinausgehende Haftung aus Delikt ist fraglich. Allerdings sehen einige Untergerichte z.b. die *Bemühungspflicht* zur Aufklärung des Verbrauchers in Art. 3 VerbrVG wie eine normale Aufklärungspflicht an und sprechen dem Verbraucher bei einem Verstoß hiergegen einen Schadensersatzanspruch gegen den Unternehmer zu.[279]

In den vergangenen Jahren ist zu beobachten, daß der Gesetzgeber zunehmend auch allgemeine vorvertragliche *verwaltungsrechtliche* Aufklärungspflichten (*setsumei gimu*) einführt, so etwa in 12-4 RGG für Reiseverträge. Ein Verstoß hiergegen hat zwar grundsätzlich unmittelbar nur verwaltungsrechtliche oder strafrechtliche Bedeutung, kann aber jedenfalls zumindest mittelbar als Pflichtverletzung in der Form eines Gesetzesverstoßes im Rahmen des Deliktsrechts Bedeutung erlangen. Ob die Gerichte solche gesetzlichen Aufklärungspflichten dagegen künftig auch als zivilrechtliche Aufklärungspflichten anerkennen, bleibt abzuwarten.

(ii) Unfaire Vertragsabschlußbedingungen 2:
Vorsätzliche Aufklärungspflichtverletzungen und „betrügerische Geschäfte"
Eine Unterscheidung zwischen vorsätzlichen und fahrlässigen Aufklärungspflichtverletzungen ist im Rahmen der Delikthaftung nur von geringer Bedeutung, da grundsätzlich beide Fälle zu einer Schadensersatzpflicht führen können. Im praktischen Sprachgebrauch findet sich zur Bezeichnung von unlauteren Geschäftspraktiken häufig die unscharfe Bezeichnung „betrügerisch" (*gimanteki* bzw. *sagiteki*), ohne daß letztlich geklärt wird und auch nicht geklärt werden muß, ob es sich in dem konkreten Falle um einen vorsätzlich begangenen Betrug im strafrechtlichen Sinne (Art. 246 StrG) gehandelt hat oder nicht. Bedeutung kann die Unterscheidung zwischen Vorsatz und Fahrlässigkeit aber für das abschließende Rechtswidrigkeitsurteil haben. Handelt es sich eindeutig um einen Fall des vorsätzlichen Betruges, kann die Rechtswidrigkeit der Handlung unmittelbar bejaht werden. In diesen Fällen hat der getäuschte Vertragspartner im übrigen auch regelmäßig die Möglichkeit, den Vertrag nach Art. 96 ZG anzufechten. Zu berücksichtigen ist aber, daß die Bezeichnung „betrügerisch" in der japanischen Literatur nicht immer nur auf das Vorliegen bestimmter Aufklärungspflichtverletzungen vorvertraglicher

---

[279] Vgl. DG Ōtsu vom 3.10.2003, in: Shōhisha-hō Nyūsu Sokuhō Nr. 718, K. NAGANO (2004) 56.

oder vertraglicher Art hinweist. Häufig wird hierdurch auch ein *inhaltlich unlauteres Geschäftskonzept* bezeichnet.[280]

In vielen wirtschaftsverwaltungsrechtlichen Gesetzen finden sich für bestimmte Geschäfte zahlreiche, oben bereits angesprochene öffentlich-rechtliche Bestimmungen zum Schutz des Verbrauchers[281] vor bestimmten Typen von Aufklärungspflichtverletzungen im Stadium der Vertragsanbahnung. Eine Handlung, die gegen eine solche Bestimmung verstößt, stellt mittelbar in Form des Gesetzesverstoßes[282] eine relevante Pflichtwidrigkeit im Rahmen des Deliktsrechts dar. Einige der in diesem Zusammenhang existierenden sanktionsbewehrten Ge- und Verbotsnormen sind dem Betrugstatbestand sehr ähnlich. Dazu gehören die Verbote der Mitteilung falscher bzw. irreführender Tatsachen oder des Verschweigens wichtiger Tatsachen durch den Unternehmer oder seine Hilfspersonen (sog. *fujitsu kokuchi* bzw. *fu-kokuchi no kinshi*).[283] Ferner sind in diesem Zusammenhang die Bestimmungen über verwaltungsrechtliche, meist schriftliche Aufklärungspflichten (*shomen kōfu gimu*) des Unternehmers[284] sowie insbesondere die im Zusammenhang mit risikoreichen Finanzanlagegeschäften bestehenden Verbote des Werbens von Kunden zum Erwerb eines Finanzprodukts durch Abgabe einer irreführenden, bestimmenden Prognose (*danteiteki handan*) über die Gewinnaussichten oder durch unbillige, irreführende Zusicherung der Vorteilhaftigkeit (*rieki no hoshō*) der Investition von Relevanz.[285] Bei dem Verstoß eines Unternehmers oder einer seiner Hilfspersonen gegen eine solche Norm drohen beiden vor allem verwaltungsrechtliche und/oder strafrechtliche Sanktionen. Dabei ist Vorsatz des Täters nur für das Verhängen einer strafrechtlichen Sanktion erforderlich, nicht dagegen für eine verwaltungsrechtliche.[286] Zur Berücksichtigung des Normverstoßes als rechtswidrige Pflichtverletzung reicht ebenfalls grundsätzlich, soweit die Norm selbst nicht ausdrücklich Vorsatz verlangt, fahrlässige Begehung der Tat aus. Eine solche Ausnahme stellt der Tatbestand des Verschweigens wichtiger Tatsachen dar, der selbst ausdrücklich vorsätzliches Handeln voraussetzt.

---

[280] Siehe etwa die Erläuterung zur Bezeichnung als „betrügerisches Geschäft" (*sagiteki torihiki*) bei K. YAMAMOTO (1999) 160 unten, sowie die dort auf den nachfolgenden Seiten beschriebenen Fälle aus der Rechtspraxis.

[281] Oben unter I 2 d, I 3 d und vor allem unter III 3 c aa.

[282] Dazu allgemein unter v.

[283] Vgl. z.B. Art. 6 I HGG (Haustür- und Vertretergeschäfte), Art. 21 I HGG (Telefongeschäfte); in den Übersichten in Kapitel 4 A I sind die wesentlichen Bestimmungen im einzelnen aufgelistet.

[284] Die bestehenden Normen sind unten in Kapitel 4 A I aufgelistet.

[285] Vgl. z.B. Art. 214 Nr. 1 und Nr. 2 Warenbörsengesetz und Art. 10 Nr. 1 und Nr. 2 AWarenterminGG; die angeführten Vorschriften betreffen jeweils Geschäfte über die Vermittlung von Warenterminkontrakten; weitere Beispiele unter Kapitel 4 A I.

[286] Ausführlich unter Kapitel 4 A I.

(iii) Unfaire Vertragsabschlußbedingungen 3:
Unzulässiges Bedrängen des Vertragspartners beim Abschluß des Vertrages

Ein weiteres Problem der unzulässigen Beeinflussung des Vertragspartners im Stadium der Vertragsanbahnung, das zu einem unerwünschten Vertrag führen kann, ist das Drängen zum Vertragsabschluß durch physische oder psychische Einflußnahme. In Extremfällen kann der Vertrag dann entweder nach Art. 96 ZG wegen „Drohung" auch anfechtbar sein oder gar mangels Willenserklärung als nicht zustande gekommen angesehen werden. Wenn das unbillige Bedrängen zugleich eine vorsätzliche Nötigung (Art. 223 StrG, *kyōyō-zai*) nach dem Strafgesetz darstellt, ist im Regelfall auch die deliktsrechtliche Rechtswidrigkeit zu bejahen und einem Schadensersatzanspruch aus Art. 709 ZG stattzugeben.

Meist kommen in der Praxis aber Fälle der unbilligen Beeinflussung des Vertragspartners vor, die diesen Grad nicht erreichen oder die Tatbestandsmerkmale nicht erfüllen. Es ist vorstellbar, daß Unternehmer oder deren Hilfspersonen gegenüber dem Kunden besonders aufdringlich für den Abschluß des Vertrages werben, ihn einschüchtern oder sonst unangemessen bedrängen. Inwieweit ein solches Verhalten in Japan eine deliktsrechtliche Pflichtverletzung darstellt, ist unklar und hängt vor allem vom jeweiligen Einzelfall ab. Theoretisch ist der Maßstab der Rechtswidrigkeit so flexibel, daß ein solches Verhalten im konkreten Fall als Pflichtverletzung im Rahmen von Art. 709 ZG gewertet werden könnte. In der Praxis allerdings lassen sich derartige Urteile kaum finden.[287] Allenfalls in Extremfällen der unzulässigen Einwirkung auf den Vertragspartner bei Vertragsabschluß erklären japanische Gerichte den Vertrag wegen Sittenwidrigkeit (Art. 90 ZG) für nichtig und erkennen zusätzlich eine Haftung aus Delikt an.[288] Meist erfordert das zudem ein bewußtes Ausnutzen der Unerfahrenheit oder Willensschwäche des Vertragspartners sowie zusätzlich auch inhaltliche Mängel des Vertrages, z.B. daß das Geschäft vom Konzept her insgesamt unlauter erscheint.[289]

---

[287] A. KUBOTA (2001) 78. Der Autor zitiert als Beispiel lediglich ein Gerichtsurteil des DG Akita vom 27.6.1985 (Hanrei Jihō Nr. 1166, 148). Dort wurde die Delikthaftung eines Unternehmers gegenüber einem Verbraucher anerkannt. Allerdings stellt das Gericht dort auch gleichzeitig Aufklärungspflichtverletzungen im Stadium der Vertragsanbahnung fest, rügt zudem den unbilligen Vertragsinhalt und erklärt den Vertrag in einer Gesamtschau der Umstände insgesamt wegen Sittenwidrigkeit bzw. Verstoßes gegen die öffentliche Ordnung für nichtig.

[288] Vgl. z.B. auch DG Tōkyō vom 10.11.1992, in: Hanrei Jihō Nr. 1479, 32; DG Ōsaka vom 28.2.1983, in: Hanrei Taimuzu Nr. 494, 116 (Berufungsurteil des OG Ōsaka vom 14.10.1983, in: Hanrei Taimuzu Nr. 515, 158; Revisionsurteil des OGH vom 29.5.1986, in: Hanrei Jihō Nr. 1196, 102); DG Kōbe vom 13.5.1983, in: Hanrei Taimuzu Nr. 503, 117; DG Ōsaka vom 30.5.1984, in: Sakimono Torihiki Hanreishū Band 4, 73. Alle genannten Fälle betreffen die Vermittlung von Warenterminkontrakten an Börsen bzw. börsenähnlichen Einrichtungen.

[289] Vgl. den in Fn. 287 zitierten Fall. Grundsätzlich kann ein Verstoß gegen Art. 90 ZG einen Anspruch nach Art. 709 ZG begründen; vgl. SHIN HANREI KONMENTĀRU MINPŌ (1993)

Auch bezüglich solcher Formen der unzulässigen Beeinflussung bestehen wiederum oben schon angesprochene öffentlich-rechtliche Verbotsbestimmungen. So wird bei verschiedenen Geschäften ein „unzulässiges Bedrängen" bzw. das „In-Verlegenheit-Bringen" des Kunden beim Abschluß des Vertrages durch den Unternehmer oder seine Hilfspersonen verboten (*ihaku no kinshi, konwaku wo saseru kinshi*).[290] Ein Verstoß gegen eine solche Norm kann wiederum mittelbar auch ein Kriterium für die Bejahung der abschließenden Rechtswidrigkeit sein und eine Grundlage für einen deliktsrechtlichen Schadensersatzanspruch aus Art. 709 ZG darstellen.[291]

Der deliktsrechtliche Schutz vor unerwünschten Verträgen, welche durch eine unzulässige physische oder psychische Beeinflussung zustande gekommen sind, ist im japanischen Recht insgesamt jedoch nur schwach ausgeprägt. Eine Ausnahme stellen lediglich die Fälle dar, in denen ein derartiges Verhalten durch Sondervorschriften verboten und mit einer strafrechtlichen und verwaltungsrechtlichen Sanktion bedroht wird.

(iv) Irreführende und übertreibende Werbung/
Falsche Produktkennzeichnungen

Die irreführende und übertreibende öffentliche Werbung für ein Produkt, die an die Allgemeinheit gerichtet ist, kann ähnlich wie die unzureichende oder irreführende Aufklärung vor Abschluß des Vertrages beim Verbraucher falsche Erwartungen gegenüber einem bestimmten Geschäft und Produkt wecken und daher aus Sicht des Verbrauchers Ursache für einen unerwünschten Vertrag sein. Gleiches gilt für die falsche und irreführende Produktkennzeichnung.

Es bestehen diesbezüglich zahlreiche Gesetze und Verordnungen, die ein derartiges Verhalten in bestimmter Ausprägung verbieten. Zu den wichtigsten Sondergesetzen, die auch den Verbraucherschutz bezwecken, gehören das Antimonopolgesetz, das Gesetz gegen unbillige Prämien und irreführende Angaben und die ergänzenden Verordnungen zu diesen Gesetzen.[292]

Darüber hinaus existieren in verschiedenen wirtschaftsverwaltungsrechtlichen Gesetzen, gesondert für einzelne Verbrauchergeschäfte, strafbewehrte verwaltungsrechtliche Verbote der irreführenden und übertreibenden öffentlichen Werbung (*kodai kōkoku no kinshi*) sowie spezielle Angabepflichten bei der Werbung, so etwa im Handelsgeschäftegesetz.[293] Diese Regelungen bezwecken

---

Band 9, Art. 709, 64; zu diesem Problem bereits oben unter III 2 b aa. Vgl. auch die oben in Fn. 288 genannten Urteile.

[290] Vgl. z.B. Art. 6 II HGG (bei Haustür- und Vertretergeschäften), Art. 21 II HGG (bei Telefongeschäften) etc.; im einzelnen siehe unten Kapitel 4 A I.

[291] Dazu unten v.

[292] Zum Schutz des Verbrauchers vor irreführender Werbung und Produktkennzeichnung durch diese beiden Gesetze siehe C. HEATH (2001a); C. HEATH (2001b) 199-220; H. IYORI / A. UESUGI / C. HEATH (1994) 63-70.

[293] Artt. 11, 12 HGG und Artt. 8 bis 11 DAVO HGG (Fernabsatzgeschäfte); Artt. 35, 36 HGG und 25 bis 27 DAVO HGG (Kettenabsatzgeschäfte), Art. 43 HGG und Art. 37 DAVO

## A. Regelungen im Zivilgesetz

unter anderem den individuellen Schutz von Verbrauchern, so daß einem Verstoß des Unternehmers hiergegen eine gewisse Bedeutung für das abschließende Rechtswidrigkeitsurteil im Rahmen des Art. 709 ZG zukommen kann. Allerdings wird ein einzelner Verstoß gegen eine solche Rechtsnorm nur ausnahmsweise einen Schadensersatzanspruch begründen. Darüber hinaus kann unabhängig von der Verletzung einer Rechtsnorm die irreführende Werbung, die zu einem unerwünschten und nachteiligen Vertrag geführt hat, eine Pflichtverletzung darstellen und daher unter bestimmten Umständen auch einen Schadensersatzanspruch aus Art. 709 ZG rechtfertigen.[294]

Zur Gewährleistung einer angemessenen Produktkennzeichnung gibt es ebenfalls weitere Sondergesetze, in denen die Kennzeichnung beispielsweise von Agrarprodukten,[295] von Haushaltselektrogeräten[296] und Industriewaren[297] gesondert geregelt ist. Diese Gesetze bezwecken nicht nur die angemessene Aufklärung des Verbrauchers über wichtige Produktinhaltsstoffe und Produkteigenschaften, in ihnen werden zudem Mindestsicherheitsstandards von Produkten festgelegt. Der Verstoß gegen eine in diesen Gesetzen enthaltene Vorschrift stellt zwar eine relevante Pflichtverletzung dar, führt aber normalerweise allein nicht zur Begründung eines deliktsrechtlichen Anspruchs und hat im übrigen auch nur geringes Gewicht. Allenfalls im Zusammenhang mit anderen gewichtigen Pflichtverletzungen kann eine Deliktshaftung begründet werden.

(v) Verletzung von Rechtsnormen

Bereits mehrfach unter (i) bis (iv) angesprochen wurde, daß ein Verstoß gegen bestimmte Rechtsnormen eine Pflichtverletzung und damit eine Grundlage für eine Haftung aus Delikt darstellen kann. Zu beachten ist, daß der Rechtsverstoß unmittelbar unter die allgemeine Norm Art. 709 ZG fällt; eine besondere Norm wie § 823 II BGB im deutschen Recht gibt es im japanischen Deliktsrecht nicht. Unter den Begriff Rechtsnorm fallen hier zumindest alle Regelungen in formellen und materiellen Gesetzen. Auch Satzungen der regionalen öffentlichen Gebietskörperschaften sind hierzu grundsätzlich zu zählen; allerdings lassen sich keine Gerichtsentscheidungen finden, in denen ein Schadensersatzanspruch aus Art. 709 ZG auf den Verstoß gegen eine solche Satzung gestützt wurde. Dagegen finden sich zahlreiche Gerichtsentscheidungen, in denen Ge-

---

HGG (spezifische Dienstleistungen); Artt. 53, 54 HGG und Artt. 40 bis 42 DAVO HGG (bei Geschäften über den Nachweis von Heim- und Gelegenheitsarbeit unter gleichzeitigem Verkauf von Waren); siehe auch unten Kapitel 4 A I.

[294] Vgl. S. ŌTSUKI (1998) 201-203, unter Hinweis auch auf ein Urteil des DG Ōsaka vom 4.9.1996; neben einer Haftung aus Delikt ist in Fällen der irreführenden Werbung auch die Anwendung von anderen Instrumenten des Zivilrechts denkbar wie z.B. die Anfechtung wegen Täuschung (Art. 96 ZG), hierzu S. ŌTSUKI (1998) 190-204. Vgl. auch A. ŌMURA (1998) 206-207 und die dort genannten Fälle.

[295] Landwirtschaftsstandardgesetz.

[296] Gesetz über die Qualitätskennzeichnung von Haushaltswaren.

[297] Industrienormengesetz.

richte als Pflichtverletzung auch Verstöße z.b. gegen Börsenordnungen und gegen Regeln des Verbandes der zugelassenen Börsenhändler zum Schutz von Privatanlegern gerügt haben, obwohl dort unklar ist, welchen Rechtscharakter diese Bestimmungen überhaupt haben und ob diesen Außenwirkung zukommt.[298] Grundsätzlich kann also jeder irgendwie relevante „Normverstoß" als Pflichtwidrigkeit und damit als ein Kriterium zur Bejahung eines Deliktsanspruchs angesehen werden.[299] Dabei gilt aber: Je höher eine verletzte Norm in der Normenhierarchie steht, desto bedeutsamer ist ein Verstoß. Ferner wiegt ein Verstoß gegen (auch) individualschützende Bestimmungen schwerer als gegen solche, auf die dies nicht zutrifft. Schließlich begründet ein einzelner Normverstoß allein allenfalls in Ausnahmefällen unmittelbar die (Gesamt-)Rechtswidrigkeit im Rahmen von Art. 709 ZG. Einzelne Rechtsverstöße fließen ebenso wie andere Pflichtverletzungen grundsätzlich nur als ein Rechtswidrigkeitselement in die Gesamtbeurteilung mit ein.[300]

Die relevanten Rechtsnormen müssen freilich nicht unbedingt konkret gefaßt und verbraucherschützend sein. Auch der Verstoß gegen eine Generalklausel wie z.B. Art. 90 ZG kann als Grundlage für einen Anspruch aus Art. 709 ZG dienen.[301] In zahlreichen Gerichtsurteilen wird daher ein Vertrag wegen Verstoßes gegen Art. 90 ZG für nichtig erklärt und gleichzeitig ein Anspruch auf Schadensersatz aus Delikt gewährt.[302] Wie oben bereits erwähnt, ist dabei in der Regel allerdings unklar, ob der Verstoß gegen Art. 90 ZG den Anspruch aus Delikt erst begründet oder ob nicht vielmehr die Kriterien zur Bejahung eines Anspruchs aus Delikt und der Feststellung der Sittenwidrigkeit des Vertrages weitgehend identisch sind.[303]

Im Zusammenhang mit dem Schutz des Verbrauchers vor unerwünschten Verträgen durch das Deliktsrecht sind vor allem Verstöße gegen die unter (ii) bis (iv) erwähnten öffentlich-rechtlichen sanktionsbewehrten Ge- und Verbote (Pflichten) zur Gewährleistung eines fairen Vertragsabschlusses sowie solche zur Förderung der angemessenen Vertragserfüllung bzw. Geschäftsdurchführung (unter vi) relevant.[304] Ein Verstoß gegen solche öffentlich-recht-

---

[298] Siehe unten die Rechtsprechung zu Warentermingeschäften unter 2 a.

[299] Wobei allerdings die Kriterien dafür, unter welchen Voraussetzungen ein Rechtsnormverstoß allein zur Delikthaftung führt, in Rechtsprechung und Literatur umstritten und *insgesamt unklar sind*; siehe zu dem Problem etwa K. YAMAMOTO (2000) 266-291 m.w.N.

[300] Zur Rechtswidrigkeit und der Verletzung von Rechtsnormen vgl. auch T. SAKURAI / T. UEYANAGI / Y. ISHITOYA (2002) 144-145.

[301] Nachweis in Fn. 289.

[302] Vgl. z.B. DG Tōkyō vom 10.11.1992, in: Hanrei Jihō Nr. 1479, 32; DG Ōsaka vom 28.2.1983, in: Hanrei Taimuzu Nr. 494, 116 (bestätigt durch OG Ōsaka vom 14.10.1983, in: Hanrei Taimuzu Nr. 515, 158 und OGH vom 29.5.1986, in: Hanrei Jihō Nr. 1196, 102, in der Berufung bzw. Revision); DG Kōbe vom 13.5.1983, in: Hanrei Taimuzu Nr. 503, 117; DG Ōsaka vom 30.5.1984, in: Sakimono Torihiki Saibanrei-shū IV, 73.

[303] Dazu bereits oben III 2 b aa

[304] Die wichtigsten verbraucherschützenden öffentlich-rechtlichen Bestimmungen, die auch im Rahmen des Deliktsrechts Bedeutung erlangen können, werden unten in Kapitel 4 behandelt.

lichen Normen hat aber in erster Linie verwaltungsrechtliche und/oder strafrechtliche, aber nicht unbedingt deliktsrechtliche oder sonstige zivilrechtliche Folgen.

Ein Verstoß gegen Bestimmungen, die bestimmte Verbrauchergeschäfte unter Strafandrohung vollständig verbieten, so etwa im Falle des bereits mehrfach erwähnten Verbots von „Schneeballgeschäften",[305] hat dagegen einiges Gewicht. Schließlich können natürlich auch Verstöße gegen Normen des Kernstrafrechts, z.B. durch Verwirklichung eines Betrugs, eine Haftung nach Deliktsrecht begründen.

(vi) Vertragliche Pflichtverletzungen

Die Anwendung des Deliktsrechts beschränkt sich nicht allein auf vorvertragliche Pflichtverletzungen, sondern kann sich auch auf vertragliche Pflichtverletzungen erstrecken, vor allem vertragliche Nebenpflichtverletzungen. Anders ausgedrückt, vertragliche Nebenpflichtverletzungen können zumeist gleichzeitig auch als deliktsrechtlich relevante Pflichtverletzungen angesehen werden. Dazu sind auch Aufklärungspflichtverletzungen nach Vertragsabschluß zu zählen.

Für vertragliche Pflichtverletzungen sind im Zivilgesetz eigentlich andere Rechtsinstitute vorgesehen: erstens die Haftung wegen Nichterfüllung (*saimu furikō*) aus Art. 415 ZG, wonach dem Geschädigten bei verschuldeter Unmöglichkeit, Verzug, Schlechterfüllung und bei sonstigen vertraglichen (Neben-)Pflichtverletzungen als Rechtsfolge ein Anspruch auf Schadensersatz und, in Verbindung mit Art. 541 ZG, unter bestimmten Bedingungen auch ein Recht zum Rücktritt vom Vertrag eingeräumt wird; zweitens steht bei einigen Vertragstypen wie dem Kaufvertrag oder dem Werkvertrag das besondere Rechtsinstitut der Gewährleistung für Sachmängel zur Verfügung.[306] Von besonderer Bedeutung ist hier vor allem die Konkurrenz des Schadensersatzanspruchs aus Art. 415 ZG zu dem aus Art. 709 ZG. Ansprüche aus diesen Normen können nebeneinander bestehen.

Da vertragliche und vorvertragliche Pflichtverletzungen also beide als deliktsrechtlich relevante Pflichtverletzungen in Betracht kommen, wird von den Gerichten bei der Anwendung des Deliktsrechts oft auch nicht mehr präzise zwischen beiden Formen unterschieden. Gelegentlich ist dann in der abschließenden Beurteilung einfach nur noch von Aufklärungspflichtverletzungen die Rede, und es sind dann damit vorvertragliche und vertragliche gemeint.[307]

---

[305] Art. 3 Schneeballgeschäfte-VerbotsG. Vgl. bereits oben III 2 b bb iii und unten 2 c.
[306] Im einzelnen hierzu z.B. Z. KITAGAWA / K. PILNY (1994) 312-331; O. KASAI (1996); T. ISOMURA (1992); T. SUGISHITA (1996), T. UCHIDA (1996) 99-166; T. UCHIDA (1997) 122-143.
[307] Siehe unten die Fallbeispiele unter 2.

Nach herrschender Meinung in Rechtsprechung und Literatur ist es möglich (sog. „Lehre der Anspruchskonkurrenz" (*seikyū-ken kyōgō setsu*))[308], Schadensersatzansprüche aus Delikt und wegen Nichterfüllung wahlweise geltend zu machen oder auch in einer Klage zu verbinden. In diesen Fällen sollten in der Klageschrift und im Urteil zwar noch beide Anspruchsgrundlagen genannt und die jeweiligen Voraussetzungen gesondert geprüft werden. Dies ist aber heute tatsächlich kaum noch der Fall. In vielen Fällen wird der Sachverhalt unter Anwendung des Deliktsrechts allein unter dem Gesichtspunkt der Rechtswidrigkeit beurteilt. Dabei werden von den Gerichten vertragliche Pflichtverletzungen offenbar als ein Typus deliktsrechtlicher Pflichtverletzungen betrachtet. Art. 415 ZG taucht sodann nicht mehr gesondert im Urteil als Anspruchsgrundlage auf, sondern nur noch Art. 709 ZG und ergänzende deliktsrechtliche Normen. Dieses Phänomen läßt sich am Beispiel der Rechtsprechung zu den Warentermingeschäften gut beobachten.[309]

Von großer Bedeutung ist überdies, daß die vertragliche Pflichtverletzung des Unternehmers – als Vertragspartner des Verbrauchers – nicht nur als dessen deliktsrechtliche Pflichtverletzung Bedeutung erlangen kann, sondern, weil eine genaue Differenzierung zwischen dem unmittelbar Handelnden und dem Geschäftsherrn beim Rechtswidrigkeitsurteil oftmals unterbleibt, diese häufig zugleich als deliktsrechtliche Pflichtverletzung des auf Seiten des Unternehmers Handelnden persönlich, also zum Beispiel des Angestellten oder des Repräsentanten des Unternehmers, berücksichtigt wird.[310]

Zahlreiche vertragliche Pflichten sind mittlerweile aus Gründen des Verbraucher- und Privatanlegerschutzes gesetzlich entweder als privatrechtliche oder als verwaltungsrechtliche Pflichten konkretisiert worden. So finden sich beispielsweise im Warenbörsengesetz und in den von den Warenbörsen erlassenen Börsenordnungen eine Vielzahl verwaltungsrechtlicher Ge- und Verbote in Ausprägung vertraglicher Aufklärungs- bzw. Beratungspflichten sowie Sorgfaltspflichten des Finanzdienstleisters.[311] Ferner sind hier die unter (v) bereits angesprochenen öffentlich-rechtlichen allgemeinen Ge- und Verbote zur Verhinderung unbilliger Handlungen des Unternehmers bei der Geschäftsdurchführung zu nennen.[312] Ein Verstoß gegen solche Rechtsnormen kann im Rahmen des Deliktsrechts als Pflichtverletzung geltend gemacht werden, sowohl unter dem Gesichtspunkt der Gesetzesverletzung als auch unter dem der Vertragsverletzung.

---

[308] T. UCHIDA (1997) 308-309; Entscheidung des RG vom 20.10.1917, Minroku 23, 1821 (Leitentscheidung); zu den daraus resultierenden Problemen vgl. H. DŌGAUCHI (1996b). Vgl. auch P. EUBEL (1980) 79 m.w.N.
[309] Dazu unter 2 a.
[310] Siehe dazu die Fallbeispiele unter 2 a.
[311] Vgl. z.B. Artt. 209 bis 213, 214 Nr. 3 bis 216, 219 ff. WarenbörsenG.
[312] Vgl. unten die Auflistung unter Kapitel 4 IV.

Die Vermischung und gemeinsame Berücksichtigung von Vertragsverletzungen – als deliktsrechtliche Pflichtverletzungen – und anderen Formen deliktsrechtlicher Pflichtverletzungen zur einheitlichen Bewältigung von Problemen durch das Deliktsrecht wird in der Literatur oft kritisiert und eine Rückbesinnung auf eine vertragsrechtliche Lösung vertraglicher Rechtsprobleme angemahnt.[313] Besonders bei Problemen im Zusammenhang mit Verbrauchergeschäften ist die Einbeziehung auch vertraglicher Pflichtverletzungen in die einheitliche Lösung nach Deliktsrecht aber weit verbreitet. Die Einbeziehung insbesondere von vertraglichen Nebenpflichtverletzungen in den Anwendungsbereich des Deliktsrechts hat dessen Bedeutung in Japan enorm erhöht.

(vii) Inhaltlich unangemessene und unfaire Verträge

Als eine weitere Art von Pflichtverletzung berücksichtigen japanische Gerichte im Rahmen des Deliktsrechts auch die inhaltliche Unangemessenheit von Verträgen. Dabei geht es im Zusammenhang mit Verbraucherverträgen nur noch in sehr seltenen Fällen um das klassische Problem der Ungleichwertigkeit von Leistung und Gegenleistung.[314] Es geht zunehmend um Verträge, deren Inhalte wegen des diesen zugrundeliegenden unlauteren und betrügerischen Geschäftskonzepts als rechtswidrig angesehen werden. Dabei wird dieser Punkt einerseits unter dem Blickwinkel der gesamtgesellschaftsschädlichen (*han-shakaiteki*) Wirkung des Geschäfts und andererseits unter dem der individuellen Benachteiligung eines Vertragspartners im konkreten Fall berücksichtigt. Beide Blickwinkel sind in der Argumentation der Gerichte oftmals kaum voneinander zu trennen. So wird bei einigen unlauteren Geschäften, die sich vornehmlich an Verbraucher richten, oftmals gleichzeitig kritisiert, daß diesen der Charakter eines *sittenwidrigen Glücksspiels* anhafte *und* daß es sich aus Sicht des Betroffenen angesichts seiner Unerfahrenheit oder ähnlicher Umstände um ein Geschäft mit *unbillig hohem Spekulationscharakter* gehandelt habe.[315]

Dadurch überschneiden sich auch diesbezüglich der Maßstab des Deliktsrechts und der der Sittenwidrigkeit bzw. des Verstoßes gegen die öffentliche Ordnung (Art. 90 ZG) bei der Beurteilung vieler Verbrauchergeschäfte. Tatsächlich sind die Kriterien für das Rechtswidrigkeitsurteil in der gegenwärtigen Praxis der Gerichte häufig kaum noch zu unterscheiden von denen des Sittenwidrigkeitsurteils. Wie oben ausgeführt, kann ein Vertrag auch deshalb für sittenwidrig erklärt werden, weil er den einen Vertragspartner grob benachteiligt, also nicht nur in den Fällen, in denen ein Rechtsgut der Allgemeinheit wesent-

---

[313] So insbesondere H. MATSUOKA (1999) m.w.N.

[314] Dieser Aspekt könnte in das Rechtswidrigkeitsurteil des Deliktsrechts aber zumindest bei gleichzeitiger Annahme eines Verstoßes gegen Art. 90 einfließen (A. KUBOTA 1999, 33-34).

[315] So z.B. bei Urteilen im *Belgische Diamanten Fall*; dazu unter 2 c. Einerseits wird in diesem Zusammenhang der Begriff „bakuchi" (Glücksspiel) und andererseits der des unangemessen hohen Spekulationscharakters des Geschäftes (*shakōsei*) verwendet, wobei sich aus diesen aber nicht zwangsläufig eine Unterscheidung der Betrachtungsebenen ableiten läßt. Siehe auch die Fallanalysen unter 2 a und b.

lich beeinträchtigt wird. In diesem Zusammenhang werden mittlerweile in vielen Fällen sowohl beim Sittenwidrigkeitsurteil als auch beim deliktsrechtlichen Rechtwidrigkeitsurteil unbillige Umstände beim Vertragsabschluß und unbillige Punkte des Vertragsinhalts in einer Gesamtschau beurteilt. Nur wird der Bewertungsmaßstab bei Art. 90 ZG häufig mit dem Begriff der „Billigkeit" (*datōsei*) und der im Rahmen des Deliktsrechts mit dem der „Rechtswidrigkeit" (*ihōsei*) bezeichnet. Sowohl beim Rechtswidrigkeitsurteil als auch beim Billigkeitsurteil werden aber letztlich ähnliche Kriterien unter Billigkeitsgesichtspunkten in einer Gesamtschau beurteilt. Dies ist letztlich der Grund dafür, daß japanische Gerichte einen Vertrag gleichzeitig wegen Verstoßes gegen die guten Sitten für nichtig erklären und als rechtswidrig beurteilen können, und dies auch tun, was bereits mehrfach erwähnt wurde.

Die Beurteilungsmaßstäbe der Sittenwidrigkeit und der Rechtswidrigkeit unterscheiden sich jedoch, wie oben schon ausgeführt, graduell. Ein rechtswidriges Geschäft muß nicht unbedingt auch ein sittenwidriges Geschäft sein. Wird aber durch die Gerichte die Sittenwidrigkeit und die Nichtigkeit eines Vertrages bejaht, kann der Geschädigte in aller Regel zugleich auch Ersatz seines geltend gemachten Schadens aufgrund Deliktsrechts verlangen.[316]

dd) Die Vermischung des Merkmals „Verschulden"
mit der Frage nach der Rechtswidrigkeit

Neben der „Rechtsverletzung" ist ein weiteres ausdrückliches Tatbestandsmerkmal des Art. 709 ZG *das Verschulden* des Schädigers. Genauer gesagt verlangt die Bestimmung „Vorsatz" oder „Fahrlässigkeit". Ähnlich wie bei dem Tatbestandsmerkmal Rechtsverletzung ist es hier in der Rechtsprechung zu einem Wandel bei der Interpretation gekommen, nicht nur, aber auch bei der Fallgruppe der unerlaubten Handlungen im Geschäftsverkehr. Es findet hierbei nämlich häufig keine gesonderte Prüfung des Verschuldens mehr statt. Das Tatbestandsmerkmal wird vielmehr von der Prüfung der „Rechtswidrigkeit" aufgesogen.[317] Das bedeutet im Ergebnis, daß sowohl das „Verschulden" als auch die „Rechtsverletzung" in der Judikatur in vielen Fällen ihre Eigenständigkeit als Tatbestandsmerkmale verloren haben. An deren Stelle tritt das allein entscheidende Merkmal der „*Rechtswidrigkeit*". Allerdings hat in Fällen *eindeutig vorsätzlich* pflichtwidrigen Verhaltens einer Person dieser Umstand einen besonders bestimmenden Einfluß auf das Rechtswidrigkeitsurteil.

---

[316] Vgl. bereits oben (Fn. 289). Der Verstoß gegen Art. 90 ZG kann einen Anspruch auf Schadensersatz aus Art. 709 ZG begründen. Siehe außerdem oben III 2 b aa.

[317] T. UCHIDA (1997) 334-335. Umfassend zu den inneren Bezügen der Entwicklung der Rechtswidrigkeitsdiskussion (*ihōsei-ron*) zur Diskussion um das Verschulden als eigenständiges Tatbestandsmerkmal siehe T. IKUYO / S. TOKUMOTO (1993) 110 ff. m.w.N; N. SEGAWA (1998) 586 ff. m.w.N. Siehe zur Rechtspraxis bei Verbrauchergeschäften auch die Fallanalyse im folgenden unter 2.

### ee) Der Schaden (Vermögensschäden) und die Kausalität

Ein Anspruch aus Art. 709 ZG setzt schließlich voraus, daß ein Schaden entstanden ist. In den allermeisten Fällen der Verbrauchergeschäfte, die die Rechtsprechung durch Anwendung des Deliktsrechts bewältigt, könnte der *Vertragsabschluß selbst als Schaden* angesehen werden, da ein Hauptproblem üblicherweise zumindest im Vorliegen von Mängeln beim Vertragsschluß liegt, z.B. in Form von Aufklärungspflichtverletzungen des Unternehmers bzw. seiner Hilfspersonen. Darüber hinausgehende Vermögensschäden könnten als kausale Folgeschäden behandelt werden. Als Rechtsfolge kämen dann einerseits die Aufhebung des Vertrages und die Rückerstattung der Leistungen aufgrund von Bereicherungsrecht in Betracht und andererseits der Schadensersatz in Geld bezüglich der Folgeschäden. Dies hätte auch den Vorteil, daß die Rechtsfolge des Deliktsrechts in Fällen von Willensmängeln oder Fehlern der Willenserklärung aufgrund von Aufklärungspflichtverletzungen oder einer unbilligen Beeinflussung des Verbrauchers beim Vertragsabschluß systemgerecht erklärt und in Einklang mit den Rechtsfolgen der zivilrechtlichen Instrumente der Anfechtung wegen Täuschung oder Drohung bzw. der Nichtigkeit des Vertrages wegen Irrtums gebracht werden könnte. Diese Lösung ist im japanischen Recht allerdings versperrt. Anders als das deutsche Schadensrecht folgt das japanische, wie schon erwähnt, dem Grundsatz, daß Schadensersatz *in Geld* zu leisten ist (Art. 417 ZG). Dies gilt auch für den Schadensersatz im Rahmen des Deliktsrechts (Art. 722 I ZG).

Die Rechtsprechung behandelt die Fälle dementsprechend äußerst pragmatisch. Als zu ersetzenden Schaden betrachten die Gerichte regelmäßig den gesamten dem Verbraucher aus dem Geschäft entstandenen finanziellen Verlust.[318] Bei Anlagegeschäften wird also gewöhnlich die gesamte Investitionssumme als Schaden zugrunde gelegt, zuzüglich der als Gegenleistung für die Dienste des Finanzdienstleisters erbrachten Geldleistungen.[319] Diese Art Schadensersatz wird im japanischen Schrifttum als im Ergebnis der Naturalrestitution zumindest sehr ähnliche Rechtsfolge betrachtet und daher als „naturalrestitutionsgleicher Schadensersatz" (*genjō kaifukuteki songai baishō*) bezeichnet.[320]

In Anbetracht der Unbestimmtheit des Maßstabs des Rechtswidrigkeitsurteils der Gerichte in den Fällen der unerlaubten Handlung im Geschäftsverkehr scheint es daher fast so, als ob es sich bei dem so bestimmten Geldschaden im Grunde genommen um einen *reinen Vermögensschaden (junsui keizaiteki songai)* handelt. Mit anderen Worten, es entsteht der Eindruck, daß die Degradierung des Tatbestandsmerkmals „Rechtsverletzung" (und nunmehr auch der Interessenverletzung) zu einem nicht mehr selbständig nachweisbaren Element

---

[318] Vgl. etwa K. YAMAMOTO (1999) 164; Y. SHIOMI (1995) (1) 94.
[319] Vgl. unten die Rechtsprechung zu Warentermingeschäften unter 2 a.
[320] K. YAMAMOTO (1999) 164; Y. SHIOMI (1995) (1) 94-95, (2) 91-94, der die Rechtsfolge der Naturalrestitution, mithin die Aufhebung und Rückabwicklung des Vertrages in diesen Fällen, als „systemgerechtere" Lösung ansieht. Ausführlich hierzu auch H. MATSUOKA (1996).

des Rechtswidrigkeitsurteils zudem dazu führt, daß die Grundnorm des japanischen Deliktsrechts im Ergebnis, anders als etwa § 823 I BGB, auch vor reinen Vermögensschäden schützt.

Grundsätzlich muß der Schaden kausal durch die Verletzungshandlung herbeigeführt werden. In Fällen der unerlaubten Handlungen im Geschäftsverkehr wird auch diese Voraussetzung mit der Frage nach dem Verschulden und der Rechtswidrigkeit des Verursachers gewöhnlich vermischt und die Kausalität ohne eingehende Prüfung einfach bejaht.[321]

ff) Das strukturelle Ungleichgewicht zwischen Unternehmer und Verbraucher

Analysiert man die Rechtsprechung zu Verbrauchergeschäften etwa im Zusammenhang mit Warentermingeschäften, mit Fällen des Anlagebetrugs oder unlauterer Kettenabsatzgeschäfte[322] sowie Fällen aus dem Bereich der Finanz- und Anlagegeschäfte,[323] so läßt sich feststellen, daß die Gerichte ein Ungleichgewicht zwischen einem Unternehmer und einem Verbraucher im Rahmen ihrer Rechtswidrigkeitsprüfung in zweifacher Hinsicht berücksichtigen; bei der Feststellung einzelner Pflichtverletzungen und auch bei der abschießenden Gesamtbeurteilung des Falles. Von besonderer Bedeutung sind dabei ein im Einzelfall bestehendes *Informationsungleichgewicht*, ein *Ungleichgewicht in der Geschäftserfahrung* sowie ein *psychologisches Ungleichgewicht*.

Oftmals wird nicht präzise zwischen dem Unternehmer selbst, also meist einer juristischen Person, und den für ihn handelnden natürlichen Personen unterschieden. Besonderes Wissen und spezielle Geschäftserfahrungen auf Seiten der Angestellten und Organe des Unternehmers, die erst zur Begründung eines Ungleichgewichts führen, werden meist unmittelbar dem Geschäftsinhaber zugerechnet, aber auch umgekehrt.

Besonders deutlich wird dies bei der Begründung von Aufklärungspflichtverletzungen. Aufgrund fehlender Kenntnisse und Erfahrungen des Verbrauchers einerseits und der Professionalität und Expertise des Unternehmers bzw. seiner Hilfspersonen andererseits wird von der Judikatur regelmäßig die Existenz einer Rechtsbeziehung mit besonderen Pflichten und Rechten bereits vor Vertragsabschluß hergeleitet, *i.e.* das Bestehen positiver Informationspflichten sowie der Pflicht, dem Verbraucher gegenüber keine Angaben zu machen, die

---

[321] Gewöhnlich wird als der im Rahmen des Deliktsrechts zu ersetzende Schaden in analoger Anwendung von Art. 416 ZG der „gewöhnliche Schaden" (*tsūjō songai*) angesehen (vgl. T. UCHIDA (1997) 395-396); im Rahmen der Fallgruppe der unerlaubten Handlungen im Geschäftsverkehr kommt es jedoch gewöhnlich nicht zu der Erörterung, ob ein bestimmter Vermögensschaden noch zu ersetzen ist oder nicht; siehe unten die Fallbeispiele unter 2.

[322] Unten unter 2 a, b und c; zu den Warentermingeschäften siehe auch ausführlich M. DERNAUER (2002/2003) 202-203.

[323] Literatur und Rechtsprechung betonen vor allem die Berücksichtigung des Informations-, Kenntnis- und Erfahrungsungleichgewichts; vgl. T. UCHIDA (1997) 27-29; M. YOKOYAMA (1996) 110-111; T. SHIMIZU (1999) 1-42, vor allem 20-21, 116-125, 188 ff.; S. YAMADA (1999); Y. SHIOMI (1998), insbesondere (1), (2) 2-24.

## A. Regelungen im Zivilgesetz

bei ihm ein falsches Bild über den zu schließenden Vertrag hervorrufen könnten. Hinsichtlich der Verhaltensweisen des Unternehmers oder seiner Hilfspersonen, die als sonstige unzulässige Beeinflussung beim Vertragsabschluß eingestuft werden könnten, besteht in der Rechtsprechung ein weniger deutlich ausgeprägter besonderer Beurteilungsmaßstab trotz Anerkennung eines Ungleichgewichts. Ein unzulässiges Bedrängen des Verbrauchers beim Vertragsschluß im Sinne einer beachtlichen Pflichtverletzung wird meist erst dann bejaht, wenn entweder der Verbraucher für den Unternehmer erkennbar besonders leicht beeinflußbar bzw. labil ist oder die Einflußnahme des Unternehmers besonders intensiv ist. Besondere Pflichten zur Rücksichtnahme des Unternehmers bei Vertragsabschluß werden zudem auch dann abgeleitet, wenn Verbraucher bereits fortgeschrittenen Alters oder noch minderjährig sind.

Rechtsnormen, die besonders dem Verbraucherschutz dienen, berücksichtigen bereits abstrakt das zwischen einem Unternehmer und einem Verbraucher typischerweise existierende Ungleichgewicht. Ein darüber hinausgehendes, individuell tatsächlich bestehendes Ungleichgewicht wird von der Rechtsprechung nur selten zur Begründung eines Gesetzesverstoßes besonders betont.

Zur Konkretisierung und Begründung von vertraglichen Nebenpflichten des Unternehmers wird von den Gerichten ebenfalls häufig auf ein individuell bestehendes Informations- oder Erfahrungsungleichgewicht zwischen den Vertragsparteien abgestellt. Auch bei der Feststellung von vertraglichen Pflichtverletzungen spielt daher eine Ungleichgewichtslage eine besondere Rolle.

Schließlich ist ein konkretes Ungleichgewicht bei der abschließenden Gesamtbewertung der vorhandenen Pflichtverletzungen und sonstiger Umstände im Rahmen der Rechtswidrigkeitsprüfung von Bedeutung. Dies zeigt sich vor allem an der umfassenden Sachverhaltsauswertung und Begründung der Richter, wobei weniger Rechtsfragen erörtert, sondern vielmehr Tatsachen ausführlich unter allgemeinen Billigkeitsgesichtspunkten gewertet werden.

gg) Flexibilität der Rechtsfolge: Schadensersatz in Geld
    und Berücksichtigung eines Mitverschuldens

Ein im Einzelfall bestehendes Ungleichgewicht an Informationen und Erfahrungen wird nicht nur zur grundsätzlichen Begründung eines deliktsrechtlichen Schadensersatzanspruchs, sondern auch bei der Bestimmung der Höhe des Anspruchs berücksichtigt.

Rechtsfolge aus Art. 709 ZG ist, wie oben bereits erwähnt, grundsätzlich ein Anspruch des Geschädigten gegen den Deliktsschuldner auf Schadensersatz in Geld. Als deliktischer Schaden können alle Arten von Vermögensschäden geltend gemacht werden. Meist wird der Anspruch aber wegen eines „Mitverschuldens" (Artt. 722 II, 418 ZG) des Geschädigten gekürzt. Bei der Bestimmung des Mitverschuldensanteils im Rahmen eines Anspruchs wegen unerlaubter Handlungen im Geschäftsverkehr werden von den Gerichten in großem

Umfang der Grad der Geschäftserfahrung, der Kenntnisse und der Informationen sowie die sonstigen persönlichen Umstände des Geschädigten berücksichtigt. Man kann sagen, daß der vom Gericht anerkannte Mitverschuldensanteil eines Verbrauchers den Grad seiner angemessenen Eigenverantwortung im Geschäftsverkehr, insbesondere für den Abschluß des Vertrages, widerspiegelt. Die Berücksichtigung eines Mitverschuldens erfolgt nicht nur in Verbraucherrechtsfällen, ist aber dort besonders ausgeprägt.[324]

Damit eignet sich das Deliktsrecht für den Richter auch im Hinblick auf die Rechtsfolge deutlich besser als andere Rechtsinstitute des Zivilgesetzes dazu, ein strukturelles Ungleichgewicht zwischen den Vertragsparteien bei Verbraucherverträgen zu berücksichtigen und ein angemessenes Ergebnis im Einzelfall zu verwirklichen. Er kann das Ergebnis des „Alles-oder-Nichts" der Vertragsauflösung und Rückabwicklung vermeiden und die Verantwortung für die Entstehung des Schadens beiden Vertragspartnern nach seinem Ermessen zuweisen. Der Mitverschuldensanteil des Verbrauchers kann in einzelnen Fällen bis zu 90 % betragen.[325] In diesen Fällen kann man eigentlich kaum noch von einer Art „Lösung" vom Vertrag bzw. von einem Schadensersatz sprechen, der der Auflösung und Rückabwicklung des Vertragsverhältnisses gleicht, *i.e.* von einem „naturalrestitutionsgleichen Schadensersatz". Durchschnittlich liegt der von den Gerichten bestimmte Mitverschuldensanteil jedoch darunter, bei etwa 30 bis 40 %.

hh) Anspruchsgegner

Ein Schadensersatzanspruch aus Art. 709 ZG richtet sich nur gegen unmittelbar handelnde Personen. Folglich kommen hieraus Ansprüche gegen einen selbst handelnden Unternehmer als natürliche Person oder gegen einen Unternehmer als juristische Person in Betracht, der durch seine Geschäftsleitungsorgane oder Gesellschafter gehandelt hat (wegen der Zurechnung des Fehlverhaltens von Repräsentanten und Organen nach Art. 78 II HG, Art. 44 I ZG[326]; nach Inkraft-

---

[324] Zum Ganzen eingehend A. KUBOTA (1991); A. KUBOTA (1994) 253-261; Y. HASHIMOTO (1996). Zum Mitverschuldensabzug des Privatanlegers bzw. Kunden bei Finanz- und Finanzanlagegeschäften siehe T. SAKURAI / T. UEYANAGI / Y. ISHITOYA (2002) 158 ff.; Y. SHIOMI (2001) 138-140. Zum Mitverschuldensabzug allgemein bei Verbrauchergeschäften siehe auch NIHON BENGOSHI RENGŌ-KAI (2005b) 120-122.

[325] Vergleiche z.B. DG Tōkyō vom 29.3.1994, in: Hanrei Taimuzu Nr. 858, 217 (90 %); DG Tōkyō vom 4.2.1994, in: Hanrei Taimuzu Nr. 841, 271 (85 %); OG Sendai vom 25.1.1999, in: Hanrei Jihō Nr. 1692 (85 %), 76; DG Tōkyō vom 24.3.1995, in: Kin'yū Hōmu Jijō Nr. 1430, 72 (80 %); DG Ōsaka vom 24.2.1997, in: Hanrei Jihō Nr. 1618, 103 (80 %); DG Ōsaka vom 27.2.1998, in: Hanrei Jihō Nr. 1667, 77 (70 %); DG Kōbe vom 26.12.1985, in: Hanrei Jihō Nr. 1200, 100 (50 %); OG Tōkyō vom 27.11.1996, in: Hanrei Jihō Nr. 1587, 72 (30 %). Die Fälle betreffen verschiedene Formen von Finanzanlagegeschäften.

[326] Art. 44 I ZG ordnet allgemein die Haftung juristischer Personen (des öffentlichen Rechts und des Privatrechts) für deliktisches und sonst schadensversursachendes Verhalten ihrer Organe und Repräsentanten an. Art. 78 II HG bestimmt die Anwendung von Art. 44 I ZG bei der OHG. Durch Verweis weiterer Normen auf Art. 78 II HG findet Art. 44 I ZG auch bei

treten des Gesellschaftsgesetzes im Jahre 2006 vor allem nach Artt. 350, 600 GesG). Der Anspruch aus Art. 709 ZG kann sich zudem gegen die Geschäftsleitungsorgane, Gesellschafter, Angestellten und sonstigen Hilfspersonen auf Seiten des Unternehmers persönlich richten. Zur Begründung von Pflichtverletzungen und beim Rechtswidrigkeitsurteil wird bei Personenverschiedenheit nicht immer präzise zwischen dem Handelnden selbst und dem Unternehmer unterschieden. Das Unternehmen wird so häufig als eine Einheit mit wechselseitigen Bezügen zwischen den Beteiligten betrachtet.

*b) Anspruch auf Schadensersatz wegen immaterieller Schäden nach Art. 710 ZG*

Nicht erwünschte Verträge auf Seiten des Verbrauchers können nach der Rechtsprechung *in besonders gravierenden Fällen der Täuschung und des Bedrängens* zum Zwecke des Vertragsabschlusses durch den Unternehmer oder seine Hilfsperson auch einen *Nichtvermögensschaden (hi-zaisanteki songai)* in Form des seelischen Leids hervorrufen. Bei der Bestimmung des Ausmaßes des Nichtvermögensschadens wird einerseits die *Intensität der Handlung der unzulässigen Beeinflussung* durch den Schädiger und andererseits auch deren Auswirkung, also der *Grad der physischen und psychischen Belastung* auf Seiten des Opfers berücksichtigt. Für einen solchen Schaden kann der Verbraucher als Opfer gelegentlich eine angemessene Entschädigung in Geld nach Art. 710 ZG, also ein Schmerzensgeld (*isharyō*) beanspruchen. Art. 710 setzt allerdings immer zugleich einen Schadensersatzanspruch auch aus Art. 709 ZG voraus.[327]

Art. 710 ZG gewährt ein Schmerzensgeld ausdrücklich nur im Falle einer Verletzung des Körpers, der Freiheit, der Ehre oder der Schädigung eines Vermögens*rechts*. Unter welche Art der Rechts- bzw. Rechtsgutsverletzung der aufgedrängte oder durch Täuschung bzw. Irreführung erschlichene Vertragsschluß zu fassen ist, wird in der Rechtsprechung nicht deutlich gesagt. Es wäre zwar möglich, daß die Gerichte dies als eine Art *Verletzung der Freiheit* betrachten, allerdings läßt sich dies nicht belegen. Die in Art. 710 ZG genannten Rechtsgüter und Rechte werden aber auch nicht als abschließende Aufzählung interpretiert, was nach dem Wortlaut an sich nahe läge, sondern lediglich als Beispiele für solche Fälle, in denen sich aus der Verletzungshandlung auch ein *psychischer und seelischer Schmerz (seishinteki kutsū)* des Opfers ergeben kann, der das wichtigste Element des Nichtvermögensschadens darstellt.[328]

Folgt man in diesen Fällen der oben angesprochenen Theorie, die ein Interesse oder Recht an einer freien und unbeeinflußten Willensentscheidung zum

---

anderen Handelsgesellschaften Anwendung; so bei der KG (Art. 147 HG), bei der AG (Art. 261 III HG) und bei der GmbH (Art. 32 GGmbH). Für nach anderen Gesetzen gegründete juristische Personen bestehen regelmäßig gesonderte Verweisnormen unmittelbar auf Art. 44 I ZG oder auf Art. 78 II HG. Funktional ist die Art. 44 I ZG mit § 31 BGB vergleichbar.

[327] Zur Dogmatik des Art. 710 ZG im allgemeinen ausführlich R. YOSHIMURA (1998).

[328] T. IKUYO / S. TOKUMOTO (1993) 265-269; T. MAEDA (1980) 319-321. Vgl. auch die zahlreichen verschiedenen Fälle bei A. GRUBER (2000) 105 ff., in denen in Japan ein Schmerzensgeld gewährt wird.

Abschluß des Vertrages anerkennt, könnte man eine Verletzung dessen als Anknüpfungspunkt eines immateriellen Schadens annehmen. Aber auch für diesen Gedankengang fehlen Belege in der Rechtsprechung. Auch wird nicht deutlich, ob die Gerichte den Anspruch auf Schmerzensgeld ausschließlich auf die unbillige Beeinflussung im Stadium der Vertragsanbahnung stützen. Denkbar ist daher, daß auch das weitere Verhalten des Unternehmers bzw. der für ihn handelnden Hilfsperson in der Erfüllungsphase des Vertrages und auch der Vertragsinhalt in irgendeiner Form von den Gerichten in die Bewertung einbezogen werden.

In bestimmten Fällen des Veranlassens zum Abschluß eines unerwünschten Vertrages kann dem Geschädigten jedenfalls ein Anspruch auf Schmerzensgeld für einen hierdurch *zugefügten psychischen und seelischen Schmerz* zustehen. Damit hat das Schmerzensgeld in Japan neben verschiedenen anderen Funktionen[329] auch die der Sanktionierung der unzulässigen Beeinflussung des Vertragspartners beim Abschluß von Verträgen. Das Instrument des Schmerzensgeldes dient in diesen Fällen zudem dazu, den Täter zu bestrafen und dem Opfer eine gewisse Genugtuung zu verschaffen.[330]

Allerdings darf die Bedeutung des Schmerzensgeldes in diesem Zusammenhang nicht überinterpretiert werden. Die Anzahl der Fälle, in denen bisher Schmerzensgeld wegen unzulässiger Beeinflussung beim Vertragsabschluß gewährt wurde, ist gering und beschränkt auf Fälle mit besonders großen Vermögensschäden. Sofern ein Anspruch auf Schmerzensgeld durch die Gerichte gewährt wird, hängt dessen Höhe unmittelbar von der Höhe des zuerkannten Anspruchs wegen materieller Schäden ab. Als Anhaltspunkt läßt sich sagen, daß in der Regel etwa ein Zehntel dieser Summe als Schmerzensgeld zugesprochen wird.[331]

---

[329] Vgl. die Arbeit von A. GRUBER (2000), die sich mit den unterschiedlichen Funktionen des Schmerzensgelds im japanischen Recht ausführlich auseinandersetzt, diese Fallgruppe aber unerwähnt läßt.

[330] Die Elemente und Funktionen des „*isharyō*" im japanischen Zivilrecht sind vielseitig und umstritten. Gleiches gilt für seine grundsätzliche Natur, hinsichtlich der einige das Element des Schadensersatzes (und andere aber das Element der Genugtuung betonen); ausführlich dazu. A. GRUBER (2000) 75 ff.

[331] Vgl. die Klagen gegen Finanzdienstleister bei Warentermingeschäften: DG Saga vom 18.7.1986, in: Hanrei Jihō Nr. 1222, 114 (Sammelklage: je nach Kläger und Beklagtem zwischen 40.000 und 850.000 ¥, in allen Fällen 10 %); DG Okayama vom 28.4.1994, in: Sakimono Torihiki Saibanrei-shū XVI, 43 (2 Mio. ¥); DG Nagoya vom 30.9.1994, in: Sakimono Torihiki Saibanrei-shū XVII, 40 (1 Mio. ¥); DG Ōsaka vom 28.2.1983, in: Hanrei Taimuzu Nr. 494, 116 (100.000 ¥); Klagen gegen das Unternehmen *Toyota Shōji*: DG Akita vom 27.6.1985, in: Hanrei Jihō Nr. 1166, 148 (150.000 ¥, 15 %); DG Kōbe vom 28.9.1987, in: NAGOYA SHŌHISHA MONDAI KENKYŪ-KAI (1992) 343 (250.000 ¥, ca. 6 %); DG Kyōto vom 10.8.1988, in: NAGOYA SHŌHISHA MONDAI KENKYŪ-KAI (1992) 346 (Sammelklage von neun Klägern, zusammen etwa 11 Mio. ¥, ca. 10 %); unlautere Kettenabsatzgeschäfte: DG Ōsaka vom 24.4.1981, in: Hanrei Jihō Nr. 1009, 33 (700.000 ¥, ca. 35 %); die Prozentzahlen bei einigen Urteilen beziehen sich auf den Anteil des immateriellen Schadens im Verhältnis zum materiellen Schaden, der von den Gerichten anerkannt worden ist.

Auch Art. 710 ZG gibt dem Geschädigten einen Anspruch gegen eine selbst deliktisch handelnde natürliche Person. Ist diese ein Geschäftsleitungsorgan oder ein anderer Repräsentant einer juristischen Person, so haftet gleichermaßen die juristische Person (Art. 78 II HG i.V.m. Art. 44 I ZG bzw. nach Artt. 350, 600 GesG (s.o.)).

### c) Die Haftung des Geschäftsherrn für Gehilfen nach Art. 715 ZG

Von besonderer Bedeutung für die Anwendung des japanischen Deliktsrechts auf Pflichtverletzungen im vorvertraglichen und vertraglichen Bereich bei Verbrauchergeschäften ist die Vorschrift über die Haftung des Geschäftsherrn für Hilfspersonen in Form des Verrichtungsgehilfen.[332] Beim Abschluß und bei der Erfüllung von Verbraucherverträgen handelt auf Seiten des Unternehmers meist ein vertretungsberechtigter Angestellter oder sonstiger Gehilfe. Während ein Unternehmer als natürliche Person für selbst begangene deliktische Handlungen im Geschäftsverkehr unmittelbar aus Art. 709 ZG und als juristische Person, wenn er durch seine Repräsentanten, also vor allem seine Organe oder Gesellschafter handelt, und diese ein Delikt gegenüber Dritten begehen, aus Artt. 709, 44 I ZG (Art. 78 II HG bzw. Artt. 350, 600 GesG) haftet, kann eine Haftung für eine solche Handlung der Angestellten oder sonstigen Gehilfen nur über Art. 715 ZG begründet werden. Da ein Angestellter im Gegensatz zum Unternehmer in der Regel selbst nur über geringes Haftungskapital verfügt, ist die Geschäftsherrenhaftung aus Sicht der geschädigten Verbraucher von besonders großer Bedeutung.

Art. 715 ZG entspricht dem Wortlaut nach weitestgehend dem § 831 BGB im deutschen Zivilrecht. Grund hierfür ist, daß das deutsche Recht bei seiner Abfassung als Modell diente. Die Gesetzgebungskommission zum japanischen Zivilgesetz hat fast wörtlich den § 754 des Zweiten Entwurfs des BGB in Form der 2. Lesung von 1882 übernommen, der sich nur geringfügig vom heutigen § 831 BGB unterscheidet.[333] Art. 715 lautet:

*(1) Wer einen anderen zu einer Verrichtung verwendet, ist zum Ersatz des Schadens verpflichtet, den der Gehilfe[334] in Ausführung der Verrichtung einem Dritten zufügt, es sei denn, der Geschäftsherr[335] hat bei der Auswahl des Gehilfen und bei der Beaufsichtigung der Verrichtung die angemessene Sorgfalt beobachtet, oder der Schaden wäre auch bei Beobachtung dieser angemessenen Sorgfalt entstanden.*

*(2) Die gleiche Verantwortung gemäß obigem Absatz trifft denjenigen, der anstelle des Geschäftsherrn die Verrichtung beaufsichtigt.*

---

[332] Zum Ganzen ausführlich P. EUBEL (1981) 82-145; J. KADEL (1997).
[333] P. EUBEL (1981) 83.
[334] Wörtlich: der Verwendete.
[335] Wörtlich: der Verwendende.

*(3) Die Bestimmungen der beiden obigen Absätze schließen nicht aus, daß der Geschäftsherr oder der Aufsichtsführer gegen den Gehilfen Rückgriff nimmt.*

Damit bestimmt Art. 715 ZG wie auch § 831 BGB keine Haftung des Geschäftsherrn für fremdes, sondern für vermutetes eigenes Fehlverhalten, nämlich eine Haftung für Schäden, die durch fehlerhafte Auswahl oder Beaufsichtigung des Gehilfen durch den Geschäftsherrn (Abs. 1) bzw. desjenigen, der von ihm hierzu bestimmt worden ist (Abs. 2), einem Dritten entstanden sind. Der Geschäftsherr kann sich dem Wortlaut nach durch Führung des Beweises entlasten, daß ihn bei der Auswahl oder Beaufsichtigung des Gehilfen bzw. der hierzu bestimmten Person kein Verschulden trifft oder der Schaden auch bei pflichtgemäßem Verhalten eingetreten wäre.

Diese Konstruktion der Haftung beim Einsatz von Hilfspersonen im deliktischen Bereich wird in Deutschland seit langem als unbefriedigend angesehen und ist heftig umstritten.[336] Insbesondere die Exculpationsmöglichkeit führt in vielen Fällen dazu, daß der Geschäftsherr letztlich nicht für Schäden haftet, die seine Hilfsperson durch eine schuldhafte unerlaubte Handlung verursacht haben. Zahlreiche Konstruktionen der deutschen Rechtsprechung zur Verhinderung dieses Ergebnisses und zur Erweiterung der vertraglichen Haftung des Geschäftsherrn, wo der § 278 I BGB die unbedingte Haftung für das Fehlverhalten des Erfüllungsgehilfen bestimmt, waren die Folge.[337] Bis heute konnte sich der Gesetzgeber in Deutschland aber noch zu keiner Reform des § 831 BGB durchringen.

In Japan hat es zur Änderung der Rechtslage im Sinne der Herbeiführung einer strikten Haftung des Geschäftsherrn für deliktisches Handeln seines Gehilfen weder einer Gesetzesreform noch einer langen Diskussion bedurft. Die japanische Rechtsprechung und die ihr ohne Widerspruch folgende Literatur interpretieren die Norm heute nicht als Grundlage einer Haftung für eigenes, sondern für fremdes Fehlverhalten (*dai'i sekinin*) oder als eine Art Gefährdungshaftung (*kiken sekinin*) oder als quasi-strikte Haftung (*jun-mukashitsu sekinin*).[338] Durch richterliche Rechtsfortbildung – und nicht etwa deshalb, weil die entsprechende deutsche Rechtsnorm im Vergleich zu Art. 715 ZG „insuffizient" (*fubi*) ist[339] – hat sich die tatsächliche Bedeutung der Norm völlig verändert. Der Entlastungsbeweis durch den Geschäftsherrn wird in der Rechtspraxis schon seit Jahrzehnten nicht mehr zugelassen, bzw. es wird nunmehr nicht ein-

---

[336] Vgl. STAUDINGER / BELLING / EBERL-BORGES (2002) § 831, Rn. 131-134; P. EUBEL (1981) 42-63. Zur Kritik an der Konstruktion des § 831 BGB bei einem Vergleich zur entsprechenden Haftung in anderen Rechtsordnungen siehe schon E. V. CAEMMERER (1973) 246-254.

[337] STAUDINGER / BELLING / EBERL-BORGES (2002) § 831, Rn. 25-34.

[338] T. UCHIDA (1997) 445; P. EUBEL (1997) 132; T. IKUYO / S. TOKUMOTO (1993) 209.

[339] So aber T. UCHIDA (1996) 132.

mal mehr versucht, diesen zu erbringen.[340] Statt des Verschuldens des Geschäftsherrn wird ein Verschulden des Gehilfen für erforderlich gehalten. Im Ergebnis haftet der Geschäftsherr daher ohne eigenes Verschulden für Schäden, die sein Gehilfe anderen schuldhaft zufügt.[341]

Man kann daher feststellen, daß die Haftung des Geschäftsherrn sich in der Rechtspraxis heute aus einer Kombination der Vorschriften Art. 709 ZG (Gehilfenverschulden) und Art. 715 ZG (strikte Einstandspflicht des Geschäftsherrn) ergibt.[342] Mit anderen Worten, die Haftung des Geschäftsherrn für den Verrichtungsgehilfen (im deliktischen Bereich) ist genauso strukturiert wie die Haftung für den Erfüllungsgehilfen (*rikō hojo-sha*)[343] im Vertragsrecht. Der Geschäftsherr haftet aus Art. 715 ZG unbedingt auch für ein deliktisches Handeln des Gehilfen im Sinne von Art. 709 ZG. Ein Anspruch des Geschädigten aus Art. 709 ZG gegen den handelnden Gehilfen ist Voraussetzung für einen Anspruch auch gegen den Geschäftsherrn aus Art. 715 ZG.

Diese Interpretation des Art. 715 ZG hat auch aus Sicht eines geschädigten Verbrauchers, wie gesagt, erhebliche Bedeutung. Wird er durch den Angestellten eines Unternehmers geschädigt und steht ihm gegen diesen auch ein Anspruch aus Art. 709 ZG zu, kann er problemlos auch auf das Haftungskapital des Unternehmers Zugriff nehmen, das in der Regel wesentlich höher ist als das des Angestellten. Ihm steht aber anders als bei vertraglichen Ansprüchen immer auch die Möglichkeit offen, den Angestellten zudem persönlich in Anspruch zu nehmen. Hier ergibt sich also bei Anwendung des Deliktsrechts auf vorvertragliche und vertragliche Pflichtverletzungen in dem oben dargestellten Umfang zugleich der für den Geschädigten positive Nebeneffekt, daß ihm auch wegen Art. 715 ZG immer zugleich mehrere Anspruchsgegner zur Verfügung stehen. Der Geschäftsherr und die Gehilfen haften gesamtschuldnerisch.[344]

*d) Die Haftung von Mittätern und Beteiligten nach Art. 719 ZG*

Von großer Bedeutung aus Sicht des durch eine unerlaubte Handlung geschädigten Verbrauchers ist auch Art. 719 ZG, der die Haftung von Mittätern und Beteiligten (im folgenden „Teilnehmer" genannt) regelt. Während ein Mittäter meist bereits selbständig nach Art. 709 ZG in Anspruch genommen werden kann, ist Art. 719 ZG besonders wichtig zur Begründung eines Anspruchs ge-

---

[340] P. EUBEL (1981) 132; T. UCHIDA (1997) 446; zuletzt wurde der Entlastungsbeweis vom japanischen Reichsgerichtshof im Jahre 1940 anerkannt (RGH vom 8.5.1940, in: Hōritsu Shinbun Nr. 4580, 7).

[341] P. EUBEL (1981) 132.

[342] P. EUBEL (1981) 132.

[343] Das japanische Zivilgesetz kennt zwar keine dem § 278 BGB entsprechende Norm, aber eine entsprechende Haftung wird grundsätzlich unumstritten bejaht (Leitentscheidung des RGH vom 30.3.1929, Minshū 8, 363). Der Umfang und die Einzelheiten der Haftung sind allerdings strittig, vgl. T. UCHIDA (1996) 132-140.

[344] RGH vom 30.6.1937, Minshū 16, 1285; OGH vom 21.4.1970, in: Hanrei Jihō Nr. 595, 54.

gen Personen, die an der Ausführung der unerlaubten Handlung nur (entfernter) beteiligt waren, entweder als Anstifter (*kyōsa-sha*) oder als Gehilfe (*hōjo-sha*). Dabei kann es sich um den Unternehmer als natürliche Person selbst oder um Angestellte oder sonstige Hilfspersonen des Unternehmers handeln. Haftet jemand als Teilnehmer aus Art. 719 ZG, so haftet auch regelmäßig der Unternehmer, entweder über Art. 44 I ZG (Art. 78 II HG bzw. Artt. 350, 600 GesG: strikte Zurechnung des Repräsentanten- bzw. Organfehlverhaltens)[345] oder über Art. 715 ZG (strikte Geschäftsherrenhaftung). Die Mittäter und Beteiligten im Sinne von Art. 719 ZG haften gesamtschuldnerisch.[346]

Der Wortlaut von Art. 719 ZG stimmt fast vollständig mit § 830 BGB im deutschen Recht überein, was ein Hinweis darauf ist, daß das deutsche Recht als Modell ähnlich wie bei der Fassung von Art. 715 ZG einen wesentlichen Einfluß hatte. Art. 719 ZG lautet:

*(1) Haben mehrere durch eine gemeinschaftlich begangene unerlaubte Handlung einem anderen einen Schaden zugefügt, so ist jeder als Gesamtschuldner zum Ersatz des Schadens verpflichtet; das gleiche gilt, wenn sich nicht ermitteln läßt, wer von den Mittätern den Schaden verursacht hat.*
*(2) Anstifter und Gehilfen sind als Mittäter anzusehen.*

Art. 719 ZG unterscheidet grundsätzlich zwischen zwei Fallgruppen, nämlich zwischen der Fallgruppe der „gemeinschaftlichen Schädigung" (*kagai kōi ittaigata*), worunter die mittäterschaftliche Schädigung und die gemeinschaftliche Schädigung eines anderen durch Täter und Beteiligte (Anstifter und Gehilfen) verstanden wird (Art. 719 I 1. Halbsatz ZG, Art. 719 II ZG), und der Fallgruppe der „Schädigerunklarheit" (*kagai-sha fumei-gata*). Im Rahmen der Haftung für unerlaubte Handlungen im Geschäftsverkehr ist die zweite Fallgruppe kaum von Bedeutung, so daß sich die folgenden Ausführungen auf die erste Fallgruppe konzentrieren.

Wie auch bei Art. 715 ZG unterscheidet sich die gewöhnliche Interpretation des Art. 719 ZG deutlich von der seines Äquivalents in Deutschland, dem § 830 BGB. Der wichtigste Unterschied besteht darin, daß nach herrschender Meinung die Mittäterschaft und Beteiligung im Zivilrecht keinen Vorsatz erfordert; es reicht grundsätzlich auch ein fahrlässiger Beitrag zur unerlaubten Handlung aus. Mehr noch, es ist gelegentlich nicht einmal unbedingt eine „subjektive Verbundenheit" (*shukanteki kanrensei*) der Teilnehmer erforderlich, es kann auch eine „objektive Verbundenheit" (*kyakkanteki kanrensei*) zwischen ihnen ausreichen. Ob ein Teilnehmer also als Mittäter, Gehilfe oder Anstifter anzuse-

---

[345] Vgl. Fn. 326.
[346] Man spricht hier von einer „unechten Gesamtschuld" (*fu-shinsei rentai saimu*) da sie nicht aufgrund einer Einigung, sondern als gesetzliche Rechtsfolge entsteht; vgl. T. UCHIDA (1997) 500; T. UCHIDA (1996) 340-341. Vgl. auch OGH vom 4.3.1982, in: Hanrei Jihō Nr. 1042, 87.

hen ist, bestimmt sich in erster Linie nach der Art und dem Umfang des objektiven Tatbeitrages. Insgesamt betrachtet muß zwischen den Teilnehmern lediglich eine „auf Fahrlässigkeit beruhende objektiv gemeinschaftliche Begehung einer unerlaubten Handlung" (*kashitsu ni yoru kyakkan kanren kyōdō fuhō kōi*) zur Begründung der Haftung nach Art. 719 ZG aller Teilnehmer vorliegen.[347]

Diese allgemeine Interpretation des Art. 719 ZG führt im Ergebnis dazu, daß der Personenkreis, der wegen unerlaubter Handlung dem Geschädigten auf Schadensersatz haftet, grundsätzlich enorm weit gezogen werden kann. In Fällen der unerlaubten Handlung im Geschäftsverkehr gegenüber Verbrauchern ist es daher häufig auch möglich, Angestellte und Geschäftsleitungsorgane einer Gesellschaft persönlich in Anspruch zu nehmen, selbst wenn diese nur in geringem Umfang am Abschluß und der Erfüllung des Vertrages beteiligt waren. Die Rechtsprechung erkennt vor allem bei insgesamt betrachtet *inhaltlich* unlauteren Geschäften eine persönliche deliktische Haftung auch von Hilfspersonen des Unternehmers in weitem Umfang an.[348]

*e) Die Haftung von Gesellschaftsorganen und Funktionsträgern gegenüber Dritten nach Sondernormen des Handelsrechts*

Für Geschäftsleitungsorgane und Funktionsträger (*yakuin-tō*) einer Aktiengesellschaft und GmbH bestehen über die allgemeinen zivilrechtlichen Regeln hinaus besondere deliktsrechtliche Haftungsnormen bzw. Sonderhaftungsnormen nach dem Handelsrecht (HG, GGmbH, RePrüfG). Nach Inkrafttreten des Gesellschaftsgesetzes im Jahre 2006 finden sich diese dann allesamt dort wieder. Ferner bestehen dann künftig gleichartige besondere Haftungsnormen auch für die geschäftsführenden Gesellschafter von Anteilsgesellschaften, die man, da die Anteilsgesellschaften auch juristische Personen darstellen, ebenfalls als Organe bezeichnen kann.[349]

---

[347] T. UCHIDA (1997) 493-494; M. SHIMIZU, Kommentar Zivilrecht VI (1998) 232-238; Y. NŌMI (1986) 54. Zur auf Fahrlässigkeit beruhenden objektiv gemeinschaftlichen Begehung der unerlaubten Handlung vgl. OGH vom 18.11.1966, Minshū 20, 1886; zur fahrlässigen Beihilfe vgl. DG Ōsaka vom 30.3.1987, in: Hanrei Jihō Nr. 1240, 35. Gerichtsentscheidungen, die eine objektive Verbundenheit als Kriterium für die Haftung wegen gemeinschaftlich begangener unerlaubter Handlung ausreichen lassen, betreffen insbesondere die Haftung für Umweltverschmutzungen. Vgl. RGH vom 28.6.1913, Minroku 19, 560; OGH vom 23.4.1968, Minshū 22, 964; DG Tsu vom 24.7.1972, in: Hanrei Jihō Nr. 672, 30; DG Ōsaka vom 29.3.1991, in: Hanrei Jihō Nr. 1383, 22.

[348] Siehe etwa unten die Besprechung des Urteils des DG Nagoya vom 15.8.1989 (unter 2 a dd: Vermittlung Warentermingeschäfte an ausländischer Börse) und des Urteils des OG Sendai vom 27.5.1987 (unter 2 b bb: Fall *Toyota Shōji*).

[349] Über das Wesen der Normen besteht Streit. Nach dem OGH (Urteil vom 26.11.1969, Minshū 23, 2150) und Teilen der Literatur (M. YANAGA (2005) 221-222) handelt es sich um eine besondere Form der gesetzlichen Haftung. Nach anderer Ansicht handelt es sich um eine besondere Form der deliktischen Haftung (so etwa K. KAMI (2001) 271-274). Meist läuft das auf dasselbe hinaus (zu den Unterschieden siehe M. YANAGA (2005) a.a.O.)). Zum Meinungsstand siehe auch J. TAMURA (1977) 104; I. KAWAMOTO / M. KISHIDA / A. MORITA / Y. KAWAGUCHI (2004) 195-196.

Danach haften alle individuellen Organpersonen (Einzelverwaltungsräte, Verwaltungsratsmitglieder, Prüfer, Abschlußprüfer, Rechnungsverantwortliche) bei der herkömmlichen AG, Geschäftsführer bei einer AG mit Ausschußstruktur, Geschäftsführer bei einer GmbH und geschäftsführungsberechtigte Gesellschafter einer Anteilsgesellschaft gegenüber Dritten auf Schadensersatz, falls diesen ein Schaden aufgrund *vorsätzlich oder grob fahrlässig pflichtwidriger Amtsausübung* entstanden ist (Artt. 266-3, 280 HG; Artt. 10, 11, 18-4, 21-22, 21-23 RePrüfG, Art. 30-3 GGmbH; ab Inkrafttreten des Gesellschaftsgesetzes im Jahre 2006 nach Artt. 429, 423 I, 597 GesG). Außerdem besteht eine solche Haftung auch bei der LLP für geschäftsführungsberechtigte Gesellschafter (Art. 18 LLP-Gesetz).

Auch diese Normen können als Anspruchsgrundlagen für geschädigte Verbraucher von Bedeutung sein. Insbesondere wenn das *Geschäftskonzept* der Gesellschaft insgesamt als *unlauter* einzustufen ist und der Kunde hierdurch geschädigt wird, kann er sich auch unmittelbar mit seinen Ersatzansprüchen an die Geschäftsleitungsorgane persönlich wenden. Auch bei der Prüfung dieser Sondertatbestände ist ähnlich wie bei der Prüfung von Art. 709 ZG die Beurteilung der Rechtswidrigkeit des Geschäfts von entscheidender Bedeutung.[350]

*f) Deliktsrecht und Zivilprozeß – Rechtsanwaltskosten als Schaden*

Die deliktsrechtliche Bewältigung von Rechtsproblemen bei Verbraucherverträgen bietet aus Sicht des Verbrauchers im japanischen Recht einen weiteren besonderen Vorteil gegenüber dem Einsatz anderer zivilrechtlicher Rechtsinstitute, der sich nicht aus der Interpretation der Anspruchsgrundlagen ergibt. Nur durch den Einsatz des Deliktsrechts kann der Verbraucher in dem Falle, daß er vor Gericht obsiegt, einen Teil der ihm durch die Rechtsverfolgung entstandenen Rechtsanwaltskosten von der unterlegenen Partei erstattet verlangen.

Nach Art. 61 ZPG[351] hat die im Zivilprozeß unterlegene Partei die Kosten des Rechtsstreits zu tragen. Zu den „Kosten des Rechtsstreits" werden nach ganz herrschender Meinung allerdings nicht die Kosten gezählt, die sich aus der Beauftragung eines Rechtsanwaltes zur Wahrnehmung der Interessen ergeben.[352] Grundsätzlich trägt jede Partei ihre Rechtsanwaltskosten also selbst. Grund für diese Regel ist, daß in Japan prinzipiell kein Rechtanwaltszwang im Zivilprozeß besteht. Jede Partei kann also in jeder Lage und in jeder Instanz des zivilprozessualen Verfahrens Prozeßhandlungen selbst vornehmen und dadurch ihre Interessen wahrnehmen. Eine Ausnahme besteht nur für den Fall, daß eine Par-

---

[350] Siehe unten etwa die Besprechung des Urteils des DG Saga vom 18.7.1986 (unten 2 a cc: Vermittlung von Warentermingeschäften an Privatbörse) und des DG Nagoya vom 15.8.1989 (unten 2 a dd: Vermittlung von Warentermingeschäften an ausländischer Börse), sowie des DG Akita vom 27.6.1985 (2 b aa: Fall *Toyota Shōji*).
[351] Zivilprozeßgesetz, *Minji soshō-hō*, Gesetz Nr. 29/1890, Neufassung durch Gesetz Nr. 109/1996, i.d.F. des Gesetzes Nr. 100/2002.
[352] H. KOBAYASHI (1997) 102 ff.; T. SATŌ (2001) 154; T. KOJIMA (1997) 25-26.

tei verhandlungsunfähig ist und das Gericht aus diesem Grund die Zuziehung eines Rechtsanwaltes anordnet, um die angemessene Vertretung der Interessen dieser Partei zu gewährleisten (Art. 155 ZPG). In diesem Fall wird das Honorar dieses Rechtsanwaltes als Teil der Kosten des Rechtsstreits angesehen.[353]

Nach einem Grundsatzurteil des Obersten Gerichtshofs Japans (OGH) aus dem Jahre 1969 können die entstandenen Rechtsanwaltskosten in Fällen der Haftung aus Delikt allerdings gegebenenfalls als kausaler Schaden geltend gemacht werden.[354]

Anwaltskosten als deliktischer Schaden werden von den Gerichten tatsächlich *vor allem in Verbraucherangelegenheiten* anerkannt, während dies in handelsrechtlichen Angelegenheiten selten der Fall ist. Hier wird also auch einem besonderen Bedürfnis des Verbraucherschutzes bei der Rechtsverfolgung Rechnung getragen. Wirft man einen Blick auf einzelne Gerichtsurteile, in denen Schadensersatzansprüche von Verbrauchern gegen Unternehmer anerkannt wurden, so muß man allerdings feststellen, daß dem Verbraucher nicht immer ein solcher Anspruch auf Erstattung auch der Rechtsanwaltskosten zuerkannt wird, und falls doch, gewöhnlich nicht in voller Höhe. In Fällen, in denen ein Anspruch anerkannt wird, beläuft er sich in der Regel auf pauschal etwa 10 % der Summe, die vom Gericht als sonstiger materieller Schadensersatz zugesprochen wird. Dies gilt auch für Klagen gegen das Unternehmen *Toyota Shōji*, gegen Unternehmer, die den Abschluß von Warenterminkontrakten vermittelt haben, und gegen Unternehmer, die unlautere Kettenabsatzgeschäfte betrieben haben, die allesamt später als Beispielsfälle erläutert werden.[355]

---

[353] H. KANEKO / K. SHINDO / Y. HIRAI (2001) 733.
[354] Urteil des OGH vom 27.2.1969, Minshū 23, 441. Vgl. auch T. SATŌ (2001); Y. WATANABE / S. MIYAZAWA (1992) 24-26.
[355] Beispiele nachfolgend unter 2. Vgl. zudem die Angaben in NAGOYA SHŌHISHA MONDAI KENKYŪ-KAI (1992) 257-301, 341-365: jeweils anteilig an der Summe des zuerkannten sonstigen materiellen Schadensersatzes; bei Klagen gegen den Finanzdienstleister bei Warenterminsgeschäften: DG Kyōto vom 20.6.1985, in: Sakimono Torihiki Hanrei-shū V, 90 (ca. 12 %); DG Ōsaka vom 30.5.1986, in: Sakimono Torihiki Hanrei-shū VII, 37 (ca. 8 %); DG Kyōto vom 25.3.1988 in: Sakimono Torihiki Hanrei-shū VIII, 65 (ca. 10 %); DG Ōsaka vom 30.1.1984, in: Hanrei Jihō Nr. 1121, 62 (10 %); DG Ōsaka vom 24.4.1984, in: Hanrei Jihō Nr. 1135, 133 (ca. 10 %); DG Ōsaka vom 22.6.1984, in: Hanrei Jihō Nr. 1140, 159 (ca. 10 %); DG Ōsaka vom 18.3.1985, in: Hanrei Jihō Nr. 1163, 89 (ca. 10 %); DG Ōsaka vom 9.4.1985, in: Hanrei Taimuzu Nr. 560, 177 (ca. 10 %); DG Ōsaka vom 29.6.1989, in: Hanrei Taimuzu Nr. 701, 198 (10 %); DG Nagoya vom 15.8.1989, in: Sakimono Torihiki Hanrei-shū IX, 239 (ca. 9 %). In vielen Fällen werden aber auch die Rechtsanwaltskosten überhaupt nicht berücksichtigt: vgl. z.B. DG Kōbe vom 13.5.1983, in: Hanrei Jihō Nr. 1097, 115; DG Nagasaki vom 17.3.1986, in: Hanrei Jihō Nr. 1202, 119; DG Shizuoka vom 27.1.1986, in: Hanrei Jihō Nr. 1187, 103; DG Sapporo vom 16.2.1984, in: Hanrei Taimuzu Nr. 527, 155 etc.; im Fall *Toyota Shōji*: DG Akita vom 27.6.1985, in: Hanrei Jihō Nr. 1166, 148 (10 %); DG Kōbe vom 28.9.1987, in: NAGOYA SHŌHISHA MONDAI KENKYŪ-KAI (1992) 343 (ca. 7 %); DG Nagoya vom 16.6.1988, in: NAGOYA SHŌHISHA MONDAI KENKYŪ-KAI (1992) 345 (ca. 10 %); DG Kyōto vom 10.8.1988, in: NAGOYA SHŌHISHA MONDAI KENKYŪ-KAI (1992) 346 (ca. 11 %); DG Nagoya vom 25.9.1989, in: NAGOYA SHŌHISHA MONDAI KENKYŪ-KAI (1992)

## g) Zusammenfassende Bewertung

Das Deliktsrecht erfüllt in Japan eine außerordentlich wichtige Funktion zur Bewältigung von Verbraucherrechtsproblemen gerade auch im Zusammenhang mit unerwünschten und nachteiligen Verbraucherverträgen. Ein wichtiger Grund hierfür ist sein weiter und dehnbarer Anwendungsbereich. Art. 709 ZG als Grundnorm eines deliktsrechtlichen Ersatzanspruches erfaßt grundsätzlich auch vorvertragliche Pflichtverletzungen, vor allem Aufklärungspflichtverletzungen in Form der vorsätzlichen und fahrlässigen Falschinformation sowie der unzureichenden Aufklärung, die einen Hauptgrund für unerwünschte Verbraucherverträge darstellen. Ob und wann eine Aufklärungspflichtverletzung vorliegt und zu einem deliktsrechtlichen Anspruch führt, hängt entscheidend vom jeweiligen Einzelfall ab, insbesondere davon, in wieweit zwischen den Vertragsparteien ein Ungleichgewicht an Geschäftserfahrungen, Kenntnissen und Informationen gegeben ist. Eine unbillige Beeinflussung des Verbrauchers in Form des Bedrängens dagegen wird von den Gerichten nur dann als deliktische Pflichtverletzung anerkannt, wenn es sich um gravierende Fälle der Willensbeeinflussung handelt, und zwar meist erst dann, wenn der hierdurch herbeigeführte Vertragsschluß insgesamt auch als sittenwidrig zu bewerten ist. Dies ist meist nur bei erheblicher Schutzbedürftigkeit des einen Vertragspartners und des Ausnutzens seiner Unerfahrenheit, Willensschwäche und des Mangels an Urteilsvermögen durch den anderen Teil der Fall. Auch inhaltlich nachteilige Verträge können einen deliktsrechtlichen Schadensersatzanspruch mitbegründen, insbesondere dann, wenn der Vertrag zugleich inhaltlich als sittenwidrig beurteilt wird, was eine gravierende Benachteiligung einer Vertragspartei voraussetzt. Daneben können auch andere Pflichtverletzungen wie Normverstöße oder vertragliche Pflichtverletzungen zu einem Anspruch beitragen. Entscheidend ist aber, daß die Bindung an den Vertrag auch in einer Gesamtschau aller Faktoren als unbillig, mithin aus Sicht des Richters als *rechtswidrig* erscheint. Dieser flexible Haftungsmaßstab des Art. 709 ZG, der durch richterliche Rechtsfortbildung entwickelt worden ist, erweitert den vom Wortlaut her ohnehin weiten Tatbestand der Normen des Deliktsrecht auf viele Rechtsprobleme, für deren Bewältigung eigentlich das Vertragsrecht oder das Willenserklärungsrecht im Zivilgesetz vorgesehen sind. Die Anwendung des Deliktsrechts auf diese Fälle folgt besonderen Regeln, die sich erheblich von denen unterscheiden, die in anderen Anwendungsbereichen gelten. Die besondere Fallgruppe der unerlaubten Handlungen im Geschäftsverkehr (*torihikiteki fuhō kōi*) hat sich in

---

348 (ca. 11 %); nicht anerkannt durch DG Fukuoka vom 27.11.1987, in: NAGOYA SHŌHISHA MONDAI KENKYŪ-KAI (1992) 344; DG Kanazawa vom 14.10.1988, in: Hanrei Jihō Nr. 1290, 29 etc.; bei unlauteren Kettenabsatzgeschäften: DG Ōsaka vom 24.4.1981, in: Hanrei Jihō 1009, 33 (ca. 14 %); DG Kyōto vom 10.8.1988, in: NAGOYA SHŌHISHA MONDAI KENKYŪ-KAI (1992) 346 (ca. 11 %); dagegen z.B. nicht anerkannt im Urteil des OG Nagoya vom 31.8.1987, in: Hanrei Jihō Nr. 1254, 76.

der Rechtsprechung gerade im Zusammenhang mit Verbraucherrechtsfällen herausgebildet.

Sofern der Unternehmer als Vertragspartner oder diejenigen, die auf seiner Seite vermittelnd beim Abschluß und bei der Erfüllung des Vertrages tätig geworden sind, nicht aus Art. 709 ZG unmittelbar haften, besteht zusätzlich die Möglichkeit der Haftung aus Art. 715 ZG oder Art. 719 ZG, beides Normen, die von der Rechtsprechung so ausgelegt werden, daß möglichst viele Beteiligte gleichzeitig vom Geschädigten in Anspruch genommen werden können. Gerade im Verbrauchervertragsrecht ist dies für den Verbraucher von besonderem Vorteil, weil er nicht nur Ansprüche gegen den Unternehmer geltend machen kann, sondern häufig auch Ansprüche gegen Angestellte, leitende Angestellte und Repräsentanten des Unternehmens hat. Handelt es sich bei dem Unternehmer wie meist um eine Handelsgesellschaft, kommt es nicht selten vor, daß die Organpersonen, Funktionsträger oder geschäftsführungsberechtigten Gesellschafter (je nach Gesellschaftsform) auch persönlich haften. Diese Vielzahl der Anspruchsgegner ergibt sich nur bei Anwendung des Deliktsrechts. Die Vermutung liegt nahe, daß die Gerichte es gerade auch deshalb zum Zwecke des Schutzes des schwächeren Vertragspartners bevorzugt anwenden. Besondere Normen der Haftung von Geschäftsleitungsorganen, Funktionsträgern und Gesellschaftern von Handelsgesellschaften gegenüber Dritten im Gesellschaftsrecht verstärken diese Entwicklung zusätzlich.

Neben dem weiten Anwendungsbereich und der Vielzahl der Haftenden hat das Deliktsrecht noch den Vorteil, daß der Geschädigte seine Rechtsanwaltskosten teilweise ersetzt verlangen kann. Darüber hinaus scheint das Deliktsrecht auch deshalb so häufig zur Anwendung zu gelangen, weil es nicht einfach nur die Liquidation von Schäden ermöglicht. Es bietet immer auch die Möglichkeit, dem Schädiger einen individuellen Schuldvorwurf zu machen. Dies scheint für Japaner sehr wichtig zu sein, gerade auch bei gravierenden vorvertraglichen und vertraglichen Pflichtverstößen und insbesondere wenn klar ist, daß der Unternehmer von Anfang an vorhatte, den Vertragspartner zu übervorteilen. In extremen Fällen betrügerischer oder sonst unlauterer Geschäftspraktiken wird daher von den Gerichten auch ein Anspruch auf Schmerzensgeld zum Zwecke der Bestrafung des Schädigers zugesprochen.

Schwierig zu beurteilen ist, ob mit der Anerkennung eines Schadensersatzanspruches durch die japanischen Gerichte nur die Gewährung der (zumindest teilweisen) Lösung der Bindung an einen unerwünschten und nachteiligen Vertrag beabsichtigt wird. Dies würde eine analytisch-dogmatische Methodik der Richter bei der Beurteilung der Fälle voraussetzen. Dies ist aber regelmäßig nicht der Fall. Gerade an der Art der Anwendung des Deliktsrechts zur Bewältigung von Verbraucherrechtsfällen in der japanischen Rechtsprechung zeigt sich einmal mehr die Richtigkeit der von *Guntram Rahn* geäußerten Beobachtung, daß der richterlichen Entscheidung in Japan ein Werturteil zugrunde liegt, dem die juristische Begründung oftmals nur nachgeschoben wird.[356] Das Werturteil tritt hierbei vor allem als „*Rechtswidrigkeitsurteil*" in Erscheinung. Die Rechtsprechung zielt also vor allem auf die Angemessenheit der Entscheidung ab, nicht auf eine juristisch-schlüssige Begründung und Konstruktion. Das Problem in den Fällen, die vor die Gerichte gebracht werden, besteht darin, daß der Verbraucher einen finanziellen Schaden erlitten hat. Dieser wird bei Anlaß zur Kritik am Verhalten des Unternehmers oder seiner Hilfspersonen pragmatisch mit Hilfe des Deliktsrechts beseitigt, auch wenn hierfür der Wortlaut der einzelnen Normen mitunter überdehnt zu werden scheint.

Das japanische Deliktsrecht wird zur Lösung von Verbraucherrechtsfällen und zur Liquidation von Verbraucherschäden äußerst flexibel eingesetzt. Durch die Berücksichtigung aller Umstände des Einzelfalles, einschließlich bestehender Ungleichgewichte, kann meist ein angemessenes Ergebnis erzielt werden. Die Kehrseite hiervon ist aber, daß die Gerichtsentscheidungen in Japan allgemein nur schwer vorhersehbar sind. Wichtig ist daher bei auftretenden Fällen die Orientierung an Fallgruppen, bei denen die Gerichte in der Vergangenheit bereits die Notwendigkeit eines besonderen deliktsrechtlichen Schutzes des Verbrauchers anerkannt haben. Drei wichtige Fallgruppen und die Bewältigung der damit verbundenen rechtlichen Probleme durch die Gerichte sollen nachfolgend vorgestellt werden.

*2. Beispiele für die Anwendung des Deliktsrechts zum Schutz des Verbrauchers*

Als Beispiele für die Anwendung des Deliktsrechts werden im folgenden erstens die Rechtsprechung zu Schadensersatzklagen geschädigter Privatanleger im Zusammenhang mit Warentermingeschäften, zweitens die Urteile in einem besonderen Fall von Anlagebetrug und drittens die Rechtsprechung zu Schadensersatzklagen geschädigter Verbraucher wegen unlauterer Kettenabsatzgeschäfte analysiert. Die diskutierten Entscheidungen haben in Japan für erhebliches Aufsehen als Fälle einer gezielten Schädigung von Verbrauchern gesorgt.

*a) Warentermingeschäfte*

Die Vermittlung von Warenterminkontrakten als Form der Vermögensanlage für Privatanleger hat in Japan eine jahrzehntelange Tradition.[357] Dabei werden den Anlegern von spezialisierten Finanzdienstleistern meist standardisierte Terminkontrakte (*futures*) angeboten. Viele Finanzdienstleister vermitteln den Anlegern nicht nur Terminkontrakte an amtlich zugelassenen und unter staatlicher Aufsicht stehenden Terminbörsen (*kōsetsu shijō*), sondern auch an

---

[356] G. RAHN (1990) 336. Dies paßt auch zur These von *Takashi Uchida*, der rechtliche Verantwortlichkeit aufgrund einer Gesamtschau der gesamten sozialen Beziehung der Vertragspartnern zuweisen möchte (Vgl. oben Kapitel 2 C III).
[357] Zur Entwicklung der Warentermingeschäfte vgl. W. HORIGUCHI (1989).

"Privatbörsen" (*shisetsu shijō*). Die erste amtlich zugelassene Warenterminbörse in Japan nach dem Zweiten Weltkrieg wurde im Jahr 1950 eröffnet. Große Börsen gibt es heute in Tōkyō, Yokohama und Ōsaka. Zudem ist auch die Vermittlung von Geschäften an ausländischen Terminbörsen, insbesondere an der Börse in Hong Kong, verbreitet. Gehandelt werden viele verschiedene Arten von Kontrakten. Besonders populär sind Edelmetall-Futures, Seiden-Futures und Futures auf verschiedene landwirtschaftliche Produkte wie Weizen, Sojabohnen etc. Etwa seit Mitte der 1960er Jahre beteiligen sich auch Privatanleger zunehmend an Transaktionen der Warenterminbörsen.[358]

Warentermingeschäfte zeichnen sich dadurch aus, daß bei einer Investition hohe Gewinne zu erzielen sind, spiegelbildlich aber auch ein großes Verlustrisiko besteht. Zudem ist es möglich, daß nicht nur der Einsatz des Anlegers vollständig verloren geht, sondern darüber hinausgehende Verluste entstehen, für deren Ausgleich Geld nachzuschießen ist. Kursentwicklungen sind ohne entsprechende Fachkenntnisse nur schwer vorhersehbar. Für den Privatanleger handelt es sich also um eine sehr riskante Form der Vermögensanlage. Seit Anfang der 1980er Jahre häufen sich in Japan die Schadensersatzklagen gegen Finanzintermediäre, die die Anleger in nur unzureichendem Maße über das Wesen der Warentermingeschäfte und die dabei bestehenden Risiken beim Abschluß der Verträge über die Anlage und Vermittlungstätigkeit an der Börse aufgeklärt haben. In vielen Fällen erleiden die Anleger hohe finanzielle Verluste, mit denen sie anfangs nicht gerechnet haben. Mittlerweile ist zur Haftung der Finanzdienstleister eine Flut von Entscheidungen bis hinauf zum OGH ergangen.

Auch der japanische Gesetzgeber hat nach und nach Maßnahmen gegen unlautere Geschäftspraktiken der Finanzdienstleister ergriffen, jedoch *hauptsächlich* auf dem Gebiet des *öffentlichen Rechts*. Um einen fairen Vertragsabschluß zu gewährleisten enthält das Warenbörsengesetz (WarenbörsenG)[359] in Art. 214 Vorschriften, die verschiedene unbillige Handlungen des Finanzdienstleisters verbieten. So ist es ihm etwa untersagt, eine irreführende bestimmende Prognose bei der Werbung für einen Vertragsabschluß abzugeben (Nr. 1), die geeignet ist, einen falschen Eindruck über die Gewinnaussichten beim Anleger zu erwecken (*danteiteki handan no kinshi*). Zudem darf er den Anleger weder zum Vertragsabschluß mit der Versprechung locken, daß er entstehende Verluste übernehmen werde, noch ist es ihm gestattet, eine Garantie zu erteilen, daß der Anleger einen Gewinn erzielen werde (Nr. 2, *rieki no hoshō no kinshi*). Er darf den Privatanleger zudem nicht unangemessen zum Geschäftsabschluß drängen (Nr. 6). Art. 217 WarenbörsenG bestimmt ferner eine Pflicht des Finanzintermediärs, dem Anleger ein Schriftstück mit wichtigen Angaben über den Inhalt

---

[358] I. ASAI (1989) 78. Zu den Anfängen des Warenterminhandels und zu Finanzfutures in Japan siehe U. SCHAEDE (1990); zur Organisation des japanischen Kapitalmarkts insgesamt H. BAUM (1997) m.w.N.
[359] *Shōhin torihikijo-hō*, Gesetz Nr. 239/1950 i.d.F. des Gesetzes Nr. 87/2005.

des Geschäfts vor Vertragsschluß auszuhändigen, dessen Einzelheiten das Gesetz und ergänzend eine Verordnung festlegen. Seit einer Gesetzesänderung im Jahre 2004 sind noch weitere Schutzbestimmungen hinzugekommen. So ist es dem Finanzdienstleister seither grundsätzlich untersagt, Privatanleger zu werben, die aufgrund ihrer mangelnden Kenntnisse und Erfahrungen sowie ihrer Vermögensverhältnisse für derartige Geschäfte grundsätzlich nicht geeignet sind (Art. 215 WarenbörsenG). Außerdem enthält das Gesetz seither in Art. 218 zugunsten des Privatanlegers als wesentliche Neuerung eine *selbständige zivilrechtliche Haftungsnorm* für den Fall, daß der Finanzdienstleister den Privatanleger nur *unzureichend oder fehlerhaft* über bestimmte Eigenschaften des Geschäfts und sonstige Umstände vor Vertragsabschluß aufgeklärt hat, die in das Schriftstück nach Art. 217 WarenbörsenG aufzunehmen sind, und der Privatanleger dadurch einen Schaden erleidet. Dies ist vor allem deshalb sinnvoll, da das Finanzproduktehandelsgesetz (FpHG) aus dem Jahr 2001, das eine ähnliche allgemeine Schadensersatzpflicht bei mangelnder und fehlerhafter vorvertraglicher Aufklärung des Finanzdienstleisters im Zusammenhang mit einer Vielzahl von Finanz- und Finanzanlagegeschäften statuiert, gerade auf Warentermingeschäfte keine Anwendung findet. Darüber hinaus enthält das WarenbörsenG noch verschiedene andere Vorschriften zum Schutz des Anlegers im Zusammenhang mit der Geschäftsanbahnung und -durchführung.[360]

Ähnliche Vorschriften wie die obigen enthält auch das Gesetz über die Vermittlung von Termingeschäften an ausländischen Warenterminbörsen (AWarenterminGG),[361] das erforderlich ist, weil das Warenbörsengesetz auf die Vermittlungstätigkeit bei Geschäften an ausländischen Börsen keine Anwendung findet. Art. 9 AWarenterminGG verbietet das Mitteilen falscher Tatsachen und das vorsätzliche Unterlassen der Aufklärung über wichtige Einzelheiten der Warentermingeschäfte. Art. 10 AWarenterminGG verbietet dem Finanzdienstleister, den Anleger zum Vertragsabschluß mit der Versprechung zu locken, daß er möglicherweise entstehende Verluste übernehmen werde, bzw. mit der Abgabe einer Garantie, daß der Anleger einen Gewinn erzielen werde (Nr. 2). Es ist ihm außerdem nicht gestattet beim Abschluß des Vertrages eine bestimmende Prognose abzugeben, die geeignet ist einen falschen Eindruck über die Gewinnaussichten beim Anleger zu erwecken (Nr. 1). Er darf den Anleger auch nicht zum Zwecke des Vertragsabschlusses oder zur Erteilung eines Auftrages zum Kauf- oder Verkauf unbillig bedrängen (Nr. 4, *ihaku no kinshi*). Schließlich muß er den Anleger über wichtige Einzelheiten des Geschäfts schriftlich

---

[360] Hinsichtlich der Vertragsanbahnung sind vor allem noch das Verbot allgemein belästigender Kundenwerbung zum Geschäftsabschluß (Art. 214 Nr. 6) und das Verbot der weiteren Werbung zum Abschluß eines Gschäfts, obwohl der Kunde seinen Willen, kein Geschäft abzuschließen, zum Ausdruck gebracht hat (Art. 214 Nr. 5) von Bedeutung.

[361] *Kaigai shōhin shijō ni okeru sakimono torihiki jutaku-tō ni kansuru hōritsu*, Gesetz Nr. 65/1982 i.d.F. des Gesetzes Nr. 160/1999. Im übrigen enthält das Finanztermingeschäftegesetz (*Kin'yū sakimono torihiki-hō*) ähnliche Vorschriften für die Vermittlung von Finanzfutures an sowohl inländischen als auch ausländischen Terminbörsen.

aufklären (Art. 4, 5 AWarenterminGG). Bei einem Verstoß gegen die genannten Vorschriften drohen verwaltungsrechtliche und strafrechtliche Sanktionen.

aa) Urteil des DG Yokohama vom 18.12.1987[362]

Das Gericht hatte die Klage eines Anlegers auf Schadensersatz gegen ein Unternehmen zu beurteilen, das auf die Vermittlungstätigkeit bei Warentermingeschäften spezialisiert ist. Der Kläger machte einen Anspruch gegen die Aktiengesellschaft aus Delikt (Artt. 715, 709 ZG) wegen vorvertraglicher und vertraglicher Aufklärungspflichtverletzungen, unzulässiger Beeinflussung beim Vertragsabschluß, Verstöße gegen das Warenbörsengesetz, die Börsenordnung und andere Bestimmungen sowie wegen verschiedener vertraglicher Pflichtverletzungen geltend und verlangte Schadenersatz in Höhe von 31 Mio. ¥ für den aus den Geschäften entstandenen finanziellen Schaden. Der Kläger verfügte über keine Erfahrung in Warentermingeschäften. Er hatte zwanzig Jahre ein Einzelhandelsgeschäft betrieben, darüber hinaus aber keine nennenswerten Erfahrungen in wirtschaftlichen Angelegenheiten.

Nach den getroffenen Feststellungen des Gerichts kam es infolge intensiver Werbung durch einen Angestellten des Unternehmens zum Abschluß eines Rahmenvertrages zwischen dem Unternehmen und dem Anleger über die Vermittlung bei Warentermingeschäften. Der Angestellte hatte den Anleger zunächst telefonisch kontaktiert und weiterführende Beratungsgespräche in der Wohnung des Klägers geführt, wobei er vor allem auf die hohe Rendite bei dieser Art von Vermögensanlage hinwies. Er versuchte den Anleger zur Entscheidung unter anderem mit Aussagen wie z.B., daß ein „finanzieller Verlust völlig ausgeschlossen sei" und daß „gar kein Zweifel an der Erzielung eines großen Gewinns" bestehe, zu überreden. Der Kläger war aber nicht sofort bereit zu einem Vertragsabschluß, so daß es noch weiterer zahlreicher Telefonanrufe und Schreiben bedurfte, um ihn zum Abschluß des Vertrages und zur Investition in Warentermingeschäfte zu bewegen. Dem Anleger sind auf Grundlage des Rahmenvertrages mehrere verlustreiche Sojabohnen-Terminkontrakte an einer amtlich zugelassenen Börse vermittelt worden.

Das Gericht sah hierbei eine *vorvertragliche Aufklärungspflichtverletzung* des Angestellten und damit auch des Unternehmers über den Inhalt von Warentermingeschäften und die dabei bestehenden Risiken als gegeben an. Da der Anleger selbst offensichtlich weder über die nötige Erfahrung noch das Wissen hierüber verfügte, sei er umfassend und unmißverständlich aufzuklären gewesen. Die Erläuterungen des Angestellten seien aber weder sachlich zutreffend noch ausreichend gewesen, was nach Meinung des Gerichts eine „unzulässige Beeinträchtigung der freien und selbstbestimmten Willensentscheidung des Vertragspartners" dargestellt habe.[363] Zudem habe der Angestellte durch die

---

[362] Hanrei Taimuzu Nr. 1284, 118. Eine Zusammenfassung und Besprechung des Urteils von *T. Tanoue* findet sich bei A. MORISHIMA / S. ITŌ (1995) 42-43.
[363] Fn. 362, 124.

Abgabe einer *irreführenden bestimmenden Prognose* über die Gewinnaussichten bei dem Geschäft gegen Art. 94 Nr. 1 WarenbörsenG (heute Art. 214 Nr. 1 WarenbörsenG) verstoßen.

Schließlich sei es auch bei der Durchführung der Geschäfte zu verschiedenen vertraglichen Pflichtverletzungen gekommen. Der Anleger sei z.B. vor Abgabe der verschiedenen Einzelaufträge nur ungenügend über die Risiken des Geschäftes aufgeklärt worden, was vom Gericht wiederum jeweils als Verstoß gegen Art. 94 Nr. 1 WarenbörsenG gewertet wurde. Außerdem seien auf Seiten des Finanzdienstleister verschiedene unzulässige Gegengeschäfte und der Abschluß von Geschäften unter dem Namen eines Dritten getätigt worden, sowie weitere Handlungen, die Verstöße gegen die Börsenordnung und gegen interne Regelungen der zum Börsenhandel zugelassenen Unternehmer zum Schutz von Privatanlegern darstellen.[364]

Das Gerichte erkannte *in einer Gesamtschau aller Umstände auf die Verwirklichung einer bzw. mehrerer unerlaubter, rechtswidriger Handlungen durch den beklagten Angestellten des Unternehmers* (Art. 709 ZG), die auch für den finanziellen Schaden des Anlegers ursächlich gewesen seien. Da die unerlaubten Handlungen in Ausführung einer bestellten Verrichtung begangen worden sei, hafte auch der Geschäftsherr, also die Gesellschaft, aus Art. 715 ZG auf Schadenersatz gegenüber dem Anleger.

Der Anspruch wurde vom Gericht jedoch um 70 % wegen eines Mitverschuldens des Anlegers gekürzt. Als Gründe hierfür nannte es, daß der Anleger sich leicht über die tatsächlichen Risiken bei Warentermingeschäften durch das Studium der vom Angestellten überreichten Informationsbroschüre habe informieren können. Ferner habe der Anleger durch seine langjährige Tätigkeit als selbständiger Kaufmann ein gewisses Maß an Erfahrungen in wirtschaftlichen Angelegenheiten erworben. Er habe wissen müssen, daß großen Gewinnchancen auch immer entsprechende Risiken gegenüber stünden. Schließlich sei der Anleger insgesamt allzu leichtgläubig gewesen.[365] All dies habe zur Entstehung des Schadens beigetragen.

bb) Urteil des DG Sendai vom 9.12.1991[366]

In einem ähnlichen Falle wie dem eben geschilderten machte ein Anleger Schadensersatzansprüche aus Delikt in Höhe der finanziellen Verluste bei Kautschuk-Termingeschäften (an einer amtlich zugelassenen Börse) gegen ein Unternehmen (eine AG), das als Vertragspartner die Börsengeschäfte vermittelte (Art. 715 ZG), und gegen dessen Angestellten persönlich geltend (Art. 709 ZG), der auf Seiten der Gesellschaft den Vertrag abgeschlossen und die Aufträge ausgeführt hatte. Die Gesellschaft nahm er zugleich wegen vertraglicher

---

[364] Fn. 362, 122-125.
[365] Fn. 362, 126.
[366] Hanrei Jihō Nr. 1460, 125. Eine Zusammenfassung und Besprechung des Urteils von *Y. Yamaguchi* findet sich bei A. MORISHIMA / S. ITŌ (1995) 26-27.

## A. Regelungen im Zivilgesetz

Pflichtverletzungen aus Art. 415 ZG in Anspruch. Der Kläger war zum Zeitpunkt der Aufnahme der Geschäftsbeziehungen dreißig Jahre alt und Geschäftsleiter einer Filiale eines Elektroinstallationsunternehmens. Er hatte bis dahin keine Erfahrungen mit Warentermingeschäften oder anderen Anlagegeschäften.

Nach den Feststellungen des Gerichts hatte der Angestellte gegenüber dem Kunden bei Telefongesprächen und weiteren Geschäftsverhandlungen in der Privatwohnung mehrfach erklärt, daß ein „hoher Gewinn garantiert sei". Hierdurch sei der Anleger in irreführender Weise über die tatsächlichen Risiken des Geschäftes unterrichtet worden. Ferner sei er auch nur unzureichend über den Inhalt von Warentermingeschäften im allgemeinen informiert worden. Das Gericht stellte über diese vorvertragliche Aufklärungspflichtverletzung des Angestellten hinaus fest, daß die Handlungen zugleich einen Verstoß gegen Art. 94 Nr. 1 WarenbörsenG[367] wegen Abgabe einer irreführenden, bestimmenden Prognose über die Gewinnerwartungen bei dem Geschäft darstellten.

Außerdem rügte das Gericht weitere Aufklärungspflichtverletzungen nach Abschluß des Rahmenvertrages bei Durchführung der Einzelaufträge und weitere Verstöße gegen Art. 94 Nr. 1 WarenbörsenG. Schließlich bemängelte es eine Vielzahl von vertraglichen Pflichtverletzungen, die in den meisten Fällen auch gleichzeitig als Verstöße gegen das Warenbörsengesetz, die Börsenordnung, die Börsenrichtlinien, gegen die zu verwendenden Standard-AGB bei der Vermittlung von Börsengeschäften oder gegen interne Regeln der Börsenhändler zum Schutz der Privatanleger gewertet wurden.[368] Es erklärte schließlich: *„Zwar stellten die verschiedenen Pflichtverletzungen vor Vertragsabschluß und bei Erfüllung des Vertrages einzeln keinen hinreichenden Grund dar für die Bejahung der Haftung aus Delikt; bei einer Gesamtbetrachtung käme man jedoch insgesamt nicht umhin, die begangenen Handlungen als unbillig und rechtswidrig zu bezeichnen."*[369] Der Angestellte hafte daher dem Anleger gegenüber persönlich aus Art. 709 ZG für den bei den Geschäften entstandenen finanziellen Schaden.

Das Gericht bestätigte auch einen Anspruch aus Art. 715 ZG gegen die Handelsgesellschaft als Geschäftsherrn des Angestellten sowie zusätzlich, soweit es die vertraglichen Pflichtverletzungen anbelangt, deren Haftung aus Art. 415 ZG. Für eine Bejahung der Sittenwidrigkeit des Geschäftes insgesamt, und damit einer Nichtigkeit des Vertrages, sowie für einen vollendeten Betrug fehle es aber an hinreichenden Anhaltspunkten.[370] Neben dem Verlust des Verbrauchers aus den Warentermingeschäften sah das Gericht auch einen Teil der entstandenen Rechtsanwaltskosten des Klägers als einen von den Beklagten zu ersetzen-

---

[367] Heute Art. 214 Nr. 1 WarenbörsenG.
[368] Verstöße gegen Art. 94 Nr. 4 WarenbörsenG, Art. 94 Nr. 3 WarenbörsenG i.V.m. Art. 18 AGB-Börsengeschäfte; ferner Verstöße gegen die Ziffer 7, 8, 9, 10 der Börsenrichtlinie (*Shōhin torihiki-jo no shiji jikō*) etc.
[369] Fn. 366, 130, 130-131.
[370] Fn. 366, 131.

den Schaden an. Es entschied, daß das Finanzdienstleistungsunternehmen und dessen Angestellter als unechte Gesamtschuldner haften.

Auch in diesem Fall gab das Gericht zwar den Ansprüchen des Klägers dem Grunde nach statt, nahm jedoch eine Anspruchskürzung in Höhe von 40 % wegen Mitverschuldens vor. Es begründete dies damit, daß das hohe Risiko bei Warentermingeschäften ein allgemein bekannter Umstand sei, der dem Kläger angesichts seines Alters, seiner Lebenserfahrung und seiner gesellschaftlichen Stellung auch wohl zumindest teilweise hätte bekannt gewesen sein müssen. Es sei nicht davon auszugehen, daß er den Gewinnversprechungen tatsächlich in vollem Umfang geglaubt habe. Zudem hätte er auch durch aufmerksames Studium der erhaltenen Prospekte und der Vertragsbedingungen einen Eindruck vom Charakter der Warentermingeschäfte erhalten können. Schließlich habe der Kläger auch bei Erhalt von Zwischenabrechnungen über einen Teil der ausgeführten Aufträge einen Einblick über die Lage gewinnen können; er habe aber keine Einwände erhoben und weitere Einzelaufträge erteilt. Zwar habe er irgendwann die Anweisung gegeben, keine weiteren Aufträge mehr auszuführen und die Geschäfte insgesamt zu beenden, worauf der Beklagte nicht sofort reagierte, diese habe er aber nicht mit hinreichendem Nachdruck zum Ausdruck gebracht.

cc) Urteil des DG Saga vom 18.7.1986[371]

In dem Urteil des DG Saga ging es um die Sammelklage mehrerer Privatanleger gegen ein Unternehmen (AG), das für diese Investitionen in Gold-Termingeschäfte an einer Privatbörse vermittelte, durch die sie hohe Verluste erlitten. Die Kläger verfügten über keinerlei nennenswerte Erfahrungen und Kenntnisse in Warentermingeschäften. Nach den Tatsachenfeststellungen des Gerichts liefen die Geschäfte alle nach demselben Muster ab. Die Anleger seien von einem Mitarbeiter des Unternehmens nicht ausdrücklich darüber aufgeklärt worden, daß die Börse nicht amtlich zugelassen und beaufsichtigt gewesen sei und die Investition dadurch besondere Risiken barg. Darüber hinaus sei den Anlegern von dem beklagten Mitarbeiter des Unternehmens während der Geschäftsverhandlungen in deren Privatwohnungen und bei zahlreichen Telefongesprächen mehrfach zugesichert worden, daß sie beim „Kauf von Gold garantiert einen großen Gewinn erzielen würden" und daß er „persönlich" garantiere, daß „dabei kein Verlust entstehe". Bei der Ausführung der Geschäfte handelte das Unternehmen zudem mehrfach ohne ausdrücklichen Auftrag der Anleger und es kam zu verschiedenen Unregelmäßigkeiten bei der Abrechnung.

Die Kläger richteten ihre Klage nicht nur gegen die Gesellschaft, sondern ausdrücklich auch gegen den Mitarbeiter des Unternehmens, den Geschäftsführer der Zweistelle des Unternehmens, mit der die Kläger unmittelbar in Kontakt standen, zwei geschäftsführende, vertretungsberechtigte Verwaltungsrats-

---

[371] Hanrei Jihō Nr. 1222, 114. Eine Zusammenfassung und Besprechung des Urteils von K. *Uchida* findet sich bei A. MORISHIMA / S. ITŌ (1995) 46-47

mitglieder (*daihyō torishimari yaku*: nachfolgend GVM), ein Verwaltungsratsmitglied und einen gesellschaftsinternen Prüfer der Gesellschaft persönlich. Von allen verlangten sie Schadensersatz aus Delikt bzw. wegen grob fahrlässig drittschädigender Geschäftsführung.

Das Gericht verneinte eine vorsätzliche Täuschung durch den Mitarbeiter bei Abschluß des Vertrages sowie die Sittenwidrigkeit der Geschäftspraktiken. Es sei aber gleichwohl grundsätzlich unbillig, völlig unerfahrene Privatanleger zur Investition in Warentermingeschäfte an einer nicht unter staatlicher Aufsicht stehenden Privatbörse zu verleiten, ohne sie hierüber und außerdem über die besonderen finanziellen Risiken, die bei diesen Geschäften bestünden, umfassend und zutreffend aufzuklären. Hierbei handele es sich um ein unbilliges Verhalten beim Vertragsabschluß. Das Gericht sah also eine relevante vorvertragliche Aufklärungspflichtverletzung in dem Verhalten des Mitarbeiters in allen Fällen als gegeben an.[372] Außerdem sah das Gericht in der Tätigung von Geschäften ohne eindeutigen Auftrag der Kläger eine Vertragsverletzung, denn hierdurch werde der tatsächliche Wille der Anleger ignoriert. Danach sei es nicht einmal sicher, ob die Buchungen auch auf tatsächlich ausgeführten Geschäften beruhten. Schließlich schien es dem Gericht, als sei es dem Unternehmen bei der Vertragserfüllung ausschließlich um die Erzielung eines möglichst hohen Eigengewinns gegangen unter bewußter Mißachtung der Interessen der Anleger.[373]

Insgesamt betrachtet habe der Angestellte *zahlreiche rechtswidrige Handlungen* begangen, die zur Entstehung der finanziellen Verluste des Klägers geführt hätten und *zusammen genommen eine Haftung aus Art. 709 ZG begründeten*. Die Gesellschaft hafte als Geschäftsherr ebenfalls für alle entstandenen Schäden aus Art. 715 ZG. Daneben hafte auch der Zweigstellenleiter aus Art. 709 ZG auf Schadensersatz wegen Förderung der unbilligen Geschäfte. Auch die Haftung der zwei GVM der Gesellschaft auf Schadensersatz wurde vom Gericht bejaht. Sie hätten die unbilligen und rechtswidrigen Geschäftspraktiken wissentlich geduldet oder hiervon zumindest Kenntnis haben müssen. Das Nichteinschreiten jedenfalls stelle eine vorsätzliche oder grob fahrlässige drittschädigende Geschäftsführung dar, weshalb sie dem Kläger für den entstandenen Schaden aus Art. 266-3 HG persönlich auf Schadensersatz hafteten. Mit dem gleichen Argument wurde auch die Haftung des beklagten gesellschaftsinternen Prüfers nach Artt. 280, 266-3 HG[374] bejaht. Nur die Haftung eines Verwaltungsratsmitglieds, das diese Funktion quasi nur auf dem Papier innehatte, wurde abgelehnt. Die anderen Beklagten hafteten den Klägern gemeinschaftlich (unechte Gesamtschuld). Den Klägern wurde Schadensersatz in voller Höhe der jeweils entstandenen Verluste aus den Warentermingeschäften zugesprochen. Darüber hinaus wurde ihnen auch jeweils ein Anspruch auf

---

[372] Fn. 371, 124.
[373] Fn. 371, 124-125.
[374] Bzw. Artt. 429, 423 I GesG.

Erstattung von Rechtsanwaltskosten sowie Schmerzensgeld in Höhe von ungefähr jeweils einem Zehntel der unmittelbar entstandenen Vermögensschäden zuerkannt.[375] Ein Mitverschuldensabzug wurde nicht zugebilligt.

dd)  Urteil des DG Nagoya vom 15.8.1989[376]

In diesem Fall klagte ein 59 Jahre alter Rentner, der über keine Erfahrungen mit Warentermingeschäften verfügte und früher als Grundschullehrer gearbeitet hatte, gegen ein Unternehmen (AG) auf Schadensersatz, das für ihn Zucker-Termingeschäfte an der Börse in Hong Kong vermittelte. Auch er machte einen Anspruch aus Delikt nicht nur gegen die Gesellschaft geltend, sondern auch gegen drei Angestellte, die am Vertragsschluß und an der Geschäftsdurchführung beteiligt gewesen waren und gegen das GVM der Gesellschaft persönlich. Das Gericht stellte fest, daß die Angestellten gegenüber dem Kläger bei den Verhandlungen vor Abschluß des Vertrages in dessen Wohnung und am Telefon mehrfach behauptet hätten, daß er mit diesen Geschäften „in einem Monat mehr als 30 % Gewinn machen könne", und weitere ähnliche Prognosen ins Blaue hinein aufgestellt hätten. Daneben sei es auch bei der Durchführung der Geschäfte zu zahlreichen Unregelmäßigkeiten und Verstößen gegen verschiedene Rechtsnormen gekommen.[377]

Das Gericht befand deshalb, daß das *Werben für den Vertragsabschluß insgesamt unbillig und rechtswidrig* gewesen sei. Die Mitarbeiter des Unternehmens hätten den Anleger zur Investition in eine aufgrund seiner Lebens- und Vermögensverhältnisse offensichtlich ungeeignete, weil besonders risikoreiche Anlageform verleitet. Sie hätten ihm vorsätzlich wichtige Einzelheiten über die Art und das Risiko des Geschäftes verschwiegen, was nicht nur eine Aufklärungspflichtverletzung, sondern auch einen Verstoß gegen Art. 9 AWarenterminGG darstelle. Darüber hinaus hätten Sie auch eine irreführende Prognose im Sinne von Art. 10 AWarenterminGG über die Gewinnaussichten abgegeben und damit gegen diese Norm verstoßen. Insgesamt sei hierdurch die rechtsgeschäftliche Entscheidungsfreiheit des Klägers in unzulässiger Weise beeinträchtigt worden.[378]

Ferner rügte das Gericht verschiedene Pflichtverletzungen bei der Erfüllung des Vertrages und der Abwicklung der Geschäfte, die gleichzeitig als Vertragsverletzungen und als Gesetzesverstöße oder Verstöße gegen die Börsenordnung und andere Normen gewertet wurden. Die Angestellten hätten ohne hinreichende Erklärung und Abstimmung mit dem Kunden, die Warentermingeschäfte nach eigenem Ermessen betrieben. Sie hätten zudem eine Vielzahl von gebührentreibenden, sinnlosen Transaktionen durchgeführt und die Kündigung des

---

[375] Fn. 371, 124-125.
[376] Hanrei Jihō Nr. 1345, 106. Eine Zusammenfassung und Besprechung des Urteils von H. Kanda findet sich bei A. MORISHIMA / S. ITŌ (1995) 48-49.
[377] Fn. 376, 111-112.
[378] Fn. 376, 112-114.

Vertrages durch den Kläger durch Beschwichtigung hinausgezögert. Bei allen diesen Transaktionen hätten die Mitarbeiter in unbilliger Weise ausschließlich ihren persönlichen Vorteil bzw. den Vorteil des Unternehmens im Sinn gehabt.[379] Die Handlungen seien auch ursächlich für den Vermögensschaden des Klägers gewesen. Es habe sich dabei um „*betrügerische und rechtswidrige Geschäftspraktiken*" gehandelt.[380]

In *einer Gesamtschau aller Umstände* urteilte das Gericht, daß die beklagten Angestellten *wegen der rechtswidrigen und unbilligen Handlungen* dem Kläger persönlich aus Art. 709 ZG auf Schadensersatz hafteten. Außerdem bildeten die Angestellten mit dem GVM als Geschäftsleitungsorgan objektiv betrachtet eine Einheit, so daß diese wegen gemeinschaftlicher unerlaubter Handlung hafteten (Art. 719 ZG). Das GVM sei zwar nicht unmittelbar an der Geschäftsdurchführung beteiligt gewesen, er sei aber über die Praxis der Geschäftstätigkeit der Mitarbeiter im Bilde gewesen und hätte auf deren Änderung hinwirken müssen. Ferner hafte auch die Gesellschaft wegen der Handlungen ihrer Organe und Angestellten aus Artt. 261 III, 78 II HG i.V.m. Art. 44 I ZG und aus Art. 715 ZG. Das Gericht nahm eine quasi-gesamtschuldnerische Haftung aller Beklagten an. Bei einem Angestellten sah das Gericht die Kausalität seiner Handlungen für nur einen Teil des Schadens als gegeben an. Neben dem unmittelbaren finanziellen Schaden aus den getätigten Warentermingeschäften in Höhe von ca. 13,7 Mio. ¥ wurde dem Kläger auch ein Anspruch auf Rechtsanwaltskosten in Höhe von 1,2 Mio. ¥ zugesprochen.[381] Ein Mitverschuldensabzug wurde vom Gericht zwar verneint, aber wegen eines gewissen Grades an Mitverschulden des Klägers zumindest der Anspruch auf immateriellen Schadensersatz verwehrt.

ee) Zusammenfassende Bewertung der Rechtsprechung
   zu Warentermingeschäften

Der überwiegende Teil der japanischen Gerichtsentscheidungen zu Warentermingeschäften betrifft die Frage der deliktsrechtlichen Haftung von Finanzintermediären gegenüber Privatanlegern für entstandene Vermögenseinbußen. Wichtigste Anspruchsgrundlage in diesem Zusammenhang ist Art. 709 ZG. Die japanischen Gerichte beurteilen die Frage, ob eine Person auf Seiten des Finanzdienstleisters wegen rechtswidriger Handlungen aus Art. 709 ZG auf Schadensersatz haftet, in der Regel nicht dogmatisch-analytisch, also streng nach Maßgabe des Gesetzeswortlautes, sondern sehr pragmatisch und flexibel unter Billigkeitsgesichtspunkten im Einzelfall. Sie entscheiden diese Frage grundsätzlich *anhand einer Gesamtschau aller Pflichtverletzungen auf Seiten des Unternehmens von der Vertragsanbahnung bis hin zum Stadium der*

---

[379] Fn. 376, 113-114.
[380] Fn. 376, 114.
[381] Ca. 9 % des zuerkannten sonstigen materiellen Schadensersatzes. Auch hier bestätigt sich die oben erwähnte grobe „10 % Regel".

*Vertragserfüllung sowie aller sonstigen Umstände unter dem Gesichtspunkt der Rechtswidrigkeit.* Nie wird die deliktsrechtliche Haftung allein auf eine Pflichtverletzung gestützt, sondern immer auf eine Vielzahl verschiedener Pflichtverletzungen zusammen. Diese Methode der Gerichte wird in der Literatur manchmal etwas scherzhaft mit der Bewertung eines Judo-Wettkampfes verglichen, wo häufig für einzelne Wurf- oder Haltetechniken nur Bruchteile eines Punktes vergeben werden, die sich aber zu einem vollen Punkt addieren können (*„awasete ippon!"*[382]), der nach Wettkampfregeln zum Sieg eines Kämpfers führt.

Als bedeutendste Pflichtverletzung werden vorvertragliche Aufklärungspflichtverletzungen aller Arten auf Seiten des Unternehmens angesehen. Diese liegen darin begründet, daß der Anleger entweder vorsätzlich oder fahrlässig über wichtige Einzelheiten des Geschäftes, insbesondere über dessen Risiken, falsch oder nur unzureichend informiert wird. Bei der Beurteilung, ob eine solche Pflichtverletzung vorliegt, wird regelmäßig berücksichtigt, in wieweit der Anleger selbst über Kenntnisse oder Erfahrungen mit Warentermingeschäften oder anderen risikoreichen Anlagegeschäften verfügt oder sich verschaffen kann. Sind die Kenntnisse und Erfahrungen des Anlegers gering, verlangen die Gerichte von den Unternehmern und deren Hilfspersonen ein erhöhtes Maß an Aufklärung und Sorgfalt bei der Beratung. Andere mögliche vorvertragliche Pflichtverletzungen, wie etwa ein unbilliges Bedrängen des Anlegers zum Abschluß eines Vertrages, werden dagegen nur in den seltenen Fällen anerkannt, in denen es sich um eine so massive Beeinflussung der rechtsgeschäftlichen Entscheidungsfreiheit handelt, daß die Handlung bzw. der Vertragsabschluß zugleich als sittenwidrig beurteilt wird, was dann auch zur Nichtigkeit des Vertrages führt.[383] Künftig wird hier auch der später eingefügte Artt. 214 Nr. 6 WarenbörsenG eine Rolle spielen.

Als Pflichtverletzungen werden auch Verstöße gegen öffentlich-rechtliche Vorschriften berücksichtigt, die quasi besondere Aufklärungspflichtverletzungen in Form einer Verbotsnorm fassen (Artt. 9, 10 AWarenterminGG, Art. 214 Nr. 1-3 WarenbörsenG etc.). Diese Normen sollen faire Bedingungen beim Abschluß des Rahmenvertrages mit dem Finanzdienstleister und im Zusammenhang mit der Erteilung von einzelnen Kauf- oder Verkaufsaufträgen fördern.

Neben vorvertraglichen Pflichtverletzungen werden auch vertragliche Pflichtverletzungen des Finanzdienstleisters in die Entscheidung einbezogen, und zwar auch im Hinblick auf eine deliktsrechtliche Eigenhaftung der Verrichtungsgehilfen. Auch Verstöße gegen öffentlich-rechtliche Normen, die die angemessene Durchführung der Geschäfte gewährleisten sollen, werden als Pflichtverletzung berücksichtigt. Neben Gesetzesverstößen kommen in diesem

---

[382] Vgl. T. MATSUMOTO (1993) 14.
[383] Vgl. zum Beispiel das Urteil des DG Ōsaka vom 28.2.1983, in: Hanrei Taimuzu Nr. 494, 116; sowie das Berufungsurteil des OG Ōsaka vom 14.10.1983, in: Hanrei Taimuzu Nr. 515, 158, und das Revisionsurteil des OGH vom 29.5.1986, in: Hanrei Jihō Nr. 1196, 102.

## A. Regelungen im Zivilgesetz

Zusammenhang auch der Verstoß gegen die Börsenordnung, gegen Börsenrichtlinien und auch ein Verstoß gegen Normen der Selbstregulierung von Börsenhändlerverbänden zum Schutz von Anlegern in Betracht.

Als Pflichtverletzung wird teilweise auch das Verleiten von Personen zu Warentermingeschäften angesehen, wenn diese Anlageform für den Anlegers wegen seiner mangelnden Erfahrung und im Hinblick auf seine Anlageziele und Vermögensverhältnisse offensichtlich ungeeignet ist („*tekigōsei gensoku*").[384] Dies wird seit 2004 auch ausdrücklich durch Art. 215 WarenbörsenG untersagt. Die Beachtung dieser Umstände als Pflichtverletzung stellt praktisch eine Art Sanktion gegenüber dem Veranlassen zu einem Vertragsabschluß, der dem Anleger objektiv unerwünscht ist, dar.[385]

Auf Seiten des Anlegers werden im Rahmen der Gesamtbeurteilung verschiedene persönliche Merkmale als anspruchsmindernde Faktoren berücksichtigt. Dazu gehören gewisse eigene Erfahrungen und Kenntnisse über Warentermingeschäfte oder andere Anlagegeschäfte. In geringerem Umfang sind diesbezüglich auch allgemeine Kenntnisse und Erfahrungen in wirtschaftlichen Angelegenheiten von Bedeutung. Selbst der Bildungsgrad und allgemeine gesellschaftliche Erfahrungen des Anlegers können zu einer gewissen Anspruchskürzung führen. Schließlich wird ein geringer Mitverschuldensabzug bei normalen geschäftsfähigen Personen in der Regel schon allein deshalb vorgenommen, weil auch von diesen ein gewisser Grad an Verständnis und rechtsgeschäftlicher Eigenverantwortung erwartet werden darf. Die genannten Faktoren hindern gewöhnlich nicht die Entstehung eines grundsätzlichen Schadensersatzanspruchs, sondern führen nur zur Reduzierung des Umfangs.[386] Nur in Ausnahmefällen wird ein Schadensersatz des Anlegers von den Gerichten trotz Vorliegens verschiedener, deliktsrechtlich relevanter Pflichtverletzungen auf Seiten des Vertragspartners ganz verneint.[387]

Besonders bedeutsam ist, daß die japanischen Gerichte das Unternehmen als Einheit ansehen, was dazu führt, daß im Regelfall der Rechtsträger des Unternehmens und zumindest auch die unmittelbar handelnden Personen auf Seiten des Unternehmens persönlich haften. Selbst bei nur mittelbarer, entfernter Beteiligung an dem konkreten Geschäft kann es vorkommen, daß Mitarbeiter und Organe einer Handelsgesellschaft persönlich gegenüber dem Anleger haften, wenn es sich um einen Fall systematisch betriebener, unlauterer Geschäfte handelt.

---

[384] Vgl. zum Beispiel den Fall dd), Hanrei Jihō Nr. 1345, 113. Diese Theorie nimmt Bezug auf die in den USA vieldiskutierte „*suitability doctrine*".

[385] Zur Bedeutung der „*suitability doctrine*" (*tekigōsei gensoku*) in Japan bei der Vermittlung von Warentermingeschäften Y. OSAKI (1992) 51 ff.; bei Wertpapiergeschäften siehe A.M. PARDECK (2001) 131-146; T. SHIMIZU (1999) 429-444.

[386] Umfassend zur Höhe des Mitverschuldensabzugs und dessen Gründe bei Warentermingeschäften siehe Y. OSAKI (1992).

[387] Vgl. zum Beispiel DG Tōkyō vom 21.7.1981, in: Hanrei Taimuzu Nr. 455, 154.

Neben einem Anspruch auf Ersatz des unmittelbaren Vermögensschadens aufgrund von Warentermingeschäften wird dem Anleger nicht selten von den Gerichten auch ein Anspruch auf Ersatz eines Teils seiner Rechtsanwaltskosten durch die Deliktsschuldner zugesprochen, die als entfernter Schaden angesehen werden. Auch ein Anspruch auf Schmerzensgeld aus Gründen der Billigkeit wird dem Anleger in einigen Fällen gewährt.

Es läßt sich mittlerweile eine große Zahl von Entscheidungen japanischer Untergerichte über Schadensersatzklagen geschädigter Privatanleger finden, die alle einem ähnlichen, oben aufgezeigten Grundmuster folgen.[388] Auch wurde diese Rechtsprechung mittlerweile in mehreren Urteilen durch den OGH bestätigt.[389] In der Literatur wird die Rechtsprechung zu den Warentermingeschäften heftig diskutiert.[390] Viele Ähnlichkeiten hierzu weist im übrigen auch die Rechtsprechung zur Haftung von Finanzdienstleistern gegenüber Privatanlegern, die andere Anlageformen wie beispielsweise Aktien, Optionsrechte, Aktienbezugsrechte u.U. verbunden mit Schuldverschreibungen (*warrants*), Finanzterminkontrakte und sog. „Wechselwert-Versicherungen" (*hengaku hoken*) vertreiben oder vermitteln, auf.[391] In allen Fällen wird künftig zusätzlich die Haftung aus Sondernormen wie dem Art. 218 WarenbörsenG (bei Warentermingeschäften) oder dem Art. 4 FpHG (bei andern Finanzgeschäften) Relevanz erlangen.

---

[388] Beispielhaft seien hier nur die folgenden Fälle aus jüngerer Zeit genannt: DG Tōkyō vom 26.1.1999, in: Sakimono Torihiki Hanrei-shū XXV, 484; OG Sendai vom 25.1.1999, in: Hanrei Jihō Nr. 1692, 76; OG Ōsaka vom 27.2.1998, in: Hanrei Jihō Nr. 1667, 77; DG Ōsaka vom 9.2.1998, in: Hanrei Taimuzu Nr. 1003, 233; OG Tōkyō vom 31.12.1997, in: Hanrei Taimuzu Nr. 994, 198; OG Tōkyō vom 10.12.1997, in: Hanrei Taimuzu Nr. 982, 192; eine Auflistung von 145 Urteilen, ergangen zwischen 1988 und 1999, mit Nachweis der genauen Fundstelle und der Einzelheiten anhand eines knappen Überblicks findet sich bei S. KIMURA / J. HONDA / H. CHIBA (2000) 143-153.

[389] OGH vom 4.7.1995, in: Sakimono Torihiki Hanrei-shū XVIII, 110, XIX, 1; OGH vom 14.9.1995, in: Sakimono Torihiki Hanrei-shū XX, 1; OGH vom 19.9.1995, in: Sakimono Torihiki Hanrei-shū XIX, 14; OGH vom 6.11.1998, in: Sakimono Torihiki Hanrei-shū XXV, 135.

[390] Vgl. zum Beispiel I. KAWAMOTO (1984); E. KURONUMA (1988); Y. YAMAGUCHI (1990b); R. KAWAUCHI (1989); R. KAWAUCHI (1990); I. ASAI (1989); T. MATSUMOTO (1993); H. MATSUOKA (1999); I. TAKIZAWA (1990); M. DOBASHI (1986); M. SUMIDA (2001); M. DERNAUER (2002-2003); zur strafrechtlichen Haftung von Unternehmen, die Warentermingeschäfte vermitteln: M. MARUYAMA (1999); M. NAGAI (1991) 261-392.

[391] Vgl. S. KIMURA / J. HONDA / H. CHIBA (2000) 102-175; T. SHIMIZU (1999).

## b) Der Toyota Shōji Fall (Toyota Shōji jiken)[392]

Als Toyota Shōji Fall wird ein besonders berüchtigter Fall der Anlagebetrügerei in den frühen 1980er Jahren des als Aktiengesellschaft gegründeten gleichnamigen Unternehmens bezeichnet [393] (im folgenden einfach „Toyota Shōji" genannt). Toyota Shōji hat nach anfänglichen Erfolgen seine Geschäftsaktivitäten durch die Errichtung von Zweigniederlassungen auf ganz Japan ausgedehnt. Später hat es zudem Tochterunternehmen gegründet, die mit einem ähnlichen unlauteren Geschäftskonzept wie das Mutterunternehmen Anleger um ihr Geld prellten. Mit dem Geschäftsbetrieb der Tochterunternehmen sollten zum Teil auch die laufenden Geschäfte des Mutterunternehmens aufrecht erhalten werden, das nach und nach in wirtschaftliche Schwierigkeiten geriet. Nachdem der Schwindel in der Öffentlichkeit aufgeflogen war, die Staatsanwaltschaft bereits intensive Ermittlungen aufgenommen hatte und zahlreiche Schadensersatzklagen auf Toyota Shōji zurollten, wurde schließlich am 1. Juli 1985 das Konkursverfahren gegen das Unternehmen eröffnet. Nach der Verkündung des ersten Zivilurteils gegen Toyota Shōji durch das DG Akita im Juni 1985 nahm sich übrigens der Gründer und GVM des Unternehmens das Leben, woraufhin das Unternehmen zusammenbrach. Zurück blieb eine Vielzahl geschädigter Anleger, die nun auch die Repräsentanten sowie die leitenden und einfachen Angestellten des Unternehmens persönlich auf Schadenersatz verklagten, um so zumindest einen Teil ihres Geldes zurück zu erhalten. Zivil- und Strafverfahren beschäftigten danach noch mehrere Jahre lang die japanischen Gerichte. In den 1990er Jahren wurden außerdem einige Schadensersatzklagen gegen den japanischen Staat angestrengt, mit der Begründung, daß die zuständigen Behörden ihre Aufsichtspflichten verletzt hätten. Diese Klagen hatten aber keinen Erfolg.[394]

Im Mittelpunkt der Geschäfte von Toyota Shōji stand der Abschluß von sogenannten „Gold-Familien-Investmentverträgen". Hierbei handelte es sich formal um einen typengemischten Vertrag, der sich aus Elementen eines Kauf-, eines Verwahrungs-, eines Miet- und eines Darlehensvertrages zusammensetzte. Tatsächlich aber wurde eine Art „Investmentfondsbeteiligung" vertrieben. Der Kunde sollte von Toyota Shōji zunächst eine bestimmte Menge Gold erwerben, diese aber dem Unternehmen entgeltlich für eine bestimmte Zeit zur Verfügung stellen. Ihm wurde beim Abschluß eines Vertrages mit einer Lauf-

---

[392] Zum Fall Toyota Shōji in zivilrechtlicher Perspektive vergleiche A. TAKEUCHI (1989); J. NAGAO (1985b); T. MIKI (1985); S. IKEMOTO (1987); M. KISHIDA (1985); T. MATSUMOTO (1987); zur Bewertung aus strafrechtlicher Sicht siehe z.B. M. HAYASHI (1990); T. KAMIYAMA (1988).

[393] Mit vollem Namen „*Toyota Shōji kabushiki kaisha*".

[394] Vgl. DG Tōkyō vom 22.4.1992, in: Hanrei Jihō Nr. 1431, 72; DG Ōsaka vom 6.10.1993, in: Hanrei Jihō Nr. 1512, 44. Gegen die Entscheidung des DG Ōsaka legten die Kläger zwar Berufung vor dem OG Ōsaka ein, aber auch diese blieb erfolglos (Wortlaut des Urteils nicht veröffentlicht) wie auch die wiederum hiergegen erhobene Revisionsklage beim OGH (Urteil des OGH vom 26.9.2002, Wortlaut unveröffentlicht).

zeit von einem Jahr ein Zinsertrag von 10 % der investierten Summe und bei einem Vertrag mit einer Laufzeit von fünf Jahren ein Zinsertrag von 15 % pro Jahr zugesichert. Durch welche Art Geschäfte diese Rendite erzeugt werden sollte, haben die Verantwortlichen bei Toyota Shōji nie aufklären können. Anstelle des Goldes erhielt der Anleger ein sogenanntes „Gold-Familien-Investmentzertifikat" (*junkin famirii keiyaku shōken*). Toyota Shōji hatte aber nie beabsichtigt, tatsächlich auch so viel Gold zu erwerben, wie es die ausgegebenen Wertpapiere auswiesen, und wäre daher auch zu keinem Zeitpunkt in der Lage gewesen, dieses den Anlegern nach Beendigung der Vertragslaufzeit herauszugeben. Den Wertpapieren stand also nie die darin ausgewiesene Menge Gold entgegen, es handelte sich um ein bloßes Stück Papier. Aus diesem Grunde werden diese Geschäfte auch als „Papierhandel" (*pēpā shōhō*) oder „Luftgeschäfte" (*genbutsu magai shōhō*) bezeichnet. Es war von Anfang an absehbar, daß das Unternehmen irgendwann Insolvenz anmelden muß. Bei Eröffnung des formellen Insolvenzverfahrens im Juli 1985 war bereits ein Großteil des Geldes der Anleger für die Zahlung der Gehälter von Angestellten und der Bezüge der Geschäftsleitung verbraucht worden. Ein weiterer Teil des Geldes wurde für die sonstigen Kosten im Zusammenhang mit der Ausübung der Geschäfte und die Auszahlung der versprochenen Erträge aufgewendet. Am Ende blieb kaum Vermögen übrig, das noch an die geschädigten Anleger hätte ausgezahlt werden können.

Als Investoren wurden vor allem ältere oder geschäftlich unerfahrene Personen mit dem Versprechen hoher Renditen geködert. Ungefähr 60 % der Anleger waren zum Zeitpunkt des Vertragsabschlusses 60 Jahre alt oder älter. Meist kam ein Vertrag erst nach hartnäckigem und aufdringlichem Werben der Mitarbeiter zustande. Dabei fanden die Vertragsverhandlungen häufig auf Initiative der Mitarbeiter in der Privatwohnung des designierten Vertragspartners oder am Telefon statt. Gelegentlich wurden die Anleger auch unter einem Vorwand oder mit verschiedenen Versprechungen in das Büro einer naheliegenden Zweigstelle gelockt. Mit unseriösen Renditeversprechen wurde den Anlegern dabei der Vertragsabschluß schmackhaft gemacht und gezielt ihre Unwissenheit, Unerfahrenheit und auch ihre Ängste vor der Altersarmut ausgenutzt.

Im Gegensatz zu den Fällen der Vermittlung von Warentermingeschäften liegen die hauptsächlichen rechtlichen Probleme nicht nur darin begründet, daß der Unternehmer unlautere Mittel bei der Vertragsanbahnung einsetzte. Die Verträge mit Toyota Shōji beruhten alle auch auf einem grundsätzlich betrügerischen Geschäftskonzept; sie sind also auch inhaltlich als unlauter und unfair anzusehen, denn es war unbedingt erforderlich, dem Anleger wichtige Einzelheiten des Geschäftes zu verschweigen, um ihn zur Investition zu veranlassen.

Die Zivilgerichte vermieden es zwar häufig, den Begriff „Betrug" zu verwenden. Sie bezeichneten die Verträge gewöhnlich aber wegen Verstoßes gegen die guten Sitten und die öffentliche Ordnung im Sinne von Art. 90 ZG als nichtig, beriefen sich dabei auf inhaltliche Mängel des Vertrages und auch immer auf eine unlautere Einflußnahme auf den Willen des Vertragspartners bei der Vertragsanbahnung sowie außerdem auf einen Verstoß gegen Art. 2 Kapitaleinlagengesetz[395], der es Personen grundsätzlich verbietet, gewerblich ein Einlagengeschäft zu betreiben, es sei denn, dies wird ihr aufgrund einer besonderen Bestimmung in einem anderen Gesetz ausdrücklich gestattet. Außerdem verweisen die Gerichte häufig auch zusätzlich auf die objektive Unmöglichkeit der Erfüllung des Vertrages durch Toyota Shōji. Die meisten Klagen beruhten auf einem Anspruch aus Delikt, nur manchmal wurde auch ein Anspruch aus Bereicherungsrecht geltend gemacht oder um andere Ansprüche gestritten.[396] In der Regel wurde bei Ansprüchen aus Delikt von den Gerichten kein Mitverschulden des Anlegers angenommen. Es gibt hiervon jedoch Ausnahmen. Meist erhielten Anleger neben einem Anspruch auf Ersatz ihres Vermögensschadens auch einen Anspruch auf Schmerzensgeld (Art. 710 ZG) zugesprochen. Dieser lag meist in der Größenordnung von ungefähr 10 % des materiellen Schadens. Als Vermögensschaden wurde oft auch ein Teil der Rechtsanwaltskosten anerkannt. Auch hierfür wurden meist pauschal 10 % des Vermögensschadens vom Gericht zugesprochen.

Der Toyota Shōji Fall ist ein weiteres Beispiel dafür, daß japanische Gerichte gerne den Fall in einer Gesamtschau beurteilen und bei ihrer Bewertung Abschlußmängel und Inhaltsmängel von Verträgen addieren. Daneben werden ebenfalls nicht einzeln, sondern nur als ein Element im Rahmen des Rechtswidrigkeitsurteils z.B. Verstöße gegen Gesetze oder andere Rechtsnormen berücksichtigt. Die Haftung aus Delikt ergibt sich daher immer aus der Beurteilung des Falles als Ganzes und nicht aufgrund einer einzelnen Pflichtverletzung.

Während Toyota Shōji die Investition in Gold zum Gegenstand ihrer Verträge machte, wurden später ähnliche Geschäfte auch von anderen Unternehmen mit anderen Vermögensgegenständen betrieben. Da bei allen diesen Formen von Investmentgeschäften kein wirklicher Wert in den ausgegebenen Wertpapieren verbrieft war, faßt man sie in Japan auch häufig unter der Bezeichnung „Luftgeschäfte bzw. Geschäfte mit nur scheinbar existierenden Gegenständen" (*genbutsu magai torihiki*) zusammen. Für größere Aufmerksamkeit haben vor allem auch das Investmentgeschäft mit sogenannten verbrieften Mitgliedschaftsrechten (*kai'in-ken shōken*) an gewerblichen Golf- und Wassersporteinrichtungen der Tochterunternehmen von Toyota Shōji, Kagoshima Shōji K.K. und Taiyō Shōji K.K. gesorgt.[397] Ferner wurden von anderen Unternehmen

---

[395] Gesetz zur Regulierung der Annahme und Verwahrung von Einlagen und damit zusammenhängender Zinserträge (*Shusshi no ukeire, azukari-kin oyobi kinri-tō no torishimari ni kansuru hōritsu*), Gesetz Nr. 195/1954 i.d.F. des Gesetzes Nr. 112/2000.
[396] Vgl. z.B. K. KUNII (1988).
[397] Vgl. die folgenden Urteile: DG Nagoya vom 24.12.1986, in: Hanrei Taimuzu Nr. 650, 213; DG Tōkyō vom 30.1.1987, in: Hanrei Taimuzu Nr. 654, 183; OG Tōkyō vom 12.7.1990, in: Hanrei Jihō Nr. 1358, 106; DG Tōkyō vom 7.5.1991, in: Hanrei Taimuzu Nr. 777, 165; DG Yokohama vom 25.12.1987, in: Hanrei Jihō Nr. 1279, 46.

auch landwirtschaftliche Produkte wie teure Bambussorten (*kannonchiku*) und andere Dinge als Vermögensgegenstand verwendet.[398]

Im Jahre 1986 ist zum Schutze des Verbrauchers vor Geschäften dieser Art das Verwahrungsgeschäftegesetz erlassen worden.[399] Es bestimmt unter anderem eine Pflicht zur schriftlichen Aufklärung des Anlegers beim Vertragsabschluß über wichtige Einzelheiten des Vertrages, die durch Verwaltungsverordnungen detailliert spezifiziert werden, ein spezielles Widerrufsrecht unabhängig vom Ort und den Umständen des Vertragsschlusses und ein darüber hinausgehendes Kündigungsrecht zugunsten von Privatanlegern (Artt. 3, 8, 9 VerwahrungsGG). Ferner ist es dem Unternehmer bzw. seinen Hilfspersonen verboten, eine Person durch Mitteilung unzutreffender Tatsachen oder durch Verschweigen wichtiger Einzelheiten des Vertrages zum Abschluß eines Vertrages zu verleiten oder unzulässig beim Vertragsabschluß zu bedrängen. Ihnen ist es auch verboten, den Absatzhelfer durch derartige Mittel an der Ausübung seines Widerrufsrechtes zu hindern (Artt. 4, 5 VerwahrungsGG). Bei einem Verstoß gegen die Bestimmungen des VerwahrungsGG hat die zuständige Verwaltungsbehörde die Befugnis, geeignete Maßnahmen gegen den Unternehmer zu ergreifen, bis hin zum Verbot der Ausübung des Gewerbes (Art. 7 VerwahrungsGG). Die gesetzlichen Regelungen finden aber nur Anwendung auf einen Vertrag über den Kauf und die Verwahrung bestimmter durch eine Regierungsverordnung im einzelnen spezifizierte Vermögensgegenstände. Dies bietet unlauteren Geschäftemachern die Möglichkeit, den Anwendungsbereich des Gesetzes zu umgehen. Daneben wird diese Art von Geschäften auch durch das Handelsgeschäftegesetz (HGG) reguliert, soweit diese als Haustür- bzw. Vertretergeschäft abgeschlossen werden, also der Vertragsabschluß außerhalb der ständigen Geschäftsräume des Unternehmers, z.B. in der Wohnung des Kunden erfolgt, wie bei das bei den Geschäften von Toyota Shōji in der Regel der Fall war. Allerdings fand das Gesetz damals keine Anwendung auf diese Verträge, weil Gold und die anderen Vermögensgegenstände noch nicht in der Liste der spezifizierten Waren (*shitei shōhin*) aufgenommen waren, auf die sich der sachlich-gegenständliche Anwendungsbereich des HGG lediglich erstreckt.

Nachfolgend sollen als Beispiele für die Anwendung des Deliktsrechts durch die japanischen Gerichte das erste gegen Toyota Shōji verkündete Urteil des DG Akita sowie das dagegen angestrengte Berufungsverfahren vor dem OG Sendai erläutert werden.[400]

---

[398] Vgl. die folgenden Urteile: DG Wakayama vom 31.5.1989, in: Hanrei Jihō Nr. 1330, 103; OG Ōsaka vom 25.8.1990, in: Hanrei Taimuzu Nr. 742, 122; DG Tōkyō vom 23.7.1992, in: Hanrei Jihō Nr. 1443, 78.

[399] *Tokutei shōhin-tō no yotaku-tō torihiki keiyaku ni kansuru hōritsu*, Gesetz Nr. 62/1986 i.d.F. des Ges. Nr. 160/1999.

[400] Darüber hinaus sind unter anderem folgende wichtige Entscheidungen in Zivilsachen ergangen: DG Ōsaka vom 9.6.1986, in: Hanrei Taimuzu Nr. 606, 82; DG Ōsaka vom

## A. Regelungen im Zivilgesetz

### aa) Urteil des DG Akita vom 27.6.1985[401]

Der Kläger, ein 72jähriger schwerhöriger und körperlich gebrechlicher Rentner, der über keine Erfahrungen im Goldhandel oder in Anlagegeschäften verfügte, machte gegen Toyota Shōji, das GVM des Unternehmens, einen leitenden Angestellten einer Filiale und einen Mitarbeiter, der als Vertreter von Toyota Shōji mit ihm den Vertrag abgeschlossen hatte, einen Schadensersatzanspruch aus Delikt in Höhe von 1 Mio. Yen zuzüglich Schmerzensgeld und einen Teil der für die Rechtsverfolgung angefallenen Rechtsanwaltskosten geltend. Der Mitarbeiter hatte den Kläger nach telefonischer Vorankündigung zu Hause aufgesucht und über elf Stunden lang auf ihn eingeredet, um ihn zum Abschluß eines „Gold-Familien-Investmentvertrages" zu überreden. Dabei versuchte er ihn unter anderem zum Vertragsabschluß durch das Versprechen von Geschenken und das Vergießen von Tränen zu erweichen. Zudem versicherte er ihm wiederholt, daß Gold schließlich immer seinen Wert behalte und dieses Geschäft ganz sicher einen beträchtlichen Profit für ihn abwerfen würde.

Das Gericht gab der Klage statt und sprach dem Kläger einen Schadensersatzanspruch gegen sämtliche Beklagten in Höhe der vollen Summe (1 Mio. ¥) sowie zusätzlich 150.000 ¥ Schmerzensgeld und pauschal 100.000 ¥ für entstandene Rechtsanwaltskosten zu. Der Abschluß von Verträgen von der Art des Gold-Familien-Investmentvertrages verstoße erstens gegen Art. 2 I Kapitaleinlagengesetz. Darüber hinaus habe ihn der Mitarbeiter in unzulässiger Weise bedrängt und unter Ausnutzen seiner offensichtlichen Willensschwäche, körperlichen Gebrechlichkeit und seiner Unerfahrenheit den Vertragsabschluß erwirkt. Ferner habe der Mitarbeiter wiederholt behauptet, daß der Kläger bei diesem Geschäft entgegen der Fakten garantiert einen Gewinn erzielen würde und hierdurch eine unzulässige, irreführende Behauptung aufgestellt. Durch diese Art der unzulässigen Beeinflussung des Klägers und die Veranlassung zum Abschluß des Vertrages sei „in *rechtswidriger Weise* das friedliche Leben" des Klägers beeinträchtigt worden.[402]

Insgesamt betrachtet sei dieses Verhalten als sittenwidrig und als Verstoß gegen die öffentliche Ordnung zu beurteilen (Art. 90 ZG) und der Vertrag damit nichtig. Der den Vertragsabschluß erwirkte Mitarbeiter hafte aus Art. 709

---

21.11.1986, in: Hanrei Taimuzu Nr. 641, 170; DG Tōkyō vom 22.1.1987, in: Hanrei Jihō Nr. 1261, 95; DG Nagoya vom 27.7.1987, in: Hanrei Taimuzu Nr. 660, 156; OG Ōsaka vom 30.6.1987, in: Hanrei Taimuzu Nr. 650, 197; DG Kyōto vom 10.8.1987, in: Kin'yū Shōji Hōmu Nr. 805, 35; DG Kanazawa vom 14.10.1988, in: Hanrei Jihō Nr. 1290, 29; OG Ōsaka vom 31.3.1989, in: Hanrei Jihō Nr. 1327, 40; DG Yamagata vom 25.4.1989, in: Hanrei Taimuzu Nr. 705, 193; DG Fukuoka vom 21.9.1993, in: Hanrei Taimuzu vom 848, 252. In Strafsachen siehe vor allem das Urteil des DG Ōsaka vom 29.3.1989, in: Hanrei Jihō Nr. 1321, 3, durch das mehrere Verwaltungsratsmitglieder wegen Betrugs verurteilt wurden.

[401] Hanrei Jihō Nr. 1166, 148. Eine kurze Zusammenfassung und Anmerkung zum Urteil findet sich bei S. KIMURA / H. HONDA / H. CHIBA (2000) 214-215.

[402] Fn. 401, 152.

(710[403]) ZG. Toyota Shōji hafte als Geschäftsherr aus Art. 715 ZG und die anderen Beklagten, der leitende Angestellte und das GVM der Gesellschaft, wegen Planung, der Beteiligung an der Durchführung des Geschäftes und der Förderung der Handlungen des Mitarbeiters aus Art. 709 ZG bzw. Art. 266-3 HG.

Dieses Urteil gegen Toyota Shōji ist im Vergleich zu anderen, später ergangenen Urteilen etwas ungewöhnlich, weil das betrügerische Konzept, das dem Geschäft insgesamt zugrunde gelegen hat, vom Gericht überhaupt nicht erörtert wurde. Statt dessen stützt es sich hauptsächlich einerseits auf die unzulässige Beeinflussung des Klägers während der Vertragsverhandlungen durch die irreführenden Erklärungen und das unbillige Bedrängen des Klägers durch den Mitarbeiter sowie andererseits in inhaltlicher Hinsicht auf einen Verstoß des Vertrages gegen eine Gesetzesbestimmung. Wie bei vielen anderen deliktsrechtlichen Entscheidungen über unbillige Handlungen im Geschäftsverkehr wurden aber auch hier wieder Abschlußmängel und inhaltliche Mängel des Vertrages zusammen unter dem Gesichtspunkt der *Rechtswidrigkeit des Geschäftes insgesamt* beurteilt. Die Bejahung dessen führte einerseits zum Verstoß gegen Art. 90 ZG mit der Folge der Nichtigkeit des Vertrages und andererseits zur Haftung der auf Seiten des Unternehmers am Geschäft Beteiligten aus Delikt. Eine ähnliche Praxis der Gerichte, einzelne unbillige und rechtswidrige Merkmale des Geschäfts zu addieren und in einer Gesamtbetrachtung zu bewerten, kann man auch bei anderen Klagen gegen Toyota Shōji beobachten. Das Gericht geht übrigens bei seiner Gesamtbeurteilung nur sehr geringfügig auf die Gründe für die Haftung der einzelnen Beklagten ein. Es betrachtet vielmehr das Unternehmen weitestgehend als eine Einheit und hält es daher für angemessen, daß nicht nur die Gesellschaft, sondern auch alle Individuen, die in einem weiteren Sinne für den Abschluß des rechtswidrigen Geschäftes auf Seiten des Unternehmens verantwortlich waren, aus Delikt persönlich haften, ohne die Tatbestandsmerkmale der jeweiligen Anspruchsgrundlagen im einzelnen zu prüfen.

bb) Urteil des OG Sendai vom 27.5.1987[404]

Gegen das Urteil des DG Akita legten der beklagte Mitarbeiter und der leitende Angestellte der Filiale von Toyota Shōji, die hauptsächlich beteiligt gewesen war, Berufung ein. Diese Berufung wurde zurückgewiesen.

Das Berufungsgericht bestätigte die Feststellungen des Gerichtes erster Instanz im Hinblick auf die gegebene unzulässige Beeinflussung des Kunden durch unzutreffende Erklärungen und das unzulässige Bedrängen beim Abschluß des Vertrages und bezeichnet diese als *rechtswidrige* und *gegen die guten Sitten und die öffentliche Ordnung verstoßende Handlungen.*[405] Es bestä-

---

[403] Art. 710 ZG wird im Urteil als Anspruchsgrundlage nicht besonders erwähnt, ist aber gesetzliche Voraussetzung für den vom Gericht zuerkannten Anspruch auf Schmerzensgeld.
[404] Hanrei Taimuzu Nr. 657, 141.
[405] Fn. 404, 148-149.

tigte auch den Verstoß des Geschäftes gegen Art. 2 Kapitaleinlagengesetz, was dazu führe, daß der Vertrag selbst als „rechtswidrig und unbillig" (*ihō futō na keiyaku*) zu betrachten sei.[406] Damit betonte das Berufungsgericht stärker als das Gericht der ersten Instanz auch die inhaltliche Unbilligkeit und Unangemessenheit des Vertrages. Dies setzt sich fort in der Feststellung, daß dem Geschäft ein betrügerisches Konzept zugrunde gelegen habe, wovon die Berufungskläger auch Kenntnis gehabt hätten. Daher sei das Veranlassen des Vertragsabschlusses auch als *vollendeter Betrug* zu beurteilen.[407]

Das Berufungsgericht bestätigte daher die Haftung der Mitarbeiter aus Art. 709 ZG, und da die Handlungen gemeinschaftlich begangen wurden auch aus Art. 719 ZG. Der leitende Angestellte der Filiale habe an den unerlaubten Handlungen durch Planung des Geschäftes und seine Weisungen an den konkreten Mitarbeiter mitgewirkt.[408] Die Angestellten von Toyota Shōji wurden daher zur Zahlung von Schadensersatz in dem durch das DG Akita bestimmten Umfang verurteilt.

c) *Der Belgische Diamanten Fall* (Berugii Daiyamondo jiken)[409]

Bei dem sogenannten „Belgische Diamanten Fall" geht es um die Errichtung einer unlauteren Vertriebsorganisation durch die „Belgische Diamanten K.K." (*Berugii Daiamondo kabushiki kaisha*), ein Unternehmen, das zur Unternehmensgruppe von Toyota Shōji gehörte. Wie auch Toyota Shōji mußte die Belgische Diamanten K.K. im Juni 1985 Konkurs anmelden, nachdem sie ungefähr zwei Jahre lang mit Hilfe von „selbständigen" Absatzhelfern Diamanten im Gesamtwert von fast 70 Mrd. ¥ umgesetzt hatte. Hierbei ist es zu ungefähr 170.000 Einzeltransaktionen gekommen, bei denen Diamanten zum Kontingentpreis von jeweils etwa 400.000 ¥ veräußert wurden.[410]

Die Vertriebsorganisation betrieb keine einfache Form des Produktabsatzes mit Hilfe von Absatzhelfern, denn für die Absatzhelfer stand nicht so sehr der Verkauf der Diamanten im Vordergrund, sondern vielmehr das Werben neuer Absatzhelfer, um selbst einen Gewinn zu erzielen bzw. zumindest keinen Verlust zu erleiden. So entwickelte sich langsam ein großes Vertriebsnetz, das darauf angelegt war, unendlich weiterzuwachsen, um allen Absatzhelfern einen Profit zu sichern. Das System funktionierte also ähnlich wie ein Kettenbrief-System bzw. wie ein Schneeballgeschäft. Alles läuft gut, solange genügend neue Absatzhelfer nachrücken. Alles gerät ins Wanken, wenn es daran fehlt.

---

[406] Fn. 404, 148.
[407] Fn. 404, 148.
[408] Fn. 404, 149.
[409] Zum Ganzen vgl. A. KUBOTA (1999); M. SAITŌ / S. IKEMOTO / Y. ISHITOYA (2001) 233-258; I. FUKAYA (1995); M. ISHIKAWA (1994); Y. WAKAMATSU (1994); M. IWAMOTO (1985); J. NAGAO (1994); aus strafrechtlicher Sicht, Y. SHIMOMURA (1994), M. NAGAI (1991) 156-182.
[410] SAITŌ / S. IKEMOTO / Y. ISHITOYA (2001) 238.

Als Absatzhelfer wurden gewöhnliche Verbraucher geworben, die in dieser Tätigkeit eine Gelegenheit sahen, etwas Geld nebenbei zu verdienen. Es handelte sich bei dem Vertriebssystem um eine Form der *progressiven Kundenwerbung*, die in Deutschland durch § 16 II UWG bei Androhung von Strafe verboten ist.

Ein Vertriebssystem, bei dem der Absatz von Produkten vermittels solcher semiprofessioneller, selbständiger Helfer erfolgt, muß nicht zwangsläufig auf einem unlauteren Geschäftsprinzip beruhen. Als problematisch wird es immer erst dann angesehen, wenn, wie im Belgische Diamanten Fall, nicht allein der Vertrieb von Waren oder Dienstleistungen bezweckt wird, sondern die Absatzhelfer dazu angehalten werden, neue Absatzhelfer zu werben. Ist die Aufnahme in ein solches Vertriebssystem außerdem mit einer Gebühr oder einer sonstigen finanziellen Belastung in einer gewissen Höhe verbunden und kann der Absatzhelfer einen Gewinn in erster Linie durch das Werben neuer Absatzhelfer erzielen, spricht man in Japan von sogenannten „Kettenabsatzgeschäften" (*maruchi shōhō* bzw. *rensa hanbai torihiki*) – im Gegensatz zur Bezeichnung als progressive Kundenwerbung in Deutschland. Kettenabsatzgeschäfte werden in Japan, anders als in Deutschland, nicht vollständig verboten, aber seit 1976 durch das Haustür- und Vertretergeschäftegesetz, das heute als Handelsgeschäftsgesetz (HGG) bezeichnet wird, zumindest streng reguliert. So steht demjenigen, der als Absatzhelfer in ein solches Vertriebssystem aufgenommen wird, insbesondere ein spezielles Widerrufsrecht hinsichtlich des Beitritts zu, unabhängig davon, unter welchen Bedingungen der damit verbundene Vertrag geschlossen wurde (Art. 40 HGG). Ferner bestehen für den Unternehmer bzw. dessen Vertreter beim Abschluß eines entsprechenden Aufnahmevertrages verschiedene strafbewehrte verwaltungsrechtliche Ge- und Verbote zur Förderung eines angemessenen Vertragsabschlußprozesses sowie zur Verhinderung einer Behinderung des Verbrauchers bei der Ausübung des Widerrufsrechts.[411]

Das HGG war auf Verträge mit der Belgische Diamanten K.K. seinerzeit allerdings nicht anwendbar, da die Vertriebsorganisation nicht den unmittelbaren Weiterverkauf von Waren durch die Absatzhelfer vorsah, sondern die Vermittlung von Kaufverträgen bzw. der Verträge über die Einstellung neuer Absatzhelfer mit der Belgische Diamanten K.K.; eine solche Maklertätigkeit war zum damaligen Zeitpunkt vom Anwendungsbereich des HGG noch nicht erfaßt. Erst eine Gesetzesnovelle im Jahre 1988 schuf hier Abhilfe. Da die Vermittlung eines Vertragsabschlusses als Form der Absatzhilfe aber keinen prinzipiellen Unterschied zu den gewöhnlichen Kettenabsatzgeschäften bedeutet, sondern lediglich eine Umgehung des HGG darstellte, wurde die Geschäftsmethode der Belgische Diamanten K.K. auch als „kettenabsatzgeschäftsähnliches Geschäft" (*maruchi magai shōhō*) bezeichnet. Heute werden durch das HGG alle Formen der Absatztätigkeit, also sowohl der Weiterverkauf von Waren, Rechten oder die unmittelbare Verschaffung von Dienstleistungen als auch jede Form der

---

[411] Im einzelnen unten C III 4.

## A. Regelungen im Zivilgesetz

Vermittlungstätigkeit für den Betreiber des Vertriebsnetzes vom HGG erfaßt und daher einheitlich mit dem im Gesetz genannten Begriff „Kettenabsatzgeschäft" bezeichnet.

Kettenabsatzgeschäfte sind in Japan also grundsätzlich rechtlich zulässig. Dies unterscheidet sie von den „Schneeballgeschäften", die durch Art. 3 Schneeballgeschäfte-VerbotsG in Japan verboten sind.[412] Schneeballgeschäfte zeichnen sich durch eine Organisation aus, in der zeitlich früher beitretende Mitglieder von nachfolgend der Organisation beitretenden Mitgliedern einen höheren Geldbetrag oder eine größere Anzahl von anderen Wertgegenständen erhalten, als sie selbst bei dem Eintritt in die Organisation an die Organisation oder an das jeweilige Mitglied, das sie geworben hat, zu entrichten hatten. Es kommt für die Frage ob man als Mitglied am Ende zu den Gewinnern oder den Verlieren gehört, darauf an, ob man es selbst noch schafft, weitere Mitglieder zu werben, oder ob das System nach einem unmittelbar zusammenbricht. Es handelt sich also nicht um eine Vertriebsorganisation, sondern um eine Art Glücksspiel.

Das besondere an dem Vertriebssystem der Belgische Diamanten K.K. ist, daß dieses einem Schneeballgeschäft gleicht, ohne aber die gesetzliche Definition in Art. 2 Schneeballgeschäfte-VerbotsG zu erfüllen, da es zumindest dem äußeren Erscheinungsbild nach, dem Zwecke des gewerblichen Absatzes von Waren diente. Tatsächlich aber hatten die Provisionen für die Werbung von neuen Absatzhelfern in dem System eine überragende Bedeutung für die Beteiligten. Die Absatzhelfer wurden in vier Klassen eingeteilt, nämlich in Manager (*manejā*), in Agenten (*ējento*), offizielle Mitglieder (*ofisharu menbā*) und Mitglieder (*menbā*) (absteigende Folge). Die Aufnahme in die Organisation war verbunden mit dem Erwerb einer bestimmten Menge von Diamanten zum Preis von 400.000 ¥ und den zu verwendenden Formblättern bei der Vermittlung eines Diamantenkaufs bzw. der Werbung von neuen Mitgliedern zum Preis von 4.000 ¥. Je nach Rang war das jeweilige Mitglied mit einem bestimmten Prozentsatz am Umsatz der geschäftlichen Transaktionen der Gesellschaft beteiligt, die unter seiner Beteiligung oder der Beteiligung von Mitgliedern, die er selbst geworben hatte, zustande gekommen waren.[413] Die Absatzhelfer konnten unter bestimmten Voraussetzungen in die nächst höhere Klasse aufsteigen. Sie mußten dazu jeweils an einer Schulung teilnehmen, die vom Unternehmen durchgeführt wurde und 15.000 ¥ kostete. Eine weitere Voraussetzung war die Erzie-

---

[412] Vgl. bereits oben III 2 b bb iii.
[413] Manager wurden zu 47 % am Umsatz eines selbst vermittelten Verkaufs von Diamanten und in einer bestimmten Höhe an einem Verkauf, der von einem Absatzhelfer für die Belgische Diamanten AG vermittelt wurde, den er persönlich geworben hatte, beteiligt, nämlich in Höhe der Differenz zwischen seinem Anteil und dem „seines" Absatzhelfers. Der Anteil bei Agenten betrug 37 %, bei offiziellen Mitgliedern zwischen 22 und 32 % und bei gewöhnlichen Mitgliedern zwischen 15 und 32 %; vgl. M. SAITŌ / S. IKEMOTO / Y. ISHITOYA (2001) 238-239.

lung eines bestimmten Umsatzes und die Werbung einer bestimmten Anzahl an Absatzhelfern.[414]

Die zahlreichen Gerichtsurteile gegen die Belgische Diamanten K.K. (sowie deren Geschäftsleitung) sind ein weiteres Beispiel dafür, daß japanische Gerichte bei der Entscheidung über das Bestehen von Schadensersatzansprüchen aus unerlaubter Handlung im Geschäftsverkehr möglichst immer mehrere Pflichtverletzungen *in einer Gesamtschau* unter dem Gesichtspunkt der *Rechtswidrigkeit* beurteilen, also anhand eines sehr unbestimmten, letztlich ausschließlich an Billigkeitsgesichtspunkten ausgerichteten Maßstabs. So wurde von vielen Gerichten einerseits die mangelhafte Aufklärung der neuen Absatzhelfer vor Abschluß der Aufnahmeverträge über wichtige Vertragsinhalte durch das Unternehmen bzw. dessen Abschlußvertreter als rechtswidrig gerügt, also ein Mangel beim Vertragsabschluß festgestellt. Die übliche Abschlußpraxis habe zudem nach Meinung vieler Gerichte einen betrügerischen Kundenfang im Sinne des Art. 2 IX AMG i.V.m. Fall 8 der Richtlinie Nr. 15 (1982) der Wettbewerbsbehörde dargestellt und sei deshalb unzulässig gewesen. Ferner wurden die Verträge auch aus verschiedenen Gründen in inhaltlicher Weise als unbillig beurteilt. In den meisten Urteilen wird bemängelt, daß die Geschäfte einer Art Glücksspiel glichen und von vorne herein absehbar gewesen sei, daß die Organisation irgendwann zusammenbrechen werde und dann viele Mitglieder zwangsläufig einen Schaden erleiden würden. Das Geschäftskonzept habe daher auf einem rechtswidrigen, betrügerischen Konzept beruht, das diejenigen, die für das Unternehmen den Vertrag geschlossen haben, verbergen mußten, um die Absatzhelfer überhaupt zum Vertragsabschluß und zur Aufnahme ihrer Tätigkeit zu bewegen. Einige Gerichte sahen in dem Vertriebssystem ein sehr ähnliches System wie ein Schneeballgeschäft und beurteilten es deshalb in Analogie zu Artt. 2, 3 Schneeballgeschäfte-VerbotsG als rechtswidrig. Manche Gerichte bezeichneten es unter anderem auch deshalb als rechtswidrig, weil erkennbar gewesen sei, daß es hierdurch zu einer Beeinträchtigung der familiären und sonstigen zwischenmenschlichen Beziehung kommen werde, da die Absatzhelfer vor allem Personen aus dem Verwandten- und Freundeskreis in diese Geschäfte mit hineingezogen hätten. Aus einer Gesamtschau mehrer der vorstehenden Pflichtverletzungen heraus sahen die Gerichte in aller Regel eine Verpflichtung des Unternehmens und auch verschiedener Hilfspersonen auf Seiten des Unternehmens zur Leistung von Schadenersatz gegenüber den geschädigten Mitgliedern der Organisation als gegeben an. Die Gerichte beurteil-

---

[414] Um zum Manager aufzusteigen mußte ein Agent mindestens drei Absatzhelfer geworben haben, die mittlerweile selbst die Kriterien des Aufstiegs zum Agenten erfüllten, und einen Umsatz in Höhe von 18 Mio. ¥ erzielt haben. Um Agent zu werden mußte ein offizielles Mitglied zumindest drei Absatzhelfer geworben haben, die mittlerweile auch die Kriterien zum Aufstieg in die Klasse eines offiziellen Mitglieds erfüllt haben, und einen Umsatz von 8 Mio. ¥ erzielt haben. Voraussetzung für den Aufstieg in den Rang eines offiziellen Mitglieds war die Werbung von mindestens drei Mitgliedern und die Erzielung eines Umsatzes in Höhe von wenigstens 2,1 Mio. ¥. M. SAITŌ / S. IKEMOTO / Y. ISHITOYA (2001) 239.

ten in einigen Fällen die Verträge zusätzlich als nichtig wegen Verstoßes gegen die guten Sitten und die öffentliche Ordnung (Art. 90 ZG), regelmäßig auch aus mehreren der vorstehend genannten Gründe.[415] Insgesamt wurde auch hier das Unternehmen häufig quasi als eine Einheit angesehen, ohne präzise zwischen den handelnden Individuen zu unterscheiden. Ein deliktsrechtlicher Schadenersatzanspruch gegen die Belgische Diamanten K.K. sowie die Geschäftsleitungsorgane wurde fast in allen Urteilen zuerkannt, allerdings gelegentlich unter Anrechnung von erlangten Vorteilen durch Auszahlung von Provisionen und durch Anrechnung des Wertes der erworbenen Diamanten. Ein Mitverschuldensabzug wurde von den Gerichten in keiner Entscheidung zugebilligt.[416] Ein Schmerzensgeldanspruch den Klägern nur in Ausnahmefällen zugesprochen.[417]

Als Beispiele sollen hier die Urteile und Berufungsurteile in zwei Verfahren erläutert werden, in denen geschädigte Absatzhelfer die Belgische Diamanten K.K. und ein GVM persönlich auf Schadensersatz verklagten. Im ersten Fall wurde eine Sammelklage beim DG Tōkyō erhoben, die zunächst erfolglos blieb. In der Berufung vor dem OG Tōkyō wurde das Urteil jedoch aufgehoben und die Belgische Diamanten K.K. sowie das GVM persönlich zur Leistung von Schadenersatz verurteilt. Im zweiten Fall hatten mehrere geschädigte Absatzhelfer Klage vor dem DG Ōsaka erhoben und dort Schadensersatz zugesprochen bekommen. Die von den Beklagten hiergegen eingelegte Berufung vor dem OG Ōsaka blieb erfolglos. Die in beiden Fällen eingelegte Revision beim OGH wurde ebenfalls zurückgewiesen. Unter den vielen Urteilen, die gegen die Belgische Diamanten K.K. ergangen sind, ist das erstinstanzliche Urteil des DG Tōkyō übrigens das einzige, in dem Schadensersatzansprüche der Kläger verneint wurden. Neben den Klagen vor dem DG Tōkyō und dem DG Ōsaka, die nachfolgend besprochen werden sollen, sind noch fünf weitere (Sammel-) Klagen gegen die Belgische Diamanten K.K. beim DG Hiroshima, beim DG Ōsaka, beim DG Fukuoka und zwei beim DG Nagoya mit Erfolg erhoben worden, bei denen gegen die Urteile jeweils erfolglos Berufungsklage und Revisionsklage beim OGH eingelegt worden sind.[418]

---

[415] Vgl. insbesondere A. KUBOTA (1999) 30-35.
[416] M. SAITŌ / S. IKEMOTO / Y. ISHITOYA (2001) 256.
[417] z.B. durch das DG Ōsaka vom 27.3.1992, in: Hanrei Jihō Nr. 1450, 100.
[418] Allerdings ist keines der OGH-Urteile publiziert worden (vgl. M. SAITŌ / S. IKEMOTO / Y. ISHITOYA (2001) 243-244): (1) DG Hiroshima vom 25.3.1991, in: Hanrei Taimuzu Nr. 858, 198, zugleich dort auch die Entscheidung des OG Hiroshima vom 16.7.1993; (2) DG Ōsaka vom 27.3.1992, in: Hanrei Jihō Nr. 1450, 100; OG Ōsaka vom 12.10.1993 (unveröffentlicht); (3) DG Fukuoka vom 28.2.1995 (unveröffentlicht); OG Fukuoka vom 18.4.1996, in: Hanrei Taimuzu Nr. 933, 175; (4) DG Nagoya vom 28. Januar 1994, in: NBL 548, 50; OG Nagoya vom 15.2.1995 (unveröffentlicht), OGH vom 14.2.1997; (5) DG Nagoya vom 27.5.1994, in: Hanrei Taimuzu Nr. 878, 235; OG Nagoya vom 25.1.1995 (unveröffentlicht); OGH vom 14.2.1997.

aa) Fall 1: Urteil des DG Tōkyō vom 29.8.1989
und Berufungsurteil des OG Tōkyō vom 29.3.1993[419]

In dem Fall, über den das Distriktgericht Tōkyō zu entscheiden hatte, ging es um eine Sammelklage von 12 Klägern gegen die Belgische Diamanten K.K. und ein GVM auf Ersatz des Schadens aus Delikt, den diese als Mitglieder der Vertriebsorganisation erlitten hatten. Die Klage wurde durch das Gericht in erster Instanz vollumfänglich abgewiesen. Danach habe es sich dabei weder um eine Organisation gehandelt, die mit einem Schneeballgeschäft zu vergleichen sei, noch habe diese überhaupt auf einem betrügerischen Konzept beruht. Es könne keinesfalls angenommen werden, daß das Vertriebsnetz zwangsläufig zusammenbrechen werde noch daß in diesem Falle automatisch den Absatzhelfern ein Schaden entstehe. Die erworbenen Diamanten hätten einen Wert, für den der Kaufpreis im großen und ganzen angemessen gewesen sei. Auch die Befürchtung einer Beeinträchtigung der zwischenmenschlichen Beziehungen sei nicht größer als bei anderen Geschäften, die fehlschlagen und die man mit Verwandten oder Freunden tätige. Schließlich sei zwar die Werbung der Kläger als Absatzhelfer durch einen Vertreter des Unternehmens nicht unproblematisch gewesen, aber insgesamt nicht als rechtswidrig zu bezeichnen. Die Kläger seien vielmehr im üblichen Rahmen über die Art des Geschäftes aufgeklärt worden und hätten sich freien Willens zum Abschluß des Vertrages mit der Belgische Diamanten K.K. und zur Aufnahme der Tätigkeit als Absatzhelfer entschlossen. Die Handlungen und das Geschäft insgesamt seien somit nicht als rechtswidrig zu beurteilen und die Klage auf Schadensersatz dementsprechend abzuweisen.

In dem Berufungsurteil hingegen gab das OG Tōkyō aus genau entgegengesetzten Gründen der Klage statt und verurteilte die Gesellschaft und das GVM zur Leistung von Schadensersatz in Höhe der entstandenen finanziellen Verluste. Dabei wurde ein Vorteilsausgleich in Höhe von ungefähr 10 % des Schadens berücksichtigt (Provisionen für den Verkauf von Diamanten etc.). Darüber hinaus wurde den Klägern jeweils pauschal 50.000 ¥ als Schadensersatz für die Beauftragung eines Rechtsanwaltes zugesprochen. Diese Summe machte je nach Höhe des sonstigen jeweils anerkannten materiellen Schadens einen Anteil zwischen 11 und 16 % hieran aus. Ein Anspruch auf Schmerzengeld wurde vom Gericht aber nicht gebilligt. Beide Beklagten wurden zur gesamtschuldnerischen Haftung verurteilt (Artt. 709, 44 ZG).

Das Gericht stellte bei seiner Begründung vor allem auf inhaltliche Mängel der mit der Belgische Diamanten K.K. geschlossenen Verträge und des Geschäftskonzeptes insgesamt ab, rügte aber auch Mängel beim Vertragsabschluß. Das System habe ähnlich wie ein Schneeballgeschäft funktioniert. Es sei bereits vorher klar gewesen, daß das System irgendwann zu einem zukünftigen Zeit-

---

[419] Hanrei Jihō Nr. 1331, 87 und Hanrei Jihō Nr. 1457, 92; eine kurze Zusammenfassung des Berufungsurteils mit Anmerkung findet sich bei S. KIMURA / J. HONDA / H. CHIBA (2000) 200 ff.

punkt mangels nachfolgender Mitglieder zusammenbrechen und eine Vielzahl von geschädigten Mitgliedern zurückbleiben würde. Das System habe daher einem Glücksspiel geglichen oder zumindest einen hochspekulativen Charakter gehabt. Die genauen Umstände des Geschäftes seien zwangsläufig bei Vertragsabschluß zu verheimlichen gewesen, um die Kläger überhaupt zum Vertragsabschluß und zur Aufnahme der Tätigkeit zu bewegen. Daher habe auch eine betrügerische Kundenwerbung und somit ein Verstoß gegen Art. 2 IX AMG i.V.m. Fall 8 der Richtlinie Nr. 15 (1982) der Wettbewerbsbehörde vorgelegen. Außerdem hätten die Mitglieder der Organisation bei der Werbung von neuen Mitgliedern regelmäßig wichtige Einzelheiten des Vertragsinhalts vor dessen Abschluß entweder vorsätzlich verschwiegen oder doch zumindest unrichtige Informationen erteilt. Zwar sei das Haustür- und Vertretergeschäftegesetz nicht anwendbar, das ein solches Handeln verbiete, es sei aber gleichwohl als rechtswidrig zu beurteilen. Unter Berücksichtigung aller Umstände sei das Vertriebssystem daher insgesamt als rechtswidrig zu beurteilen. Das GVM habe diese Form des Vertriebsystems errichtet und sei damit für die dadurch den Klägern entstandenen Schäden aus Art. 709 ZG persönlich verantwortlich. Auch die Gesellschaft hafte für diese Schäden aus Delikt.

bb) Fall 2: Urteil des DG Ōsaka vom 11.3.1991
und Berufungsurteil des OG Ōsaka vom 29.6.1993[420]

Mit sehr ähnlicher Begründung wie im oben dargestellten Urteil des OG Tōkyō wurden die Belgische Diamanten K.K. und ihr GVM auch vom DG Ōsaka zur Leistung von Schadensersatz gegenüber 13 Klägern in einem anderen Verfahren verurteilt. Sämtliche Kläger sind als Absatzhelfer in das Vertriebsnetz der Belgische Diamanten K.K. eingebunden gewesen und haben dabei einen finanziellen Schaden erlitten. Das Urteil des DG Ōsaka wurde in der Berufung vor dem OG Ōsaka dem Grunde nach bestätigt. Den Klägern wurde grundsätzlich ein Anspruch auf Schadensersatz aus Delikt gegen beide Beklagten in Höhe der geltend gemachten finanziellen Schäden zugebilligt. Die Begründung der beiden Gerichte differierte allerdings geringfügig. Zudem hat das OG Ōsaka bei den Klägern erlangte Vorteile in Höhe von bis zu 70 % angerechnet und dementsprechend die Höhe des Anspruchs insgesamt erheblich reduziert. Das DG Ōsaka hatte dagegen eine Vorteilsanrechnung nur in Höhe von ca. 8 bis 10 % vorgenommen. Für entstandene Rechtsanwaltskosten wurde den Klägern in beiden Urteilen eine bestimmte Geldsumme zusätzlich als Schadensersatz zugesprochen. Schmerzensgeld wurde den Geschädigten allerdings in keinem der Urteile zugebilligt.

Das DG Ōsaka befand in seinem Urteil, daß das Vertriebssystem der Belgische Diamanten K.K. sehr stark einem Schneeballgeschäft gleiche und daher

---

[420] Hanrei Jihō Nr. 1401, 81; Hanrei Jihō Nr. 1475, 77. Eine Zusammenfassung und Besprechung des Berufungsurteils von *H. Orita* findet sich bei A. MORISHIMA / S. ITŌ (1995) 96-97.

rechtswidrig sei. Der Zusammenbruch des Systems und die dadurch bedingte Schädigung von Absatzhelfern seien von den Betreibern voraussehbar gewesen, weil Voraussetzung gewesen sei, daß immer neue Absatzhelfer in die Organisation nachrücken würden, was nicht möglich gewesen sei. Daher habe die Beteiligung für alle Mitglieder der Organisation auch eine Art Glücksspielcharakter gehabt. Daneben sei bei der Werbung der Absatzhelfer deren Wunsch nach Erzielung eines Nebenverdienstes ausgenutzt worden. Im übrigen sei das Konzept des Geschäftes darauf angelegt gewesen, daß diejenigen, die neue Absatzhelfer für die Organisation werben, wichtige Informationen über den Inhalt des Geschäftes verbergen, um dabei Erfolg zu haben. Das Unternehmen habe sich daher einer unlauteren Handelsmethode, nämlich des betrügerischen Kundenfangs gemäß Art. 2 IX AMG i.V.m. Fall 8 der Richtlinie Nr. 15 (1982) der Wettbewerbsbehörde bedient.[421] Außerdem hätten diejenigen, die neue Absatzhelfer für das Unternehmen geworben haben, vor Abschluß der Verträge tatsächlich regelmäßig wichtige Einzelheiten über das Geschäft vorsätzlich verschwiegen oder unrichtige Informationen mitgeteilt. Zwar sei das Haustür- und Vertretergeschäftegesetz nicht anwendbar, dort sei aber eine entsprechende Handlung für bestimmte Formen von Kettenabsatzgeschäften verboten. In diesem Falle könne grundsätzlich nichts anderes gelten. In einer Gesamtschau aller einzelnen Umstände bewertete das Gericht die Vertriebsorganisation sowie die einzelnen Handlungen für insgesamt rechtswidrig und verurteilte das GVM wegen Errichtung und Leitung der Organisation zur Haftung auf Schadenersatz aus Art. 709 ZG. Die Gesellschaft hafte ebenfalls für die Schäden, die aus dem rechtswidrigen Geschäft entstanden seien.

Im Gegensatz zur Vorinstanz unterschied das OG Ōsaka zwischen dem Teil der Vertriebsorganisation, bei der es um den Absatz von Waren ging und dem Teil, der der Förderung der Werbung von neuen Absatzhelfern diente. Den ersten hielt es grundsätzlich für rechtmäßig, den zweiten Teil dagegen für rechtswidrig, da es sich dabei um ein gemäß Art. 3 i.V.m. Art. 2 Schneeballgeschäfte-VerbotsG unerlaubtes Schneeballgeschäft handelte. Diese Unterscheidung hatte aber nur Bedeutung für die Höhe des schließlich vom Gericht zugesprochenen Schadensersatzanspruches. Zusammengenommen beurteilte das OG Ōsaka die Vertriebsorganisation nämlich doch als rechtswidrig und verurteilte wie schon die Vorinstanz, die Belgische Diamanten K.K. und ihr GVM zur Leistung von Schadensersatz aus Artt. 709, 44 I ZG. Es machte auch klar, daß dies unabhängig davon gelte, unter welchen Umständen die Mitglieder der Organisation im einzelnen geworben worden sein, also unabhängig von der Frage der Rechtswidrigkeit der Vertragsabschlußbedingungen. Es bezog sich also ausschließlich auf die Unangemessenheit des Inhalts der Aufnahmeverträge bzw. der Vertriebsorganisation insgesamt. Die Aufnahmeverträge seien im übrigen

---

[421] Außerdem stellte das Gericht fest, daß das Unternehmen sich auch einer unlauteren Handelsmethode im Sinne des Art. 2 IX AMG i.V.m. Fall 9 der Richtlinie Nr. 15 (1982) bedient habe (Kundenfang durch unzulässige Vergünstigungen).

auch sittenwidrig und verstießen gegen die öffentliche Ordnung (Art. 90 ZG), weshalb sie nichtig seien. Auch in diesen Punkten unterscheidet sich das Berufungsurteil vom Urteil der Vorinstanz. Das Berufungsurteil sprach den Geschädigten auch einen bestimmten Betrag als Schadensersatz für die entstandenen Rechtsanwaltskosten zu, der bei allen ungefähr einen Anteil von 15 % am sonstigen zugebilligten materiellen Schadensersatz ausmachte. Ein Anspruch auf Schmerzensgeld wurde den Geschädigten nicht gewährt.

## 3. Ergebnis

Betrachtet man den theoretischen Anwendungsbereich des japanischen Deliktsrechts und die oben dargestellten Fallbeispiele aus der Rechtsprechung, läßt sich feststellen, daß dem Deliktsrecht in Japan eine äußerst wichtige Rolle zum Schutz des Verbrauchers vor unerwünschten und nachteiligen Verträgen zukommt.

Die Berücksichtigung vorvertraglicher Aufklärungspflichtverletzungen in allen denkbaren Formen im Rahmen der Deliktshaftung führt quasi dazu, daß hierdurch die Veranlassung zum Vertragsabschluß unter gewissen unangemessenen Bedingungen sanktioniert wird. Wie gezeigt, wird mit Hilfe des Deliktsrechts aber häufig nicht nur das Problem unerwünschter Verträge separat behandelt, sondern in einer Gesamtschau mit anderen auftretenden Vertragsproblemen, wie das der mangelhaften Erfüllung oder der Verletzung von vertraglichen Nebenpflichten, beurteilt. Auch eventuelle Gesetzesverstöße oder der Verstoß gegen die guten Sitten bzw. die öffentliche Ordnung durch den Vertragsabschluß oder -inhalt wird häufig zusammen mit den anderen Pflichtverletzungen unter dem einheitlichen Maßstab der Rechtswidrigkeit abgeurteilt. Man kann daher von keinem besonders entwickelten Problembewußtsein der Richter für den Einzelaspekt des Schutzes vor unerwünschten bzw. unangemessenen Verträgen bei der Beurteilung der Fälle ausgehen.

Die Lösung der beim Abschluß von Verbraucherverträgen auftretenden Probleme durch das Deliktsrecht sowie auch der Probleme wegen des Vertragsinhalts erfolgt nicht wie beim Rechtsinstitut der Anfechtung oder des Widerrufs des jeweiligen Vertrages durch Einräumen der Möglichkeit der einseitigen Lösung vom Vertrag. Allenfalls in den Fällen, in denen die Gerichte dem Verbraucher einen hundertprozentigen Anspruch auf Ersatz aller materiellen Schäden zubilligen, wird mittels der Schadensersatzlösung ein Zustand herbeigeführt, der dem der Lösung vom Vertrag in etwa gleichkommt. Meist wird dann nämlich offensichtlich auch unausgesprochen der Vertrag *als nicht mehr existent* angesehen; also nicht nur in den Fällen, in denen die Gerichte den Vertrag ausdrücklich wegen Verstoßes gegen Art. 90 ZG zusätzlich für nichtig erklären. In den meisten Fällen kommt als Ergebnis aus Sicht des Verbrauchers nur eine Art Teillösung vom Vertrag heraus, da ihm häufig ein Mitverschulden angelastet wird und er daher nur einen Teil der Schäden ersetzt bekommt. Das

Mitverschulden kann als Gradmesser für die Eigenverantwortung des Verbrauchers beim Abschluß des ihm eigentlich unerwünschten Vertrags bezeichnet werden.

Aber auch ein anderer Aspekt unterscheidet die Bewältigung der Verbraucherprobleme mit Hilfe des Deliktsrechts von der Bewältigung mittels anderer Rechtsinstitute. Häufig bestehen Ansprüche nicht nur gegen den Unternehmer als Vertragspartner, sondern gleichzeitig auch gegen einige seiner Angestellten und in den Fällen, in denen der Unternehmer eine Gesellschaft darstellt, auch gegen deren Leitungsorgane.

Gerade wegen der Flexibilität auf Tatbestands- wie auf Rechtsfolgenseite, die dem Richter zahlreiche Möglichkeiten der Berücksichtigung eines Ungleichgewichts zwischen den Vertragspartnern erlaubt, ist das japanische Deliktsrecht ein wichtiges Werkzeug für die Bewältigung der verschiedensten bei Verbraucherverträgen auftretenden Probleme.

## B. Das Verbrauchervertragsgesetz

Das am 1. April 2001 in Kraft getretene Gesetz über Verbraucherverträge (Verbrauchervertragsgesetz, VerbrVG)[422] verspricht nach Meinung seiner Förderer ein großer Schritt bei der Neugestaltung des japanischen Verbrauchervertragsrechts zu sein. Es enthält umfassende Sonderregeln zum Abschluß und Inhalt von Verbraucherverträgen. Grundsätzlich ist das VerbrVG Spezialgesetz im Verhältnis zum Zivilgesetz. Aufgrund des weiten personellen und sachlichen Anwendungsbereichs wurde im Zusammenhang mit seinem Inkrafttreten aber auch von einer „Art Reform des Zivilgesetzes" gesprochen.[423] Während des Gesetzgebungsvefahrens und in dessen Vorfeld kam es zu intensiven und kontrovers geführten Diskussionen über den künftigen Inhalt. Es wurden auch von verschiedenen Seiten Alternativvorschläge zum offiziellen Diskussionsentwurf des mit der Ausarbeitung des Vorentwurfes betrauten Regierungsausschusses erarbeitet und veröffentlicht.[424] Außerdem haben vor allem die Wirtschaftsverbände in jeder Phase des Verfahrens ihren Einfluß geltend gemacht, um allzu strenge Verbraucherschutzbestimmungen zu verhindern.[425] Heraus kam daher schließlich ein Kompromißgesetz, das nicht in allen Punkten überzeugende Regelungen enthält und viele wichtige Aspekte unberücksichtigt läßt.

Konkreter Anlaß für die Schaffung des Verbrauchervertragsgesetzes war vor allem die deutliche Zunahme der Verbraucherbeschwerden über betrügerische bzw. sonst unlautere Geschäftspraktiken sowie aggressive Kundenwerbung in den 1980er und 90er Jahren. Zugleich nahm auch die Anzahl der Beschwerden über inhaltlich unfaire Verträge, unter anderem wegen unbilliger und unangemessener Vertragsklauseln, deutlich zu. Bereits 1989 hatten Beschwerden über unbillige Methoden der Anbahnung, über den Inhalt und über Schwierigkeiten im Zusammenhang mit der Kündigung von Verbraucherverträgen zusammengenommen einen Anteil von 64,5 % (absolut: 106.697 von 165.697) an allen von staatlichen Behörden registrierten Verbraucherbeschwerden ausgemacht. Dieser Prozentsatz stieg in den Folgejahren weiter an (81 % bzw. absolut

---

[422] *Shōhisha keiyaku-hō*, Gesetz Nr. 61/2000. Deutsche Übersetzung nebst Einführung von M. DERNAUER in: Zeitschrift für Japanisches Recht Nr. 11 (2001) 241-254. Für einen umfassenden Bericht über die Erfahrungen mit dem Verbrauchervertragsgesetz in der Rechtspraxis siehe nun K. Nagano (2004). Zum Verbrauchervertragsgesetz jetzt auch E. KÜHLKAMP (2004) 61 ff.
[423] K. YAMAMOTO (2001) 242.
[424] Dazu gehören insbesondere ein Gesetzentwurf der oppositionellen Demokratischen Partei (*Minshu-tō*), der am 10.12.1999 gleichzeitig ins Unter- und Oberhaus eingebracht wurde (vgl. KEIZAI KIKAKU-CHŌ (2000a) 10), ferner ein Gesetzesvorschlag der Vereinigung der japanischen Rechtsanwälte (*Nihon Bengoshi Rengō-kai*), abgedruckt in: NIHON BENGOSHI RENGŌ-KAI (2001b) 384-392; schließlich der Vorschlag des Rechtswissenschaftlers *Masami Okino*, abgedruckt in: S. KAWAKAMI u.a. (1999) 307-311.
[425] So wurde vor allem vorgetragen, daß das Gesetz bei zu strengen Regeln Querulanten begünstige und Kleinunternehmer unzumutbar belaste; A. OHNAKA (2002) 13-14.

335.991 von 415.306 Fällen im Jahre 1998).[426] Der japanische Gesetzgeber wollte mit dem Verbrauchervertragsgesetz diesem Trend entgegenwirken.

In der Rechtspraxis hatte man zudem scheinbar die Erfahrung gemacht, daß die einzelnen rechtlichen Probleme nicht zufriedenstellend durch die vorhandenen zivilrechtlichen Instrumente gelöst werden können. Insbesondere die Bestimmungen über die Irrtumsnichtigkeit sowie die Anfechtbarkeit wegen Täuschung und Drohung schienen keinen hinreichenden Schutz des Verbrauchers vor aufgedrängten, inhaltlich nachteiligen oder sonst unerwünschten Verträgen zu bieten.[427] In einigen Fällen konnte die Rechtsprechung lediglich durch eine extensive Anwendung unter anderem der deliktsrechtlichen Haftungsnormen und der zivilgesetzlichen Generalklauseln wie z.B. Art. 90 ZG Abhilfe verschaffen.

Bei allen zivilrechtlichen Instrumenten sah man das Problem, daß sie nicht hinreichend das bei Verbraucherverträgen typischerweise bestehende strukturelle Ungleichgewicht zwischen den Vertragspartnern berücksichtigen. Es erschien daher erforderlich, besondere privatrechtliche Bestimmungen einerseits zur Gewährleistung und Förderung eines fairen Vertragsabschlusses und andererseits zur Kontrolle von unfairen Vertragsklauseln speziell für Verbraucherverträge zu schaffen. Eine weitere Verschärfung der verwaltungs- und strafrechtlichen Kontrolle von Verbraucherverträgen hielt man damals dagegen für nicht wünschenswert. Das VerbrVG soll also zumindest insoweit vom gesellschaftspolitischen Konzept der *Deregulierung* beeinflußt sein.[428]

Im Jahre 1996 wurde der Ausschuß[429] für Verbraucherschutzmaßnahmen in der Kommission für Verbraucherfragen (*Kokumin Seikatsu Shingi-kai Shōhisha Seisakubu-kai*) von der japanischen Regierung mit der Erarbeitung eines Entwurfes für ein Verbrauchervertragsgesetz betraut. Als Ausschußmitglieder nahmen unter anderem Vertreter der Wirtschafts- und Verbraucherverbände, Wissenschaftler und Vertreter der betreffenden Ministerien teil. Ein erster Vorentwurf wurde im Oktober 1997 veröffentlicht.[430] Nach weiteren Diskussionen zeichnete sich alsbald ein Kompromiß über die konkrete Ausgestaltung des Gesetzes ab, dem auch die meisten im Parlament vertretenen Parteien zuzustimmen bereit waren. Aus dem vom Regierungsausschuß vorgelegten Entwurf wurde schließlich der von der Regierung eingebrachte Gesetzentwurf, der im

---

[426] KEIZAI KIKAKU-CHŌ (2000a) 3; die Zahlen beruhen auf einer regelmäßigen statistischen Erhebung des nationalen Verbraucherzentrums (*Kokumin Seikatsu Sentā*) unter Berücksichtigung der Daten aller nationalen und regionalen staatlichen Beratungsstellen für Verbraucher.
[427] K. YAMAMOTO (2002) 821.
[428] Zu den Motiven der Gesetzgebung vgl. KEIZAI KIKAKU-CHŌ (2000a) 4-5. Zum grundlegenden Ansatz des Gesetzes vgl. S. KAWAKAMI (1999); dieser hebt den Zusammenhang zwischen dem Konzept der Deregulierung und der Schaffung des VerbrVG etwa auf Seite 1 und 4 ausdrücklich hervor.
[429] Wobei es sich formal um einen Unterausschuß handelt.
[430] Erste Anregungen zur Schaffung eines solchen Gesetzes wurden aber bereits zu Beginn der 1970er Jahre vorgetragen; vgl. A. OHNAKA (2002) 9.

März 2000 dem Parlament zur Beratung zugeleitet wurde. Ende März wurde dieser nach Vornahme kleinerer Änderungen als Gesetz verabschiedet und kurz darauf, am 12. Mai 2000, verkündet. Daß das Gesetz erst knapp ein Jahr danach in Kraft treten sollte, wurde damit begründet, daß eine Vorbereitungszeit nötig sei, damit Unternehmer, Verbraucherverbände, Juristen und die öffentlichen Bediensteten in den Verbraucherschutzbehörden sich mit dem Inhalt vertraut machen können.[431]

## I. Der Gesetzeszweck gemäß Art. 1 VerbrVG

Das Gesetz geht bei Verbraucherverträgen von der Annahme aus, daß zwischen den beteiligten Parteien typischerweise eine strukturelle Ungleichgewichtslage besteht, und zwar einerseits im Hinblick auf die vorhandenen Informationen (Informationsqualität und -quantität) und andererseits hinsichtlich der Verhandlungsstärke. Die allgemein stärkere Verhandlungsposition versetze den Unternehmer in die Lage, dem Verbraucher unbillige Vertragsbedingungen einseitig zu diktieren. Die besseren Informationen führten ebenfalls zu Vorteilen des Unternehmers beim Vertragsabschluß.[432] Das Verbrauchervertragsgesetz bezweckt, diese Ungleichgewichtslage durch besondere Schutzinstrumente zu kompensieren. Nach Art. 1 VerbrVG sollen künftig nur noch solche Verbraucherverträge dauerhaft Bestand haben, die *nicht durch unbillige und unfaire Beeinflussung* des Unternehmers zustandegekommen sind, und nur insoweit Gültigkeit haben, als die *Vertragsbedingungen angemessen* sind.

Als unbillig führt Art. 1 VerbrVG an die Einflußnahme auf die Willensbildung und Willensentscheidung des Verbrauchers in der Phase der Anbahnung des Vertrages durch Hervorrufen eines Mißverständnisses (*gonin*) und durch bedrängende Handlungen, die den Verbraucher in Verlegenheit bringen (*konwaku*). Das Gesetz betrachtet darauf beruhende Willenserklärungen des Verbrauchers, die auf den Abschluß eines Verbrauchervertrages gerichtet sind, quasi als fehlerhaft.

Als unangemessene Vertragsbedingungen umschreibt die Vorschrift solche, die den Unternehmer unbillig von seiner gesetzlichen Schadensersatzpflicht entbinden oder den Verbraucher sonst unangemessen benachteiligen. Gemeint sind ausschließlich vertragliche Nebenbedingungen, die nicht das unmittelbare Verhältnis von Leistung und Gegenleistung betreffen.

Der japanische Gesetzgeber hat mit dem Verbrauchervertragsgesetz also Regelungen für rechtliche Probleme geschaffen, die in der Literatur in den fünfzehn Jahren zuvor zunehmend als besonders bedeutende Probleme bei Verbrau-

---

[431] KEIZAI KIKAKU-CHŌ (2000a) 24-25; insgesamt zur Entstehung des VerbrVG, insbesondere zum Gesetzgebungsverfahren, 3-31.
[432] KEIZAI KIKAKU-CHO (2000a) 36-37.

cherverträgen diskutiert worden waren.[433] Verwunderlich ist allerdings, daß das Gesetz ausdrücklich nur die zwei Elemente „Informationsungleichgewicht" und „Verhandlungsstärkeungleichgewicht" in seiner Zweckbestimmung als deren Ursache anführt, anstatt das strukturelle Kräfteungleichgewicht insgesamt zu benennen. Nicht ganz eindeutig ist daher z.b. der Bezug zwischen diesen Ausprägungen des Ungleichgewichts und der als Aufgabe des Gesetzes genannten Verhinderung von *aufgedrängten* Verträgen, *i.e.* solchen Verträgen, bei denen der Verbraucher durch unzulässige Formen des Bedrängens zum Vertragsabschluß veranlaßt worden ist. Entweder geht der Gesetzgeber davon aus, daß die Fähigkeit, den Verbraucher unter besonderen psychologischen oder physischen Druck zum Vertragsabschluß zu setzen, von der größeren Verhandlungsstärke des Unternehmers ausgeht, oder er hat die beiden Elemente nur beispielhaft als wichtigste Bestandteile des strukturellen Kräfteungleichgewichtes genannt. Die letztere Interpretation erscheint allerdings angesichts des Wortlauts schwierig, denn es ist dort nicht die Form einer offenen Aufzählung gewählt.

Durch Regelung der beiden genannten grundsätzlichen Problembereiche im Zusammenhang mit unerwünschten Verbraucherverträgen verspricht sich der Gesetzgeber gemäß Art. 1 VerbrVG einerseits einen Beitrag zu einem besseren Schutz der Verbraucherinteressen und andererseits auch einen Beitrag zu einer gesunden volkswirtschaftlichen Entwicklung durch Förderung des Vertrauens der Verbraucher zu leisten.

II. Der Anwendungsbereich des Gesetzes
(Art. 2 VerbrVG)

Das Gesetz ist anwendbar auf alle „Verbraucherverträge", d.h. nach gesetzlicher Definition, auf alle Verträge, die zwischen einem Verbraucher und einem Unternehmer geschlossen werden (Art. 2 III VerbrVG). Als Verbraucher ist nach Art. 2 I VerbrVG eine Privatperson anzusehen – wörtlich eine Einzelperson bzw. ein Individuum (*kojin*) –, die weder zum Zwecke noch im Rahmen ihres Geschäftes (*jigyō*) einen Vertrag schließt. Ein Unternehmer wird nach Art. 2 II VerbrVG definiert als eine juristische Person, eine sonstige Vereinigung oder eine Einzelperson, die zum Zwecke oder im Rahmen ihres Geschäftes einen Vertrag schließt. Aus diesen Definitionen ergibt sich für das Gesetz ein außerordentlich weiter Anwendungsbereich. Im Hintergrund bei der Auslegung der einzelnen Kriterien für das Vorliegen eines Verbrauchervertrags steht immer die Frage, ob zwischen den vertragsschließenden Parteien ein *strukturelles Ungleichgewicht* im Sinne von Art. 1 VerbrVG besteht. Falls dies bejaht werden kann, sind die einzelnen Tatbestandsmerkmale im Zweifel weit auszulegen. Ausdrücklich ausgenommen vom Anwendungsbereich des Gesetzes sind

---

[433] Vgl. nur K. YAMAMOTO (1999) 151 ff. m.w.N. sowie die behandelten Problembereiche in den Abschnitten A I, III und IV sowie unten G.

Arbeitsverträge (Art. 12 VerbrVG), wofür speziellere Schutzgesetze einschlägig sind.

## 1. Bestimmung eines Vertragspartners als Unternehmer

Entscheidend für das Vorliegen eines Verbrauchervertrages ist, daß *nur einer* der Vertragspartner Unternehmer ist. Zur Bestimmung der Unternehmereigenschaft benennt Art. 2 II VerbrVG drei unterschiedliche Kriterien, von denen nur eines erfüllt sein muß. Bei Verneinung aller dieser Kriterien kann umgekehrt von einem Verbraucher ausgegangen werden.

### a) Abschluß des Vertrags im Zusammenhang mit einer Geschäftstätigkeit

Stellt man für die Bestimmung des Unternehmers auf das *Tätigwerden im Zusammenhang mit einer Geschäftstätigkeit* ab, so ist zu klären, was das Gesetz unter einem „Geschäft" versteht. Sodann muß in einem zweiten Schritt der Zusammenhang zur Geschäftstätigkeit bejaht werden können. Das Kriterium des Vertragsabschlusses im Zusammenhang mit der Geschäftstätigkeit ist ausschließlich bei natürlichen Personen, mithin bei Einzelunternehmern von Bedeutung.

aa) Die Geschäftstätigkeit

Der japanische Gesetzgeber hat für den Begriff „Geschäft" (*jigyō*) einen Begriff gewählt, dessen Übersetzung nicht ganz einfach ist. Seine konotative Bedeutung wird nämlich zum einen von der sonstigen Verwendung des Wortes in der japanischen Rechtssprache beeinflußt, wo es in zahlreichen Verwaltungsgesetzen im Zusammenhang mit Tätigkeiten gebraucht wird, die im Deutschen unter den tradierten engeren Gewerbebegriff zu fassen sind. Hier allerdings ist der Begriff in einem darüber hinausgehenden, sehr weiten Sinne zu interpretieren,[434] und daher im Deutschen am ehesten mit „Geschäft" zu übersetzen.[435] Grundvoraussetzung für das Betreiben eines Geschäfts ist eine selbständige Tätigkeit, die das *wiederholte, regelmäßige Ausführen gleichartiger Handlungen zu einem bestimmten Zweck umfaßt*.[436] Zum anderen kommt es dem Gesetzgeber auf einen bestimmten Grad der *professionellen Organisation* der Tätigkeit an. Zur Bestimmung der genügenden Professionalität werden in den Kommentierungen häufig zwei Hilfskriterien angeführt, von denen mindestens eines auf den Vertragspartner zutreffen müsse. Die Tätigkeit muß entweder *auf Gewinnerzielung* ausgerichtet sein oder die *Anwendung besonderer Fachkenntnisse* betreffen.[437] Das erste Merkmal trifft zumindest auf alle gewerblich täti-

---

[434] Vgl. die Erläuterungen von S. OCHIAI (2001b) 56.
[435] So auch die gewählte Bezeichnung bei K. YAMAMOTO (2002).
[436] KEIZAI KIKAKU-CHŌ (2000a) 42; K. YAMAMOTO (2001) 245; S. KAWAKAMI (1999) 20.
[437] K. YAMAMOTO (2001) 245-246.

gen Personen zu, die die Tätigkeit mithin als Erwerbsgeschäft betreiben. Das zweite Kriterium dient vor allem dazu, auch die verschiedenartigen sogenannten freien Berufe zweifelsfrei unter den Begriff „Geschäft" fassen zu können, unabhängig von der Überlegung, daß Personen, die einem freien Beruf nachgehen, dies auch meist mit dem Willen der Gewinnerzielung tun und daher streng genommen auch das erste Hilfskriterium erfüllen. Zu den Personen mit einem solchen freien Beruf werden z.B. Rechtsanwälte, Ärzte und Steuerberater gezählt.[438]

Bei den beiden genannten Hilfskriterien handelt es sich nur um Anhaltspunkte, die die Mehrzahl, aber nicht alle relevanten Fälle einer Geschäftstätigkeit erfassen. Der Begriff „Geschäft" wird zum Teil noch deutlich weiter verstanden. So soll nach teilweiser Ansicht auch der professionelle Marathonläufer ein Geschäft betreiben; ebenso jemand, der dauerhaft seine Eigentumswohnung oder einen Parkplatz an einen anderen vermietet.[439] Die Gewinnerzielungsabsicht ist zudem nach Meinung einiger als Kriterium von überhaupt keiner Bedeutung.[440]

bb) Vertragsabschluß im Zusammenhang zur Geschäftstätigkeit

Der Vertragspartner wird im Hinblick auf die Anwendung des Gesetzes aber nur dann als Unternehmer angesehen, wenn er den konkreten Vertrag auch im Zusammenhang mit seiner Geschäftstätigkeit abschließt. Er muß also auch als Unternehmer auftreten. Dies ist dann der Fall, wenn er den Vertrag entweder *im Rahmen* (*jigyō toshite*) oder *zum Zwecke seines Geschäftes* (*jigyō no tame*) abschließt. Ein Vertragsabschluß im Rahmen des Geschäftes ist dann anzunehmen, wenn dieser in Ausübung der Geschäftstätigkeit erfolgt. Ein Vertragsabschluß zum Zwecke des Geschäftes umfaßt Vertragsabschlüsse, die im weiteren Sinne der Förderung der Geschäftstätigkeit dienen, z.B. zur Erhaltung der Geschäftsräume.[441] Ob auch Vertragsabschlüsse dazu zu rechnen sind, die der Aufnahme bzw. Errichtung des Geschäftsbetriebes dienen ist umstritten.[442]

*b) Juristische Personen oder sonstige Vereinigungen*

Ein Vertragspartner gilt nach dem VerbrVG zudem immer als Unternehmer, wenn er eine *juristische Person* (*hōjin*) oder eine *sonstige Vereinigung* (*dantai*) ist. Ist also eines dieser Merkmale erfüllt, ist die Frage nach dem Vertragsabschluß im Zusammenhang mit einer Geschäftstätigkeit irrelevant. Der Gesetzgeber ging hinsichtlich der Regelung davon aus, daß juristische Personen und Vereinigungen immer über ein höheres Maß an Erfahrung und Kenntnissen

---

[438] NIHON BENGOSHI RENGŌ-KAI (2001b) 24; S. OCHIAI (2001b) 56.
[439] NIHON BENGOSHI RENGŌ-KAI (2001b) 24, 25.
[440] S. KAWAKAMI (1999) 20; NIHON BENGOSHI RENGŌ-KAI (2001b) 24.
[441] K. YAMAMOTO (2001) 246.
[442] Zustimmend KEIZAI KIKAKU-CHŌ (2000a) 49 (sog. „Unternehmertheorie"); ablehnend Y. YAMAMOTO (2000) (1) 83 (sog. „Verbrauchertheorie").

sowie an Informationen und Verhandlungsstärke verfügen als ein einzelner Verbraucher. Es ist nicht von Bedeutung, ob es sich bei der juristischen Person um eine solche des Privatrechts oder eine des öffentlichen Rechts handelt. Gleichermaßen ist es unbeachtlich, ob sie wirtschaftliche oder nichtwirtschaftliche Zwecke verfolgt.[443]

Was unter einer *sonstigen Vereinigung* zu verstehen ist, ist umstritten. Folgt man der Gesetzeskommentierung der Abteilung des Wirtschaftsplanungsamtes, die maßgeblich an der Ausarbeitung der Vorentwürfe für das Verbrauchervertragsgesetz beteiligt gewesen ist, sollen hierunter Vereinigungen in einem sehr weiten Sinne fallen. So seien dazu auch ZG-Gesellschaften (*minpō-jō no kumiai*), wissenschaftliche Vereinigungen (*gakkai*) ohne Rechtspersönlichkeit und sonst nur locker verbundene Vereinigungen zu zählen.[444] Nach einer Ansicht in der Literatur sei dagegen eine engere Auslegung vorzunehmen, teilweise mit der Begründung, die Vereinigung müsse über einen gewissen Grad an Fachkenntnissen und -wissen[445] oder einen mit juristischen Personen vergleichbaren Organisationsgrad verfügen.[446]

## 2. Der Gegenstand „Verbrauchervertrag"

Die weite Definition des Unternehmerbegriffs anhand der oben erläuterten Kriterien führt zu einem extrem weiten Anwendungsbereich des Gesetzes. Als Verbraucherverträge sind nämlich nach dem Gesetz auch Verträge anzusehen, die weder dem typischen Bild eines Verbrauchervertrages entsprechen noch ein besonders ausgeprägtes Kräfteungleichgewicht zwischen den Vertragsparteien aufweisen. Es ist ebenso fraglich, einen professionellen Sportler (Geschäftstätigkeit) als Unternehmer einzuordnen, wie auch eine einfache ZG-Gesellschaft (sonstige Vereinigung). Wenn nämlich beispielsweise eine kleine Gruppe von Studenten (ZG-Gesellschaft) von einer Privatperson zum Zweck der Veranstaltung einer Feier einen Raum anmietet, müßte dieser Vertrag nach dem VerbrVG bereits als Verbrauchervertrag behandelt werden. Hierbei kann aber

---

[443] Vgl. NIHON BENGOSHI RENGŌ-KAI (2001b) 29. Es gibt in Japan eine große Vielzahl von unterschiedlichen – häufig sondergesetzlich geregelten juristischen Personen; dazu zählen z.B. die Handelsgesellschaftstypen (AG, GmbH, OHG, KG, und nach Inkrafttreten des GesG die LLC), die LLP, die Religionsgesellschaft (*shūkyō hōjin*), die privaten Schulen und Universitäten (*gakkō hōjin*), die verschiedenen Genossenschaftstypen, die Gewerkschaften, die nach Sondergesetzen für verschiedene Zwecke gegründeten öffentlichen Köperschaften (*tokushū hōjin*) und auch alle öffentlichen Gebietskörperschaften. Eine Auflistung der wichtigsten Typen findet sich bei K. YAMAMOTO (2001) 384. Vgl. zu dem „*tokushū hōjin*" zudem I. KAWAMOTO / M. KISHIDA / A. MORITA / Y. KAWAGUCHI (2004) 57-60.
[444] KEIZAI KIKAKU-CHO (2000a) 46.
[445] Y. YAMAMOTO (2000) (1) 83-84.
[446] NIHON BENGOSHI RENGŌ-KAI (2001b) 30. So soll z.B. eine Gemeinschaft von Wohnungseigentümern zur gemeinschaftlichen Hausverwaltung nicht als solch eine Vereinigung anzusehen sein (Y. YAMAMOTO (2000) (1) 83-84). Dagegen aber ausdrücklich: KEIZAI KIKAKU-CHŌ (2000a) 46.

von einem ausgeprägten Ungleichgewicht zu Lasten des Vermieters keine Rede sein. Daher käme es in dem Beispiel zu einem Schutzübermaß des Vermieters, es sei denn man beurteilt den Vermieter, z.b. falls er früher schon einmal den gleichen Raum an jemand anderen vermietet hat, auch als „Unternehmer", weil dann das Gesetz nicht zur Anwendung käme. Aber auch anders herum kann die Weite der Unternehmerdefinition gelegentlich zu einem Schutzuntermaß führen, wenn nämlich die kleine Studentengruppe z.B. bei einem gewerblichen Reiseveranstalter eine Gruppenreise bucht. Hier besteht nach dem Gesetz die Möglichkeit, beide Vertragspartner als Unternehmer einzuordnen und die Anwendung des VerbrVG auszuschließen. Zu ähnlichen Schwierigkeiten kann auch die weite Unternehmerdefinition unter Bezugnahme auf das Kriterium der Geschäftstätigkeit führen.

An diesen Beispielen zeigt sich, wie schwer es ist, die Begriffe Verbrauchervertrag, Unternehmer und Verbraucher gesetzlich angemessen zu definieren, und daß der japanische Gesetzgeber jedenfalls keine überzeugenden Abgrenzungskriterien gewählt hat. Für den gewöhnlichen Verbrauchervertrag, wo es ohnehin keine Schwierigkeiten bei seiner Bestimmung gibt, mögen die Kriterien zutreffend sein, in Zweifelsfällen dagegen führen sie zu nicht sachgerechten Ergebnissen. Die Begründung für die Schaffung der besonderen Regeln für den Abschluß und den Inhalt von Verträgen trägt den weiten Anwendungsbereich des Gesetzes nicht. Es kann dem auch nicht entgegenhalten werden, daß die Merkmale für die Bestimmung der Vertragspartner als Verbraucher oder Unternehmer flexibel im Sinne der Zweckbestimmung ausgelegt werden müssten, denn dann vollzieht man einen Zirkelschluß, weil das Gesetz ja gerade dann von einer besonders zu regulierenden Ungleichgewichtslage zwischen den Vertragsparteien ausgeht, wenn es sich um einen Verbrauchervertrag handelt.

### III. Die Regulierung des Vertragsabschlusses
### (Artt. 3 bis 5, 7 VerbrVG)

Das VerbrVG sieht zur Förderung eines fairen Vertragsabschlusses und zur Verhütung unerwünschter Verträge zwei verschiedene Instrumente vor. Art. 3 I VerbrVG bestimmt eine „Bemühungspflicht" des Unternehmers zur angemessenen Aufklärung des Verbrauchers im Stadium der Vertragsanbahnung. Art. 4 VerbrVG sieht für insgesamt fünf einzelne Fälle der unbilligen Beeinflussung des Verbrauchers bei Abschluß des Vertrages jeweils ein Anfechtungsrecht vor. Artt. 5 und 7 VerbrVG enthalten ergänzende Bestimmungen über Fristen und dem Unternehmer zurechenbare Handlungen dritter Personen.

## 1. Bemühungspflicht zur Aufklärung des Verbrauchers

Gemäß Art. 3 I VerbrVG hat der Unternehmer sich zu bemühen, den Verbraucher hinreichend vor Vertragsabschluß über den Inhalt des Vertrages sowie die daraus folgenden Rechte und Pflichten aufzuklären. Ferner hat der Unternehmer sich zu bemühen, den Vertragstext für den Verbraucher leicht verständlich und eindeutig zu formulieren. Diese Regelungen sollen offensichtlich dazu beitragen, das Informationsungleichgewicht zwischen dem Unternehmer und dem Verbraucher zu reduzieren. Allerdings sieht das Gesetz keine Sanktion für einen Verstoß gegen diese Pflichten vor. Auch ist die Berücksichtigung eines Verstoßes nach den allgemeinen Regeln des Zivilrechts z.B. als deliktsrechtlicher Pflichtverstoß schwierig, da der Gesetzgeber eine Sanktion offensichtlich nicht gewollt hat und die Aufklärungspflicht deshalb nur als „Bemühungspflicht" ausgestaltet hat. Dahinter steckt die verbreitete Überzeugung, daß es zuallererst Aufgabe des jeweiligen Vertragspartners selbst sei, sich die nötigen Informationen über den Vertrag zu verschaffen, und daher eine pauschale Aufklärungspflicht unter Androhung von Sanktionen unangemessen sei.[447] Am Anfang der Beratungen der Kommission zur Erarbeitung des Verbrauchervertragsgesetzentwurfs wurde allerdings noch darüber diskutiert, eine solche verbindliche Aufklärungspflicht des Unternehmers in einem konkret bestimmten Umfang festzulegen und für den Fall des Verstoßes hiergegen dem Verbraucher ein Anfechtungsrecht einzuräumen. Dieser Plan ist später aber insbesondere auf Druck der Wirtschaftsverbände verworfen worden.[448] Den Gründen für die Ablehnung eines solchen Anfechtungsrechts gleichlaufend hat der Gesetzgeber in Art. 3 II VerbrVG zudem eine Pflicht des Verbrauchers bestimmt, sich zu bemühen, die vom Unternehmer bereit gestellten Informationen angemessen zu nutzen.

Die Regelung in Art. 3 VerbrVG stellt letztlich einen Kompromiß zwischen verschiedenen Ansichten über das angemessene Maß der Verantwortung von Unternehmern und Verbrauchern beim Vertragsabschluß dar. Die Norm enthält keine konkrete Rechtspflicht und keine Sanktion, sondern allenfalls eine Konkretisierung des allgemeinen Gebots von „Treu und Glauben" zwischen den Vertragspartnern. Einige Untergerichte behandeln Art. 3 I VerbrVG allerdings mittlerweile wie eine normale zivilrechtliche Aufklärungspflicht und sprechen dem Verbraucher bei einem Verstoß hiergegen einen deliktsrechtlichen Schadensersatzanspruch zu.[449]

---

[447] KEIZAI KIKAKU-CHŌ (2000a) 56-57; K. YAMAMOTO (2002) 824.
[448] Vgl. K. YAMAMOTO (2001) 248-249; K. YAMAMOTO (2002) 824; NIHON BENGOSHI RENGŌ-KAI (2001b) 46-47.
[449] Vgl. DG Ōtsu vom 3.10.2003, in: Shōhisha-hō Nyūsu Sokuhō Nr. 718, K. NAGANO (2004) 56.

## 2. Unzulässige Beeinflussung des Verbrauchers beim Vertragsabschluß

Durch die in Art. 4 VerbrVG bestimmten besonderen Anfechtungsrechte des Verbrauchers soll die Willensbildungs- und Entschließungsfreiheit des Verbrauchers besser geschützt werden. Sie ergänzen die nach dem Zivilgesetz bestehenden Anfechtungsrechte in den Fällen der Täuschung und Drohung (Art. 96 ZG) und erweitern so quasi deren Schutzbereich. Die Anfechtung der Willenserklärung bzw. des Vertrages nach dem VerbrVG wirkt wie eine Anfechtung nach dem Zivilgesetz, führt also zur Nichtigkeit *ex tunc* (Art. 11 I VerbrVG i.V.m. Art. 120 ff. ZG). Das Recht zur Anfechtung erlischt jedoch abweichend davon bereits nach sechs Monaten, gerechnet ab dem Zeitpunkt, in dem der Verbraucher das Rechtsgeschäft wirksam bestätigen könnte (Art. 7 I VerbrVG). Das bedeutet, die Anfechtungsfrist beginnt in Fällen des Hervorrufens eines Mißverständnisses von dem Moment an zu laufen, in dem der Verbraucher das Mißverständnis bemerkt, und in Fällen, in denen der Verbraucher unzulässig bedrängt worden ist, von dem Moment an, in dem diese Zwangslage nicht mehr besteht.[450] Unabhängig davon bestimmt das Gesetz in Art. 7 I VerbrVG auch eine absolute Ausschlußfrist von fünf Jahren.

Die jeweils betreffende unzulässige Handlung des Unternehmers muß im zeitlichen und inhaltlichen Zusammenhang mit dem konkreten Vertragsabschluß begangen worden sein und auf den Willensbildungs- und Willensentschließungsprozeß des Verbrauchers eingewirkt haben.[451] Das Hervorrufen eines Mißverständnisses kann daher nach einer Ansicht nicht ausschließlich mit irreführenden Angaben im Zusammenhang mit der allgemeinen öffentlichen Produktwerbung des Unternehmers begründet werden.[452] Nach anderer Ansicht dagegen können auch irreführende Produktangaben in der Werbung des Unternehmers ein zur Anfechtung berechtigendes Mißverständnis erzeugen, sofern diese Angaben noch im Zeitpunkt des Vertragsabschlusses einen maßgeblichen Einfluß auf den Entschluß des Verbrauchers zum Abschluß des Vertrages hatten.[453]

---

[450] K. YAMAMOTO (2001) 260.

[451] Um dies zum Ausdruck zu bringen, verwendete der Gesetzgeber die Formulierung „shōhisha keiyaku no teiketsu ni tsuite kan'yū wo suru ni saishi, ...", was übersetzt werden kann mit „wenn oder während (der Unternehmer) auf den Abschluß eines Verbrauchervertrages hinwirkt, ..." oder „wenn oder während (der Unternehmer) für den Abschluß eines Verbrauchervertrages wirbt, ...".

[452] KEIZAI KIKAKU-CHO (2000a) 67.

[453] Y. YAMAMOTO (2000) (2) 89; NIHON BENGOSHI RENGŌ-KAI (2001b) 55.

## B. Das Verbrauchervertragsgesetz

### a) Vertragsanfechtung wegen Hervorrufen eines Mißverständnisses[454]

Der Verbraucher ist wegen eines Mißverständnisses (*gonin*) in bezug auf den Vertrag nur dann zur Anfechtung berechtigt, wenn dieses durch bestimmte unzulässige Handlungen des Unternehmers bei ihm hervorgerufen wurde und es zudem ursächlich für die Abgabe seiner Willenserklärung zum Abschluß des Vertrags gewesen ist. Die Beweislast hierfür trägt grundsätzlich der Verbraucher. Bei den einzelnen Handlungen handelt es sich um bestimmte Formen von Aufklärungspflichtverletzungen. Zum einen geht es dabei um das Mitteilen falscher, unwahrer Tatsachen, zum zweiten um die Abgabe unbilliger und irreführender Prognosen über ungewisse zukünftige Geschehnisse, und zum dritten geht es um das Verschweigen von nachteiligen Tatsachen. Etwas irreführend ist es, in diesem Zusammenhang von besonderen „Irrtumsregelungen" für Verbraucherverträge zu sprechen.[455] Man kann allenfalls von einer Regelung einiger besonderer Fälle des durch den Vertragspartner oder ihm zurechenbar *veranlaßten Irrtums* reden.[456]

Nach Art. 4 I Nr. 1 VerbrVG ist der Verbraucher zur Anfechtung berechtigt, wenn ihm der Unternehmer etwas Unwahres über *wichtige Einzelheiten des Vertrages* mitgeteilt, also etwa falsche Angaben über die Qualität oder die Verwendungsmöglichkeit einer Ware gemacht hat (*fujitsu kokuchi*). Im Vergleich zu der Täuschung gemäß Art. 96 ZG wird keinerlei Verschulden verlangt. Der Verbraucher muß also lediglich den Umstand beweisen, daß der Unternehmer ihm falsche, unwahre Tatsachen mitgeteilt hat. Außerdem muß er darlegen, daß er sich auf diese Angaben verlassen, d.h. für wahr gehalten hat.[457]

Nach Art. 4 I Nr. 2 VerbrVG ist der Verbraucher zur Anfechtung berechtigt, wenn der Unternehmer ihm gegenüber eine Prognose abgegeben hat, in der eine bestimmte Gewinnerwartung oder eine zukünftige Entwicklung als sicher hingestellt wurde, obwohl dies keineswegs als sicher gelten konnte (*danteiteki handan*).[458] Auch diese Bestimmung setzt wieder keinerlei Verschulden des

---

[454] Im einzelnen vgl. K. YAMAMOTO (2001) 249-256; DERS. (2002) 822-823; NIHON BENGOSHI RENGŌ-KAI (2001b) 56-66; S. OCHIAI (2001b) 72-86; S. IKEMOTO (2000) 19-22; Y. ISHITOYA (2000) 23-26; KEIZAI KIKAKU-CHŌ (2000a) 65-90, mit zahlreichen Beispielsfällen.

[455] So aber A. OHNAKA (2002) 9, 14, 16.

[456] Zwar mögen in allen Rechtsordnungen der Irrtum und die Täuschung als miteinander verwandt angesehen werden, weshalb auch die Grenzen zwischen diesen beiden Rechtsinstituten mitunter wie im anglo-amerikanischen Recht fließend und unscharf sind (vgl. K. ZWEIGERT / H. KÖTZ (1996) 415-425), die japanische Zivilrechtslehre ist in der Begrifflichkeit aber traditionell kontinentalrechtlich geprägt und wurde maßgeblich von der deutschen Rechtsdogmatik beeinflußt.

[457] Das SumG Kawagoe wies die Klage eines Unternehmers (GmbH) gegen einen Verbraucher zurück, der einen Vertrag wirksam wegen einer falschen Information über die Art und Weise der Zahlung des vertraglichen Entgeltes angefochten hat (*fujitsu kokuchi*); Urteil vom 18.7.2001, in: Mitteilung des KOKUMIN SEIKATSU SENTĀ vom 6.6.2002, 8 sowie bei K. NAGANO (2004) 57, 66.

[458] Voraussetzungen anerkannt in der Entscheidung des DG Kōbe vom 24.10.2003, in: Shōhisha-hō Nyūsu Sokuhō Nr. 793, K. NAGANO (2004) 58, 66.

Unternehmers voraus. Diese besondere Regelung beruht unter anderem darauf, daß sich unzutreffende (subjektive) Prognosen nur schwer unter Art. 96 ZG fassen lassen, weil dafür eine „Täuschung über Tatsachen" erforderlich ist. Große Verbraucherprobleme sind aber gerade im Zusammenhang mit Finanzanlagegeschäften entstanden, bei denen den Anlegern eine übertriebene Rendite suggeriert wurde. In derartigen Fällen kann der Kunde nun seine Willenserklärung bzw. den Vertrag anfechten. Der Verbraucher muß aber glaubhaft darlegen, daß er die Prognose für wahr gehalten und diese seine Entscheidung zum Abschluß des Vertrages maßgeblich beeinflußt hat.

Nach Art. 4 II VerbrVG ist der Verbraucher zur Anfechtung berechtigt, wenn der Unternehmer ihm einseitig nur vorteilhafte Tatsachen über oder im Zusammenhang *mit wichtigen Einzelheiten des Vertrages* mitgeteilt und gleichzeitig wissentlich nachteilige Fakten unterschlagen hat *(fu-rieki jijitsu no fu-kokuchi)*. Hier besteht die pflichtwidrige Handlung in einem qualifizierten Unterlassen.[459] Es wird im Unterschied zu den vorgenannten Fällen *vorsätzliches Handeln*, d.h. vorsätzliches Verschweigen der nachteiligen Tatsachen vorausgesetzt.[460] Zudem muß der Verbraucher berechtigterweise davon ausgehen können, daß die Umstände nicht vorliegen, die der Unternehmer verschwiegen hat.[461] Dem Verbraucher steht das Anfechtungsrecht zudem nicht zu, wenn der Unternehmer den Verbraucher aufzuklären suchte, dies aber vom Verbraucher zurückgewiesen wurde.[462]

Im Rahmen der ersten und dritten Fallgruppe des Hervorrufens eines Mißverständnisses ist das Tatbestandsmerkmal der „wichtigen Einzelheiten des Vertrages" *(juyō jikō)* von großer Bedeutung. Nach Art. 4 IV VerbrVG sind dies Eigenschaften, Verwendungsmöglichkeiten oder sonstige Vereinbarungen über den Vertragsgegenstand (Nr. 1) sowie das Entgelt und andere Vertragsbedingungen (Nr. 2), soweit sie gewöhnlich einen Einfluß auf die Entscheidung des Verbrauchers haben, den Vertrag abzuschließen oder nicht.[463]

---

[459] Beispielsfall hierzu: SumG Kōbe vom 12.3.2002, vgl. K. NAGANO (2004) 66.

[460] Zur Bejahung des Vorsatzes bedarf es eines Verschweigens der Tatsachen trotz ihrer Kenntnis und des Wissens um ihre Nachteilhaftigkeit sowie darum, daß der Verbraucher sie nicht kennt; K. YAMAMOTO (2001) 252.

[461] Folgender Beispielsfall findet sich bei K. YAMAMOTO (2001) 251: In einem Computergeschäft wird der Kunde zum Kauf eines Computers damit geworben, daß das Produkt nur jetzt so billig für einen Preis von 200.000 ¥ zu haben sei, weil es sich dabei um eine Weihnachtsaktion des Geschäfts handele. Zwei Wochen später aber wird der gleiche Computer für nur noch 150.000 ¥ angeboten.

[462] An die Annahme eines Verzichts auf die Aufklärung sind aber strenge Anforderungen anzulegen. Der Unternehmer muß dem Verbraucher zumindest klar gemacht haben, daß es für den Verbraucher gefährlich sein kann, auf die Aufklärung zu verzichten oder daß die Möglichkeit eines Nachteils besteht; vgl. NIHON BENGOSHI RENGŌ-KAI (2001b) 63-64.

[463] Umstritten ist, ob ein Anfechtungsrecht des Verbrauchers auch dann besteht, wenn die mitgeteilten falschen Tatsachen nicht die so definierten wichtigen Einzelheiten des Vertrages betreffen; dagegen KEIZAI KIKAKU-CHŌ (2000a) 105; dafür S. IKEMOTO (2000) 20.

Die nach dem VerbrVG relevanten Aufklärungspflichtverletzungen sind im japanischen Recht auch aus einem anderen, bereits erwähnten Zusammenhang bekannt. In vielen Verwaltungsgesetzen finden sich Verbote, die praktisch gleichartige oder, wie im Fall von Art. 4 II VerbrVG, ähnliche Handlungen des Unternehmers bei jeweils einzelnen Vertragsarten untersagen. Dort sind aber für den Fall eines Verstoßes im Regelfall lediglich strafrechtliche und verwaltungsrechtliche Sanktion vorgesehen.[464] Eine Ausnahme hiervon stellen seit Einführung im Jahr 2004 die besonderen Anfechtungsrechte im HGG dar, die den Anfechtungsrechten in Art. 4 I Nr. 1 und II VerbrVG sehr ähnlich sind, also gleichartige Pflichtverletzungen sanktionieren, und diese ergänzen.

*b) Vertragsanfechtung wegen Bedrängen des Verbrauchers*[465]

Art. 4 III VerbrVG sieht zwei Fälle vor, in denen der Verbraucher den Vertrag bzw. seine auf den Abschluß gerichtete Willenserklärung anfechten darf, weil der Unternehmer den Verbraucher beim Vertragsabschluß durch bestimmte Handlungen unzulässig bedrängt *und ihn dadurch in Verlegenheit (konwaku) gebracht hat.* Die Verlegenheitslage muß ferner ursächlich für den Vertragsabschluß durch den Verbraucher gewesen sein. Die Umstände sind vom Verbraucher im einzelnen zu beweisen. In beiden Fällen geht es um Handlungen, die den Verbraucher in seiner persönlichen Fortbewegungsfreiheit einschränken. Eine rein psychische Beeinflussung reicht dafür *nicht* aus.[466] Ein Verschulden des Unternehmers bedarf es bei der Verwirklichung des Tatbestandes im Gegensatz zu der Anfechtung wegen Drohung nach dem Zivilgesetz (Art. 96 ZG) nicht.

Der erste Fall betrifft eine Situation, in der sich der Unternehmer trotz einer entsprechenden Aufforderung geweigert hat, die Wohnung oder den Arbeitsplatz des Verbrauchers zu verlassen (genannt „*fu-taikyo*"; Art. 4 III Nr. 1 VerbrVG).

Im zweiten Fall geht es um die Situation, daß der Unternehmer den Verbraucher daran gehindert hat, den Ort zu verlassen, an dem sodann der Vertragsabschluß stattfand („*kankin*", wörtlich „das Einsperren"), obwohl der Verbraucher einen entsprechenden Willen zum Ausdruck gebracht hatte (Art. 4 III Nr. 2 VerbrVG).[467]

---

[464] Im einzelnen noch unten Kapitel 4 I.
[465] Allgemein hierzu C. MURA (2000) 27-30; NIHON BENGOSHI RENGŌ-KAI (2001b) 66-71; K. YAMAMOTO (2001) 256-258; S. OCHIAI (2001) 86-91; KEIZAI KIKAKU-CHŌ (2000a) 90-100 mit zahlreichen Beispielsfällen.
[466] K. YAMAMOTO (2001) 258.
[467] Voraussetzungen bei Abschluß eines Darlehensvertrags anerkannt in der Entscheidung des SumG Tōkyō vom 14.5.2003, in: Shōhisha-hō Nyūsu Sokuhō Nr. 792, K. NAGANO (2004) 58, 66.

Für die Willensäußerung des Verbrauchers in beiden Fällen reicht es aus, daß ein entsprechender Wille nach gesellschaftlicher Anschauung erkennbar gewesen ist. Eine ausdrückliche verbale Äußerung wird nicht verlangt.[468]

### 3. Handlungssubjekte und Verhältnis zu Art. 96 ZG

Bei den Handlungen, die gemäß Art. 4 I bis III VerbrVG eine unzulässige Beeinflussung des Verbrauchers darstellen, *ist es unbeachtlich ob sie vom Unternehmer selbst* (bei juristischen Personen, von den Organen bzw. Gesellschaftern) *oder von einem seiner Angestellten begangen worden sind.*[469] Gemäß Art. 5 VerbrVG sind dem Unternehmer alle Handlungen Dritter zuzurechnen, die von ihm beauftragt worden sind, eventuelle Unterbeauftragte und auch Vertreter des Unternehmers. Hier besteht also eine unmittelbarere und strengere Zurechnung als bei den Anfechtungsrechten im Zivilgesetz. Es spielt daher letztlich keine Rolle, wer genau auf Seiten des Unternehmers durch seine Handlung verantwortlich ist. Es reicht auch aus, wenn Handlungen mehrerer Angestellter oder des Unternehmers selbst (bzw. seiner Organe) erst in der Gesamtschau eine unzulässige Beeinflussung darstellen. Auf Seiten des Verbrauchers kann auch ein Vertreter die Anfechtung erklären, wenn er durch eine entsprechende Handlung unzulässig beeinflusst worden ist.

Gemäß Art. 6 VerbrVG kann der Verbraucher ungeachtet der fünf Anfechtungsrechte des VerbrVG auch Gebrauch von seinem Anfechtungsrecht wegen Täuschung oder Drohung nach dem Zivilgesetz (Art. 96 ZG) machen. Allerdings sind zumindest die Tatbestandsvoraussetzungen der Irrtumserregung nach dem VerbrVG so umfassend, daß dafür tatsächlich kaum noch Bedarf bestehen wird. Die Anfechtung wegen Drohung allerdings wird weiterhin einen wichtigen Anwendungsbereich behalten, da die im VerbrVG geregelten Fälle des Bedrängens sehr enge Tatbestandsvoraussetzungen haben; insbesondere fallen Fälle der rein psychischen Einflußnahme nicht darunter. Von vielen wurde hier eine weiterreichende Regelung gewünscht, vor allem weil diesbezüglich auch Art. 96 ZG vom Anwendungsbereich zu eng ist und die Rechtsprechung bislang nur in Extremfällen der psychischen oder physischen Art den Vertrag gemäß Art. 90 ZG wegen Verstoßes gegen die guten Sitten für nichtig erklärt sowie eine Haftung aufgrund Deliktsrechts nicht einmal in Erwägung zieht.[470]

---

[468] NIHON BENGOSHI RENGŌ-KAI (2001b) 68, 69-70; C. MURA (2000) 28.
[469] K. YAMAMOTO (2001) 259.
[470] Siehe bereits oben unter A III und IV. Zum Verhältnis des Verbrauchervertragsgesetzes zur Täuschung und zur Drohung nach dem Zivilgesetz vgl. Y. YAMASHITA (2001).

## 4. Einfluß des US-amerikanischen Rechts

Bei den Vorschriften über die unzulässige Einflußnahme auf den Vertragspartner ist der Einfluß US-amerikanischen Rechts zu spüren. Insbesondere das dort gebräuchliche flexible Rechtsinstitut der *"(fraudulent) misrepresentation"* diente dem japanischen Gesetzgeber tatsächlich teilweise als Vorbild bei der Fassung der Fallgruppen des Hervorrufens eines Mißverständnisses. Dagegen wurde die Lehre von der *"undue influence"* bzw. von der *"duress"* – wenn überhaupt – allenfalls in einer sehr engen Fallgestaltung in den Regeln über das unzulässige Bedrängen des Vertragspartners verarbeitet.[471] Bei der Rechtstechnik griff der japanische Gesetzgeber aber zugleich auf das altbekannte Institut der zivilgesetzlichen Anfechtung zurück, das letztlich seinen Ursprung in kontinentaleuropäischen Rechtssystemen hat. Zudem hat man in der Formulierung der Tatbestandsvoraussetzungen auch auf die schon mehrfach erwähnten zahlreichen japanischen verwaltungsrechtlichen Bestimmungen (Verbotsnormen) als Vorlage zurückgegriffen.[472] Während die enge und klare Fassung der einzelnen Anfechtungsrechte, da sie zur Rechtssicherheit beiträgt, sehr zu begrüßen ist, bleibt andererseits fraglich, ob der Inhalt wirklich zum Schutze des Verbrauchers ausreichend ist. Teilweise wird in Japan schon jetzt bedauert, daß die Bestimmungen nicht das Schutzniveau erreichen, das nach amerikanischem Recht gewährt würde.[473]

## IV. Regeln über unfaire Vertragsbedingungen[474]

Vergleichbar mit den Regelungen der EG-Richtlinie über mißbräuchliche Klauseln in Verbraucherverträgen (EG-Klauselrichtlinie)[475] und den §§ 307 bis 310 BGB enthält das VerbrVG in den Artt. 8 bis 10 spezielle Vorschriften, die insbesondere eine richterliche Kontrolle unbilliger Klauseln in Verträgen ermöglichen. Sowohl die EG-Richtlinie als auch das deutsche AGB-Gesetz, in dem früher die Regelungen §§ 307-310 BGB enthalten waren, dienten als Vorbild bei der Ausarbeitung des VerbrVG.[476]

Die Vorschriften des VerbrVG bezwecken im Gegensatz zu den Vorschriften im BGB und übereinstimmend mit der EG-Richtlinie ausschließlich den Schutz von Verbrauchern, sind also *nur auf Verbraucherverträge anwendbar*. Den Vorschriften liegt zudem kein AGB-Ansatz zugrunde. Daher finden Artt. 8 bis 10 VerbrVG nicht nur Anwendung bei der Kontrolle von AGB-Standard-

---

[471] Vgl. hierzu H. AIZAWA (2001).
[472] Vgl. unten in Kapitel 4 I.
[473] S. IKEDA / Y. OKUDA (2002) 120.
[474] Im einzelnen ausführlich K. YAMAMOTO (2001) 262-270; NIHON BENGOSHI RENGŌ-KAI (2001b) 105-226; KEIZAI KIKAKU-CHŌ (2000a) 131-181.
[475] Richtlinie 93/13/EWG vom 5. April 1993, ABl. EG Nr. L 95/29.
[476] S. IKEDA / Y. OKUDA (2002) 119.

verträgen, sondern grundsätzlich auch bei allen anderen Verbraucherverträgen, wenngleich die Kontrolle von AGB in der Praxis sicher den wichtigsten Anwendungsfall darstellen wird.[477] Strittig ist allerdings – jedenfalls in der Rechtslehre – ob die Regelungen auch für einzelne Bestimmungen in Verbraucherverträgen gelten, die tatsächlich individuell zwischen den Vertragsparteien ausgehandelt worden sind, bei denen also der Verbraucher „Einfluß" auf ihren Inhalt hat nehmen können.[478] Der Gesetzgeber hat diesen Punkt nicht ausdrücklich geregelt, eine solche Einschränkung aber wohl nicht beabsichtigt. Im übrigen betreffen die Vorschriften, wie schon erwähnt, ausschließlich den Inhalt vertraglicher Nebenbedingungen, nicht dagegen die Frage des Äquivalenzverhältnisses zwischen vertraglicher Leistung und Gegenleistung.

Das VerbrVG enthält überdies keine Bestimmungen zum Problem, in welchen Fällen AGB wirksamer Bestandteil des Verbrauchervertrages werden. Dies beurteilt sich weiterhin nach den allgemeinen Regeln des Zivilgesetzes. Die Regelungen über die Einbeziehungskontrolle im deutschen AGB-Gesetz (jetzt §§ 305 II bis 306 BGB) sind also bei der Gesetzgebung nicht berücksichtigt worden.

*1. Nichtigkeit des Haftungsausschlusses nach Art. 8 VerbrVG*

Das VerbrVG enthält Regelungen zur vollständigen oder teilweisen Nichtigkeit von zwei verschiedenen Klauselarten. Art. 8 VerbrVG verbietet Klauseln, durch die sich der Unternehmer im vorhinein erstens von einer Haftung auf Schadensersatz wegen Nicht- bzw. Schlechterfüllung oder aufgrund Deliktsrechts und zweitens von Gewährleistungsansprüchen befreien, oder diese zumindest einschränken möchte. Art. 9 VerbrVG beschränkt die zulässige Höhe von vertraglichen Schadensersatzpauschalen und Vertragsstrafen zugunsten des Unternehmers in bestimmten Fällen der Leistungsstörung bzw. Vertragsverletzung. Im Gegensatz zu den Vorschriften zur Kontrolle von AGB in Deutschland hat der japanische Gesetzgeber nicht zwischen Klauselverboten mit Wertungsmöglichkeit (§ 308 BGB) und solchen ohne Wertungsmöglichkeit (§ 309 BGB) unterschieden. Ferner sind auch die Listen unzulässiger Klauseln nicht so umfangreich wie diejenigen in §§ 308, 309 BGB oder im Anhang zur EG-Klauselrichtlinie.

---

[477] Unpräzise ist daher die Formulierung, daß die Regelungen über die Inhaltskontrolle von Verbraucherverträgen im VerbrVG „sachlich Regelungen der Allgemeinen Geschäftsbedingungen" seien (so A. OHNAKA (2002) 9 in Fn. 4)).
[478] Einer Ansicht nach wird dies abgelehnt, wenn der Verbraucher ausreichend durch den Unternehmer aufgeklärt worden ist. Es wird jedoch dann eine wirkliche Verhandlung über die Klauseln vorausgesetzt. Vgl. hierzu K. YAMAMOTO (2001) 269; Y. SHIOMI (1999a) 140-143. Dagegen befürwortet die Gegenansicht die Anwendung auch auf solche Klauseln mit dem Argument, daß eine tatsächliche Verhandlung über einzelne Klauseln in der Realität kaum vorkommt (Y. YAMAMOTO (2000) (3) 63).

Nach Art. 8 I Nr. 1 VerbrVG sind Klauseln nichtig, durch die die gesetzliche Pflicht des Unternehmers zur Leistung von Schadensersatz wegen Vertragsverletzungen *vollständig* ausgeschlossen wird. Im Gesetz ist vom Schadensersatz wegen „Nichterfüllung die Rede" (*saimu furikō*), was auf einen Anspruch auf Schadensersatz nach Art. 415 ZG bezug nimmt. Dieser Schadensersatzanspruch betrifft grundsätzlich alle Arten von Leistungsstörungen bzw. vertraglichen Pflichtverletzungen (Schadensersatz wegen Unmöglichkeit, Schlechterfüllung, Nebenpflichtverletzungen sowie wegen Verzuges (i.V.m. Art. 412 ZG)). Erfaßt werden von Art. 8 I Nr. 1 auch Klauseln, die etwa nur Sachschäden vollständig ausschließen.[479] Gleiches gilt auch unten für Art. 8 I Nr. 3 VerbrVG.

Nach Art. 8 I Nr. 2 VerbrVG ist eine Vertragsbestimmung nichtig, die einen *teilweisen* Ausschluß bzw. eine Begrenzung der gesetzlichen Haftung wegen Vertragsverletzungen für Schäden bezweckt, die aufgrund einer grob fahrlässigen oder vorsätzlichen Pflichtverletzung des Unternehmers, seines Repräsentanten oder seines Erfüllungsgehilfen entstanden sind (im folgenden: Hilfspersonen). Die Vereinbarung einer Beschränkung der Haftung des Unternehmers wegen einer Vertragsverletzung aufgrund eines fahrlässigen Verhaltens durch eine entsprechenden Freizeichnungsklausel ist dagegen grundsätzlich zulässig, sofern diese nicht im Einzelfall doch gegen Treu und Glauben verstößt, was zur Nichtigkeit der Klausel nach Art. 10 VerbrVG führt.

Nach Art. 8 I Nr. 3 VerbrVG ist auch ein *vollständiger* vertraglicher Ausschluß der deliktsrechtlichen Haftung des Unternehmers für Schäden unzulässig, die auf einer Pflichtverletzung des Unternehmers oder seiner Hilfspersonen bei der Erfüllung der Vertragspflichten beruhen, und eine entsprechende Klausel nichtig. Die Vorschrift erfaßt allerdings nur den Ausschluß der deliktsrechtlichen Haftung nach dem Zivilgesetz (Artt. 709, 715, 717 bis 719, 44 I ZG), nicht dagegen derjenigen nach Sondergesetzen z.B. nach dem Produkthaftungsgesetz. Ein solcher Ausschluß dürfte aber meist nach Art. 10 VerbrVG nichtig sein.[480]

Nach Art. 8 I Nr. 4 VerbrVG ist eine Klausel nichtig, die einen *teilweisen* Ausschluß bzw. eine Begrenzung der deliktsrechtlichen Haftung des Unternehmers für Schäden bezweckt, die auf einer grob fahrlässigen oder vorsätzlichen Pflichtverletzung des Unternehmers oder seiner Hilfspersonen bei der Erfüllung der vertraglichen Pflichten beruhen. Eine Begrenzung der deliktsrechtlichen Haftung des Unternehmers für fahrlässige Pflichtverletzungen ist dagegen ebenso zulässig wie dies hinsichtlich der gesetzlichen Haftung für Vertragsverletzungen nach Art. 415 ZG der Fall ist (s.o.).

Nach Art. 8 I Nr. 5 VerbrVG ist eine Bestimmung nichtig, die Schadensersatzansprüche des Verbrauchers aufgrund des Gewährleistungsrechts gegen den Unternehmer *vollständig* ausschließt, es sei denn, es werden dem Verbraucher zugleich ein Anspruch auf Lieferung einer mangelfreien Sache oder auf Besei-

---

[479] KEIZAI KIKAKU-CHŌ (2000a), 159; K. YAMAMOTO (2001) 263.
[480] So Y. YAMAMOTO (2000) (3) 58.

tigung des Mangels oder ein gleichartiger Schadensersatzanspruch oder gleichartige Gewährleistungsansprüche gegen einen anderen Unternehmer (Art. 8 II VerbrVG)[481] eingeräumt.

## 2. Begrenzung der Zulässigkeit von Schadensersatzpauschalen und Vertragsstrafen nach Art. 9 VerbrVG

Art. 9 VerbrVG schränkt die Möglichkeit ein, in Verbraucherverträgen Schadensersatzpauschalen und Vertragsstrafen zu Gunsten des Unternehmers festzulegen. Nach Art. 9 Nr. 1 VerbrVG ist eine Vertragsbestimmung, die dem Unternehmer einen Anspruch auf Schadensersatz oder einen Anspruch auf Zahlung einer Vertragsstrafe in einer bestimmten Höhe für den Fall der Ausübung eines vertraglichen oder gesetzlichen *Rücktrittsrechts*[482] – gleich von welcher Seite – einräumt, insoweit nichtig, als der im Einzelfall vorgesehene Betrag den durchschnittlichen Schaden eines Unternehmers in derartigen Fällen übersteigt.[483]

---

[481] Ein solcher Anspruch muß aber durch einen entsprechenden Vertrag vor Abschluß oder gleichzeitig mit dem Verbrauchervertrag begründet worden sein. Dies ergibt sich bereits aus dem Gesetzestext. Über den Sinn dieser Regelung, KEIZAI KIKAKU-CHŌ (2000a) 152-155.

[482] Der Gesetzestext spricht nur ganz allgemein von „Rücktritt"; damit ist aber sowohl der gesetzliche als auch der vertragliche Rücktritt gemeint, vgl. Y. YAMAMOTO (2000) (3) 60; KEIZAI KIKAKU-CHŌ (2000a) 164. Die Vorschrift betrifft jedoch nicht die Zulässigkeit von Schadensersatzpauschalen und Vertragsstrafen im Zusammenhang mit der Ausübung von Widerrufs- oder Sonderkündigungsrechten. Dafür bestehen besondere Regelungen. Inwieweit die Regelung in Art. 9 VerbrVG auch für gewöhnliche Kündigungsrechte bei Dauerschuldverhältnissen gilt, ist nicht ganz klar, wird aber wohl zu bejahen sein. So angedeutet in der Entscheidung des DG Saitama vom 26.3.2003, in: Kin'yū Shōji Hanrei Nr. 1179, 58 ff. (Gaslieferungsvertrag).

[483] Einer der ersten Fälle, der von einem Gericht unter Anwendung des VerbrVG entschieden worden ist, betraf Art. 9 Nr. 1 VerbrVG. Das DG Ōsaka erklärte eine Bestimmung in einem Kaufvertrag über einen Gebrauchtwagen in vollem Umfang für nichtig, die einen pauschalierten Anspruch des Unternehmers für den Fall des Rücktritts vorsah. Dem Käufer war ein vertragliches Rücktrittsrecht eingeräumt worden. Bei Ausübung des Rücktrittsrechts sollte er aber 15 % des Kaufpreises an den Unternehmer als Schadensersatz zahlen müssen. Der Käufer trat zwei Tage nach Vertragsschluß wirksam vom Kaufvertrag zurück, worauf der Unternehmer Schadensersatz in der vorgesehenen Höhe forderte. Das Gericht befand, daß dem Unternehmer durch den Rücktritt kein finanzieller Schaden entstanden sei und auch bei der Sachlage einem Unternehmer gewöhnlich kein nennenswerter Schaden entsteht. (DG Ōsaka vom 19.7.2002, in: NBL Nr. 761, 77 ff.). In einem anderen Fall wurde eine Vertragsbestimmung nach Art. I Nr. 1 für vollständig nichtig erklärt, nach der ein Bewerber auf einen Studienplatz an einer Privatuniversität, der zwar die Aufnahmeprüfung bestanden, sich dann jedoch dafür entschieden hat, sich nicht an dieser Hochschule einzuschreiben, die bereits entrichtete Aufnahmegebühr nicht zurückfordern kann – da die Universität selbst den Beweis hierdurch üblicherweise entstehenden Schadens schuldig geblieben ist (DG Kyōto vom 16.7.2003, in: Hanrei Jihō Nr. 1825, 46, vgl. auch die Urteilsanmerkung von A. KUBOTA, in: Jurisuto Nr. 1255 (2003) 92 ff.). Ähnliche weitere Fälle wurden auch durch die DG Ōsaka und Tōkyō entschieden; siehe die Nachweise bei K. NAGANO (2004) 60 f., 66.

Nach Art. 9 Nr. 2 VerbrVG ist eine Vertragsbestimmung nichtig, die einen Anspruch des Unternehmers auf Schadenersatz oder eine Vertragsstrafe in einer bestimmten Höhe im Falle des *Zahlungsverzugs* vorsieht, soweit der dort vorgesehene Betrag den Betrag übersteigt, der sich bei einer Verzinsung der fälligen Summe (der Restschuld) mit einem Zinssatz von 14,6 % während des Zeitraums des Verzuges ergibt.[484]

Das Gesetz behandelt also ein für bestimmte Fälle vorgesehenes Vertragsstrafeversprechen und einen pauschalierten Anspruch auf Schadensersatz in Verbraucherverträgen gleich. Daher kann kann das schwirige Problem der funktionalen Abgrenzung zwischen den beiden Rechtsinstituten insoweit außer acht gelassen werden. Im Einzelfall ist zu beachten, daß speziellere Vorschriften über die maximal zulässige Höhe von Vertragsstrafen und Schadensersatzpauschalen in verschiedenen Gesetzen zum Schutze des Verbrauchers bei einzelnen Arten von Verträgen vorgesehen sind[485] und dann vorrangig Anwendung finden (Art. 11 II VerbrVG). Verstößt also eine Vertragsklausel gegen diese Sondervorschriften, ist sie bereits nach dortiger ausdrücklicher Anordnung oder in Verbindung mit Art. 90 ZG in dem jeweils bestimmten Umfange nichtig.

Schließlich ist zu beachten, daß eine Vertragsklausel im Einzelfall gültig sein kann, obwohl sie gegen eine der Bestimmungen in Art. 8 oder 9 VerbrVG verstößt, wenn sie bei einer Gesamtschau aller Umstände den Verbraucher trotzdem nicht nach Treu und Glauben unangemessen benachteiligt.[486]

## 3. Nichtigkeit von Vertragsklauseln nach Art. 10 VerbrVG

In Ergänzung zu dem Katalog von nichtigen Klauseln in Art. 8 und 9 VerbrVG wurde in Art. 10 VerbrVG eine Generalklausel zur Beurteilung von Bestimmungen in Verbraucherverträgen eingestellt. Danach sind alle Klauseln nichtig, die den Verbraucher im Vergleich zur Rechtslage nach den dispositiven Vorschriften des Zivil- oder Handelsgesetzes entgegen dem Gebot von Treu und Glauben unbillig benachteiligen.[487] Die Bestimmungen Artt. 8 und 9 VerbrVG stellen nur Konkretisierungen dieser Generalklausel für einzelne Fälle dar. Streitig ist, ob Voraussetzung der Anwendung von Art. 10 VerbrVG ist, daß

---

[484] Das SumG Sapporo reduzierte die vertraglich bestimmte Schadensersatzpauschale für den im Falle des Verzugs einer Geldzahlung aus einem Vergleich von 26,28 % auf das zulässige Maß von 14,6 % (Versäumnisurteil vom 29.11.2001, in: Mitteilung des KOKUMIN SEIKATSU SENTĀ vom 6.6.2002, 8). Auch in Japan gilt im übrigen der Grundsatz: „Geld hat man zu haben!". Die Geldzahlung wird also nicht unmöglich. Tritt der Unternehmer schließlich wegen Nichterfüllung vom Vertrag zurück und ist für diesen Fall ein pauschalierter Schadensersatzanspruch vorgesehen, so kommt nicht Art. 9 Nr. 2, sondern Art. 9 Nr. 1 VerbrVG zur Anwendung.
[485] Vgl. oben unter A III 3 a.
[486] K. YAMAMOTO (2001) 269.
[487] Beispielsfälle hierfür finden sich in KEIZAI KIKAKU-CHŌ (2000a) 178–181; K. YAMAMOTO (2000) 27.

eine spezielle dispositive Gesetzesnorm überhaupt existiert, oder ob die Formulierung die Rechtslage im allgemeinen als Vergleichsmaßstab meint, von der bei Nichtexistenz der Vertragsklausel ausgegangen werden müsste.[488] Dies ist insbesondere von Bedeutung in den Fällen, in denen die Rechtslage nicht durch Gesetz, sondern durch die bisherige Rechtsprechung bestimmt wird.

### 4. Wichtige Problempunkte der Regelungen zur Inhaltskontrolle

Hinsichtlich der Anwendung der Bestimmungen Artt. 8 bis 10 VerbrVG bestehen drei Hauptprobleme. Erstens stellt sich die Frage, ob eine Klausel, die gegen eine dieser Bestimmungen verstößt, in vollem Umfang nichtig ist, und falls ja, welche Regelung an Stelle der nichtigen Klausel tritt. Zweitens ist problematisch, wie mit unklar formulierten Vertragsklauseln umzugehen ist, und drittens, wie das Verhältnis zur AGB-Kontrolle und Inhaltskontrolle nach dem Zivilgesetz ausgestaltet ist.

Was das erstgenannte Problem anbelangt, so ist nur im Falle von Art. 9 VerbrVG die Formulierung des Gesetzes eindeutig: Aus der dortigen Formulierung wird klar, daß die betreffende Klausel über eine Schadensersatzpauschale oder eine Vertragsstrafe grundsätzlich nur teilnichtig ist, und zwar im dort jeweils bestimmten Umfang. Die Folge des Verstoßes einer Vertragsklausel gegen Art. 8 oder 10 VerbrVG ist demgegenüber unklar. Es ist vor allem fraglich, ob in diesem Fall die geltungserhaltende Reduktion zulässig ist oder ob die Klausel in vollem Umfang nichtig ist und an ihre Stelle – soweit vorhanden – dispositives Gesetzesrecht tritt. Für die Zulässigkeit der geltungserhaltenden Reduktion würde sprechen, daß japanische Gesetze an vielen Stellen regelmäßig nur die Teilnichtigkeit vorsehen. Grundsätzlich scheint die herrschende Meinung daher die geltungserhaltende Reduktion auch bei Artt. 8 und 10 VerbrVG zu befürworten, soweit dies jedenfalls der Billigkeit entspricht.[489] Ferner ist die Gesamtnichtigkeit des Vertrages jedenfalls grundsätzlich nicht Rechtsfolge eines Verstoßes.

Sowohl die EG-Richtlinie (Art. 5) als auch das deutsche Recht (§ 305 II BGB) erkennen die Unklarheitenregel an, daß also Zweifel bei der Auslegung zu Lasten des Unternehmers bzw. AGB-Verwenders gehen. Dagegen enthält das VerbrVG keine vergleichbare Regelung. Nach Art. 3 VerbrVG trifft den Unternehmer zwar eine Bemühungspflicht zur verständlichen und klaren Formulierung der Vertragsbedingungen, dabei handelt es sich aber nicht um eine gesetzliche Ausprägung dieses Rechtsgrundsatzes.[490] Die Unklarheitenregel hat

---

[488] Vgl. T. MATSUMOTO (2000) 7. Dafür, daß auch ungeschriebenes dispositives Recht als Vergleichsgegenstand in Frage kommt: K. YAMAMOTO (2002) 826; dagegen: KEIZAI KIKAKU-CHŌ (2000a) 175.
[489] NIHON BENGOSHI RENGŌ-KAI (2001b) 127-129; Y. YAMAMOTO (2000) (3) 63-64.
[490] K. YAMAMOTO (2002) 824.

sich in der japanischen Rechsprechung bisher noch nicht vollständig durchgesetzt,[491] sie wird aber in der Literatur erörtert und dort vielfach befürwortet.[492]

Das Verhältnis der Vorschriften des VerbrVG zu denen des Zivilgesetzes hinsichtlich der AGB-Kontrolle und zur allgemeinen Inhaltskontrolle von Verträgen ist theoretisch einfach zu bestimmen. Alle im VerbrVG nicht ausdrücklich geregelten Punkte richten sich nach den Vorschriften des Zivilgesetzes (Art. 11 I VerbrVG). In Anbetracht der Tatsache, daß den Artt. 8 bis 10 VerbrVG kein AGB-Ansatz zugrunde liegt und auch nicht anzunehmen ist, daß die Anwendung der Generalklauseln im ZG ausgeschlossen werden sollte, ist eine direkte Inhalts- und AGB-Kontrolle bei Verbraucherverträgen weiterhin auch nach den Bestimmungen des ZG möglich, bedeutet allerdings für den Verbraucher keinen weitergehenden Schutz. Andererseits ist umgekehrt nicht damit zu rechnen, daß die japanischen Gerichte künftig von der Möglichkeit der direkten Kontrolle von Klauseln in Verbraucherverträgen unter Anwendung insbesondere der Generalklausel in Art. 10 VerbrVG in großem Umfang Gebrauch machen werden. Dies hätten sie bereits vorher durch Anwendung der Generalklauseln des Zivilgesetzes tun können. Die japanischen Gerichte verhielten sich diesbezüglich aber bisher sehr zurückhaltend.[493] Ferner ist Art. 10 VerbrVG nicht anwendbar bei der Kontrolle des Äquivalenzverhältnisses der Hauptleistungen eines Verbrauchervertrages. Diese ist weiterhin nur nach Art. 90 ZG bzw. nach speziellen Vorschriften gegen den Wucher wie z.B. Art. 1 ZBG möglich.

## V. Zusammenfassende Bewertung des Gesetzes

Das Verbrauchervertragsgesetz sieht einige besondere Instrumente zum Schutz vor unerwünschten Verbraucherverträgen vor, entweder weil diese inhaltlich unfair und einseitig nachteilig sind (unbillige Vertragsklauseln) oder weil der Verbraucher in unbilliger Weise beim Abschluß des Vertrages durch den Unternehmer beeinflußt worden ist.

Von besonderer Bedeutung ist, daß hierdurch auch eine wirksamere Kontrolle von AGB ermöglicht wird, die von den Gerichten bisher nur allzu zögerlich betrieben wurde. Allerdings fehlt es auch weiterhin an Regeln über die Einbeziehung von AGB in einen Verbrauchervertrag.

Die Rechte zur Lösung von einem Verbrauchervertrag in Fällen, in denen die Willensbildungs- und Willensentschließungsfreiheit des Verbrauchers durch unzureichende Aufklärung, Falschinformation oder durch eine andersartige unbillige Einflußnahme im Stadium der Vertragsanbahnung beeinträchtigt wurde, sind wichtige Instrumente zur Ergänzung der zivilrechtlichen Regeln über

---

[491] Y. YAMAMOTO (1986) 81-82; S. KAWAKAMI (1988) 273-278.
[492] KEIZAI KIKAKU-CHŌ (1994) 47.
[493] Siehe unten G.

Willensmängel beim Irrtum und fehlerhafte Willenserklärungen, hervorgerufen durch Täuschung und Drohung des Vertragspartners. Allerdings wird gerade an der Ausgestaltung dieser Vorschriften deutlich, daß der Gesetzgeber Kompromisse eingehen mußte und der Bereich, innerhalb dessen von einer „unbilligen Beeinflussung" des Verbrauchers auszugehen ist, unbestimmt und umstritten ist, gerade vor dem Hintergrund auch des Grundsatzes der Privatautonomie und der Eigenverantwortung der Individuen im Rechtsverkehr. Die Anwendung des Verbrauchervertragsgesetzes wird zum Schutz vor unerwünschten Verbraucherverträgen künftig keinesfalls die bisherige Deliktsrechtsprechung ersetzen können. Die Regeln sind dafür zu eng gefaßt und auch in den Rechtsfolgen nicht flexibel genug.

Da bisher erst wenige Gerichtsentscheidungen zum VerbrVG veröffentlicht worden sind, ist dessen künftige Bedeutung für die Rechtspraxis noch nicht voll absehbar. Die Entscheidungen der summarischen Gerichte (*Kan'i Saibansho*) werden nur selten in einschlägigen Zeitschriften und Entscheidungssammlungen abgedruckt, anders als Entscheidungen der Distriktgerichte. Um dort aber in erster Instanz Klage zu erheben, fehlt es in verbraucherrechtlichen Angelegenheiten häufig am ausreichenden Streitwert. Entscheidungen in Berufungsverfahren lassen zudem derzeit noch auf sich warten. Einige wichtige Verfahren sind allerdings derzeit bereits bei Distriktgerichten anhängig; insbesondere Klagen von Privatanlegern gegen Finanzdienstleistungsunternehmer, die Warenterminkontrakte vermittelten.[494] Dies ist von Bedeutung, weil es gerade in diesem Zusammenhang in den 1980er und 1990er Jahren zu einer Flut von Prozessen gekommen ist, die meist deliktsrechtliche Ansprüche zum Gegenstand hatten, und weil Warentermingeschäfte nicht in den Anwendungsbereich des FpHG aufgenommen worden sind. Durch eine Reform des WarenbörsenG im Jahre 2004 und die Einführung des Art. 218 WarenbörsenG (Schadensersatzanspruch) allerdings wurde die Bedeutung des VerbrVG speziell bei diesen Rechtsgeschäften wieder gemindert. Anderes gilt allerdings für Verbrauchergeschäfte im allgemeinen: An den Zahlen der Beschwerden, die bei den Verbraucherschutzbehörden eingehen, ist abzulesen, daß das Verbrauchervertragsgesetz künftig eine bedeutende Rolle spielen wird. Im Zeitraum zwischen April 2001 und März 2002 sind insgesamt 1162 Fälle erfaßt worden, davon betrafen 971

---

[494] Zum Zeitpunkt der Manuskripterstellung: DG Tōkyō, Klage anhängig seit dem 9.10.2001 (Mais-Termingeschäfte), Gegenstand u.a. die Anfechtung des Vertrages wegen eines Mißverständnisses aufgrund einer als sicher hingestellten Prognose über die Preisentwicklung durch den Unternehmer (*danteiteki handan no teikyō*); DG Ōsaka, Klage anhängig seit dem 11.10.2001 (Kaffee-Termingeschäfte), Gegenstand u.a. die Anfechtung des Verbrauchers wegen eines Mißverständnisses aufgrund fehlerhafter Aufklärung, der Abgabe einer als sicher hingestellten Prognose über die Preisentwicklung und der Nichtaufklärung des Verbrauchers über wesentliche Umstände durch den Unternehmer; DG Kyōto, Klage anhängig seit dem 22.3.2002 (Kraftstoff-Termingeschäfte), Gegenstand u.a. die Anfechtung des Verbrauchers wegen eines Mißverständnisses durch Angaben des Unternehmers. Angaben in: Mitteilungen des KOKUMIN SEIKATSU SENTĀ (2002) 8.

Fälle (83,6 %) eine mögliche Anfechtung nach Art. 4 VerbrVG und 160 Fälle (13,8 %) eine mögliche Nichtigkeit von Vertragsklauseln nach Art. 8, 9 oder 10 VerbrVG.[495]

Trotz verschiedener kritischer Stimmen in der Literatur, die die Regelungen des Verbrauchervertragsgesetzes als nicht ausreichend zum Schutz von Verbrauchern kritisieren, enthält es doch einige interessante Ansätze gerade zum Schutz vor unzulässiger Beeinflussung des Verbrauchers. Hier ist besonders interessant die Lösung für Fälle bestimmter Typen von Aufklärungspflichtverletzungen beim Vertragsabschluß, bei denen dem Verbraucher in Anlehnung an die Bestimmungen des Zivilgesetzes über die Täuschung und den Irrtum ein Anfechtungsrecht eingeräumt wird. Dies entspricht besser dem Gesamtsystem des Zivilrechtes zur Lösung von Problemen im Zusammenhang mit fehlerhaften Willenserklärungen oder Willensmängeln, als dem Verbraucher in solchen Fällen notgedrungen einen Anspruch auf Schadensersatz aufgrund Deliktsrechts einzuräumen. Dies erklärt auch die Einführung weiterer spezieller Anfechtungsrechte durch Reform des HGG im Jahre 2004, die im übrigen ganz ähnliche Formen der unzulässigen Beeinflussung des Verbrauchers im Stadium der Vertragsanbahnung sanktionieren wie die Anfechtungsrechte im VerbrVG. Interessant ist auch, daß praktisch gleichartige Formen der Beeinflussung bereits seit längerer Zeit auch bei zahlreichen speziellen Geschäftstypen durch öffentlich-rechtliche Sonderregelungen, meist unter Verwendung einer gleichartigen Terminologie sanktioniert werden. Hier wäre eine bessere Verzahnung zwischen öffentlich-rechtlichen, bereits bestehenden Verbotsnormen, den Verbotsnormen und Anfechtungsrechten im HGG und den Anfechtungsrechten im VerbrVG wünschenswert gewesen. Denn nun bestehen für zahllose Geschäfts- bzw. Vertragstypen Sonderregelungen neben dem VerbrVG, die das ganze System unübersichtlich machen. Durch bessere Verknüpfung der Sonderregelungen mit dem VerbrVG könnte man zudem den Gesetzes- und Normendschungel im japanischen Verbraucherrecht erheblich lichten.

Diese Lösung ist im übrigen auch systemkonformer als die Behandlung des gleichen Problems im deutschen Recht durch die ausgedehnte Anwendung der *culpa in contrahendo* bei Aufklärungspflichtverletzungen unter Umgehung des § 123 BGB.[496] Es ist auch nicht überzeugend, wenn der deutsche Gesetzgeber immer wieder – wie in der Vergangenheit geschehen –, eine Erweiterung des Anfechtungsrechts oder die Einführung eines sonstigen besonderen Löserechts für „den Fall rechtswidriger Verhandlungspraktiken" ablehnt, weil dies „in der Regel wegen der dem Kunden auferlegten, kaum erfüllbaren Beweislast nahezu wertlos" sei.[497]

---

[495] KOKUMIN SEIKATSU SENTĀ (2002a) 90.
[496] Dazu insbesondere S. LORENZ (1997) 387-444.
[497] So die immer wieder verwendete Formulierung des deutschen Gesetzgebers während der langjährigen Diskussion um die Schaffung des Haustürwiderrufsgesetzes; vgl. BT-Drucks. 10/2876, 7; BT-Drucks. 8/130, 8; BT-Drucks. 7/4078, 8.

Dagegen erscheinen die Regelungen zur Kontrolle des Vertragsinhaltes im Verbrauchervertragsgesetz nicht nur längst überfällig, sondern auch nur halbherzig gefaßt. Die Listen von unzulässigen Klauseln in Art. 8 und Art. 9 VerbrVG sind unzureichend. Ferner wird das Problem von AGB im heutigen Rechtsverkehr auch über Verbraucherverträge hinaus vom japanischen Gesetzgeber offensichtlich nicht zur Kenntnis genommen. Dies gilt um so mehr vor dem Hintergrund, daß sowohl die Einbeziehungskontrolle als auch die Inhaltskontrolle von AGB durch japanische Gerichte mangelhaft und daher unbefriedigend ist.

Schließlich ist abschließend noch einmal auf den bereits oben kritisierten extrem weiten personellen Anwendungsbereich des Gesetzes zurückzukommen. Die mißglückten Definitionen des Verbrauchers und des Unternehmers führen zur Anwendung der oben beschriebenen Regelungen auch auf Verträge, bei denen zwischen den Vertragspartnern kein typisches Kräfteungleichgewicht besteht. Zwar könnte man einigen dieser Regelungen auch als allgemeine zivilrechtliche Regeln ihre Berechtigung zusprechen, dann müßte man diese aber auch ins ZG einfügen.

## C. Regulierte Verträge

Als regulierte Verträge werden gemeinhin jene Vertragstypen bezeichnet, die weitestgehend durch privatrechtlich zwingende Normen ausgestaltet sind, bei denen also die Vertragsinhaltsfreiheit durch gesetzliche Regelungen erheblich eingeschränkt wird.[498] Derartige zwingende Normen bestehen entweder zum Schutz von Interessen der Allgemeinheit oder, wie in den meisten Fällen, zum Schutz der vermeintlich schwächeren Vertragspartei. Im letzteren Fall handelt es sich gewöhnlich um einseitig bzw. halbzwingende Normen. Solche Schutznormen bezwecken häufig den Verbraucherschutz, können aber auch andere Schutzmotive haben, wie beispielsweise den Arbeitnehmerschutz.

In diesem Sinne regulierte Verträge zum Schutze des Verbrauchers sind im japanischen Recht auch bei Anlegen eines weiten Verbraucherbegriffs selten. Im japanischen Zivilgesetz ist kein einziger Vertragstypus mit derart vielen privatrechtlich zwingenden Normen ausgestaltet, daß man von einem regulierten Vertrag sprechen könnte; es finden sich dort in den Abschnitten über das Vertragsrecht allenfalls vereinzelt zwingende Bestimmungen. Diese dienen zudem höchstens mittelbar in einigen Fällen auch dem Verbraucherschutz, denn ausdrücklich findet dieser Schutzzweck dort nirgends Erwähnung. Zwingende Normen zum Schutze des Verbrauchers finden sich daher nur in Sondergesetzen. Wegen des Bestehens umfangreicher sondergesetzlicher Regelungen kann man im japanischen Recht allerdings nur bei den Immobilienmietverträgen und teilweise auch bei den Darlehensverträgen von – in diesem Sinne – regulierten Verträgen sprechen. Diese dienen dem Schutz des Mieters bzw. Darlehensnehmers, also im weiteren Sinne dem Verbraucherschutz.

In einem etwas anderen Sinne kann man aber von regulierten Verträgen auch im Zusammenhang mit *verwaltungsrechtlich regulierten Verträgen* sprechen. In Japan bestehen, wie mehrfach bereits erwähnt, viele verwaltungsrechtliche Gesetze zur Regulierung eines bestimmten Gewerbes und bestimmter Geschäfte gerade zum Zwecke des Verbraucher- und Privatanlegerschutzes, die unter anderem öffentlich-rechtliche Bestimmungen zur Regelung und Kontrolle des Vertragsabschlusses und hinsichtlich der Geschäftsdurchführung bzw. Vertragserfüllung enthalten. Bei einem Verstoß gegen diese gewerberechtlichen Pflichten sehen die Gesetze verwaltungsrechtliche und strafrechtliche Sanktionen vor. In diesen Gesetzen finden sich zudem vereinzelt privatrechtlich zwingende bzw. halbzwingende Normen. Die wichtigsten vereinzelt verstreuten privatrechtlich zwingenden Normen in privatrechtlichen und wirtschaftsverwaltungsrechtlichen Gesetzen zum Schutze des Verbrauchers sind oben bereits angesprochen worden.[499] Als ein besonders gutes Beispiel für die verwaltungsrechtliche Regulierung von Verbrauchergeschäften bzw. -verträgen können die Regelungen des Handelsgeschäftegesetzes (HGG) angesehen werden. Dieses

---

[498] Vgl. etwa H. KÖTZ (1996) 192, 193 ff.
[499] Unter A III 3 a.

Gesetz regelt sechs verschiedene Geschäftsarten und die damit zusammenhängenden Verträge. Neben dem Handelsgeschäftegesetz existieren aber noch zahlreiche andere gewerberechtliche Gesetze, die auch viele ähnliche Regelungen über den Abschluß, den Inhalt und das Erfüllungsstadium bestimmter Verbraucherverträge enthalten.[500].

Im nachfolgenden werden als Beispiele die Regelung von Immobilienmietverträgen, von Darlehens- bzw. Kreditverträgen und Verträgen über finanzierte Geschäfte sowie die Regelungen durch das Handelsgeschäftegesetz erläutert. Dabei stellen die Immobilienmietverträge regulierte Verträge im herkömmlichen Sinne dar, Darlehens- bzw. Kreditverträge und die mit diesen häufig zusammenhängenden Verträge über finanzierte Geschäfte sind als gemischt privatrechtlich-verwaltungsrechtlich regulierte Verträge einzuordnen und die Verträge, die durch das Handelsgeschäftegesetz geregelt werden, sind als typische verwaltungsrechtlich regulierte Verträge anzusehen, auch wenn sich der Charakter des HGG durch eine Gesetzesreform im Jahre 2004 und die damit zusammenhängende Einführung von zivilrechtlichen Anfechtungsrechten etwas geändert hat. Ausnahmsweise werden hier – in Abweichung vom Gesamtkonzept der Arbeit – wegen des engen Sachzusammenhangs und zur Verdeutlichung der Bezüge privatrechtliche und öffentlich-rechtliche Instrumente zusammenhängend dargestellt.

## I. Der Schutz des Wohnungsmieters

Im japanischen Recht bestehen vielfältige spezialgesetzliche Regelungen zum Schutz des Wohnungsmieters. Die wichtigsten davon sind im Immobilienmietgesetz[501] (ImmobMG, *Shakuchi shakuya-hō*) enthalten, das am 1. August 1992 in Kraft getreten ist und eine umfassende Reform des Mietrechts mit sich gebracht hat.[502] Zeitgleich wurden das Grundstücksmietgesetz[503] (*Shakuchi-hō*) und das Gebäudemietgesetz[504] (*Shakuya-hō*) aus dem Jahre 1921 sowie das Ge-

---

[500] Zu den wichtigsten darin enthaltenen Normentypen s.u. Kapitel 4 A I und IV. Zu diesen Gesetzen gehören vor allem das Immobiliengewerbegesetz (ImmobGG), das Immobilienspargewerbegesetz (ImmobSGG), das Reisegewerbegesetz (RGG), das Golfclubgesetz (GolfclubG), das AWarenterminGG, das Warenbörsengesetz (WarenbörsenG), das Wertpapierbörsen- und Wertpapierhandelsgesetz (BWpHG), das Finanztermingeschäftegesetz (FinanzterminGG), das Wertpapieranlageberatungsgesetz (WpAG), das Immobilienfondsgesetz (ImmobilienfondsG), das Anlagefondsgesetz (FondsG), das Forderungshandelsgesetz (ForderungsHG), das Verwahrungsgeschäftegesetz (VerwahrungsGG) und das Versicherungsgewerbegesetz (VGG).
[501] Gesetz Nr. 90/1991 i.d.F. des Gesetzes Nr. 153/1999.
[502] Zur Reform und zu den neuen Regelungen siehe J. HALEY (1992); I. SATŌ (1998) 255 ff. Siehe insgesamt zum Mieterschutz auch T. TADA (1999), A. ISHIKAWA (1996) sowie H.P. MARUTSCHKE (1999) 140-142.
[503] Gesetz Nr. 49/1921.
[504] Gesetz Nr. 50/1921.

bäudeschutzgesetz[505] aus dem Jahre 1909 außer Kraft gesetzt, die bis dahin im wesentlichen die Aufgabe des Mieterschutzes erfüllten. Das Zivilgesetz dagegen sieht nur Regeln über den Mietvertrag ganz allgemein vor, nicht speziell über den Immobilien- und Wohnungsmietvertrag. Die dort enthaltenen Regelungen werden schon seit langem als nicht ausreichend zum Schutz des Wohnungsmieters angesehen, so daß die genannten Sonderregeln geschaffen wurden, die die zivilgesetzlichen Regelungen weitgehend verdrängen. Neben dem Wohnungsmieter wird durch das Immobilienmietgesetz aber auch der Mieter von Geschäftsräumen oder geschäftlich genutzten Grundstücken geschützt, der in Japan häufig in vergleichbarer Weise als schutzwürdig angesehen wird. Dieser Aspekt soll im folgenden allerdings nicht weiter berücksichtigt werden; wichtig ist nur festzuhalten, daß die grundsätzlichen Regelungen im Immobilienmietgesetz auch auf diesen Fall Anwendung finden. Der Hauptanwendungsbereich des Gesetzes liegt jedenfalls in der Miete von „Wohnungen" im weiteren Sinne, worauf das Gesetz auch in erster Linie zugeschnitten ist. Im Gegensatz zum Zivilgesetz sind die Regelungen im Immobilienmietgesetz größtenteils zwingender oder einseitig zwingender Rechtsnatur zum Schutze des Mieters. Weitere besondere Regelungen, die in Fällen von Erdbeben oder anderen Katastrophen zeitweilig zur Anwendung gelangen können – so zuletzt nach dem Erdbeben in der Region in und um Kōbe, dem sogenannten *Hanshin*-Erdbeben im Jahre 1995[506] –, finden sich im Gesetz über die Bewältigung von Problemen im Zusammenhang mit gemieteten Immobilien in den zerstörten Städten.[507] Dieses Gesetz wurde ursprünglich zur Bewältigung der Rechtsprobleme geschaffen, die sich durch die Zerstörung von Wohnhäusern und anderen Gebäuden in den japanischen Städten durch den Zweiten Weltkrieg oder in dessen Folge ereigneten. Sein Anwendungsbereich wurde später auch auf großflächige Zerstörungen durch Naturkatastrophen erweitert.

Das Immobilienmietgesetz unterscheidet zwischen zwei Fallgruppen, erstens der Miete von Grundstücken zum Zwecke der Errichtung von Gebäuden, die im Eigentum des Mieters stehen, und zweitens der Miete von Gebäuden oder Gebäudeteilen. Im japanischen *Wohnungsmietrecht* ist dementsprechend ebenfalls zwischen diesen zwei Konstellationen zu unterscheiden. Einerseits geht es um die *Miete von Grundstücken zum Zwecke der Errichtung von Wohnhäusern*, die im Eigentum des Mieters stehen, und andererseits um die *Miete von Wohnhäusern oder Teilen derselben*, also Wohnungen im engeren Sinne.

Besonders die erste Konstellation ist aus japanischer Sicht von großer Bedeutung. Dies hat folgenden Hintergrund. Mehr als die Hälfte aller Wohnungen

---

[505] *Tatemono hogo ni kansuru hōritsu*, Gesetz Nr. 40/1909. Zu diesem Gesetz siehe R. BAHR (1980) sowie CHŪSHAKU MINPŌ 15/Ikuyo (1996) 343 ff.
[506] Mietrechtssondergesetz; in Vollzug gesetzt durch Regierungsverordnung (*seirei*) Nr. 16/1995. Vgl. zur Situation nach dem Hanshin-Erdbeben J. MASUDA (1996).
[507] *Risai toshi shakuchi shakuya rinji shori-hō*, Gesetz Nr. 13/1946 i.d.F. des Gesetzes Nr. 90/1991. Deutsche Übersetzung sowie Erläuterungen zum Gesetz von J. KIMMESKAMP in: Zeitschrift für Japanisches Recht Nr. 2 (1996) 79-84.

wird in Japan von den Eigentümern bewohnt.[508] Darunter ist der Anteil an Einfamilienhäusern nach wie vor groß, auch wenn die Zahl der Eigentumswohnungen seit einiger Zeit vor allem in den Städten stetig zunimmt. Aufgrund mangelnder Baugrundstücke in den Ballungszentren sind die Grundstückspreise jedoch außerordentlich hoch, so daß sich als Alternative zum Kauf eines Grundstücks die langfristige Miete oder die Vereinbarung der Bestellung eines dinglichen Nutzungsrechts (z.B. eines Erbbaurechts) anbietet. Da Gebäude nach japanischem Recht nicht als wesentliche Bestandteile eines Grundstücks angesehen werden, ist es möglich als Mieter oder sonst Nutzungsberechtigter auf einem fremden Grundstück ein eigenes Wohnhaus zu errichten.[509] Zwar kommen auch Erbbaurechte in der Praxis nicht selten vor, jedoch ist die häufigste Form die Miete eines Grundstücks zum Zwecke der Errichtung eines Hauses (im folgenden vereinfacht als „Miete von Baugrundstücken" bezeichnet). Daher stehen die hiermit zusammenhängenden Rechtsprobleme im japanischen Mietrecht besonders im Mittelpunkt. Wegen der besonders großen Schutzbedürftigkeit des Mieters hat sich das Mietrecht an Baugrundstücken (sog. *shakuchi-ken*) durch besondere gesetzliche Regelungen und die Rechtsprechung nach und nach zu einem quasi dinglichen Recht verfestigt, das nicht nur gegenüber dem Vermieter, sondern auch weithin gegenüber Dritten wirkt.[510]

Auch die Position des Mieters von Wohnhäusern oder abgeschlossenen Teilen derselben (im folgenden vereinfacht als „Miete von Gebäuden" bezeichnet) ist im japanischen Recht robust ausgestaltet, allerdings nicht so stark wie beim Mietrecht an Baugrundstücken. Mit den Schutzbestimmungen für die Gebäudemiete wird insbesondere dem Umstand Rechung getragen, daß vor allem in den Ballungsgebieten die Miete von Gebäuden im Vergleich zu früher stark zugenommen hat und daher für das Leben des Mieters eine große Bedeutung hat. In beiden Konstellationen dienen die Schutzbestimmungen der Gesetze vor allem der Erhaltung der „Wohnung" als dem Lebensmittelpunkt der Menschen, auf den diese regelmäßig besonders angewiesen sind.

Im folgenden können nicht alle Rechtsfragen im Zusammenhang mit der Miete von Baugrundstücken und Gebäuden behandelt werden. Es soll vielmehr auf die wichtigsten Regelungen im Zusammenhang mit der Mindestlaufzeit von Mietverträgen und der Beschränkung der Möglichkeit der Kündigung bzw. der Verweigerung der Verlängerung des Mietvertrages durch den Vermieter, auf die Regelungen zur Miethöhe und schließlich die Regeln im Zusammenhang mit der Beschränkung der Möglichkeiten der Veräußerung des Mietobjektes

---

[508] Vgl. die Angaben bei T. TADA (1999) 63-64.
[509] Zum Verhältnis von Grundstück und Gebäude im japanischen Recht siehe R. BAHR (1994) und M. NAGATA (1994).
[510] Vgl. T. UCHIDA (1997) 170. Man spricht insoweit von der „Verdinglichung des Mietrechts" (*chinshaku-ken no bukken-ka*).

durch den Vermieter zum Schutzes des Mieters eingegangen werden.[511] Schließlich wird am Ende noch auf die Regelungen zur sogenannten befristeten Baugrundstücks- und Gebäudemiete[512] eingegangen, die zum Zwecke der Belebung und Flexibilisierung des Immobilienmarktes mit Inkrafttreten des Immobilienmietgesetzes im Jahre 1992 eingeführt wurden.

## 1. Regelungen der Mindestmietdauer

Vor allem der Mieter eines Baugrundstückes ist regelmäßig an einer langfristigen Miete interessiert, wenn er beabsichtigt, darauf ein eigenes Wohnhaus zu errichten. Aber auch im Falle der Errichtung von Geschäftsgebäuden oder Mehrfamilienhäusern, die anderen Personen als Wohnung dienen sollen, ist die Schutzbedürftigkeit des Mieters wegen der getätigten beträchtlichen Investition groß. Aus diesem Grunde sieht das Immobilienmietgesetz in Art. 3 vor, daß ein Mietrecht an Baugrundstücken nur mit einer Mindestmietdauer von 30 Jahren vereinbart werden kann. Bei einer erstmaligen Verlängerung des Mietvertrages nach Ablauf dieser Zeit beträgt die Mindestmietdauer 20 Jahre, bei jeder weiteren Verlängerung 10 Jahre (Art. 4 ImmobMG). Eine Bestimmung im Mietvertrag, die von diesen Regelungen zum Nachteil des Mieters abweicht, ist nach Art. 9 ImmobMG nichtig.

Bei der Miete von Gebäuden besteht zwar nicht unmittelbar eine derartige Mindestmietdauer, allerdings werden Mietverträge, die befristet für die Dauer von weniger als einem Jahr abgeschlossen werden, als unbefristete Mietverträge angesehen (Art. 27 ImmobMG). Durch die einzuhaltenden Kündigungsfristen wird bei der Miete von Gebäuden praktisch ebenfalls eine Art Mindestmietdauer bewirkt. Auch diesbezüglich sind diesen Regelungen entgegenstehende Vereinbarungen zum Nachteil des Mieters unwirksam (Art. 30 ImmobMG).

Diese Regelungen treten an die Stelle von Art. 604 ZG, der unabhängig vom Gegenstand der Miete die maximale Mietdauer auf zwanzig Jahre beschränkt. Dieser Regelung liegt offensichtlich ein völlig anderes, vor allem auf die Miete von Wohnraum nicht passendes Konzept zugrunde. Daher wird sie im Anwendungsbereich des Immobiliemietgesetzes durch die dortigen Sonderregeln verdrängt.

---

[511] Umfassend zum japanischen Mietrecht in der japanischsprachigen Literatur z.B. T. UCHIDA (1997) 163-235; I. SATŌ (1998); Y. SAWANO / E. MARUYAMA / K. UCHIDA (1997); H. MIZUMOTO / H. ENDŌ (2000).
[512] Man spricht in diesem Zusammenhang von einem „befristeten Grundstücksmietrecht" (teiki shakuchi-ken) bzw. von der „befristeten Gebäudemiete" (teiki tatemono chintaishaku).

## 2. Beschränkungen der Kündigungsmöglichkeit bzw. der Möglichkeit der Beendigung befristeter Mietverträge durch den Vermieter

### a) Bei Ablauf der regulären Vertragslaufzeit bzw. für den Fall der ordentlichen Kündigung

Sowohl Mieter von Baugrundstücken als auch von Gebäuden haben häufig ein großes Interesse daran, daß der Vermieter das Mietverhältnis nur unter erschwerten Bedingungen kündigen bzw. bei befristeten Mietverhältnissen die Verlängerung des Mietvertrages verweigern kann.[513] Diesem Mieterinteresse kommt das Immobilienmietgesetz in weitem Umfang nach. Darüber hinaus hat auch die Rechtsprechung zu einem Ausbau des Mieterschutzes durch Beschränkung der Kündigungsmöglichkeit des Vermieters beigetragen. Davon unberührt bleiben natürlich die Möglichkeit der jederzeitigen Beendigung des Mietverhältnisses, wenn beide Vertragsparteien dies wünschen und die Kündigungsmöglichkeit des Mieters, die sich nach der vertraglichen Regelung bzw. nach Art. 617 oder Art. 618 ZG richtet.

Bei einem Mietvertrag über ein Baugrundstück verlängert sich nach Art. 5 I ImmobMG der Mietvertrag zu den bisherigen Konditionen unter Berücksichtigung der Regelung in Art. 4 ImmobMG um weitere zwanzig bzw. zehn Jahre, wenn der Mieter vor Ablauf der vereinbarten Vertragslaufzeit die Fortsetzung des Mietverhältnisses verlangt und der Vermieter nicht rechtzeitig seinen Widerspruch dagegen erhebt und für die Beendigung des Mietverhältnisses einen berechtigten Grund (*seitō jiyū*) vorbringt. Ungeachtet dessen verlängert sich das Mietverhältnis auch, wenn der Mieter das Grundstück nach Ablauf der Vertragslaufzeit weiter nutzt, ohne daß der Vermieter Widerspruch erhoben hat (Art. 5 II ImmobMG). Voraussetzung in beiden genannten Fällen ist ferner, daß zum Zeitpunkt des Ablaufs der Vertragslaufzeit das Gebäude auf dem Grundstück noch existiert. Es handelt sich dabei um sogenannte gesetzliche Vertragsverlängerungen (*hōtei kōshin*). Ob ein berechtigter Grund des Vermieters zur Verweigerung der Vertragsverlängerung gegeben ist, beurteilt sich nach Art. 6 ImmobMG. Diese Bestimmung sieht eine Reihe von Kriterien vor, die alle in eine Gesamtschau zur Beurteilung dessen einfließen. Danach spielen hierbei eine Rolle, inwieweit Vermieter und Mieter auf das Grundstück angewiesen sind, die Vorgeschichte des bisherigen Vertragsverhältnisses sowie die Art und die Umstände der Nutzung des Grundstücks. Ein Kriterium für das Vorliegen eines berechtigten Grundes kann auch sein, ob der Vermieter für die Beendigung des Mietverhältnisses und die Räumung des Grundstücks eine angemessene Entschädigung oder die Bereitstellung eines Ersatzgrundstückes angeboten hat. Der Eigenbedarf des Vermieters als Grund reicht heute nach dem ImmobMG nicht immer zur Beendigung des Mietverhältnisses aus.[514]

---

[513] Dazu etwa T. TADA (1999) 66-67; T. UCHIDA (1997) 188-193, 209-213, 229-232.

[514] T. TADA (1999) 66-67; T. UCHIDA (1997) 190-191, 225-227. Vgl. auch die Anmerkungen zu Art. 6 ImmobMG bei H. MIZUMOTO / H. ENDŌ (2000) sowie CHŪSHAKU MINPŌ 15/Uchida

Beim Mietvertrag über ein Gebäude unterscheidet sich die Situation je nachdem, ob in dem Mietvertrag eine bestimmte Vertragslaufzeit wirksam vereinbart wurde, oder nicht. Ist eine Vertragslaufzeit vereinbart, so verlängert sich bei deren Ablauf der Mietvertrag automatisch zu Gunsten des Mieters und wandelt sich in einen unbefristeten Mietvertrag um, wenn nicht der Vermieter zwischen einem Jahr und einem halben Jahr vor Ablauf der Vertragslaufzeit den Mieter davon in Kenntnis setzt, daß er das Mietverhältnis nicht fortzusetzen wünscht oder nur unter veränderten Bedingungen, und wenn für die Nichtverlängerung ein berechtigter Grund vorliegt (Artt. 26 I, 28 ImmobMG).

In gleicher Weise verlängert sich der Mietvertrag ungeachtet eines wirksamen Widerspruchs des Vermieters nach dieser Bestimmung, wenn der Mieter das Grundstück nach Ablauf der Vertragslaufzeit wie bisher weiternutzt und der Vermieter nicht unverzüglich erneut widerspricht, Art. 26 II ImmobMG). Bei einem unbefristeten Mietvertrag besteht für den Vermieter eine Kündigungsfrist von sechs Monaten, doch ist auch für die wirksame Kündigung zusätzlich ein berechtigter Grund erforderlich (Art. 28 ImmobMG). Ob ein berechtigter Grund für eine Kündigung oder Beendigung des Mietverhältnisses vorliegt, beurteilt sich bei einer Gesamtschau der beiderseitigen Interessen unter Berücksichtigung ähnlicher Kriterien wie bei der Miete von Baugrundstücken, also inwieweit Vermieter und Mieter auf das Gebäude angewiesen sind, die bisherige Vorgeschichte des Mietvertragsverhältnisses, die Art und die Umstände der Gebäudenutzung und schließlich, ob der Vermieter dem Mieter eine angemessene Entschädigung für die Beendigung des Mietverhältnisses oder die Bereitstellung eines Ersatzgebäudes angeboten hat. Auch für die Kündigung des Gebäudemietvertrages durch den Vermieter gilt, daß der Eigenbedarf als Grund nicht in jedem Fall ausreicht.[515]

Ansprüche aus einem Mietvertrag sind im japanischen Recht vererblich,[516] *i.e.*, der Mietvertrag erlischt nicht automatisch im Falle des Todes einer der beiden Parteien. Für die Miete an Gebäuden gilt außerdem die Regelung in Art. 36 ImmobMG, die vorsieht, daß der Lebenspartner des Mieters, mit dem er in einer eheähnlichen Gemeinschaft die Wohnung gemeinsam bewohnt hat (*naien*), oder eine Person, die mit dem Mieter die Wohnung gemeinsam bewohnt hat und deren persönliches Verhältnis zu ihm dem eines Adoptivkindes gleicht, in das Mietverhältnis als neuer Vertragspartner eintritt, es sei denn das dies von den vorgenannten Personen nicht gewollt ist und innerhalb eines Monats nach Kenntniserlangung vom Tod des Mieters und der Tatsache, daß dieser

---

(1996) Art. 6 ImmobMG, 835 ff.; SHIN HANREI KONMENTĀRU MINPŌ (1992) Band 7, Art. 4 Grundstücksmietgesetz, 366 f. Speziell zum „berechtigten Grund" als Kündigungsvoraussetzung siehe T. KACHI (1994).

[515] T. UCHIDA (1997) 191-193, 225-227; vgl. auch die Anmerkungen zu Art. 28 ImmobMG von H. MIZUMOTO / H. ENDŌ (2000) sowie CHŪSHAKU MINPŌ 15/Hironaka/Satō (1996) Art. 28 ImmobMG, 937 ff.; SHIN HANREI KONMENTĀRU MINPŌ (1992) Band 7, Art. 1-2 Gebäudemietgesetz, 430 ff.

[516] T. UCHIDA (1997) 233.

keine Erben hat, dem Vermieter angezeigt wird. In der Regel tritt also nach dem Tode des Mieters eine ihm nahestehende Person von Gesetzes wegen in das Vertragsverhältnis ein.[517]

### b) Beschränkung der außerordentlichen Kündigung wegen Vertragsverletzungen

Unabhängig von den obigen Ausführungen kann dem Vermieter sowohl bei befristeten als auch bei unbefristeten Mietverträgen ein außerordentliches Kündigungsrecht bei Vertragspflichtverletzungen des Mieters zustehen. Ein solches Recht ergibt sich aus Art. 541 ZG, der ein allgemeines Rücktrittsrecht für den Fall der Nichterfüllung (*saimu furikō*) von Verträgen vorsieht. Im Falle von Dauerschuldverhältnissen wie beim Mietvertrag wird das Vertragsverhältnis bei wirksamer Ausübung des Rechtes aber nicht rückabgewickelt, sondern vielmehr nur mit Wirkung für die Zukunft beendet.[518] Als Nichterfüllung des Vertrages durch den Mieter gilt vor allem die verspätete Zahlung oder die Nichtzahlung des Mietzinses, also eine Verletzung der vertraglichen Hauptpflicht des Mieters. Aber auch eine Nebenpflichtverletzung stellt im japanischen Recht einen Fall der Nichterfüllung dar, der ein Kündigungsrechtrecht des Vermieters begründen kann. Als eine Nebenpflichtverletzung gelten zum Beispiel der sorgfaltswidrige Umgang mit dem Mietobjekt, die nichtvertragsgemäße Nutzung der Mietsache, die Störung der Nachbarn und die Abtretung der Ansprüche aus dem Mietvertrag bzw. die Untervermietung ohne Einverständnis des Vermieters (Art. 612 ZG).[519] Zusätzlich kann der Vermieter in den vorgenannten Fällen auch Schadensersatz verlangen (Artt. 415, 412 ZG).

Jedoch haben der Gesetzgeber und die Rechtsprechung die Kündigungsmöglichkeit des Vermieters für den Fall der Vertragsverletzung in mehrfacher Hinsicht eingeschränkt. So ist in vielen Fällen beispielsweise vor Ausspruch einer Kündigung entweder eine Mahnung mit Fristsetzung oder eine Abmahnung erforderlich – entsprechend auch dem Wortlaut von Art. 541 ZG.[520] Nur in besonders gravierenden Fällen der Nichterfüllung wird gelegentlich auch eine sofortige und fristlose Kündigung durch die Rechtsprechung anerkannt.[521] So wurde zum Beispiel eine sofortige Kündigung anerkannt in einem Fall, in dem die Mieterin und ihr Lebensgefährte den Vermieter mehrfach durch Telefonanrufe belästigt und dabei beleidigt und bedroht hatten.[522] Inwieweit eine Klausel

---

[517] Insofern besteht in Japan eine ähnliche Situation wie nach deutschem Recht, vgl. §§ 563, 563a BGB. Im Detail bestehen allerdings Unterschiede.
[518] T. UCHIDA (1997) 232.
[519] T. UCHIDA (1997) 229 ff.
[520] T. UCHIDA (1997) 231.
[521] OGH vom 25.4.1952, Minshū 6, 451; OGH vom 20.2.1975, Minshū 29, 99.
[522] DG Tōkyō vom 26.6.1962, in: Hanrei Jihō Nr. 312, 31. Fraglich ist allerdings, ob dieses Verhalten als vertragliche oder deliktische Pflichtverletzung zu beurteilen ist. Auch deliktische Pflichtverletzungen können aber unter Umständen ein Kündigungsrecht begründen; vgl. T. UCHIDA (1997) 231.

im Mietvertrag gültig ist, die eine Kündigung des Vermieters im Falle der Nichterfüllung auch ohne Mahnung bzw. Abmahnung gestattet, ist umstritten. In einem konkreten Fall, in dem eine solche Klausel im Mietvertrag enthalten war und der Grund für die Kündigung auch so gravierend gewesen ist, daß eine sofortige Kündigung als angemessen beurteilt wurde, haben die Gerichte die Klausel unter Berücksichtigung der Umstände nicht beanstandet.[523] Das heißt aber nicht, daß die Gerichte die Klausel in anderen Fällen für wirksam erklären, in denen der Kündigungsgrund nicht so gravierend erscheint, denn nur selten wird durch die japanischen Gerichte die Wirksamkeit einzelner Vertragsklausel isoliert beurteilt.

Die Gerichte beschränken außerdem die Kündigungsmöglichkeit des Vermieters grundsätzlich auf die Fälle, in denen die Vertragsverletzung so gravierend ist, daß hierdurch das *Vertrauensverhältnis dauerhaft und irreparabel gestört worden ist*, und berücksichtigen so den Umstand, daß der Mieter auf das Mietobjekt entweder als Wohnung oder als Geschäftsraum häufig besonders angewiesen ist.[524] Geringfügige vertragliche Pflichtverletzungen führen daher noch nicht zu einem Kündigungsrecht des Vermieters. So hat der OGH beispielsweise die Kündigung eines Vermieters trotz eines Verstoßes des Mieters gegen Art. 612 ZG durch Untervermietung bzw. Abtretung der Ansprüche aus dem Mietvertrag nicht anerkannt in Fällen, in denen das betreffende Verhalten des Mieters angeblich noch zu keinem „Bruch des Vertrauensverhältnisses" geführt hatte.[525] Der geringfügige Zahlungsverzug führt ebenfalls noch nicht zum sofortigen Kündigungsrecht des Vermieters.[526] Erst bei mehrmonatigem Zahlungsrückstand oder bei sehr häufigem Zahlungsverzug wird ein solches Kündigungsrecht wohl zu bejahen sein.[527] In gleicher Weise wird auch bei der Überschreitung des vertragsgemäßen Gebrauchs beider Parteien ein Kündigungsrecht erst bei der Zerstörung des Vertrauensverhältnisses angenommen. Ob das Vertrauensverhältnis zerstört worden ist, beurteilt sich aufgrund der Gesamtumstände des Falles, d.h. unter Berücksichtigung der Interessenlage

---

[523] Vgl. T. UCHIDA (1997) 231 unter Hinweis auf OGH vom 21.11.1968, Minshū 22, 2741.

[524] Dies wird in der Literatur als „Theorie des Vertrauensverhältnisses" (*shinrai kankei no riron*) oder als „Theorie von der Zerstörung des Vertrauensverhältnisses" (*shinrai kankei hakai riron*). Vgl. auch T. TADA (1999) 67-68; T. UCHIDA (1997) 229-231.

[525] OGH vom 25.9.1953, Minshū 7, 979; OGH vom 30.6.1964, Minshū 18, 991.

[526] An einer gefestigten Rechtsprechung mit klaren Aussagen über die Voraussetzung der Kündigung wegen Zahlungsverzugs scheint es aber zu fehlen; vgl. CHŪSHAKU MINPŌ 13 / Yamashita (1996) Art. 541 ImmobMG, 666. Es kommt also immer auf die Frage der Zerstörung der Vertrauensbeziehung im Einzelfall an. Der RGH hat früher in einem Urteil vom 3.7.1933 (Hōritsu Shinbun 3586, 13) die Wirksamkeit der Kündigung bereits bei einem sehr kurzem Verzug des Mieters mit der Zahlung des Mietzinses bestätigt; diese Rechtsprechung dürfte heute aber kaum noch Bedeutung haben.; vgl. hierzu auch T. TADA (1999) 68, Fn. 10.

[527] T. TADA (1999) 68, der davon ausgeht, daß die Rechtsprechung einen Bruch des Vertrauensverhältnisses annimmt, wenn „der Mieter drei oder vier Monate in Zahlungsverzug ist"; er nennt dafür aber kein Urteil als Beleg.

beider Parteien, dem Grad der Pflichtverletzung, der Vorgeschichte des Vertragsverhältnisses und des Grades der Schutzwürdigkeit des Mieters.[528]

Im übrigen hat der Gesetzgeber bei der Miete von Baugrundstücken eine Sonderregelung zu Art. 612 ZG in Art. 19 ImmobMG getroffen. Danach ist die Untervermietung oder Abtretung von Ansprüchen aus dem Mietvertrag heute nicht mehr ohne weiteres als grobe Vertragsverletzung anzusehen, denn der Mieter kann in Fällen, in denen hierdurch die Interessen des Vermieters nicht oder nur unwesentlich beeinflusst werden, sogar bei Gericht eine Genehmigung beantragen, die die des Vermieters ersetzt. Außerdem kann ein Erwerber des auf dem Grundstück befindlichen Gebäudes des Mieters vom Vermieter des Grundstücks verlangen, daß dieser ihm das Gebäude zum gegenwärtigen Wert abkauft, falls er der Abtretung des Mietrechts durch den Mieter an den Erwerber des Gebäudes nicht zustimmt. Bei der Miete von Gebäuden bleibt es aber grundsätzlich bei der Regelung in Art. 612 ZG, die eine Untervermietung oder eine Abtretung der Rechte aus dem Mietvertrag an einen Dritten untersagt.

### 3. Regelungen zum Mietzins

Regelungen über die Höhe des Mietzinses bei der Miete von Baugrundstücken und Gebäuden existieren in Japan zum gegenwärtigen Zeitpunkt nicht. Allenfalls kann ein besonders hoher Mietzins einmal wegen Wuchers nach Art. 90 ZG nichtig sein. Derartige Fälle sind aber äußerst selten. Bis zum Jahre 1986 besaß noch die aus dem Jahre 1939 stammende und in der Folge zweimal umfassend novellierte Verordnung über die Kontrolle des Mietzinses von Immobilien[529] Gültigkeit, wurde aber dann abgeschafft.[530]

Derzeit bestehen nur Sonderregelungen darüber, inwieweit der Vermieter den Mietzins während der Laufzeit des Mietvertrages erhöhen darf. Nach Art. 11 I ImmobMG kann der Vermieter von Baugrundstücken eine Erhöhung des Mietzinses im Falle der Erhöhung der allgemeinen Lasten durch höhere Grundsteuern und ähnliches oder im Falle der Veränderung der wirtschaftlichen Situation, insbesondere bei einem Anstieg der allgemeinen Grundstückspreise oder falls der vereinbarte Mietzins im Vergleich zu benachbarten Grundstücken unangemessen niedrig erscheint, verlangen. Können sich Vermieter und Mieter darüber nicht einigen, kann vom Vermieter das zuständige Gericht zur Beurteilung der Angemessenheit der Erhöhung des Mietzinses angerufen werden (Art. 11 II ImmobMG).[531] Bis zu einer Entscheidung durch das Gericht braucht

---

[528] T. TADA (1999) 68; T. UCHIDA (1997) 231-232; CHŪSHAKU MINPŌ 13 / Yamashita (1996) Art. 541 ImmobMG, 668.

[529] Mietkontrollverordnung (*Jidai yachin tōsei-rei*), Chokurei Nr. 704/1939.

[530] Dazu unten Kapitel 4 A III 1 e.

[531] Über den Maßstab bei der Entscheidung über die Angemessenheit der Höhe eines Anspruchs auf Erhöhung bzw. Reduzierung des Mietzinses siehe das Urteil des OGH vom 12.7.1996, in: Hanrei Jihō Nr. 1579, 77; zur Lage bei einem plötzlichen Verfall der Grund-

der Mieter nur den bisherigen Mietzins zu leisten. Soweit das Gericht der Forderung des Vermieters stattgibt, muß der Mieter allerdings für den Zeitraum zwischen Forderung nach Erhöhung des Mietzinses und Bestätigung durch das Gericht eine Mietnachzahlung leisten, die mit pauschal zehn Prozent zu verzinsen ist. Die vorstehenden Regelungen gelten aber nicht, soweit die Parteien eine Mietzinserhöhung für einen bestimmten Zeitraum vertraglich ausgeschlossen haben (Art. 11 I a.E. ImmobMG). Übrigens kann auch der Mieter unter entsprechenden Umständen auf die gleiche Art und Weise eine Reduzierung des Mietzinses fordern und bei keiner Einigung mit dem Vermieter hierüber das Gericht anrufen (Art. 11 III ImmobMG). Das Recht des Mieters auf Reduzierung des Mietzinses ist nicht dispositiv.

Eine dem Art. 11 ImmobMG entsprechende Regelung findet sich in Art. 32 ImmobMG für die Gebäudemiete. Auch hier kann bei einer Änderung der allgemeinen öffentlichen Lasten im Zusammenhang mit Gebäuden und bei Änderung der wirtschaftlichen Situation, insbesondere bei einer Veränderung des Mietzinsniveaus im allgemeinen oder in der Nachbarschaft des Gebäudes, wechselseitig eine Erhöhung oder Reduzierung des Mietzinses verlangt werden, und im Falle, daß keine Einigung zwischen den Vertragsparteien zustande kommt, das Gericht zur Entscheidung darüber angerufen werden. Das Recht des Vermieters auf Erhöhung des Mietzinses besteht allerdings nur, sofern nicht der Mietvertrag die Erhöhung des Mietzinses für einen bestimmten Zeitraum ausschließt.

Enthält der Mietvertrag eine Bestimmung, daß im Streitfalle über den Anspruch auf Erhöhung oder Reduzierung des Mietzinses nicht in einem gerichtlichen Verfahren, sondern in einem Schlichtungsverfahren verhandelt und entschieden werden soll, so hat der Schlichtungsausschuß (*chōtei i'in-kai*) und nicht das Gericht darüber zu entscheiden (nach Art. 24-2 und 24-3 Zivilschlichtungsgesetz[532]).

*4. Beschränkung der Veräußerungsmöglichkeiten des Vermieters*

Rechtliche Veräußerungsverbote, nach denen ein Vermieter und Eigentümer das Mietobjekt nicht verkaufen bzw. sich sonst schuldvertraglich zur Übereignung verpflichten oder verfügen dürfte, bestehen im japanischen Recht zwar unmittelbar nicht, allerdings wirkt das Mietverhältnis nach gesetzlicher Anordnung teilweise auch gegenüber Dritten, die das Mietobjekt erwerben. Hierdurch werden die Möglichkeiten der Veräußerung von Eigentümern mittelbar und in tatsächlicher Hinsicht eingeschränkt.

---

stücks- und Mietpreise nach dem Ende der sogenannten Seifenblasenwirtschaft Anfang der 1990er Jahre siehe das Urteil des DG Tōkyō vom 30.10.1995, in: Hanrei Taimuzu Nr. 898, 242; Vgl. zudem T. UCHIDA (1997) 201-203.

[532] Gesetz über die Schlichtung in zivilrechtlichen Angelegenheiten (*Minji chōtei-hō*), Gesetz Nr. 222/1951 i.d.F. des Gesetzes Nr. 169/1999.

## a) Regelungen im Normalfall

Dies geschieht nicht mittels des japanischen Zivilgesetzes, denn dieses beruht seit jeher auf dem Grundprinzip, *daß die Veräußerung des Mietobjektes die Miete bricht*, und zwar auch bei Mietverträgen über Baugrundstücke und Gebäude. In Art. 605 ZG sieht es zwar die Möglichkeit vor, daß der Mieter einer Immobilie sein Mietrecht in das Grundstücks- oder Gebäuderegister einträgt. In diesem Fall wirkt das Mietverhältnis ausnahmsweise auch gegenüber Erwerbern der Immobilie, die als neuer Vermieter in das Mietverhältnis eintreten. Die Eintragung nach Art. 605 ZG bedarf allerdings der Mitwirkung des Vermieters, wozu diesen nach Ansicht der Rechtsprechung keine Pflicht trifft.[533] Daher ist es seither nur sehr selten zu Eintragungen aufgrund dieser Vorschrift gekommen.

Während des japanisch-russischen Krieges (1904-1095) und in der darauf folgenden Zeit kam es aufgrund einer starken Zunahme der Industrialisierung und einer zeitlich damit einhergehenden Landflucht zu einer Verknappung des Wohnraumes in den Städten und zu einem deutlichen Anstieg der Grundstückspreise. Viele Vermieter versuchten aus dieser Situation Profit zu schlagen, indem sie den Mietzins für Baugrundstücke und Gebäude deutlich erhöhten. Widersetzte sich der Mieter dieser Preiserhöhung, wurde das Grundstück oder das Gebäude verkauft – häufig auch nur zum Schein – und das Mietverhältnis auf diese Weise aufgelöst. Teilweise reichte es auch aus, dem Mieter den Verkauf und die damit verbundene Beendigung des Mietverhältnisses zumindest anzudrohen. In vielen Fällen suchten Vermieter auch gezielt zahlungskräftigere Mieter und vertrieben die alten Mieter, indem sie die Grundstücke oder Gebäude verkauften und den Mietvertrag auf diese Weise beendeten. Bei Grundstücken wurden die darauf stehenden Gebäude des alten Mieters häufig unmittelbar nach dem Verkauf abgerissen und durch neue ersetzt. Man sprach daher auch von Erdbebenverkäufen (*jishin baibai*).[534] Um den Mieter von Baugrundstücken zu schützen, der häufig mit seiner Familie in dem eigenen Haus lebte, das er auf dem Grundstück erbaut hatte, wurde 1909 das Gebäudeschutzgesetz erlassen. Dies bestimmte in Art. 1, daß der Mieter eines Baugrundstückes sein Mietrecht aus dem Mietvertrag auch gegenüber Dritten entgegen halten kann, wenn er das Eigentum an dem auf dem Grundstück befindlichen Gebäude in das Gebäuderegister hat eintragen lassen. Diese Eintragung war auch ohne Mitwirkung des Vermieters möglich. Auf diese Weise wurde für den praktisch wichtigsten Fall des Wohnungsmietrechts, der Miete von Baugrundstücken, die Problematik weitgehend entschärft. In Einzelfällen hatte die Rechtsprechung auch bereits vor Erlaß des Gesetzes dem Mieter unter Anwendung von Generalklauseln einen Schutz vor der Räumungsklage des Erwerbers gewährt, indem sie den Anspruch auf Räumung als rechtmißbräuchlich (Art. 1 III ZG) oder als

---

[533] T. TADA (1999) 64; T. UCHIDA (1997) 214-215, der diese Auslegung zwar kritisiert aber unter Verweis auf RGH 11.7.1921, Minroku 27-1378, als geltende Rechtslage darstellt.

[534] T. UCHIDA (1997) 215, T. TADA (1999) 65; I. SATŌ (1998) 234-235.

Verstoß gegen den Grundsatz von Treu und Glauben (Art. 1 II ZG) verneinte.[535] Später wurde auch den Mietern von Gebäuden die Möglichkeit eingeräumt, sich gegenüber einem Erwerber des Gebäudes auf den Mietvertrag zu berufen.

Im Immobilienmietgesetz sind diese Reglungen nun in Art. 10 I und Art. 31 I enthalten. Art. 10 I ImmobMG enthält zum Schutze des Mieters von Baugrundstücken im Grunde die gleiche Regelung wie vormals Art. 1 Gebäudeschutzgesetz. Nach Art. 31 I ImmobMG kann auch der Mieter von Gebäuden sich auf den Mietvertrag gegenüber einem Erwerber des Gebäudes berufen, der anstelle des alten Vermieters als Vertragspartner in den Vertrag eintritt. Dazu ist keine Eintragung erforderlich.

Ein Sonderproblem bei der Miete von Baugrundstücken und Gebäuden besteht in dem Fall, daß das Gebäude zerstört wird oder verfällt. Bei einem Mietvertrag an dem Gebäude geht man beim Wegfall des Gebäudes davon aus, daß der Mietvertrag erlischt, weil die Leistung des Vermieters unmöglich wird.[536] Für den Fall, daß ein Gebäude auf einem Baugrundstück verfällt oder zerstört wird, das von dem Mieter errichtet worden war und in seinem Eigentum stand, enthielt noch das Grundstücksmietgesetz aus dem Jahre 1921 die Regelung, daß damit auch das Mietrecht erlischt, sofern nicht ausdrücklich etwas anderes vereinbart worden ist (Artt. 2 I, 5 I Grundstücksmietgesetz). Hier bestand lange also die gleiche Regelung wie bei der Miete von Gebäuden. Diese Regelung wurde aber mit Inkrafttreten des Immobilienmietgesetzes abgeschafft. Nunmehr geht aus Art. 7 ImmobMG hervor, daß das Mietrecht an einem Baugrundstück in diesen Fällen grundsätzlich bestehen bleibt. Es erlischt allerdings, wenn bis zum Ablauf der Vertragslaufzeit kein neues Gebäude darauf errichtet wird. Problematisch ist aber, ob der Mieter sich auch gegenüber Dritten in der Zwischenzeit darauf berufen kann, da das Gebäuderegister nun nicht mehr den tatsächlichen Zustand dokumentiert und der Dritte „gutgläubig" das Eigentum ohne bestehendes Mietrecht erwerben könnte. Für diesen Fall sieht das Immobiliengesetz in Art. 10 II eine besondere Regelung vor, nach welcher der Mieter das Mietrecht auch dann Dritten entgegenhalten kann, wenn er auf dem Grundstück ein deutlich sichtbares Schild aufstellt mit den erforderlichen Angaben zum Sachverhalt und der Bekundung des Willens, ein neues Gebäude zu errichten. Diese Regelung gilt jedoch nur für den Zeitraum von zwei Jahren vom Zeitpunkt der Zerstörung des Gebäudes an gerechnet. Wenn nicht innerhalb von zwei Jahren nach der Zerstörung das Gebäude fertiggestellt und eingetragen wird, erlischt das Recht.[537] Diese vorstehenden Regelungen sind allerdings ausschließlich für den Normalfall konzipiert. Sie taugen dagegen nicht zur Bewältigung der Probleme aufgrund massenhaft auftretender Zerstörungen wie im Falle von Erdbeben, Vulkanausbrüchen, Überschwemmungen und anderen Naturkatastrophen, die in Japan zahlreich und in steter Regelmäßigkeit auftreten.

---

[535] T. TADA (1999) 65.
[536] T. UCHIDA (1997) 232-233.
[537] Vgl. auch T. UCHIDA (1997) 216-217.

Hierfür existiert das Gesetz über die Bewältigung von Problemen im Zusammenhang mit gemieteten Immobilien in den zerstörten Städten (nachfolgend: Mietrechtssondergesetz), das für die von den Zerstörungen besonders betroffenen Gebiete durch Erlaß einer Regierungsverordnung in Vollzug gesetzt werden kann.

### b) Die Lage nach Naturkatastrophen im Anwendungsbereich des Mietrechtssondergesetzes (MietRSonderG)[538]

Zweck des 1946 erlassenen MietRSonderG war der Schutz der Mieter, die durch Kriegseinwirkungen ihre Wohnung oder ihre Geschäftsräume verloren hatten, die Beschleunigung des Wiederaufbaus der zerstörten Städte sowie die Klärung der Rechtslage in bezug auf Grundstücks- und Gebäudemietrechte.[539] Im Jahre 1947 wurde die Möglichkeit der Anwendung des Gesetzes auf großflächige Zerstörungen durch Naturkatastrophen ausgedehnt (Art. 25-2 MietRSonderG). Das Gesetz sieht besondere Schutzrechte sowohl zugunsten der Mieter von Gebäuden als auch von Baugrundstücken, deren Gebäude infolge derartiger Ereignisse zerstört worden sind, vor.[540]

Ein Mieter eines zerstörten Gebäudes kann nach Artt. 2 I, 25-2 MietRSonderG beispielsweise innerhalb von zwei Jahren nach Erlaß der das Gesetz in Vollzug setzenden Regierungsverordnung den Abschluß eines Mietvertrages über das Grundstück, zum Zwecke der Errichtung eines Gebäudes vom bisherigen Vermieter verlangen. Dies setzt allerdings voraus, daß der Vermieter sowohl Eigentümer am Gebäude als auch am Grundstück gewesen ist. Den Abschluß eines solchen Vertrages kann der Vermieter nur ablehnen, wenn für ihn selbst die Notwendigkeit und der Wunsch besteht, auf dem Grundstück ein eigenes Gebäude zu errichten, oder aus einem sonstigen berechtigten Grund. Außerdem wird die Annahme des Mietvertrages über das Baugrundstück nach Art. 2 II MietRSonderG fingiert, wenn der Vermieter nicht innerhalb von drei Wochen nach Empfang des Antrags nach Art. 2 I MietRSonderG seine Ablehnung erklärt. Der Vertrag kommt dann mit einer Laufzeit von zehn Jahren (Art. 5 I MietRSonderG) und ansonsten zu „angemessenen Bedingungen" zustande. Im einzelnen müssen sich die Vertragsparteien über diese Bedingungen nachträglich einigen bzw. im Streitfall das Gericht anrufen.

Ist der Eigentümer des zerstörten Gebäudes nicht zugleich Eigentümer des Grundstücks, sondern selbst nur Mieter des Baugrundstückes, kann der Mieter des zerstörten Gebäudes von diesem Abtretung des Mietrechts am Baugrundstück gegen ein angemessenes Entgelt und sonst unter den entsprechenden Voraussetzungen wie im vorgenannten Fall verlangen (Art. 3 MietRSonderG). Die Zustimmung des Grundstücksvermieters zu der Abtretung wird fingiert, es ist

---

[538] Mietrechtsondergesetz; im einzelnen hierzu ausführlich J. KIMMESKAMP (1996).
[539] Vgl. J. KIMMESKAMP (1996) 73.
[540] Zu Einzelfragen siehe J. MASUDA (1995/1996), der eine umfangreiche Kommentierung zu den gesetzlichen Regelungen liefert.

aber zusätzlich eine Benachrichtigung an ihn erforderlich (Art. 4 MietR-SonderG). Die Laufzeit des auf diese Weise veränderten Vertrages beträgt mindestens zehn Jahre, richtet sich aber nach der bisherigen Laufzeit, wenn diese darüber hinausgeht. Die nach Art. 2 oder Art. 3 MietRSonderG begründeten oder übertragenen Mietrechte können für die Dauer von zehn Jahren *auch ohne jegliche Eintragung* Dritten entgegen gehalten werden.[541]

Baut ein anderer als der ursprüngliche Gebäudemieter auf dem Grundstück ein neues Gebäude, so hat der ursprüngliche Gebäudemieter ein bevorzugtes Mietrecht an dem Gebäude. Der Eigentümer des Gebäudes kann den Abschluß des Mietvertrages nur wegen Eigenbedarfs oder aus einem sonstigen berechtigten Grund verweigern (Art. 14 MietRSonderG). Das MietRSonderG bewirkt somit nicht nur wie das Immobilienmietgesetz eine tatsächliche Einschränkung der Verfügungsmöglichkeiten des Grundstücks- und Gebäudeeigentümers, es bestimmt zusätzlich auch in drei besonderen Fällen einen bedingten Abschlußzwang für einen Mietvertrag zum Schutze des ehemaligen Mieters.

Ein Mieter an einem Baugrundstück bleibt zwar bereits nach der Regelung im Immobilienmietgesetz grundsätzlich auch nach Zerstörung seines eigenen Gebäudes Mieter des Grundstücks, zum Schutze des Mieters wird aber nach dem MietRSonderG eine Mindestrestlaufzeit des Mietrechts und ein verbesserter Schutz gegenüber Erwerbern des Grundstücks bestimmt. Nach Art. 11 MietRSonderG beträgt die Mindestrestlaufzeit des Mietvertrages nach dem Ereignis der Zerstörung des Gebäudes zehn Jahre. Dies gibt dem Mieter genügend Zeit, das Gebäude neu zu errichten, und er läuft nicht Gefahr, das Mietrecht wegen der Regelung in Art. 5 ImmobMG zu verlieren („gesetzliche Vertragsverlängerung nur bei Bestehen eines Gebäudes"). Dritten kann der Inhaber eines Mietrechts an einem Baugrundstück das Recht auch dann entgegenhalten, wenn das Gebäude auf dem Grundstück nicht mehr besteht und auch kein äußerliches Zeichen auf ein bestehendes Gebäude bzw. Mietrecht am Grundstück hinweist. Dies gilt allerdings nur für einen Zeitraum von fünf Jahren. Diese Regelung ist deutlich vorteilhafter für den Mieter als die gewöhnliche Regelung nach Art. 10 II ImmobMG.[542]

Sowohl im Normalfall als auch unter den besonderen Bedingungen bei Naturkatastrophen schützt das japanische Recht also in besonderer Weise den Mieter nicht nur gegenüber dem Vertragspartner, sondern in umfassender Weise auch gegenüber Dritten, die die Immobilie erwerben. Erwerber haben nur die

---

[541] Dies ist nicht ausdrücklich im Gesetz geregelt, wurde aber vom OGH in seiner Entscheidung vom 18.10.1955, Minshū 9, 1633, durch Auslegung und unter Berücksichtigung des Schutzbedürfnisses des Mieters entschieden. Vgl. J. KIMMESKAMP (1996) 75.

[542] Streitig ist aber, ob die Regelung auch für denjenigen gilt, dessen Eigentum am Gebäude vor der Zerstörung nicht ordnungsgemäß ins Gebäudebuch eingetragen wurde, denn in diesem Fall fehlt es an jedem Rechtsscheintatbestand. Der OGH hat sich in seinem Urteil vom 31.1.1957, Minshū 11, 150, wohl aus sozialen Gesichtspunkten für die unterschiedslose Anwendung der Regelung auf alle Mieter von Baugrundstücken entschieden. Vgl. J. KIMMESKAMP (1996) 77-78.

Möglichkeit, die Immobilie als Mietobjekt zu nutzen, und sind an den bisherigen Mieter gebunden. Aus diesem Grunde bestehen tatsächlich vielfältige Veräußerungsbeschränkungen des Eigentümers und Vermieters von Immobilien. Berücksichtigt man nämlich die häufig langen Vertragslaufzeiten und die gesetzlichen Regelungen, die eine Fortsetzung des Mietvertrages auch darüber hinaus begünstigen, so ist der Erwerb der Immobilie mit dieser Einschränkung der Nutzungsmöglichkeit für viele potentielle Käufer unattraktiv.

*5. Befristete Immobilienmietverträge*

Mit Inkrafttreten des Immobilienmietgesetzes ist in einigen Fällen die Möglichkeit geschaffen worden, befristete Mietverträge über Baugrundstücke und Gebäude abzuschließen.[543] Bei diesen Verträgen erlischt das Mietverhältnis automatisch mit Ablauf der vertraglich bestimmten Mietdauer, ohne daß ein berechtigtes Interesse für die Beendigung auf Seiten des Vermieters vorliegen muß. Ziel der Einführung befristeter Immobilienverträge war vor allem die Förderung des Wohnungsmarktes. Die über die Jahrzehnte hinweg zunehmenden strikten Mieterschutzregelungen, die es dem Eigentümer immer schwerer machen, ein Vertragsverhältnis zu beenden, haben dazu geführt, daß die Bereitschaft zur Vermietung von Immobilien deutlich nachgelassen hat, insbesondere auch zum Zwecke des Wohnungsbaus. Die Einführung befristeter Immobilienmietverträge kann daher als partielle Deregulierung angesehen werden.

Ein *befristeter Mietvertrag über Baugrundstücke* kann nur in drei Fällen abgeschlossen werden:

1. Nach Art. 22 ImmobMG kann ein befristeter Mietvertrag durch eine Art notariellen Vertrag (*kōsei shōsho*)[544] abgeschlossen werden und muß eine Laufzeit von mindestens 50 Jahren vorsehen. Nach Ablauf der Vertragslaufzeit erlischt das Vertragsverhältnis automatisch und es besteht kein Recht des Mieters, einen Abkauf des Gebäudes zu verlangen, das bei normalen Mietverträgen im Regelfall besteht.
2. Nach Art. 23 I ImmobMG kann ein befristeter Mietvertrag abgeschlossen werden zu den Bedingungen, daß die Mindestlaufzeit dreißig Jahre beträgt und der Vermieter das Gebäude des Mieters bei Ablauf der Mietzeit zu einem angemessenen Preis abkauft.
3. Nach Art. 24 ImmobMG kann ein befristeter Mietvertrag durch notariellen Vertrag zu den Bedingungen abgeschlossen werden, daß die Laufzeit zwischen zehn und zwanzig Jahre beträgt und das zu errichtende Gebäude allein zu gewerblichen Zwecken genutzt wird.

---

[543] Vgl. dazu auch T. UCHIDA (1997) 187-188; T. TADA (1999) 69; I. Satō (1998) 256 ff.

[544] Ein notarieller Vertrag ist nur sehr selten Voraussetzung für einen Vertragsabschluß im japanischen Recht. Hier dient der Formzwang wohl einerseits Beweiszwecken, da nach mehreren Jahrzehnten oftmals die Umstände und der Inhalt des Vertragsabschlusses in Vergessenheit geraten, und andererseits dem Schutz vor Übereilung.

Unter Einhaltung bestimmter Voraussetzungen kann auch ein *befristeter Mietvertrag über Gebäude* abgeschlossen werden (Art. 38 ImmobMG). Der Vertrag muß erstens als notarieller Vertrag abgeschlossen werden (Abs. 1). Außerdem muß der Vermieter dem Mieter vor Abschluß des Vertrages ein Schriftstück übergeben, aus dem klar hervorgeht, daß der Mietvertrag mit dem Inhalt geschlossen wird, daß er bei Ablauf der Vertragslaufzeit endet (Abs. 2). Unterläßt der Vermieter die Aufklärung nach Absatz 2, so ist die vereinbarte Zeitbefristung ungültig (Abs. 3). Bei einem befristeten Gebäudemietvertrag von einem Jahr und darüber muß der Vermieter den Mieter innerhalb eines Zeitraumes zwischen einem Jahr und sechs Monaten vor Ablauf der Vertragslaufzeit darüber in Kenntnis setzen, wann genau das Mietverhältnis endet. Unterläßt er dies, kann er gegenüber dem Mieter nicht die Beendigung des Mietvertrages behaupten (Abs. 4). Der Mieter behält in jedem Fall bei einem Mietvertrag von einer Laufzeit von einem Jahr und darüber ein außerordentliches Kündigungsrecht mit einer Frist von einem Monat für den Fall der plötzlichen Änderung der Lebensumstände, die die Fortsetzung des Mietverhältnisses als nicht zumutbar erscheinen läßt (Abs. 5). Hier ist also zugunsten des Mieters eine Sonderregelung für eine Art Wegfall der Geschäftsgrundlage vorgesehen. Vertragliche Abweichungen von den Regelungen in Absatz 4 und 5 zum Nachteil des Mieters sind unwirksam (Abs. 6).

Ein zweiter Fall, in dem der Abschluß eines *befristeten Gebäudemietvertrages* zulässig ist, ist der, wenn bei Vertragsabschluß für die Vertragspartner klar ist, daß das Mietrecht nur solange bestehen soll, bis das Gebäude abgerissen wird, und wenn der verbleibende Zeitraum entweder durch Gesetz oder durch vertragliche Regelung bestimmt wird. Der Vertrag muß schriftlich geschlossen werden und die Sonderregelung sowie die Gründe für den geplanten Abriß enthalten (Art. 39 ImmobMG).

Die vorstehend erläuterten Regelungen bieten einige Möglichkeiten, um einen Mietvertrag unter Abweichung von den strikten Regelungen zur Beschränkung der Möglichkeiten der Beendigung und Kündigung von Immobilienmietverträgen abzuschließen. Gleichwohl haben die Ausnahmeregelungen für den Abschluß von befristeten Baugrundstücksmietverträgen einen sehr engen Anwendungsbereich. Außerdem ist das Erfordernis des Formzwangs, der sowohl bei einigen Ausnahmeregelungen für Baugrundstücksmietverträge als auch für Gebäudemietverträge vorgesehen ist, in Japan recht ungewöhnlich und wird daher als umständlich empfunden. Ob diese Regelungen daher wirklich ihren Zweck der Belebung des Wohnungsmarktes erfüllen können, ist zumindest fraglich. Andererseits kann man in Japan auch derzeit von keiner besonders kritischen Situation auf dem Wohnungsmarkt infolge eines außerordentlichen Mangels an Wohnraum sprechen, so daß eine weitere Liberalisierung nicht zwingend geboten erscheint.

## 6. Besonderer Schutz von älteren Mietern

Zum Schutz von älteren Mietern ab einem Alter von 60 Jahren wurde im Jahr 2001 das Gesetz zur Sicherung der Wohnung von älteren Personen erlassen.[545] Auf dieses soll hier nur knapp eingegangen werden. Das Gesetz enthält einerseits Vorschriften zur Förderung einer Art sozialen Wohnungsbaus für ältere Menschen durch den Zentralstaat und die Präfekturen (Artt. 2 bis 55). Zudem enthält es einige Sonderregeln zum Immobilienmietgesetz für den Fall des Abschlusses eines (grundsätzlich) lebenslangen Wohnraummietvertrages (Artt. 56 ff.), der nur durch notariellen Vertrag und nur von Vermietern abgeschlossen werden kann, die eine besondere staatliche Genehmigung erhalten haben (Artt. 56, 61). In diesen Fällen bestehen in Abweichung von den allgemeinen Regelungen im ImmobMG besondere Regelungen über die Kündigung des Vertrages sowohl durch den Vermieter (Art. 62) als auch durch den Mieter (Art. 63). Diese stellen zwingendes Recht dar (Art. 64). Vor allem die Kündigung durch den Vermieter ist nur in Ausnahmefällen möglich. Für den Vermieter hat die Vermietung an ältere Mieter im Anwendungsbereich des Gesetzes aber neben der Förderung bei der Errichtung der Gebäude durch den Staat auch weitere Vorteile. So besteht nach Art. 11 beispielsweise die Möglichkeit, daß eine bestimmte staatliche Einrichtung eine Bürgschaft für die regelmäßige Zahlung des Mietzinses durch den Mieter übernimmt. Der Mieterschutz seinerseits wird ergänzt durch besondere Schutzregelungen für bestimmte Mitbewohner des Mieters nach dessen Tod, die unter erleichterten Bedingungen in den Vertrag eintreten und die Wohnung so weiter bewohnen können (Artt. 65 bis 67). Der Vermieter darf den Abschluß eines Mietvertrages zudem bei Androhung von verwaltungsrechtlichen Sanktionen nicht ohne berechtigten Grund gegenüber einem Bewerber um eine Wohung verweigern und außerdem keinen unbillig hohen Mietzins fordern (Art. 10). Es findet auch eine gewisse Kontrolle der Höhe des Mietzinses sowie der sonstigen Vertragsbedingungen durch die zuständige Behörde statt.

## 7. Fazit

Immobilienmietverträge im japanischen Recht sind durch privatrechtlich (halb)zwingende Normen streng zum Schutze des Mieters reguliert. Das Wohnraummietrecht ist zugleich auch einer der ersten Rechtsbereiche, den der japanische Gesetzgeber mit deutlicher sozialpolitischer Zielsetzung so umfassend reguliert hat. Bereits zu Beginn des vergangenen Jahrhunderts hat er damit begonnen – freilich noch nicht vor dem Hintergrund des Verbraucherschutzes – und das Schutzniveau im Laufe der Zeit immer weiter erhöht. Den Schutz des Wohnraummieters kann man heute auch dem Verbraucherschutzrecht zuordnen.

---

[545] *Kōreisha no kyoju-hō*, Gesetz Nr. 236/2001 i.d.F. des Gesetzes Nr. 82/2005.

Die Regulierung des Immobilienmietvertrages erstreckt sich in erster Linie auf den Vertragsinhalt. Durch sonderprivatrechtliche Regelungen haben Verträge über Grundstücke, auf denen der Mieter ein Haus zu bauen beabsichtigt, immer eine gesetzliche Mindestlaufzeit. Die Möglichkeit der Kündigung eines Immobilienmietvertrages oder die Beendigung bei Ablauf der Vertragslaufzeit besteht für den Vermieter nur bei Nachweis eines berechtigten Interesses unter erschwerten Voraussetzungen; und selbst in Fällen der Vertragsverletzung ist die Beendigung des Mietvertrages auf Fälle der irreparablen Zerstörung des Vertrauensverhältnis zwischen den Vertragsparteien beschränkt, an das die Rechtsprechung strenge Anforderungen stellt. Die Höhe des Mietzinses unterliegt zwar beim Vertragsabschluß heute keiner gesetzlichen Regulierung, eine Erhöhung des Mietzinses zu einem späteren Zeitpunkt ist aber nur unter Einhaltung eines bestimmten Verfahrens möglich, und die Angemessenheit der Erhöhung kann auf Antrag des Mieters von einem Gericht überprüft werden. Durch umfassende Regelungen über die Wirkung des Mietvertrages auch gegenüber Dritten wird faktisch auch das Nutzungsrecht des Eigentümers von Immobilien zum Schutze des Mieters eingeschränkt.

Der Vertragsabschluß wird dagegen nur in Ausnahmefällen reguliert, etwa in Fällen der großflächigen Zerstörung durch Naturkatastrophen, wo ein Sondergesetz das Mittel des bedingten Vertragszwangs vorsieht, um dem alten Mieter, dessen Wohnung zerstört worden ist, bevorzugt eine Wohnung an gleicher Stelle zu sichern und so Schaden für den Mieter, seine Familie und das gesellschaftliche Gefüge so weit wie möglich abzuwenden. In Fällen der neueingeführten befristeten Immobilienmietrechte bestehen teilweise schriftliche Aufklärungspflichten sowie ein Formzwang (notarieller Vertrag oder Schriftform). Diese Mechanismen haben einerseits den Zweck der Sicherung von Beweisen für die Vereinbarung dieser Sonderform eines Mietvertrages und andererseits soll gewährleistet werden, daß der Mieter aufgeklärt und bewußt einen Mietvertrag mit Sonderregelungen abschließt, die ihm im Vergleich zu den gewöhnlichen Regelungen einen geringeren Schutz bieten.

Die Regelung des Mietrechts ist eigentlich untypisch für das japanische Recht, weil es sich dabei erstens um eine fast ausschließlich privatrechtliche Regulierung handelt und hierbei zweitens nicht so sehr der Vertragsabschluß, sondern die wesentlich intensivere Form der Inhaltsregulierung eingesetzt wird. Daran sieht man einerseits, daß die Regulierung des Mietrechts bereits eine lange Tradition hat, da moderne Vertragstypen in der Nachkriegszeit zunehmend und hauptsächlich durch verwaltungsrechtliche Bestimmungen reguliert worden sind, andererseits zeigt sich daran auch die große sozialpolitische Bedeutung diese Rechtsbereiches, da bei anderen Vertragstypen gewöhnlich nur eine Regulierung des Vertragsabschlusses erfolgt ist.

## II. Die Regulierung von Darlehensverträgen und finanzierten Geschäften

Gelddarlehensverträge bzw. Kreditverträge und finanzierte Geschäfte unterliegen in Japan vielfältigen gesetzlichen Regelungen. Nur ein geringer Teil davon ist aber privatrechtlicher Natur. Vor allem verwaltungs- und strafrechtliche Normen sind in diesem Bereich von großer Bedeutung. Die relevanten Regelungen verteilen sich über mehrere Gesetze, so daß hier eine komplizierte Gemengelage von verschiedenen Normen besteht. Einige Regelungen knüpfen ausschließlich an Darlehensverträge an, wobei nicht ganz klar ist, inwieweit diese auch für andersartige Kreditverträge – also bei Finanzierungshilfen – gelten, andere dagegen nur an ein durch bestimmte Formen eines Kreditvertrages finanziertes Geschäft.

Im Gegensatz zu anderen Vertragstypen im japanischen Recht besteht bei Darlehensverträgen neben einer Regulierung des Vertragsabschlusses auch eine strikte, wenngleich nicht unbedingt strenge Regulierung des Vertragsinhaltes in Form einer Beschränkung der Höhe des zulässigen Zinses, den ein Darlehensgeber als Gegenleistung für die Überlassung von Kapital fordern darf. Diese Regelung gilt nicht nur für Verbraucherdarlehensverträge, sondern ganz allgemein. Allerdings haben vor allem die zunehmende Überschuldung von Verbrauchern und das Auftreten einer großen Anzahl unseriöser Geldverleiher, die nicht als Banken angesehen werden und entgeltliche Darlehen fast ausschließlich an Verbraucher zu sehr hohen Zinsen vergeben, dazu beigetragen, daß die gesetzliche Regelung von Darlehensverträgen sowie die gewerberechtliche Aufsicht über die Geldverleiher seit den 1970er Jahre mehrfach verschärft worden ist.[546]

Für die finanzierten Geschäfte bestehen hauptsächlich Regelungen des Vertragsabschlusses in Form von beispielsweise schriftlichen Aufklärungspflichten. Außerdem werden einige vertragliche Nebenbedingungen durch das Teilzahlungsgesetz zwingend bestimmt; eine Regulierung der Hauptleistungen aber besteht nicht. Als finanzierte Geschäfte sind der Kauf von Waren, Dienstleistungen bzw. Rechten und der Erwerb eines Anspruchs auf das Erbringen einer Dienstleistung anzusehen, die durch den gleichzeitigen Abschluß eines Kreditvertrages finanziert werden. Bilden ein Kreditvertrag und ein Kaufvertrag bzw. ein Vertrag über die Erbringung einer Dienstleistung wirtschaftlich eine Einheit, dann müssen meist mehrere Gesetze gleichzeitig berücksichtigt werden. In solchen Fällen gibt es zudem besondere gesetzliche Bestimmungen, die an die wirtschaftliche Verbindung zwischen den beiden Geschäften auch besondere rechtliche Folgen knüpfen, wie z.B. den Einwendungsdurchgriff nach Artt. 30-4 und 29-4 II TzG. Einwendungen in einem weiten Sinne – unter

---

[546] Zum Verbraucherkreditproblem allgemein siehe C. RAPP (1996a) und (1996b). Dazu auch bereits oben unter Kapitel 2 A VI und B V 3.

Einschluß von Einreden – gegen Verträge bezüglich des finanzierten Geschäfts können danach auch gegen Ansprüche aus dem verbundenen Kreditvertrag entgegengesetzt werden.

Regelungen über Darlehensverträge, andere Kreditverträge und Verträge im Zusammenhang mit finanzierten Geschäften finden sich in folgenden fünf Gesetzen:

- *Zivilgesetz* (Artt. 587 bis 592 ZG)
  → Darlehensverträge
- *Gesetz über die Beschränkung von Zinsen* (Zinsbeschränkungsgesetz, ZBG)[547]
  → Darlehensverträge (andere Kreditverträge)
- *Gesetz über die Kontrolle der Kapitaleinlage und der Zinsen* (Kapitaleinlagengesetz, KEG)[548]
  → Darlehensverträge / Gewerberegulierung
- *Gesetz zur Regulierung und Kontrolle des Geldverleihgewerbes* (GeldverleihGG)[549]
  → Regulierung und Aufsicht über das Geldverleihgewerbe / Darlehensverträge
- *Gesetz über Teilzahlungsgeschäfte* (Teilzahlungsgeschäftegesetz, TzG)[550]
  → finanzierte Verträge / Gewerberegulierung

Eine umfassende Darstellung des Regelungsinhaltes aller Gesetze sowie des gesellschaftlichen Kontexts ist an dieser Stelle nicht möglich. Es soll hier daher nur auf die wichtigsten Vorschriften zur Regelung des Abschlusses und des Inhalts von Darlehens- bzw. Kreditverträgen und der Verträge bei finanzierten Geschäften unter Berücksichtigung auch des Verbraucherschutzes eingegangen werden.[551] Dabei spielen die Bestimmungen des Zivilgesetzes über den Darlehensvertrag so gut wie keine Rolle, da dort für Gelddarlehen nur sehr wenige Regeln vorgesehen und diese auch fast ausschließlich dispositiver Natur sind. Von Bedeutung sind daher nur die bestehenden Sondergesetze.

---

[547] *Risoku seigen-hō*, Gesetz Nr. 100/1954 i.d.F. des Gesetzes Nr. 155/1999.
[548] *Shusshi no ukeire, azukari-kin oyobi kinri-tō no torishimari ni kansuru hōritsu*, Gesetz Nr. 195/1954 i.d.F. des Gesetzes Nr. 136/2003.
[549] *Kashikin-gyō no kisei-tō ni kansuru hōritsu*, Gesetz Nr. 32/1983 i.d.F. des Gesetzes 45/2002.
[550] *Kappu hanbai-hō*, Gesetz Nr. 159/1961 i.d.F. des Gesetzes Nr. 152/2002.
[551] Hingewiesen sei hier aber auf das umfangreiche Werk zum Recht der Verbraucherkreditgeschäfte *in toto* von A. TAKEUCHI (1995) sowie auf das Buch von T. SHIOZAKI (1994), das Fragen des Kredit- und Darlehensrechts ganz allgemein behandelt.

## 1. Regulierung der Darlehensverträge

### a) Schutz vor Wucherzinsen

Bereits vor Erlaß des BGB wurde durch das alte Gesetz über die Beschränkung von Zinsen aus dem Jahre 1877 ein Höchstzinssatz bei Gelddarlehensverträgen festgelegt, um den Darlehensnehmer vor wucherischen Zinsen zu schützen. Damit wurde bereits früh eine besonders wichtige Form des Wuchers (*bōri kōi*) spezialgesetzlich geregelt. Die Regelungen des alten Gesetzes wurden nach Ende des Zweiten Weltkrieges novelliert und 1954 als (neues) Gesetz über die Beschränkung von Zinsen (ZBG) erlassen.[552] Die darin enthaltenen Regelungen finden Anwendung auf Gelddarlehensverträge. Inwieweit sich darüber hinaus die Anwendbarkeit des ZBG auch auf andere Kredit- bzw. Finanzierungsgeschäfte bei funktionaler Vergleichbarkeit mit einem Darlehensgeschäft erstreckt, ist umstritten. Die Rechtsprechung und herrschende Meinung in der Literatur tendieren nach wie vor dazu, den Anwendungsbereich eng zu interpretieren.[553] Im folgenden wird daher nur von Darlehensverträgen die Rede sein, da die Regelungen in Japan vor allem auf diesen Vertragstypus zugeschnitten sind.

Die wichtigste Regelung ist in Art. 1 I ZBG enthalten. Danach ist ein Darlehensvertrag insoweit zivilrechtlich nichtig, als die dort als Entgelt vereinbarten Zinsen einen bestimmten Jahreszinssatz übersteigen, der für drei Darlehenssummenbereiche jeweils unterschiedlich hoch ist. Die Zinsobergrenzen stellen sich wie folgt dar:

- für eine Darlehenssumme von bis zu 100.000 ¥, maximal      20 % p.a.
- für eine Darlehenssumme von 100.000 ¥ bis zu 1 Mio. ¥      18 % p.a.
- für eine Darlehenssumme von 1 Mio. ¥ und darüber      15 % p.a.

Das bedeutet, der Darlehensgeber darf keinen höheren Zinssatz bei seinen Darlehensverträgen vereinbaren, bzw. er kann keine höheren Zinsen verlangen als diejenigen, die sich bei Zugrundelegen des relevanten Höchstzinssatzes ergeben. Bei einem Verstoß gegen die Höchstzinsgrenze bleibt der Vertrag zwar grundsätzlich wirksam, die dort enthaltene Zinsrate wird allerdings auf die im Einzelfall relevante Höchstzinsrate reduziert. Der Vertrag ist daher in solchen Fällen *nur teilnichtig*.

---

[552] Zur Entstehungsgeschichte und den Motiven des Gesetzgebers bei der Schaffung des ZGB siehe CHŪSHAKU MINPŌ 15 / Moriizumi (1996) Einleitung zum ZBG, 50-53; A. MORIIZUMI (1972) 3-18.

[553] Vgl. J. NAGAO (1984) 162-166 m.w.N. So wird z.B. die Anwendung auf den Zinssatz bei Teilzahlungsgeschäften gemäß Art. 2 I TzG abgelehnt. Die Anwendung auf den Teil bei kooperativ finanzierten Geschäften (*rōn teikei hanbai*) und kreditfinanzierten Geschäften (*kappu kōnyū assen*) (dazu unten 2), der einem eigenständigen Kreditvertrag entspricht, auf Finanzierungshilfen wie bei Leasinggeschäften etc., ist besonders umstritten. In der Praxis tritt dieses Problem allerdings wegen deutlich geringerer Zinssätze bei diesen Geschäften als nach dem ZBG zugelassen, gewöhnlich nicht auf.

Die teilweise Nichtigkeit einer Zinsvereinbarung hat aber nach der gesetzlichen Regelung in Art. 1 II ZBG nicht automatisch zur Folge, daß bereits geleistete, über die Höchstzinsgrenzen hinaus gehende Zinsen durch den Darlehensnehmer zurückgefordert werden können. Art. 1 II ZBG enthält hierfür nämlich eine Sonderregelung und bestimmt, daß aufgrund „freien Willens" schon geleistete Zinsen, die gemäß Art. 1 I ZBG nicht geleistet hätten werden müssen, nicht (aufgrund Bereicherungsrechts) herausverlangt werden können. Art. 1 II ZGB enthält also eine Art besondere Kondiktionssperre. Die höchstrichterliche Rechtsprechung in Japan hat dieser Bestimmung allerdings eine völlig andere Interpretation gegeben. Nach der Leitentscheidung des OGH vom 13.11.1968[554] soll die Rückforderung nur solange ausgeschlossen sein, wie die Darlehensschuld noch besteht. Die entgegen der Regelung in Art. 1 I ZGB zuviel gezahlten Zinsen seien als Rückzahlung der Darlehensvaluta nach Art. 491 ZG anzurechnen. Ist die Darlehensschuld aber unter Berücksichtigung der Höchstzinsgrenzen in Art. 1 I ZGB und der Anrechnung darüber hinaus geleisteter Zinsen als Rückzahlung der Darlehensvaluta erloschen, und zahlt der Darlehensnehmer weiterhin Zinsen in der irrigen Annahme, daß noch eine Schuld bestehe, so kann er diese darüber hinaus geleisteten Geldzahlungen zurückfordern, weil hierfür nach Ansicht des Gerichts kein Rechtsgrund bestehe. Diese Auslegung des Art. 1 II ZBG durch den OGH ist deutlich vom Willen getragen, den Darlehensschuldner zu schützen. Sie entspricht aber weder dem Willen des historischen Gesetzgebers, dem Wortlaut der Norm noch der Systematik des Gesetzes. Art. 1 II ZGB ist in Fortschreibung der höchstrichterlichen Rechtsprechung der Vorkriegszeit als eine Art Kondiktionssperre in das Zinsbeschränkungsgesetz eingefügt worden.[555] Diese Rechtsprechung der Vorkriegszeit hatte genau den Inhalt, der auch im Wortlaut der Norm zum Ausdruck kommt. Soweit eine Zinsvereinbarung die in Art. 1 I ZBG bestimmten Grenzen überschreitet, ist sie zwar nichtig und durch den Darlehensgeber nicht einklagbar, die Forderung kann aber andererseits wirksam erfüllt werden. Leistet der Darlehensschuldner freien Willens die Zinsen, so wie sie vereinbart waren, so kann er sie nicht

---

[554] Hanrei Jihō Nr. 535, 3; Besprechung des Falls in A. MORISHIMA / S. ITŌ (1995) 154-155 von N. Kano. Dem Urteil gingen mehrere Entscheidungen von Obergerichten und des OGH vom 18.11.1964 voraus, die bereits eine Änderung der Rechtsprechung im Hinblick auf eine Anrechnung zuviel geleisteter Zinsbeträge auf die noch ausstehende Rückzahlung der Darlehensvaluta herbeiführten. Das Urteil des OGH vom 13.11.1968 entschied nun allerdings zum ersten Mal, daß der Darlehensschuldner einen bereicherungsrechtlichen Rückzahlungsanspruch im Falle der Überzahlung von Zinsen habe; die Literatur begrüßte den Wandel der Rechtsprechung überwiegend; zur Vorgeschichte siehe CHŪSHAKU MINPŌ 15 / Moriizumi (1996) Art. 1 ZBG, 62-67 m.w.N.

[555] Vgl. Y. HIRAI (1994) 33-36. In der Literatur herrschte nach dem alten Gesetz Streit darüber, ob zuviel gezahlte Zinsen zurückgefordert werden können oder nicht. Ein großer Teil des Schrifttums befürwortete einen bereicherungsrechtlichen Rückforderungsanspruch. Demgegenüber verneinte die herrschende Rechtsprechung dies. Der Gesetzgeber folgte bei Neufassung des ZBG bewußt der Auffassung der Rechtsprechung; CHŪSHAKU MINPŌ 15 / Moriizumi (1996) Art. 1 ZBG, 59; zur Entwicklung in Rechtsprechung und Literatur, dort 58-59 m.w.N.

später wieder zurückverlangen. Die Interpretation des OGH ist hingegen kaum mit dem Wortlaut des Art. 1 II ZBG vereinbar. Im übrigen verstößt sie auch gegen die Gesetzessystematik, denn eine Anrechung zuviel geleisteter Zinsen als Rückzahlung der Darlehensvaluta ist im Zinsbeschränkungsgesetz ausdrücklich und ausschließlich für den einen Fall vorgesehen, daß der Darlehensgeber einen nach dem Gesetz nicht einklagbaren Teil der Zinsen bereits bei Auszahlung der Darlehensvaluta einbehält (Art. 2 ZBG). Für eine spätere Zahlung von überhöhten Zinsen sieht Art. 1 II ZBG eine davon abweichende Regelung vor. Trotz aller Zweifel beschreibt das Urteil des OGH die geltende Rechtlage in Japan. Für Darlehen oder Kredite der Banken haben die Höchstzinsgrenzen des ZBG heute allerdings tatsächlich kaum eine Bedeutung, da deren Zinssätze regelmäßig deutlich darunter liegen. Auch die Zinsen anderer Finanzierungsgesellschaften wie Leasinggesellschaften, Teilzahlungskreditinstitute, Kreditkartengesellschaften etc. überschreiten in der Regel diese Zinsobergrenze nicht.

Bedeutung haben die Höchstzinsgrenzen vor allem für Finanzierungsinstitute, die nach Art. 2 II, I GeldverleihGG als Geldverleiher (*kashikin gyōsha*) bezeichnet werden und die für Darlehen teilweise Zinsen über diese Grenzen hinaus verlangen. Angesprochen ist hiermit ein grauer Geld- und Kreditmarkt, der sich in einem bedeutenden Ausmaß in den 1960ern zu etablieren begann und hauptsächlich Verbraucher mit Darlehen bedient, auch wenn diese bereits ver- oder überschuldet sind. Entsprechend hoch sind gewöhnlich die dafür verlangten Zinsen. Die wucherischen Geldverleiher, die in Japan umgangssprachlich oft als *sarakin gyōsha*[556] bezeichnet werden, haben oftmals Kontakte zur Unterwelt und sind in der Vergangenheit vor allem durch rüde Formen der Geldeintreibung aufgefallen. Um das Problem im Zusammenhang mit wucherischen Darlehen und der unbilligen Geschäftsmethoden der Kredithaie zu bekämpfen, wurde im Jahre 1983 das Gesetz zur Regulierung und Kontrolle des Geldverleihgewerbes geschaffen, das eine Registrierungspflicht und eine strenge gewerberechtliche Kontrolle von Geldverleihern vorsieht. Bei Verstößen gegen das Gesetz können die zuständigen Behörden zum Teil empfindliche verwaltungsrechtliche und strafrechtliche Sanktionen verhängen. Darin ist es dem Geldverleiher untersagt, an Kunden Darlehen zu vergeben, deren Rückzahlung ihn sowie eventuelle Bürgen wirtschaftlich überfordern (Art. 13 I GeldverleihGG). Außerdem droht insbesondere demjenigen, der ein solches Geldverleihgewerbe betreibt, ein teilweises oder vollständiges Verbot der Ausübung des Gewerbes, wenn es bei Eintreibung der Forderungen zur Verwirklichung von Straftaten nach dem Strafgesetz oder zu Verstößen gegen das Gesetz über die Bestrafung von Gewalttaten[557] kommt, wenn er gegen Vorschriften des

---

[556] Die Bezeichnung „*sarakin gyōsha*" leitet sich ab von „*sarakin*", was in etwa mit Angestelltendarlehen zu übersetzen ist, und von „*gyōsha*", was nichts anderes als Gewerbetreibender bedeutet.

[557] *Bōryoku-tō shobatsu ni kansuru hōritsu*, Gesetz Nr. 60/1926 i.d.F. des Gesetzes Nr. 91/1995.

## C. Regulierte Verträge

GeldverleihGG bzw. darauf beruhende Anordnungen, wenn er gegen Vorschriften das Kapitaleinlagengesetz oder gegen das Gesetz zur Verhinderung von unbilligen Handlungen durch Mitglieder organisierter und gewaltbereiter Vereinigungen[558] verstößt (Art. 36 GeldverleihGG).

Das Kapitaleinlagengesetz sieht strafrechtliche Verbote der Forderung von Wucherzinsen vor. Nach Art. 5 I, III KEG kann derjenige, der einen Vertrag über ein Gelddarlehen zu einem Zinssatz von über 109,5 % p.a.[559] abschließt oder Zinsen entgegennimmt, die einem Zinssatz in dieser Höhe entsprechen, mit Freiheitsstrafe bis maximal fünf Jahre und/oder Geldstrafe bis zu 10 Mio. Yen bestraft werden. Vergibt jemand ein Gelddarlehen in Ausübung seines Gewerbes, droht ihm bei einer solchen Handlung die gleiche Strafe bereits bei Überschreitung eines Zinssatzes von 29,2 % p.a.[560] (Art. 5 II, III KEG). Wurde die Tat von dem Repräsentanten oder Vertreter einer juristischen Person begangen oder von einem Angestellten oder einem sonstigen Gehilfen, so kann auch die juristische Person, allerdings nur mit Geldstrafe bestraft werden. Handelt es sich bei dem Unternehmer um keine juristische, sondern um eine natürliche Person, und hat ein Angestellter oder sonstiger Gehilfe die Tat begangen, kann er ebenfalls als Geschäftsherr in gleicher Weise wie sein Gehilfe bestraft werden. Die Wucherzinsgrenze in Art. 5 II KEG wurde zunächst zeitgleich mit dem Erlaß des GeldverleihGG auf 40,004 % reduziert, Ende der 1990er dann auf den jetzigen Wert. Man darf sich nicht dadurch verwirren lassen, daß der zivilrechtlich relevante Wucherzinssatz geringer ist als der strafrechtliche. Die strafrechtliche Wucherzinsgrenze hat übrigens noch mehr als die zivilrechtliche tatsächlich keine Bedeutung für seriöse Kreditinstitute, da deren Zinssätze deutlich darunter liegen.[561]

Die Einführung des GeldverleihGG hat auch eine bedeutende Änderung für die Interpretation des Art. 1 II ZBG im Zusammenhang mit Verbraucherdarlehen der Geldverleiher herbeigeführt.[562] Mit Art. 43 I GeldverleihGG hat der Gesetzgeber quasi eine Sonderregelung zu Art. 1 II ZBG geschaffen, die der Interpretation dieser Norm durch das Urteil des OGH vom 13.11.1968 entgegengesetzt ist. Dadurch wurde die Rechtslage praktisch völlig geändert, was auch vom OGH durch sein Urteil vom 22.1.1990 zumindest indirekt bestätigt worden ist, allerdings nur für den Anwendungsbereich des Art. 43 I Geld-

---

[558] *Bōryokudan'in ni yoru futō na kōi no bōshi-tō ni kansuru hōritsu*, Gesetz Nr. 77/1991 i.d.F. des Gesetzes Nr. 87/2005. Mit diesen Vereinigungen (*bōryokudan*) sind die Yakuza- bzw. Mafiasyndikate oder ähnliche Vereinigungen gemeint.

[559] In einem Schaltjahr beträgt die Zinsrate 109,8 %. Bei Berechnung nach Tagen entspricht dies einem Tagessatz von 0,3 %.

[560] In einem Schaltjahr beträgt die Zinsrate 29,28 %. Bei Berechnung nach Tagen entspricht dies einem Tagessatz von 0,08 %.

[561] Zu den jüngsten Reformen des KEG und des GeldverleihGG im Jahre 2003 siehe K. OKU (2003).

[562] Zur Entwicklung der Rechtsprechung und Lehre zum ZBG und zum GeldverleihGG siehe auch die knappe Übersicht von A. MORIIZUMI (1992).

verleihGG.⁵⁶³ Diese Norm bestimmt, daß die Zahlung von Zinsen, auch wenn sie über die in Art. 1 I ZGB bestimmte Zinshöchstgrenze hinausgeht, als wirksame Erfüllung der Zinsvereinbarung anzusehen ist, soweit einige Bedingungen erfüllt sind, die in Art. 43 I und II GeldverleihGG aufgeführt sind. Zu diesen Bedingungen gehört *erstens*, daß der Darlehensnehmer nach Art. 17 GeldverleihGG ordnungsgemäß unmittelbar nach Abschluß des Vertrages schriftlich über wichtige Einzelheiten des Vertragsinhaltes aufgeklärt worden ist. Die aufklärungsbedürftigen Punkte sind in Art. 17 I GeldverleihGG und Art. 13 DAVO GeldverleihGG⁵⁶⁴ im einzelnen spezifiziert; es sind unter anderem die Zinsrate und der vereinbarte Zeitraum der Rückzahlung anzugeben. Außerdem muß der Darlehensgeber dem Darlehensnehmer nach vollständiger oder anteiliger Rückzahlung der Darlehensvaluta jeweils ein weiteres Schriftstück mit bestimmten Einzelheiten übergeben. Die in diesem Schriftstück aufzuführenden Einzelheiten sind in Art. 18 GeldverleihGG und Art. 15 DAVO GeldverleihGG spezifiziert. Es dient einerseits als eine Art Quittung und andererseits der Verdeutlichung des Vertragsinhaltes. Daher ist in diesem Schriftstück z.B. erneut die Zinsrate anzugeben. Versäumt der Geldverleiher diese Aufklärung, so kann einerseits die überhöhte Zinszahlung, soweit sie die Zinsgrenzen in Art. 1 I ZBG übersteigt, durch den Darlehensnehmer zurückgefordert werden, weil sie nicht als wirksame Erfüllung angesehen wird; andererseits kann diese Verletzung von Ordnungsnormen verwaltungsrechtliche und strafrechtliche Sanktionen sowohl gegen den unmittelbaren Täter als auch gegen den Geschäftsherrn als juristische oder natürliche Person nach sich ziehen (Artt. 36, 48, 51 GeldverleihGG). Die *zweite Bedingung* ist die, daß der Darlehensnehmer die Zinsleistung aufgrund „freien Willens" erbracht hat. An diese Bedingung stellt der OGH in seiner oben zitierten Entscheidung vom 22.1.1990 keine großen Anforderungen. „Aufgrund freien Willens" bedeute in diesem Zusammenhang lediglich die willentliche Leistung der Zinsen wie vereinbart und wie in den erhaltenen Schriftstücken ausgewiesen. Es sei insbesondere nicht erforderlich, daß dem Darlehensnehmer auch bewußt gewesen ist, daß die Zinsleistung die in Art. 1 I ZBG bestimmte Höchstzinsgrenze übersteige. *Drittens* dürfe der Zinssatz nicht die in Art. 5 II KEG bestimmte Obergrenze von 29,2 % übersteigen. *Viertens* dürfe der Vertragsschluß nicht erfolgt sein nach Anordnung eines Gewerbeverbotes aufgrund Art. 36 GeldverleihGG und *fünftens* dürfe kein Verstoß gegen Art. 12 der Verordnung über die Preiskontrolle (*Bukka tōsei-rei*) vorliegen. Da diese Verordnung derzeit nicht in Vollzug gesetzt ist, die Ausübung des Gewerbes trotz eines ausdrücklichen Verbotes und die Überschreitung der strafrechtlichen Wuchergrenze eher Ausnahmefälle darstellen, kann

---

⁵⁶³ Urteil des OGH vom 13.11.1968, in: Hanrei Jihō Nr. 1349, 58; Besprechung des Urteils in A. MORISHIMA / S. ITŌ (1995) 158-159 durch *S. Itō*, dort m.w.N. aus Literatur und Rechtsprechung.

⁵⁶⁴ *Kashikin-gyō no kisei-tō ni kansuru hōritsu shikō kisoku* [Amtsverordnung zur Durchführung des Geldverleihgewerbegesetzes], Amtsverordnung des Finanzministeriums Nr. 40/1983 i.d.F. der Amtsverordnung des Kabinettsamtes Nr. 107/2005.

aufgrund der Regelung in Art. 43 I GeldverleihGG die Leistung von Zinsen, die über die Höchstzinsgrenze in Art. 1 I ZBG hinausgehen, praktisch immer als wirksame Leistung des Darlehensnehmers angesehen werden, die nicht zurückgefordert werden kann, wenn nur der Darlehensgeber dem Darlehensnehmer die gesetzlich bestimmten Dokumente mit allen erforderlichen Angaben übergeben und nicht zur Leistung genötigt hat (zu einer weiteren Ausnahme sogleich). Durch Art. 43 I GeldverleihGG hat somit die den Darlehensnehmer schützende Rechtsprechung zu Art. 1 II ZBG weitgehend an Bedeutung verloren.[565]

Eine weitere Sonderregelung zu Art. 1 II ZBG und auch Art. 43 I GeldverleihGG hat der Gesetzgeber später mit Einführung des Art. 42-2 GeldverleihGG (durch Reform des Gesetzes im Jahre 2003) getroffen. Übersteigt die vereinbarte Zinsrate, die sich ein Geldverleiher ausbedungen hat, gar die Höchstgrenze des Art. 5 I KEG, also 109,5 %, so ist der Vertrag insgesamt als *nichtig* anzusehen. Bei der Klärung der Frage, ob die Höchstzinsgrenze von 109,5 % überschritten wurde, sind etwaige bestehende vertragliche Schadensersatzpauschalen für den Fall der Nichterfüllung der Pflichten aus dem Darlehensvertrag durch den Darlehensnehmer einzubeziehen. In diesen Fällen ist eine Rückforderung in Höhe der gesamten geleisteten Zinszahlungen möglich. Art. 43 I GeldverleihG und Art. 1 II ZBG finden keine Anwendung. Es handelt sich bei dieser Norm übrigens um eine neue, ergänzende zivilrechtliche Wuchergrenze zu Art. 1 I ZBG.

*b) Schutz vor überhöhten Schadenspauschalen und Vertragsstrafen*

Ähnliche Regelungen wie zum Schutz vor wucherischen Zinsen existieren zum Schutz des Darlehensnehmers vor überhöhten, wucherischen Schadensersatzpauschalen und Vertragsstrafen, die oftmals in den AGB des Darlehensgebers für den Fall der Nichterfüllung oder nicht rechtzeitigen Erfüllung des Darlehensvertrages durch den Darlehensnehmer vorgesehen sind.

Im Zinsbeschränkungsgesetz findet sich hierzu eine Regelung in Art. 4. Nach Art. 4 I ZBG ist eine vertraglich festgelegte Schadenspauschale für den Fall der Nichterfüllung insoweit nichtig, als sie die Obergrenze der zulässigen Zinsrate in Art. 1 I ZBG mit dem Wert 1,46 multipliziert übersteigt. Auch bei der Obergrenze für Schadenspauschalen orientiert sich der Gesetzgeber also grundsätzlich an der Höhe der Darlehensvaluta. Er gestattet aber für Schadenspauschalen einen geringfügig höheren Prozentsatz als für Zinsraten. Für den Fall der Überschreitung dieses Höchstwertes ist wieder eine Teilnichtigkeit des Vertrages vorgesehen; die Schadenspauschale wird von Gesetzes wegen auf die

---

[565] Zum Verhältnis von Art. 1 ZBG und Art. 43 GeldverleihGG ausführlich A. TAKEUCHI (1995) 338-356; siehe auch CHŪSHAKU MINPŌ 15 / Moriizumi (1996) Einleitung zum ZBG, 53-55. Zur Regulierung des Geldverleihgewerbes durch das GeldverleihGG im allgemeinen kritisch A. TAKEUCHI (1995) 311-337; zu den Motiven des Gesetzgebers bei der Schaffung des GeldverleihGG siehe auch J. NAGAO (1984) 76-106.

gerade noch zulässige Summe angepaßt. Gemäß Art. 4 III ZBG gilt dieselbe Regelung für eventuell vorgesehene Vertragsstrafen.

Parallel zu der Regelung für den zulässigen Maximalzins gilt auch für „aufgrund freien Willens" bewirkte Leistung einer Vertragsstrafe oder Schadenspauschale, die den Maximalwert übersteigt, daß der insoweit nicht geschuldete Betrag dennoch später nicht zurückgefordert werden kann (Art. 4 II ZBG). Ähnlich wie bei Art. 1 II ZBG hat der OGH aber auch diese Vorschrift in seinem Urteil vom 13.11.1968 anders interpretiert, als der Wortlaut dies vermuten ließe. Auch die überhöhten Schadensersatzzahlungen und Vertragsstrafen seien nach Art. 491 ZG als Rückzahlung der Darlehensvaluta anzurechnen. Ist die Darlehensvaluta schließlich unter Berücksichtigung der anrechnungsfähigen Zahlungen zurückgezahlt worden und die Schuld insgesamt erloschen und hat der Darlehensnehmer auch danach noch eine Vertragsstrafe oder eine Schadenspauschale geleistet, so bestehe für diese Leistung kein Rechtsgrund und der Darlehensnehmer könne die Leistung zurückfordern.[566]

Wie auch für den Fall der Zinsen gilt, daß seriöse Kreditunternehmen wie Banken derzeit praktisch nie Schadensersatzpauschalen und Vertragsstrafen in ihren Verträgen vorsehen, die diese gesetzliche Obergrenze erreichen. Daher hat die Regelung praktisch nur Relevanz für den grauen Kapitalmarkt, also für die Darlehensverträge der Geldverleiher. Der Gesetzgeber hat allerdings gleichfalls für diesen Fall im Gesetz zur Regulierung des Geldverleihgewerbes eine besondere Regelung wie für die Zinsen getroffen. Nach Art. 43 III gilt für Schadensersatzpauschalen und Vertragsstrafen dieselbe Regelung wie für Zinsen nach Art. 43 I GeldverleihGG. Das heißt im Ergebnis, daß die Leistung von überhöhten, wucherischen Schadenseratzpauschalen und Vertragsstrafen – trotz des angeführten OGH Urteils aus dem Jahre 1968 – später regelmäßig nicht mehr zurückgefordert werden kann, wenn nur der Darlehensgeber seinen formalen Aufklärungspflichten nachgekommen ist. Ähnlich wie auch schon für den Fall der wucherischen Zinsen hat die Neuregelung durch das Gesetz zur Regulierung des Geldverleihgewerbes die alte höchstrichterliche Rechtsprechung zu Art. 4 ZBG praktisch bedeutungslos gemacht.

c) *Schutz vor unangemessenen Bedingungen im Vorfeld und bei Abschluß des Vertrages*

Besondere Regelungen über den Abschluß von Darlehensverträge bestehen nur, soweit es sich bei dem Darlehensgeber um gewerbliche Geldverleiher im Sinne des Art. 2 II, I GeldverleihGG handelt; bei Banken und nach anderen Gesetzen regulierte Finanzierungsgesellschaften dagegen nicht. Geldverleiher haben zahlreiche Vorschriften des GeldverleihGG zu beachten. Bei einem Verstoß drohen verwaltungsrechtliche und strafrechtliche Sanktionen. Nach Art. 14 GeldverleihGG i.V.m. Art. 11 DAVO GeldverleihGG hat der Geldverleiher in

---

[566] Zum ganzen vgl. CHŪSHAKU MINPŌ 15/Moriizumi (1996) Art. 4 ZBG, 76-78.

seinen Geschäftsräumen und an Geldautomaten an leicht sichtbarer Stelle die Geschäftsbedingungen auszuhängen, zu denen er Darlehen bzw. Kredite vergibt. Die Vorschriften bestimmen auch die Einzelheiten, die er darin mindestens angeben muß, so etwa den Zinssatz, die Art der Rückzahlung der Valuta, den Zeitraum der Rückzahlung und zahlreiche weitere Punkte. Wichtige Einzelheiten zum Inhalt des Vertrages und über sein Unternehmen muß der Geldverleiher auch bei jeder Art von öffentlicher Werbung angeben; bei Aufnahme von persönlichem Kontakt mit einem Kunden, muß er den Kunden seit einer Gesetzesreform im Jahre 2003 hierüber zudem individuell aufklären (Art. 15 GeldverleihGG i.V.m. Art. 12 DAVO GeldverleihGG). Dem Geldverleiher ist es außerdem untersagt, irreführende und übertreibende Werbung für sein Unternehmen zu betreiben; seit der Gesetzesreform im Jahre 2003 darf er zudem keine irreführenden und übertreibenden Erklärungen gegenüber dem Kunden abgeben (Art. 16 GeldverleihGG). Schließlich muß der Geldverleiher den Kunden auch individuell über wichtige Einzelheiten des Vertragsinhaltes schriftlich aufklären. Im Gegensatz zu einigen anderen regulierten Verträgen, wie etwa einigen Typen nach dem Handelsgeschäftegesetz, ist es aber *nicht* erforderlich, daß er dem Darlehensnehmer ein Schriftstück mit den erforderlichen Angaben *vor Abschluß* des Vertrages übergibt, *sondern nur unmittelbar nach Abschluß* des Vertrages. Die darin aufzunehmenden Pflichtangaben werden durch das Gesetz und die dazu erlassene Durchführungsamtsverordnung im einzelnen spezifiziert (vgl. Art. 17 GeldverleihGG, Art. 13 DAVO GeldverleihGG).[567] Ein Schriftstück mit ähnlichen Pflichtangaben hat der Geldverleiher dem Darlehensnehmer anläßlich jeder Erfüllungshandlung zu übergeben (Art. 18 GeldverleihGG). Es dient gleichzeitig als Quittung und zur Information des Darlehensnehmers.

*d) Sonstige Schutzbestimmungen*

Darüber hinausgehende Schutzbestimmungen existieren wiederum nur für die Vergabe von Darlehen durch Geldverleiher. In diesem Zusammenhang soll der Vollständigkeit halber erwähnt werden, daß Art. 21 und Art. 13 II GeldverleihGG dem Geldverleiher verbieten, zur Eintreibung der Forderung den Schuldner unzulässig zu bedrängen, sein Privat- oder Berufsleben unangemessen zu beeinträchtigen oder sonst in Verlegenheit zu bringen. Dies gilt auch für den Fall, daß er sich zu diesem Zweck eines Dritten bedient. Außerdem sieht das GeldverleihGG besondere Schutzbestimmungen im Zusammenhang mit einer Abtretung der Darlehensforderung vor (Artt. 24 ff.). Zu erwähnen ist schließlich, daß die meisten Schutzbestimmungen des GeldverleihGG in ähnlicher Form auch für Bürgen des Darlehensnehmers gelten.

---

[567] Anderes gilt allerdings beim Abschluß eines Bürgschaftsvertrages als Sicherheit für einen Darlehensvertrages: dort bestehen *vor- und nachvertragliche* schriftliche Aufklärungspflichten für den Geldverleiher (Art. 17 II, III, IV GeldverleihGG).

## 2. Regulierung von finanzierten Geschäften

Nicht für alle Arten von finanzierten Geschäften bestehen besondere Regelungen. Das Teilzahlungsgesetz regelt insgesamt vier Formen, von denen in der gegenwärtigen Praxis allerdings nur drei größere Bedeutung haben. Im folgenden werden daher nur die Regelungen für das Teilzahlungsgeschäft (*kappu hanbai*), das kooperativ finanzierte Geschäft (*rōn teikei hanbai*) und das kreditfinanzierte Geschäft (*kappu kōnyū assen*) erläutert, nicht dagegen derjenigen für das vorausfinanzierte Teilzahlungsgeschäft (*maebarai-shiki kappu hanbai*), das heute keine große Rolle mehr spielt.[568]

Das Teilzahlungsgesetz wurde ursprünglich zur Regelung des finanzierten Warenkaufs in Form des Teilzahlungs- bzw. Abzahlungskaufs geschaffen, wodurch sich die heutige japanische Bezeichnung des Gesetzes erklärt. Heute werden aber mehrere Formen finanzierter Geschäfte geregelt. Dies betrifft einerseits die Art der Finanzierung (Finanzierungsgeschäft bzw. Finanzierungselement) und andererseits den Typus des finanzierten Geschäftes im engeren Sinne. Als finanzierte Geschäfte im engeren Sinne kommen heute Kaufverträge über Waren und Rechte sowie Verträge über die Erbringung von Dienstleistungen (Dienstleistungsverträge) in Betracht. Aus diesem Grund scheint es sinnvoll im Deutschen insgesamt von „Teilzahlungsgeschäften" etc. zu sprechen. Die Regelungen im Teilzahlungsgesetz über finanzierte Geschäfte sind grundsätzlich nur dann anwendbar, wenn der Vertrag zwischen einem Unternehmer und einem Verbraucher geschlossen wird (Art. 8 TzG[569]). Außerdem muß der Leistungsgegenstand in einer der vom zuständigen Ministerium erstellten Produktlisten aufgeführt sein; d.h. nur bei der Finanzierung des Erwerbs bestimmter Produkte, ist das Gesetz anwendbar. Diese werden entweder als spezifizierte Waren (*shitei shōhin*), als spezifizierte Rechte (*shitei kenri*) oder als spezifizierte Dienstleistungen (*shitei ekimu*) bezeichnet (Art. 2 IV TzG i.V.m. der Durchführungsverordnung zum Teilzahlungsgesetz (DVO TzG)[570]). Diese Listen sind zum Teil sehr umfangreich. Dies betrifft insbesondere die Liste über Waren, die heute einen Großteil der gewöhnlichen Verbrauchsgüter umfaßt.

Als Teilzahlungsgeschäft (Art. 2 I Nr. 1 TzG) definiert das Gesetz einen Vertrag über die Lieferung von Waren, die Verschaffung von Rechten oder die Erbringung von Dienstleistungen, bei dem der Kunde das Entgelt in mindestens drei Raten über einen Zeitraum von mindestens zwei Monaten zu leisten hat, wofür er in der Regel über den Kaufpreis hinaus Zinsen zu leisten hat.

---

[568] Zu den Regelungen des Teilzahlungsgesetzes insgesamt siehe T. KAJIMURA / R. FUKAZAWA / K. ISHIDA (2000), den Kommentar zum neuen Teilzahlungsgesetz, TSŪSHŌ SANGYŌSHŌ (2000) sowie A. TAKEUCHI (1995) 214 ff.

[569] Dies ergibt sich aus der dort enthaltenen Negativdefinition.

[570] Durchführungsverordnung zum Teilzahlungsgesetz (*Kappu hanbai-hō shikō-rei*), Regierungsverordnung (*seirei*) Nr. 341/1961 i.d.F. der Regierungsverordnung Nr. 261/2004, dort in Art. 1 i.V.m. Übersicht 1 (Waren), 1-2 (Rechte) und 1-3 (Dienstleistungen).

Als kooperativ finanziertes Geschäft (Art. 2 II Nr. 1 TzG) versteht das Gesetz einen Vertrag über die Lieferung von Waren, die Verschaffung von Rechten oder die Erbringung von Dienstleistungen, bei dem das Entgelt von einem Kreditgeber in Form eines Kredits sofort entrichtet wird, den der Kunde diesem in mindestens drei Raten über einen Zeitraum von mindestens zwei Monaten zurückzuzahlen hat und der Unternehmer dem Kreditgeber gegenüber für die Erfüllung der Verbindlichkeit bürgt. Meist stehen der Unternehmer und die Finanzierungsgesellschaft in ständiger Geschäftsbeziehung und die Vermittlung erfolgt durch den Unternehmer.

Als kreditfinanziertes Geschäft (Art. 2 III Nr. 1 TzG) bestimmt das Gesetz einen Vertrag über die Lieferung von Waren, die Verschaffung von Rechten oder die Erbringung von Dienstleistungen, bei dem das Entgelt von einem Kreditgeber zur Finanzierung in Form eines Kredits bereitgestellt wird, den der Kunde dem Kreditgeber gegenüber in mindestes drei Raten über einen Zeitraum von mindestens zwei Monaten zurückzuzahlen hat, wobei eine Verbindung zwischen dem Kreditgeber und dem Unternehmer vorausgesetzt wird und die Vermittlung des Kreditgebers regelmäßig durch den Unternehmer erfolgt. Beim kooperativ finanzierten Geschäft und beim kreditfinanzierten Geschäft wird zwischen den zwei Verträgen eine wirtschaftliche Einheit angenommen.

Für die drei genannten Formen finanzierter Geschäfte gelten im wesentlichen die gleichen Schutzbestimmungen. Im Gesetz spiegelt sich dies durch eine nicht gerade übersichtliche Verweisungstechnik auf die Regelungen des Teilzahlungsgeschäftes wider, gelegentlich werden aber auch Regelungen für nur einzelne Formen finanzierter Geschäfte oder nur in jeweils ähnlicher Form getroffen. Regelungen zum Vertragsinhalt bestehen nur vereinzelt. So existieren beispielsweise betragsmäßige Obergrenzen für mögliche Schadensersatzansprüche des Unternehmers sowie für vertraglich vereinbarte Schadenspauschalen und Vertragsstrafen zu dessen Gunsten für die Fälle der Nichterfüllung bzw. des Verzugs und des Rücktritts vom Vertrag – wobei die Regelung sowohl für vertraglich vereinbarte als auch für gesetzliche Rücktrittsrechte gilt (Art. 6 TzG, Art. 30-3 TzG). Ferner ist zugunsten des Verbrauchers die Möglichkeit des Rücktritts vom Vertrag bzw. die Kündigung durch den Unternehmer gesetzlich eingeschränkt (Art. 5 TzG, Art. 30-2-4 TzG).

Reguliert werden vor allem der Vertragsabschluß und die öffentliche Werbung im Vorfeld des Vertragsabschlusses. So hat der Unternehmer bestimmte wichtige Einzelheiten zum Inhalt der Geschäfte in den Geschäftsräumen entweder an leicht sichtbarer Stelle durch einen Aushang bekannt zu machen oder dem Kunden durch Übergabe eines Schriftstücks mitzuteilen. Das Gesetz macht in Verbindung mit der Durchführungsamtsverordnung genaue Vorgaben, welche Punkte in den Aushang bzw. das Schriftstück aufzunehmen sind.[571] Zu diesen Punkten gehören unter anderem die durch die Finanzierung des Vertrages

---

[571] Art. 3 I bis III TzG i.V.m. Artt. 1 bis 1-3 DAVO TzG; Art. 29-2 I bis III i.V.m. Artt. 12-2 bis 12-4 DAVO TzG; Art. 30 I bis III TzG i.V.m. Artt. 13 bis 13-3 DAVO TzG.

anfallenden Gebühren oder Zinsen. In gleicher Weise wird auch festgelegt, auf welche Einzelheiten des Geschäftes und in welcher Weise der Unternehmer bei seiner an die Allgemeinheit gerichteten Werbung besonders hinzuweisen hat.[572] *Nach Vertragsabschluß* hat der Unternehmer dem Kunden ein Schriftstück mit wichtigen Einzelheiten zum Inhalt des Geschäftes zu übergeben. Auch hier werden die einzelnen Punkte wieder gesetzlich spezifiziert.[573] Der Kunde kann auch auf andere Weise durch Nutzung von Möglichkeiten der Informationstechnologie über die Einzelheiten informiert werden.[574] Verstößt der Unternehmer gegen eine der vorgenannten Vorschriften drohen ihm vor allem verwaltungsrechtliche und strafrechtliche Sanktionen.

Sofern die Vertragsverhandlungen und der Vertragsabschluß bzw. die Abgabe einer auf den Vertragsschluß gerichteten Willenerklärung des Kunden außerhalb der Geschäftsräume des Unternehmers erfolgten, steht dem Kunden bei allen drei Formen finanzierter Geschäfte auch ein besonderes Widerrufsrecht innerhalb von 8 Tagen nach Übergabe des Schriftstückes bzw. nach Eingang der Informationen auf elektronischem Wege zu (Art. 4-4 TzG; Art. 29-3-3 TzG; Art. 30-2-3 TzG).[575] Das Widerrufsrecht und die damit zusammenhängenden Regelungen sind zwingendes Recht.

## 3. Fazit

Zur Verhinderung von unerwünschten und inhaltlich grob unangemessenen Darlehensverträgen und Verträgen im Zusammenhang mit finanzierten Geschäften sieht das japanische Recht sowohl Maßnahmen zur Kontrolle des Vertragsinhalts als auch des Vertragsabschlusses vor.

So werden einerseits Wucherzinsen bei Darlehensverträgen sehr rigide durch Festlegung einer Höchtzinsgrenze reguliert. Japan hat also auf diesen Vertragstypus beschränkt die Lehre von der *laesio enormis* in einem Sondergesetz kodifiziert; unklar ist jedoch, ob die kontinentaleuropäische Rechtslehre hierauf einen Einfluß hatte oder nicht.

Außerdem sieht das japanische Recht einerseits bei der Vergabe von Darlehen durch potentiell unseriöse Finanzierungsgesellschaften und andererseits bei besonders wichtigen Typen von Verbraucherkreditgeschäften individuelle schriftliche Aufklärungspflichten vor, allerdings erst nach Vertragsabschluß. Soweit es die finanzierten Geschäfte anbelangt machen schriftliche Aufklärungspflichten vor allem in Verbindung mit dem zusätzlich bestehenden Wider-

---

[572] Art. 3 IV TzG i.V.m. Art. 1-4 DAVO TzG; Art. 29-2 IV TzG i.V.m. Art. 12-5 DAVO TzG; Art. 30 IV bis V TzG i.V.m. Art. 13-4 DAVO TzG.

[573] Artt. 4, 4-3 TzG i.V.m. Artt. 1-5 bis 1-9 DAVO TzG; Artt. 29-3, 29-3-2 TzG i.V.m. Artt. 12-6 bis 12-9 DAVO TzG; Artt. 30-2, 30-2-2 TzG i.V.m. Artt. 13-5 bis 13-13 DAVO TzG.

[574] Art. 4-2 TzG i.V.m. Art. 1-10 DAVO TzG; Art. 29-4 TzG; Art. 30-6 TzG.

[575] Einzelheiten zu den Widerrufsrechten im Teilzahlungsgesetz unten unter D.

rufsrecht einen Sinn; allerdings besteht dieses wiederum nur in dem Ausnahmefall, daß der Vertrag außerhalb der Geschäftsräume des Verkäufers bzw. Dienstleistungsunternehmers angebahnt wurde. Ansonsten ist unklar, warum die Aufklärungspflicht nicht auch hier als vorvertragliche Aufklärungspflicht ausgestaltet worden ist. Für den Fall der Vergabe von Darlehen durch Geldverleiher hat auch die schriftliche Aufklärungspflicht nach Abschluß des Vertrages ihren Sinn, da dem Darlehensnehmer auf diese Weise die Modalitäten der Rückzahlung des Darlehens und auch des Zinssatzes noch einmal deutlich vor Augen geführt werden. Auf diese Weise ist es ihm beispielsweise auf einfache Weise möglich, festzustellen, ob der Zinssatz über dem gesetzlich festgelegten Höchstzinssatz liegt, der dann insoweit unwirksam ist. Bei Darlehensverträgen bestehen zudem seit einer Gesetzesreform im Jahre 2003 vorvertragliche Aufklärungspflichten für Geldverleiher, und es ist Geldverleihern seither zudem verboten, im Rahmen der Vertragsanbahnung irreführende bzw. unwahre Erklärungen gegenüber dem Kunden abzugeben. Unbefriedigend ist allerdings, daß für die Vergabe von Darlehen durch andere Finanzierungsinstitute wie etwa Banken überhaupt keine gesetzlichen Aufklärungspflichten bestehen.

Schließlich wird nicht nur der Vertragsabschluß reguliert, sondern bereits auch die im Vorfeld stattfindende öffentliche Werbung. Sowohl Geldverleiher als auch Verkäufer und Dienstleister, die ihre Produkte vermittels einer Finanzierungshilfe an Kunden absetzen, haben ihrer Werbung deutlich wahrnehmbar bestimmte Informationen über das Geschäft beizufügen. Auch die irreführende Werbung ist in einigen Fällen ausdrücklich untersagt.

### III. Der Schutz des Verbrauchers durch Regulierungen im Handelsgeschäftegesetz

Das Handelsgeschäftegesetz (HGG),[576] das aus dem Haustür- und Vertretergeschäftegesetz aus dem Jahre 1976 hervorgegangen ist, regelt heute insgesamt sechs Arten von Geschäften. Mit der Formulierung „Regelung von Geschäften" ist gemeint, daß einerseits die Gewerbeausübung im allgemeinen und andererseits der Abschluß und Inhalt von Verträgen Gegenstand der Regelungen sind. Beim Handelsgeschäftegesetz handelt es sich um ein wirtschaftsverwaltungsrechtliches Gesetz, das insbesondere dem Verbraucherschutz dient und das typische Regelungen zur öffentlich-rechtlichen Vertragskontrolle enthält. Geregelt werden die folgenden Geschäfte und die damit zusammenhängenden Verbraucherverträge:

---

[576] Gesetz über besondere Handelsgeschäfte (*Tokutei shō-torihiki ni kansuru hōritsu*), Gesetz Nr. 57/1976 i.d.F. des Gesetzes Nr. 44/2004; vormals Haustür- und Vertretergeschäftegesetz (*Hōmon hanbai-tō ni kansuru hōritsu*). Zum Gesetz jetzt auch ein knapper Überblick bei E. KÜHLKAMP (2004) 45–53, allerdings noch zur Fassung des Gesetzes vor der wichtigen Reform im Jahr 2004.

- *Haustür- und Vertretergeschäfte (hōmon hanbai)*
  Verträge über die Lieferung von Waren, Verschaffung von Rechten und die Erbringung von Dienstleistungen an Verbraucher, die außerhalb der Geschäftsräume des Unternehmers angebahnt werden;
- *Fernabsatzgeschäfte (tsūshin hanbai)*
  Verträge über die Lieferung von Waren, Verschaffung von Rechten und Erbringung von Dienstleistungen an Verbraucher, die durch Fernkommunikationsmittel zustande kommen;
- *Telefongeschäfte (denwa kan'yū hanbai)*
  Verträge über die Lieferung von Waren, Verschaffung von Rechten und Erbringung von Dienstleistungen an Verbraucher, die am Telefon angebahnt bzw. geschlossen werden;
- *Kettenabsatzgeschäfte (rensa hanbai torihiki)*
  Verträge über die Aufnahme von Absatzhelfern in ein Vertriebssystem, daß auf den Absatz von Waren, Rechten und Dienstleistungen durch Absatzhelfer angelegt ist, und bei dem für den Absatzhelfer die Werbung neuer Absatzhelfer von großer Bedeutung ist;[577]
- *Spezifische Dienstleistungen im Rahmen von Dauerschuldverhältnissen (tokutei keizokuteki ekimu)*
  Verträge über die wiederkehrende Erbringung von spezifischen Dienstleistungen oder die Verschaffung von Rechten auf die Erbringung derartiger Dienstleistungen an Verbraucher;
- *Verschaffung von Heim- und Gelegenheitsarbeit (gyōmu teikyō yūin hanbai torihiki)*
  Verträge über die Beschäftigung oder Vermittlung einer Nebenbeschäftigung unter gleichzeitigem Absatz von Waren, Rechten oder Dienstleistungen.

Außerdem regelt das Gesetz die zivilrechtlichen Rechte und Pflichten im Zusammenhang mit unbestellt zugesandter Ware (sogenannte „Negativoption" (*negatibu opushon*)). Nach Art. 59 HGG kann ein Unternehmer, der unbestellt Waren versendet, diese nach Ablauf von vierzehn Tagen ab Zugang beim Empfänger von diesem nicht mehr herausverlangen und auch keine Entschädigung dafür fordern. Bei Aufforderung des Empfängers an den Unternehmer, die Ware zurückzunehmen und abzuholen, läuft diese Frist bereits nach sieben Tagen ab, gerechnet vom Tag an, an dem die Aufforderung erfolgte.[578] Seit einer Gesetzesänderung im Jahre 2002 werden auch die Zulässigkeit und die Voraussetzungen der Werbung durch Versendung von E-Mails im Rahmen der Fernabsatzgeschäfte geregelt.

---

[577] Vgl. bereits oben unter A IV 2 c.
[578] Dazu M. SAITŌ / S. IKEMOTO / Y. ISHITOYA (2003) 406-410.

## C. Regulierte Verträge

Das Gesetz verwendet im Zusammenhang mit den oben angeführten Verträgen an keiner Stelle die Begriffe „Verbrauchervertrag" oder „Verbraucher" als einen der Vertragspartner. Es verwendet aber zumindest auf der einen Seite den Begriff „Unternehmer" (in verschiedenen Formulierungen)[579] und auf der anderen Seite die Formulierung „Kunde"[580] oder ähnliche Bezeichnungen als Geschäfts- bzw. Vertragspartner. Aus den im Gesetz enthaltenen Negativdefinitionen ergibt sich, daß die gesetzlichen Regelungen im Regelfall nur dann Anwendung finden, wenn es sich bei dem Kunden um einen Verbraucher handelt (Artt. 26, 50 HGG). Bei den Regelungen über den Abschluß von Verträgen über die Aufnahme der Tätigkeit als Absatzhelfer bei Kettenabsatzgeschäften und über die Beschaffung oder Vermittlung einer Nebenbeschäftigung findet sich keine allgemeine Negativabgrenzung, sondern nur eine gesonderte Einschränkung der Anwendung einzelner Normen ausschließlich auf Privatpersonen (bzw. Einzelpersonen) als Vertragspartner (vgl. z.B. Artt. 40, 58 HGG[581]). Bei den beiden zuletzt genannten Geschäften könnte man überhaupt daran zweifeln kann, ob die Geschäftspartner des Unternehmers als Verbraucher anzusehen sind. Es wäre möglich, sie im ersten Fall auch als selbständige Unternehmer bzw. im zweiten Fall als Arbeitnehmer zu qualifizieren und die Verträge daher überhaupt nicht als Verbrauchervertrag einzuordnen. Konzeptionell werden diese Geschäfte aber vom Gesetz als *besondere Formen* von Verbrauchergeschäften bzw. -verträgen verstanden und die damit zusammenhängenden Probleme als Verbraucherprobleme eingeordnet. Zum Zwecke der Vereinfachung der Darstellung sollen in den folgenden Erläuterungen die allgemeinen Bezeichnungen „Unternehmer" und „Verbraucher" bzw. „Kunde" verwendet werden.

Bei allen sechs Geschäftsformen finden sich zum Teil sehr ähnliche Typen von Regelungen. Darunter sind auch einige privatrechtlich zwingende Bestimmungen zugunsten von Verbrauchern, wie etwa die Vorschriften über besondere Widerrufsrechte, Anfechtungsrechte, Kündigungsrechte und die Beschränkung der Höhe von vertraglich vereinbarten Schadensersatzpauschalen und Vertragsstrafen für sonstige Fälle der vertraglichen und gesetzlichen Kündigung bzw. des Rücktritts vom Vertrag oder für den Fall der Nichterfüllung.

---

[579] Z.B. als ein „Verkaufs- oder Vertriebsunternehmer bzw. Verkäufer" (*hanbai gyōsha*) oder „Dienstleistungsunternehmer bzw. Dienstleister" (*ekimu teikyō jigyōsha*), Artt. 2 I, II, III, 3 ff., 11 ff., 16 ff., 33 ff. HGG; ferner als „Kettenabsatzunternehmer" (*ippan rensa hanbai gyōsha* bzw. *rensa hanbai-gyō wo okonau mono*) oder „vertriebsverantwortlicher Unternehmer" (*tōkatsu-sha*), Artt. 33 ff.; ferner als „Unternehmer im Zusammenhang mit der Verschaffung von Gelegenheitsarbeit und dem Absatz von Produkten" (*gyōmu teikyō yūin hanbai gyōsha*), Art. 51 ff.
[580] Insbesondere die Bezeichnungen „bestimmter Kunde" (*tokutei kokyaku*), „Käufer" (*kōnyū-sha*), „Teilnehmer an Kettenabsatzgeschäften" (*rensa hanbai ka'nyū-sha*) oder „Dienstleistungsempfänger" (*tokutei keizokuteki ekimu teikyō juryō-sha*) etc.
[581] Dort die allgemeine Bezeichnung als „Vertragspartner" (*keiyaku no aite-gata*), worunter nach dem Zusatz in einer Klammer nur Privat- oder Einzelpersonen (*kojin*) verstanden werden sollen.

Alle anderen Regelungen im Handelsgeschäftegesetz sind als verwaltungsrechtliche bzw. strafrechtliche Normen zu qualifizieren, insbesondere deshalb, weil an einen Verstoß gegen Ge- und Verbote des Unternehmers in erster Linie verwaltungs- und strafrechtliche Folgen und Sanktionen geknüpft werden. Eine zivilrechtliche Wirkung hat ein solches Fehlverhalten allenfalls in Ausnahmefällen, wie etwa im Hinblick auf die vom HGG eingeräumten besonderen Anfechtungsrechte. Der Verstoß gegen verwaltungsrechtliche Regelungen im Handelsgeschäftegesetz kann darüber hinaus als ein Kriterium für die Begründung der Haftung des Unternehmers aus Delikt oder die Unwirksamkeit des Vertrages nach Art. 90 ZG dienen.

## 1. Die Regulierung von Haustür- und Vertretergeschäften (Artt. 2 I, 3 bis 10 HGG)

Als Haustür- und Vertretergeschäfte (Art. 2 I HGG) werden zum einen solche Geschäfte bezeichnet, bei denen die Vertragsanbahnung bzw. der Vertragsabschluß außerhalb der Geschäftsräume des Unternehmers stattfindet (Art. 2 I Nr. 1 HGG).[582] Zum anderen werden auch solche Geschäfte erfaßt, bei denen es zur Abgabe der Vertragsofferte oder zum Abschluß des Vertrages zwar innerhalb der Geschäftsräume des Unternehmers kommt, die Vertragsanbahnung aber in bestimmter Weise auf Initiative des Unternehmers außerhalb seiner Geschäftsräume beginnt. Dazu zählen erstens das Ansprechen des Kunden außerhalb der Geschäftsräume und das nachfolgende Geleiten in die Geschäftsräume zur Fortsetzung der Vertragsverhandlungen (Art. 2 I Nr. 2 HGG, sogenanntes „*kyattchi sērusu*" [„catch sales"]), zweitens das gezielte Anlocken von Kunden durch Flugblätter, Postwurfsendungen, Telefonwerbung etc. zum Besuch der Geschäftsräume unter Verschweigen der geschäftlichen Absichten (Art. 2 I Nr. 2 HGG i.V.m. Art. 1 Nr. 1 DVO HGG[583]) und drittens das gezielte Anlocken von Kunden durch Postwurfsendungen oder Telefonwerbung etc. unter Versprechen eines Geschäfts zu außerordentlich vorteilhaften Bedingungen im Vergleich zu konkurrierenden Anbietern (Art. 2 I Nr. 2 HGG i.V.m. Art. 1 Nr. 2 DVO HGG). Die beiden letzteren Geschäftsformen werden als „*apointomento sērusu*" [„appointment sales"] bezeichnet.

Als Geschäftsräume und den Geschäftsräumen des Unternehmers gleichgestellte Orte werden Filialen, Niederlassungen von Handelsvertretern, Verkaufsstände und ähnliche Orte angesehen (Art. 2 I HGG i.V.m. Art. 1 DAVO

---

[582] Ausführlich hierzu M. SAITŌ / S. IKEMOTO / Y. ISHITOYA (2003) 16-96 und DIES. (2005) 18-121 m.w.N.

[583] Durchführungsverordnung zum Handelsgeschäftegesetz (*Tokutei shō-torihiki ni kansuru hōritsu shikō-rei*), Regierungsverordnung Nr. 295/1976 i.d.F. der Regierungsverordnung Nr. 261/2004.

HGG[584]). Die Regelungen des HGG sind allerdings nicht anwendbar, wenn der Verbraucher den Unternehmer zur Anbahnung oder zum Abschluß eines Geschäftes in seine Privatwohnung bestellt hat (Art. 26 II Nr. 1 HGG) oder wenn es bereits in der Vergangenheit zu häufigeren Geschäftskontakten zwischen dem Verbraucher und dem Unternehmer gekommen ist. Als häufigere Geschäftskontakte bezeichnet das Gesetz die Fälle, in denen vor Abschluß des betreffenden Geschäftes innerhalb eines Jahres mindestens ein weiteres gleichartiges Geschäft innerhalb der Geschäftsräume oder mindestens zwei Geschäfte außerhalb der Geschäftsräume zwischen den beiden Vertragspartnern getätigt worden sind (Art. 26 II Nr. 2 HGG, Art. 8 Nr. 2, 3 DVO HGG).[585]

Im Zusammenhang mit der Vertragsanbahnung und dem Vertragsabschluß bei solchen Geschäften sowie hinsichtlich des Vertragsinhalts bestehen verschiedene, zum Schutze des Kunden zu beachtende Regelungen. Diese gelten allerdings nur, sofern der Vertrag auch bestimmte Leistungsgegenstände (Alltagsprodukte) betrifft, die durch eine Regierungsverordnung im einzelnen spezifiziert werden.[586] Die Gegenstände werden in „spezifizierte Waren" (*shitei shōhin*), „spezifizierte Rechte" (*shitei kenri*) und „spezifizierte Dienstleistungen" (*shitei ekimu*) unterteilt.[587] Die Produktlisten, in denen diese im einzelnen aufgeführt werden, sind mittlerweile außerordentlich umfangreich. Dazu gehören z.B. Kameras, Uhren, Kinokarten und gartenbauliche Dienstleistungen.

Ein Unternehmer bzw. eine für ihn tätige Hilfsperson hat bei der Anbahnung eines Vertrages über spezifizierte Produkte unter den genannten Umständen den Kunden zunächst deutlich über seine kommerziellen Absichten aufzuklären und ihn ferner über den Namen oder Firma des Unternehmers sowie das anzubietende Produkt zu unterrichten (Art. 3 HGG). *Nach Abschluß* eines Vertrages oder *nach Zugang* einer auf den Abschluß eines Vertrages gerichteten Willenserklärung des Kunden ist der Kunde unverzüglich und ausführlich schriftlich über die Einzelheiten des Vertragsinhalts aufzuklären (Artt. 4, 5 HGG). Die aufklärungsbedürftigen Punkte werden im einzelnen durch das Gesetz und ergänzend durch eine Ministerialverordnung festgelegt.[588] Unter anderem ist der Kunde in dem Schriftstück darüber aufzuklären, daß bei dem Vertrag ein achttägiges Widerrufsrecht nach Art. 9 HGG besteht, sowie über die gesetzlichen

---

[584] Amtsverordnung des Wirtschaftsministeriums zur Durchführung des Handelsgeschäftegesetzes (*Tokutei shō-torihoki ni kansuru hōritsu shikō kisoku*), Amtsverordnung Nr. 89/1976 i.d.F. der Amtsverordnung Nr. 87/2004.

[585] Dies gilt aber nicht, wenn bei dem vorherigen Geschäft der Vertrag durch einen Widerruf des Verbrauchers nachträglich beseitigt worden ist, Urteil des OG Hiroshima (Zweigstelle Matsue) vom 24.4.1996, in: Shōhisha-hō Nyūsu Nr. 29, 57.

[586] In Übersicht 1 bis 3 der Durchführungsverordnung zum Handelsgeschäftegesetz (DVO HGG, *Tokutei shō-torihiki ni kansuru hōritsu shikō-rei*), Regierungsverordnung Nr. 295/1976 i.d.F. der Regierungsverordnung Nr. 261/2004, im einzelnen ausgewiesen.

[587] Definiert in Art. 2 IV HGG i.V.m. Art. 3 DVO HGG; Verweis dort auf Übersicht 1 bis 3 zur DVO.

[588] Vgl. Art. 4 I Nr. 1 bis 5 HGG, Art. 5 HGG, Artt. 3 bis 6 DAVO HGG.

Voraussetzungen und Rechtsfolgen der Ausübung dieses Rechts.[589] Im einzelnen sind auch die Schriftgröße und die Gestaltung des Dokuments durch die zum HGG erlassenen Verordnungen geregelt. Dies gilt im übrigen auch für schriftliche Aufklärungspflichten bei anderen im HGG geregelten Geschäften. Wird die Aufklärung über das bestehende Widerrufsrecht versäumt, so beginnt die Widerrufsfrist nicht zu laufen. Außerdem drohen dem Unternehmer im Falle der Nicht- oder nur unzureichenden Erfüllung der Pflicht zur Aufklärung des Kunden nach Artt. 3 bis 5 HGG verwaltungsrechtliche und/oder strafrechtliche Sanktionen nach Artt. 7, 8, 72[590] HGG.

Verstoßen der Unternehmer oder eine seiner Hilfspersonen zudem gegen die Bestimmungen in Art. 6 I oder III HGG, indem sie dem Kunden falsche Tatsachen über das Widerrufsrecht mitteilen (*fujitsu no kokuchi*) oder indem sie ihn in unzulässiger Weise bei der Ausübung des Widerrufsrechts bedrängen (*ihaku*), so daß der Kunde entweder einem Mißverständnis über die Möglichkeit der Ausübung des Widerrufsrechts erliegt oder die Widerrufsfrist als Folge des Bedrängens eigentlich abläuft, so bestimmt das Gesetz in diesen Fällen, daß die Widerrufsfrist zunächst nicht zu laufen begonnen hat. Sie wird erst dadurch in Lauf gesetzt, daß der Unternehmer dem Kunden ein weiteres Schriftstück zukommen läßt, aus dem unmißverständlich hervorgeht, daß dem Kunden ein Recht zum Widerruf innerhalb von acht Tagen nach Erhalt dieses zweiten Schriftstücks zusteht (Art. 9 I Nr. 1 HGG).

Ferner ist es verboten, dem Kunden falsche Tatsachen über bestimmte wichtige Umstände[591] des Geschäfts mitzuteilen (*fujitsu kokuchi*), die geeignet sind, die Entscheidung des Kunden zum Abschluß des Vertrages zu beeinflussen (Art. 6 I HGG). Der Unternehmer oder seine Hilfsperson dürfen diese Tatsachen im Vorfeld des Vertragsabschlusses auch nicht vorsätzlich gegenüber dem Kunden verschweigen (*jijitsu fu-kokuchi no kinshi*) (Art. 6 II HGG). Sie dürfen den Kunden oder eine andere Person zum Zweck des Vertragsabschlusses zudem nicht unzulässig bedrängen (*ihaku*) oder in Verlegenheit bringen (*konwaku*) (Art. 6 III HGG). Bei einem Verstoß gegen die Verbote in Art. 6 I bis III HGG drohen verwaltungs- und/oder strafrechtliche Sanktionen nach Art. 7, 8, 70[592] HGG. Bei einem Verstoß gegen Art. 6 I oder II HGG erhält der Kunde zudem ein besonderes gesetzliches Anfechtungsrecht, sofern er durch die Aufklärungspflichtverletzung einem Mißverständnis über die betreffenden Umstände erlag (Art. 9-2 HGG).[593]

---

[589] Zum Widerrufsrecht im einzelnen unter D IV 1 b aa.
[590] Sowohl der Unternehmer (natürliche und juristische Personen) als auch die für den Unternehmer handelnde Person können mit Geldstrafe bis zu 100.000 ¥ bestraft werden.
[591] Im einzelnen näher bestimmt durch Artt. 6 I HGG und 6-2 DAVO HGG.
[592] Neben einer Geldstrafe von bis zu 3 Mio. ¥ ist die Verhängung einer Freiheitsstrafe von bis zu 2 Jahren möglich.
[593] Zum Anfechtungsrecht näheres unter E.

Besteht der Verdacht, daß dem Kunden falsche Tatsachen im Sinne von Art. 6 I HGG mitgeteilt wurden, so hat die zuständige Behörde das Recht, vom Unternehmer Aufklärung über die Umstände zu fordern; der Unternehmer hat bei Anforderung durch die Behörde insbesondere die Pflicht, Unterlagen innerhalb der durch die Behörde gesetzten Frist beizubringen, aus denen in begründeter Weise hervorgeht, daß die Angaben gegenüber dem Kunden nicht unwahr bzw. irreführend gewesen sind. Kommt der Unternehmer dieser Aufforderung durch die Behörde nicht oder in nicht hinreichener Weise nach, so darf die Behörde von einem Verstoß gegen die Norm ausgehen (Art. 6-2 HGG).

Der Unternehmer oder seine Hilfspersonen dürfen den Kunden auch nicht zum Zwecke eines Vertragsabschlusses unter Verschweigen dieser Absichten zum Aufsuchen eines nichtöffentlichen Ortes, der nicht die Geschäftsräume des Unternehmers darstellt, veranlassen oder geleiten (Art. 6 IV HGG, Art. 3-2 DVO HGG). Auch in diesem Falle drohen verwaltungs- und/oder strafrechtliche Sanktionen (Artt. 7, 8, 71 HGG).

Die zuständige Behörde kann nach Art. 7 HGG zudem verwaltungsrechtliche Maßnahmen gegen den Unternehmer ergreifen in den folgenden Fällen:

- im Falle der Verweigerung oder unbilligen Verzögerung der vollständigen oder teilweisen Erfüllung einer vertraglichen oder aufgrund eines Rücktritts/Widerrufs entstandenen Pflicht;
- im Falle der vorsätzlichen Unterlassung der Aufklärung über bedeutsame Tatsachen vor Abschluß des Vertrages oder zur Verhinderung der Ausübung des Widerrufsrechts, soweit diese einen Einfluß auf die Entscheidung des Kunden haben kann, den Vertrag abzuschließen bzw. den Widerruf zu erklären (mit Ausnahme der Fälle von Art. 6 I Nr. 1 bis 5 HGG);
- im Falle sonstiger unbilliger und unangemessener Handlungen im Geschäftsverkehr, die durch Ministerialverordnung spezifiziert werden (dazu Art. 7 DAVO HGG: 1. gravierendes Belästigen des Kunden beim Vertragsabschluß oder im Zusammenhang mit der Ausübung eines Rücktritts- oder Widerrufsrechts. 2. unbilliges Ausnutzen der Willenschwäche und des mangelnden Urteilsvermögens von Personen, insbesondere von älteren Menschen, zum Abschluß eines Vertrages etc.).

Die genannten verwaltungsrechtlichen Verhaltensnormen richten sich sowohl an den Unternehmer (natürliche und juristische Personen) als auch an die für den Unternehmer handelnden natürlichen (Hilfs-)Personen (Organe, Angestellte, Gesellschafter und sonstige Repräsentanten). Bei einem Verstoß kommen Geld- oder Freiheitsstrafen in Betracht, hinsichtlich juristischer Personen Geldstrafen (Artt. 70 bis 72 HGG). Im Falle eines Verstoßes gegen Artt. 4 bis 6 HGG oder eine behördliche Anordnung aufgrund Artt. 7 oder 8 HGG durch eine Hilfsperson des Unternehmers kann nicht nur die Hilfsperson, sondern auch der Unternehmer bestraft werden. Artt. 70 bis 72, 74 HGG enthalten sogenannte *Doppelbestrafungsnormen* (*ryōbatsu kitei*). Allerdings modifiziert das Gesetz die Art der strafrechtlichen Sanktion für den Unternehmer in diesem

Fall. Dieser kann – soweit angeordnet (Artt. 6 I bis III, 70 HGG) – nicht mit Freiheitsstrafe, sondern nur mit Geldstrafe bestraft werden (Art. 74 HGG); anders ist dies jedoch, wenn er als natürliche Person die Handlung selbst begeht. Für den Fall der Zuwiderhandlung gegen eine behördliche Verfügung, die Ausübung des Gewerbes wegen eines Verstoßes gegen Bestimmungen des HGG einzustellen (Art. 8 HGG), muß eine juristische Person mit einer erhöhten Geldstrafe von bis zu 300 Mio. ¥ rechnen (Art. 74 Nr. 1 HGG). Die Möglichkeit der gleichzeitigen Bestrafung des Unternehmers und der Hilfsperson gilt in gleicher Weise bei ähnlichen Verstößen gegen verwaltungsrechtliche Pflichten bei den anderen im HGG geregelten Geschäften (dort nachfolgend nicht mehr gesondert dargestellt).

In Art. 10 HGG schließlich sieht das Gesetz eine Beschränkung der Höhe von möglichen Schadensersatzansprüchen des Unternehmers sowie von vertraglich bestimmten Schadensersatzpauschalen oder Vertragsstrafen zugunsten des Unternehmers für den Fall des vertraglichen oder gesetzlichen Rücktritts[594] und für den Fall der vollständigen oder teilweisen Nichterfüllung bzw. des Verzugs des Kunden vor.

2. *Die Regulierung von Fernabsatzgeschäften (Artt. 2 II, 11 bis 15 HGG)*

Unter Fernabsatzgeschäften (Art. 2 II HGG) werden solche Verbrauchergeschäfte verstanden, die unter Einsatz von Fernkommunikationsmitteln zustande kommen.[595] Darunter fällt insbesondere auch der elektronische Handel im Internet. Aber auch die Geschäftsanbahnung durch Verwendung anderer Fernkommunikationsmittel wie z.B. beim Briefverkehr, beim Telefon-, Telefax- und Telegrammverkehr (vgl. Art. 2 II HGG i.V.m. Art. 2 DAVO HGG) fällt unter den Begriff Fernabsatzgeschäfte.

Für Geschäfte im Internet bestehen zusätzliche Regelungen. Außer im Handelsgeschäftegesetz finden sich diese Bestimmungen im Irrtumssondergesetz[596], das für die Abgabe von Willenserklärungen und den Abschluß von Verträgen unter Verwendung des Internets die Irrtumsregelung in Art. 95 ZG modifiziert, ferner im Gesetz zur Förderung der angemessenen Verwendung von spezifischen E-Mails (E-Mail-Gesetz)[597], das den Nutzer des Internets vor unerwünschten E-Mails im allgemeinen schützen soll, sowie im Gesetz über das Verbot des mißbräuchlichen Zugangs zu fremden elektronischen Datenkon-

---

[594] Diese Regelung gilt nicht für den Widerruf nach Art. 9 HGG; eine für diesen Fall vorgesehene Vertragsstrafe oder Bestimmung über einen zu leistenden Schadensersatz ist in vollem Umfang nichtig, Art. 9 III, VIII HGG.

[595] Ausführlich dazu M. SAITŌ / S. IKEMOTO / Y. ISHITOYA (2003) 98-151 und DIES. (2005) 122-181 m.w.N.

[596] *Denshi shōhisha keiyaku oyobi denshi shōdaku tsūchi ni kansuru minpō no tokurei ni kansuru hōritsu*, Gesetz Nr. 95/2001; vgl. oben unter A I 2.

[597] *Tokutei denshi mēru no sōshin no tekiseika-tō ni kansuru hōritsu*, Gesetz Nr. 216/2002.

ten,[598] das die unbefugte Verwendung von Paßwörtern, Geheimzahlen und ähnlichen Vorrichtungen für den Zugang zu einem persönlichen Datenkonto in Datenverarbeitungsanlagen und Netzwerken verhindern soll.

Ein Unternehmer, der unter Einsatz von Fernkommunikationsmitteln Geschäfte betreibt, muß zahlreiche besondere Regelungen zum Schutze des Verbrauchers als Vertragspartner beachten, vor allem bei der an die Allgemeinheit gerichteten öffentlichen Produktwerbung. Auch diese Regelungen gelten aber wie bei den Haustür- und Vertretergeschäften nur für den Vertrieb von „spezifizierten Produkten", also den in der Durchführungsverordnung zum HGG besonders aufgelisteten (spezifizierten) Waren, Rechten und Dienstleistungen. Art. 11 I HGG i.V.m. Artt. 8 bis 10 DAVO HGG bestimmen im einzelnen, welche Angaben der Unternehmer bei der Werbung im Zusammenhang mit Fernabsatzgeschäften zur Information des Kunden unbedingt beifügen muß. Dazu gehören etwa der Name, die Anschrift und die Telefonnummer des Unternehmers sowie wichtige Einzelheiten über das Produkt und über den Vertragsinhalt. Er kann die Angaben auf einen geringen Teil beschränken, wenn er in der Werbeanzeige bzw. bei der Werbung deutlich darauf hinweist, daß dem potentiellen Kunden auf Verlangen ein Schriftstück mit den vollständigen Angaben unverzüglich zugesandt bzw. in elektronischer Form zur Verfügung gestellt wird. Dem Unternehmer, der Fernabsatzgeschäfte betreibt, ist es ferner untersagt, irreführende oder übertreibende öffentliche Werbung zu veranstalten (Art. 12 HGG i.V.m. Art. 11 DAVO HGG). Ein Verstoß gegen die genannten Verbote kann verwaltungsrechtliche und/oder strafrechtliche Sanktionen nach sich ziehen (Artt. 14, 15, 72[599] HGG).

Besteht der Verdacht, daß der Unternehmer irreführende oder übertreibende Werbung im Sinne von Art. 12 HGG betrieben hat, so hat die zuständige Behörde das Recht, vom Unternehmer Aufklärung über den Sachverhalt zu fordern. Der Unternehmer hat bei Anforderung durch die Behörde insbesondere die Pflicht, Unterlagen innerhalb der durch die Behörde gesetzten Frist beizubringen, die die Umstände im einzelnen darlegen und aus denen in begründeter Weise hervorgeht, daß die in der Werbung gemachten Angaben weder irreführend noch übertreibend gewesen waren. Kommt der Unternehmer dieser Aufforderung durch die Behörde nicht oder in nicht hinreichender Weise nach, so darf die Behörde von einem Verstoß gegen die Norm ausgehen (Art. 12-2 HGG).

Besondere Regelungen enthält das HGG für unverlangt zugesandte Werbe-E-Mails.[600] Ergänzt werden diese durch das oben genannte E-Mail Gesetz. Während aber das E-Mail Gesetz ganz allgemein der Verhinderung von uner-

---

[598] *Fusei akusesu kōi no kinshi-tō ni kansuru hōritsu*, Gesetz Nr. 128/1999 i.d.F. des Gesetzes Nr. 160/1999.
[599] Geldstrafe bis zu 100.000 ¥.
[600] Art. 11 HGG i.V.m. Art. 8 I Nr. 8 bis 9, II DAVO HGG, Art. 11 II HGG i.V.m. Artt. 10-2 bis 10-4 DAVO HGG.

wünschten E-Mails dient, bezwecken die Regelungen im HGG und der dazu ergangenen Durchführungsverordnung in erster Hinsicht die angemessene Aufklärung des Verbrauchers bei der Produktwerbung und erst in zweiter Hinsicht auch die Verhinderung von unerwünschten Werbe-E-Mails. In vielen Fällen überschneiden sich aber die Regelungsinhalte beider Gesetze. So muß nach Maßgabe beider Gesetze bereits aus dem Titel der E-Mail erkennbar sein, daß es sich um eine unverlangt zugesandte Werbe-E-Mail handelt.[601] Zudem müssen der Name bzw. die Firma, die Adresse und Telefonnummer des Unternehmers in der Mail angegeben, und falls dieser nicht identisch mit dem Versender der Mail ist, die gleichen Angaben auch des Versenders hinzugefügt werden.[602] Schließlich muß die Mail den Hinweis enthalten, daß die weitere Zusendung von Werbemails durch eine entsprechende Mitteilung an den Unternehmer verhindert werden kann. In der Werbe-E-Mail muß außerdem die E-Mail Adresse des Unternehmers angegeben werden, an die diese Mitteilung geschickt werden kann. Das Zusenden weiterer Werbe-E-Mails ist dann verboten.[603] Beide Gesetze sehen verwaltungsrechtliche, teils auch strafrechtliche Sanktionsmöglichkeiten bei einem Verstoß gegen die vorgenannten Bestimmungen vor.[604] Das E-Mail Gesetz enthält darüber hinausgehende zusätzliche Regelungen zum Schutz vor anderen unerwünschten E-Mails, die unaufgefordert zugesandt werden.[605]

### 3. Die Regulierung von Telefongeschäften (Artt. 2 III, 16 bis 32 HGG)

Als Telefongeschäfte (Art. 2 III HGG) werden solche Geschäfte bezeichnet, bei denen auf Initiative des Unternehmers die Anbahnung oder der Abschluß eines Vertrages am Telefon erfolgt (Art. 2 III HGG). Dazu werden folgende Fälle gezählt:[606]

1. Wenn der Unternehmer den Verbraucher *anruft und für den Abschluß eines Vertrages wirbt* und daraufhin ein Vertrag geschlossen wird oder der Verbraucher eine auf den Abschluß eines Vertrages gerichtete Willenserklärung abgibt. Die Abgabe der Willenserklärung bzw. der Vertragschluß kann entweder direkt am Telefon erfolgen oder unter Zuhilfenahme weiterer Kommunika-

---

[601] Art. 11 I Nr. 5 HGG, Art. 8 I Nr. 9, II DAVO HGG; Art. 3 Nr. 1 E-Mail Gesetz i.V.m. Art. 2 II DAVO E-Mail Gesetz (*Tokutei denshi mēru no sōshin no tekiseika-tō ni kansuru hōritsu shikō kisoku*, Amtsverordnung des Ministeriums für verschiedene Angelegenheiten Nr. 66/2002.).

[602] Art. 11 I Nr. 5 HGG i.V.m. Art. 8 I Nr. 8 DAVO HGG; Art. 3 Nr. 2, Nr. 5 E-Mail Gesetz i.V.m. Art. 3 DAVO E-Mail Gesetz.

[603] Artt. 11 II, 12-3 HGG; Art. 4 E-Mail Gesetz.

[604] Artt. 14, 15, 72, 74 HGG; Artt. 3 ff. E-Mail-Gesetz.

[605] Im einzelnen hierzu M. SAITŌ / S. IKEMOTO / Y. ISHITOYA (2003) 127-139; vgl. auch vor allem Artt. 3, 4 und 5 E-Mail Gesetz.

[606] Ausführlich M. SAITŌ / S. IKEMOTO / Y. ISHITOYA (2003) 154-202 und DIES. (2005) 182-239 m.w.N.

tionsmittel, die in Art. 2 DAVO HGG spezifiziert sind.[607] Dazu gehören z.B. der Schriftverkehr per Post (Nr.1) sowie der Einsatz von Telefaxen und anderen Mitteln der Telekommunikation (Nr. 2). Auch die Überweisung und Einzahlung eines Geldbetrages auf ein Konto als konkludente Willenserklärung (Nr. 4) werden erfaßt.

2. Wenn der Unternehmer den Verbraucher *auf eine bestimmte Weise zum Anruf veranlaßt und der Unternehmer* bei dieser Gelegenheit *für den Abschluß eines Vertrages wirbt* und dies entweder zum Abschluß eines Vertrages oder zur Abgabe einer auf den Abschluß eines Vertrages gerichteten Willenserklärung des Verbrauchers – in gleicher Weise wie im Abschnitt zuvor dargestellt – führt. Als derartige Weisen der *Veranlassung* bestimmt Art. 2 DVO HGG[608] die Aufforderung zum Anruf etwa anläßlich eines Telefongesprächs oder durch eine Postwurfsendung etc. (Nr. 1) und das Anlocken des Kunden zum Anruf durch Versprechen eines besonders vorteilhaften Vertragsabschlusses für den Fall, daß dieser den Unternehmer anruft (Nr. 2).

Die Regelungen zum Schutz des Kunden finden wie bei den Haustür- und Vertretergeschäften jedoch nur Anwendung auf den Abschluß von Verträgen über die in der Durchführungsverordnung zum HGG spezifizierten Waren, Rechte oder Dienstleistungen als Leistungsgegenstände.[609]

Nach Art. 16 HGG sind bei einem Telefongespräch, das in einer der oben beschriebenen Weisen durch den Unternehmer initiiert wurde, von dem Unternehmer bzw. seiner Hilfsperson zu Beginn der kommerzielle Zweck, der Name bzw. die Firma des Unternehmers sowie das zu veräußernde Produkt dem Kunden gegenüber deutlich zu benennen. Bringt der Kunde daraufhin dem Unternehmer gegenüber zum Ausdruck, daß er keinen Vertrag abschließen möchte, so ist die weitere telefonische Werbung des Kunden einzustellen (Art. 17 HGG). *Nach* Abschluß eines Vertrages oder *nach Zugang* einer auf den Abschluß eines Vertrages gerichteten Willenserklärung des Kunden aufgrund der telefonischen Werbung, ist der Kunde schriftlich über bedeutende Einzelheiten des Vertrages aufzuklären (Artt. 18, 19 HGG). Die aufklärungsbedürftigen Punkte werden im einzelnen durch eine Ministerialverordnung näher spezifiziert.[610] Unter anderem ist in dem Schriftstück deutlich auf ein nach Art. 24 HGG bestehendes achttägiges Widerrufsrecht des Kunden bei Telefongeschäften hinzuweisen. Für einen Verstoß gegen die Aufklärungs- und sonstigen Pflichten nach Artt. 16 bis 19 HGG sieht das Gesetz wiederum verwaltungsrechtliche und/oder strafrechtliche Sanktionen vor (Artt. 22, 23, 72 HGG). Wird die Aufklärung über das Widerrufsrecht versäumt, beginnt die Widerrufsfrist nicht zu laufen.

---

[607] Angaben zur DAVO HGG in Fn. 584.
[608] Angaben zur DVO HGG in Fn. 586.
[609] Angaben oben in Fn. 587.
[610] In Ergänzung zu Art. 18 HGG ist Art. 17 DAVO HGG zu beachten; in Ergänzung zu Art. 19 bestehen Regelungen in Artt. 18, 19 und 20 DAVO HGG.

Verstoßen der Unternehmer oder eine seiner Hilfspersonen zudem gegen die Bestimmungen in Art. 21 I oder III HGG, indem sie dem Kunden falsche Tatsachen über das Widerrufsrecht mitteilen (*fujitsu no kokuchi*) oder indem sie ihn in unzulässiger Weise bei der Ausübung des Widerrufsrechts bedrängen (*ihaku*), so daß der Kunde entweder einem Mißverständnis über die Möglichkeit der Ausübung des Widerrufsrechts erliegt oder die Widerrufsfrist als Folge des Bedrängens abläuft, so bestimmt das Gesetz für diese Fälle, daß die Widerrufsfrist zunächst nicht zu laufen begonnen hat. Sie wird erst dadurch in Lauf gesetzt, daß der Unternehmer dem Kunden ein weiteres Schriftstück zukommen läßt, aus dem unmißverständlich hervorgeht, daß dem Kunden ein Recht zum Widerruf innerhalb von acht Tagen nach Erhalt dieses zweiten Schriftstücks zusteht (Art. 24 I Nr. 1 HGG).

Außerdem ist es dem Unternehmer und seinen Gehilfen verboten, dem Kunden falsche Tatsachen über bestimmte wichtige Umstände[611] des Geschäfts mitzuteilen (*fujitsu kokuchi*), die geeignet sind, die Entscheidung des Kunden zum Abschluß des Vertrages zu beeinflussen (Art. 21 I HGG). Der Unternehmer oder seine Hilfsperson dürfen diese Tatsachen im Vorfeld des Vertragsabschlusses auch nicht vorsätzlich gegenüber dem Kunden verschweigen (Art. 21 II HGG). Sie dürfen zum Zweck des Vertragsabschlusses den Kunden oder eine andere Person auch nicht unzulässig bedrängen (*ihaku*) oder in Verlegenheit bringen (*konwaku*), Art. 21 III HGG. Bei einem Verstoß gegen die Verbote in Art. 21 HGG drohen verwaltungsrechtliche und/oder strafrechtliche Sanktionen nach Artt. 22, 23, 70 HGG. Die vorgenannten Vorschriften entsprechen inhaltlich denen bei Haustür- und Vertretergeschäften. Bei einem Verstoß gegen Art. 21 I oder II HGG hat der Kunde außerdem ein besonderes gesetzliches Anfechtungsrecht, sofern er durch die Aufklärungspflichtverletzung einem Mißverständnis über die betreffenden Umstände bei Vertragsschluß erlegen ist (Art. 24-2 HGG).[612]

Besteht der Verdacht, daß dem Kunden falsche Tatsachen im Sinne von Art. 21 I HGG mitgeteilt wurden, so hat die zuständige Behörde auch in diesem Falle das Recht, vom Unternehmer Aufklärung über den Sachverhalt zu fordern. Insbesondere hat der Unternehmer bei Aufforderung durch die Behörde die Pflicht, Unterlagen innerhalb der durch die Behörde gesetzten Frist beizubringen, aus denen sich ergibt, daß die Angaben gegenüber dem Kunden nicht unwahr gewesen sind. Kommt der Unternehmer dieser Pflicht nicht nach, so darf die Behörde von einem Verstoß gegen Art. 21 I HGG ausgehen (Art. 21-2 HGG).

---

[611] Im einzelnen näher bestimmt durch Art. 21 I HGG und Art. 22-2 DAVO HGG.
[612] Zu den Anfechtungsrechten näher unter E.

Die zuständige Behörde kann nach Art. 22 HGG ferner verwaltungsrechtliche Maßnahmen gegen den Unternehmer ergreifen in den folgenden Fällen:
- im Falle der Verweigerung oder unbilligen Verzögerung der vollständigen oder teilweisen Erfüllung einer vertraglichen oder aufgrund eines Rücktritts/Widerrufs entstandenen Pflicht;
- im Falle der vorsätzlichen Unterlassung der Aufklärung über bedeutsame Tatsachen vor Abschluß des Vertrages oder zur Verhinderung der Ausübung des Widerrufsrechts, soweit diese einen Einfluß auf die Entscheidung des Kunden haben können, den Vertrag abzuschließen bzw. den Widerruf zu erklären (mit Ausnahme der Fälle von Art. 21 I Nr. 1 bis 5);
- im Falle sonstiger unbilliger und unangemessener Handlungen im Geschäftsverkehr, die durch Ministerialverordnung spezifiziert worden sind (dazu Art. 23 DAVO HGG: 1. gravierendes Belästigen des Kunden beim Vertragsabschluß oder im Zusammenhang mit der Ausübung eines Rücktritts- oder Widerrufsrechts. 2. unbilliges Ausnutzen der Willenschwäche und des mangelnden Urteilsvermögens von Personen, insbesondere von älteren Menschen, zum Abschluß eines Vertrages etc.).

Auch bei den Telefongeschäften sind die Modifikation der strafrechtlichen Sanktion gemäß Art. 74 HGG für Verstöße gegen die obigen Bestimmungen oder verwaltungsrechtlichen Anordnungen der Behörden zu beachten.

In Art. 25 HGG schließlich sieht das Gesetz in ähnlicher Weise wie in Art. 10 HGG eine Beschränkung der Höhe der möglichen Schadensersatzansprüche des Unternehmers sowie vertraglich vereinbarter Schadensersatzpauschalen oder Vertragsstrafen für den Fall des vertraglichen oder gesetzlichen Rücktritts[613] und für den Fall der vollständigen oder teilweisen Nichterfüllung bzw. des Verzugs des Kunden vor.

Die Bestimmungen über die öffentliche an die Allgemeinheit gerichtete Werbung bei Fernabsatzgeschäften gelten bei Telefongeschäften ebenfalls, da Telefongeschäfte als ein Unterfall der Fernabsatzgeschäfte angesehen werden.

## 4. Die Regulierung von Kettenabsatzgeschäften (Artt. 33 bis 40 HGG)

Unter Kettenabsatzgeschäften (Art. 33 I HGG) versteht man den Absatz von Produkten unter Einsatz von halbprofessionellen Absatzhelfern;[614] halbprofessionell deshalb, weil es sich bei diesen um normale Verbraucher handelt, die vom Unternehmer unmittelbar oder durch einen anderen Absatzhelfer für diese Tätigkeit geworben werden und die entweder selbständig die Produkte erwerben und weiterveräußern, den Absatz in Form eines Kommissionsgeschäfts (*itaku hanbai*) für den Unternehmer durchführen oder die den Abschluß von

---
[613] Diese Regelung gilt nicht für den Widerruf nach Art. 24 HGG; eine für diesen Fall vorgesehene Vertragsstrafe oder Schadenspauschale ist in vollem Umfang nichtig.
[614] Vgl. auch bereits oben unter A IV 2 c und unten D IV 1 a cc.

Geschäften für den Unternehmer vermitteln bzw. diese im Namen des Unternehmers (*hanbai assen*) abschließen. Als weiteres *notwendiges Kriterium* für ein Kettenabsatzgeschäft im Sinne des HGG bedarf es eines besonderen Anreizes für die Absatzhelfer zur Werbung von weiteren Absatzhelfern. Dies setzt voraus, daß mit dem Abschluß eines Aufnahmevertrages eine „*besondere Belastung*" (*tokutei futan*) des Absatzhelfers verbunden ist, die vor allem kompensiert oder übertroffen werden kann durch das Werben weiterer Absatzhelfer und einen dadurch zu erlangenden *besonderen Vorteil*" (*tokutei rieki*) (Art. 33 I HGG).[615] Es handelt sich dabei also um eine Ausprägung der sogenannten progressiven Kundenwerbung, die in Deutschland nach Art. 16 II UWG verboten ist, in Japan hingegen nur streng reguliert wird.

Als besondere mit dem Abschluß des Aufnahmevertrages verbundene Belastung des neuen Absatzhelfers (der vom Unternehmer oder einem anderen Absatzhelfer geworben wurde), kommen etwa eine besondere Registrierungsgebühr, eine Aufnahmegebühr, eine Verpflichtung zum Kauf besonderer Hilfsmittel für die Tätigkeit als Absatzhelfer und ähnliche Dinge in Betracht. Auch die Verpflichtung zum Erwerb einer bestimmten Mindestmenge an Produkten bei Aufnahme der Tätigkeit kann eine solche Belastung darstellen.[616] Als besonderer Vorteil kommen z.B. ein bestimmter Anteil am Umsatz, den ein später selbst geworbener Absatzhelfer erzielt, oder ein bestimmter Anteil an einer Geldsumme, die ein selbst geworbener Absatzhelfer bei Aufnahme seiner Tätigkeit an den Unternehmer abführen muß, in Betracht; das können eine Registrierungsgebühr, eine Aufnahmegebühr oder eine sonstige Leistung sein. Der besondere Vorteil kann aber auch in einer Änderung der vertraglichen Konditionen zugunsten des Absatzhelfers wegen der Werbung weiterer Absatzhelfer liegen.[617]

Die Tätigkeit als Absatzhelfer muß ferner den Vertrieb von Produkten *außerhalb von Geschäftsräumen* zum Inhalt haben, und es muß sich bei dem Absatzhelfer um eine natürliche Person handeln. Der Abschluß und die Anbahnung des Aufnahmevertrages kann allerdings *innerhalb von Geschäftsräumen des Unternehmers* erfolgen. Auf den Erwerb von Produkten ohne den gleichzeitigen Abschluß eines Aufnahmevertrages sind die Regelungen des HGG unanwendbar. Franchiseverträge sind in aller Regel keine Aufnahmeverträge im Sinne des Art. 33 I HGG.[618]

Die Regelungen über den Vertrag zum Beitritt als Absatzhelfer finden im Gegensatz zu den Haustür- und Vertretergeschäften, den Fernabsatzgeschäften und den Telefongeschäften Anwendung bei Kettenabsatzgeschäften über Pro-

---

[615] Ausführlich M. SAITŌ / S. IKEMOTO / Y. ISHITOYA (2003) 204-278; DIES. (2005) 240-331.

[616] Vgl. M. SAITŌ / S. IKEMOTO / Y. ISHITOYA (2003) 219-222; dort wird das Urteil des DG Ōsaka vom 14. Februar 1991 zitiert (Shōhisha-hō Nyūsu Nr. 7, 36), das den Mindestabsatz von Waren als eine solche Belastung im Sinne des Art. 33 I HGG angesehen hat.

[617] Art. 33 III HGG, Art. 24 DAVO HGG; vgl. auch M. SAITŌ / S. IKEMOTO / Y. ISHITOYA (2003) 218-219.

[618] M. SAITŌ / S. IKEMOTO / Y. ISHITOYA (2003) 224-225.

dukte aller Art; es besteht also *keine Beschränkung* auf „spezifizierte" Waren, Rechte oder Dienstleistungen.

Der Unternehmer eines solchen Vertriebsnetzes, seine Hilfspersonen und seine Absatzhelfer dürfen nur unter Berücksichtigung bestimmter Regelungen für den Absatz der Produkte und um neue Absatzhelfer öffentlich werben. Bei einer an die Allgemeinheit gerichteten öffentlichen Werbung sind wichtige Informationen für Verbraucher und potentielle Absatzhelfer hinzuzufügen. Die aufklärungsbedürftigen Einzelheiten werden durch Art. 35 HGG i.V.m. Art. 25 DAVO HGG näher umschrieben. Die öffentliche Werbung darf gemäß Art. 36 HGG i.V.m Art. 27 DAVO HGG auch nicht irreführend oder übertreibend sein. Bei einem Verstoß gegen Artt. 35, 36 HGG drohen dem Unternehmer und der handelnden Person Geldstrafen und/oder verwaltungsrechtliche Sanktionen (Artt. 38, 39, 72 HGG).

Besteht der Verdacht, daß der Unternehmer irreführende oder übertreibende Werbung im Sinne von Art. 36 HGG betrieben hat, so hat die zuständige Behörde wie im Falle der Fernabsatzgeschäfte das Recht, vom Unternehmer Aufklärung über den Sachverhalt zu fordern. Der Unternehmer hat bei Anforderung durch die Behörde insbesondere die Pflicht, Unterlagen innerhalb der durch die Behörde gesetzten Frist beizubringen, die die Umstände im einzelnen darlegen und aus denen in begründeter Weise hervorgeht, daß die in der Werbung gemachten Angaben weder irreführend noch übertreibend gewesen waren. Kommt der Unternehmer dieser Aufforderung durch die Behörde nicht oder in nicht hinreichener Weise nach, so darf die Behörde von einem Verstoß gegen die Norm ausgehen (Art. 36-2 HGG).

Wird die Werbung auf elektronischem Wege an einzelne Personen versandt und hat der Empfänger dem Unternehmer bzw. dem Absender mitgeteilt, daß er solche Werbung nicht wünscht, so ist das Versenden weiterer Werbung dieser Art an den Empfänger unzulässig (Art. 36-3 HGG).

Beabsichtigen ein Unternehmer, dessen Hilfsperson oder ein Absatzhelfer einen anderen Absatzhelfer zu werben, so sind diesem zu Beginn diese Absicht unter Darstellung des Eigenart des Geschäfts und der Name bzw. die Firma des Unternehmers, und falls die Werbung durch eine Hilfsperson oder einen Absatzhelfer erfolgt, auch jewoils deren Namen mitzuteilen (Art. 33-2 HGG). Sie haben dem Kunden zudem *sowohl vor Abschluß* des Vertrages *als auch danach* jeweils ein Schriftstück mit wichtigen Erläuterungen zum Inhalt des Vertrages, *i.e.* den Namen und wichtige Daten des Unternehmers sowie Angaben zum Produkt und zum Vertragsinhalt, zu übergeben (Art. 37 I, II HGG). Die aufklärungsbedürftigen Punkte werden durch Art. 28 DAVO HGG sowie Art. 37 II HGG i.V.m. Artt. 29, 30 DAVO HGG näher spezifiziert. In den Schriftstücken ist auch deutlich auf ein bestehendes zwanzigtägiges Widerrufsrecht des Kunden nach Art. 40 HGG und auf das jederzeit bestehende besondere Kündigungsrecht nach Art. 40-2 HGG hinzuweisen. Fehlt die Erklärung über das Widerrufsrecht, beginnt die Widerrufsfrist nicht zu laufen. Werden dem geworbenen Absatzhelfer die Schriftstücke nicht übergeben, oder enthalten diese nicht die erforderlichen oder falsche Angaben, drohen dem werbenden Absatzhelfer und dem Unternehmer auch verwaltungsrechtliche und/oder strafrechtliche Sanktionen (Artt. 38, 39, 71 HGG). Gleiches gilt bei Verstößen gegen Artt. 33-2 und 36-3 HGG.

Verstoßen der Unternehmer, dessen Hilfsperson oder der Absatzhelfer zudem gegen Art. 34 I, II oder III HGG, indem dem zu werbenden Absatzhelfer falsche Tatsachen über das bestehende Widerrufsrecht mitgeteilt werden (*fujitsu no kokuchi*) oder indem dieser in unzulässiger Weise bei der Ausübung des Widerrufsrechts bedrängt wird (*ihaku*), so daß er entweder einem Mißverständnis über die Möglichkeit der Ausübung des Widerrufsrechts erliegt oder die Widerrufsfrist infolge der Bedrängnis abläuft, so bestimmt das Gesetz, daß die Widerrufsfrist zunächst nicht zu laufen begonnen hat. Sie wird erst dadurch in Lauf gesetzt, daß dem Kunden ein weiteres Schriftstück übegeben wird, aus dem unmißverständlich hervorgeht, daß dem neuen Absatzhelfer ein Recht zum Widerruf innerhalb von zwanzig Tagen nach Erhalt des zweiten Schriftstücks zusteht (Art. 40 I HGG).

Nach Ablauf der zwanzigtägigen Widerrufsfrist steht dem neuen Absatzhelfer zudem ein jederzeitiges besonderes gesetzliches Kündigungsrecht zu besonderen Bedingungen nach Art. 40-2 HGG zu.

Ferner ist es dem Unternehmer, seinen Hilfspersonen oder Absatzhelfern verboten, bei der Werbung eines Absatzhelfers diesem gegenüber falsche Tatsachen über bestimmte wichtige Umstände[619] des Geschäfts mitzuteilen (*fujitsu kokuchi*) sowie solche wichtigen Tatsachen vorsätzlich zu verschweigen (*fukokuchi*), Art. 34 I, II HGG. Es ist auch untersagt, den zu werbenden Absatzhelfer zum Zwecke des Vertragsabschlusses unzulässig zu bedrängen (*ihaku*) oder in Verlegenheit zu bringen (*konwaku*) (Art. 34 III HGG). Bei einem Verstoß gegen diese Bestimmungen drohen dem Unternehmer sowie der handelnden natürlichen Person wiederum strafrechtliche und/oder verwaltungsrechtliche Sanktionen (Artt. 38, 39, 70 HGG). Bei einem Verstoß gegen Art. 34 I oder II HGG und einem darauf beruhenden Irrtum bei Vertragsschluß steht dem neuen Absatzhelfer ein besonderes Anfechtungsrecht nach Art. 40-3 HGG zu.

Besteht der Verdacht, daß dem Kunden falsche Tatsachen im Sinne von Art. 34 I HGG mitgeteilt wurden, so hat die zuständige Behörde auch in diesem Falle das Recht, vom Unternehmer Aufklärung über den Sachverhalt zu fordern. Insbesondere hat der Unternehmer bei Aufforderung durch die Behörde die Pflicht, Unterlagen innerhalb der durch die Behörde gesetzten Frist beizubringen, aus denen sich ergibt, daß die Angaben gegenüber dem Kunden nicht unwahr gewesen sind. Kommt der Unternehmer dieser Pflicht nicht nach, so darf die Behörde von einem Verstoß gegen Art. 34 I HGG ausgehen (Art. 34-2 HGG).

---

[619] Im einzelnen näher bestimmt durch Art. 34 I HGG und Art. 24-2 DAVO HGG.

Dem Unternehmer, dessen Hilfespersonen und Absatzhelfern ist es zudem untersagt, bei der Werbung eines neuen Absatzhelfer, diesen zum Zwecke des Vertragsabschlusses unter Verschweigen dieser Absichten zum Aufsuchen eines nichtöffentlichen Ortes (mit Ausnahme von Geschäftsräumen des Unternehmers) zu veranlassen oder dorthin zu geleiten (Art. 34 IV). Auch bei diesem Verstoß drohen verwaltungs- und strafrechtliche Sanktionen (Artt. 38, 39, 71 HGG).

Schließlich kann die zuständige Behörde nach Art. 38 HGG auch verwaltungsrechtliche Maßnahmen gegen den Unternehmer oder den Absatzhelfer in den folgenden Fällen ergreifen:

– im Falle der Verweigerung oder unbilligen Verzögerung der vollständigen oder teilweisen Erfüllung einer vertraglichen oder aufgrund eines Rücktritts/Widerrufs entstandenen Pflicht;
– gegen den Unternehmer: im Falle der Werbung zum Abschluß eines Vertrages durch irreführende Zusicherung eines Vorteils oder durch Abgabe einer bestimmenden Prognose oder eines bestimmenden Urteils über bestimmte Tatsachen;
– gegen den Unternehmer: im Falle der Belästigung durch weiteres aufdringliches Werben zum Vertragsabschluß, obwohl der Kunde sein mangelndes Interesse zum Ausdruck gebracht hat;
– im Falle sonstiger unbilliger und unangemessener Handlungen im Geschäftsverkehr, die durch Ministerialverordnung spezifiziert worden sind (dazu Art. 31 DAVO HGG: 1. gravierendes Belästigen des Kunden im Zusammenhang mit der Ausübung eines Rücktritts- oder Widerrufsrechts. 2. vorsätzliches Verschweigen von bedeutsamen Tatsachen vor Abschluß des Vertrages oder zur Verhinderung der Ausübung eines Rücktritts- oder Widerrufsrechts durch Absatzhelfer oder Unternehmer. 3. unbilliges Ausnutzen der Willenschwäche und des mangelnden Urteilvermögens von Minderjährigen und anderen Personen, insbesondere auch von älteren Menschen, zum Abschluß eines Vertrages etc.).

*5. Die Regulierung von spezifischen Dienstleistungen (Artt. 41 bis 50 HGG)*

Die Regelungen im Handelsgeschäftegesetz betreffen entgeltliche Dienstleistungsverträge, die eine längerfristige Bindung des Kunden mit sich bringen und bei denen es um wiederkehrende Dienstleistungen geht, die durch Regierungsverordnung gesondert spezifiziert werden, sogenannte „spezifische Dienstleistungen" (*tokutei keizokuteki ekimu*).[620] Als spezifische Dienstleistungen können nur Dienstleistungen bestimmt werden, die der Bildung bzw. Fortbildung, der Körperpflege, der körperlichen und geistigen Ertüchtigung oder

---

[620] M. SAITŌ / S. IKEMOTO / Y. ISHITOYA (2003) 280-350; DIES. (2005) 332-415 m.w.N.

der persönlichen Lebensplanung des Verbrauchers dienen (Artt. 41 I Nr. 1, II HGG). Ist nach dem Vertrag primär ein bestimmter Erfolg geschuldet (Werkvertrag), handelt es sich in der Regel um keine Dienstleistung im Sinne des Gesetzes. Derzeit benennt die Regierungsverordnung nur sechs Arten solcher Dienstleistungen: Schönheits- und Schlankheitsbehandlungen (*esutetiku sābisu*),[621] Sprachunterricht (*gogaku kyōiku*),[622] Privatunterricht zur Vorbereitung auf Aufnahmeprüfungen an Schulen und Universitäten bzw. zur Verbesserung der schulischen Leistungen, dies entweder als Gruppenunterricht in Schulungseinrichtungen (*gakushū juku*) oder in Form des Privat-Einzelunterrichts (*katei kyōshi*)[623], Schulungen zur Bedienung des Computers (sowohl im Gruppen- als auch im Einzelunterricht; *pankon kyōshitsu*)[624] und die Vermittlung von Lebens- bzw. Ehepartnern (*kekkon aite shōkai sābisu*) (Art 41 II HGG i.V.m. Art. 12, Übersicht 5 DVO HGG).[625] Weitere Dienstleistungsarten können durch Verordnung jederzeit ergänzt werden. Da die Dienstleistung in Ausübung eines Gewerbes erbracht werden und daher der Gewinnerzielung dienen muß, werden keine Lehrveranstaltungen erfaßt, die von gemeinnützigen Vereinen, Religionsgemeinschaften, Schulen, die aufgrund des Schulunterrichtsgesetzes[626] bzw. nach dem Gesetz über Privatschulen[627] errichtet wurden, oder von anderen gemeinnützigen Körperschaften, die als solche gesetzlich und behördlich anerkannt sind, veranstaltet werden.[628] Die Regelungen des HGG finden auch Anwendung, wenn der Vertrag in den Geschäftsräumen des Unternehmers angebahnt oder geschlossen wird.

Die Verträge müssen außerdem eine *bestimmte Mindestlaufzeit* aufweisen, und das für die Dienstleistung zu entrichtende *Entgelt muß einen bestimmten Mindestbetrag übersteigen*; beide Werte sind durch Regierungsverordnung konkret festzulegen (Art. 41 HGG). Die DVO HGG bestimmt hierzu, daß bei regelmäßigen Schönheits- und Schlankheitsbehandlungen eine Vertragslaufzeit von über einem Monat und bei den anderen Dienstleistungen eine Vertragslaufzeit von über zwei Monaten vereinbart sein muß (Art 11 I). Die Gegenleistung muß in allen Fällen einen Betrag von insgesamt 50.000 Yen übersteigen (Art. 11 II).[629]

---

[621] Nicht darunter fallen medizinische Heilbehandlungen.
[622] Soweit er nicht zur gezielten Vorbereitung auf die Teilnahme an Aufnahmeprüfungen an Schulen und Universitäten oder als Nachhilfeunterricht zur Verbesserung der schulischen Leistungen dient.
[623] Vgl. im einzelnen M. SAITŌ / S. IKEMOTO / Y. ISHITOYA (2003) 283; dort auch zahlreiche Beispiele, was im einzelnen darunter fallen kann. So fallen unter den Gruppenunterricht z.B. Kurse zur Vermittlung berufsspezifischer Kenntnisse und Fertigkeiten, Fahrschulunterricht, Musikunterricht und ähnliches.
[624] Vgl. im einzelnen M. SAITŌ / S. IKEMOTO / Y. ISHITOYA (2005) 341.
[625] Vgl. M. SAITŌ / S. IKEMOTO / Y. ISHITOYA (2005) 341-342; zum ganzen 336-343..
[626] *Gakkō kyōiku-hō*, Gesetz Nr. 26/1947 i.d.F. d. Ges. Nr. 156/2002.
[627] *Shiritsu gakkō-hō*, Gesetz Nr. 270/1949 i.d.F. d. Ges. Nr. 118/2002.
[628] M. SAITŌ / S. IKEMOTO / Y. ISHITOYA (2003) 285.
[629] Ausführlich hierzu M. SAITŌ / S. IKEMOTO / Y. ISHITOYA (2003) 280-350.

Im Falle von Coupon- und Punktesystemen, bei denen die einzelnen Dienstleistungseinheiten im voraus erworben werden, ist der Zeitraum, innerhalb dessen die Coupons oder die Punkte gültig sein sollen, zugrunde zu legen.[630] Für den Fall, daß der Kunde zwar innerhalb des Zeitraums von einem Monat bzw. zwei Monaten den Vertrag kündigen kann oder eine Vertragsverlängerung vorgesehen ist, ist zu unterscheiden. Ist die Kündigungsmöglichkeit nur *pro forma* vorgesehen, ist die erste und folgende Vertragslaufzeit zusammen zu zählen, weil die Verträge dann eine Einheit bilden. Dies ist zum Beispiel der Fall, wenn beim erstmaligen Vertragsabschluß eine hohe „Aufnahmegebühr" fällig ist oder wenn die Dienstleistung mit dem Verkauf von besonders teuren Produkten verbunden wird. Ähnliches gilt für den Fall der Vereinbarung einer stillschweigenden Vertragsverlängerung bei Nichtkündigung innerhalb einer bestimmten Zeit vor Vertragsende; ferner wenn die Kündigung nur bei Vorliegen besonderer Gründe gestattet ist oder wenn mit der Kündigung eine hohe Vertragsstrafe verbunden ist. In all diesen Fällen sei der Vertrag tatsächlich auf längere Zeit angelegt als formal bestimmt.[631]

Bei der Berechnung des vorgesehen Entgeltes sind alle vom Kunden zu entrichtenden Leistungen zusammen zu zählen, also etwaige „Aufnahmegebühren", Kosten für Einführungsveranstaltungen, Nutzungsgebühren und auch die Kosten für den Erwerb von Produkten, die im Zusammenhang mit der Dienstleistung angeboten werden, soweit der Kaufvertrag und der Dienstleistungsvertrag bei natürlicher Betrachtung eine Einheit bilden.[632]

Eine spezielle Regelung für handelbare „Rechte", die die Erbringung einer spezifischen Dienstleistung einschließen, ist vorgesehen, um Umgehungsmöglichkeiten zu vereiteln. In Japan gibt es zahlreiche „Mitgliedschaftsrechte", die Dienstleistungen eines Unternehmers beinhalten und nicht an eine bestimmte Person als Kunden geknüpft sind, also handelbar sind (z.B. Mitgliedschaftsrechte in einem „Wellness-Studio"). Der Unternehmer könnte die Regelung umgehen, wenn er die Vertragsverhältnisse als Mitgliedschaftsrechte ausgestalten und durch einen Dritten vertreiben lassen würde.

Der gewerbliche Dienstleister, der „spezifische Dienstleistungen" im Sinne des HGG erbringt, hat ebenfalls verschiedene Regelungen zur öffentlichen Werbung, zum Vertragsabschluß und zum Vertragsinhalt zu beachten. Die an die Allgemeinheit gerichtete Werbung für die Dienstleistungen darf nicht irreführend oder in übertreibender Form gestaltet sein (Art. 43 HGG i.V.m. Art. 37 DAVO HGG). Ein Verstoß gegen diese Vorschrift kann für den Unternehmer verwaltungsrechtliche und/oder strafrechtliche Sanktionen nach Artt. 46, 47, 72 HGG zur Folge haben.

---

[630] M. SAITŌ / S. IKEMOTO / Y. ISHITOYA (2003) 291-291.
[631] M. SAITŌ / S. IKEMOTO / Y. ISHITOYA (2003) 291, 292.
[632] M. SAITŌ / S. IKEMOTO / Y. ISHITOYA (2003) 293-294; das gilt allerdings nur für Produkte, die durch Art. 14 i.v.M. Übersicht 5 DVO HGG zudem besonders ausgewiesen werden.

Besteht der Verdacht, daß der Unternehmer irreführende oder übertreibende Werbung im Sinne von Art. 43 HGG betrieben hat, so hat die zuständige Behörde wie im Falle der Fernabsatzgeschäfte und der Kettenabsatzgeschäfte das Recht, vom Unternehmer Aufklärung über den Sachverhalt zu fordern. Der Unternehmer hat bei Anforderung durch die Behörde insbesondere die Pflicht, Unterlagen innerhalb der durch die Behörde gesetzten Frist beizubringen, die die Umstände im einzelnen darlegen und aus denen in begründeter Weise hervorgeht, daß die in der Werbung gemachten Angaben weder irreführend noch übertreibend gewesen waren. Kommt der Unternehmer dieser Aufforderung durch die Behörde nicht oder in nicht hinreichender Weise nach, so darf die Behörde von einem Verstoß gegen die Norm ausgehen (Art. 43-2 HGG).

Der Unternehmer hat sowohl *vor* als *auch nach Abschluß* eines Vertrages über die Erbringung von spezifischen Dienstleistungen dem Kunden zu seiner Information ein Schriftstück mit umfangreichen Erläuterungen zum Vertragsinhalt, *i.e.* über das Dienstleistungsunternehmen, über das Produkt und über sonstige wichtigen Einzelheiten des Vertrags zu übergeben (Artt. 42 I, II, III HGG). Die aufklärungsbedürftigen Punkte, werden jeweils gesondert durch das Gesetz selbst oder durch die ergänzende Ministerialverordnung zur Durchführung des Handelsgeschäftegesetzes festgelegt.[633] In den Schriftstücken ist unter anderem auch deutlich auf das nach Art. 48 HGG zugunsten des Kunden bestehende achttägige Widerrufsrecht hinzuweisen und auf das nach Art. 49 HGG jederzeit bestehende besondere Kündigungsrecht des Kunden. Unterbleibt die schriftliche Aufklärung des Kunden über das Widerrufsrecht, beginnt auch hier die Widerrufsfrist nicht zu laufen. Erhält der Kunde die Schriftstücke mit den erforderlichen Angaben überhaupt nicht oder sind diese unvollständig oder fehlerhaft, muß der Unternehmer mit verwaltungsrechtlichen und/oder strafrechtlichen Sanktionen gemäß Artt. 46, 47, 72 HGG rechnen.

Verstoßen der Unternehmer oder seine Hilfspersonen zudem gegen Art. 44 I oder III HGG indem sie dem Kunden falsche Tatsachen über das bestehende Widerrufsrecht mitteilen (*fujitsu no kokuchi*) oder indem sie ihn in unzulässiger Weise bei der Ausübung des Widerrufsrechts bedrängen (*ihaku*), so daß er entweder einem Mißverständnis über die Möglichkeit der Ausübung des Widerrufsrechts erliegt oder die Widerrufsfrist infolge der Bedrängnis abläuft, so bestimmt das Gesetz, daß die Widerrufsfrist in diesen Fällen zunächst nicht zu laufen begonnen hat. Sie wird erst dadurch in Lauf gesetzt, daß dem Kunden ein weiteres Schriftstück übegeben wird, aus dem unmißverständlich hervorgeht, daß dem neuen Absatzhelfer ein Recht zum Widerruf innerhalb von acht Tagen nach Erhalt des zweiten Schriftstücks zusteht (Art. 48 I HGG).

Nach Art. 44 I HGG ist es dem Unternehmer oder seinen Hilfspersonen zudem verboten, zur Beeinflussung des Kunden beim Vertragsabschluß oder um

---

[633] Geregelt in den Bestimmungen der Artt. 32 bis 36 DAVO HGG.

zu verhindern, daß dieser von seinem bestehenden gesetzlichen Kündigungsrecht Gebrauch macht, dem Kunden gegenüber falsche Tatsachen über bestimmte wichtige Umstände[634] des Geschäfts mitzuteilen (*fujitsu kokuchi*). Der Unternehmer oder seine Hilfspersonen dürfen diese Tatsachen im Vorfeld des Vertragsabschlusses auch nicht vorsätzlich verschweigen (Art. 44 II HGG). Es ist ihnen auch untersagt, zu diesen Zwecken den Kunden oder eine andere Person unzulässig zu bedrängen (*ihaku*) oder in Verlegenheit zu bringen (*konwaku*) (Art. 44 III HGG). Zuwiderhandlungen können für den Täter und auch den Unternehmer verwaltungsrechtliche und/oder strafrechtliche Sanktionen zur Folge haben (Artt. 46, 47, 70 HGG). Bei einem Verstoß gegen Art. 44 I oder II HGG erhält der Kunde zudem ein besonderes Anfechtungsrecht nach Art. 49-2 HGG eingeräumt, sofern er durch die Aufklärungspflichtverletzung einem Mißverständnis über die betreffenden Umstände bei Vertragsabschluß erlag. Die Regelungen entsprechen denen bei den Haustür- und Vertretergeschäften.

Besteht der Verdacht, daß dem Kunden falsche Tatsachen im Sinne von Art. 44 I HGG mitgeteilt wurden, so hat die zuständige Behörde das Recht, vom Unternehmer Aufklärung über die Umstände zu verlangen. Insbesondere kann die Behörde Unterlagen fordern, aus denen im einzelnen hervorgeht, daß die Angaben gegenüber dem Kunden nicht unwahr gewesen sind. Kommt der Unternehmer diesem Verlangen innerhalb einer bestimmten, von der Behörde gesetzten Frist nicht nach, so kann die Behörde von einem Verstoß gegen die Bestimung ausgehen (Art. 44-2 HGG).

Schließlich kann die zuständige Behörde nach Art. 46 HGG auch verwaltungsrechtliche Maßnahmen gegen den Unternehmer in den folgenden Fällen ergreifen:

– im Falle der Verweigerung oder unbilligen Verzögerung der vollständigen oder teilweisen Erfüllung einer vertraglichen oder aufgrund eines Rücktritts/Widerrufs entstandenen Pflicht;
– im Falle der vorsätzlichen Unterlassung der Aufklärung über bedeutsame Tatsachen vor Abschluß des Vertrages oder zur Verhinderung der Ausübung des Widerrufsrechts, soweit dies einen Einfluß auf die Entscheidung des Kunden haben kann, den Vertrag abzuschließen bzw. den Widerruf zu erklären (unter Ausschluß der Fälle Art. 44 I Nr. 1 bis 6 HGG);
– im Falle sonstiger unbilliger und unangemessener Handlungen im Geschäftsverkehr, die durch Ministerialverordnung spezifiziert worden sind (dazu Art. 39 DAVO HGG: 1. gravierendes Belästigen des Kunden beim Vertragsabschluß oder im Zusammenhang mit der Ausübung eines Rücktritts- oder Widerrufsrechts. 2. unbilliges Ausnutzen der Willenschwäche und des mangelnden Urteilvermögens von Personen, insbesondere von älteren Menschen, zum Abschluß eines Vertrages etc.).

---

[634] Näher bestimmt in Art. 44 I HGG, Art. 37-2 DAVO HGG.

## 6. Die Regulierung von Geschäften zur Verschaffung von Heim- und Gelegenheitsarbeit (Artt. 51 bis 58 HGG)

Geschäfte eines Unternehmers, bei denen dieser verspricht, einer Person eine (selbständige) Beschäftigung zu verschaffen oder zu vermitteln, werden durch das Handelsgeschäftegesetz besonderen Regelungen unterworfen, falls der Unternehmer hierbei zugleich eigene Produkte oder die eines Dritten an die Person abzusetzen sucht.[635] Es kann sich bei den Produkten um Waren, Rechte oder Dienstleistungen aller Art handeln. Hintergrund für die Regulierung derartiger Verträge durch das HGG ist der Umstand, daß zahlreiche unlautere Unternehmer in den 1990er Jahren unter Vorspiegelung von tatsächlich nicht bestehenden Verdienstmöglichkeiten versuchten, ihren Produktabsatz unter Verbrauchern zu steigern.

Der Vertrag zwischen Unternehmer und Verbraucher muß gerade eine Koppelung des Produktvertriebs und des In-Aussichtstellens von Verdienstmöglichkeiten vorsehen, denn der Unternehmer muß den Kunden *durch das In-Aussicht-Stellen eines Vorteils aufgrund einer Geschäftstätigkeit* (*gyōmu teikyō rieki*) geworben und an ihn ein *Produkt* unter Auferlegen einer *spezifischen Belastung* (*tokutei futan*) veräußert haben (Art. 51 I HGG). Dabei kann der Absatz des Produktes in unmittelbarer Form oder auch als vermittelnder Absatz ausgestaltet sein. Auch das In-Aussichtstellen der Geschäftstätigkeit kann eine Beschäftigung für den Unternehmer selbst oder die Verschaffung der Geschäftstätigkeit für einen anderen Unternehmer betreffen. Die Produkte müssen zu der in Aussicht gestellten Verdienstmöglichkeit allerdings eine enge Beziehung aufweisen, also zum Beispiel die Geschäftstätigkeit erst ermöglichen oder zumindest fördern. Die spezifische Belastung kann in einem geforderten Entgelt für das Produkt des Unternehmers liegen oder in sonstigen Kosten des Kunden im Zusammenhang mit dem Abschluß des Geschäftes, z.B. in Form einer Aufnahmegebühr, eines Mitgliedsbeitrages, einer Sicherheitsleistung oder ähnlichem (vgl. Art. 51 II HGG).

Eine wichtige Fallgruppe betrifft Geschäfte, bei denen dem Kunden bestimmte Materialien, Werkzeuge oder Hilfsmittel wie Schreibwaren, Computer, Computersoftware, Maschinen zur Herstellung bestimmter Güter oder Fahrzeuge etc. verkauft werden, mit deren Hilfe der Kunde bestimmte geschäftliche Tätigkeiten ausführen soll. Statt des Vertriebs von Waren kann auch eine bestimmte Dienstleistung des Unternehmers als Voraussetzung der Geschäftstätigkeit bezeichnet werden, z.B. die Teilnahme an Schulungskursen des Unternehmers, wodurch der Verbraucher eine bestimmte Qualifikation erwerben soll. Da viele der Tätigkeiten zu Hause – zumindest aber ohne die Einrichtung eigener Geschäftsräume – erledigt werden können, hat sich zur Bezeichnung dieser

---

[635] Ausführlich hierzu M. SAITŌ / S. IKEMOTO / Y. ISHITOYA (2003) 352-403; DIES. (2005) 416-481.

Art Geschäfte der Begriff „Heimarbeits-Geschäfte" (*naishoku shōhō*) eingebürgert.[636]

Eine andere häufige Fallgruppe betrifft Geschäfte, bei denen der Vertrag den Erwerb eines Produktes durch den Kunden vorsieht unter gleichzeitigem Angebot der Teilnahme an einem Produkttest, wofür dem Verbraucher ein Honorar in Aussicht gestellt wird. Als derartige Produkte werden z.b. häufig hochwertige Seidenkimonos, Bettzeug oder Wasserfilter angeboten. Diese Variante der Geschäfte, bei der der Kunde das Produkt testen bzw. „beobachten" soll wird häufig als „Beobachtungs-Geschäfte" (*monitā*[637] *shōhō*) bezeichnet.[638]

Nach Art. 53 HGG i.V.m. Artt. 40, 41 DAVO HGG hat der Unternehmer bei der öffentlichen, an die Allgemeinheit gerichteten Werbung für diese Art Geschäfte zur Information der Kunden bestimmte Angaben wie den Namen, die Firma und den Sitz des Unternehmens sowie die Geschäftsbedingungen beizufügen. Die Werbung darf zudem nicht irreführend oder übertreibend sein (Art. 54 HGG i.V.m. Art. 43 DAVO HGG). Bei einem Verstoß drohen verwaltungsrechtliche und/oder strafrechtliche Konsequenzen nach Artt. 56, 57, 72 HGG.

Besteht der Verdacht, daß der Unternehmer irreführende oder übertreibende Werbung im Sinne von Art. 54 HGG betrieben hat, so hat die zuständige Behörde das Recht, vom Unternehmer Aufklärung über den Sachverhalt zu fordern. Der Unternehmer hat bei Anforderung durch die Behörde insbesondere die Pflicht, Unterlagen innerhalb der durch die Behörde gesetzten Frist beizubringen, die die Umstände im einzelnen darlegen und aus denen in begründeter Weise hervorgeht, daß die in der Werbung gemachten Angaben weder irreführend noch übertreibend gewesen waren. Kommt der Unternehmer dieser Aufforderung durch die Behörde nicht oder in nicht hinreichener Weise nach, so darf die Behörde von einem Verstoß gegen die Norm ausgehen (Art. 54-2 HGG).

Der Unternehmer hat nach 51-2 HGG dafür zu sorgen, daß dem Kunden bei der persönlichen Kontaktaufnahme mit dem Kunden zum Zwecke eines Vertragsabschlusses unmittelbar zu Beginn der geschäftsmäßige Zweck der Kontaktaufnahme, die Besonderheit des Geschäfts und der Name bzw. die Firma des Unternehmers mitgeteilt werden. Zudem sind der Unternehmer bzw. seine Hilfspersonen gemäß Art. 55 I, II HGG verpflichtet, sowohl *vor* als *auch nach* Abschluß eines Vertrages im Zusammenhang mit derartigen Geschäften dem Kunden ein Schriftstück mit umfangreichen Erläuterungen zum Inhalt des Vertrages zu übergeben. Die aufklärungspflichtigen Punkte werden durch das Gesetz bzw. die ergänzende Durchführungsamtsverordnung im einzelnen spezifi-

---

[636] M. SAITŌ / S. IKEMOTO / Y. ISHITOYA (2003) 361-362.
[637] Abgeleitet vom englischen Verb „*to monitor*".
[638] M. SAITŌ / S. IKEMOTO / Y. ISHITOYA (2003) 362, mit weiteren Beispielen für die Ausgestaltung der Geschäfte auf den Folgeseiten.

ziert.[639] Bei einem Verstoß gegen diese Pflichten sieht das Gesetz auch hier wieder die Möglichkeit verwaltungsrechtlicher und/oder strafrechtlichen Sanktionen gegenüber dem Unternehmer vor (Artt. 56, 57, 71 HGG). Der Unternehmer hat in den Schriftstücken auch auf ein zugunsten des Kunden bestehendes zwanzigtägiges Widerrufsrecht nach Art. 58 HGG hinzuweisen. Versäumt er dies, beginnt die Widerrufsfrist nicht zu laufen.

Verstoßen der Unternehmer oder seine Hilfspersonen gegen Art. 52 I oder II HGG indem sie dem Kunden falsche Tatsachen über das bestehende Widerrufsrecht mitteilen (*fujitsu no kokuchi*) oder indem sie ihn in unzulässiger Weise bei der Ausübung des Widerrufsrechts bedrängen (*ihaku*), so daß er entweder einem Mißverständnis über die Möglichkeit der Ausübung des Widerrufsrechts erliegt oder die Widerrufsfrist infolge der Bedrängnis abläuft, so bestimmt das Gesetz, daß die Widerrufsfrist in diesen Fällen zunächst nicht zu laufen begonnen hat. Sie wird erst dadurch in Lauf gesetzt, daß dem Kunden ein weiteres Schriftstück übegeben wird, aus dem unmißverständlich hervorgeht, daß dem neuen Absatzhelfer ein Recht zum Widerruf innerhalb von zwanzig Tagen nach Erhalt des zweiten Schriftstücks zusteht (Art. 58 I HGG).

Nach Art. 52 I HGG ist es dem Unternehmer oder seinen Gehilfen auch bei dieser Art von Geschäft verboten, dem Kunden bei Abschluß des Vertrages unwahre Tatsachen über bestimmte wichtige Umstände[640] des Geschäfts mitzuteilen (*fujitsu kokuchi*) oder diese wichtigen Tatsachen zu verschweigen (*fu-kokuchi*). Es ist dem Unternehmer bzw. seinen Gehilfen nach Art. 52 II HGG in gleicher Weise untersagt, den Kunden zum Zwecke des Vertragsabschlusses unzulässig zu bedrängen (*ihaku*) oder in Verlegenheit zu bringen (*konwaku*). Auch bei einem Verstoß hiergegen bestehen verwaltungsrechtliche und strafrechtliche Sanktionsmöglichkeiten (Artt. 56, 57, 70, 74 HGG). Im Falle eines Verstoßes gegen Art. 52 I HGG erhält der Kunde zudem ein besonderes gesetzliches Anfechtungsrecht, falls er durch die Aufklärungspflichtverletzung einem Mitßverständis bei Vertragsschluß über die betreffenden Umstände erlag (Art. 58-2 HGG).

Besteht der Verdacht, daß dem Kunden falsche Tatsachen im Sinne von Art. 52 I HGG mitgeteilt wurden, so hat die zuständige Behörde das Recht, vom Unternehmer Aufklärung über die Umstände zu verlangen. Insbesondere kann die Behörde Unterlagen fordern, aus denen im einzelnen hervorgeht, daß die Angaben gegenüber dem Kunden nicht unwahr gewesen sind. Kommt der Unternehmer diesem Verlangen innerhalb einer bestimmten, von der Behörde gesetzten Frist nicht nach, so kann die Behörde von einem Verstoß gegen die Bestimung ausgehen (Art. 52-2 HGG).

Dem Unternehmer oder dessen Hilfspersonen ist es zudem untersagt, bei der Werbung eines neuen Absatzhelfer, diesen zum Zwecke des Vertragsabschlus-

---

[639] Art. 55 I HGG i.V.m. Art. 43 DAVO HGG bzw. Art. 55 II HGG i.V.m. Art. 44 bis 45 DAVO HGG.

[640] Näher bestimmt durch Art. 52 I HGG, Art. 39-3 DAVO HGG.

ses unter Verschweigen dieser Absichten zum Aufsuchen eines nichtöffentichen Ortes (mit Ausnahme von Geschäftsräumen des Unternehmers) zu veranlassen oder dorthin zu geleiten (Art. 52 III). Auch bei diesem Verstoß drohen verwaltungs- und strafrechtliche Sanktionen (Artt. 56, 57, 71 HGG).

Schließlich kann die zuständige Behörde nach Art. 56 HGG auch verwaltungsrechtliche Maßnahmen gegen den Unternehmer in den folgenden Fällen ergreifen:

- im Falle der Verweigerung oder unbilligen Verzögerung der vollständigen oder teilweisen Erfüllung einer vertraglichen oder aufgrund eines Rücktritts/Widerrufs entstandenen Pflicht;
- im Falle der Werbung zum Abschluß eines Vertrages durch irreführende Zusicherung eines Vorteils oder durch Abgabe einer bestimmenden Prognose oder eines bestimmenden Urteils über bestimmte Tatsachen;
- im Falle der Belästigung durch weiteres aufdringliches Werben zum Vertragsabschluß, obwohl der Kunde sein mangelndes Interesse zum Ausdruck gebracht hat;
- im Falle sonstiger unbilliger und unangemessener Handlungen im Geschäftsverkehr, die durch Ministerialverordnung spezifiziert worden sind (dazu Art. 46 DAVO HGG: 1. gravierendes Belästigen des Kunden im Zusammenhang mit der Ausübung eines Rücktritts- oder Widerrufsrechts. 2. unbilliges Ausnutzen der Willenschwäche und des mangelnden Urteilsvermögens von Minderjährigen und anderen Personen zum Abschluß eines Vertrages etc.).

## 7. Fazit

Anhand des Handelsgeschäftegesetzes wird deutlich, wie in Japan Verbraucherverträge durch Wirtschaftsverwaltungsgesetze reguliert werden. Die Regelung der einzelnen Geschäftstypen folgt einem weitgehend einheitlichen Muster, das in ähnlicher Form auch in zahlreichen anderen Gesetzen besteht.[641]

Nur vereinzelt finden sich in den Gesetzen privatrechtlich zwingende Normen. Als solche sind im wesentlichen die Bestimmungen über die verbraucherschützenden Widerrufsrechte, Anfechtungsrechte, Kündigungsrechte und die Beschränkungen der zulässigen Höhe von Schadensersatzansprüchen, Schadensersatzpauschalen und Vertragsstrafen zu nennen. Die speziellen Anfechtungs- und Kündigungsrechte sind eine Besonderheit des HGG und finden sich bislang in keinem anderen wirtschaftsverwaltungsrechtlichen Gesetz.

Die im Handelsgeschäftegesetz enthaltenen verwaltungsrechtlichen Ge- und Verbote dienen vor allem der Gewährleistung der angemessenen Information und Entscheidungsfreiheit des Verbrauchers bei Abschluß eines Vertrages. Es lassen sich drei Regelungsarten unterscheiden: 1. Regelungen zur Gewährlei-

---

[641] Vgl. unten auch Kapitel 4 A.

stung der angemessenen öffentlichen Werbung des Unternehmers, die der Aufklärung und Information des Verbrauchers im Vorfeld eines Vertragsabschlusses dienen, insbesondere Verbote der irreführenden Werbung. 2. Individuelle Gebote zur schriftlichen oder sonstigen Aufklärung des Vertragspartners beim Abschluß von Verträgen. 3. Verbote der unzulässigen Einflußnahme auf die Willensbildung des Vertragspartners im Vorfeld des Vertragsabschlusses durch Mitteilung irreführender und falscher Informationen, durch Abgabe irreführender Versprechen und Prognosen, durch unzulässiges Bedrängen oder durch Ausnutzen der örtlichen Gegebenheiten. Zudem wird die unzulässige Einflußnahme auf den Kunden im Zusammenhang mit der Ausübung bestehender Widerrufs-, Rücktritts- und Kündigungsrechte verboten. Dies betrifft noch in einem weiteren Sinne die Phase des Vertragsabschlusses.

Einige verwaltungsrechtliche Regelungen betreffen ferner Pflichten im Erfüllungsstadium des Vertrages oder dessen Rückabwicklung im Falle der Ausübung von Löserechten. Dem Unternehmer wird es beispielsweise verboten, die Erfüllung der vertraglichen Pflichten oder der Rückgewährpflichten unbillig zu verzögern oder ohne triftigen Grund zu verweigern.

Zur Durchsetzung der Verhaltensnormen sehen das HGG und andere Gesetze regelmäßig die Möglichkeit der Verhängung verwaltungsrechtlicher und strafrechtlicher Sanktionen gegen den Unternehmer und seine Hilfspersonen vor, jedoch keine eingeständigen zivilrechtlichen Instrumente. Eine Ausnahme bilden insoweit Widerrufs- und Anfechtungsrechte, die jeweils mit einem Verstoß gegen verwaltungsrechtliche Ge- bzw. Verbote gekoppelt sind.

## D. Verbraucherschützende Widerrufsrechte

### I. Einführung

Unter verbraucherschützende Widerrufsrechte werden im allgemeinen Rechte verstanden, durch die sich Verbraucher von einer eingegangenen Verpflichtung, d.h. entweder von einem geschlossenen Vertrag oder von einer auf den Vertragsabschluß gerichteten einseitigen Vertragsofferte lossagen können. Durch diese Rechte wird also zugunsten des Verbrauchers die Vertragsbindungswirkung reduziert, häufig aber nur während einer besonders bestimmten Frist, innerhalb dessen der Verbraucher zur Ausübung des Rechts nur berechtigt ist. Derartige Löserechte sind in Japan in den vergangenen dreißig Jahren zahlreich normiert worden. Die Entwicklung wurde dabei teilweise beeinflusst von der Gesetzgebung in Deutschland und anderen Ländern Europas sowie den mittlerweile vier Richtlinien der EG, die Widerrufsrechte vorsehen.[642] In vielen Fällen aber ist die japanische Gesetzgebung eigene Wege gegangen, insbesondere seit Beginn der 1980er Jahre. Daher gibt es für die japanischen Widerrufsrechte nur zum Teil Entsprechungen in Deutschland oder in anderen Ländern Europas.

Entsprechend ihres sonderprivatrechtlichen Charakters sind die Widerrufsrechte in Japan vollständig in Sondergesetzen geregelt. Es existieren daher auch keine allgemeinen Vorschriften im Zivilgesetz, die einzelne Voraussetzungen oder Rechtsfolgen der Ausübung von Widerrufsrechten vereinheitlichen. Eine Eingliederung in das ZG und eine dortige abschließende Regelung steht in Japan nicht zur Diskussion, weil nach überwiegender Auffassung gerade die Regelung in Sondergesetzen dem Wesen der Widerrufsrechte als besonderes Rechtsinstitut am besten entspreche.[643] Da die sondergesetzlichen Regelungen aber viele Fragen offen lassen, muß zur Fallösung häufig ergänzend auf allgemeine Regelungen des ZG zurückgegriffen werden, was einige rechtsdogmatische und rechtspraktische Fragen aufwirft.

Eine ähnliche Situation bestand lange auch in Deutschland. Der deutsche Gesetzgeber hat aber zunächst die Umsetzung der EG-Fernabsatzrichtlinie[644] durch das Gesetz über Fernabsatzverträge und andere Fragen des Verbraucher-

---

[642] Dies sind die Richtlinie betreffend den Verbraucherschutz im Falle von außerhalb von Geschäftsräumen geschlossenen Verträgen vom 20. Dezember 1985, Richtlinie 85/577/EWG, Abl. EG 1985, L 372/31; die Richtlinie zum Schutz des Verbrauchers bei Verträgen über den Erwerb von Teilnutzungsrechten an Immobilien („Time-Sharing-Richtlinie"), Richtlinie 94/47/EG, Abl. EG 1994, L 280/83; die Richtlinie über den Verbraucherschutz bei Vertragsabschlüssen im Fernabsatz („Fernabsatzrichtlinie"), Richtlinie 97/7/EG, Abl. EG 1997, L 144/19; und die Richtlinie über den Fernabsatz von Finanzdienstleistungen an Verbraucher („Finanzdienstleistungsrichtlinie"), Richtlinie 2002/65/EG, Abl. EG Nr. L 271/16.
[643] Manche sehen hierin aber kein größeres Problem Z. KITAGAWA (1981) 2 f.
[644] Vgl. den Nachweis in Fn. 642.

rechts vom 30.6.2000[645] zum Anlaß genommen, die Modalitäten der Ausübung und die Rechtsfolgen der meisten Widerrufsrechte einheitlich zu regeln, zunächst in § 361a BGB. Durch die Schuldrechtsreform des Jahres 2002[646] wurden sodann auch die meisten vorher spezialgesetzlich normierten Widerrufsrechte selbst unmittelbar ins BGB integriert[647] und die einheitliche Regelung des § 361a BGB wurde fast unverändert in die §§ 355, 357 BGB eingestellt. Über viele Jahre hinweg hatte der deutsche Gesetzgeber jedoch diesen Schritt gescheut, weil er Schwierigkeiten sah, dieses besondere Rechtsinstitut mit den herkömmlichen Instrumenten des Vertragsrechts zu verbinden, und weil er daher meinte, daß es nicht ins BGB passe.[648] Die ebenfalls verbraucherschützenden Widerrufsrechte in § 126 Investmentgesetz[649] (InvG), § 4 FernUSG sowie in §§ 5a, 8 IV, V VVG sind weiterhin allerdings in Sondergesetzen geregelt.[650]

Trotz der jeweils sondergesetzlichen Regelung folgen fast alle Widerrufsrechte in Japan in ihrer Ausgestaltung weitgehend einheitlich dem Prototyp des im Jahre 1972 in das Teilzahlungsgesetz (TzG) eingefügten und dort heute in Art. 4-4 normierten Widerrufsrechts bei Teilzahlungsgeschäften, das folglich als Beispiel für alle bestehenden Widerrufsrechte dienen kann. Es gibt nur einen von dieser Struktur abweichenden Ausnahmefall – das Widerrufsrecht bei der Vermittlung von Warentermingeschäften an ausländischen Börsen (Art. 8 AWarenterminGG[651]). Das Teilzahlungsgesetz enthält außer dem Widerrufsrecht hauptsächlich öffentlich-rechtliche Normen, vor allem zur Gewerbekontrolle, und gehört daher insgesamt betrachtet eher zum Bereich des Wirt-

---

[645] Mit vollem Titel Gesetz über Fernabsatzverträge und andere Fragen des Verbraucherrechts sowie zur Umstellung von Vorschriften auf Euro, BGBl. I 897 ff. Neben der Schaffung des Fernabsatzgesetzes (Art. 1) bewirkte das Gesetz vor allem wichtige Änderungen im BGB, im AGB-Gesetz und zahlreichen Verbrauchergesetzen (Artt. 2 bis 6). Das Gesetz diente auch der Umsetzung der EG-Richtlinie 98/27/EG (ABl. EG Nr. L 166/51) vom 19. Mai 1998 über Unterlassungsklagen zum Schutz der Verbraucherinteressen.

[646] Gesetz zur Modernisierung des Schuldrechts vom 26.11.2001; in Kraft seit dem 1. Januar 2002.

[647] §§ 312 I, 355 BGB (Haustürgeschäfte), §§ 312 d I, 355 BGB (Fernabsatzgeschäfte), §§ 485 I, 355 (Teilzeit-Wohnrechteverträge), §§ 495 I, 355 BGB (Verbraucherdarlehensverträge), §§ 500, 495 I, 355 BGB (Finanzierungsleasingverträge), §§ 501, 495 I, 355 BGB (Teilzahlungsgeschäfte), §§ 499 I, 495 I, 355 BGB (sonstige entgeltliche Finanzierungshilfen), §§ 505 I, 355 BGB (Ratenlieferungsverträge).

[648] Vgl. S. LORENZ (1997) 129-132.

[649] BGBl. I 2003, 2676 (Erwerb von Investmentanteilen); vormals §§ 11, 15h AuslInvestmG (Gesetz über den Vertrieb ausländischer Investmentanteile und über die Besteuerung der Erträge aus ausländischen Investmentanteilen, BGBl. I 1969, 986 ff.) und § 23 KAGG (Gesetz über Kapitalanlagegesellschaften, BGBl. I 1957, 378 ff.) .

[650] Gesetz zum Schutz der Teilnehmer am Fernunterricht (FernUSG), BGBl. I 1976, 2525 ff. (Fernunterrichtsvertrag); Gesetz über den Versicherungsvertrag (VVG), RGBl. I, 263 ff. (Schadens- und Lebensversicherungsverträge).

[651] Gesetz über die Vermittlungstätigkeit bei Warentermingeschäften an ausländischen Warenterminbörsen (*Kaigai shōhin shijō ni okeru sakimono torihiki no jutaku-tō ni kansuru hōritsu*), Gesetz Nr. 65 /1982 i.d.F. des Gesetzes Nr. 160/1999.

schaftsverwaltungsrechts als zum Privatrecht.[652] Gleiches gilt auch für alle anderen Gesetze, in denen heute Widerrufsrechte enthalten sind.

## II. Bezeichnung als „kūringu ofu" (cooling-off)

Die Diskussion um die Einführung von verbraucherschützenden Widerrufsrechten in Japan wurde in den 1960er Jahren vor allem durch die Entwicklung in England angestoßen und zumindest zu Beginn stark beeinflußt.[653] Aus diesem Grunde bezeichnet man in Japan diese Rechtstechnik noch heute allgemein mit der im anglo-amerikanischen Raum üblichen Terminologie als „kūringu ofu" (cooling-off), also als Einräumung einer Abkühlungsfrist bzw. einer Reuefrist, oder als „kūringu ofu ken", also einem „Recht auf eine Reuefrist". Aufgrund seines Charakters wird es gelegentlich auch als „umgekehrtes Optionsrecht" zugunsten des Verbrauchers beschrieben.[654] Die Bezeichnung als „Widerrufsrecht" – im Japanischen wörtlich „tekkai-ken" – ist dagegen eher unüblich. Trotzdem verbirgt sich hinter der Bezeichnung nichts anderes als das, was man in Deutschland funktionell unter dem Begriff „Widerrufsrecht" faßt.[655] Besonderes Merkmal dieses Rechts auf Vertragsauflösung ist wie bei den besonderen verbraucherschützenden Widerrufsrechten im deutschen Recht, daß dem Verbraucher eine „Überlegungsfrist" eingeräumt wird, innerhalb der er die Gelegenheit erhält, noch einmal darüber nachzudenken, ob er die Bindung an einen Vertrag oder eine einseitig eingegangene Verpflichtung endgültig aufrecht erhalten oder sich davon lösen möchte.

## III. Typisierende Voraussetzungen

Neben der Rechtsfolge der Lösung von einer eingegangenen Verpflichtung ist wesentliches Kennzeichen auch der japanischen Widerrufsrechte, daß ihre Tatbestandsvoraussetzungen allesamt typisiert sind, *i.e. es kommt regelmäßig nicht darauf an, ob z.B. ein Vertrag im Einzelfall tatsächlich konkrete Abschlußmängel oder inhaltliche Mängel aufweist*. Die Typisierung erfolgt ähnlich wie bei den deutschen Widerrufsrechten[656] regelmäßig in zweierlei, manchmal auch in dreierlei Weise, nämlich durch die Einschränkung in persönlicher Hinsicht durch Ausschluß bestimmter Personengruppen vom Anwendungsbereich, in sachlich-gegenständlicher Weise durch das Abstellen auf bestimmte Geschäfts- bzw. Vertragstypen und Vertragsgegenstände und in situationsbezogener Hin-

---

[652] S. KAWAKAMI (1996) 1179.
[653] Vgl. S. KAWAKAMI (1996) 1184-1185.
[654] Vgl. S. KAWAKAMI (1996) 1219 m.w.N.
[655] Knapp zur Einführung des Systems der Widerrufsrechte in Japan auch S. ITŌ / K. KIMOTO /C. MURA (2000) 63-65.
[656] Zum deutschen Recht vgl. nur S. LORENZ (1997) 56, 122-212.

sicht durch das Abstellen auf besondere Umstände der Vertragsanbahnung. Häufig werden persönliche, situationsbezogene und sachlich-gegenständliche Merkmale kombiniert.

In *persönlicher Hinsicht* erfolgt die Typisierung dadurch, daß ein solches Recht immer nur bestimmten Personen gewährt wird, nämlich nur „Verbrauchern", und auch nur dann, wenn der Vertragspartner ebenfalls bestimmte allgemeine Kriterien erfüllt, vor allem nämlich als „Unternehmer" aufgetreten ist. Die in den betreffenden Sondergesetzen verwendeten Subjektbezeichnungen variieren allerdings, wie bereits oben am Beispiel der Regelungen des HGG und des TzG im allgemeinen erläutert wurde.[657] Noch einmal konkret auf das Beispiel des Widerrufsrechts bei Teilzahlungsgeschäften bezogen bedeutet dies, daß in diesem Zusammenhang im TzG für die Vertragsparteien auf der einen Seite anstelle des Verbrauchers regelmäßig Begriffe wie etwa „(Teilzahlungs-)Käufer" (*kōnyū-sha*) bzw. „(Teilzahlungs-)Dienstleistungsempfänger" (*ekimu no teikyō wo ukeru mono*) und anstelle des Unternehmers Begriffe wie „Teilzahlungsverkäufer" – eigentlich „Teilzahlungsverkaufs-Unternehmer" (*kappu hanbai gyōsha*) – oder (Teilzahlungs-)Dienstleistungsunternehmer (*ekimu teikyō gyōsha*) verwendet werden (Vgl. Artt. 2 I, 3, 4, 4-4 etc. TzG). Dabei spielt es wie üblich keine Rolle, ob es sich bei dem Unternehmer um eine natürliche Person oder um eine juristische Person handelt. Die Widerrufsrechte bei Teilzahlungs- und anderen Geschäften, bei denen Widerrufsrechte bestehen, betreffen also gewöhnlich immer Verbraucherverträge. Auch die Kommentierungen z.B. zum Teilzahlungsgesetz sprechen ausdrücklich vom Zweck des „Verbraucherschutzes" der im TzG vorgesehenen Widerrufsrechte.[658] Nachfolgend werden daher auf der einen Seite statt des Begriffs Unternehmer gegebenenfalls auch Begriffe wie Verkäufer oder Dienstleister etc. und auf der einen Seite statt des Begriffs Verbraucher auch Begriffe wie Käufer, Erwerber, Dienstleistungsempfänger oder Kunde etc. als Synonyme verwendet.

In *sachlich-gegenständlicher Hinsicht* erfolgt die Typisierung durch eine Beschränkung von Widerrufsrechten auf *bestimmte Vertragstyen* bzw. auf Verträge im Zusammenhang mit *bestimmten Geschäftstypen* und/oder *auf bestimmte Vertrags- bzw. Geschäftsgegenstände*. Im TzG zum Beispiel sind Widerrufsrechte bei Verträgen im Zusammenhang mit Teilzahlungsgeschäften und ferner mit kooperativ finanzierten Geschäften und mit kreditfinanzierten Geschäften vorgesehen. Die gesetzliche Definition dieser Geschäftstypen setzt ihrerseits aber wieder voraus, daß auch *bestimmte Leistungsgegenstände* betroffen sind, die durch ergänzende Verordnungen zum Teilzahlungsgesetz im einzelnen spezifiziert werden. So bestehen die Widerrufsrechte im TzG konkret nur bei Verträgen im Zusammenhang mit Geschäften, die die abstrakten Merkmale der drei genannten Geschäftstypen erfüllen und zudem die Lieferung bestimmter

---

[657] Kapitel 2 B I und Kapitel 3 C II 2, III.
[658] TSŪSHŌ SANGYŌ-SHŌ (1972) 27-28. Vgl. auch J. NAGAO (1984) 64 und S. KAWAKAMI (1996) 1178, 1189.

## D. Verbraucherschützende Widerrufsrechte

Produkte betreffen, die abstrakt in Art. 2 IV TzG definiert und in einer Durchführungsverordnung zum Teilzahlungsgesetz (DVO TzG)[659] besonders ausgewiesen bzw. spezifiziert sind. Dies ist zugleich Voraussetzung für das Bestehen eines Widerrufsrechts und die Anwendung der sonstigen Regelungen des TzG.[660] Diese Art der Regelungstechnik besteht praktisch bei allen wirtschaftsverwaltungsrechtlichen Sondergesetzen, die für den Verbraucherschutz von Bedeutung sind, und ist daher auch maßgeblich für alle existierenden verbraucherschützenden Widerrufsrechte in Japan. Auf das Widerrufsrecht bei Teilzahlungsgeschäften bezogen bedeutet dies beispielsweise, daß es bei dem Vertrag um die Lieferung „spezifizierter Waren" (*shitei shōhin*), die Verschaffung „spezifizierter Rechte" (*shitei kenri*) oder die Erbringung „spezifizierter Dienstleistungen" (*shitei ekimu*) im Rahmen eines Teilzahlungsgeschäfts gehen muß. Die im TzG enthaltenen Produktlisten sind mittlerweile so umfangreich, daß die Regelungen des Gesetzes praktisch auf fast alle Teilzahlungsgeschäfte zwischen Unternehmern und Verbrauchern Anwendung finden und entsprechend jeweils ein Widerrufsrecht besteht. Aus deutscher Sicht ist die Gesetzestechnik etwas ungewöhnlich, sie unterstreicht aber den Charakter des „Sondergesetzes". Gleichwohl sind Zweifel am Sinn dieser Regelung angebracht. So besteht ein Widerrufsrecht bei einem Teilzahlungskauf eines Motorrads (Nr. 37 der Übersicht 1 DVO TzG), nicht aber, wenn der Kunde auf diese Weise ein Pferd erwirbt, das nicht in der Übersicht aufgeführt ist; – ein Widerrufsrecht besteht im übrigen auch nicht beim Teilzahlungskauf eines PKW, weil es hinsichtlich dieses Leistungsgegenstands nach Art. 4-4 I TzG i.V.m. Art. 1-3 I, Übersicht 3 DVO TzG besonders ausgeschlossen wird, da der Kauf eines PKW üblicherweise erst nach längeren Verhandlungen erfolgt. Ob ein Widerrufsrecht für einen Verbraucher bei einem bestimmten Vertrag besteht, ist daher wegen der Komplexität der gesetzlichen Regelung häufig nicht immer ganz einfach zu ermitteln, insbesondere für den Verbraucher als Rechtsinhaber selbst.

In *situationsbezogener Hinsicht* erfolgt die Typisierung in einigen Gesetzen durch das Abstellen auf *bestimmte äußere Umstände des Vertragsabschlusses bzw. der Vertragsanbahnung*. So sind die Widerrufsrechte im Teilzahlungsgesetz nur für die Fälle vorgesehen, in denen die Vertragsanbahnung bzw. der Vertragsabschluß „*außerhalb der Geschäftsräume*" des Unternehmers erfolgte.

Ein besonders wichtiger Gesichtspunkt hinsichtlich der Funktion und Struktur der Widerrufsrechte ist, daß alle japanischen Sondergesetze, die Widerrufsrechte enthalten, meist primär im Zeichen des Verbraucherschutzes durch Aufklärung stehen. Durch eine zwingend vorgeschriebene schriftliche Aufklärung des Verbrauchers über wichtige Einzelheiten des Vertrages vor und/oder nach Abschluß des Vertrages soll gewährleistet werden, daß dem Verbraucher durch

---

[659] Durchführungsverordnung zum Teilzahlungsgesetz (*Kappu hanbai-hō shikō-rei*), Regierungsverordnung (*seirei*) Nr. 341/1961 i.d.F. der Regierungsverordnung Nr. 261/2004, dort in Art. 1 i.V.m. Übersicht 1 (Waren), 1-2 (Rechte) und 1-3 (Dienstleistungen).
[660] Vgl. oben C II 2.

den Unternehmer bei Vertragsabschluß die notwendigen Informationen zur Beurteilung des Geschäftes zur Verfügung gestellt werden. Die Widerrufsrechte sind also jeweils im Zusammenhang mit den bestehenden schriftlichen Aufklärungspflichten des Unternehmers bei Abschluß des Vertrages zu sehen. Die Widerrufsfrist beginnt daher prinzipiell erst nach Übergabe des Schriftstücks mit den vollständigen Informationen zu laufen. Ein Ziel der Widerrufsrechte ist somit immer die Verhinderung von unerwünschten Verbraucherverträgen wegen unzureichender oder unzutreffender Informationen. Daneben können auch andere Motive eine Rolle spielen.

Da die Widerrufsrechte ein willkürliches Recht zur vollständigen, einseitigen Vertragsauflösung oder der Lösung von der Bindung an eine Vertragsofferte darstellen, greifen sie einschneidend in den Grundsatz der Vertragstreue ein und stellen ein besonders scharfes Instrument des Verbraucherschutzes dar.

## IV. Anwendungsbereich und Funktionen der einzelnen Widerrufsrechte in Japan

### 1. Überblick über die bestehenden Widerrufsrechte[661]

#### a) Widerrufsrechte nach dem Teilzahlungsgesetz

Das bereits mehrfach erwähnte Widerrufsrecht beim Teilzahlungsgeschäft (Art. 4-4 TzG) wurde im Jahre 1972 als erstes Widerrufsrecht in Japan normiert. Es betraf zunächst einfache Teilzahlungskaufverträge und wurde später auch auf andere Teilzahlungsgeschäfte durch Ergänzung der Produktlisten um bestimmte Rechte und Dienstleistungen erweitert. Dieses Widerrufsrecht gleicht dem Widerrufsrecht für Teilzahlungsgeschäfte in Deutschland nach §§ 501, 495 I, 355 BGB. Bei kooperativ finanzierten Geschäften, die heute allerdings keine allzu große Rolle mehr spielen, besteht ein Widerrufsrecht nach Art. 29-3-3 TzG, das dem Widerrufsrecht in Art. 4-4 TzG entspricht. Seit einer Gesetzesänderung im Jahre 1984[662] gilt ein gleichartiges Widerrufsrecht auch bei den in der Praxis besonders bedeutsamen kreditfinanzierten Geschäften (Art. 30-2-3 TzG).[663]

---

[661] Die Situation in Japan ist etwas ungewöhnlich, weil sich die japanische Literatur insgesamt nicht sehr ausführlich mit den einzelnen Widerrufsrechten in Japan beschäftigt; allenfalls die Widerrufsrechte im TzG und im HGG werden häufiger angesprochen, wenn auch diesbezüglich die Diskussion gewöhnlich nicht besonders tiefgehend ist. Zu einigen Widerrufsrechten ließ sich überhaupt keine Quelle mit einer Begründung zu ihrer Einführung finden. Demgegenüber setzt sich das Schrifttum intensiv mit den Widerrufsrechten im europäischen Ausland auseinander.

[662] Gesetz Nr. 49/1984.

[663] Zur Definition der drei Geschäftstypen vgl. bereits oben C II 2 sowie die Regelungen in Artt. 2 I Nr. 1, 2 II Nr. 1, 2 III Nr. 1 TzG.

Beim kooperativ finanzierten Geschäft und beim kreditfinanzierten Geschäft werden der Kauf- bzw. Dienstleistungsvertrag und der Kreditvertrag als eine wirtschaftliche Einheit angesehen. Gemäß Artt. 30-4, 29-4 II TzG können dabei der Widerruf und sämtliche Einwendungen aus dem Kauf- oder Dienstleistungsvertrag auch gegenüber den Forderungen aus dem Darlehens- bzw. Kreditvertrag entgegengehalten werden, was insofern im Ergebnis der Rechtslage in Deutschland (§§ 358, 359 BGB) entspricht.

Die Widerrufsrechte nach dem Teilzahlungsgesetz bestehen in Japan allerdings nur, sofern die Geschäftsanbahnung bzw. der Vertragsabschluß *außerhalb von Geschäftsräumen* erfolgte und wenn das Geschäft einen *gesetzlich besonders spezifizierten Leistungsgegenstand* betrifft (Artt. 4-4 I, 29-3-3 I, 30-2-3 I TzG).[664] Den Geschäftsräumen des Unternehmers werden gemäß Art. 4-3 I TzG Filialen, Niederlassungen von Handelsvertretern und in einer Amtsverordnung des Wirtschaftsministeriums zum Teilzahlungsgesetz (DAVO TzG)[665] besonders bestimmte Räumlichkeiten gleichgestellt.

Die Widerrufsfrist bei Teilzahlungsgeschäften, kooperativ finanzierten Geschäften und kreditfinanzierten Geschäften in Japan beträgt heute acht Tage. Das Widerrufsrecht ist außer bei speziell bestimmten Vertragsgegenständen, über die vor Vertragsschluß gewöhnlich länger verhandelt wird,[666] ferner noch ausgeschlossen für Produkte, die durch Regierungsverordnung besonders spezifiziert werden und bei denen der Gebrauch oder teilweise Verbrauch zu einem erheblichen Wertverlust führt und falls der Kunde im Einzelfall das Produkt tatsächlich bereits in Gebrauch genommen oder zumindest teilweise verbraucht hat (Artt. 4-4 I Nr. 3, 29-3-3 I Nr. 3, 30-2-3 I Nr. 3 TzG, Art. 1-3 II, Übersicht 4 DVO TzG). Der Kunde muß über diese Folge allerdings in dem Schriftstück besonders hingewiesen werden, das ihm anläßlich des Vertragsabschlusses zu übergeben ist.[667] Das Widerrufsrecht ist auch ausgeschlossen, wenn bereits die Ratenzahlungen vollständig vom Kunden erbracht worden sind (Artt. 4-4 I Nr. 2, 29-3-3 I Nr. 2, 30-2-3 I Nr. 2 TzG). Besteht gleichzeitig ein Widerrufsrecht nach dem Handelsgeschäftegesetz, so genießen die dortigen Regelungen Anwendungsvorrang vor denen des Teilzahlungsgesetzes.[668]

Im Gegensatz zu den Verbraucherkredit- und Teilzahlungsgeschäften in Deutschland (§§ 495, 499 ff., 355 BGB), wo ein Widerrufsrecht zugunsten des Verbrauchers jeweils unabhängig davon besteht, unter welchen Umständen der Vertrag angebahnt bzw. zustande gekommen ist, gibt es bei entsprechenden Geschäften in Japan ein solches Recht nur, wenn sich dieser Vorgang außerhalb

---

[664] Zu den spezifizierten Leistungsgegenständen vgl. die Angaben in Fn. 659.
[665] Art. 1-14 der Amtsverordnung zur Durchführung des Teilzahlungsgesetz (*Kappu hanbaihō shikō kisoku*), Amtsverordnung Nr. 95/1961 i.d.F. der Amtsverordnung Nr. 46/2005.
[666] S.o. bereits unter III.
[667] Art. 4-4 I Nr. 3 TzG i.V.m. Art. 1-15 II DAVO TzG, Artt. 4, 4-3 TzG; Art. 29-3-3 I Nr. 3 TzG i.V.m. Art. 12-9-2 II DAVO TzG, Artt. 29-3, 29-3-2 TzG; Art. 30-2-3 I TzG i.V.m. 13-13-2 II DAVO TzG, Artt. 30-2, 30-2-2 I TzG.
[668] M. SAITŌ / S. IKEMOTO / Y. ISHITOYA (2001) 515.

der Geschäftsräume des Verkäufers bzw. sonstigen Unternehmers und des Kreditgebers abspielt. Aus diesem Grunde kann in Japan zur Begründung dieser Widerrufsrechte nicht das in Deutschland oft vorgebrachte Argument dienen, daß hierbei eine Gefahr der Übereilung besteht, weil die Leistung nicht sofort erbracht werde und daher die Tragweite der übernommenen Verpflichtung und deren Langzeitfolgen leicht unterschätzt würden.[669] Die Widerrufsrechte im TzG in Japan dienen vielmehr hauptsächlich dem *Schutz vor Überrumpelung*.[670] Bei ihnen ist der Übereilungsschutz daher nicht so sehr geschäfts- und vertragstypenbezogen, sondern situationsbezogen ausgestaltet.[671] Die Widerrufsrechte im TzG erstrecken sich nicht auf Ratenlieferungsverträge und Finanzierungsleasingverträge, bei denen in Deutschland ein Widerrufsrecht nach §§ 505, 500, 355 BGB besteht.

*b) Widerrufsrechte nach dem Handelsgeschäftegesetz (HGG)*[672]

Im Jahre 1976 wurden mit dem Erlaß des Haustür- und Vertretergeschäftegesetzes (VertreterGG)[673] zwei weitere Widerrufsrechte in Japan geschaffen. So sah Art. 6 VertreterGG in der damaligen Fassung ein Widerrufsrecht bei Geschäften vor, *die außerhalb der ständigen Geschäftsräume* des Verkäufers (Unternehmers) abgeschlossen wurden. Als typischen Anwendungsfall sah der japanische Gesetzgeber den Abschluß eines Vertrages über die Lieferung von Waren anläßlich des „Besuchs" des Mitarbeiters eines Unternehmens beim Käufer (Verbraucher) zu Hause an, der meist „an der Haustür" erfolgt. Aus diesem Grunde werden diese Geschäfte in Japan auch häufig als „Haustürgeschäfte" bzw., eigentlich sprachlich präziser, als „Besuchsgeschäfte" (*hōmon-hanbai(-tō)*) bezeichnet, wovon sich auch der Name des Gesetzes ableitete. Die hier verwendete Terminologie der Haustür- und Vertretergeschäfte rührt von dem tatsächlich schon immer etwas weiteren gesetzlichen Anwendungsbereich her. Das Widerrufsrecht galt anfangs also für den Fall einer besonderen Anbahnung von Kaufverträgen, und das gesetzliche Leitbild entsprach ungefähr dem des sogenannten Haustürwiderrufsgesetzes in Deutschland aus dem Jahr 1986.[674]

Anfangs betraf das Widerrufsrecht auch hier nur Kaufverträge über bestimmte spezifizierte Waren (*shitei shōhin*), d.h. „Sachen", die wie beim Teilzahlungsgesetz durch Verordnung spezifiziert sein mußten; später wurde das Widerrufsrecht auch auf Verträge über die Verschaffung bestimmter, spezifi-

---

[669] S. LORENZ (1997) 175–176.

[670] E. MARUYAMA (2000) 6–9.

[671] Allerdings wird eine derartige Einschränkung der Widerrufsrechte bei Teilzahlungs- und Verbraucherkreditgeschäften vielfach kritisiert; E. MARUYAMA (2000) 11 m.w.N.

[672] Gesetz über besondere Handelsgeschäfte (*Tokutei shō-torihiki ni kansuru hōritsu*), Gesetz Nr. 57/1976 i.d.F. des Gesetzes Nr. 44/2004.

[673] *Hōmon-hanbai-tō ni kansuru hōritsu*, Gesetz Nr. 57 vom 4.6.1976.

[674] Gesetz über den Widerruf von Haustürgeschäften und ähnlichen Geschäften, BGBl. I. 1986, 122 ff.

zierter Rechte (*shitei kenri*) und über die Erbringung spezifizierter Dienstleistungen (*shitei ekimu*) erweitert, bei denen die Anbahnung des Geschäftes außerhalb der Verkaufsräume erfolgte.

Ein weiteres Widerrufsrecht wurde für die oben bereits mehrfach erwähnten „Kettenabsatzgeschäfte" (*rensa hanbai torihiki*) geschaffen (Art. 17 VertreterGG).[675] Dieses Widerrufsrecht betrifft Verträge über die Aufnahme eines Verbrauchers als Absatzhelfer in ein bestimmtes Vertriebssystem, allerdings nur insoweit, als daß für den Absatzhelfer dabei auch ein besonderer Anreiz besteht, neue Absatzhelfer zu werben – und anfangs zunächst nur für die Fälle, in denen die Geschäftsanbahnung außerhalb von Geschäftsräumen stattfand. Teilweise handelt es sich bei den betreffenden Vertriebssystemen insgesamt betrachtet um unlautere Geschäfte, die „Schneeballgeschäften" gleichen, die in Japan etwa seit Mitte der 1970er Jahre in zahlreichen Formen auftreten.

Durch zahlreiche Gesetzesänderungen besonders in den Jahren 1996,[676] 1999[677] und 2000[678] wurden schließlich drei weitere Widerrufsrechte in das Vertretergeschäftegesetz aufgenommen und die Anwendungsfälle der bereits bestehenden Widerrufsrechte nach und nach erweitert sowie die Widerrufsfristen verlängert. Durch eine Reform im Jahre 2000 ist das Gesetz zudem in „Gesetz über besondere Handelsgeschäfte" (Handelsgeschäftegesetz) umbenannt worden.

aa) Haustür- und Vertretergeschäfte
(Vertragsanbahnung außerhalb von Geschäftsräumen)

Die Voraussetzungen und Rechtsfolgen des Widerrufsrechts bei Haustür- und Vertretergeschäften sind heute in Art. 9 HGG geregelt.[679] Danach kann der Kunde von einem Vertrag zurücktreten oder seine bindende Vertragsofferte widerrufen, wenn es zum Abschluß des Vertrages oder zur Abgabe der darauf gerichteten Willenserklärung außerhalb der Geschäftsräume des Unternehmers oder in vergleichbaren, durch Gesetz bestimmten Konstellationen gekommen ist (Artt. 9 I, 2 I HGG).[680] Die Widerrufsfrist beträgt jeweils acht Tage (Art. 9 I Nr. 1 HGG).

Die Widerrufsfrist beginnt grundsätzlich mit Übergabe eines Schriftstücks an den Kunden zu laufen, in dem dieser über das Recht aufgeklärt wird. Werden dem Kunden allerdings unabhängig vom Inhalt des Schriftstücks unwahre Tatsachen über das Bestehen des Widerrufsrechts mitgeteilt (*fujitsu kokuchi*) oder wird der Kunde in unzulässiger Weise bei der Ausübung des Widerrufsrechts bedrängt (*ihaku*), so beginnt die Widerrufsfrist nach gesetzlicher Rege-

---

[675] Vgl. hierzu auch oben A IV 2 c sowie C III 4.
[676] Gesetz Nr. 44/1996.
[677] Gesetz Nr. 34/1999.
[678] Gesetz Nr. 120/2000.
[679] Ausführlich zu den Haustür- und Vertretergeschäften oder ähnlichen Geschäften siehe M. SAITŌ / S. IKEMOTO / Y. ISHITOYA (2001) 16-77, zum Widerrufsrecht vor allem 55-77.
[680] Vgl. oben C III 1.

lung zunächst nicht zu laufen. Sie wird in diesen Fällen erst dadurch in Lauf gesetzt, daß der Unternehmer dem Kunden ein spezielles zweites Schriftstück zukommen läßt, aus dem unmißverständlich hervorgeht, daß dem Kunden ein Recht zum Widerruf innerhalb von acht Tagen nach Erhalt dieses zweiten Schriftstücks zusteht (Artt. 9 I Nr. 1, 6 I, III HGG). Die Frist wird so quasi verlängert. Für dieses Schriftstück gibt es gesetzliche Vorgaben und Musterformulare.[681]

Das Widerrufsrecht besteht nur bei Verträgen über die Lieferung, Verschaffung oder Erbringung bestimmter ausgewiesener Waren, Rechte oder Dienstleistungen, die in Übersichten 1 bis 3 DVO HGG besonders spezifiziert sind (Artt. 9 I, 2 IV HGG i.V.m. Art. 3 DVO HGG). Das Widerrufsrecht für PKWs und Transportfahrzeuge wird gesondert durch Art. 9 I HGG i.V.m. Art. 4 DVO HGG ausgeschlossen.[682] Das Widerrufsrecht ist außerdem bei den durch die DVO HGG besonders bestimmten Produkten ausgeschlossen, bei denen der Gebrauch oder Verbrauch zu einem erheblichen Wertverlust führt, falls der Kunde das Produkt im betreffenden Fall tatsächlich gebraucht oder zumindest teilweise verbraucht hat (Art. 9 I Nr. 2 HGG i.V.m. Art. 5, Übersicht 4 DVO HGG). Auf diese Rechtsfolge muß der Kunde allerdings in dem Schriftstück, das ihm anläßlich des Vertragsabschlusses zu überreichen ist, besonders hingewiesen worden sein, und der Unternehmer darf den Kunden auch nicht zum Ge- oder Verbrauch des Produkts veranlaßt haben. Das Widerrufsrecht besteht nicht, wenn das Entgelt für das zu erwerbende Produkt weniger als 3.000 ¥ beträgt (Art. 9 I Nr. 3 HGG i.V.m. Art. 6 DVO HGG).

Das Widerrufsrecht nach Artt. 9 I, 2 I HGG ähnelt dem Widerrufsrecht bei Haustürgeschäften im deutschen Recht gemäß § 312 BGB, das früher im Haustürwiderrufsgesetz enthalten war. Im Gegensatz dazu aber ist der Anwendungsbereich weiter, weil die Umstände der Geschäftsanbahnung nicht auf die drei in § 312 BGB genannten Fallgruppen beschränkt wird, sondern alle Fälle umfaßt, in denen der Kunde außerhalb der Geschäftsräume des Unternehmers geworben wird.

Die Motive für die Einführung eines Widerrufsrechts bei Haustür- und Vertretergeschäften in Japan entsprechen grundsätzlich denen in Deutschland und auch denen für die Einführung eines entsprechenden Widerrufsrechts durch Art. 5 der EG-Richtlinie 85/577 betreffend den Verbraucherschutz im Falle von außerhalb von Geschäftsräumen geschlossenen Verträgen. Kennzeichen von Geschäften, die außerhalb der Geschäftsräume auf Initiative des Unternehmers angebahnt werden, ist das ihnen immanente Überraschungsmoment. Es besteht hierbei die Gefahr, daß der Verbraucher vom Unternehmer *überrumpelt* und übereilt zum Vertragsabschluß veranlaßt wird, denn er erhält häufig nicht ge-

---

[681] Beispiele hierfür finden sich bei M. SAITŌ / S. IKEMOTO / Y. ISHITOYA (2005) 674 ff.; auch für die anderen im HGG geregelten Widerrufsrechte.

[682] Weil dem Kauf dieser Produkte üblicherweise längere Vertragsverhandlungen vorausgehen.

nügend Zeit, sich den Vertragsabschluß genauer zu überlegen oder mit Vertrauenspersonen zu besprechen. Zudem *fehlt es* ihm bei der Entscheidung über den Vertragsabschluß unter diesen Umständen regelmäßig an *Informationen* über das angebotene Produkt und an *Vergleichsmöglichkeiten* mit anderen auf dem Markt angebotenen Produkten. Für psychologisch geschultes Verkaufspersonal besteht in dieser Lage zudem die Möglichkeit, relativ einfach auf den Verbraucher (*unbillig*) *einzuwirken*, also ihn entweder zum Vertragsabschluß zu drängen oder durch selektive Informationsmitteilung zum Vertragsabschluß zu verleiten. Das Widerrufsrecht dient also vor allem dem *Schutz vor Überrumpelung und Übereilung* des Verbrauchers, mitverursacht durch die besonderen äußeren Umstände der Vertragsanbahnung. Es soll außerdem vor *potentiell unlauteren Geschäftspraktiken* des Unternehmers bzw. seiner Angestellten bei der Kundenwerbung schützen.[683]

bb) Telefongeschäfte
(Vertragsanbahnung am Telefon, *denwa kan'yū hanbai*)
In Art. 24 HGG ist ein Widerrufsrecht bei Geschäften vorgesehen, die vom Unternehmer (oder seinem Gehilfen) gemäß Art. 2 III HGG am Telefon angebahnt werden.[684] Dieses ist im Jahre 1996 eingefügt worden. Danach kann der Verbraucher innerhalb einer Frist von acht Tagen von einem daraufhin geschlossenen Vertrag zurücktreten oder eine verpflichtende Willenserklärung auf den Abschluß eines Vertrages widerrufen[685]
Die Frist beginnt mit Übergabe eines Schriftstücks an den Kunden zu laufen, in dem dieser über das Recht aufgeklärt wird.Werden dem Kunden allerdings unabhängig vom Inhalt des Schriftstücks unwahre Tatsachen über das Bestehen des Widerrufsrechts mitgeteilt (*fujitsu kokuchi*) oder wird der Kunde in unzulässiger Weise bei der Ausübung des Widerrufsrechts bedrängt (*ihaku*), so beginnt die Widerrufsfrist nach gesetzlicher Regelung zunächst nicht zu laufen. Sie wird in diesen Fällen erst dadurch in Lauf gesetzt, daß der Unternehmer dem Kunden ein spezielles zweites Schriftstück zukommen läßt, aus dem unmißverständlich hervorgeht, daß dem Kunden ein Recht zum Widerruf innerhalb von acht Tagen nach Erhalt dieses zweiten Schriftstücks zusteht (Artt. 24 I Nr. 1, 21 I, III HGG).
Das Widerrufsrecht besteht wiederum wie bei den Haustür- und Vertretergeschäften nur, wenn es sich bei dem Gegenstand des Vertrages um eine in Übersicht 1-3 DVO HGG spezifizierte Ware oder Dienstleistung oder ein spezifiziertes Recht handelt (Artt. 24 I, 2 IV HGG i.V.m. Art. 3 DVO HGG). Das

---
[683] M. SAITŌ / S. IKEMOTO / Y. ISHITOYA (2001) 55-56; E. MARUYAMA (2000) 6-11. Zu den Motiven des EG-Richtliniengebers und des deutschen Gesetzgebers vgl. M. MESSLING (2003) 184-187, 202-206, 210-213; S. LORENZ (1997) 122-154.
[684] Zu den Einzelheiten s.o. C III 3.
[685] Zu den Telefongeschäften allgemein siehe M. SAITŌ / S. IKEMOTO / Y. ISHITOYA (2001) 136-184; zum Widerrufsrecht vor allem 170-175.

Widerrufsrecht für PKWs und Transportfahrzeuge als Leistungsgegenstand wird durch Art. 24 I TzG i.V.m. Art. 4 DVO HGG auch hier besonders ausgeschlossen. Ein Widerrufsrecht besteht auch nicht, wenn das Entgelt für das zu erwerbende Produkt weniger als 3.000 ¥ beträgt (Art. 24 I Nr. 3 HGG i.V.m. Art. 6 DVO HGG). Schließlich ist das Widerrufsrecht auch ausgeschlossen beim Erwerb von Produkten, bei denen der Gebrauch oder Verbrauch zu einem erheblichen Wertverlust führt und die als solche durch die DVO HGG spezifiziert sind, und falls der Kunde das Produkt tatsächlich gebraucht oder zumindest teilweise verbraucht hat (Art. 24 I Nr. 2 i.V.m. Art. 5, Übersicht 4 DVO HGG). Auf diese Rechtsfolge muß der Kunde aber wieder durch ein Schriftstück, das ihm anläßlich des Vertragschlusses zu überreichen ist, besonders hingewiesen worden sein, und der Unternehmer darf ihn nicht zum Ge- oder Verbrauch veranlaßt haben.

In sonstigen Fällen, die nicht unter die Regelung nach Artt. 24, 2 III HGG fallen, bei denen aber der Abschluß des Geschäftes durch ein Telefongespräch des Unternehmers vorbereitet wird, muß immer geprüft werden, ob nicht das Widerrufsrecht nach Art. 9 HGG für Haustür- und Vertretergeschäfte besteht. So ist dies beispielsweise anzunehmen, wenn der Unternehmer zunächst den Kunden anruft und dieser ihn sodann zur Fortsetzung der Vertragsverhandlungen aufsucht (Artt. 9 I, 2 I Nr. 1 HGG) oder wenn der Unternehmer den Kunden telefonisch und in bestimmter Weise zum Besuch der Geschäftsräume verleitet (Artt. 9 I, 2 I Nr. 2 HGG).

Das Widerrufsrecht nach Artt. 24 I, 2 III HGG erfaßt eine Fallgruppe des im deutschen Recht vorgesehenen Widerrufsrechts bei Fernabsatzverträgen gemäß §§ 312 b, d I, 355 BGB. Ein Widerrufsrecht für grundsätzlich alle Arten von Fernabsatzverträgen existiert im japanischen Recht dagegen nicht. Beim Widerrufsrecht nach Artt. 24 I, 2 III HGG kommt es jedoch im Gegensatz zum Widerrufsrecht in Deutschland nicht darauf an, ob der Vertragsschluß im Rahmen eines für den Fernabsatz organisierten Vertriebs- oder Dienstleistungssystems erfolgt.

Die Gründe für die Einführung eines Widerrufsrechts bei Telefongeschäften ähneln denen bei den Haustür- und Vertretergeschäften. Bei der Anbahnung des Geschäfts durch den Unternehmer am Telefon besteht die Gefahr, daß der Verbraucher *übereilt* zum Vertragsabschluß verleitet wird.[686] Er ist auf das Geschäft regelmäßig *unvorbereitet*, verfügt in der Situation nur über *begrenzte Informationen* und *wenig Zeit zu überlegen*. Außerdem sind die Identität des Vertragspartners kaum zu überprüfen und das angebotene Produkt sowie die einzelnen Vertragsbedingungen *mangels einer Möglichkeit der Ansicht und Prüfung* nur schwer zu beurteilen.[687] Der Grund für dieses Widerrufsrecht liegt also vor allem in einer für den Verbraucher unvorteilhaften Situation der Vertragsanbahnung.

---

[686] S. KAWAKAMI (1996) 1193.
[687] M. SAITŌ / S. IKEMOTO / Y. ISHITOYA (2001) 156, 170.

cc) Kettenabsatzgeschäfte (*rensa hanbai torihiki*)
Bei Kettenabsatzgeschäften besteht heute hinsichtlich des Aufnahmevertrags für Absatzhelfer[688] ein Widerrufsrecht gemäß Art. 40 i.V.m. Art. 33 I HGG.[689] Danach kann ein Verbraucher innerhalb von 20 Tagen von dem Aufnahmevertrag zurücktreten bzw. seine auf den Abschluß des Vertrages gerichtete Willenserklärung widerrufen; dabei spielt es keine Rolle, was für Produkte der Absatzhelfer absetzten soll (Waren, Rechte oder Dienstleistungen aller Art). Das Widerrufsrecht besteht auch unabhängig davon, unter welchen Umständen und an welchem Ort es zur Anbahnung und zum Abschluß des Aufnahmevertrages gekommen ist. Das besondere an diesem Widerrufsrecht ist, daß die Tätigkeit als Absatzhelfer im Sinne des Gesetzes eigentlich eine unternehmerische Tätigkeit ist. Der Verbraucher wird hier also im Zusammenhang mit der Aufnahme einer bestimmten Art gewerblicher Tätigkeit geschützt.

Wie bei den zwei Widerrufsrechten zuvor beginnt die Widerrufsfrist mit Übergabe eines Schriftstücks an den Kunden zu laufen, in dem dieser über das Recht aufgeklärt wird. Werden dem Kunden allerdings unabhängig vom Inhalt des Schriftstücks unwahre Tatsachen über das Bestehen des Widerrufsrechts mitgeteilt (*fujitsu kokuchi*) oder wird der Kunde in unzulässiger Weise bei der Ausübung des Widerrufsrechts bedrängt (*ihaku*), so beginnt die Widerrufsfrist nach gesetzlicher Regelung zunächst nicht zu laufen. Sie wird in diesen Fällen erst dadurch in Lauf gesetzt, daß der Unternehmer dem Kunden ein spezielles zweites Schriftstück zukommen läßt, aus dem unmißverständlich hervorgeht, daß dem Kunden ein Recht zum Widerruf innerhalb von zwanzig Tagen nach Erhalt dieses zweiten Schriftstücks zusteht (Artt. 40 I, 34 I, II, III HGG).

Das Widerrufsrecht bei Kettenabsatzgeschäften dient anders als die Widerrufsrechte bei Haustür- und Vertretergeschäften und bei Telefongeschäften nicht in erster Linie dem Schutz vor Überrumpelung, sondern dem Schutz vor selbstverschuldeter Übereilung des Verbrauchers. Das Widerrufsrecht knüpft nämlich nicht an besondere Umstände der Vertragsanbahnung bzw. des Vertragsschlusses an, sondern an den *Inhalt des Vertrags bzw. des Geschäfts*. Dieser sei bei Kettenabsatzgeschäften häufig schwer verständlich. Aus diesem Grunde bestünde die Gefahr, daß sich der Verbraucher bei Vertragsabschluß nicht vollständig im Klaren über die zu übernehmende Verpflichtung, die Einzelheiten des Vertriebssystems und die darin liegenden finanziellen Risiken sei.[690] Insbesondere *die in Aussicht gestellte Verdienstmöglichkeit* bei der Tätigkeit als Absatzhelfer, die bei der Werbung häufig besonders betont wird, veranlasse viele Verbraucher dazu, den Vertrag übereilt abzuschließen.[691] Ein

---

[688] Zur Definition s.o. C III 4.
[689] Zu den Kettenabsatzgeschäften allgemein siehe auch M. SAITŌ / S. IKEMOTO / Y. ISHITOYA (2001) 186-258; zum Widerrufsrecht vor allem 224-225. Vgl. auch bereits oben A IV 2 c sowie C III 4.
[690] M. SAITŌ / S. IKEMOTO / Y. ISHITOYA (2001) 224.
[691] E. MARUYAMA (2000) 17.

weiterer faktischer Gesichtspunkt für die Einführung eines Widerrufsrechts war die große Anzahl an Geschädigten infolge einer solchen Tätigkeit in Japan. Dabei entstanden häufig nicht nur Vermögensschäden, sondern es wurden auch die persönlichen Beziehungen vieler Menschen durch die Verwicklung in unlautere Kettenabsatzgeschäfte beschädigt.[692] Der bekannteste Fall in diesem Zusammenhang ist der „Belgische Diamanten Fall".[693] Das Widerrufsrecht soll folglich auch vor der Verwicklung in *potentiell betrügerische Geschäfte* schützen.

dd) Spezifische Dienstleistungen (Dauerschuldverhältnisse)

Seit der Gesetzesnovelle im Jahre 1999 sieht das HGG beim Abschluß von Verträgen, durch die sich der Unternehmer zur Leistung bestimmter Dienste gegenüber dem Verbraucher verpflichtet und bei denen ein Dauerschuldverhältnis zwischen den Vertragsparteien begründet wird (*tokutei keizokuteki ekimu*), ein besonderes Widerrufsrecht des Kunden in Art. 48 i.V.m. Art. 41 I Nr. 1 HGG vor.[694] Die Dienstleistungsarten, auf die das Gesetz Anwendung findet, werden durch Regierungsverordnung besonders bestimmt (Schönheits- und Schlankheitsbehandlungen, Sprachunterricht, Unterricht zur Vorbereitung auf Aufnahmeprüfungen an Schulen und Universitäten, Computerkurse, Ehevermittlung).[695] Das Recht steht einem Kunden auch beim Abschluß eines Vertrages über den Erwerb eines veräußerlichen Rechtes („Mitgliedschaftsrechte") mit dem Inhalt, die Leistung derartiger Dienste fordern zu können (Art. 48 I, 41 I Nr. 2 HGG), zu.[696] Danach kann der Kunde innerhalb von acht Tagen von dem geschlossenen Vertrag zurücktreten.

Wie bei den Widerrufsrechten im HGG zuvor beginnt die Widerrufsfrist mit Übergabe eines Schriftstücks an den Kunden zu laufen, in dem dieser über das Recht aufgeklärt wird. Werden dem Kunden allerdings unabhängig vom Inhalt des Schriftstücks unwahre Tatsachen über das Bestehen des Widerrufsrechts mitgeteilt (*fujitsu kokuchi*) oder wird der Kunde in unzulässiger Weise bei der Ausübung des Widerrufsrechts bedrängt (*ihaku*), so beginnt die Widerrufsfrist nach gesetzlicher Regelung zunächst nicht zu laufen. Sie wird in diesen Fällen erst dadurch in Lauf gesetzt, daß der Unternehmer dem Kunden ein spezielles zweites Schriftstück zukommen läßt, aus dem unmißverständlich hervorgeht, daß dem Kunden ein Recht zum Widerruf innerhalb von acht Tagen nach Erhalt dieses zweiten Schriftstücks zusteht (Artt. 48 I, 44 I, III HGG).

---

[692] M. SAITŌ / S. IKEMOTO / Y. ISHITOYA (2001) 187, 188, 190.
[693] Vgl. oben A IV 2 c.
[694] Zu den spezifischen Dienstleistungen allgemein siehe M. SAITŌ / S. IKEMOTO / Y. ISHITOYA (2005) 332-415; zum Widerrufsrecht vor allem 374-382. Vgl. auch oben C III 5.
[695] S.o. C III 5.
[696] Dies betrifft insbesondere Fälle, in denen der Dienstleister und Verkäufer des Rechts verschiedene Personen sind. Bei Personenidentität kann man nämlich regelmäßig einen unmittelbaren Dienstleistungsvertrag annehmen (Vgl. M. SAITŌ / S. IKEMOTO / Y. ISHITOYA (2001) 315).

Das Widerrufsrecht erstreckt sich auch auf hiermit zusammenhängende Verträge über den Erwerb bestimmter Waren, die im Zusammenhang mit der Dienstleistung vertrieben werden (sog. *kanren shōhin*). Das Recht besteht auch, wenn die Vertragsanbahnung und der Vertragsabschluß in den Geschäftsräumen des Unternehmers stattgefunden haben.

Als Waren, die mit der Dienstleistung vertrieben werden und auf deren Kauf sich das Widerrufsrecht erstreckt (*kanren shōhin*), bezeichnet das Gesetz solche, die der Kunde im Zusammenhang mit der Dienstleistung erwerben soll und die durch Regierungsverordnung spezifiziert werden (Art. 48 II HGG). Dabei ist es unerheblich, ob der Kauf der Waren unmittelbarer Bestandteil des „Dienstleistungsvertrages" wird; es reicht auch aus, wenn die Waren dem Kunden gesondert mit der Begründung verkauft werden, daß diese für das Erbringen der Dienstleistung nötig sind oder daß hierdurch das Erreichen des Zwecks der Dienstleistung besonders gefördert wird.[697] Neben dem unmittelbaren Verkauf wird auch der Verkauf der Waren eines dritten Unternehmers oder der vermittelte Kauf von Waren eines bestimmten Herstellers oder Händlers erfaßt. Die Durchführungsverordnung zum HGG weist zahlreiche mögliche Waren aus, z.B. Körperpflege- und Gesundheitsprodukte, Kosmetikartikel, Lehrmaterialien (Art. 14 I, Übersicht 6 DVO HGG). Bei bestimmten Waren, deren Gebrauch oder teilweiser Verbrauch zu einer erheblichen Minderung des Wertes führt und die als solche durch die DVO HGG besonders ausgewiesen sind (Art. 48 II S. 2 i.V.m. Art. 14 II Übersicht 6 Nr. 1 i-ro DVO HGG), führt ein Gebrauch oder Verbrauch zum Ausschluß des Widerrufsrechts, bezogen auf den verbundenen Kaufvertrag; dies muß dem Kunden bei Vertragsschluß aber schriftlich mitgeteilt worden sein, und der Unternehmer darf den Kunden nicht zum Ge- oder Verbrauch veranlaßt haben.

Ähnlich wie das Widerrufsrecht bei „Kettenabsatzgeschäften" knüpft das Widerrufsrecht bei den spezifischen Dienstleistungsverträgen nicht an die besondere Situation des Vertragsabschlusses an, sondern vor allem an den Vertragsinhalt. Der Verbraucher soll davor geschützt werden, sich durch einen übereilten Vertragsabschluß *langfristig zu binden*. Als Grund hierfür wird genannt, daß der *Inhalt der angebotenen Dienstleistung* bezüglich bestimmter Dauerschuldverhältnisse vom Kunden *bei Vertragsschluß noch nicht umfassend beurteilt werden könne*.[698] Bei vielen Dienstleistungen hingen die Qualität der Leistung und die Zufriedenheit des Kunden häufig von zahlreichen persönlichen Faktoren ab. So sei dies häufig davon abhängig, welche Person auf Seiten des Unternehmers für die Erbringung der Leistung zuständig ist, also zum Beispiel beim Unterricht, welche Lehrkraft diesen durchführe. Dazu gehöre auch, daß ein Kunde häufig bei Vertragsabschluß nicht immer sicher einschätzen könne, ob der Inhalt der Leistung auch seinen Bedürfnissen gerecht werde. Es bestehe daher die Gefahr, daß die Erwartungen des Kunden enttäuscht werden.

---

[697] M. SAITŌ / S. IKEMOTO / Y. ISHITOYA (2001) 274-277.
[698] M. SAITŌ / S. IKEMOTO / Y. ISHITOYA (2001) 297; E. MARUYAMA (2000) 18-19.

Erst durch einen Test der Leistung werde der Kunde in die Lage versetzt, sie vernünftig zu beurteilen. Wie auch bei den Kettenabsatzgeschäften gibt es aber noch einen weiteren Grund für die Schaffung dieses Widerrufsrechts. Zahlreiche Verbraucherbeschwerden über irreführende Werbung, aufdringliches Verhalten und Täuschungen beim Abschluß von derartigen Verträgen waren der unmittelbare Anlaß für die Regulierung derartiger Geschäfte durch das HGG.[699] Neben anderen Maßnahmen hielt der japanische Gesetzgeber auch die Einführung eines Widerrufsrechts für ein wirksames Mittel des Verbraucherschutzes. Es dient daher auch dem Schutz vor *potentiell unlauteren Geschäftspraktiken*.

Das Widerrufsrecht ist nicht vergleichbar mit dem deutschen Widerrufsrecht in § 4 FernUSG, da es gerade den Fernunterricht nicht umfaßt, sondern nur Formen des Direktunterrichts. Im übrigen werden auch andere Dienstleistungen umfaßt, nicht nur die Wissensvermittlung durch Unterricht.

ee) Verträge über Heim- und Gelegenheitsarbeit und den Absatz von Produkten
Mit der Novelle des HGG im Jahre 2000, die im Juni 2001 in kraft trat, wurde in Art. 58 i.V.m. Art. 51 I HGG ein Widerrufrecht bei Geschäften, die den Absatz von Produkten mit dem Versprechen der Verschaffung von Heim- oder Gelegenheitsbeschäftigung koppeln, normiert.[700] Danach kann der Verbraucher innerhalb von zwanzig Tagen von einem damit zusammenhängenden Vertrag zurücktreten.

Wie bei den Widerrufsrechten zuvor beginnt die Widerrufsfrist mit Übergabe eines Schriftstücks an den Kunden zu laufen, in dem dieser über das Recht aufgeklärt wird. Werden dem Kunden allerdings unabhängig vom Inhalt des Schriftstücks unwahre Tatsachen über das Bestehen des Widerrufsrechts mitgeteilt (*fujitsu kokuchi*) oder wird der Kunde in unzulässiger Weise bei der Ausübung des Widerrufsrechts bedrängt (*ihaku*), so beginnt die Widerrufsfrist nach gesetzlicher Regelung zunächst nicht zu laufen. Sie wird in diesen Fällen erst dadurch in Lauf gesetzt, daß der Unternehmer dem Kunden ein spezielles zweites Schriftstück zukommen läßt, aus dem unmißverständlich hervorgeht, daß dem Kunden ein Recht zum Widerruf innerhalb von zwanzig Tagen nach Erhalt dieses zweiten Schriftstücks zusteht (Artt. 58 I, 52 I, II HGG).

Wie auch bei den Kettenabsatzgeschäften handelt es sich bei diesen Verträgen *nicht um typische Verbraucherverträge*, denn das Motiv des Verbrauchers ist dabei – jedenfalls auch – mit einer bestimmten Tätigkeit Geld zu verdienen, und zwar regelmäßig nicht als abhängig Beschäftigter, sondern durch eine selbständige Tätigkeit. Das in Art. 58 HGG normierte Widerrufsrecht ist nach Vorstellung des Gesetzgebers gleichwohl als „verbraucherschützendes" Widerrufsrecht anzusehen.[701] Es besteht nur dann, wenn der Kunde eine natürliche Person

---

[699] M. SAITŌ / S. IKEMOTO / Y. ISHITOYA (2001) 297.

[700] Zu diesen Geschäften allgemein siehe M. SAITŌ / S. IKEMOTO / Y. ISHITOYA (2001) 322-378; zum Widerrufsrecht vor allem 364-368, Im einzelnen auch oben unter C III 6.

[701] M. SAITŌ / S. IKEMOTO / Y. ISHITOYA (2001) 338-339, 364-365.

– bzw. nach Formulierung des Gesetzes eine Einzelperson (*kojin*) – ist und wenn er beabsichtigt, die Tätigkeit ohne Gründung und Unterhalt von besonderen Geschäftsräumen auszuführen.

Grund für ein Widerrufsrecht bei Verträgen über Heim- und Gelegenheitsarbeit in Verbindung mit dem Absatz von Produkten ist die *Schwierigkeit* des Verbrauchers, bei Vertragsabschluß den *Inhalt und den Wert der Leistung des Unternehmers zu beurteilen*. In vielen Fällen steht beim Unternehmer der Absatz der Produkte im Vordergrund, während der Verbraucher vor allem durch *die in Aussicht gestellte Verdienstmöglichkeit* zum vorschnellen Vertragsabschluß verleitet wird. Das Widerrufsrecht ist daher geschäfts- bzw. vertragstypenbezogen und beabsichtigt insbesondere den Schutz des Verbrauchers vor übereiltem Handeln. Unmittelbarer Anlaß für die Schaffung des Widerrufsrechts waren aber zahlreiche Beschwerden über Unternehmer, die durch irreführende Werbung und Täuschungen über den Inhalt des Vertrages Verbraucher zum Vertragsabschluß verleiteten. Daher dient dieses Widerrufsrecht auch dem Schutz vor *potentiell unlauteren Geschäften und Geschäftspraktiken*.[702]

c) *Das Widerrufsrecht nach dem Immobiliengewerbegesetz und dem Immobilienspargewerbegesetz (ImmobGG, ImmobSGG)*[703]

Im Jahre 1980 wurde in das Immobiliengewerbegesetz ein Widerrufsrecht bei Kaufverträgen über Baugrundstücke und Gebäude zwischen einem Unternehmer, der mit Immobilien handelt, und einem privaten Käufer eingefügt (Art. 37-2 ImmobGG). Danach kann der Käufer innerhalb von acht Tagen seine auf den Abschluß des Kaufvertrages gerichtete Willenserklärung widerrufen bzw. von dem abgeschlossenen Kaufvertrag zurücktreten.

Der Kaufvertrag über die Immobilie muß jedoch *außerhalb der ständigen Geschäftsräume* des Verkäufers oder einer anderen durch Art. 16-5 DAVO ImmobGG[704] diesen gleichgestellten Räumlichkeit angebahnt bzw. geschlossen worden sein. Das hier normierte Widerrufsrecht stellt also nur ein Sonderrecht im Verhältnis zum Widerrufsrecht bei Haustür- und Vertretergeschäften dar und kommt bei Immobilienkaufverträgen vorrangig zur Anwendung. Außerdem besteht das Widerrufsrecht nur dann, wenn der Unternehmer bei diesem Vertrag selbst als Verkäufer der Immobilie in Erscheinung tritt, nicht dagegen bei der Vermittlung des Abschlusses eines Immobilienkaufvertrags. Das Widerrufs-

---

[702] M. SAITŌ / S. IKEMOTO / Y. ISHITOYA (2001) 364-365.

[703] Gesetz über den gewerblichen Handel mit Baugrundstücken und Gebäuden *Takuchi tatemono torihiki gyōhō*, Gesetz Nr. 176 vom 10.6.1952, i.d.F. des Gesetztes Nr. 79/2002. Gesetz über den gewerblichen Handel mit Baugrundstücken und Gebäuden unter Gewährung einer Ratensparfinanzierung (*Tsumitate-shiki takuchi tatemono hanbai gyōhō*), Gesetz Nr. 111/1971 i.d.F. des Gesetzes Nr. 54/2003. Relevante Gesetzesänderung durch Gesetz Nr. 56/1980.

[704] Amtsverordnung des Bauministeriums zur Durchführung des ImmobGG (*Takuchi tatemono torihiki gyōhō shikō kisoku*) Nr. 12/1957 i.d.F. der Amtsverordnung des Ministeriums für Boden, Infrastruktur und Verkehr Nr. 121/2002.

recht erlischt nach Übergabe bzw. Besitzeinräumung an der Immobilie und vollständiger Kaufpreiszahlung (Art. 37-2 I Nr. 2 ImmobGG).

Das Widerrufsrecht dient wie auch das Widerrufsrecht bei Haustür- und Vertretergeschäften dem *Schutz vor Überrumpelung* des Käufers in der speziellen Situation der Vertragsanbahnung. Es ist daher vorrangig ein situationsbezogenes Widerrufsrecht. Darüber hinaus dient es auch dem Schutz vor *potentiell unlauteren Geschäftspraktiken und Geschäften.*[705] Konkreter Anlaß für die Schaffung dieses Widerrufsrechts war die Erfahrung mit einer Vielzahl unlauterer Immobiliengeschäfte, bei denen den Käufern angeblich wertvolles Bauland in der japanischen Provinz angeboten wurde, z.B. unter Hinweis auf eine angebliche bauliche Erschließung der Region, was sich später jedoch häufig als falsch herausstellte (sog. „Feldhandel" (*genya shōhō*)).[706] Daher blieben der Grundstückswert und die Nutzungsmöglichkeiten häufig hinter den Erwartungen des Kunden zurück. Schließlich ist auch von Bedeutung, daß es bei dem Kauf von Immobilien regelmäßig um *große Geldsummen* geht.[707] Auch aus diesem Grunde soll der Kunde Gelegenheit erhalten, noch einmal intensiv darüber nachzudenken, ob er an dem Vertrag festhalten möchte oder nicht.

Das Immobiliengewerbegesetz enthält als weiteres Instrument zum Schutz des Käufers unter anderem auch eine Begrenzung des Betrages, den der Unternehmer vom Käufer als Anzahlung bzw. Draufgabe fordern darf, auf maximal 20 % des Kaufpreises der Immobilie.

Das Widerrufsrecht nach Art. 37-2 ImmobGG gilt gemäß Art. 40 Immob-SGG auch bei Immobiliengeschäften, die mit einer besonderen Ratensparfinanzierung des Kunden verbunden sind.

*d) Das Widerrufsrecht nach dem Gesetz über die Vermittlung von Termingeschäften an ausländischen Warenterminbörsen (AWarenterminGG)*[708]

Seit 1982 werden Verträge über die Vermittlung von Warenterminkontrakten an ausländischen Warenterminbörsen und die Geschäftstätigkeit der betreffenden Finanzdienstleistungsunternehmen durch das AWarenterminGG besonders reguliert und kontrolliert. Dabei wurde in Art. 8 I AWarenterminGG auch eine Art Widerrufsrecht zugunsten von Privatanlegern normiert. Hiernach darf der Finanzdienstleister innerhalb eines Zeitraums von 14 Tagen nach Abschluß des Rahmenvertrages keine Aufträge des Privatanlegers ausführen, es sei denn, sie wurden in den Geschäftsräumen des Unternehmers erteilt; anders formuliert, kann der Anleger diese zunächst jederzeit frei widerrufen. Führt der Finanzdienstleister dessen ungeachtet die Aufträge des Kunden aus, so werden diese

---

[705] K. UCHIMURA (1980) 14.
[706] Vgl. bereits oben Kapitel 2 B V 1 c und Kapitel 3 A I 2 c dd.
[707] S. KAWAKAMI (1996) 1196.
[708] *Kaigai shōhin shijō ni okeru sakimono torihiki jutaku-tō ni kansuru hōritsu*, Gesetz Nr. 65/1982 i.d.F. des Gesetzes 160/1999.

als seine Eigengeschäfte betrachtet (Art. 8 II AWaterminGG).[709] Das Widerrufsrecht bezieht sich auf den Abschluß von Rahmenverträgen über die Vermittlung von Warenterminkontrakten, wie sie in Art. 2 Nr. 6 AWaterminGG definiert werden. Auch Verträge über eine mehrstufige Vermittlungstätigkeit oder der Abschluß derartiger Verträge in Stellvertretung für den Anleger werden hiervon erfaßt (Art. 2 Nr. 6 i.V.m. Nr. 4 AWaterminGG).

Das Widerrufsrecht betrifft nur Warentermingeschäfte an durch Art. 2 DVO AWaterminGG[710] näher spezifizierten Warenterminbörsen. Darin sind derzeit 39 Börsen rund um die Welt aufgelistet, so z.B. die Goldbörse in Hong Kong, die Getreidebörse in London und die Kaffeebörsen in New York und São Paulo. Verträge über die Vermittlung von Warenterminkontrakten an anderen als diesen Warenterminbörsen oder unter Verstoß gegen die gesetzlichen Voraussetzungen gemäß Art. 2 VI AWaterminGG sind nach Art. 3 AWaterminGG vollständig nichtig. Hierfür besteht also ein noch stärkerer Schutz des Privatanlegers.

Es gibt zahlreiche Gründe für die Schaffung dieses Widerrufsrechts. Einerseits wird hierbei angeknüpft an die Situation bei Erteilung der Aufträge zum Abschluß von Warenterminkontrakten. Der besondere Schutz des Anlegers vor der Bindung an seine Investitionsentscheidung soll während der Widerrufsfrist nur gewährt werden, wenn er sie außerhalb der Geschäftsräume des Unternehmers getroffen hat. Offenbar soll dadurch ein *Schutz vor Überrumpelung* gewährleistet werden. Andererseits soll das Löserecht auch dem Schutz vor *selbstverschuldeter Übereilung* des Anlegers dienen. Die Investition in Warentermingeschäfte ist ein besonders *kompliziertes Geschäft*, das Anleger oft tätigen, ohne sich über dessen Inhalt und die bestehenden Risiken vollständig im klaren zu sein.[711] Zudem spielte für den Gesetzgeber bei der Entscheidung über die Einführung dieses Widerrufsrechtes auch die Tatsache eine Rolle, daß Warenterminkontrakte eine *extrem risikoreiche Anlageform* darstellen.[712] Das Widerrufsrecht im AWaterminGG soll daher auch einen vertragstypenbezogen Übereilungsschutz gewährleisten. Schließlich soll das Widerrufsrecht auch einen Schutz gegen *potentiell unlautere Geschäfte* bieten. Gerade bei dieser Anlageform werden in Japan nämlich viele Privatanleger gezielt durch unlautere Geschäftspraktiken um ihr Vermögen gebracht.[713]

---

[709] Ein Verstoß gegen Art. 8 AWaterminGG kann unter Umständen auch zur Gesamtnichtigkeit des Rahmenvertrages führen; vgl. insoweit auch die folgenden Urteile: DG Ōsaka vom 26.7.1984, in: Hanrei Jihō Nr. 1134, 142; DG Urawa vom 29.6.1988, in: Kin'yū Shōji Hanrei Nr. 810, 34.

[710] *Kaigai shōhin shijō ni okeru sakimono torihiki no jutaku-tō ni kansuru hōritsu shikō-rei*, Regierungsverordnung zur Durchführung des Gesetzes über die Vermittlung von Termingeschäften an ausländischen Warenterminbörsen, Amtsverordnung Nr. 4/1983 i.d.F. der Amtsverordnung Nr. 125/2003.

[711] Y. MAENO (1982) 44.

[712] E. MARUYAMA (2000) 18; S. KAWAKAMI (1996) 1196.

[713] Vgl. oben unter A IV 2 a.

*e) Das Widerrufsrecht im Gesetz über Verträge zur Anlage und zur Verwahrung von bestimmten Handelswaren (Verwahrungsgeschäftegesetz, VerwahrungsGG)*[714]

Im Jahre 1986 wurde mit Verabschiedung des VerwahrungsGG ein neues Widerrufsrecht bei Verträgen über die Verwahrung von bestimmten Handelswaren als Investmentgeschäft geschaffen. Art. 2 VerwahrungsGG definiert dies als Vertrag, bei dem sich der eine Teil entgeltlich dazu verpflichtet, eine gesetzlich spezifizierte Handelsware (*tokutei shōhin*) für den anderen Teil während eines bestimmten Zeitraums zu verwahren und entweder die aus der Verwahrung erwachsenen Vorteile an ihn auszuschütten oder die Handelsware zu einem späteren Zeitpunkt vom Verwahrungsgeber zu erwerben. Bei diesem Geschäft handelt es sich um eine besondere Form eines Finanzanlagegeschäftes, denn dem Anleger soll entweder die Differenz zwischen dem Wert der Ware zum Zeitpunkt des Beginns des Verwahrungsverhältnisses und einen späteren Zeitpunkt und/oder darüber hinaus noch ein durch die Investition der Ware durch den Verwahrer erzielter Gewinn zufließen. Neben den Handels*waren* (Art. 2 I) kann auch ein handelbares Recht zur Nutzung bestimmter Einrichtungen (*shisetsu riyō kenri*, Art. 2 II) als Verwahrungs- und Investitionsgut bestimmt werden. Die von den Regelungen des Gesetzes erfaßten Handelswaren und Rechte werden durch Art. 1 DVO VerwahrungsGG[715] spezifiziert. Dazu gehören zum Beispiel Edelmetalle, Edel- und Halbedelsteine, aber auch bestimmte Haustiere und Bonsai sowie Rechte zur Nutzung von Golfsporteinrichtungen (Mitgliedschaftsrechte). Bei Verwahrungsverträgen dieser Art besteht nach Art. 8 VerwahrungsGG zugunsten des Anlegers ein Recht zum Rücktritt vom Vertrag innerhalb von 14 Tagen.

Das Widerrufsrecht besteht aber nur, wenn das vertragliche Verwahrungsverhältnis über eine durch Verordnung des Wirtschaftsministeriums festzulegende Mindestzeitspanne hinaus bestehen soll. Art. 2 DAVO VerwahrungsGG[716] bestimmt also solche einen Zeitraum von mindestens drei Monaten.

Einerseits dient das Widerrufsrecht dem Schutz vor *selbstverschuldeter Übereilung* des Anlegers bei einem komplizierten und risikoreichen Geschäft. Andererseits aber liegt der Hauptgrund für die Schaffung des Widerrufsrechts darin, Verbraucher vor einem bestimmten Typus *potentiell betrügerischer Anlagegeschäfte* zu schützen. Der konkrete Anlaß für den Erlaß des Gesetzes und des darin enthaltenen Widerrufsrechts waren die Betrugsfälle im Zusam-

---

[714] *Tokutei shōhin-tō no yotaku-tō torihiki keiyaku ni kansuru hōritsu*, Gesetz Nr. 62/1986 i.d.F. des Gesetzes Nr. 160/1999.

[715] *Tokutei shōhin-tō no yotaku-tō torihiki keiyaku ni kansuru hōritsu shikō-rei*, Regierungsverordnung Nr. 340/1986 i.d.F. der Regierungsverordnung Nr. 363/2002.

[716] Amtsverordnung zur Durchführung des Gesetzes über Verträge zur Anlage und zur Verwahrung von bestimmten Handelswaren (*Tokutei shōhin-tō no yotaku-tō torihiki keiyaku ni kansuru hōritsu shikō kisoku*), Amtsverordnung Nr. 75/1986 i.d.F. der Amtsverordnung Nr. 262/2000.

menhang mit den Geschäften des Unternehmens „*Toyota Shōji*" in den 1980er Jahren.[717] Diesen Geschäften lag jeweils eine Vertragsart zugrunde, die das VerwahrungsGG nun besonders regelt. Das Widerrufsrecht im VerwahrungsGG ist das früheste in Japan eingeführte rein geschäfts- bzw. vertragstypenbezogene Widerrufsrecht, denn es spielt hierbei keine Rolle, unter welchen konkreten Umständen der Vertrag zustande kam.

*f) Das Widerrufsrecht im Gesetz zur Regulierung des Gewerbes der Wertpapieranlageberatung (Wertpapieranlageberatungsgesetz, WpABG)*[718]

Im Jahre 1986 trat auch das Wertpapieranlageberatungsgesetz in kraft, das neben anderen Bestimmungen zum Schutz des Privatanlegers in Art. 17 ein Widerrufsrecht bei Verträgen über die gewerbliche Wertpapieranlageberatung vorsieht. Darunter versteht das Gesetz Verträge, bei denen sich der Anlageberater auf der einen Seite verpflichtet, dem Anleger aufgrund einer Wertpapier- und Marktanalyse eine Empfehlung zur Anlage in Wertpapiere oder Wertpapierderivate zu erteilen, und der Anleger auf der anderen Seite, dafür eine Vergütung zu entrichten. Als Wertpapiere betrachtet das Gesetz Wertpapiere im Sinne des Wertpapierbörsen- und Wertpapierhandelsgesetz (BWpHG)[719], Art. 2 V WpABG. Das umfaßt z.B. Aktien, Staatsanleihen, Industrieobligationen und Investmentzertifikate. Wertpapierderivate als Gegenstand der Anlageberatung können nach Art. 2 I WpABG die folgenden sein: Terminkontrakte auf Wertpapierindizes (*futures*), Optionen auf Wertpapiere, außerbörsliche[720] nicht standardisierte Terminkontrakte auf Wertpapierindizes (*forwards*), außerbörsliche Optionen auf Wertpapiere und außerbörsliche Swapgeschäfte auf Wertpapierindizes sowie ähnliche Geschäfte, soweit sie von den Definitionen in Art. 2 VI bis XI WpABG erfaßt werden.[721]

Nach Art. 17 I WpABG kann der Privatanleger innerhalb von zehn Tagen von einem solchen Anlageberatungsvertrag zurücktreten. Das Widerrufsrecht ist nicht davon abhängig, unter welchen Umständen der Vertrag angebahnt oder geschlossen wird. Das Widerrufsrecht im WpABG knüpft also allein an den Geschäfts- bzw. Vertragstypus an.

Sinn des Widerrufsrechts ist in erster Linie, den Privatanleger vor den Folgen eines *übereilten bindenden Vertragsabschlusses* zu bewahren, dies insbesondere im Hinblick darauf, daß ein *Anlageberatungsvertrag in aller Regel kompliziert* ist, ferner daß es bei der Entscheidung über eine bestimmte Anlageform häufig um *hohe Investitionssummen* geht und schließlich, daß die Anlage

---

[717] S. KAWAKAMI (1996) 1197. Zum Fall *Toyota Shōji* bereits oben unter A IV 2 b.
[718] *Yūka shōken ni kakaru tōshi-komongyō no kisei-tō ni kansuru hōritsu*, Gesetz Nr. 74/1986 i.d.F. des Gesetzes Nr. 87/2005.
[719] *Shōken torihiki-hō*, Gesetz Nr. 25/1948 i.d.F. des Ges. Nr. 155/2002; dort in Artt. 2 I und II, 65 II Nr. 3, 108-2 III, aufgelistet.
[720] Mit „außerbörslichen" Geschäften sind „*over-the-counter*" Geschäfte (OTC-Geschäfte) gemeint. Zum OTC-Markt in Japan siehe etwa H. BAUM (1997) 1292-1296, 1312 ff., 1338-1343.
[721] Zum Gesetz allgemein siehe U. SCHAEDE / H. BAUM (1989); K. YANO (1986).

in Wertpapiere oder Wertpapierderivate regelmäßig mit einem nicht geringen *Risiko des Kapitalverlustes* verbunden ist. Der Privatanleger wird daher quasi vor sich selbst geschützt. Darüber hinaus soll das Widerrufsrecht den Anleger auch vor *potentiell betrügerischen Anlageberatungsgeschäften* schützen. Das WpABG ist zur Regulierung des Anlageberatungsgewerbes vor allem in Reaktion auf zahlreiche schwere Fälle von Anlageberatungsbetrug durch unseriöse Beratungsfirmen zu Anfang der 1980er Jahre erlassen worden. Der bekannteste darunter ist der sogenannte „*Tōshi Journal Skandal*" im Jahre 1984.[722]

*g) Das Widerrufsrecht im Gesetz über die Regulierung des Gewerbes der Anlage in Handelswaren (Anlagefondsgesetz, FondsG)*[723]

Im Jahre 1991 wurde mit Erlaß des Anlagefondsgesetzes ein Widerrufsrecht beim Abschluß von Verträgen über den Erwerb von Anteilen an bestimmten Anlagefonds geschaffen. Nach Art. 19 I FondsG kann der Privatanleger von derartigen Verträgen innerhalb einer Frist von zehn Tagen zurücktreten. Das Gesetz ist aber nur Rechtsgrundlage für Fonds, die in Art. 2 I Nr. 1-3 FondsG spezifizierte Vermögensgegenstände betreffen. Dies sind bestimmte Waren oder Rechte und als Festgeschäfte oder Optionsgeschäfte ausgestaltete Termingeschäfte im Zusammenhang mit Waren bzw. Rechten. Das Gesetz nennt konkret folgende Gegenstände:

– Waren-Terminkontrakte, Terminkontrakte auf Warenindizes und ähnliche Termingeschäfte, auch an ausländischen Terminbörsen (Nr. 1);
– Optionen auf Waren oder Rechte, deren Marktpreis besondere Schwankungen aufweist (Nr. 2); und
– Waren und Rechte, deren Nutzung einen spezifischen Ertrag abwirft, der großen Schwankungen ausgesetzt ist (Nr. 3).

Das Fonds-Sondervermögen kann entweder im Miteigentum der Anteilseigner (Art. 2 II Nr. 1 FondsG) oder im alleinigen treuhänderischen Eigentum der Kapitalanlagegesellschaft (Art. 2 II Nr. 2 FondsG) stehen. Ausländische Fonds werden auch dann umfaßt, wenn sie eine ähnliche Form der Vermögensverwaltung vorsehen (Art. 2 II Nr. 3 FondsG).

Fonds, die die Investition in Waren-Terminkontrakte und Terminkontrakte auf Warenindizes zum Gegenstand haben, werden nur durch das Gesetz geregelt, soweit die betreffenden Waren durch das Warenbörsengesetz und die danach erlassene Regierungsverordnung[724] als zum Börsenhandel zugelassene Waren spezifiziert worden sind. Dazu zählen zahlreiche Rohstoffe und agrar-

---

[722] S. KAWAKAMI (1996) 1198; U. SCHAEDE / H. BAUM (1989) 705; K. YANO (1986) 50.

[723] *Shōhin tōshi ni kakaru jigyō no kisei ni kansuru hōritsu*, Gesetz Nr. 66/1991 i.d.F. des Gesetzes Nr. 87/2005.

[724] *Shōhin torihikijo-hō*, Gesetz Nr. 239/1950 i.d.F. des Ges. Nr. 87/2005. Dort in Art. 2 IV i.V.m. Art. 1 der Durchführungsverordnung zum Warenbörsengesetz (*Shōhin torihikijo-hō shikō-rei*, Regierungsverordnung Nr. 280/1950 i.d.F. der Regierungsverordnung Nr. 166/2005) ausgewiesen.

wirtschaftliche Erzeugnisse. Auch Optionen müssen sich auf derart spezifizierte Waren beziehen. Als Waren und Rechte im Sinne von Art. 2 I Nr. 3 FondsG sind derzeit besonders ausgewiesen Rennpferde, Gemälde, Filmproduktionen und Schürfrechte (Art. 2 DVO FondsG[725]).
Zweck des Widerrufsrechts in Art. 19 FondsG ist es, den Privatanleger vor den Folgen eines *übereilten Vertragsabschlusses* zu bewahren, angesichts dessen, daß die Investition mit einem hohen *Risiko des Kapitalverlustes* verbunden ist und die *Werthaltigkeit des Produkts* und die mit dem Erwerb verbunden *komplizierten Verträge* sich von dem Anleger meist *nicht so einfach beurteilen lassen.* Auch das Widerrufsrecht im FondsG ist wiederum nicht davon abhängig, unter welchen Umständen der Vertragsabschluß zustande kam. Das Widerrufsrecht ähnelt ein wenig dem deutschen Widerrufsrechten in § 126 InvG. Dort ist das Widerrufsrecht allerdings auf die Fälle beschränkt, in denen die Vertragsanbahnung bzw. der Vertragsabschluß außerhalb der ständigen Geschäftsräume desjenigen stattfand, der die Investmentanteile verkauft oder vermittelt hat.

*h) Das Widerrufsrecht im Gesetz zur Förderung angemessener Verträge über die Mitgliedschaft in Golfclubs und ähnlichen Freizeiteinrichtungen (GolfclubG)*[726]

Im Jahre 1992 wurde mit Verabschiedung des GolfclubG unter anderem ein weiteres Widerrufsrecht auch bei Mitgliedschaftsverträgen in Bezug auf gewerbliche Golfsporteinrichtungen und andere Sport- oder Erholungseinrichtungen geschaffen, soweit diese durch Regierungsverordnung spezifiziert sind.[727] Eine solche Spezifizierung besteht derzeit nicht, so daß das Gesetz nur auf Mitgliedschaftsverträge in Golfclubs Anwendung findet und auch nur dabei ein Widerrufsrecht besteht. Nach Art. 12 I GolfclubG kann das neue Mitglied innerhalb von acht Tagen von diesem Vertrag zurücktreten. Dies gilt allerdings nur, soweit der Vertrag eine Geldzahlung des Mitgliedes in Höhe von mindestens 500.000 ¥ vorsieht (Art. 2 I GolfclubG i.V.m. Art. 1 DVO GolfclubG[728]). In diesen Betrag werden einbezogen alle Arten von vorgesehenen Zahlungen im Zusammenhang mit dem Vertragsabschluß wie z.B. etwaige Aufnahmegebühren, Sicherungsleistungen etc.[729]

---

[725] *Shōhin tōshi ni kakaru jigyō no kisei ni kansuru hōritsu shikō-rei*, Regierungsverordnung Nr. 45/1992 i.d.F. der Regierungsverordnung Nr. 4/2001.
[726] *Gorufujō-tō ni kakaru kai-in keiyaku no tekisei-ka ni kansuru hōritsu*, Gesetz Nr. 53/1992 i.d.F. des Gesetzes Nr. 126/2000.
[727] Angeknüpft wird eigentlich an „spezifizierte Dienstleistungen" (*shitei ekimu*), die Bestandteil der Leistungen des Unternehmers bei einem Mitgliedschaftsvertrag in derartigen Einrichtungen sind.
[728] Durchführungsverordnung zum GolfclubG (*Gorufujō-tō ni kakaru kai-in keiyaku no tekisei-ka ni kansuru hōritsu shikō-rei*), Regierungsverordnung Nr. 19/1993 i.d.F. der Regierungsverordnung Nr. 98/2001.
[729] M. SUZUKI (1992) 5.

Auch das Widerrufsrecht im GolfclubG ist nicht davon abhängig, unter welchen Umständen der Vertragsabschluß erfolgt ist. Es knüpft allein an die Art des Vertrages an. Zweck des Widerrufsrechtes ist daher, den Verbraucher vor den Folgen eines selbstverschuldet *übereilten Vertragsschlusses* zu bewahren. Dies sei deshalb erforderlich, da der Mitgliedschaftsvertrag in Golfsporteinrichtungen regelmäßig ein *auf lange Dauer angelegtes Dauerschuldverhältnis* begründe, wobei das neue Mitglied bei Vertragsabschluß in der Regel noch *nicht die Qualität der Leistung des Unternehmers angemessen beurteilen könne*. Ferner sei ein solcher Vertrag üblicherweise mit *hohen Aufnahmegebühren* und sonstigen Geldzahlungen des Mitglieds verbunden und der *Vertragsinhalt häufig schwer verständlich*. Darüber hinaus habe das Widerrufsrecht auch den Zweck, den Verbraucher vor *potentiell unlauterem Werbeverhalten* des Unternehmers oder seiner Angestellten zu behüten.[730]

*i) Das Widerrufsrecht im Gesetz zur Regelung des gewerblichen Handels mit spezifischen Forderungen (Forderungshandelsgesetz, ForderungsHG)*[731]

Im Jahre 1992 trat das ForderungsHG in Kraft, das den gewerblichen Handel mit Geldforderungen aus Leasingverträgen oder Kreditverträgen regelt. Als eine Form des Handels mit derartigen Forderungen ist dort auch die Einrichtung eines Investmentfonds, der Forderungen aus Leasing- und Kreditverträgen als Vermögensgegenstand betrifft, geregelt (Art. 52 bis 65 ForderungsHG). Bei Verträgen über den Erwerb von Anteilen an einem solchen Obligationenfonds sieht das Gesetz in Art. 59 I zugunsten des Privatanlegers ein Recht zum Rücktritt vom Vertrag innerhalb von acht Tagen vor. Das Eigentum am Sondervermögen kann in verschiedener Weise ausgestaltet sein, entweder als Miteigentum nach Bruchteilen oder als Treuhandeigentum (vgl. im einzelnen Art. 2 VI ForderungsHG). Das Widerrufsrecht besteht aber nicht, wenn der Anleger innerhalb eines Zeitraums von einem Jahr vor dem Vertragsabschluß schon einmal einen gleichartigen Fondsanteil von dem gleichen Veräußerer oder Vermittler des Fondsanteils erworben hat (Art. 59 I ForderungsHG i.V.m. Art. 27 VO ForderungsHG[732]).

Das Widerrufsrecht soll den Anleger vor den Folgen eines selbstverschuldet *übereilten Vertragsabschlusses* bewahren im Hinblick auf die *Komplexität des Geschäftes und des Risikos des Kapitalverlustes*. Das Widerrufsrecht knüpft also nicht an die Situation des Vertragsabschlusses, sondern allein an die Geschäfts- bzw. Vertragsart an.

---

[730] S. KAWAKAMI (1996) 1198-1199; M. SUZUKI (1992) 8.
[731] *Tokutei saiken-tō ni kakaru jigyō no kisei ni kansuru hōritsu*, Gesetz Nr. 77/1992 i.d.F. des Gesetzes Nr. 65/2002.
[732] Verordnung über die Gewerbeerlaubnis und Gewerbeaufsicht bei Forderungsaufkäufern und Veräußerern bzw. Vermittlern von Obligationenfondsanteilen (*Tokutei saiken-tō jōju gyōsha oyobi koguchi saiken hanbai gyōsha no kyoka oyobi kantoku ni kansuru meirei*), Gemeinsame Verordnung des Regierungsamtes und des Wirtschaftsministeriums Nr. 2/1993 i.d.F. der Verordnung Nr. 1/2002.

*j) Das Widerrufsrecht im Gesetz zur Regelung der Verwaltung
von Immobilienfonds (ImmobilienfondsG)*[733]

Im Jahre 1994 wurde das ImmobilienfondsG erlassen, das unter anderem ein Widerrufsrecht in Art. 26 bei Verträgen über den Erwerb von Anteilen an einem Immobilienfonds vorsieht. Nach Abs. 1 kann der Privatanleger innerhalb von acht Tagen von einem solchen Vertrag zurücktreten.

Als Vermögensgegenstände des Immobilienfonds können Baugrundstücke und Gebäude dienen (Art. 2 I ImmobilienfondsG). Bei den Immobilenfonds kann das Sondervermögen sowohl im Miteigentum der Anteilseigner stehen (Art. 2 III Nr. 1 ImmobilienfondsG) oder auch im treuhänderischen Eigentum der Kapitalanlagegesellschaft (Art. 2 III Nr. 2 ImmobilienfondsG). Erfaßt werden von den Regelungen auch Fonds, bei denen die Anleger kein Geld zum Erwerb von Immobilien einbringen, sondern bei denen im Miteigentum der Anleger stehende Immobilien an die Kapitalanlagegesellschaft vermietet werden (Art. 2 III Nr. 3 ImmobilienfondsG), sowie ähnliche Fonds, die nach ausländischem Recht eingerichtet werden (Art. 2 III Nr. 4 ImmobilienfondsG). Durch Regierungsverordnung kann der Anwendungsbereich des Gesetzes jederzeit auch auf ähnliche Fonds erweitert werden, die nicht unter die Nummern 1 bis 4 fallen (Art. 2 III Nr. 5 ImmobilienfondsG). Schließlich kann eine Regierungsverordnung auch Ausnahmen zulassen, bei denen eine Regulierung durch das ImmobilienfondsG aus Gründen des Anlegerschutzes nicht erforderlich erscheint. Die DVO ImmobilienfondsG[734] sieht derzeit in Art. 1 Nr. 1-5 einige wenige solcher Ausnahmen vor, so z.B. für den Fall, daß die Kapitalanlagegesellschaft als Aktiengesellschaft organisiert ist und die Anteile in Form von Aktien an die Anteilseigner vertrieben werden (Nr. 1).

Auch das Widerrufsrecht im ImmobilienfondsG knüpft nur an eine bestimmte Vertragsart an, nicht an besondere Umstände des Vertragsschlusses. Es soll den Anleger vor den Folgen eines *übereilten Vertragsabschlusses* bewahren im Hinblick auf die *Komplexität des Vertragsinhalts* und das bestehende *Risiko des Kapitalverlustes*. Ferner ist die *Werthaltigkeit des Produktes* für den Anleger schwierig zu beurteilen.

*k) Das Widerrufsrecht im Versicherungsgewerbegesetz (VGG)*[735]

Im Jahre 1995 wurde das Versicherungsgewerbegesetz umfassend novelliert und neu verkündet. In Art. 309 I VGG wurde dabei ein Widerrufsrecht zugunsten von privaten Versicherungsnehmern bei Schadens- und Lebensversicherungsverträgen eingefügt. Danach kann der Versicherungsnehmer innerhalb von acht Tagen von einem solchen Vertrag zurücktreten oder seine Vertragsofferte

---

[733] *Fudōsan tokutei kyōdō jigyō-hō*, Gesetz Nr. 77/1994 i.d.F. des Gesetzes Nr. 87/2005.

[734] *Fudōsan tokutei kyōdō jigyō-hō shikō-rei*, Regierungsverordnung Nr. 413/1994 i.d.F. der Regierungsverordnung Nr. 192/2005.

[735] *Hoken gyōhō*, Gesetz Nr. 105/1995 i.d.F. des Gesetzes Nr. 102/2005.

widerrufen. Dies gilt aber nur, falls die Abgabe der Willenserklärung bzw. der Vertragsabschluß außerhalb der Geschäftsräume des Versicherungsgebers (zu den Geschäftsräumen zählen auch Niederlassungen von Versicherungsvertretern oder Versicherungsmaklern) und nicht an anderen Orten oder auf eine Weise erfolgt, die durch Regierungsverordnung besonders spezifiziert sind und wo kein besonderer Schutz des Versicherungsnehmers erforderlich erscheint. Art. 45 DVO VGG[736] bestimmt als deartige Orte z.b. solche, die der Versicherungsnehmer selbst zur Vertragsanbahnung bestimmt hat (Nr. 2), sowie den Fall, daß der Versicherungsnehmer bei der Abgabe eines Angebots auf Abschluß eines Versicherungsvertrages Fernkommunikationsmittel wie z.b. die Briefzustellung durch die Post eingesetzt hat (Nr. 3). Als weitere Fernkommunikationsmittel, bei denen ebenfalls eine vorausgegangene unzulässige Beeinflussung des Erklärenden als ausgeschlossen angesehen und daher kein besonderer Schutz durch ein Widerrufrecht für erforderlich gehalten wird, bestimmt Art. 241 DAVO VGG[737] die Übermittlung der Vertragsofferte durch Telefax oder sonstige Telekommunikationsmittel einschließlich elektronischer Datenübertragungssysteme oder die Geldüberweisung, sofern damit eine Vertragsofferte verbunden ist. Das Widerrufsrecht besteht ferner nicht, wenn der Versicherungsvertrag eine Laufzeit von unter einem Jahr bestimmt und wenn bei der betreffenden Versicherungsart eine gesetzliche Versicherungspflicht besteht.

Zweck des Widerrufsrechtes ist vor allem der Schutz des Versicherungsnehmers vor *Überrumpelung* durch Angestellte und Hilfspersonen des Versicherers sowie durch Versicherungsmakler und die dadurch bedingte Übereilung bei der Abgabe einer Vertragsofferte bzw. beim Abschluß eines langfristigen Versicherungsvertrages. Das Widerrufsrecht knüpft also in erster Linie an die Umstände der Vertragsanbahnung an. Ähnlich wie bei Haustür- und Vertretergeschäften möchte der Gesetzgeber verhindern, daß der Versicherungsnehmer rechtlich sofort gebunden wird, wenn ihm bei Abgabe der Vertragofferte oder beim Vertragsschluß Vergleichsmöglichkeiten und Informationen fehlten und ihm nur wenig Überlegungszeit eingeräumt wurde. Der Gesetzgeber berücksichtigte auch die Tatsache, daß Versicherungsvertreter ihre Kunden nicht selten zum Vertragsschluß drängen und dadurch unzulässig Einfluß auf ihre Entscheidung nehmen.[738] Darüber hinaus besteht das Widerrufsrecht gerade auch deshalb, weil Versicherungsverträge ein *Dauerschuldverhältnis mit langer Bindung* begründen, das nur besonders wohlüberlegt eingegangen werden sollte. Das Widerrufsrecht nach Art. 309 VGG gleicht den Widerrufsrechten im

---

[736] Durchführungsverordnung zum Versicherungsgewerbegesetz (*Hoken gyōhō shikō-rei*), Regierungsverordnung Nr. 425/1995 i.d.F. der Regierungsverordnung Nr. 241/2005.

[737] Amtsverordnung des Finanzministeriums zur Durchführung des Versicherungsgewerbegesetzes Nr. 5/1996 i.d.F. der Amtsverordnung des Kabinettsamtes Nr. 101/2005.

[738] Vgl. M. ISHIDA (1999) 449, 450.

## D. Verbraucherschützende Widerrufsrechte

deutschen Recht bei Versicherungsverträgen nach §§ 8 IV, V VVG bzw. § 5 a I VVG. Der entscheidende Unterschied aber ist, daß das Widerrufsrecht nach Art. 309 I VGG in erster Linie situationsbezogen ist, die Widerrufsrechte im deutschen Recht aber situationsunabhängig bei Versicherungsverträgen bestehen, gleichviel, unter welchen Umständen die Vertragsofferte des Kunden abgegeben worden ist und an welchem Ort der Vertragsschluß erfolgte.

Die zahlreichen im japanischen Recht derzeit bestehenden Widerrufsrechte werden noch einmal zusammengefaßt in der folgenden Tabelle:

Tabelle 1: Widerrufsrechte

*Teilzahlungsgeschäfte, Kreditgeschäfte (Art. 4-4, Art. 29-3-3 oder Art. 30-2-3 TzG)*
- Vertragsanbahnung außerhalb der Geschäftsräume des Unternehmers
- Kaufverträge über Waren oder Rechte bzw. Verträge über die Erbringung von Dienstleistungen als Teilzahlungsgeschäft ($\geq$ 2 Monate, $\geq$ 3 Raten)
- Kreditverträge zur Finanzierung eines Kaufvertrages oder Dienstleistungsvertrages ($\geq$ 2 Monate, $\geq$ 3 Raten); (wirtschaftliche Einheit der Verträge)
- Recht zum Widerruf der Vertragsofferte oder zum Rücktritt vom Vertrag innerhalb von 8 Tagen
- Fristbeginn: ab Übergabe eines Schriftstückes nach Artt. 4-3 I oder 4 I, II (bzw. 4-2) TzG Art. 1-15 DAVO TzG,[739]; Artt. 29-3 (bzw. 29-3-2 ) TzG, Art. 12-9-2 DAVO TzG; Artt. 30-2 (bzw. 30-2-2) TzG, Art. 13-13-2 DAVO TzG

*Haustür- und Vertretergeschäfte (Art. 9 HGG)*
- Vertragsanbahnung außerhalb der Geschäftsräume des Unternehmers
- Kaufverträge über Waren oder Rechte bzw. Verträge über die Erbringung von Dienstleistungen ($\geq$ 3000 ¥)
- Recht zum Widerruf der Vertragsofferte oder zum Rücktritt vom Vertrag innerhalb von 8 Tagen
- Fristbeginn: ab Übergabe des Schriftstücks nach Art. 4 oder 5 HGG

*Telefongeschäfte (Art. 24 HGG)*
- Vertragsanbahnung auf Initiative des Unternehmers am Telefon
- Kaufverträge über Waren oder Rechte bzw. Verträge über die Erbringung von Dienstleistungen ($\geq$ 3.000 ¥)
- Recht zum Widerruf der Vertragsofferte oder zum Rücktritt vom Vertrag innerhalb von 8 Tagen
- Fristbeginn: ab Übergabe des Schriftstücks nach Art. 18 oder 19 HGG

---

[739] *Amtsverordnung des Wirtschaftsministeriums zur Durchführung des Teilzahlungsgesetzes (Kappu hanbai-hō shikō kisoku)*, Amtsverordnung Nr. 95/1961 i.d.F. der Amtsverordnung Nr. 9/2003.

3. Kapitel: Regulierung und Kontrolle durch privatrechtliche Instrumente

*Kettenabsatzgeschäfte (Art. 40 HGG)*
- Verträge zur Begründung einer Tätigkeit als Absatzhelfer zum Absatz von Waren, Rechten oder Dienstleistungen in Verbindung mit einer Vereinbarung zur Werbung weiterer Absatzhelfer
- Recht zum Rücktritt vom Vertrag innerhalb von 20 Tagen
- Fristbeginn: grundsätzlich ab Übergabe des Schriftstücks nach Art. 37 II HGG oder nach Lieferung der ersten Ware, falls dies später erfolgt

*Spezifische Dienstleistungen (Art. 48 HGG)*
- Verträge über die Erbringung von spezifischen Dienstleistungen bei einer Vertragslaufzeit von derzeit mehr als zwei Monaten und einer Gegenleistung in Höhe von mehr als 50.000 ¥
- derzeit sind Schönheits- und Schlankheitsbehandlungen, Sprachunterricht, privater Nachhilfeunterricht in speziellen Schulungseinrichtungen und derartiger Heimunterricht besonders spezifiziert
- Recht zum Rücktritt vom Vertrag innerhalb von 8 Tagen
- Fristbeginn: ab Übergabe des Schriftstücks nach Art. 42 II oder III HGG

*Verträge über Heim- und Gelegenheitsarbeit und den Absatz von Produkten (Art. 58 HGG)*
- Kaufverträge über Waren und Rechte oder Verträge über die Erbringung einer Dienstleistung unter gleichzeitigem Versprechen des Unternehmers, diese Leistung zur Erzielung eines Verdienstes bei Heim- oder Gelegenheitsarbeiten verwenden zu können
- Recht zum Rücktritt vom Vertrag innerhalb von 20 Tagen
- Fristbeginn: ab Übergabe eines Schriftstücks nach Art. 55 II HGG

*Immobilienkauf (Art. 37-2 ImmobGG)*
- Kaufverträge über Immobilien mit Immobilienhändlern
- Vertragsanbahnung außerhalb der Geschäftsräume des Immobilienhändlers
- Recht zum Widerruf der Vertragsofferte oder zum Rücktritt vom Vertrag innerhalb von 8 Tagen
- Fristbeginn: ab Übergabe des Schriftstückes nach Art. der vollständigen schriftlichen Vertragsdokumente gemäß Art. 16-6 DAVO ImmobGG (bzw. 16-7 DAVO ImmobGG)

*Vermittlung von Warenterminkontrakten an ausländischen Terminbörsen (Art. 8 AWarenterminGG)*
- Verträge über die Verschaffung von Warenterminkontrakten (Rahmenvertrag)
- Verbot der Ausführung von Aufträgen des Anlegers innerhalb von 14 Tagen nach Vertragsabschluß, außer bei Auftragserteilung innerhalb der Geschäftsräume des Finanzdienstleisters

*Verwahrung von bestimmten Gegenständen (Art. 8 VerwahrungsGG)*
- Verträge über die Verwahrung bestimmter Waren und Rechte als Investmentgeschäft; Waren und Rechte nach Art. 1 DVO VerwahrungsGG (Gold etc.)
- vertragliche Laufzeit ≥ 3 Monate
- Recht zum Rücktritt vom Vertrag innerhalb von 14 Tagen
- Fristbeginn: ab Übergabe eines Schriftstückes gemäß Art. 3 II VerwahrungsGG

*Anlageberatungsgeschäfte (Art. 17 WpABG)*
- Anlageberatungsverträge (Wertpapiere und Wertpapierderivate)
- Recht zum Rücktritt vom Vertrag innerhalb von 10 Tagen
- Fristbeginn: ab Übergabe eines Schriftstückes gemäß Art. 15 WpABG

*Spezifische Anlagefonds (Art. 19 FondsG)*
- Verträge über den Erwerb von Fondsanteilen
- Vermögensgegenstände: bedingte und unbedingte Waren-Terminkontrakte und ähnliche Gegenstände
- Recht zum Rücktritt vom Vertrag innerhalb von 10 Tagen
- Fristbeginn: ab Übergabe eines Schriftstückes gemäß Art. 17 FondsG

*Mitgliedschaften in Freizeiteinrichtungen (Art. 12 GolfclubG)*
- Verträge über die Mitgliedschaft in gewerblichen Golfsporteinrichtungen und anderen Freizeiteinrichtungen (soweit spezifiziert, derzeit (-))
- Zahlung einer Aufnahmegebühr etc. von mindestens 500.000 ¥
- Recht zum Rücktritt vom Vertrag innerhalb von 8 Tagen
- Fristbeginn: ab Übergabe eines Schriftstückes gemäß Art. 5 II GolfclubG

*Obligationenfonds (Art. 59 ForderungsHG)*
- Verträge über den Erwerb von Anteilen an einem Obligationenfonds
- Vermögensgegenstand des Fonds sind Forderungen aus Kredit- und Leasingverträgen
- Recht zum Rücktritt vom Vertrag innerhalb von 8 Tagen
- Fristbeginn: ab Übergabe eines Schriftstücks gemäß Art. 58 ForderungsHG

*Immobilienfonds (Art. 26 ImmobilienfondsG)*
- Verträge über den Erwerb von Anteilen an einem Immobilienfonds
- Recht zum Rücktritt vom Vertrag innerhalb von 8 Tagen
- Fristbeginn: ab Übergabe eines Schriftstücks gemäß Art. 25 I ImmobilienfondsG

*Schadens- und Lebensversicherungen (Art. 309 VGG)*
- Schadens- und Lebensversicherungsverträge
- Vertragsanbahnung außerhalb der Geschäftsräume des Versicherungsvertreters, -maklers etc.
- Recht zum Widerruf der Vertragsofferte oder zum Rücktritt vom Vertrag innerhalb von 8 Tagen
- Fristbeginn: ab Übergabe eines Schriftstückes gemäß Art. 240 DAVO VGG

## 2. Begründung für die Widerrufsrechte[740]

Alle Widerrufsrechte sollen den Verbraucher vor den Folgen eines übereilten Vertragsschlusses, also der sofortigen Vertragsbindung, bewahren. Er soll sich innerhalb einer bestimmten Frist noch einmal in Ruhe überlegen können, ob er an dem Vertrag tatsächlich festhalten möchte oder nicht. Die Begründung für die Notwendigkeit eines solchen besonderen Schutzinstruments ist aber nicht in allen Fällen gleich. Man kann grundsätzlich zwischen drei verschiedenen Schutzmotiven unterscheiden. Der Verbraucher soll geschützt werden entweder vor unlauteren oder zumindest problematischen Vertragsanbahnungsmethoden („Überrumpelung"), die dem anderen Teil zurechenbar sind, mithin vor exogen verursachter Übereilung, oder vor unüberlegten, übereilten Vertragsschlüssen wegen des Geschäfts- bzw. Vertragsinhaltes, also vor endogen verursachter vertragstypenbezogener Übereilung, oder vor potentiell unlauteren Geschäften bzw. Geschäftspraktiken, bei denen der Verbraucher noch einmal die Gelegenheit zur Prüfung erhalten soll, ob es sich bei dem betreffenden Geschäft um ein solches handelt. Betrachtet man die Widerrufsrechte genauer, so liegt den meisten eine Kombination dieser Motive zugrunde.

Nur eine geringe Anzahl knüpft primär an die Situation der Vertragsanbahnung an. Dies ist der Fall bei den Widerrufsrechten bei Teilzahlungs- und kreditfinanzierten Geschäften, bei Haustür- und Vertretergeschäften, bei Telefongeschäften, beim Immobilienkauf, bei der Vermittlung von Warenterminkontrakten an ausländischen Börsen und bei Versicherungsverträgen. In all diesen Fällen besteht das Widerrufsrecht nur dann, wenn die Vertragsanbahnung auf Initiative des Unternehmers außerhalb seiner Geschäftsräume stattfindet oder in ähnlicher Weise. Hierbei soll offenbar eine besondere Gefahr der Überrumpelung des Verbrauchers bestehen, d.h. der Verbraucher soll leicht beeinflußbar sein, und er soll mangels Vorbereitung über zu wenige Informationen über den Geschäftsgegenstand und über Vergleichsangebote verfügen, so daß er angeblich oft dazu hingerissen werde, eine übereilte, unvernünftige Entscheidung zu treffen und einen unvorteilhaften bzw. unerwünschten Vertrag abzuschließen. Diese Art der Begründung ist grundsätzlich nachvollziehbar. Aufgrund ähnlicher Motive wurden auch in Deutschland Widerrufsrechte beim Erwerb von Anteilen an Investmentfonds (§ 126 InvG) und bei Haustürgeschäften (§ 312 BGB) eingeführt und außerdem das Widerrufsrecht bei der Anbahnung von Geschäften außerhalb von Geschäftsräumen in die Richtlinie 85/577/EWG (Art. 5) aufgenommen.[741] Betrachtet man die Fälle aber genauer, so erscheint die Einführung mancher Widerrufsrechte dieser Kategorie in Japan

---

[740] Vgl. hierzu insbesondere S. KAWAKAMI (1996) 1199-2002; E. MARUYAMA (2000) 8-11, 17-21; S. ITŌ / K. KIMOTO / C. MURA (2000) 63 ff.; A. ŌMURA (1998) 77 ff. Eine Einteilung in die drei im Text genannten Schutzmotive findet sich im japanischen Schrifttum allerdings nicht.

[741] Genaue Angaben oben in Fn. 642, 650.

etwas willkürlich zu sein. So ist der psychologische Druck bei Telefongeschäften doch ungleich geringer als bei Haustür- und Vertretergeschäften. Der Verbraucher hätte die Möglichkeit, bei mangelndem Interesse einfach das Gespräch zu beenden. Allerdings könnte man hier zusätzlich das Argument anbringen, daß der Verbraucher die Ware nicht sehen und damit nicht vernünftig beurteilen kann. Dieses Argument würde dann aber in gleicher Weise für alle Fernabsatzgeschäfte und nicht nur für Telefongeschäfte greifen; zu einem allgemeinen Widerrufsrecht bei Fernabsatzgeschäften hat sich der japanische Gesetzgeber aber gerade noch nicht durchringen können. Nur schwer erklärlich ist auch, warum ein Widerrufsrecht nur bei der Vermittlung von Warenterminkontrakten an ausländischen Börsen bestehen soll. Sowohl bei einer Anknüpfung an die Umstände der Vertragsanbahnung als auch an den Vertragsinhalt, also weil derartige Geschäfte sehr riskant und kompliziert sind, ließe sich das gleiche Argument für die Einführung eines Widerrufsrechts bei Warentermingeschäften an inländischen Börsen anführen. Hauptsächlicher Grund für das bestehende Widerrufsrecht ist daher wohl, daß in Japan vor allem bei der Vermittlung von Warentermingeschäften an ausländischen Börsen unlautere Finanzdienstleister als Vermittler aufgetreten sind. Das Widerrufsrecht möchte daher wohl insbesondere vor potentiell betrügerischen Anlagegeschäften schützen. Fraglich ist, warum ein Widerrufsrecht bei Versicherungsverträgen und insbesondere bei Verbraucherkreditgeschäften – angesichts der gravierenden Situation der Verbraucherüberschuldung[742] – entgegen der Rechtslage in Deutschland[743] nur dann besteht, wenn die Vertragsanbahnung außerhalb der Geschäftsräume des Unternehmers stattgefunden hat. Hier ließe sich auch entweder wegen der Komplexität des Vertrages, der langfristigen Bindung oder wegen der Gefahr der Unterschätzung der Tragweite der übernommenen Verpflichtung aus vertragspezifischen Gründen ein Widerrufsrecht begründen. Dieses Argument ließe sich jedoch auch gegen eine gleichartige Beschränkung des Widerrufsrechtes beim Erwerb von Investmentfondsanteilen in Deutschland anbringen.

Ein Großteil der japanischen Widerrufsrechte knüpft in erster Linie an den Inhalt des Geschäftes bzw. des Vertrages an. Der Verbraucher wird also vor allem vor selbst verschuldeter Übereilung beim Vertragsschluß oder bei der Abgabe einer bindenden Vertragsofferte geschützt. Dies ist der Fall beim Vertragsabschluß im Zusammenhang mit Kettenabsatzgeschäften (Aufnahmeverträge), spezifischen Dienstleistungen, der Verschaffung von Heim- und Gelegenheitsarbeiten und des gleichzeitigen Produktabsatzes, der Verwahrung von bestimmten Gegenständen als Investmentgeschäft, den Anlageberatungsgeschäften, den spezifischen Anlagefonds, den Mitgliedschaften in Golfclubs, den Obligationenfonds und den Immobilienfonds. Vertragstypenspezifische Gefahren dienen auch neben der Gefahr der Überrumpelung als zusätzliche Begrün-

---

[742] Vgl. C. RAPP (1996 a) und (1996 b).
[743] §§ 5a, 8 IV, V VVG bzw. §§ 495 I, 499 I, II, 501, 355 BGB.

dung für die Einführung des Widerrufsrechts bei kreditfinanzierten Geschäften, bei der Vermittlung von Warentermingeschäften an ausländischen Terminbörsen, beim Immobilienkauf und bei den Versicherungsverträgen. All diese Geschäfte werden als problematisch angesehen, wenn sie als Verbrauchergeschäfte eingegangen werden. Dies liegt bisweilen daran, daß die meisten der aufgeführten Geschäfte und Vertragsinhalte kompliziert und nur schwer zu beurteilen sind. Ferner werden die Geschäfte häufig auch als besonders riskant eingeschätzt; entweder wegen der hohen Summe des Entgeltes, das der Verbraucher zu entrichten hat (z.B. beim Immobilienkauf oder der Mitgliedschaft in Golfclubs) oder wegen des besonderen Risikos des Kapitalverlustes bei den verschiedenen Anlagegeschäften. Bei manchen Geschäften wird auch eine üblicherweise besonders lange vertragliche Laufzeit als Problem angesehen, entweder weil dies zu einer langfristigen und damit besonders belastenden Bindung des Verbrauchers führt, wie z.B. bei den kreditfinanzierten Geschäften und den Versicherungsverträgen, oder auch, weil der Inhalt der Leistung bei Vertragsabschluß nicht so einfach beurteilt werden kann, wie z.B. bei den spezifischen Dienstleistungen oder der Mitgliedschaft in Golfclubs. Schließlich wird auch als besonders problematisch gesehen, wenn der Unternehmer den Verbraucher mit der Aussicht auf einen Verdienst zum Eingehen anderer Geschäfte ködert, dies vor allem bei den Kettenabsatzgeschäften und bei den Verträgen über Heim- und Gelegenheitsarbeit.

In all diesen Fällen muß man sich natürlich fragen, ob ein Widerrufsrecht ein angemessenes Instrument des Verbraucherschutzes darstellt, oder ob nicht dem Verbraucher hier die Bürde der Eigenverantwortung im Rechtsverkehr unangemessen auf Kosten der Rechtssicherheit abgenommen wird. Den Widerrufsrechten liegt offenbar nicht das Bild eines aufgeklärten und mündigen, sondern das eines naiven und unmündigen Verbrauchers zugrunde. Aus diesem Grunde wird das Instrument des Widerrufsrechts in Japan teilweise in Anspielung an nicht voll geschäftsfähige Personen auch mit einer Art „Vormundschaftssituation" verglichen.[744] Im übrigen aber ist es häufig fraglich, ob die eingeräumte Widerrufsfrist wirklich in allen Fällen dem jeweiligen Sinn entsprechend, vor den bezeichneten Gefahren auch hinreichend Schutz bieten kann. So ist es beispielsweise nicht überzeugend, daß bei den spezifischen Dienstleistungen und bei den Mitgliedschaften in Golfclubs nur eine Widerrufsfrist von acht Tagen eingeräumt wird. Es ist sehr unwahrscheinlich, daß sich der Verbraucher innerhalb dieser kurzen Zeitspanne einen vernünftigen Überblick über den Inhalt und die Qualität der angebotenen Leistung verschaffen kann. Das gleiche gilt auch bei Anlagegeschäften, bei denen die Probleme meist erst dann sichtbar werden, wenn der Kapitalverlust bereits eingetreten ist. Hier dürfte ein besonderer Schadensersatzanspruch im Falle der unzureichenden Aufklärung des Verbrauchers das geeignetere Schutzinstrument darstellen. Schließlich ist es fraglich,

---

[744] S. KAWAKAMI (1996) 1236.

warum bei manchen Geschäften – wie erwähnt – das Widerrufsrecht zusätzlich noch an das Erfordernis geknüpft wird, daß die Vertragsanbahnung außerhalb der Geschäftsräume stattfand. Das Problem bei Versicherungsverträgen, kreditfinanzierten Geschäften und beim Kauf von Immobilien liegt – wenn man ein solches überhaupt sieht – nicht in erster Linie darin, daß die Anbahnung außerhalb der Geschäftsräume des Unternehmers erfolgt.

Eine nicht geringe Anzahl an Widerrufsrechte wurde gerade im Hinblick auf das vermehrte Auftreten betrügerischer oder sonst unlauterer Unternehmer bei bestimmten Geschäftsarten als eine populistische Sofortmaßnahme zur Beruhigung der Öffentlichkeit geschaffen, und meist ganz ohne weitergehende Begründung. Als solche Widerrufsrechte sind diejenigen bei Kettenabsatzgeschäften („Belgische Diamanten Fall"), bei Verträgen über Heim- und Gelegenheitsarbeit und bei gleichzeitigem Absatz von Produkten, beim Immobilienkauf, bei der Vermittlung von Warenterminkontrakten an ausländischen Börsen, bei bestimmten Verwahrungsgeschäften („Toyota Shōji Fall"), bei den Anlageberatungsgeschäften („Tōshi Journal Fall") und bei den Mitgliedschaften in Golfclubs anzusehen. Deren Zweck und Wirksamkeit ist höchst fragwürdig.

Insgesamt erscheint die Einführung von Widerrufsrechten in Japan zum Teil willkürlich und nicht immer wirklich hinreichend gerechtfertigt. Teilweise bestehen Widerrufsrechte, die nicht wirklich erforderlich sind. Dagegen fehlen Widerrufsrechte an anderer Stelle, wo sie vielleicht sinnvoll sind, wie z.B. bei Fernabsatzgeschäften im allgemeinen[745], wo der Verbraucher bei der Bestellung häufig nur ein Bild oder eine schriftliche Beschreibung des zu erwerbenden Produktes zur Verfügung hat; wobei dies aber einen falschen Eindruck von dem tatsächlichen Produkt hervorrufen kann. In solchen Fällen der enttäuschten Verbrauchererwartung erscheint das Recht zur Lösung vom Vertrag schon eher sinnvoll.

In Zukunft ist in Japan mit der Einführung weiterer Widerrufsrechte zu rechnen, ohne daß der Gesetzgeber eine umfassende und überzeugende Begründung mitliefern wird.

---

[745] So auch im deutschen Recht (§ 312 d BGB) bzw. in Art. 6 der Richtlinie 97/7/EG über den Verbraucherschutz bei Vertragsabschlüssen im Fernabsatz; vgl hier auch die Begründung zur Verabschiedung der Richtlinie, insbesondere Punkt 14.

## V. Gesetzestechnik:
## Voraussetzungen und Rechtsfolgen der Widerrufsrechte

Im japanischen Recht existiert zwar keine einheitliche Regelung hinsichtlich einzelner Voraussetzungen und Rechtsfolgen der Widerrufsrechte, dennoch ist die vom japanischen Gesetzgeber gewählte Konzeption in den Spezialgesetzen im wesentlichen in fast allen Fällen identisch. Sie entspricht weitgehend der des frühesten japanischen Widerrufsrechts für Teilzahlungsgeschäfte. Als Beispiele für die rechtlichen Voraussetzungen und Folgen der Ausübung von Widerufsrechten sollen nachfolgend vor allem die Widerrufsrechte bei Teilzahlungsgeschäften und bei Anlageberatungsverträgen dienen, deren deutsche Übersetzung nachfolgend abgedruckt ist.

*Art. 4-4 TzG [Widerrufsrecht bei Teilzahlungsgeschäften]*

*(1) Derjenige, der gegenüber einem Teilzahlungsverkäufer oder -dienstleister[746] außerhalb von dessen Geschäftsräumen ein Angebot auf den Abschluß eines Vertrages zum Erwerb einer spezifizierten Ware, (...)[747] eines spezifizierten Rechts oder über eine vom Unternehmer zu erbringende spezifizierte Dienstleistung abgibt, oder derjenige, der als Käufer oder Empfänger einer Dienstleistung (...) einen Vertrag mit einem Teilzahlungsverkäufer oder -dienstleister außerhalb von dessen Geschäftsräumen über eine spezifizierte Ware, ein spezifiziertes Recht oder über das Erbringen einer spezifizierten Dienstleistung abgeschlossen hat, kann außer in den nachfolgend genannten Fällen schriftlich sein Angebot widerrufen oder vom Vertrag zurücktreten (...). Der Teilzahlungsverkäufer oder -dienstleister kann im Falle des Widerrufs oder Rücktritts vom Vertrag hierfür weder Schadensersatz noch die Zahlung einer Vertragsstrafe fordern.*

*Nr. 1*
*Nach Ablauf von acht Tagen, gerechnet ab dem Tag, an dem die Aufklärung des Kunden[748] über die Möglichkeit des Widerrufs des Angebots bzw. des Rücktritts vom Vertrag und die Weise, wie dies zu erfolgen hat, auf die durch Verordnung des Wirtschaftsministeriums bestimmte Weise durch den Teilzahlungsverkäufer oder -dienstleister erfolgt ist, die entweder im gleichen Zeitpunkt wie die Übergabe eines Schriftstückes gemäß Art. 4 I oder hiernach erfolgen kann (bei einer vorherigen Übergabe eines Schriftstückes gemäß Art. 4-3 I wird dieser Zeitpunkt zugrunde gelegt) – bei einem Vertrag über den Erwerb einer spezifizierten Ware, eines spezifizierten Rechts oder über die Erbringung einer spezifizierten Dienstleistung durch den Unternehmer als Teilzahlungsgeschäft im Sinne von Art. 2 II Nr. 1 – oder im gleichen Zeitpunkt wie die Übergabe eines Schriftstückes gemäß Art. 4 II oder hiernach erfolgen kann (bei einer vorherigen Übergabe eines Schriftstückes gemäß Art. 4-3 I wird dieser Zeitpunkt zugrunde gelegt) – bei einem Vertrag über den Erwerb einer spezifizierten Ware, eines spezifizierten Rechts oder über die Erbringung einer spezifizierten Dienstleistung durch den Unternehmer als*

---

[746] Im Original wird für den Unternehmer hier die umfassende Bezeichnung „*kappu hanbai gyōsha*" verwendet.

[747] Ausgenommen werden an dieser Stelle durch Regierungsverordnung spezifizierte Waren, bei denen über die Vertragsbedingungen vor Abschluß eines Teilzahlungsgeschäftes gewöhnlich länger verhandelt wird.

[748] Im japanischen Original wird anstelle der Bezeichnung „Kunde" genau genommen die Bezeichnung „der Anbietende etc." (*moshikomisha-tō*) verwendet.

*einer spezifizierten Dienstleistung durch den Unternehmer als Teilzahlungsgeschäft im Sinne von Art. 2 I Nr. 2.*

*Nr. 2*
*Nach Leistung aller Teilzahlungen durch den Kunden aus dem Vertrag über ein Teilzahlungsgeschäft im Sinne von Art. 2 I Nr. 1.*

*Nr. 3*
*Falls der Kunde die Ware gebraucht oder vollständig oder teilweise verbraucht hat; im Falle daß es sich um eine Ware handelt, die durch Regierungsverordnung als Ware bestimmt ist, bei der zu befürchten ist, daß sie durch den Gebrauch oder durch den teilweisen Verbrauch erheblich an Wert verliert, und wenn dieser Umstand dem Kunden durch den Teilzahlungsverkäufer bzw. -dienstleister auf durch Verordnung des Wirtschaftsministeriums bestimmte Weise mitgeteilt worden ist.*

*(2) Der Widerruf des Angebots bzw. der Rücktritt vom Vertrag werden wirksam im Zeitpunkt der Absendung des Schriftstückes im Sinne des ersten Abschnittes des vorherigen Absatzes.*[749]

*(3) Die im Falle des Widerrufs des Angebots bzw. des Rücktritts vom Vertrag gegebenenfalls anfallenden Kosten für die Rücknahme der spezifizierten Ware oder für die Rückübertragung des spezifizierten Rechts, hat der Teilzahlungsverkäufer zu tragen.*

*(4) Der Teilzahlungsverkäufer oder -dienstleister kann im Falle des Widerrufs des Angebotes bzw. des Rücktritts vom Vertrag – bei einem Vertrag über den Erwerb eines spezifizierten Rechts oder über die Erbringung einer spezifizierten Dienstleistung durch den Unternehmer als Teilzahlungsgeschäft – vom Kunden keinen Ausgleich in Geld für erlangte Vorteile aus bereits aufgrund des Vertrages erbrachten Dienstleistungen fordern; als bereits geleistete Dienste kommen sowohl die erfolgte Gewährung der Nutzung einer Einrichtung und sonstige damit verbundene Dienstleistungen aufgrund der Ausübung eines Rechtes des Kunden als auch die bereits erfolgte Dienstleistung aufgrund eines Dienstleistungsvertrages in Betracht.*

*(5) Der Teilzahlungsdienstleister hat im Falle des Widerrufs des Angebotes bzw. des Rücktritts vom Vertrag – bei einem Vertrag über die Erbringung einer spezifizierten Dienstleistung durch den Unternehmer als Teilzahlungsgeschäft – dem Kunden im Zusammenhang mit dem Vertrag empfangene Geldleistungen unverzüglich zurückzuerstatten.*

*(6) Der Kunde kann bei einem Vertrag über den Erwerb eines spezifizierten Rechts oder über die Erbringung einer spezifizierten Dienstleistung durch den Unternehmer als Teilzahlungsgeschäft im Falle des Widerrufs des Angebotes oder des Rücktritts vom Vertrag verlangen, daß der Unternehmer die nötigen Maßnahmen ergreift, um den ursprünglichen Zustand von Grundstücken, Gebäuden oder sonstigen Bauwerken des Kunden wiederherzustellen, die im Zusammenhang mit bereits erbrachten Dienstleistungen verändert worden sind, ohne daß dem Kunden daraus Kosten entstehen.*

*(7) Vertragliche Vereinbarungen entgegen den vorherigen Bestimmungen zum Nachteile des Kunden sind nichtig.*

*(8) ...*

---

[749] Damit ist die schriftliche Widerrufserklärung gemeint.

362    *3. Kapitel: Regulierung und Kontrolle durch privatrechtliche Instrumente*

*Art. 17 WpABG [Widerrufsrecht bei Anlageberatungsverträgen]*

*(1) Der Kunde, der mit einem Anlageberater einen Anlageberatungsvertrag abgeschlossen hat, kann bis zum Ablauf von zehn Tagen, gerechnet ab dem Tag, an dem ihm das Schriftstück gemäß Art. 15 übergeben worden ist, schriftlich vom Vertrag zurücktreten.*

*(2) Der Rücktritt vom Vertrag nach dem vorherigen Absatz wird wirksam im Zeitpunkt der Absendung des Schriftstückes, in dem der Wille zum Rücktritt vom Vertrag erklärt wird.*

*(3) Der Anlageberater kann im Falle des Rücktritts vom Vertrag nach Absatz 1 Schadensersatz oder die Zahlung einer Vertragsstrafe nur insoweit fordern, als der Betrag einer angemessenen Vergütung der Leistung für die Zeit bis zur Erklärung des Rücktritts entspricht und als solcher durch Verordnung des Kabinettsamtes[750] bestimmt wird.*

*(4) Der Anlageberater hat im Falle des Rücktritts vom Vertrag nach Absatz 1 bei einer Honorarvorauszahlung den Betrag, der durch Verordnung des Kabinettsamtes als angemessene Vergütung für die entsprechende Zeit nach dem Rücktritt bestimmt wird, dem Kunden zurückzuerstatten.*

*(5) Vertragliche Vereinbarungen entgegen den vorherigen Bestimmungen zum Nachteile des Kunden sind nichtig.*

An den angeführten zwei Beispielen wird deutlich, daß der japanische Gesetzgeber bei den Widerrufsrechten in den einzelnen Gesetzen zwei verschiedene Formulierungen verwendet. Bei der ersten Formulierung ist der Verbraucher entweder berechtigt, sein Vertragsangebot zu widerrufen (*mōshikomi no tekkai*) oder, wenn der Vertrag bereits geschlossen worden ist, vom Vertrag zurückzutreten (*keiyaku no kaijo*), so z.B. beim Teilzahlungsgeschäft nach Art. 4-4 TzG. Bei der zweiten Formulierung kann der Verbraucher vom Vertrag zurücktreten, so z.B. bei Anlageberatungsverträgen. Daß der Gesetzgeber in den einzelnen Sondergesetzen teils nur die Rücktrittsmöglichkeit einräumt teils zusätzlich die „Widerrufsmöglichkeit" vorsieht, hat praktisch keine Bedeutung. In beiden Fällen soll der Verbraucher letztendlich vor einer ungewollten oder nachteiligen Vertragsbindung bewahrt werden. Allerdings ist in beiden Fällen vor allem im Hinblick auf die Rechtsfolgen problematisch, daß der Gesetzgeber mit „Widerruf" (*tekkai*) und „Rücktritt" (*kaijo*) zwei Begriffe verwendet hat, die im Zivilrecht bereits belegt sind.

Mit „Rücktritt" wird in Japan in der Regel der vertragliche oder gesetzliche Rücktritt von Verträgen nach Artt. 540 bis 548 ZG bezeichnet. Der Begriff „Widerruf" wird im japanischen Zivilgesetz etwa in Artt. 407 II, 521 I, 527 gebraucht. Er findet als Rechtsbegriff im Zivilrecht in verschiedenen Fällen

---

[750] Art. 20 der Amtsverordnung des Finanzministeriums zur Durchführung des WpABG (*Yūka shōken ni kakaru tōshi komon-gyō no kisei-tō ni kansuru hōritsu*) Nr. 54/1986 i.d.F. der Amtsverordnung des Kabinettsamtes Nr. 77/2002 (DAVO WpABG).

Verwendung, so z.B. zur Bezeichnung der Beseitigung von Willenserklärungen durch den Erklärenden vor dem Zugang beim Empfänger oder bei der Änderung oder Aufhebung von Testamenten.[751] Damit stellt sich die Frage, welche Bedeutung sich hinter den Begriffen verbirgt, wenn sie im Zusammenhang mit den verbraucherschützenden Widerrufsrechten verwendet werden, mithin welche Rechtstechnik der Gesetzgeber den Widerrufsrechten zugedacht hat. Bei der Auslegung stellt sich insoweit ein ähnliches Problem wie bei der Auslegung der Begriffe in den Vorschriften über die Widerrufsrechte in den EG-Richtlinien.[752] Allerdings ist die Situation wiederum insoweit nicht vergleichbar, da der EG-Richtliniengeber sich nicht an der Begrifflichkeit einzelner Rechtsordnungen der Mitgliedsstaaten orientieren muß und die nationalen Gesetzgeber sich bei der Umsetzung der Richtlinien nicht von Begriffen in der jeweils eigenen, nationalen Rechtsordnung leiten lassen dürfen. Der japanische Gesetzgeber verwendet allerdings die gleichen Rechtsbegriffe in unterschiedlichem Kontext.

Es ist zunächst festzustellen, daß er im Zusammenhang mit den verbraucherschützenden Widerrufsrechten die Begriffe nicht in ihrem ursprünglichen technischen Sinne verwendet, sondern vielmehr auf die ihnen immanente gemeinsame Bedeutung der „Rückgängigmachung" oder der „Loslösung" von einer rechtlichen Bindung ganz allgemein abstellt.[753] Darauf weist insbesondere der Umstand hin, daß sowohl die Voraussetzungen als auch die Rechtsfolgen der Widerrufsrechte in den einzelnen Gesetzen gesondert geregelt sind und dort keinerlei Verweis auf das Zivilgesetz zu finden ist. Der japanische Gesetzgeber hat mit der Einführung der verbraucherschützenden Widerrufsrechte daher eine neue Art Rechtsinstitut geschaffen, das grundsätzlich den Widerrufsrechten im deutschen Recht und in den EG-Richtlinien gleicht. Zahlreiche Einzelheiten der Gesetzestechnik und der Rechtsfolgen der japanischen Widerrufsrechte sind aber nach wie vor umstritten, da die gesetzliche Regelung in einigen Fällen keine eindeutige oder abschließende Regelung trifft. Daraus ergeben sich Schwierigkeiten bei der Auslegung der Bestimmungen und bei der notwendigen Lückenfüllung durch allgemeine zivilrechtliche Instrumente.

---

[751] Vgl. K. KAMEDA (2002) 63-65, mit weiteren Beispielsfällen, in denen die Bezeichnung „Widerruf" Verwendung findet, und zur Abgrenzung von ähnlichen Begriffen.
[752] So wird z.B. im Zusammenhang mit dem Widerrufsrecht bei „Haustürgeschäften" in der Richtlinie 85/577/EWG sowohl der Begriff „Widerrufsrecht" (Art. 4) verwendet als auch vom „Recht, von der eingegangenen Verpflichtung zurückzutreten" (Art. 5) gesprochen. Zur Auslegung siehe M. MEßLING (2003) 188-195, insbesondere 194.
[753] Vgl. S. ITÖ / K. KIMOTO / C. MURA (2000) 64; A. ŌMURA (1998) 79.

## 1. Wirksamkeit des Vertrages vor Ablauf der Widerrufsfrist und Erfüllungsanspruch

In Japan wird diskutiert, ob bei einem Vertragsabschluß der Vertrag bis zur Ausübung des Widerrufsrechts als gültiger Vertrag unter der auflösenden Bedingung der Ausübung des Rechts anzusehen ist oder ob sich der Vertrag vielmehr in einem Zustand der schwebenden Unwirksamkeit bis zum Ablauf der bestimmten Widerrufsfrist befindet.[754] Der japanische Gesetzgeber hat dies nicht eindeutig geregelt. Auch ist nicht geklärt, ob nach Ausübung des Rechts der Vertrag rückwirkend als von Anfang an nichtig anzusehen ist, also von einer *ex tunc* Nichtigkeit auszugehen ist, oder aber nur als *ex nunc* aufgelöst zu betrachten ist. So wird in der Literatur gesagt, daß es sich bei diesem Sonderrecht des Verbrauchers um ein Recht zur Vertragsauflösung handele, das von der Formulierung her eine Kombination aus „Anfechtung" – bzw. nach deutscher BGB-Terminologie „Widerruf" – des Angebots auf Abschluß des Vertrages vor dem Zugang beim Empfänger (*mōshikomi no torikeshi*)[755], die in Art. 527 ZG erwähnt ist, und „Rücktritt vom Vertrag" (*keiyaku no kaijo*) nach Art. 540 ZG darstellt; die Tatbestandsvoraussetzungen dieser Rechtsinstitute seien jedoch vom hier erörterten Auflösungsrecht so grundverschieden, daß die Ähnlichkeit nur rein äußerlich sei.[756] Eine eindeutige Zuordnung zu einem bestimmten System, was die Wirksamkeit des Vertrages bis zum Ablauf der bestimmten Frist als auch was die Folgen für das Vertragsverhältnis im Falle der Ausübung des Auflösungsrechts anbelangt, sei vom Gesetzestext daher nicht vorgegeben.

Die Rechtsprechung hat zu dieser Frage, soweit ersichtlich, bisher noch nicht Stellung genommen. In der Literatur findet man aber zumindest eine Reihe von Theorien.[757] So wird z.B. vertreten, daß es sich bei dem Recht um ein besonderes *gesetzliches Rücktrittsrecht* (*hōtei kaijo-ken*) handele.[758] Danach wäre der Vertrag von Anfang an, d.h. bei Vorliegen insoweit übereinstimmender Willenserklärungen (schwebend) wirksam und würde bei Ausübung des Rechts durch den Verbraucher entfallen und in ein Rückgewährschuldverhältnis umgewandelt werden. Andere dagegen betrachten das besondere Vertragsauflösungsrecht des Verbrauchers als ein *Anfechtungsrecht*, mithin als eine Erweiterung der zivilrechtlichen Anfechtungsmöglichkeit, die auch bei der

---

[754] Vgl. S. ITŌ / K. KIMOTO / C. MURA (2000) 64-65.

[755] Im Zuge der sprachlichen Neufassung des Zivilgesetzes im Jahre 2004 wurde in Art. 527 ZG der Begriff "Anfechtung" (*torikeshi*) durch den Begriff „Widerruf" (*tekkai*) ersetzt. Das Zivilgesetz benutzt in dem genannten Fall daher neuerdings auch die Bezeichnung „Widerruf".

[756] S. KAWAKAMI (1996) 1216.

[757] Vgl. S. ITŌ / K. KIMOTO / C. MURA (2000) 64-65, vgl. auch S. KAWAKAMI (1996) 1216 ff. m.w.N.; A. ŌMURA (1998) 78 f.

[758] So S. KAGAYAMA (1983) 26. Vgl. S. KAWAKAMI (1996) 1216 m.w.N. Dagegen meinen andere, daß es offensichtlich sei, daß es sich dabei um keinen Rücktritt im Sinne des ZG handele (A. ŌMURA (1998) 78).

„Täuschung", bei der „Drohung" oder bei der „mangelnden Geschäftsfähigkeit" vorgesehen ist.[759] Hiernach würde der Vertrag dann wohl zunächst voll wirksam werden, bei Ausübung des Auflösungsrechts die Wirksamkeit aber rückwirkend, d.h. *ex tunc* beseitigt werden (*torikeshi-ken setsu*).[760] Dies wird teilweise auch als *besonderes Kündigungsrecht* nach der Theorie vom besonderen Kündigungsrecht (*tokushu kaiyakuken-setsu*) bezeichnet.[761] Schließlich wird auch vertreten, daß der Vertrag zwar von Anfang an wirksam sei aber unter einer *ex nunc* auflösenden Bedingung der Ausübung des Widerrufsrechts stehe (*jōken keiyaku setsu*). Neben der anfänglichen Wirksamkeit wird in der Literatur aber auch die umgekehrte Betrachtungsweise vertreten, mithin eine anfänglich nicht vollständige Wirksamkeit des Vertrages (*keiyaku fu-seiritsu setsu*). Danach wäre der Vertrag als *schwebend unwirksam* anzusehen. Erst nach Ablauf der im Gesetz bestimmten Widerufsfrist und der dadurch eintretenden Präklusion werde der Vertrag voll wirksam. Dies wird beispielsweise damit begründet, daß die „Willensbildung" des Verbrauchers bei Vertragsabschluß aufgrund der unzureichenden Beurteilungsmöglichkeit noch instabil sei und sich erst nach und nach festige.[762] Anschaulich wird diese Betrachtungsweise dann auch im Gegensatz zur Formulierung „*cooling-off*" als „*warm-in*" bezeichnet.[763] Herrschend ist aber wohl die Anschauung, wonach der Vertrag zunächst als wirksam zu betrachten ist und das Widerrufsrecht quasi *eine Art gesetzliches Rücktrittsrecht* darstellt. Keine der Theorien kann aber letztlich zwingende Gründe für den jeweils vertretenen Standpunkt anführen, da der Gesetzeswortlaut weder einen Schluß in die eine noch in die andere Richtung zuläßt.[764] Es handelt sich bei den verbraucherschützenden Widerrufsrechten also grundsätzlich um eigenständige, besondere Rechtsinstitute. Der Rückgriff auf ein bestimmtes Regelungssystem des Zivilgesetzes ist nicht möglich. Um so mehr wäre hinsichtlich des Rechtsverhältnisses zwischen Unternehmer und Verbraucher die Schaffung umfassender und klarer Regelungen durch den Gesetzgeber erforderlich gewesen, was jedoch nur zum Teil geschehen ist

Eine besondere Rechtstechnik ist im AWarenterminGG vorgesehen. Dort wird dem Finanzdienstleister verboten, einzelne Aufträge des Anlegers zum Abschluß von Warenterminkontrakten auf dessen Rechnung innerhalb einer Frist von vierzehn Tagen auszuführen, es sei denn diese wurden innerhalb seiner Geschäftsräume erteilt. Hier ist der geschlossene Rahmenvertrag wohl als grundsätzlich gültig anzusehen, lediglich die Einzelaufträge des Anlegers entfalten innerhalb der ersten vierzehn Tage unter Umständen zunächst keine vertragliche Wirkung.

---

[759] J. NAGAO (1985a) 987; S. ITŌ (1991) 371 ff.; A. ŌMURA (1998) 79-80.
[760] S. KAWAKAMI (1996) 1217 mit Nachweisen.
[761] S. KAWAKAMI (1996) 1217.
[762] S. KAWAKAMI (1996) 1218 m.w.N.
[763] T. YAMADA (1985) 198-122, 222.
[764] Zu den unterschiedlichen Ansätzen siehe kurz zusammengefaßt noch einmal S. ITŌ / K. KIMOTO / C. MURA (2000) 64-65.

In Deutschland ist die Gesetzestechnik der meisten verbraucherschützenden Widerrufsrechte bereits durch das Gesetz über Fernabsatzverträge und andere Fragen des Verbraucherrechts im Jahre 2000 weitgehend vereinheitlicht worden; die große Schuldrechtsreform zum 1. Januar 2002 hat darüber hinaus nur kleine Änderungen gebracht. Die meisten Vorschriften, in denen dem Verbraucher grundsätzlich ein Widerrufsrecht eingeräumt wird, insbesondere im BGB, verweisen hinsichtlich der allgemeinen Regeln über das Rechtsverhältnis, der Voraussetzungen der Ausübung des Rechts und der Rechtsfolgen nun einheitlich auf §§ 355, 357 BGB. Teilweise sind zusätzlich einzelne Sondervorschriften zu beachten. Das Widerrufsrecht im FernUSG verweist ebenfalls grundsätzlich auf §§ 355, 357 BGB. Lediglich die Widerrufsrechte im Investmentgesetz und im VVG sehen noch größtenteils eigenständige Regeln vor. In § 355 BGB heißt es nun, daß ein Verbraucher an seine auf den Abschluß eines Vertrages mit einem Unternehmer gerichtete Willenserklärung „nicht mehr gebunden ist", wenn er sie fristgerecht widerrufen hat und wenn ihm durch Gesetz ein Widerrufsrecht nach dieser Vorschrift eingeräumt wird. Der deutsche Gesetzgeber hat in dieser Bestimmung somit für fast alle verbraucherschützenden Widerrufsrechte gesetzlich das Konzept der *schwebenden Wirksamkeit des Vertrages* festgelegt,[765] d.h. der Vertrag ist insoweit von Anfang an wirksam, steht aber während der Widerrufsfrist unter der auflösenden Bedingung der Ausübung des Widerrufsrechts.[766] § 126 InvG bestimmt gesondert ebenfalls die Wirksamkeit des Vertrages von Anfang an. Auch die Widerrufsrechte in § 8 IV, V VVG folgen diesem Konzept. In § 8 V VVG spricht der Gesetzgeber davon, daß „der Versicherungsnehmer innerhalb einer Frist von vierzehn Tagen nach Abschluß des Vertrages vom Vertrag zurücktreten" kann. Das Sonderrecht des Versicherungsnehmers ist hier somit in das Gewand eines gesetzlichen Rücktrittsrechts gekleidet.[767] Dies entspricht der Gesetzestechnik der allgemeinen Regelung in

---

[765] Begründung des Gesetzentwurfs zum Fernabsatzgesetz, BT-Drucksache 14/2658, 47; vgl. auch P. BÜLOW / M. ARTZ (2000) 2052; H. WEGNER (2000) 409; PALANDT / Heinrichs (2003) § 355 Rn. 4. Bis zur Reform durch das Gesetz über Fernabsatzverträge und andere Fragen des Verbraucherrechts sahen § 1 HausTWG, § 5 TzWrG und §§ 7, 9 II VerbrKrG die schwebende Unwirksamkeit bis zum Ablauf der Widerrufsfrist vor, was von vielen als nicht sehr geglückt angesehen worden ist.

[766] Es sei hinzugefügt, daß beim Vertragsschluß von Verbraucherverträgen auf Grund eines Verkaufsprospekts, – soweit durch Gesetz ausdrücklich zugelassen –, anstelle des Widerrufsrechts nach § 355 BGB ein „Rückgaberecht" nach § 356 BGB vereinbart werden kann. Eine solche Möglichkeit wird nach §§ 312 I 2, 312d I 2 und 503 I BGB eingeräumt.

[767] Bei Versicherungsverträgen ist aber die Besonderheit zu berücksichtigen, daß sie nach deutschem Recht in der Regel zeitlich gestreckt zustande kommen, so daß typischerweise zum Zeitpunkt des Widerrufs ein Vertrag noch gar nicht besteht. Dies liegt daran, daß das „allgemeine Angebot" des Versicherers auf Abschluß eines Versicherungsvertrages nur als bloße *invitatio ad offerendum* zu werten ist. Erst der darauf folgende Antrag des Versicherungsnehmers ist ein tatsächliches Angebot auf Vertragsschluß. An diesen Antrag ist der Versicherungsnehmer aufgrund gesetzlicher Bestimmungen (§ 81 VVG, § 5 PflVersG. (zwei Wochen bei der Feuerversicherung und Kraftfahrzeug-Haftpflichtversicherung)) oder durch AGB über einen längeren Zeitraum gebunden, in dem der Versicherer eine Risikoprüfung vornehmen kann.

§§ 355, 357 BGB, denn auch hier wird ein „modifiziertes gesetzliches Rücktrittsrecht" gewährt. Die Regelung ist in den Titel über den vertraglichen und gesetzlichen Rücktritt eingestellt worden, und § 357 I BGB bestimmt, daß soweit keine Sonderregelung für das Widerrufsrecht getroffen ist, die Vorschriften über den gesetzlichen Rücktritt Anwendung finden.[768] Als einzige Vorschrift, die im deutschen Recht noch die schwebende Unwirksamkeit des Vertrages bei einem bestehenden Widerrufsrecht vorsieht, verbleibt nur noch § 5a VVG. Somit ist im deutschen Recht mit Ausnahme des Falles in § 5a VVG bei bestehenden Widerrufsrechten das Rechtsverhältnis als schwebend wirksames Vertragsverhältnis ausgestaltet und die Widerrufsrechte sind grundsätzlich als besondere gesetzliche Rücktrittsrechte konzipiert. Der Vertrag wird daher durch den Widerruf nicht von Anfang an unwirksam, sondern nur *ex nunc* in ein Rückgewährschuldverhältnis umgewandelt, wofür § 357 BGB Sonderregeln bereit hält, die den Verbraucher gegenüber den allgemeinen Vorschriften privilegieren.[769] Aufgrund der oben bereits erwähnten Verweisung gelten diese besonderen Vorschriften grundsätzlich für die Rückabwicklung aller Verträge im BGB, bei denen ein Widerrufsrecht vorgesehen ist, und auch für das Widerrufsrecht im FernUSG. § 126 InvG enthält eine eigene Rückabwicklungsvorschrift. §§ 5a, 8 IV, V VVG enthalten keine besonderen Rückabwicklungsvorschriften und verweisen auch nicht auf § 357 BGB. Das Fehlen von detaillierten Rückabwicklungsvorschriften für diese Fälle ist jedoch kaum von Bedeutung.[770] Für den Fall des Widerrufsrechts nach § 5a I VVG, also im Falle der unterbliebenen Belehrung nach § 10a VAG, ist die fehlende Regelung zwar nicht ganz ohne Bedeutung, hier kann aber ohne weitere Probleme auf das Bereicherungsrecht zurückgegriffen werden.[771]

Das Grundmodell des deutschen Rechts für die verbraucherschützenden Widerrufsrechte ist somit sowohl hinsichtlich der Konzeption bezüglich der Widerruflichkeit des Rechtsverhältnisses als auch im Hinblick auf die Folgen der Ausübung des Widerrufsrechts das gesetzliche Rücktrittsrecht. Der zwischen Verbraucher und Unternehmer geschlossene Vertrag ist daher, sofern ein Widerrufsrecht nach gesetzlicher Vorschrift besteht, von Anfang an wirksam. Er steht aber während der Widerrufsfrist unter der auflösenden Bedingung der Ausübung des Widerrufsrechts durch den Verbraucher. Mit Ausübung des

---

Dadurch kommt der Versicherungsvertrag im Regelfall erst nach Ablauf der Widerrufsfrist zustande (S. LORENZ (1997) 210).

[768] Auch schon nach der alten Regelung in § 361 a BGB vor der Schuldrechtsreform konnte man die Widerrufsrechte, die auf diese Norm verwiesen, als Sonderform gesetzlicher Rücktrittsrechte charakterisieren; vgl. A. FUCHS (2000) 1282.

[769] A. FUCHS (2000) 1283.

[770] Zunächst kommt der Versicherungsvertrag aufgrund der besonderen Vertragsschlußpraxis (vgl. Fn. 767) in der Regel erst nach Ablauf der Widerrufsfrist überhaupt zustande; darüber hinaus ist bei Gewährung von sofortigem Versicherungsschutz mit Ausnahme der Lebensversicherung das Widerrufsrecht von vorne herein ausgeschlossen, § 8 IV S. 5 VVG

[771] S. LORENZ (1997) 210, Fn. 639.

Widerrufsrechts wandelt sich der Vertrag *ex nunc* in ein Rückgewährschuldverhältnis um, für das grundsätzlich die allgemeinen Regeln des Rücktrittsrechts nach den §§ 346 ff. BGB gelten, soweit nicht die Regeln der §§ 355, 357 BGB oder vereinzelt andere besondere Normen eingreifen. Im Vergleich zur Regelung nach japanischem Recht besteht nach deutschem Recht insgesamt wesentlich größere Rechtsklarheit und Rechtssicherheit.

Bei den japanischen Widerrufsrechten dagegen stellen sich wegen der unklaren Konzeption die Probleme, ob vor Ablauf der Widerrufsfrist überhaupt ein Erfüllungsanspruch aus dem Vertrag besteht und ob gegebenenfalls Sekundäransprüche geltend gemacht werden können. Die Rechtsprechung hat diesbezüglich bisher keinen Fall zu entscheiden gehabt. Im Hinblick auf die Frage des Erfüllungsanspruchs liegt dies wahrscheinlich daran, daß der Unternehmer im Regelfall die Leistung nach Vertragsschluß schon bereithält und wohl nur in den seltensten Fällen das Erbringen der Leistung verweigern wird, wenn ihn der Verbraucher dazu auffordert. Im übrigen ist die Auflösungsfrist in den einzelnen Gesetzen so kurz ausgestaltet, daß in diesem Zeitraum kaum jemals Klage auf Leistung erhoben werden dürfte. Hinsichtlich der Frage der Sekundäransprüche (Schadensersatzansprüche wegen Nichterfüllung, Gewährleistungsansprüche) ist das Problem jedoch komplizierter.

In Deutschland wurden die Fragen früher insbesondere im Zusammenhang mit den Regelungen in § 1 HtWiG und § 7 VerbrKrG (sowie dem Vorläufer § 1b AbzG) vor der Reform durch das Gesetz über Fernabsatzverträge und andere Fragen des Verbraucherrechts kontrovers diskutiert, denn bis dahin war dort das Konzept der schwebenden Unwirksamkeit bis zum Ablauf der Widerrufsfrist vorgesehen. Vor allem das Problem des dadurch bedingten fehlenden Erfüllungsanspruchs sowie fehlender Schadensersatzansprüche wegen Nichterfüllung während der Schwebezeit,[772] und auch die zweifelhafte Konstruktion der Zuerkennung von Gewährleistungsansprüchen während der Schwebezeit ohne „wirksamen Vertrag"[773] ließen diese Gesetzestechnik als eher verbraucherunfreundlich erscheinen. Dieses Problem hat sich im deutschen Recht durch die genannte Gesetzesreform im Jahre 2000 weitgehend erledigt.

In Japan sieht man ebenfalls das Problem der möglichen Rechtsverkürzung zu Lasten des Verbrauchers während der Widerrufsfrist. Aus diesem Grunde erkennt die wohl herrschende Meinung einen sofortigen Erfüllungsanspruch des Verbrauchers an.[774] Sofern man die besonderen Löserechte zum Schutze des Verbrauchers als „gesetzliche Rücktrittsrechte" oder als „Anfechtungsrechte" ansieht, ergibt sich schon gar kein dogmatisches Problem; dies ist in diesen Fällen nur die logische Folge der Gesetzessystematik. Aber auch die Vertreter

---

[772] BGH NJW 1993, 64 ff.
[773] Vgl. T. KIEFER (1989) 3120 ff.
[774] Vgl. S. KAWAKAMI (1996) 1224-1225. Die Frage wird in Japan allerdings nicht besonders intensiv diskutiert. Der Autor nennt an dieser Stelle daher kein einziges Zitat aus dem japanischsprachigen Schrifttum. Er verweist vielmehr ausschließlich auf das deutsche Schrifttum.

des Modells der vorläufig schwebenden Unwirksamkeit des Vertrages kommen wohl zumindest zu einer Anerkennung einer „vorvertraglichen Überlassungspflicht aus Treu und Glauben", da der Sinn der Frist insbesondere darin liege, dem Verbraucher die Möglichkeit der besseren Beurteilung des Geschäfts einzuräumen. Gerade die Produktansicht versetze ihn dazu in die Lage.[775] Hieran sieht man deutlich, daß die Konstruktion der schwebenden Unwirksamkeit bei den Widerrufsrechten nicht so recht paßt. Sie zwingt zum Schutz des Verbrauchers zu Zugeständnissen, die mit dem Modell an sich nicht kompatibel sind. Zugegeben, das Konzept der stufenweisen Zunahme der Wirksamkeit der Willenserklärung des Verbrauchers hat vom Standpunkt einer strengen Willenstheorie, die beim Rechtsgeschäft dem wirklichen Willen gegenüber der Erklärung und dem Vertrauensschutz des Vertragspartners höhere Bedeutung beimißt, etwas für sich. Denn als Begründung für die japanischen Widerrufsrechte wird ja häufig angeführt, daß der Verbraucher bei der Entscheidung zum Vertragsabschluß überfordert sei, weil er entweder „überrumpelt" werde, weil es ihm an Vergleichsmöglichkeiten mit den Angeboten anderer Anbieter fehle, weil der Vertragsinhalt kompliziert sei oder weil der Verbraucher bei Vertragsschluß nicht über zureichende Informationen über den Vertragsgegenstand verfüge. Ihm fehle es daher zunächst an der Grundlage für eine vernünftige und wohlüberlegte Entscheidung. Diese könne der Verbraucher sich theoretisch nachträglich verschaffen und auf dieser Grundlage zu einer anderen Entscheidung kommen.[776] Ob der Verbraucher sich aber tatsächlich nachträglich besonders informiert oder seine „nachvertragliche" Überlegung vernünftiger ist als die „vorvertragliche", mag man bezweifeln dürfen. Nach dem Konzept des „warm-in" aber festige sich nach und nach, je besser der Verbraucher den konkreten Vertrag verstehen und beurteilen lerne, sein wirklicher Wille. Insofern kann man das Institut der verbraucherschützenden Widerrufsrechte dann auch entweder als ein völlig neues oder bereits seit jeher in der Willenstheorie angelegtes System des Vertragsschlusses ansehen. Allerdings ist die praktische Umsetzung dieses Systems der vorläufigen nicht voll wirksamen Willenserklärung und der dadurch bedingten schwebenden Unwirksamkeit des Vertrages aus Sicht des Verbraucherschutzes eher ungeeignet. Mit der Anerkennung des Erfüllungsanspruchs während der Schwebezeit geht in Japan auch die Anerkennung von Schadensersatzansprüchen und Gewährleistungsansprüchen einher.[777]

---

[775] S. KAWAKAMI (1996) 1225.
[776] Vgl. A. ŌMURA (1998) 79-80; S. KAWAKAMI (1996) 1217-1218.
[777] Vgl. S. KAWAKAMI (1996) 1225-1226 m.w.N.

## 2. Widerrufsfrist und Aufklärung des Verbrauchers

Wie bei den deutschen Widerrufsrechten ist die Möglichkeit der Rechtsausübung an eine bestimmte Frist gebunden. Verstreicht diese, verfällt das Recht. Die japanischen Widerrufsrechte sehen jeweils gesonderte, uneinheitliche Fristen vor, die zwischen acht und zwanzig Tagen betragen. Die Regelfrist, die für die meisten Widerrufsfristen vorgesehen ist, beträgt acht Tage und ist damit geringfügig kürzer als die für die deutschen Widerrufsrechte. Warum in dem einen Fall in Japan eine achttägige Widerrufsfrist und in einem anderen eine Frist von zehn, vierzehn oder zwanzig Tagen eingeräumt wird, ist unklar. Tendenziell sind die Widerrufsfristen dort länger, wo der Vertragsinhalt für den Verbraucher als besonders riskant angesehen wird. In Deutschland ist bereits mit der Einführung des § 361a BGB – nun § 355 BGB – die Widerrufsfrist für die meisten Widerrufsrechte auf zwei Wochen vereinheitlicht worden. Das Widerrufsrecht in § 126 InvG sieht eine ebenso lange Frist vor. § 5a I und § 8 IV VVG sehen jeweils eine Frist von vierzehn Tagen vor, was im Ergebnis nur einen geringfügigen Unterschied ausmacht. Bei Lebensversicherungsverträgen betragen die Widerrufsfristen in § 5a I und § 8 V VVG ausnahmsweise 30 Tage. Zur Fristwahrung genügt sowohl nach japanischem als auch nach deutschem Recht regelmäßig die rechtzeitige Absendung des Widerrufs (Deutschland: § 355 I 2 BGB, § 126 II InvG, §§ 5a II, 8 IV, V VVG; Japan: Art. 4-4 II TzG, Art. 17 II WpABG etc.).

Der Beginn des Laufs der Widerrufsfrist im japanischen Recht hängt von der zwingenden *schriftlichen Belehrung* über das Bestehen des Widerrufsrechtes und die Art und Weise seiner Ausübung ab. Das jeweilige Schriftstück muß darüber hinaus aber auch zahlreiche Angaben über den Vertragsinhalt enthalten, wie etwa Name und Anschrift des Vertragspartners und zahlreiche Erklärungen über Vertragsbedingungen und Vertragsgegenstand (*shomen kōfu gimu*). Häufig müssen dem Verbraucher mehrere Schriftstücke zu unterschiedlichen Zeitpunkten mit gleichartigen Angaben übergeben werden. So muß dem Verbraucher häufig ein Schriftstück *vor Vertragsabschluß* und zudem eins *nach Vertragsabschluß* bzw. nach Abgabe seiner Vertragsofferte übergeben werden. Es besteht somit regelmäßig eine Pflicht zur schriftlichen Aufklärung unmittelbar vor Eingehen der grundsätzlichen rechtsgeschäftlichen Bindung durch den Verbraucher und außerdem nach deren Eintritt – so z.B. beim Anlageberatungsvertrag (Artt. 14 und 15 WpABG) und beim Vertrag über ein Teilzahlungsgeschäft (Art. 3, 4, 4-3 TzG[778]). Obwohl die Schriftstücke sich inhaltlich sehr ähnlich sind, ist für den Beginn des Laufs der Widerrufsfrist immer die

---

[778] Bei Teilzahlungsgeschäften besteht die Pflicht zur Aufklärung über den Vertragsinhalt auch dann, wenn die Vertragsanbahnung oder der Vertragsabschluß innerhalb der Geschäftsräume des Unternehmers stattfand, auch wenn dann kein Widerrufsrecht besteht. In diesem Fall kann die gesetzliche Aufklärung *vor Abschluß des Vertrages* anstatt durch Übergabe eines Schriftstückes auch durch leicht sichtbaren Aushang in den Geschäftsräumen erfolgen (Art. 3 TzG i.V.m. Art. 1 DAVO TzG). Vgl. auch oben Tabelle 1.

D. *Verbraucherschützende Widerrufsrechte* 371

Übergabe des Schriftstücks maßgeblich, das dem Verbraucher *nach Abschluß des Vertrages* bzw. nach Abgabe seiner Vertragsofferte vom Unternehmer zu übergeben ist (vgl. insoweit die Angaben in Tabelle 1). In einigen Fällen wie beim Vertrag über Teilzahlungsgeschäfte ist dies etwas umständlich normiert.[779] Bei der Berechnung der Frist zählt der Tag der Übergabe des Schriftstücks als erster Tag.[780] Die Beweislast für die pflichtgemäße Aufklärung des Verbrauchers trägt der Unternehmer.[781] Die Angaben müssen regelmäßig in einer Mindestschriftgröße gehalten sein, also für den Verbraucher auch optisch lesbar sein.[782] In vielen Fällen kann seit einer Gesetzesreform im Jahre 2000[783] die Übergabe der Schriftstücke bei Einverständnis des Verbrauchers auch ersetzt werden durch die Übersendung der gleichen Daten in elektronischer Form, wobei der Eingang der Daten dann der Übergabe eines Schriftstückes gleichgestellt wird (so beim Teilzahlungsgeschäft durch Art. 4-2 TzG und beim Anlageberatungsvertrag durch Art. 14 II bzw. 15 II WpABG). In einigen Fällen aber ist nach wie vor eine unmittelbare Übergabe des Schriftstückes erforderlich, z.B. bei den Haustür- und Vertretergeschäften. Dort reicht es selbst nicht aus, das Schriftstück mit der Post zuzusenden.[784] Eine Ausnahme besteht bei den Versicherungsverträgen. Dort beginnt die Frist entweder ab Übergabe eines entsprechenden Schriftstückes zu laufen oder ab dem Tag des Vertragsabschlusses, wenn dieser später als die Übergabe erfolgt (Art. 309 VGG). Eine weitere Ausnahme besteht bei den Kettenabsatzgeschäften. Dort läuft die Widerrufsfrist erst ab Erhalt der ersten Ware, wenn dies nach Übergabe des Schriftstücks erfolgt (Art. 40 HGG). Bei den gesetzlichen Aufklärungspflichten handelt es sich ausnahmslos um *formalisierte Aufklärungspflichten*. Es wird also nicht verlangt, daß der Unternehmer weitere mündliche Erklärungen zu den einzelnen Punkten abgibt oder daß er überprüft, ob der Verbraucher den Inhalt des Vertrages verstanden hat oder sich über das bestehende Widerrufsrecht im klaren ist.[785] Trotzdem wird auch bei der schriftlichen Aufklärungs-

---

[779] Der Beginn der Frist wird an eine „Aufklärung des Kunden auf eine durch Verordnung des Wirtschaftsministeriums zu bestimmende Weise" gebunden (Art. 4-4 I Nr. 1 TzG). Dies ist aber das Schriftstück, das nach Abschluß des Vertrages bzw. nach Abgabe der Willenserklärung auf den Abschluß des Vertrages zu übergeben ist (Art. 1-15 ADVO TzG).
[780] M. SAITŌ/ S. IKEMOTO/ Y. ISHITOYA (2001) 66.
[781] M. SAITŌ/ S. IKEMOTO/ Y. ISHITOYA (2001) 65.
[782] Bei den Teilzahlungsgeschäften gemäß Artt. 1 Nr. 3, 1-2 Nr. 2, 1-3 Nr. 2, 1-4 Nr. 2 bzw. 1-6 Nr. 4 bzw. 1-8 Nr.4 bzw. 1-9 Nr. 3 DAVO TzG; beim Wertpapieranlageberatungsvertrag gemäß Artt. 17 V bzw. 18 V DAVO WpABG.
[783] Durch das Gesetz zur Anpassung von Gesetzen zur Nutzung von Informationstechnologien im Zusammenhang mit der Erteilung schriftlicher Informatonen (*Shomen no kōfu-tō ni kansuru jōhō tsūshin no gijutsu no riyō no tame no kankei hōritsu no seibi ni kansuru hōritsu*), Gesetz Nr. 126/2000.
[784] M. SAITŌ/ S. IKEMOTO / Y. ISHITOYA (2001) 65. Wobei dies aber wiederum eine Ausnahme darstellt.
[785] Eine solche zusätzliche mündliche allgemeine Aufklärungspflicht besteht bisher nur in seltenen Einzelfällen, hat aber in diesen Fällen dann keine Bedeutung für das Widerrufsrecht.

pflicht der Zusammenhang zwischen der Sicherung der Aufklärung des Verbrauchers, die primäres Ziel der sondergesetzlichen Regelungen ist, und den Widerrufsrechten deutlich. Erst nach Erhalt der Unterlagen mit den *vollständigen*, gesetzlich vorgeschriebenen *Mindestinformationen* durch den Unternehmer beginnt die Widerrufsfrist zu laufen, innerhalb der der Verbraucher anhand der Unterlagen Gelegenheit zur Prüfung des Vertragsinhalts auf seine Nützlichkeit und Angemessenheit erhält. Anders ausgedrückt, ist die Aufklärung nicht erfolgt (keine Übergabe des Schriftstück) oder mangelhaft (falsche oder unzureichende Angaben bzw. Formverstöße), wird der Fristlauf nicht in Gang gesetzt. Das Widerrufsrecht fungiert daher auch als Sanktionsmittel bei gesetzlich unzureichender Aufklärung des Verbrauchers; der Verbraucher kann sich in diesem Fall jederzeit von dem Vertrag lösen, gleich wieviel Zeit seit Vertragsschluß bereits vergangen ist.[786] Das Widerrufsrecht besteht damit unendlich fort; eine Grenze dürfte nur in Fällen des Rechtsmißbrauchs zu ziehen sein.[787] Die ordnungsgemäße Erfüllung der schriftlichen Aufklärungspflichten durch den Unternehmer wird außerdem durch die Androhung von verwaltungsrechtlichen und strafrechtlichen Sanktionen bei Pflichtverstößen gesichert (vgl. für die obigen Beispiele etwa Art. 53 TzG, Art. 56 WpABG).

---

[786] Fehlt in dem zu übergebenen Schriftstück die Angabe, wann die Übergabe der Ware zu erfolgen hat, und wird dies nur mündlich mitgeteilt, so ist hierin ein Verstoß gegen die Aufklärungspflicht des Unternehmers zu sehen und das Widerrufsrecht kann auch nach Ablauf der Widerrufsfrist vom Verbraucher ausgeübt werden (vgl. SumG Ōsaka vom 16.8.1989, in: Shōhisha-hō Nyūsu Nr. 1, 13). Fehlt die Angabe, daß ein Widerrufsrecht besteht, beginnt die Widerrufsfrist grundsätzlich nicht zu laufen; das Widerrufsrecht kann daher selbst dann ausgeübt werden, wenn der Unternehmer zwischenzeitlich bereits einen Teil des Wohnhauses abgerissen sowie einen *Carport* und eine Veranda errichtet hat (SumG Kōbe vom 30.1.1992, in: Hanrei Jihō Nr. 1455, 140). Fehlen wichtige Angaben zur Herkunft des Produktes und dessen Hersteller sowie die Angabe der Menge und des Gewichts der Ware, so kann der Verbraucher auch nach zwei Monaten noch von seinem Widerrufsrecht Gebrauch machen, da die Frist wegen der Aufklärungspflichtverletzung des Unternehmers noch nicht zu laufen begonnen hat ... Die Übergabe eines fehlerhaften Schriftstückes, das nicht die erforderlichen Mindestinformationen enthält, wird der Nichtübergabe des Schriftstückes gleichgestellt (DG Tōkyō vom 30.8.1993, in: Hanrei Taimuzu Nr. 844, 252). Auch die spätere Ergänzung durch weitere Dokumente, in denen fehlende Angaben gemacht werden, kann die Aufklärungspflichtverletzung nicht heilen. (DG Ōsaka vom 6.3.2000, in: Shōhisha-hō Nyūsu Nr. 45, 69). Bei Nichtübergabe des Schriftstücks oder Übergabe eines fehlerhaften Schriftstückes kann der Verbraucher auch dann von seinem bestehenden Widerrufsrecht Gebrauch machen, wenn seit dem Vertragsabschluß bereits ein Jahr und vier Monate vergangen sind und der Verbraucher eine Golfsporteinrichtung, in der er durch den Vertrag Mitglied geworden ist, seither regelmäßig genutzt hat (DG Tōkyō vom 10.6.1994, in: Hanrei Taimuzu Nr. 878, 228); ähnlich auch der Fall des DG Tōkyō vom 19.4.1996 (Hanrei Jihō Nr. 1594, 18), in dem bei Nichtübergabe des Schriftstückes das Recht zum Widerruf bei einem Golfclub-Mitgliedschaftsvertrag auch nach Ablauf von zwei Jahren anerkannt worden ist. Anerkennung der Widerruflichkeit auch noch nach acht Monaten, selbst wenn der eigentliche Grund für die Ausübung des Widerrufsrechts Streitigkeiten im Zusammenhang mit der Erfüllung des Vertrages gewesen sind (DG Tōkyō vom 2.9.1994, in: Hanrei Jihō Nr. 1535, 92).
[787] M. SAITŌ /S. IKEMOTO / Y. ISHITOYA (2001) 57.

## D. Verbraucherschützende Widerrufsrechte

Eine besondere Sanktion ist seit 2004 bei den Widerrufsrechten im HGG für den Fall einer *weitergehenden Aufklärungspflichtverletzung* speziell in Bezug auf das Widerrufsrecht sowie für den Fall einer anderen Pflichtverletzung vorgesehen. Nach Artt. 9, 24, 40, 48, 58 HGG beginnt die Widerrufsfrist auch dann nicht zu laufen, wenn der Unternehmer den Verbraucher über das Widerrufsrecht und seine Voraussetzungen zu irgendeinem Zeitpunkt falsch unterrichtet hat (*fujitsu kokuchi*), und zwar völlig unabhängig davon, ob das Schriftstück, das der Unternehmer in jedem Falle zu übergeben hat, alle gesetzlich festgelegten Informationen, auch die über das Widerrufsrecht, enthielt oder nicht. Die Widerrufsfrist beginnt zudem nicht zu laufen, wenn der Unternehmer den Verbraucher unzulässig bedrängt (*ihaku*) und hierdurch davon abgehalten hat, den Widerruf zu erklären. In beiden Fällen beginnt die Widerrufsfrist erst dann zu laufen, wenn dem Verbraucher ein weiteres, nach gesetzlichen Vorgaben gestaltetes Schriftstück übergeben wird, aus dem eindeutig hervorgeht, daß innerhalb eines Zeitraums der jeweils eingeräumten Widerrufsfrist das Widerrufsrecht noch besteht. Diese zweite Frist läuft ab Übergabe dieses weiteren Schriftstücks. Auch bei anderen Widerrufsrechten als bei denen des HGG wird der Verbraucher häufig durch besondere verwaltungs- und strafrechtliche Bestimmungen davor geschützt, daß ihn der Unternehmer oder einer seiner Gehilfen entweder durch Mitteilung falscher Tatsachen (*fujitsu kokuchi*) oder durch physische oder psychische Einflußnahme (*bōkō, ihaku, konwaku*) bei der Ausübung des Widerrufsrechts behindert.[788] Dort hat ein solcher Verstoß jedoch keine Auswirkungen auf den Fristlauf. Es drohen lediglich verwaltungsrechtliche und strafrechtliche Sanktionen. Im Zusammenhang mit Teilzahlungsgeschäften besteht keine solche Regelung, bei Anlageberatungsverträgen allerdings sieht Art. 22 Nr. 1 WpABG vor, daß der Anlageberater den Anleger im Zusammenhang mit der Ausübung des Widerrufsrechts weder durch gefälschte Analysen verwirren noch durch körperliche Gewalt oder durch Drohung beeinflussen darf. Ähnliche Verbote bestehen fast bei allen Widerrufsrechten. In den Fällen des HGG bestehen verwaltungsrechtliche und strafrechtliche Sanktionsmöglichkeiten bei solchen Pflichtverletzungen noch zusätzlich zu der gesetzlichen Sanktion der Auswirkung auf den Beginn des Fristlaufs.

Man darf generell daran zweifeln, ob formalisierte Aufklärungspflichten allein hinreichend zur Aufklärung des Verbrauchers beitragen. Verneint man dies, muß man sich allerdings fragen, ob die Widerrufsrechte ihr eigentliches Ziel, einen unerwünschten oder nachteiligen Vertrag aus Sicht des Verbrauchers zu verhindern, überhaupt erreichen können.

Insgesamt bestehen große Ähnlichkeiten zur Rechtslage in Deutschland. Auch die deutschen Widerrufsrechte treffen häufig zusammen mit der Erfüllung bestimmter formalisierter Informationspflichten über den Inhalt des Vertrages. Der Beginn des Fristlaufs in den deutschen Widerrufsrechten ist aber meist nur verbunden mit der Belehrung über das bestehende Widerrufsrecht. Die Beleh-

---

[788] Vgl. auch unten Kapitel 4 A I k.

rung ist im Gegensatz zum japanischen Recht manchmal gesondert vom Verbraucher zu unterzeichnen (§§ 8 IV, V VVG). Gelegentlich beginnt der Lauf der Frist zudem erst, wenn über diese Belehrung hinaus noch weitere Voraussetzungen erfüllt sind, die dem Verbraucher die bessere Einschätzung des Geschäftsinhaltes ermöglichen, wie z.b. die Aushändigung eines Verkaufsprospekts (§ 126 II InvG), die Aushändigung der Versicherungsbedingungen und des Versicherungsscheins sowie einer gesonderten Verbraucherinformation (§ 5a II VVG), die Lieferung der Ware (§§ 312d II, 355 III 2 BGB) bzw. des Lehrmaterials (§ 4 I FernUSG) oder die Erfüllung bestimmter Informationspflichten (§§ 312d II, 485 III BGB).

Darüber hinaus sieht der deutsche Gesetzgeber bei manchen Verbraucherverträgen, bei denen Widerrufsrechte bestehen, manchmal noch zusätzlich einen Zwang zur *Schriftform als Wirkform* vor, wie z.b. in § 492 BGB für Verbraucherdarlehen, in §§ 501, 492, 502 BGB für Teilzahlungsgeschäfte und bei sonstigen Arten von Finanzierungshilfen (§§ 499 I, 500 BGB) sowie prinzipiell bei Ratenlieferungsverträgen (§ 505 II 1 BGB). Die Schriftform hat auch Auswirkung auf den Fristbeginn (§ 355 II 3 BGB); hierfür muß dem Verbraucher nämlich eine Vertragsurkunde, eine Abschrift dessen oder ähnliches ausgehändigt werden. Bei Versäumnis der Belehrung über das Widerrufsrecht beginnt im deutschen Recht wie im japanischen auch die Widerrufsfrist nicht zu laufen, und das Widerrufsrecht erlischt zudem grundsätzlich nicht (§ 355 III 3 BGB).

Eine Ausnahme besteht in den Fällen, in denen zwar die Belehrung über das Widerrufsrecht erfolgt ist, aber *weitergehende Informationspflichten* verletzt wurden, die eine zusätzliche Voraussetzung für den Lauf der Frist sind. Dann erlischt das Widerrufsrecht spätestens nach sechs Monaten (§ 355 III 1 BGB),[789] außer bei Fernabsatzverträgen über Finanzdienstleistungen.

Bei einigen Widerrufsrechten außerhalb des BGB ist die Lage etwas anders. So erlischt das Widerrufsrecht nach § 5a VVG jedenfalls ein Jahr nach Zahlung der ersten Prämie, und es erlöschen die Widerrufsrechte nach §§ 8 IV, V VVG grundsätzlich einen Monat nach Zahlung der ersten Prämie. Ferner erlischt das Widerrufsrecht bei Fernunterrichtsverträgen nach § 4 II FernUSG spätestens mit Ablauf des ersten Halbjahres nach Eingang der ersten Lieferung an Lehrmaterial oder im Zeitpunkt der vollständigen Erfüllung des Vertrages. Zudem

---

[789] Dies ist z.B. der Fall für Fernabsatzverträge nach § 312 d II BGB und für Teilzeit-Wohnrechteverträge nach § 485 II, IV BGB. Früher bestanden dagegen absolute Präklusionsfristen bei unterlassener oder unzureichender Belehrung über das Widerrufsrecht selbst, z.B. bei Fernabsatzgeschäften eine Frist von vier Monaten, bei Verbraucherdarlehensverträgen eine Jahresfrist, bei Teilzeit-Wohnrechteverträgen ein Monatsfrist. Diese sind nun abgeschafft, soweit es Regelungen im BGB betrifft. Durch das Schuldrechtsmodernisierungsgesetz wollte der Gesetzgeber zunächst eine einheitliche Präklusionsfrist von sechs Monaten schaffen (§ 355 III 1 BGB). Diese wurde vom EuGH als Verstoß gegen die Hautürwiderrufsrichtlinie gerügt. Daraufhin wurde die Vorschrift erneut geändert und eine allgemeine zeitliche Beschränkung des Widerrufsrechtes aufgehoben (§ 355 III 3 BGB); vgl. hierzu A. MEINHOF (2002) 2274; S. TIMMERBEIL (2003) 569 ff.; M. ARTZ (2002) 603 ff.

bestehen Fälle, in denen das Widerrufsrecht zwar nicht zeitlich aber aus anderen Gründen verfällt, z.b. bei einer Dienstleistung in Form eines Fernabsatzgeschäftes, wenn der Unternehmer mit der Ausführung vor Ende der Widerrufsfrist mit Zustimmung oder auf Veranlassung des Verbrauchers begonnen hat. In diesen zuletzt genannten Fällen sind das Bestehen des Widerrufsrechts und die Widerrufsfrist ausnahmsweise nicht mit einer Aufklärungspflicht gekoppelt. Solche Ausnahmen gibt es auch in Japan. So wird das Widerrufsrecht z.B. bei Teilzahlungsgeschäften und sonstigen kreditfinanzierten Geschäften für den Fall besonders präkludiert, daß bereits die Ratenzahlungen vollständig vom Kunden erbracht worden sind (Artt. 4-4 I Nr. 2, 29-3-3 I Nr. 2, 30-2-3 I Nr. 2 TzG), bei Immobiliengeschäften, wenn der Kaufpreis vom Käufer vollständig bezahlt und ihm der Besitz an der Immobilie eingeräumt worden ist (Art. 37-2 I Nr. 2 ImmobGG).

Die Widerrufsrechte in Japan sind insgesamt stärker noch als in Deutschland mit gesetzlichen Aufklärungspflichten des Unternehmers verbunden. Der Beginn der Widerrufsfrist hängt regelmäßig von einer ordnungsgemäßen Aufklärung des Verbrauchers nicht nur über das Widerrufsrecht, sondern auch über den Vertragsinhalt ab. Eine Präklusion des Widerrufsrechts allein durch Zeitablauf wie im deutschen Recht existiert im japanischen Recht nicht, wohl aber eine Präklusion durch bestimmte Ereignisse wie etwa die vollständige Erfüllung der Vertragspflichten, wie dies auch bei einigen deutschen Widerrufsrechten der Fall ist.

*3. Ausübung des Widerrufsrechts*

Der Widerruf hat nach gesetzlicher Regelung grundsätzlich schriftlich zu erfolgen (z.B. Art. 4-4 I TzG, Art. 17 I WpABG etc.). Dies gleicht der Rechtslage in Deutschland, wo der Widerruf entweder schriftlich oder zumindest in Textform erklärt werden muß. Allerdings nimmt die herrschende Meinung in Literatur und Rechtsprechung in Japan an, daß auch ein mündlich erklärter Widerruf als gültig anzusehen ist, weil die Widerrufsrechte zum Schutze des Verbrauchers bestünden und entsprechend interpretiert werden müßten.[790] Die Beweislast für die Erklärung des Widerrufs trägt allerdings in jedem Fall der Verbraucher. Eine Möglichkeit, anstelle der Absendung eines schriftlichen Widerrufs, die Ware in bestimmten Fällen einfach zurückzusenden (so nach § 355 I BGB), existiert im japanischen Recht nicht.

---

[790] SumG Ōsaka vom 18.3.1988, in: Hanrei Jihō Nr. 1294, 130; OG Fukuoka vom 31.8.1994, in: Hanrei Taimuzu Nr. 872, 289; OG Hiroshima (Zweigstelle Matsue) vom 24.4.1996, in: Shōhisha-hō Nyūsu Nr. 29, 57. Zur Literatur vgl. die Angaben in M. SAITŌ / S. IKEMOTO / Y. ISHITOYA (2001) 71.

## 4. Einschränkung der Widerrufsrechte (Deprivilegierung des Verbrauchers)

Die japanischen Widerrufsrechte werden in zahlreichen Fällen eingeschränkt, in denen der Verbraucher entweder nicht schutzwürdig ist oder eine Interessenabwägung zwischen Unternehmer und Verbraucher aus bestimmten Gründen den Ausschluß des Widerrufsrechts gebietet (Deprivilegierung). Statt das Widerrufsrecht ganz auszuschließen, könnten diese Umstände teilweise auch im Rahmen der Rückabwicklung durch besondere Regeln Berücksichtigung finden, wie dies im deutschen Recht in einigen Fällen geschieht.

Im japanischen Recht existieren teilweise Bagatellgrenzen, nach denen das Widerrufsrecht gesondert ausgeschlossen wird, weil die Belastung des Verbrauchers aufgrund der vertraglichen Bindung als sehr gering eingestuft wird. So muß beim Teilzahlungsgeschäft der Vertrag vorsehen, daß der Kaufpreis oder das Entgelt für die Dienstleistung in mindestens drei Raten über einen Zeitraum von mindestens zwei Monaten vom Verbraucher zurückzuzahlen ist (Art. 2 I Nr. 1 TzG).[791] Dagegen besteht nach deutschem Recht bei Teilzahlungsgeschäften, Verbraucherdarlehensverträgen und sonstigen Verträgen mit einer entgeltlichen Finanzierungshilfe eine nominale Bagatellgrenze von 200 € für die Summe des Darlehens etc. (§§ 491 II Nr.1, 499 III BGB). Bei den spezifischen Dienstleistungen nach dem HGG besteht das Widerrufsrecht nur dann, wenn die vertragliche Laufzeit entweder einen Monat bzw. zwei Monate überschreitet und ferner das vereinbarte Entgelt und sonstige Leistungen des Verbrauchers einen Betrag von 50.000 ¥ übersteigen.[792] Ferner besteht eine Bagatellgrenze von 3.000 ¥ bei Haustür- und Vertretergeschäften sowie Telefongeschäften (Artt. 9 I Nr. 3, 24 I Nr. 3 HGG, Art. 6 DVO HGG), und bei Verträgen über die Mitgliedschaft in gewerblichen Golfclubs von 500.000 ¥, was jedoch angesichts der Höhe kaum noch diese Bezeichnung verdient (Art. 2 I GolfclubG, Art. 1 DVO GolfclubG). Bei der Verwahrung von Gegenständen als Anlage nach dem VerwahrungsGG muß die vereinbarte Dauer der Verwahrung mindestens drei Monate betragen (Art. 2 VerwahrungGG, Art. 2 DAVO VerwahrungsGG). In Deutschland bestehen ebenfalls weitere Bagatellgrenzen z.B. bei Haustürgeschäften, wo das Widerrufsrecht ausgeschlossen ist, sofern das vertragliche Entgelt 40 € nicht übersteigt und die Leistung bei Abschluß der Verhandlungen sofort erbracht wird. Das Widerrufsrecht bei Versicherungsverträgen nach § 8 IV VVG besteht nur, sofern das Versicherungsverhältnis für eine Laufzeit von über einem Jahr bestehen soll.

---

[791] Da diese Voraussetzungen Teil der gesetzlichen Definition von Teilzahlungsgeschäften sind, finden in diesen Fällen die Regelungen des TzG insgesamt keine Anwendung. Gleiches gilt auch für sonstigen nach dem TzG geregelten kreditfinanzierten Geschäfte (vgl. Art. 2 II, III TzG) sowie hinsichtlich der nachfolgend genannten Bagatellgrenzen bei den spezifischen Dienstleistungen und den Verwahrungsverträgen nach dem VerwahrungsGG sowie den Golfclubmitgliedschaftsverträgen.

[792] S.o. C III 5.

Ein Ausschluß des Widerrufsrecht besteht bei einigen japanischen Widerrufsrechten auch in den Fällen, in denen das Geschäft die Lieferung einer Ware betrifft, die durch Gebrauch oder teilweisen Verbrauch erheblich an Wert verliert, und der Verbraucher eine entsprechende Handlung vornimmt. Ein solcher Ausschluß besteht beispielsweise nach Art. 4-4 I Nr. 3 TzG bei Teilzahlungsgeschäften und nach §§ 29-3-3 I Nr. 3, 30-2-3 I Nr. 3 TzG bei sonstigen kreditfinanzierten Verträgen nach dem TzG. Auf diese Rechtsfolge muß der Verbraucher aber jeweils schriftlich besonders hingewiesen worden sein. In den Fällen der Widerrufsrechte nach den Artt. 9, 24 und 48 HGG (Haustürgeschäfte, Telefongeschäfte, spezifische Dienstleistungen) darf der Unternehmer den Verbraucher zudem nicht zum Ge- oder Verbrauch veranlaßt haben. Im deutschen Recht dagegen wird dieses Problem im Rahmen der Regeln über die Rückabwicklung berücksichtigt; erstens durch die Verpflichtung zur Herausgabe gezogener Nutzungen, oder anstelle der Herausgabe, die Pflicht zum Wertersatz bei Verbrauch, Untergang oder Verschlechterung nach § 346 II, I BGB – soweit nicht durch Absatz 3 ausgeschlossen –, und zweitens durch die Regelung in § 357 III BGB, wonach der Verbraucher auch Wertersatz zu leisten hat für den Wertverlust infolge der bestimmungsgemäßen Ingebrauchnahme einer Sache, wenn er darauf besonders hingewiesen wurde. Der Verbraucher darf danach im Gegensatz zu der Regelung in Japan in der Regel das Widerrufsrecht ausüben, muß aber Wertersatz für gezogene Nutzungen und Verschlechterungen leisten.

## 5. Rechtsfolgen nach Ausübung des Widerrufsrechts

Wegen der unklaren gesetzlichen Konstruktion der Widerrufsrechte im japanischen Recht ergeben sich auch Probleme bei der Rückabwicklung des Vertragsverhältnisses nach Ausübung des Widerrufsrechts, soweit keine eindeutigen Sonderregeln bestehen. Für die wichtigsten Fragen sind solche Regelungen aber in den einzelnen Gesetzen vorgesehen. (Vgl. z.B. Art. 4-4 III bis VI TzG, Art. 17 II bis IV WpABG). Regelmäßig ist bestimmt, daß die empfangenen Leistungen prinzipiell zurückzugewähren sind, was sich bei den meisten Regelungen daraus ableiten läßt, daß die Kosten für die Rückübertragung von Rechten oder die Rückgabe von Sachen vollständig vom Unternehmer zu tragen sind und die Geldleistung des Verbrauchers diesem unverzüglich zurückzuerstatten ist (z.B. Art. 4-4 III, V TzG). Bei bereits erbrachten Dienstleistungen besteht in fast allen Fällen die Regelung, daß der Verbraucher für die hierdurch erlangten Vorteile keinerlei Vergütung zu entrichten hat (z.B. Art. 4-4 IV TzG HGG). Außerdem kann der Verbraucher auch hier seine bereits erbrachte Geldleistung erstattet verlangen (z.B. Art. 4-4 V TzG). In Art. 17 III, IV WpABG besteht eine davon abweichende Sonderregelung, wonach der Anlageberater unter bestimmten Umständen Schadenersatz oder die Leistung einer vertraglich vereinbarten Vertragsstrafe fordern kann, soweit dieser Betrag nicht die Höhe eines angemessenen Honorars bis zum Zeitpunkt des Widerrufs überschreitet

(Art. 17 III WpABG). Diese Ausnahmeregelung trägt den Interessen des Unternehmers bei diesem Geschäftstyp besonders Rechnung, da er während der Widerrufsfrist bereits nützliche Anlageempfehlungen preisgegeben hat. Von diesem Fall abgesehen besteht sonst aber der Grundsatz, daß dem *Verbraucher aus dem Rechtsverhältnis mit dem Unternehmer keinerlei Belastungen erwachsen sollen*, wenn er von seinem Widerrufsrecht Gebrauch macht. Daher ist auch die Vereinbarung einer Vertragsstrafe oder einer Schadensersatzpauschale für diesen Fall unzulässig. Der Unternehmer kann ferner generell keinen Schadensersatz für den Fall der Ausübung des Widerrufsrechts verlangen (Art. 4-4 I TzG). Führen erbrachte Dienstleistungen zu Veränderungen an Bauwerken oder Grundstücken des Verbrauchers, ist der Unternehmer häufig sogar auf eigene Kosten zur Wiederherstellung des Ausgangszustandes verpflichtet (z.B. Art. 4-4 VI TzG). Vertragliche Vereinbarungen, die das Widerrufsrecht beschränken oder ausschließen oder die gegen die gesetzlichen Bestimmungen über die Rechtsfolgen verstoßen und den Verbraucher hierdurch benachteiligen, sind ausnahmslos nichtig (z.B. Art. 4-4 VII TzG, Art. 17 V WpABG). Es handelt sich bei den Regelungen also um zwingendes Recht. Die Regelung der Rechtsfolgen bei der Ausübung von Widerrufsrechten ist in Japan sehr einseitig und besonders verbraucherfreundlich ausgestaltet.

Demgegenüber sind die entsprechenden Regelungen im deutschen Recht meist etwas ausgewogener. So ist es in Deutschland z.B. zulässig, dem Verbraucher die Kosten für die Rücksendung der Waren aufzuerlegen, wenn der Betrag der Bestellung 40 € nicht übersteigt (§ 357 II BGB). Auch besteht in vielen Fällen die Möglichkeit, vom Verbraucher *Wertersatz für gezogene Nutzungen* zu verlangen (§ 346 I, II BGB), was in Japan – zumindest bei Dienstleistungen und beim Erwerb von Mitgliedschaftsrechten und ähnlichen Rechten – aufgrund eindeutiger Regelung *nicht* möglich ist.

Für den Fall des Gebrauchs und der Nutzung von Waren ist in Japan keinerlei Sonderregelung vorgesehen. Hier besteht somit eine Regelungslücke. Bei gesetzessystematischer Auslegung ließe sich vertreten, daß vom Gesetzgeber auch bei der Rückabwicklung von Verträgen über den Erwerb von Sachen eine besonders verbraucherfreundliche Regelung intendiert gewesen sei; mithin der Gebrauch bzw. die Nutzung während des Zeitraumes der Überlassung vor Ausübung des Widerrufsrechts vom Verbraucher nicht vergütet werden muß. Dies entspräche der Regelung hinsichtlich der Frage der Vergütung für empfangene Dienstleistungen bis zur Ausübung des Widerrufsrechts. Dies wird bisher allerdings weder in der japanischen Literatur noch in der Rechtsprechung erörtert. In der Literatur wird zumindest aber angemerkt, daß die Sache dem Verbraucher vom Unternehmer häufig zum Zweck der Begutachtung übergeben wurde, und damit zum bestimmungsgemäßen Gebrauch.[793] Es erscheint daher eine analoge Anwendung der Regelung über den Wertersatz bei empfangenen Dienstleistungen zumindest vertretbar. Es ist denkbar, daß der japanische Gesetzgeber

---

[793] S. KAWAKAMI (1996) 1226.

wohl, wenn er die Regelungslücke bemerkt hätte, eine Regelung dergestalt getroffen hätte, daß der Verbraucher für den Gebrauch oder die Nutzung von Waren bis zum Widerruf oder bis zu deren Rückgabe nach Ausübung des Widerrufsrechts keinerlei Vergütung leisten muß. Die Rechtslage in diesem Punkt ist aber unklar.

Eine weitere Regelungslücke besteht in Japan im Hinblick auf die Frage der *Gefahrtragung* während des Zeitraums, in dem die Widerrufsfrist noch nicht abgelaufen ist. Darüber hinaus ist unklar, wie in Fällen des *Verbrauchs und der vom Verbraucher verursachten Verschlechterung der Ware* zu verfahren ist, soweit hier nicht das Widerrufsrecht bereits aufgrund ausdrücklicher Regelung ganz ausgeschlossen wird. In Deutschland bestehen hier für die meisten Widerrufsrechte detaillierte Regelungen nach §§ 346, 357 III BGB. In Japan stellt sich in diesen Fällen die Frage, ob und in wieweit auf das Rücktrittsrecht (Artt. 540 ff. ZG), das Bereicherungsrecht (Art. 703 ff. ZG), das Leistungsstörungsrecht (insbes. Art. 415 ZG) oder das Deliktsrecht (Art. 709 ZG) ergänzend zurückgegriffen werden kann.

Da in Japan die Widerrufsrechte überwiegend als „gesetzliche Rücktrittsrechte" angesehen werden, kommt insbesondere die *Anwendung der Regeln über den Rücktritt* in Betracht. Dabei stellt sich aber zunächst das Problem, daß nach Art. 548 I ZG der Rücktritt ausgeschlossen ist, sofern durch Verschulden des Rücktrittsberechtigten die Sache beschädigt oder zerstört wurde. Diese Vorschrift paßt nach wohl überwiegender Meinung in Japan nicht zum System der Widerrufsrechte, denn dieses Recht dürfe nicht grundsätzlich durch Beschädigung oder Untergang der Sache ausgeschlossen werden.[794] Für die Beschädigung oder Zerstörung der Sache durch den Verbraucher müsse vielmehr ein Ausgleich für den Schaden über das Recht des Schadensersatzes wegen Nichterfüllung nach Art. 415 ZG oder über das Deliktsrecht nach Art. 709 ZG erfolgen.[795] Dabei wird wohl bei einer Beschädigung oder beim Untergang vorrangig Art. 415 ZG als anspruchsbegründende Norm herangezogen werden müssen, da gemäß der Theorie vom „gesetzlichen Rücktrittsrecht" zunächst ein Vertrag besteht. In beiden Fällen ist aber unklar, welcher Maßstab an den Grad des erforderlichen Verschuldens anzulegen ist, *i.e.*, ob etwa bei Beschädigung der gekauften Sache *vor Ausübung des Widerrufsrechts* eine Haftung des Verbrauchers nur für die in eigenen Angelegenheiten anzuwendende Sorgfalt besteht – so z.B. die Regelung im deutschen Recht nach § 346 II Nr. 3, III Nr. 3 BGB –, weil bei Vertragsschluß grundsätzlich auch das Eigentum an den Verbraucher übergeht und er sozusagen seine eigene Sache gebraucht, oder ob wegen der noch möglichen Vertragsauflösung die Betrachtung einer „quasi fremden" Sache trotz Eigentumsübergangs zu einem strengeren Maßstab

---

[794] Vgl. S. KAWAKAMI (1996) 1226. Es scheint zu den hier erörterten Fragen im Zusammenhang mit der Rückabwicklung allerdings bislang keine Rechtsprechung zu geben. Auch wird die Problematik im Schrifttum kaum erörtert.
[795] S. KAWAKAMI (1996) 1226; S. ITŌ (1991) 380.

führt.[796] Bei einem Teilzahlungsgeschäft ist der spezielle Umstand zu berücksichtigen, daß in der Regel ein Eigentumsvorbehalt gemäß Art. 7 TzG besteht, so daß eine Haftungserleichterung wohl für den Anwendungsbereich dieses Gesetzes nicht in Frage kommt. Art. 548 I ZG findet jedenfalls auf die Widerrufsrechte keine Anwendung.

Bei einer vom Verbraucher verschuldeten Beschädigung der Sache *nach Vertragsauflösung* wird wohl neben die Haftung nach § 415 ZG auch eine deliktsrechtliche Haftung nach Art. 709 ZG treten. In diesen Fällen dürfte keine Haftungserleichterung in Betracht kommen. Die Vertreter der Theorie des schwebend unwirksamen Vertrages werden wohl zu einer Haftung für Schäden grundsätzlich nur über das Deliktsrecht kommen, gleichviel ob das Widerrufsrecht bereits ausgeübt worden ist oder noch nicht.

Für den *unverschuldeten Untergang oder die Beschädigung der Sache* bestimmt Art. 548 II ZG, daß der Rücktritt nicht ausgeschlossen wird. Damit ist aber noch nicht eindeutig bestimmt, wer die Sachgefahr trägt. Befürwortet man dagegen die Rückabwicklung nach dem milden Bereicherungsrecht, das nach Art. 703 ZG nur die Herausgabe des Gegenstandes vorsieht, soweit er noch vorhanden ist, wäre die Sache relativ klar. Hiernach trüge der Veräußerer im Regelfall die Sachgefahr. Im Falle der verbraucherschützenden Widerrufsrechte vertritt die wohl überwiegende Meinung in Japan, daß die Anwendung des Rücktrittsrechts auch für diesen Fall unpassend sei. Ohne ausführliche Begründung wird die Sachgefahr dem Veräußerer, also dem Unternehmer auferlegt und das Rechtsverhältnis so angesehen, als ob kein wirksamer Vertrag zustande gekommen wäre.[797] Daher findet zur Beurteilung dieser Frage in Japan wohl weder das Rücktrittsrecht noch das Bereicherungsrecht Anwendung.

Es kann daher festgehalten werden, daß die Regelungen in den einzelnen Gesetzen für die Rückabwicklung des Rechtsverhältnisses zwischen Verbraucher und Unternehmer lückenhaft sind. Zur Lückenfüllung muß ergänzend das Zivilgesetz herangezogen werden, das aber keine eindeutigen Regelungen bereitstellt. Die wohl herrschende Meinung in Japan[798] vertritt eine Rückabwicklung in Anlehnung an die Rücktrittsregeln nach dem Zivilgesetz, soweit passend. Allerdings werden dabei erhebliche Modifikationen zugunsten des Verbrauchers vorgenommen. Hierin wird daher zum Teil ein dogmatischer Widerspruch der herrschenden Anschauung gesehen, denn auf der einen Seite würden zugunsten des Verbrauchers alle Vorteile des vollständig gültigen Vertrages von Anfang an anerkannt, auf der anderen Seite aber werde das Rechtsverhältnis bei der Rückabwicklung zugunsten des Verbrauchers so modifiziert,

---

[796] Vgl. S. KAWAKAMI (1996) 1226.
[797] S. ITŌ (1991) 381; J. NAGAO (1995a) 991. Vgl. S. KAWAKAMI (1996) 1227.
[798] Wobei man wegen der geringen Anzahl von Quellen aus Literatur und Rechtsprechung mit der Bezeichnung „herrschend" allerdings vorsichtig sein muß.

als ob zunächst kein gültiger Vertrag bestanden hätte. Dies wird dann insoweit treffend als die „zwei Gesichter eines Vertrages" bezeichnet.[799]

## VI. Ergebnis

Der japanische Gesetzgeber hat in den letzten drei Jahrzehnten zahlreiche verbraucherschützende Widerrufsrechte geschaffen, durch die sich Verbraucher von der Bindung an einen Vertrag oder von ihrer Vertragsofferte innerhalb einer Frist frei lossagen können. Eine kleine Zahl dieser Widerrufsrechte knüpft dabei an die Umstände der Vertragsanbahnung an, die für den Verbraucher als nachteilig angesehen werden können, i.e. an Umstände, bei denen grundsätzlich eine besondere Gefahr besteht, daß der Verbraucher unüberlegt eine rechtliche Bindung eingeht, wie z.B. bei den Haustür- und Vertretergeschäften. Die größere Anzahl von Widerrufsrechten knüpft jedoch lediglich an den Inhalt von Verträgen an, und zwar an den Umfang des Risikos und der Belastung, die dem Verbraucher daraus erwächst, ohne daß den Unternehmer eine besondere Verantwortung für einen übereilten Vertragsabschluß treffen muß. Darüber hinaus fällt die recht große Anzahl an Widerrufsrechten in Japan auf, die primär deshalb geschaffen worden sind, weil bei bestimmten Arten von Geschäften vermehrt unlautere Unternehmer für großes Aufsehen gesorgt haben.

Der japanische Gesetzgeber betrachtet die Widerrufsrechte in den vergangenen Jahren offenbar immer mehr als Allzweckinstrument zum Schutz des Verbrauchers. Zu Anfang der 1970er Jahre wurde noch betont, daß Widerrufsrechte nur ausnahmsweise ihre Berechtigung hätten, nämlich dort, wo die Gefahr der Überrumpelung des Verbrauchers bestehe. Heute dagegen dienen sie immer seltener dem Schutze vor einer konkret bestehenden unfairen Beschränkung der Entscheidungsfreiheit des Verbrauchers, sondern vielmehr dem Schutz des Verbrauchers vor seiner eigenen unüberlegten und übereilten Entscheidung, mithin dem Schutz vor sich selbst. Darüber hinaus dienen Widerrufsrechte häufig dem Schutz vor lediglich potentiellen Gefahren durch unlautere Geschäfte. Im Hintergrund der gesamten Entwicklung steht die Vorstellung des Verbrauchers als ein unvernünftiges und unselbständiges Wesen.

Widerrufsrechte greifen zwar erheblich in den Grundsatz der Vertragsbindung ein – und damit auch in die Privatautonomie –, als typisierende Schutzinstrumente ist ihr Anwendungsbereich jedoch zumindest bestimmbar. Der Unternehmer kann sich also darauf einstellen.

Eng verknüpft sind die Widerrufsrechte mit formalisierten Aufklärungspflichten des Unternehmers bei Vertragsabschluß. Man kann allerdings geteilter Meinung über die Effizienz dessen sein. Ob der Verbraucher von den Schriftstücken überhaupt Kenntnis nimmt, ob er die darin enthaltenen Informationen

---

[799] S. KAWAKAMI (1996) 1227.

überhaupt versteht und ob er aufgrund dessen innerhalb der Widerrufsfrist eine überlegtere Entscheidung als zu Anfang trifft, ist fraglich.

Problematisch ist auch die konkrete rechtliche Ausgestaltung der Widerrufsrechte; dies sowohl auf der Tatbestandsseite als auch auf Rechtsfolgenseite. Auf Tatbestandseite ist der Nutzen von Produkt-Positivlisten fraglich, die bei zahlreichen Widerrufsrechten bestehen und den Anwendungsbereich entweder nur des Widerrufsrechtes oder des jeweiligen Gesetzes insgesamt bestimmen. Gerade in Fällen, in denen das Widerrufsrecht den Verbraucher vor Überrumpelung in einer bestimmten Situation der Vertragsanbahnung schützen soll (z.B. bei Haustür- und Vertretergeschäften), ist es wenig sinnvoll, das Widerrufsrecht auf einzelne Produkte zu beschränken. Dies wird auch daran deutlich, daß diese Listen mittlerweile sehr umfangreich sind, und die Ausnahme bestimmter Produkte mitunter schon fast willkürlich erscheint. Im übrigen sind diese Produktlisten nicht unmittelbar im jeweiligen Gesetz, sondern in ergänzenden Verordnungen enthalten, die für den Rechtsinhaber, den Verbraucher, nur schwer zugänglich sind. Viele Verbraucher werden daher von einem bestehenden Widerrufsrecht nie erfahren, wenn der Unternehmer sie nicht pflichtgemäß aufklärt. Hinsichtlich der Rechtsfolgen ist problematisch, daß diese in den Gesetzen einerseits nur lückenhaft geregelt sind und andererseits unausgewogen ausgestaltet erscheinen. Insbesondere bei der Beschädigung von Sachen während der Widerrufsfrist ist unklar, welcher Vertragspartner hier die Gefahr trägt, was zu einer gewissen Rechtsunsicherheit führt. Abgesehen davon besteht die Grundregel, daß dem Verbraucher grundsätzlich keinerlei Belastungen aus dem Rechtsverhältnis entstehen sollen, wenn er von seinem Widerrufsrecht Gebrauch macht. Das bedeutet, daß er beispielsweise für gezogene Nutzungen und erlangte Vorteile aufgrund von bereits erbrachten Dienstleistungen oder der Einräumung der Nutzungsmöglichkeit einer Einrichtung keinerlei Wertersatz leisten muß. Dies eröffnet dem Verbraucher Möglichkeiten des Rechtsmißbrauchs. Der Unternehmer kann sich hiervor kaum schützen, denn es ist ihm praktisch nicht möglich, die Leistung bis zum Ablauf der Widerrufsfrist zurückzuhalten. Erstens hat der Verbraucher nach herrschender Meinung einen sofortigen Erfüllungsanspruch, und zweitens kann sich der Unternehmer dies auch nicht leisten, weil er sonst Gefahr läuft, Kunden an einen Wettbewerber zu verlieren.

# E. Verbraucherschützende Kündigungs- und Anfechtungsrechte

Der japanische Gesetzgeber hat bei bestimmten Vertragsarten, die ein Dauerschuldverhältnis begründen, dem Verbraucher ein besonderes Recht zur Kündigung des Vertrages eingeräumt. Verbraucherschützende Kündigungsrechte (*chūto kaiyaku-ken*) sind vorgesehen bei Verträgen über die Erbringung spezifischer Dienstleistungen und bei Aufnahmeverträgen im Rahmen von Kettenabsatzgeschäften[800] nach dem HGG sowie bei Verträgen über die Verwahrung von bestimmten Vermögensgegenständen nach dem Verwahrungsgeschäftegesetz (VerwahrungsGG). Bei diesen Vertragsarten bestehen ausnahmslos zudem besondere verbraucherschützende Widerrufsrechte.[801] Anders als bei den Widerrufsrechten wird das Vertragsverhältnis grundsätzlich nicht rückabgewickelt, sondern lediglich mit Wirkung *ex nunc* aufgelöst. Auf bestimmte Teile des Geschäfts beschränkt allerdings, sieht die gesetzliche Regelung zusätzlich die Rückabwicklung des Vertrages vor, so daß diese Kündigungsrechte zumindest teilweise auch die Eigenschaft von Rücktrittsrechten besitzen. Bezeichnenderweise findet im Gesetz daher auch der Begriff „*kaijo*" (Rücktritt) als *terminus technicus* und nicht „*kaiyaku*", der eigentliche Begriff für die Kündigung im zivilrechtstechnischen Sinne, Verwendung. Mit der Wahl dieses Begriffs, der im Zivilgesetz bereits belegt ist, hat der japanische Gesetzgeber wiederum nicht – ähnlich wie bei den Widerrufsrechten – die Anlehnung an ein bestimmtes Rechtsinstitut des Zivilgesetzes beabsichtigt. Die verbraucherschützenden Kündigungsrechte sind daher „Sonderkündigungsrechte" mit einer separaten und abschließenden Regelung in Sondergesetzen und weder Rücktritts- noch Kündigungsrechte im Sinne des Zivilgesetzes.

Die verbraucherschützenden Kündigungsrechte bezwecken den Schutz vor einem von Anfang an unerwünschten oder zumindest nicht mehr erwünschten Vertrag, und zwar entweder, weil der Verbraucher bei Vertragsabschluß typischerweise nicht in der Lage gewesen ist, den Vertrag vernünftig zu beurteilen, oder weil sich seine Lebensumstände später geändert haben bzw. haben könnten. Eine solche Änderung der Lebenssituation muß also nicht tatsächlich eingetreten sein. Bei den Dienstleistungsverträgen, für die ein solches besonderes Kündigungsrecht vorgesehen ist, geht der Gesetzgeber davon aus, daß der Verbraucher im Regelfall den Inhalt, die Qualität und den Zuschnitt der Dienstleistung auf seine persönlichen Bedürfnisse zum Zeitpunkt des Vertragsabschlusses noch nicht hinreichend beurteilen kann.[802] Im Hinblick auf eine Veränderung der Lebensumstände hat der Gesetzgeber an Fälle wie einen notwendigen Umzug und den Eintritt von Krankheit oder Arbeitslosigkeit gedacht,

---

[800] Das Kündigungsrecht bei Kettenabsatzgeschäften wurde erst 2004 hinzugefügt. In Deutschland existiert ein besonderes verbraucherschützendes Kündigungsrecht derzeit nur in § FernUSG.
[801] Siehe oben D.
[802] M. SAITŌ / S. IKEMOTO / Y. ISHITOYA (2001) 305.

in denen das Festhalten an dem Vertrag für den Verbraucher eine besondere Belastung darstellt, und die jeden Verbraucher jederzeit ereilen können; er hat das Bestehen des Rechts aber nicht davon abhängig gemacht, daß ein solcher Fall auch tatsächlich vorliegt.[803] Bei den Kettenabsatzgeschäften hielt der japanische Gesetzgeber die Einführung eines Kündigungsrechts für erforderlich, weil der Vertragsinhalt und das System, das hinter solchen Geschäften steht, für den Verbraucher nur schwer verständlich sind und ihm regelmäßig erst nach und nach klar werden, nachdem er die Tätigkeit als Absatzhelfer aufnimmt.[804] Im Falle des Kündigungsrechts im VerwahrungsGG kommt ferner hinzu, daß der Verbraucher vor potentiell unlauteren Geschäften vom Typ „Toyota Shōji" bewahrt werden soll, die er nur schwer zu erkennen vermag und bei denen er daher nicht die Beweislast für das Vorliegen eines solchen Falles tragen soll. Insofern erfüllen die Sonderkündigungsrechte auch die Funktion der Kündigung aus wichtigem Grund, der allerdings im Einzelfall nicht tatsächlich vorliegen muß.

Darüber hinaus hat der japanische Gesetzgeber im Zuge einer umfassenden Reform des Handelsgeschäftegesetzes im Jahre 2004[805] bei fünf der sechs in diesem Gesetz speziell geregelten besonderen Typen von Verbrauchergeschäften verbraucherschützende Anfechtungsrechte geschaffen; *i.e.* bei Haustür- und Vertretergeschäften (Art. 9-2 HGG), Telefongeschäften (Art. 24-2 HGG), Kettenabsatzgeschäften (Art. 40-3 HGG), spezifischen Dienstleistungen (49-2 HGG) und bei Geschäften zur Verschaffung von Heim- und Gelegenheitsarbeiten (58-2 HGG).[806] Diese ergänzen die für alle diese Geschäftsformen in diesem Gesetz ebenfalls vorgesehenen Widerrufsrechte sowie die besonderen Kündigungsrechte bei spezifischen Dienstleistungen und Kettenabsatzgeschäften. Die besonderen Anfechtungsrechte stellen rechtsdogmatisch besondere Formen der zivilgesetzlichen Anfechtungsrechte in Fällen der vorsätzlichen Täuschung und Drohung dar.

### I. Sonderkündigungsrechte bei spezifischen Dienstleistungen

Gemäß Art. 49 I HGG kann der Verbraucher einen Vertrag über die Erbringung *spezifischer Dienstleistungen* im Sinne von Art. 41 I Nr. 1, II HGG i.V.m. Art. 12 DVO HGG nach Ablauf der eingeräumten Widerrufsfrist jederzeit mit Wirkung für die Zukunft kündigen. Dabei handelt es sich um Schönheits- und Schlankheitsbehandlungen, Sprachunterricht, Nachhilfe- bzw. Vorbreitungsunterricht, Computerschulungen und Ehevermittlungstätigkeiten, jeweils soweit

---

[803] M. SAITŌ / S. IKEMOTO / Y. ISHITOYA (2001) 305.
[804] M. SAITŌ / S. IKEMOTO / Y. ISHITOYA (2005) 287.
[805] Durch Gesetz Nr. 44 vom 12. Mai 2004.
[806] Einzelheiten zu den jeweiligen Anfechtungsrechten in M. SAITŌ / S. IKEMOTO / Y. ISHITOYA (2005) 111 ff., 235 ff., 291 ff., 409 ff., 472 ff.

sie entgeltlich aufgrund eines Dauerschuldverhältnisses erbracht werden.[807] Ein Kündigungsrecht besteht nach Art. 49 III HGG zudem auch, wenn der Verbraucher ein *spezifisches (Mitgliedschafts-)Recht* gemäß Art. 41 I Nr. 2, II HGG erworben hat, das den Anspruch auf die Erbringung solcher spezifischer Dienstleistungen umfaßt.

Gleichzeitig kann der Verbraucher nach Art. 49 V HGG auch einen (mit einem der vorgenannten Vertragsarten) *verbundenen Vertrag* im Sinne von Art. 48 II HGG (im folgenden: „verbundener Vertrag" genannt) kündigen, wenn der Verbraucher aufgrund des verbundenen Vertrages von dem gleichen Unternehmer eine Ware erwirbt, die zum Zwecke der Erbringung der Dienstleistung bestimmt ist (Lehrmaterialien, Körperpflegemittel etc.), oder diese von diesem Unternehmer vermittelt bekommt.

Anders als bei den Widerrufsrechten kann sich der Verbraucher aber nicht völlig „frei" vom Vertrag lösen. Das Gesetz sieht die Möglichkeit eines Anspruchs des Unternehmers auf Schadensersatz und Ausgleichszahlungen vor. Einerseits soll sich der Verbraucher daher zwar jederzeit von einem unerwünschten oder nicht mehr erwünschten Vertrag lösen können, anderseits soll der Unternehmer diesem aber seine durch die willkürliche Kündigung entstehenden Kosten in Rechnung stellen dürfen. Das Kündigungsrecht kann vertraglich nicht ausgeschlossen werden. Von den gesetzlichen Bestimmungen zum Nachteile des Verbrauchers abweichende vertragliche Vereinbarungen sind nichtig (Art. 49 VII HGG). Die Regelung in Art. 49 HGG ist also zwingendes Recht.

## 1. Rechtsfolgen: Die besondere Kündigung als eine Art Rücktritt und Kündigung

Aufgrund der unterschiedlichen Art der Leistungsgegenstände der Verträge, die nach Art. 49 I, III oder V HGG gekündigt werden können, besitzt das Sonderkündigungsrecht einen janusköpfigen Charakter. Es gleicht teilweise einem besonderen gesetzlichen Kündigungsrecht und teilweise einem besonderen Rücktrittsrecht. So wird der Dienstleistungsvertrag nach Art. 49 I HGG mit Wirkung *ex nunc* aufgelöst („Kündigung"). Demgegenüber findet bei den Kaufverträgen über ein Mitgliedschaftsrecht oder eine Ware nach Art. 49 III bzw. V HGG eine Rückabwicklung des Schuldverhältnisses statt. Die Vertragspartner schulden sich einander die Rückgabe der empfangenen Leistungsgegenstände („Rücktritt").

---

[807] Zu den Einzelheiten und Voraussetzungen der spezifischen Dienstleistungsverträge siehe oben C III 5.

## 2. Schadensersatzansprüche und Wertersatz

Hat der Verbraucher einen Vertrag nach Art. 49 I, III oder V HGG gekündigt, ist der Unternehmer grundsätzlich berechtigt, vom Verbraucher entweder aufgrund vertraglicher oder zivilgesetzlicher Regelung Schadensersatz sowie Wertersatz für bereits erbrachte Leistungen oder erlangte Vorteile zu fordern. Die Regelungen in Art. 49 II, IV und VI HGG modifizieren die Ansprüche des Unternehmers und begrenzen sie der Höhe nach, enthalten aber selbst keine Anspruchsgrundlage.

Bei der Kündigung eines *spezifischen Dienstleistungsvertrags* nach Art. 49 I HGG kann der Unternehmer zum einen für bereits erbrachte Dienstleistungen ein „entsprechendes Entgelt" fordern (Art. 49 II Nr. 1 i HGG). Dieses ergibt sich der Höhe nach regelmäßig aus dem vertraglich vereinbarten Entgelt und dem Umfang der bereits erbrachten Dienstleistungen. Zum anderen kann der Unternehmer Schadensersatz im Umfang eines bei der Sonderkündigung eines spezifischen Dienstleistungsvertrages „gewöhnlich" entstehenden Schadens verlangen (Art. 49 II Nr. 1 ro). Die maximal zulässigen Beträge für solche Schadensersatzforderungen werden durch Art. 15 DVO HGG gesondert für jede Art von Dienstleistung näher spezifiziert. Sie reflektieren den Vertrauensschaden des Unternehmers in den Fortbestand des Vertrages und orientieren sich an den Erfahrungen von Unternehmern der jeweiligen Dienstleistungsbranche. Hat der Unternehmer bei Kündigung des Vertrages noch keinerlei Dienstleistungen erbracht, so bestimmt Art. 49 II Nr. 2 HGG, daß er als Schaden nur die Kosten geltend machen kann, die einem Unternehmer der jeweiligen Branche „gewöhnlich im Zusammenhang mit dem Abschluß des Vertrages und den Vorbereitungen zur Erfüllung des Vertrages" entstehen. Art. 16 DVO HGG legt für jede Dienstleistungsbranche gesondert einen maximalen Betrag hierfür fest, der sich ebenfalls an den Durchschnittskosten von Unternehmern der jeweiligen Branche orientiert. Der Unternehmer darf daher keinesfalls einen höheren als den so gesetzlich festgelegten Höchstbetrag als Schadensersatz vom Verbraucher fordern, auch wenn ihm tatsächlich ein höherer Schaden entstanden ist; sein Anspruch kann andererseits tatsächlich aber auch geringer ausfallen als diese Maximalbeträge. Außerdem stellt die Summe aus dem einschlägigen maximal zulässigen Betrag der Schadensersatzforderung und dem unter Berücksichtigung von Art. 49 II Nr. 1 i HGG bestimmten Anspruch auf Wertersatz für bereits erbrachte Leistungen des Unternehmers zugleich den Höchstgesamtbetrag dar, den der Unternehmer vom Verbraucher nach Kündigung des Vertrages fordern darf. Hat der Unternehmer sich also z.B. zusätzlich einen Anspruch auf eine Vertragstrafe vertraglich ausbedungen, so wird dieser nur insoweit berücksichtigt, als er nicht zusammen mit dem tatsächlichen Schadensersatzanspruch und dem Anspruch auf Wertersatz den unter Berücksichtigung der Regelungen in Art. 49 II HGG bestimmten Höchstgesamtbetrag überschreitet. Die durch Artt. 15, 16 DVO HGG i.V.m. Art. 49 II HGG bestimmten Höchstbeträge ergeben sich im einzelnen aus folgendem Schaubild.

Tabelle 2: Schadensersatz und Wertersatz bei Kündigung
eines spezifischen Dienstleistungsvertrages
(Maximalbeträge)

|  | vor der Erbringung von Dienstleistungen | nach Erbringung von Dienstleistungen | |
|---|---|---|---|
|  |  | Schadensersatz | Wertersatz |
| *Schönheits- und Schlankheits- behandlungen* | 20.000 ¥ | 20.000 ¥ oder 10 % des vorgesehen ver- traglichen Entgeltes (für den Zeitraum nach der Kündigung); je nach dem, welcher Betrag geringer ist | ein Geldbetrag, der dem vereinbarten Entgelt für die bereits erbrachten Dienst- leistungen entspricht |
| *Fremdsprachen- unterricht* | 15.000 ¥ | 50.000 ¥ oder 20 % des vorgesehen ver- traglichen Entgeltes (für den Zeitraum nach der Kündigung); je nach dem, welcher Betrag geringer ist | ein Geldbetrag, der dem vereinbarten Entgelt für die bereits erbrachten Dienst- leistungen entspricht |
| *Nachhilfeunterricht (als privater Unter- richt, z.B. in der Privatwohnung des Verbrauchers)* | 20.000 ¥ | 50.000 ¥ oder ein Geldbetrag in Höhe einer Monatsgebühr; je nach dem, welcher Betrag geringer ist | ein Geldbetrag, der dem vereinbarten Entgelt für die bereits erbrachten Dienst- leistungen entspricht |
| *Nachhilfeunterricht in speziellen Schulungsein- richtungen* | 11.000 ¥ | 20.000 ¥ oder ein Geldbetrag in Höhe einer Monatsgebühr; je nach dem, welcher Betrag geringer ist | ein Geldbetrag, der dem vereinbarten Entgelt für die bereits erbrachten Dienst- leistungen entspricht |
| *Computerschulung* | 15.000 ¥ | 50.000 ¥ oder 20 % des vorgesehen ver- traglichen Entgeltes (für den Zeitraum nach der Kündigung); je nach dem, welcher Betrag geringer ist | ein Geldbetrag, der dem vereinbarten Entgelt für die bereits erbrachten Dienst- leistungen entspricht |
| *Ehe- bzw. Partner- vermittlungsdienst- leistung* | 30.000 ¥ | 20.000 ¥ oder 20 % des vorgesehen ver- traglichen Entgeltes (für den Zeitraum nach der Kündigung); je nach dem, welcher Betrag geringer ist | ein Geldbetrag, der dem vereinbarten Entgelt für die bereits erbrachten Dienst- leistungen entspricht |

Der Gesamtanspruch des Unternehmers kann nur mit dem gesetzlichen Zinssatz verzinst werden.[808] Aufnahmegebühren und ähnliche Zahlungen bei Abschluß des Vertrages sind gewöhnlich als eine Art Entgelt für die zu erbringende Dienstleistung anzusehen.[809]

Bei der *Kündigung bzw. beim Rücktritt von einem Vertrag über den Erwerb eines spezifischen Rechts* nach Art. 49 III HGG kann der Unternehmer von diesem *Wertersatz nur für* die „gewöhnlich durch die Nutzung des Rechts zu erlangenden Vorteile" des Verbrauchers zwischen Übertragung und Rückübertragung des Rechts verlangen; *oder alternativ,* den Differenzbetrag zwischen dem Wert des Rechts zum Zeitpunkt der Veräußerung und zum Zeitpunkt der Rückübertragung – je nach dem, welcher Betrag höher ist (Art. 49 IV Nr. 1 HGG). Die Forderung des Differenzbetrages ist aber nur dann zulässig wenn das Recht überhaupt einen veränderlichen Marktwert besitzt.[810] Ist das Recht zum Zeitpunkt des Rücktritts noch nicht an den Verbraucher übertragen worden, so kann der Unternehmer als Schadensersatz *nur Erstattung der* „üblichen Kosten für den Abschluß und die Vorbereitungen zur Erfüllung des Vertrages fordern" (Art. 49 IV Nr. 3 HGG). Ähnlich wie bei einem spezifischen Dienstleistungsvertrag stellt die Summe der Beträge zugleich wieder den Maximalbetrag dar, den der Unternehmer vom Verbraucher insgesamt zu fordern berechtigt ist. Der Gesamtanspruch kann nur mit dem gesetzlichen Zinssatz verzinst werden.[811]

Bei der *Kündigung bzw. beim Rücktritt von einem verbundenen Vertrag* nach Art. 49 V HGG kann der Unternehmer ebenfalls wieder *nur Wertersatz* für die „gewöhnliche Nutzung des erworbenen Gegenstandes" bis zur Rückgabe verlangen. Ist der Wertverlust des Gegenstandes zwischen dem Zeitpunkt des Kaufs und dem Zeitpunkt, in dem die Ware zurückgegeben wurde, dem Betrage nach höher als der Wert der gewöhnlichen Nutzung, so kann dieser höhere Betrag gefordert werden (Art. 49 VI Nr. 1 HGG). Kann der Verbraucher die Ware nicht mehr herausgeben, so hat der Unternehmer Anspruch auf einen Geldbetrag in Höhe des ursprünglichen Kaufpreises als Schadensersatz (Art. 49 VI Nr. 2 HGG); mit anderen Worten, der Unternehmer kann seinen Anspruch vollständig gegen den Anspruch des Verbrauchers auf Rückerstattung des Kaufpreises aufrechnen. Ist zum Zeitpunkt der Kündigung bzw. dem Rücktritt noch keine Übergabe der Ware an den Verbraucher erfolgt, so kann der Unternehmer *nur Erstattung* der „üblichen Kosten für den Abschluß und für die Vorbereitung zur Erfüllung des verbundenen Vertrages" verlangen. Auch hier stellt die Summe der Beträge dieser Ansprüche zugleich wieder den Maximalbetrag dar,

---

[808] Dabei ist streitig, ob der gesetzliche Zinssatz nach dem Zivilgesetz in Höhe von 5 % (Art. 404 ZG) oder der des Handelsgesetzes in Höhe von 6 % (Art. 514 HG) zugrunde zu legen ist. Nach der Interpretation des Wirtschaftsministeriums ist der im Handelsgesetz bestimmte gesetzliche Zinssatz maßgeblich (vgl. M. SAITŌ / S. IKEMOTO / Y. ISHITOYA (2001) 313, 177).
[809] M. SAITŌ / S. IKEMOTO / Y. ISHITOYA (2001) 312-313.
[810] M. SAITŌ / S. IKEMOTO / Y. ISHITOYA (2001) 317.
[811] M. SAITŌ / S. IKEMOTO / Y. ISHITOYA (2001) 314-317.

## E. Verbraucherschützende Kündigungs- und Anfechtungsrechte

den der Unternehmer insgesamt zu fordern berechtigt ist. Der Gesamtanspruch kann nur mit dem gesetzlichen Zinssatz verzinst werden.[812]

### II. Sonderkündigungsrecht bei Kettenabsatzgeschäften

Mit der Reform des Handelsgeschäftegesetzes im Jahr 2004 wurde in Art. 40-2 HGG in Ergänzung zum bestehenden Widerufsrecht ein besonderes Kündigungsrecht für die Abatzhelfer bei Kettenabsatzgeschäften eingeführt. Der Absatzhelfer kann sich daher nun auch nach Ablauf der Widerrufsfrist von 20 Tagen von dem Aufnahmevertrag *durch Kündigung* (für die Zukunft) *lösen*. Der Widerruf ist für den Absatzhelfer vorteilhafter als die Kündigung, allerdings sind auch die für das Kündigungsrecht vorgesehenen Rechtsfolgen für den Absatzhelfer günstig ausgestaltet.[813] Das Kündigungsrecht weist gewisse Ähnlichkeiten zu dem Sonderkündigungsrecht bei den spezifischen Dienstleistungen auf.

Die Kündigung hat der Absatzhelfer grundsätzlich gegenüber dem im Verkaufssystem über ihm stehenden Absatzhelfer auszusprechen, der ihn für die Tätigkeit als Absatzhelfer geworben hat. Im Falle, daß der Absatzhelfer unmittelbar vom Unternehmer, also vom Organisator des Vertriebssystems geworben wurde, ist die Kündigung diesem gegenüber zu erklären.

Zugleich kann der Absatzhelfer auch hier wieder unter bestimmten Bedingungen von den mit dem Aufnahmevertrag *in Verbindung stehenden Verträgen* über die Lieferung von Waren, über die Verschaffung von Rechten oder die Erbringung von Dienstleistungen an den Absatzhelfer *zurücktreten* (Art. 40-2 II HGG). Unter den gleichen Voraussetzungen kann der Absatzhelfer auch von einem Vertrag zurücktreten, der lediglich die Vermittlung eines solchen Kauf- bzw. Dienstleistungsvertrages vorsieht. Anders als bei dem Kündigungsrecht im Zusammenhang mit spezischen Dienstleistungen werden der Aufnahmevertrag und die im Anschluß daran abgeschlossenen Kauf- bzw. Dienstleistungsverträge weniger stark als Einheit angesehen. Denn der Aufnahmevertrag kann zwar jederzeit gekündigt werden, der *Rücktritt von den verbundenen Verträgen* ist aber *in bestimmten Fällen ausgeschlossen*. Dies ist der Fall, soweit seit dem Abschluß des Aufnahmevertrages bereits mehr als ein Jahr verstrichen ist, es sei denn die Vertragsbedingungen haben sich nachträglich geändert, dann ist der Zeitpunkt der Novation des Aufnahmevertrages maßgeblich. Der Rücktritt ist ferner ausgeschlossen, soweit seit dem Erhalt der Waren bzw. Dienstleistungen bereits 90 Tage vergangen sind. Handelt es sich bei dem Produkt um ein Recht zur Nutzung einer Einrichtung oder auf Erbringung einer Dienstleistung, so ist der Zeitpunkt der Übertragung des Rechts maßgeblich für den Beginn der Frist (Art. 40-2 II Nr. 1 HGG). Der Rücktritt ist weiter ausgeschlossen, falls das

---

[812] M. SAITŌ / S. IKEMOTO / Y. ISHITOYA (2001) 317-320.
[813] Für die Einzelheiten siehe M. SAITŌ / S. IKEMOTO / Y. ISHITOYA (2005) 287 ff.

Produkt vom rücktrittswilligen Absatzhelfer und Erwerber bereits weiterveräußert worden ist (Art. 40-2 II Nr. 2 HGG); ferner falls es von ihm bereits gebraucht oder ganz oder teilweise verbraucht worden ist, es sei denn, der Veräußerer hat den Erwerber zum Gebrauch oder Verbrauch veranlaßt (Art. 40-2 II Nr. 3 HGG). Der Rücktritt ist schließlich auch ausgeschlossen in anderen Fällen, die in der DVO zum HGG genannt werden (Art. 40-2 II Nr. 4 HGG). Die diesbezügliche Regelung in Art. 10-2 DVO HGG sieht derzeit als weiteren Ausschlußgrund nur den Fall vor, daß das Produkt bereits ganz oder zum Teil untergegangen oder beschädigt worden ist und dies der Erwerber zu vertreten hat.

Für die Erfüllung der Pflichten des Veräußerers aus dem nach Erklärung des Rücktritts entstehenden Rückgewährschuldverhältnis ist neben dem Veräußerer gesamtschuldnerisch auch der Unternehmer, der die Kettenabsatzgeschäfte insgesamt organisiert, verantwortlich (Art. 40-2 V HGG).

Der Vertragspartner kann im Falle der Ausübung des Kündigungs- oder Rücktrittsrechts durch den Absatzhelfer von diesem Schadensersatz oder eine Vertragsstrafe nur in dem in Art. 40-2 III und IV HGG bestimmten Umfang fordern, und zwar nur in Höhe der *gewöhnlichen Aufwendungen* im Zusammenhang mit dem *Vertragsschluß und der Vertragserfüllung*, zuzüglich Verzugszinsen in Höhe des gesetzlichen Zinssatzes auf diesen Betrag. Die Höhe des Betrags der gewöhnlichen Aufwendungen bestimmt sich für die in den Art. 40-2 III und IV HGG genannten Fällen nach den dort jeweils getroffenen Regelungen. Diese finden allerdings keine Anwendung bei der Veräußerung von Produkten in Form eines Teilzahlungsgeschäfts. Diesbezüglich finden sich im Teilzahlungsgesetz Sonderregeln (Art. 40-2 VII HGG).

Vertragliche Bestimmungen, die den in Art. 40-2 I bis V HGG getroffenen Regeln entgegenstehen sind unwirksam (Art. 40-2 VI HGG). Das besondere Kündigungsrecht in seiner konkreten Ausgestaltung durch Art. 40-2 HGG stellt also zwingendes Recht dar.

### III. Sonderkündigungsrecht bei bestimmten Verwahrungsverträgen

Bei speziellen Verwahrungsverträgen über Waren oder Rechte nach Art. 2 VerwahrungsGG steht dem Verbraucher nach Art. 9 I VerwahrungsGG ebenfalls ein besonderes Kündigungsrecht mit vertragsauflösender Wirkung *ex nunc* zu. Bei dieser Art Verwahrungsvertrag legt der Verbraucher sein Geld in Waren, wie z.B. Gold, oder in vermögenswerte Rechte an.[814] Er ist somit zugleich Privatanleger. Der Unternehmer auf der anderen Seite verwahrt und verwaltet das Investitionsgut entgeltlich. Das Sonderkündigungsrecht gewinnt an Bedeutung vor allem nach Ablauf der bestehenden Widerrufsfrist von 14 Tagen.

---

[814] Vgl. oben D IV 1 e.

Nach Ausübung des Sonderkündigungsrechts erlischt das Verwahrungsverhältnis. Der Anleger hat Anspruch auf Ersatz des Wertes des Vermögensgegenstandes in Geld.[815] Als Wert wird der Anschaffungspreis zum Zeitpunkt des Vertragsabschlusses zugrunde gelegt. Auch wenn für den Fall der Kündigung des Vertrages eine Schadensersatzpauschale oder eine Vertragsstrafe zugunsten des Verwahrers im Vertrag vorgesehen ist, kann der Unternehmer Schadensersatz oder eine Vertragsstrafe nur in Höhe von bis zu maximal 10 % des Anschaffungspreises des Vermögensgegenstandes vom Anleger fordern (Art. 9 II VerwahrungsGG).

Von den gesetzlichen Bestimmungen abweichende vertragliche Vereinbarungen zu Lasten des Verbrauchers sind unzulässig (Art. 9 III VerwahrungsGG).

### IV. Verbraucherschützende besondere Anfechtungsrechte

Alle besonderen Anfechtungsrechte im HGG sind in ihren Voraussetzungen und Rechtsfolgen weitgehend identisch. Zur Veranschaulichung soll hier daher beispielhaft nur das Anfechtungsrecht *bei Haustür- und Vertretergeschäften* dargestellt und erläutert werden:

*Art. 9-2 (Anfechtung der Willenserklärung zum Vertragsabschluß beim Haustür- und Vertretergeschäft)*

*(1) Der Kunde kann seine Willenserklärung, gerichtet auf den Antrag oder die Annahme zum Abschluß eines Kaufvertrages oder eines Dienstleistungsvertrages als Haustür- und Vertretergeschäft, anfechten, wenn er einem Mißverständnis der in den folgenden Ziffern genannten Art aufgrund einer bestimmten Handlungen des Verkäufer bzw. Dienstleistungsanbieter bei der Werbung zum Abschluß des Vertrages erliegt:*

  1. *Ein Mißverständnis darüber, daß der Inhalt einer Mitteilung der Wahrheit entspricht, wenn unwahre Tatsachen unter Verstoß gegen Art. 6 Abs. 1 mitgeteilt wurden.*
  2. *Ein Mißverständnis über das Nichtvorliegen bestimmter Tatsachen, wenn vorsätzlich unter Verstoß gegen Art. 6 Abs. 2 bestimmte Tatsachen verschwiegen wurden.*

*(2) Die Anfechtung der Willenserklärung zum Vertragsabschluß nach dem vorangehenden Absatz kann einem gutgläubigen Dritten nicht entgegengesetzt werden.*

*(3) Die Bestimmung in Absatz 1 hindert nicht die Anfechtung dieses Vertrags aufgrund von Art. 96 des Zivilgesetzes (Gesetz Nr. 89/1896).*

*(4) Das Recht zur Anfechtung nach Abs. 1 erlischt nach Ablauf von sechs Monaten seit der Möglichkeit der Bestätigung des Rechtsgeschäftes. Das Anfechtungsrecht ist außerdem ausgeschlossen, wenn seit dem Abschluß des Vertrages fünf Jahren verstrichen sind.*

---

[815] Es stellt sich somit nicht das Problem der Gefahrtragung bzw. der Haftung für den Untergang oder Wertverlustes des Vermögensgegenstandes.

*Art. 6 (verbotene Handlungen)*

*(1) Dem Verkäufer oder Dienstleistungsanbieter ist es verboten bei der Werbung für den Abschluß eines Kauf- oder Dienstleistungsvertrages als Haustür- und Vertretergeschäft sowie zum Zwecke der Verhinderung des Widerrufs des Antrags auf den Abschluß des Vertrages oder des Rücktritts vom Vertrag unwahre Tatsachen über die folgenden Umstände mizuteilen:*

1. *Einzelheiten über die Art, die Leistungsfähigkeit oder die Qualität der angebotenen Waren, über die Art und den Inhalt der angebotenen Rechte oder Dienstleistungen; sowie über sonstige ähnliche durch Verordnung des Wirtschaftsministeriums[816] festgelegte Punkte.*

2. *den Preis bzw. das Entgelt für die angebotenen Waren, Rechte und Dienstleistungen;*

3. *die Art und Weise der Erbringung der Gegenleistung für die angebotenen Waren, Rechte und Dienstleistungen unter Einschluß des dafür bestimmten Zeitraums;*

4. *den Zeitpunkt der Übergabe der Ware, der Übertragung des Rechtes oder der Erbringung der Dienstleistung;*

5. *Einzelheiten über die Möglichkeit des Widerrufs des Antrags auf den Abschluß des Vertrages oder den Rücktritt vom Vertrag (unter Einschluß der in Art. 9 Abs. 1 bis 7 aufgeführten Punkte);*

6. *Einzelheiten über die Voraussetzungen des Vertragsabschlusses;*

7. *sonstige Einzelheiten in Betreff des Vertrages, die für die Entscheidung des Kunden zum Abschluß des Vertrages von großer Bedeutung sind.*

*(2) Dem Verkäufer oder Dienstleistungsanbieter ist es verboten, bei der Werbung für den Abschluß eines Kauf- oder Dienstleistungsvertrages als Haustür- und Vertretergeschäft vorsätzlich Tatsachen über die im vorangehenden Absatz unter den Ziffern 1 bis 5 genannten Umstände zu verschweigen.*

*(3) ...*

*(4) ...*

*1. Voraussetzungen*

Anders als bei den Widerrufsrechten ist ein Anfechtungsrecht von einer bestimmten Form der *unbilligen Beeinflussung* des Kunden (Verbrauchers) durch den Unternehmer im Stadium der Vertragsanbahnung abhängig. Das Recht besteht nur zugunsten des Kunden.

Der Kunde kann seine Willenserklärung zum Abschluß des Vertrages nur dann anfechten, wenn der Unternehmer ihm unter Verstoß gegen Art. 6 I oder Art. 6 II HGG irreführende oder falsche Tatsachen mitgeteilt oder wichtige

---

[816] Art. 6-2 DAVO.

Tatsachen in bezug auf den Vertragsinhalt vorsätzlich verschwiegen hat,[817] wenn er also besondere Formen von *Aufklärungspflichtverletzungen* begangen hat.[818] Dem Unternehmer werden derartige Rechtsverletzungen auch dann zugerechnet, wenn diese von seinen Hilfspersonen begangen werden, also etwa von Angestellten oder bei juristischen Personen von den Gesellschaftern oder Organen.[819]

Der Kunde muß aufgrund der rechtswidrigen Handlung zudem einem Mißverständnis (*gonin*) erlegen sein. Der Gesetzgeber hat an dieser Stelle bewußt die gleiche Formulierung wie in Art. 4 VerbrVG verwendet. Das Mißverständnis ist daher anders, und wohl auch weiter als der durch Täuschung hervorgerufene Irrtum im Sinne des Art. 96 auszulegen. Zwischen der rechtswidrigen Handlung des Unternehmers und dem Mißverständnis auf Seiten des Verbrauchers muß Kausalität[820] bestehen.

## 2. Verhältnis zu anderen Anfechtungsrechten

Die besonderen Anfechtungsrechte im HGG und das Anfechtungsrecht im Zivilgesetz im Falle der vorsätzlichen Täuschung nach Art. 96 ZG schließen sich nicht aus. Im Falle des Anfechtungsrechts bei Haustür- und Vertretergeschäften ergibt sich dies ausdrücklich aus Art. 9-2 III HGG. Entsprechende Regelungen bestehen bei allen Anfechtungsrechten des HGG. Tatsächlich aber spielt das Anfechtungsrecht nach Art. 96 ZG keine besondere Rolle mehr, wenn bereits ein Anfechtungsrecht nach dem HGG besteht.

Die Anfechtungsrechte des HGG ähneln in ihrer Struktur und im Inhalt den Anfechtungsrechten in Art. 4 I und II VerbrVG. Eine ausdrückliche gesetzliche Regelung über das Verhältnis dieser Anfechtungsrechte zu denen des HGG existiert nicht. Aus allgemeinen gesetzessystematischen Gründen ist aber davon auszugehen, daß die Anfechtungsrechte des VerbrVG und des HGG nebeneinander stehen. Der Kunde bzw. Verbraucher hat also bei Vorliegen aller Voraussetzungen ein Wahlrecht zwischen ihnen.

## 3. Rechtsfolgen

Die Rechtsfolgen ergeben sich nur zum Teil aus dem HGG selbst. Da die Anfechtungsrechte, dogmatisch betrachtet, besondere Anfechtungsrechte gegenüber den allgemeinen zivilgesetzlichen Anfechtungsrechten nach Art. 96 ZG

---

[817] Siehe M. SAITŌ / S. IKEMOTO / Y. ISHITOYA (2005) 113-116 für die Einzelheiten zu den Tatbestandsvoraussetzungen der Verbotsnormen.
[818] Entsprechendes gilt bei den anderen Anfechtungsrechten des HGG für den Verstoß gegen Art. 21 I und II, Art. 34 I und II, 44 I und II sowie Art. 52 I HGG. Diese Bestimmungen entsprechen inhaltlich Art. 6 I, II HGG.
[819] M. SAITŌ / S. IKEMOTO / Y. ISHITOYA (2005) 112.
[820] Zu den Einzelheiten siehe M. SAITŌ / S. IKEMOTO / Y. ISHITOYA (2005) 116-117.

darstellen, ergeben sich die weiteren Rechtsfolgen aus dem Zivilgesetz. Dazu gehört insbesondere, daß die Willenserklärung des Verbrauchers auf den Abschluß des Vertrages bzw. der Vertrag wie bei der Anfechtung nach Art. 96 ZG von Anfang an nichtig ist (Art. 121 ZG).[821] Die Rückabwicklung des Vertrages richtet sich nach dem Bereicherungsrecht.[822]

Die Anfechtung kann gemäß Art. 9-2 II HGG allerdings keinem gutgläubigen Dritten entgegengehalten werden. Diese Regelung entspricht funktional zwar dem Art. 96 II ZG, der Dritte ist hier jedoch weiter auszulegen. Als Dritte sind weder Vertreter noch Vermittler des Vertrages auf Seiten des Unternehmers anzusehen.[823]

Für die Anfechtungsrechte des HGG besteht eine besondere Präklusionsfrist, die der nach dem ZG vorgeht. Für das Anfechtungsrecht bei Haustür- und Vertretergeschäften findet sich diese in Art. 9-2 IV HGG. Danach ist das Anfechtungsrecht ausgeschlossen, wenn seit dem Zeitpunkt, zu dem erstmals die Möglichkeit der Bestätigung des Rechtsgeschäftes, also des Vertrages bestanden hat, sechs Monate verstrichen sind. Die Bestätigungsmöglichkeit richtet sich nach der Regelung in Art. 122 ZG. Dies setzt zumindest Kenntnis von der Anfechtbarkeit voraus. Das Anfechtungsrecht ist zudem absolut ausgeschlossen nach Ablauf von fünf Jahren seit dem Vertragsschluß.

## V. Ergebnis

Die Sonderkündigungsrechte des Verbrauchers bedeuten einen erheblichen Eingriff in die Vertragsbindung und damit in die Privatautonomie, weil sie weder eine unfaire Beeinflussung des Verbrauchers beim Vertragsabschluß noch das unbillige Ausnutzen eines Kräfteungleichgewichtes durch den Unternehmer voraussetzen. Im Gegensatz zum Recht zur außerordentlichen Kündigung von Dauerschuldverhältnissen nach dem ZG bedarf es keiner besonderen Umstände, die eine Kündigung rechtfertigen. Der Gesetzgeber räumt dem Verbraucher hier vielmehr ein jederzeitiges, fristloses und keinen besonderen Grund erforderndes Löserecht von Dauerschuldverhältnissen ein. Er begründet ein derartiges Recht lediglich mit potentiell bestehenden besonderen Belastungen des Verbrauchers, und zwar mit der *bloß abstrakten Möglichkeit* einer Veränderung seiner persönlichen Lebensumstände nach Vertragsabschluß, der Schlechterfüllung durch den Unternehmer oder mit der Möglichkeit, daß die Dienstleistung dem Verbraucher nicht gefällt oder seinen individuellen Erwartungen nicht entspricht. Der Verbraucher bekommt also ein Recht eingeräumt, sich jederzeit von einem unerwünschten oder nicht mehr erwünschten Vertrag zu lösen, gleich aus welchen Gründen.

---

[821] M. SAITŌ / S. IKEMOTO / Y. ISHITOYA (2005) 117.
[822] M. SAITŌ / S. IKEMOTO / Y. ISHITOYA (2005) 117.
[823] M. SAITŌ / S. IKEMOTO / Y. ISHITOYA (2005) 112.

Auf der anderen Seite aber sieht der Gesetzgeber grundsätzliche Ausgleichsansprüche des Unternehmers gegen den Verbraucher vor, beschränkt diese allerdings im Umfang und in der Höhe. Mit dieser Interessenabwägung versucht er eine allzu starke Belastung des Unternehmers zu vermeiden. Hierdurch soll zudem verhindert werden, daß der Verbraucher völlig willkürlich von seinem Recht Gebrauch macht.

Anders stellt sich die Situation bei den besonderen Anfechtungsrechten dar. Hier setzt die Anfechtung das Vorliegen bestimmter Formen einer Aufklärungspflichtverletzung durch den Unternehmer im Stadium der Anbahnung des Vertrages voraus. Die Voraussetzungen sind weniger streng als die der Anfechtung nach Art. 96 ZG, stellen aber keine weitergehende Erleichterung gegenüber den Möglichkeiten der Anfechtung nach Art. 4 I oder II VerbrVG dar. Mit anderen Worten, wenn die Voraussetzungen für die Anfechtung nach einer Bestimmung des HGG vorliegen, so wird in den meisten Fällen auch die Anfechtung nach dem VerbrVG möglich sein.

## F. Das Gesetz über den Handel mit Finanzprodukten (Finanzproduktehandelsgesetz)[824]

Das Finanzproduktehandelsgesetz (FpHG), das am 1. April 2001 zeitgleich mit dem Verbrauchervertragsgesetz in Kraft getreten ist, enthält wichtige Instrumente zur Verbesserung des Schutzes von Kunden gegenüber Finanzdienstleistern (Finanzdienstleistungsunternehmen). Es wurde wie auch das VerbrVG[825] im Frühjahr 2000 verabschiedet und verkündet.[826] Die Vorarbeiten zum FpHG begannen im Jahre 1998 auf Initiative des japanischen Finanzministeriums. Dieses berief damals einen Ausschuß für Finanzfragen (*Kin'yū Shingi-kai*) ein, der Vorschläge zur Neuordnung und Modernisierung des japanischen Finanzmarktes entwickeln sollte. Als ein wichtiger Baustein wurde auch die Verbesserung des Schutzes von Privatanlegern und Privatkunden von Finanzdienstleistern angesehen. Im Juli 1999 legte eine Arbeitsgruppe des Ausschusses ein Diskussionspapier für ein Gesetz vor, das als zentrale Regelungen eine gesetzliche Aufklärungspflicht der Finanzdienstleister gegenüber ihren Kunden und eine Schadensersatzpflicht für den Fall der Verletzung dieser Pflicht vorsah. Der beteiligten Öffentlichkeit wurde Gelegenheit zur Stellungnahme gegeben. Ende 1999 folgte dann ein überarbeiteter zweiter Entwurf, auf dessen Grundlage das Finanzministerium in Abstimmung mit anderen Ministerien einen Gesetzgebungsvorschlag ausarbeitete, der nach Bearbeitung im Rechtsamt des Kabinetts im März 2000 dem Parlament als Gesetzentwurf zugeleitet und schließlich ohne Vornahme größerer Änderungen als Finanzproduktehandelsgesetz verabschiedet wurde.[827]

Das FpHG bezweckt vor allem eine Verbesserung des Verbraucherschutzes in Form des Schutzes von Privatanlegern und Privatkunden von Banken, Versicherungen und anderen Finanzdienstleistungsunternehmen. Zudem werden durch das Gesetz aber auch kleine Unternehmer bzw. Unternehmen geschützt, die wie Privatkunden über nur geringe Finanzexpertise verfügen und daher als ähnlich schutzbedürftig eingestuft werden. Der Gesetzgeber ging davon aus, daß insbesondere bei Finanz- und Finanzanlagegeschäften wegen ihrer Komplexität regelmäßig ein ausgeprägtes Informationsungleichgewicht zwischen den Vertragsparteien, also dem Finanzdienstleister einerseits und seinem Kunden andererseits, besteht, weshalb es in diesem Bereich besonderer Maßnahmen bedürfe, um einen fairen und angemessenen Vertragsabschluß sicherzustellen und um einseitig unerwünschte und nachteilige Verträge zu verhindern.[828]

Die Verbesserung des zivilrechtlichen Schutzes soll auch mit dazu beitragen, generell das Vertrauen der in- und ausländischen Anleger, insbesondere aber

---

[824] *Kin'yū shōhin no hanbai-tō ni kansuru hōritsu*, Gesetz Nr. 101/2000. Zum Gesetz jetzt auch C. SCHULTE (2005), dort findet sich auch eine deutsche Übersetzung des Gesetzes.
[825] Zum Verhältnis von FpHG und VerbrVG vgl. H. KANSAKU (2001) 39-48.
[826] Das VerbrVG wurde am 12.5.2000 verkündet, das FpHG am 31.5.2000.
[827] Zur Gesetzgebung T. SAKURAI / T. UEYANAGI / Y. ISHITOYA (2002) 18-27.
[828] T. SAKURAI / T. UEYANAGI / Y. ISHITOYA (2002) 7-9.

der Privatanleger, in den japanischen Kapital- und Finanzmarkt wiederzugewinnen, um das es nach etlichen Finanzskandalen, der Krise zahlreicher Banken und Wertpapierfirmen sowie dem Verfall der Aktien- und Wertpapierkurse (nach Zusammenbruch der „Seifenblasenwirtschaft" Anfang der 1990er Jahre) und der hierdurch mit ausgelösten langandauernden Rezession in Japan während der letzten zehn bis fünfzehn Jahre nicht gut bestellt ist.[829]

Im Hintergrund des Gesetzgebungsverfahrens stand außerdem der deutliche Anstieg unlauterer Finanz- und Finanzanlagegeschäfte zum Schaden von Verbrauchern in den 1980er und 1990er Jahren. Dies führte auch zu zahlreichen Schadensersatzklagen gegen Finanzdienstleister, bei denen es im Kern regelmäßig um die Frage ging, ob die Finanzdienstleister Aufklärungspflichtverletzungen im Vorfeld des Vertragsabschlusses gegenüber dem Kunden zu verantworten hatten. Rechtstechnisch wurden die Fälle bislang meist durch die flexible Anwendung des Deliktsrechts gelöst.[830] Das FpHG bezweckt in gewisser Hinsicht die Kodifikation dieser Rechtsprechung unter Konkretisierung der Voraussetzungen eines Schadensersatzanspruchs.

## I. Zweckbestimmung und Anwendungsbereich des Gesetzes

Gemäß Art. 1 FpHG verfolgt das Gesetz das Ziel der Verbesserung des Schutzes von Kunden (*kokyaku*) von Finanzdienstleistern (*kin'yū shōhin hanbai gyōsha*[831]). Hierzu soll neben der bereits erwähnten gesetzlichen Pflicht von Finanzdienstleistern zur vorvertraglichen Aufklärung der Kunden auch eine Pflicht zur Veröffentlichung allgemeiner Grundsätze der Werbung von Kunden und eine Bemühungspflicht zu einem angemessenen Verhalten bei der Werbung zum Vertragsabschluß beitragen. Durch diese Pflichten soll insbesondere ein insgesamt faires Verfahren des Vertragsschlusses gefördert werden. Als Vertragsabschlußverfahren im Sinne des Gesetzes ist ein sehr weiter Zeitraum zu verstehen. Dieser umfaßt die Anbahnung des Geschäftes durch die *öffentliche, an die Allgemeinheit gerichtete Werbung* des Finanzdienstleisters bis hin zu *konkreten Vertragsverhandlungen*. Insbesondere Aufklärungspflichtverletzungen sind stets unter Betrachtung des Gesamtzeitraums der Vertragsanbahnung zu beurteilen.

Der Anwendungsbereich des Gesetzes wird in zweifacher Hinsicht eingeschränkt, einerseits in persönlicher und andererseits in sachlicher Hinsicht. In persönlicher Hinsicht wird der Finanzdienstleister durch das FpHG nur zur Aufklärung gegenüber Kunden verpflichtet, die über keine besonderen Fach-

---

[829] Im einzelnen zu den Zielen und zur Entstehung des FpHG vgl. T. SAKURAI / T. UEYANAGI / Y. ISHITOYA (2002) 4-13, 18-27.
[830] Vgl. oben A IV (dort vor allem unter 2 a und b).
[831] Wörtlich eigentlich „Unternehmer, der Finanzprodukte vertreibt"; definiert in Art. 2 III FpHG als eine Person, die Finanzprodukte im Sinne des Gesetzes geschäftsmäßig vertreibt.

kenntnisse und geschäftliche Erfahrung im Zusammenhang mit Finanzgeschäften verfügen. Dazu zählen unter anderem Verbraucher, aber auch Unternehmer, die nicht zur Finanzbranche gehören. Nach Art. 2 IV i.V.m. Art. 3 IV Nr. 1 FpHG besteht eine Aufklärungspflicht nämlich ausnahmsweise nicht gegenüber sogenannten „Sonderkunden", d.h. gegenüber qualifizierten Anlegern bzw. Kunden, die durch Regierungsverordnung als hinreichend fachkundig und erfahren ausgewiesen werden. Als solche bestimmt die entsprechende Verordnung derzeit nur andere gewerbliche Finanzdienstleister bzw. Finanzinstitute (Art. 8 DVO FpHG[832]). Daher werden also z.B. institutionelle Anleger vom FpHG nicht geschützt. Auch die Pflicht des Finanzdienstleisters zur Aufstellung und Veröffentlichung von Grundsätzen der Geschäftstätigkeit besteht nur dann, wenn zu seinen Kunden zumindest auch Verbraucher oder Unternehmer, die keine gewerblichen Finanzdienstleister sind, gehören (Art. 8 I 2 FpHG). Dagegen bestehen die Bemühungspflichten für ein angemessenes Verhalten bei der Kundenwerbung gegenüber allen Kunden.

In sachlicher Hinsicht gilt, daß die Regelungen des FpHG nur insoweit Anwendung finden, als die Geschäftstätigkeit (Veräußerung und Vermittlungstätigkeit) des Finanzdienstleisters bestimmte, in Art. 2 FpHG aufgelistetete und definierte „Finanzprodukte" (*kin'yū shōhin*) betrifft. Dazu zählen z.B. Versicherungsgeschäfte,[833] Einlagengeschäfte, Wertpapiergeschäfte und Wertpapier- sowie Finanztermingeschäfte. Verwunderlich ist, daß Warentermingeschäfte nicht in den Katalog aufgenommen wurden, obwohl diese in den 1980er und 1990er Jahren für besonders großes Aufsehen gesorgt haben und es hier zu einer Flut von Schadensersatzklagen geschädigter Privatanleger wegen unzureichender Aufklärung und betrügerischer Geschäftspraktiken gekommen ist. Als Grund für die Ausnahme von Warentermingeschäften aus dem Anwendungsbereich des Gesetzes läßt sich die mangelnde Zusammenarbeit zwischen dem Wirtschaftsministerium und dem Finanzministerium in der Phase der Vorarbeiten zum FpHG anführen.[834] Warentermingeschäfte können als *Hedge*-Geschäfte auch der Absicherung gegen künftige Preisschwankungen im Rohstoffhandel dienen.[835] Die Kontrolle und Regulierung des Handels und der Industrie fällt aber in den Kompetenzbereich des Wirtschaftsministeriums. Das japanische Finanzministerium konnte alleine also keine Regelungen über Warentermingeschäfte vorschlagen und hat eine entsprechende Abstimmung mit dem Wirtschaftsministerium versäumt. Das Wirtschaftsministerium und der Gesetzgeber haben auf diesen Mißstand allerdings mittlerweile mit einer Reform des Warenbörsengesetzes im Jahr 2004 reagiert. Für Warentermingeschäfte wurden eine positive Aufklärungspflicht des Finanzdienstleisters und ein spezieller

---

[832] Durchführungsverordnung zum Finanzproduktehandelsgesetz (*Kin'yū shōhin no hanbai-tō ni kansuru hōritsu shikō-rei*), Regierungsverordnung (*seirei*) Nr. 484/2000.
[833] Mit Ausnahme von Verträgen mit öffentlichen Sozialversicherungsträgern.
[834] T. SAKURAI / T. UEYANAGI / Y. ISHITOYA (2002) 34.
[835] T. SAKURAI / T. UEYANAGI / Y. ISHITOYA (2002) 33; N. OKADA / Y. TAKAHASHI (2001) 14; K. ŌMAE / Y. TAKINAMI (2001) 15.

Schadensersatzanspruch des Kunden in Artt. 217 und 218 WarenbörsG eingeführt, also Regelungen, die den im folgenden darzustellenden Artt. 3 und 4 FpHG inhaltlich entsprechen.

II. Schadensersatzpflicht bei ungenügender Aufklärung des Kunden (Art. 4 FpHG)

*1. Besondere deliktische Haftung*

Art. 4 FpHG bestimmt, daß ein Finanzdienstleister *zum Ersatz des Schadens* verpflichtet ist, der dem Kunden daraus entsteht, daß er *vor Vertragsabschluß* nicht hinreichend über den Inhalt und die wichtigen Einzelheiten des betreffenden Geschäfts aufgeklärt wurde. Es handelt sich dabei um eine besondere Haftungsregelung für den Fall einer vorvertraglichen Aufklärungspflichtverletzung, die funktional einer Haftung aus *culpa in contrahendo* im deutschen Recht entspricht. Art. 4 FpHG entspricht also in seiner Konstruktion nicht dem § 37d IV WpHG in Deutschland, der nur eine Haftung für den Verstoß einer formalisierten und standardisierten Informationspflicht vorsieht,[836] sondern sanktioniert Verstöße des Finanzdienstleisters gegen individuell bestehende Aufklärungspflichten. Im übrigen ist der Anspruch auch im Gegensatz zu dem aus § 37d IV WpHG nicht nur auf Schäden durch Aufklärungspflichtverletzungen bei Finanztermingeschäften beschränkt. Trotz einiger Ähnlichkeiten der Haftung des Finanzdienstleisters nach Art. 4 FpHG zur Haftung aus *c.i.c* nach deutschem Recht bestehen doch im Detail zahlreiche Unterschiede. Besonders bedeutsam ist, daß der Anspruch aus Art. 4 FpHG grundsätzlich verschuldensunabhängig ausgestaltet ist.[837] Die Haftung nach Art. 4 FpHG wird größtenteils als eine besondere Art der Deliktshaftung qualifiziert,[838] die aber eine eventuelle Haftung für Aufklärungspflichtverletzungen aufgrund des allgemeinen Deliktsrechts nicht ausschließt.

Als ersatzfähige Schäden nach Art. 4 FpHG kommen in erster Linie Vermögensschäden in Betracht; der Verweis in Art. 6 FpHG auf das Zivilgesetz schließt aber nicht die Geltendmachung auch immaterieller Schäden aus. Dieser Punkt ist deshalb von Bedeutung, da die japanische Rechtsprechung dem Privatanleger gelegentlich Schmerzensgeld auf deliktsrechtlicher Grundlage zu-

---

[836] Dazu J. SAMTLEBEN (2003) 73-74; F.A. SCHÄFER / V. LANG (2002) 203-204; M. WEBER (2003) 23.
[837] T. SAKURAI / T. UEYANAGI / Y. ISHITOYA (2002) 49, 51.
[838] T. SAKURAI / T. UEYANAGI / Y. ISHITOYA (2002) 49; Y. Shiomi (2001) 127 ff. Dies ist allerdings umstritten; vgl. H. KANSAKU (2001) 40; H. KOBAYASHI (2001)18-19. Diese Autoren verstehen die Haftung als besondere gesetzliche Form der Haftung aus *culpa in contrahendo*, wobei sie diese – rechtstechnisch betrachtet – aber als einen Fall der Haftung wegen Nichterfüllung aus Art. 415 ZG ansehen, was so jedoch in der japanischen Rechtsprechung nicht allgemein anerkannt ist.

spricht, wenn der Finanzdienstleister ihm einen eigentlich unerwünschten Vertrag aufdrängt.[839] Es erscheint möglich, dies unter entsprechenden Umständen mit der gleichen Begründung auch nach Art. 4 FpHG fordern zu können.

Art. 5 I FpHG sieht zugunsten des Kunden eine gesetzliche Vermutung der Schadenshöhe und des Schadensumfangs – gekoppelt mit einer Beweislastumkehr für den Fall der Verletzung der Aufklärungspflicht durch den Finanzdienstleister – vor, die den gesamten entstandenen Wertverlust des Finanzproduktes (wörtlich „Kapitalverlust") – zwischen dessen Erwerb und der Geltendmachung des Anspruchs – umfaßt; mit anderen Worten, den unmittelbar erlittenen finanziellen Nachteil des Kunden. Im Schrifttum scheinbar unerörtert bleibt dagegen die Frage, ob auch das entrichtete Entgelt für die vertragliche Dienstleistung des Finanzdienstleisters davon umfaßt wird, der Kunde also gestützt auf Art. 5 I FpHG immer grundsätzlich auch zusätzlich das Entgelt herausverlangen und auf diese Weise quasi eine Lage wie im Falle der Rückabwicklung des gesamten Vertrages herbeiführen könnte – wenngleich der Vertrag aufgrund des Grundsatzes des Geldersatzes im japanischen Schadensrechts niemals automatisch als aufgelöst betrachtet werden kann. Ginge man hiervon aus, so würde das Gesetz im Regelfall quasi den Vertrag selbst als Schaden ansehen. Dies ist aber angesichts der Definition des Wertverlustes in Art. 5 II FpHG nur schwer anzunehmen. Möchte also der Kunde auch das Entgelt für die Dienstleistung als Schaden geltend machen, so gilt die für ihn günstige Regelung des Art. 5 I FpHG nicht; insoweit müßte er diesen Schaden nach den normalen Beweislastregeln des Zivilprozeßrechts nachweisen. Die Situation unterscheidet sich daher sowohl von der Form her als auch materiell von der nach Ausübung eines Anfechtungsrechts. Ferner enthält Art. 5 I FpHG nicht nur hinsichtlich der Höhe des entstandenen Schadens, sondern zusätzlich auch hinsichtlich der Kausalität zwischen der Pflichtverletzung und dem entstandenen Schaden eine Vermutung und Beweislastumkehr zugunsten des Kunden.

Anders als bei der Haftung nach dem allgemeinen Deliktsrecht muß sich der Finanzdienstleister bei der Haftung aus Art. 4 FpHG unmittelbar die Handlungen und das Wissen seiner Hilfspersonen zurechnen lassen. Es ist daher unerheblich, ob ein Repräsentant, ein Angestellter oder eine sonstige Hilfsperson des Unternehmers die Aufklärungspflichtverletzung im Einzelfall begangen hat. Bei der Beteiligung von mehreren Hilfspersonen an den Vertragsverhandlungen kann sich die Verletzung einer Aufklärungspflicht auch aufgrund einer Gesamtschau ergeben. Der Rechtsträger des Unternehmens haftet somit in gleicher Weise unmittelbar für eigenes und fremdes Verhalten.[840]

---

[839] Vgl. oben A IV 1 b und 2 a.
[840] M. TAKAHASHI (2001) 128; N. OKADA / Y. TAKAHASHI (2001) 115; K. ŌMAE / Y. TAKINAMI (2001) 25

## 2. Inhalt und Umfang der Aufklärungspflicht (Art. 3 I FpHG)

Voraussetzung eines Schadensersatzanspruchs des Kunden aus Art. 4 FpHG ist die *Verletzung einer vorvertraglichen Aufklärungspflicht* durch den Finanzdienstleister. Ob eine solche Pflichtverletzung vorliegt, beurteilt sich aus dem gesamten Verhalten des Unternehmers bzw. seiner Hilfspersonen vor Vertragsschluß. Der Inhalt und Umfang der bestehenden Aufklärungspflicht wird durch Art. 3 FpHG konkretisiert. Art. 3 I FHG verpflichtet den Unternehmer zur Aufklärung über „wichtige Einzelheiten" des jeweiligen Geschäfts, die im einzelnen in insgesamt vier Ziffern näher umschrieben werden. Ordnet man die dort genannten Fälle, kann man grundsätzlich zwischen zwei Kategorien von Aufklärungspflichten unterscheiden:

- Eine Aufklärungspflicht über die konkreten *Risiken* des betreffenden Geschäftes sowie deren Gründe (Art. 3 I Ziffern 1-3 FpHG), sowie
- eine Aufklärungspflicht über etwaige *Verfallsfriste*n zur Ausübung von Rechten oder *Fristen zur Kündigung* von Verträgen (Art. 3 I Ziffer 4 FpHG).

Das Gesetz nennt konkret drei Arten von *aufklärungspflichtigen Risiken*:
1. ein bestehendes Risiko des Vermögensverlustes durch Wertschwankungen aufgrund wirtschaftlicher Prozesse (z.b. die Veränderung von Wertpapierkursen, Zinsraten, Währungskursen oder verschiedenen Indizes (Ziffer 1);
2. ein bestehendes Risiko durch die Verschlechterung der Vermögenssituation oder die Änderung des Geschäftsbetriebes des Finanzdienstleisters (Ziffer 2);
3. sonstige Risiken, die durch Regierungsverordnung konkretisiert werden (Ziffer 3; bisher nicht erfolgt). Besonders die Aufklärungspflicht des Finanzdienstleisters nach Ziffer 1 ist von großer Bedeutung. Hierdurch soll verhindert werden, daß ein Anleger ein Anlageinstrument in Unkenntnis des damit verbundenen genauen Risikos des Wertverlustes erwirbt. Hierdurch wird eine Aufklärungspflicht gesetzlich festgeschrieben, die bereits in der japanischen Rechtsprechung als Ausprägung des Grundsatzes von Treu und Glauben weitgehend anerkannt ist.

Unter Ziffer 4 fallen z.B. Fristen für die Ausübung der Option bei Optionsgeschäften und Kündigungsfristen bei Dauerschuldverhältnissen wie z.B. Versicherungs- und Sparverträgen.[841]

Für den Fall, daß Aufklärungspflichten im Vertragsanbahnungsverhältnis nach Art. 3 I FHG grundsätzlich bestehen, stellt sich die Frage nach deren Umfang. Denn die Vorschrift bestimmt nur, *worüber* der Kunde aufzuklären ist, *nicht aber in welchem Maße*. Weitgehende Einigkeit besteht darüber, daß es sich bei der Aufklärungspflicht nicht nur um eine Pflicht zur bloß standardisierten Information des Kunden handelt. Es sei vielmehr erforderlich, daß der

---

[841] H. KOBAYASHI (2001) 97-98. Nicht gemeint sind z.B. Fristen zur Ausübung von spezialgesetzlich geregelten verbraucherschützenden Widerrufs- oder Kündigungsrechten.

Kunde individuell über den Inhalt und das Risiko des konkreten Finanzgeschäftes in einem Maße aufgeklärt wird, daß er in die Lage versetzt wird, das Geschäft zu verstehen und zu beurteilen, um eigenverantwortlich eine vernünftige Entscheidung zu treffen. Dabei sind die Geschäftserfahrung und die Kenntnisse des Kunden sowie seine Vermögensverhältnisse und seine mit dem Geschäft verbundenen Ziele zu berücksichtigen.[842]

Umstritten ist, ob den Finanzdienstleister darüber hinaus auch eine Pflicht trifft, sich über diese persönlichen Umstände des Kunden besonders zu informieren oder ob diese nur relevant sind, soweit sie bekannt sind.[843] Einige bejahen hier eine umfassende Erkundigungspflicht (*chōsa gimu*); allerdings nur insoweit der Kunde bereit ist, von sich aus derartige Angaben zu machen, wozu er nicht verpflichtet sei. Einige bejahen zumindest eine Pflicht des Finanzdienstleisters, sich in jedem Einzelfall darüber zu informieren, ob der Kunde auch tatsächlich die Einzelheiten des Geschäfts verstanden hat (*rikai kakunin gimu*). Da die Nachforschung mitunter schwierig ist, gehen andere grundsätzlich von einem einheitlichen Maßstab der zu berücksichtigenden Kenntnisse und Erfahrung des Kunden aus. So wird z.B. vertreten, daß sich die Aufklärung grundsätzlich an den Kenntnissen eines besonders unkundigen und unerfahrenen Kunden zu orientieren habe oder aber, daß zumindest gewährleistet sein müsse, daß ein Großteil der Kunden ein hinreichendes Verständnis für das Geschäft entwickeln könne.[844] Die an den Vorbereitungen zur Gesetzgebung beteiligten Beamten des Finanzministeriums gingen offensichtlich auch von einem einheitlichen Maßstab aus, da sie verlangen, daß sich der Finanzdienstleister am Verständnis und den Umständen des Durchschnittskunden auszurichten haben.[845]

Die Verletzung einer Aufklärungspflicht kann im übrigen sowohl in einer *unzureichenden* als auch einer *unzutreffenden Information und Aufklärung* des Kunden durch den Finanzdienstleister liegen.

### 3. Ausnahmen von der Aufklärungspflicht

Ausnahmen von der Aufklärungspflicht des Finanzdienstleisters nach Art. 3 I FpHG bestehen einerseits bei Kunden, die selbst Finanzdienstleister sind (Art. 3 IV Nr. 1 FpHG, Art. 8 DVO FpHG) – wie oben bereits erwähnt – und zudem im Falle, daß der Kunde ausdrücklich erklärt, daß er keiner Aufklärung über die nach dem Gesetz aufklärungspflichtigen Umstände bedürfe (Art. 3 IV Nr. 2 FpHG). Ob es sich bei dem Kunden um einen Finanzdienstleister handelt, läßt sich anhand formaler Gesichtspunkte relativ einfach entscheiden. Dagegen kann die Beurteilung, ob der Kunde auf die Aufklärung durch den Finanz-

---

[842] T. SAKURAI / T. UEYANAGI / Y. ISHITOYA (2002) 42.
[843] Hier wird also ein ähnliches Problem wie bei § 31 II Nr.1 WpHG gesehen.
[844] Zum ganzen T. SAKURAI / T. UEYANAGI / Y. ISHITOYA (2002) 43-44 m.w.N.
[845] N. OKADA / Y. TAKAHASHI (2001) 97.

dienstleister verzichtet hat, mitunter schwierig sein. Die Literatur ist sich einig, daß an einen Verzicht strenge Anforderungen zu stellen sind, damit der Schutzzweck des Gesetzes nicht unterlaufen wird. Der Unternehmer soll sich daher nach verbreiteter Ansicht in jedem Falle zusätzlich vergewissern müssen, daß der Kunde über genügend Erfahrung und Kenntnisse in derartigen Geschäften verfügt, um eine verantwortungsbewußte Entscheidung über den Verzicht auf die Aufklärung überhaupt treffen zu können. Der Gesetzgeber habe mit dieser Bestimmung nur eine Ausnahme von der Aufklärungspflicht bei Kunden beabsichtigt, die ähnlich wie der professionelle Finanzdienstleister in Nr.1 aus nachvollziehbaren Gründen keiner besonderen Erklärungen bedürfen.[846]

*4. Form der Aufklärung*

Das Gesetz sieht keine besondere Form der Aufklärung vor. Es ist daher sowohl eine mündliche als auch schriftliche Aufklärung möglich. Weitgehende Übereinstimmung besteht nach dem oben gesagt darin, daß es sich um eine Aufklärungspflicht im *materiellen Sinne* handelt und nicht um eine bloße formalistische Pflicht. Die bloße Übergabe eines vorbereiteten umfangreichen Schriftstückes wird daher jedenfalls zur Erfüllung der Pflicht nicht ausreichen. In gewissem Umfang ist zusätzlich immer auch eine individuelle mündliche Erklärung erforderlich.[847] Bei der automatisierten Abwicklung von Finanzgeschäften, zum Beispiel an Bankautomaten, sei daher zumindest immer die Gelegenheit zur Rückfrage zu geben und darauf auch besonders hinzuweisen.[848]

III. Sonstige Maßnahmen zur Gewährleistung fairer Vertragsverhandlungen (Artt. 7 bis 9 FpHG)

Art. 7 FpHG bestimmt eine allgemeine *Bemühungspflicht* des Finanzdienstleisters, sich „gebührlich" bei der Werbung von Kunden zu verhalten. Damit ist unter anderem gemeint, daß der Unternehmer und seine Hilfspersonen bestrebt sein müssen, den Kunden angemessen aufzuklären, ihn nicht mit übertriebenen Anpreisungen zum Vertragsabschluß zu locken und ihn nicht unangemessen beim Vertragsabschluß zu bedrängen.[849] Der Finanzdienstleister soll auf die konkreten Kenntnisse und Erfahrungen des Kunden sowie dessen Wünsche und

---

[846] Dieser Wille geht aus den offiziellen Unterlagen über die Gesetzgebung sowie aus den Äußerungen der federführenden Minister während der Beratungen im Parlament hervor, vgl. insoweit N. OKADA / Y. TAKAHASHI (2001) 15; K. ŌMAE / Y. TAKINAMI (2001) 16; Kurzmitteilungen über die parlamentarischen Beratungen im Oberhaus des Parlaments (*Sangi-in honkaigi giji sokuhō*) vom 14.4.2000, 5.
[847] H. KOBAYASHI (2001) 100.
[848] H. KOBAYASHI (2001) 101.
[849] Dazu T. SAKURAI / T. UEYANAGI / Y. ISHITOYA (2002) 52-57; H. KOBAYASHI (2001) 153 ff.; Y. SHIOMI (2001) 141-161.

Vermögensverhältnisse hinreichend Rücksicht zu nehmen. Eine unmittelbare Sanktion für den Fall eines Verstoßes gegen Art. 7 FpHG sieht das Gesetz jedoch nicht vor. Auch enthält das Gesetz keine Ermächtigungsgrundlage für Verwaltungsbehörden, gegen den Finanzdienstleister bestimmte Maßnahmen zu ergreifen. Art 7 FpHG ist zudem inhaltlich wenig bestimmt und stellt keine Rechtspflicht im herkömmlichen Sinne dar, sondern eben nur eine „Bemühungspflicht", so daß es auch schwer fällt, mit einem Verstoß gegen die Norm eine deliktische Haftung zu begründen. Der Grad der *rechtlichen Verbindlichkeit* ist daher gering.

Nach Art. 8 FpHG hat ein Finanzdienstleister, der nicht ausschließlich mit anderen Finanzdienstleistern bzw. Finanzinstituten Geschäfte betreibt, sogenannte *grundlegende Leitlinien für das Werben von Kunden* aufzustellen und zu veröffentlichen.[850] Darin sind allgemeine Kriterien für ein angemessenes Verhalten des Dienstleisters gegenüber den Kunden bei Vertragsverhandlungen (Abs. 2 Nr. 2 und Nr. 3) darzulegen, insbesondere Informationen darüber, auf welche Weise der Finanzdienstleister den Grad der Kenntnisse und Erfahrungen sowie die Vermögenslage des Kunden bei der Aufklärung zu berücksichtigen gedenkt (Abs. 2 Nr. 1). Der Unternehmer soll also eigene Verhaltensregeln für den geschäftlichen Umgang mit Kunden festlegen, die er für sich selbst als verbindlich ansieht, mithin zu einer Art Selbstregulierung verpflichtet werden. Die Veröffentlichung dieser Leitlinien soll Kunden die Möglichkeit bieten, sich im Vorhinein über die einzelnen Anbieter zu informieren und deren Geschäftspolitiken miteinander zu vergleichen. Das Gesetz sieht jedoch auch hierbei wieder keinerlei Sanktionen zivilrechtlicher, strafrechtlicher oder verwaltungsrechtlicher Art für den Fall vor, daß der Finanzdienstleister sich an seine eigenen Verhaltensregeln nicht hält. Art. 9 FpHG sieht lediglich die Möglichkeit der Verhängung einer Geldstrafe bei Nichtaufstellen oder Nichtveröffentlichen von Leitlinien vor, allerdings nur bis zu einer Höhe von maximal 500.000 ¥. Zwar scheint es grundsätzlich möglich, einen Verstoß gegen die eigenen Leitlinien auch als deliktische Pflichtverletzung zu betrachten. Die Wahrscheinlichkeit, daß die Gerichte dem zustimmen werden, erscheint aber gering. Wahrscheinlich ist von größerer Bedeutung, daß ein Nichtbeachten der eigenen Leitlinien zu einer schlechten Presse führen kann, die Finanzdienstleister unter Umständen mehr fürchten als eine bloße Verpflichtung zum Schadensersatz oder eine geringe Geldstrafe.

Im Gegensatz zu Art. 4 FpHG regulieren die Artt. 7 bis 9 FpHG den Vertragsabschluß somit in sehr „weicher" Form, also ohne daß der Finanzdienstleister unmittelbar Sanktionen bei einem Verstoß gegen sie befürchten müßte. Ob diese Art *soft law* aber zur Erreichung des Ziels der Förderung fairer und

---

[850] Ausgenommen von dieser Pflicht werden öffentliche Finanzinstitute, die vom Zentralstaat oder von den regionalen öffentlichen Gebietskörperschaften geleitet werden, soweit sie durch Regierungsverordnung anerkannt sind.

angemessener Vertragsabschlußbedingungen und zum Schutz des Kunden ausreichend ist, kann zumindest bezweifelt werden.

## IV. Verhältnis zum Zivilgesetz

Das FpHG enthält in Art. 6 eine Regelung über das Verhältnis zum Zivilgesetz, die sich nur auf die Art und den Umfang des Schadensersatzes bezieht und bestimmt, daß soweit hierzu keine ausdrücklichen Regelungen enthalten sind, ergänzend das ZG Anwendung findet.

Aus dem Fehlen einer weitergehenden Bestimmung über das Konkurrenzverhältnis zwischen dem FpHG und dem ZG kann geschlossen werden, daß das FpHG nicht die Anwendung der allgemeinen Bestimmungen des ZG ausschließt. Für die Generalklausel Art. 90 ZG versteht sich das ohnehin von selbst. Von Bedeutung ist indes vor allem die Konkurrenz des Schadensersatzanspruchs aus Art. 4 FpHG zu den Vorschriften über die Willenserklärungen und über die allgemeine deliktsrechtliche Haftung.

Eine Situation, bei der die Anwendung der Vorschrift der Täuschung (Art. 96 ZG) oder der des Irrtums (Art. 95 ZG) neben Art. 4 FpHG überhaupt in Betracht kommt, dürfte selten sein. Das FpHG ist gerade auch deshalb geschaffen worden, weil Aufklärungspflichtverletzungen bei Verbraucherverträgen mit den herkömmlichen Instrumenten des Zivilgesetzes nur schwer zu bewältigen sind. Insbesondere ist es schwierig bei Anlagegeschäften „Prognosen" des Unternehmers über die zukünftige Entwicklung des Börsenwertes von Aktien etc. als *Tatsachen* aufzufassen, was für die Anwendung von Art. 95 und 96 ZG erforderlich wäre. Sollten aber dennoch einmal die Voraussetzung für eine Anfechtung vorliegen, so kann die Rechtsfolge der Nichtigkeit des Vertrages *ex tunc* und die Möglichkeit der Rückforderung aufgrund Bereicherungsrechts gegebenenfalls günstiger sein als der Anspruch nach Art. 4 FpHG.

Die Haftung aus Art. 4 FpHG kann grundsätzlich auch neben einer Haftung aus dem allgemeinen Deliktsrecht (Artt. 709, 715, 44 ZG oder 719 ZG) bestehen.[851] Da die Voraussetzungen und der Umfang der Haftung sich unterscheiden, empfiehlt es sich für den geschädigten Anleger bzw. Kunden gegebenenfalls in einer Klage sowohl einen Anspruch aus Art. 4 FpHG als auch einen deliktsrechtlichen Anspruch geltend zu machen. Art. 4 FpHG hat für den Geschädigten im Vergleich zu deliktsrechtlichen Anspruchsnormen zwar den Vorteil, daß er weder einen Nachweis des Verschuldens des Finanzdienstleisters noch den der Kausalität zwischen Pflichtverletzung und Schaden erbringen muß sowie daß zudem die gesetzliche Vermutung bzgl. der Schadenshöhe besteht; andererseits können zur Begründung eines deliktsrechtlichen Anspruchs zusätzlich zur vorvertraglichen Aufklärungspflichtverletzung auch Verstöße gegen Rechtnormen und vertragliche Pflichtverletzungen angeführt

---

[851] H. KOBAYASHI (2001) 146 m.w.N.

werden. Ferner richtet sich der Anspruch aus Art. 4 FpHG immer nur gegen den Rechtsträger des Finanzdienstleisters, der in aller Regel eine juristische Person (insbesondere Handelsgesellschaft) ist. Der deliktsrechtliche Schadensersatzanspruch kann sich dagegen nicht nur gegen den Finanzdienstleister selbst (Artt. 709, 715, 44 ZG), sondern auch gegen dessen Hilfspersonen persönlich richten, wozu insbesondere die Organe der Gesellschaft (Einzelverwaltungsräte, Verwaltungsratsmitglieder, gesellschaftsinterne Prüfer, Geschäftsführer, Gesellschafter etc.), leitende Angestellte und teilweise einfache Angestellte des Unternehmens zählen.[852] Soweit deren Haftung sich nicht bereits aus Art. 709 ZG ergibt, kann diese in vielen Fällen aus Art. 719 ZG bestehen, wenn sie an der betreffenden Pflichtverletzung in irgendeiner Weise beteiligt waren. Eine gesonderte Haftung von Organen der Aktiengesellschaft und der GmbH kann sich zudem auch in Kombination mit handelsrechtlichen Spezialnormen ergeben. Nach japanischem Deliktsrecht läßt sich also gegebenenfalls eine persönliche Haftung von mehreren Beteiligten konstruieren, was nach Art. 4 FpHG nicht möglich ist. Desweiteren bietet ein deliktsrechtlicher Anspruch auf der Rechtsfolgenseite die Möglichkeit, die Rechtswanwaltskosten zur Rechtsverfolgung als Schaden geltend zu machen. Ob dieser Schadensposten auch von einem Schadensersatzanspruch aus Art. 4 FpHG unter dem Gesichtspunkte der Kausalität umfaßt wird, ist unklar. Teilweise wird dies ausdrücklich bejaht.[853]

Einen großen Vorteil hat ein Anspruch aus Art. 4 FpHG gegenüber einem deliktsrechtlichen Anspruch, wenn man der Ansicht folgt, daß hierbei kein Mitverschuldensabzug des Kunden zulässig ist. Beim deliktsrechtlichen Anspruch wird dieser von der Rechtsprechung dagegen regelmäßig vorgenommen.[854] Begründet wird dies zum einen damit, daß der Anspruch aus Art. 4 FpHG auf einer Art Verursachungshaftung (verschuldensunabhängig) beruht, bei der ein Verschuldensabzug des Geschädigten nicht in Betracht komme. Außerdem gehe es bei Art. 4 FHG ausschließlich um die Frage, ob eine Aufklärungspflichtverletzung vorliege oder nicht. Besondere Kenntnisse oder sonstige Umstände des Kunden müssten dort bereits auf der Tatbestandsebene berücksichtigt werden, nicht bei der Bezifferung des zurechenbaren Schadens.[855] Dagegen wird aber eingewandt, daß es sich bei dem Anspruch um einen besonderen Deliktstatbestand handele und Art. 6 FpHG insoweit auf die allgemeinen deliktsrechtlichen Vorschriften verweise, wonach ein Mitverschuldensabzugs nach Artt. 722, 418 ZG genau wie bei der normalen Delikthaftung zu berücksichtigen sei.[856]

---

[852] Vgl. oben A IV.
[853] T. SAKURAI / T. UEYANAGI / Y. ISHITOYA (2002) 50.
[854] Vgl. Y. SHIOMI (2001) 138-139 m.w.N. Vgl. auch bereits oben unter A IV 1 a gg und 2 a.
[855] T. SAKURAI / T. UEYANAGI / Y. ISHITOYA (2002) 51.
[856] H. KOBAYASHI (2001) 150; Y. SHIOMI (2001) 137-138.

## V. Verhältnis zum Verbrauchervertragsgesetz

Auch das Verbrauchervertragsgesetz enthält Vorschriften zur Gewährleistung eines fairen Vertragsabschlusses zwischen Unternehmern und Verbrauchern. Es sanktioniert hierzu bestimmte Aufklärungspflichtverletzungen des Unternehmers. Hierbei ist aber erstens die Rechtstechnik verschieden von der des FpHG – nämlich einerseits die Gewährung eines Anfechtungsrechts und andererseits eines Schadensersatzanspruchs –, und zweitens sind die Tatbestandsvoraussetzungen einer Aufklärungspflichtverletzung im VerbrVG etwas enger gefaßt. Beide Gesetze sind grundsätzlich nebeneinander anwendbar, sofern der jeweilige Anwendungsbereich eröffnet ist.[857] Das ist der Fall, wenn es sich bei dem Vertrag zwischen dem Finanzdienstleister und dem Kunden zugleich um einen Verbrauchervertrag handelt. Von Bedeutung ist hier, daß das FpHG einen über das VerbrVG hinausgehenden personalen aber einen engeren sachlichen Anwendungsbereich hat. Ob es bei Vorliegen sowohl der Voraussetzungen eines Schadensersatzanspruches nach Art. 4 FpHG als auch der eines Anfechtungsrechts nach dem VerbrVG für den Verbrauchers günstiger ist, den Schadensersatzanpruch geltend zu machen oder die geleistete Geldsumme (nach Anfechtung) aufgrund Bereicherungsrechts herauszuverlangen, kommt auf den Einzelfall an. Der bereicherungsrechtliche Anspruch umfaßt im Regelfall auch das Entgelt für die Dienstleistung an sich; anders dagegen der Anspruch nach Art, 4 FpHG, der nur den Wertverlust des Finanzproduktes berücksichtigt. Beim bereicherungsrechtlichen Anspruch kann sich der Unternehmer gegebenenfalls auf die Entreicherung berufen. Dies ist gemäß Art. 704 ZG nur ausgeschlossen bei Bösgläubigkeit.[858] Beim Anspruch nach Art. 4 FpHG muß der Verbraucher gegebenenfalls mit einem Mitverschuldensabzug rechnen.

## VI. Ergebnis

Insbesondere die Regulierung des Vertragsabschlusses durch Festlegung von konkreten Aufklärungspflichten des Finanzdienstleisters und die Sanktionierung eines Pflichtverstoßes mit einem gesetzlich zwingenden Schadensersatzanspruch des Kunden stellt ein wichtiges Instrument zur Verbesserung des Schutzes von Verbrauchern vor unerwünschten und unfairen Verträgen im Zusammenhang mit dem Abschluß und der Vermittlung von Finanz- und Finanzanlagegeschäften dar. Ein spezielles Schutzinstrument gerade beim Abschluß von Verträgen über Finanzgeschäfte ist vor allem deshalb bedutsam,

---

[857] H. KANSAKU (2001) 39. Von der gleichzeitigen Anwendbarkeit beider Gesetze auf ähnliche Sachverhalte wird wie selbstverständlich ausgegangen; vgl. insoweit auch Y. SHIOMI (2001) 9-14.

[858] SHIN HANREI KONMENTĀRU MINPŌ (1992) Band 8, Art. 704 ZG, 290 m.w.N. Nach herrschender Meinung reicht zur Bösgläubigkeit bereits einfache Fahrlässigkeit (fahrlässige Nichtkenntnis) aus.

weil hier häufig das Informationsungleichgewicht zwischen den Vertragsparteien besonders groß ist. Die Aufklärung des Kunden trägt dazu bei, daß dieser eine verantwortliche Entscheidung über den Abschluß eines entsprechenden Vertrages besser treffen kann.

Die Regelungen des FpHG werden allerdings nicht die bisherige Rechtsprechung zur deliktsrechtlichen Haftung im Falle von Aufklärungspflichtverletzungen bei Finanz- und Finanzanlagegeschäften ersetzen. Deliktsrechtliche Schadensersatzansprüche werden weiterhin als Haftungsgrundlage neben Art. 4 FpHG von Bedeutung sein, zum einen wegen der zum Teil unterschiedlichen Voraussetzungen und eines abweichenden Haftungsumfangs, zum anderen auch, weil nicht alle Finanzgeschäfte vom sachlichen Anwendungsbereich des FpHG umfaßt werden, so z.B. die Vermittlung und der direkte Abschluß von Warentermingeschäften.

Man kann bei der in Art. 4 FpHG vorgesehen Rechtsfolge der Schadensersatzpflicht bei vorvertraglichen Aufklärungspflichten auch von einer gesetzlichen Einschränkung der Vertragsbindungswirkung sprechen. Zwar kann sich der Kunde hier nicht von dem Vertrag unmittelbar lösen, durch die Gewährung eines Schadensersatzanspruchs, der im Regelfall auf einen Geldbetrag zumindest in Höhe der Investitionssumme gerichtet ist, wird aber ein ähnliches Ergebnis erzielt. Der Schadensersatzanspruch im Falle bedeutender vorvertraglicher Aufklärungspflichtverletzungen stellt auch eine erforderliche und keinesfalls unverhältnismäßige Maßnahme dar. Eine funktional ähnliche Haftung wird in vielen Ländern anerkannt, in Deutschland insbesondere in Form der Haftung aus *culpa in contrahendo*. Eine angemessene Information über den Vertragsinhalt durch den Finanzdienstleister stellt bei den komplexen Finanzgeschäften der Gegenwart eine notwendige Voraussetzung für eine nicht nur – formal betrachtet – freie, sondern auch vernünftige Entscheidung über den Abschluß eines Vertrages dar. Diese kann nur durch Anerkennung einer Aufklärungspflicht und durch Androhung einer Schadensersatzpflicht im Falle einer Pflichtverletzung angemessen sichergestellt werden. Der japanische Gesetzgeber hat hier klargestellt, daß der besser informierte Geschäftspartner nicht grenzenlos die Unwissenheit und fehlende Erfahrung seines Kontrahenten zu seinem Vorteil ausnutzen darf. Auch die im FpHG enthaltenen Beweiserleichterungen der gesetzlichen Vermutung der Schadenshöhe und der Kausalität sowie die Konstruktion des Anspruchs als Verursachungshaftung sind nicht unverhältnismäßig.

Die sonstigen Maßnahmen zur Förderung eines fairen Vertragsabschlusses in Artt. 7 bis 9 FpHG greifen nur geringfügig in die Vertragsfreiheit ein. Ob sie indes geeignet sind, das mit ihnen verbundene Ziel tatsächlich entscheidend zu fördern, ist schwer zu beurteilen.

# G. Regulierung und Kontrolle
## von Allgemeinen Geschäftsbedingungen

Allgemeine Geschäftsbedingungen (AGB, *futsū torihiki yakkan*[859]), d.h. einseitig vorformulierte typisierte Geschäftsbedingungen, sind wie in allen entwickelten Ländern auch in Japan weit verbreitet. Eine besonders große Rolle spielen sie auch beim Güter- und Leistungsaustausch mit dem Endverbraucher. Einerseits sind sie ein unentbehrliches Instrument der Rationalisierung im Wirtschaftsverkehr, andererseits besteht dabei immer die Gefahr, daß der Verwender der AGB seine Rechtsstellung zum Nachteil des Kunden unbillig verbessert. Insbesondere bei Verbraucherverträgen werden mittels AGB oftmals unzulässig Risiken vom Unternehmer auf den Vertragspartner, den Verbraucher, abgewälzt. Hierdurch wird die ohnehin bestehende Überlegenheit von Unternehmern gegenüber Verbrauchern noch verstärkt. Der Verbraucher ist gegenüber der einseitigen Ausgestaltung der AGB zumeist hilflos. Falls er die oft umfangreichen Klauselwerke überhaupt liest, wird er ihre Bedeutung nur selten verstehen. Aber selbst wenn er volle Kenntnis hiervon erhielte und die einzelnen Bestimmungen richtig einschätzen könnte, so bliebe ihm doch meist nichts anderes übrig, als sie zu akzeptieren, sei es daß der Unternehmer eine Monopolstellung innehat, sei es, daß die anderen Unternehmer der gleichen Branche dieselben AGB verwenden oder sei es, daß der Aufwand der Suche nach einem Unternehmer, der günstigere AGB verwendet, für den Verbraucher zu groß ist. Aus diesem Grunde stellt sich in allen Ländern die Frage, wie der Verbraucher besser vor unangemessenen Klauseln in AGB geschützt werden kann.

Freilich gelten diese Argumente auch oftmals für die Situation, in der sich kleine Unternehmer im Wirtschaftsverkehr befinden. Auch deren Einfluß bei den Verhandlungen mit wirtschaftlich mächtigeren Vertragspartnern ist gering, und auch für diese lohnt sich oftmals der Aufwand der Suche nach einem anderen Vertragspartner mit günstigeren AGB nicht. Trotzdem wird das Problem unbilliger Klauseln in AGB vor allem bei Verträgen zwischen Unternehmern und Verbrauchern als besonders gravierend angesehen, so auch in Japan.

In Japan begann die Diskussion über das Phänomen AGB und die damit zusammenhängenden Rechtsprobleme bereits zu Beginn der Taishō-Zeit (1912-1926).[860] In der Nachkriegszeit, vor allem seit Beginn der 1970er Jahre, wurde sie immer stärker von der Debatte über die Notwendigkeit eines besseren Verbraucherschutzes überlagert.[861] So gibt es bis heute in Japan zwar keine

---

[859] Hierbei handelt es sich nur um die im Japanischen am häufigsten verwendete Bezeichnung für AGB. Oft wird auch einfach nur die Kurzform „*yakkan*" benutzt. Im einzelnen ist die Begrifflichkeit umstritten, weil auch nicht eindeutig geklärt ist, was im einzelnen unter dem Begriff „AGB" zu verstehen ist (vgl. S. KAWAKAMI (1988) 113-132, vor allem 125-132; Y. YAMAMOTO (1986) 72; CHŪSHAKU MINPŌ 17/Tanikawa (1993) 264).
[860] Hierzu ausführlich S. KAWAKAMI (1988) 46-112.
[861] S. KAWAKAMI (1988) 19-20, 81-83; KEIZAI KIKAKU-CHŌ (1994) 41-44.

besonderen gesetzlichen Regelungen zu AGB, im Jahre 2001 ist aber das oben bereits erläuterte Verbrauchervertragsgesetz in Kraft getreten, das unter anderem spezielle Regelungen zum Inhalt und zur Kontrolle von Vertragsklauseln enthält (Artt. 8 bis 10 VerbrVG). Die Einzelheiten zum VerbrVG wurden bereits oben erläutert.[862] Die dort enthaltenen Regelungen sind sachlich jedoch nur auf Klauseln in Verbraucherverträgen anwendbar, und dies unabhängig vom Gesichtspunkt „AGB". Faktisch allerdings liegt der Hauptanwendungsbereich dieser Bestimmungen bei AGB in Verbraucherverträgen. Die betreffenden Regelungen des VerbrVG verfolgen also primär den Ansatz des Verbraucherschutzes. Ihnen liegt damit ein anderes Konzept zugrunde als dem deutschen Gesetz zur Regelung des Rechts der Allgemeinen Geschäftsbedingungen aus dem Jahre 1976 (AGBG),[863] das zumindest zu Beginn den Schutz grundsätzlich aller Vertragspartner vor dem Mißbrauch einseitiger Vertragsgestaltung durch den Verwender von AGB beabsichtigte. Mittlerweile sind die Regelungen des AGBG allerdings nicht nur ins BGB eingegliedert worden (§§ 305 bis 310 BGB), zudem ist vor allem durch die Umsetzung der EG-Richtlinie über mißbräuchliche Klauseln in Verbraucherverträgen[864] auch der Verbraucherschutz als besonderer Schutzzweck hinzugetreten. In Japan wird zumindest in der Wissenschaft seit langem auch der ursprüngliche deutsche AGB-Regelungsansatz diskutiert, vor allem beeinflusst vom AGBG. Zudem hat die deutsche Literatur in Japan große Beachtung gefunden, so beispielsweise die berühmte Monographie von *Ludwig Raiser* über das Recht der Allgemeinen Geschäftsbedingungen aus dem Jahre 1935.[865]

An dieser Stelle sollen die sonstigen rechtlichen Instrumente zum Schutz vor unangemessenen AGB in Japan vorgestellt werden. Dabei soll noch einmal ausnahmsweise von der Konzeption der Arbeit abgewichen werden, privatrechtliche Instrumente (Kapitel 3) getrennt von öffentlich-rechtlichen (Kapitel 4) zu behandeln, denn gerade in diesem Zusammenhang ist es besonders wichtig, das Gesamtsystem zusammenhängend darzustellen, mit dem man in Japan versucht, die Verwendung von unbilligen AGB zu verhindern oder nachträglich zu kontrollieren.

I. Regelungen durch den Gesetzgeber

In Japan gibt es, wie bereits erwähnt, kein allgemeines AGB-Gesetz. Das Zivilgesetz geht wie das BGB im Grundsatz von der Vertragsfreiheit aus und enthält daher im Vertragsrecht nur vereinzelt privatrechtlich zwingende Bestimmungen, die abweichenden AGB-Klauseln vorgehen. Darüber hinaus existieren zwingende und halbzwingende Normen in verschiedenen sonderprivatrecht-

---

[862] Unter B.
[863] BGBl. I, 3317.
[864] Richtlinie 93/13/EWG vom 5. April 1993, ABl. EG Nr. L 95/29.
[865] *Ludwig Raiser*, Das Recht der allgemeinen Geschäftsbedingungen (Hamburg 1935).

lichen und wirtschaftsverwaltungsrechtlichen Gesetzen, teils zum Zwecke des Verbraucherschutzes, teils spezieller zum Schutze von Privatanlegern oder anderen Personen. Die wichtigsten auch verbraucherrechtlich relevanten Bestimmungen sind oben bereits angesprochen worden und sollen hier nicht erneut erörtert werden.[866]

Im Bereich öffentlich besonders bedeutsamer Versorgungsleistungen wie z.b. der öffentlichen Personenbeförderung oder der Postbeförderung gibt es zudem teilweise umfassende Gesetze, die die Geschäftsbedingungen unmittelbar zwingend und weitreichend regeln.[867] Hier handelt es sich aber eigentlich nicht um gesetzliche Regelungen speziell zum Zwecke der Regulierung von AGB, sie dienen vielmehr ganz allgemein der Sicherstellung der Versorgung der Bevölkerung mit wichtigen Gütern und Dienstleistungen zu angemessenen Bedingungen, also der staatlichen Daseinsvorsorge.

Öffentlich-rechtliche Pflichten im Zusammenhang mit dem Abschluß und der Erfüllung von Verträgen, die auf sanktionsbewehrte Ge- und Verbote in zahlreichen Gesetzen oder Rechtsverordnungen zurückgehen, z.B. Pflichten zur (schriftlichen) Aufklärung des Kunden sowie Preisregelungen sind selbstverständlich auch nicht zur Disposition der Parteien gestellt und daher durch AGB nicht abdingbar.[868]

## II. Die Verwaltungskontrolle

Eine bedeutende Rolle bei der Kontrolle von AGB kommt in Japan Verwaltungsbehörden zu. Man kann hier insgesamt zwischen fünf verschiedenen Formen der AGB-Kontrolle unterscheiden. Davon sind drei präventiver Natur. Erstens sind die AGB der Unternehmer zahlreicher Branchen aufgrund gesetzlicher Regelung einer Genehmigungspflicht unterworfen (1). Zweitens haben Regierungs-Fachkommissionen für zahlreiche Branchen bzw. Vertragsarten Muster-AGB aufgestellt, die in der Praxis eine wichtige Rolle spielen (2). Drittens wirken Verwaltungsbehörden bei der Aufstellung von Muster-AGB durch Branchen-Unternehmerverbände sowie bei der Aufstellung der AGB einzelner Unternehmer mit (3).

Hierneben haben Verwaltungsbehörden auch gewisse Möglichkeiten der nachträglichen AGB-Kontrolle. Erstens können die zuständigen Verbraucherschutzbehörden der Präfekturen und Kommunen aufgrund von Satzungen (*jōrei*) auf die Änderung oder die Unterlassung der Verwendung unangemessener Klauseln in AGB für Verbraucherverträge hinwirken (4). Zweitens haben

---

[866] Insbesondere A III 3 a, B, C, D, E, F.
[867] CHŪSHAKU MINPŌ 17/Tanikawa (1993) 283. So zum Beispiel im Postgesetz (*Yūbin-hō*) für die öffentliche Post, Gesetz Nr. 165/1947, und im Eisenbahngewerbegesetz (*Tetsudō eigyō-hō*), Gesetz Nr. 65/1900 (einschließlich der Zusatzverordnungen) für den Transport von Personen und Gütern auf der Schiene.
[868] Dazu unten Kapitel 4.

diese Verbraucherschutzbehörden auch die Aufgabe, im Streitfalle zwischen Verbrauchern und Unternehmern zu vermitteln und zu schlichten, wenn sie von einer Partei dazu aufgefordert werden. Dies betrifft auch die Fälle einer Auseinandersetzung über Klauseln in den AGB des Unternehmers (5).

Nur soweit eine gesetzliche Genehmigungspflicht für AGB besteht (1) und soweit die Satzung einer Gebietskörperschaft Verwaltungsbehörden zur Kontrolle von AGB ermächtigt (4), bestehen Grundlagen für ein formelles Verwaltungshandeln. In den anderen Fällen ist der Einfluß der Behörden nur informeller Art. Man spricht hier häufig von informeller Verwaltungslenkung (*gyōsei shidō*).[869] Auch soweit eine Ermächtigungsgrundlage zur formellen Kontrolle besteht, wie z.b. bei der Genehmigungspflicht für AGB, greifen japanische Behörden dennoch häufig lieber zu informellen Maßnahmen zum Zwecke der Abhilfe. Im Falle der Ermächtigung durch Satzungsbestimmungen fehlt es außerdem häufig an effektiven Instrumenten zum Vollzug der Regelungen. So sind die Sanktions- und Vollstreckungskompetenzen der Behörden bei Mißachtung einer „Verfügung",[870] die sich auf eine Satzung stützt, sehr beschränkt. *De facto* sind die Behörden daher auch hier auf eine gewisse Kooperation des Unternehmers bzw. auf bestimmte Möglichkeiten informeller Einflußnahme angewiesen. Die Verwaltungskontrolle von AGB ist in Japan also zu einem großen Teil informeller Natur, deren Effektivität nur schwer einzuschätzen ist. Oft wird auch kritisiert, daß Behörden zu selten die Interessen der Verbraucher berücksichtigen.

*1. Genehmigungspflichten für AGB*

Besondere Genehmigungserfordernisse für die AGB von Unternehmern bestehen vor allem in Branchen, die eine besondere Bedeutung für die öffentliche Versorgung der Bevölkerung („Daseinsvorsorge") haben, oder in denen aus anderen Gründen ein gesteigertes öffentliches Interesse an einer präventiven Kontrolle der Geschäftsbedingungen besteht.

Die Unternehmer solcher Branchen haben gewöhnlich die Pflicht, für bestimmte Vertragsarten AGB zu erstellen und hierfür vor deren Verwendung im Rechtsverkehr eine Genehmigung durch die zuständige Verwaltungsbehörde (Gewerbeaufsichtsbehörde) zu beantragen. In einigen Fällen ist zwar keine Genehmigung erforderlich, die AGB müssen der zuständigen Behörde aber zumindest zur Kontrolle vorgelegt werden. Diese kann dann gegebenenfalls Änderungen anordnen. Soweit eine spezielle Gewerbeerlaubnis erforderlich ist, ist die Kontrolle der AGB meist eingebunden in das dafür erforderliche Antragsverfahren. Die zur Verwendung bestimmten AGB müssen dann zusammen

---

[869] Siehe hierzu auch unten im allgemeineren Kontext Kapitel 4 A I 2 a sowie im Zusammenhang mit der Streitschlichtung von Verbraucherbehörden Kapitel 4 C.

[870] Wobei hier kein Verwaltungsakt im traditionellen Sinne gemeint ist.

mit dem Antrag auf Gewerbeerlaubis bei der Verwaltungsbehörde eingereicht werden, und deren Inhalt bildet ein Kriterium für deren Erteilung. Möchte ein Unternehmer seine AGB später ändern, so muß er wieder einen besonderen Genehmigungsantrag stellen. Die Behörde kann darüber hinaus jederzeit von sich aus eine Änderung der AGB anordnen.

Der Abschluß eines Vertrages ohne Verwendung der genehmigten AGB ist in den meisten Fällen ausdrücklich verboten und kann verwaltungsrechtliche und strafrechtliche Sanktionen zur Folge haben. Auf diese Weise soll die gleichmäßige Anwendung der behördlich genehmigten AGB bei allen Kunden gewährleistet werden. Dies schließt aber nicht die Möglichkeit aus, unterschiedliche AGB für verschiedenartige Kunden, also etwa für Großkunden bzw. Verbraucher, zu erstellen. Die genehmigten AGB sind in einigen Fällen auch öffentlich bekannt zu machen, und zwar meist zumindest durch deutlich sichtbaren Aushang in den Geschäftsräumen. In einigen Gesetzen ist für bestimmte Branchen und Vertragstypen die Ausnahmeregelung vorgesehen, daß Unternehmer dann keine besondere Genehmigung ihrer AGB einholen müssen, wenn sie die vom für die Branche zuständigen Ministerium als oberste Gewerbeaufsichtsbehörde entworfenen Muster-AGB verwenden.[871] Schließlich werden die AGB für die Beförderung von Personen und Gütern auf der Schiene auch für Privatunternehmen grundsätzlich vom Ministerium für Infrastruktur, Transport und Verkehr (*Kokudo Kōtsu-shō*) (mit)erstellt. Die einzelnen Fälle, in denen derzeit eine Genehmigungspflicht für AGB bestehen, sowie begleitende Vorschriften sind nachfolgend in Tabelle 3 dargestellt.

Da in allen diesen Fällen die Vorbereitung und Erstellung eines AGB-Entwurfs oft aufwendig und kostspielig ist und das anschließende behördliche Genehmigungsverfahren eine gewisse Zeit in Anspruch nimmt, kommt es recht häufig vor, daß Branchen-Unternehmerverbände im Auftrag ihrer Mitglieder brancheneinheitliche AGB ausarbeiten und für diese die Genehmigung beantragen. Durch dieses Verfahren werden nicht nur Ressourcen gebündelt. Es besteht auf diese Weise auch ein größerer Einfluß und Verhandlungsspielraum gegenüber der zuständigen Behörde im Genehmigungsverfahren. Es existiert zwar keine gesetzliche Pflicht für die einzelnen Unternehmer der Branche, diese Muster-AGB zu verwenden, es hat für diese aber einige Vorteile. Außerdem besteht auch ein gewisser informeller Einfluß des Verbandes, die einheitliche Anwendung durch seine Mitglieder durchzusetzen.[872]

---

[871] In Fällen, in denen durch Fachkommissionen unter Beteiligung des zuständigen Ministeriums Muster-AGB aufgestellt wurden, sind diese meist mit den Muster-AGB identisch, die das Ministerium aufstellen kann, oder sie bilden zumindest die Grundlage hierfür. Muster-AGB der Ministerien werden in der Regel als amtliche Bekanntmachung (*kokuji*) veröffentlicht.

[872] Zur Kontrolle von AGB durch Verwaltungsbehörden und zur Beteiligung von Unternehmerverbänden vgl. S. KAWAKAMI (1988) 13-16 m.w.N.; KEIZAI KIKAKU-CHŌ (1994) 17-18, 21, 23-24, 28-29, 48.

Tabelle 3: Genehmigungserfordernis bei Allgemeinen Geschäftsbedingungen

| Gesetz | Pflicht zur Erstellung und Anzeige von AGB / Erfordernis der Genehmigung* | Behördliche Befugnis zur Anordnung der Änderung von AGB | Pflicht zur Veröffentlichung der AGB durch den Unternehmer** | Pflicht zur unbedingten Verwendung der AGB durch den Unternehmer |
|---|---|---|---|---|
| Elektrizitätsgewerbegesetz<br>– (*Denki jigyō-hō*)<br>– AGB Elektrizitätsversorgung | Art. 19 I | Art. 23 | Art. 20 | Art. 21, 22 |
| Gasgewerbegesetz<br>– (*Gasu jigyō-hō*)<br>– AGB Versorgung mit Gas | Art. 17 I | Art. 18 | Art. 19 | Art. 20 |
| Wassergesetz<br>– (*Suidō-hō*)<br>– AGB Wasserversorgung | Artt. 7 IV, 14 | Art. 38 | | Art. 55 |
| Gesetz über das Wassergewerbe zur Versorgung von Industrie und Gewerbe<br>– (*Kōgyō-yō suidō jigyō-hō*)<br>– AGB Wasserversorgung | Art. 17 I, II | Art. 18 | | Art. 29 |
| Telekommunikationsgewerbegesetz<br>– (*Denki tsūshin jigyō-hō*)<br>– AGB Telefon-, Telekommunikationsdienstleistung | Art. 19 I<br>nur Anzeigepflicht | Artt. 19 II, 29 | | Art. 19 III |
| Rundfunkgesetz<br>– (*Hōsō-hō*)<br>– AGB Rundfunkempfang | Art. 32 III | Art. 33 | | Art. 32 II |

\* Spalte 2 stellt Pflichten zur Einholung einer behördlichen Genehmigung bei erstmaliger Verwendung von AGB als auch bei AGB-Änderungen dar.
\*\* Meist zumindest durch deutlich sichtbaren Aushang in den Geschäftsräumen.

| Gesetz | Pflicht zur Erstellung und Anzeige von AGB / Erfordernis der Genehmigung* | Behördliche Befugnis zur Anordnung der Änderung von AGB | Pflicht zur Veröffentlichung der AGB durch den Unternehmer** | Pflicht zur unbedingten Verwendung der AGB durch den Unternehmer |
|---|---|---|---|---|
| Eisenbahngewerbegesetz (Tetsudō eigyō-hō) – AGB Beförderung von Personen und Gütern auf der Schiene | Art. 2 Festlegung der AGB durch das zuständige Ministerium | | Art. 3 | Art. 2 |
| Gesetz über die Beförderung auf der Straße (Dōro unsō-hō) – AGB Allgemeine Personenbeförderung auf der Straße, – AGB Benutzung von (Privat)Straßen | Artt. 11 I[1], Art. 62 I | Artt. 31, 70 | Artt. 12 I, 64 | Art. 76 |
| Gesetz über das Gewerbe der Güterbeförderung durch Kraftfahrzeuge (Kamotsu jidōsha unsō jigyō-hō) – AGB Beförderung von Gütern auf der Straße | Art. 10 I[2] | Art. 26 | Art. 11 | Art. 76 |
| Gesetz über die Beförderung auf der See (Kaijō unsō-hō) – AGB Allgemeine Personenbeförderung auf Seeschiffen – AGB Güterbeförderung auf Seeschiffen | Art. 11 I | Art. 21 | Art. 21 | Art. 38 |
| Gesetz über das Gewerbe der Beförderung in Häfen und Buchten (Kōwan unsō jigyō-hō) – AGB Güterbeförderung auf Schiffen in Häfen und Buchten | Art. 11 I | Art. 21 | Art. 12 | Art. 38 |

[1] Das zuständige Ministerium kann Muster-AGB ausarbeiten. Falls diese verwendet werden, ist keine besondere Genehmigung erforderlich (Art. 11 III des Gesetzes).
[2] Das zuständige Ministerium kann Muster-AGB ausarbeiten. Falls diese verwendet werden, ist keine besondere Genehmigung erforderlich (Art. 10 III des Gesetzes).

| Gesetz | Pflicht zur Erstellung und Anzeige von AGB / Erfordernis der Genehmigung* | Behördliche Befugnis zur Anordnung der Änderung von AGB | Pflicht zur Veröffentlichung der AGB durch den Unternehmer** | Pflicht zur unbedingten Verwendung der AGB durch den Unternehmer |
|---|---|---|---|---|
| Luftverkehrsgesetz – (Kōkū-hō) – AGB Luftbeförderung | Art. 106 I | Art. 112 | Art. 107 | Art. 157 |
| Gesetz über das Speditionsgewerbe (Kamotsu riyō unsō jigyō-hō) – AGB Speditionsgeschäft | Artt. 8 I, 26 I[3] | Artt. 12, 28 | Artt. 9, 27 | Art. 65 |
| Lagergewerbegesetz – (Sōko gyōhō) – AGB Lagergeschäft | Art. 8 I[4] | Art. 8 II | Art. 9 | Art. 9 Möglichkeit der förmlichen Sanktion unklar |
| Gesetz über den gewerblichen Betrieb von Unterstützungskassen – (Mujin gyōhō) – AGB Mitgliedschaft in Unterstützungskassen | Art. 3 III, 8 | Art. 24 | | Art. 4 I DAVO des Gesetzes |
| Warenbörsengesetz – (Shōhin torihikijo-hō) – AGB für Vermittlung von Geschäften an Warenbörsen gegenüber Anlegern | Artt. 11 II, 14 II, 15 I, III, 79 I, II, 80 I, 81, 119, 132 I, III, 133 I, 145 I, III, 146 I, 156 | Artt. 158 bis 160 | | Artt. 216, 369 |
| Wertpapierbörsen- und Wertpapierhandelsgesetz – (Shōken torihiki-hō) – AGB für Vermittlung von Wertpapiergeschäften an Börsen gegenüber Anlegern | Artt. 82 II, 83 I, 101-11 I, III, 101-12 I, 140 I, III, 141, 155-2 I, II, 155-3 I, 149 | Artt. 153, 155-10 | | Artt. 87, 119 |

[3] Das zuständige Ministerium kann Muster-AGB ausarbeiten. Falls diese verwendet werden, ist keine besondere Genehmigung erforderlich (Artt. 8 III, 26 II des Gesetzes).
[4] Das zuständige Ministerium kann Muster-AGB ausarbeiten. Falls diese verwendet werden, ist keine besondere Genehmigung erforderlich (Art. 8 III des Gesetzes).

| Gesetz | Pflicht zur Erstellung und Anzeige von AGB / Erfordernis der Genehmigung* | Behördliche Befugnis zur Anordnung der Änderung von AGB | Pflicht zur Veröffentlichung der AGB durch den Unternehmer** | Pflicht zur unbedingten Verwendung der AGB durch den Unternehmer |
|---|---|---|---|---|
| Finanzterminsgeschäftegesetz – (Kin'yū sakimono torihiki-hō) – AGB Vermittlung Finanztermingeschäfte | Artt. 3, 4 II, 5 I, 34-14 I, III, 34-15 I, 34-23 I, III, 34-24 I, 51-2 I, II, 55-2, 55-3, 55-4, 55-5 I | Artt. 53, 55. | | Artt. 8, 48 |
| Anlagetreuhandgesetz – (Tōshi shintaku oyobi tōshi hōjin ni kansuru hōritsu) – AGB Anlage in Wertpapier- und andere Treuhandgeschäfte | Art. 26 I, 29, 48-4, 58 I nur Pflicht zur Anzeige[5] | Art. 40 keine spezifische gesetzliche Grundlage | Pflicht zur Aufnahme in Werbeunterlagen, Art. 26 II, 30 | Art. 26 I, II Möglichkeit der förmlichen Sanktion unklar |
| Darlehenstreuhandgesetz – (Kashitsuke shintaku-hō) – AGB Anlage in Darlehens-Treuhandgeschäft[6] | Art. 4 und 5[7] | keine spezifische gesetzliche Grundlage | teilweise Pflicht Veröffentlichung von Geschäftsbedingungen, Art. 7 | Art. 3 I |
| Reisegewerbegesetz – (Ryokō gyōhō) – AGB Reisevertrag | Art. 12-2 I[8] | Art. 18-3 | Art. 12-2 III | Art. 12-2 I Möglichkeit der förmlichen Sanktion unklar |
| Immobilienfondsgesetz – (Fudōsan tokutei kyōdō jigyō-hō) – AGB Immobilienfonds | Artt. 3 I, 5, 9 | Artt. 34 ff. | | Artt. 23, 56 |

---

[5] In die AGB mindestens aufzunehmende Einzelheiten sind in Art. 25 des Gesetzes grob spezifiziert.

[6] Die Darlehenstreuhand ist ein Treuhandgeschäft, bei dem eine Treuhandbank den Anlegern für die Einzahlung von Geld Treuhandzertifikate aushändigt. Die Banken vergeben aufgrund dieser Gelder langfristige Darlehen. Dem Anleger wird die Rückzahlung seiner Einlage bei einer vergleichsweise hohen Verzinsung versprochen (Treuhandanlagevertrag); vgl. H. BAUM / M. HAYAKAWA (1994) 540.

[7] In die AGB mindestens aufzunehmende Einzelheiten sind in Art. 3 II des Gesetzes grob spezifiziert.

[8] Punkte, die in den AGB zumindest erläutert werden, müssen sind in Art. 12-2 II bestimmt. Das zuständige Ministerium kann Muster-AGB ausarbeiten. Falls diese verwendet werden, ist keine besondere Genehmigung erforderlich (Art. 12-3 des Gesetzes).

## 2. Erarbeitung von Muster-AGB durch Fachkommissionen

Zwischen 1980 und 1988 hat die japanische Regierung mehrere Fachkommissionen zur Ausarbeitung von Muster-AGB für bestimmte Branchen und Vertragstypen einberufen, bei denen man annahm, daß ein besonderes Bedürfnis zur Verbesserung des Verbraucherschutzes besteht. Alle Fachkommissionen setzen sich zusammen aus Vertretern der betroffenen Branchen-Unternehmerverbände, der Verbraucherverbände, Wissenschaftlern und Regierungsvertretern und wurden als Unterausschüsse der Kommission für Verbraucherfragen (*Kokumin Seikatsu Shingi-kai*) eingerichtet, die in verschiedenen Sitzungsperioden mit jeweils verschiedenen Schwerpunktthemen tagt.[873]

In diesen Fachkommissionen wurden Muster-AGB für insgesamt 16 verschiedene Vertragsarten ausgearbeitet, die später mehrfach überarbeitet wurden. Auch wenn es keine rechtliche Verpflichtung der betroffenen Unternehmer gibt, diese Muster-AGB ganz oder teilweise ihren Verträgen zugrunde zu legen, so haben diese doch in der Praxis eine große Bedeutung erlangt.[874] Einerseits ist dies auf den Einfluß der Unternehmerverbände und andererseits der Behörden gegenüber den einzelnen Unternehmern zurückzuführen. So wurden beispielsweise die üblichen AGB für das Lagergeschäft sowie für den Gütertransport auf der Straße auf diesen Vorschlägen beruhend völlig neu gefaßt.[875] Die AGB in zahlreichen anderen Branchen wurden auf Grundlage dieser Vorschläge zumindest überarbeitet.[876]

Folgende Muster-AGB sind von den Fachkommissionen ausgearbeitet worden:[877]

---

[873] Angesiedelt ist die Kommission für Verbraucherfragen beim Wirtschaftsplanungsamt (*Keizai Kikaku-chō*); seit 2001 beim Kabinettsamt (*Naikaku-fu*). Sie hat mehrere ständige Unterausschüsse, so z.B. den für Verbraucherpolitik bzw. Verbraucherschutzmaßnahmen (*Shōhisha seisakubu-kai*); die Fachverbände für AGB waren unterhalb dieses Unterausschusses angesiedelt.

[874] Andererseits wird bemängelt, daß Unternehmer, die keinem Branchenverband angehören, meist nicht beeinflußt werden, weil diesen Muster-AGB die rechtliche Bindung fehlt. Außerdem könne die Anpassung von Muster-AGB nicht mit der Veränderung auf dem Markt Schritt halten (KEIZAI KIKAKU-CHŌ (1994) 9-10).

[875] Auf Grundlage der Muster-AGB für den Gütertransport wurden die Branchen-Muster-AGB für die allgemeine Paketbeförderung durch Zustelldienste (*hyōjun takyūbin unsō yakkan*) und für Umzugstransporte (*hyōjun hikkoshi unsō yakkan*) sowie auf der Grundlage der Muster-AGB für das Lagergeschäft die Branchen-Muster-AGB für die zeitweilige Einlagerung von Wohnungsinventar für den Fall von Auslandsaufenthalten oder in ähnlichen Fällen (*toranku rūmu sābisu yakkan*) neu gefaßt. Diese werden von den meisten Unternehmern, die in den Unternehmerverbänden der Branche organisiert sind, einheitlich verwendet.

[876] Vgl. KEIZAI KIKAKU-CHŌ (1994) 5-9; Z. KITAGAWA (1984).

[877] Vgl. KEIZAI KIKAKU-CHŌ (1994) 5.

G. Regulierung und Kontrolle von AGB          419

8. Sitzungsperiode (März 1980 bis Oktober 1981)
   - AGB Lebensversicherungsverträge (*seimei hoken yakkan*)
   - AGB Reisegewerbe [(Pauschalreise)Verträge] (*ryokō-gyō yakkan*)
   - AGB Unterstützungsvereine für Feierlichkeiten [Mitgliedsverträge] (*kankon sōsai gojo-kai yakkan*)
   - AGB Verbraucherkreditverträge der Banken
   - (*shōhisha rōn keiyaku-sho*)
   - AGB Verkauf von PKW (*jidōsha baibai yakkan*)
   - AGB Kreditkartenverträge für Privatkunden
   - (*kurejitto kādo kojin kai'in kiyaku*)
   - AGB Mitgliedschaften in Golfclubs, bei denen eine Geldeinlage erforderlich ist (*Yotaku-kin kai'in-sei gorufu kurabu kaisoku*)

9. Sitzungsperiode (September 1982 bis März 1984)
   - AGB Gütertransport auf der Straße (*kamotsu unsō yakkan*)
   - AGB des Übernachtungsgewerbes (*shukuhaku yakkan*)
   - AGB für Lagergeschäfte (*sōko kitaku yakkan*)
   - AGB Banken (*ginkō torihiki kitei*)
   - AGB Schadensversicherungen (*songai hoken yakkan*)

11. Sitzungsperiode
    - AGB für Bezug von Wohnungen in Altersheimen (*yūryō rōjin hōmu nyūi keiyaku-sho*)
    - AGB Mitgliedsverträge in gewerblich betriebenen Sportclubs (*supōtsu kurabu kaisoku*)
    - AGB Mitgliedsverträge in gewerblich betriebenen Freizeiteinrichtungen (*rizōto kurabu kaisoku*)
    - AGB für die gewerbliche Vermietung von Alltagsgegenständen (*seikatsu yōhin rentaru yakkan*)

## 3. Standardisierung von AGB durch Selbstkontrolle der Unternehmerverbände[878]

Unabhängig von den eben erwähnten Fachkommissionen unter Leitung der Regierung und auch in Branchen, in denen keine Genehmigungspflicht für AGB bestehen, erarbeiten viele Branchen-Unternehmerverbände Muster-AGB für ihre Mitglieder, auf deren einheitliche Verwendung sie hinwirken. Auch an dieser Arbeit sind häufig Verwaltungsbehörden mehr oder weniger beteiligt

---

[878] Ein Großteil der für Verbrauchergeschäfte üblichen Muster-AGB der Branchenverbände findet sich in der jährlich erscheinenden Gesetzessammlung für Verbraucherrecht (*Shōhisha roppō*), die von der MINIJ-HŌ KENKYŪ-KAI (Tōkyō) herausgegeben wird; in der Ausgabe des Jahres 2001 auf S. 831 bis 1105.

420    3. Kapitel: Regulierung und Kontrolle durch privatrechtliche Instrumente

oder machen zumindest ihren Einfluß geltend.[879] Zahlreiche Muster-AGB sind durch eine Zusammenarbeit der Verbände mit der zuständigen Aufsichtsbehörde entstanden. Es hat in der Vergangenheit auch Fälle gegeben, in denen die Verwaltungsbehörden massiv auf die Änderung von AGB in bestimmten Branchen Einfluß genommen haben.[880] Die gemeinsame Ausarbeitung von Muster-AGB durch Wirtschaftverbände und Verbraucherverbände dagegen ist selten.

### 4. Einfluß auf den Inhalt der AGB von Unternehmern, die keinem Unternehmerverband angeschlossen sind

Soweit keine Genehmigungspflichten für AGB bestehen und Unternehmer keinem Verband angehören, ist die Verwaltungskontrolle relativ schwach ausgeprägt. Hier können die Behörden auf den Inhalt von AGB nur mittelbar durch allgemeine gewerberechtliche Maßnahmen und durch informelle Verwaltungslenkung einen gewissen Einfluß ausüben.

### 5. Kontrolle von AGB durch Präfekturbehörden und kommunale Behörden

Eine bedeutende Rolle zum Schutz der japanischen Verbraucher spielen die lokalen Verbraucherbehörden der Präfekturen (*to-dō-fu-ken*) und Kommunen (*shi-chō-son*). Diese vertreten wesentlich aktiver die Verbraucherschutzinteressen als die zentralstaatlichen Behörden. Präfekturen und Kommunen sind nach Art. 94 der japanischen Verfassung i.V.m. Art. 14 I Selbstverwaltungsgesetz[881] dazu ermächtigt, im Rahmen der Gesetze Satzungen (*jōrei*) zu erlassen und ihre eigenen Angelegenheiten zu regeln.[882] Jede Präfektur verfügt mittlerweile auch über eine Satzung zum Schutz von Verbrauchern (Verbraucherschutzsatzung, VSS), deren Inhalt überall sehr ähnlich ist. Ihr Anwendungsbereich wird räumlich durch die jeweiligen politischen Grenzen beschränkt. Besondere Aufmerksamkeit verdienen die Verbraucherschutzsatzungen der Stadtpräfektur Tōkyō (VSS Tōkyō[883]) und die der Stadt Kōbe (VSS Kōbe[884]), weil diese besonders umfangreiche Regelungen enthalten und für die anderen Gebietskörperschaften

---

[879] Eine wichtiges Beispiel sind die Muster-AGB für Bankgeschäfte (*ginkō torihiki yakutei-sho*), die der Verband der japanischen Banken erstellt hat. Dieser berücksichtigt auch die Muster-AGB, die die Fachkommssion der Regierung erarbeitet hat. Umfassend zu den Muster-AGB für Bankgeschäfte, CHŪSHAKU MINPŌ 17 (1993) 286-492.
[880] Vgl. die Beispiele bei Y. YAMAMOTO (1986) 85-86.
[881] Gesetz über die regionale Selbstverwaltung der Gebietskörperschaften (*Chihō jichi-hō*), Gesetz Nr. 67/1947 i.d.F. des Gesetzes Nr. 138/2003.
[882] Im einzelnen hierzu unten Kapitel 4 B.
[883] *Tōkyō-to shōhi seikatsu jōrei*, Satzung Nr. 110/1994; letzte Reform erfolgte am 29.3.2002. Die reformierte Satzung trat am 1.7.2002 in Kraft.
[884] *Kōbe shimin no kurashi wo mamoru jōrei*, Satzung Nr. 52/1974 i.d.F. der Satzung Nr. 102/2000.

häufig Modellcharakter besitzen. Einige der Verbraucherschutzsatzungen enthalten mittlerweile Verbote der Verwendung unangemessener Vertragsbedingungen in Verbraucherverträgen, so auch die VSS Tōkyō und die VSS Kōbe.

Die VSS Tōkyō nimmt nicht ausdrücklich Bezug auf AGB, sie verbietet vielmehr den Unternehmern ganz allgemein, mit Verbrauchern einen Vertrag abzuschließen, dessen Inhalt gegen das Prinzip von Treu und Glauben im Geschäftsverkehr verstößt und der die Verbraucher unbillig benachteiligt (Art. 25 I Nr. 3 VSS Tōkyō). Die Bestimmung betrifft nur vertragliche Nebenbedingungen, nicht das Verhältnis von Leistung und Gegenleistung. Art. 8 der Durchführungsbestimmungen der VSS Tōkyō konkretisiert die Vorschrift durch neun Fälle, darunter z.B. eine unbillige Gerichtsstandsklausel (Nr. 6) und eine Klausel, durch die sich der Unternehmer in unangemessenem Umfang von der Haftung wegen Nichterfüllung, von der deliktsrechtlichen Haftung oder der Haftung aus Gewährleistungsrecht frei zeichnet (Nr. 8). Art. 25 I Nr. 3 VSS Tōkyō ermächtigt die zuständige Behörde auf diese Weise zur Kontrolle von vertraglichen Nebenbedingungen, und zwar auch von AGB-Klauseln.

Demgegenüber ermächtigt die VSS Kōbe die zuständige Behörde ausdrücklich (nur) zur Kontrolle von AGB, die Bestandteil von Verbraucherverträgen geworden oder hierfür bestimmt sind. In Art. 14-3 VSS Kōbe heißt es: „Es ist Unternehmern untersagt, bei der Lieferung von Waren oder der Erbringung von Dienstleistungen AGB zu verwenden, deren Inhalt die Interessen der Verbraucher in unangemessener Weise verletzt". Eine Konkretisierung dieser Bestimmung existiert nicht.

Bei dem Verdacht eines Verstoßes gegen die Satzungsbestimmung kann die zuständige Behörde weitere Untersuchungen des Falles anordnen. Kommt die Behörde zu der Ansicht, daß ein Verstoß vorliegt, kann sie den Unternehmer zurechtweisen (*shidō*) und gegen ihn eine „Warnung" (*kankoku*) aussprechen (Art. 25 II, 48 VSS Tōkyō; Art. 14-4 I VSS Kōbe). Vor Ausspruch einer Warnung muß sie diesem aber Gelegenheit zur Stellungnahme geben (Art. 49 VSS Tōkyō). Mißachtet der Unternehmer die Warnung, kann die Behörde den Unternehmer nur durch die öffentliche Bekanntmachung des Falles (*kōhyō*) sanktionieren (Art. 50 VSS Tōkyō; Art. 14-4 II VSS Kōbe).

Wie wirkungsvoll diese Art der AGB-Kontrolle bzw. der Kontrolle von Vertragsbedingungen durch lokale Verwaltungsbehörden ist, läßt sich nur schwer abschätzen. Die Behörden machen jedenfalls bisher nur selten von dem Mittel der öffentlichen Bekanntmachung Gebrauch. Daher gelangen die Fälle selten an die Öffentlichkeit. Meist bleibt es bei informellen Rügen oder beim Ausspruch einer Weisung oder einer Warnung. Gerichtsentscheidungen, in denen sich ein Unternehmer gegen eine Maßnahme zur Wehr setzt, die aufgrund einer Verbraucherschutzsatzung ergriffen wurde, lassen sich nicht finden.

## 6. Vermittlung der lokalen Verbraucherschutzbehörden bei einer Beschwerde über unbillige AGB

Im Falle der Beschwerde eines Verbrauchers über eine unangemessene Klausel in den AGB eines Unternehmers versuchen die lokalen Verbraucherschutzbehörden der Präfekturen und Kommunen auf deren Nichtanwendung zumindest im konkreten Einzelfall hinzuwirken. Die lokalen Verbraucherschutzbehörden haben sogenannte Verbraucherzentren eingerichtet, die auch als Streitschlichtungsstellen in Verbraucherangelegenheiten fungieren.[885] Um die Nichtanwendung unangemessener AGB-Klauseln zu erreichen, können sie sich aber nur entweder auf die oben vorgestellten Ermächtigungsgrundlagen der Verbraucherschutzsatzungen der Gebietskörperschaften oder auf allgemeine Formen der informellen Verwaltungslenkung stützen.

### III. Die richterliche Kontrolle

Die richterliche Kontrolle von AGB ist in Japan im Vergleich zu Deutschland nur schwach entwickelt. Es ist daher zu hoffen, daß das jüngst verabschiedete Verbrauchervertragsgesetz, obwohl es keinen AGB-Ansatz verfolgt, auch die Kontrolle von AGB durch die Gerichte beflügeln wird. Überhaupt nicht durch das VerbrVG behandelt wird allerdings die Frage nach der *Einbeziehung und Geltung* von AGB. Für die Lösung eines diesbezüglichen Problems muß daher vollständig auf die bisher geltenden Rechtsgrundsätze rekurriert werden. Auch die bislang entwickelten Leitlinien zur *verdeckten Inhaltskontrolle* können weiterhin von Bedeutung bleiben, da nach der bisherigen Erfahrung japanische Gerichte die offene Inhaltskontrolle von Verträgen aufgrund von Generalklauseln scheuen. An dieser Grundhaltung wird sich unter Umständen auch künftig angesichts der neuen Generalklausel im VerbrVG nichts ändern. Im übrigen bleibt die bisherige Rechtsprechung natürlich auch weiterhin für die Verwendung von AGB bei anderen Verträgen als Verbraucherverträgen von Bedeutung.

Insgesamt existieren bisher nur verhältnismäßig wenige Gerichtsurteile zur AGB-Kontrolle. Diese lassen zudem keine einheitliche Methode der Behandlung von AGB erkennen. Auch besteht eine gewisse Tendenz der Gerichte, dem Problem „AGB" aus dem Weg zu gehen und stattdessen den Fall aufgrund anderer Gesichtspunkte zu lösen sowie den Inhalt der AGB dabei nur immanent zu berücksichtigen. So werden nicht selten Probleme der Einbeziehung und des Inhalts von AGB-Klauseln aufgrund einer Gesamtbetrachtung z.B. durch Fest-

---

[885] Allgemein hierzu unten Kapitel 4 C.

stellung der Nichtigkeit des gesamten Vertrages wegen Irrtums gelöst.[886] In einem anderen, aktuellen Fall, dem sogenannten „Dial Q² Fall" (*daiyaru Q² jiken*), wich der OGH[887] dem Problem der Beurteilung der Wirksamkeit einer Klausel in den AGB des Telekommunikationsunternehmens NTT (*Nippon Telegraph and Telephone Corporation*) in der Revisionsentscheidung aus. In dem Fall ging es um die Klage von NTT auf die Entrichtung von erhöhten Telefongebühren, die durch die Nutzung eines kostenpflichtigen Informationsdienstes (Mehrwertdienst) durch den minderjährigen Sohn des Vertragspartners (ohne dessen Zustimmung) zwischen Januar und Anfang Februar 1991 angefallen waren. Die damaligen AGB von NTT enthielten eine Klausel, nach der der Vertragspartner sämtliche Gebühren zu tragen habe, die durch Nutzung seines Telefonapparates entstehen, gleich ob er die Dienstleistung selbst in Anspruch nimmt oder ein Dritter. Bei Abschluß des Vertrages mit dem Telefonkunden im Jahre 1980 hat es diese über NTT vermittelten kostenpflichtigen Informationsdienstleistungen noch nicht gegeben; sie werden erst seit 1989 angeboten, und eine besondere Aufklärung der Vertragspartner über die Nutzungsbedingungen war nicht erfolgt. Die Inanspruchnahme der Dienstleistung erfolgte einfach durch Wahl einer bestimmten Telefonnummer (mit spezieller Vorwahl). Neben dem Entgelt für die Informationsdienstleistung[888] fielen dabei erhöhte Telefongebühren für die Vermittlung der Verbindung zugunsten von NTT an. Das Entgelt für die Informationsdienstleistung wurde durch NTT für den jeweiligen Anbieter erhoben und gemeinsam mit den erhöhten Telefongebühren und den sonstigen gewöhnlichen Telefongebühren eingezogen. Das OG Hiroshima als Berufungsgericht wies die Berufungsklage von NTT ab und entschied, daß es

---

[886] So z.B. OG Takamatsu vom 13.9.1982, in: Hanrei Jihō Nr. 1059. In dem Fall ging es um eine AGB-Klausel, die bei einem verbundenen Vertrag eine Einwendung gegen einen Kreditgeber für den Fall des Mangels der finanzierten Kaufsache ausschloß. Das Gericht sah in bezug auf die Klausel im Ergebnis einen Irrtum des Käufers über einen *wesentlichen Inhalt* des Rechtsgeschäftes als gegeben an und erkannte auf die Nichtigkeit beider Verträge. Daneben deutete es auch die Unbilligkeit der Klausel an, ohne sie jedoch ausdrücklich für unwirksam zu erklären, und sah ferner einen Verstoß gegen Treu und Glauben darin, daß sich der Kreditgeber auf die vertragliche Einigung beruft. An dieser Entscheidung wird deutlich, wie schwer sich japanische Gerichte häufig im Umgang mit AGB tun.

[887] Urteil des OGH vom 27.3.2001, in: Hanrei Jihō Nr. 1760, 19. In einem zweiten Revisionsurteil zum Informationsdienst „Dial Q²" vom gleichen Tag (Hanrei Jihō Nr. 1760, 82) stellte der OGH fest, daß die Zahlungspflicht des Kunden von NTT bezüglich des *Entgeltes für die Informationsdienstleistung* nur dann bestehe, wenn er den Service selbst in Anspruch nehme. Hier hatte ein Dritter ohne Zustimmung des Kunden die Dienste von dessen Telefon aus in Anspruch genommen. Nach Urteil des OGH sei nur der Dritte Nutzer der Dienstleister gewesen und zur Zahlung des Entgeltes verpflichtet. Der OGH erkannte daher einen bereicherungsrechtlichen Rückforderungsanspruch des Kunden gegenüber NTT an. Auch hier wurde die betreffende AGB-Klausel, die die Pflicht zur Zahlung des Entgeltes bei Inanspruchnahme der Dienstleistung vom Telefonanschluß des NTT-Kunden dem NTT-Kunden auferlegt, nicht gesondert für nichtig erklärt. Vgl. zu den beiden Urteilen auch die kurze Zusammenfassung von D. SCHÜSSLER-LANGEHEINE (2003) 281-282.

[888] Dieses war nicht Gegenstand des Revisionsverfahrens.

einen Verstoß gegen Treu und Glauben darstelle, die erhöhten Gebühren auf Grundlage dieser AGB-Klausel zu fordern. Es wich damit der Frage der Wirksamkeit der Klausel aus, genau wie auch der OGH in der Revision. Der OGH sah in der Forderung der erhöhten Gebühren auf Grundlage der Klausel einen Verstoß gegen Treu und Glauben, weil NTT dafür hätte Sorge tragen müssen, daß der Vertragspartner über die Möglichkeit und die Bedingungen der Nutzung der Informationsdienste, insbesondere über die Gefahr der dabei regelmäßig entstehenden hohen Kosten, informiert wird, um entsprechende Vorsorge treffen zu können. Im Gegensatz zur Vorinstanz sah der OGH aber auch so etwas wie eine Mitverantwortung des Kunden als gegeben an und entschied, daß NTT nur ein Anspruch auf 50 % der geltend gemachten erhöhten Gebühren zustehe. Zwar mag das Urteil im Ergebnis billig sein, seine juristische Konstruktion bleibt aber rätselhaft, und die sich förmlich aufdrängende Frage nach der Wirksamkeit der Klausel unbeantwortet.[889]

Es mangelt den Gerichten somit einerseits an einer klaren Methode zur Behandlung von AGB, andererseits werden AGB-Probleme auch häufig umgangen; dabei ist nicht klar, ob dies bewußt oder unbewußt geschieht. Aus diesem Grunde ist es auch schwer, allgemeine Aussagen über die richterliche Kontrolle von AGB in Japan zu treffen. Die bisherigen Gerichtsurteile betreffen sehr häufig die AGB von Versicherungsgesellschaften, von Transport- und Speditionsgesellschaften sowie von Bauunternehmern.[890] Es handelt sich bei den Fällen ausschließlich um Individualklagen, denn eine Verbandsklage wie durch § 1 UKlaG in Deutschland anerkannt, der eine Klage von Verbraucherverbänden gegen einen Unternehmer auf Unterlassung der Verwendung unangemessener AGB-Klauseln vorsieht, gibt es in Japan (noch) nicht.

*1. Einbeziehung von AGB in den Vertrag*

Die Voraussetzungen der Gültigkeit von AGB als Bestandteil des Vertrages bzw. der Einbeziehung in den Einzelvertrag sind in Japan in der Literatur seit Jahrzehnten umstritten. Die Zahl der Gerichtsentscheidungen, die sich mit diesem Problem beschäftigen, ist allerdings gering. Die Gerichte tendieren dazu, die Einbeziehung der AGB grundsätzlich zu bejahen. Als Leitentscheidung kann hierzu das Urteil des RGH vom 24.12.1915 angeführt werden.[891] In dem Fall wurde um die Gültigkeit von Allgemeinen Versicherungsbedingungen als Bestandteil des Vertrages gestritten, auf die der Versicherungsgeber nicht be-

---

[889] Zum Urteil siehe auch die Anmerkungen von Y. NAKAI (2002). Der Dial Q² Fall sorgte in Japan für großes Aufsehen. Neben der dargestellten Klage, die bis zum OGH ging, gab es noch zahlreiche ähnliche Klagen. Zum Fall insgesamt vgl. auch S. OJIMA (1998); S. OJIMA (2001); Y. NAKAI (2001) 233–247.

[890] Eine Zusammenstellung neuerer und besonders wichtiger Fälle findet sich bei Y. NAKAI (2001).

[891] Minroku 71, 2182.

sonders hingewiesen hatte und die dem Versicherungsnehmer nicht ausgehändigt worden waren. Es war lediglich in dem vorgedruckten Antragsformular ein Hinweis auf die Einbeziehung der AGB des Versicherungsgebers enthalten, das der Versicherungsnehmer ausfüllte und mit seinem Namenssiegel unterzeichnete. Der RGH stellt hierzu grundsätzlich fest, daß solange die Parteien keinen andersartigen Willen zum Ausdruck bringen, zu vermuten sei, daß sie den Abschluß des Vertrages unter Einbeziehung der AGB gewollt hätten. Es komme nicht darauf an, ob der Vertragspartner den Inhalt der AGB kenne. Diese sogenannte Willensvermutungstheorie (*ishi suitei setsu*) wurde danach in vielen Fällen immer wieder bestätigt und kann heute als herrschend in der Rechtsprechung angesehen werden.[892] Der OGH gebrauchte eine ähnliche Begründung sogar in einem Fall, in dem der Vertragspartner blind war.[893] Auch wenn es verschiedentlich Urteile gibt, die nicht auf die Willensvermutungstheorie hinsichtlich der Frage der Einbeziehung von AGB in den Einzelvertrag abstellen, so wird die Einbeziehung jedoch jedenfalls in aller Regel ohne größere Diskussionen bejaht.[894] In der Literatur wird dagegen diese Sichtweise als unangemessen kritisiert. Es müßten stärker der Wille des Vertragspartners und die konkreten Umstände des Vertragsschlusses berücksichtigt werden.[895]

Von der grundsätzlichen Annahme der wirksamen Einbeziehung von AGB in den Einzelvertrag macht die Rechtsprechung in einigen Fällen allerdings Ausnahmen. Gemäß der Willensvermutungstheorie verneint die Rechtsprechung die Einbeziehung der AGB oder einzelner Klauseln als Vertragsbestandteil, wenn der Kunde den Gegenbeweis erbringen kann, daß er erkennbar die Einbeziehung nicht gewollt und der Verwender diesem Ansinnen zumindest nicht widersprochen hat oder wenn aus Sicht der Gerichte aus anderen Gründen die Einbeziehung von den Parteien „offensichtlich" nicht gewollt war. Für derartige Fälle gibt es allerdings nur wenige Beispiele.[896] Einige Ansätze hierbei

---

[892] Vgl. nur RGH vom 22.12.1927, in: Hōritsu Shinbun Nr. 2824, 9; RGH vom 17.1.1934, in: Hōritsu Shinpō Nr. 357, 25; OGH vom 6.2.1962, in: Shōji Hōmu Nr. 248, 31; OGH vom 8.5.1980, in: Hanrei Taimuzu Nr. 417, 83; weitere Beispiele auch untergerichtlicher Entscheidungen in CHŪSHAKU MINPŌ 17 / Tanikawa (1993) 273.

[893] OGH vom 24.10.1967, Saihanshū 88, 741.

[894] Vgl. nur OG Tōkyō vom 20.9.1955, Kōminshū 8, 479; OG Sendai vom 20.4.1984, in: Kin'yū Shōji Hōmu Nr. 1078, 118, bestätigt durch OGH vom 16.7.1985, in: Kin'yū Shōji Hōmu Nr. 1103, 47; OG Fukuoka vom 11.1.1963, in: Hanrei Jihō Nr. 355, 67; OG Tōkyō vom 29.12.1978, in: Hanrei Jihō Nr. 881, 107; weitere Beispiele in CHŪSHAKU MINPŌ 17/Tanikawa (1993) 273-274.

[895] Vgl. etwa S. KAWAKAMI (1988) 184-185; 197 ff. m.w.N. Im einzelnen werden in der Literatur zahlreiche Theorien vertreten (vgl. CHŪSHAKU MINPŌ 17 / Tanikawa (1993) 267-272), von denen insbesondere die „Theorie des objektiven Willens" (*kyakkanteki ishi riron*) zu erwähnen ist, nach der der Verwender der AGB dem Kunden zumindest Gelegenheit zur Kenntnisnahme geben muß und ungewöhnliche, überraschende Klauseln nicht Bestandteil werden, wenn der Kunde nicht ausdrücklich zustimmt. (vgl. KEIZAI KIKAKU-CHŌ (1994) 46; CHŪSHAKU MINPŌ 17 / Tanikawa (1993) 272-273).

[896] So sah das DG Takamatsu in seinem Urteil vom 4.6.1917 (Hōritsu Shinbun Nr. 1324, 30) eine Klausel als stillschweigend abgedungen an, die der Verkehrssitte in der Branche ent-

ähneln der Regel in Deutschland (§ 305 c BGB), daß überraschende und unerwartete Klauseln in AGB nicht Bestandteil des Einzelvertrages werden. Von einer generellen Anerkennung dieser Regel kann in Japan aber nicht ausgegangen werden.

Eine weitere Ausnahme machen die Gerichte gelegentlich bei Mietverträgen, indem sie eine unangemessene Klausel in Musterformularen nicht als wirksamen Bestandteil des Einzelvertrages betrachten, wenn nach ihrer Meinung den beiden Vertragspartnern bei Vertragsschluß die Regelungen im einzelnen offensichtlich gar nicht bekannt gewesen und daher auch nicht unbedingt als Bestandteil des Vertrages angesehen worden seien. Dies nehmen die Gerichte insbesondere bei der Verwendung eines standardisierten Mietvertrages durch den Vermieter an, den dieser nicht selbst erstellt, sondern nur als Vertragsmuster ausgewählt hat. Die Gerichte gehen also einfach davon aus, daß sich die Parteien an eine solche unbillige Klausel gar nicht binden wollten. Diese besondere Form der Auslegung, die einer verdeckten Inhaltskontrolle von AGB ähnlich ist, wird im Japanischen als „Beispielsatz-Auslegung" (*reibun kaishaku*) bezeichnet. Ihre systematische Zuordnung ist schwierig.[897]

Eine Ausnahme macht die Rechtsprechung auch in den Fällen von Schiedsklauseln und Klauseln der Gerichtsstandsvereinbarung. In beiden Fällen legt die Rechtsprechung strengere Maßstäbe an die Einbeziehung in den Vertrag bzw. die Wirksamkeit derselben an. Bei den Schiedsklauseln verlangen die Gerichte in der Regel die Kenntnis des Kunden von der Klausel und eine eindeutige Einigung der Vertragspartner über diesen Punkt, also einen beiderseitigen auf die Schiedsgerichtsvereinbarung gerichteten offenkundigen Willen.[898] Bei Gerichtsstandvereinbarungen verlangen die Gerichte unter Berufung auf Art. 11 II ZPG (früher Art. 25 II ZPG) eine besondere schriftliche Vereinbarung zwischen den Parteien über diesen Punkt.[899]

In einigen Fällen des Problems der Einbeziehung unangemessener Klauseln in den Vertrag haben japanische Gerichte auch einfach den ganzen Vertrag für nichtig erklärt, teilweise wegen Irrtums,[900] teilweise auch wegen Dissenses.[901]

---

gegenstand. Weitere Beispiele: DG Yamaguchi vom 21.5.1987, in: Hanrei Jihō Nr. 1256, 86 (unerwartete und überraschende Klausel); DG Sapporo vom 30.3.1979, in: Hanrei Jihō Nr. 941, 111 (Einfügen einer Sonderklausel und nachträgliches Zusenden der AGB). Häufig vermischen sich die Begründungen der Gerichte mit Elementen der Inhaltskontrolle von AGB.

[897] Siehe S. KAWAKAMI (1988) 198-199, dort auch Beispiele aus der Rechtsprechung; Y. YAMAMOTO (1986) 78.

[898] S. KAWAKAMI (1988) 199-200 unter Hinweis auf die Entscheidungen des OGH vom 26.6.1980, in: Hanrei Jihō Nr. 979, 53 und die vom 23.2.1982, Minshū 36, 183; ebenso Y. YAMAMOTO (1986) 76-77.

[899] Ein einfacher Aushang oder das Auslegen der AGB in den Geschäftsräumen genügt diesem Erfordernis nicht. S. KAWAKAMI (1988) 199; Y. YAMAMOTO (1986) 77; jeweils unter Hinweis auf die Entscheidung des OG Ōsaka vom 29.6.1965, in: Hanrei Jihō Nr. 421, 41.

[900] So bereits das oben erwähnte Urteil des OG Takamatsu (Fn. 886).

[901] DG Ōsaka vom 17.7.1974, in: Hanrei Taimuzu Nr. 325, 277; sowie im Berufungsverfahren das OG Ōsaka vom 26.11.1976, in: Hanrei Jihō Nr. 849, 88.

Auch diese Fälle ließen sich statt als Einbeziehungskontrolle als verdeckte Inhaltskontrolle einordnen.[902] Eine systematische Einbeziehungskontrolle ist in der japanischen Rechtsprechung nicht erkennbar; meist werden Fragen der Einbeziehung und der Inhaltskontrolle miteinander vermischt. In der Literatur wird darüber hinaus in Fällen der unterlassenen Aufklärung über besonders wichtige Vertragsbedingungen in den AGB auch eine Haftung auf Schadensersatz aus einer Art *culpa in contrahendo* (deliktische Anspruchsgrundlage) diskutiert,[903] die jedoch durch die Gerichte bisher so allgemein nicht anerkannt wird.

## 2. Verdeckte Inhaltskontrolle durch Auslegung

Unter dem Deckmantel der vorgeblichen Auslegung von AGB greifen die japanischen Gerichte gelegentlich zu einer Inhaltskontrolle von AGB. Dabei werden unangemessene Klauseln teilweise zugunsten des Kunden so interpretiert, daß deren Wirkung eingeschränkt oder aufgehoben wird. Allerdings lassen sich hierfür nur relativ wenige Beispiele aus der Rechtsprechung finden. Auch läßt sich dabei keine geordnete Methode erkennen, die eine allgemeine Voraussage über den Umgang von japanischen Gerichten mit scheinbar unangemessenen Klauseln zuließe. In der Literatur werden zahlreiche Auslegungsmethoden diskutiert, zu denen sich die Gerichtsurteile nur mit Mühe zuordnen lassen, weil es an einer allgemeinen Systematik fehlt.

Im allgemeinen kann man zumindest eine Grundhaltung der japanischen Gerichte erkennen, die Auslegung von AGB vornehmlich nach allgemeinen, objektiven Kriterien vorzunehmen, hierbei also kaum auf die konkreten Umstände der streitenden Parteien abzustellen.[904] Ferner weisen sie häufig auf das Erfordernis hin, daß AGB-Klauseln ganz allgemein die Risiken angemessen zwischen den Vertragsparteien verteilen müssen.

Es lassen sich einige Gerichtsentscheidungen finden, die dieser grundsätzlichen Annahme folgend eine *restriktive Auslegung* unangemessener Klauseln vornehmen.[905] Dabei wird manchmal auch ein strukturelles wirtschaftliches Ungleichgewicht zwischen den Parteien als ein wichtiges Kriterium für diese

---

[902] S. KAWAKAMI (1988) 201-202 ordnet sie grundsätzlich als Fälle der Einbeziehungskontrolle ein.
[903] S. KAWAKAMI (1988) 201-203.
[904] S. KAWAKAMI (1988) 260 unter Hinweis vor allem auf die Urteile des OG Sapporo vom 7.6.1958, Kōsaiminshū 11, 343 (360) und des DG Akita vom 22.5.1956, Kaminshū 7, 1345 (1354).
[905] Im Japanischen als „*seigenteki kaishaku*" bezeichnet. Als Beispiele hierfür werden häufig folgende Gerichtsentscheidungen herangezogen: OG Sapporo vom 7.6.1958 (vorherige Fn.); DG Tōkyō vom 22.6.1970, Kaminshū 21, 864; DG Ōsaka vom 12.6.1967, Kaminshū 18, 641; OGH vom 25.3.1980, in: Hanrei Jihō Nr. 967, 61; OGH vom 10.6.1971, Minshū 25, 492; OG Tōkyō vom 25.9.1979; Beispiele nach S. KAWAKAMI (1988) 269-272 und Y. YAMAMOTO (1986) 79-80. Weitere Beispiele hierfür auch in CHŪSHAKU MINPŌ 17 / Tanikawa (1993) 278-279.

Art der Auslegung ausdrücklich hervorgehoben.[906] Hiervon wird in der Literatur die Methode der *vernünftigen und angemessenen Auslegung von Klauseln* (*gōriteki kaishaku*) unterschieden, die ebenfalls in zahlreichen Urteilen anklingt.[907] Diese Auslegungsmethode läuft häufig auf das gleiche Ergebnis hinaus. Die Gerichte schränken so gelegentlich durch Auslegung und Umdeutung die Wirkung von Klauseln ein, die darauf abzielen, den Verwender der AGB unangemessen von seiner Haftung oder Leistungspflicht zu befreien oder die Rechtsmittel des Kunden zu beschränken, die diesem nach gesetzlicher Regelung eigentlich zustünden.

Die genannten Auslegungsmethoden müssen allerdings nicht zwangsläufig dem Kunden zum Vorteil gereichen. Die Auslegung nach diesen Grundsätzen kann nämlich auch zur geltungserhaltenden Reduktion der Klausel führen und so zumindest die Wirkung der Klausel in dem Maße aufrecht halten, wie eben noch zulässig.[908] Man kann angesichts der insgesamt geringen Anzahl von Fällen zwar nur schwerlich davon sprechen, daß es sich bei diesen zwei Methoden um in der Rechtsprechung allgemein anerkannte Auslegungsgrundsätze von AGB handele. Jedoch ist hiermit zumindest eine bestehende Tendenz aufgezeigt.

Eine weitere Auslegungsmethode, die in der Literatur unter der Bezeichnung „Unklarheitenregel" (*fumeikaku junsoku*) oder „Prinzip der Auslegung zu Lasten des Verwenders" (*sakuseisha furi no gensoku*) diskutiert wird, nach der in der Bedeutung unklare Klauseln zu Lasten des Verwenders auszulegen sind, klingt ebenfalls in einigen Gerichtsurteilen an.[909] So hat z.B. das DG Tōkyō in seiner Entscheidung vom 30.6.1972[910] eine Klausel in den AGB einer Auto-

---

[906] So in den Urteilen des DG Tōkyō vom 22.6.1970 und des DG Ōsaka vom 12.6.1967 (vorherige Fn.). Das Beispiel des OGH vom 10.6.1971 und das des OG Tōkyō vom 25.9.1979 werden kurz erläutert bei Y. YAMAMOTO (1986) 79-81.

[907] Z.B. OG Sapporo vom 11.5.1970, in: Hanrei Jihō Nr. 619, 63; OGH vom 25.11.1976, Minshū 30, 960; DG Kumamoto vom 25.12.1975, in: Hanrei Taimuzu Nr. 327, 250; DG Tōkyō vom 25.10.1985, in: Hanrei Jihō Nr. 1168, 14; zitiert nach S. KAWAKAMI (1988) 272-273 und CHŪSHAKU MINPŌ 17/Tanikawa (1993) 279.

[908] Ein interessantes Beispiel hierfür ist die Entscheidung des OGH vom 19.7.1993, in: Hanrei Jihō Nr. 1489, 111. In dieser Entscheidung schränkte der OGH durch Auslegung die Klausel einer Bank ein, mit der diese sich pauschal von allen Risiken frei zeichnen wollte im Zusammenhang mit dem Diebstahl, der Fälschung, der unbefugten Verwendung einer Bankkarte mit Geheimnummer und allen sonstigen Unfällen. Das Gericht befand, daß zumindest für die Fälle, in denen ein Unbefugter die echte Bankkarte mißbraucht und sich mit der dazu passenden richtigen Nummer am Geldautomaten Bargeld verschafft hat, und wenn der Bank ferner kein Vorwurf der Sorgfaltspflichtverletzung gemacht werden kann, der Haftungsausschluß gültig sei. Damit wies das Gericht die Klage eines Kunden auf Erstattung eines Geldbetrages ab, in dessen Höhe sein Konto durch einen solchen Vorgang belastet worden sei, und ließ den Einwand unberücksichtigt, daß das Sicherheitssystem der Bank ungenügend und die Geheimnummer durch geeignete technische Mittel auf der Karte zu lesen gewesen sei.

[909] S. KAWAKAMI (1988) 273-278. Von einem gefestigten Auslegungsprinzip könne aber keine Rede sein.

[910] Hanrei Jihō Nr. 678, 26.

schadensversicherung, nach der die Versicherungsgesellschaft von der Leistungspflicht befreit sein sollte, wenn der Versicherungsnehmer den Schadensfall nicht innerhalb von 60 Tagen nach Kenntnisnahme von dem Ereignis der Versicherungsgesellschaft mitteilt, für teilweise unwirksam erklärt. Nach Einschätzung des Gerichts sei der Sinn dieser Klausel unklar, und es interpretierte sie dahingehend, daß sie nur dann gelten könne, wenn sich der Schaden in seinem konkreten Umfang durch eine rechtzeitige Überprüfung durch den Versicherer hätte verringern können. Dagegen sei es unbillig, wenn der Versicherungsnehmer nur wegen einer Formalie seine Ansprüche auf die Versicherungsprämie verlieren soll. An dieser Entscheidung wird deutlich, daß sich häufig Elemente verschiedener Auslegungsmethoden in der Begründung von Gerichtsurteilen vermischen. Eine ähnliche Entscheidung traf auch der OGH in seiner Entscheidung vom 20.2.1987.[911] Das eben erläuterte Urteil könnte auch als Beispiel für die Methode der restriktiven Auslegung oder der angemessenen und vernünftigen Auslegung angeführt werden.[912] Schließlich lassen sich auch einige wenige Beispiele für das *Prinzip des Vorrangs der Individualabrede* finden.[913]

Im allgemeinen kann man in der japanischen Rechtsprechung also von keinen allgemein anerkannten, festen Auslegungskriterien ausgehen. Trotzdem spielt die Auslegung als Mittel zur Kontrolle von AGB in der Praxis eine nicht unbedeutende Rolle. Die vorgenannten Beispiele sollten als grobe Anhaltspunkte der verschiedenen Auslegungsmethoden angesehen werden, derer sich japanische Gerichte bedienen. Jenseits dessen werden in der Wissenschaft weitere Methoden diskutiert, die aber in der Rechtsprechung noch keine Bedeutung erlangen konnten.[914]

## 3. Offene Inhaltskontrolle

Die offene Inhaltskontrolle von AGB ist in Japan bislang besonders schwach entwickelt. Gleichwohl lassen sich auch hierfür einige Beispiele finden. Die Gerichte stützen sich dabei auf verschiedenartige Generalklauseln und Rechtsgrundsätze wie beispielsweise auf das Prinzip von Treu und Glauben im Rechtsverkehr (Art. 1 II ZG), das Verbot des Rechtsmißbrauchs (Art. 1 III ZG), den Grundsatz des Gemeinwohls (Art. 1 I ZG), das Prinzip der Fairness und der Gerechtigkeit und schließlich auch auf das Verbot von Rechtsgeschäften, die gegen die guten Sitten oder die öffentliche Ordnung verstoßen (Art. 90 ZG) und

---

[911] Minshū 41, 159.
[912] Ein weiteres Beispiel wird erläutert bei Y. YAMAMOTO (1986) 81. Weitere Beispiele für diese Methode nach S. KAWAKAMI (1988) 273-278: DG Akita vom 22.5.1956, Kaminshū 7, 1345, und OG Sapporo vom 20.4.1970, Kaminshū 21, 603.
[913] Vgl. OG Tōkyō vom 26.11.1974, in: Hanrei Jihō 954, 39; knapp erläutert bei Y. Yamamoto (1986) 82-83.
[914] Insgesamt hierzu S. KAWAKAMI (1988) 259-282.

daher nichtig sind. Die Gerichte wenden zudem häufig mehrere dieser Rechtsprinzipien und Instrumente gleichzeitig an. Von besonders großer Bedeutung ist ferner, daß sie dazu neigen, die AGB bzw. den Vertrag insgesamt zu beurteilen, nicht nur isoliert eine einzelne Klausel. Das Problem unangemessener AGB-Klauseln wird somit öfter mit anderen vertraglichen Problemen und der Frage der wirksamen Einbeziehung der AGB in den Vertrag vermischt. Dies hat zur Folge, daß bisher in nur wenigen Gerichtsentscheidungen einzelne Klauseln ausdrücklich für nichtig erklärt worden sind.[915]

Man kann allerdings vier Fallgruppen erkennen, bei denen die Gerichte gelegentlich einzelne Klauseln für nichtig erklären. Die erste Fallgruppe betrifft die unangemessene Beschränkung der Leistungspflicht des Versicherungsgebers auf nur bestimmte Fälle oder nur unter bestimmten Bedingungen.[916] Ein Beispiel hierfür aus der Rechtsprechung wurde bereits oben (unter 2) erläutert, dort aber von dem Gericht durch Auslegung bewältigt.

Eine zweite Fallgruppe, die mittlerweile aber wegen eindeutiger gesetzlicher Regelung nicht mehr von allzu großer praktischer Bedeutung ist, betrifft die Fälle, in denen ein Kreditgeber die Wirkung von Einwendungen des Käufers und Kreditnehmers gegen einen Kaufvertrag auf den Kreditvertrag ausschließt, obwohl beide Verträge wirtschaftlich eine Einheit bilden. Auch eine solche Klausel wurde von einigen Gerichten für nichtig erklärt, und zwar wegen Verstoßes gegen Treu und Glauben (Art. 1 II ZG) und wegen Sittenwidrigkeit (Art. 90 ZG).[917] Mittlerweile ist eine entsprechende Regelung ins Teilzahlungsgesetz aufgenommen worden. Der Einwendungsdurchgriff ist dort als zwingende Norm ausgestaltet.

Eine dritte Fallgruppe betrifft Klauseln, die einen vollständigen Haftungsausschluß des Verwenders von AGB vorsehen oder die dessen Haftungspflicht auf bestimmte Höchstsummen oder nur auf bestimmte Fälle beschränken und die im jeweiligen Zusammenhang objektiv unbillig erscheinen. Als entsprechende Beispiele können Fälle angeführt werden, in denen die AGB von Fluggesellschaften die Haftung für den Fall der Tötung oder Verletzung von Flugpassagieren auf zu geringe Summen begrenzten.[918] Auch kann ein Fall angeführt werden, in dem ein Frachtunternehmer in den AGB seine Haftung für

---

[915] S. KAWAKAMI (1988) 295-297. Eine Auflistung von Fällen findet sich in CHŪSHAKU MINPŌ 17 / Tanikawa (1993) 279.

[916] So z.B. durch das Urteil des DG Morioka vom 13.2.1970, Kaminshū 21, 314. Hier wurde eine Klausel wegen Abweichens der Regelung vom Leitbild des Versicherungsvertrags im Handelsgesetz, ferner wegen Verstoßes gegen Treu und Glauben und gegen die Regel der Fairness für nichtig erklärt. Der Fall wird sehr knapp erläutert bei Y. YAMAMOTO (1986) 84.

[917] Vgl. SumG Ōsaka vom 27.11.1980, in: Jiyū to Seigi, Band 32 Nr. 4, 28; OG Takamatsu vom 13.9.1982, in: Hanrei Jihō Nr. 1059, 81.

[918] DG Ōsaka vom 12.6.1967, in: Hanrei Jihō Nr. 484, 21; DG Tōkyō vom 20.9.1978, in: Hanrei Jihō Nr. 911, 14. Das Gericht befand die dort bestimmten Höchstgrenzen für sittenwidrig.

Schäden am Transportgut auf Fälle des Vorsatzes oder der groben Fahrlässigkeit beschränkt hatte.[919]

Die vierte Fallgruppe betrifft Fälle, in denen es darum geht, daß Unternehmer sich in ihren AGB zu hohe Vertragsstrafen, etwa für den Fall der Kündigung des Vertrages (z.b. wegen Nichterfüllung des Verbrauchers) ausbedingen.[920] Mittlerweile sind allerdings auch in diesem Zusammenhang mehrere Gesetzesänderungen erfolgt. Eine Reihe von Gesetzen, unter anderem das Teilzahlungsgesetz, sehen nun zwingende Normen vor, die Vertragsstrafen oder vertraglich bestimmte Schadensersatzpauschalen in der Höhe begrenzen.[921] Für die Fallgruppe drei und vier gibt es mittlerweile auch ausdrückliche Regelungen im VerbrVG, die zumindest auf Verbraucherverträge Anwendung finden (Artt. 8 und 9 VerbrVG).

Insgesamt betrachtet scheinen die japanischen Gerichte allerdings eine Abneigung gegen die offene Inhaltskontrolle von AGB, oder allgemeiner gesagt, von Vertragsbedingungen zu haben. Hierin liegt ein großes Problem, nicht nur im Hinblick auf die Notwendigkeit des Schutzes von Verbrauchern, sondern auch von Kunden ganz allgemein vor dem Mißbrauch einseitiger Vertragsgestaltung durch den Verwender von AGB.

## 4. Ergebnis

Besonders wichtig im bisherigen japanischen System der Kontrolle von AGB ist die Verwaltungskontrolle, vor allem in Form der präventiven Kontrolle aufgrund bestehender Genehmigungspflichten bei einer Reihe von Vertragstypen in verschiedenen Wirtschaftsbranchen. Deren tatsächliche Wirksamkeit ist allerdings nur schwer einzuschätzen. Insbesondere wird oft kritisiert, daß gerade nationale Behörden nur ein geringes Interesse am Verbraucherschutz haben und eher andere Ziele mit Ihrer Aufsichtstätigkeit verfolgen. Interessant ist der Ansatz der regionalen Gebietskörperschaften, den Inhalt von AGB im Zusammenhang mit Verbrauchergeschäften aufgrund von Satzungen zu kontrollieren. Allerdings beschränkt sich die Kontrolle dort auf die AGB gebietsansässiger Unternehmer. Angesichts nur eingeschränkter Sanktionsmöglichkeiten scheint diese auch von nur geringer Wirkung zu sein. Zudem ist die Kompetenz zum Erlaß solcher Satzungsnormen grundsätzlich umstritten. Eine wichtige Rolle für

---

[919] DG Kyōto vom 25.11.1955, Kaminshū 6, 2457; kurz erläutert bei Y. YAMAMOTO (1986) 83.

[920] DG Fukushima vom 18.11.1959, Kaminshū 10, 2450 für die Kündigung eines Teilzahlungsgeschäftes.

[921] Mit der regelmäßigen Folge der Teilnichtigkeit und nur ausnahmsweise der vollen Nichtigkeit der Klausel. So hat das OG Ōsaka in dem Urteil vom 29.2.1980, in: Hanrei Taimuzu Nr. 421, 93, nach Einführung des Art. 6 TzG eine Schadensersatzpauschale in den AGB eines Teilzahlungsunternehmers wegen Verstoßes gegen diese Bestimmung für nichtig erklärt. Für Beispiele weiterer gesetzlicher Regelungen s.o. unter A III 3 a.

die behördliche Kontrolle dürfte auch die informelle Verwaltungslenkung von Behörden spielen. Da diese aber informell ist und meist nur Eingeweihten bekannt ist, kann über die Wirksamkeit kaum eine verläßliche Aussage getroffen werden.

Die Kontrolle von AGB durch die japanischen Gerichte ist unzureichend. Die Einbeziehung von AGB in den Vertrag wird fast überhaupt nicht problematisiert. Die Inhaltskontrolle wird, wenn überhaupt, meist nur verdeckt durch Auslegung und Umdeutung von AGB-Klauseln betrieben. Eine offene Inhaltskontrolle findet nur sehr selten statt und wenn, dann beschränkt auf Fälle besonders grob unangemessener Klauseln. Insgesamt scheint es fast so, als würde es den Richtern am nötigen Problembewußtsein mangeln. Im Gegensatz dazu wird in der wissenschaftlichen Literatur eine lebhafte Diskussion über die Notwendigkeit der Kontrolle von AGB und deren Methoden geführt, die aber in der Rechtspraxis kaum wahrgenommen wird.

Soweit es die Kontrolle von AGB als Bestandteil von Verbraucherverträgen betrifft, könnte das Inkrafttreten des VerbrVG Wegbereiter für eine verstärkte gerichtliche Kontrolle von AGB werden. Diese Entwicklung ist aber derzeit noch nicht abzusehen.

# VIERTES KAPITEL

## Regulierung und Kontrolle von Verbraucherverträgen durch öffentlich-rechtliche Instrumente

Im vierten Kapitel werden nachfolgend die einzelnen öffentlich-rechtlichen Regelungen und Kontrollmaßnahmen zum Abschluß und zum Inhalt von Verträgen, soweit sie zumindest auch dem Zweck des Verbraucherschutzes dienen, und ihre jeweiligen Bezüge zum Privatrecht dargestellt.[1] Auch durch öffentlich-rechtliche Instrumente kann der Schutz des Verbrauchers vor unerwünschten und inhaltlich nachteiligen Verträgen gefördert werden. Allerdings wird hierdurch, anders als bei den privatrechtlichen Instrumenten, *gewöhnlich nicht unmittelbar in die privatrechtliche Vertragsbindung* eingegriffen. Der Verstoß gegen öffentlich-rechtliche Rechtsnormen und Anordnungen der Verwaltungsbehörden hat in der Regel nämlich nur verwaltungsrechtliche und strafrechtliche Relevanz. Er kann jedoch gelegentlich auch mittelbar zivilrechtliche Bedeutung erlangen und dann *zur Nichtigkeit oder Teilnichtigkeit* von Verträgen führen oder zur *Reduzierung der Vertragsbindung auf andere Weise* („deliktsrechtlicher Schadensersatzanspruch"). Die öffentlich-rechtlichen Regelungen und die darauf beruhenden Einzelmaßnahmen der Verwaltungsbehörden können daher insgesamt auch als Instrumente der *mittelbaren* Vertragsregulierung bzw. -kontrolle angesehen werden.

Im folgenden werden der Reihenfolge nach als erstes in allgemeiner Form die Regulierung und Kontrolle des Abschlusses und des Inhalts von Verträgen aufgrund *wirtschaftsverwaltungsrechtlicher Gesetze* dargestellt. Hierzu dienen vor allem zahlreiche gewerberechtliche sanktionsbewehrte *Ge- und Verbote* sowie *Genehmigungs- bzw. Anzeigepflichten*. Bereits oben wurden einzelne Aspekte dessen erläutert. In Kapitel 3 wurden etwa unter dem Abschnitt „regulierte Verträge" bereits Einzelfälle der öffentlich-rechtlichen Regulierung und Kontrolle von Kreditgeschäften sowie der einzelnen im Handelsgeschäftegesetz geregelten Verbrauchergeschäfte behandelt, um so den Zusammenhang und die Unterschiede zwischen privatrechtlich und öffentlich-rechtlich regulierten Vertrags- bzw. Geschäftstypen zu verdeutlichen. Ebenfalls wurde in Kapitel 3 bereits wegen des engen Sachzusammenhangs die öffentlich-rechtliche

---

[1] Bei A. SHŌDA (1999) 280 heißt es etwa, daß die Kontrolle der unternehmerischen Geschäftstätigkeit durch das Wirtschaftsverwaltungsrecht bzw. das Gewerberecht in vielen Bereichen „*den Schutz der Verbraucher und des Volkslebens zum Ziel hat*".

Regulierung und Kontrolle von AGB zusammen mit der privatrechtlichen behandelt. Schließlich wurde die zivilrechtliche Wirkung eines Verstoßes gegen die den Abschluß und Inhalt regulierenden Ge- und Verbote im Gewerberecht auch bereits unter den Abschnitten über die Funktion des Art. 90 ZG und des Deliktsrechts zum Schutze des Verbrauchers behandelt. Auf diese Darstellungen sei in diesem Zusammenhang noch einmal hingewiesen.

Als zweites wird die Regulierung und Kontrolle durch die *Verbraucherschutzsatzungen* der regionalen öffentlichen Gebietskörperschaften behandelt. Die Kontrolle von AGB auf Grundlage solcher Satzungen durch die Verbraucherschutzbehörden der Präfekturen und Kommunen wurde bereits gesondert oben in Kapitel 3 erläutert. Hierauf wird in diesem Kapitel nicht mehr im einzelnen eingegangen. Statt dessen werden hier alle weiteren relevanten Regelungen und die darauf beruhenden Kontrollmaßnahmen vorgestellt.

Drittens wird schließlich die Einflußnahme von Verbraucherschutzbehörden in informellen Verfahren der Streitschlichtung zwischen Verbrauchern und Unternehmern dargestellt. Da diese Verfahren jedoch nicht öffentlich sind, hierüber keine Berichterstattung stattfindet und ferner bisher keine festen Verfahrensregelungen existieren, ist es schwer, Einzelheiten in Erfahrung zu bringen. Die Darstellung mußte sich daher auf grundlegende, allgemeine Zusammenhänge beschränken. Es ist jedenfalls feststellbar, daß aufgrund der Vermittlungstätigkeit von Verbraucherschutzbehörden die Parteien in zahlreichen Fällen dazu gebracht werden, nachträglich den Vertragsinhalt zu ändern oder den Vertrag gar aufzuheben. In diesen Fällen wird also mittelbar durch Einwirkung der Verwaltung eine zivilrechtlich bedeutsame Änderung des Vertrages herbeigeführt und somit *de facto* die *Vertragsbindungswirkung reduziert*.

## A. Abschluß- und Inhaltskontrolle von Verträgen aufgrund wirtschaftsverwaltungsrechtlicher Gesetze

Eine kaum überschaubare Anzahl von Gesetzen enthält verwaltungsrechtliche Regelungen zum Abschluß und zum Inhalt von Verträgen, die unter anderem auch den Zweck des Verbraucherschutzes verfolgen.[2] Der Zweck des Verbraucherschutzes ist hier aber ebenso wie im Zivilrecht kein einheitliches, klar umrissenes Regelungsmotiv; es weist vielmehr viele unterschiedliche Facetten auf. In einigen Fällen steht das traditionelle Motiv der staatlichen Daseinsvorsorge im Vordergrund, in anderen Fällen moderne anlegerschützende und kundenschützende Motive, die häufig zugleich auch das Ziel verfolgen, das allgemeine Vertrauen in die Funktion des Marktes zu fördern.

Bei den Regelungen zur *Abschlußkontrolle* muß unterschieden werden zwischen Regelungen, die den Verbraucher vor unerwünschten und nachteiligen Verträgen schützen sollen (I.) und solchen, die gerade einen „Anspruch" des Verbrauchers – dies allerdings nicht im zivilrechtlichen Sinne – auf Abschluß eines Vertrages sichern sollen (Abschlußzwang) (II.).

Bei den Regelungen zur *Inhaltskontrolle* ist ebenfalls grundsätzlich zwischen zwei Typen von Regelungen zu unterscheiden, und zwar einerseits zwischen solchen, die den Verwaltungsbehörden eine Preiskontrolle ermöglichen (III.), und andererseits solchen, die in Ergänzung zu zwingenden zivilrechtlichen Schutz- und Loyalitätspflichten verwaltungsrechtliche Verhaltenspflichten des Unternehmers gegenüber seinem Vertragspartner normieren (IV). Unter den letztgenannten Regelungstyp fallen quasi als Untergruppe auch Regelungen zur Förderung einer angemessenen Vertragserfüllung durch den Unternehmer.

### I. Abschlußkontrolle 1
(Schutz vor unerwünschten Verträgen)

Der verwaltungsrechtliche Schutz von Verbrauchern vor unerwünschten Verträgen wird vor allem durch strafbewehrte Ge- oder Verbotsnormen verfolgt. Die Ge- und Verbote richten sich gewöhnlich sowohl an den Unternehmer selbst (als natürliche Person) als auch an seine Hilfspersonen (z.B. Angestellte); handelt es sich bei dem Unternehmer um eine juristische Person, so richten sich die Verhaltenspflichten zusätzlich auch an deren Organe, Gesellschafter und Funktionsträger (z.B. Verwaltungsratsmitglieder einer AG oder Gesellschafter einer OHG), die hier ebenfalls als Hilfspersonen behandelt werden. Bei einem Verstoß der Hilfspersonen des Unternehmers gegen eine solche Bestim-

---

[2] Für einen Überblick über die diesbezüglichen einzelnen Maßnahmen der Kontrolle der Geschäftstätigkeit sowie des Abschlusses und Inhaltes von Verträgen durch das Wirtschaftsverwaltungsrecht vgl. A. SHŌDA (1999) 280-285, vor allem 281-282.

mung kann die zuständige Behörde nicht nur gegen den Handelnden, sondern zugleich auch gegen den Unternehmer als natürliche oder juristische Person verwaltungsrechtliche Maßnahmen ergreifen oder die Einleitung eines Strafverfahrens veranlassen.

Im folgenden sollen *nur die häufigsten Typen* von Normen vorgestellt werden, die zur Kontrolle des Vertragsabschlusses in den Gewerbegesetzen enthalten sind. In der Regel werden dem Unternehmer und seinen Hilfspersonen die Vornahme bestimmter *unbilliger Handlungen* im Vorfeld eines Vertragsabschlusses *verboten* oder *positive Handlungspflichten* zur Gewährleistung eines angemessenen Vertragsabschlußprozesses auferlegt. Welche Vertragsart von der jeweiligen Regelung betroffen ist, muß in jedem Einzelfall gesondert ermittelt werden. Unmittelbar knüpfen die Gesetze nämlich immer nur an eine bestimmte „Geschäftstätigkeit" und an bestimmte Arten von Unternehmern an, die im Gesetz eigens definiert werden; dies gilt im übrigen auch hinsichtlich der Regelungen zur Inhaltskontrolle von Verträgen. Es ist daher im Einzelfall jeweils zu prüfen, ob der betreffende Unternehmer zu den Unternehmern gehört, auf die die Regelungen des Gesetzes Anwendung finden.

Die verschiedenen Normtypen bezwecken entweder die *Reduktion des bestehenden Informationsungleichgewichtes* zwischen dem Unternehmer und seinen Hilfspersonen einerseits und dem Verbraucher andererseits oder (und) sollen den Verbraucher *vor unbilliger Beeinflussung* durch irreführende und falsche Informationen oder durch psychische oder physische Einflußnahme im Vorfeld des Vertragsabschlusses *schützen*. Gewöhnlich findet man entsprechende Regelungen in den wirtschaftsverwaltungsrechtlichen Gesetzen im Abschnitt über die „Ausübung der Geschäftstätigkeit" (*gyōmu*). Ähnliche oder weitergehende Regelungen enthalten auch die zu den jeweiligen Gesetzen erlassenen Verordnungen (hier aber nicht im einzelnen dargestellt) sowie die Verbraucherschutzsatzungen der regionalen öffentlichen Gebietskörperschaften (dazu unter B).

*1. Zusammenstellung der Normentypen*

*a) Verbote irreführender und übertreibender Werbung*
   (kodai kōkoku no kinshi)

Die Regulierung und Kontrolle des Vertragsabschlußprozesses durch wirtschaftsverwaltungsrechtliche Regelungen umfaßt nicht nur das Stadium der Vertragsverhandlung, sondern erstreckt sich auch auf den vorgelagerten Bereich der Vertragsanbahnung durch öffentliche Werbung. In zahlreichen Gesetzen sind daher Bestimmungen enthalten, die es einem Unternehmer, der einer bestimmten Geschäftstätigkeit nachgeht, verbieten, darin irreführende und übertreibende Angaben zu machen. Dies umfaßt alle Arten von Werbung, also insbesondere neben Anzeigen in Zeitungen und Zeitschriften beispielsweise auch die Werbung im Internet (Zu wichtigen Einzelregelungen vgl. nachfolgend Tabelle 4).

Tabelle 4: Verbote irreführender und übertreibender Werbung
(Kontext Verbrauchergeschäfte)

*Handelsgeschäftegesetz (HGG)*

| | | |
|---|---|---|
| Art. 12 | | Fernabsatzgeschäfte |
| Art. 36 | | Kettenabsatzgeschäfte |
| Art. 43 | | spezifische Dienstleistungen |
| Art. 54 | | Verschaffung von Heimarbeit und gleichzeitiger Verkauf von Produkten |
| Art. 32 | *ImmobGG* | gewerbliche Immobiliengeschäfte |
| Art. 40 i.V.m. Art. 32 | *ImmobSGG* *ImmobGG* | gewerbliche Immobiliengeschäfte, die mit einer Sparfinanzierung des Kunden verbunden sind |
| Art. 13 II, III | *WpABG* | Wertpapier-Anlageberatungsgeschäfte (inkl. Derivate und Fonds) |
| Art. 18 III | *ImmobilienfondsG* | Erwerb/Veräußerung bzw. Vermittlung von spezifischen Immobilienfondsanteilen |
| Art. 15 | *AnlagefondsG* | Erwerb/Veräußerung bzw. Vermittlung von Anteilen an Waren- und Warenterminkontraktfonds (inkl. Derivate) |
| Art. 34 II | *AnlagefondsG* | Anlageberatungsgeschäfte im Zusammenhang mit der Investition in Waren, Warenterminkontrakte, deren Derivate und ähnliche Vermögensgegenstände (inkl. Fonds) |
| Art. 56 | *ForderungsHG* | Erwerb/Veräußerung bzw. Vermittlung von Anteilen an spezifischen Obligationenfonds (Forderungen aus Kredit- und Leasinggeschäften) |
| Art. 14 | *Hypothekenbriefgewerbegesetz* | *Erwerb/Veräußerung oder Verwahrung von* Hypothekenbriefen |
| Art. 69 | *FinanzterminGG* | Vermittlung von Finanztermingeschäften an inländischen und ausländischen Terminbörsen |
| Art. 6 | *GolfclubG* | Betrieb bestimmter privater Freizeiteinrichtungen (derzeit nur Golfclubs) |
| Art. 12-8 | *RGG* | Veranstaltung Pauschalreisen |
| Art. 16 | *GeldverleihGG* | Gelddarlehensvergabe; betrifft nur bestimmte Formen von Finanzierungsunternehmen, *nicht z.B. Banken* |

### b) Pflichten zur Angabe wichtiger Einzelheiten bei öffentlicher Werbung

Außer durch Verbote der irreführenden Werbung wird die öffentliche Werbung von Unternehmern in bezug auf jeweils bestimmte Verbrauchergeschäfte auch dadurch reguliert, daß darin wichtige Einzelheiten über den Unternehmer, den Geschäftsgegenstand und die Geschäftsbedingungen anzugeben sind. Die angabepflichtigen Einzelheiten sowie die Form der Darstellung werden durch Regierungs- oder Ministerialverordnungen, die zu dem jeweiligen Gesetz ergangen sind, umfassend geregelt. Die Regelungen gelten wiederum grundsätzlich für alle Arten von öffentlicher Werbung. Ausnahmen sind in den Gesetzen besonders aufgeführt. (Zu wichtigen Einzelregelungen vgl. nachfolgend Tabelle 5).

Tabelle 5: Angabepflichten bei öffentlicher Werbung
(Kontext Verbrauchergeschäfte)

*Handelsgeschäftegesetz (HGG)*

| | | |
|---|---|---|
| Art. 11 | | Fernabsatzgeschäfte |
| Art. 35 | | Kettenabsatzgeschäfte |
| Art. 53 | | Verschaffung von Heimarbeit und gleichzeitiger Verkauf von Produkten |

*Teilzahlungsgesetz (TzG)*

| | | |
|---|---|---|
| Art. 3 IV | | Teilzahlungsgeschäfte |
| Art. 29-2 IV | | kooperativ finanzierte Geschäfte |
| Art. 30 IV, V | | kreditfinanzierte Geschäfte |

| | | |
|---|---|---|
| Art. 13 I | WpABG | Wertpapier-Anlageberatungsgeschäfte (inkl. Derivate und Fonds) |
| Art. 34 I | AnlagefondsG | Anlageberatungsgeschäfte im Zusammenhang mit der Investition in Waren, Warenterminkontrakte, deren Derivate und ähnliche Vermögensgegenstände (inkl. Fonds) |
| Art. 68 | FinanzterminGG | Vermittlung von Finanztermingeschäften an inländischen und ausländischen Terminbörsen |
| Art. 12-7 | RGG | Veranstaltung von Pauschalreisen |
| Art. 14 bis 16 | GeldverleihGG | Gelddarlehensvergabe; betrifft nur bestimmte Formen von Finanzierungsunternehmen, *nicht* z.B. Banken |

*c) Schriftliche Aufklärungspflichten* (shomen kōfu gimu)

Zahlreiche Gewerbegesetze enthalten auch schriftliche Aufklärungs- bzw. Informationspflichten des Unternehmers. Danach hat der Unternehmer *vor und / oder unmittelbar nach Vertragsabschluß* dem Kunden, *i.e.* dem Verbraucher, ein Schriftstück mit Angaben über den Unternehmer (Name, Anschrift etc.), über die Art und den Inhalt des Geschäftes, die Geschäftsbedingungen etc. zu übergeben. Dies soll der Aufklärung des Verbrauchers dienen. Gelegentlich besteht zusätzlich auch eine darüber hinausgehende Pflicht zur Erläuterung des Schriftstücks. Eine schriftliche Aufklärungspflicht nach Vertragsabschluß ist oftmals gekoppelt mit einem verbraucherschützenden Widerrufsrecht, über dessen Bestehen und Umfang in dem Schreiben ebenfalls aufzuklären ist. Gelegentlich wird in den Gesetzen zwischen dem Vertragsabschluß und der Abgabe einer bindenden Willenserklärung auf Abschluß eines Vertrages differenziert und die Aufklärungspflicht bereits zum früheren Zeitpunkt bestimmt (in nachstehender Übersicht nicht im einzelnen unterschieden). Die in das jeweilige Schriftstück aufzunehmenden Einzelheiten, die Schriftgröße und die Gestaltung des Schriftstücks sind in der Regel in einer zu dem jeweiligen Gesetz erlassenen Verordnung detailliert festgelegt. Ein Schriftstück kann gelegentlich auch ersetzt werden durch eine Mitteilung in elektronischer Form, wenn diese inhaltlich und der Form nach einem Schriftstück gleichwertig ist; die Gesetze enthalten hierüber gesonderte Bestimmungen. Die schriftlichen Aufklärungspflichten stellen verwaltungsrechtliche Minimalaufklärungspflichten dar, die unabhängig von etwaigen zivilrechtlichen Aufklärungspflichten bestehen. Erneute schriftliche Aufklärungspflichten bestehen im übrigen häufig bei einer Vertragsverlängerung bzw. -erneuerung oder bei Dauerschuldverhältnissen nach Ablauf einer bestimmten Zeit. In der folgenden Tabelle 6 sind die wichtigsten diesbezüglichen Regelungen aufgeführt.

## Tabelle 6: Schriftliche Aufklärungspflichten

*Handelsgeschäftegesetz (HGG)*

| | |
|---|---|
| Artt. 4, 5 | Vertreter- und Haustürgeschäfte: *nach* Vertragsabschluß |
| Artt. 18, 19 | Telefongeschäfte: *nach* Vertragsabschluß |
| Art. 37 | Kettenabsatzgeschäfte: *vor und nach* Vertragsabschluß |
| Art. 42 | Verträge über spezifische Dienstleistungen: *vor und nach* Vertragsabschluß |
| Art. 55 | Verträge über die Verschaffung von Heimarbeit und gleichzeitiger Verkauf von Produkten: *vor und nach* Vertragsabschluß |

*Teilzahlungsgesetz (TzG)*

| | | |
|---|---|---|
| Artt. 3, 4, 4-2, | | Teilzahlungsgeschäfte: *vor* Vertragsabschluß nur Pflicht zum Aushang der Geschäftsbedingungen und Gewähren der Einsichtsmöglichkeit, *nach* Vertragsabschluß individuelle schriftliche Aufklärungspflicht |
| Artt. 29-2 bis 29-3-2 | | kooperativ finanzierte Geschäfte: Pflichten wie beim Teilzahlungsgeschäft |
| Artt. 30 bis 30-2-2 | | kreditfinanzierte Geschäfte: Pflichten wie beim Teilzahlungsgeschäft |
| Artt. 35, 37 | *ImmobGG* | gewerbliche Immobiliengeschäfte: *vor und nach* Vertragsabschluß; *vor* Vertragsabschluß zusätzlich noch Pflicht zur Erläuterung der im Schriftstück aufgeführten wichtigen Punkte |
| Art. 34 | *ImmobSGG* | gewerbliche Immobiliengeschäfte, die mit einer Sparfinanzierung des Kunden verbunden sind: *vor und nach* Vertragsabschluß; *vor* Vertragsabschluß zusätzlich noch Pflicht zur Erläuterung der im Schriftstück aufgeführten wichtigen Punkte |
| Artt. 4, 5, 7 | *AWarenterminGG* | Vermittlung von Warentermingeschäften an ausländischen Warenterminbörsen (inkl. Derivate): *vor und nach* Vertragsabschluß; außerdem Mitteilung über den Umfang jeder getätigten Transaktion |
| Artt. 217, 220 | *WarenbörsenG* | Vermittlung von Warentermingeschäften (inkl. Derivate) an inländischen Warenterminbörsen: *vor* Vertragsabschluß; ferner Mitteilung über den Umfang jeder getätigten Transaktion |
| Artt. 40, 41 | *BWpHG* | Vermittlung von Wertpapiergeschäften (inkl. Derivate): *vor und nach* Vertragsabschluß |

## A. Wirtschaftsverwaltungsrechtliche Gesetze 441

| | | |
|---|---|---|
| *Artt. 14 bis 16* | WpABG | Wertpapier-Anlageberatungsgeschäfte (inkl. Derivate und Fonds): *vor und nach* Vertragsabschluß; außerdem erneute schriftliche Aufklärung nach jedem halben Jahr (solange Vertragsbeziehung besteht) |
| *Artt. 24, 25* | ImmobilienfondsG | Erwerb/Veräußerung bzw. Vermittlung von spezifischen Immobilienfondsanteilen: *vor und nach* Vertragsabschluß; außerdem vor Vertragsabschluß auch Pflicht zur Erläuterung der einzelnen im Schriftstück aufgeführten wichtigen Punkte |
| *Artt. 16 bis 18-2* | AnlagefondsG | Erwerb/Veräußerung bzw. Vermittlung von Anteilen an Waren- und Warenterminkontraktfonds (inkl. Derivate): *vor und nach* Vertragsabschluß |
| *Artt. 35 bis 38* | AnlagefondsG | Anlageberatungsgeschäfte im Zusammenhang mit der Investition in Waren, Warenterminkontrakte, deren Derivate und ähnliche Vermögensgegenstände (inkl. Fonds): *vor und nach* Vertragsabschluß; außerdem erneute Aufklärung in regelmäßigen Abständen (solange Vertragsbeziehung besteht) |
| *Artt. 57 bis 58-2* | ForderungsHG | Erwerb/Veräußerung bzw. Vermittlung von Anteilen an spezifischen Obligationenfonds (Forderungen aus Kredit- und Leasinggeschäften): *vor und nach* Vertragsabschluß |
| *Artt. 15, 16* | Hypothekenbrief-gewerbegesetz | Erwerb/Veräußerung oder Verwahrung von Hypothekenbriefen: *vor und nach* Vertragsabschluß |
| *Artt. 70 bis 72* | FinanzterminGG | Vermittlung von Finanztermingeschäften an inländischen und ausländischen Terminbörsen: *vor und nach* Vertragsabschluß sowie Nachweis über jede getätigte Transaktion |
| *Artt. 3 I, II* | VerwahrungsGG | Verwahrung von bestimmten Gegenständen als Anlageobjekte: *vor und nach* Vertragsabschluß |
| *Artt. 5 I, II, 5-2* | GolfclubG | Mitgliedschaftsverträge in bestimmten privaten Freizeiteinrichtungen (derzeit nur Golfclubs): *vor und nach* Vertragsabschluß |
| *Artt. 12-4 II, 12-5* | RGG | Pauschalreiseverträge: *vor und nach* Vertragsabschluß |
| *Artt. 296, 298* | VGG | Versicherungsverträge: *vor* Vertragsabschluß |
| *Art. 17* | GeldverleihGG | Gelddarlehensverträge: *vor und nach* Vertragsabschluß (bei damit zusammenhängenden Bürgschaftsverträgen schriftliche Aufklärungspflicht vor und nach Vertragsabschluß); außerdem schriftliche Aufklärungspflicht *nach* Zahlung von Raten zur Tilgung des Darlehens; betrifft nur Darlehensgeschäfte bestimmter Formen von Finanzierungsunternehmen, nicht z.B. Banken |

### d) Allgemeine Pflichten zur angemessenen Aufklärung
(jōhō teikyō gimu, setsumei gimu)

In einigen Fällen bestehen über die schriftlichen Aufklärungspflichten hinaus allgemeine Aufklärungspflichten (bzw. Informationspflichten) über den Inhalt des betreffenden Verbrauchergeschäftes und die jeweiligen Vertragsbedingungen, und zwar gewöhnlich *vor Vertragsabschluß*. Der Umfang der Aufklärungspflichten, insbesondere die Einzelheiten, über die aufgeklärt werden muß, wird durch Verordnungen festgelegt oder zumindest näher bestimmt. Auch diese vorvertraglichen Aufklärungspflichten sind grundsätzlich rein verwaltungsrechtlicher Natur. Deren Inhalt muß sich also nicht unbedingt mit etwaigen zivilrechtlichen Aufklärungspflichten decken. In den letzten Jahren wurden solche Aufklärungspflichten zahlreichen Gesetzen hinzugefügt, vor allem solchen, die bereits zuvor schriftliche Aufklärungspflichten vorsahen. Derzeit bestehen allgemeine verwaltungsrechtliche Aufklärungspflichten in folgenden Fällen: Art. 12-4 I RGG (Pauschalreiseverträge), Artt. 35, 35-2 ImmobGG, Art. 34 ImmobSGG (gewerbliche Immobiliengeschäfte), Art. 16 GeldverleihGG (Darlehensverträge von Geldverleihern), Art. 24 Immobilienfonds (Erwerb von Immobilienfondsanteilen), Artt. 70, 73 FinanzterminGG (Finanztermingeschäfte), Art. 26 Telekommunikationsgewerbegesetz (Telekommunikationsdienstleistungen) und Art. 297 VGG (Versicherungsverträge, aber nur bei konkretem Auskunftsverlangen des Kunden). Außerdem besteht eine Aufklärungspflicht bei der Vermittlung von Warenterminkontrakten nach Art. 218 WarenbörsenG; eine Norm, die als Besonderheit zusätzlich eine Anspruchsgrundlage für einen zivilrechtlichen Schadensersatzanspruch bei unzureichender und fehlerhafter Aufklärung enthält. Dies stellt derzeit den einzigen Fall dar, in dem sich verwaltungsrechtliche und zivilrechtliche Aufklärungspflichten nach gesetzlicher Vorgabe überlappen.

### e) Verbote der Mitteilung irreführender oder falscher Tatsachen
(fujitsu kokuchi no kinshi)

Als eine Form der unzulässigen Beeinflussung des Verbrauchers im Stadium der Vertragsanbahnung wird die Mitteilung irreführender oder falscher Tatsachen über den Geschäftsgegenstand, den Geschäftsinhalt oder die Vertragsbedingungen im Zusammenhang mit zahlreichen Verbrauchergeschäften speziell verboten. Ein Verstoß gegen eine solche Verbotsnorm durch den Unternehmer oder eine seiner Hilfspersonen hat unmittelbar keine Bedeutung für die Frage, ob zugleich auch eine Täuschung nach dem Zivilgesetz (Art. 96), ein strafrechtlich relevanter Betrug (Art. 246 StrG) oder ein Verbotstatbestand des Verbrauchervertragsgesetzes (z.B. Art. 4 I) verwirklicht worden ist. Dies muß jeweils gesondert beurteilt werden. In der folgenden Aufstellung sind die wichtigsten Verbotsnormen dieser Art aufgeführt.

A. Wirtschaftsverwaltungsrechtliche Gesetze 443

Tabelle 7: Verbote der Mitteilung falscher oder irreführender Tatsachen

*Handelsgeschäftegesetz (HGG)*

| | | |
|---|---|---|
| Art. 6 I | | Vertreter- und Haustürgeschäfte |
| Art. 21 I | | Telefongeschäfte |
| Art. 34 I, II | | Kettenabsatzgeschäfte |
| Art. 44 I | | Verträge über spezifische Dienstleistungen |
| Art. 52 I | | Verträge über die Verschaffung von Heimarbeit und gleichzeitiger Verkauf von Produkten |
| Art. 47 Nr. 1 | *ImmobGG* | gewerbliche Immobiliengeschäfte |
| Art. 40 | *ImmobSGG* i.v.m. | |
| Art. 47 Nr. 1 | *ImmobGG* | gewerbliche Immobiliengeschäfte, die mit einer Sparfinanzierung des Kunden verbunden sind |
| Art. 9 | *AWarenterminGG* | Vermittlung von Warentermingeschäften an ausländischen Warenterminbörsen (inkl. Derivate) |
| Art. 20 I | *ImmobilienfondsG* | Erwerb/Veräußerung bzw. Vermittlung von spezifischen Immobilienfondsanteilen |
| Art. 23 I | *AnlagefondsG* | Erwerb/Veräußerung bzw. Vermittlung von Anteilen an Waren- und Warenterminkontraktfonds (inkl. Derivate) |
| Art. 43 i.v.m. | | |
| Art. 23 I | *AnlagefondsG* | Anlageberatungsgeschäfte im Zusammenhang mit der Investition in Waren, Warenterminkontrakte, deren Derivate und ähnliche Vermögensgegenstände (inkl. Fonds) |
| Art. 61 I | *ForderungsHG* | Erwerb/Veräußerung bzw. Vermittlung von Anteilen an spezifischen Obligationenfonds (Forderungen aus Kredit- und Leasinggeschäften) |
| Art. 4 I | *VerwahrungsGG* | Verwahrung von bestimmten Gegenständen als Anlageobjekte; auch bei Vertragsverlängerung bzw. -erneuerung |
| Art. 7 I | *GolfclubG* | Mitgliedschaftsverträge in bestimmten privaten Freizeiteineinrichtungen (derzeit nur Golfclubs); auch bei Vertragsverlängerung/-erneuerung |
| Art. 13 I Nr. 2 | *RGG* | Pauschalreiseverträge |
| Art. 300 Nr. 1, Nr. 2, Nr. 6 | *VGG* | Versicherungsverträge |
| Art. 16 I | *GeldverleihGG* | Gelddarlehensvergabe; betrifft nur bestimmte Formen von Finanzierungsunternehmen, nicht z.B. Banken |

*f) Verbote des vorsätzlichen Verschweigens wichtiger Tatsachen*
   (jijitsu fu-kokuchi no kinshi)

Als eine weitere Form der unzulässigen und unbilligen Beeinflussung des Verbrauchers während der Vertragsverhandlungen wird das vorsätzliche Verschweigen wichtiger Tatsachen über den Geschäftsgegenstand, den Geschäftsinhalt oder die Vertragsbedingungen durch besondere Vorschriften im Zusammenhang mit zahlreichen Verbrauchergeschäften untersagt. Im Gegensatz zu den übrigen hier aufgelisteten relevanten Normtypen hängt die Verwirklichung des Tatbestandes nach dem Gesetzeswortlaut meist klar von einem *vorsätzlichen Handeln* des Unternehmers oder einer seiner Hilfspersonen ab. In einigen Fällen werden in Verordnungen die relevanten Tatsachen, die nicht verschwiegen werden dürfen, näher umschrieben; in anderen Fällen dagegen nicht: In letzteren Fällen kommt es dann besonders auf die Auslegung an, was ein Unternehmer nach Treu und Glauben dem Kunden vor Vertragsabschluß positiv mitzuteilen hat. Auch bei diesen Verbotsnormen ist die Beurteilung eines etwaigen Verstoßes völlig unabhängig davon vorzunehmen, ob auch eine zivilrechtliche Täuschung oder ein strafrechtlicher Betrug verwirklicht worden ist oder ob ein Tatbestand des Verbrauchervertragsgesetzes erfüllt wurde (z.B. Art. 4 II). In Tabelle 8 auf der folgenden Seite sind die wichtigsten bestehenden Verbotsnormen dieses Typs aufgeführt.

*g) Verbote der Abgabe irreführender Urteile oder Prognosen*
   (danteiteki handan no teikyō no kinshi)

Vor allem in Gesetzen, die die gewerbliche Tätigkeit im Zusammenhang mit Finanz- und Finanzanlagegeschäften regeln, findet sich sehr häufig diese Art von Verbotsnorm. Hierdurch soll verhindert werden, daß der Anleger einen Vertrag unter falschen Vorstellungen über die Renditemöglichkeit bei dem jeweiligen Geschäft eingeht. Aber auch im Zusammenhang mit anderen Geschäften, bei denen die unternehmerische Tätigkeit Leistungsgegenstände betrifft, die am Markt größeren Wertschwankungen ausgesetzt sind (z.B. Immobilien) oder die mit einer (unsicheren) Verdienstmöglichkeiten des Kunden verbunden sind, existieren solche Verbote. Der japanische Gesetzgeber sieht auch in diesem Zusammenhang die Gefahr, daß der Kunde sich aufgrund unzutreffender oder einer verläßlichen Grundlage entbehrender Prognosen des Unternehmers leicht zum Geschäftsabschluß hinreißen läßt. Dieser Typ von Verbotsnorm soll den Verbraucher also letztlich vor einer Form der unbilligen Beeinflussung durch den Unternehmer oder dessen Hilfspersonen schützen, die leicht zu einem Vertragsabschluß des Verbrauchers mit übertriebenen Erwartungen, und damit zu einem unerwünschten Vertrag führen kann. In Tabelle 9 auf S. 448 sind die wichtigsten bestehenden Verbotsnormen aufgeführt.

A. Wirtschaftsverwaltungsrechtliche Gesetze 445

Tabelle 8: Verbote des vorsätzlichen Verschweigens wichtiger Tatsachen

*Handelsgeschäftegesetz (HGG)*

| | | |
|---|---|---|
| Artt. 6 II, 7 Nr. 2 | | Vertreter- und Haustürgeschäfte |
| Artt. 21 II, 22 Nr. 2 | | Telefongeschäfte |
| Art. 34 I | | Kettenabsatzgeschäfte |
| Artt. 44 II, 46 Nr. 2 | | Verträge über spezifische Dienstleistungen |
| Artt. 52 I | | Verträge über die Verschaffung von Heimarbeit und gleichzeitiger Verkauf von Produkten |
| Art. 47 Nr. 1 | ImmobGG | gewerbliche Immobiliengeschäfte |
| Art. 40 | ImmobSGG i.V.m. | |
| Art. 47 Nr. 1 | ImmobGG | gewerbliche Immobiliengeschäfte, die mit einer Sparfinanzierung des Kunden verbunden sind |
| Art. 9 | AWaterminGG | Vermittlung von Warentermingeschäften an ausländischen Warenterminbörsen (inkl. Derivate) |
| Art. 20 I | ImmobilienfondsG | Erwerb/Veräußerung bzw. Vermittlung von spezifischen Immobilienfondsanteilen |
| Art. 23 I | AnlagefondsG | Erwerb/Veräußerung bzw. Vermittlung von Anteilen an Waren- und Warenterminkontraktfonds (inkl. Derivate) |
| Art. 43 i.V.m. | | |
| Art. 23 I | AnlagefondsG | Anlageberatungsgeschäfte im Zusammenhang mit der Investition in Waren, Warenterminkontrakte, deren Derivate und ähnliche Vermögensgegenstände (inkl. Fonds) |
| Art. 61 I | ForderungsHG | Erwerb/Veräußerung bzw. Vermittlung von Anteilen an spezifischen Obligationenfonds (Forderungen aus Kredit- und Leasinggeschäften) |
| Art. 4 I | VerwahrungsGG | Verwahrung von bestimmten Gegenständen als Anlageobjekte; auch bei Vertragsverlängerung bzw. -erneuerung |
| Art. 7 I | GolfclubG | Mitgliedschaftsverträge in bestimmten privaten Freizeiteineinrichtungen (derzeit nur Golfclubs); auch bei Vertragsverlängerung/-erneuerung |
| Art. 13 I Nr. 2 | RGG | Pauschalreiseverträge |
| Art. 300 Nr. 1, Nr. 3, Nr. 4 | VGG | Versicherungsverträge |

4. Kapitel: Regulierung und Kontrolle durch öffentlich-rechtliche Instrumente

Tabelle 9: Verbote der Abgabe irreführender Urteile und Prognosen über unbestimmte Tatsachen (Gewinn-, Verdienstmöglichkeiten und Wertsteigerungen)

*Handelsgeschäftegesetz (HGG)*

| | | |
|---|---|---|
| Art. 38 Nr. 2 | | Kettenabsatzgeschäfte |
| Art. 56 Nr. 2 | | Verträge über die Verschaffung von Heimarbeit und gleichzeitiger Verkauf von Produkten |
| Art. 47-2 I | ImmobGG | gewerbliche Immobiliengeschäfte |
| Art. 10 Nr. 1 | AWarenterminGG | Vermittlung von Warentermingeschäften an ausländischen Warenterminbörsen (inkl. Derivate) |
| Art. 214 Nr. 1 | WarenbörsenG | Vermittlung von Warentermingeschäften an inländischen Warenterminbörsen (inkl. Derivate) |
| Art. 42 Nr. 1 bis Nr. 4 | BWpHG | Vermittlung von Wertpapiergeschäften (inkl. Derivate) |
| Art. 21 I | ImmobilienfondsG | Erwerb/Veräußerung bzw. Vermittlung von spezifischen Immobilienfondsanteilen |
| Art. 24 Nr. 1 | AnlagefondsG | Erwerb/Veräußerung bzw. Vermittlung von Anteilen an Waren- und Warenterminkontraktfonds (inkl. Derivate) |
| Art. 43 i.V.m. Art. 24 Nr. 1 | AnlagefondsG | Anlageberatungsgeschäfte im Zusammenhang mit der Investition in Waren, Warenterminkontrakte, deren Derivate und ähnliche Vermögensgegenstände (inkl. Fonds) |
| Art. 76 Nr. 1 | FinanzterminGG | Vermittlung von Finanztermingeschäften an inländischen und ausländischen Terminbörsen |
| Art. 300 Nr. 7 | VGG | Versicherungsverträge |

## A. Wirtschaftsverwaltungsrechtliche Gesetze

*h) Verbote der irreführenden, unrealistischen oder sonst unbilligen Gewinnzusicherung* (rieki hoshō no kinshi)

Ein sehr ähnliches Ziel wie die Verbote im vorangehenden Abschnitt verfolgen die der unbilligen Gewinnzusicherung. Daher finden sich solche Bestimmungen ebenso ausschließlich in Gesetzen, die die gewerbliche Tätigkeit im Zusammenhang mit Finanz- und Finanzanlagegeschäften regeln. Hierdurch soll wiederum verhindert werden, daß der Anleger bzw. Verbraucher einen Vertrag unter falschen Erwartungen abschließt. Eine Gewinnzusicherung ist im Einzelfall meist deshalb unbillig, weil der Finanzdienstleister üblicherweise nicht in der Lage ist, gleichzeitig für alle möglicherweise entstehenden Verluste der Anleger einzustehen. Oftmals ist auch mit einer solchen Zusicherung gar kein Angebot zum Abschluß eines Garantievertrages gemeint, so daß bei entstehenden Verlusten der Streit darüber vorbestimmt ist, wer für diese haftet. Dies soll durch ein Verbot von vornherein möglichst verhindert werden.

Tabelle 10: Verbote der unbilligen Gewinnzusicherung

| | |
|---|---|
| *Art. 10 Nr. 2 AWarenterminGG* | Vermittlung von Warentermingeschäften an ausländischen Warenterminbörsen (inkl. Derivate) |
| *Art. 214 Nr. 2 WarenbörsenG* | Vermittlung von Warentermingeschäften (inkl. Derivate) an inländischen Warenterminbörsen |
| *Art. 42-2 Nr. 1 bis Nr. 3 BWpHG* | Vermittlung von Wertpapiergeschäften (inkl. Derivate) |
| *Art. 22 I Nr. 2, Nr. 4;* *Art. 30-3 I Nr. 2, Nr. 4 WpABG* | Wertpapier-Anlageberatungsgeschäft (inkl. Derivate) |
| *Art. 24 Nr. 2 AnlagefondsG* | Erwerb/Veräußerung bzw. Vermittlung von Anteilen an Waren- und Warenterminkontraktfonds (inkl. Derivate) |
| *Art. 43 i.V.m.* *Art. 24 Nr. 2 AnlagefondsG* | Anlageberatungsgeschäfte im Zusammenhang mit der Investition in Waren, Warenterminkontrakte, deren Derivate und ähnliche Vermögensgegenstände (inkl. Fonds) |
| *Art. 76 Nr. 2 FinanzterminGG* | Vermittlung von Finanztermingeschäften an inländischen und ausländischen Terminbörsen |
| *Art. 300 Nr. 5, Art. 301 Nr. 1 VGG* | Versicherungsverträge |

*i) Verbote des unzulässigen Bedrängens und In-Verlegenheit-Bringens*
(ihaku no kinshi, konwaku wo saseru kinshi)

Einen weiteren Typus der unbilligen Beeinflussung des Verbrauchers bei Vertragsverhandlungen stellt das übermäßige Drängen zum Vertragsabschluß oder das In-Verlegenheit-Bringen dar. Daher wird ein solches Verhalten bei zahlreichen Verbrauchergeschäften ausdrücklich untersagt (vgl. Tabelle 11 auf der folgenden Seite). Bei Feststellung, daß der Unternehmer oder eine seiner Hilfspersonen gegen ein solches Verbot verstoßen hat, kann nicht automatisch zugleich von der Verwirklichung einer Drohung nach dem Zivilgesetz (Art. 96 ZG), einer Nötigung nach dem Strafgesetz oder eines Verbotstatbestandes nach dem Verbrauchervertragsgesetz (z.B. Art. 4 III) ausgegangen werden. Dies sind wieder jeweils gesondert zu beurteilende Fragen.

*j) Verbot des Werbens von unerfahrenen und für das Geschäft ungeeigneten Anlegern*

Im Zusammenhang mit Finanzanlagegeschäften wird in den letzten Jahren in Japan zunehmend diskutiert, inwieweit ein Finanzdienstleister bestimmte Anleger überhaupt zum Erwerb von Wertpapieren oder anderen Finanzprodukten werben darf, wenn für ihn erkennbar ist, daß die konkrete Investition für den Anleger im Hinblick auf seine Vermögensverhältnisse, Anlageziele und Geschäftserfahrung unpassend ist. Dieses Problem der „Produktgeeignetheit" (*tekigōsei*) für den Privatanleger wurde bereits von mehreren Zivilgerichten im Zusammenhang mit Schadensersatzklagen von Anlegern gegen professionelle Finanzdienstleister erörtert. Gelegentlich führte das Werben eines Anlegers, für den das Anlageobjekt *ex ante* offensichtlich ungeeignet war, schließlich zur (teilweisen) Haftung des Finanzdienstleisters auf Schadensersatz, meist aus Delikt.[3] Ein ausdrückliches (gewerberechtliches) Verbot des Werbens ungeeigneter Privatanleger besteht derzeit bei der Vermittlung von Wertpapieren, Wertpapierderivaten, Warentermin- und Finanzterminkontrakten (Art. 43 Nr. 1 BWpHG, Art. 215 WarenbörsenG, Art. 77 FinanzterminGG).

---

[3] Vgl. zum Beispiel A. PARDECK (2001) 131-147. Vgl. auch oben den Fall unter Kapitel 3 A IV 2 a dd und die bei T SHIMIZU (1999) v zitierten und erläuterten Fälle.

Tabelle 11: Verbot des unzulässigen Bedrängens / In-Verlegenheit-Bringens

*Handelsgeschäftegesetz (HGG)*

| | | |
|---|---|---|
| Art 6 III | | Vertreter- und Haustürgeschäfte |
| Art. 21 III | | Telefongeschäfte |
| Artt. 34 III, 38 Nr. 3 | | Kettenabsatzgeschäfte |
| Art. 44 III | | Verträge über spezifische Dienstleistungen |
| Artt. 52 II, 56 Nr. 3 | | Verträge über die Verschaffung von Heimarbeit und gleichzeitiger Verkauf von Produkten |
| Art. 47-2 II | ImmobGG | gewerbliche Immobiliengeschäfte |
| Art. 10 Nr. 4 | AWarenterminGG | Vermittlung von Warentermingeschäften an ausländischen Warenterminbörsen (inkl. Derivate) |
| Artt. 22 I Nr. 1, 30-3 I Nr. 1 | WpABG | Wertpapier-Anlageberatungsgeschäfte (inkl. Derivate und Fonds); Verbot der Drohung und Gewaltanwendung |
| Art. 214 Nr. 6 | WarenbörsenG | Vermittlung von Warentermingeschäften (inkl. Derivate) an inländischen Warenterminbörsen |
| Art. 19 Nr. 1 | HypothekenbriefGG | Erwerb/Veräußerung und Verwahrung von Hypothekenbriefen; Verbot der Drohung und der Gewaltanwendung |
| Art. 62 Nr. 1 | ForderungsHG | Erwerb/Veräußerung bzw. Vermittlung von Anteilen an spezifischen Obligationenfonds (Forderungen aus Kredit- und Leasinggeschäften) |
| Art. 76 Nr. 4 | FinanzterminGG | Vermittlung von Finanztermingeschäften an inländischen und ausländischen Terminbörsen |
| Art. 5 Nr. 1 | VerwahrungsGG | Verwahrung von bestimmten Gegenständen als Anlageobjekte; auch bei Vertragsverlängerung bzw. -erneuerung |
| Art. 8 Nr. 1 | GolfclubG | Mitgliedschaftsverträge in bestimmten privaten Freizeiteinrichtungen (derzeit nur Golfclubs); auch bei Vertragsverlängerung/-erneuerung |

*k) Verbote der Behinderung bei der Ausübung von Vertragslöserechten*

In engem Zusammenhang mit der Vertragsabschlußkontrolle stehen auch die zahlreichen Verbote der unbilligen Beeinflussung des Verbrauchers durch *unbilliges Bedrängen, Mitteilen falscher Tatsachen* oder *vorsätzliches Verschweigen wichtiger Tatsachen* im Hinblick auf dessen Entscheidung, ein Vertragslöserecht, insbesondere ein verbraucherschützendes Widerrufsrecht, auszuüben. Diese Verbote haben den Sinn der Sicherung bestehender Widerrufsrechte und finden sich daher praktisch in fast allen Gesetzen, in denen auch ein Widerrufsrecht vorgesehen ist.

Tabelle 12: Verbote der Behinderung bei der Ausübung von Widerrufsrechten

| Handelsgeschäftegesetz (HGG) | |
|---|---|
| Artt. 6 I, III, 7 Nr. 2 | Vertreter- und Haustürgeschäfte |
| Artt. 21 I, III, 22 Nr. 2 | Telefongeschäfte |
| Artt. 34 I, II, III | Kettenabsatzgeschäfte |
| Artt. 44 I, III, 46 Nr. 2 | Verträge über spezifische Dienstleistungen |
| Artt. 52 I, II | Verträge über die Verschaffung von Heimarbeit und gleichzeitiger Verkauf von Produkten |
| Artt. 47 Nr. 1, 47-2 II ImmobGG | gewerbliche Immobiliengeschäfte |
| Artt. 22 I Nr. 1, 30-3 I Nr. 1 WpABG | Wertpapier-Anlageberatungsgeschäfte (inkl. Derivate und Fonds); Verbot der Drohung und der Gewaltanwendung |
| Art. 19 Nr. 1 HypothekenbriefGG | Erwerb/Veräußerung und Verwahrung von Hypothekenbriefen; Verbot der Drohung und der Gewaltanwendung (hier Rücktritt) |
| Artt. 20 II, 21 II ImmobilienfondsG | Erwerb/Veräußerung bzw. Vermittlung von spezifischen Immobilienfondsanteilen |
| Art. 23 II AnlagefondsG | Erwerb/Veräußerung bzw. Vermittlung von Anteilen an Waren- und Warenterminkontraktfonds (inkl. Derivate) |
| Art. 43 i.V.m. Art. 23 II AnlagefondsG | Anlageberatungsgeschäfte im Zusammenhang mit der Investition in Waren, Warenterminkontrakte, deren Derivate und ähnliche Vermögensgegenstände (inkl. Fonds) |
| Artt. 61 II, 62 Nr. 1 ForderungsHG | Erwerb/Veräußerung bzw. Vermittlung von Anteilen an spezifischen Obligationenfonds (Forderungen aus Kredit- und Leasinggeschäften) |
| Artt. 4 II, 5 Nr. 1 VerwahrungsGG | Verwahrung von bestimmten Gegenständen als Anlageobjekte |
| Art. 7 II, 8 Nr. 1 GolfclubG | Mitgliedschaftsverträge in bestimmten privaten Freizeiteinrichtungen (derzeit nur Golfclubs) |

## 2. Verwaltungsrechtliche und strafrechtliche Folgen einer Normverletzung

Ein Verstoß gegen die oben genannten Typen verwaltungsrechter Normen hat vor allem verwaltungsrechtliche und/oder strafrechtliche Relevanz, denn die für die Ausführung des jeweiligen Gesetzes und die Kontrolle der betreffenden Gewerbe- und Geschäftstätigkeit zuständige Verwaltungsbehörde kann verschiedene verwaltungsrechtliche Maßnahmen ergreifen, um künftige Normverstöße abzuwenden, oder den beobachteten Verstoß an die Staatsanwaltschaft melden, die dann eine Entscheidung über die Strafverfolgung zu treffen hat.

### a) Verwaltungsrechtliche Maßnahmen und Sanktionen

Die zuständige Verwaltungsbehörde kann bei einem ihr zur Kenntnis gelangten Normverstoß eines Unternehmers oder einer seiner Hilfspersonen mit Mitteln des Verwaltungsrechts gegen den Unternehmer vorgehen, muß dies aber nicht. Es steht ihr nach Maßgabe des jeweiligen Gesetzes und der darin enthaltenen Ermächtigungsgrundlagen darüber hinaus auch frei, wie sie reagiert.

Sie kann zunächst Mittel anwenden, die der „*informellen Verwaltungslenkung*" (*gyōsei shidō*) zuzurechnen sind. Dabei handelt es sich um verschiedene Formen informellen Verwaltungshandelns. Teilweise gibt es hierfür in den betreffenden Gesetzen ausdrückliche gesetzliche Grundlagen. So ist in zahlreichen Gesetzen beispielsweise die Ermächtigung zur Erteilung einer Warnung (*kankoku*) oder einer Weisung (*shiji*) vorgesehen. Darüber hinaus gibt es verschiedene weitere Formen der informellen Verwaltungslenkung, die in einzelnen Gesetzen unterschiedlich bezeichnet werden, sich aber in ihrer Funktion und Wirkung kaum voneinander unterscheiden.[4] Aber auch soweit keine ausdrückliche gesetzliche Ermächtigungsgrundlage vorhanden ist, können japanische Verwaltungsbehörden in einem weiten Sinne informelle Weisungen an einen Unternehmer erteilen. All diesen Formen informellen Verwaltungshandelns ist gemein, daß sie keine unmittelbare rechtliche Zwangswirkung haben. Allerdings ist sie in tatsächlicher Hinsicht oftmals sehr effektiv, einerseits unter dem Gesichtspunkt der Streitvermeidung und andererseits unter dem Gesichtspunkt der Verfahrenseffizienz.[5]

---

[4] In engem Zusammenhang mit dem informellen Verwaltungshandeln in Gestalt der informellen Verwaltungslenkung steht auch die Funktion von Verwaltungsvorschriften im japanischen Recht, denen tatsächlich Außenwirkung zukommen kann; hierzu umfassend L. KÖDDERITZSCH (1995).

[5] Über die Bedeutung und die Effizienz des informellen Verwaltungshandelns bzw. der informellen Verwaltungslenkung in Japan wird in der Literatur seit langem gestritten. Dabei wird auch immer wieder die Frage aufgeworfen, inwieweit das „informelle Verwaltungshandeln" eine typisch japanische Erscheinung ist, und ob es mit dem Gebot der Rechtsstaatlichkeit des Verwaltungshandelns vereinbar ist. Informelles Verwaltungshandeln in Japan und anderswo ist jedenfalls ein sehr vielschichtiges Thema, das hier nicht allgemein erörtert werden kann. Vergleiche hierzu nur T. FUJITA (1994, 1982, 1981); H. SHIONO (1989) 55-61; H. SHIONO (1984); M. YOUNG (1984); G. FOLJANTY-JOST (1989); M. DEAN (1991); J. HALEY (1986); Y. OHASHI (1993, 1999); R.A. YEOMANS (1986); speziell zur informellen Verwaltungslenkung

Wirtschaftsverwaltungsrechtliche Gesetze enthalten regelmäßig zudem Ermächtigungsgrundlagen für *formelle Maßnahmen* mit rechtlicher Zwangswirkung. Gelegentlich setzen diese den bereits erfolgten erfolglosen Einsatz informeller Verwaltungsmaßnahmen voraus. Die verschiedenen Formen formellen Verwaltungshandelns ähneln zum Teil denen im deutschen Recht. Alle Formen sind grundsätzlich als Verwaltungsakt zu bewerten, allerdings lassen sich die Verwaltungsakte nicht immer wie im deutschen Recht vollstrecken. Bei Verstoß gegen einen Verwaltungsakt drohen dem Adressaten in Japan vielmehr im Regelfall ausschließlich strafrechtliche Sanktionen, *i.e.* entweder Geld- oder Freiheitsstrafen. Die Möglichkeit einer Verwaltungsvollstreckung z.B. durch Ersatzvornahme oder unmittelbaren Zwang etc.[6] müßte im betreffenden Gesetz ausdrücklich vorgesehen sein; dies spielt aber im Zusammenhang mit dem Verstoß gegen die hier behandelten Normen üblicherweise keine Rolle. Die Verfügungen der Verwaltungsbehörden können daher teilweise als *verwaltungsrechtliche Sanktionen* bezeichnet werden.

Bei einem Verstoß gegen die oben aufgeführten Ge- und Verbotsnormen ist in den Gesetzen häufig die Möglichkeit vorgesehen, eine formelle Verfügung zum Zwecke der Änderung des Verhaltens (*kaisei meirei*) gegen den Unternehmer auszusprechen. Zudem besteht bei schwerwiegenderen Verstößen auch die Möglichkeit, ein Verbot der weiteren Gewerbeausübung bzw. Ausübung der Geschäftstätigkeit (*gyōmu no teishi*) zu verhängen. Dieses Verbot kann entweder für eine bestimmte oder zunächst unbestimmte Zeit erteilt werden, die Geschäftstätigkeit insgesamt oder nur zum Teil betreffen. Soweit zur Aufnahme einer bestimmten Geschäftstätigkeit zunächst eine Gewerbeerlaubnis oder eine Registrierung erforderlich ist, kann auch diese Erlaubnis wieder entzogen (*kyoka* bzw. *ninka no torikeshi*) bzw. die Registrierung gestrichen werden (*tōroku no torikeshi*).[7] Je nach Gesetz unterscheiden sich die der zuständigen Behörde zur Verfügung stehenden Möglichkeiten verwaltungsrechtlicher Maßnahmen geringfügig. Die strafrechtlichen Sanktionen, die bei Nichtbefolgen einer formellen Verfügung drohen, sind gewöhnlich harsch.[8]

Das Ergreifen einer informellen oder formellen Verwaltungsmaßnahme gegen einen Unternehmer setzt im Regelfall *kein vorsätzliches Handeln* voraus, es sei denn der Tatbestand der betreffenden Ge- oder Verbotsnorm verlangt diese

---

im Rahmen des Wettbewerbs- und Kartellrechts siehe W. PAPE (1980) und A. NEGISHI (1985). Zum informellen Verwaltungshandeln im Bereich des Finanzmarkts siehe H. BAUM / M. HAYAKAWA (1994) 516-530; D.F. HENDERSON (1991) 296 ff. Zur Rolle des informellen Verwaltungshandelns im Wirtschaftsverwaltungsrecht ausführlich auch H. SATŌ (1990) 933-970.

[6] Die strafrechtlichen Sanktionen im japanischen Recht können allerdings auch eine ähnliche Funktion wie das Zwangsgeld oder die Ersatzzwangshaft im deutschen Vollstreckungsrecht erfüllen.

[7] Zum Unterschied von „*ninka*", „*kyoka*" und „*tōroku*" als Formen wirtschaftsverwaltungsrechtlicher Kontrollinstrumente in Japan siehe H. SATŌ (1990) 874-920.

[8] Im einzelnen zu den Kompetenzen und Methoden der japanischen Eingriffsverwaltung auf dem Gebiet des Wirtschaftsverwaltungsrechts H. SATŌ (1990) 273-293, 431-508, 861 ff.

Schuldform ausdrücklich (z.B. Normtyp f ). Es wird auch nicht vorausgesetzt, daß der Unternehmer die Handlung selbst begangen hat. Auch die Verwirklichung durch eine Hilfsperson, also z.b. durch Angestellte, oder bei juristischen Personen durch die Organe der Gesellschaft, reicht aus. Zwar sind auch verwaltungsrechtliche Maßnahmen gegen die Hilfspersonen des Unternehmers selbst denkbar, im Regelfall richten sich diese aber gegen den Geschäftsherrn, also den Unternehmer bzw. das Unternehmen. Das Ergreifen verwaltungsrechtlicher Maßnahmen setzt auch keinen Schaden des von der Pflichtverletzung betroffenen Kunden bzw. Verbrauchers voraus.

*b) Strafrechtliche Sanktionen*

Nicht nur bei Nichtbefolgen einer formellen Verfügung der Verwaltungsbehörden, sondern auch bereits bei Verstoß gegen eine wirtschaftsverwaltungsrechtliche Ge- oder Verbotsnorm selbst drohen dem Unternehmer und seinen Hilfspersonen strafrechtliche Sanktionen. Zur Verfolgung einer solchen „Straftat" ist ausschließlich die Staatsanwaltschaft berufen. Sie ist aber *nicht verpflichtet,* bei einer Anzeige oder anderweitigen Kenntniserlangung von einer solchen Tat einzuschreiten. Im japanischen Strafverfahrensrecht gilt vielmehr, anders als im deutschen Strafverfahrensrecht, der *Opportunitätsgrundsatz (kiso bengi shugi).*[9]

Die grundsätzliche Strafbarkeit eines Verstoßes gegen wirtschaftsverwaltungsrechtliche Normen wird gewöhnlich durch besondere ergänzende Bestimmungen im Abschnitt „Strafbestimmungen" (*bassoku*) des jeweiligen Gesetzes angeordnet. Das Verfolgen einer Handlung als Straftat setzt *grundsätzlich vorsätzliches Handeln* des Täters voraus, auch in den Fällen, in denen die Verbotsnorm – wie meist – den Vorsatz nicht ausdrücklich verlangt. Im Strafrecht gilt allgemein Art. 38 StrG, der bestimmt, daß eine Handlung nur dann strafbar ist, wenn sie vorsätzlich begangen worden ist, es sei denn, auch das fahrlässige Verhalten wird durch eine Strafnorm ausdrücklich unter Strafe gestellt. Die besonderen Bestimmungen in den wirtschaftsverwaltungsrechtlichen Gesetzen, die den Verstoß gegen eine verwaltungsrechtliche Ge- oder Verbotsnorm als strafbar bezeichnen, enthalten einen solchen Zusatz gewöhnlich nicht. Daher ist ein Verstoß gegen eine der oben angeführten Normen nur bei vorsätzlichem Handeln des Täters strafbar.[10]

Strafbar ist bei vorsätzlicher Begehung der Tat zunächst der Täter selbst. Das kann bei einem Unternehmer als natürliche Person der Unternehmer selbst sein oder einer seiner Angestellten oder sonstigen Hilfspersonen. Bei juristi-

---

[9] Zum Opportunitätsprinzip in Japan vgl. H.-H. KÜHNE (1973).
[10] Zur strafrechtlichen Regulierung des Abschlusses von Verbraucherverträgen durch besondere Strafnormen in wirtschaftsverwaltungsrechtlichen Gesetzen, insbesondere zum Verhältnis der verschiedenen verwaltungsrechtlichen „Aufklärungspflichten" (Informationspflichten, Verbote der Falschaufklärung oder des Verschweigens wichtiger Tatsachen) zum Betrugstatbestand des Kernstrafrechts siehe T. SAITŌ (2001). Umfassend dazu ferner auch M. NAGAI (1991).

schen Personen können dies zusätzlich die Geschäftsleitungsorgane sein, also z.B. bei Aktiengesellschaften die Verwaltungsratsmitglieder (*torishimari yaku*). Die Verbotsnormen bzw. die Normen, die die Strafbarkeit des Normverstoßes begründen, sprechen in diesem Zusammenhang gewöhnlich zwar nur vom „*Unternehmer*" (*jigyōsha*). Der Begriff wird hier aber weiter als gewöhnlich ausgelegt, mit der Folge, daß nicht nur der Geschäftsherr, sondern auch seine Hilfspersonen einschließlich der Organe einer Gesellschaft darunter fallen.

Strafbar ist gleichzeitig auch der jeweilige Geschäftsherr, also der Unternehmer im eigentlichen Sinne. In fast allen wirtschaftsverwaltungsrechtlichen Gesetzen wird dies durch besondere „Doppelbestrafungsnormen" (*ryōbatsu kitei*) besonders angeordnet. So heißt es beispielsweise in Art. 74 HGG, der Bezug nimmt auf die Strafbarkeit aller Verstöße gegen die oben in den Tabellen aufgeführten Ge- und Verbotsnormen des Handelsgeschäftegesetzes, daß (gleichzeitig) auch der Geschäftsherr bzw. die juristische Person strafbar ist, *wenn die Handlung von dem Repräsentanten einer juristischen Person, von einem Vertreter, von einem Angestellten oder von einer sonstigen Hilfsperson begangen worden ist*. Über den Grund dieser doppelten Bestrafung besteht in der juristischen Literatur Streit. Nach herrschender Meinung wird dem Unternehmer (Geschäftsherr bzw. -inhaber) ein *vermutetes Fahrlässigkeitsverschulden* zur Last gelegt. Der Unternehmer kann daher theoretisch einen Gegenbeweis antreten. In der Praxis ist dies aber nur schwer möglich und wird gewöhnlich auch nicht anerkannt bzw. nicht einmal zugelassen.[11] Man kann sich die Strafbarkeit nach einer Doppelbestrafungsnorm vorstellen als Sonderform bzw. Mischform einer Täterschaft, angesiedelt zwischen der Mittäterschaft, der mittelbaren Täterschaft und der akzessorischen Strafbarkeit als Anstifter oder Gehilfe.

Als Strafrahmen sehen die Bestimmungen, die den Verstoß gegen eine Ge- oder Verbotsnorm unter Strafe stellen (z.B. Artt. 70 bis 75 HGG), die Verurteilung zu Geld- und/oder Freiheitsstrafe vor. Im Falle der Verurteilung des Unternehmers aufgrund einer Doppelbestrafungsnorm (z.B. Art. 74 HGG) wegen einer Verfehlung einer seiner Hilfspersonen wird diese Strafbarkeit dahingehend modifiziert, daß nur Geldstrafe zu verhängen ist. Dafür aber wird die Höhe der möglichen Geldstrafe im Vergleich zu den unmittelbaren Tätern (natürliche Personen) als Strafbarkeitssubjekte zum Teil deutlich angehoben. Der erhöhte Strafrahmen betrifft aber meist nur Unternehmer als juristische Personen.

---

[11] Zum Sinn der Doppelbestrafungsnormen und zu den weiteren Einzelheiten vgl. K. YAMANAKA (2002) 196-206 m.w.N.; zu derartigen Tatbeständen im Zusammenhang mit Kapitalmarktdelikten siehe M. IDA (2003) 182 ff.

## 3. Zivilrechtliche Wirkung eines Normverstoßes

Wie bereits erwähnt, hat ein Verstoß des Unternehmers oder einer seiner Hilfspersonen gegen eine gewerberechtliche Ge- oder Verbotsnorm der Vertragsabschlußkontrolle meist unmittelbar keine zivilrechtliche Wirkung. Ausnahmen stellen bisher lediglich die Verstöße gegen Art. 218 WarenbörsenG (Schadensersatzanspruch), gegen Artt. 6 I, II, 21 I, II, 34 I II, 44 I, II und 52 I HGG (Anfechtungsrecht) und teilweise gegen die schriftlichen Aufklärungspflichten (Nichtlauf der Widerrufsfrist) dar. Im übrigen indiziert ein Verstoß gegen eine solche Norm auch bei ähnlichem Inhalt (vgl. d, e, f, g, i) zum Beispiel weder eine zivilrechtliche Täuschung noch eine Drohung, noch die Verwirklichung eines Tatbestandes des Verbrauchervertragsgesetzes.

Allerdings kann einem Normverstoß eine *mittelbar zivilrechtliche Wirkung* im Falle der Berücksichtigung im Rahmen der deliktsrechtlichen Haftung oder im Rahmen des Art. 90 ZG zukommen. Dabei ist aber zu berücksichtigen, daß die Behandlung eines Verstoßes gegen wirtschaftsverwaltungsrechtliche Normen im Deliktsrecht oder im Rahmen des Art. 90 ZG sehr unbestimmt und daher wenig vorhersehbar ist. Ein einzelner Normverstoß für sich genommen stellt zwar eine deliktsrechtliche Pflichtverletzung dar, löst aber jedenfalls allein regelmäßig weder eine Haftung des Unternehmers aus Delikt aus, noch folgt aus einem einzelnem Normverstoß automatisch die Nichtigkeit des betreffenden Vertrages nach Art. 90 ZG. Vielmehr wird ein Verstoß gegen die oben aufgeführten verwaltungsrechtlichen Ge- und Verbotsnormen höchstens als ein Faktor im Rahmen einer Gesamtschau aller „Pflichtverletzungen" unter Billigkeitsgesichtspunkten berücksichtigt.[12]

Der Schutz des Verbrauchers vor unerwünschten und unbilligen Verträgen durch die oben aufgeführten Ge- und Verbotsnormen erfolgt somit hauptsächlich auf dem Wege der verwaltungsrechtlichen und strafrechtlichen Kontrolle, denn bisher fehlt es an einer weitreichenden Verzahnung mit dem Zivilrecht.

## II. Abschlußkontrolle 2 (Vertragsabschlußzwang)

Um dem Verbraucher die Möglichkeit des Erwerbs lebensnotwendiger Waren und Dienstleistungen zu sichern, ist in zahlreichen wirtschaftsverwaltungsrechtlichen Gesetzen ein Vertragsabschlußzwang für Unternehmer vorgesehen. Ein Vertragsabschlußzwang im japanischen Recht hat regelmäßig nicht die Form eines privatrechtlichen Vertragsabschlußzwanges, sondern die einer verwaltungsrechtlichen Pflicht von Unternehmern, eine bestimmte Leistung grundsätzlich gegenüber jedermann und zu jeder Zeit zu erbringen. Die Verweigerung der Leistungserbringung, und damit des Vertragsabschlusses, ist nur in

---

[12] Im einzelnen siehe oben die Abschnitte Kapitel 3 III 3 c und Kapitel 3 IV 1 a cc (v).

begründeten Ausnahmefällen zulässig. Der Unternehmer muß dafür einen berechtigten bzw. rechtfertigenden Grund (*seitō na jiyū*) vorbringen können. Die Verweigerung des Vertragsabschlusses darf also keinesfalls willkürlich erfolgen. Keinen berechtigten Grund stellt insbesondere eine Diskriminierung der Kunden z.B. wegen ihrer Herkunft dar. Die unberechtigte Verweigerung der Leistungserbringung und damit der Verstoß gegen einen verwaltungsrechtlichen Vertragsabschlußzwang hat grundsätzlich nur verwaltungsrechtliche Relevanz. Die zur Aufsicht über die Branche, der der betreffende Unternehmer angehört, zuständige Verwaltungsbehörde, kann in einem solchen Fall informelle oder formelle Verwaltungsmaßnahmen ergreifen, die den oben beschriebenen (unter I 2 a) entsprechen. In einigen Fällen kann ein Verstoß gegen die Pflicht zur Leistungserbringung auch strafrechtliche Sanktionen zur Folge haben.

In die Reihe der gesetzlichen Vertragsabschlußpflichten würde auch eine Pflicht der japanischen Post zur Erbringung von Postdienstleistungen gegenüber Verbrauchern passen, da auch diese Art der Leistung zum Zwecke der Grundversorgung der Bevölkerung von besonders großer Bedeutung ist. Eine entsprechende Bestimmung gibt es allerdings nicht, da die japanische Post nach wie vor ein Staatsunternehmen ist. Die Geschäftstätigkeit der japanischen Post kann das zuständige Ministerium selbst unmittelbar nach Maßgabe des Postgesetzes (*Yūbin-hō*[13]) beaufsichtigen und kontrollieren. Die diesbezügliche spezielle Normierung eines Vertragsabschlußzwanges aus Gründen der staatlichen Daseinsvorsorge ist daher bisher nicht erforderlich. Allerdings hat das japanische Kabinett unter Führung des Premierministers *Jun'ichi Koizumi* nach heftigen Auseinandersetzungen in der japanischen Öffentlichkeit im Herbst 2005 die Privatisierung der japanischen Post in den kommenden Jahren angekündigt und beschlossen.

Über die oben aufgeführten Regelungen hinaus gibt es in einigen Gesetzen für bestimmte Branchen auch Regelungen, die lediglich eine diskriminierende Behandlung von Kunden verbieten, ohne daß damit eine strikte Pflicht zum Vertragsabschluß verbunden ist. Diese Verbotsnormen verfolgen einen ähnlichen Zweck wie die oben genannten Normen.

---

[13] Gesetz Nr. 165/1947 i.d.F. des Gesetzes Nr. 54/2003.

A. Wirtschaftsverwaltungsrechtliche Gesetze 457

Tabelle 13: Pflichten zum Vertragsabschluß gegenüber Verbrauchern

| | | |
|---|---|---|
| Art. 18 I bis IV | *Elektrizitätsgewerbegesetz* | allgemeine Belieferung von Haushalten etc. mit Strom |
| Art. 16 | *Gasgewerbegesetz* | allgemeine Belieferung von Haushalten etc. mit Gas |
| Art. 15 | *Wassergesetz* | allgemeine Belieferung von Haushalten mit Frischwasser |
| Artt. 25, 101 | *Telekommunikationsgewerbegesetz* | allgemeine Telefon-, und Telekommunikationsdienstleistungen |
| Art. 14 | *Rundfunkdienstleistungsgesetz* | Lieferung von gebührenpflichtigem privaten Rundfunk-/Fernsehprogramm, wenn grundsätzlich an Allgemeinheit gerichtet |
| Art. 6 | *Eisenbahngewerbegesetz* | allgemeine und öffentliche Personen- und Güterbeförderung auf der Schiene |
| Art. 13 | *Gesetz über die Beförderung auf der Straße* | allgemeine und öffentliche Personenbeförderung auf der Straße (Bus/Taxi) |
| Art. 65 | *Gesetz über die Beförderung auf der Straße* | Benutzung von Privatstraßen, wenn zum Gebrauch durch die Allgemeinheit bestimmt |
| Art. 12 | *Gesetz über die Beförderung auf der See* | allgemeine und öffentliche Personenbeförderung auf Seeschiffen |
| Art. 15-2 | *Gesetz über die Beförderung in Häfen und Buchten* | allgemeine und öffentliche Personen- und Güterbeförderung auf Schiffen in Häfen und Buchten |
| Art. 19 | *Arztgesetz* | Behandlung durch Ärzte auf Bitten des Patienten |
| Artt. 52-6, 52-9 | *Rundfunkgesetz* | besondere Übertragung des japanischen öffentlichen Fernseh-/Rundfunkprogramms (NHK) durch privaten Dienstleister, z.B. Übertragung des Programms durch Satelliten ins Ausland |
| Art. 32 | *Rundfunkgesetz* | Vertragsabschlußzwang von Verbrauchern (!), die ein Radio/Fernsehen zum Empfang bereit halten, mit der öffentlichen Rundfunk- und Fernsehanstalt (NHK),[14] |

---

[14] Keine Pflicht von Unternehmern. Aufgenommen nur der Vollständigkeit halber als verwaltungsrechtliche Pflicht zum Vertragsabschluß.

4. Kapitel: *Regulierung und Kontrolle durch öffentlich-rechtliche Instrumente*

III. Kontrolle von Verbraucherpreisen

Während die Höhe der vertraglichen Gegenleistung, die ein Verbraucher für eine Ware oder Dienstleistung zu erbringen hat, nur in wenigen Ausnahmefällen durch zivilrechtlich zwingende gesetzliche Regelungen bestimmt wird, so etwa für den Fall der zulässigen Höhe des Zinssatzes bei Gelddarlehen (Art. 1 ZBG) und für den Fall der Höhe von Provisionen bei gewerblichen Grundstücksgeschäften (Art. 46 ImmobGG, amtliche Gebührentabelle), bestehen vielfältige Regelungen zum Zwecke einer verwaltungsrechtlichen Kontrolle der Höhe von Verbraucherpreisen.[15] Ziel dessen ist die Gewährleistung angemessener Preise für besonders wichtige Alltagswaren und alltägliche Dienstleistung sowie die Verhinderung und Bekämpfung von Wucher. Diese Regelungsziele sind sehr eng verbunden mit dem übergeordneten Ziel der staatlichen Daseinsvorsorge.

Zu unterscheiden ist zwischen Regelungen, die auf eine jederzeitige, gewöhnliche Preiskontrolle der Behörden gerichtet sind (1.), worunter als Sonderfall die Kontrolle von Preisen für wichtige landwirtschaftliche Produkte wie Reis fällt, und den Regelungen, die eine Preiskontrolle nur im Falle einer wirtschaftlichen bzw. politischen Krise mit besonderen Versorgungsengpässen (2.) ermöglichen.

Die verwaltungsrechtlichen Kontrollinstrumente, also die gesetzlichen Regelungen selbst als auch die darauf beruhenden behördlichen Anordnungen, haben gewöhnlich keinen Einfluß auf die zivilrechtliche Wirksamkeit von Verträgen. Lediglich in Ausnahmefällen kann ein Vertrag wegen Verstoßes gegen eine dieser Regelungen in Verbindung mit Art. 90 ZG auch zivilrechtlich nichtig sein.

---

[15] Allgemein hierzu, insbesondere auch zum Zusammenhang zum Verbraucherschutz, A. TANSŌ / T. WADA (1984) und S. KISUGI (1984). Zur Durchführung und zum verwaltungsrechtlichen Verfahren der Preiskontrolle ausführlich auch H. SATŌ (1990) 509-532.

## 1. Die gewöhnliche Preiskontrolle[16]

*a) Präventive Verwaltungskontrolle von Verbraucherpreisen*

In zahlreichen Gesetzen wird eine Pflicht des Unternehmers bestimmt, vor Aufnahme der Geschäftstätigkeit die Genehmigung der zuständigen Behörde für den für die Erbringung einer bestimmten Leistung festgelegten Preis einzuholen. Manchmal muß dieser Preis der Behörde gegenüber lediglich angezeigt werden (Anzeige). In beiden Fällen erlangt die Behörde aber die Befugnis, den für die jeweilige Leistung veranschlagten Verbraucherpreis präventiv auf seine Angemessenheit hin zu überprüfen. Kommt sie zu dem Schluß, der Preis sei unangemessen (hoch), kann sie entweder die Genehmigung verweigern oder eine Verfügung zur Änderung des festgelegten Preises gegen den betreffenden Unternehmer erlassen, die verbunden ist mit der Androhung weiterer verwaltungsrechtlicher Maßnahmen und strafrechtlicher Sanktionen. Die präventive Preiskontrolle findet sowohl bei Erstfestlegung von Preisen als auch bei jeder späteren Änderung (erneut) statt. Man spricht bei solchen amtlich geprüften Preisen für Waren und Dienstleistung häufig von im weiteren Sinne „öffentlichen Gebühren" (*kōkyō ryōkin*).[17] Einer Preiskontrolle unterliegen nicht nur Unternehmen, die rein in privater Hand sind, sondern auch solche, an denen die öffentliche Hand beteiligt ist; die Gesetze sehen diesbezüglich gewöhnlich keine Ausnahme vor. Zur präventiven Preiskontrolle der eben beschriebenen Art gehört auch meist, daß in den entsprechenden Gesetzen ein Diskriminierungsverbot bestimmt ist, *i.e.* der Unternehmer darf beim Vertragsabschluß nicht oder nur unter gesondert bestimmten Voraussetzungen von dem genehmigten oder angezeigten Preis zugunsten bzw. zu Lasten bestimmter Kunden abweichen. Der amtlich genehmigte oder gegenüber der Behörde zur Anzeige gebrachte Preis muß nach besonderer gesetzlicher Bestimmung auch meist besonders öffentlich bekannt gemacht werden, häufig durch deutlich sichtbaren Aushang in den Verkaufsräumen – gelegentlich auch durch eine andere besondere Form der Veröffentlichung – damit sich die Verbraucher hierüber einfach informieren können. Im folgenden sind die Fälle aufgelistet, in denen der Preis von Waren oder Dienstleistungen einer präventiven Kontrolle durch Verwaltungsbehörden unterliegt.[18]

---

[16] Zu den Möglichkeiten der staatlichen Preiskontrolle insgesamt H. SATŌ (1990) 509 ff.

[17] Vgl. T. HIRAMATSU / Y. INOUE / T. TANOUE (1994) 156 ff. Zum Begriff, zum Sinn und zum Verfahren der Festlegung von „öffentlichen Gebühren" umfassend H. SATŌ (1990) 532-557. vgl. auch A. TANSŌ / T. WADA (1984) 199 ff., mit den Bezügen zum Verbraucherschutz.

[18] Zur wirtschaftsverwaltungsrechtlichen Kontrolle der Branchen insgesamt, bei denen unter dem Gesichtspunkt der Daseinsvorsorge ein besonderes öffentliches Interesse besteht, siehe im einzelnen A. TANSŌ / H. IYORI (1999) 532-553.

Tabelle 14: Präventive Verwaltungskontrolle
(Preise für Verbrauchsgüter und verbraucherbezogene Dienstleistungen)

| | | |
|---|---|---|
| Artt. 19, 19-2 (24 bis 24-4) | Elektrizitätsgewerbegesetz | Strompreis (allgemeine Belieferung von Haushalten etc. mit Strom): Genehmigungspflicht |
| Artt. 17 (22, 22-2) | Gasgewerbegesetz | Gaspreis (allgemeine Belieferung von Haushalten etc. mit Gas): Genehmigungspflicht |
| Artt. 7, 14 I, II | Wassergesetz | Wasserpreis (allgemeine Belieferung von Haushalten mit Frischwasser): Anzeigepflicht mit Prüfungs- und Weisungskompetenz der zuständigen Behörde |
| Artt. 19, 21, 33 | Telekommunikationsgewerbegesetz | Preis für allgemeine Telefon-, und Telekommunikationsdienstleistungen: Anzeigepflicht mit Prüfungs- und Weisungskompetenz der zuständigen Behörde |
| Art. 13 I | Rundfunkdienstleistungsgesetz | Preis für Lieferung von privatem, gebührenpflichtigen Rundfunk-/ Fernsehprogramm, wenn grundsätzlich an Allgemeinheit gerichtet: Anzeigepflicht mit Prüfungs- und Weisungskompetenz der zuständigen Behörde |
| Art. 2 | Eisenbahngewerbegesetz | Beförderungsentgelt (allgemeine und öffentliche Personen- und Güterbeförderung auf der Schiene): Mitgestaltung der Beförderungsentgelte durch zuständiges Ministerium |
| Artt. 9 bis 9-3 | Gesetz über die Beförderung auf der Straße | Entgelte für allgemeine und öffentliche Personenbeförderung auf der Straße (Bus/Taxi): Genehmigungspflicht für Obergrenze und Anzeigepflicht mit Prüfungs- und Weisungskompetenz der zuständigen Behörde bei Festlegung einzelner Beförderungsentgelte |
| Art. 61 | Gesetz über die Beförderung auf der Straße | Entgelt für Benutzung von Privatstraßen, wenn zum Gebrauch durch die Allgemeinheit bestimmt: Genehmigungspflicht |

| | | |
|---|---|---|
| Artt. 8, 23 | *Gesetz über die Beförderung auf der See* | Entgelte für allgemeine und öffentliche Personenbeförderung auf Seeschiffen: |
| | | Anzeigepflicht mit Prüfungs- und Weisungskompetenz der zuständigen Behörde |
| Art. 9 | *Gesetz über die Beförderung in Häfen und Buchten* | Entgelte für allgemeine und öffentliche Personen- und Güterbeförderung auf Schiffen in Häfen und Buchten: |
| | | Genehmigungspflicht |
| Art. 106 | *Luftverkehrsgesetz* | Entgelt für allgemeine und öffentliche Beförderung von Personen und Gütern im Flugverkehr: |
| | | Anzeigepflicht mit Prüfungs- und Weisungskompetenz der zuständigen Behörde |
| Art. 52-10 | *Rundfunkgesetz* | Preis für die besondere Übertragung des japanischen öffentlichen Fernseh-/Rundfunkprogramms (NHK) durch privaten Dienstleister; z.B. Übertragung des Programms durch Satelliten ins Ausland: |
| | | Anzeigepflicht mit Prüfungs- und Weisungskompetenz der zuständigen Behörde |
| Art. 32 | *Rundfunkgesetz* | Preis für die Lieferung des Fernseh- und Rundfunkprogramm durch die öffentliche Sendeanstalt NHK; |
| | | Verbot der diskriminierenden Ermäßigung der Gebühren für einzelne Personen |

Außerdem werden die Preise für Postdienstleistung im einzelnen durch das Postgesetz und ergänzende Verordnungen festgelegt.

*b) Einzelne Wucherverbote*

In einigen Gesetzen sind allgemeine Verbote des Wuchers bzw. des Forderns wucherischer Entgelte für Leistungen vorgesehen, so in Art. 47 Nr. 2 Immob-GG (Honorare bei gewerblichen Immobiliengeschäften) und in Art. 13 GeldverleihGG (Verbot wucherischer Zinsen bei der Vergabe von Gelddarlehen[19]). Was unter Wucher bzw. wucherischen Entgelten in diesem Zusammenhang zu verstehen ist, wird in den Gesetzen zwar etwas näher erläutert, bleibt aber trotzdem relativ unbestimmt. Bei einem Verstoß gegen die genannten Bestimmungen kann die zuständige Behörde verwaltungsrechtliche Maßnahmen ergreifen und den Sachverhalt gegebenenfalls der Staatsanwaltschaft zur straf-

---

[19] Betrifft nur bestimmte Typen von Finanzierungsinstituten, nicht z.B. Banken.

rechtlichen Verfolgung anzeigen. Zivilrechtlich kann ein Verstoß auch hier wieder lediglich als ein Kriterium für eine mögliche Deliktshaftung des Unternehmers bzw. für die Nichtigkeit des Vertrages nach Art. 90 ZG herangezogen werden.

*c) Die Kontrolle von Preisen wichtiger landwirtschaftlicher Produkte (Reis, Weizen)*

Für das wichtigste Grundnahrungsmittel „Reis" besteht in Japan eine besondere Preiskontrolle durch Verwaltungsbehörden, und zwar aufgrund des Gesetzes über Angebot und Nachfrage wichtiger Nahrungsmittel und die Gewährleistung der Preisstabilität (im folgenden „Nahrungsmittelgesetz").[20] Das Gesetz ermöglicht dem für Landwirtschaft zuständigen Ministerium sowie den angegliederten Unterbehörden, nicht nur die Ausübung der Kontrolle über den Verkaufspreis von Reis im Einzelhandel, sie haben auch umfangreiche Möglichkeiten der Kontrolle über das Stadium der Erzeugung, den Vertrieb und den Im- und Export von Reis, mithin über den gesamten innerjapanischen Reismarkt. Das Nahrungsmittelgesetz behandelt zwar nicht allein die Produktion und den Vertrieb etc. von Reis, sondern auch von „Weizen"; die diesbezüglichen Regelungen und behördlichen Maßnahmen können hier aber vernachlässigt werden, weil der Anbau und Konsum von Weizen in Japan von jeher nur eine geringe Bedeutung hat.[21]

Das Nahrungsmittelgesetz ist das Nachfolgegesetz des „Nahrungsmittelmengenkontrollgesetzes" (*Shokuryō kanri-hō*) aus dem Jahre 1942, das die *gleichmäßige Verteilung von wichtigen Grundnahrungsmitteln* wie vor allem Reis, aber auch anderen landwirtschaftlichen Erzeugnissen an die Bevölkerung aus Anlaß des kriegsbedingten Mangels sicherstellen sowie *wucherische Geschäfte verhindern* sollte. Auch in der unmittelbaren Nachkriegszeit spielte es noch eine bedeutende Rolle. Aufgrund der großen Bedeutung von Reis als Grundnahrungsmittel in Japan generell hat sich die japanische Regierung auch nach Überwinden der kriegsbedingten Nahrungsmittelknappheit dazu entschlossen, weiterhin zumindest die Kontrolle über dieses Nahrungsmittel (und teilweise auch von Weizen) auf dem Markt zur *Sicherung der Versorgung der Bevölkerung* beizubehalten. Das Gesetz wurde zu diesem Zweck mehrfach angepaßt und im Jahre 1994 vollständig novelliert und umbenannt. Die Kontrolle über die Produktion, den Vertrieb und den Import anderer landwirtschaftlicher Erzeugnisse als Reis wurde hingegen bereits in den 1950er Jahren deutlich zurückgefahren, und schließlich noch einmal durch Aufhebung oder Verringerung von Zöllen und sonstigen Importbeschränkungen gegen Ende der 1980er bzw. zu Beginn der 1990er Jahre.

---

[20] *Shuyō shokuryō no jukyū oyobi kakaku no antei ni kansuru hōritsu* Gesetz Nr. 113/1994 i.d.F. des Gesetzes Nr. 103/2003.
[21] Die Regelungen sind auch im Vergleich zu denen über den Reismarkt beiweiten nicht so strikt.

Während das Nahrungsmittelmengenkontrollgesetz bei seiner Schaffung im Jahre 1942 und noch in den ersten Nachkriegsjahren den *Zweck des Verbraucherschutzes* im Sinne der *staatlichen Daseinsvorsorge* verfolgte und dieses Ziel auch noch im Nahrungsmittelgesetz *pro forma* genannt wird (Artt. 1, 2), verwandelte es sich tatsächlich aber nach und nach in ein „getarntes" Instrument zum Schutz der landwirtschaftlichen Betriebe und (Reis-)Bauern in Japan. Dies wird seit längerer Zeit nicht nur von Agrarexportnationen wie zum Beispiel den Vereinigten Staaten, sondern auch von Verbraucherverbänden in Japan kritisiert.[22] So führt die rigide staatliche Kontrolle des Reismarktes unter anderem dazu, daß die japanischen Verbraucher in den letzten Jahrzehnten deutlich höhere Preise für den Einkauf von Reis bezahlen müssen, als dies aufgrund der niedrigen Preise auf dem Weltmarkt eigentlich erforderlich wäre. 1994 wurde im Anschluß an die Beschlüsse der Uruguay Runde der GATT-Ministerkonferenz die staatliche Kontrolle des japanischen Reismarktes etwas gelockert und zu diesem Zweck das heute gültige Nahrungsmittelgesetz geschaffen. Nach wie vor beharrt die japanische Regierung aber auf einer gewissen Kontrolle des Reismarktes mit dem Argument, daß ein bestimmtes Maß an Selbstversorgung des Landes mit Reis auf Dauer gesichert werden müsse.

Die derzeitige Kontrolle des Reismarktes läßt sich grob wie folgt skizzieren:[23] Das Ministerium für Land-, Forstwirtschaft und Fischerei (*Nōrinsuisan-shō*) stellt für jedes Jahr im voraus auf der Grundlage vorhandener Informationen einen Plan für den voraussichtlichen Bedarf an Reis und die zu erwartende Ernte auf (Art. 4 Nahrungsmittelgesetz i.V.m. einer entsprechenden Verordnung).[24] Darauf aufbauend werden dann die Quoten für sogenannten „Freiverkaufs-Reis" (*jishu-ryūtsu-mai*), „Regierungs-Reis" (*seifu-mai*) und Reis, den der Erzeuger unmittelbar und selbst frei verkaufen darf, festgelegt (Art. 5 Nahrungsmittelgesetz). Der Import von Reis wird auf die Produktionsmenge im Inland abgestimmt und unterliegt grundsätzlich strikten Beschränkungen wie Importzöllen oder Einfuhrkontingenten (Art. 65 ff. Nahrungsmittelgesetz). Ein Export von Reis findet grundsätzlich nicht statt.

Freiverkaufs-Reis wird zwar grundsätzlich frei gehandelt, aufgrund der traditionellen Vertriebsstrukturen und des dadurch bedingten Einflusses des Ministeriums, der Präfekturbehörden und der landwirtschaftlichen Genossenschaften entwickelt sich dennoch kein völlig freier Marktpreis für Reis.

Regierungsreis wird von der Regierung zentral aufgekauft und kontrolliert in den Handel gebracht. Entsprechend der festgelegten Quote und der weitergehenden Regelungen des Reisplanes sind die Erzeuger verpflichtet, Reis an die

---

[22] Siehe F. BOSSE (1993).
[23] Vgl. dazu auch den Überblick bei A. TANSŌ / H. IYORI (1999) 578 sowie A. SHŌDA (1999) 284-285. Umfassend MIZUHO KYŌKAI (1996).
[24] Die Erzeuger, Zwischenhändler und Einzelhändler von Reis müssen beim Ministerium registriert sein und sind zur Erstellung von allgemeinen Berichten und auf Anfrage zur Mitteilung konkreter Informationen verpflichtet (Artt. 6 bis 12, 16, 17, 22 bis 24 Nahrungsmittelgesetz).

Regierung zu einem Festpreis zu verkaufen,[25] der unter Berücksichtigung der Produktions- und sonstigen Kosten festgelegt wird, gemäß gesetzlicher Bestimmung zudem unter Berücksichtigung gewisser marktwirtschaftlicher Kriterien. Der Weiterverkauf an staatlich registrierte Zwischen- und Einzelhändler erfolgt unter Auflagen und zu einem Preis, der verschiedene politische Kriterien berücksichtigt. Die Einzelhändler müssen sich beim Verkauf des Reises an Endverbraucher grundsätzlich an einen amtlichen Richtwert für den Verkaufspreis (*hyōjun uriwatashi kakaku*) halten, von dem nur in Ausnahmefällen in größerem Umfang abgewichen werden darf, und der den Einzelhändlern nur einen geringen eigenen Spielraum für die Festsetzung des Verkaufspreises einräumt.

Der Preis für den von den Erzeugern direkt verkauften Reis entwickelt sich zwar grundsätzlich frei, durch eine Anzeigepflicht bezüglich des Verkaufspreises und der auf diese Weise in den Handel gebrachten Reismenge sowie der Befugnis der Behörden, diese zu reduzieren, verbleibt aber auch hier eine gewisse staatliche Kontrolle.

In Fällen von Mißernten, politischen und wirtschaftlichen Krisen und sonstigen Gründen der Reisknappheit kann die japanische Regierung weitere besondere Maßnahmen ergreifen. Sie kann einerseits die Lockerung der Importbeschränkungen beschließen, sie kann andererseits aber auch konkrete Anordnungen (*meirei*) aufgrund des Nahrungsmittelgesetzes in bezug auf den Vertrieb und die Verteilung der gesamten zur Verfügung stehenden Reismenge ergreifen, insbesondere hinsichtlich des Freiverkaufs-Reises. Sie kann auch Erzeuger oder Zwischenhändler zum Verkauf einer größeren Menge Reis an den Staat verpflichten und damit nachträglich die Quote für Regierungsreis erhöhen (Artt. 80 bis 83 Nahrungsmittelgesetz). Durch diese Maßnahmen soll die *gleichmäßige Versorgung der Bevölkerung auch in Krisenzeiten* gewährleistet werden.

Bei Verstößen gegen die gesetzlichen Regelungen oder die behördlichen Anordnungen drohen verwaltungsrechtliche und strafrechtliche Konsequenzen.

### d) Regulierung und Kontrolle von Preisen für andere landwirtschaftliche Erzeugnisse

Der Preis für verschiedene andere landwirtschaftliche Erzeugnisse wie z.B. Kartoffeln, Süßkartoffeln und verschiedene Bohnensorten wird von der Regierung aufgrund des Gesetzes über die Preisstabilität landwirtschaftlicher Erzeugnisse[26] kontrolliert. Ziel dieses Gesetzes ist aber nicht in erster Linie der Verbraucherschutz, und dieser wird daher auch nicht in der Zweckbestimmung des Gesetzes genannt. Vielmehr soll ein gewisser Grad an Selbstversorgung des

---

[25] Vor der Reform des Reismarktes im Jahre 1994 wurde die gesamte Reisproduktion vom Staat aufgekauft und kontrolliert in den Handel gebracht.

[26] *Nōsanbutsu kakaku antei-hō*, Gesetz Nr. 225/1953 i.d.F. des Gesetzes Nr. 35/2000.

Landes mit landwirtschaftlichen Produkten durch Gewährleistung einer ausreichenden Einnahme der Kleinbauern und landwirtschaftlichen Betriebe in Japan gesichert werden.

*e) Regulierung und Kontrolle des Mietzinses bei Immobilienmietverträgen*

Bis vor wenigen Jahren existierte in Japan eine behördliche Kontrolle des Mietzinses bei Mietverträgen über Wohnraum und den zu anderen Zwecken genutzten Immobilien (Baugrundstücke, Gebäude). Dazu diente die Verordnung über die Kontrolle der Höhe des Mietzinses (*Jidai yachin tōsei-rei*, Mietkontrollverordnung).[27] Im Zuge der Deregulierung wurde das Gesetz aber im Jahre 1986 abgeschafft und die behördliche Kontrolle damit aufgehoben.

Ziel der Mietkontrollverordnung war ursprünglich die Verhinderung oder Bekämpfung von Mietwucher aufgrund des Mangels an Wohn- und Geschäftsräumen infolge des Zweiten Weltkrieges. Die Verordnung wurde im Jahre 1939 erlassen, diente aber auch in der Nachkriegszeit noch mehrere Jahrzehnte grundsätzlich dem gleichen Zweck, wurde hierzu allerdings nach dem Krieg umfassend novelliert und den geänderten Verhältnissen angepaßt. Eine Verwaltungskontrolle zur Verhinderung und Bekämpfung von Mietwucher schien der japanischen Regierung auch in Friedenszeiten lange Zeit erforderlich wegen der besonderen Bedeutung der Verfügbarkeit von Wohn- und Geschäftsräumen zu einem angemessenen Mietzins für die Bevölkerung und für die wirtschaftliche Entwicklung. So war der Abschluß eines Mietvertrages verboten, der einen bestimmten amtlichen Richtwert für den Mietzins von Immobilien überschritt, der von den zuständigen Behörden (Bauministerium, Präfekturbehörden, kommunale Behörden) gemeinsam für bestimmte Gebiete unter Berücksichtigung allgemeiner Kriterien wie der Lage und der Ausstattung von Mietobjekten festgelegt worden war (Art. 3 bis 6 Mietkontrollverordnung). Möglichkeiten der Stellung eines Antrags durch Mieter und Vermieter auf Überprüfung des Richtwertes und auf Erteilung von Ausnahmegenehmigungen ermöglichten eine gewisse flexible Handhabung in Einzelfällen, ohne die Kontrolle insgesamt zu beeinträchtigen. Bei Verstößen gegen das Verbot in Art. 3 Mietkontrollverordnung drohten Vermietern verwaltungsrechtliche Zwangsmaßnahmen und strafrechtliche Sanktionen (Artt. 18 bis 21 Mietkontrollverordnung).

---

[27] Regierungsverordnung Nr. 704/1939; außer Kraft getreten am 31.12.1986.

## 2. Regulierung und Kontrolle von Preisen aufgrund von „Notstandsgesetzen"

Besondere Möglichkeiten der Kontrolle des Preises und der Verteilung von Waren durch Verwaltungsbehörden gibt es für die Fälle wirtschaftlicher oder politischer Krisen oder falls aus einem sonstigen Grund die Versorgung der Bevölkerung mit lebensnotwendigen Waren nicht mehr gesichert erscheint und aus diesem Grund auch die Gefahr der Zunahme wucherischer Geschäfte sowie der Preisspekulation und Inflation besteht. Die Bekämpfung solcher besonderer Umstände wird in Japan auch als ein Problembereich des Verbraucherschutzes angesehen.[28] Besondere Aktualität erlangte dieses Problem in den 1970er Jahren zur Zeit der Ölkrisen, als sich die Phänomene der Warenknappheit, der Inflation, der Hamsterkäufe sowie die wachsende Zahl wucherischer Unternehmer zu einem auffälligen gesellschaftlichen Problem entwickelten. Die japanische Politik reagierte darauf mit der Verabschiedung zweier Gesetze, dem Maßnahmengesetz zur Sicherung des Volkslebens in Fällen von Krisen[29] und dem Gesetz über krisenbedingte Maßnahmen zum Schutz vor Hamsterkäufen und Ausverkäufen von alltäglichen Verbrauchsgütern.[30] Als ein drittes Gesetz steht den Behörden die Verordnung über die Preiskontrolle (*Bukka tōsei-rei*)[31] zur Verfügung, die aber vor allem für den Einsatz bei langandauernden, schweren Krisen konzipiert ist. Durch ein viertes Gesetz, das Gesetz über die Förderung der Angemessenheit von Angebot und Nachfrage von Erdölprodukten (*Sekiyu-tō jukyū tekiseika-hō*)[32] können die zuständigen Behörden in Zeiten des Mangels die Versorgung mit Erdölprodukten steuern.

### a) Die Preiskontrollverordnung

Die derzeit gültige Verordnung über die Preiskontrolle (im folgenden: Preiskontrollverordnung) stammt aus der unmittelbaren Nachkriegszeit, nämlich aus dem Jahre 1946, wurde aber seither mehrfach novelliert. Die Verordnung steht seit der Reform durch das Gesetz Nr. 88/1952 im Range eines formellen Gesetzes.[33] Ziel der Preiskontrollverordnung ist die Verhinderung und Bekämpfung des Wuchers und die Förderung stabiler Lebensverhältnisse der Bevölkerung sowie der Schutz der Gesellschafts- und Wirtschaftsordnung in Krisenzeiten (Art. 1). Zu diesem Zweck sieht sie unter anderem Ermächtigungsgrundlagen vor, mit denen die zuständige Behörde in die Lage versetzt wird, die Preise für

---

[28] Zum Problem insgesamt sowie zur Funktion und zum Inhalt der gesetzlichen Regelungen vgl. S. KISUGI (1984), insbesondere 241-254, 258-271. Vgl. auch A. SHŌDA (1999) 283-284.

[29] *Kokumin seikatsu antei kinkyū sochi-hō*, Gesetz Nr. 121/1973 i.d.F. des Gesetzes Nr. 102/1999.

[30] *Seikatsu kanren busshi-tō no kaishime oyobi urioshimi ni taisuru kinkyū sochi ni kansuru hōritsu*, Gesetz Nr. 48/1973 i.d.F. des Gesetzes Nr. 160/1999.

[31] Verordnung der Regierung (*chokurei*) Nr. 118/1946 i.d.F. des Gesetzes Nr. 160/1999.

[32] Gesetz Nr. 122/1973.

[33] Im einzelnen zur Preiskontrollverordnung H. YOSHIMURA (1974).

wichtige alltägliche Verbrauchsgüter und Dienstleistungen zu kontrollieren. Die Kontrolle kann sich im Falle der Anordnung des Gesetzesvollzugs auf das gesamte japanische Staatsgebiet erstrecken oder aber nur einen Teil dessen betreffen und bedarf insoweit einer entsprechenden amtlichen Bekanntmachung. Die Präfekturen und die Kommunen haben die Zentralregierung beim Vollzug des Gesetzes zu unterstützen. In normalen Zeiten ruht der Gesetzesvollzug.

Nach Artt. 4, 7 Preiskontrollverordnung kann das zuständige Ministerium durch eine Verordnung, wenn dies wegen der Gefahr einer großen Inflation oder der außerordentlichen Zunahme von wucherischen Geschäften geboten erscheint, für alltägliche Verbrauchsgüter und Dienstleistungen einen Richtwert – genauer gesagt, eine Obergrenze – für den Preis festlegen, zu dem diese Leistungen höchstens angeboten werden dürfen. In einem solchen Fall ist es Unternehmern nach Art. 3 I Preiskontrollverordnung untersagt, einen Vertrag über die Erbringung einer solchen Leistung zu einem höheren Preis abzuschließen bzw. ein höheres Entgelt entgegenzunehmen. Dieses Verbot darf nicht durch die Verwendung anderer Bezeichnungen für die Gegenleistung des Verbrauchers umgangen werden (Art. 9 Preiskontrollverordnung). Ausnahmen der Geltung des Verbots sind in Artt. 3 I, 4 und 7 bestimmt. Nach Art. 13 Preiskontrollverordnung ist es Unternehmern, die mit den in der Verordnung bezeichneten Waren gewerblich handeln oder derart bezeichnete Dienstleistungen erbringen, verboten, die Leistung im Gegenzug für eine andere Gegenleistung als Geld anzubieten, es sei denn, es gibt hierfür einen berechtigten Grund.

Im Falle des Vollzugs der Preiskontrollverordnung ist es Unternehmern auch im allgemeinen verboten für Waren und Dienstleistungen einen ungerechtfertigt hohen und unbilligen Preis zu verlangen bzw. die Zwangslage der Verbraucher zur Erzielung eines unbilligen Vorteils auszunutzen (generalklauselartiges Verbot des Wuchers bzw. wucherischer Preise), Artt. 9-2, 10 Preiskontrollverordnung. Es ist nach Art. 14 Preiskontrollverordnung ferner verboten, zur Erzielung eines unbilligen Vorteils ein großes Warenkontingent aufzukaufen oder zu verkaufen.

Zur Untersuchung der allgemeinen Lage sowie von Einzelfällen, in denen der Verdacht eines Verstoßes gegen die Preiskontrollverordnung besteht, stehen der zuständigen Verwaltungsbehörde zahlreiche Kompetenzen zu (Artt. 15 bis 18, 26 Preiskontrollverordnung). Sie kann zum Beispiel die Herausgabe von Unterlagen fordern, konkrete Auskünfte verlangen und Geschäftsräume durchsuchen.

Bei einem Verstoß gegen die Regelungen des Gesetzes kann die zuständige Behörde gegen den Unternehmer geeignete verwaltungsrechtliche Maßnahmen ergreifen und eine Änderung des Verhaltens anordnen. Bei einem Verstoß gegen diese Verfügung drohen ihm strafrechtliche Sanktionen. Auch bereits bei einem Verstoß gegen zentrale Verbotsnormen der Verordnung muß der Täter sowie dessen Geschäftsherr mit strafrechtlichen Sanktionen (Geld- und/oder

Freiheitsstrafe) rechnen (Artt. 33, 40 Preiskontrollverordnung). Art. 40 enthält eine entsprechende Doppelbestrafungsnorm.

Ein einzelner Verstoß gegen das Verbot des Vertragsabschlusses unter Mißachtung des amtlichen Richtpreises nach Art. 3 I Preiskontrollverordnung hat ausnahmsweise auch zivilrechtliche Relevanz. So kann ein solcher Vertrag gegebenenfalls nichtig sein.[34]

*b) Das Maßnahmengesetz zur Sicherung des Volkslebens in Fällen von Krisen*

Zur Verhinderung und Bekämpfung von Wucher, erheblicher Preisinflation und zur Sicherung der Versorgung der Bevölkerung mit lebenswichtigen Gütern und Dienstleistungen im Falle plötzlich auftretender und nur vorübergehender Krisen enthält das Maßnahmegesetz zur Sicherung des Volkslebens in Fällen von Krisen (im folgenden: „Krisengesetz") vielfältige Kontrollermächtigungen für die zuständige Behörde. Diese überschneiden sich zum Teil mit ähnlichen Regelungen in den Verbraucherschutzsatzungen der regionalen öffentlichen Gebietskörperschaften (Präfekturen und Kommunen). Ziel der Regelungen ist auch hier der Verbraucherschutz in Gestalt der staatlichen Daseinsvorsorge.[35]

Zentrale Regelungen sind in Artt. 3, 4 und in Art. 7 Krisengesetz enthalten. Nach Art. 3 i.V.m. Art. 4 Krisengesetz kann die zuständige Behörde (Regierung in Zusammenarbeit mit den Präfekturbehörden) im Falle der Gefahr der Güterknappheit, erheblicher Inflation und wucherischer Preistreiberei für bestimmte Waren und Dienstleistungen, die als besonders wichtig für das tägliche Leben der Bevölkerung angesehen werden (*seikatsu kanren busshi*: im folgenden „alltägliche Verbrauchsgüter"), einen Richtwert für den Preis festlegen, zu dem diese von Unternehmern angeboten werden dürfen. Diese Preise können nach Regionen und nach Qualitätskriterien gestaffelt werden. Die Regelungen sind durch eine Verordnung festzulegen und amtlich bekannt zu machen. In einem solchen Fall ist es Unternehmern nach Art. 7 Krisengesetz verboten, Waren und Dienstleistungen zu einem höheren Preis als dem jeweiligen Richtpreis zu vertreiben. Bei einem Verstoß hiergegen kann die zuständige Behörde eine informelle Weisung (*shiji*) erteilen und bei erneuter Mißachtung den Namen des Unternehmers und die Umstände des Falles öffentlich bekannt machen (*kōhyō*). Die Behörden können auf die gleiche Weise Unternehmer anweisen, den Richtpreis deutlich sichtbar neben den Verkaufspreis anzubringen.

Im Falle einer besonders gravierenden Krise mit einer ausgeprägten Gefahr der Inflation und der Zunahme des Wuchers können in einer Verordnung auch „strikte Richtwerte" für den Preis von alltäglichen Verbrauchsgütern festgelegt werden, die ebenfalls amtlich bekannt zu machen sind (Artt. 8 bis 10 Krisengesetz). Vertreibt ein Unternehmer solche Waren und Dienstleistungen zu

---

[34] Vgl. die Entscheidung des OGH vom 30.9.1955, Minshū 9, 1498.
[35] Im einzelnen zum Gesetz K. KAKIMIZU (1974a) und (1974b).

einem höheren Preis, so kann die zuständige Behörde den Mehrerlös beim Unternehmer abschöpfen. Sie kann gegenüber dem Unternehmer eine Verfügung (*meirei*) zur Zahlung des Differenzbetrages an die Staatskasse erlassen (Art. 11 Krisengesetz). Bei nicht fristgerechter Zahlung des Betrages kann er gemahnt werden, und es fallen dann zusätzlich Zinsen in Höhe von 14,5 % an (Art. 12 I Krisengesetz). Zahlt der Unternehmer noch immer nicht, so können Vermögensgegenstände des Schuldners nach den Vollstreckungsregelungen im Steuerverfahrensrecht beschlagnahmt und verwertet werden (Art. 12 II Krisengesetz).

Über die eben genannten Regelungen hinaus sieht das Gesetz auch die Möglichkeit von Maßnahmen zur Behebung des Mangels an Waren vor, so z.B. Anweisungen zur Erhöhung der Produktion (Artt. 14, 15 Krisengesetz), Anweisungen zur Erhöhung der Importmenge (Artt. 16 bis 19 Krisengesetz) und Anweisungen zur Rationierung und kontrollierten Abgabe bestimmter alltäglicher Verbrauchsgüter an die Bevölkerung (Artt. 26, 27 Krisengesetz). Zur Durchsetzung dieser Maßnahmen stehen den Behörden umfangreiche Untersuchungskompetenzen und auch Zwangsmittel zur Verfügung. Verstöße gegen zentrale Verbote des Gesetzes und Anordnungen der Behörden sind zudem strafbewehrt. Im einzelnen soll auf diese Regelungen hier jedoch nicht eingegangen werden.

Ergänzend zu diesen Regelungen verleiht das Gesetz über krisenbedingte Maßnahmen zum Schutz vor Hamsterkäufen und Ausverkäufen von alltäglichen Verbrauchsgütern den Behörden Kompetenzen, um zum Beispiel das Horten von Waren durch Unternehmer zu unterbinden (Art. 4 i.V.m. Art. 2). Eine unmittelbare Preiskontrolle sieht dieses Gesetz aber nicht vor, so daß hier auf eine ausführliche Darstellung verzichtet wird.

c) *Das Gesetz über die Förderung der Angemessenheit von Angebot und Nachfrage von Erdölprodukten*

In Krisenzeiten, in denen die Versorgung der Bevölkerung und Wirtschaft als nicht gesichert angesehen und durch Beschlüsse des Parlaments bestätigt wird, haben die zuständigen Behörden weitreichende Befugnisse zur Regelung und Kontrolle des innerjapanischen Marktes für Erdölprodukte (Benzin, Dieselkraftstoff, Kerosin, Heizöl etc.) und damit auch indirekt zur Beeinflussung der Preise.[36] Sie können die Abgabe bzw. Verteilung von Erdölprodukten an Unternehmen oder Privatpersonen regeln und beschränken, wenn sie dies für erforderlich halten (Artt. 7 bis 9, 11 bis 12). Sie können auch Unternehmen, die solche Produkte lagern oder speichern, zu einer Erhöhung der Verkaufsmenge zwingen (Art. 10). Durch das Gesetz über den gewerblichen Handel mit Erdölprodukten (*Sekiyū gyōhō*),[37] das allerdings im Jahre 2001 außer Kraft getreten

---

[36] Vgl. dazu auch A. SHŌDA (1999) 79 sowie K. NAKAGAWA (1974).
[37] Gesetz Nr. 128/1962; außer Kraft gesetzt durch Gesetz Nr. 55/2001.

ist, konnten die Behörden auch in gewöhnlichen Zeiten erforderlichenfalls eine gewisse Kontrolle auf die Importmengen, die Distribution und auch auf die Bestimmung der Höhe der Verbraucherpreise einen gewissen Einfluß ausüben.[38]

### IV. Sonstige Formen der Regulierung und Kontrolle des Vertragsinhalts

Viele wirtschaftsverwaltungsrechtliche Gesetze enthalten für Verbrauchergeschäfte einzelner gewerblicher Branchen auch Regelungen über die Geschäftsdurchführung und damit indirekt auch über den Vertragsinhalt. Die Regelungen verfolgen entweder allgemein das Ziel des Kundenschutzes oder spezieller den des Schutzes von (Privat-)Anlegern. Man kann ferner inhaltlich zwischen zwei Typen von Regelungen unterscheiden, und zwar einmal zwischen solchen, die besondere Schutz- und Loyalitätspflichten von Unternehmern gegenüber den Kunden normieren, und zum zweiten solche, die die ordnungsgemäße Vertragserfüllung und -durchführung durch den Unternehmer fördern sollen. In beiden Fällen könnte man geneigt sein, diese auch unmittelbar zivilrechtlich als besondere zwingende Regelungen, also eine Identität verwaltungsrechtlicher und zivilrechtlicher Pflichten des Unternehmers anzunehmen. Davon ist aber grundsätzlich nicht auszugehen, auch wenn es einmal vorkommen kann, daß die Pflichten sich inhaltlich decken.[39]

Gewerberechtliche Regelungen mit dem Inhalt von besonderen Schutz- und Loyalitätspflichten sind zahlreich und lassen sich hier deshalb nicht im einzelnen auflisten. Besonders zahlreich sind anlegerschützende Bestimmungen in börsen- und kapitalmarktrechtlichen Gesetzen bzw. in speziellen Gesetzen zum Schutz von Anlegern. Als einzelne Beispiele für Schutzpflichten sollen hier nur Verschwiegenheitspflichten des Immobilienhändlers bzw. -maklers (Art. 45 ImmobGG) und des Finanzdienstleisters, der Anteile an Immobilienfonds vermittelt bzw. veräußert genannt werden (Art. 31 ImmobilienfondsG).

Besonders interessant sind Sonderregeln über die Geschäftsdurchführung bzw. Vertragserfüllung durch den Unternehmer. Während es im japanischen Recht bisher kaum zivilrechtliche Sonderregeln zum Schutz des Verbrauchers

---

[38] Dazu konnten unter Berücksichtigung von Angebot und Nachfrage und verschiedenen anderen allgemeinen Kriterien amtliche Richtwerte für den Verkaufspreis einer Vielzahl von Erdölerzeugnissen festgelegt werden (Art. 15 Erdölgewerbegesetz). Ein solcher Richtwert durfte aber immer nur dann bestimmt werden, wenn die Gefahr bestand, daß der Preis für Erdölerzeugnisse erheblich zunahm. Diesen Richtwert durften Unternehmer nicht erheblich über- bzw. unterschreiten. Ziel dieser Regelung war die Verhinderung von Wucherpreisen und die Gewährleistung der gleichmäßigen Versorgung der Industrie und Bevölkerung mit Erdölerzeugnissen.
[39] Ein entsprechender Zusammenhang wird im Schrifttum und in der Rechtsprechung nicht diskutiert.

bei mangelhafter oder unzureichender Erfüllung des Unternehmers gibt – abgesehen von der Ausnahme der besonderen Regelung der Gewährleistungspflichten des Bauunternehmers beim privaten Hausbau in Artt. 87 II, 88 II BauMG –, existieren zahlreiche solcher Reglungen in Gestalt verwaltungsrechtlicher Verbote, und zwar einerseits in gewerberechtlichen Gesetzen bzw. den dazu erlassenen ergänzenden Verordnungen und andererseits in Verbraucherschutzsatzungen der regionalen öffentlichen Gebietskörperschaften.[40] Derartige Regelungen sind mittlerweile für die Geschäftstätigkeit in bestimmten Branchen bzw. für bestimmte Geschäfte so zahlreich, daß nicht alle aufgelistet werden können; insbesondere werden ergänzende Bestimmungen in Verordnungen hier ausgelassen und lediglich die bestehenden Verbote in formellen Gesetzen in der folgenden Übersicht aufgeführt.

Ein Verstoß gegen gewerberechtliche Vorschriften, die die Geschäftsdurchführung und den Vertragsinhalt regulieren, hat wiederum vor allem verwaltungsrechtliche und strafrechtliche Relevanz, ähnlich wie bei den vertragsabschlußregulierenden Vorschriften. Die zuständige Behörde kann in einem solchen Fall entsprechende informelle und formelle Maßnahmen gegen den Unternehmer ergreifen. Die Staatsanwaltschaft kann Verstöße auch strafrechtlich verfolgen. Aufgrund bestehender Doppelbestrafungsnormen können wiederum sowohl die konkret handelnden Individuen als auch der Geschäftsherr, also der Unternehmer im engeren Sinne, bestraft werden.

Privatrechtlich kann ein Normverstoß ausnahmsweise Bedeutung im Rahmen der Haftung auf Schadensersatz wegen Nicht- bzw. Schlechterfüllung (Art. 415 ZG) erlangen, sofern der Inhalt der Schutznorm sich mit einer privatrechtlichen Pflicht deckt, was im Einzelfall jeweils zu prüfen ist. Auch kann ein Gesetzesverstoß wiederum ein Kriterium zur Begründung einer Haftung aus Delikt sein, wobei aber wieder ein einzelner Verstoß allein in der Regel noch keine solche Haftung begründet. Anders als Verstöße gegen eine den Vertragsabschluß regulierende Norm hat ein Verstoß gegen eine die Geschäftsdurchführung betreffende gewerberechtliche Norm keine Bedeutung im Rahmen von Art. 90 ZG im Hinblick auf die Frage, ob der zugrundeliegende Vertrag nichtig ist.[41]

---

[40] Dazu unter B.
[41] Zumindest wird ein solcher Zusammenhang nicht diskutiert.

Tabelle 15: Verbote unbilliger Handlungen von Unternehmern
im Geschäftsverkehr
(bezüglich der Geschäftsdurchführung bzw. Vertragserfüllung)

1. Unbillige Verweigerung oder Verzögerung der Erfüllung des Vertrages oder von Pflichten nach Auflösung des Vertrages

   *Handelsgeschäftegesetz (HGG)*

   | | | |
   |---|---|---|
   | *Art. 7 Nr. 1* | | Vertreter- und Haustürgeschäfte |
   | *Art. 22 Nr. 1* | | Telefongeschäfte |
   | *Art. 38 Nr. 1* | | Kettenabsatzgeschäfte |
   | *Art. 46 Nr.1* | | Verträge über spezifische Dienstleistungen |
   | *Art. 56 Nr. 1* | | Verträge über die Verschaffung von Heimarbeit und gleichzeitiger Verkauf von Produkten |
   | *Art. 44* | *ImmobGG* | gewerbliche Immobiliengeschäfte |
   | *Art. 10 Nr. 5* | *AWarenterminGG* | Vermittlung von Warentermingeschäften an ausländischen Warenterminbörsen (inkl. Derivate) |
   | *Art. 62 Nr. 2* | *ForderungsHG* | Erwerb/Veräußerung bzw. Vermittlung von Anteilen an spezifischen Obligationenfonds (Forderungen aus Kredit- und Leasinggeschäften) |
   | *Art. 76 Nr. 7* | *FinanzterminGG* | Vermittlung von Finanztermingeschäften an inländischen und ausländischen Terminbörsen |
   | *Art. 5 Nr. 2* | *VerwahrungsGG* | Verwahrung von bestimmten Gegenständen als Anlageobjekte; |
   | *Art. 8 Nr. 2* | *GolfclubG* | Mitgliedschaftsverträge in bestimmten privaten Freizeiteinrichtungen (derzeit nur Golfclubs) |
   | *Art. 13 II* | *RGG* | Pauschalreiseverträge |

2. Unbilliges Bedrängen des Verbrauchers zur Vertragserfüllung

   | | | |
   |---|---|---|
   | *Art. 21* | *GeldverleihGG* | Gelddarlehensvergabe; betrifft nur bestimmte Formen von Finanzierungsunternehmen, *nicht* z.B. Banken |

## B. Regulierung durch Satzungen der regionalen öffentlichen Gebietskörperschaften (*jōrei*)

Fast alle existierenden Verbraucherschutzsatzungen[42] der regionalen öffentlichen Gebietskörperschaften in Japan (*chihō kōkyō dantai*) enthalten heute auch Regelungen zur Kontrolle von Verträgen. Zu den regionalen öffentlichen Gebietskörperschaften gehören einerseits die 47 Präfekturen unter Einschluß der Stadtpräfekturen (*to-dō-fu-ken*) und andererseits die Kommunen (*shi-chō-son*), d.h. die Städte, die kleinen Städte und die Dörfer. Insbesondere die Präfekturen und größeren Städte haben mittlerweile fast allesamt eine eigene Verbraucherschutzsatzung erlassen.[43]

Grundsätzlich sind die japanischen regionalen öffentlichen Gebietskörperschaften gemäß Art. 94 JV i.V.m. Art. 14 I SVG[44] berechtigt, Satzungen zur Regelung ihrer Angelegenheiten zu erlassen, soweit diese nicht gegen nationale Gesetze (einschließlich Verordnungen) verstoßen. Auch wenn die Satzungen im Rang unter nationalen Gesetzen stehen, so sind sie ihrem Wesen nach doch ebenso als Gesetze anzusehen. Die Satzungen werden von den Präfekturparlamenten bzw. Kommunalversammlungen erlassen. Im einzelnen ist allerdings hinsichtlich der Satzungskompetenz sowie des Verhältnisses zwischen Satzungen und staatlichen Gesetzen vieles streitig.[45]

Insbesondere auf dem Gebiet des Verbraucherschutzes verfolgen die einzelnen Regelungen der Satzungen oftmals gleiche oder zumindest ähnliche Ziele wie nationale Gesetze, und gelegentlich sind die in Satzungen enthaltenen Verbots- oder Gebotsnormen auch weitreichender oder strenger als die in nationalen Gesetzen, was nicht unproblematisch ist. Konkret spricht man in diesem Fall vom „*uwanose*"-Problem.[46] Um hier einen allgemeinen Normenkonflikt zu vermeiden, sehen die Verbraucherschutzsatzungen im Verhältnis zu den nationalen Gesetzen oftmals nur milde Formen verwaltungsrechtlicher Sanktionen bzw. Maßnahmen für den Fall eines Normverstoßes vor.[47] Auch enthalten Ver-

---

[42] Die Namen und Bezeichnungen der Satzungen sind verschieden. Im allgemeinen spricht man entweder von „*shōhisha hogo jōrei*" oder von „*shōhi seikatsu jōrei*". Ein kurzer Überblick über die japanischen Verbraucherschutzsatzungen findet sich bei K. SHIMADA (1988) und Y. YONEDA (1990).

[43] Die wichtigsten Verbraucherschutzsatzungen der Präfekturen und größeren Städten sind in einer speziellen Sammlung von Verbraucherschutzsatzungen zu finden, die von der zentralen nationalen Verbraucherbehörde, dem *Kokumin Seikatsu Sentā*, herausgegeben wurde (KOKUMIN SEIKATSU SENTĀ (Hrsg.), *Shōhisha hogo jōrei-shū* [Sammlung von Verbraucherschutzsatzungen] (2000)), teils allerdings nicht mehr in der aktuellen Fassung. Viele Satzungen sind mittlerweile auch im Internet abrufbar.

[44] Selbstverwaltungsgesetz; präzise „Gesetz über die regionale Selbstverwaltung (*Chihō jichi-hō*), Gesetz Nr. 67/1947 i.d.F. des Gesetzes Nr. 138/2003.

[45] Eine knappe Einführung in die Satzungskompetenz von japanischen regionalen öffentlichen Gebietskörperschaften auf deutsch findet sich bei B. TAKADA / H. HIRAOKA (1984).

[46] Das Wort „*uwanose*" bedeutet soviel wie ein „Aufschlag" oder ein „Zuschlag" auf etwas.

[47] Vgl. Y. YONEDA (1990) 305-306.

braucherschutzsatzungen bisher keine Grundlagen zur Verhängung strafrechtlicher Sanktionen, obwohl die regionalen öffentlichen Gebietskörperschaften zumindest in gewissen Grenzen auch zum Erlaß von Strafnormen befugt sind (Art. 14 III SVG). Ob allerdings die Beschränkung auf besonders milde Sanktionsformen die Befugnis der regionalen Gebietskörperschaften erweitert, auch Handlungen zu verbieten, soweit ähnliche, weniger weitgehende Regelungen in nationalen Gesetzen existieren, ist fraglich. Bisher hat es aber über dieses Problem noch keine grundsätzliche rechtliche Auseinandersetzung gegeben. Die Regelungen der Verbraucherschutzsatzungen sind daher derzeit trotz vieler rechtlicher Unklarheiten von Unternehmern zu beachten.

Zur Durchführung einer Satzung kann der Gouverneur als oberste Verwaltungsbehörde einer Präfektur auch konkretisierende Bestimmungen (*kisoku*) erlassen (Art. 15 I SVG) oder diese Aufgabe konkreten Stellen wie beispielsweise besonderen Ausschüssen übertragen. Die Geltung sowohl der Satzungen als auch der dazu erlassenen Durchführungsbestimmungen ist grundsätzlich auf das Gebiet der jeweiligen regionalen öffentlichen Gebieteskörperschaft beschränkt. Die jeweilige Regelung muß sich also auf einen Sachverhalt innerhalb der Grenzen des jeweiligen Territoriums beziehen. Allerdings sind sich die Satzungen angrenzender Gebietskörperschaften häufig ähnlich und es bestehen auch Kooperationsabkommen, so daß auch grenzüberschreitende Sachverhalte auf die eine oder andere Weise kontrolliert werden.

Die ersten Verbraucherschutzsatzungen stammen aus den frühen 1970er Jahren. Bei dem Erlaß von Verbraucherschutzsatzungen berufen sich die regionalen Gebietskörperschaften regelmäßig auch auf Art. 4 des 1968 in Kraft getretenen Verbrauchergrundgesetzes (vormals Art. 3 Verbraucherschutzgrundgesetz), wonach die Aufgabe der Verbesserung des Verbraucherschutzes nicht nur dem Zentralstaat, sondern auch ihnen obliegt. Die Stadt Kōbe hat dieses Thema als erstes, und zwar im August 1973 aufgegriffen und einen Abschnitt über den Verbraucherschutz in ihre neu erlassene Satzung zum Schutz der Lebensumwelt der Bürger eingefügt.[48] Der Verbraucherschutz wurde dabei in einem weiten Sinne als eine Aufgabe des Umweltschutzes verstanden. In dem betreffenden Abschnitt fanden sich hauptsächlich *politische Forderungen* zum Schutz der Lebensbedingungen von Verbrauchern.

Nur kurze Zeit später folgte der Erlaß von zahlreichen Satzungen speziell zum Zwecke des Verbraucherschutzes, die den Präfekturbehörden auch die Vornahme konkreter Schutzmaßnahmen ermöglichten. Unmittelbarer Anlaß hierfür waren die durch die erste Ölkrise im Jahre 1973 hervorgerufenen Probleme der inflationären Preisentwicklung und der Zunahme der Wuchergeschäfte. Dies hing zusammen mit der Verknappung von Erdöl auf den Weltmärkten, die auch zur Verknappung wichtiger Güter des täglichen Lebens führte – was freilich noch verstärkt wurde durch Hamsterkäufe der Bevölkerung.

---

[48] *Kōbe shimin no kankyō wo mamoru jōrei.*

## B. Satzungen

Mit den Satzungsregelungen wollten die regionalen Gebietskörperschaften gegen diese Probleme angehen, unabhängig von den Maßnahmen des nationalen Parlaments und der nationalen Verwaltungsbehörden. Als Beispiele für die ersten Verbraucherschutzsatzungen sind die entsprechende Satzung der Stadt Higashikurume, die im Dezember 1973 erlassen wurde,[49] und die der Stadt Kōbe aus dem Jahr 1974 anzuführen.[50] Auch die Stadtpräfektur Tōkyō gehört mit einer Satzung aus dem Jahre 1975[51] zu den regionalen Gebietskörperschaften, die sehr früh bereits eine spezielle Verbraucherschutzsatzung erlassen haben. Seit etwa Anfang der 1980er Jahre existiert in den meisten Präfekturen und größeren Städten eine Verbraucherschutzsatzung.

Viele der frühen Verbraucherschutzsatzungen enthielten neben den Regelungen zur Bekämpfung der inflationären Preisentwicklung und des Wuchers auch bereits Vorschriften zur Bewältigung anderer Verbraucherprobleme. Zahlreiche Satzungen, wie die erwähnte Verbraucherschutzsatzung der Stadt Kōbe, wurden in der nachfolgenden Zeit zudem mehrfach novelliert, und ihnen wurden auf diese Weise weitere Regelungen zum Schutz von Verbrauchern im Hinblick auf verschiedene weitere Probleme hinzugefügt. Die Verbraucherschutzsatzung der Stadt Tōkyō wurde den gewandelten Anforderungen der Zeit durch eine vollständige Neufassung[52] im Jahre 1994 (in Kraft seit 1.1.1995)[53] und eine Reform im Jahre 2002 angepaßt. Nach und nach wurden die Satzungen beispielsweise durch Regelungen zur Bekämpfung gefährlicher und gesundheitsschädlicher Produkte, durch Regelungen gegen irreführende Waren- und Preisauszeichnungen, durch Regelungen zur Verbesserung der Verbraucherschulung und -beratung und der Aufklärung der Verbraucher durch Behörden sowie durch Vorschriften über die Prozeßkostenhilfe für Einwohner der Gebietskörperschaft bei gerichtlichen Auseinandersetzungen mit Unternehmern in typischen Verbraucherrechtsstreitigkeiten ergänzt. Seit Mitte der 1990er Jahre werden nun auch zunehmend Regelungen zur verwaltungsrechtlichen Kontrolle des Unternehmers beim Abschluß und bei der Durchführung seiner Geschäfte mit Verbrauchern in die Verbraucherschutzsatzungen aufgenommen. Diese Regelungen sind für die hiesige Untersuchung besonders bedeutsam, da hierdurch auch zugleich der Abschluß und der Inhalt von Verträgen reguliert werden.

Die Form der Regulierung der Geschäftstätigkeit des Unternehmers sieht gewöhnlich so aus, daß bestimmte *unbillige Handlungen* des Unternehmers bzw.

---

[49] *Higashikurume-shi shōhi seikatsu hogo jōrei.*
[50] *Kōbe shimin no kurashi wo mamoru jōrei*, Satzung Nr. 52/1974; zuletzt geändert durch Satzung Nr. 102/2000. Vgl die Darstellung bei Y. YONEDA (1990) 296-298.
[51] *Tōkyō-to seikatsu busshi-tō no higai no bōshi, hyōji-tō no jigyō kōi no tekisei-ka oyobi shōhisha higai kyūsai ni kansuru jōrei.*
[52] Zu den Motiven und Inhalten der neuen Verbraucherschutzsatzung A. KANEKO (1995).
[53] *Tōkyō-to shōhi seikatsu jōrei*, Satzung Nr. 110/1994; letzte Änderung vorgenommen am 29.3.2002.

seiner Hilfspersonen verboten werden, gelegentlich werden auch bestimmte Handlungspflichten auferlegt; und zwar vor allem

(1) bei der Werbung zum Abschluß von Verträgen und beim Vertragsabschluß selbst,
(2) im Zusammenhang mit der Festlegung der Geschäfts- bzw. Vertragsbedingungen,
(3) bei der Geschäftsdurchführung bzw. der Erfüllung von Verträgen, und
(4) im Zusammenhang mit der Beendigung der Geschäftsbeziehung bzw. der betreffenden Vertragsbeziehung.

Für diese Untersuchung sind vor allem Ge- und Verbote der Kategorien (1) und (2) von besonderer Bedeutung.

Der Inhalt der meisten derzeit existierenden Verbraucherschutzsatzungen ist sehr ähnlich. Zur Veranschaulichung der einzelnen Regelungen kann daher auf eine vergleichende Darstellung aller Satzungen verzichtet werden. Es wird nachfolgend nur die Verbraucherschutzsatzung der Stadtpräfektur Tōkyō (VSS Tōkyō) exemplarisch erläutert. Tōkyō, als größte japanische Metropole und zugleich Hauptstadt Japans, hat in der japanischen Verbraucherpolitik und auch auf anderen politischen Gebieten häufig eine Vorreiterrolle inne, und deren Maßnahmen dienen anderen Präfekturen und Städten meist als Vorbild. In der Verbraucherpolitik ist Tōkyō auch deshalb Vorbild, weil dort die bestehenden Verbraucherschutzverbände besonders aktiv sind. Neben der VSS Tōkyō gilt auch die Satzung der Stadt Kōbe als besonders fortschrittlich.

Im einzelnen dargestellt werden im folgenden nur die Regelungen zur Verhinderung einer inflationären Preisentwicklung und von Wuchergeschäften sowie die Regelungen im Zusammenhang mit unbilligen Handlungen der Unternehmer im Geschäftsverkehr mit Verbrauchern. Diese korrespondieren unmittelbar auch mit einer verwaltungsrechtlichen Abschluß- und Inhaltskontrolle von Verbraucherverträgen.

I. Die Verbraucherschutzsatzung der Stadtpräfektur Tōkyō[54]

Die VSS Tōkyō besteht derzeit aus insgesamt elf großen Abschnitten mit insgesamt 52 Artikeln plus Zusatzbestimmungen. Der erste große Abschnitt enthält allgemeine Zielbestimmungen und die mit den einzelnen Maßnahmen in den jeweiligen Abschnitten korrespondierenden Definitionen von „Verbraucherrechten". Nach Art. 1 Nr. 3 VSS Tōkyō gehört dazu auch das Recht des Verbrauchers, beim Erwerb von Waren und Dienstleistungen *keine unbilligen Geschäfts- und Vertragsbedingungen* aufgedrängt zu bekommen sowie *nicht durch unbillige Handlungen* des Unternehmers im Geschäftsverkehr belästigt

---

[54] *Tōkyō-to shōhi seikatsu jōrei*, Satzung Nr. 110/1994 in der Fassung nach Vornahme der letzten Änderung vom 29.3.2002.

zu werden. Diese Bestimmung korrespondiert mit den einzelnen konkreten Reglungen in Abschnitt 4 zur Verhinderung von unbilligen unternehmerischen Handlungen im Geschäftsverkehr.

Abschnitt 2 enthält Regelungen zur Verhinderung von Schäden durch gefährliche und gesundheitsschädliche Produkte und Abschnitt 3 sieht Regelungen zur Verhinderung irreführender Warenkennzeichnungen und Preisauszeichnungen, zur Verwendung angemessener Maße und Gewichte und zum Gebrauch leicht verständlicher Waren- und Produktbeschreibungen vor. Abschnitt 5 beschäftigt sich mit der Bewältigung von entstandenen Verbraucherschäden; so enthält der Abschnitt gesetzliche Grundlagen für die Gewährung von Prozeßkosten- und Rechtshilfe und für die Beratung des Verbrauchers durch Verbraucherschutzzentren der Stadtpräfektur Tōkyō. Abschnitt 6 enthält Regelungen zur Förderung der Information von Verbrauchern durch Behörden und Abschnitt 7 Bestimmungen über die Förderung der Verbraucherschulung. Abschnitte 8 und 9 enthalten Vorschriften über die Arbeit der politischen Gremien zur Erörterung der aktuellen Verbraucherprobleme und zur Vorbereitung rechtlicher und politischer Maßnahmen des Verbraucherschutzes. Abschnitt 10 enthält die Ermächtigungsgrundlagen für Maßnahmen bzw. zur Verhängung von Verwaltungssanktionen bei Verstößen von Unternehmern gegen die in der Satzung bestimmten Regelungen sowie zur Durchführung von Ermittlungs- und Untersuchungsverfahren. In Abschnitt 11 finden sich schließlich verschiedene Schlußbestimmungen.

Zur Konkretisierung der Satzungsbestimmungen hat der Gouverneur der Stadtpräfektur Tōkyō Durchführungsbestimmungen erlassen (DBVSS Tōkyō).[55]

### 1. Regelungen zur Verhinderung inflationärer und wucherischer Preise

Artt. 21 bis 24 VSS Tōkyō (Abschnitt 4, Unterabschnitt 1) enthalten Ermächtigungsgrundlagen für die zuständige Präfekturbehörde (Verbraucherschutzbehörde), gegen eine bevorstehende oder bestehende inflationäre Preisentwicklung und gegen wucherische Preise vorzugehen. Dies betrifft ausschließlich Waren und Dienstleistungen, die eine besonders große Bedeutung für das alltägliche Leben der Bevölkerung haben und daher zu den lebensnotwendigen Waren und Dienstleistungen des täglichen Bedarfs (im folgenden „alltägliche Verbrauchsgüter") zu zählen sind. Ziel ist der Schutz des Verbrauchers in Ausprägung der *staatlichen Daseinsvorsorge*. Aufgrund der Regelungen wird die Behörde ermächtigt, Maßnahmen zur Sicherung der allgemeinen Verfügbarkeit von alltäglichen Verbrauchsgütern zu ergreifen. Dies schließt auch ein Vorgehen gegen Unternehmer ein, die die Distribution der Güter behindern. Zugleich soll die Behörde befähigt werden, gegen wucherische Unternehmer vorzugehen,

---

[55] *Tōkyō-to shōhi seikatsu jōrei shikō kisoku*, Regelung Nr. 225/1994, in der Fassung nach der letzten Reform vom 29.3.2002.

die danach trachten, aus der Zwangslage der Bevölkerung infolge einer allgemeinen Verknappung von Alltagsgütern persönlichen Profit zu schlagen, indem sie für ihre Leistungen einen ungerechtfertigt und unbillig hohen Preis verlangen.

Nach Art. 21 VSS Tōkyō soll die zuständige Stelle der Präfekturbehörde die Preisentwicklung und das Verhältnis von Angebot und Nachfrage in Tōkyō ständig beobachten, um auf diese Weise im Bedarfsfall und frühzeitig Gegenmaßnahmen einleiten zu können. Bei begründetem Anlaß können nach Art. 22 VSS Tōkyō auch darüber hinausgehende Untersuchungen zur Feststellung der gegenwärtigen Lage sowie zur Ermittlung eines möglichen Fehlverhaltens einzelner Unternehmer durchgeführt werden. Zur Vorbereitung weiterer Maßnahmen kann die Behörde die aus der jeweiligen Untersuchung gewonnen Erkenntnisse in Form eines „Beurteilungsmaßstabs" festlegen und amtlich bekannt machen, insbesondere über die durchschnittlichen Preise für alltägliche Verbrauchsgüter zu einem konkreten Zeitpunkt, (*kokuji*), Art. 22 i.V.m. Art. 47 VSS Tōkyō.

Durch Art. 23 VSS Tōkyō wird die Behörde ermächtigt, gegen wucherische Unternehmer und gegenüber Unternehmern, die die Verteilung von Waren und Dienstleistungen unbillig behindern, eine Warnung (*kankoku*) zur Abstellung des Mißstandes auszusprechen. Dabei handelt es sich um eine milde Form einer Verwaltungssanktion, die gewöhnlich dem Bereich der informellen Verwaltungslenkung (*gyōsei shidō*) zugerechnet wird, da sowohl Außen- als auch Zwangswirkung begrenzt sind. Kommt der betroffene Unternehmer dieser Empfehlung nicht nach, kann die Behörde neben weiteren informellen Maßnahmen die Einzelheiten des Sachverhalts unter Bekanntgabe des Namens des Unternehmers öffentlich bekannt machen (*kōhyō*, Art. 50 VSS Tōkyō). Sie muß ihm allerdings vor diesem Schritt noch einmal Gelegenheit zur mündlichen oder schriftlichen Stellungnahme geben (Art. 49 VSS Tōkyō).

Die vorstehenden Regelungen sind allerdings zugeschnitten auf eine Ausnahmesituation im Falle einer wirtschaftlichen oder politischen Krise, die allgemein zur Verknappung der alltäglichen Verbrauchsgüter führt. Ob die Präfekturbehörde auch unabhängig von dieser Gesamtlage aufgrund von Art. 23 VSS Tōkyō gegen einzelne Unternehmer, die Wucherpreise verlangen, vorgehen kann, ist unklar.

## 2. *Verbote unbilliger Handlungen der Unternehmer*

In Art. 25 Nr. 1 bis 7 VSS Tōkyō werden insgesamt sieben Typen bzw. Kategorien von Handlungen festgelegt, deren Begehung dem Unternehmer im Geschäftsverkehr mit Verbrauchern untersagt ist.[56] Die verbotenen Handlungen werden durch Artt. 6 bis 12 DBVS Tōkyō anhand von Einzelfällen näher spezifiziert. Unternehmern oder ihren Hilfspersonen ist es danach verboten,

Nr. 1 [Falschaufklärung; unzureichende Informationserteilung im Stadium der Vertragsanbahnung]
... einen Verbraucher zum Abschluß eines Vertrages zu werben bzw. ihn zum Abschluß eines Vertrages zu veranlassen unter *Verschweigen wichtiger Informationen* über den Geschäftsgegenstand und -inhalt, über die Eigenschaften und die Qualität der Ware oder der Dienstleistung oder über die Geschäfts- bzw. Vertragsbedingungen, unter *Erteilen irreführender und mißverständlicher Informationen* über die vorgenannten Punkte, unter *Abgabe irreführender Urteile* über unbestimmte Tatsachen oder unter *Verschweigen der Verkaufsabsichten bei der Kontaktanbahnung*;

Nr. 2 [Bedrängen; in Verlegenheit bringen im Stadium der Vertragsanbahnung]
... einen Verbraucher zum Abschluß eines Vertrages zu werben bzw. ihn zum Abschluß eines Vertrages zu veranlassen, ... , durch *aufdringliches Einreden* trotz seiner offensichtlichen Unentschlossenheit zum Geschäftsabschluß, durch *Belästigung infolge des Versendens unaufgeforderter Werbe-E-Mails*, unter *unbilligen Ausnutzens seiner mangelnden Kenntnisse* oder *seines mangelnden Urteilsvermögens* oder unter *Hervorrufen von Ängsten oder Unsicherheit* bei ihm;

Nr. 3 [einseitiges Festlegen unangemessener Vertragsbedingungen]
... einen Verbraucher zum Abschluß eines Vertrages zu veranlassen *mit einem Inhalt, der diesen entgegen dem Gebot von Treu und Glauben unangemessen benachteiligt*;

Nr. 4 [unbilliges Bedrängen zur Erfüllung der Vertragspflichten]
... einen Verbraucher durch *Täuschung, Bedrängen* oder *In-Verlegenheit-Bringen* unangemessen *zur Erfüllung* der sich aus einem Vertrag ergebenden Pflichten *zu drängen oder zu veranlassen*;

Nr. 5 [unbilliges Verweigern oder Verzögern der Vertragserfüllung durch den Unternehmer]
... einem Verbraucher gegenüber die *Erfüllung des Vertrages ohne ersichtlichen Grund zu verweigern*, sie *unbillig zu verzögern*, bei einem Dauerschuldverhältnis ohne rechtfertigenden Grund die *Geschäftsbedingungen einseitig zu ändern* oder *ohne Vorankündigung die Leistung einzustellen* oder trotz Beschwerde des Verbrauchers über die noch nicht vollständige Erbringung der Leistung, dessen *Anliegen zu ignorieren*;

Nr. 6 [unbilliges Behindern bei der Lösung vom Vertrag und bei der Beendigung des Vertrages]
... einen Verbraucher bei der *Ausübung* eines *Widerrufsrechts*, eines *Anfechtungsrechts*, eines *Rücktritts- oder Kündigungsrechts* oder bei der *Geltendmachung von*

---

[56] Im einzelnen hierzu S. ITŌ (1995), allerdings noch nach Maßgabe der Satzung in der Fassung vor der Novelle im Jahr 2002,

*Nichtigkeitsgründen* im Zusammenhang mit einem Vertrag *unbillig zu behindern* oder ihn zur *Fortsetzung des Vertrages zu drängen*; ferner trotz wirksamer Ausübung eines dieser Rechte oder der Geltendmachung der Nichtigkeit des Vertrages die *Erfüllung der sich daraus ergebenden Pflichten unbillig zu verweigern oder zu verzögern*;

Nr. 7 [unbilliges Aufdrängen eines nachteiligen Kreditvertrages oder Bedrängen zum Zwecke der Erfüllung eines solchen]

... einem Verbraucher einen *Kreditvertrag* zur Finanzierung des Erwerbs von Waren oder Dienstleistungen *aufzudrängen*, der den Interessen des Verbrauchers offenkundig zuwiderläuft, oder ihn nach Abschluß dieses Vertrages unter unbilligen Methoden *zur Erfüllung des Kreditvertrages zu veranlassen oder dazu zu drängen*.

Das Verbot von Handlungen der Kategorien (Nr. 1), (Nr. 2) und (Nr. 5) soll offensichtlich einen fairen Prozeß des Vertragsabschlusses bei Verbraucherverträgen fördern bzw. den Verbraucher bei der Ausübung von Rechten zur Lösung vom Vertrag schützen, wenn dieser Vertragsabschluß durch unbillige Handlungen des Unternehmers oder dessen Hilfspersonen erwirkt worden ist. Hierdurch soll der Verbraucher gleichzeitig vor unerwünschten Verträgen bewahrt werden.

Das verwaltungsrechtliche Verbot des Abschlusses von Verträgen mit einem für den Verbraucher unbilligen Vertragsinhalt dient der Regulierung des Vertragsinhalts (Kategorie Nr. 3). Es zielt ab auf die Verwendung angemessener AGB oder die Vereinbarung angemessener Vertragsbedingungen bei Individualverträgen. Der Verbraucher soll so vor inhaltlich unangemessenen und unerwünschten Verträgen geschützt werden.

Die Verbote von Handlungen der Kategorien (Nr. 4) und (Nr. 5) dienen der angemessenen Erfüllung des Vertrages durch den Unternehmer bzw. eines angemessenen Verhaltens bei der Geschäftsdurchführung. Die Verbote von Handlungen der Kategorie Nr. 7 sollen den Verbraucher vor eigentlich unerwünschten Kreditverträgen bewahren.

Unternehmer, die selbst oder deren Hilfspersonen gegen diese Verbote verstoßen, können mit ähnlichen verwaltungsrechtlichen Sanktionen belegt werden wie Wucherer oder Unternehmer, die durch ihr Verhalten zur inflationären Preisentwicklung beitragen. Der Unternehmer kann zunächst entweder auf die Verfehlung hingewiesen (*shidō*) oder es kann eine Warnung (*kankoku*) gegen ihn ausgesprochen werden, bestimmte Handlungen zu unterlassen (Art. 48 VSS Tōkyō), worauf der Unternehmer durch Rücksprache mit der Behörde reagieren sollte. Zwar handelt es sich bei beiden Mitteln wiederum nur um Maßnahmen, die unmittelbar keine rechtliche Zwangswirkung entfalten und daher der informellen Verwaltungslenkung (*gyōsei shidō*) zuzuordnen sind; bei Nichtbefolgen einer behördlichen Warnung aber droht im folgenden die Veröffentlichung (*kōhyō*) des Sachverhaltes unter Nennung des Namens des Unternehmers, Art. 50 VSS Tōkyō. In Ausnahmefällen kann zur Verhinderung weiterer Verbraucherschäden die sofortige Veröffentlichung des Verlaufs und des Ergebnisses eines behördlichen Ermittlungsverfahrens gegen zuwiderhandelnde Unternehmer stattfinden (Art. 27 VSS Tōkyō).

### 3. Kompetenzen im Ermittlungsverfahren

Die zuständige Präfekturbehörde ist im Falle konkreter Anhaltspunkte für einen Verstoß gegen Art. 23 oder gegen Art. 25 VSS Tōkyō zur Erforschung des genauen Sachverhaltes befugt; sie ist insbesondere ermächtigt, vom Unternehmer schriftlich oder mündlich Auskunft zu verlangen, die Herausgabe von Unterlagen zur Prüfung zu fordern, Angestellte oder sonstige Beteiligte zu befragen oder die Einrichtungen des Unternehmers zu durchsuchen und Gegenstände und Unterlagen in Augenschein nehmen (Artt. 22, 26, 46 VSS Tōkyō). Die jeweilige Maßnahme muß aber erforderlich und angemessen sein.

## II. Zivilrechtliche Wirkung eines Verstoßes gegen Satzungsbestimmungen

Ein Verstoß gegen Verbotsnormen in Satzungen könnte im Zivilrecht genau wie ein Verstoß gegen andere öffentlich-rechtliche Bestimmungen vor allem unter dem Aspekt der Nichtigkeit eines betreffenden Vertrages nach Art. 90 ZG oder dem der Haftung des Unternehmers gegenüber dem Verbraucher aus Delikt (Artt. 709 ff. ZG) Bedeutung erlangen. Tatsächlich ist aber ein solcher Fall in der bisherigen Rechtspraxis noch nicht aufgetreten. Weder führte bisher ein einzelner Satzungsverstoß zur Nichtigkeit eines Rechtsgeschäftes bzw. zur Haftung aus Delikt noch fand ein solcher Verstoß bisher jemals Berücksichtigung im Rahmen der oftmals in Gerichtsentscheidungen zu beobachtenden Gesamtbeurteilung nach Billigkeitsgesichtspunkten aufgrund Art. 90 ZG (*Unbilligkeitsurteil*) oder aufgrund Deliktsrechts (*Rechtswidrigkeitsurteil*). Soweit ersichtlich, wurde ein solcher Zusammenhang bisher auch noch in keinem einzigen Fall durch ein Gericht erörtert. Dieser Umstand zeigt, daß Satzungen weit unten in der Normenhierarchie in Japan stehen.

## III. Bedeutung der Satzungsregelungen für den Schutz des Verbrauchers

Die Regelungen der Satzungen sollen einen Beitrag leisten zum besseren Schutz des Verbrauchers vor einem unerwünschten und nachteiligen Vertrag. Allerdings führt ein Verstoß gegen die angeführten Bestimmungen nicht dazu, daß sich Verbraucher von dem betreffenden Vertrag lossagen können oder daß dessen Bindungswirkung in anderer Form reduziert wird. Auch die vorgesehenen verwaltungsrechtlichen Maßnahmen bzw. Sanktionen für den Fall eines

Verstoßes scheinen nicht besonders abschreckend. Angesichts dessen muß die Effektivität der Satzungen zum Zwecke des Verbraucherschutzes zumindest in Zweifel gezogen werden. Um diese Punkt aber abschließend klären zu können, wären eingehende Feldstudien erforderlich

So scheinen die in der Satzung für den Fall eines Verstoßes vorgesehenen verwaltungsrechtlichen Sanktionsmöglichkeiten in ihrer Wirkung relativ harmlos zu sein. Zivilrechtlich hat der Verstoß zudem bislang *de facto* keine Relevanz. Zwar könnte die mit einer öffentlichen Bekanntmachung verbundene Stigmatisierung von Unternehmern, die für einen Verstoß gegen Satzungsbestimmungen verantwortlich gemacht werden, theoretisch eine gewisse abschreckende Wirkung haben; tatsächlich müßte der Sachverhalt dann aber in großen Städten wie Tōkyō auch in den Massenmedien publik gemacht werden, um überhaupt zur Kenntnis genommen zu werden. Zu einem solchen Schritt sind die Behörden aber in der Regel nicht bereit. Es ist darüber hinaus auch fraglich, ob die Satzung eine ausreichende Rechtsgrundlage für diese Art von Veröffentlichung darstellt.

Die Behörden haben in der Vergangenheit bislang nur selten von der Möglichkeit der „Veröffentlichung" Gebrauch gemacht. Daher gibt es – soweit ersichtlich – bisher auch keine Gerichtsverfahren, in denen um die Rechtmäßigkeit einer solchen Verwaltungsmaßnahme gestritten wurde. Wie groß allerdings die Anzahl der Fälle ist, die von den Behörden durch Methoden der informellen Verwaltungslenkung bewältigt werden konnten, läßt sich nur schwer schätzen.

## C. Streitschlichtung durch Verbraucherbehörden

Neben den Gerichten spielen die Streitschlichtungsstellen der japanischen Verbraucherbehörden eine wichtige Rolle bei der nachträglichen Bewältigung von Streitigkeiten zwischen Verbrauchern und Unternehmern. Die Streitschlichtungsstellen (*sōdan madoguchi*) – wörtlich „Gesprächsfenster" – sind in erster Linie bei den Verbraucherbehörden der Präfekturen (*to-dō-fu-ken*) und Kommunen (*shi-chō-son*) angesiedelt, die gewöhnlich die Bezeichnung „Verbraucherzentrum" (*shōhi seikatsu sentā* oder *shōhisha sentā*) tragen.

Die Streitschlichtung ist aber nur eine von vielen Aufgaben, die diese Verbraucherzentren erfüllen. Sie dienen als Anlaufstelle für Verbraucher in allen Fragen des Verbraucherschutzes. Sie beraten Verbraucher, bieten Schulungen an und geben eine Reihe von Informationsmaterialien heraus. Die einzelnen Verbraucherzentren sind miteinander über das nationale Verbraucherzentrum (*Kokumin Seikatsu Sentā*) als Bindeglied verbunden, das vor allem auch für die Koordination von regional übergreifenden Angelegenheiten des Verbraucherschutzes zuständig ist. Es versorgt die regionalen Verbraucherzentren zudem mit Informationen, führt Schulungen der Bediensteten von Verbraucherbehörden der Präfekturen und Kommunen sowie Produkttests durch und nimmt sich gelegentlich auch Einzelfällen von Verbraucherbeschwerden an, die von der Bedeutung her über den regionalen bzw. lokalen Rahmen hinausgehen. Das nationale Verbraucherzentrum steht in ständigem Kontakt zu den einzelnen Ministerien, zum Kabinettsamt (*Naikaku-fu*) – im Rang eines leitenden Ministeriums –, zur Verbraucherschutzkonferenz (*Shōhisha Seisaku Kaigi*), ein ständiger nationaler Ausschuß zur Diskussion aktueller verbraucherpolitischer Entwicklungen und zur Formulierung politischer Ziele unter Leitung des Ministerpräsidenten, und zur Kommission für Verbraucherfragen (*Kokumin Seikatsu Shingi-kai*), die konkrete verbraucherpolitische Untersuchungen durchführt und Vorschläge für einzelne Maßnahmen zur Verbesserung des Verbraucherschutzes entwirft. Die Verbraucherbehörden sowohl auf nationaler als auch auf regionaler und lokaler Ebene üben ihre Tätigkeit aufgrund des VerbrGG aus.

Die Aufgabe der Streitschlichtung bzw. Vermittlung zwischen Verbrauchern und Unternehmern wird den Verbraucherbehörden durch Art. 19 VerbrGG übertragen. Die Bedeutung dieser Streitschlichtung hat in den vergangenen dreißig Jahren kontinuierlich zugenommen. Im Jahre 1975 wurden in Japan 146.459 Fälle, im Jahre 1985 377.135, im Jahre 1995 bereits 510.566 und im Jahre 2001 883.827 Fälle von „Verbrauchergesprächen" (*shōhi seikatsu sōdan kensū*) gezählt und statistisch erfaßt.[57] Die Tendenz ist weiterhin steigend. Unter Verbrauchergespräche fallen aber alle Fälle, in denen die Verbraucherzentren von Verbrauchern um Rechtsrat gebeten werden. Nicht in allen Fällen wird dagegen das jeweils befaßte Verbraucherzentrum auch als Streitschlichter bzw. Vermittler tätig. Oftmals bleibt es lediglich bei einem Ratschlag, wie der

---

[57] KOKUMIN SEIKATSU SENTĀ (2002a) 152.

Verbraucher sich verhalten soll. In vielen Fällen ist die Beschwerde des Verbrauchers auch grundlos. In wie vielen Fällen tatsächlich auch ein Versuch der Streitschlichtung unternommen wird, ließ sich nicht ermitteln. Die Hauptlast der Verbraucherrechtsberatung bzw. Streitschlichtung tragen die Verbraucherzentren der Präfekturen und Kommunen. Das nationale Verbraucherzentrum hat beispielsweise im Jahre 2001 von den statistisch erfaßten 883.827 Fällen der Verbraucherberatung und Streitschlichtung selbst nur 9.299 Fälle bearbeitet.

Die Aussage der Zunahme der Bedeutung der Streitschlichtung durch die Verbraucherbehörden zur Bewältigung von Konflikten zwischen Verbrauchern und Unternehmern muß aber sogleich zumindest teilweise relativiert werden. Auch die Zahl der Gerichtsverfahren in Verbraucherrechtsangelegenheiten hat im Zeitraum zwischen 1975 und 2001 deutlich zugenommen. In welchem Umfang diese Zunahme erfolgte, ist allerdings mangels zuverlässiger Daten nicht zu ermitteln. Jedenfalls spielen auch die Gerichte in Japan eine wichtige Rolle bei der Bewältigung von verbraucherrechtlichen Konflikten, auch wenn deren Bedeutung vielleicht nicht so groß ist wie die der Gerichte in vielen europäischen Ländern und den Vereinigten Staaten. Die generell geringe Klagebereitschaft der Japaner wird von vielen einerseits auf Besonderheiten der Mentalität der Japaner zurückgeführt, andererseits aber auch auf institutionelle Probleme des Justizwesens.[58] Ein gewichtiges institutionelles Problem besonders bei Verbraucherrechtsstreitigkeiten stellen die vergleichsweise hohen Verfahrenskosten – angesichts des geringen Streitwerts bei solchen Verfahren – und der große Aufwand dar, der mit einer Klage verbunden ist. Zur Behebung unter anderem dieses Problems wurde im Jahr 1996 ein spezielles Gerichtsverfahren für geringe Streitwerte eingeführt (bis zu 300.000 ¥), das schnelleren und kostengünstigeren Rechtsschutz bieten soll (Artt. 368 ff. ZPG). Von diesem besonderen Verfahren wird aber im allgemeinen in der Praxis bisher weniger Gebrauch gemacht als erhofft.[59] Auch die Streitschlichtung durch die japanischen Gerichte nach Maßgabe des Zivilen Schlichtungsgesetzes sowie der dazu ergangenen Verordnung[60] spielt im Verbraucherrecht keine so große Rolle. Die zunehmende Anzahl von gerichtlichen Verfahren ändert aber jedenfalls prinzipiell nichts an der Tatsache, daß die außergerichtliche Schlichtung und Vermittlung durch Verbraucherbehörden derzeit von immens großer Bedeutung in Verbraucherrechtsangelegenheiten ist und dies wahrscheinlich auch weiterhin bleiben wird.

Im Gegensatz zu gerichtlichen Verfahren ist das außergerichtliche Streitschlichtungsverfahren unter Mitwirkung der Verbraucherzentren vom Verfahren her flexibler und für den Verbraucher regelmäßig kostengünstiger sowie

---

[58] Vgl. oben Kapitel 2 C II.
[59] C. HEATH / A. PETERSEN (2002) 31.
[60] *Minji chōtei-hō*, Gesetz Nr. 222/1951 i.d.F. des Gesetzes Nr. 128/2003 und *Minji chōtei kisoku* Nr. 8/1951 i.d.F. der Verordnung des OGH Nr. 6/1996.

insgesamt unkomplizierter. Aus diesen Gründen erfreut sich die Inanspruchnahme der Verbraucherzentren durch die Verbraucher wachsender Beliebtheit. Die Beauftragung eines Rechtsanwalts und der Gang vor Gericht wird von vielen Verbrauchern oftmals erst dann in Erwägung gezogen, wenn ein Vermittlungsversuch durch das ersuchte Verbraucherzentrum scheitert. Neben den Streitschlichtungsstellen der Verbraucherbehörden existieren zwar auch außergerichtliche Schlichtungsstellen von Verbraucherschutz- und Unternehmerverbänden. Deren Bedeutung ist jedoch vergleichsweise gering. So hat beispielsweise die Zahl der Beratungsfälle der Verbraucherschutzverbände seit 1975 stark abgenommen.[61] Während die Verbraucherschutzverbände nur über geringe finanzielle und sonstige Ressourcen verfügen und damit oftmals schon tatsächlich kaum in der Lage sind, die Rolle als Vermittler und Schlichter wahrzunehmen, besteht gegenüber den Unternehmerverbänden von Seiten der Verbraucher ein ausgeprägtes Mißtrauen.

## I. Kompetenzen der Behörden und Ablauf des Streitschlichtungsverfahrens

Die Verbraucherzentren befassen sich mit Verbraucherrechtskonflikten jeglicher Art, die Verbraucher an sie herantragen. Die Mehrzahl dieser Fälle betrifft Probleme im Zusammenhang mit unbilligen Vertragsabschlußbedingungen und Vertragsinhalten, besonders häufig im Zusammenhang mit Haustür- und Vertretergeschäften.[62] Es stellt sich die Frage, über welchen Handlungsspielraum die Verbraucherbehörden verfügen und in welcher Art von Verfahren die Streitschlichtung erfolgt. Soweit ersichtlich gibt es zu diesem Thema bislang so gut wie keine Literatur. Die gesammelten Erkenntnisse beruhen daher vor allem auf einem Interview mit einem Vertreter des Verbraucherzentrums der Stadt Sendai,[63] das vom Autor im Frühjahr 2001 geführt wurde.

Neben Art. 19 VerbrGG, der nur eine Aufgabenzuweisungsnorm darstellt, exstieren bisher keine weiteren nationalen gesetzlichen Regelungen, die den Verbraucherbehörden irgendwelche verfahrensrechtlichen oder ordnungsrechtlichen Kompetenzen einräumen. Begrenzte Befugnisse, allerdings nur zur Ermittlung von Sachverhalten, werden den Verbraucherbehörden durch die Verbraucherschutzsatzungen der Präfekturen und Kommunen eingeräumt, soweit der Verdacht eines Verstoßes gegen Bestimmungen dieser Satzungen besteht. Die Vermittlungs- und Schlichtungstätigkeit der Verbraucherzentren selbst ist somit meist informeller und grundsätzlich unverbindlicher Natur. Die Unter-

---

[61] KOKUMIN SEIKATSU SENTĀ (2002a) 152.
[62] KOKUMIN SEIKATSU SENTĀ (2002a) 15.
[63] *Sendai-shi Shōhi Seikatsu Sentā*, Adresse: Ichiban-chō 4-11-1, Aoba-ku, Sendai-shi, 980-8555 Japan.

nehmer können zu keiner Teilnahme oder sonstigen Mitwirkung gezwungen werden.

Es besteht insbesondere keine besondere Verfahrensordnung für Schlichtungsverhandlungen. Die Durchführung eines Vermittlungs- oder Schlichtungsverfahrens ist weder an Vorschriften des Zivilprozeßgesetzes, des Zivilen Schlichtungsgesetzes oder anderer bestehender Verfahrensgesetze gebunden, die ausschließlich Verfahren vor den staatlichen Gerichten betreffen; auch haben die Verbraucherzentren keinerlei richterliche oder schiedsrichterliche Kompetenzen. Dies könnte sich aber in naher Zukunft ändern, denn es gibt derzeit Bestrebungen, einen institutionellen und verfahrensrechtlichen Rahmen für Schlichtungsverfahren im Rahmen der außergerichtlichen Konfliktbewältigung (*alternative dispute resolution*, ADR) zu schaffen.[64] Derzeit kann aber ein verbindliches Ergebnis der Schlichtungsverhandlungen allerhöchstens durch einen zivilrechtlichen Vergleichsvertrag zwischen dem beteiligten Unternehmer und dem Verbraucher herbeigeführt werden. In vielen Fällen bleibt jedoch unklar, ob es am Abschluß eines Schlichtungsverfahrens tatsächlich zu einem solchen Vertragsabschluß kommt, denn es werden häufig keine besonderen schriftlichen Dokumente angefertigt; andererseits bedarf ein Vergleichsvertrag im japanischen Recht grundsätzlich nicht der Schriftform. Jedenfalls ist in den meisten Fällen nicht nur die Vermittlungstätigkeit der Verbraucherzentren, sondern wohl auch deren Ergebnis, mangels eines die Einzelheiten genau festlegenden Vergleichsvertrages, lediglich unverbindlicher Natur. Die Verbraucherzentren sind daher gewöhnlich vor allem auf die Einsicht der beteiligten Parteien angewiesen.

Andererseits ist bereits oben auf den tatsächlichen Einfluß der japanischen Verwaltung durch informelles Verwaltungshandeln (*gyōsei shidō*) hingewiesen worden. Der Einfluß von Behörden der Präfekturen und Kommunen, wie z.B. den Verbraucherschutzzentren, ist allerdings generell schwächer als der Einfluß nationaler Behörden. Außerdem hängt die Wirksamkeit informeller Warnungen oder Weisungen meist davon ab, daß die betreffende Behörde damit drohen kann, im Ernstfall und bei Uneinsichtigkeit des Unternehmers auch formelle Verwaltungsmaßnahmen zur Anwendung zu bringen oder Sanktionen zu verhängen. Da die Verbraucherzentren aber nicht identisch sind mit den Ämtern, die für die Gewerbeaufsicht zuständig sind, bestehen derartige Kompetenzen nicht. Die Möglichkeiten der informellen Einflußnahme der Verbraucherzentren sind daher deutlich geringer als die anderer Ämter der Präfekturen und Kommunen und die der nationalen Behörden.

Gleichwohl haben auch die Verbraucherzentren in begrenztem Maße die Möglichkeit, ihre Weisungen im Rahmen der Vermittlungs- und Schlichtungstätigkeit gegenüber dem Unternehmer mit einer Drohkulisse zu unterlegen. Sofern der Unternehmer beim Abschuß des Vertrages oder durch den Inhalt des Vertrages gegen eine Satzungsnorm verstoßen hat, können die Verbraucher-

---

[64] Siehe dazu M. YOSHIDA (2005).

zentren die Verhängung der dort vorgesehenen Sanktionen, insbesondere die öffentliche Bekanntmachung des Falles (*kōhyō*) androhen. Liegt ein Verstoß gegen gewerberechtliche Bestimmungen vor, insbesondere gegen die oben in Abschnitt A aufgeführten Normen, so kann das Verbraucherzentrum mit der Benachrichtigung des zuständigen Gewerbeamtes oder gegebenenfalls der Staatsanwaltschaft drohen. Besteht die Wahrscheinlichkeit, daß der Verbraucher gegen den Unternehmer in einem zivilrechtlichen Rechtsstreit obsiegen würde, so kann dem Unternehmer mit einer Klage gedroht werden. In diesem Zusammenhang ist noch einmal auf die Möglichkeit der Gewährung von Prozeßkostenhilfe unter Einschluß der Übernahme der anfallenden Rechtsanwaltsgebühren des Verbrauchers durch die Präfekturen und Kommunen aufgrund der jeweiligen Verbraucherschutzsatzung hinzuweisen. Nicht immer ist aber ein Verstoß gegen Rechtsnormen evident oder die zivilrechtliche Lage klar. In diesen Fällen ist die Verhandlungs- und Vermittlungsposition der Verbraucherzentren besonders schwach.

Die Fähigkeit zur effektiven Vermittlung und Schlichtung bei Verbraucherrechtsstreitigkeiten durch die Verbraucherzentren beruht daher oftmals auf einer Mischung aus Einsicht des Unternehmers und der Drohkulisse der Behörde. Gelegentlich können in Fällen berechtigter Verbraucherbeschwerden durch die Vermittlungsbemühungen der Behörden eine teilweise oder vollständige Lösung vom Vertrag, die Änderung der Vertragsbedingungen oder eine anderweitige Lösung zum Beispiel in Form der Leistung von Schadensersatz durch den Unternehmer erzielt werden. Nicht immer muß dabei das Ergebnis mit dem übereinstimmen, das bei Anwendung der geltenden Rechtsnormen zu erwarten wäre. Es besteht zudem ein gewisser Trend zur Zunahme von Fällen, in denen die Rechtslage weniger eindeutig erscheint und in denen die Unternehmer daher mehr und mehr bereit sind, es auf einen Prozeß oder ein formelles Verwaltungs- oder Strafverfahren ankommen zu lassen. In solchen Fällen scheitern die Vermittlungsversuche der Verbraucherbehörden.

## II. Bewertung des Verfahrens aus Verbrauchersicht

Zur Bewertung und Einschätzung der Vermittlungs- und Streitschlichtungstätigkeit der Verbraucherzentren durch die Verbraucher existiert derzeit nur eine Studie zur Lage in der Präfektur Okayama, die im Jahre 1991 veröffentlicht worden ist.[65] Faßt man die dadurch gewonnen Erkenntnisse kurz zusammen, so ergibt sich folgendes Bild. Zunächst hatte die ganz überwiegende Mehrzahl der befragten Personen Kenntnis von der Einrichtung der Verbraucherzentren und deren Tätigkeit.[66] Die Bewertung durch diejenigen Personen, die sich bereits einmal oder mehrmals an ein Verbraucherzentrum zum Zwecke der Vermitt-

---

[65] A. MORIYA (1991).
[66] A. MORIYA (1991) 14.

lung in einem Konflikt mit einem Unternehmer gewandt haben, ist aber ambivalent.[67] Das bedeutet, nur bei einem Teil der Fälle wurden die Erwartungen der Verbraucher erfüllt. Interessant ist, daß viele Verbraucher von den Verbraucherzentren nicht so sehr eine neutrale Vermittler- und Schlichterrolle erwarten, sondern eher die eines „weißen Ritters".[68] Dies würde sich decken mit der Feststellung einer allgemein verbreiteten paternalistischen Staatsauffassung unter Japanern, die an anderer Stelle in dieser Untersuchung bereits angesprochen worden ist. Allerdings stellt der Autor der Studie auch fest, daß es verschiedene Gruppen von Verbrauchern gibt, die eine unterschiedliche Erwartungshaltung gegenüber den Verbraucherbehörden besitzen und auch einen unterschiedlichen Grad an Eigenverantwortung empfinden, sowohl hinsichtlich der Entstehung der Konfliktsituation als auch im Hinblick auf deren Bewältigung.[69] Der Autor der Studie konstatiert schließlich, daß die Erwartungshaltung der Verbraucher oftmals zu groß ist.

### III. Ergebnis

Die außergerichtliche Streitvermittlung und Streitschlichtung durch die Verbraucherzentren ist in Japan ein äußerst wichtiges Instrument zur nachträglichen Bewältigung von Konflikten zwischen Verbrauchern und Unternehmern, auch in Fällen eines unbilligen Vertragsabschlusses oder Vertragsinhalts. Es ist möglich, daß aufgrund der Tätigkeit der Behörden ein unerwünschter oder nachteiliger Verbrauchervertrag durch Zustimmung der Parteien aufgehoben oder modifiziert wird. Für das Verfahren der Vermittlung und Schlichtung gibt es bisher weder feste Verfahrensregeln noch muß im Ergebnis eine Lösung nach dem geltenden materiellen Recht herauskommen. Diese Flexibilität zusammen mit den geringen Kosten und der geringen Verfahrensdauer sind die Gründe dafür, daß die Dienste der Verbraucherzentren zunehmend häufiger von Verbrauchern in Anspruch genommen werden. Die Nachteile des Verfahrens bestehen allerdings darin, daß die jeweilige Behörde nur über geringe formale Kompetenzen verfügt und daher in vielen Dingen auf die Einsichtsfähigkeit der Parteien angewiesen ist. So kann sie den Unternehmer weder zur Mitwirkung und Kooperation zwingen, noch eine die Parteien bindende Entscheidung fällen. Viele dieser Mängel werden durch einen mehr informellen Einfluß der Verbraucherbehörden ausgeglichen. Die Frage allerdings, wie effektiv die Streitschlichtung durch die Verbraucherzentren tatsächlich ist, kann nicht mit hinreichender Gewißheit beantwortet werden.

---

[67] A. MORIYA (1991) 21.
[68] A. MORIYA (1991) 22.
[69] A. MORIYA (1991) 26, 40-62,

## D. Evaluierende Zusammenfassung

Es bestehen im japanischen Recht vielfältige Formen der Regulierung und Kontrolle von Verbraucherverträgen durch öffentlich-rechtliche Instrumente. Dabei werden sowohl der Vertragsabschluß als auch der Vertragsinhalt (Höhe der Gegenleistung, Angemessenheit der Nebenbedingungen, AGB) in nicht geringem Umfang durch Verwaltungsbehörden kontrolliert.

Erstens besteht eine Kontrolle der Gewerbeaufsichtsämter aufgrund wirtschaftsverwaltungsrechtlicher Gesetze. Viele Gesetze sehen bei bestimmten Verbrauchergeschäften spezielle Handlungsgebote und -verbote, die ein angemessenes Verhalten des Unternehmers beim Vertragsabschluß gewährleisten sollen, vor. Sie enthalten ferner einen verwaltungsrechtlichen Vertragsabschlußzwang für solche Unternehmer, die für die Allgemeinheit besonders wichtige Leistungen anbieten, sowie außerdem präventive Genehmigungs- und Anzeigepflichten zur Kontrolle von Preisen und allgemeinen Geschäftsbedingungen. Für den Fall von Krisen existieren besondere Notstandsgesetze, die Ermächtigungsgrundlagen zur Kontrolle der Warendistribution und der Verbraucherpreise vorsehen. Schließlich unterliegt der japanische Reismarkt generell aufgrund gesetzlicher Regelung einer umfassenden und rigiden Kontrolle durch Verwaltungsbehörden. Bei einem Verstoß gegen einzelne gesetzliche Regelungen oder Anordnungen der Verwaltungsbehörden drohen dem Unternehmer verschiedenartige verwaltungsrechtliche Zwangsmaßnahmen und strafrechtliche Sanktionen.

Zweitens kontrollieren Verbraucherbehörden der Präfekturen und Kommunen den Abschluß und den Inhalt von Verbraucherverträgen auf der Basis von Verbraucherschutzsatzungen. In diesen Satzungen sind zahlreiche Ge- und Verbote für Unternehmer vorgesehen, die mit verwaltungsrechtlichen Sanktionen bewehrt sind. Hierdurch sollen nicht nur ein angemessenes Verfahren des Vertragsabschlusses und angemessene Vertragsbedingungen, sondern darüber hinaus auch eine angemessene Vertragserfüllung durch die Unternehmer gefördert werden.

Schließlich wird der Abschluß und Inhalt von Verbraucherverträgen auch im Rahmen von Vermittlungs- bzw. Schlichtungsverfahren durch Verwaltungsbehörden *ex post* einer Kontrolle unterzogen, wobei die dabei angewandten Kontrollmittel der Behörden mehr informeller Art sind und die Ergebnisse dieser Verfahren nicht immer mit der Rechtslage bei Anwendung der bestehenden gesetzlichen Regelungen übereinstimmen müssen. Die Vermittlungs- und Schlichtungsverfahren werden den Verbrauchern vor allem von den Verbraucherzentren der Präfekturen und Kommunen als Alternative zu den Verfahren vor den ordentlichen Gerichten angeboten. Sie erfüllen mittlerweile eine ähnlich wichtige Funktion zur nachträglichen Bewältigung von Verbraucherrechtsstreitigkeiten wie die Gerichtsverfahren.

Versucht man eine Bewertung der umfangreichen öffentlich-rechtlichen Instrumente der Regulierung und Kontrolle von Verbraucherverträgen vorzunehmen, so drängt sich als erstes das Problem einer angemessenen Methode zur Evaluierung ihrer Effizienz auf. Allein die Existenz umfangreicher Regelungen und Kontrollmöglichkeiten bedeutet noch nicht zwangsläufig ein hohes Verbraucherschutzniveau. Die Einstellung nationaler Verwaltungsbehörden (Gewerbeaufsichtsbehörden) in Japan ist generell ambivalent. Traditionell hat der Verbraucherschutz bei diesen nur geringe Priorität; im Vordergrund steht vielmehr die Förderung wirtschaftlicher Interessen. Das Wirtschaftsministerium dokumentiert auf seiner Internetseite zwar seit einiger Zeit die Fälle, in denen verwaltungsgerichtliche Maßnahmen ergriffen wurden, die Zahl der dokumentierten Gerichtsverfahren in Verwaltungs- oder Strafsachen im Hinblick auf Gesetzesverstöße dieser Art bleibt aber gering. Im übrigen sind die Präfekturen und Kommunen zwar wesentlich stärker um eine Verbesserung des Verbraucherschutzes bemüht, ihre Befugnisse auf der Grundlage von Verbraucherschutzsatzungen sind allerdings begrenzt und ihre Leistungen zudem mangels hinreichender Daten nicht hinreichend evaluierbar.

Fraglich ist ferner, ob eine umfangreiche verwaltungsrechtliche und strafrechtliche Kontrolle des Vertragsabschlusses und des Vertragsinhalts unter ökonomischen und normativen Gesichtspunkten überhaupt effektiv und sinnvoll ist bzw. sein kann. Nicht vereinbar ist jedenfalls der derzeitige umfangreiche Bestand an verwaltungsrechtlichen und strafrechtlichen Kontrollmechanismen mit dem in Japan vielpropagierten politischen Ziel der Deregulierung und Liberalisierung. Außerdem besteht in diesem Bereich insgesamt der Eindruck einer nach wie vor bestehenden Überregulierung bei einem gleichzeitig geringen tatsächlichen Verbraucherschutzniveau – ein Zustand, der gesellschaftlich nicht wünschenswert erscheint.

# FÜNFTES KAPITEL

## Fazit

Der Verbraucherschutz stellt im gegenwärtigen japanischen Vertragsrecht ein sehr bedeutendes, gleichzeitig aber auch sehr diffuses Regelungsmotiv dar. Es handelt sich dabei wohl eher um eine allgemeine Zielbestimmung. Vom Motiv des Verbraucherschutzes umfaßt werden zahlreiche speziellere Schutzmotive, die teilweise aus relativ jungen politischen und rechtlichen Entwicklungen resultieren, wie z.B. der Klein- und Privatanlegerschutz, der Schutz von Kreditnehmern und der Schutz von Privatkunden bei Finanzgeschäften; aber auch solche, die schon vor Auftreten und Festigung des Verbraucherbegriffs im politischen und rechtlichen Umfeld eine Rolle spielten, wie beispielsweise der Schutz von Minderjährigen, der Mieterschutz oder die staatliche Daseinsvorsorge. Das Regelungsmotiv Verbraucherschutz und die damit zusammenhängenden Begriffe „Verbraucher", „Unternehmer" und „Verbrauchervertrag" sind nicht zuletzt deshalb so unscharf, weil sie aus der politischen und ökonomischen Diskussion hervorgingen und erst nach und nach in die Rechtssprache und das Rechtssystem eingeflossen und dort nur relativ unsystematisch eingebunden worden sind. Die Gründe und Ziele des Verbraucherschutzes sind dementsprechend vielfältig, wobei im Verbrauchervertragsrecht – grob vereinfacht – einerseits vor allem die Kompensation eines strukturellen Kräfteungleichgewichts zwischen den Vertragsparteien und andererseits der Schutz des Verbrauchers aus allgemein sozialen Gründen, ohne besondere Ansehung des jeweiligen Vertragspartners, von Bedeutung sind.

Zum Zwecke des Verbraucherschutzes wird vielfältig in die Vertragsfreiheit eingegriffen, vor allem in die Abschlußfreiheit durch Regulierung und Kontrolle der Vertragsanbahnung und des Vertragsabschlusses. Hier liegt der Schwerpunkt im japanischen Recht. Dadurch sollen in erster Linie faire Vertragsabschlußbedingungen gefördert bzw. unerwünschte Verbraucherverträge verhindert werden; in einigen Fällen soll auch ein erwünschter Vertragsabschluß erzwungen werden. Zugleich und in zweiter Linie soll hierdurch auch der Abschluß von Verträgen mit einem angemessenen Vertragsinhalt gefördert werden.

Vor allem die mangelnde Aufklärung und die unzulässige Beeinflussung des Verbrauchers durch Mitteilung falscher Informationen sowie durch übermäßiges Bedrängen im Stadium der Vertragsanbahnung durch den Unternehmer werden als unfaire und unbillige Umstände angesehen, die einer rechtlichen

Kontrolle bedürfen. In manchen Bereichen wie zum Beispiel bei Mietverträgen oder bei Verträgen über besonders wichtige Alltagsgüter und alltägliche Dienstleistungen wird eine solche Abschlußregulierung und Kontrolle allerdings nicht als ausreichend zur Förderung inhaltlich angemessener Verbraucherverträge angesehen und daher ergänzt durch eine unmittelbare Inhaltsregulierung und Kontrolle. In vielen Fällen, insbesondere zur Bekämpfung von inhaltlich unseriösen und betrügerischen Geschäften, findet sich im japanischen Recht eine Mischung aus Abschluß- und Inhaltskontrolle hiermit zusammenhängender Verbraucherverträge.

Privatrechtliche Kontrollmechanismen zum Schutze von Verbrauchern vor unerwünschten oder inhaltlich nachteiligen und ungemessenen Verträgen greifen rechtstechnisch meist unmittelbar in die Vertragsbindung ein, so zum Beispiel durch Bestimmung der Anfechtbarkeit, der Widerruflichkeit, der teilweisen oder vollständigen Nichtigkeit des Vertrages, oder, in im Ergebnis ähnlicher Weise, durch Gewährung eines Schadensersatzanspruchs.

Öffentlich-rechtliche Kontrollmechanismen greifen in die Bindungswirkung dagegen meist nur mittelbar ein, indem bestimmte Handlungen des Unternehmers unter Androhung verwaltungsrechtlicher und strafrechtlicher Sanktionen verboten werden. Dabei ist die Verknüpfung von öffentlichem Recht und Privatrecht bisher jedoch nur sehr unbefriedigend ausgestaltet. So hat ein Verstoß gegen eine verbraucherschützende öffentlich-rechtliche Norm im Regelfall jedenfalls weder unmittelbar die zivilrechtliche Nichtigkeit oder Teilnichtigkeit des Vertrages zur Folge, noch führt dies automatisch zu einem Schadensersatzanspruch des Verbrauchers. Allenfalls im Rahmen einer Gesamtschau zusammen mit anderen Pflichtverletzungen kann ein Normverstoß einmal zur Nichtigkeit des Vertrages wegen Verstoßes gegen die guten Sitten und die öffentliche Ordnung (Art. 90 ZG) oder zur Haftungspflicht des Unternehmers aus Delikt mit beitragen.

Im Zivilgesetz, das Ende des 19. Jahrhunderts in kraft trat, fand das Motiv des Verbraucherschutzes noch keinen ausdrücklichen Niederschlag, bis auf bestimmte historisch ältere Ausprägungen dieses Schutzmotivs. Diese werden heute zwar als zusammengehörig betrachtet, standen damals aber noch in einem anderen Kontext – so zum Beispiel die Regelungen zum Schutz von Minderjährigen und Menschen mit eingeschränkten Geisteskräften. Andere Regelungen des Zivilgesetzes, die den Schutz vor unerwünschten und inhaltlich unbilligen Verträgen ganz allgemein bezwecken, werden heute durch Rechtsprechung und Lehre unter Berücksichtigung des Interesses an einem besseren Verbraucherschutz besonders interpretiert, so insbesondere die Regelungen über die Voraussetzungen eines Vertragsabschlusses, die Irrtumsregelung, die Generalklausel Art. 90 ZG und die einzelnen Tatbestände sowie das System des Deliktsrechts insgesamt. Dort findet das Verbraucherschutzmotiv Eingang über allgemeine Rechtsprinzipien wie das Gebot von Treu und Glauben.

## 5. Kapitel: Fazit

Darlehens- und Mietverträge wurden ebenfalls schon lange vor Beginn der eigentlichen Verbraucherschutzdiskussion in der Mitte der 1960er Jahre des vorigen Jahrhunderts durch Sondergesetze zivilrechtlich reguliert, ohne daß damals am Ende des 19. Jahrhunderts (Darlehensverträge) bzw. Anfang der 1920er Jahre (Mietverträge) das Gesamtkonzept Verbraucherschutz im modernen Sinne eine Rolle spielte. Eine Zusammenführung dessen ist erst in den 1980er Jahren zu beobachten, im Falle der Darlehensregelungen insbesondere infolge des aufkommenden Verbraucherkreditproblems.

Zwischen 1945 und 1970 gab es im Privatrecht zunächst keine bedeutenden Gesetzesnovellierungen; allenfalls die Schaffung von verwaltungsrechtlichen und strafrechtlichen Schutznormen stellt hier eine wichtige Entwicklung dar. Jedoch stand dabei der Begriff Verbraucherschutz als Gesamtkonzept noch nicht im Vordergrund. Es ging vielmehr um den Schutz von Kunden vor unredlicher Geschäftstätigkeit Gewerbetreibender, z.B. in der Wertpapier- und Immobilienbranche sowie bei Haustür- und Vertretergeschäften.

In den 1970er Jahren kam der japanische Gesetzgeber, beeinflußt durch die Rechtsentwicklung in Europa, zu der Überzeugung, daß die allgemeinen Instrumente des Zivilgesetzes zum Schutz des Verbrauchers bei bestimmten Geschäften nicht ausreichen, und er begann, spezielle verbraucherschützende Widerrufsrechte, später auch Kündigungs- und Anfechtungsrechte zu normieren. Während die Anzahl der Widerrufsrechte zunächst nur gering war, da diese Löserechte noch als „Sonderrechte" betrachtet wurden, nahm sie später stark zu, ohne daß noch ausführlich über den Nutzen dieser Rechte diskutiert wurde. Eine ähnliche Entwicklung könnte sich in der Zukunft im Zusammenhang mit den speziellen Kündigungs- und Anfechtungsrechten ergeben.

In den 1990er Jahren wurden mehrere wichtige privatrechtliche Gesetzesvorhaben diskutiert und vorbereitet. Dies führte unter anderem zur Schaffung eines allgemeinen Verbrauchervertragsgesetzes sowie des Finanzproduktehandelsgesetzes, das vor allem den besseren Schutz von Verbrauchern bei Finanzgeschäften beabsichtigt.

Heute besteht hinsichtlich vieler Verbrauchergeschäfte nebeneinander eine besondere privatrechtliche, verwaltungsrechtliche und strafrechtliche Regulierung. Neben die Regulierung und Kontrolle aufgrund nationaler Gesetze ist seit Mitte der 1970er Jahre auch die durch Verbraucherschutzsatzungen der regionalen öffentlichen Gebietskörperschaften getreten, wodurch versucht wird, Schutzlücken zu schließen. Ob die Satzungen diesem Anspruch allerdings gerecht werden, ist zumindest fraglich, da der zuwiderhandelnde Unternehmer keine schwerwiegenden Sanktionen befürchten muß.

Zur Streitlösung in Verbraucherrechtsangelegenheiten tritt neben das zivilgerichtliche Verfahren auch das informelle Schlichtungs- und Vermittlungsverfahren der nationalen und regionalen Verbraucherschutzbehörden. Dieses erfreut sich unter Verbrauchern wachsender Beliebtheit. Allerdings ist die Effektivität dieser Institution hinsichtlich der Durchsetzung von Verbraucherrechten nur schwer zu beurteilen, da nur unzureichend Informationen und Daten hierüber zur Verfügung stehen.

Insgesamt ist die Regulierung und Kontrolle von Verbraucherverträgen im japanischen Recht sehr intensiv. Die Vertragsfreiheit wird dadurch in erheblichem Umfang beschnitten. Insbesondere sind hier noch einmal die zahlreichen Widerrufsrechte zu nennen, deren Sinn häufig zweifelhaft ist und bei denen insbesondere die Rechtsfolgen relativ unausgewogen ausgestaltet sind. Gleichwohl kann nicht davon gesprochen werden, daß in Japan durch die bestehenden Regelungen und Kontrollmechanismen unverhältnismäßig in die Vertragsfreiheit eingegriffen wird.

Es ist allerdings anzumerken, daß insbesondere hinsichtlich der verwaltungsrechtlichen und strafrechtlichen Regulierung und Kontrolle ein scheinbar merkwürdiger Zustand besteht. Man kann hier einerseits von einer gewissen Überregulierung sprechen. Da es allerdings oft an der praktischen Umsetzung der Regelungen durch die Verwaltungsbehörden fehlt, handelt es sich dabei häufig nur um „totes Gesetzesrecht". Es existiert in diesem Bereich also ein Vollzugsdefizit. Das Schutzniveau durch das öffentliche Recht ist in Japan daher tatsächlich geringer, als es auf den ersten Blick den Anschein haben mag. Zudem scheinen hierbei Kosten und Nutzen der Regulierung in keinem vernünftigen, ökonomisch sinnvollen Verhältnis zueinander zu stehen.

# Verzeichnis japanischer Gesetze und Verordnungen

*(Der Text legt die am 1. Januar 2006 geltenden Fassungen zugrunde)* [1]

| Deutsche Übersetzung | Abkürzung | Japanischer Titel |
|---|---|---|
| Anlagefondsgesetz, Fondsgesetz (Gesetz zur Regulierung des Gewerbes der Anlage in Handelswaren), Gesetz Nr. 66/1991 | FondsG | Shōhin tōshi ni kakaru jigyō no kisei ni kansuru hōritsu |
| Anlagetreuhandgesetz, Gesetz Nr. 198/1951 | | Tōshi shintaku oyobi tōshi hōjin ni kansuru hōritsu |
| Antimonopolgesetz (Gesetz betreffend das Verbot von Kartellen und die Sicherung des fairen Wettbewerbs), Gesetz Nr. 54/1947; dt. Übersetzung in H. IYORI / A. UESUGI / C. HEATH (1994) 225 ff. (Stand: 1992) | AMG | Shiteki dokusen no kinshi oyobi kōsei torihiki no kakuho ni kansuru hōritsu |
| Arzneimittelgesetz, Gesetz Nr. 145/1960 | | Yakuji-hō |
| Arztgesetz, Gesetz Nr. 201/1948 | | Ishi-hō |
| Baumängelgesetz (Gesetz zur Förderung der Qualität von Wohnhäusern), Gesetz Nr. 81/1999 | BauMG | Jūtaku no hinshitsu kakuho no sokushin-tō ni kansuru hōritsu |
| Besonderes Maßnahmengesetz zur Verhinderung des Einmischens von Giftstoffen in Lebensmittel, Gesetz Nr. 103/1987 | | Ryūtsū shokuhin he no dokubutsu no kon'nyū-tō bōshi-tō ni kansuru hōritsu |
| Darlehenstreuhandgesetz, Gesetz Nr. 195/1952 | | Kashitsuke shintaku-hō |
| Eisenbahngewerbegesetz, Gesetz Nr. 65/1900 | | Tetsudō eigyō-hō |

---

[1] Soweit im Text keine abweichenden Angaben. Fast alle hier zitierten Gesetzen und Verordnungen sind in der jeweils aktuellen Fassung über die Suchmaschine der japanischen Regierung abrufbar: <http://law.e-gov.go.jp/cgi-bin/idxsearch.cgi> .

| | |
|---|---|
| Elektrizitätsgewerbegesetz,<br>Gesetz Nr. 170/1964 | *Denki jigyō-hō* |
| E-Mail Gesetz<br>(Gesetz zur Förderung der angemessenen<br>Verwendung von spezifischen E-Mails),<br>Gesetz Nr. 216/2002 | *Tokutei denshi mēru no sōshin no<br>tekiseika-tō ni kansuru hōritsu* |
| Finanzproduktehandelsgesetz FpHG<br>(Gesetz über den Handel mit Finanz-<br>produkten),<br>Gesetz Nr. 101/2000;<br>dt. Übers. bei C. SCHULTE (2005) | *Kin'yū shōhin no hanbai-tō ni<br>kansuru hōritsu* |
| Finanztermingeschäftegesetz, FinanzterminGG<br>Gesetz Nr. 77/1988 | *Kin'yū sakimono<br>torihiki-hō* |
| Forderungshandelsgesetz ForderungsHG<br>(Gesetz zur Regelung des gewerblichen<br>Handels mit spezifischen Forderungen),<br>Gesetz Nr. 77/1992 | *Tokutei saiken-tō ni kakaru jigyō no<br>kisei ni kansuru hōritsu* |
| Gasgewerbegesetz,<br>Gesetz Nr. 51/1964 | *Gasu jigyō-hō* |
| Gebäudeschutzgesetz,<br>Gesetz Nr. 40/1909 (außer Kraft) | *Tatemonohogo-hō* |
| Gebäudemietgesetz,<br>Gesetz Nr. 50/1921 (außer Kraft) | *Shakuya-hō* |
| Geldverleihgewerbegesetz GeldverleihGG<br>(Gesetz zur Regulierung und<br>Kontrolle des Geldverleihgewerbes),<br>Gesetz Nr. 32/1983 | *Kashikin-gyō no kisei-tō ni kansuru<br>hōritsu* |
| Gesellschaftsgesetz<br>Gesetz Nr. 86/2005 | *Kaisha-hō* |
| Gesetz gegen den unlauteren Wettbewerb, GUW<br>Gesetz Nr. 47/1993;<br>dt. Übersetzung in:<br>GRUR Int. (1993) 754 ff. | *Fusei kyōsō bōshi-hō* |
| Gesetz gegen unbillige Prämien<br>und irreführende Angaben, UPAG<br>Gesetz Nr. 134/1962 | *Futō keihin-rui oyobi futō hyōji<br>bōshi-hō* |
| Gesetz über das Gewerbe der Güter-<br>beförderung durch Kraftfahrzeuge,<br>Gesetz Nr. 83/1989 | *Kamotsu jidōsha unsō jigyō-hō* |
| Gesetz über das Gewerbe der<br>Beförderung in Häfen und Buchten,<br>Gesetz Nr. 161/1951 | *Kōwan unsō jigyō-hō* |
| Gesetz über das Messen und Wiegen,<br>Gesetz Nr. 51/1992 | *Keiryō-hō* |

| | |
|---|---|
| Gesetz über das nationale Verbraucherzentrum, Gesetz Nr. 123/2002 | *Dokuritsu gyōsei hōjin Kokumin Seikatsu Sentā-hō* |
| Gesetz über das Speditionsgewerbe, Gesetz Nr. 82/1989 | *Kamotsu riyō unsō jigyō-hō* |
| Gesetz über das Verbot des mißbräuchlichen Zugangs zu fremden elektronischen Datenkonten, Gesetz Nr. 128/1999 | *Fusei akusesu kōi no kinshi-tō ni kansuru hōritsu* |
| Gesetz über den gewerblichen Betrieb von Unterstützungskassen, Gesetz Nr. 42/1931 | *Mujin gyōhō* |
| Gesetz über den Vertrag zur Bestellung einer gewillkürten Vormundschaft, VormundVG Gesetz Nr. 150/1999 | *Nin'i kōken keiyaku ni kansuru hōritsu* |
| Gesetz über die Beförderung auf der See, Gesetz Nr. 187/1949 | *Kaijō unsō-hō* |
| Gesetz über die Beförderung auf der Straße, Gesetz Nr. 183/1951 | *Dōro unsō-hō* |
| Gesetz über die Eintragung der Vormundschaft und ähnlicher Aufsichtsverhältnisse, Gesetz Nr. 152/1999 | *Kōken tōki-tō ni kansuru hōritsu* |
| Gesetz über die Förderung der Angemessenheit von Angebot und Nachfrage von Erdölprodukten, Gesetz Nr. 122/1973 | *Sekiyu-tō jukyū tekiseika-hō* |
| Gesetz über die Gesellschaft mit beschränkter Haftung, GGmbH Gesetz Nr. 74/1938; dt. Übersetzung von A. ISHIKAWA / I. LEETSCH (1988) (Stand: 1981) | *Yūgen kaisha-hō* |
| Gesetz über die Grundlagen zur Sicherheit von Nahrungsmitteln, Gesetz Nr. 27/2003 | *Shokuhin anzen kihon-hō* |
| Gesetz über die Kontrolle des Einsatzes von Chemikalien in der Landwirtschaft, Gesetz Nr. 82/1948 | *Nōyaku torishimari-hō* |
| Gesetz über die Kontrolle von unbilligen Verträgen im Zusammenhang mit Finanzeinlagen, Gesetz Nr. 136/1957 | *Yokin-tō ni kakaru futō keiyaku no torishimari ni kansuru hōritsu* |
| Gesetz über die Qualitätskennzeichnung von Haushaltswaren, Gesetz Nr. 104/1962 | *Katei yōhin hyōji-hō* |

Gesetz über die Regulierung des Reispreises, Gesetz Nr. 24/1933; außer Kraft

*Beikoku tōsei-hō*

Gesetz über die Sicherheit von elektrischen Gebrauchsgütern, Gesetz Nr. 234/1961

*Denki yōhin anzen-hō*

Gesetz über die Sicherheit von Gebrauchsgütern des täglichen Lebens, Gesetz Nr. 31/1973

*Shōhi seikatsu-yō seihin anzen-hō*

Gesetz über die Organisation zur Entschädigung der Opfer von Arzneimittelnebenwirkungen und zur Förderung wissenschaftlicher Untersuchungen, Gesetz Nr. 55/1979

*Iyakuhin fukusayō higai kyūsai, kenkyū shinkō chōsa kikō-hō*

Gesetz über die Vermittlung von Termingeschäften an ausländischen Warenterminbörsen,   AWarenterminGG
Gesetz Nr. 65/1982

*Kaigai shōhin shijō ni okeru sakimono torihiki jutaku-tō ni kansuru hōritsu*

Gesetz über die Versicherung von Finanzeinlagen, Gesetz Nr. 34/1971

*Yokin hoken-hō*

Gesetz über krisenbedingte Maßnahmen zum Schutze vor Hamsterkäufen und Ausverkäufen von alltäglichen Verbrauchsgütern, Gesetz Nr. 48/1973

*Seikatsu kanren busshi-tō no kaishime oyobi urioshimi ni taisuru kinkyū sochi ni kansuru hōritsu*

Gesetz zur Förderung des Einsatzes von alternativen Streitschlichtungsverfahren Gesetz Nr. 151/2004

*Saibangai funsō kaiketsu tetsuzuki no riyō no sokushin ni kansuru hōritsu*

Gesetz zur Sicherung der Wohnung von älteren Personen Gesetz Nr. 236/2001

*Kōreisha no kyoju-hō*

Gesetz zur Regelung der Herstellung und Untersuchung chemischer Stoffe, Gesetz Nr. 117/1973

*Kagaku busshitsu no shinsa oyobi seizō-tō no kisei ni kansuru hōritsu*

Gesetz zur Regelung und Kontrolle von schädliche Stoffe enthaltenden Haushaltswaren, Gesetz Nr. 112/1973

*Yūgai busshitsu wo ganyū suru katei yōhin no kisei ni kansuru hōritsu*

Gesetz zur Regelung von Prepaid-Cards, Gesetz Nr. 92/1989

*Maebarai-shiki shōhyō no kisei-tō ni kansuru hōritsu*

Gesetz zur Regulierung des Geflügel verarbeitenden Gewerbes und der Untersuchung von Geflügel, Gesetz Nr. 70/1999

*Shokuchō shori no jigyō n kisei oyobi shokuchō kensa ni kansuru hōritsu*

| | | |
|---|---|---|
| Golfclubgesetz GolfclubG (Gesetz zur Förderung angemessener Verträge über die Mitgliedschaft in Golfclubs und ähnlichen Freizeiteinrichtungen), Gesetz Nr. 53/1992 | | *Gorufujō-tō ni kakaru kai-in keiyaku no tekisei-ka ni kansuru hōritsu* |
| Grundstücksmietgesetz, Gesetz Nr. 49/1921 (außer Kraft) | | *Shakuchi-hō* |
| Handelsgesetz, Gesetz Nr. 48/1899; dt. Übers.: O. KLIESOW / U. EISELE / M. BÄLZ (2002) (Stand: 2001) | HG | *Shōhō* |
| Handelsgeschäftegesetz (Gesetz über besondere Handelsgeschäfte), Gesetz Nr. 57/1976 | HGG | *Tokutei shō-torihiki ni kansuru hōritsu* |
| Hypothekenbriefgewerbegesetz (Gesetz über die Regulierung des Hypothekenbriefgewerbes), Gesetz Nr. 104/1987 | HypothekenbriefGG | *Teitō shōken-gyō no kisei-tō ni kansuru hōritsu* |
| Immobilienfondsgesetz (Gesetz zur Regelung der Verwaltung von Immobilienfonds), Gesetz Nr. 77/1994 | ImmobilienfondsG | *Fudōsan tokutei kyōdō jigyō-hō* |
| Immobiliengewerbegesetz (Gesetz über den gewerblichen Handel mit Baugrundstücken und Gebäuden), Gesetz Nr. 176/1952 | ImmobGG | *Takuchi tatemono torihiki gyōhō* |
| Immobilienmietgesetz, Gesetz Nr. 90/1991; engl. Übers.: Z. KITAGAWA (1980) App. 4 C-1 | ImmobMG | *Shakuchi shakuya-hō* |
| Immobilienspargewerbegesetz (Gesetz über den gewerblichen Handel mit Baugrundstücken und Gebäuden unter Gewährung einer Ratensparfinanzierung), Gesetz Nr. 111/1971 | ImmobSGG | *Tsumitate-shiki takuchi tatemono hanbai gyōhō* |
| Industrienormengesetz (Gesetz über die Normen und Standards in der Industrie), Gesetz Nr. 185/1949 | | *Kōgyō hyōjun-ka hō (JIS-hō)* |

Irrtumssondergesetz
(Gesetz über gen zum Zivilgesetz im
Zusammenhang mit elektronischen
Verbraucherverträgen und Annahme-
erklärungen),
Gesetz Nr. 95/2001

*Denshi shōhisha keiyaku oyobi
denshi shōdaku tsūchi ni kansuru
minpō no tokurei ni kansuru hōritsu*

Japanische Verfassung vom 3.12.1946;    JV    *Nihonkoku kenpō*
dt. Übers. in: U. Eisenhardt. u.a.
(1998) 533 ff.

Kapitaleinlagengesetz    KEG
(Gesetz über die Kontrolle der
Kapitaleinlage und der Zinsen),
Gesetz Nr. 195/1954

*Shusshi no ukeire, azukari-kin oyobi
kinri-tō no torishimari ni kansuru
hōritsu*

Konsumgenossenschaftsgesetz
(Gesetz über die Konsumgenossen-
schaften),
Gesetz Nr. 200/1948

*Shōhi seikatsu kyōdō kumiai-hō*

Lagergewerbegesetz,
Gesetz Nr. 121/1956

*Sōko gyōhō*

Landwirtschaftsstandardgesetz
(Gesetz über Standards und zur Verbesserung der Qualitätskennzeichnung
land- und forstwirtschaftlicher Produkte),
Gesetz Nr. 175/1950

*Nōrin busshi no kikaku-ka oyobi
hinshitsu hyōji no tekisei-ka ni
kansuru hōritsu (JAS-hō)*

Luftverkehrsgesetz,
Gesetz Nr. 231/1952

*Kōkū-hō*

LLP-Gesetz
Gesetz Nr. 236/2001

*Yūgen sekinin jigyō kumiai keiyaku
ni kansuru hōritsu*

Maßnahmengesetz zur Sicherung
des Volkslebens in Fällen von
Krisen    Krisengesetz
Gesetz Nr. 121/1973

*Kokumin seikatsu antei kinkyū
sochi-hō*

Mietkontrollverordnung
(Verordnung über die Kontrolle
der Höhe des Mietzinses);
Regierungsverordnung Nr. 704/1939
und Nr. 443/1946; außer Kraft

*Jidai yachin tōsei-rei*

Mietrechtssondergesetz    MietRSonderG
(Gesetz über die Bewältigung
von Problemen im Zusammenhang
mit gemieteten Immobilien in den
zerstörten Städten),
Gesetz Nr. 13/1946;
dt. Übersetzung von J. KIMMESKAMP
(1996) 79 ff.

*Risai toshi shakuchi shakuya rinji
shori-hō*

Nahrungsmittelgesetz
(Gesetz über Angebot und Nachfrage
wichtiger Nahrungsmittel und die
Gewährleistung der Preisstabilität),
Gesetz Nr. 113/1994

*Shuyō shokuryō no jukyū oyobi
kakaku no antei ni kansuru hōritsu*

Nahrungsmittelhygienegesetz,
Gesetz Nr. 233/1947

*Shokuhin eisei-hō*

Nahrungsmittelmengen-Kontrollgesetz,
Gesetz Nr.40/1942; außer Kraft

*Shokuryō kanri-hō*

Preiskontrollverordnung
(Verordnung über die Preiskontrolle),
Regierungsverordnung Nr. 118/1946

*Bukka tōsei-rei*

Produkthaftungsgesetz,
Gesetz Nr. 85/1994;
dt. Übers. bei M. JANSSEN / .V.ZITZEWITZ
(1998) 785-786;
bei O. KLIESOW (1994/1995) 33-35

*Seizōbutsu sekinin-hō*

Reisegewerbegesetz, RGG
Gesetz Nr. 239/1952

*Ryokō gyō-hō*

Reisgesetz,
Gesetz Nr. 36/1921, außer Kraft

*Beikoku-hō*

Rundfunkdienstleistungsgesetz,
Gesetz Nr. 85/2001

*Denki tsūshin ekimu riyō hōsō-hō*

Rundfunkgesetz,
Gesetz Nr. 132/1950

*Hōsō-hō*

Schneeballgeschäfte-Verbotsgesetz
Schneeballgeschäfte-VerbotsG
(Gesetz zur Verhinderung
von Schneeballgeschäften),
Gesetz Nr. 101/1978

*Mugen rensa-kō no bōshi ni kansuru
hōritsu*

Selbstverwaltungsgesetz SVG
(Gesetz über die regionale
Selbstverwaltung),
Gesetz Nr. 67/1947

*Chihō jichi-hō*

Strafgesetz, Gesetz Nr. 45/1907; StrG
dt. Übers.: K. SAITŌ / H. NISHIHARA
(1954)

*Keihō*

Teilzahlungsgesetz,
Teilzahlungsgeschäftegesetz TzG
(Gesetz über Teilzahlungsgeschäfte),
Gesetz Nr. 159/1961

*Kappu hanbai-hō*

Telekommunikationsgewerbegesetz,
Gesetz Nr. 86/1984

*Denki tsūshin jigyō-hō*

| | | |
|---|---|---|
| Verbrauchergrundgesetz<br>Gesetz Nr. 78/1968;<br>(vormals Verbraucherschutz<br>grundgesetz, VerbrSGG) | VerbrGG | Shōhisha hogo kihon-hō |
| Verbrauchervertragsgesetz,<br>Gesetz Nr.61/2000;<br>(Gesetz über Verbraucherverträge);<br>dt. Übers. bei M. DERNAUER (2001),<br>247 ff. | VerbrVG | Shōhisha keiyaku-hō |
| Versicherungsgewerbegesetz,<br>Gesetz Nr. 105/1995 | VGG | Hoken gyōhō |
| Vertretergeschäftegesetz<br>(Haustür- und Vertretergeschäfte-<br>gesetz), ehemalige Bezeichnung<br>für das Handelsgeschäftegesetz | VertreterGG | Hōmon hanbai-tō ni kansuru hōritsu |
| Verwahrungsgeschäftegesetz<br>(Gesetz über Verträge zur<br>Anlage und zur Verwahrung<br>von bestimmten Handelswaren),<br>Gesetz Nr. 62/1986 | VerwahrungsGG | Tokutei shōhin-tō no yotaku-tō<br>torihiki keiyaku ni kansuru hōritsu |
| Warenbörsengesetz,<br>Gesetz Nr. 239/1950 | WarenbörsenG | Shōhin torihikijo-hō |
| Wassergesetz,<br>Gesetz Nr. 177/1957 | | Suidō-hō |
| Wertpapieranlageberatungsgesetz<br>(Gesetz zur Regulierung des Gewerbes<br>der Wertpapieranlageberatung),<br>Gesetz Nr. 74/1986 | WpABG | Yūka shōken ni kakaru tōshi-<br>komongyō no kisei-tō ni kansuru<br>hōritsu |
| Wertpapierbörsen- und Wertpapier-<br>handelsgesetz<br>Gesetz Nr. 239/1950 | BWpHG | Shōken torihiki-hō |
| Zinsbeschränkungsgesetz<br>(Gesetz über die Beschränkung<br>von Zinsen),<br>Gesetz Nr. 100/1954;<br>dt. Übersetzung: C. RAPP (1996a) 136; | ZBG | Risoku seigen-hō |
| Zivilgesetz,<br>Gesetz Nr. 89/1896 und Nr. 91/1898;<br>dt. Übers.: A. ISHIKAWA / I. LETSCH<br>(1985) (Stand: 1980) (Stand: 2001) | ZG | Minpō |
| Zivilprozeßgesetz,<br>Gesetz Nr. 109/1996;<br>dt. Übers.: C. HEATH / A. PETERSEN (2002) | ZPG | Minji soshō-hō |
| Zivilrechtliches Sanierungsgesetz,<br>Gesetz Nr. 225/1999;<br>dt. Übers.: T. KROHE (2002), 259 ff. | | Minji saisei-hō |

# Literaturverzeichnis

AIZAWA, HISASHI: *Amerika keiyaku-hō kara mita Shōhisha keiyaku-hō* [Das Verbrauchervertragsgesetz betrachtet vom Standpunkt des amerikanischen Vertragsrechts], in: Jurisuto Nr. 1200 (2001), 131-140 (zitiert H. AIZAWA (2001)).

AOKI, SŌTARŌ / MIWA, TAKUYA / UCHIYAMA, YOSHITAKA: *Handobukku Kin'yū shōhin hanbai-hō* [Handbuch zum Finanzproduktehandelsgesetz], Tokyo 2001 (zitiert: S. AOKI / T. MIWA / Y. UCHIYAMA (2001)).

ARAI, MAKOTO: *Seinen kōken* [Die Vormundschaft für Volljährige], Tokyo 2000 (zitiert: M. ARAI (2000)).

ARTZ, MARKUS: Die Neuregelung des Widerrufsrechts bei Verbraucherverträgen, in: Neue Juristische Wochenschrift 2002, 603-609 (zitiert: M. ARTZ (2002)).

ASAI, IWANE: *Sakimono torihiki higai no jittai to kyūsai* [Schäden durch Warentermingeschäfte und deren Bewältigung], in: Hanrei Taimuzu Nr. 701 (1989), 77-101 (zitiert: I. ASAI (1989)).

ASAOKA, MIE: *Kai'in-ken shōhō* [Geschäfte mit Mitgliedschaftsrechten], in: Hōgaku Seminā Nr. 395 (1987), 41 (zitiert: M. ASAOKA (1987)).

ASHIBE, NOBUYOSHI: *Kenpōgaku II – jinken sōron* [Verfassungslehre II – Menschenrechte, allgemeine Lehren], Tokyo 1994 (zitiert: N. ASHIBE (1994)).

ATIYAH, PATRICK SELIM: Contract and Fair Exchange, in: University of Toronto Law Journal Vol. 35 (1985), 1-24 (zitiert: P.S. ATIYAH (1985)).

BAHR, ROLAND: Das Tatemonohogoho in der höchstrichterlichen Rechtsprechung Japans, Köln 1980 (zitiert: R. BAHR (1980)).

BAHR, ROLAND: Das rechtliche Verhältnis von Grundstück und Gebäude als Beispiel, in: H. Menkhaus (Hrsg.), Das Japanische im japanischen Recht, München 1994, 103-121 (zitiert: R. BAHR (1994)).

BASEDOW, JÜRGEN / BAUM, HARALD / HOPT, KLAUS J. u.a. (Hrsg.): Economic Regulation and Competition in the EU, Germany and Japan, The Hague et al. 2002 (zitiert: J. BASEDOW u.a. (2002)).

BAUM, Harald: Rechtsdenken, Rechtssystem und Rechtswirklichkeit in Japan – Rechtsvergleichung mit Japan, in: Rabels Zeitschrift für ausländisches und internationales Privatrecht 59 (1995), 258-292 (zitiert: H. BAUM (1995)).

BAUM, HARALD: Börsen- und Kapitalmarktrecht in Japan, in: K.J. Hopt / B. Rudolph / H. Baum (Hrsg.), Börsenreform: Eine ökonomische, rechtsvergleichende und rechtspolitische Untersuchung, Stuttgart 1997, 1266-1395 (zitiert: H. BAUM (1997)).

BAUM, HARALD / HAYAKAWA, MASARU: Die rechtliche Gestaltung des japanischen Finanzmarktes, in: H. Baum / U. Drobnig (Hrsg.), Japanisches Handels- und Wirtschaftsrecht, Recht des internationalen Wirtschaftsverkehrs, Band 13, Berlin, New York 1994 (zitiert: H. BAUM / M. HAYAKAWA (1994)).

BÖLICKE, THORALF: Die Bedeutung des Begriffes jōri für die japanische Rechtsquellenlehre, in: Zeitschrift für Japanisches Recht Nr. 1 (1996), 7-20 (zitiert: T. BÖLICKE (1996)).

BOSSE, FRIEDERIKE: Japans Reispolitik unter Beschuß – von innen und außen, in: Japan aktuell (1993), 262-267 (zitiert: F. BOSSE (1993)).

BÜLOW, PETER / ARTZ, MARKUS: Fernabsatzverträge und Strukturen eines Verbraucherprivatrechts im BGB, in: Neue Juristische Wochenschrift 2000, 2049-2056 (zitiert: P. BÜLOW / M. ARTZ (2000)).

BYDLINSKI, FRANZ: Privatautonomie und objektive Grundlagen des verpflichtenden Rechtsgeschäfts, Wien 1967 (zitiert: F. BYDLINSKI (1967)).

CAEMMERER, ERNST VON: Reformprobleme der Haftung für Hilfspersonen, in: Zeitschrift für Rechtsvergleichung 1973, 241-261 (zitiert. E. V. CAEMMERER (1973)).

CANARIS, CLAUS-WILHELM: Wandlungen des Schuldvertragsrechts – Tendenzen zu seiner „Materialisierung", in: Archiv für die civilistische Praxis Band 200 (2000), 273-364 (zitiert C.-W. CANARIS (2000)).

CHŪSHAKU MINPŌ, SHINPAN [Großkommentar zum Zivilrecht, Neubearbeitung]: Bände 1 bis 28; verschiedene Herausgeber, unterschiedliche Erscheinungsjahre (zitiert: CHŪSHAKU MINPŌ Band/Bearbeiter).

DEAN, MERYLL: Administrative Guidance in Japanese Law – A Threat to the Rule of Law, in: Journal of Business Law (1991), 398-404 (zitiert: M. DEAN (1991)).

DERNAUER, MARC: Das japanische Gesetz über Verbraucherverträge, in: Zeitschrift für Japanisches Recht Nr. 11 (2001), 241-254 (zitiert: M. DERNAUER (2001)).

DERNAUER, MARC: *Shōhin sakimono torihiki no futō kan'yū to shōhisha hogo – doitsu-hō to no hikaku* [Die Werbung zum Vertragsabschluß bei Warentermingeschäften und der Schutz von Verbrauchern – ein Vergleich mit dem deutschen Recht], in: Kokusai Shōji Hōmu Band 30 (2003) Nr. 11, 1504-1513 (1); Nr. 12, 1655-1665 (2); Band 31 (2004) Nr. 1, 47-54 (3); Nr. 2, 197-204 (4); Nr. 3, 343-348 (5); Nr. 4, 504-510 (6); Nr. 5, 659-667 (7); Nr. 6, 807-815 (8); Nr. 7, 960-969 (9) (zitiert: M. DERNAUER (2002/2003)).

DERNAUER, MARC: Die Reform des japanischen Gesellschaftsrechts 2005/2006, in: Zeitschrift für Japanisches Recht Nr. 20 (2005), 123-162 (zitiert: M. DERNAUER (2005)).

DOBASHI, TADASHI: *Shōhin sakimono torihiki no kan'yū to fuhō kōi* [Die Werbung zum Vertragsabschluß bei Warentermingeschäften und unerlaubte Handlungen], in: Kin'yū Shōji Hanrei Nr. 744 (1986), 43-47 (zitiert: T. DOBASHI (1986)).

DŌGAUCHI, HIROTO: *Torihikiteki fuhō kōi – hyōka mujun to hihan no aru hitotsu no kyokumen ni gentei shite* [Unerlaubte Handlungen im Geschäftsverkehr – Zu einem Teilbereich der Kritik am Wertungswiderspruch], in: Jurisuto Nr. 1090 (1996), 137-140 (zitiert: H. DŌGAUCHI (1996a)).

DŌGAUCHI, HIROTO: *Seikyū-ken kyōgō-ron kara seido-kan kyōgō-ron he* [Von der Lehre der Anspruchskonkurrenz zur Lehre der Systemkonkurrenz], in: Jurisuto Nr. 1096 (1996), 103-109 (zitiert: H. DŌGAUCHI (1996b)).

EBIHARA, AKIO: Deregulierung in der Wirtschaft – die Wiedergeburt einer „Privatrechtsgesellschaft"?, in: Z. Kitagwa / K.W. Nörr u.a., Regulierung – Deregulierung – Liberalisierung, Tendenzen der Rechtsentwicklung in Deutschland und Japan zur Jahrtausendwende, Tübingen 2001, 289-296 (zitiert: A. EBIHARA (2001)).

EISENHARDT, ULRICH / LESER, HANS G. U.A.: Japanische Entscheidungen zum Verfassungsrecht in deutscher Sprache, Japanische Rechtsprechung 1, Köln u.a 1998 (zitiert: U. EISENHARDT u.a. (1998)).

EUBEL, PAUL: Die Haftung des Geschäftsherrn für den Gehilfen nach deutschem und japanischem Recht, Frankfurt 1981 (zitiert: P. EUBEL (1981)).

FLUME, WERNER: Allgemeiner Teil des Bürgerlichen Rechts, Band II: Das Rechtsgeschäft, 3. Auflage, Berlin, Heidelberg u.a. 1979 (zitiert: W. FLUME (1979)).

FOLJANTY-JOST, GESINE: Informelles Verwaltungshandeln – Schlüssel effizienter Implementation oder Politik ohne Politiker?, in: U. Menzel (Hrsg.), Im Schatten des Siegers, Band 3, Frankfurt 1989, 171-190 (zitiert: G. FOLJANTY-JOST (1989)).

FUCHS, ANDREAS: Das Fernabsatzgesetz im neuen System des Verbraucherschutzrechts, in: Zeitschrift für Wirtschaftsrecht 2000, 1273-1287 (zitiert: A. FUCHS (2000)).

FUJITA, TOKIYASU: *Chihō kōkyō dantai no „hōgaiteki" shudan to sono hōteki seishitsu* [Die außerrechtlichen Mittel der regionalen öffentlichen Gebietskörperschaften und deren rechtliches Wesen], in: Kōhō Kenkyū Band 43 (1981), 215-223 (zitiert: T. FUJITA (1981)).

FUJITA, TOKIYASU: Gyoseishido – Rechtsmittel eines Hauptmittels der gegenwärtigen Verwaltung in Japan, in: Die Verwaltung 1982, 226-239 (zitiert: T. FUJITA (1982)).

FUJITA, TOKIYASU: Streitvermeidung und Streiterledigung durch informelles Verwaltungshandeln in Japan, in: Neue Zeitschrift für Verwaltungsrecht 1994, 133-138 (zitiert: T. FUJITA (1994)).

FUJITA, HISAO: *Setsumei gimu ihan to hōkaishaku hōhō-ron – sagi kitei to hyōka mujun suru ka* [Aufklärungspflichtverletzungen und die Methode der Gesetzesauslegung – Wertungswidersprüche wegen Mißachtung der Bestimmung über die vorsätzliche Täuschung?], in: Kōbe Gakuin Hōgaku Band 27 (1997) Nr. 1/2 1-14 (zitiert: H. FUJITA (1997)).

FUKAYA, ITARU: *Sagiteki shōhō to fuhō kōi – maruchi shōhō no ihōsei wo chūshin ni* [Betrügerische Geschäfte und unerlaubte Handlungen – zur Rechtswidrigkeit von Kettenvertriebsgeschäften], in: T. Awaji / T. Itō / D. Usami (Hrsg.), *Fuhō kōi-hō no gendaiteki kadai to tenkai* [Die Aufgaben des Deliktsrechts in der Gegenwart und sein Wandel], Tokyo 1995, 469-491 (zitiert: I. FUKAYA (1995)).

GIERKE, OTTO VON: Die soziale Aufgabe des Rechts, Neudruck 1943 (Erstdruck 1889) (zitiert: O. V. GIERKE (1943)).

GOTŌ, MAKINORI: *Kyōkō kitei ihan* [Die Verletzung von zwingenden Rechtsnormen], in: T. Tsubaki / H. Nakaya (Hrsg.), *Kaisetsu – jōbun ni nai minpō* [Erläuterungen – Zivilrechtliche Zusammenhänge für die es keine Vorschrift gibt], Tokyo 2002, 34-37 (zitiert: M. GOTŌ (2002)).

GÖTZE, BERND: Versicherung, Verbraucherschutz und Umwelt, in: H. Baum / U. Drobnig (Hrsg.), Japanisches Handels- und Wirtschaftsrecht, Recht des internationalen Wirtschaftsverkehrs, Band 13, Berlin, New York 1994 (zitiert: B. GÖTZE (1994)).

GRUBER, ANGELIKA: Die Ergänzungsfunktion des Isharyō (Schmerzensgeldes) im japanischen Zivilrecht, Hamburg 2000 (zitiert: A. GRUBER (2000)).

HALEY JOHN: The Myth of the Reluctant Litigant, in: Journal of Japanese Studies (1978), 359-390 (zitiert: J. HALEY (1978)).

HALEY, JOHN: Administrative Guidance versus Formal Regulation – Rethinking the Paradox of Industrial Policy, in: Saxonhouse / Yamamura (eds.), Law and Trade Issues of the Japanese Economy: American and Japanese Perspectives, Seattle 1986, 107-130 (zitiert: J. HALEY (1986)).

HALEY, JOHN: Japan's New Land and House Lease Law, in: Haley / Yamamura (eds.), Land Issues in Japan: A Policy Failure, Seattle 1992, 149-174 (zitiert: J. HALEY (1992)).

HASEGAWA, KŌ: *Kenri, kachi, kyōdōtai* [Subjektive Rechte, Werte und die Gemeinschaft], Tokyo 1991 (zitiert: K. HASEGAWA (1991)).

HASHIMOTO, YOSHIYUKI: *Torihikiteki fuhō kōi ni okeru kashitsu sōsai* [Der Mitverschuldensabzug bei unerlaubten Handlungen im Geschäftsverkehr], in: Jurisuto Nr. 1094 (1996), 147-155 (zitiert: Y. HASHIMOTO (1996)).

HATAKEYAMA, RYŌ: *Chūsei kōki ni okeru bōryoku no kisei ni tsuite – sengoku-ki kenka ryōsei bai-hō no seiritsu made* [Über die Regelungen im Falle der Gewaltanwendung in der zweiten Hälfte des Mittelalters – bis zur Entstehung des „kenka ryōseibai-hō" in der Zeit der Kriege], in: Hōgaku Band 65 (2001) Nr. 1, 72-112 (zitiert: R. HATAKEYAMA (2001)).

HATOYAMA, HIDEO: *Zaisan-hō kaisei mondai gairon* [Grundriß über die Probleme bei einer Reform des Vermögensrechts, in: H. Hatoyama, *Saiken-hō ni okeru shingi seijitsu no gensoku* [Das Prinzip von Treu und Glauben im Schuldrecht], Aufsatzsammlung (Ersterscheinung 1920), Tokyo 1955, 233 ff. (zitiert: H. HATOYAMA (1955)).

HAYASHI, MIKITO: *Sagizai ni okeru gimō no gainen – Toyota Shōji jiken (Ōsaka chisai heisei gannen san-gatsu nijūkyū-nichi hanketsu) wo keiki toshite* [Der Begriff der Täuschung beim Betrug – Aus Anlaß des Falls Toyota Shōji (Urteil des DG Ōsaka vom 29.3.1989)], in: Jurisuto Nr. 951 (1990), 104-111 (zitiert: M. HAYASHI (1990)).

HEATH, CHRISTOPHER: Der Verbraucherschutz im japanischen Kartell-, Wettbewerbs- und Warenzeichenrecht, in: Gewerblicher Rechtsschutz und Urheberrecht (Internationaler Teil) 1993, 841-853 (zitiert: C. HEATH (1993)).

HEATH, CHRISTOPHER: The Law of Marketing and Advertising in Japan, in: M. Pohl / I. Wieczorek (Hrsg.), Japan 2000/2001, 190-200 (zitiert: C. HEATH (2001a)).

HEATH, CHRISTOPHER: The System of Unfair Competition Prevention in Japan, London et al. 2001 (zitiert: C. HEATH (2001b)).
HEATH, CHRISTOPHER / PETERSEN, ANJA: Das Japanische Zivilprozeßrecht, Tübingen 2002 (zitiert: C. HEATH / A. PETERSEN (2002)).
HENDERSON, DAN FENNO: Security Markets in the United States and Japan. Distinctive Aspects Molded by Cultural, Social, Economic, and Political Differences, in: Hastings International & Comparative Law Review 1991, 263-302 (zitiert: D.F. HENDERSON (1991)).
HIPPEL, EIKE VON: Verbraucherschutz, 3. Auflage, Tübingen 1986 (zitiert: E. V. HIPPEL (1986)).
HIRAI, YOSHIO: *Fuhō kōi* [Die unerlaubte Handlung], Tokyo 1992 (zitiert: Y. HIRAI (1992)).
HIRAI, YOSHIO: *Saiken sōron* [Schuldrecht, allgemeiner Teil], 2. Auflage, Tokyo 1994 (zitiert: Y. HIRAI (1994)).
HIRAMATSU, TSUYOSHI / INOUE, YOSHIO / TANOUE, TOMINOBU: *Hanrei, jirei de manabu shōhisha-hō* [Studium des Verbraucherrechts anhand tatsächlicher Fälle], Tokyo 1994 (zitiert: T. HIRAMATSU / Y. INOUE / T. TANOUE (1994)).
HIRANO, HIROYUKI: *Shōhisha torihiki to kōjo ryōzoku* [Verbrauchergeschäfte und die Sittenwidrigkeit und öffentliche Ordnung], in: T. Tsubaki / S. Itō (Hrsg.), *Kōjo ryōzoku ihan no kenkyū – minpō ni okeru sōgōteki kentō* [Studien zum Verstoß gegen die guten Sitten und die öffentliche Ordnung – Gesamtuntersuchung zum Zivilrecht], Tokyo 1995 (zitiert: H. HIRANO (1995)).
HIROHAMA, YOSHIO: *Shihōgaku josetsu* [Einführung ins Privatrecht], Tokyo 1926 (zitiert: Y. HIROHAMA (1926)).
HIRONAKA, TOSHIO / HOSHINO EIICHI (Hrsg.): *Minpō-ten no hyaku-nen I* [Hundert Jahre Zivilgesetzbuch I], Tokyo 1998 (zitiert: E. HOSHINO / T. HIRONAKA (1998)).
HIROSE, MOTOYOSHI: Verbraucherschutz in den japanischen Präfekturen: Die Verbraucherschutz-Verordnungen, in: Z. Kitagawa / M. Rehbinder (Hrsg.), Gegenwartsprobleme des Verbraucherschutzes, Reihe Japanisches Recht Band 3, Köln u.a. 1978, 113-119 (zitiert: M. HIROSE (1978)).
HŌGAKU KYŌKAI [Rechtswissenschaftliche Gesellschaft] (Hrsg.): *Chūkai nihonkoku kenpō, jōkan* [Kommentar zur japanischen Verfassung, 1. Band], Tokyo 1953 (zitiert: HŌGAKU KYŌKAI (1953)).
HONDA, JUN'ICHI: „*Keiyaku teiketsu-jō no kashitsu*" *riron ni tsuite* [Über die Lehre von der „culpa in contrahendo"], in: H. Endō u.a. (Hrsg.), *Gendai keiyaku-hō taikei* [Das System des Vertragsrechts der Gegenwart]", Band 1, Tokyo 1983, 193-215 (zitiert: J. HONDA (1983)).
HONMA, YASUNORI: Die Reform des japanischen Insolvenzrechts in Verbraucherangelegenheiten, in: W. Buchegger (Hrsg.), Linzer Universitätsschriften: Beiträge zum Zivilprozeßrecht VI, Freistadt 2002, 37-49 (zitiert: Y. HONMA (2002)).
HÖNN, GÜNTHER: Kompensation gestörter Vertragsparität, Ein Beitrag zum inneren System des Vertragsrechts, München 1982 (zitiert: G. HÖNN (1982)).
HORIGUCHI, WATARU: *Wa ga kuni ni okeru sakimono torihiki no keisei to mondaiten* [Die Entwicklung der Warentermingeschäfte in Japan und deren Problempunkte], in: Hanrei Taimuzu Nr. 701 (1989), 6-19 (zitiert: W. HORIGUCHI (1989)).
HŌRITSU JIHŌ HŌGAKU SEMINĀ HENSHŪ-BU [Redaktionen von Hōritsu Jihō und Hōgaku Seminā] (Hrsg.): *Hōritsu Jihō Zōkan Shiriizu* [Sonderschriftenreihe der Zeitschrift Hōritsu Jihō]: *Shihō kaikaku II – Saiban wo kaeyō, „Chūkan hōkoku" ōyō-hen* [Justizreform II – Reformiert die Gerichtsverfahren, Ausgabe zum „Zwischenbericht"], Tokyo 2001 (zitiert: HŌRITSU JIHŌ HŌGAKU SEMINĀ HENSHŪ-BU (2001a)).
HŌRITSU JIHŌ HŌGAKU SEMINĀ HENSHŪ-BU (Hrsg.): *Hōritsu Jihō Zōkan Shiriizu* [Sonderschriftenreihe der Zeitschrift Hōritsu Jihō]: *Shihō kaikaku III – Saishū iken to jitsugen no kadai* [Justizreform III – Die abschließende Stellungnahme und Aufgaben zur Umsetzung], Tokyo 2001 (zitiert: HŌRITSU JIHŌ HŌGAKU SEMINĀ HENSHŪ-BU (2001b)).
HOSHINO, EIICHI: *Minpō ronshū dai san-kan* [Aufsatzsammlung zum Zivilrecht Band 3], Tokyo 1972 (zitiert: E. HOSHINO (1972)).

HOSHINO, EIICHI: *Nihon ni okeru keiyaku-hō no hensen* [Der Wandel des Vertragsrechts in Japan], in: Nichi-Fu Hōgakkai [Japanisch-Französische Gesellschaft für Rechtswissenschaft] (Hrsg.), *Nihon to furansu no keiyaku-kan* [Die Vertragsanschauung in Japan und Frankreich], Tokyo 1982, 57-89 (zitiert: E. HOSHINO (1982)).

HOSHINO, EIICHI: *Keiyaku shisō, keiyaku-hō no rekishi to hikaku-hō* [Vertragsdenken, die Geschichte des Vertragsrechts und die Rechtsvergleichung], in: *Kihon hōgaku 4: keiyaku* [Reihe Grundlagen der Rechtswissenschaft Band 4: Der Vertrag, Tokyo 1984, 3-79 (zitiert: E. HOSHINO (1984)).

HOSHINO, EIICHI: *Kenri shingai*, in: Jurisuto Nr. 882 (1987), 64-73 (zitiert: E. HOSHINO (1987)).

IDA, MAKOTO: Strafrechtliche Haftung für Bilanzfälschung, Marktmanipulation und fehlerhafte Publizität aus japanischer Sicht, in: Zeitschrift für Japanisches Recht Nr. 16 (2003), 177-188 (zitiert: M. IDA (2003)).

IGARASHI, KYOSHI: *Bon kihon-hō to keiyaku jiyū* [Das Bonner Grundgesetz und die Vertragsfreiheit], in: K. Igarashi (Hrsg.), *Hikaku minpō-gaku no sho-mondai* [Diverse Probleme der vergleichenden Zivilrechtswissenschaft], Tokyo 1976, 55-79 (zitiert: K. IGARASHI (1976)).

IGARASHI, KYOSHI: Einführung in das japanische Recht, Darmstadt 1990 (zitiert: K. IGARASHI (1990)).

IYORI, HIROSHI / UESUGI, AKINORI / HEATH, CHRISTOPHER: Das japanische Kartellrecht, Köln u.a. 1994 (zitiert: H. IYORI / A. UESUGI / C. HEATH (1994)).

IKEDA, SEIJI / OKUDA, YASUHIRO: Japanisches Verbraucherschutzrecht und Einflüsse des europäischen Rechts: Das Gesetz über Verbraucherverträge und der Gesetzentwurf über die Verbandsklage, in: Zeitschrift für Japanisches Recht Nr. 14 (2002), 113-125 (zitiert: S. IKEDA / Y. OKUDA (2002)).

IKEMOTO, SEIJI: *Genbutsu magai shōhō* [„Luftgeschäfte"], in: Hōgaku Seminā Nr. 395 (1987), 32-33 (zitiert: S. IKEMOTO (1987)).

IKEMOTO, SEIJI: *Fujitsu no kokuchi to danteiteki handan no teikyō* [Mitteilung falscher Tatsachen und Abgabe irreführender Urteile oder Prognosen], in: Hōgaku Seminā Nr. 549 (2000), 19-22 (zitiert: S. IKEMOTO (2000)).

IKUYO, TŌRU: *Minpō sōsoku* [Zivilgesetz, allgemeine Lehren], 2. Auflage, Tokyo 1984 (zitiert: T. IKUYO (1984)).

IKUYO, TŌRU / TOKUMOTO, SHIN'ICHI: *Fuhō kōi-hō* [Das Recht der unerlaubten Handlung], Tokyo 1993 (zitiert: T. IKUYO / S. TOKUMOTO (1993)).

IMANISHI, YASUTO: *Shōhisha torihiki higai ni okeru shōhisha no keiyaku teiketsu ishi ni tsuite* [Über den Willen des Verbrauchers zum Vertragsschluß in Fällen von Verbraucherschäden im Geschäftsverkehr], in: Kōbe Shōdai Ronshū, Band 40 (1989) Nr. 4-5, 169-185 (zitiert: Y. IMANISHI (1989)).

IMANISHI, YASUTO: *Shōhisha torihiki to kōjo ryōzoku ihan* [Verbraucherhandel und der Verstoß gegen die guten Sitten oder die öffentliche Ordnung], in: Hōritsu Jihō Band 64 (1992) Nr. 12, 80-88 (zitiert: Y. IMANISHI (1992)).

ISENSEE, JOSEF: Vertragsfreiheit im Griff der Grundrechte – Inhaltskontrolle von Verträgen am Maßstab der Verfassung; abgedruckt in japanischer Übersetzung von G. Koyama mit dem Titel „*Keiyaku jiyū to kihon-hō – kenpō wo kihan to shita keiyaku no naiyō tōsei*", in: Meijō Hōgaku Band 50 (2001) Nr. 3/4, 1-27 (zitiert: J. ISENSEE (2001)).

ISHIBE, MASASUKE: *Keiyaku no jiyū to keiyaku seigi (1) – „bōdai songai" (laesio enormis) no rekishi wo chūshin ni* [Die Vertragsfreiheit und die Vertragsgerechtigkeit (1) – Insbesondere zur Geschichte der „laesio enormis"], in: Hōgaku Zasshi Band 30 (1984) Nr. 3/4, 593-615 (zitiert: M. ISHIBE (1984)).

ISHIDA, KIKUO: *Shōhisha minpō no susume* [Vorschlag eines Verbraucher-Zivilgesetzbuches], Tokyo 1998 (zitiert: K. ISHIDA (1998)).

ISHIDA, MITSURO: *Shinpan Hōken gyō-hō* [Das Versicherungsgewerbegesetz, Neuauflage], Tokyo 1999 (zitiert: M. ISHIDA (1999)).

ISHII, SHIRŌ: *Chūsei no hō to kokusei ni kansuru oboegaki – kenka ryōseibai-hō wo tegakari toshite* [Schrift zur Erinnerung an das Recht und die Staatsordnung im Mittelalter – Das „kenka ryōseibai-hō" als Anhaltspunkt], in: S. Ishii (Hrsg.) *Nihon kokusei-shi kenkyū II – nihon-jin no kokka seikatsu* [Studien zur Landesgeschichte Japans II – Das Leben des japanischen Staates], Tokyo 1986, 73-108 (zitiert: S. ISHII (1986)).

ISHIKAWA, AKIRA: The Land Lease and Building Lease Act in Japan, in: De Roo / Jagtenberg (eds.) Yearbook of Law and Legal Practice in East Asia, vol. 2, The Hague et al. 1996 (zitiert: A. ISHIKAWA (1996)).

ISHIKAWA, AKIRA: Einführung des Bagatellverfahrens in Japan, in: H. Prütting / H. Rüssmann (Hrsg.), Verfahrensrechts am Ausgang des 20. Jahrhunderts, Festschrift für Gerhard Lüke, München 1997, 279-295 (zitiert: A. ISHIKAWA (1997)).

ISHIKAWA, AKIRA / LEETSCH, INGO: Das japanische BGB in deutscher Sprache, Japanisches Recht Band 15, Köln u.a. 1985 (zitiert: A. ISHIKAWA / I. LEETSCH (1985)).

ISHIKAWA, AKIRA / LEETSCH, INGO: Das japanische Handelsrecht in deutscher Übersetzung, Japanisches Recht Band 22, Köln u.a. 1988 (zitiert: A. ISHIKAWA / I. LEETSCH (1985)).

ISHIKAWA, MASAMI: *Saikin no saibanrei ni miru shōhisha keiyaku no shihōteki kisei* [Die privatrechtliche Kontrolle von Verbraucherverträgen durch die Gerichte anhand neuerer Entscheidungen], in: NBL (1991) Nr. 482, 32-35 (1); Nr. 483, 64-67 (2) (zitiert: M. ISHIKAWA (1991)).

ISHIKAWA, MASAMI: *Maruchi shōhō ni kansuru hōteki kisei no genjō to mondaiten* [Die rechtliche Regulierung von Kettenvertriebsgeschäften und deren Problempunkte], in: Hōritsu no Hiroba (1994), Aprilausgabe, 4-14 (zitiert: M. ISHIKAWA (1994)).

ISHITOYA, YUTAKA: *Fu-rieki jijitsu no fu-kokuchi* [Das Verschweigen nachteiliger Tatsachen], in: Hōgaku Seminā Nr. 549 (2000), 23-26 (zitiert: Y. ISHITOYA (2000)).

ISOMURA, TAMOTSU: Kapitel 5, in: K. Ishida (Hrsg.), *Gendai minpō kōgi 1: minpō sōsoku* [Vorlesung zum Zivilrecht der Gegenwart 1: Allgemeiner Teil], Tokyo 1985, 119-174 (zitiert: T. ISOMURA (1985)).

ISOMURA, TAMOTSU: Sachmängelhaftung und Nichterfüllung im japanischen Recht, in: H.G. Leser / T. Isomura (Hrsg.), Wege zum japanischen Recht, Festschrift für Zentaro Kitagawa, Berlin 1992, 395-411 (zitiert: T. ISOMURA (1992)).

ISOMURA, TAMOTSU: Verbraucherschutz und neue Aufgaben des Vertragsrechts in Japan, in: Kobe University Law Review (international edition) No. 27 (1993), 35-44 (zitiert: T. ISOMURA (1993)).

ISOMURA, TAMOTSU: *Ihō na torihiki kōi ni taisuru kyūsai – kōka wo chūshin toshite* [Bewältigung von rechtswidrigen Handlungen im Geschäftsverkehr – im besonderen zu den Rechtsfolgen], in: Jurisuto Nr. 1097 (1996), 108-115 (zitiert: T. ISOMURA (1996)).

ITŌ, SUSUMU: *Kūringu ofu seido to keiyaku riron* [Das System des cooling-off und die Vertragslehre], in: Hōritsu Ronsō Band 63 (1991) Nr. 4/5, 357-385 (zitiert: S. ITŌ (1991)).

ITŌ, SUSUMU: *„Futekisei na torihiki kōi" kisei ni kansuru to-jōrei oyobi kisoku kaisei no gaiyō* [Überblick über die Regulierung und Kontrolle von ‚unbilligen Handlungen im Geschäftsverkehr' in der Satzung der Stadtpräfektur Tōkyō und den Durchführungsbestimmungen nach der Reform], in: Jurisuto Nr. 1065 (1995), 14-20 (zitiert: S. ITŌ (1995)).

ITŌ, SUSUMU: *Shōhisha shihō-ron* [Erörterung des Verbraucherprivatrechts], Tokyo 1998 (zitiert: S. ITŌ (1998)).

ITŌ, SUSUMU / KIMOTO, KINYA / MURA, CHIZUKO: *Tekisutobukku shōhisha-hō* [Lehrbuch zum Verbraucherrecht], 2. Auflage, Tokyo 2000 (zitiert: S. ITŌ / K. KIMOTO / C. MURA (2000)).

IWAI, KATSUHITO: *Fu-kinkō dōgaku no riron* [Die Lehre von der Ungleichgewichtsbewegung], Tokyo 1987 (zitiert: K. IWAI (1987)).

IWAMOTO, MASAO: *Berugii daiyamondo shōhō to maruchi kisei* [Die Geschäftsmethode der Belgische Diamanten Gesellschaft und die Regulierung von Kettenvertriebsgeschäften], in: NBL Nr. 335 (1985), 40-44 (zitiert: M. IWAMOTO (1985)).

IWAMOTO, MASAO: *Rishoku shōhō* [Renditegeschäfte], in: Hōgaku Seminā Nr. 395 (1987), 42-43 (zitiert: M. IWAMOTO (1987)).

IWAMOTO, MASAO: *Shōhisha torihiki ni okeru keiyaku sekinin to fuhō kōi sekinin* [Die vertragliche und deliktsrechtliche Haftung bei Verbrauchergeschäften], in: Nagoya Shōhisha Mondai Kenkyū-kai [Nagoya Forschungsgemeinschaft zu Verbraucherproblemen] (Hrsg.), *Hanrei – Shōhisha torihiki-hō* [Rechtsprechung zum Recht der Verbrauchergeschäfte], Tokyo 1992, 3-27 (zitiert: I. MASAO (1992)).

JANSSEN, MARKUS / ZITZEWITZ, STEPHAN VON: Das neue japanische Produkthaftungsgesetz, in: Recht der internationalen Wirtschaft 1998, 780-786 (zitiert: M. JANSSEN / S. V. ZITZEWITZ (1998)).

KACHI, TŌRU: *Shakuchi keiyaku no kaijo no seitō jiyū* [Der berechtigte Kündigungsgrund bei Grundstücksmietverträgen], Tokyo 1994 (zitiert: T. KACHI (1994)).

KADEL, JÜRGEN: Die Haftung für Verrichtungsgehilfen nach deutschem und japanischem Recht, in: Zeitschrift für Rechtsvergleichung 1997, 56-67 (zitiert: J. KADEL (1997)).

KAGAYAMA, SHIGERU: *Hōmon hanbai no toraburu to hōteki mondaiten* [Ärger beim Haustürgeschäft und die rechtlichen Problempunkte], in: Hōritsu no Hiroba Band 36 (1983) Nr. 6, 20-26 (zitiert: S. KAGAYAMA (1983)).

KAJIMURA, TAICHI / FUKAZAWA RIICHI / ISHIDA KEN'ICHI: *Kappu hanbai-hō* [Das Teilzahlungsgesetz], Tokyo 2000 (zitiert: T. KAJIMURA / R. FUKAZAWA / K. ISHIDA (2000)).

KAKIMIZU, KŌICHI: *Kokumin seikatsu antei kinkyū sochi-hō no gaiyō* [Ein Überblick über das Maßnahmengesetz zur Sicherung des Volkslebens in Krisenzeiten], in: Hōritsu no Hiroba Band 27 (1974) Nr. 2, 18-25 (zitiert: K. KAKIMIZU (1974a)).

KAKIMIZU, KŌICHI: *Kokumin seikatsu antei sochi-hō ni tsuite – sono rippō no shushi yo gaiyō* [Das Maßnahmengesetz zur Sicherung des Volkslebens in Krisenzeiten – Überblick und Inhalt der Gesetzgebung], in: Jurisuto Nr. 555 (1974), 41-46 (zitiert: K. KAKIMIZU (1974b)).

KAMATA, KAORU: „*Shōhisha-hō*" *no igi to kadai* [Die Bedeutung und die Aufgaben des „Verbraucherrechts"], in: *Shōhi seikatsu to hō* [Das Verbraucherleben und das Recht], *Iwanami kōza: gendai no hō 13* [Band 13 der Reihe „Das Recht der Gegenwart" des Verlagshauses Iwanami], Tokyo 1997, 3-22 (zitiert: K. KAMATA (1997)).

KAMEDA, KŌICHIRŌ: *Tekkai* [Der Widerruf], in: T. Tsubaki / H. Nakaya (Hrsg.), *Kaisetsu, jōbun ni nai minpō* [Erläuterungen zu zivilrechtlichen Regeln, für die es keine ausdrückliche Regelung im Zivilgesetz gibt], Tokyo 2002, 62-65 (zitiert: K. KAMEDA (2002)).

KAMI, KAZUTERU: *Shintei Kaisha-hō* [Neubearbeitung Gesellschaftsrecht], 7. Auflage, Tokyo 2001 (zitiert: K. KAMI (2001)).

KAMIYAMA, TOSHIO: *Toyota Shōji shōhō no keijihō-jō no kōsatsu* [Strafrechtliche Überlegungen zur Geschäftsmethode von Toyota Shōji], in: Hanrei Taimuzu (1988) Nr. 654, 4-15 (1); Nr. 655, 4-10 (2) (zitiert: T. KAMIYAMA (1988)).

KANDA, HIDEKI: *Kaisha-hō* [Gesellschaftsrecht], 4. Auflage, Tokyo 2003 (zitiert: H. KANDA (2003)).

KANEKO, AKIRA: *Tōkyō-to shōhi seikatsu jōrei kaisei no keii to igi* [Geschichte der Reformen der Verbraucherschutzsatzung der Stadtpräfektur Tōkyō und deren Bedeutung], in: Jurisuto Nr. 1065 (1995), 8-13 (zitiert: A. KANEKO (1995)).

KANEKO, HIROSHI / SHINDŌ, KŌJI / HIRAI, YOSHIO (Hrsg.): *Hōritsugaku sho-jiten* [Kleines Rechtswörterbuch], 3. Auflage, Tokyo 1999 (zitiert: H. KANEKO / K. SHINDŌ / Y. HIRAI (1999)).

KANSAKU, HIROYUKI: *Shōhisha keiyaku-hō to Kinyū shōhin hanbai-hō* [Das Verbrauchervertragsgesetz und das Finanzproduktehandelsgesetz], in: Jurisuto Nr. 1200 (2001), 39-48 (zitiert: H. KANSAKU (2001)).

KASAI, OSAMU: Die Entwicklung der Lehre vom Vertretenmüssen bei Leistungsstörungen in Japan, in: Wolfram Müller-Freienfels u.a. (Hrsg.), Recht in Japan Heft 10 (1996), 19-38 (zitiert: O. KASAI (1996)).

KATŌ, ICHIRŌ: *Fuhō kōi* [Die unerlaubte Handlung], *Hōritsu gaku zenshū 22-II* [Die ganze Rechtswissenschaft, Band 22-II (der Reihe)], Tokyo 1974 (zitiert: I. KATŌ (1974)).

KAWAGUCHI, YOSHIHIKO: *Nihon kindai hōsei-shi* [Japanische Rechtsgeschichte der Neuzeit], Tokyo 1998 (zitiert: Y. KAWAGUCHI (1998)).

KAWAKAMI, SHŌJI: *Yakkan kisei no hōri* [Das Recht der Allgemeinen Geschäftsbedingungen], Tokyo 1988 (zitiert: S. KAWAKAMI (1988)).

KAWAKAMI, SHŌJI: *Kōrei-ka ni tomonau shōhisha mondai* [Die mit der Überalterung (der Gesellschaft) zusammenhängenden Verbraucherprobleme], in: Jurisuto Nr. 1034 (1993), 42-49 (zitiert: S. KAWAKAMI (1993)).

KAWAKAMI, SHŌJI: *„Kūringu ofu" ni tsuite no ichi-kōsatsu – „jikan" to iu na no kōken-nin* [Überlegungen zum „cooling-off" – Ein Vormund namens „Zeit"]", in: Hōgaku Band 60 (1996), 1178-1242 (zitiert: S. KAWAKAMI (1996)).

KAWAKAMI, SHŌJI: *Sābisu to shōhisha* [Dienstleistungen und der Verbraucher], in: Jurisuto Nr. 1139 (1998), 71-76 (zitiert: S. KAWAKAMI (1998)).

KAWAKAMI, SHŌJI: *Jobun* [Vorwort], *Sōron* [Allgemeine Fragen], in: S. Kawakami u.a. (Hrsg.), *Shōhisha keiyaku-hō – rippō he no kadai* [Das Verbrauchervertragsgesetz – Aufgaben auf dem Weg zur Gesetzgebung], Tokyo 1999, 1-22 (zitiert: S. KAWAKAMI (1999)).

KAWAKAMI, SHŌJI u.a. (Hrsg.): *Shōhisha keiyaku-hō – rippō he no kadai* [Das Verbrauchervertragsgesetz – Aufgaben auf dem Weg zur Gesetzgebung], Tokyo 1999 (zitiert: KAWAKAMI SHŌJI u.a. (1999)).

KAWAMOTO, ICHIRŌ: *Shōken, shōhin torihiki no futō kan'yū to fuhō kōi sekinin* [Die unbillige Werbung zum Vertragsabschluß und die deliktsrechtliche Haftung bei Wertpapier- und Warentermingeschäften], in: I. Kawamoto u.a. (Hrsg.), *Shōji-hō no kaishaku to tenbō: Ueyanagi Katsurō sensei kanreki kinen* [Interpretation des Handelsrechts und ein Ausblick: Zur Erinnerung an den 60. Geburtstag von Prof. Katsurō Ueyanagi], Tokyo 1984, 483-499 (zitiert: I. KAWAMOTO (1984)).

KAWAMOTO, ICHIRŌ / KISHIDA, MASAO / MORITA, AKIRA / KAWAGUCHI, YASUHIRO: Gesellschaftsrecht in Japan, übersetzt von Hans Peter Marutschke, München 2004 (zitiert: I. KAWAMOTO / M. KISHIDA / A. MORITA (2004)).

KAWASHIMA, TAKEYOSHI: Dispute Resolution in Contemporary Japan, in: A. v. Mehren (ed.), Law in Japan, Cambridge 1963, 41-72 (zitiert: T. KAWASHIMA (1963)).

KAWASHIMA, TAKEYOSHI: *Nihon no hōishiki* [Japanisches Rechtsbewußtsein], Tokyo 1967 (zitiert: T. KAWASHIMA (1967)).

KAWASUMI, YOSHIKAZU: *Gendai minpō-gaku ni okeru „kankeiteki keiyaku riron" no sonzai igi* [Die Bedeutung der Existenz der Theorie vom „*relational contract*" in der Zivilrechtslehre der Gegenwart], in: Shimane Hōgaku Band 37 (1994) Nr. 4, 95-205 (1); Band 38 (1995) Nr. 1, 89-139 (2); Nr. 3, 27-58; Band 39 Nr. 2, 51-124 (zitiert: Y. KAWASUMI (1994/95).

KAWASUMI, YOSHIKAZU: Verbraucherbegriff und Selbstbestimmung im Verbraucherschutzrecht. Am Beispiel der Theorie und Praxis in Japan, in: D. Leipold (Hrsg.), Selbstbestimmung in der modernen Gesellschaft aus deutscher und japanischer Sicht, Heidelberg 1997, 247-256 (zitiert: Y. KAWASUMI (1997)).

KAWASUMI, YOSHIKAZU: Über die sogenannte „Postmoderne Vertragsrechtslehre" in Japan – Am Beispiel der Lehre vom „relational contract", in: W. Müller-Freienfels u.a. (Hrsg.), Recht in Japan Heft 11 (1998), 7-30 (zitiert: Y. KAWASUMI (1998)).

KAWAUCHI, RYŪSHI: *Sakimono torihiki ni kansuru hanrei* [Gerichtsentscheidungen zu Warentermingeschäften], in: Hanrei Taimuzu Nr. 701 (1989), 56-76 (zitiert: R. KAWAUCHI (1989)).

KAWAUCHI, RYŪSHI: *Shōhin sakimono torihiki no higai no kyūsai to hanrei hōri – futō kan'yū, ichinin baibai wo chūshin ni* [Die Bewältigung von Schäden durch Warentermingeschäfte und die Struktur der Rechtsprechung – unbillige Werbung zum Vertragsabschluß und die Durchführung von Transaktionen in Eigenregie durch den Finanzdienstleister], in: Hōgaku Shinpō Band 97 (1990) Nr. 1/2 , 319-342 (zitiert: R. KAWAUCHI (1990)).

KEIZAI KIKAKU-CHŌ [Wirtschaftsplanungsamt] (Hrsg.): *Wa ga kuni ni okeru yakkan kisei ni kansuru chōsa* [Untersuchung zur Kontrolle von Allgemeinen Geschäftsbedingungen in Japan], Tokyo 1994 (zitiert: KEIZAI KIKAKU-CHŌ (1994)).

KEIZAI KIKAKU-CHŌ (Hrsg.): *Chikujō kaisetsu – Shōhisha keiyaku-hō* [Kommentierung zum Verbrauchervertragsgesetz], Tokyo 2000 (zitiert: KEIZAI KIKAKU-CHŌ (2000a)).

KEIZAI KIKAKU-CHŌ (Hrsg.): *Handobukku shōhisha 2000* [Handbuch des Verbrauchers 2000], Tokyo 2000 (zitiert: KEIZAI KIKAKU-CHŌ (2000b)).

KIEFER, THOMAS: Gewährleistung ohne Vertrag? – Zu den Gewährleistungsansprüchen des nichtbelehrten Abzahlungskäufers, in: Neue Juristische Wochenschrift 1989, 3120-3126 (zitiert: T. KIEFER (1989)).

KIMMESKAMP, JOHANNES: Zum Gesetz über die besondere Behandlung von Shakuchi- und Gebäudemietrechten in den zerstörten Städten, in: Zeitschrift für Japanisches Recht Nr. 2 (1996), 72-85 (zitiert: J. KIMMESKAMP (1996)).

KIMURA, SHINSUKE / HONDA, JUN'ICHI / CHIBA, HAJIME: *Shin-shōhisha torihiki – hanrei gaido* [Neue Fälle aus dem Recht der Verbrauchergeschäfte – Rechtsprechungsführer], Tokyo 2000 (zitiert: S. KIMURA / J. HONDA / C. HAJIME (2000)).

KIMURA, TATSUYA: *Reikan shōhō* [Spirituelle Geschäfte], in: Hōgaku Seminā Nr. 395 (1987), 36-37 (zitiert: T. KIMURA (1987)).

KISUGI, SHIN: *Bukka antei no tame no shisaku to hō* [Maßnahmen zur Preisstabilität und das Recht], in: I. Katō / A. Takeuchi (Hrsg.), *Shōhisha-hō kōza dai 3-kan: Torihiki no kōsei I – kakaku wo chūshin ni* [Studienkurs Verbraucherrecht Band 3: Fairer Handel I – Preise], Tokyo 1984, 223-278 (zitiert: S. KISUGI (1984)).

KISHIDA, MASAO: *Toyota Shōji shōhō no teiki shita hōteki sho-mondai* [Verschiedene durch die Geschäftspraktiken von Toyota Shōji aufgeworfene rechtliche Probleme], in: Shōji Hōmu Nr. 1052 (1985), 308-312 (zitiert: M. Kishida (1985)).

KITAGAWA, ZENTARŌ: Rezeption und Fortbildung des europäischen Zivilrechts in Japan, Frankfurt a.M., Berlin 1970 (zitiert: Z. KITAGAWA (1970)).

KITAGAWA, ZENTARŌ: Einführende Bemerkungen, in: Z. Kitagawa / M. Rehbinder, Gegenwartsprobleme des Verbraucherschutzes, Reihe Japanisches Recht Band 3, Köln u.a. 1978, 1-7 (zitiert: Z. KITAGAWA (1978)).

KITAGAWA, ZENTARŌ: Doing Business in Japan, Tokyo 1980 ff. (fortlaufend) (zitiert: Z. KITAGAWA (1980)).

KITAGAWA, ZENTARŌ: *Shōhisha hogo ni okeru minpō no sai-hyōka* [Neubewertung des Zivilgesetzes im Zusammenhang mit dem Verbraucherschutz], in: Jiyū to Seigi Band 32 (1981) Nr. 4, 2-7 (zitiert: Z. KITAGAWA (1981)).

KITAGAWA, ZENTARŌ: *Shōhisha yakkan no tekisei-ka* [Zur Verbesserung von Allgemeinen Geschäftsbedingungen bei Verbrauchergeschäften], in: Jurisuto Nr. 814 (1984), 6-11 (zitiert: Z. KITAGAWA (1984)).

KITAGAWA, ZENTARŌ / PILNY, KARL H.: Verträge, Haftung und Kreditsicherheiten, in: H. Baum / U. Drobnig (Hrsg.), Japanisches Handels- und Wirtschaftsrecht, Berlin u.a. 1994, 299-360 (zitiert: Z. KITAGAWA / K.H. PILNY (1994)).

KLIESOW, OLAF: Das neue Produkthaftungsgesetz, in: Mitteilungen der DJJV Nr. 13/14 (1994/95), 33-36 (zitiert: O. KLIESOW (1994/1995)).

KLIESOW, OLAF / EISELE, URSULA / BÄLZ, MORITZ: Das japanische Handelsgesetz, Japanisches Recht Band 34, Köln u.a. 2002 (zitiert: O. KLIESOW / U. EISELE / M. BÄLZ (2002)).

KOBAYASHI, AKIHIKO / FUKUMOTO, NOBUYA u.a.: *Shin-seinen kōken seido no kaisetsu* [Erläuterungen zum neuen System der Vormundschaft für Volljährige], Tokyo 2000 (zitiert: A. KOBAYASHI / N. FUKUMOTO (2000)).

KOBAYASHI, HIDEYUKI (Hrsg.): *Shin-minji soshō-hō no kaisetsu* [Erläuterungen zum neuen Zivilprozeßgesetz], Tokyo 1997 (zitiert: H. KOBAYASHI (1997)).

KOBAYASHI, HIDEYUKI (Hrsg.): *Shōkai – Kin'yū shōhin hanbai-hō no kaisetsu* [Kommentar zum Finanzproduktehandelsgesetz], Tokyo 2001 (zitiert: H. KOBAYASHI (2001)).

KOBAYASHI, SETSUO: Verbraucherbewegungen in Japan, in: Z. Kitagwa / M. Rehbinder (Hrsg.), Gegenwartsprobleme des Verbraucherschutzes, Reihe Japanisches Recht Band 3, Köln u.a. 1978, 31-38 (übersetzt aus dem Japanischen von Lothar Helm) (zitiert: S. KOBAYASHI (1978)).

KOBAYASHI, TAKESHI: „Minso hiyō, bengoshi hiyō" wo meguru kadai to tenbō [Aufgaben und Aussicht im Zusammenhang mit den „Kosten des Rechtsstreits und den Kosten durch Rechtsanwälte", in: Jurisuto Nr. 1112 (1997), 22-30 (zitiert: T. KOBAYASHI (1997)).

KÖDDERITZSCH, LORENZ: Die Rolle der Verwaltungsvorschriften im japanischen Verwaltungsrecht, Beiträge zum ausländischen und vergleichenden öffentlichen Recht Band 7, Baden-Baden 1995 (zitiert: L. KÖDDERITZSCH (1995)).

KOGAYU, TARŌ: *Futō jōkō kisei to kōjo ryōzoku riron* [Die Kontrolle unbilliger Vertragsbedingungen und die Lehre von den guten Sitten und der öffentlichen Ordnung], in: Minshōhō Zasshi Band 123 Nr. 4/5 (2001), 583-612 (zitiert: T. KOGAYU (2001)).

KOJIMA, TAKESHI: „Minso hiyō, bengoshi hiyō" wo meguro kadai to tenbō [Aufgaben und Aussicht im Zusammenhang mit den „Kosten des Zivilprozesses und den Kosten durch Rechtsanwälte"], in: Jurisuto Nr. 1112 (1997), 22-30 (zitiert: T. KOJIMA (1997)).

KOKUBUN, NORIKO: Die Bedeutung der deutschen für die japanische Staatslehre unter der Meiji-Verfassung, Frankfurt a.M. u.a. 1993 (zitiert: N. KOKUBUN (1993)).

KOKUMIN SEIKATS SENTĀ [Nationales Verbraucherzentrum] (Hrsg.): *Shōhisha hogo jōrei-shū* [Sammlung von Verbraucherschutzsatzungen], Tokyo 2000 (zitiert: KOKUMIN SEIKATSU SENTĀ (2000)).

KOKUMIN SEIKATSU SENTĀ: *Shohi seikatsu nenpō* [Verbraucherjahrbuch], Tokyo 2002 a (zitiert: KOKUMIN SEIKATSU SENTĀ (2002a)).

KOKUMIN SEIKATSU SENTĀ: *Shōhisha keiyaku hō ni kansuru shōhi seikatsu sōdan to saiban no gaikyō – hōshikō-go ichi-nen* [Der Zustand von Klagen und Verbraucherbeschwerden im Zusammenhang mit dem Verbrauchervertragsgesetz – ein Jahr nach seinem Inkrafttreten], Mitteilung vom 6. Juni, Tokyo 2002 (zitiert: KOKUMIN SEIKATSU SENTĀ (2002b)).

KOKUMIN SEIKATSU SHINGI-KAI [Kommission für Verbraucherfragen]: *Shōhisha dantai soshō seido no arikata ni tsuite* [Über die Ausgestaltung der Verbraucherverbandsklage], Tokyo 2005 (zitiert: KOKUMIN SEIKATSU SHINGI-KAI (2005)).

KOSAI, YUTAKA: The postwar Japanese economy, 1945-1973, in: K. Yamamura (ed.), The Economic Emergence of Modern Japan, Cambridge 1997 (Y. KOSAI (1997)).

KÖTZ, HEIN: Europäisches Vertragsrecht Band I, Tübingen 1996 (zitiert: H. KÖTZ (1996)).

KOZIOL, HELMUT: Sonderprivatrecht für Konsumentenkredite?, in: Archiv für die civilistische Praxis Band 188 (1988), 183-229 (zitiert: H. KOZIOL (1988)).

KROHE, THOMAS: Unternehmenssanierungsrecht in Japan, Japanisches Recht Band 36, Köln u.a. 2002 (zitiert: T. KROHE (2002)).

KUBOTA, ATSUMI: *Torihiki kankei ni okeru kashitsu sōsai* [Mitverschulden im Geschäftsverkehr], in: Okayama Daigaku Hōgakkai Zasshi Band 40 Nr. 3/4 (1991), 810-859 (zitiert: A. KUBOTA (1991)).

KUBOTA, ATSUMI: *Kashitsu sōsai no hōri* [Das Recht des Mitverschuldens], Tokyo 1994 (zitiert: A. KUBOTA (1994)).

KUBOTA, ATSUMI: *Maruchi shōhō ni okeru ihōsei no bunseki – torihiki kankei ni okeru fuhō kōi hō jō no hogo* [Eine Analyse der Rechtswidrigkeit von Kettenvertriebsgeschäften – Schutz durch das Deliktsrecht bei Geschäftsbeziehungen], in: Jurisuto Nr. 1154 (1999), 30-39 (zitiert: A. KUBOTA (1999)).

KUBOTA, ATSUMI: *Shōhisha keiyaku-hō to fuhō kōi* [Das Verbrauchervertragsgesetz und unerlaubte Handlungen], in: Jurisuto Nr. 1200 (2001), 77-83 (zitiert: A. KUBOTA (2001)).

KÜHLKAMP, EVA: Japanisches und deutsches Verbraucherprivatrecht, Dissertation Universität Münster, Münster 2004 (zitiert: E. KÜHLKAMP (2004)).

KÜHNE, HANS-HEINER: Opportunität und quasi-richterliche Tätigkeit des japanischen Staatsanwalts, in: Zeitschrift für die gesamte Strafrechtswissenschaft Band 85 (1973), 1079-1101 (zitiert: H.H. KÜHNE (1973)).

KUNII, KAZUO: *Minji sekinin: sagiteki shōhō no fuhō kōi shōri to riron kōsei* [Zivilrechtliche Haftung: Die Bewältigung von betrügerischen Geschäften mit Hilfe des Deliktsrechts und die dogmatische Konstruktion], in: Hanrei Taimuzu Nr. 667 (1988), 57-65 (zitiert: K. KUNII (1988)).

KURONUMA, ETSURŌ: *Shisetsu shijō ni okeru shōhin sakimono torihiki – itaku keiyaku no kōryoku to futō kan'yū ni yoru fuhō kōi* [Warentermingeschäfte an Privatbörsen – Die Wirksamkeit des Auftrags und unerlaubte Handlungen durch unbilliges Werben zum Vertragsabschluß], in: Jurisuto Nr. 904 (1988), 113-116 (zitiert: E. KURONUMA (1988)).

LARENZ, KARL: Schuldrecht I, Allgemeiner Teil, 14. Auflage, München 1987 (zitiert: K. LARENZ (1987)).

LIEB, MANFRED: Vertragsaufhebung oder Geldersatz – Überlegungen über die Rechtsfolgen von culpa in contrahendo, in: Festschrift der Rechtswissenschaftlichen Fakultät der Universität Köln, Köln u.a. 1988, 251-270 (zitiert: M. LIEB (1988)).

LORENZ, STEPHAN: Der Schutz vor dem unerwünschten Vertrag – Eine Untersuchung von Möglichkeiten und Grenzen der Abschlußkontrolle im geltenden Recht, München 1997 (zitiert: S. LORENZ (1997)).

MACLACHLAN, PATRICIA L.: Consumer Politics in Postwar Japan, New York 2002 (zitiert: P.L. MACLACHLAN (2002)).

MAEDA, TATSUAKI: *Minpō VI (Fuhō kōi-hō)* [Zivilrecht VI (Deliktsrecht)], *Gendai hōritsugaku kōza* 14 [Reihe Rechtslehre der Gegenwart Band 14], Tokyo 1980 (zitiert: T. MAEDA (1980)).

MAENO, YŌICHI: *Kaigai shōhin shijō ni okeru sakimono torihiki no jutaku-tō ni kansuru hōritsu* [Das Gesetz über die Vermittlung von Termingeschäften an ausländischen Warenterminbörsen], in: Hōrei Kaisetsu Shiryō Sōran Nr. 30 (1982), 43-49 (zitiert: Y. MAENO (1982)).

MARUTSCHKE, HANS PETER: Einführung in das japanische Recht, München 1999 (zitiert: H.P. MARUTSCHKE (1999)).

MARUKI, TSUYOSHI: *Akutoku shōhō to shōhisha hogo gyōsei* [Unlautere Geschäfte und die Verbraucherschutzverwaltung], in: Hōritsu no Hiroba Band 42 Nr. 7 (1989), 43-48 (zitiert: T. MARUKI (1989)).

MARUYAMA, EMIKO: *Kūringu ofu no yōken, kōka to seitō-ka konkyō* [Die Voraussetzungen und Rechtsfolgen des cooling-off und die Gründe für dessen Rechtfertigung], in: Senshū Hōgaku Ronshū Nr. 79 (2000), 1-35 (zitiert: E. MARUYAMA (2000)).

MARUYAMA, MASAO: *Nihon no shisō* [Japanisches Denken], Tokyo 1961, in deutscher Übersetzung von W. Shamoni / W. Seifert, Denken in Japan (1988) (zitiert: M. MASAO (1961)).

MARUYAMA, MASAO: *Shōhin sakimono torihiki ni kakawaru akushitsu shōhō to sono keiji kisei* [Strafrechtliche Kontrolle von unangemessenen Geschäftspraktiken im Zusammenhang mit Warentermingeschäften], in: Nanzan Hōgaku Band 22 Nr. 4 (1999), 1-35 (zitiert: M. MASAO (1999)).

MASUDA, JUN: *Dai kibo saigai to hisai tatemono wo meguru sho-mondai, Risai toshi shakuchi shakuya rinji shori-hō no kaisetsu* [Katastrophen in großem Ausmaß und verschiedene Probleme im Zusammenhang mit beschädigten und zerstörten Gebäuden: Erläuterungen zum Mietrechtssondergesetz], in: Hōsō Jihō Band 47 (1995) Nr. 4, 809-867 (1); Nr. 7, 1519-1582 (2); Nr. 9, 2065-2104 (3); Nr. 11, 31-92 (4); Band 48 (1995) Nr. 3, 689-749 (5); Nr. 4, 907-959 (6) (zitiert: J. MASUDA (1994/1995)).

MASUDA, JUN: *Hanshin, Awajishima daishinsai to zaisanhō-jō no sho-mondai* [Das Hanshin-Awajishima Erdbeben und verschiedene vermögensrechtliche Probleme], in: Hō no Shihai Nr. 101 (1996), 31-63 (zitiert: J. MASUDA (1996)).

MATSUMURA, TOSHIHIRO: *Keizai kōritsusei to shōhisha hōsei* [Wirtschaftliche Effizienz und die Verbraucherrechtsordnung], in: Jurisuto Nr. 1139 (1998), 32-38 (zitiert: T. MATSUMURA (1998)).

MATSUOKA, HISAKAZU: *Genjō kaifuku-hō to songai baishō-hō* [Die Lehre von der Naturalrestitution und das Schadensersatzrecht], in: Jurisuto Nr. 1085 (1996), 86-95 (zitiert: H. MATSUOKA (1996)).

MATSUOKA, HISAKAZU: *Shōhin sakimono torihiki to fuhō kōi sekinin – saimu furikō kōsei no sai-hyōka* [Warenterminschäfte und deliktsrechtliche Haftung – Neubewertung der Struktur des Instituts der Nichterfüllung], in: Jurisuto Nr. 1154 (1999), 10-20 (H. MATSUOKA (1999)).

MATSUMOTO, TSUNEO: *Toyota Shōji jiken Ōsaka chisai hanketsu to sono hamon* [Das Urteil des DG Ōsaka im Fall Toyota Shōji und die dadurch ausgelösten Wellen], in: Hōgaku Seminā Nr. 392 (1987), 18-21 (zitiert: T. TSUNEO (1987)).

MATSUMOTO, TSUNEO: *Shōhisha shihō naishi shōhisha keiyaku to iu kan'nen wa kanō katsu hitsuyō ka* [Ist ein genaues Konzept vom Verbraucherprivatrecht und vom Verbrauchervertrag möglich und erforderlich?], in: T. Tsubaki (Hrsg.), *Kōza, gendai keiyaku to gendai seiken no tenbō* [Studien zum Ausblick auf den modernen Vertrag und das Schuldrecht], Band 6, Tokyo 1991 (zitiert: T. MATSUMOTO (1991)).

MATSUMOTO, TSUNEO: *Gimanteki torihiki ni okeru keiyaku no kōryoku to fuhō kōi sekinin – sakimono torihiki higai wo sozai ni* [Die Wirksamkeit des Vertrages und die Haftung aus Delikt bei betrügerischen Geschäften – Dargestellt am Beispiel der Schäden durch Warenterminschäfte], in: Sakimono Torihiki Higai Zenkoku Kenyū-kai [Nationale Studiengruppe zu den Schäden durch Warenterminschäfte] (Hrsg.), Sakimono torihiki higai kenkyū Nr. 9 (1993), 9-30 (zitiert: T. MATSUMOTO (1993)).

MATSUMOTO, TSUNEO: *Kisei kanwa jidai to Shōhisha keiyaku-hō* [Das Zeitalter der Deregulierung und das Verbrauchervertragsgesetz], in: Hōgaku Seminā Nr. 549 (2000), 6-9 (zitiert: T. MATSUMOTO (1991)).

MCALINN, GERALD PAUL: Law Reform in Japan – Building Infrastructure for the 21st century, in: Asian Business Law Review (2002) No. 35, 3-14 (1); No. 36, 3-18 (2) (zitiert: G.P. MCALINN (2002)).

MEDICUS, DIETER: Verschulden bei Vertragsverhandlungen, in: Bundesminister der Justiz (Hrsg.), Gutachten und Vorschläge zur Überarbeitung des Schuldrechts, Band 1 (1981), 479-550 (zitiert: D. MEDICUS (1981)).

MEDICUS, DIETER: Wer ist ein Verbraucher?, in: H.G. Leser / T. Isomura (Hrsg.) Wege zum japanischen Recht, Festschrift für Zentaro Kitagawa zum 60. Geburtstag, Berlin 1992, 471-486 (zitiert: D. MEDICUS (1992)).

MEDICUS, DIETER: Abschied von der Privatautonomie im Schuldrecht, Schriftenreihe der Kölner Juristischen Gesellschaft, Band 17, 1994 (zitiert: D. MEDICUS (1994)).

MEDICUS, DIETER: Schuldrecht I, Allgemeiner Teil, 13. Auflage, München 2002 (zitiert: D. MEDICUS (2002)).

MEINHOF, ALEXANDER: Neuerungen im modernisierten Verbrauchervertragsrecht durch das OLG-Vertretungsänderungsgesetz – Heininger und die Folgen, in: Neue Juristische Wochenschrift 2002, 2273-2275 (zitiert: A. MEINHOF (2002)).

MESSLING, MIRIAM: Die Lösung rechtsgeschäftlicher Bindungen im deutschen und italienischen Privatrecht, Baden-Baden 2003 (zitiert: M. MESSLING (2002)).

MIKI, TOSHIHIRO: *Rishoku shōhō no mondaiten to higai konzetsu no kadai – Toyota Shōji jiken ni kanren shite* [Problempunkte von Renditegeschäften und die Aufgabe der Schadenseliminierung – Im Zusammenhang mit dem Fall Toyota Shōji], in: Y. Kimura / K. Hayakawa (Hrsg.), *Gendai shakai to hō no yakuwari* [Die Gesellschaft der Gegenwart und die Rolle des Rechts], Tokyo 1985 (zitiert: T. MIKI (1985)).

MIZUHO KYŌKAI [Die Mizuho-Vereinigung]: *Shuyō shokuryō no jukyū oyobi kakaku no antei ni kansuru hōritsu ni motozuku arata na shokuryō seido no unyō ni tsuite* [Über die Praxis des neuen Nahrungsmittelkontroll-systems aufgrund des Nahrungsmittelgesetzes], in: Shokuryō Geppō Band 1 Nr. 1 (1996), 5-53 (zitiert: MIZUHO KYŌKAI (1996)).

MIZUMOTO, HIROSHI / ENDŌ, HIROSHI (Hrsg.): *Shin Shakuchi shakuya-hō* [Das neue Immobilienmietgesetz], Bessatsu Hōgaku Seminā kihon-hō konmentāru No. 167 [Sonderreihe der Zeitschrift „Hōgaku Seminā": Kommentare zu den wichtigsten Gesetzen Nr. 167], 2. Auflage, Tokyo 2000 (zitiert: H. MIZUMOTO / H. ENDŌ (2000)).

MORIIZUMI, AKIRA: *Hanrei Risoku seigen-hō* [Rechtsprechung zum Zinsbeschränkungsgesetz], Tokyo 1972 (zitiert: A. MORIIZUMI (1972)).

MORIIZUMI, AKIRA: *Risoku seigen-hō* [Das Zinsbeschränkungsgesetz], in: Hōgaku Kyōshitsu Nr. 144 (1992), 50-55 (zitiert: A. MORIIZUMI (1992)).

MORISHIMA, AKIO / ITŌ SUSUMU (Hrsg.): *Shōhisha torihiki hanrei hakusen* [Fallsammlung zum Recht der Verbrauchergeschäfte], *Bessatsu Jurisuto No. 135* [Sonderreihe der Zeitschrift „Jurisuto" Nr. 135], Tokyo 1995 (zitiert: A. MORISHIMA / S. ITŌ (1995)).

MORITA, HIROKI: *„Gōi no kashi" no kōzō to sono kakuchō riron* [Die Struktur der ‚fehlerhaften Einigung' und die Theorie zu ihrer Erweiterung], in: NBL (1991) Nr. 482, 22-31 (1); Nr. 483, 56-63 (2); Nr. 484, 56-65 (3) (zitiert: H. MORITA (1991)).

MORITA, HIROKI: *Minpō 95-jō – dōki no sakugo wo chūshin toshite* [Art. 95 ZG – insbesondere zur Behandlung des Motivirrtums], in: T. Hironaka / E. Hoshino (Hrsg.), *Minpō-ten no hyaku-nen II* [Hundert Jahre Zivilgesetzbuch II], Tokyo 1999, 141-197 (zitiert: H. MORITA (1999)).

MORITA, OSAMU: *„Dokkin-hō ihan kōi no shihō-jō kōryoku" shiron* [Entwurf eines Modells zur Behandlung der Frage der „privatrechtlichen Wirksamkeit" von Rechtsgeschäften bei Verstößen gegen das Antimonopolgesetz"], in: Nihon Keizai-hō Gakkai Nenpō Nr. 19 (1998), 99-122 (zitiert: O. MORITA (1998)).

MORIYA, AKIRA: *Gyōsei ni yoru shōhisha hogo seisaku no arikata to shōhisha no ishiki – Okayama-ken ni okeru ishiki chōsa yori* [Maßnahmen der Verwaltung zum Schutz des Verbrauchers und das Bewußtsein von Verbrauchern – Ergebnisse einer Studie zum Bewußtsein von Verbrauchern in der Präfektur Okayama], in: Okayama Daigaku Hōgakkai Zasshi Band 40 Nr. 2 (1991), 1-63 (zitiert: A. MORIYA (1991)).

MÜNCHENER KOMMENTAR: Münchener Kommentar zum Bürgerlichen Gesetzbuch, 4. Auflage, München 2001, 2003 (zitiert: MÜNCHENER KOMMENTAR/Bearbeiter)).

MURA, CHIZUKO: *Akutoku shōhō sagi jiken ni okeru higai-sha minji kyūsai no genjō* [Der gegenwärtige Zustand der zivilrechtlichen Hilfe für Opfer in Fällen von betrügerischen, unlauteren Geschäften], in: Hōritsu no Hiroba Band 42 Nr. 7 (1989), 57-64 (zitiert: C. MURA (1989)).

MURA, CHIZUKO: *Shōhisha keiyaku ni okeru „konwaku"* [Die Situation der „Verlegenheit" beim Verbrauchervertrags], in: Hōgaku Seminā Nr. 549 (2000), 27-30 (C. MURA (2000)).

MURAMOTO, TAKESHI: *Genya shōhō* [Feldhandel], in: Hōgaku Seminā Nr. 395 (1987), 41 (zitiert: T. MURAMOTO (1987)).

NAGAI, MADOKA: *Shōhisha torihiki to keiji kisei* [Verbrauchergeschäfte und strafrechtliche Regulierung], Tokyo 1989 (zitiert: M. NAGAI (1989)).

NAGANO, KŌZŌ: *Shōhisha keiyaku-hō* [Das Verbrauchervertragsgesetz], in: Shōhisha-hō Nyūsu Nr. 60 (2004) 56-67.

NAGAO, JISUKE: *Shōhisha keiyaku ni okeru ishi shugi no fukken* [Die Rehabilitierung der Willenstheorie im Zusammenhang mit Verbraucherverträgen], in: Hanrei Taimuzu Nr. 497 (1983), 12-26 (zitiert: J. NAGAO (1983)).

NAGAO, JISUKE: *Shōhisha shinyō-hō no keisei to kadai* [Der Aufbau des Verbraucherkreditrechts und dessen Aufgaben], Tokyo 1984 (zitiert: J. NAGAO (1984)).

NAGAO, JISUKE: *Kōringu ofu ken no hōri* [Die Rechtsfigur des cooling-off], in: Ritsumeikan Hōgaku Nr. 5/6 (1985), 974-996 (zitiert: J. NAGAO (1985a)).

NAGAO, JISUKE: *Toyota Shōji no pēpā shōhō* [Der Papierhandel von Toyota Shōji], in: Hōgaku Kyōshitsu Nr. 61 (1985), 154-157 (zitiert: J. NAGAO (1985b)).

NAGAO, JISUKE: *Gendai keiyaku-hō nyūmon* [Einführung in das Vertragsrecht der Gegenwart], Tokyo 1990 (zitiert: J. NAGAO (1990)).

NAGAO, JISUKE: *Shōhisha hogo-hō no riron* [Die Theorie des Verbraucherschutzrechts], Tokyo 1992 (zitiert: J. NAGAO (1992)).

NAGAO, JISUKE: *Hanbai baikai-gata maruchi shōhō ga ihō to sareta jirei – Berugii Daiyamondo jiken Ōsaka kōso-shin hanketsu* [Fall, in dem ein Kettenabsatzgeschäft in Form der Vermittlung von Geschäften als rechtswidrig bezeichnet wurde – Das Berufungsurteil des OG Ōsaka im Zusammenhang mit dem Belgische Diamanten Fall], in: Hanrei Jihō Nr. 1485 (1994), 170-174 (zitiert: J. NAGAO (1994)).

NAGAO, JISUKE: *Rekuchā shōhisha-hō* [Vorlesung Verbraucherrecht], 2. Aufl, (als Herausgeber), Tokyo 2001 (zitiert: J. NAGAO (2001)).

NAGATA, MAKOTO: Das Japanische im japanischen Sachenrecht, in: H. Menkhaus (Hrsg.), Das Japanische im japanischen Recht, München 1994, 123-128 (zitiert: M. NAGATA (1994)).

NAGOYA WĀKOSHOPPU (Hrsg.): *Shōhisha higai no kyūsai* [Die Bewältigung von Verbraucherschäden], Tokyo 1987 (zitiert: NAGOYA WĀKOSHOPPU (1987)).

NAGŌYA SHŌHISHA MONDAI KENKYŪ-KAI (Hrsg.): *Hanrei – Shōhisha torihiki-hō* [Rechtsprechung zum Recht der Verbrauchergeschäfte], Tokyo 1992, 3-27 (zitiert: NAGŌYA SHŌHISHA MONDAI KENKYŪ-KAI (1992)).

NAKAGAWA, KATSUHIRO: *Sekiyu jukyū tekiseika-hō ni tsuite* [Über das Gesetz über die Förderung des Angemessenheit von Angebot und Nachfrage von Erdölprodukten], in: Jurisuto Nr. 555 (1974), 47-49 (zitiert: K. NAKAGAWA (1974)).

NAKAI, YOSHIO: *Miseinen no ko ga riyō shita daiaru Q2 no tsūwaryō* [Telefongebühren im Falle der Nutzung der Leistungen des Telefon-Informationsdienstes „Daiaru Q2" bei der Inanspruchnahme durch einen Minderjährigen] (Anmerkungen zum Urteil des OGH vom 27.3.2001, Minshū 55, 434), in: Hanrei Serekuto 2001, 20 (zitiert: Y. NAKAI (2001a)).

NAKAI, YOSHIO: *Yakkan no kōryoku* [Die Wirksamkeit von Allgemeinen Geschäftsbedingungen], Tokyo 2001 (zitiert: Y. NAKAI (2001b)).

NAKAMATSU, EIKO: *Sakugo* [Der Irrtum], in: E. Hoshino (Hrsg.), *Minpō kōza I: minpō sōsoku* [Kurs Zivilrecht I: Zivilrecht Allgemeiner Teil], Tokyo 1984, 387-444 (zitiert: E. NAKAMATSU (1984)).

NAKAMURA, HIDEO: Die Rezeption des deutschen Rechts in Japan – insbesondere auf dem Gebiete des Zivilprozeßrechts –, in: Zeitschrift für Zivilprozeß, Band 84 (1971), 74-90 (zitiert: H. NAKAMURA (1971)).

NAKAO, HIDETOSHI: *Nihon shakai to hō* [Die japanische Gesellschaft und das Recht], Tokyo 1994 (zitiert: H. NAKAO (1994)).

NAKATA, HIROYASU: *Keiyaku jiyū no gensoku* [Der Grundsatz der Vertragsfreiheit], in: Hōgaku Kyōshitsu Nr. 171 (1994), 29-32 zitiert: H. NAKATA (1994).

NAKATA, KUNIHIRO: Verbraucherschutzrecht in Japan: Der Wandel vom Verbraucherschutzrecht zum Verbraucherrecht, in: Zeitschrift für Japanisches Recht Nr. 19 (2005), 221-238 (zitiert: K. NAKATA (2005).

NAKAYA, HIROKI: *Sengo hanrei ni okeru kōjo ryōzuku* [Die Sittenwidrigkeit und die öffentliche Ordnung in der Rechtsprechung der Nachkriegszeit, in: Hōritsu Jihō Band 64 Nr. 12 (1992), 73-82 (zitiert: H. NAKAYA (1992)).

NEGISHI, AKIRA: Administrative Guidance and the Japanese Antimonopoly Law, in: Rabels Zeitschrift für ausländisches und internationales Privatrecht Band 49 (1985), 277-302 (A. NEGISHI (1985)).

NIHON BENGOSHI RENGŌ-KAI [Japanische Rechtsanwaltsvereinigung] (Hrsg.): *Keizokuteki sābisu torihiki – shōhisha toraburu kaiketsusaku* [Dienstleistungsgeschäfte in Form von Dauerschuldverhältnissen – Ansätze zur Bewältigung eines Verbraucherproblems], Bessatsu NBL Nr. 32, Tokyo 1995 (zitiert: NIHON BENGOSHI RENGŌ-KAI (1995)).

NIHON BENGOSHI RENGŌ-KAI: *Kojin saisei tetsuzuki manyaru* [Anleitung für das Verfahren zur Sanierung von Privatpersonen], Tokyo 2001 (zitiert: NIHON BENGOSHI RENGŌ-KAI (2001a)).

NIHON BENGOSHI RENGŌ-KAI: *Konmentāru Shōhisha keiyaku-hō* [Kommentar zum Verbrauchervertragsgesetz], Tokyo 2001 (zitiert: NIHON BENGOSHI RENGŌ-KAI (2001b)).

NIHON BENGOSHI RENGŌ-KAI: *„Shōhisha dantai soshō seido no arikata ni tsuite" ni taisuru ikensho* [Stellungnahme zum Bericht „Über die Ausgestaltung der Verbraucherverbandsklage"], Tokyo 2005 (zitiert: NIHON BENGOSHI RENGŌ-KAI (2005a)).

NIHON BENGOSHI RENGŌ-KAI: *Shōhisha-hō kōgi* [Vorlesung zum Verbraucherrecht], Tokyo 2005 (zitiert: NIHON BENGOSHI RENGŌ-KAI (2005b)).
NIHON KEIZAI CHŌSA KYŌGI-KAI [Vereinigung zur Untersuchung der japanischen Wirtschaft] (Hrsg.): *Jūmin undō to shōhisha undō* [Bürgerbewegung und Verbraucherbewegung], Tokyo 1975 (zitiert: NIHON KEIZAI CHŌSA KYŌGI-KAI (1975)).
NISHIGORI, SEISHI: *Torihikiteki fuhō kōi ni okeru jiko kettei-ken shingai* [Die Verletzung des Rechts auf Selbstbestimmung im Zusammenhang mit unerlaubten Handlungen im Geschäftsverkehr], in: Jurisuto Nr. 1086 (1996), 86-92 (zitiert: S. NISHIGORI (1996)).
NODA, YOSHIYUKI: Introduction to Japanese Law, Tokyo 1976 (zitiert: Y. NODA (1976)).
NODA, YOSHIYUKI: *Nihonjin no keiyaku-kan* [Die Vertragsanschauung der Japaner], in: Nichi-Fu Hōgakkai [Japanisch-Französische Gesellschaft für Rechtswissenschaft] (Hrsg.), *Nihon to furansu no keiyaku-kan* [Die Vertragsanschauung in Japan und Frankreich], Tokyo 1982, 10-28 (zitiert: Y. NODA (1982)).
NŌMI, YOSHIHISA: Mittäterschaft und Mehrtäterschaft im japanischen Deliktsrecht, in: W. Müller-Freienfels u.a. (Hrsg.), Recht in Japan Heft 6, Frankfurt a.M. 1986, 53-70 (zitiert: Y. NŌMI (1986)).
NŌMI, YOSHIHISA: Haftung für Massenschäden in Japan, in: W. Müller-Freienfels u.a. (Hrsg.), Recht in Japan Heft 10, Baden-Baden 1996, 87-103 (Y. NŌMI (1996)).
NÖRR, KNUT WOLFGANG: Eher Hegel als Kant – Zum Privatrechtsverständnis im 19. Jahrhundert, Rechts- und Staatswissenschaftliche Veröffentlichungen der Görresgesellschaft Heft 58, Paderborn u.a. 1991 (zitiert: K.W. NÖRR (1991)).
NOTTAGE, LUKE: Product Safety and Liability Law in Japan: From Minamata to Mad Cows, London 2004 (zitiert: L. NOTTAGE (2004)).
OCHIAI, SEIICHI: *Shōhisha-hō no kadai to tenbō* [Aufgaben des Verbraucherrechts und der Ausblick], in: Jurisuto Nr. 1139 (1998), 4-9 (zitiert: S. OCHIAI (1998)).
OCHIAI, SEIICHI: *Atarashii jidai no shōhisha-hō* [Das Verbraucherrecht in einem neuen Zeitalter], in: Kokumin Seikatsu Sentā (Hrsg.), *Atarashii jidai no shōhisha-hō* [Das Verbraucherrecht in einem neuen Zeitalter], Tokyo 2001, 1-40 (zitiert: S. OCHIAI (2001a)):
OCHIAI, SEIICHI: *Shōhisha keiyaku-hō* [Das Verbrauchervertragsgesetz], Tokyo 2001 (zitiert: S. OCHIAI (2001b)).
ODA, HIROSHI: Japanese Law, London et al. 1992 (zitiert: H. ODA (1992)).
ODA, HIROSHI: Japanese Law, 2nd edition, Oxford 1999 (zitiert: H. ODA (1999)).
ŌHASHI, YOICHI: Verwaltungsvorschriften und informelles Verwaltungshandeln – Zum besseren Verständnis der Verwaltungspraxis in Japan, in: Verwaltungsarchiv (1993), 220-245 (zitiert: Y. ŌHASHI (1993)).
ŌHASHI, YOICHI: *Gyōsei shidō* und Sanktionen, in: Zeitschrift für Japanisches Recht Nr. 7 (1999), 43-54 (zitiert: Y. ŌHASHI (1999)).
OHNAKA, ARINOBU: Zur Irrtumsregelung im japanischen Verbrauchervertragsgesetz, in: W. Müller-Freienfels / Hans Stoll u.a. (Hrsg.), Recht in Japan Heft 13 (2002), 7-23 (zitiert: A. OHNAKA (2002)).
OJIMA, SHIGEKI: *Tanin ni yoru daiaru Q2 riyō ni tomonau kanyū denwa keiyaku-sha ni taisuru tsūwaryō seikyū no kahi ni kansuru sōgō hanrei kenkyū* [Untersuchung zu den Urteilen über die Frage, ob von einem Telefonkunden Telefongebühren verlangt werden können für die Nutzung des Telefon-Dienstes „Daiaru Q2" durch einen Dritten], in: Kanazawa Hōgaku Band 40, Nr. 2 (1998), 155-187 (zitiert: S. OJIMA (1998)).
OJIMA, SHIGEKI: *Kan'yū keiyaku-sha igai no mono no daiaru Q2 riyō ni kakaru tsūwaryō seikyū to shingisoku* [Anspruch auf Zahlung von Telefongebühren durch den Telefonkunden im Falle der Nutzung des Telefon-Dienstes „Daiaru Q2" durch einen Dritten der nicht Vertragspartner ist] (Anmerkung zum Urteil des OGH vom 27.3.2001), in: Hōgaku Kyōshitsu Nr. 252 (2001), 151-152 (zitiert: S. OJIMA (2001)).
OKADA, NORIYUKI / TAKAHASHI, YASUFUMI (Hrsg.): *Chikujō kaisetsu Kin'yū shōhin hanbai-hō* [Kommentierung zum Finanzprodukthandelsgesetz], Tokyo 2001 (zitiert: N. OKADA / Y. TAKAHASHI (2001)).

OKINO, MASAMI: Entwurf eines Verbrauchvertragsgesetzes, abgedruckt in: S. Kawakami u.a. (Hrsg.) *Shōhisha keiyaku-hō – rippō he no kadai* [Das Verbrauchervertragsgesetz – Aufgaben auf dem Weg zur Gesetzgebung], Tokyo 1999, 307-311 (zitiert: M. OKINO (1999)).

OKU, KATSUHIKO: *Kashikin-gyō no kisei-tō ni kansuru hōritsu oyobi Shusshi no ukeire, azukari-kin oyobi kinri-tō no torishimari ni kansuru hōritsu no ichibu wo kaisei suru hōritsu* [Gesetz zur Änderung des GeldverleihGG und des KEG], in: Jurisuto Nr. 1252 (2003), 85-89 (zitiert: K. OKU (2003)).

OKUDA, MASAMICHI (Hrsg.): *Torihiki kankei ni okeru ihō kōi to sono hōteki shori* [Rechtswidrige Handlungen im Geschäftsverkehr und deren rechtliche Bewältigung], Sonderdruck von Beiträgen aus der Zeitschrift „Jurisuto", Tokyo 1996 (zitiert: M. OKUDA (1996)).

OKUMURA, TADAO: Verbraucherschutzproblematik und Verbraucherschutzbewegung in Japan, in: Z. Kitagawa / M. Rehbinder (Hrsg.), Gegenwartsprobleme des Verbraucherschutzes, Reihe Japanisches Recht, Band 3, Köln u.a. 1978, 25-30 (zitiert: T. OKUMURA (1978)).

ŌMAE, KEIICHIRŌ / TAKINAMI, YASUSHI: *Ichimon ittō Kin'yū shōhin hanbai-hō* [Fragen und Antworten zum Finanzproduktehandelsgesetz], Tokyo 2001 (zitiert: K. ŌMAE / Y. TAKINAMI (2001)).

ŌMURA, ATSUSHI: *Keiyaku seiritsu toki ni okeru „kyūfu no kinkō"* [„Das Äquivalenzverhältnis" der vertraglichen Leistungen zum Zeitpunkt des Vertragsabschlusses], in: Hōgaku Kyōkai Zasshi Band 104 (1987) Nr. 1, 1-72 (1); Nr. 2, 241-314 (2); Nr. 3, 423-492 (3); Nr. 4, 585-644 (4); Nr. 5, 713-768 (5); Nr. 6, 835-887 (6) (zitiert: A. ŌMURA (1987)).

ŌMURA, ATSUSHI: *Keiyaku to shōhisha hogo* [Vertrag und Verbraucherschutz], in: E. Hoshino (Hrsg.), *Minpō kōza, bekkan 2* [Reihe Studien zum Zivilrecht, Sonderband 2], Tokyo 1990, 73-123 (zitiert: A. ŌMURA (1990)).

ŌMURA, ATSUSHI: *Shōhisha, shōhisha keiyaku no tokusei – chūkan hōkoku* [Das besondere Wesen des Verbrauchers und des Verbrauchervertrags – ein Zwischenbericht], in: NBL (1991) Nr. 475, 29-33 (1); Nr. 476, 42-45 (2); Nr. 477, 36-43 (3); Nr. 478, 52-62 (4) (zitiert: A. ŌMURA (1991)).

ŌMURA, ATSUSHI: *Torihiki to kōjo – hōrei ihan kōi kōryoku-ron no sai-kentō* [Geschäftsverkehr und öffentliche Ordnung – Neue Untersuchung zur Frage der Wirksamkeit (von Rechtsgeschäften) bei Rechtsverstößen], in: Jurisuto Nr. 1023, 82-89 (1); Nr. 1025, 66-74 (2) (zitiert: A. ŌMURA (1993)).

ŌMURA, ATSUSHI: *Hanrei, hōrei shōhisha-hō* [Verbraucherrecht: Urteile, gesetzliche Regelungen], Tokyo 1994 (zitiert: A. ŌMURA (1994)).

ŌMURA, ATSUSHI: *Shōhisha-hō* [Verbraucherrecht], Tokyo 1998 (zitiert: A. ŌMURA (1998)).

ŌMURA, ATSUSHI: *Keiyaku-hō kara shōhsiha-hō he* [Vom Vertragsrecht zum Verbraucherrecht], Tokyo 1999 (zitiert A. ŌMURA (1999a)).

ŌMURA, ATSUSHI: *Shōhisha, kazoku to hō* [Verbraucher, Familie und Recht], Tokyo 1998 (zitiert: A. ŌMURA (1999b)).

ŌMURA, ATSUSHI: *Kihon minpō I: sōsoku, bukken sōron* [Grundlagen des Zivilrechts I: allgemeine Lehren, Sachenrecht allgemeiner Teil], Tokyo 2001 (zitiert: A. ŌMURA (2001)).

ORITA, HIROKO: *Kōjo ryōzoku to fuhō kōi* [Die guten Sitten, die öffentliche Ordnung und unerlaubte Handlungen], in: T. Tsubaki / S. Itō (Hrsg.), *Kōjo ryōzoku ihan no kenkyū – minpō ni okeru sōgōteki kentō* [Studien zum Verstoß gegen die guten Sitten und die öffentliche Ordnung – Gesamtuntersuchung zum Zivilrecht], Tokyo 1995 (zitiert: H. ORITA (1995)).

OSAKI, YASUHIRO: *Saibanrei kara mita shōhin sakimono torihiki itakusha no tekikakusei* [Die Qualifikation des Auftraggebers bei Warentermingeschäften betrachtet anhand von Gerichtsentscheidungen], in: Hanrei Taimuzu Nr. 774 (1992), 40-57 (zitiert: Y. OSAKI (1992)).

OTA, SHOZO: Reform of Civil Procedure in Japan, in: The American Journal of Comparative Law Vol. 49 (2001), 561-584 (zitiert: S. OTA (2001)).

ŌTSUKI, SUMIO: *Kōkoku-shu no minji sekinin* [Die zivilrechtliche Haftung für öffentliche Werbung], in: Miyako no Sōgō Hōritsu Jimusho [Miyako Rechtsanwaltssozietät] (Hrsg.), *Kōkoku no hōri* [Das Recht der Werbung], Tokyo 1998, 189-204 (zitiert: S. ŌTSUKI (1998)).

PALANDT: Bürgerliches Gesetzbuch (Kurzkommentar), 62. Auflage, München 2003 (zitiert: PALANDT / Bearbeiter).

PALANDT: Bürgerliches Gesetzbuch (Kurzkommentar), 63. Auflage, München 2004 (zitiert: PALANDT / Bearbeiter).

PAPE, WOLFGANG: Gyoseishido und das Anti-Monopol-Gesetz in Japan, Köln u.a. 1980 (zitiert: W. PAPE (1980)).

PARDECK, ANDREW M.: *Shōken torihiki kan'yū no hō-kisei* [Regulierung der Werbung zum Abschluß von Wertpapiergeschäften], Tokyo 2001 (zitiert: A.M. PARDECK (2001)).

PAUER, ERICH: Die zweite Industrialisierungsphase (1914-1936), in: M. Pohl (Hrsg.), Japan, Stuttgart, Wien 1986, 104-109 (zitiert: E. PAUER (1986)).

PFEIFFER, THOMAS: Der Verbraucherbegriff als zentrales Merkmal im europäischen Privatrecht, in: H. Schulte-Nölke (Hrsg.), Europäische Rechtsangleichung und nationale Privatrechte, Baden-Baden (1999), 21-43 (zitiert: T. PFEIFFER (1999)).

PIOCH, BERND DIETER: Verbraucherschutz in Japan, Mitteilungen des Instituts für Asienkunde Hamburg Nr. 112, Hamburg 1980 (zitiert: B.D. PIOCH (1980)).

POHL, MANFRED: Zur Politik in Japan: Von der „Einparteien-Demokratie" zum Zweiparteien-System?, in: M. Pohl / H.J. Mayer (Hrsg.), Länderbericht Japan, Schriftenreihe der Bundeszentrale für politische Bildung Band 355, 2. Auflage, Bonn 1998, 65-75 (zitiert: M. POHL (1998a)).

POHL, MANFRED: Die politischen Parteien, in: M. Pohl / H.J. Mayer (Hrsg.), Länderbericht Japan, Schriftenreihe der Bundeszentrale für politische Bildung Band 355, 2. Auflage, Bonn 1998, 76-98 (zitiert: M. POHL (1998b)).

RAHN, GUNTRAM: Rechtsdenken und Rechtsauffassung in Japan, München 1990 (zitiert: G. RAHN (1990)).

RAISER, LUDWIG: Vertragsfunktion und Vertragsfreiheit, in: E. von Caemmerer u.a. (Hrsg.) Hundert Jahre deutsches Rechtsleben, Festschrift zum hundertjährigen Bestehen des Deutschen Juristentages Band I, Karlsruhe 1960, 101-134 (zitiert: L. RAISER (1960)).

RAMSEYER, J. MARK / NAKAZATO, MINORU: The Rational Litigant – Settlement Amounts and Verdict Rates in Japan, in: Journal of Legal Studies (1989), 263-290 (zitiert: J.M. RAMSEYER / M. NAKAZATO (1989)).

RAPP, CHRISTINE: Überschuldungsproblematik und Verbraucherkreditrechtssystem in Japan, Bonn 1996 (zitiert: C. RAPP (1996a).

RAPP, CHRISTINE: Die „bubble economy" des kleinen Mannes: Verbraucherkreditrecht in Japan, in: Zeitschrift für Japanisches Recht Nr. 2 (1996), 42-58 (zitiert: C. RAPP (1996b)).

ROKUMOTO, KAHEI: Overhauling the Judicial System: Japan's Response to the Globalizing World, in: Zeitschrift für Japanisches Recht Nr. 20 (2005), 7-38 (zitiert: K. ROKUMOTO (2005)).

ROTH, WULF-HENNING: Europäischer Verbraucherschutz und BGB, in: Juristenzeitung 2001, 475-490 (zitiert: W.-H. ROTH (2001)).

SAAME, PHILIPP: Haftung für Großschäden durch Arzneimittel in Japan – Eine Darstellung anhand der Massenschäden S.M.O.N. und HIV, in: Zeitschrift für Japanisches Recht Nr. 9 (2000), 61-79 (zitiert: P. SAAME (2000)).

SAGAMI, YOSHIKAZU: Das neue Betreuungsrecht für Volljährige in Japan, in: Zeitschrift für Japanisches Recht Nr. 11 (2001), 115-140 (zitiert: Y. SAGAMI (2001)).

SAITŌ, KINSAKU / NISHIHARA, HARUO: Das abgeänderte japanische Strafgesetzbuch, Berlin 1954 (zitiert: K. SAITŌ / H. NISHIHARA (1954)).

SAITŌ, MASAHIRO / IKEMOTO, SEIJI / ISHITOYA, YUTAKA: *Tokutei shō-torihiki-hō handobukku* [Handbuch zum Handelsgeschäftegesetz], Tokyo 2001 (zitiert: M. SAITŌ / S. IKEMOTO / Y. ISHITOYA (2001)).

SAITŌ, MASAHIRO / IKEMOTO, SEIJI / ISHITOYA, YUTAKA: *Tokutei shō-torihiki-hō handobukku* [Handbuch zum Handelsgeschäftegesetz], 2. Auflage, Tokyo 2003 (zitiert: M. SAITŌ / S. IKEMOTO / Y. ISHITOYA (2003)).

SAITŌ, MASAHIRO / IKEMOTO, SEIJI / ISHITOYA, YUTAKA: *Tokutei shō-torihiki-hō handobukku* [Handbuch zum Handelsgeschäftegesetz], 3. Auflage, Tokyo 2005 (zitiert: M. SAITŌ / S. IKEMOTO / Y. ISHITOYA (2005)).

SAITŌ, TOYOJI: *Shōhisha hogo to keizai keihō* [Verbraucherschutz und Wirtschaftsstrafrecht], in: Gendai Keiji-hō Nr. 30 (2001), 25-31 (zitiert: T. SAITŌ (2001)).

SAKURAI, TAKEO / UEYANAGI, TOSHIRŌ / ISHITOYA, YUTAKA: *Kin'yū shōhin torihiki-hō handobukku* [Handbuch zum Finanzproduktehandelsgesetz], Tokyo 2002 (zitiert: T. SAKURAI / T. UEYANAGI / Y. ISHITOYA (2002)).

SAMTLEBEN, JÜRGEN: Das Börsentermingeschäft ist tot – es lebe das Finanztermingeschäft?, in: Zeitschrift für Bankrecht und Bankwirtschaft, Heft 2 (2003), 69-77 (zitiert: J. SAMTLEBEN (2003)).

SASAKURA, HIDEO: Das Recht der Selbstbestimmung. Zum Stand der Diskussion in Japan, in: D. Leipold (Hrsg.), Selbstbestimmung in der modernen Gesellschaft aus deutscher und japanischer Sicht, Heidelberg 1997, 3-18 (zitiert: H. SASAKURA (1997)).

SATŌ, HIDETAKE: *Keizai gyōsei-hō* [Wirtschaftsverwaltungsrecht], Tokyo 1990 (zitiert: H. SATŌ (1990)).

SATŌ, IWAO: *Nihon minpō no tenkai (2), tokubetsu-hō no seisei – Shakuchi shakuya-hō* [Die Entwicklung des japanischen Zivilrechts (2): Die Entstehung von Sondergesetzen – Das Immobilienmietgesetz, in: T. Hironaka / E. Hoshino (Hrsg.), *Minpō-ten no hyaku-nen I* [Hundert Jahre Zivilgesetzbuch I], Tokyo 1998, 231-278 (zitiert: I. SATŌ (1998)).

SATŌ, KAZUO: *Shinkō, gendai shōhisha-hō* [Neue Vorlesungen zum Verbraucherrecht der Gegenwart], Tokyo 1996 (zitiert: K. Satō (1996)).

SATŌ, KŌJI: *Saishū iken ni komerareta imi* [Die Bedeutung der abschließenden Stellungnahme], in: Hōritsu Jihō, Hōgaku Seminā henshū-bu [Die Redaktion der Zeitschriften Hōritsu Jihō und der Hōgaku Seminā] (Hrsg.), *Hōritsu Jihō Zōkan Shirizu* [Sonderschriftenreihe der Zeitschrift Hōritsu Jihō]: *Shihō kaikaku III – saishū iken to jitsugen no kadai* [Justizreform III – Die abschließende Stellungnahme und Aufgaben im Hinblick auf die Umsetzung der Vorschläge], Tokyo 2001, 1-11 (zitiert: K. SATŌ (2001)).

SATŌ, TETSUO: *Bengoshi hōshū no haiso-sha futan* [Die Tragung der Rechtsanwaltskosten durch die im Prozeß unterlegene Partei], in: *Shiriizu shihō kaikaku III, Hōritsu Jihō Zōkan* [Sonderschriftenreihe der Zeitschrift Hōritsu Jihō zur Reform der Justiz III], Tokyo 2001, 154-155 (zitiert: T. SATŌ (2001)).

SAWANO, YUKIHIKO / MARUYAMA EIKO / UCHIDA KATSUICHI: *Shakuchi shakuya-hō no riron to jitsumu* [Theorie und Praxis des Immobilienmietgesetzes], Tokyo 1997 (zitiert: Y. SAWANO / E. MARUYAMA / K. UCHIDA (1997)).

SCHAEDE, ULRIKE: Der neue japanische Kapitalmarkt: Finanzfutures in Japan, Stuttgart 1990 (zitiert: U. SCHAEDE (1990)).

SCHAEDE, ULRIKE / BAUM, HARALD: Tōshikomongyō – Anlageberatung in Japan, in: Recht der internationalen Wirtschaft, Heft 9 (1989), 704-710 (zitiert: U. SCHAEDE / H. BAUM (1989)).

SCHÄFER, FRANK A. / LANG, VOLKER: Zur Reform des Rechts der Börsentermingeschäfte, in: Bank- und Kapitalmarktrecht, Heft 5 (2002), 197-212 (zitiert: F.A. SCHÄFER / V. LANG (2002)).

SCHENCK, PAUL-CHRISTIAN: Der Deutsche Anteil an der Gestaltung des modernen japanischen Rechts- und Verfassungswesens: Deutsche Rechtsberater im Japan der Meiji-Zeit, Stuttgart 1997 (zitiert: P.-C. SCHENCK (1997)).

SCHULTE, CHRISTINE: Gesetz über den Verkauf von Finanzprodukten, in: Zeitschrift für Japanisches Recht Nr. 19 (2005), 123-152 (zitiert: C. SCHULTE (2005)).

SCHÜSSLER-LANGEHEINE, DIRK: Überblick über wichtige zivilrechtliche Entscheidungen des japanischen Obersten Gerichtshofs aus dem Jahr 2001, in: Zeitschrift für Japanisches Recht Nr. 15 (2003), 276-290.

SEGAWA, NOBUHISA: *Minpō 709-jō (fuhō kōi no ippanteki seiritsu yōken)* [Art. 709 ZG (allgemeine Voraussetzungen der unerlaubten Handlung)], in: T. Hironaka / E. Hoshino (Hrsg.), *Minpō-ten no hyaku-nen III* [Hundert Jahre Zivilgesetzbuch III], Tokyo 1998, 559-629 (zitiert: N. SEGAWA (1998)).

SHIMADA, KAZUO: *Shōhi seikatsu jōrei no genjō to kadai* [Gegenwärtige Lage und Aufgabe der Verbraucherschutzsatzungen], in: Hōritsu Jihō Band 60 Nr. 8 (1988), 24-28 (zitiert: K. SHIMADA (1988)).

SHIMIZU, TOSHIHIKO: *Tōshi kan'yū to fuhō kōi* [Werbung zum Abschluß von Finanzanlagegeschäften und unerlaubte Handlungen], Tokyo 1999 (zitiert: T. SHIMIZU (1999)).

SHIMIZU, MAKOTO: *Shōhisha mondai to shōhisha-hō no genjō to kadai* [Die gegenwärtige Lage der Verbraucherprobleme und des Verbraucherrechts sowie die zu bewältigenden Aufgaben], in: M. Shimizu / A. Kaneko / K. Shimada (Hrsg.), *Shōhisha gyōsei to hō* [Verbraucherverwaltung und Recht], Tokyo 1993, 2-29 (zitiert: M. SHIMIZU (1993)).

SHIMIZU, MAKOTO: *Shinpan konmentāru minpō IV: jimu kanri, futō ritoku, fuhō kōi* [Kommentar zum Zivilgesetz IV, Neuauflage: Geschäftsführung ohne Auftrag, ungerechtfertigte Bereicherung, unerlaubte Handlung], Neubearbeitung des gleichnamigen Werkes von Sakae Wagatsuma und Tōru Ariizumi (1976), Tokyo 1998 (zitiert: M. SHIMIZU (1998)).

SHIMOMURA, YASUMASA: *Maruchi shōhō wo meguru keijibatsu no genjō to kadai* [Strafrechtliche Sanktionen im Zusammenhang mit Kettenvertriebsgeschäften und deren Aufgaben], in: Hōritsu no Hiroba, Aprilausgabe (1994), 22-28 (zitiert: Y. SHIMOMURA (1994)).

SHIN HANREI KONMENTĀRU MINPŌ [Neuer Rechtsprechungskommentar zum Zivilrecht]: Bände 1 bis 15, verschiedene Erscheinungsjahre.

SHINOMIYA, KAZUO: *Minpō sōsoku* [Zivilrecht Allgemeiner Teil], 4. Auflage, Tokyo 1986 (zitiert: K. SHINOMIYA (1986)).

SHIOMI, YOSHIO: *Kihan kyōgō no shiten kara mita songai baishō-ron no genjō to kadai* [Der gegenwärtige Stand der Lehre vom Schadensersatz sowie deren Aufgaben aus Sicht der Normenkonkurrenz], in: Jurisuto (1995) Nr. 1079, 91-99 (1); Nr. 1080, 86-94 (2) (zitiert: Y. SHIOMI (1995)).

SHIOMI, YOSHIO: *Tōshi torihiki to minpō riron* [Finanzanlagegeschäfte und die Dogmatik des Zivilrechts], in: Minshōhō Zasshi (1998) Band 117 Nr. 6, 807-840 (1); Band 118 Nr. 1, 1-28 (2); Nr. 2, 161-177 (3); Nr. 3, 362-380 (4) (zitiert: Y. SHIOMI (1998)).

SHIOMI, YOSHIO: *Futō jōkō no naiyō kisei – sōron* [Die Inhaltskontrolle im Zusammenhang mit unbilligen Vertragsbedingungen – allgemeine Probleme], in: S. Kawakami u.a. (Hrsg.), *Shōhisha keiyaku-hō – rippō he no kadai* [Das Verbrauchervertragsgesetz – Aufgaben auf dem Weg zur Gesetzgebung], Tokyo 1999, 115-165 (zitiert: Y. SHIOMI (1999a)).

SHIOMI, YOSHIO: *Fuhō kōi-hō* [Das Recht der unerlaubten Handlung], Tokyo 1999 (zitiert: Y. SHIOMI (1999b)).

SHIOMI, YOSHIO (Hrsg.): *Shōhisha keiyaku-hō, Kin'yū shōhin hanbai-hō to kin'yū torihiki* [Das Verbrauchervertragsgesetz, das Finanzproduktehandelsgesetz und Finanzgeschäfte], Tokyo 2001 (zitiert Y. SHIOMI (1998)).

SHIONO, HIROSHI: Administrative Guidance, in: K. Tsuji (ed.), Public Administration in Japan, Tokyo 1984 (zitiert: H. SHIONO (1984)).

SHIONO, HIROSHI: Verwaltungsrecht und Verwaltungsstil, in: H. Coing / R. Hirano u.a. (Hrsg.), Die Japanisierung des westlichen Rechts, Tübingen 1990, 45-61 (zitiert: H. SHIONO (1990)).

SHIOZAKI, TSUTOMU (Hrsg.): *Hōritsu chishiki raiburarii 10: kinsen taishaku no kiso chishiki jōkan* [Reihe Wissen übers Recht Band 10: Grundwissen zum Darlehen und Kredit, erster Teil], Tokyo 1994 (zitiert: T. SHIOZAKI (1994)).

SHŌDA, AKIRA: *Shōhisha no kenri* [Die Rechte der Verbraucher], Tokyo 1972 (zitiert: A. SHŌDA (1972)).

SHŌDA, AKIRA: *Kisei kanwa to kokumin seikatsu* [Deregulierung und das Leben der Bürger], in: Jurisuto Nr. 1044 (1994), 36-42 (zitiert: A. SHŌDA (1994)).

SHŌDA, AKIRA: *Keizai-hō kōgi* [Vorlesung zum Wirtschaftsrecht], Tokyo 1999 (zitiert: A. SHŌDA (1999)).

SHŌHISHA KYŌIKU SHIEN SENTĀ [Zentrum für die Unterstützung von Verbrauchern] (Hrsg.): *Zenkoku daigaku shōhisha kyōiku dēta* [Daten über die Verbraucherschulung an den Universitäten des Landes], Tokyo 1996 (zitiert: SHŌHISHA KYŌIKU SHIEN SENTĀ (1996)).

STAUDENMAYER, DIRK: Die Richtlinien des Verbraucherprivatrechts – Bausteine für ein europäisches Privatrecht?, in: in: H. Schulte-Nölke (Hrsg.), Europäische Rechtsangleichung und nationale Privatrechte, Baden-Baden 1999, 63-78 (zitiert: D. STAUDENMAYER (1999)).

STAUDINGERS KOMMENTAR: J. von Staudingers Kommentar zum Bürgerlichen Gesetzbuch §§ 830-838, Neubearbeitung 2002, Berlin 2002 (zitiert: STAUDINGER/Bearbeiter).

SUGISHITA, TOSHIRO: Zur positiven Vertragsverletzung (Schlechterfüllung) im japanischen Recht, in: Nihon University Comparative Law (1996), 79-98 (zitiert: T. SUGISHITA (1996)).

SUMIDA, MIHOKO: Anlegerschutz bei Warentermingeschäften in Japan, in: Zeitschrift für Japanisches Recht Nr. 12 (2001), 129-138 (zitiert: M. SUMIDA (2001).

SUZUKI, MAKINORI: *Gorufujō-tō ni kakaru kai-in keiyaku no tekisei-ka ni kansuru hōritsu* [Das Gesetz zur Förderung angemessener Verträge über die Mitgliedschaft in Golfclubs und ähnlichen Freizeiteinrichtungen], in: Hōrei Kaisetsu shiryō sōran Nr. 132 (1992), 4-9 (zitiert: M. SUZUKI (1992)).

TADA, TOSHITAKA: Schutz des Mieters im japanischen Recht, in: Zeitschrift für Japanisches Recht Nr. 8 (1999), 63-74 (zitiert: T. TADA (1999)).

TAKADA, BIN / HIRAOKA, HISASHI: Staatliches Gesetz und kommunale Satzungen, in: Recht in Japan, Heft 5 (1984), 55-77 (zitiert: B. TAKADA / H. HIRAOKA (1984)).

TAKAHASHI, HIROSHI: *Funsō shori no sho-seido* [Die verschiedenen Verfahren der Streitbewältigung], in: Jurisuto Nr. 1139 (1998), 110-115 (zitiert: H. TAKAHASHI (1998)).

TAKAHASHI, MAKOTO: *Keiyaku teiketsu-jō no kashitsu-ron no gendankai* [Das gegenwärtige Stadium der Lehre von der culpa in contrahendo], in: Jurisuto Nr. 1094 (1996), 121-128 (M. TAKAHASHI (1996)).

TAKEUCHI, AKIO: *Shōhisha hogo* [Verbraucherschutz], in: *Gendai hōgaku zenshū* [Die vollständige Reihe zum Recht der Gegenwart], Band 52, Tokyo 1972 (zitiert: A. TAKEUCHI (1972)).

TAKEUCHI, AKIO: *Tokushu hanbai kisei-hō* [Das Recht der besonderen Verkaufsformen], Tokyo 1977 (zitiert: A. TAKEUCHI (1977)).

TAKEUCHI, AKIO: Legal Control of Commodity Fraud Transactions, in: Law in Japan Vol. 22 (1989), 26-38 (zitiert: A. TAKEUCHI (1989)).

TAKEUCHI, AKIO: *Shōhisha hogo-hō no riron* [Theorie des Verbraucherschutzrechts], Tokyo 1995 (zitiert: A. TAKEUCHI (1995a)).

TAKEUCHI, AKIO: *Shōhisha shinyō-hō no riron – sōron, kakuron* [Das Recht des Verbraucherkredits – allgemeiner Teil, besonderer Teil], Tokyo 1995 (zitiert: A. TAKEUCHI (1995b)).

TAKIZAWA, ITSUYO: *Sakimono torihiki no futō kan'yū to fuhō kōi sekinin* [Unbillige Werbung zum Vertragsabschluß bei Warentermingeschäften und Haftung aus Delikt], in: Jurisuto Nr. 964 (1990), 120-123 (zitiert: I. TAKIZAWA (1990)).

TAMAMOTO, MASAKO: *Naishoku shōhō* [Hausarbeitsgeschäfte], in: Hōgaku Seminā Nr. 395 (1987), 44 (zitiert: M. TAMAMOTO (1987)).

TAMURA, JUNNOSUKE: Besprechung eines Urteils des OGH vom 26.22.1969, in: Shōhō no Hanrei [Rechtsprechung zum Handelsrecht] (1977), 102-104 (zitiert: J. TAMURA (1977)).

TANAKA, NORIO: Zur Befreiung des Verbrauchers aus dem aufgrund unlauterer Verhandlungen abgeschlossenen Vertrag im japanischen Zivilrecht, in: W. Müller-Freienfels u.a. (Hrsg.), Recht in Japan Heft 11, Baden-Baden 1998, 43-62 (zitiert: N. TANAKA (1998)).

TANAMURA, MASAYUKI: *Reikan shōhō to minji sekinin* [Sprirituelle Geschäfte und zivilrechtliche Haftung], in: Aoyama Hōgaku Ronshū Band 36 Nr. 4 (1995), 1-35 (zitiert: M. TANAMURA (1995)).

TANSŌ, AKINOBU / WADA, TATEO: *Kakaku ni taisuru chokusetsu kisei* [Die unmittelbare Regulierung und Kontrolle von Preisen], in: I. Katō / A. Takeuchi (Hrsg.), *Shōhisha-hō kōza dai 3-kan: Torihiki no kōsei I – kakaku wo chūshin ni* [Studienkurs Verbraucherrecht Band 3: Fairer Handel I – Preise], Tokyo 1984, 191-222 (zitiert: A. TANSŌ / T. WADA (1984)).

TANSŌ, AKINOBU / IYORI, HIROSHI: *Keizai-hō sōron* [Wirtschaftsrecht, allgemeine Fragen], Tokyo 1999 (zitiert: A. TANSŌ / H. IYORI (1999)).

TIMMERBEIL, SVEN: Der neue § 355 III BGB – ein Schnellschuss des Gesetzgebers?, in: Neue Juristische Wochenschrift 2003, 569-570 (zitiert: S. TIMMERBEIL (2003)).

TORII, KIMIKO: *Kyatchi sērusu, apointomento sērusu* [„Catch sales" und „Appointment sales"], in: Hōgaku Seminā Nr. 395 (1987), 46b (zitiert: K. TORII (1987)).

TSUBURAYA, TAKASHI: Die Entwicklung der „culpa in contrahendo" in Japan, in: W. Müller-Freienfels u.a., Recht in Japan Heft 10, Baden-Baden 1996, 39-52 (zitiert: T. TSUBURAYA (1996)).

TSŪSHŌ SANGYŌ-SHŌ [Japanisches Wirtschaftsministerium] (Hrsg.): *Shin Kappu hanbai-hō no kaisetsu* [Erläuterungen zum neuen Teilzahlungsgesetz], Tokyo 1972 (zitiert: TSŪSHŌ SANGYŌ-SHŌ (1972)).

TSŪSHŌ SANGYŌ-SHŌ: *Heisei 11-nen kaisei ni yoru Kappu hanbai-hō no kaisetsu* [Erläuterungen zum Teilzahlungsgesetz unter Berücksichtigung der Reform des Jahres 1999], Tokyo 2000 (zitiert: TSŪSHŌ SANGYŌ-SHŌ 2000).

UCHIDA, KŌSAKU: *Shōhisha to kyōsō chitsujo* [Verbraucher und die Wettbewerbsordnung], in: Hōritsu Jihō Nr. 907 (2001), 9-16 (zitiert: K. UCHIDA (2001)).

UCHIDA, TAKASHI: *Keiyaku no saisei* [Die Wiedergeburt des Vertrages], Tokyo 1990 (zitiert: T. UCHIDA 1990).

UCHIDA, TAKASHI: *Keiyaku purosesu to hō* [Der Prozeß des Vertrages und das Recht], in: *Iwanami kōza – Shakai kagaku no hōhō VI* [Schriftenreihe des Iwanami Verlages – Die Methoden der Sozialwissenschaften Band IV], Tokyo 1993, 129-169 (zitiert: T. UCHIDA (1993)).

UCHIDA, TAKASHI: *Minpō III: saiken sōron, tanpo bukken* [Zivilrecht III: Allgemeines Schuldrecht, Recht der dinglichen Kreditsicherheiten], 1. Auflage, geringfügig überarbeitet (2000), Tokyo 1996 (zitiert: T. UCHIDA (1996)).

UCHIDA, TAKASHI: *Minpō II: saiken kakuron* [Zivilrecht II: Besonderes Schuldrecht], 1. Auflage, geringfügig überarbeitet (2000), Tokyo 1997 (zitiert: T. UCHIDA (1997)).

UCHIDA, TAKASHI: *Keiyaku no jidai – nihon shakai to keiyaku-hō* [Das Zeitalter des Vertrages – Die japanische Gesellschaft und das Vertragsrecht], Tokyo 2000 (zitiert: T. UCHIDA (2000a)).

UCHIDA, TAKASHI: *Minpō I: sōsoku, bukken sōron* [Zivilrecht I: Allgemeiner Teil, allgemeine Lehren zum Sachenrecht], 2. Auflage, Tokyo 2000 (zitiert: T. UCHIDA (2000b)).

UCHIMURA, KAZUHIRO: *Takuchi tatemono torihiki gyōhō oyobi tsumitate-shiki takuchi tatemono hanbai gyōhō no ichibu wo kaisei suru hōritsu* [Änderung des Gesetzes über den Handel mit Baugrundstücken und Gebäuden und des Gesetzes über den Handel mit Baugrundstücken und Gebäuden, die mit einer Bausparfinanzierung verbunden sind], in: Hōrei Kaisetsu Shiryō Sōran Nr. 21 (1980), 11-15 (zitiert: K. UCHIMURA (1980)).

UEDA, NOBUHIRO: Recht des *kenka ryōsei-bai*, in: Zeitschrift für Japanisches Recht Nr. 18 (2004) 173-177 (zitiert: N. UEDA (2004)).

UEKI, SATOSHI: Umweltschutz- und Produzentenhaftung in Japan, in: G. Baumgärtel (Hrsg.), Grundprobleme des Privatrechts, Reihe Japanisches Recht Band 18, Köln 1985, 147-246 (zitiert: S. UEKI (1985)).

VISSER 'T HOOFT, WILLEM: The Subtle Interplay between the FTC and the Civil Courts. Three Famous Termination Disputes within the Distribution System for Luxury Cosmetics, in: Zeitschrift für Japanisches Recht Nr. 13 (2002), 7-27 (zitiert: W. VISSER 'T HOOFT (2002)).

WAGATSUMA, SAKAE: *Keizai saisei to tōsei rippō* [Der Wiederaufbau der Wirtschaft und die Kontrollgesetzgebung], Tokyo 1948 (zitiert: S. WAGATSUMA (1948)).

WAGATSUMA, SAKAE: *Kindai-hō ni okeru saiken no yūetsuteki chii* [Die bevorzugte Stellung der Forderung im Recht der Neuzeit], in: S. Wagatsuma, *Kindai-hō ni okeru saiken no yūetsuteki chii* [Die bevorzugte Stellung der Forderung im Recht der Neuzeit], Aufsatzsammlung (Ersterscheinung 1927), Tokyo 1953, 305 ff. (zitiert: S. WAGATSUMA (1953)).

WAGATSUMA, SAKAE: *Minpō sōsoku* [Zivilrecht Allgemeiner Teil], Tokyo 1955 (zitiert: S. WAGATSUMA (1955)).

WAKAMATSU, YŌKO: *Maruchi shōhō to higai kyūsai-jō no mondaiten* [Kettenvertriebsgeschäfte und die Problempunkte bei der Bewältigung von Schäden], in: Hōritsu no Hiroba, Aprilausgabe (1994), 15-21 (zitiert: Y. WAKAMATSU (1994)).

WATANABE, YASUO / MIYAZAWA, SETSUO u.a. (Hrsg.): *Tekisutobukku gendai shihō* [Lehrbuch zum Justizsystem der Gegenwart], Tokyo 1992 (zitiert: Y. WATANABE / S. MIYAZAWA (1992)).

WEBER, MARTIN: Die Entwicklung des Kapitalmarktrechts 2001/2002, in: Neue Juristische Wochenschrift 2003, 18-26 (zitiert: M. WEBER (2003)).

WEGNER, HEIKE: Das Fernabsatzgesetz und andere neue Verbraucherschutzvorschriften, in: Neue Justiz 2000, 407-410 (zitiert: H. WEBER (2000)).

WOLLSCHLÄGER, CHRISTIAN: Historical Trends of Civil Litigation in Japan, Arizona, Sweden, and Germany: Japanese Legal Culture in the Light of Judicial Statistics, in: H. Baum (ed.), Japan: Economic Success and Legal System, Berlin u.a. 1997, 89-142 (zitiert: C. WOLLSCHLÄGER (1997)).

YAMADA, TAKAO: *Keiyaku kara no dattai* [Die Lösung vom Vertrag], in: T. Awaji (Hrsg.), *Gendai keiyaku-hō taikei* [Das System des gegenwärtigen Vertragsrechts], Band 2, Tokyo 1985, 198-222 (zitiert: T. YAMADA (1985)).

YAMADA, SEIICHI: *Torihiki ni okeru fuhō kōi – yōken wo chūshin ni shite* [Unerlaubte Handlungen bei Geschäften – Zu den Tatbestandsvoraussetzungen], in: Jurisuto Nr. 1097 (1996), 98-107 (zitiert: S. YAMADA (1996)).

YAMADA, SEIICHI: *Kan'yū kisei* [Regulierung und Kontrolle der Werbung (zum Vertragsabschluß)], in: Jurisuto Nr. 1139 (1998), 39-47 (zitiert: S. YAMADA (1998)).

YAMADA, SEIICHI: *Kin'yū torihiki ni okeru setsumei gimu* [Aufkärungspflichten bei Finanzgeschäften], in: Jurisuto Nr. 1154 (1999), 21-29 (zitiert: S. YAMADA (1999)).

YAMADA, TOSHIO: *Regyurashion apurōchi – 21 seiki no keizaigaku* [Regulierungsansatz – Die Wirtschaftswissenschaft im 21. Jahrhundert], Tokyo 1991 (zitiert: T. YAMADA (1991)).

YAMAGAWA, KAORU: *Akutoku shōhō ni kakaru kujō sōdan no jittai to shori jōkyō* [Die Lage bei den Verbraucherbeschwerden im Zusammenhang mit unlauteren Geschäften und deren Bewältigung], in: Hōritsu no Hiroba Band 42 Nr. 7 (1989), 49-56 (zitiert: K. YAMAGAWA (1989)).

YAMAGUCHI, YASUO: *Torishimari kitei ni ihan suru keiyaku no kōryoku – shōhisha torihiki to no kanren wo chūshin toshite* [Die Wirksamkeit von Verträgen, die gegen Ordnungsvorschriften verstoßen – vor allem im Zusammenhang mit Verbrauchergeschäften], in: Sapporo Hōgaku, Band 1 Nr. 1 (1990), 33-70 (zitiert: Y. YAMAGUCHI (1990a)).

YAMAGUCHI, YASUO: *Shōhisha-hō ni okeru „shisan-gata seikei torihiki" no hōteki kadai – kaigai sakimono torihiki hanrei ni okeru fuhō kōi shori* [Rechtliche Aufgaben bei „Anlagegeschäften" im Verbraucherrecht – Fälle von ausländischen Warentermingeschäften und deren Bewältigung durch das Deliktsrecht], in: Sapporo Hōgaku Band 1 Nr. 2 (1990), 1-34. (zitiert: Y. YAMAGUCHI (1990b)).

YAMAMOTO, EIKO: *Ishi mu-nōryoku ni yoru mukō wo meguru hanrei no dōkō – shōhisha torihiki ni okeru shōgai-sha no hogo wo mezashite* [Entwicklungslinien der Rechtsprechung zur Willensunfähigkeit und der darauf beruhenden Unwirksamkeit (von Verträgen) – in Absicht des Schutzes von Geistesschwachen bei Verbrauchergeschäften], in: NBL (1991) Nr. 473, 26-29 (1); Nr. 475, 36-41 (2) (zitiert: E. YAMAMOTO (1991)).

YAMAMOTO, EIKO: *Futō na kan'yū kōi ni yoru jakunen-sha no shōhisha higai* [Schädigung junger Verbraucher aufgrund unbilliger Beeinflussung beim Abschluß von Verträgen], in: Jiyū to Seigi Nr. 2 (1993), 60-67 (zitiert: E. YAMAGUCHI (1993)).

YAMAMOTO, KEIZŌ: *Gendai shakai ni okeru riberarizumu to shiteki jichi – shihō kankei ni okeru kenpō no genri no shōtotsu* [Der Liberalismus in der gegenwärtigen Gesellschaft und die Privatautonomie – das Aufeinanderprallen von Verfassungsgrundsätzen in privatrechtlichen Verhältnissen], in: Hogaku Ronsō Band 133 (1993) Nr. 4, 1-20 (1); Nr. 5, 1-29 (2) (zitiert: K. YAMAMOTO (1993)).

YAMAMOTO, KEIZŌ: *Kenpō to minpō no kankei – doitsu-hō no shiten* [Das Verhältnis von Verfassung und Zivilrecht – Die Sichtweise des deutschen Rechts], in: Hōgaku Kyōshitsu Nr. 171 (1994), 44-51 (zitiert: K. YAMAMOTO (1994).

YAMAMOTO, KEIZŌ: *Torihiki kankei ni okeru kōhōteki kisei to shihō no yakuwari – torishimari hōki-ron no sai-kentō* [Öffentlich-rechtliche Regelungen im Geschäftsverkehr und die Rolle des Privatrechts – Neue Untersuchung zur Diskussion über Ordnungsvorschriften], in: Jurisuto (1996) Nr. 1087, 123-135 (1), Nr. 1088, 98-110 (2) (zitiert: K. YAMAMOTO (1996a)).

YAMAMOTO, KEIZŌ: *Torihiki kankei ni okeru ihō kōi wo meguru seido-kan kyōgō-ron – sōkatsu* [Die Diskussion über die Systemkonkurrenz im Zusammenhang mit unerlaubten Handlungen im Geschäftsverkehr – eine Zusammenfassung], in: Jurisuto Nr. 1097 (1996), 116-133 (zitiert: K. YAMAMOTO (1996b)).

YAMAMOTO, KEIZŌ: *Minpō ni okeru ‚gōi no kashi'-ron no tenkai to sono kentō* [Eine Untersuchung über die Entwicklung der Lehre von der ‚fehlerhaften Einigung'], in: T. Tanase (Hrsg.), *Keiyaku hōri to keiyaku kankō* [Vertragstheorie und Vertragsgewohnheiten], Tokyo 1999, 149-184 (zitiert: K. YAMAMOTO (1999)).

YAMAMOTO, KEIZŌ: *Kōjo ryōzoku-ron no sai-kōsei* [Neustrukturierung der Lehre von den guten Sitten und der öffentlichen Ordnung], Tokyo 2000 (zitiert: K. YAMAMOTO (2000)).

YAMAMOTO, KEIZŌ: *Minpō kōgi I: sōsoku* [Vorlesungen zum Zivilrecht I: Allgemeiner Teil], Tokyo 2001 (zitiert: K. YAMAMOTO (2001)).

YAMAMOTO, KEIZŌ: Das Verbrauchervertragsgesetz in Japan und die Modernisierung des Zivilrechts, in: J. Becker / R.M. Hilty u.a. (Hrsg.), Festschrift für Manfred Rehbinder, Bern 2002, 819-836 (zitiert: K. YAMAMOTO (2002).

YAMAMOTO, YUTAKA: Über die Kontrolle der Allgemeinen Geschäftsbedingungen in Japan, in: Recht in Japan Heft 6 (1986), 71-89 (zitiert: Y. YAMAMOTO (1986)).

YAMAMOTO, YUTAKA: *Shōhisha keiyaku-hō – Shinhō no haikei, seikaku, tekiyō han'i* [Das Verbrauchervertragsgesetz – Der Hintergrund, das Wesen und der Anwendungsbereich des neuen Gesetzes], in: Hōgaku Kyōshitsu (2000) Nr. 241, 77-85 (1); Nr. 242, 87-97 (2); Nr. 243, 56-65 (3) (zitiert: Y. YAMAMOTO (2000)).

YAMANAKA, KEIICHI: Parallele Bestrafung von juristischen und natürlichen Personen, in: Zeitschrift für Japanisches Recht Nr. 14 (2002), 191-207 (zitiert: K. YAMANAKA (2002)).

YAMASHITA, YOSHIKAZU: *Shōhisha keiyaku-hō to sagi, kyōhaku* [Das Verbrauchervertragsgesetz und die Täuschung bzw. Drohung nach dem Zivilgesetz], in: Jurisuto Nr. 1200 (2001), 56-61 (zitiert: Y. YAMSHITA (2001)).

YANAGA, MASAO: New Regulation for E-Commerce in Japan, in: Zeitschrift für Japanisches Recht Nr. 12 (2001), 145-158 (zitiert: M. YANAGA (2001a)).

YANAGA, MASAO: A Bill Regarding the Electronic Declaration of Intention in Japan, in: Zeitschrift für Japanisches Recht Nr. 11 (2001), 255-258 (zitiert: M. YANAGA (2001b)).

YANAGA, MASAO: Recent Developments in Computer Law in Japan, in: Zeitschrift für Japanisches Recht Nr. 13 (2002), 185-194 (zitiert: M. YANAGA (2002)).

YANAGA, MASAO: *Kaisha-hō* [Gesellschaftsrecht], 9. Auflage, Tokyo 2005 (zitiert: M. YANAGA (2005)).

YANO, KŌJI: *Yūka shōken ni kakaru tōshi-komongyō no kisei-tō ni kansuru hōritsu* [Das Gesetz zur Regulierung des Gewerbes der Wertpapieranlageberatung], in: Hōrei Kaisetsu shiryō sōran Nr. 56 (1986), 48-51 (zitiert: K. YANO (1986)).

YASUNAGA, MASAAKI: *Seinen kōken seido* [Das System der Vormundschaft für Volljährige], in: Hōgaku Kyōshitsu (2000) Nr. 236, 42-47 (1); Nr. 237, 53-59 (2); Nr. 238, 46-51 (3); Nr. 239, 54-61 (4) (zitiert: M. YASUNAGA (2000)).

YEOMANS, RUSSEL ALLEN: Administrative Guidance: A Peregrine View, in: Law in Japan 19 (1986), 125-167 (zitiert: R.A. YEOMANS (1986)).

YOKOYAMA, MIKA: *Keiyaku teiketsu katei ni okeru jōhō teikyō gimu* [Aufklärungspflichten im Stadium des Vertragsschlusses], in: Jurisuto Nr. 1094 (1996), 128-138 (zitiert: M. YOKOYAMA (1996)).

YOKOYAMA, MIKA: *Tetsuke* [Die Draufgabe], in: T. Hironaka / E. Hoshino (Hrsg.), *Minpō-ten no hyaku-nen III* [Hundert Jahre Zivilgesetzbuch III], Tokyo 1998, 309-336 (zitiert: M. YOKOYAMA (1998)).

YONEDA, YORIHIKO: *Shōhisha hogo jōrei* [Verbraucherschutzsatzungen], in: T. Iwasaki (Hrsg.), *Jōrei to kisoku, Jitsumu chihō jichi-hō kōza 2-kan* [Satzungen und Bestimmungen, Reihe Praxis des Rechts der regionalen Selbstverwaltung Band 2], Tokyo 1990, 295-308 (zitiert: Y. YONEDA (1990).

YOSHIDA, MOTOKO: Recent Legislative Development of ADR in Japan, in: Zeitschrift für Japanisches Recht Nr. 20 (2005), 193-207 (zitiert: M. YOSHIDA (2005)).

YOSHIDA, YUTAKA: Die Rezeption des japanischen BGB und der sogenannte „Kodifikationsstreit", in: W. Müller-Freienfels u.a. (Hrsg.), Recht in Japan Heft 6, Frankfurt a.M. 1986, 7-32 (zitiert: Y. YOSHIDA (1986)).

YOSHIMURA, HIROTO: *Bukka tōsei-rei no kaisetsu* [Erläuterungen zur Preiskontrollverordnung], in: Keisatsu-gaku no Ronshū Band 27 Nr. 4 (1974), 129-151 (zitiert: H. YOSHIMURA (1974)).

YOSHIMURA, RYŌICHI: *Minpō 710-jō, 711-jō (zaisan igai no songai no baishō)* [Artt. 710, 711 ZG (der Ersatz von anderen Schäden als Vermögensschäden)], in: T. Hironaka / E. Hoshino (Hrsg.), *Minpō-ten no hyaku-nen III* [Hundert Jahre Zivilgesetzbuch III], Tokyo 1998, 631-672 (zitiert: R. YOSHIMURA (1998)).

YOSHIOKA, HIROYUKI: Gesetzlicher Verbraucherschutz in Japan, in: Z. Kitagawa / M. Rehbinder (Hrsg.), Gegenwartsprobleme des Verbraucherschutzes, Reihe Japanisches Recht Band 3, Köln u.a. 1978, 65-112 (zitiert: H. YOSHIOKA (1978)).

YOUNG, MICHAEL: Judicial Review of Administrative Guidance – Governmentally Encouraged Consensual Dispute Resolution in Japan, in: Columbia Law Review (1984), 923-983 (zitiert: M. YOUNG (1984)).

YOUNG, NANCY: Japan's New Product Liability Law: Increased Protection for Consumers, in: Loyola of Los Angeles International and Comparative Law Journal (1996), 893-919 (zitiert: N. YOUNG (1996)).

ZWEIGERT, KONRAD: „Rechtsgeschäft" und „Vertrag" heute, in: E. von Caemmerer u.a. (Hrsg.) Festschrift für Max Rheinstein, Band II, Tübingen 1969, 493-504 (zitiert: K. ZWEIGERT (1969)).

ZWEIGERT, KONRAD / KÖTZ, HEIN: Einführung in die Rechtsvergleichung auf dem Gebiete des Privatrechts, Band II: Institutionen, Tübingen 1984 (zitiert: K. ZWEIGERT / H. KÖTZ (1984)).

ZWEIGERT, KONRAD / KÖTZ, HEIN: Einführung in die Rechtsvergleichung auf dem Gebiete des Privatrechts, 3. Auflage, Tübingen 1996 (zitiert: K. ZWEIGERT / H. KÖTZ (1996)).

# Sachwortverzeichnis

Abschlußzwang 8, 283, 455 ff.
AGB
- Einbeziehung 424 ff.
- Fachkommissionen 418 ff.
- Kontrolle 164, 179, 259 ff. 409 ff.
- Kontrolle durch Verwaltung 411 ff.
- Kontrolle durch Gerichte 422 ff.
- Kontrolle durch Präfekturbehörden 420 ff.
- verdeckte Inhaltskontrolle 422 ff. 427 ff.

Anfechtung
- wegen Drohung 15, 73, 106, 130 ff., 254, 257 f.
- wegen Täuschung 15 f., 106 ff., 125 ff., 205, 254 ff.
- aufgrund des HGG 304, 306, 312, 316, 321, 324, 383 f., 391 ff.
- aufgrund des VerbrVG 255 ff.

Antimonopolgesetz 27, 43, 50, 194
Arzneimittelgesetz 33, 36 f.
*akutoku shōhō* 78, 81, 84, 184

Beistandschaft 144, 150 ff.
Belgische Diamanten Fall 235 ff.
BSE 42,

*culpa in contrahendo* 109, 132 ff., 399, 408

Darlehensverträge 17, 26, 86, 153, 158, 168, 170, 288 ff.
Daseinsvorsorge 22 f., 25, 68 ff., 76, 86 ff., 411 f., 435, 458, 463, 477
Deregulierung 39 ff., 47, 90 ff., 284, 465, 490
Deliktsrecht
- Anspruchsgegner 204 ff., 209, 215
- Rechtswidrigkeit 161 f., 179, 187 ff., 200 ff., 212, 216, 226

- Haftung von Beteiligten 207 ff., 209 ff., 211 ff.
- Haftung von Verrichtungsgehilfen 207 ff.
- von Organen, Gesellschaftern 211 ff.

E-Mail-Gesetz 45, 309 ff.

Finanzanlagegeschäfte 39, 45, 83, 84 ff., 181, 184, 396 ff.
Finanzproduktehandelsgesetz 45, 396 ff.
Fernabsatzgeschäfte 79, 308 ff., 357
Fondsgesetz 43, 348 ff.
Forderungshandelsgesetz 43, 350
Franchisegeschäfte 63, 314,
Funktionsträger (bei Aktiengesellschaften)
- zum Begriff 185, 211 ff.

Gebäudemietgesetz 19, 22, 270
gefährliche Produkte 30, 34, 37
Geldverleihgewerbe
- gesetz 40, 288 ff.
Generalmobilmachung 21
Genossenschaftsbewegung 13, 18, 24
Geschäfte
- finanzierte 288 ff.
- unlautere 39, 51, 184, 184, 335, 381
- wucherische 24ff., 38 ff., 85 ff., 154 ff., 157 ff., 160 ff., 179, 290 ff.,
Geschäftsfähigkeit
- beschränkte 15, 45, 140 ff.
Geschäftsleitungsorgane
- von Aktiengesellschaften 53, 185, 204 f., 211 ff.

Geschäftspraktiken
- unlautere 44, 78, 217, 245, 345
Geschäftsverkehr
- unerlaubte Handlungen im 183 f., 210
Gesellschaftsrechtsreform 53
Gesetz
- über den gewerblichen Handel mit Erdölprodukten 469
- über die Förderung der Angemessenheit von Angebot und Nachfrage von Erdölprodukten 38, 469 f.
- über die Vermittlung von Termingeschäften 41, 218, 344 f.
- über die Qualitätskennzeichnung von Haushaltswaren 33
- über die Sicherheit von elektrischen Gebrauchsgütern 33
- über die Sicherheit von Gebrauchsgütern des täglichen Lebens 37
- über die Warenbörsen 41, 164 ff., 198, 216 ff., 398
- über Finanztermingeschäfte 41, 47
- zur Förderung der Qualität von Wohnhäusern 44, 169
- zur Regelung von Prepaid-Cards 41
- zur Regulierung des Gewerbes der Wertpapieranlageberatung 41, 347 f.
- zur Regulierung des Gewerbes des Handels mit Hypothekenbriefen 41
- zur Regulierung und Kontrolle des Geldverleihgewerbes 40, 288 ff.
Gesetze, Verstoß gegen 167 ff., 195 ff., 451 ff., 461 f., 467 f.
Golfclubgesetz 43, 349 f., 376
Grundstücksmietgesetz 19, 22, 270, 281
*gōi no kashi ron* 110
*gyōsei shidō* 6, 412

Handelsgeschäftegesetz 44, 47, 63, 78 f., 82 ff., 301 ff., 383 ff.
Handelsgesellschaften 52 ff., 215
Handlungsfähigkeit
- beschränkte 16, 140 ff.
Hausfrauenvereinigungen 23, 69

Haustür- und Vertretergeschäfte
- gesetz 39, 41, 236, 241, 301
Heimarbeit 63, 80, 322 ff.
Hilfspersonen, des Unternehmers
- Definition 61, 130, 182
HIV-Fall 42

*ichi-gen-ron*-Theorie 118 ff.
*ihōsei* 161 f., 179, 187 ff., 200 ff., 212, 216, 226
Immobilienfondsgesetz 43, 351
Immobiliengewerbegesetz 27, 36, 171, 343 f.
Immobilienmietgesetz 44, 168, 270 ff.
informelles Verwaltungshandeln 6, 412, 451 f., 478, 486
informelle Verwaltungslenkung 6, 412, 451 f., 478, 486
Irrtum 15, 45, 54, 106, 114 ff., 201, 246, 255, 405
Irrtumssondergesetz 45, 116 f., 308 f.

John F. Kennedy 12
*jōrei* 37, 411 f., 473 ff.
Justizreform 46, 94 f.

*Kanemi* Speiseölfall 30
Kapitaleinlagengesetz 26, 40, 231 ff., 289 ff.
*Kawashima, Takeyoshi* 97, 99
Kettenabsatzgeschäfte 79, 82, 163, 166, 202, 213, 236 ff., 313 ff., 339 f., 389 f.,
Kleinanlegerschutz 84 ff.
*Kokumin Seikatsu Sentā* 483
*Kokumin Seikatsu Shingi-kai* 33, 246, 483
Konsumgenossenschaften 12, 24, 28, 69
- Bewegung 13, 18, 24
- Gesetz 28
Kreditgeschäfte 26, 32, 85 f., 288 ff., 300, 357
Kriegswirtschaft 18 ff.
Kündigungsrechte 384 ff.
*kyōhaku* 15, 73, 106, 130 ff., 254, 257 f.

LLC 53
LLP 53, 185, 212

*maruchi magai shōhō* 82, 236
*maruchi shōhō* 82
marxistische Rechtslehre 99
Minderjährige 68, 15 f., 140 ff.
Mitsubishi Motors 42
Mitverschulden 162, 182, 203 ff., 220,
    222, 225, 227, 231, 239, 244, 406
*Morinaga* Arsenmilch-Fall 30
*Meiji*-Restauration 14
*Meiji*-Zeit 14 ff., 26, 47, 93, 98
Mietverträge
- Kündigung 274 ff.
- befristete 284 ff.
- Regelungen zum Mietzins 22, 25, 278 ff.

Nahrungsmittelgesetz
Nahrungsmittelmengen-Kontrollgesetz 21, 25
Negativoption 302
*nise gyūkan jiken* 31
Nachkriegszeit
- Wiederaufbau 23 ff., 29
*naishoku shōhō* 63, 80, 83, 322 ff.
Normen, Verstoß gegen 167 ff.,
    195 ff., 451 ff., 461 f., 477 f., 480, 481
Notstandsgesetze 38,

Ölkrise 38, 466, 474
*Ōmura, Atsushi* 45
Opferentschädigungsfonds 37

Pflegschaft 149 ff.
Preiskontrolle 25, 87, 294, 459 ff., 477 f.
Produkthaftungsgesetz 42, 91

Rechtsnormen
- Verletzung von 167 ff., 195 ff., 451 ff., 461 f., 477 f., 480, 481
Rechtswidrigkeit 161 f., 179, 187 ff., 200 ff., 212, 216, 226
Reisgesetz 20, 21, 462 ff.
Reisegewerbegesetz 27, 36

Reispreis 462 ff.
*relational contract* 97
Rezeption 15

sagi 15 f., 106 ff., 125 ff., 205, 254 ff.
*sagiteki shōhō* 78, 184
*sakugo* 15, 45, 54, 106, 114 ff., 201, 246, 255, 405
Schadensersatz
- immaterieller 205
- deliktsrechtlicher 134, 201 f., 203 ff.
- Rechtsanwaltskosten 212 ff., 221, 224, 225, 228, 231, 233, 241, 243
- pauschalen 158 f., 169, 170, 260, 262 f., 295, 296, 303, 308, 313, 325
Schneeballgeschäfte
- Verbotsgesetz 39, 82, 166
*seikatsu-sha* 12, 22, 28, 64, 66, 68 ff., 87, 103
*Seikyōren* 24, 31,
Sittenwidrigkeit 15, 139, 142, 153 ff., 193, 196, 199 f., 221, 223,
*Shōdanren* 31
*Shufuren* 23, 31
S.M.O.N.-Fall 30 f., 37
Snow Brand 42
soziale
- Periode 18 ff.
- Rechtstheorien 95 ff.
*Spam* 45
strafrechtliche Sanktionen 192, 269, 292, 294, 296, 300, 306 ff., 453 ff.
Streitschlichtung 47, 60, 91, 94, 483 ff.
Streitschlichtungsstellen 60, 91, 483 ff.

*Taishō*-Zeit 12 f., 15, 18, 19, 409
Teilzahlungsgesetz 33, 36, 38, 40, 41, 51, 298 ff., 328 ff., 332 ff., 360 ff.
Telefongeschäfte 79, 337 ff., 356, 357, 376, 377, 384
Thalidomid-Fall 30
*torihikiteki fuhō kōi* 183, 214
Toyota Shōji Fall 41, 213, 229 ff.

*Uchida, Takashi* 97
Ungleichgewicht
- strukturelles 2, 15, 29, 54 ff., 109
- Folgerungen 60 ff.
Unternehmer
- Definition 2, 49 ff., 248, 249 ff., 251 ff., 303, 397

Verbraucher
- behörden 47, 60, 420 f.
- Bild des 64 ff., 70, 101
- Definition 2, 49 ff., 65 ff., 88, 248 ff., 303, 397
- grundgesetz 35 ff., 50
- kreditgeschäfte 26, 32, 86, 288 ff., 357
- preise, Kontrolle von 25, 87, 294, 459 ff., 477 f.
- recht, Aufgaben 11, 24, 35 f., 60 ff., 71 ff., 76, 88, 101 f.
- schutzkonferenz 35, 47
- überschuldung 39, 40, 357
- vertragsgesetz 2, 49 f., 51, 55, 63, 65, 78, 81, 84, 86 f., 91, 110, 124, 169, 179, 245 ff., 407, 410
- zentren 36
Verbraucherschutz
- satzungen 37, 411 f., 473 ff.
- grundgesetz 35 ff., 46, 50, 474
- konferenz 35, 47, 483
Verordnung
- über die Preiskontrolle 25, 466 ff.
- über die Kontrolle der Höhe des Mietzinses 22, 278, 465
Verrichtungsgehilfenhaftung 207 ff.
Versicherungsgewerbegesetz
Vertrags
- gerechtigkeit 62, 64, 71, 98 f., 155
- prozeß 97
- strafen 158 f., 169, 170, 260, 262 f., 295, 296, 303, 308, 313, 325
- zwang 8, 283, 455 ff.
verwaltungsrechtliche Sanktionen 315, 316, 451 ff.
Vormundschaft 16, 44 f., 141 ff., 147 ff., 358

- gewillkürte 44 f., 141, 144 ff., 147 f.
- für Erwachsene 16, 44 f., 141 ff., 147 ff., 358

*Wagatsuma, Sakae* 96, 159, 188
Warenbörsengesetz 41, 164 ff., 198, 216 ff., 398
Warentermingeschäfte 39, 83, 127 f., 163 ff., 216 ff., 266, 328, 345, 357, 398, 408,
Weltanschauungen 89 ff.
Werbe-E-Mails 45, 309 f.
Widerrufsrecht, -e
- Terminologie 329 ff.
- Einschränkung 376 ff.
- Formulierung, Gesetzestechnik 360 ff.
- Erfüllungsanspruch 364 ff.
- Frist 370 ff.
- nach dem TzG 332 ff., 370 ff.,
- nach dem HGG 334 ff.
- nach dem ImmobGG 343 ff.
- nach dem AWarenterminGG 344 f.
- nach dem VerwahrungsGG 346 f.
- nach dem WpABG 347 f., 360 ff.
- nach dem FondsG 348 ff.
- nach dem GolfclubG 349 f.
- nach dem ForderungHG 350
- nach dem ImmobilienfondsG 351
- nach dem VGG 351 ff.
- Rechtsfolgen 377 ff.
Wiederaufbau 23 ff., 29
Willensfähigkeit 142, 143 f., 145, 147
Wohlfahrtsstaat 100
Wucher
- lehre 154 f., 160 ff., 179
- zinsen 290 ff.

Zinsbeschränkungsgesetz 26, 158, 168 f., 172, 265, 290 ff.
Zivilgesetzreform 47
zwingende Normen 75, 167 ff., 177, 179, 269, 325, 410
- privatrechtliche 167 ff.
- öffentlich-rechtliche 177 f.

# Studien zum ausländischen und internationalen Privatrecht

## Alphabetische Übersicht

*Adam, Wolfgang:* Internationaler Versorgungsausgleich. 1985. Band 13.
*Ady, Johannes:* Ersatzansprüche wegen immaterieller Einbußen. 2004. Band 136.
*Ahrendt, Achim:* Der Zuständigkeitsstreit im Schiedsverfahren. 1996. Band 48.
*Amelung, Ulrich:* Der Schutz der Privatheit im Zivilrecht. 2002. Band 97.
*Anderegg, Kirsten:* Ausländische Eingriffsnormen im internationalen Vertragsrecht. 1989. Band 21.
*Athanassopoulou, Victoria:* Schiffsunternehmen und Schiffsüberlassungsverträge. 2005. Band 151.
*Bälz, Moritz:* Die Spaltung im japanischen Gesellschaftsrecht. 2005. Band 158.
*Bartels, Hans-Joachim:* Methode und Gegenstand intersystemarer Rechtsvergleichung. 1982. Band 7.
*Bartnik, Marcel:* Der Bildnisschutz im deutschen und französischen Zivilrecht. 2004. Band 128.
*Basedow, Jürgen / Wurmnest, Wolfgang:* Die Dritthaftung von Klassifikationsgesellschaften. 2004. Band 132.
*Basedow, Jürgen* (Hrsg.): Europäische Verkehrspolitik. 1987. Band 16.
*– / Scherpe, Jens M.* (Hrsg.): Transsexualität, Staatsangehörigkeit und internationales Privatrecht. 2004. Band 134.
*Baum, Harald:* Alternativanknüpfungen. 1985. Band 14.
*Behrens, Peter:* siehe *Hahn, H.*
*Beulker, Jette:* Die Eingriffsnormenproblematik in internationalen Schiedsverfahren. 2005. Band 153.
*Böhmer, Martin:* Das deutsche internationale Privatrecht des timesharing. 1993. Band 36.
*Boelck, Stefanie:* Reformüberlegungen zum Haager Minderjährigenschutzabkommen von 1961. 1994. Band 41.
*Brand, Oliver:* Das internationale Zinsrecht Englands. 2002. Band 98.
*Brockmeier, Dirk:* Punitive damages, multiple damages und deutscher ordre public. 1999. Band 70.
*Brückner, Bettina:* Unterhaltsregreß im internationalen Privat- und Verfahrensrecht. 1994. Band 37.
*Buchner, Benedikt:* Kläger- und Beklagtenschutz im Recht der internationalen Zuständigkeit. 1998. Band 60.
*Busse, Daniel:* Internationales Bereicherungsrecht. 1998. Band 66.
*Dawe, Christian:* Der Sonderkonkurs des deutschen Internationalen Insolvenzrechts. 2005. Band 159.
*Dernauer, Marc:* Verbraucherschutz und Vertragsfreiheit im japanischen Recht. 2006. Band 164.
*Dilger, Jörg:* Die Regelungen zur internationalen Zuständigkeit in Ehesachen in der Verordnung (EG) Nr. 2201/2003. 2004. Band 116.
*Döse-Digenopoulos, Annegret:* Der arbeitsrechtliche Kündigungsschutz in England. 1982. Band 6.

*Dohrn, Heike:* Die Kompetenzen der Europäischen Gemeinschaft im Internationalen Privatrecht. 2004. *Band 133.*

*Dopffel, Peter* (Hrsg.): Ehelichkeitsanfechtung durch das Kind. 1990. *Band 23.*

– (Hrsg.): Kindschaftsrecht im Wandel. 1994. *Band 40.*

–, *Ulrich Drobnig* und *Kurt Siehr* (Hrsg.): Reform des deutschen internationalen Privatrechts. 1980. *Band 2.*

*Dornblüth, Susanne:* Die europäische Regelung der Anerkennung und Vollstreckbarerklärung von Ehe- und Kindschaftsentscheidungen. 2003. *Band 107.*

*Drappatz, Thomas:* Die Überführung des internationalen Zivilverfahrensrechts in eine Gemeinschaftskompetenz nach Art. 65 EGV. 2002. *Band 95.*

*Drobnig, Ulrich:* siehe *Dopffel, Peter.*

*Eichholz, Stephanie:* Die US-amerikanische Class Action und ihre deutschen Funktionsäquivalente. 2002. *Band 90.*

*Eisele, Ursula S.:* Holdinggesellschaften in Japan. 2004. *Band 121.*

*Eisenhauer, Martin:* Moderne Entwicklungen im englischen Grundstücksrecht. 1997. *Band 59.*

*Ernst, Ulrich:* Mobiliarsicherheiten in Deutschland und Polen. 2005. *Band 148.*

*Eschbach, Sigrid:* Die nichteheliche Kindschaft im IPR – Geltendes Recht und Reform. 1997. *Band 56.*

*Faust, Florian:* Die Vorhersehbarkeit des Schadens gemäß Art. 74 Satz 2 UN-Kaufrecht (CISG). 1996. *Band 50.*

*Fenge, Anja:* Selbstbestimmung im Alter. 2002. *Band 88.*

*Fetsch, Johannes:* Eingriffsnormen und EG-Vertrag. 2002. *Band 91.*

*Fischer-Zernin, Cornelius:* Der Rechtsangleichungserfolg der Ersten gesellschaftsrechtlichen Richtlinie der EWG. 1986. *Band 15.*

*Förster, Christian:* Die Dimension des Unternehmens. 2003. *Band 101.*

*Forkert, Meinhard:* Eingetragene Lebenspartnerschaften im deutschen IPR: Art. 17b EGBGB. 2003. *Band 118.*

*Freitag, Robert:* Der Einfluß des Europäischen Gemeinschaftsrechts auf das Internationale Produkthaftungsrecht. 2000. *Band 83.*

*Fricke, Martin:* Die autonome Anerkennungszuständigkeitsregel im deutschen Recht des 19. Jahrhunderts. 1993. *Band 32.*

*Fricke, Verena:* Der Unterlassungsanspruch gegen Presseunternehmen zum Schutze des Persönlichkeitsrechts im internationalen Privatrecht. 2003. *Band 110.*

*Fröschle, Tobias:* Die Entwicklung der gesetzlichen Rechte des überlebenden Ehegatten. 1996. *Band 49.*

*Fromholzer, Ferdinand:* Consideration. 1997. *Band 57.*

*Ganssauge, Niklas:* Internationale Zuständigkeit und anwendbares Recht bei Verbraucherverträgen im Internet. 2004. *Band 126.*

*Godl, Gabriele:* Notarhaftung im Vergleich. *Band 85.*

*Gottwald, Walther:* Streitbeilegung ohne Urteil. 1981. *Band 5.*

*Graf, Ulrike:* Die Anerkennung ausländischer Insolvenzentscheidungen. 2003. *Band 113.*

*Grigera Naón, Horacio A.:* Choice of Law Problems in International Commercial Arbitration. 1992. *Band 28.*

*Grolimund, Pascal:* Drittstaatenproblematik des europäischen Zivilverfahrensrechts. 2000. *Band 80.*

*Hahn, H. u.a.:* Die Wertsicherung der Young-Anleihe. Hrsg. von Peter Behrens. 1984. *Band 10.*

*Handorn, Boris:* Das Sonderkollisionsrecht der deutschen internationalen Schiedsgerichtsbarkeit. 2005. *Band 141.*

*Hartenstein, Olaf:* Die Privatautonomie im Internationalen Privatrecht als Störung des europäischen Entscheidungseinklangs. 2000. *Band 81.*

*Hein, Jan von:* Das Günstigkeitsprinzip im Internationalen Deliktsrecht. 1999. *Band 69.*

*Heiss, Helmut* (Hrsg.): Zivilrechtsreform im Baltikum. 2006. *Band 161.*

*Hellmich, Stefanie:* Kreditsicherungsrechte in der spanischen Mehrrechtsordnung. 2000. *Band 84.*

*Hellwege, Phillip:* Die Rückabwicklung gegenseitiger Verträge als einheitliches Problem. 2004. *Band 130.*

*Hinden, Michael von:* Persönlichkeitsverletzungen im Internet. 1999. *Band 74.*

*Hippel, Thomas von:* Der Ombudsmann im Bank- und Versicherungswesen. 2000. *Band 78.*

*Hutner, Armin:* Das internationale Privat- und Verfahrensrecht der Wirtschaftsmediation. 2005. *Band 156.*

*Hye-Knudsen, Rebekka:* Marken-, Patent- und Urheberrechtsverletzungen im europäischen Internationalen Zivilprozessrecht. 2005. *Band 149.*

*Janssen, Helmut:* Die Übertragung von Rechtsvorstellungen auf fremde Kulturen am Beispiel des englischen Kolonialrechts. 2000. *Band 79.*

*Jeremias, Christoph:* Internationale Insolvenzaufrechnung. 2005. *Band 150.*

*Jung, Holger:* Ägytisches internationales Vertragsrecht. 1999. *Band 77.*

*Junge, Ulf:* Staatshaftung in Argentinien. 2002. *Band 100.*

*Kadner, Daniel:* Das internationale Privatrecht von Ecuador. 1999. *Band 76.*

*Kannengießer, Matthias N.:* Die Aufrechnung im internationalen Privat- und Verfahrensrecht. 1998. *Band 63.*

*Kapnopoulou, Elissavet N.:* Das Recht der mißbräuchlichen Klauseln in der Europäischen Union. 1997. *Band 53.*

*Karl, Anna-Maria:* Die Anerkennung von Entscheidungen in Spanien. 1993. *Band 33.*

*Karl, Matthias:* siehe *Veelken, Winfried.*

*Kern, Christoph:* Die Sicherheit gedeckter Wertpapiere. 2004. *Band 135.*

*Kircher, Wolfgang:* Die Voraussetzungen der Sachmängelhaftung beim Warenkauf. 1998. *Band 65.*

*Klauer, Stefan:* Das europäische Kollisionsrecht der Verbraucherverträge zwischen Römer EVÜ und EG-Richtlinien. 2002. *Band 99.*

*Kleinschmidt, Jens:* Der Verzicht im Schuldrecht. 2004. *Band 117.*

*Kliesow, Olaf:* Aktionärsrechte und Aktionärsklagen in Japan. 2001. *Band 87.*

*Köhler, Martin:* Die Haftung nach UN-Kaufrecht im Spannungsverhältnis zwischen Vertrag und Delikt. 2003. *Band 111.*

*Koerner, Dörthe:* Fakultatives Kollisionsrecht in Frankreich und Deutschland. 1995. *Band 44.*

*Kopp, Beate:* Probleme der Nachlaßabwicklung bei kollisionsrechtlicher Nachlaßspaltung. 1997. *Band 55.*

*Kronke, Herbert:* Rechtstatsachen, kollisionsrechtliche Methodenentfaltung und Arbeitnehmerschutz im internationalen Arbeitsrecht. 1980. *Band 1.*

*Landfermann, Hans-Georg:* Gesetzliche Sicherungen des vorleistenden Verkäufers. 1987. *Band 18.*

*Leicht, Steffen:* Die Qualifikation der Haftung von Angehörigen rechts- und wirtschaftsberatender Berufe im grenzüberschreitenden Dienstleistungsverkehr. 2002. *Band 82.*

*Studien zum ausländischen und internationalen Privatrecht*

*Linhart, Karin:* Internationales Einheitsrecht und einheitliche Auslegung. 2005. *Band 147.*

*Linker, Anja Celina:* Zur Neubestimmung der Ordnungsaufgaben im Erbrecht in rechtsvergleichender Sicht. 1999. *Band 75.*

*Lohmann, Arnd:* Parteiautonomie und UN-Kaufrecht. 2005. *Band 119.*

*Lorenz, Verena:* Annexverfahren bei Internationalen Insolvenzen. 2005. *Band 140.*

*Lüke, Stephan:* Punitive Damages in der Schiedsgerichtsbarkeit. 2003. *Band 105.*

*Meier, Sonja:* Irrtum und Zweckverfehlung. 1999. *Band 68.*

*Melin, Patrick:* Gesetzesauslegung in den USA und in Deutschland. 2004. *Band 137.*

*Minuth, Klaus:* Besitzfunktionen beim gutgläubigen Mobiliarerwerb im deutschen und französischen Recht. 1990. *Band 24.*

*Mistelis, Loukas A.:* Charakterisierungen und Qualifikation im internationalen Privatrecht. 1999. *Band 73.*

*Mörsdorf-Schulte, Juliana:* Funktion und Dogmatik US-amerikanischer punitive damages. 1999. *Band 67.*

*Morawitz, Gabriele:* Das internationale Wechselrecht. 1991. *Band 27.*

*Müller, Achim:* Grenzüberschreitende Beweisaufnahme im Europäischen Justizraum. 2004. *Band 125.*

*Müller, Carsten:* International zwingende Normen des deutschen Arbeitsrechts. 2005. *Band 157.*

*Nemec, Jirí:* Ausländische Direktinvestitionen in der Tschechischen Republik. 1997. *Band 54.*

*Neumann, Nils:* Bedenkzeit vor und nach Vertragsabschluß. 2005. *Band 142.*

*Neunhoeffer, Friederike:* Das Presseprivileg im Datenschutzrecht. 2005. *Band 146.*

*Niklas, Isabella Maria:* Die europäische Zuständigkeitsordnung in Ehe- und Kindschaftsverfahren. 2003. *Band 106.*

*Nojack, Jana:* Exklusivnormen im IPR. 2005. *Band 152.*

*Pattloch, Thomas:* Das IPR des geistigen Eigentums in der VR China. 2003. *Band 103.*

*Peinze, Alexander:* Internationales Urheberrecht in Deutschland und England. 2002. *Band 92.*

*Pfeil-Kammerer, Christa:* Deutsch-amerikanischer Rechtshilfeverkehr in Zivilsachen. 1987. *Band 17.*

*Plett, K.* und *K.A. Ziegert* (Hrsg:) Empirische Rechtsforschung zwischen Wissenschaft und Politik. 1984. *Band 11.*

*Pißler, Knut B.:* Chinesisches Kapitalmarktrecht. 2004. *Band 127.*

*Reichert-Facilides, Daniel:* Fakultatives und zwingendes Kollisionsrecht. 1995. *Band 46.*

*Reiter, Christian:* Vertrag und Geschäftsgrundlage im deutschen und italienischen Recht. 2002. *Band 89.*

*Richter, Stefan:* siehe *Veelken, Winfried.*

*Rohe, Mathias:* Zu den Geltungsgründen des Deliktsstatus. 1994. *Band 43.*

*Rothoeft, Daniel D.:* Rückstellungen nach § 249 HGB und ihre Entsprechungen in den US-GAAP und IAS. 2004. *Band 122.*

*Rühl, Giesela:* Obliegenheiten im Versicherungsvertragsrecht. 2004. *Band 123.*

*Rusch, Konrad:* Gewinnhaftung bei Verletzung von Treuepflichten. 2003. *Band 109.*

*Sachsen Gessaphe, Karl August Prinz von:* Das Konkubinat in den mexikanischen Zivilrechtsordnungen. 1990. *Band 22.*

*Sandrock, Andrea:* Vertragswidrigkeit der Sachleistung. 2003. *Band 104.*

*Studien zum ausländischen und internationalen Privatrecht*

*Schärtl, Christoph:* Das Spiegelbildprinzip im Rechtsverkehr mit ausländischen Staatenverbindungen. 2005. *Band 145.*
*Schepke, Jan:* Das Erfolgshonorar des Rechtsanwalts. 1998. *Band 62.*
*Scherpe, Jens M.:* Außergerichtliche Streitbeilegung in Verbrauchersachen. 2002. *Band 96.*
–: siehe *Basedow, J.*
*Schilf, Sven:* Allgemeine Vertragsgrundregeln als Vertragsstatut. 2005. *Band 138.*
*Schimansky, Annika:* Der Franchisevertrag nach deutschem und niederländischem Recht. 2003. *Band 112.*
*Schindler, Thomas:* Rechtsgeschäftliche Entscheidungsfreiheit und Drohung. 2005. *Band 139.*
*Schlichte, Johannes:* Die Grundlage der Zwangsvollstreckung im polnischen Recht. 2005. *Band 144.*
*Schmidt, Claudia:* Der Haftungsdurchgriff und seine Umkehrung im internationalen Privatrecht. 1993. *Band 31.*
*Schmidt-Parzefall, Thomas:* Die Auslegung des Parallelübereinkommens von Lugano. 1995. *Band 47.*
*Schnyder, Anton K.:* Internationale Versicherungsaufsicht zwischen Wirtschaftsrecht und Kollisionsrecht. 1989. *Band 20.*
*Scholz, Ingo:* Das Problem der autonomen Auslegung des EuGVÜ. 1998. *Band 61.*
*Schütze, Elisabeth:* Zession und Einheitsrecht. 2005. *Band 155.*
*Seibt, Christoph H.:* Zivilrechtlicher Ausgleich ökologischer Schäden. 1994. *Band 42.*
*Seif, Ulrike:* Der Bestandsschutz besitzloser Mobiliarsicherheiten. 1997. *Band 52.*
*Sieghörtner, Robert:* Internationales Straßenverkehrsunfallrecht. 2002. *Band 93.*
*Siehr, Kurt:* siehe *Dopffel, Peter.*
*Söhngen, Martin:* Das internationale Privatrecht von Peru. 2006. *Band 162.*
*Solomon, Dennis:* Der Bereicherungsausgleich in Anweisungsfällen. 2004. *Band 124.*
*Sonnentag, Michael:* Der Renvoi im Internationalen Privatrecht. 2001. *Band 86.*
*Spahlinger, Andreas:* Sekundäre Insolvenzverfahren bei grenzüberschreitenden Insolvenzen. 1998. *Band 64.*
*Stegmann, Oliver:* Tatsachenbehauptung und Werturteil in der deutschen und französischen Presse. 2004. *Band 120.*
*Stiller, Dietrich F.R.:* Das internationale Zivilprozeßrecht der Republik Korea. 1989. *Band 19.*
*Takahashi, Eiji:* Konzern und Unternehmensgruppe in Japan – Regelung nach deutschem Modell? 1994. *Band 38.*
*Tassikas, Apostolos:* Dispositives Recht und Rechtswahlfreiheit als Ausnahmebereiche der EG-Grundfreiheiten. 2004. *Band 114.*
*Thiele, Christian:* Die zivilrechtliche Haftung der Tabakindustrie. 2003. *Band 115.*
*Thoms, Cordula:* Einzelstatut bricht Gesamtstatut. 1996. *Band 51.*
*Tiedemann, Andrea:* Internationales Erbrecht in Deutschland und Lateinamerika. 1993. *Band 34.*
*Tiedemann, Stefan:* Die Haftung aus Vermögensübernahme im internationalen Recht. 1995. *Band 45.*
*Trulsen, Marion:* Pflichtteilsrecht und englische family provision im Vergleich. 2004. *Band 129.*
*Veelken, Winfried, Matthias Karl, Stefan Richter:* Die Europäische Fusionskontrolle. 1992. *Band 30.*
*Verse, Dirk A.:* Verwendungen im Eigentümer-Besitzer-Verhältnis. 1999. *Band 72.*

*Studien zum ausländischen und internationalen Privatrecht*

*Waehler, Jan P.* (Hrsg.): Deutsch-polnisches Kolloquium über Wirtschaftsrecht und das Recht des Persönlichkeitsschutzes. 1985. *Band 12.*
– (Hrsg.): Deutsches und sowjetisches Wirtschaftsrecht. Band 1. 1981. *Band 4.*
– Band 2. 1983. *Band 9.*
– Band 3. 1990. *Band 25.*
– Band 4. 1990. *Band 26.*
– Band 5. 1991. *Band 28.*
*Wang, Xiaoye:* Monopole und Wettbewerb in der chinesischen Wirtschaft. 1993. *Band 35.*
*Wazlawik, Thomas:* Die Konzernhaftung der deutschen Muttergesellschaft für die Schulden ihrer US-amerikanischen Tochtergesellschaft. 2004. *Band131.*
*Weishaupt, Axel:* Die vermögensrechtlichen Beziehungen der Ehegatten im brasilianischen Sach- und Kollisionsrecht. 1981. *Band 3.*
*Weller, Matthias:* Ordre-public-Kontrolle internationaler Gerichtsstandsvereinbarungen im autonomen Zuständigkeitsrecht. 2005. *Band 143.*
*Wesch, Susanne:* Die Produzentenhaftung im internationalen Rechtsvergleich. 1994. *Band 39.*
*Weyde, Daniel:* Anerkennung und Vollstreckung deutscher Entscheidungen in Polen. 1997. *Band 58.*
*Wiese, Volker:* Der Einfluß des Europäischen Rechts auf das Internationale Sachenrecht der Kulturgüter. 2006. *Band 160.*
*Willemer, Charlotte:* Vis attractiva concursus und die Europäische Insolvenzverordnung. 2006. *Band 163.*
*Witzleb, Normann:* Geldansprüche bei Persönlichkeitsverletzungen durch Medien. 2002. *Band 94.*
*Wu, Jiin Yu:* Der Einfluß des Herstellers auf die Verbraucherpreise nach deutschem und taiwanesischem Recht. 1999. *Band 71.*
*Wurmnest, Wolfgang:* Grundzüge eines europäischen Haftungsrechts. 2003. *Band 102.*
–: siehe *Basedow, J.*
*Zeeck, Sebastian:* Das Internationale Anfechtungsrecht in der Insolvenz. 2003. *Band 108.*
*Ziegert, K.A.:* siehe *Plett, K.*
*Zobel, Petra:* Schiedsgerichtsbarkeit und Gemeinschaftsrecht. 2005. *Band 154.*

*Einen Gesamtkatalog erhalten Sie kostenlos vom Verlag*
*Mohr Siebeck, Postfach 2040, D-72010 Tübingen.*
*Neueste Informationen im Internet unter www.mohr.de*